VOX
SPANISH
and
ENGLISH
Student Dictionary

VOX SPANISH and ENGLISH Student Dictionary

English-Spanish/Spanish-English

Dictionary compiled by
the editors of Biblograf, S.A.

North American edition prepared by
the editors of NTC Publishing Group

NTC Publishing Group

Library of Congress Cataloging-in-Publication Data
is available from the United States Library of Congress.

This edition published 1999 by NTC Publishing Group
A division of NTC/Contemporary Publishing Group, Inc.
4255 West Touhy Avenue, Lincolnwood (Chicago), Illinois 60646-1975 U.S.A.

Printed in the United States of America
International Standard Book Number: 0-8442-2554-1 (hardbound)
0-8442-2438-3 (softbound)

99 00 01 02 03 04 19 18 17 16 15 14 13 12 11 10 9 8 7 6 5 4 3 2 1

CONTENTS

PREFACE

The *VOX Spanish and English Student Dictionary* contains all the elements for day-to-day reference. In a convenient size, with easily readable type, this dictionary is complete enough to answer the daily needs of a wide variety of students and general users—from those who are in their early stages of language learning to those who are fully proficient.

Although a concise reference, the *VOX Spanish and English Student Dictionary* has many features normally found only in larger, full-size dictionaries, such as grammar summaries in both English and Spanish; a separate listing of common English and Spanish suffixes; an easily accessible section of 3,500 Spanish and English idioms and expressions; a list of false cognates; tables of monetary units, weights and measures, numbers, and average temperatures; and six detailed maps. Best of all, the *VOX Spanish and English Student Dictionary* offers a lexicon that emphasizes contemporary, everyday language.

The many features that make the *VOX Spanish and English Student Dictionary* ideally suited to students also make this dictionary appealing to libraries, businesses, and the general user. To meet the needs of the widest possible audience, the *VOX Spanish and English Student Dictionary* has been specially edited to include only the most important words, with clear and accurate definitions and numerous examples. Students and occasional users alike will appreciate the easy-to-use pronunciation keys as well as the convenience of finding conjugations or models of irregular verbs under the verb entry instead of in an appendix, as is the case in many other dictionaries.

The *VOX Spanish and English Student Dictionary* will satisfy anyone seeking a practical, yet comprehensive, Spanish and English dictionary of lasting value. Educators, in particular, can be assured of having a quality, all-purpose dictionary that they can confidently recommend to their students.

C. Edward Scebold
Executive Director, American Council
on the Teaching of Foreign Languages

PRÓLOGO

El *VOX Spanish and English Student Dictionary* contiene todos los elementos necesarios para una buena obra de consulta de uso cotidiano. Presentado en un tamaño conveniente y con letra fácil de leer, este diccionario es una obra de consulta suficientemente completa para satisfacer las necesidades diarias de los estudiantes y del público en general—incluyendo las personas que hablan la lengua con fluidez.

Aunque es una obra de consulta concisa, el *VOX Spanish and English Student Dictionary* tiene muchas de las características que solamente se encuentran en diccionarios mayores, como resúmenes de gramática en inglés y español; una lista separada de los sufijos más usados en inglés y español; una sección accesible de 3,500 expresiones idiomáticas; una lista de cognados falsos; tablas de unidades monetarias, pesas y medidas, números y temperaturas medias; y seis mapas detallados. Una de las principales características del *VOX Spanish and English Student Dictionary* es que ofrece un léxico que pone énfasis en el lenguaje contemporáneo.

Todas las características que hacen del *VOX Spanish and English Student Dictionary* el instrumento ideal para el uso de los estudiantes, tambien lo hacen muy atractivo para bibliotecas, negocios y el público en general. Para satisfacer las necesidades de un mayor número de lectores, el *VOX Spanish and English Student Dictionary* ha sido especialmente redactado para incluir solamente las palabras más importantes, con definiciones claras y precisas y con numerosos ejemplos. Los estudiantes y otras personas que usan el diccionario regularmente apreciarán lo fácil que es el uso de las guías de pronunciación como también la conveniencia de encontrar conjugaciones o modelos de verbos irregulares en la sección de verbos sin tener que referirse al apéndice, como es el caso en muchos otros diccionarios.

El *VOX Spanish and English Student Dictionary* va a satisfacer a las personas que buscan un diccionario español e inglés que sea práctico, extensivo y a la vez duradero. Los educadores en particular pueden estar seguros de tener un diccionario de uso general, de calidad, que se podrá recomendar con toda confianza al estudiante.

C. Edward Scebold
Executive Director, American Council
on the Teaching of Foreign Languages

INGLÉS-ESPAÑOL
ENGLISH-SPANISH

OBSERVACIONES

Al consultar este Diccionario, el lector ha de tener en cuenta que:

- Dentro de cada artículo, la palabra o el grupo de palabras correspondiente a cada una de las acepciones del vocablo inglés constituyen una entidad separada y numerada.
- Los ejemplos, frases y modos no se dan, como es corriente en esta clase de Diccionarios, al final del artículo, sino que van agregados a la acepción a que corresponden, con lo cual ilustran mejor el sentido de ésta.
- En general, los ejemplos, frases y modos, se dan, dentro de cada acepción, en el siguiente orden: grupos de nombre y adjetivo o compuestos formados por palabras separadas; oraciones con verbo expreso, y modos adverbiales, conjuntivos, etc.
- Las frases y modos no atribuibles a ninguna acepción determinada tienen lugar independiente y numerado dentro del artículo.
- Los compuestos formados por palabras separadas se encuentran en el artículo correspondiente a su primer elemento. Los compuestos cuyos elementos van unidos por un guión o formando una sola palabra se hallarán como artículos independientes.
- Los sinónimos y aclaraciones encerradas entre corchetes sirven para determinar el sentido en que han de tomarse las palabras que se dan como traducción.
- A este fin se usan también abreviaturas de materia, uso, etc., cuya interpretación se da en la lista correspondiente. (V. Abreviaturas usadas en este diccionario.)
- Inmediatamente después de cada entrada se da la transcripción fonética correspondiente.

Para completar las indicaciones de naturaleza gramatical que se dan en los artículos del Diccionario, se incluye una sección gramatical referente a temas concretos. No se trata de dar con ella, ni siquiera en resumen, toda la doctrina gramatical del inglés, sino de ofrecer al lector (especialmente de habla española) un medio rápido de consulta sobre los casos de dificultad más frecuentes.

- Un asterisco en el cuerpo de un artículo indica que la palabra española que precede sólo tiene uso en América.

El lector encontrará en este Diccionario secciones de referencia que facilitarán su aprendizaje y uso del idioma. Por ejemplo, en el centro del Diccionario se encuentra una lista de más de tres mil idiomas y expresiones: Español-Inglés e Inglés-Español.

Además se incluyen en los apéndices:

- False Cognates and "Part-Time" Cognates
- Monetary Units / Unidades monetarias
- Weights and Measures / Pesas y medidas
- Numbers / Numerales
- Temperature / La temperatura
- Maps/Mapas

ABREVIATURAS USADAS EN ESTE DICCIONARIO

adj., adj.	adjetivo
adv., adv.	adverbio
AGR.	agricultura
ÁLG.	álgebra
ANAT.	anatomía
ant.	antiguamente; anticuado
ARIT.	aritmética
ARQ.	arquitectura
ARQUEOL.	arqueología
art.	artículo
ARTILL.	artillería
ASTR.	astronomía; astrología
AUTO.	automóvil; automovilismo
aux.	verbo auxiliar
AVIA.	aviación
B. ART.	bellas artes
BIB.	Biblia
BIOL.	biología
BOT.	botánica
CARN.	carnicería
CARP.	carpintería
CERÁM.	cerámica
CINEM.	cinematografía
CIR.	cirugía
COC.	cocina
COM.	comercio
compar.	comparativo
Cond.	Condicional
conj.	conjunción
CONJUG.	Conjugación
contr.	contracción
CRIST.	cristalografía
def.	definido; defectivo
DEP.	deportes
DER.	derecho; forense
desus.	desusado
DIB.	dibujo
dim.	diminutivo
ECLES.	eclesiástico; iglesia
ECON.	economía
E. U.	Estados Unidos
ELECT.	electricidad
ENTOM.	entomología
EQUIT.	equitación
ESC.	escultura
ESGR.	esgrima
esp.	especialmente
f.	femenino; nombre femenino
fam.	familiar
FERROC.	ferrocarriles
fig.	figurado
FIL.	filosofía
FÍS.	física
FISIOL.	fisiología
FORT.	fortificación
FOT.	fotografía
GEOGR.	geografía
GEOL.	geología
GEOM.	geometría
ger., GER.	gerundio
gralte.	generalmente
GRAM.	gramática
HIST.	historia
i., i.	verbo intransitivo
ICT.	ictiología
impers.	verbo impersonal
IMPR.	imprenta
IND.	industria
indef.	indefinido
INDIC., indic.	indicativo
inf.	infinitivo
ING.	ingeniería
Ingl.	Inglaterra
interj.	interjección
irreg.	irregular
JOY.	joyería
LIT.	literatura
LITUR.	liturgia
LÓG.	lógica
m.	masculino; nombre masculino
MAR.	marina; marítimo
MAT.	matemáticas
may.	mayúscula
MEC.	mecánica
MED.	medicina

METAL.	metalurgia
METEOR.	meteorología
MÉTR.	métrica
MIL.	militar; milicia
MIN.	minería
min.	minúscula
MINER.	mineralogía
MIT.	mitología
MÚS.	música
n. pr.	nombre propio
ORNIT.	ornitología
PART. PAS.	Participio pasivo
pers.	persona(s); personal
pl.	plural
poét.	poético
POL.	política
pop.	popular
pos.	posesivo
p. p., p. p.	participio pasivo
pref.	prefijo
prep.	preposición
Pres., *pres.*	presente
Pret., *pret.*	pretérito
pron.	pronombre
QUÍM.	química
RADIO.	radiotelefonía; radiotelegrafía
ref.	verbo reflexivo
REL.	religión
S.	sur
s.	nombre substantivo
SUBJ.	Subjuntivo
superl.	superlativo
t., t.	verbo transitivo
TEAT.	teatro
TELEF.	telefonía
TELEGR.	telegrafía
TELEV.	televisión
TEOL.	teología
TOP.	topografía
TRIG.	trigonometría
us.	usado
V.	Véase
vulg.	vulgarismo
VET.	veterinaria
ZOOL.	zoología

SIGNOS DE LA A.F.I. EMPLEADOS EN LA TRANSCRIPCIÓN FONÉTICA DE LAS PALABRAS INGLESAS

Vocales

[i] como en español en *vida, tigre.*

[e] como en español en *guerra, dejar,* pero aún más abierta.

[æ] sin equivalencia en español. Sonido intermedio entre la *a* en *caso* y la *e* en *perro.*

[ɑ] como en español en *laurel, ahora,* pero enfatizada y alargada.

[ɔ] como en español en *roca, manojo,* pero aún más abierta.

[u] como en español en *uno,* pero con el sonido más prolongado.

[ʌ] sin equivalencia en español. Sonido intermedio entre la *o* y la *e.*

[ə] sin equivalencia en español. Parecida a la [ə] francesa en *venir, petit.*

Semiconsonantes

[j] como en español en *labio, radio.*

[w] como en español en *luego, huevo.*

Consonantes

[p] como en español en *puerta, capa,* pero aspirada.

[t] como en español en *todo, tienda,* pero aspirada.

[k] como en español en *copa, queso,* pero aspirada.

[b] como en español en *barco, vela,* pero aspirada.

[d] como en español en *conde, candado,* pero aspirada.

[ð] como en español en *adivinar, adorar.*

[g] como en español en *guerra, gato,* pero aspirada.

[f] como en español en *fuerza, fuego.*

[θ] como en español en *hacer, ácido.*

[s] como en español en *saber, silencio.*

[ʃ] sin equivalencia en español. Fricativa palato-alveolar sorda. Parecida a la pronunciación de *chico,* si se alarga la consonante y se redondean los labios.

[v] sin equivalencia en español. Fricativa labiodental. Al pronunciarla los incisivos superiores tocan el labio inferior y hay vibración de las cuerdas vocales. Es la pronunciación del francés en *avec.*

[z] como en español en *mismo, asno.*

[ʒ] sin equivalencia en español. Fricativa palato-alveolar sonora. Parecida a la pronunciación argentina de la *ll* pero con proyección de los labios.

[tʃ] como en español en *chico, chocolate.*

[dʒ] sin equivalencia exacta en español. Africada palato-alveolar sonora. Sonido semejante al de la *y* española en *conyuge, yugo.*

[l] como en español en *labio, cola.*

[m] como en español en *madre, lima.*

[n] como en español en *nota, notable.*

[ŋ] como en español en *cuenca, ángulo.*

[r] sonido fricativo parecido al de la *r* española en *pero.*

[h] sonido parecido al de la *j* española en *jerga,* pero mucho más suave.

Otros signos

[ˈ] indica el acento tónico primario.

[ˌ] indica el acento tónico secundario.

[:] indica un alargamiento de la vocal.

RESUMEN DE GRAMÁTICA INGLESA

ARTÍCULO / ARTICLES

El inglés tiene dos clases de artículo: el definido y el indefinido.

- Artículo definido: **the.** Es invariable y corresponde a *el, la, los, las* y (en ciertos casos) *lo.*
- Artículo indefinido: **a** o **an.** Se usa para el singular en todos los géneros.
  —La forma **a** se usa: a) delante de consonantes (incluyendo entre ellas la **h** aspirada, la **w** y la **y**); b) delante de **u, eu** y **ew**, cuando suenan como en **use, European** y **ewe**, y delante de **o,** cuando suena como en **one.**
  —El plural español *unos* y *unas* se traduce al inglés por el adjetivo **some:** he had **some** papers in his hand, tenía unos papeles en la mano.

NOTA: El uso que hace el español del artículo determinado en expresiones como: me lavo *las* manos, ponte *el* sombrero, él se ha roto *el* brazo, no existe en inglés. Estas expresiones se traducen por: I wash **my** hands, put on **your** hat, he has broken **his** arm.

GÉNERO / GENDER

Por regla general, en inglés, son

- **Masculinos.** Los nombres que significan varón o animal macho: **man** (hombre); **knight** (caballero); **bull** (toro).
- **Femeninos.** Los que significan mujer o animal hembra: **woman** (mujer); **spinster** (solterona); **lady** (dama); **cow** (vaca).
- **Comunes.** Como en español, los de persona de una sola terminación para los dos géneros: **friend** (amigo, -ga); **neighbor** (vecino, -na); **companion** (compañero, -ra).
- **Neutros.** Los nombres de cosa concretos o abstractos; los de animales cuando no se especifica su sexo; los que significan niño [niño o niña indiferentemente] o niño de pecho como **child** o **baby.**

Excepciones:

- Los nombres de países, barcos y máquinas son generalmente del género femenino: **Poland** has lost **her** independence, Polonia ha perdido su independencia; **she** was a fine **ship**, era un hermoso barco.

Indicación del género

Hay cierto número de nombres que tienen palabras distintas para cada género: **man** (hombre); **woman** (mujer); **father** (padre); **mother** (madre); **widow** (viuda); **widower** (viudo); **bull** (toro); **cow** (vaca); **rooster** (gallo); **hen** (gallina), etc.

En los demás casos, el género se infiere del contexto (**she is an orphan**, ella es huérfana), o se distingue:

- Por medio de las terminaciones femeninas **-ess, -ix** o **-ine**: actor, **actress** (actor, actriz); duke, **duchess** (duque, duquesa); testator, **testatrix** (testador, testadora); hero, **heroine** (héroe, heroína).
- Por medio de **male, female, woman,** etc., en función de adjetivo o de los pronombres **he-, she-** como prefijos: **female fish** (pez hembra); **woman lawyer** (abogada, licenciada); **he-goat** (macho cabrío); **she-ass** (asna, jumenta).
- Por medio de palabras compuestas en que uno de los elementos expresa el género: **manservant** (criado); **maidservant** (criada); **bull-elephant** (elefante), **doe-hare** (liebre hembra), **cock-sparrow** (gorrión).

PLURAL (Substantivos) / THE PLURAL OF NOUNS

Regla general

En inglés la desinencia del plural es una s que se añade a la forma propia del singular: bale, **bales**; chair, **chairs.**

Observ.: Los nombres terminados en **se, ce, ge** y **ze** ganan una sílaba en el plural al tomar la s, ya que la **e** muda se pronuncia como [i]: **fence** [fens], valla; pl. **fences** ['fensiz], vallas.

Excepciones y casos particulares

- Toman **es** en el plural:
  —Los nombres terminados en **o** precedida de consonante: virago, **viragoes**; potato, **potatoes.**
  Sin embargo, los nombres de formación moderna o de origen extranjero hacen el plural en s: auto, **autos**; contralto, **contraltos**; dynamo, **dynamos**; memento, **mementos**; piano, **pianos.**
  —Los nombres terminados en **s, sh, ch** (con sonido de *ch*), **x** y **z**: brass, **brasses**; bush, **bushes**; wrench, **wrenches**; box, **boxes**; chintz, **chintzes.**
  Observ.: Los terminados en **ex** hacen el plural en **exes** o **ices**; los terminados en **ix** lo hacen en **ixes** o **ices**: vortex, **vortexes** o **vortices**; appendix, **appendixes** o **appendices.**
- Los nombres terminados en **f** o **fe** hacen el plural en **ves**: half, **halves**; knife, **knives**; wolf, **wolves.**
  —Se exceptúan: **dwarf, gulf, safe, still-life, strife** y los terminados en **ff, ief** y **oof**, que hacen el plural en s: dwarf, **dwarfs**; cliff, **cliffs**; belief, **beliefs**; roof, **roofs**. Sin embargo, *thief* hace **thieves.**
  —Algunos tienen plural doble en **fs** y en **ves**, como: beef, **beefs** y **beeves**; hoof, **hoofs** y **hooves**; scarf, **scarfs** y **scarves**; wharf, **wharfs** y **wharves.**
- Los nombres terminados en **quy** o en **y** precedida de consonante hacen el plural cambiando la y en **ies**: colloquy, **colloquies**; cry, **cries**; oddity, **oddities.**
  —Sin embargo, los nombres propios terminados en **y**, con muy raras excepciones, hacen el plural en s: Henry, **Henrys.**
- Algunos nombres son invariables: **sheep** (carnero, carneros); **swine** (cerdo, cerdos). Otros tienen formas propias para el singular y para el plural: child, **children**; die, **dice**; foot, **feet**; man, **men**; mouse, **mice**; woman, **women**; tooth, **teeth.**

GENITIVO / THE GENITIVE CASE

En ciertos casos, el inglés expresa el genitivo añadiendo una s apostrofada ('s) al nombre del poseedor y poniendo sin artículo el nombre de lo poseído (**John's father**, el padre de Juan). Es lo que se llama *caso genitivo* o *genitivo sajón.*

Se omite la s (nunca el apóstrofe):

- Después de un nombre en plural terminado en **s**: the **birds'** nests, los nidos de los pájaros.
- Después de un nombre en singular cuya última sílaba empiece con s: **Moses'** law, la ley de Moisés.
- Después de un nombre propio latino, griego o extranjero terminado en **s, es** o **x**: **Cassius'** dagger, el puñal de Casio; **Achilles'** heel, el talón de Aquiles. Nótese, sin embargo: **Venus's** beauty, la hermosura de Venus.
- Después de un nombre terminado en **s** o **ce**, cuando va seguido de **sake**: for **goodness'** sake!, ¡por Dios!; for **conscience'** sake, por conciencia.

Casos especiales

- Puede usarse con elipsis del nombre de la cosa poseída cuando éste significa *iglesia, hospital, casa, tienda:* **St. Paul's**, la catedral de San Pablo; at my **aunt's**, en casa de mi tía; I am going to the **grocer's**, voy a la tienda de comestibles. También se usa con elipsis en casos como: this car is my **father's**, este coche es de mi padre; Is this your hat? No, it is **Mr. Brown's**; ¿Este sombrero es el suyo? No, es el del señor Brown.
- Si hay más de dos nombres propios de poseedor, el signo del genitivo se pone detrás del último: **Mary and Robert's** brother, el hermano de María y Roberto.

ADJETIVO / ADJECTIVES

El adjetivo inglés es invariable. Una misma forma sirve para todos los géneros en singular y en plural: an **old** man, un hombre **viejo**; an **old** house, una casa **vieja**; these trees are **old**, estos árboles son **viejos**.

Lugar del adjetivo

Por regla general, el adjetivo (cuando no tiene función de predicado) precede al substantivo que califica o determina: a **clever** man, un hombre inteligente; a **long** journey, un largo viaje.

El adjetivo va pospuesto:

- Cuando lleva un complemento: a man **worthy** of esteem, un hombre digno de aprecio.
- Cuando completa el sentido del verbo: he found the plot **absurd**, halló absurdo el argumento.
- Cuando equivale a una oración subordinada: the garden **proper** is not very large, el jardín propiamente dicho no es muy grande.
- Cuando significa de alto, de ancho, de edad, etc.: the tree is twenty feet **high**, el árbol tiene veinte pies de alto.
- Cuando califica un pronombre terminado en **-thing** o **-body**: there is nothing **strange** about that, eso no tiene nada de extraño.
- En algunas denominaciones de cargo, empleo, etc. y en ciertas expresiones procedentes del francés: accountant **general**, jefe de contabilidad; court **martial**, consejo de guerra.
- Los adjetivos **worth, ill, left** (que queda), **missing** y los compuestos con el prefijo **a-** suelen usarse sólo como predicados. Si alguno de ellos se aplica directamente al substantivo, debe ir detrás de éste: a life **worth** preserving, una vida que merece ser conservada; he has only three dollars **left**, sólo le quedan tres dólares.
- La palabra **alone** va siempre detrás del nombre o el pronombre: leave him **alone**, déjalo solo.

El substantivo usado como adjetivo

En inglés puede usarse un substantivo para calificar a otro substantivo. En este caso el primero va inmediatamente delante del segundo: **coal** ship, barco carbonero; **pocket knife**, navaja.

El comparativo y el superlativo

Al comparativo español *tan...como,* corresponde el inglés **as...as** para la afirmación, y **so...as** para la negación: my house is **as** beautiful **as** yours, mi casa es tan hermosa como la de usted; my house is not **so** beautiful **as** yours, mi casa no es tan hermosa como la de usted.

Al comparativo *más* (o *menos*)*...que*, corresponde el inglés **more** (o **less**)**...than:** my house is **more** (o **less**) beautiful **than** yours, mi casa es más (o menos) hermosa que la de usted.

El inglés no tiene desinencia propia para el superlativo absoluto. Este superlativo se forma anteponiendo al adjetivo los adverbios **very, most,** etc.: **very** high, altísimo; **most** excellent, excelentísimo.

Al superlativo relativo *el más* (o *el menos*)*... de,* corresponde el inglés **the most** (o **the least**)**... in** [delante de un nombre de lugar] u **of** [delante de los demás nombres]: **the most** populous quarter **in** town, el barrio más populoso de la ciudad; **the least** brave man **of** the regiment, el hombre menos valiente del regimiento.

Sin embargo, el comparativo correspondiente a *más...* y el superlativo correspondiente a *el más...* suelen formarse, cuando se trata de adjetivos monosílabos y de algunos bisílabos, añadiendo **-er** y **-est** a la forma del positivo. Así, de **short** (corto) se hace **shorter** (más corto) y **shortest** (el más corto).

Al agregar **-er** y **-est** a la forma del positivo, la terminación de éste queda modificada en los casos siguientes:

- Adjetivos terminados en **-e**. Pierden la **-e**: nice, **nicer, nicest**; large, **larger, largest**.
- Adjetivos terminados en -y precedida de consonante. Cambian la -y en -i: burly, **burlier, burliest**.
- Adjetivos monosílabos terminados en consonante precedida de vocal breve. Doblan la consonante: big, **bigger, biggest**; fat, **fatter, fattest**.

Observaciones:

No se pueden usar las formas en **-er** y **-est** con adjetivos compuestos con el prefijo **a-**, ni con los terminados en **-al, -ed, -ful, -ic, -ile, -ive, -ose** y **-ous**: **alive, mortal, aged, rustic, fragile, massive, verbose, famous.**

NUMERALES / NUMERALS

Alguna particularidades

Cardinales

- Los números compuestos de decenas y unidades (a partir de *veinte*) se expresan poniendo las unidades a continuación de las decenas, separadas por un guión: **twenty-one** (21); **forty-six** (46).
  También puede usarse la forma **one and twenty** o **one-and-twenty** (21), pero esto es menos corriente.
- Los números de cien, ciento, mil, un millón, etc., se expresan así: **a** o **one hundred; a** o **one thousand; a** o **one million.** Generalmente se usa **a** para los números redondos y **one** con los demás: **a hundred** men, cien hombres; **one hundred and sixty** dollars, ciento sesenta dólares.
  A doscientos, trescientos, dos mil, tres mil, etc., corresponden **two hundred, three hundred, two thousand, three thousand,** etc.
- En los números compuestos se pone **and** entre las centenas y las decenas o entre las centenas y las unidades, si no hay decenas: five hundred **and** thirty-six (536); five hundred **and** six (506).
  Después de **thousand** sólo se pone **and** cuando le sigue un número inferior a cien: three thousand **and** fifty-two (3.052).

Ordinales

- Los ordinales (excepto los tres primeros: **first, second, third**) se forman añadiendo **th** a la forma del cardinal: four (cuatro), **fourth** (cuarto); seven (siete), **seventh** (séptimo).
  Al recibir la desinencia del ordinal, el cardinal queda modificado en los casos siguientes:
  —**five** y **twelve** cambian la **v** en **f: fifth, twelfth.**
  —**eight** pierde la **t: eighth.**
  —**nine** pierde la **e: ninth.**
  —**twenty, thirty,** etc., cambian la **y** en **ie: twentieth, thirtieth,** etc.
  En los números compuestos, sólo toma la forma de ordinal el último elemento: **thirty-first, twenty-second, forty-third, fifty-eighth.**
- Cuando el ordinal se aplica al nombre de un soberano se escribe con mayúscula y se le antepone el artículo: Henry **the Fourth,** Enrique cuarto; Pius **the Twelfth,** Pío doce.

PRONOMBRE PERSONAL / PERSONAL PRONOUNS

Formas del pronombre personal

Personas	*Oficio*	*Singular*		*Plural*	
1.ª	sujeto complemento reflexivo	I me myself	masc. y fem.	we us ourselves	masc. y fem.
2.ª	sujeto complemento reflexivo	thou, you thee, you thyself, yourself	masc. y fem.	ye, you you yourselves	masc. y fem.
3.ª	sujeto	he she it	(masc.) (fem.) (neut.)	they	todos los géneros
	complemento	him her it	(masc.) (fem.) (neut.)	them	
	reflexivo	himself herself itself	(masc.) (fem.) (neut.)	themselves	

Observaciones

- El pronombre complemento indirecto lleva la preposición **to**: she promised it **to me**, ella me la prometió.

  Sin embargo, con ciertos verbos, se puede omitir el **to** a condición de poner el complemento indirecto delante del directo: my father gave **me** this book, mi padre me dio este libro.

  Con **to tell** y **to answer**, se usa siempre esta última forma: he told **me** what had happened, me contó lo que había ocurrido.

- Después de los verbos seguidos de una partícula, el pronombre personal complemento directo se coloca entre el verbo y la partícula. Así a *he took off* ***his coat*** (se quitó el abrigo), corresponderá *he took* ***it*** *off*, se lo quitó.

- **All**, con un pronombre personal, se coloca después de éste; **all of**, delante: they **all**, **all of** them, todos, todos ellos o ellas.

- Después de las preposiciones **about, around, behind, with** y de las que indican movimiento, el inglés emplea el pronombre personal no reflexivo en vez del reflexivo: she brought her workbasket **with her**, ella trajo consigo su neceser de costura; he looked **behind him**, miró detrás de sí.

- El pronombre personal usado como antecedente de un relativo forma las expresiones **he who** o **that, she who** o **that**, etc., equivalentes a las españolas *el que, aquel que, la que*, etc.

  Sin embargo, en el lenguaje moderno no se dice **they who** o **that**, sino **those who** o **that**, los que, aquellos que.

- **They** puede ser sujeto de una oración impersonal, como: **they** say that, dicen que, se dice que.

- Las formas reflexivas del pronombre personal se usan también para reforzar el pronombre sujeto: I saw it **myself**, yo mismo lo vi.

POSESIVO (Adjetivo y pronombre) / POSSESSIVE ADJECTIVES AND PRONOUNS

Los adjetivos y pronombres posesivos ingleses son invariables por lo que se refiere a la cosa poseída. Sólo concuerdan con el nombre del posesor.

Adjetivos

Singular

1.ª persona:	**my**	mi, mis
2.ª persona:	**thy, your**	tu, tus*
3.ª persona:	**his**	su, sus [de él]
	her	su, sus [de ella]
	its	su, sus [de ello; de un animal o cosa en género neutro]

Plural

1.ª persona:	**our**	nuestro, nuestra, nuestros, nuestras
2.ª persona:	**your**	tu, tus; vuestro, vuestra; vuestros, vuestras; su, sus [de usted o ustedes]
3.ª persona:	**their**	su, sus [de ellos, de ellas, tanto para el masc. y el fem. como para el neutro]

Observaciones:

- Cuando el adjetivo posesivo se refiere a dos o más nombres de género diferente se pone en masculino: all the pupils, **boys** and **girls**, were there, **each** carrying **his** little present, todos los alumnos, niños y niñas, estaban allí llevando cada uno su pequeño regalo.
- Cuando no hay idea de posesión, suele substituirse el adjetivo posesivo por el genitivo con **of**: the remembrance **of it**, su recuerdo; the directions for the use **of them**, las instrucciones para su uso.

Pronombres

Singular

1.ª persona:	**mine**	el mío, la mía, los míos, las mías
2.ª persona:	**thine, yours**	el tuyo, la tuya, los tuyos, las tuyas*
3.ª persona:	**his**	el suyo, la suya, los suyos, las suyas [de él]
	hers	el suyo, la suya, los suyos, las suyas [de ella]
	its own	el suyo, la suya, los suyos, las suyas [de un animal o cosa en género neutro]

Plural

1.ª persona:	**ours**	el nuestro, la nuestra, los nuestros, las nuestras
2.ª persona:	**yours**	el tuyo, la tuya, los tuyos, las tuyas; el vuestro, la vuestra, los vuestros, las vuestras; el suyo, la suya, los suyos, las suyas [de usted o de ustedes]
3.ª persona:	**theirs**	el suyo, la suya, los suyos, las suyas [de ellos, de ellas, tanto para el masc. y el fem. como para el neutro]

Observaciones:

- Cuando el pronombre posesivo va después del verbo **to be** puede traducirse también por el posesivo español sin artículo: this hat is **mine**, este sombrero es mío (o es el mío).
- El pronombre posesivo precedido de **of** equivale al adjetivo español *mío, tuyo,* etc., o *a uno de mis, de tus*, etc.: a friend **of mine**, un amigo mío, uno de mis amigos.

---

*El adjetivo posesivo **thy** y el pronombre **thine** sólo se usan en poesía, en la Biblia y en las oraciones. En el lenguaje corriente se usa **your** y **yours** para la segunda persona del singular, lo mismo que para la del plural.

CONJUGACIÓN DE VERBOS / CONJUGATION OF VERBS

La conjugación regular de un verbo inglés comprende un número de formas muy reducido. En todos los tiempos personales se usa la misma forma para todas las personas del singular y del plural, con excepción de la tercera persona del singular del presente de indicativo y de la segunda del singular del presente y el pretérito de indicativo.

Observación: La segunda persona del singular (que se forma añadiendo **st** a la forma propia del tiempo) sólo se emplea en poesía, en la oración y en la Biblia. En el lenguaje corriente se emplea la forma del plural, lo mismo para éste que para el singular. Así, **you dance** equivale, según los casos, a *tú bailas, usted baila, vosotros bailáis* o *ustedes bailan.*

Presente de indicativo

Tiene la forma del infinitivo sin **to** para la primera persona del singular y todas las del plural: **I, we, you, they dance.**

La tercera persona del singular

Se forma añadiendo **es** o **s** a la forma del infinitivo.

Toma **es**:

- En los verbos cuyo infinitivo termina en **ch, sh, ss, x** o **z**: reaches, brushes, passes, boxes, buzzes.
- En los verbos **to do** y **to go**: does, goes.

Toma **s**:

- En los verbos cuyo infinitivo termina en una **e** muda, una vocal o un diptongo: dances, lives, baas, sees, draws, knows.
- En aquellos cuyo infinitivo termina en una consonante que *no* es **ch, sh, ss, x** o **z**: sobs, packs, rings, kills, hears, bleats.

Observaciones:

- Los verbos terminados en y precedida de consonante cambian la y en **ie**: cry, **cries**; fly, **flies**. Los terminados en y precedida de vocal no cambian la y: buy buys; play, plays.
- Los verbos terminados en **ce**, **se** o **ge** y los terminados en **ch**, **sh**, **ss**, **x** o **z**, ganan fonéticamente una sílaba al tomar la desinencia de la tercera persona del singular: dance, danc·es; buzz, buzz·es; brush, brush·es.

Pretérito de indicativo

La forma del pretérito de indicativo distingue, una de otra, dos clases de verbos:

Verbos débiles

Forman el pretérito y el participio pasivo añadiendo **ed**, **d** o **t** a la forma del infinitivo: walk, **walked**; live, **lived**. Algunos acortan (no cambian) la vocal de la raíz y añaden **t**: keep, **kept**; sweep, **swept**.

Observaciones:

- Los verbos débiles terminados en y precedida de consonante cambian la y en **ie** al tomar la desinencia del pretérito y del participio pasivo: cry, **cried**; spy, **spied**. Los terminados en y precedida de vocal no cambian la y: cloy, **cloyed**; play, **played**. Por excepción, **to lay** y **to pay** hacen el pretérito y el participio pasivo en **aid**: **laid** y **paid**.
- Los verbos que terminan en una consonante dental ganan fonéticamente una sílaba al tomar la desinencia del pretérito y el participio pasivo: blind, blind·ed; wait, wait·ed.
- Los verbos monosílabos y los polisílabos acentuados en la última sílaba, cuando terminan en una vocal breve seguida de una sola consonante, doblan ésta en el pretérito, el participio pasivo y el gerundio: fit, **fitted**, **fitting**; bar, **barred**, **barring**; compel, **compelled**, **compelling**.
  Cuando la consonante final es **l** precedida de una sola vocal, pueden doblar la **l** aunque no estén acentuados en la última sílaba: travel, **traveled** o **travelled**.

Verbos fuertes

Forman el pretérito y el participio pasivo cambiando la vocal de la raíz y añadiendo o no **e**, **en**, **n** o **ne**. Generalmente tienen el pretérito diferente del participio pasivo: break, **broke**, **broken**; bear (llevar), **born**, **borne**.

Advertencia: Los pretéritos, participios pasivos y gerundios de los verbos fuertes, así como los de otros que ofrezcan particularidades de forma u ortografía, se encontrarán en el cuerpo de este Diccionario al final del artículo correspondiente a cada verbo.

Futuro de indicativo

Se forma anteponiendo **shall** o **will** al infinitivo sin **to** (véase lo referente al uso de **shall** y **will** en los respectivos artículos de este Diccionario): I **shall come**, yo vendré; we **will come**, nosotros vendremos; you **will come**, tú vendrás, usted vendrá, vosotros vendréis, ustedes vendrán; he **will come**, él vendrá; they **will come**, ellos vendrán.

Potencial

Se forma anteponiendo **should** y **would** al infinitivo sin **to** (véase lo referente al uso de **should** y **would** en los respectivos artículos de este Diccionario): I **should come**, yo vendría; we **would come**, nosotros vendríamos; you **would come**, tú vendrías, usted vendría, vosotros vendríais, ustedes vendrían; he **would come**, él vendría; they **would come**, ellos vendrían.

Imperativo

El imperativo inglés sólo tiene una forma propia que es la del infinitivo sin **to** y sólo se usa para las segundas personas: **come**, ven, venga usted, venid, vengan ustedes.

Para las personas 1.ª y 3.ª hay que recurrir a una oración formada con el verbo **to let**: **let us see**, veamos.

Tiempos compuestos

Se forman, como en español, con el verbo auxiliar **to have** (haber) y el participio pasivo.
Ejemplos:
I have played, yo he jugado; **he has played**, él ha jugado (pretérito perfecto).
I had played, yo había jugado o hube jugado (pretérito pluscuamperfecto o pretérito anterior).
I shall have played, yo habré jugado; **he will have played**, él habrá jugado (futuro perfecto).
I should have played, yo habría jugado; **he would have played**, él habría jugado (potencial compuesto o perfecto).

Conjugación continua

Además de esta forma de conjugación, el inglés tiene otra llamada *continua* que se forma con el auxiliar **to be** y el gerundio del verbo: **I am coming, I was coming**. Esta forma se usa para indicar una acción en curso de realización, o sea no terminada.

En el presente, corresponde a un presente español del verbo en cuestión o de una oración del verbo *estar:* **I am writing** a letter, escribo una carta o estoy escribiendo una carta.

En el pretérito simple corresponde a un imperfecto español: **he was writing** a letter, él escribía una carta o estaba escribiendo una carta.

Observación: La forma continua no puede usarse para expresar una acción instantánea o definitiva, como tampoco una acción habitual o permanente. Así no se dirá: **I am forgiving** him, **the sun is setting** every day, **he is being** her father, sino: **I forgive** him, **the sun sets** every day, **he is** her father.

INFINITIVO / THE INFINITIVE

Por regla general, el infinitivo va precedido de la partícula **to**, que en muchos casos equivale a las preposiciones *a* o *para.*

Infinitivo sin to

El infinitivo se usa sin **to:**

- Después de los auxiliares defectivos **shall, will, can, may** y **must:** I **shall write** to him, le escribiré; you **cannot speak** French, usted no sabe hablar francés; we **must be** quiet, hemos de callar.
  —Nótese que después de **ought** se usa el infinitivo con **to:** you **ought to know** it, usted debería saberlo.
- Después de **to dare** y **to need** usados como auxiliares: he **dared not speak** to him, él no se atrevió a hablarle; they **need not fear**, no tienen por qué temer.
- Después de los verbos que expresan sensación o percepción, como **to hear, to see, to feel, to behold, to observe, to watch**, etc.: I **hear** him **speak** in the hall, le oigo hablar en el vestíbulo; I **felt** the child **tremble** in my arms, sentí al niño temblar en mis brazos.
- Después de los verbos **to let** (dejar, permitir), **to bid** (ordenar, mandar) y **to make** (hacer que se ejecute una acción): **let** me **read** this letter, déjeme leer esta carta; he **bade** her **open** the door, le mandó abrir la puerta.
  —Sin embargo, en la voz pasiva, estos verbos van seguidos del infinitivo con **to: I was let to read** the letter, se me dejó leer la carta.
- Después de **and, or, than** y **but** en oraciones como: they decided to stop there **and wait** for him, decidieron detenerse allí y esperarle; he was told to be quiet **or go**, se le dijo que se callara o que se fuera; she did nothing other **than laugh**, ella no hizo más que reír.
- En ciertas oraciones interrogativas o exclamatorias: a father not **love** his son!, ¡un padre no querer a su hijo!
- Después de las locuciones **had better, had rather, would rather**, etc.: you **had better wait**, vale más que espere.

Infinitivo traducido por el subjuntivo o el indicativo

El infinitivo inglés se traduce algunas veces por un subjuntivo y, aun, por un indicativo español.

Ejemplos: he asked me **to pay** the bill, me pidió que pagase la cuenta; the captain ordered the soldiers **to bring** the prisoner, el capitán ordenó a los soldados que trajesen el prisionero; I want him **to do** this, quiero que él haga esto; they expect him **to go** soon, esperan que se irá pronto.

GERUNDIO / THE GERUND

El gerundio inglés, o sea la forma verbal terminada en **-ing**, puede hacer varios oficios y generalmente se traduce, según los casos:

Como gerundio

Por el gerundio español: he was **waiting** for me, él me estaba esperando.

Como participio—adjetivo

- Por un participio activo: **cutting** tool, instrumento cortante; in a **surprising** manner, de un modo sorprendente.
- Por un participio pasivo: an **amusing** book, un libro entretenido; **lying** on a sofa, echado en un sofá.
- Por un adjetivo, o por una expresión equivalente a éste: a **calculating** person, una persona calculadora, interesada; **hunting** season, temporada de caza; **sewing** machine, máquina de coser.
  Observación: Por su naturaleza verbal puede tener un complemento directo. En este caso se traduce por *que* y un verbo en tiempo personal: a package **containing** six pairs of gloves, un paquete *que* contiene seis pares de guantes.

Como infinitivo o nombre verbal

- Por un infinitivo nominal: before **speaking**, antes de hablar; an organization for **helping** the poor, una organización para socorrer a los pobres.
- Por *que* y un verbo en tiempo personal (generalmente en subjuntivo): this door needs **painting**, esta puerta necesita que la pinten.
- Por un substantivo: he was engaged in the **reading** of that book, estaba ocupado en la lectura de aquel libro.

Observaciones:

—**On**, delante de la forma verbal en **-ing**, se traduce generalmente por *al* seguido de un infinitivo: **on** arriving, *al* llegar.

—Cuando un nombre va delante de la forma en **-ing**, debe ponerse en genitivo si es de los que lo admiten: my father was annoyed at Peter's **coming** so late, mi padre estaba enojado de que Pedro viniese tan tarde (o porque Pedro venía tan tarde).

—Si en lugar del nombre hay un pronombre, éste debe tomar la forma del posesivo: would you mind **my opening** the window?, ¿le molestaría que yo abriese la ventana?

NEGACIÓN / EXPRESSING NEGATION

Construcción de la oración negativa

- Cuando el verbo es **to be** o **to have**; **to dare** o **to need** (como auxiliares), o alguno de los defectivos **shall, will, can, may, must** o **ought**, la negación se expresa poniendo **not** inmediatamente después del verbo: they **are not** here, no están aquí; he **dared not** come, no se atrevía a venir; John **will not** win the prize, Juan no ganará el premio; if I **may not** go, si no puedo ir.
  Observ.: El presente **can not** se escribe en una sola palabra: **cannot.**
- Cuando el verbo es otro cualquiera en tiempo simple, la negación se expresa por medio del auxiliar **to do** seguido de **not**; el verbo toma la forma invariable del infinitivo sin **to: I do not** see it, no lo veo; he **does not** play, él no juega; her father **did not** come, su padre no vino.
  En los tiempos compuestos no se usa **do, does, did** y se pone **not** inmediatamente después del auxiliar: he **has not seen** it, él no lo ha visto.
  Observ.: Con **dare** la negación puede expresarse también así, pero el verbo regido lleva **to:** they **did not dare to come,** no se atrevieron a venir.
- En las oraciones interrogativas, **not** se pone después del sujeto si éste es un pronombre y antes de él si es un nombre: **do you not** see it?, ¿no lo ve usted?; **did not** (o **didn't) your brother** win the prize?, ¿no ganó el premio su hermano?

- En el infinitivo y en el gerundio se antepone **not** al verbo: **not** to understand, no entender; **not** understanding, no entendiendo.
- En el imperativo se antepone **do not** al verbo: **do not** (o **don't**) laugh, no rías (ría usted, rían ustedes, riáis); **do not** (o **don't**) let them come, que no vengan.
- En el lenguaje corriente **not** se contrae frecuentemente con **do** o con otros verbos: **don't** (do not); **didn't** (did not); **aren't** (are not); **can't** (cannot); **isn't** (is not); **won't** (will not); etc.
- Cuando el carácter negativo de la oración está determinado por palabras como **never, no, nobody, nothing, nowhere, by no means,** no se usa **not** ni el auxiliar **to do:** it is **never** too late, nunca es tarde; I have **no** time, no tengo tiempo.

INTERROGACIÓN / INTERROGATIVES

Construcción de la oración interrogativa

- Cuando el verbo es **to be** o **to have; to dare** o **to need** (como auxiliares) o algún defectivo como **shall, will, can, may, must** o **ought,** el sujeto va inmediatamente después del verbo: are **they** here?, ¿están aquí?; have **you** any money?, ¿tiene usted dinero?; dare **you** go there?, ¿se atreve usted a ir allí?; need **he** do it?, ¿necesita hacerlo?; can **this boy** write?, ¿sabe escribir este niño?
- Cuando el verbo es otro cualquiera en tiempo simple, la oración se construye con el auxiliar **to do,** que va delante del sujeto; el verbo toma la forma invariable del infinitivo sin **to: do** you see this tree?, ¿ve usted este árbol?; **did** your brother win the race?, ¿ganó la carrera su hermano?
  —En los tiempos compuestos no se usa **do, does, did** y el sujeto va inmediatamente después del auxiliar: have **you** seen the house?, ¿ha visto usted la casa?
- Cuando la oración empieza con un pronombre interrogativo sujeto del verbo o con un adjetivo interrogativo que acompaña al sujeto, no se usa **do, did** y no hay inversión del sujeto: **who** wins the prize?, ¿quién gana el premio?; **what** happened to him?, ¿qué le pasó?; **which** pillars support the arch?, ¿qué pilares sostienen el arco?
- Después de un adverbio interrogativo la oración se construye como se ha indicado: **how long** will they remain here?, ¿cuánto tiempo permanecerán aquí?

CONJUGACIÓN DE TO HAVE (TENER), HAD (TENÍA, TUVE), HAD (TENIDO)

INDICATIVO

	Afirmación	Negación	Interrogación (Negación)
Presente	*yo tengo* I have he, she, it has we, you, they have	*yo no tengo* I have not he, she, it has not we, you, they have not	*¿(no) tengo yo?* have I (not)? has he, she, it (not)? have we, you, they (not)?
Pretérito (Past.)	*yo tenía, tuve* I had you had, etc.	*yo no tenía, tuve* I had not you had not, etc.	*¿(no) tenía, tuve yo?* had I (not)? had you (not)?, etc.
Futuro simple	*yo tendré* I, we shall have you, he, they will have	*yo no tendré* I, we shall not have you, he, they will not have	*¿(no) tendré yo?* shall I, we (not) have? will you, he, they (not) have?

	Afirmación	Negación	Interrogación (Negación)
Condicional simple	*yo tendría* I, we should have you, he, they would have	*yo no tendría* I, we should not have you, he, they would not have	*¿(no) tendría yo?* should I, we (not) have? would you, he, they (not) have?
Pretérito perfecto	*yo he tenido* I, we, you, they have had he has had	*yo no he tenido* I, we, you, they have not had he has not had	*¿(no) he tenido yo?* have I, we, you, they (not) had? has he (not) had?
Pretérito plusc.	*yo había tenido* I, you...had had	*yo no había tenido* I, you...had not had	*¿(no) había tenido yo?* had I, you...(not) had?
Futuro perfecto	*yo habré tenido* I, we shall have had you, he, they will have had	*yo no habré tenido* I, we shall not have had you, he, they will not have had	*¿(no) habré yo tenido?* shall I, we (not) have had? will he, you, they (not) have had?
Condicional compuesto	*yo habría tenido* I, we should have had you, he, they would have had	*yo no habría tenido* I, we should not have had you, he, they would not have had	*¿(no) habría yo tenido?* should I, we (not) have had? would you, he, they (not) have had?

IMPERATIVO

Afirmación	Negación
tenga yo let me have have let him (her, it) have let us have have let them have	*no tenga yo* don't let me have don't have, etc.

PARTICIPIO PRES. / GERUNDIO } having *teniendo*

PARTICIPIO PAS. — had *tenido*

INFINITIVO SIMPLE — (not) to have *(no) tener*

INFINITIVO COMP. — to have had *haber tenido*

CONJUGACIÓN DE TO BE (SER, ESTAR), WAS (ERA, FUI), BEEN (SIDO)

INDICATIVO

	Afirmación	Negación	Interrogación (Negación)
Presente	*yo soy* I am he, she, it is we, you, they are	*yo no soy* I am not he, she, it is not we, you, they are not	*¿(no) soy yo?* am I (not)? is he, she, it (not)? are we, you, they (not)?
Pretérito (Past.)	*yo era, fui* I, he was we, you, they were	*yo no era, fui* I, he was not we, you, they were not	*¿(no) era, fui yo?* was I, he (not)? were we, you, they (not)?
Futuro simple	*yo seré* I, we shall be he, you, they will be	*yo no seré* I, we shall not be he, you, they will not be	*¿(no) seré yo?* shall I, we (not) be? will you, he, they (not) be?
Condicional simple	*yo sería* I, we should be he, you, they would be	*yo no sería* I, we should not be he, you, they would not be	*¿(no) sería yo?* should I, we (not) be? would you, he, they (not) be?
Pretérito perfecto	*yo he sido* I, we, you, they have been he has been	*yo no he sido* I, we, you, they have not been he has not been	*¿(no) he sido yo?* have I, we, you, they (not) been? has he (not) been?
Pretérito plusc.	*yo había sido* I, you...had been	*yo no había sido* I, you...had not been	*¿(no) había sido yo?* had I, you...(not) been?
Futuro perfecto	*yo habré sido* I, we shall have been you, he, they will have been	*yo no habré sido* I, we shall not have been you, he, they will not have been	*¿(no) habré yo sido?* shall I, we (not) have been? will you, he, they (not) have been?
Condicional compuesto	*yo habría sido* I, we should have been you, he, they would have been	*yo no habría sido* I, we should not have been you, he, they would not have been	*¿(no) habría yo sido?* should I, we (not) have been? would you, he, they (not) have been?

IMPERATIVO

Afirmación	Negación
sea yo let me be be let him (her, it) be let us be be let them be	*no sea yo* don't let me be don't be, etc.

PARTICIPIO PRES. GERUNDIO.	being *siendo*
PARTICIPIO PAS.	been *sido*
INFINITIVO SIMPLE	(not) to be *(no) ser*
INFINITIVO COMP.	to have been *haber sido*

CONJUGACIÓN DE UN VERBO REGULAR

to look (mirar), **looked** (miraba, miré), **looked** (mirado)

INDICATIVO

	Afirmación	Negación	Interrogación (Negación)
Presente	*yo miro* I look you look he, she, it looks we, you, they look	*yo no miro* I do not look you do not look he, she, it does not look we, you, they do not look	*¿(no) miro yo?* do I (not) look? do you (not) look? does he, she, it (not) look? do we, you, they (not) look?
Pretérito (Past.)	*yo miré, miraba* I looked you looked he looked, etc.	*yo no miré, miraba* I did not look you did not look he did not look, etc.	*¿(no) miré, miraba yo?* did I (not) look? did you (not) look? did he (not) look?, etc.
Futuro simple	*yo miraré* I, we shall look you, he, they will look	*yo no miraré* I, we shall not look you, he, they will not look	*¿(no) miraré yo?* shall I, we (not) look? will you, he, they (not) look?
Condicional simple	*yo miraría* I, we should look you, he, they would look	*yo no miraría* I, we should not look you, he, they would not look	*¿(no) miraría yo?* should I, we (not) look? would you, he, they (not) look?
Pretérito perfecto	*yo he mirado* I, we, you, they have looked he has looked	*yo no he mirado* I, we, you, they have not looked he has not looked	*¿(no) he mirado yo?* have I, we, you, they (not) looked? has he (not) looked?
Pretérito plusc.	*yo había mirado* I, you...had looked	*yo no había mirado* I, you...had not looked	*¿(no) había mirado yo?* had I, you...(not) looked?
Futuro perfecto	*yo habré mirado* I, we shall have looked you, he, they will have looked	*yo no habré mirado* I, we shall not have looked you, he, they will not have looked	*¿(no) habré yo mirado?* shall I, we (not) have looked? will you, he, they (not) have looked?
Condicional compuesto	*yo habría mirado* I, we should have looked you, he, they would have looked	*yo no habría mirado* I, we should not have looked you, he, they would not have looked	*¿(no) habría yo mirado?* should I, we (not) have looked? would you, he, they (not) have looked?

IMPERATIVO

Afirmación	Negación
mire yo	*no mire yo*
let me look look let him (her, it) look let us look look let them look	don't let me look don't look, etc.

PARTICIPIO PRES. GERUNDIO	looking *mirando*
PARTICIPIO PAS.	looked *mirado*
INFINITIVO SIMPLE	(not) to look *(no) mirar*
INFINITIVO COMP.	to have looked *haber mirado*

CONJUGACIÓN DE UN VERBO IRREGULAR

to go (ir), **went** (iba, fui), **gone** (ido)

INDICATIVO

	Afirmación	Negación	Interrogación (Negación)
Presente	*yo voy* I go you go he, she, it goes we, you, they go	*yo no voy* I do not go you do not go he, she, it does not go we, you, they do not go	*¿ (no) voy yo?* do I (not) go? do you (not) go? does he, she, it (not) go? do we, you, they (not) go?
Pretérito (Past.)	*yo iba, fui* I went you went he went, etc.	*yo no iba, fui* I did not go you did not go he did not go, etc.	*¿ (no) fui, iba yo?* did I (not) go? did you (not) go? did he (not) go?, etc.
Futuro simple	*yo iré* I, we shall go you, he, they will go	*yo no iré* I, we shall not go you, he, they will not go	*¿ (no) iré yo?* shall I, we (not) go? will you, he, they (not) go?
Condicional simple	*yo iría* I, we should go you, he, they would go	*yo no iría* I, we should not go you, he, they would not go	*¿ (no) iría yo?* should I, we (not) go? would you, he, they (not) go?

	Afirmación	Negación	Interrogación (Negación)
Pretérito perfecto	*yo he ido* I, we, you, they have gone he has gone	*yo no he ido* I, we, you, they have not gone he has not gone	*¿(no) he ido yo?* have I, we, you, they (not) gone? has he (not) gone?
Pretérito plusc.	*yo había ido* I, you...had gone	*yo no había ido* I, you...had not gone	*¿(no) había ido yo?* had I, you...(not) gone?
Futuro perfecto	*yo habré ido* I, we shall have gone you, he, they will have gone	*yo no habré ido* I, we shall not have gone you, he, they will not have gone	*¿(no) habré yo ido?* shall I, we (not) have gone? will you, he, they (not) have gone?
Condicional compuesto	*yo habría ido* I, we should have gone you, he, they would have gone	*yo no habría ido* I, we should not have gone you, he, they would not have gone	*¿(no) habría yo ido?* should I, we (not) have gone? would you, he, they (not) have gone?

IMPERATIVO

Afirmación	Negación
vaya yo let me go go let him (her, it) go let us go go let them go	*no vaya yo* don't let me go don't go, etc.

PARTICIPIO PRES. / GERUNDIO } going *yendo*

PARTICIPIO PAS. gone *ido*

INFINITIVO SIMPLE (not) to go *(no) ir*

INFINITIVO COMP. to have gone *haber ido*

SUBJUNTIVO / THE SUBJUNCTIVE MOOD

El inglés no tiene formas propias para el subjuntivo, excepto en el verbo **to be**, cuyo presente de subjuntivo es **be** y cuyo pretérito de subjuntivo es **were** para todas las personas del singular y del plural: whoever he **be**, quienquiera que sea; if I **were** in his place, si yo estuviese en su lugar.

En todo otro caso, el inglés expresa el subjuntivo mediante: a) el infinitivo; b) una forma de indicativo; c) una forma compuesta con los auxiliares **may** o **might** y **should.**

Por regla general:

- Cuando la acción expresada por el subjuntivo es pensada como cierta, se usa el infinitivo o el indicativo: tell him **to go away**, dígale que se vaya; as you **please**, como usted quiera o guste; wait till he **comes**, aguarde hasta que él venga.
- Cuando la acción es pensada como incierta, dudosa o simplemente deseada, se usa una forma compuesta con **may, might** o **should.**

  May, might se usan:
  —Para expresar la idea del verbo *poder*: however strong he **might be**, por fuerte que fuese.
  —Para expresar un deseo, una orden: **may** he live long, que viva muchos años.
  —En oraciones finales después de **that, in order that, so that** (para que, a fin de que): he went away **that** they **might** not **find** him in the house, se fue para que no le encontrasen en la casa.

  Se usa **should:**
  —Después de **that** (conjunción *que*): he seemed to expect **that** I **should assent** to this, parecía esperar que yo asintiese a esto; **that** I **should be** so unfortunate!, ¡que sea yo tan desgraciado!
  —Después de conjunciones condicionales o concesivas, como **if, though, even though,** etc.: **if** he **should come,** si él viniese; **though** he **should come,** aunque él viniese.
  —Después de **lest:** I shall keep your book **lest** you **should lose** it, guardaré tu libro para que no lo pierdas.

Observaciones:

- **If** puede omitirse en ciertos casos a condición de poner el sujeto detrás de **should, had** o **were:** should **he** know it, si él lo supiese; had **I** known it, si yo lo hubiese sabido; were **I** in his place, si yo estuviese en su lugar.
- Después de **for fear that** se usa **should** en el presente y **should** o **might** en el pretérito: he is running away **for fear that** his father **should punish** him, huye por miedo de que su padre le castigue; he ran away for fear that his father **should** (o **might**) **punish** him, huyó por miedo de que su padre lo castigase.

ADVERBIO / ADVERBS

El inglés tiene muchos adverbios derivados de adjetivo, análogos a los españoles terminados en *-mente.* Se forman añadiendo **-ly** al adjetivo. Así de **bad,** se forma **badly;** de **bright, brightly,** etc.

Esta forma de derivación tiene las siguientes alteraciones:

- Los adjetivos terminados en **-le** pierden esta terminación: possible, **possibly;** tolerable, **tolerably.**
- Los terminados en **-ue** pierden la **e:** due, **duly;** true, **truly.**
- Los terminados en **-ll** sólo añaden la **y:** dull, **dully;** full, **fully.**
- Los terminados en **-y** cambian esta letra en **i:** guilty, **guiltily;** showy, **showily.**

Lugar del adverbio

Cuando modifica una palabra que no es el verbo:

- Por regla general, va delante de la palabra que modifica: **seriously** ill, gravemente enfermo; **very** well, muy bien; **long** before, mucho antes.
  —Se exceptúan **enough,** que siempre va detrás de la palabra que modifica: good **enough** for me, suficientemente bueno para mí; y **ago,** que siempre va detrás de las palabras que expresan el período de tiempo: two years **ago,** hace dos años.

Cuando modifica al verbo:

- Si el verbo es transitivo, el adverbio no puede separar el verbo del complemento directo: va delante del verbo o después del complemento. En los tiempos compuestos, puede ir también después del verbo auxiliar: he **easily** defeated his opponent, he defeated his opponent **easily**, ha derrotado fácilmente a su adversario.
  —Sin embargo, cuando el complemento directo consta de muchas palabras o está complementado por una oración, el adverbio puede ir entre el verbo y el complemento directo: he rewarded **liberally** all those who had served his father, recompensó liberalmente a todos los que habían servido a su padre.
- Si el verbo es intransitivo, el adverbio va después del verbo, tanto en los tiempos simples como en los compuestos: she has sung **wonderfully**, ha cantado maravillosamente.
  —Sin embargo, algunos adverbios, como **suddenly, promptly,** etc., pueden ir después del auxiliar de los tiempos compuestos: the wind has **suddenly** risen, el viento ha soplado de pronto.
- Si el verbo es **to be,** el adverbio suele ir después del verbo o después del auxiliar de los tiempos compuestos: he is **always** silent, siempre está callado.
- Como en español, el adverbio va al principio de la oración cuando modifica la oración entera o cuando se quiere dar mayor fuerza a la expresión: **meanwhile,** I was writing the letter, entretanto yo escribía la carta.

Casos particulares

No yendo con el verbo **to be,** los adverbios **also, even, first, once** y **quite,** los de tiempo indefinido y los seminegativos como **almost, nearly, hardly, only** y **scarcely,** van siempre entre el sujeto y el verbo o después del auxiliar de los tiempos compuestos: he **never** spoke about it, él nunca ha hablado de ello.

En cambio, los adverbios de tiempo **early, late, today, tonight** y los polisílabos como **yesterday, presently,** etc.; los de lugar; los de cantidad, y los de modo **very well, badly** y **worse,** van al final de la oración: they arrived **late,** ellos llegaron tarde.

El comparativo y el superlativo

El comparativo y el superlativo de los adverbios se forman como los del adjetivo. Algunos tienen formas propias que se encontrarán en los artículos correspondientes de este Diccionario.

PREPOSICIÓN / PREPOSITIONS

Traslado de la preposición

La preposición mediante la cual el verbo rige a un complemento se puede trasladar al final de la oración:

- En las oraciones interrogativas: whom are you speaking **to?** (o sea: **to** whom are you speaking?), ¿a quién habla usted?
- En las subordinadas que empiezan por un pronombre relativo: I did not know the man whom I was speaking **with** (o the man **with** whom I was speaking), yo no conocía al hombre con quien estaba hablando.

Esta construcción es obligatoria cuando el pronombre relativo es **that,** ya sea expreso o elíptico: he has the book **(that)** you are looking for, él tiene el libro que usted busca.

Omisión de la preposición

En algunas frases adverbiales o prepositivas y en ciertas expresiones, se omiten las preposiciones:

at: (at) every moment, en todo momento; (at) full speed, a toda velocidad; (at) that hour, entonces; (at) the next moment, un momento después; he looked (at) me in the face, me miró a la cara.

of: on board (of) the ship, a bordo del buque; (of) what use is this to me?, ¿de qué me sirve esto?

with: (with) tooth and nail, con dientes y uñas, encarnizadamente, desesperadamente.

PRINCIPALES SUFIJOS DE LA LENGUA INGLESA

-able, -ible corresponden a los sufijos españoles **-able, -ible.**

-an, -ean, -ian significa *de* o *originando de:* **American,** americano; **European,** europeo; **Californian,** californiano.

-dom denota dignidad, cargo, dominio, jurisdicción, conjunto, condición, estado: **earldom,** condado; **kingdom,** reino; **Christendom,** cristiandad; **martyrdom,** martirio; **freedom,** libertad.

-ed, -d es la terminación del pretérito y del participio pasivo de los verbos regulares.

-ed significa también *que tiene, de:* **bearded,** barbado; **three-cornered,** de tres picos.

-ee indica la persona que es objeto de la acción: **lessee,** arrendatario; **employee,** empleado.

-eer indica ocupación u oficio: **mountaineer,** alpinista; **engineer,** ingeniero.

-er

- indica:
  —él o lo que hace, ejecuta, causa, etc., y suele corresponder a los españoles *-dor, -ra* (en sustantivos): **buyer,** comprador, -ra; **condenser,** condensador.
  —el residente o natural de: **New Yorker,** neoyorkino; **islander,** isleño.
  —ocupación u oficio: **baker,** panadero; **drummer,** tambor.
- es la terminación del comparativo de ciertos adjetivos o adverbios: **smaller,** más pequeño; **faster,** más de prisa.

-ese

- significa *de, perteneciente a, originando de:* **Japanese,** japonés.
- indica el residente o natural de: **Chinese,** chino.
- indica una lengua: **Siamese,** siamés.
- indica un estilo oratorio o literario (usualmente depreciativo): **journalese,** lenguaje periodístico.

-ess forma el femenino de ciertos sustantivos: **hostess,** mesonera, anfitriona.

-est es la terminación de ciertos superlativos: **shortest,** el más corto.

-fold significa *veces:* **tenfold,** décuplo, diez veces.

-ful

- significa *lleno, que tiene* y a menudo corresponde a *-oso* y a *-ado, -ada:* **brimful,** lleno hasta el borde; **careful,** cuidadoso; **handful,** puñado; **spoonful,** cucharada.
- indica actitud, condición, estado, hábito: **heedful,** que hace caso; **needful,** necesitado, necesario; **forgetful,** olvidadizo.

-hood indica condición, carácter, estado, grupo, y en muchos casos corresponde a *-dad, -ía, -ez:* **brotherhood,** hermandad, cofradía; **falsehood,** falsedad; **widowhood,** viudez.

-ie, -let son terminaciones de diminutivo.

-ing es la terminación del gerundio, del participio activo y del nombre verbal inglés. Corresponde a *-ando, -ante, -iente* y a *-dor, -ra* (en adjetivos) del español.

-ish
- forma adjetivos que indican nacionalidad: **Spanish,** español; **English,** inglés.
- forma adjetivos con el sentido de *de, que parece de, algo, que tira:* **brutish,** abrutado; **childish,** infantil, aniñado; **reddish,** rojizo.

-less indica falta o ausencia de: **beardless,** sin barba; **endless,** sin fin.

-like significa *de, propio de, que parece de, como, a manera de:* **deathlike,** mortal, cadavérico; **gentlemanlike,** de caballero o que lo parece; **catlike,** felino.

-ly
- es el sufijo adverbial que corresponde al español *-mente:* **divinely,** divinamente; **swiftly,** rápidamente.
- forma adjetivos como: **brotherly,** fraternal; **friendly,** amigable, amistoso; **daily,** diario; **yearly,** anual.

-ment, -tion corresponden generalmente a los sufijos españoles *-miento* y *-ción.*

-ness forma un número considerable de sustantivos abstractos derivados de adjetivos: **blackness,** negrura, oscuridad; **doggedness,** terquedad, obstinación. En algunos casos el adjetivo en **-ness** corresponde al artículo español *lo* seguido de un adjetivo: **the profoundness of her thought,** lo profundo de su pensamiento.

-ship
- forma sustantivos abstractos, a menudo con la equivalencia de *-dad, -tad, -ción, -esco,* etc.: **friendship,** amistad; **relationship,** relación, parentesco.
- indica:
  —arte, habilidad: **penmanship,** escritura, caligrafía.
  —título, cargo, oficio, ocupación, estado; su duración: **lordship,** señoría; **professorship,** profesorado; **apprenticeship,** aprendizaje.

-some indica *que produce o causa, dado a:* **wearisome,** cansado, fatigoso, aburrido; **quarrelsome,** pendenciero.

-ty forma sustantivos abstractos, a veces en correspondencia con el sufijo *-dad* español: **beauty,** belleza, beldad; **receptivity,** receptividad.

-ward, -wards significa *hacia.*

-ways, -wise significan manera, dirección, posición: **lengthways,** a lo largo, longitudinalmente; **clockwise,** como las agujas del reloj.

-y
- es un sufijo diminutivo.
- corresponde a las terminaciones españolas *-ia, -ía:* **memory,** memoria; **geology,** geología.
- significa *abundante en, lleno de, que tiene, que parece, que tira a,* etc., y a menudo corresponde a *-udo, -oso, -ado* del español: **hairy,** peludo, cabelludo; **mossy,** musgoso; **rosy,** rosado.

A

a (ei, ə) *art. indef.* un, una.
Aachen (ɑːkən) n. pr. GEOGR. Aquisgrán.
aback (ə'bæk) *adv.* hacia atrás. *2 to take ~*, sorprender.
abaft (ə'ba:ft) *adv.* MAR. a popa.
abandon (to) (ə'bændən) *t.* abandonar. *2 ref.* abandonarse.
abandonment (ə'bændənmənt) *s.* abandono. *2* desenfreno.
abase (to) (ə'beis) *t.* humillar, rebajar, envilecer.
abasement (ə'beismənt) *s.* humillación. *2* envilecimiento..
abash (to) (ə'bæʃ) *t.* avergonzar, confundir, desconcertar.
abashment (ə'bæʃmənt) *s.* vergüenza, confusión.
abate (to) (ə'beit) *t.* rebajar, reducir, disminuir. *2 i.* menguar, amainar, ceder.
abatement (ə'beitmənt) *s.* disminución. *2* rebaja.
abattoir ('æbətwɑːʳ) *s.* matadero.
abbey ('æbi) *s.* abadía.
abbot ('æbət) *m.* abad.
abbreviate (to) (ə'bri:vieit) *t.* abreviar. *2* compendiar.
abbreviation (ə'bri:vi'eiʃən) *s.* abreviación. *2* abreviatura.
abdicate (to) ('æbdikeit) *i.* abdicar.
abdicación (ˌæbdi'keiʃən) *s.* abdicación.
abdomen ('æbdəmen) *s.* abdomen.
abdominal (æb'dɔminl) *a.* abdominal.
abduct (to) (æb'dʌkt) *t.* raptar.
abduction (æb'dʌkʃən) *s.* rapto.
abed (ə'bed) *adv.* en cama, acostado.
aberration (ˌæbə'reiʃən) *s.* aberración. *2* locura parcial.
abet (to) (ə'bet) *t.* alentar, ayudar, consentir.
abetter, abettor (ə'betəʳ) *s.* fautor, cómplice.
abeyance (in) (ə'beiəns) en espera, en suspenso; vacante.
abhor (to) (əb'hɔːʳ) *t.* aborrecer, detestar.
abhorrence (əb'hɔrəns) *s.* aborrecimiento, odio.
abhorrent (əb'hɔrənt) *a.* detestable, odioso. *2* opuesto.
abide (to) (ə'baid) *i.* morar, habitar. *2* quedar, permanecer. *3 to ~ by,* atenerse a. *4 t.* esperar, aguardar. *5* sufrir, tolerar. ¶ Pret. y p. p.: ***abode*** (ə'boud) o *abided* (ə'baidid).
abiding (ə'baidiŋ) *a.* permanente; estable.
ability (ə'biliti) *s.* habilidad, aptitud. *2* talento.
abject ('æbdʒekt) *a.* abyecto.
abjection (æb'dʒekʃən) *s.* abyección.
abjure (to) (əb'dʒuəʳ) *t.* abjurar.
ablaze (ə'bleiz) *adv.-a.* ardiendo, en llamas. *2 a.* resplandeciente.
able ('eibəl) *a.* que puede: *to be ~ to,* poder. *2* hábil, capaz.
abloom (ə'blu:m) *a.-adv.* florido, en flor.
ably ('eibli) *a.* hábilmente.
abnegation (ˌæbni'geiʃən) *s.* renuncia, abnegación.
abnormal (æb'nɔːməl) *a.* anormal. *2* inusitado.
abnormity (æb'nɔ:miti) *s.* anomalía; monstruosidad.
aboard (ə'bɔ:d) *adv.* a bordo.
abode (ə'boud) V. TO ABIDE. *2 s.* morada, domicilio.
abolish (to) (ə'bɔliʃ) *t.* abolir, suprimir.
abolition (ˌæbə'liʃən) *s.* abolición, supresión.
A-bomb ('eibɔm) *s.* bomba atómica.
abominate (to) (ə'bɔmineit) *t.* abominar.
abomination (əˌbɔmi'neiʃən) *s.* abominación.
aboriginal (ˌæbə'ridʒənəl) *a.-s.* aborigen.
aborigines (ˌæbə'ridʒini:z) *s. pl.* aborígenes.
abort (to) (ə'bɔ:t) *i.* abortar.
abortion (ə'bɔ:ʃən) *s.* aborto.
abound (to) (ə'baund) i. abundar.

about (ə'baut) *prep.* cerca de, junto a, alrededor de. *2* por, en: ***to play ~ the garden,*** jugar en [por] el jardín. *3* sobre, acerca de: ***to speak ~,*** hablar de; ***what is all ~?,*** ¿de qué se trata? *4* hacia, a eso de: ***~ three o'clock,*** a eso de las tres. *5* ***to be ~ to,*** estar a punto de, ir a. *6 adv.* alrededor, en torno. *7* casi, aproximadamente.
above (ə'bʌv) *prep.* sobre, por encima de. *2* más de o que. *3* ***~ all,*** sobre todo. ***4*** *adv.* arriba, en lo alto. *5 a.* arriba expresado.
abrade (to) (ə'breid) *t.* desgastar.
abrasión (ə'breiʒən) *s.* abrasión.
abreast (ə'brest) *adv.* de frente: ***four ~,*** a cuatro de frente.
abridge (to) (ə'bridʒ) *t.* abreviar; resumir. *2* privar, despojar.
abridg(e)ment (ə'bridʒmənt) *s.* abreviación. *2* privación.
abroad (ə'brɔ:d) *adv.* afuera, en el extranjero: ***to go ~,*** ir al extranjero. *2* ampliamente.
abrogate (to) ('æbrougeit) *t.* abrogar.
abrupt (ə'brʌpt) *a.* abrupto. *2* brusco. *3* inconexo [estilo]. *4* **-ly** *adv.* bruscamente, etc.
abruptness (ə'brʌptnis) *s.* escabrosidad [de un terreno]. *2* brusquedad.
abscess ('æbsis) *s.* MED. absceso.
abscond (to) (əb'skɔnd) *i.* esconderse. *2* huir de la justicia.
abscence ('æbsəns) *s.* ausencia. *2* falta [de asistencia]. *3* ***~ of mind,*** distracción.
absent ('æbsənt) *a.* ausente. *2* ***~ minded,*** distraído.
absent (to) (æb'sent) *ref.* ***to ~ oneself,*** ausentarse.
absentee (ˌæbsən'ti:) *s.* ausente. *2* ausentista.
absinth(e ('æbsinθ) *s.* ajenjo.
absolute ('æbsəlu:t) *s.* absoluto. *2* categórico. *3 s.* lo absoluto. *4* **-ly** *adv.* absolutamente, etc.
absolution (ˌæbsə'lu:ʃən) *s.* absolución.
absolutism ('æbsə'lu:tizəm) *s.* absolutismo.
absolve (to) (əb'zɔlv) *t.* absolver.
absorb (to) (əb'sɔ:b) *t.* absorber. *2 ref.* abstraerse, enfrascarse.
absorbent (əb'sɔ:bənt) *a.-s.* absorbente.
absorber (əb'sɔ:bə^r) *s.* absorbente. *2* MEC. amortiguador.
absorbing (əb'sɔ:biŋ) *a.* absorbente [que interesa o preocupa].
absorption (əb'sɔ:pʃən) *s.* absorción. *2* ensimismamiento.
abstain (to) (əb'stein) *i.* abstenerse.
abstemious (æb'sti:mjəs) *a.* abstemio. *2* templado, sobrio.
abstention (æb'stenʃən) *s.* abstención.
abstergent (əb'stə:dʒənt) *a.-s.* abstergente.
abstinence ('æbstinəns) s. abstinencia.
abstinent ('æbstinənt) *a.* abstinente.
abstract ('æbstrækt) *a.* abstracto. *2 s.* extracto, resumen.
abstract (to) (æb'strækt) *t.* abstraer. *2* hurtar, sustraer. *3* distraer. *4 i.* hacer abstracción [de]. *5 t.* resumir, compendiar.
abstraction (æb'strækʃən) *s.* abstracción. *2* distracción, ensimismamiento. *3* hurto.
abstruse (æb'stru:s) *a.* abstruso.
absurd (əb'sə:d) *a.* absurdo.
absurdity (əb'sə:diti) *s.* absurdo.
abundance (ə'bʌndəns) *s.* abundancia.
abundant (ə'bʌndənt) *a.* abundante.
abuse (ə'bju:s) *s.* abuso. *2* maltrato, insultos, denuestos.
abuse (to) (ə'bju:z) *t.* abusar de. *2* maltratar, denigrar, hablar mal de.
abusive (ə'bju:siv) *a.* abusivo. *2* injurioso, insultante. *3* **-ly** *adv.* injuriosamente, etc.
abut (to) (ə'bʌt) *i.* lindar con.
abutment (ə'bʌtmənt) *s.* estribo, refuerzo. *2* contigüidad, linde.
abyss (ə'bis) *s.* abismo.
acacia (ə'keiʃə) *s.* BOT. acacia.
academic (ˌækə'demik) *a.-s.* académico. *2 s.* universitario.
academy (ə'kædəmi) *s.* academia.
accede (to) (æk'si:d) *i.* acceder. *2* ascender, subir [al trono, etc.].
accelerate (to) (æk'seləreit) *t.* acelerar. *2 i.* acelerarse.
acceleration (ækˌselə'reiʃən) *s.* aceleración.
accelerator (ək'seləreitə^r) *s.* acelerador.
accent ('æksənt) *s.* acento.
accent (to) (æk'sent) *t.* acentuar.
accentuate (to) (æk'sentjueit) *t.* acentuar. *2* intensificar.
accentuation (ækˌsentju'eiʃən) *s.* acentuación.
accept (to) (ək'sept) *t.* aceptar. *2* admitir, creer. *3* entender.
acceptable (ək'septəbl) *a.* aceptable. *2* acepto, grato.
acceptance (ək'septəns) *s.* aceptación, acogida.
acceptation (ˌæksep'teiʃən) *s.* acepción.
access ('ækses) *s.* acceso. *2* aumento, añadidura.
accesible (æk'sesibl) *a.* accesible. *2* asequible.

accession (æk'seʃən) *s.* asentimiento. *2* advenimiento [al trono, etc.]. *3* adquisición.
accessory (æk'sesəri) *a.* accesorio. *2 s.* accesorio. *3* cómplice.
accident ('æksidənt) *s.* accidente. *2* casualidad. *3* percance.
accidental (ˌæksi'dentl) *a.* accidental, casual. *2* **-ly** *adv.* accidentalmente, casualmente.
acclaim (to) (ə'kleim) *t.-i.* aclamar.
acclamation (ˌæklə'meiʃən) *s.* aclamación.
acclimatize (to) (ə'klaimətaiz) *t.* aclimatar. *2 i.* aclimatarse.
acclivity (ə'kliviti) *s.* cuesta, pendiente.
accolade ('ækəleid) *s.* espaldarazo. MÚS. corchete.
accomodate (to) (ə'kɔmədeit) *f.* acomodar, alojar. *2 i.* acomodarse.
accommodating (ə'kɔmədeitiŋ) *a.* servicial, complaciente.
accommodation (əˌkɔmə'deiʃən) *s.* acomodación. *2* servicio, favor. *3* alojamiento. *4 pl.* facilidades, comodidades.
accompaniment (ə'kʌmpənimənt) *s.* acompañamiento.
accompany (to) (ə'kʌmpəni) *t.* acompañar.
accomplice (ə'kɔmplis) *s.* cómplice.
accomplish (to) (ə'kɔmpliʃ) *t.* efectuar, llevar a cabo.
accomplished (ə'kɔmpliʃt) *a.* cumplido, consumado. *2* culto, instruido; distinguido.
accomplishment (ə'kɔmpliʃmənt) *s.* realización. *2* logro. *3 pl.* talentos, dotes, habilidades.
accord (ə'kɔ:d) *s.* acuerdo, concierto, armonía: ***with one ~***, unánimemente. *2* acuerdo, convenio. *3* ***of one's own ~***, espontáneamente.
accord (to) (ə'kɔ:d) *t.* conceder, otorgar. *2 i.* concordar.
accordance (ə'kɔ:dəns) *s.* acuerdo, conformidad.
according (ə'kɔ:diŋ) *a.* acorde, conforme. *2* ***~ to,*** según, conforme a.
accordingly (ə'kɔ:diŋli) *adv.* de conformidad [con]. *2* por consiguiente.
accordion (ə'kɔ:djən) *s.* acordeón.
accost (to) (ə'kɔst) *t.* abordar, dirigirse a [uno].
account (ə'kaunt) *s.* cuenta: ***current ~***, cuenta corriente; ***to call to ~***, pedir cuentas; ***to take into ~***, tener en cuenta; ***to turn into ~***, sacar provecho de; ***for ~ of,*** por cuenta de; ***on ~***, a cuenta. *2* causa, motivo; ***on ~ of,*** por, a causa de; ***on no ~***, de ningún modo. *3* explicación. *4* relación, informe. *5* importancia: ***of no ~***, sin importancia.
account (to) (ə'kaunt) *t.* tener por, estimar, juzgar. *2 i.* ***to ~ for,*** responder de; explicar.
accountable (ə'kauntəbl) *a.* responsable. *2* explicable.
accountant (ə'kauntənt) *s.* contador, tenedor de libros.
accounting (ə'kauntiŋ) *s.* contabilidad. *2* explicación.
accouter, accoutre (to) (ə'ku:tə^r) *t.* vestir, equipar.
accredit (to) (ə'kredit) *t.* acreditar. *2* creer. *3* atribuir.
accretion (æ'kri:ʃən) *s.* acrecentamiento. *2* acreción.
accrual (ə'kru:əl) *s.* incremento.
accrue (to) (ə'kru:) *i.* crecer. *2* provenir, resultar.
accumulate (to) (ə'kju:mjuleit) *t.* acumular. *2 i.* acumularse.
accumulation (əˌkju:mju'leiʃən) *s.* acumulación.
accumulator (ə'kju:mjuleitə^r) *s.* acumulador.
accuracy ('ækjurəsi) *s.* exactitud.
accurate ('ækjurit) *a.* exacto, correcto. *2* preciso. *3* esmerado.
accursed (ə'kə:sid) *a.* maldito.
accusation (ˌækju:'zeiʃən) *s.* acusación: ***to bring an ~***, presentar una denuncia.
accusative (ə'kju:zətiv) *a.-s.* GRAM. acusativo.
accuse (to) (ə'kju:z) *t.* acusar.
accused (ə'kju:zd) *s.* acusado.
accuser (ə'kju:zə^r) *s.* acusador.
accustom (to) (ə'kʌstəm) *t.* acostumbrar.
accustomed (ə'kʌstəmd) *a.* acostumbrado.
ace (eis) *s.* as. *2* ***within an ~ of,*** a dos dedos de.
acerb (ə'sə:b) *a.* acerbo.
acerbate (to) ('æsə:ˌbeit) *t.* agriar. *2* exasperar.
ache (eik) *s.* dolor; achaque.
ache (to) (eik) *i.* doler.
achieve (to) (ə'tʃi:v) *t.* realizar. *2* conseguir. *3 i.* triunfar.
achievement (ə'tʃi:vmənt) *s.* logro. *2* hazaña, proeza.
aching ('eikiŋ) *a* dolorido. *2 s.* dolor.
acid ('æsid) *a.-s.* ácido.
acidity (ə'siditi), **acidness** ('æsidnis) *s.* acidez. *2* acritud.
acknowledge (to) (ək'nɔlidʒ) *t.* reconocer. *2* agradecer. *3* ***to ~ receipt,*** acusar recibo.

acknowledgment (ək'nɔlidʒmənt) *s.* reconocimiento, confesión. *2* gratitud. *3* acuse de recibo.
acme ('ækmi) *s.* pináculo, apogeo, colmo. *2* MED. acmé.
acolyte ('ækəlait) *s.* acólito.
acorn ('eikɔ:n) *s.* bellota.
acoustic (ə'ku:stik) *a.* acústico.
acoustics (ə'ku:stiks) *s.* acústica.
acquaint (to) (ə'kweint) *t.* enterar, informar, hacer saber: ***to be acquainted with,*** conocer, tener trato con.
acquaintance (ə'kweintəns) *s.* conocimiento. *2* trato, relación. *3* conocido [pers.].
acquiesce (to) (ˌækwi'es) *i.* asentir, consentir, conformarse.
acquiescence (ˌækwi'esəns) *s.* aquiescencia, conformidad.
acquire (to) (ə'kwaiəʳ) *t.* adquirir. *2* contraer [hábitos, etc.].
acquirement (ə'kwaiəmənt) *s.* adquisición. *2 pl.* conocimientos.
acquisition (ˌækwi'ziʃən) *s.* adquisición.
acquisitive (ə'kwizitiv) *a.* adquisitivo. *2* codicioso, ahorrativo.
acquit (to) (ə'kwit) *t.* absolver, declarar inocente: ***to ~ oneself,*** salir bien.
acquittal (ə'kwitl) *s.* DER. absolución. *2* descargo; desempeño, cumplimiento.
acquittance (ə'kwitəns) *s.* descargo [de deuda]. *2* quitanza.
acre ('eikəʳ) *s.* acre [40.47 a.].
acrid ('ækrid) *a.* acre.
acridity (æ'kriditi) *s.* acritud.
acrimonious (ˌækri'mounjəs) *a.* acre. *2* áspero, mordaz.
acrimoniousness (ˌækri'mounjəsnis), **acrimony** ('ækriməni) *s.* acritud. *2* aspereza, mordacidad.
acrobat ('ækrəbæt) *s.* acróbata.
acrobatics (ˌækrə'bætiks) *s.* acrobacia.
across (ə'krɔs) *prep.* a través de; al otro lado de: ***to come ~,*** encontrarse con. *2 adv.* de través; de una parte a otra.
acrostic (ə'krɔstik) *a.-s.* acróstico.
act (ækt) *s.* acto, hecho, acción: ***~ of God,*** fuerza mayor; ***in the (very) act,*** in fraganti. *2* TEAT. acto. *3* DER. ley.
act (to) (ækt) *i.* obrar, actuar, conducirse. *2 t.* interpretar [un papel].
acting ('æktiŋ) *a.* interino, suplente. *2 s.* TEAT. representación.
action ('ækʃən) *s.* acción. *2* mecanismo [de un piano, etc.].
activate (to) ('æktiveit) *t.* QUIM. BIOL. activar.
active ('æktiv) *a.* activo. *2* vivo, ligero. *3* vigoroso. *4* en actividad. *5* **-ly** *adv.* activamente.
activity (æk'tiviti) *s.* actividad.
actor ('æktəʳ) *s.* actor.
actress ('æktris) *s.* actriz.
actual ('æktjuəl) *a.* real, efectivo, de hecho. *2* actual.
actuality ('æktju'æliti) *s.* realidad.
actually ('æktjuəli) *adv.* realmente, efectivamente, de hecho.
actuary ('æktjuəri) *s.* escribano. *2* actuario de seguros.
actuate (to) ('æktjueit) *t.* actuar, mover, impulsar.
acuity (ə'kju:iti) *s.* agudeza.
acumen (ə'kju:men) *s.* perspicacia.
acute (ə'kju:t) *a.* agudo.
acuteness (ə'kju:tnis) *s.* agudeza; sutileza; perspicacia.
adage ('ædidʒ) *s.* adagio, refrán.
Adam ('ædəm) *n. pr.* Adán: *Adam's apple,* nuez [de la garganta].
adamant ('ædəmənt) *a.* inexorable.
adapt (to) (ə'dæpt) *t.-ref.* adaptar(se).
adaptable (ə'dæptəbl) *a.* adaptable. *2* aplicable.
adaptation (ˌædæp'teiʃən) *s.* adaptación.
add (to) (æd) *t.* añadir, agregar. *2 t.-i.* sumar: ***to ~ up,*** sumar; ***to ~ to,*** aumentar.
adder ('ædəʳ) *s.* ZOOL. víbora.
addict ('ædikt) *s. pers.* aficionada al uso de [drogas].
addict (to) (ə'dikt) *t.-ref.* aficionar, habituar.
addicted (ə'diktid) *a.* aficionado.
addiction (ə'dikʃən) *s.* afición.
addition (ə'diʃən) *s.* adición, añadidura: ***in ~ to,*** además de. *2* ARIT. adición, suma.
addle ('ædl) *a.* huero, podrido.
addle (to) ('ædl) *t.* pudrirse. *2* confundir.
address (ə'dres) *s.* discurso, alocución. *2* ***form of ~,*** tratamiento. *3* dirección, señas.
address (to) (ə'dres) *t.* hablar, dirigirse a. *2* enviar [cartas].
addressee (ˌædre'si:) *s.* destinatario.
adduce (to) (ə'dju:st) *t.* aducir.
adept ('ædept) *a.-s.* experto, perito.
adequate ('ædikwit) *a.* adecuado, suficiente. *2* **-ly** *adv.* adecuadamente.
adhere (to) (əd'hiəʳ) *i.* adherir, adherirse. *2* tener apego.
adherence (ad'hiərəns) *s.* adhesión, apego.
adherent (əd'hiərənt) *a.* adherente. *2 s.* adherido, partidario.
adhesion (əd'hi:ʒən) *s.* adherencia. *2* adhesión.
adhesive (əd'hi:siv) *a.* adhesivo.
adieu (ə'dju): *interj.* ¡adiós! *2 s.* adiós, despedida.
adipose ('ædipous) *a.* adiposo.

adjacent (ə'dʒeisənt) *a.* adyacente, contiguo.
adjective ('ædʒiktiv) *a.-s.* adjetivo.
adjoin (to) (ə'dʒɔin) *t.* unir. *2 i.* lindar, estar contiguo.
adjoining (ə'dʒɔiniŋ) *a.* contiguo, inmediato.
adjourn (to) (ə'dʒə:n) *t.* aplazar, suspender. *2 i.* levantar la sesión. *3* trasladarse.
adjournment (ə'dʒə:nmənt) *s.* aplazamiento, suspensión.
adjudge (to) (e'dʒʌdʒ) *t.* adjudicar. *2* juzgar [un asunto]. *3 i.* fallar, dictar sentencia.
adjudgement (ə'dʒʌdʒmənt) *s.* adjudicación. *2* decisión, fallo.
adjunct ('ædʒʌŋkt) *a.* adjunto, cosa accesoria. *2 s.* adjunto.
adjure (to) (ə'dʒuə^r) *t.* implorar.
adjust (to) (ə'dʒʌst) *t.* ajustar, arreglar, acomodar, adaptar.
adjustment (ə'dʒʌstmənt) *s.* ajuste, arreglo.
adjutant ('ædʒutənt) *s.* ayudante.
administer (to) (əd'ministə^r) *t.-i.* administrar. *2 t.* dar, propinar.
administration (əd͵minis'treiʃən) *s.* administración, gobierno.
administrator (əd'ministreitə^r) *s.* administrador; gobernante.
admirable ('ædmərəbl) *a.* admirable.
admiral ('ædmərəl) *s.* almirante.
admiralty ('ædmərəlti) *s.* almirantazgo. *2* ministerio de marina.
admiration (͵ædmi'reiʃən) *s.* admiración.
admire (to) (əd'maiə^r) *t.* admirar. *2 i.* admirarse.
admirer (əd'maiərə^r) *s.* admirador.
admission (əd'miʃən) *s.* admisión, entrada, acceso.
admit (to) (əd'mit) *t.* admitir, dar entrada a. *2* reconocer.
admittance (əd'mitəns) *s.* admisión, entrada.
admittedly (əd'mitidli) *adv.* sin duda.
admix (to) (əd'miks) *t.* mezclar.
admonish (to) (əd'mɔniʃ) *t.* advertir, amonestar.
admonition (͵ædmə'niʃən) *s.* advertencia, admonición.
ado (ə'du:) *s.* ruido, alboroto, ajetreo; trabajo, dificultad.
adolescence (͵ædou'lesəns) *s.* adolescencia.
adolescent (͵ædou'lesənt) *a.-s.* adolescente.
adopt (ə'dɔpt) *t.* adoptar.
adoption (ə'dɔpʃən) *s.* adopción.
adoptive (ə'dɔptiv) *a.* adoptivo.
adorable (ə'dɔ:rəbl) *a.* adorable.
adoration (͵ædɔ:'reiʃən) *s.* adoración. *2* culto, veneración.
adore (to) (ə'dɔ:^r) *t.* adorar.
adorn (to) (ə'dɔ:n) *t.* adornar.
adornment (ə'dɔ:nmənt) *s.* adorno, ornamento.
adrift (ə'drift) *adv.-a.* a la deriva. *2* fig. sin rumbo.
adroit (ə'drɔit) *a.* diestro, hábil. *2* **-ly** *adv.* diestramente, etc.
adulation (͵ædju'leiʃən) *s.* adulación.
adult ('ædʌlt) *a.-s.* adulto.
adulterate (ə'dʌltəreit) *a.* adúltero, falso.
adulterate (to) (ə'dʌltəreit) *t.* adulterar, sofisticar.
adulteration (ə'dʌltəreiʃən) *s.* adulteración.
adulterer (ə'dʌltərə^r) *s.* adúltero.
adultery (ə'dʌltəri) *s.* adulterio.
adumbrate (to) ('ædʌmbreit) *t.* bosquejar. *2* indicar.
advance (əd'vɑ:ns) *s.* avance. *2* COM. anticipo, paga adelantada.
advance (to) (əd'vɑ:ns) *t.* adelantar, avanzar. *2* ascender [a uno]. *3* mejorar, fomentar. *4* adelantar, anticipar [dinero]. *5 i.* adelantarse.
advanced (əd'vɑ:nst) *a.* avanzado.
advancement (əd'vɑ:nsmənt) *s.* adelantamiento. *2* progreso. *3* promoción.
advantage (əd'vɑ:ntidʒ) *s.* ventaja; provecho: ***to take ~ of,*** aprovecharse de.
advantage (to) (əd'vɑ:ntidʒ) *t.* adelantar, promover, favorecer.
advantageous (͵ædvən'teidʒəs) *a.* ventajoso, provechoso. *2* **-ly** *adv.* ventajosamente, etc.
advent ('ædvənt) *s.* advenimiento. *2* adviento.
adventitious (͵ædven'tiʃəs) *a.* adventicio, accidental.
adventure (əd'ventʃə^r) *s.* aventura. *2* especulación comercial.
adventure (to) (əd'ventʃə^r) *t.* aventurar. *2 ref.* arriesgarse.
adventurer (əd'ventʃərə^r) s. aventurero.
adventuress (əd'ventʃəris) *s.* aventurera.
adventurous (əd'ventʃərəs) *a.* aventurero. *2* arriesgado.
adverb ('ædvə:b) *s.* adverbio.
adversary ('ædvəsəri) *s.* adversario.
adverse ('ædvə:s) *a.* adverso.
adversity (əd'və:siti) *s.* adversidad, infortunio.
advert (to) (əd'və:t) *i.* referirse.
advertise o **-tize (to)** ('ædvətaiz) *t.* avisar, informar. *2 t.-i.* COM. anunciar.
advertisement (əd'və:tismənt) *s.* aviso. *2* COM. anuncio.

advertiser o **-tizer** ('ædvətaizəʳ) *s.* anunciante.
advertising ('ædvətaiziŋ) *s.* publicidad, propaganda.
advice (əd'vais) *s.* consejo. *2* aviso.
advisable (əd'vaizəbl) *a.* aconsejable, prudente.
advise (to) (əd'vaiz) *t.* aconsejar. *2* avisar. *3 i.* aconsejarse.
adviser (əd'vaizəʳ) *s.* consejero.
advocate ('ædvəkit) *s.* abogado.
advocate (to) ('ædvəkeit) *t.* abogar por; defender, propugnar.
aerial ('ɛəriəl) *a.* aéreo; atmosférico. *2 s.* RADIO. antena.
aerodrome ('ɛərədroum) *s.* aeródromo.
aerodynamics ('ɛəroudai'næmiks) *s.* aerodinámica.
aeronautics ('ɛərə'nɔ:tiks) *s.* aeronáutica.
aeroplane ('ɛərəplein) *s.* aeroplano.
æsthetic (i:s'θetik) *a.* estético.
æsthetics (i:s'θetiks) *s.* estética.
aether ('i:θəʳ) *s.* éter.
afar (ə'fɑ:ʳ) *adv.* lejos, a lo lejos.
affability (ˌæfə'biliti) *s.* afabilidad.
affable ('æfəbl) *a.* afable.
affair (ə'fɛəʳ) *s.* asunto, negocio: ***business affairs,*** negocios; ***love affairs,*** amores.
affect (to) (ə'fekt) *t.* afectar, conmover, impresionar.
affectation (ˌæfek'teiʃən) *s.* afectación.
affected (ə'fektid) *a.* afectado. *2* **-ly** *adv.* afectadamente.
affecting (ə'fektiŋ) *a.* conmovedor, patético. *2* concerniente a.
affection (ə'fekʃən) *s.* afecto, cariño. *2* inclinación.
affectionate (ə'fekʃənit) *a.* afectuoso, cariñoso, tierno. *2* **-ly** *adv.* afectuosamente, etc.
affidavit (ˌæfi'deivit) *s.* declaración jurada; afidávit.
affiliate (ə'filiəit) *a.-s.* afiliado.
affiliate (to) (ə'filieit) *t.* afiliar.
affiliation (əˌfili'eiʃən) *s.* afiliación. *2* prohijamiento.
affinity (ɔ'finiti) *s.* afinidad.
affirm (to) (ə'fə:m) *t.* afirmar.
affirmation (ˌæfə:'meiʃən) *s.* afirmación, aserción.
affix ('æfiks) *s.* añadidura. *2* afijo.
affix (to) (ə'fiks) *t.* pegar, añadir. *2* poner [una firma, etc.].
afflict (to) (ə'flikt) *t.* afligir.
affliction (ə'flikʃən) *s.* aflicción. *2* desgracia. *3* achaque, mal.
affluence ('æfluəns) *s.* afluencia. *2* abundancia. *3* riqueza.
affluent ('æfluənt) *a.* abundante. *2* opulento. *3 s.* GEOGR. afluente.
afford (to) (ə'fɔ:d) *t.* producir, dar, proporcionar, ofrecer. *2* poder, tener medios o recursos para; permitirse [un gasto, etc.]. | Gralte. con ***can*** o ***may***.
afforestation (æˌfɔris'teiʃən) *s.* repoblación forestal.
affray (ə'frei) *s.* riña, pendencia.
affront (ə'frʌnt) *s.* afrenta, insulto, desaire.
affront (to) (ə'frʌnt) *t.* afrentar. *2* afrontar, arrostrar.
afield (ə'fi:ld) *adv.* lejos.
aflame (ə'fleim) *a.-adv.* en llamas; inflamado.
afloat (ə'flout) *a.-adv.* a flote.
afoot (ə'fut) *adv.* a pie.
aforesaid (ə'fɔ:sed) *a.* mencionado, antedicho.
afraid (ə'freid) *a.* temeroso: ***to be ~,*** tener miedo.
afresh (ə'freʃ) *adv.* de nuevo.
aft (ɑ:ft) *adv.* MAR. a popa.
after ('ɑ:ftəʳ) *prep.* después de, detrás de. *2* según. *3* adv. después, luego. *4 a.* siguiente. *5 conj.* después que.
after-dinner (-'dinəʳ) *a.* de sobremesa.
after-hours (-'auəz) *s. pl.* horas extraordinarias.
aftermost (-'moust) *a.* posterior, último.
afternoon ('ɑ:tə'nu:n) *s.* tarde.
aftertaste (-'teist) *s.* resabio, dejo, gustillo.
afterwards ('ɑ:ftəwedz) *adv.* después, luego.
again (ə'gən, ə'gein) *prep.* de nuevo, otra vez, aún: ~ ***and*** ~, repetidamente; ***as much*** ~, otro tanto más; ***now and*** ~, de vez en cuando.
against (ə'gənst) *prep.* contra: ~ ***time,*** contra el reloj. *2* enfrente de. *3* al lado de.
agate ('gægət) *s.* MINER. ágata.
age (eidʒ) *s.* edad: ***of*** ~, mayor de edad. *2* vejez, senectud. *3* siglo, centuria.
age (to) (eidʒ) *i.-t.* envejecer.
aged ('eidʒid) *a.* viejo, anciano. *2* (eidʒd)de [tantos años de] edad: ***a by ~ ten,*** un muchacho de diez años.
agency ('eidʒənsi) *s.* acción. *2* mediación. *3* COM. agencia.
agenda (ə'dʒendə) *s.* agenda. *2* orden del día.
agent ('eidʒənt) *a.-s.* agente.
agglomerate (ə'glɔmərit) *a.-s.* aglomerado.
agglomerate (to) (ə'glɔmareit) *t.* aglomerar. *2 i.* aglomerarse.

agglutinate (to) (ə'glu:tineit) *t.* aglutinar.
aggrandize (to) (ə'grændaiz) *t.* agrandar. *2* engrandecer, elevar.
aggravate (to) ('ægrəveit) *t.* agravar. *2* irritar, exasperar.
aggravation (ˌægrə'veiʃən) *s.* agravamiento. *2* exasperación.
aggregate ('ægrigit) *a.* conjunto, total. *2 s.* agregado, conjunto.
aggregate (to) ('ægrigeit) *t.* agregar, juntar. *2* sumar.
aggression (ə'greʃən) *s.* agresión.
aggressive (ə'gresiv) *a.* agresivo.
aggressor (ə'gresəʳ) *s.* agresor.
aggrieve (to) (ə'gri:v) *t.* afligir, apenar. *2* vejar, oprimir.
aghast (ə'gɑ:st) *a.* espantado.
agile ('ædʒail) *a.* ágil, vivo.
agility (ə'dʒiliti) *s.* agilidad.
agitate (to) ('ædʒiteit) *t.* agitar. *2* conmover. *3* debatir, discutir.
agitation ('ædʒi'teiʃən) *s.* agitación. *2* discusión.
agitator ('ædʒiteitəʳ) *s.* agitador.
aglow (ə'glou) *a.-adv.* encendido.
ago (ə'gou) *adv.* atrás, hace, ha: ***two years* ~**, hace dos años.
agog (ə'gɔg) *a.* anhelante, excitado, curioso.
agonize (to) ('ægənaiz) *i.* agonizar, sufrir angustiosamente.
agony ('ægəni) *s.* agonía. *2* angustia, aflicción extrema.
agrarian (ə'grɛəriən) *a.-s.* agrario.
agree (to) (ə'gri:) *i.* asentir, consentir. *2* concordar, cuadrar. *3* ponerse de acuerdo. *4* venir bien, sentar bien. *5* GRAM. concordar.
agreeable (ə'griəbl) *a.* agradable. *2* conforme. *3* fam. dispuesto.
agreement (ə'gri:mənt) *s.* acuerdo, convenio, pacto. *2* armonía, unión. *3* concordancia.
agricultural (ˌægri'kʌltʃurəl) *a.* agrícola.
agriculture ('ægrikʌltʃəʳ) *s.* agricultura.
agriculturist (ˌægri'kʌltʃərist) *s.* agricultor.
aground (ə'graund) *adv.* MAR. encallado, varado: ***to run* ~**, encallar, varar.
ague ('eigju:) *s.* fiebre intermitente. *2* escalofrío.
ahead (ə'hed) *adv.* delante, al frente, a la cabeza.
aid (eid) *t.* ayuda, auxilio, socorro.
aid (to) (eid) *t.* ayudar, auxiliar, socorrer.
ail (to) (eil) *t.* afligir, aquejar. *2 i.* sufrir, estar indispuesto.
ailing ('eiliŋ) *a.* enfermo, achacoso.
ailment ('eilmənt) *s.* dolencia, padecimiento, achaque.
aim (eim) *s.* puntería. *2* blanco [al que se tira]: ***to miss one's* ~**, errar el tiro. *3* designio.
aim (to) (eim) *t.* apuntar. 2 asestar. *3* aspirar a.
ain't (eint) contr. vulg. de ***am not, is not, are not*** y ***has not.***
air (ɛəʳ) *s.* aire. *2* céfiro, aura. *3* ambiente. *4* aire, semblante, continente, aspecto. *5* afectación, tono: ***to put on airs***, darse tono. *6* MÚS. aire, tonada. *7 a.* de aire, neumático, aéreo: ~ ***force***, fuerzas aéreas: ~ ***gun***, escopeta de viento: ~ ***hostess***, AVIA. azafata: ~ ***mail***, correo aéreo: ~ ***raid***, ataque aéreo.
air (to) (ɛəʳ) *t.* airear, orear. *2* ventilar. *3* exhibir. *4* divulgar.
air-conditioned ('ɛəkənˌdiʃənd) *a.* con aire acondicionado.
aircraft ('ɛəkra:ft) *s.* avión: ~ ***carrier***, portaaviones.
airdrome ('ɛədroum) *s.* aeródromo.
airing ('ɛəriŋ) *s.* paseo [para tomar el aire]. *2* oreo.
air-lift ('ɛəlift) *s.* puente aéreo.
airline ('ɛəlain) *s.* línea aérea.
airman ('ɛəmæn) *s.* aviador.
airplane ('ɛə-plein) *s.* aeroplano.
air-port ('ɛə-pɔ:t) *s.* aeropuerto.
airship ('ɛə-ʃip) *s.* aeronave.
airstrip ('ɛə-strip) *s.* AVIA. pista.
airtight ('ɛə-tait) *a.* hermético.
airway ('ɛəwei) *s.* línea aérea, vía aérea.
airy ('ɛəri) *a.* oreado. *2* etéreo, vaporoso. *3* ligero, vivo, gracioso. *4* vano, superficial.
aisle (ail) *s.* pasillo [en un teatro, etc.] *2* ARQ. nave lateral.
ajar (ə'dʒɑ:) *a.* entreabierto.
akimbo (ə'kimbou) *a.* en jarras.
akin (ə'kin) *a.* pariente. *2* semejante.
alabaster ('æləbɑ:stəʳ) *s.* alabastro.
alacrity (ə'lækriti) *s.* presteza.
alarm (ə'lɑ:m) *s.* alarma. *2* rebato. *3* ~ ***-clock***, despertador.
alarm (to) (ə'lɑ:m) *t.* alarmar. *2* alertar.
alarming (ə'lɑ:miŋ) *a.* alarmante.
alarm-clock (ə'lɑ:mklɔk) *s.* despertador.
alas (ə'lɑ:s) *interj.* ¡ay!, ¡guay!
albeit (ɔ:l'bi:it) *conj.* aunque.
albino (æl'bi:nou) *s.* albino.
album ('ælbəm) *s.* álbum.
albumen ('ælbjumin) *s.* albumen. *2* albúmina.
alchemist ('ælkimist) *s.* alquimista.
alchemy ('ælkimi) *s.* alquimia.
alcohol ('ælkəhɔl) *s.* QUÍM. alcohol.
alcoholic (ˌælkə'hɔlik) *a.* alcohólico.

alcove ('ælkouv) *s.* alcoba.
alderman ('ɔ:ldəmən) *s.* concejal, regidor.
ale (eil) *s.* cerveza inglesa muy fuerte.
alert (ə'lə:t) *a.* vigilante. *2* vivo, listo. *3* MIL. alarma: ***on the ~,*** alerta, sobre aviso.
alertness (ə'lə:tnis) *s.* vigilancia. *2* viveza, presteza.
alga ('ælgə), *pl.* **algae** ('ældʒi:) *s.* alga.
algebra ('ældʒibrə) *s.* álgebra.
alias ('eliæs) *adv.-s.* alias.
alibi ('ælibai) *s.* coartada.
alien ('eiljən) *a.* ajeno, extraño. *2 a.-s.* extranjero.
alienate (to) ('eiljəneit) *t.* alienar, enajenar.
alienation (ˌeiljə'neiʃən) *s.* alienación, enajenación.
alight (ə'lait) *a.-adv.* encendido, iluminado; ardiendo.
alight (to) (ə'lait) *i.* bajar, apearse. *2* caer, posarse.
align (to) (ə'lain) *t.-i.* alinear(se.
alike (ə'laik) *a.* igual, semejante. *2 adv.* igualmente.
alimentary (ˌæli'mentəri) *a.* alimenticio. *2* ~ ***canal,*** tubo digestivo.
alive (ə'laiv) *a.* vivo, viviente. *2* vivo, activo. *3* ~ ***with,*** lleno de.
alkaloid ('ælkəlɔid) *s.* alcaloide.
all (ɔ:l) *a.* todo, -da; todos, -das. *2 pron.* todo, totalidad: ***after ~,*** después de todo; ***at ~,*** absolutamente, del todo; ***not at ~,*** de ningún modo; no hay de qué; ***for ~ I know,*** que yo sepa, quizás; ***for ~ that,*** con todo. *3* todos, todo el mundo. *4 adv.* completamente, muy: ~ ***but,*** casi, por poco; ~ ***of a sudden,*** de pronto, de repente; ~ ***right,*** bien; bueno, competente, satisfactorio; ~ ***right!*** ¡está bien!, ¡conformes!; ~ ***round,*** por todas partes; ~ ***the better,*** tanto mejor; ~ ***the same,*** igualmente, a pesar de todo.
allay (to) (ə'lei) *t.* aliviar, mitigar. *2* aquietar, apaciguar.
allegation (ˌælə'geiʃən) *s.* alegación. *2* DER. alegato.
allege (to) (ə'ledʒ) *t.* alegar, afirmar.
allegiance (ə'li:dʒəns) *s.* obediencia, fidelidad [a un soberano].
allegorize (to) ('æligəraiz) *t.-i.* alegorizar.
allegory ('æligəri) *s.* alegoría.
allergy ('ælədʒi) *s.* alergia.
alleviate (to) (ə'li:vieit) *t.* aliviar, mitigar.
alley ('æli) *s.* calleja, callejón.
alliance (ə'laiəns) *s.* alianza.
allied (ə'laid) *a.* aliado. *2* afín.
alligator ('æligeitə^r) *s.* ZOOL. caimán. *2* BOT. ~ ***pear,*** aguacate.
allocate (to) ('æləkeit) *t.* señalar, asignar. *2* colocar, situar.
allocation (ˌælə'keiʃən) *s.* asignación, distribución.
allocution (ˌælou'kju:ʃən) *s.* alocución.
allot (to) (ə'lɔt) *t.* repartir.
allotment (ə'lɔtmənt) *s.* reparto.
allow (to) (ə'lau) *t.* conceder, dar, asignar. *2* permitir. *3* conceder, reconocer [como cierto]. *4* COM. descontar. *5 i.* ***to ~ for,*** tener en cuenta.
allowance (ə'lauəns) *s.* concesión, asignación. *2* permiso. *3* pensión, subsidio. *4* ración. *5* COM. descuento.
alloy ('ælɔi) *s.* aleación.
alloy (to) (ə'lɔi) *t.* ligar, alear.
allude (to) (ə'l(j)u:d) *i.* aludir.
allure (to) (ə'ljuə^r) *t.* atraer, tentar, seducir.
allurement (əlju:əmənt) *s.* tentación, seducción. *2* atractivo.
alluring (ə'ljuəriŋ) *a.* seductor.
allusion (ə'lu:ʒən) *s.* alusión.
alluvial (ə'lu:viəl) *a.* aluvial.
alluvion (ə'lu:viən) *s.* aluvión.
ally ('ælai) *s.* aliado.
ally (to) (ə'lai) *t.-i.* aliar(se.
almanac ('ɔ:lmənæk) *s.* almanaque.
almighty (ɔ:l'maiti) *a.* omnipotente, todopoderoso.
almond ('ɑ:mənd) *s.* almendra: ~ ***tree,*** almendro.
almost ('ɔ:lmoust) *adv.* casi.
alms (ɑ:mz) *s.* limonas, caridad.
alms-house ('ɑ:mzhaus) *s.* hospicio, casa de caridad.
aloft (ə'lɔft) *adv.* arriba, en alto.
alone (ə'loun) *a.* solo. *2* solitario. *3* único. *4 adv.* sólo, solamente.
along (ə'lɔŋ) *prep.* a lo largo de. *2 adv.* a lo largo. *3* ***come ~,*** ven, venid, vamos; ~ ***with,*** junto con. *4* ***all ~,*** todo el tiempo.
aloof (ə'lu:f) *adv.* aparte. *2 a.* apartado, reservado.
aloud (ə'laud) *adv.* en voz alta.
alphabet ('ælfəbit) *s.* alfabeto.
alpine ('ælpain) *a.* alpino.
already (ɔ:l'redi) *adv.* ya.
also ('ɔ:lsou) *adv.* también.
altar ('ɔ:ltə^r) *s.* altar: ***altar-piece,*** retablo.
alter (to) ('ɔ:ltə^r) *t.-i.* alterar(se, modificar(se.
alteration (ˌɔ:ltə'reiʃən) *s.* alteración, modification.
altercation ('ɔ:ltə:'keiʃən) *s.* altercado, disputa.

alternate (ɔ:l'tə:nit) *a.* alternativo, alterno. *2 s.* suplente.
alternate (to) ('ɔ:ltə:neit) *t.-i.* alternar(se.
alternating ('ɔ:ltə:neitiŋ) *a.* ELECT. alterna [corriente].
alternative (ɔ:l'tə:nətiv) *a.* alternativo. *2* GRAM. disyuntivo. *3 s.* alternativa [opción]. *4* **-ly** *adv.* alternativamente.
although (ɔ:l'ðou) *conj.* aunque.
altitude ('æltitju:d) *s.* altitud, altura, elevación.
altogether (ˌɔ:ltə'geðə^r) *adv.* enteramente, del todo. *2* en conjunto.
altruism ('æltruizəm) *s.* altruismo.
aluminium (ˌælju'miniəm) *s.* QUÍM. aluminio.
always ('ɔ:lwəz, -iz, -eiz) *adv.* siempre.
amalgam (ə'mælgəm) *s.* amalgama.
amalgamate (to) (ə'mælgəmeit) *t.* amalgamar. *2* fusionar.
amass (to) (ə'mæs) *t.* acumular.
amateur ('æmətə^r, -tjuə^r) *a.-s.* aficionado.
amatory ('æmətəri) *a.* amatorio.
amaze (to) (ə'meiz) *t.* asombrar, pasmar.
amazement (ə'meizmənt) *s.* asombro, pasmo.
amazing (ə'meiziŋ) *a.* asombroso, pasmoso.
Amazon ('æməzən) *s.* MIT. Amazona. *2 n. pr.* Amazonas [río].
ambassador (æm'bæsədə^r) *s.* embajador.
amber ('æmbə^r) *s.* ámbar.
ambient ('æmbiənt) *a.* ambiente.
ambiguity (ˌæmbi'gju(:)iti) *s.* ambigüedad.
ambiguous (æm'bigjuəs) *a.* ambiguo. *2* **-ly** *adv.* ambiguamente.
ambit ('æmbit) *s.* ámbito.
ambition (æm'biʃən) *s.* ambición.
ambitious (æ'biʃəs) *a.* ambicioso.
amble (to) ('æmbl) *i.* amblar.
ambulance ('æmbjuləns) *s.* ambulancia [hospital; vehículo].
ambulatory ('æmbjulətəri) *a.* ambulatorio. *2 s.* ARQ. galería.
ambuscade (ˌæmbəs'keid), **ambush** ('æmbuʃ)*s.* emboscada, acecho.
ambush (to) ('æmbuʃ) *t.* emboscar. *2* poner una emboscada a. *3 i.* estar emboscado, al acecho.
ameliorate (to) (ə'mi:ljəreit) *t.* mejorar. *2 i.* mejorar(se.
amelioration (əˌmi:ljə'reiʃən) *s.* mejora, mejoramiento.
amenable (ə'mi:nəbl) *a.* responsable. *2* dócil.
amend (to) (ə'mend) *t.* enmendar, corregir, mejorar. *2 i.* enmendarse. *3* restablecerse.
amendment (ə'mendmənt) *s.* enmienda. *2* remedio, mejora.
amends (ə'mendz) *s.* satisfacción, reparación, compensación: ***to make ~ for,*** dar satisfacción por, reparar, resarcir.
amenity (ə'mi:niti) *s.* amenidad. *2* afabilidad.
American (ə'merikən) *a.-s.* americano. *2* norteamericano.
amiable ('eimiəbl) *a.* amable.
amicable ('æmikəbl) *a.* amistoso.
amid (ə'mid), **amidst** (-st) *prep.* en medio de, entre.
amiss (ə'mis) *adv.-a.* mal; impropio: ***to take ~,*** llevar a mal.
ammoniac (ə'mouniæk) *s.* amoníaco [goma].
ammunition (ˌæmju'niʃən) *s.* MIL. munición, municiones.
amnesty ('æmnesti) *s.* amnistía.
among (st) (ə'mʌŋ,-st) *prep.* entre, en medio de.
amoral (æ'mɔrel) *a.* amoral.
amorous ('æmərəs) *a.* amoroso.
amorphous (ə'mɔ:fəs) *a.* amorfo, informe.
amortize (to) (ə'mɔ:taiz) *t.* amortizar.
amount (ə'maunt) *s.* cantidad, suma. *2* importe.
amount (to) (ə'maunt) *i.* ***to ~ to,*** ascender a; equivaler a.
ampere ('æmpɛə^r) *s.* amperio.
amphibious (æm'fibiəs) *a.* anfibio.
amphitheater, -tre ('æmfiˌθiətə^r) *s.* anfiteatro.
ample (æmpl) *a.* amplio. *2* extenso, capaz, holgado.
amplification (æmplifi'keiʃən) *s.* amplificación. *2* ampliación.
amplifier ('æmplifaiə^r) *s.* amplificador.
amplify (to) ('æmplifai) *t.* ampliar, amplificar.
amplitude ('æmplitju:d) *s.* amplitud.
amputate (to) ('æmpjuteit) *t.* amputar.
amputation (ˌæmpju'teiʃən) *s.* amputación.
amulet ('æmjulit) *s.* amuleto.
amuse (to) (ə'mju:z) *t.-ref.* entretener(se, divertir(se.
amusement (ə'mju:zmənt) *s.* entretenimiento, pasatiempo.
amusing (ə'mju:ziŋ) *a.* entretenido, divertido, gracioso.
an (ən, æn) *art. indef.* un, una.
anachronism (ə'nækrənizəm) *s.* anacronismo.
anaemic (ə'ni:mik) *a.* anémico.
anagram ('ænəgræm) *s.* anagrama.
analogous (ə'næləgəs) *a.* análogo.

analogy (ə'nælədʒi) *s.* analogía, correlación, correspondencia.
analyse, -ze (to) ('ænəlaiz) *t.* analizar.
analysis (ə'nælisis) *s.* análisis.
anarchic(al (æ'nɑ:kik, -əl) *a.* anárquico.
anarchist ('ænəkist) *s.* anarquista.
anarchy ('ænəki) *s.* anarquía.
anatomy (ə'nætəmi) *s.* anatomía.
ancestor ('ænsistəʳ) *s.* progenitor, antepasado.
ancestral (æn'sestrəl) *a.* ancestral, hereditario; solariego.
ancestry ('ænsistri) *s.* linaje, prosapia, abolengo.
anchor ('æŋkəʳ) *s.* ancla, áncora.
anchor (to) ('æŋkəʳ) *t.* sujetar con el ancla. *2 i.* anclar.
anchorage ('æŋkəridʒ) *s.* anclaje. *2* ancladero.
anchoret ('æŋkəret), **anchorite** ('æŋkərait) *s.* anacoreta.
anchovy ('æntʃəvi) *s.* ICT. anchoa, boquerón.
ancient ('einʃənt) *a.* antiguo. *2* anciano. *3 pl.* los antiguos.
and (ænd, ənd) *conjug.* y, e.
anecdote ('ænikdout) *s.* anécdota.
anemone (ə'neməni) *s.* BOT. anemone, anemona.
anew (ə'nju:) *adv.* nuevamente, de nuevo, otra vez.
angel ('eindʒəl) *s.* ángel.
angelic (æn'dʒelik) *a.* angélico.
anger ('æŋgəʳ) *s.* cólera, ira.
anger (to) ('æŋgəʳ) *t.* encolerizar, enfurecer, enojar.
angle ('æŋgl) *s.* ángulo.
angle (to) ('æŋgl) *t.-i.* pescar con caña.
angler ('æŋgləʳ) *s.* pescador de caña. *2* pejesapo.
angling ('æŋgliŋ) *s.* pesca con caña.
Anglo-Saxon ('æŋglou'sæksən) *a.-s.* anglosajón.
angry ('æŋgri) *a.* colérico, airado, enojado.
anguish ('æŋgwiʃ) *s.* angustia, congoja, ansia, aflicción.
angular ('æŋgjuləʳ) *a.* angular.
animadversión (ˌænimæd'və:ʃən) *s.* crítica, censura, reproche.
animal ('æniməl) *a.-s.* animal.
animate ('ænimit) *a.* animado.
animate (to) ('ænimeit) *t.* animar.
animated ('ænimeitid) *a.* animado: ~ ***cartoon,*** dibujo animado.
animation ('æni'meiʃən) *s.* animación; vida, movimiento.
animosity (ˌæni'mɔsiti) *s.* animosidad.
anisette (ˌæni'zet) *s.* anís.
ankle ('æŋkl) *s.* tobillo.
annals ('ænəlz) *s. pl.* anales.
annex ('ænəks) *s.* anexo.
annex (to) (ə'neks) *t.* añadir.
annexation ('ænek'seiʃən) *s.* anexión.
annihilate (to) (ə'naiəleit) *t.* aniquilar.
annihilation (ə'naiə'leiʃən) *s.* aniquilación, aniquilamiento.
anniversary (ˌæni'və:səri) *s.* aniversario.
annotate (to) ('ænouteit) *t.* anotar, apostillar.
annotation (ˌænou'teiʃən) *s.* anotación.
announce (to) (ə'nauns) *t.* anunciar, hacer saber, declarar.
announcement (ə'naunsmənt) *s.* anuncio, aviso, declaración.
announcer (ə'naunsəʳ) *s.* anunciador. *2* locutor [de radio].
annoy (to) ((ə'nɔi) *t.* molestar.
annoyance (ə'nɔiəns) *s.* molestia.
annoying (ə'nɔiiŋ) *a.* molesto.
annual ('æŋjuəl) *a.* anual.
annuity (ə'nju:iti) *s.* anualidad, pensión; renta vitalicia.
annul (to) (ə'nʌl) *t.* anular.
annular ('ænjuləʳ) *a.* anular.
annulment (ə'nʌlmənt) *s.* anulación.
anoint (to) (ə'nɔint) *t.* untar. *2* ungir, consagrar.
anomalous (ə'nɔmələs) *a.* anómalo.
anomaly (ə'nɔməli) *s.* anomalía.
anon (ə'nɔn) *adv.* luego.
anonym ('ænənim) *s.* anónimo.
anonymous (ə'nɔniməs) *a.* anónimo.
another (ə'nʌðəʳ) *a.-pron.* otro.
answer ('ɑ:nsəʳ) *s.* respuesta, contestación. *2* solución.
answer (to) ('ɑnsəʳ) *t.-i.* responder, contestar: ***to ~ back,*** replicar; ***to ~ for,*** responder por o de.
answerable ('ɑ:nsərəbl) *a.* responsable.
ant (ænt) *s.* ENT. hormiga: ~ ***-hill,*** hormiguero.
antagonism (æn'tægənizəm) *s.* antagonismo.
antagonist (æn'tægənist) *s.* antagonista, adversario.
antagonize (to) (æn'tægənaiz) *t.* oponerse a, contrarrestar.
antarctic (ænt'ɑ:ktik) *a.* antártico.
antecedent (ˌænti'si:dənt) *a.-s.* antecedente.
antechamber ('æntiˌtʃeimbəʳ) *s.* antecámara, antesala.
antelope ('æntiloup) *s.* antílope.
antenna (æn'tenə), *pl.* **-næ (-ni:)** *s.* ZOOL., RADIO antena.
anterior (æn'tiəriəʳ) *a.* anterior.
ante-room ('æntirum) *s.* antesala.

anthem ('ænθəm) *s.* antífona.
anthology (æn'θɔlədʒi) *s.* antología.
Anthony ('æntəni) *n. pr.* Antonio.
anthracite ('ænθrəsait) *s.* antracita.
anthrax ('ænθræks) *s.* ántrax.
anthropology ('ænθrə'pɔlədʒi) *s.* antropología.
anti-aircraft ('ænti'ɛəkrɑ:ft) *a.* antiaéreo.
antibiotic ('æntibai'ɔtik) *a.-s.* antibiótico.
antic ('æntik) *a.* grotesco. *2 s.* payaso. *3 pl.* bufonadas.
anticipate (to) (æn'tisipeit) *t.* anticipar [una acción]. *2* anticiparse a. *3* prevenir; prever. *4* prometerse [un placer, etc.]; gozar de antemano.
anticipation (æn,tisi'peiʃən) *s.* anticipación. *2* intuición de lo que va a suceder. *3* esperanza.
anticyclone ('ænti'saikloun) *s.* anticiclón.
antidote ('æntidout) *s.* antídoto.
Antilles (æn'tili:z) *n. pr.* GEOGR. Antillas.
antinomy ('æntinəmi) *s.* antinomia.
antipathy (æn'tipəθi) *s.* antipatía, aversión.
antipodes (æn'tipədi:z) *s. pl.* GEOGR. antípodas.
antiquarian (,ænti'kwɛəriən) *a.-s.* anticuario.
antiquary ('æntikweri) *s.* anticuario.
antiquated ('æntikweitid) *a.* anticuado.
antique (æn'ti:k) *a.* antiguo. *2 s.* antigüedad, antigualla.
antiquity (æn'tikwiti) *s.* antigüedad. *2* vejez. *3 pl.* antigüedades.
antiseptic (,ænti'septik) *a.-s.* antiséptico.
antithesis (æn'tiθisis) *s.* antítesis.
antler ('æntlə^r) *s.* asta, cuerna.
anus ('einəs) *s.* ANAT. ano.
anvil ('ænvil) *s.* yunque.
anxiety (æŋ'zaiəti) *s.* ansiedad, inquietud. *2* ansia, afán.
anxious (æŋkʃəs) *a.* ansioso, inquieto. *2* ansioso. *3* angustioso.
any ('eni) *a.-adv.-pron.* cualquier, todo, todos los, algún, alguno; [en frases negativas] ningún, ninguno: ~ ***place,*** cualquier lugar; ***at ~ cost,*** a toda costa; ***at ~ rate,*** de todos modos; sea como sea. *2* A veces no se traduce: ~ ***more,*** más, más tiempo: ***have you ~ money?*** ¿tiene usted dinero?
anybody ('eni,bɔdi) *pron.* alguien, alguno; [en frases negativas] ninguno, nadie. *2* cualquiera.
anyhow ('enihau) *adv.* de cualquier modo. *2* en todo caso.
anyone ('eniwʌn) *pron.* ANYBODY.
anything ('eniθiŋ) *pron.* algo, alguna cosa, cualquier cosa, todo cuanto; [con negación] nada.
anyway ('eniwei) *adv.* de todos modos, con todo. *2* de cualquier modo.
anywhere ('eniwɛə^r) *adv.* doquiera; adondequiera.
aorta (ei'ɔ:tə) *s.* ANAT. aorta.
apart (ə'pɑ:t) *adv.* aparte; a un lado. *2* separadamente. *3* en piezas: ***to take ~,*** desarmar, desmontar.
apartment (ə'pɑ:tmənt) *s.* aposento. *2* piso, apartamento.
apathetic (,æpə'θtik) *a.* apático.
apathy ('æpəθi) *s.* apatía.
ape (eip) *s.* mono, mico, simio.
ape (to) (eip) *t.* imitar, remedar.
aperitive (ə'peritiv) *s.* aperitivo.
aperture ('æpətjuə^r) *s.* obertura.
apery ('eipəri) *s.* remedo.
apex ('eipeks) *s.* ápice, cúspide.
aphorism ('æfərizəm) *s.* aforismo.
apiary ('eipjəri) *s.* colmenar.
apiece (ə'pi:s) *adv.* por persona.
apogee ('æpoudʒi:) *s.* apogeo.
apologetic(al (ə,pɔlə'dʒetik, -əl) *a.* apologético. *2* de excusa.
apologist (ə,pɔlədʒist) *s.* apologista.
apologize (to) (ə'pɔlədʒaiz) *i.* excusarse, disculparse.
apology (ə'pɔlədʒi) *s.* apología. *2* excusa, disculpa.
apoplexy ('æpəpleksi) *s.* apoplejía.
apostate (ə'pɔstit) *s.* apóstata.
apostatize (to) (ə'pɔstətaiz) *i.* apostatar.
apostle (ə'pɔsl) *s.* apóstol.
apostleship (ə'pɔslʃip), **apostolate** (ə'pɔstəlit) *s.* apostolado.
apostolic ('æpəs'tɔlik) *a.* apostólico.
apostrophe (ə'pɔstrəfi) *s.* apóstrofe.
apostrophize (ə'pɔstrətɑiz) *t.* apostrofar.
apotheosis (ə'pɔθi'ousis) *s.* apoteosis.
appal(l (to) (ə'pɔ:l) *t.* espantar, aterrar. *2* desanimar.
appaling (ə'pɔliŋ) *a.* espantoso.
apparatus (,æpə'reitəs) *s.* aparato, dispositivo.
apparel (ə'pærəl) *s.* vestido.
apparel (to) (ə'pærəl) *t.* vestir.
apparent (ə'pærənt) *a.* evidente. *2* aparente. *3* **-ly** *adv.* evidentemente.
apparition (,æpə'riʃən) *s.* aparición.
appeal (ə'pi:l) *s.* apelación. *2* llamamiento; súplica. *3* atractivo.
appeal (to) (ə'pi:l) *i.* apelar. *2* suplicar. *3* atraer.
appealing (ə'pi:liŋ) *a.* suplicante. *2* atrayente.
appear (to) (ə'piə^r) *i.* aparecer. *2* parecer. *3* comparecer.
appearance (ə'piərəns) *s.* aparición. *2* DER. comparecencia. *3* apariencia. *4* aspecto.

appease (to) (ə'pi:z) *t.* aplacar, calmar. *2* apaciguar.
appellation (ˌæpe'leiʃən) *s.* denominación, nombre, título.
appellative ('əpelətiv) *a.-s.* GRAM. apelativo, común [nombre].
append (to) (ə'pend) *t.* atar, colgar, añadir.
appendage (ə'pendidʒ) *s.* dependencia, accesorio, aditamento.
appendicitis (əˌpendi'saitis) *s.* MED. apendicitis.
appendix (ə'pendiks) *s.* apéndice.
appertain (to) (ˌæpə'tein) *i.* pertenecer. *2* ser relativo [a].
appetite ('æpitait) *s.* apetito.
appetizer ('æpitaizə[r]) *s.* aperitivo.
appetizing ('æpitaiziŋ) *a.* apetitoso.
applaud (to) (ə'plɔ:d) *t.-i.* aplaudir. *2 t.* alabar.
applause (ə'plɔ:z) *s.* aplauso.
apple ('æpl) *s.* BOT. manzana, poma: *~ -tree,* manzano. *2 ~ of the eye,* pupila, niña del ojo; ***apple-pie order,*** orden perfecto.
appliance (ə'plaiəns) *s.* instrumento, utensilio, aparato.
applicable ('æplikəbl) *a.* aplicable.
applicant ('æplikənt) *s.* solicitante. *2* pretendiente, aspirante.
application (ˌæpli'keiʃən) *s.* aplicación. *2* petición, solicitud.
apply (to) (ə'plai) *t.* aplicar. *2 i.* aplicarse. *3* ***to ~ for,*** pedir, solicitar; ***to ~ to,*** dirigirse a.
appoint (to) (ə'pɔint) *t.* fijar, señalar. *2* nombrar.
appointment (ə'pɔintmənt) *s.* asignación. *2* cita, hora dada. *3* nombramiento. *4* empleo, puesto. *5 pl.* equipo, mobiliario.
apportion (to) (ə'pɔ:ʃən) *t.* prorratear, distribuir.
apposite ('æpəsit) *a.* apropiado.
apposition (ˌæpə'ziʃən) *s.* aposición. *2* adición, yuxtaposición.
appraisal (ə'preizəl) *s.* apreciación, estimación, tasación.
appraise (to) (ə'preiz) *t.* apreciar, estimar, valorar.
appreciable (ə'pri:ʃəbl) *a.* apreciable, sensible, perceptible.
appreciate (to) (ə'pri:ʃieit) *t.* apreciar, estimar, valuar. *2* agradecer. *3 i.* aumentar de valor.
appreciation (əˌpri:ʃi'eiʃən) *s.* apreciación, aprecio.
apprehend (to) (ˌæpri'hend) *t.* aprehender, prender. *2* comprender, percibir. *3* temer, recelar.
apprehension (ˌæpri'henʃən) *s.* aprehensión, captura. *2* comprensión. *3* temor, recelo.
apprehensive (ˌæpri'hensiv) *a.* aprehensivo. *2* inteligente, perspicaz. *3* temeroso, receloso [de].
apprentice (ə'prentis) *s.* aprendiz.
apprenticeship (ə'prentiʃip) *s.* aprendizaje.
apprise (to) (ə'praiz) *t.* informar.
approach (ə'proutʃ) *s.* aproximación, acercamiento. *2* entrada, acceso. *3* punto de vista.
approach (to) (ə'proutʃ) *i.* acercarse, aproximarse. *2 t.* acercar, aproximar. *3* acercarse a.
approaching (ə'proutʃiŋ) *a.* próximo, cercano.
approbation (ˌæprə'beiʃən) *s.* aprobación.
appropriate (ə'proupriit) *a.* apropiado. *2* propio, peculiar.
appropriate (to) (ə'prouprieit) *t.* destinar [a un uso]; asignar [una cantidad]. *2* apropiarse.
appropriation (əˌproupri'eiʃən) *s.* apropiación. *2* crédito.
approval (ə'pru:vəl) *s.* aprobación. *2* COM. ***on ~,*** a prueba.
approve (to) (ə'pru:v) *t.* aprobar, sancionar; confirmar, ratificar. *2 i.* ***to ~ of,*** aprobar.
approximate (ə'prɔksimeit) *a.* próximo, cercano. *2* aproximado. *3* **-ly** *adv.* aproximadamente.
approximate (to) (ə'prɔksimeit) *t.* aproximar. *2 i.* aproximarse.
approximation (əˌprɔksi'meiʃən) *s.* aproximación.
appurtenance (ə'pə:tinəns) *s.* dependencia, accesorio.
apricot ('eiprikɔt) *s.* BOT. albaricoque: *~* ***tree,*** albaricoquero.
April ('eipril) *s.* abril.
apron ('eiprən) *s.* delantal.
apropos ('æprəpou) *a.* oportuno. *2 adv.* a propósito.
apse (æps) *s.* ARQ. ábside.
apt (æpt) *a.* apto. *2* listo. *3* adecuado. *4* propenso.
aptitude ('æptitju:d), **aptness** ('æptnis) *s.* aptitud. *2* propensión, disposición, facilidad.
aquarium (ə'kwεəriəm) *s.* acuario.
aquatic(al (ə'kwætik,-əl) *a.* acuático.
aqueduct ('ækwidʌkt) *s.* acueducto.
Arab ('ærəb) *a.-s.* árabe.
arable ('ærəbl) *a.* labrantío.
arbiter ('ɑ:bitə[r]) *s.* árbitro.

arbitrary ('ɑ:bitrəri) *a.* arbitrario. *2* despótico. *3* **-ly** *adv.* arbitrariamente.
arbitrate (to) ('ɑ:bitreit) *t.-i.* arbitrar, juzgar, decidir.
arbitration (ˌɑ:bi'treiʃən) *s.* arbitraje, arbitramento.
arbor ('ɑ:bəʳ) *s.* árbol, eje.
arbour ('ɑ:bəʳ) *s.* glorieta.
arc (ɑ:k) *s.* arco.
arcade (ɑ:'keid) *s.* ARQ. arcada. *2* galería con arcadas.
arch (ɑ:tʃ) *s.* ARQ. arco; bóveda. *2 a.* travieso, socarrón.
arch (to) (ɑ:tʃ) *t.* arquear, enarcar. *2* abovedar. *3 i.* arquearse. *4* formar bóveda.
archæology (ˌɑ:ki'ɔlədʒi) *s.* arqueología.
archaic (ɑ:'keiik) *a.* arcaico.
archaism ('ɑ:keiizəm) *s.* arcaísmo.
archbishop ('ɑ:tʃ'biʃəp) *s.* arzobispo.
archduke ('ɑ:tʃ'dju:k) *s.* archiduque.
archer ('ɑ:tʃəʳ) *s.* arquero.
archery ('ɑ:tʃəri) *s.* tropa de arqueros. *2* tiro de arco.
archetype ('ɑ:kitaip) *s.* arquetipo.
archipiélago (ˌɑ:ki'peligou) *s.* archipiélago.
architect ('ɑ:kitekt) *s.* arquitecto.
architecture ('ɑ:kitekʃəʳ) *s.* arquitectura.
archives ('ɑ:kaivz) *s. pl.* archivo.
archivist ('ɑ:kivist) *s.* archivero.
archness ('ɑ:tʃnis) *s.* astucia.
archway ('ɑ:tʃwei) *s.* pórtico; pasaje abovedado.
arctic ('ɑ:ktik) *a.-s.* ártico.
ardent ('ɑ:dənt) *a.* ardiente; apasionado; fervoroso.
ardo(u)r ('ɑ:dəʳ) *s.* ardor. *2* celo, entusiasmo, ardimento.
arduous ('ɑ:djuəs) *a.* arduo, difícil. *2* riguroso.
are (ɑ:ʳ, ɑʳ, əʳ) *2.ª pers. sing.* y *pl.; 1.ª y 3.ª pers. pl. del pres. indic.* de TO BE.
are (ɑ:ʳ) *s.* área [medida].
area ('ɛəriə) *s.* área [superficie, espacio]; ámbito.
arena (ə'ri:nə) *s.* arena, ruedo.
argue (to) ('ɑ:gju:) *i.* argüir, argumentar. *2 t.-i.* discutir. *3 t.* argüir [probar, indicar].
arguer ('ɑ:gjuəʳ) *s.* arguyente. *2* discutidor.
argument ('ɑ:gjumənt) *s.* argumento. *2* discusión, disputa.
argumentation (ˌɑ:gjumen'teiʃən) *s.* argumentación. *2* discusión.
arid ('ærid) *a.* árido.
aridity (æ'riditi) *s.* aridez.
arise (to) (ə'raiz) *i.* subir, elevarse. *2* levantarse. *3* surgir. *4* suscitarse. *5* originarse. ¶ Pret.: ***arose*** (ə'rouz); p. p.: ***arisen*** (ə'rizn).
aristocracy (ˌæris'tɔkrəsi) *s.* aristocracia.
aristocrat ('əristəkræt) *s.* aristócrata.
aristocratic(al (ˌæristə'krætik, -əl) *a.* aristocrático.
arithmetic (ə'riθmətik) *s.* aritmética.
ark (ɑ:k) *s.* arca [caja]: ~ ***of the covenant,*** Arca de la Alianza. *2* arca [de Noé].
arm (ɑ:m) *s.* brazo: ~ ***band,*** brazal; ~ ***of sea,*** brazo de mar; ~ ***in*** ~, cogidos del brazo. *2* rama [de árbol]. *3* arma: ***to arms!,*** ¡a las armas!
arm (to) (ɑ:m) *t.-i.* armar(se.
armament ('ɑ:məmənt) *s.* armamento.
arm-chair ('ɑ:m'tʃɛəʳ) *s.* sillón.
armful ('ɑ:mful) *s.* brazado.
armistice ('ɑ:mistis) *s.* armisticio.
armless ('ɑ:mlis) *a.* inerme. *2* manco.
armlet ('ɑ:mlit) *s.* brazal.
armorial (ɑ:'mɔ:riəl) *a.* heráldico. *2 s.* libro de heráldica.
armour ('ɑ:məʳ) *s.* armadura. *2* blindaje.
armourer ('ɑ:mərəʳ) *s.* armero.
armoury ('ɑ:məri) *s.* armería.
armpit ('ɑ:mpit) *s.* sobaco, axila.
army ('ɑ:mi) *s.* ejército: ~ ***corps,*** cuerpo de ejército.
Arnold ('ɑ:nəld) *n. pr.* Arnaldo.
aroma (ə'roumə) *s.* aroma.
aromatics (ˌærou'mætiks) *s. pl.* aromas, especias.
around (ə'raund) *adv.* alrededor. *2* por todas partes. *3 prep.* alrededor de. *4* ~ ***the corner,*** a la vuelta de la esquina.
arouse (to) (ə'rauz) *t.* despertar.
arraign (to) (ə'rein) *t.* acusar. *2* DER. procesar.
arrange (to) (ə'reindʒ) *t.* arreglar. *2* concertar. *3* acordar.
arrangement (ə'reindʒmənt) *s.* arreglo. *2* concierto. *3* acuerdo.
arrant ('ærənt) *a.* acabado, consumado, de siete suelas.
array (ə'rei) *s.* orden, formación. *2* pompa. *3* atavío, gala.
array (to) (ə'rei) *t.* formar [las tropas]. *2* adornar, ataviar.
arrears (ə'riəz) *s. pl.* atrasos.
arrest (ə'rest) *s.* arresto, detención, prision. *2* paro.
arrest (to) (ə'rest) *t.* arrestar, detener, prender. *2* parar, detener.
arrival (ə'raivəl) *s.* llegada.
arrive (to) (ə'raiv) *i.* llegar.
arrogance, -cy ('ærəgəns, -i) *s.* arrogancia, soberbia, altanería.
arrogant ('ærəgənt) *a.* arrogante.
arrogate (to) ('ærougeit) *t.* arrogarse.

arrow ('ærou) *s.* flecha, saeta.
arsenal ('ɑ:sənl) *s.* arsenal.
arsenic ('ɑ:sənik) *s.* arsénico.
arson ('ɑ:sn) *s.* incendio provocado.
art (ɑ:t) *s.* arte: ***arts and crafts,*** artes y oficios.
artery ('ɑ:teri) *s.* ANAT. arteria.
artesian (ɑ:'ti:zjən) *a.* artesiano.
artful ('ɑ:tful) *s.* artero, ladino, astuto. *2* diestro, ingenioso.
Arthur ('ɑ:θə^r) *n. pr.* Arturo.
artichoke ('ɑ:titʃouk) *s.* alcachofa.
article ('ɑ:tikl) *s.* artículo. *2* objeto. *3* ***leading*** **~,** artículo de fondo. *4 pl.* contrato.
articulate (ɑ:'tikjulit) *a.* articulado. *2* claro, distinto.
articulate (to) (ɑ:'tikjuleit) *t.* articular. *2 i.* articularse.
articulation (ɑ:ˌtikju'leiʃən) *s.* articulación.
artifice ('ɑ:tifis) *s.* artificio.
artificer ('ɑ:tifisə^r) *s.* artífice. *2* inventor, autor.
artificial (ˌɑ:ti'fiʃəl) *a.* artificial. *2* afectado, fingido.
artillery (ɑ:'tiləri) *s.* artillería.
artilleryman (ɑ:'tilərimən) *s.* artillero.
artisan (ˌɑ:ti'zæn) *s.* artesano.
artist ('ɑ:tist) *s.* artista.
artistic ('ɑ:'tistik) *a.* artístico.
artless ('ɑ:tlis) *a.* natural, sencillo, ingenuo.
as (æz, əz) *adv.* como. *2* (en comparativos)~ ***big*** **~,** tan grande como. *3* ~ ***far*** **~,** hasta [donde]: ~ ***for,*** ~ ***to,*** en cuanto a; ~ ***if,*** como si; ~ ***much*** **~,** tanto como; ~ ***regards,*** en cuanto a; ~ ***well*** **~,** así como; ~ ***yet,*** hasta ahora. *4* ***conj.*** mientras, cuando. *5* ya que. *6* a pesar de. *7 pron.* que: ***the same*** **~,** lo mismo que.
ascend (to) (ə'send) *i.* ascender, subir. *2 t.* subir [una cuesta].
ascendancy, -dency (ə'sendənsi) *s.* ascendiente, influencia.
ascendant, -dent (ə'sendənt) *a.* ascendente. *2* predominante. *3 s.* antepasado. *4* poder, auge.
ascension (ə'senʃən) *s.* ascensión.
ascent (ə'sent) *s.* subida.
ascertain (to) (ˌæsə'tein) *t.* averiguar, hallar, cerciorarse de.
ascetic (ə'setik) *a.* ascético. *2 s.* asceta.
ascribe (to) (əs'kraib) *t.* atribuir.
ascription (əs'kripʃən) *s.* atribución, imputación.
ash (æʃ) *s.* ceniza: ~ ***tray,*** cenicero; ***Ash Wednesday,*** miércoles de ceniza. *2* BOT. fresno.
ashamed (ə'ʃeimd) *a.* avergonzado: ***to be*** **~,** avergonzarse, tener vergüenza.
ashen ('æʃən) *a.* ceniciento.
ashore (ə'ʃɔ:, ə'ʃɔə) *adv.* en tierra, a tierra: ***to go*** **~,** desembarcar; ***to run*** **~,** encallar.
aside (ə'said) *adv.* al lado, a un lado, aparte. *2 s.* TEAT. aparte.
ask (to) (ɑ:sk) *t.* preguntar. *2* pedir, solicitar, rogar que. *3* requerir, exigir. *4* invitar, convidar. *5* i. ***to*** ~ ***after, for*** o ***about,*** preguntar por. *6* ***to*** ~ ***for,*** pedir [una cosa].
askance (əs'kæns), **askant** (-'kænt) *adv.* de soslayo.
askew (əs'kju:) *adv.* al sesgo. *2* ***a.*** sesgado, oblicuo.
aslant (ə'sla:nt) *adv.* oblicuamente. *2* ***a.*** inclinado.
asleep (ə'sli:p) *a.-adv.* dormido: ***to fall*** **~,** dormirse.
asp (æsp) *s.* áspid. *2* BOT. tiemblo.
asparagus (æs'pærəgəs) *s.* BOT. espárrago.
aspect ('æspekt) *s.* aspecto.
asperity (æs'periti) *s.* aspereza.
asperse (to) (əs'pə:s) *t.* difamar, calumniar. *2* asperjar.
aspersion (əs'pə:ʃən) *s.* aspersión. *2* difamación, calumnia.
asphalt ('æsfælt) *s.* asfalto.
asphyxia (æs'fiksiə) *s.* asfixia.
asphyxiate (to) (æs'fiksieit) *t.* asfixiar.
aspirant (əs'paiərənt) *s.* aspirante, pretendiente.
aspirate (to) ('æspəreit) *t.* aspirar.
aspiration (ˌæspə'reiʃən) *s.* aspiración. *2* anhelo.
aspire (to) (əs'paiə^r) *i.* aspirar a. | Gralte. con ***to*** o ***after.***
aspirin ('æspirin) *s.* aspirina.
ass (æs, ɑ:s) *s.* burro, asno.
assail (to) (ə'seil) *t.* asaltar.
assailant (ə'seilənt) *a.-s.* atacante, agresor. *2* atracador.
assassin (ə'sæsin) *s.* asesino.
assassinate (to) (ə'sæsineit) *t.* asesinar.
assassination (əˌsæsi'neiʃən) *s.* asesinato.
assault (ə'sɔ:lt) *s.* asalto.
assault (to) (ə'sɔ:lt) *t.* asaltar.
assay (ə'sei) *s.* ensayo.
assay (to) (ə'sei) *t.* ensayar, aquilatar, probar.
assemblage (ə'semblidʒ) *s.* reunión. *2* MEC. montaje.
assemble (to) (ə'sembl) *t.* congregar, reunir, agrupar. *2* MEC. montar. *3 i.* reunirse.
assembly (ə'sembli) *s.* asamblea, junta. *2* reunión, fiesta. *3* concurrencia. *4* MEC. montaje. *5* MEC. grupo, unidad.

assent (ə'sent) *s.* asentimiento.
assent (to) (ə'sent) *i.* asentir.
assert (to) (ə'sə:t) *t.* aseverar, afirmar. *2* mantener, defender. *3 **to ~ oneself,*** hacer valer sus derechos.
assertion (ə'sə:ʃən) *s.* aserción, aserto. *2* reivindicación.
assess (to) (ə'ses) *t.* tasar, valorar.
assessment (ə'sesmənt) *s.* amillaramiento. *2* tasación.
assessor (ə'sesəʳ) *s.* der. asesor.
asset ('æset) *s.* COM. partida del activo. *2* recurso, medios. *3 pl.* COM. activo.
asseverate (to) (ə'sevəreit) *t.* aseverar.
assiduity (ˌæsi'dju:iti) *s.* asiduidad.
assiduous (ə'sidjuəs) *a.* asiduo.
assign (to) (ə'sain) *t.* asignar. *2* atribuir. *3* ceder, transferir.
assignment (ə'sainmənt) *s.* asignación. *2* DER. cesión.
assimilate (to) (ə'simileit) *t.-i.* asimilar(se.
assimilation (əˌsimi'leiʃən) *s.* asimilación.
assist (to) (ə'sist) *t.* socorrer. *2 i.* asistir, estar presente.
assistance (ə'sistəns) *s.* asistencia, ayuda, socorro. *2* asistencia [presencia]. *3* concurrencia.
assistant (ə'sistənt) *s.* ayudante, auxiliar. *2* dependiente.
assize (ə'saiz) *s.* tasa, tipo. *2 pl.* sesiones de un tribunal.
associate (ə'souʃiit) *a.* asociado; adjunto. *2 s.* asociado, socio.
associate (to) (ə'souʃieit) *t.-i.* asociar(se, juntar(se.
association (əˌsousi'eiʃən) *s.* asociación.
assonance ('æsənəns) *s.* asonancia.
assort (to) (ə'sɔ:t) *t.* clasificar, agrupar con. *2* surtir. *3 i.* cuadrar, convenir. *4* juntarse.
assortment (ə'sɔ:tmənt) *s.* clasificación. *2* surtido, variedad.
assuage (to) (ə'sweidʒ) *t.* suavizar, mitigar, aliviar.
assume (to) (ə'sju:m) *t.* asumir. *2* atribuirse. *3* tomar [una actitud, etc.] *4* suponer.
assuming (ə'sju:miŋ) *a.* presuntuoso.
assumption (ə'sʌmpʃən) *s.* postulado. *2* suposición. *3* (con may.) Asunción.
assurance (ə'ʃuərəns) *s.* seguridad, certeza. *2* confianza, resolución. *3* COM. seguro.
assure (to) (ə'ʃuəʳ) *t.* asegurar.
asterisk ('æstərisk) *s.* asterisco.
astern (əs'tə:n) *adv.* a popa.
asthma ('æsmə) *s.* asma.
astonish (to) (əs'tɔniʃ) *t.* asombrar, pasmar, sorprender.
astonishing (əs'tɔniʃiŋ) *a.* asombroso, pasmoso.
astonishment (əs'tɔniʃmənt) *s.* asombro.
astound (to) (əs'taund) *t.* pasmar, sorprender.
astray (ə'strei) *adv.-a.* extraviado: ***to go ~***, descarriarse.
astride (ə'straid) *adv.* a horcajadas.
astringent (əs'trindʒənt) *a.* astringente.
astrologer (əs'trɔlədʒəʳ) *s.* astrólogo.
astrology (əs'trɔlədʒi) *s.* astrología.
astronaut ('æstrənɔ:t) *s.* astronauta.
astronautics (ˌæstrə'nɔ:tiks) *s.* astronáutica.
astronomer (əs'trɔnəməʳ) *s.* astrónomo.
astronomy (əs'trɔnəmi) *s.* astronomía.
astute (əs'tju:t) *a.* astuto, sagaz.
astuteness (əs'tju:tnis) *s.* astucia.
asunder (ə'sʌndəʳ) *adv.* separado. *2* en dos, en pedazos.
asylum (ə'sailəm) *s.* asilo, refugio. *2* sagrado. *3* manicomio.
at (æt, ət) *prep.* en, a, de, con, cerca de, delante de.
ate (et) *pret.* de TO EAT.
atheism ('eiθiizəm) *s.* ateísmo.
atheist ('eiθiist) *s.* ateo.
Athens ('æθinz) *n. pr.* Atenas.
athlete ('æθli:t) *s.* atleta.
athletic (æθ'letik) *a.* atlético.
athletics (æθ'letiks) *s.* atletismo.
athwart (ə'θwɔ:t) *adv.-prep.* a través; atravesado a. *2* contra.
Atlantic (ət'læntik) *a.* atlántico. *2 n. pr.* GEOGR. Atlántico.
atlas ('ætləs) *s.* atlas. *2* atlante.
atmosphere ('ætməsfiəʳ) *s.* atmósfera; ambiente.
atoll ('ætɔl) *s.* atolón.
atom ('ætəm) *s.* átomo.
atone (to) (ə'toun) *i.-t.* expiar.
atonement (ə'tounmənt) *s.* reparación, compensación, expiación.
atrocious (ə'trouʃəs) *a.* atroz.
atrocity (ə'trɔsiti) *s.* atrocidad.
atrophy ('ætrəfi) *s.* atrofia.
attach (to) (ə'tætʃ) *t.* atar, ligar, unir, sujetar; agregar. *2* granjearse el afecto de. *3* dar, atribuir [importancia, etc.]. *4* DER. embargar. *5 i.* ser inherente. *6 ref.* unirse, adherirse. *7* cobrar afecto.
attachment (ə'tætʃmənt) *s.* enlace, unión. *2* apego, adhesión. *3* aditamento. *4* DER. embargo.
attack (ə'tæk) *s.* ataque.
attack (to) (ə'tæk) *t.* atacar.
attain (to) (ə'tein) *t.* lograr, obtener. *2 t.-i.* alcanzar, llegar.

attainment (ə'teinment) *s.* logro, adquisición. *2 pl.* conocimientos.
attempt (ə'tempt) *s.* intento, prueba, tentativa. *2* atentado.
attempt (to) (ə'tempt) *t.* intentar, procurar. *2* atentar contra.
attend (to) (ə'tend) *t.* atender a, cuidar de. *2* asistir [a un enfermo]. *3* acompañar. *4* servir, escoltar. *5* asistir, concurrir. *6* aguardar. *7* i. ***to ~ to,*** escuchar; ocuparse de.
attendance (ə'tendəns) *s.* asistencia, servicio, cuidado. *2* asistencia, presencia. *3* concurrencia, auditorio. *4* séquito.
attendant (ə'tendənt) *s.* servidor. *2* asistente, concurrente.
attention (ə'tenʃən) *s.* atención. *2* MIL. ***to stand to ~,*** cuadrarse. *3 pl.* atenciones, obsequios.
attentive (ə'tentiv) *a.* atento. *2* cuidadoso.
attenuate (ə'tenjuit) *a.* atenuado. *2* delgado.
attenuate (to) (ə'tenjueit) *t.* atenuar, disminuir.
attest (to) (ə'test) *t.-i.* atestar, testificar, atestiguar, certificar.
attic ('ætik) *s.* ático, buhardilla.
attire (ə'taiəʳ) *s.* traje, vestidura.
attire (to) (ə'taiəʳ) *t.* vestir, ataviar. *2* engalanar.
attitude ('ætitju:d) *s.* actitud.
attorney (ə'tə:ni) *s.* apoderado. *2* procurador, abogado. *3* ***~ general,*** fiscal.
attract (to) (ə'trækt) *t.* atraer. *2* llamar [la atención].
attraction (ə'trækʃən) *s.* atracción. *2* atractivo.
attractive (ə'træktiv) *a.* atractivo. *2* agradable, simpático.
attribute ('ætribju:t) *s.* atributo.
attribute (to) (ə'tribju:t) *t.* atribuir.
attribution (ˌætri'bju:ʃən) *s.* atribución.
attrition (ə'triʃən) *s.* atrición. *2* roce, fricción, desgaste.
attune (to) (ə'tju:n) *t.* armonizar, acordar. *2* MÚS. afinar.
auburn ('ɔ:bən) *a.* castaño.
auction ('ɔ:kʃən) *s.* subasta.
audacious (ɔ:'deiʃəs) *a.* audaz.
audacity (ɔ:'dæsiti) *s.* audacia.
audible ('ɔ:dibl) *a.* audible.
audience ('ɔ:djəns) *s.* auditòrio, público. *2* audiencia [entrevista].
audit ('ɔ:dit) *s.* intervención.
audit (to) ('ɔ:dit) *s.* intervenir.
audition (ɔ:'diʃən) *s.* audición.
auditor ('ɔ:ditəʳ) *s.* interventor.
auditorium (ˌɔ:di'tɔ:riəm) *s.* sala de conferencias o conciertos.
auger ('ɔ:gəʳ) *s.* barrena.
aught (ɔ:t) *pron.* algo.
augment (to) (ɔ:g'ment) *t.-i.* aumentar(se.
augmentation (ˌɔ:gmen'teiʃən) *s.* aumento.
augur ('ɔ:gəʳ) *s.* agorero, adivino.
augur (to) ('ɔ:gəʳ) *t.-i.* presagiar.
augury ('ɔ:gjuri) *s.* augurio.
August ('ɔ:gəst) *s.* agosto.
august (ɔ:'gʌst) *a.* augusto.
aunt (ɑ:nt) *s.* tía.
aura (ɔ:rə) *s.* aura. *2* atmósfera.
aureola (ɔ:'riələ), **aureole** ('ɔ:rioul) *s.* aureola.
auricular (ɔ:'rikjuləʳ) *a.* auricular.
aurora (ɔ:'rɔ:rə) *s.* aurora.
auscultate (to) ('ɔ:skəlteit) *t.* MED. auscultar.
auspice ('ɔ:spis) *s.* auspicio.
auspicious (ɔ:s'piʃəs) *a.* propicio.
austere (ɔs'tiəʳ) *a.* austero.
austerity (ɔs'teriti) *s.* austeridad.
Austin ('ɔstin) *n. pr.* Agustín.
austral ('ɔ:strəl) *a.* austral.
Australia (ɔs'treiliə) *n. pr.* GEOGR. Australia.
Austrian ('ɔstriən) *a.-s.* austríaco.
authentic(al (ɔ:'θentik, -əl) *a.* auténtico. *2* fiel, fidedigno.
authenticity (ˌɔ:θen'tisiti) *s.* autenticidad.
author ('ɔ:θəʳ) *s.* autor, escritor.
authoritative (ɔ:'θɔritətiv) *a.* autorizado. *2* autoritario.
authority (ɔ:'θɔriti) *s.* autoridad: ***on good ~,*** de buena tinta. *2 pl.* autoridades.
authorize (to) ('ɔ:θəraiz) *t.* autorizar. *2* justificar.
autobiography (ˌɔ:toubai'ɔgrəfi) *s.* autobiografía.
autocracy (ɔ:'tɔkrəsi) *s.* autocracia.
autocrat ('ɔ:təkræt) *s.* autócrata.
autograph ('ɔ:təgrɑ:f) *a.-s.* autógrafo.
automatic (ˌɔtə'mætik) *a.* automático.
automaton (ɔ:'tɔmətən) *s.* autómata.
automobile ('ɔ:təməbi:l) *s.* automóvil.
autonomy (ɔ:'tɔnəmi) *s.* autonomía.
autopsy ('ɔ:təpsi) *s.* autopsia.
autumn ('ɔ:təm) *s.* otoño.
autumnal (ɔ:'tʌmnəl) *a.* otoñal.
auxiliary (ɔ:g'ziljəri) *a.* auxiliar.
avail (ə'veil) *s.* provecho.
avail (to) (ə'veil) *i.* servir, ser útil. *2 t.* aprovechar, servir [a uno]. *3* ref. ***to ~ oneself of,*** aprovecharse de, valerse de.
available (ə'veiləbl) *a.* disponible. *2* obtenible. *3* [ticket] válido.
avalanche ('ævəlɑ:nʃ) *s.* alud.
avarice ('ævəris) *s.* avaricia.
avaricious (ˌævə'riʃəs) *a.* avaro.

avenge (to) (ə'vendʒ) *t.* vengar.
avenger (ə'vendʒə^r) *s.* vengador.
avenue ('ævənju:) *s.* avenida, paseo, alameda.
aver (to) (ə'və:^r) *t.* afirmar, asegurar, declarar.
average ('ævəridʒ) *s.* promedio, término medio: ***on an ~***, por término medio. *2* lo corriente. *3 a.* ordinario, corriente.
average (to) ('ævəridʒ) *i.* hacer un promedio de. *2 t.* determinar el promedio de.
averse (ə'və:s) *a.* contrario, opuesto.
aversion (ə'və:ʃən) *s.* aversión. *2* repugnancia.
avert (to) (ə'və:t) *t.* apartar.
aviary ('eivjəri) *s.* pajarera.
aviation (ˌeivi'eiʃən) *s.* aviación.
aviator ('eivieitə^r) *s.* aviador.
avid ('ævid) *a.* ávido.
avidity (ə'viditi) *s.* avidez.
avocation (ˌævou'keiʃən) *s.* afición, pasatiempo. *2* ocupación.
avoid (to) (ə'vɔid) *t.* evitar, eludir. *2* anular.
avoidance (ə'vɔidəns) *s.* evitación. *2* DER. anulación.
avouch (to) (ə'vautʃ) *t.* afirmar; decir. *2* probar, garantizar.
avow (to) (ə'vau) *t.* confesar, reconocer.
avowal (ə'vauəl) *s.* confesión, reconocimiento.
await (to) (ə'weit) *t.-i.* aguardar, esperar.
awake (ə'weik) *a.* despierto.
awake (to) (ə'weik) *t.* despertar. *2 i.* despertarse. ¶ Pret.: ***awoke*** (ə'wouk); p. p.: ***awaked*** (ə'weikt) o ***awoke***.
awaken (to) (ə'weikən) *t.-i.* TO AWAKE.
awakened (ə'weikənd) *p. p.* de TO AWAKE.
award (ə'wɔ:d)*s.* sentencia. *2* adjudicación. *3* premio.
award (to) (ə'wɔ:d) *t.* DER. adjudicar. *2* dar, conceder.
aware (ə'wɛə^r) *a.* sabedor, enterado: ***to be ~ of***, saber, darse cuenta de.
away (ə'wei) *adv.* lejos, fuera, alejándose: ***to be ~***, estar fuera, ausente; ***to go ~***, irse, ausentarse. *2* Indica libertad o continuidad en la acción: ***they fired ~***, fueron disparando. *3 interj.* ¡fuera de ahí!
awe (ɔ:) *s.* temor. *2* asombro.
awe (to) (ɔ:) *t.* atemorizar, sobrecoger.
awful ('ɔ:ful) *a.* atroz, horrible. *2* tremendo, espantoso. *3* fam. enorme; muy feo.
awfully ('ɔ:fuli) *adv.* terriblemente. *2* enormemente.
awhile (ə'wail) *adv.* un rato.
awkward ('ɔ:kwəd) *a.* torpe, desmañado, desgarbado. *2* embarazoso, delicado.
awl (ɔ:l) *s.* lezna, punzón.
awn (ɔ:n) *s.* BOT. arista, raspa.
awning ('ɔ:niŋ) *s.* toldo, tendal.
awoke (ə'wouk) V. TO AWAKE.
awry (ə'rai) *adv.* de través. *2* mal. *3 a.* torcido, ladeado.
ax, axe (æks) *s.* hacha, destral.
axiom ('æksiəm) *s.* axioma.
axiomatic (ˌæksiə'mætik) *a.* axiomático.
axis ('æksis) *s.* eje. *2* ANAT. axis.
axle ('æksl) *s.* eje [de rueda]; árbol [de máquina].
aye (ei) *adv.* siempre.
azure ('æʒə^r) *a.-s.* azul celeste. *2 s.* azur.

B

baa (to) (bɑ:) *i.* balar.
babble ('bæbl) *s.* charla. *2* balbuceo. *3* murmullo [del agua].
babble (to) ('bæbl) *i.* charlar. *2* balbucear. *3* murmurar [el agua].
babbler ('bæbləʳ) *s.* charlatán.
babel ('beibəl) *s.* babel, confusión, algarabía.
baboon (bə'bu:n) *s.* mandril.
baby ('beibi) *s.* criatura, bebé, nene, niño. *2* benjamín.
bachelor ('bætʃələʳ) *s.* soltero, -ra. célibe. *2* bachiller, licenciado.
bacillus (bə'siləs) *s.* bacilo.
back (bæk) *s.* espalda: ***to turn one's ~ on,*** volver la espalda a; ***on one's ~,*** a cuestas; de espaldas, boca arriba. *2* espinazo. *3* lomo [de animal, libro, etc.] *4* espaldar, dorso, envés, revés. *5* trasera, fondo, parte de atrás. *6* respaldo [de silla, etc.] *7* FUTB. defensa. *8* TEAT. foro. *9 a.-adv.* posterior, dorsal, trasero; atrasado; atrás, hacia atrás; de vuelta, de regreso; en pago; ***~ door,*** puerta excusada; ***~ shop,*** trastienda; ***to come ~,*** volver, regresar; ***to give ~,*** devolver.
back (to) (bæk) *t.* apoyar, sostener. *2* apostar por. *3* hacer retroceder. *4* respaldar [un escrito]. *5* montar [un caballo]. *6* MAR. ***to ~ water,*** ciar. *7 i.* recular, retroceder. *8* ***to ~ out,*** volverse atrás.
backbite (to) ('bækbait) *i.-t.* difamar. ¶ Pret.: ***backbit;*** p. p.: ***backbit*** o ***-bitten*** ('bækbit, -n).
backbone ('bækboun) *s.* espinazo. *2* fig. firmeza, nervio.
backer ('bækəʳ) *s.* partidario. *2* apostador.
background ('bækgraund) *s.* fondo, último término.
backing ('bækiŋ) *s.* apoyo, sostén. *2* garantía. *3* forro [de detrás].
backside ('bæk'said) *s.* espalda, parte de atrás. *2* trasero.
backslide (to) ('bæk'slaid) *i.* deslizarse hacia atrás. *2* recaer.
backward ('bækwəd) *a.* retrógrado. *2* atrasado; lento, tardo. *3* tardío.
backward(s ('bækwədz) *adv.* hacia atrás. *2* al revés.
backwater ('bæk,wɔ:təʳ) *s.* remanso.
bacon ('beikən) *s.* tocino.
bacterium (bæk'tiəriəm), *pl.* **bacteria** (-riə) *s.* bacteria.
bad (bæd) *a.* malo, mal: ***~ form,*** mala educación. *2* enfermo. *3* podrido [huevo]. *4* falsa [moneda]. *5 adv.* mal: ***~ looking,*** feo, de mal aspecto. *6 s.* mal, lo malo: ***from ~ to worse,*** de mal en peor. *7* **-ly** *adv.* mal.
bade (beid) V. TO BID.
badge (bædʒ) *s.* insignia, distintivo. *2* divisa, símbolo.
badger ('bædʒəʳ) *s.* ZOOL. tejón.
badger (to) ('bædʒəʳ) *t.* molestar.
badness (bædnis) *s.* maldad.
baffle (to) ('bæfl) *t.* confundir, desconcertar. *2* burlar, frustrar.
bag (bæg) *s.* saco, bolsa. *2* maleta. *3* zurrón.
bag (to) (bæg) *t.* embolsar, ensacar. *2* cazar, pescar.
baggage ('bægidʒ) *s.* equipaje [de viaje]. *2* MIL. bagage.
bagpipe ('bægpaip) *s.* MÚS. gaita.
bail (beil) *s.* DER. fianza. *2* DER. fiador. *3* aro, cerco.
bail (to) (beil) *t.* dar fianza por [uno]. *2* achicar [sacar agua].
bailiff ('beilif) *s.* alguacil, corchete.
bait (beit) *s.* cebo, carnada.
bait (to) (beit) *t.* cebar [poner cebo]. *2* atormentar, acosar.
baize (beiz) *s.* bayeta.
bake (to) (beik) *t.* cocer, asar al horno. *2 i.* cocerse.
baker ('beikəʳ) *s.* panadero.
bakery ('beikəri) *s.* panadería.

balance ('bæləns) *s.* balanza. *2* contrapeso. *3* equilibrio. *4* COM. saldo.
balance (to) ('bæləns) *t.* pesar, comparar. *2* equilibrar. *3* contrapesar. *4* COM. saldar. *5 i.* equilibrarse, balancear(se.
balcony ('bælkəni) *s.* balcón. *2* TEAT. galería, anfiteatro.
bald (bɔ:ld) *a.* calvo. *2* desnudo, pelado. *3* escueto.
baldness ('bɔ:ldnis) *s.* calvicie. *2* desnudez [falta de pelo, etc.].
bale (beil) *s.* bala, fardo.
bale (to) (beil) *t.* embalar.
baleful ('beilful) *a.* pernicioso.
balk (bɔ:k) *s.* viga. *2* obstáculo, contratiempo.
balk (to) (bɔ:k) *t.* evitar. *2* burlar, frustrar. *3* malograr, perder. *4 i.* plantarse, resistirse.
ball (bɔ:l) *s.* bola, globo, esfera. *2* pelota. *3* bala [redonda]. *4* baile [fiesta].
ballad ('bæləd) *s.* balada. *2* canción, copla.
ballast ('bæləst) *s.* lastre.
ballast (to) ('bæləst) *t.* lastrar.
ballet ('bælei) *s.* ballet.
balloon (bə'lu:n) *s.* globo.
ballot ('bælət) *s.* balota; papeleta de voto. *2* votación, sufragio.
ballot (to) ('bælət) *i.-t.* votar.
balm (bɑ:m), **balsam** ('bɔ:lsəm) *s.* bálsamo.
balmy ('bɑ:mi), **balsamic** (bɔ:l'sæmik) *a.* balsámico, suave.
baluster ('bæləstə^r) *s.* balaustre.
balustrade (ˌbæləs'treid) *s.* balaustrada, barandilla.
bamboo (bæm'bu:) *s.* BOT. bambú.
ban (bæn) *s.* proscripción.
ban (to) (bæn) *t.* proscribir.
banal (bə'nɑ:l) *s.* trivial.
banana (bə'nɑ:nə) *s.* plátano.
band (bænd) *s.* faja, tira. *2* MÚS. banda: ~ ***stand,*** quiosco de música. *3* pandilla.
band (to) (bænd) *t.* atar, fajar, vendar. *2* acuadrillar. *3 i.* ***to ~ together,*** acuadrillarse.
bandage ('bændidʒ) *s.* venda, vendaje.
bandit ('bændit) *s.* bandido, bandolero.
bandoleer (ˌbændə'liə^r) *s.* bandolera.
bandy (to) ('bændi) *t.* cambiar [golpes, etc.]. *2 i.* discutir.
bandy-legged ('bændilegd) *a.* estevado.
bane (bein) *s.* muerte, ruina.
baneful ('beinful) *a.* letal, funesto, pernicioso, venenoso.
bang (bæŋ) *s.* golpe, porrazo [que resuena], portazo, detonación.
bang (to) (bæŋ) *t.* golpear [con ruido]: ***to ~ the door,*** dar un portazo. *2* aporrear, maltratar.
bangle ('bæŋgl) *s.* ajorca; brazalete.
banish (to) ('bæniʃ) *t.* desterrar.
banishment ('bæniʃmənt) *s.* destierro, proscripción.
banister ('bænistə^r) *s.* balaustre. *2 pl.* balaustrada, barandilla.
banjo ('bændʒou) *s.* banjo.
bank (bæŋk) *s.* ribazo, talud. *2* margen, orilla. *3* banco [de arena]. *4* COM. banco: ~ ***-note,*** billete de banco; ~ ***holiday,*** día de fiesta. *5* banca [en el juego].
bank (to) (bæŋk) *t.* amontonar. *2* represar. *3* depositar en un banco. *4 i.* ***to ~ on,*** contar con.
banker ('bæŋkə^r) *s.* banquero.
banking ('bæŋkin) *s.* banca.
bankrupt ('bæŋkrəpt) *a.* quebrado: ***to go ~,*** quebrar.
bankruptcy ('bæŋkrəptsi) *s.* quiebra, bancarrota.
banner ('bænə^r) *s.* bandera.
banns (bænz) *s.* amonestaciones.
banquet ('bæŋkwit) *s.* banquete.
banter ('bæntə^r) *s.* burla, chanza, vaya.
banter (to) ('bæntə^r) *t.* burlarse de. *2 i.* chancearse.
baptism ('bæptizəm) *s.* bautismo.
baptismal (bæp'tizməl) *a.* bautismal.
baptize (to) (bæp'taiz) *t.* bautizar.
bar (bɑ:^r) *s.* barra. *2* tranca [de puerta]. *3* obstáculo. *4* reja [de ventana]. *5* DER. cuerpo de abogados. *6* bar; mostrador de bar. *7* raya, faja.
bar (to) (bɑ:^r) *t.* atrancar [una puerta]. *2* listar, rayar. *3* obstruir; obstar, impedir, prohibir.
barb (bɑ:b) *s.* púa, lengüeta.
barbarian (bɑ:'bɛəriən) *a.-s.* bárbaro.
barbarism ('bɑ:bərizəm) *s.* barbarismo. *2* barbarie.
barbarity (bɑ:'bæriti) *s.* barbaridad.
barbarous ('bɑ:bərəs) *a.* bárbaro.
barbecue ('bɑ:bikju:) *s.* barbacoa.
barbed (bɑ:bd) *a.* armado con púas: ~ ***wire,*** espino artificial.
barber ('bɑ:bə^r) *s.* barbero: ***barber's shop,*** barbería.
bard (bɑ:d) *s.* bardo. *2* barda.
bare (bɛə^r) *a.* desnudo; descubierto. *2* pelado; liso, sencillo. *3* raído. *4* mero, puro, solo.
bare (to) (bɛə^r) *t.* desnudar, despojar, descubrir.
barefaced ('bɛəfeist) *a.* descarado.
barefoot(ed ('bɛəfut, 'bɛə'futid) *a.* descalzo.

bareheaded ('bɛə'hedid) *a.* descubierto, destocado.
barely ('bɛəli) *adv.* apenas.
bareness ('bɛənis) *s.* desnudez. *2* miseria, escasez.
bargain ('bɑ:gin) *s.* trato: ***into the ~,*** de más, por añadidura. *2* ganga, buen negocio: ~ ***sale,*** COM. saldo, liquidación.
bargain (to) ('bɑ:gin) *i.* regatear.
barge (bɑ:dʒ) *s.* barcaza.
bark (bɑ:k) *s.* corteza [de árbol]. *2* ladrido. *3* barca.
bark (to) (bɑ:k) *t.* descortezar. *2* rozar, desollar. *3 i.* ladrar.
barley ('bɑ:li) *s.* BOT. cebada.
barm (bɑ:m) *s.* levadura.
barmaid ('bɑ:meid) *s.* moza de taberna.
barman ('bɑ:mən) *s.* mozo de taberna, barman.
barmy ('bɑ:mi) *a.* espumoso. *2* fig. chiflado.
barn (bɑ:n) *s.* granero, pajar.
barnacle ('bɑ:nəkl) *s.* percebe.
barn-yard ('bɑa:n-'jɑ:d) *s.* patio [de granja].
barometer (bə'rɔmitəʳ) *s.* barómetro.
baron ('bærən) *s.* barón.
baronet ('bærənit) *s.* baronet.
baroque (bə'rouk) *a.* barroco.
barracks ('bærəks) *s. pl.* cuartel.
barrage ('bærɑ:ʒ) *s.* barrera.
barrel ('bærəl) *s.* barril, tonel. *2* cañón [de un arma]. *3* MEC. cilindro, tambor. *4* MÚS. ~ ***organ,*** organillo.
barrel (to) ('bærəl) *t.* embarrilar, entonelar.
barren ('bærən) *a.* estéril, infecundo. *2* árido. *3 s.* yermo.
barricade (ˌbæri'keid) *s.* barricada.
barricade (to) (ˌbæri'keid) *t.* fortificar con barricadas.
barrier ('bæriəʳ) *s.* barrera.
barring ('bɑ:riŋ) *prep.* excepto.
barrister ('bæristəʳ) *s.* abogado.
barrow ('bærou) *s.* carrito de mano, carretilla.
barter ('bɑ:təʳ) *s.* trueque, cambio, cambalache.
barter (to) ('bɑ:təʳ) *t.-i.* trocar, cambiar: ~ ***away,*** malbaratar.
basalt ('bæsɔ:lt) *s.* basalto.
base (beis) *a.* bajo, ruin, vil. *2 s.* base. *3* basa.
base (to) (beis) *t.* basar, fundar. *2 i.* basarse.
baseball ('beisbɔ:l) *s.* béisbol.
baseless ('beislis) *a.* infundado.
basement ('beismənt) *s.* sótano.
bashful ('bæʃful) *a.* vergonzoso, tímido, modesto.
bashfulness ('bæʃfulnis) *s.* vergüenza, timidez.
basic ('beisik) *a.* básico.
basilisk ('bæzilisk) *s.* basilisco.
basin ('beisn) *s.* jofaina, palangana. *2* GEOGR. cuenca. *3* dársena.
basis ('beisis) *s.* base, fundamento.
bask (to) (bɑ:sk) *i.* calentarse.
basket ('bɑ:skit) *s.* cesto, canasta.
basket-ball ('bɑ:skitbɔ:l) *s.* baloncesto.
Basque (bæsk) *a.-s.* vasco. *2 s.* vascuence.
bas-relief ('bæsriˌli:f) *s.* bajo relieve.
bass (bæs) *s.* ICT. róbalo, lobina.
bass (beis) *a.-s.* MÚS. bajo.
bassoon (bə'su:n) *s.* MÚS. fagot.
bastard ('bæstəd) *a.-s.* bastardo.
baste (to) (beist) *t.* hilvanar. *2* azotar. *3* COC. lardear.
bastion ('bæstiən) *s.* baluarte.
bat (bæt) *s.* ZOOL. murciélago. *2* DEP. palo, bote.
bat (to) (bæt) *t.* golpear.
batch (bætʃ) *s.* hornada.
bate (to) (beit) *t.* disminuir.
bath (bɑ:θ) *s.* baño. *2* bañera. *3 pl.* baños (balneario).
bathe (to) (beið) *t.-i.* bañar(se.
bather ('beiðəʳ) *s.* bañista.
bathing ('beiðiŋ) *s.* baño: ~ ***suit,*** bañador.
bathrobe ('bɑ:θroub) *s.* albornoz; bata.
bath-room ('bɑ:θrum) *s.* cuarto de baño.
bath-tub ('bɑ:θtʌb) *s.* bañera.
baton ('bætən) *s.* bastón [de mando]. *2* MÚS. batuta.
batsman ('bætsmən) *s.* jugador de cricquet.
battalion (bə'tæljən) *s.* batallón.
batten ('bætn) *s.* listón, tabla.
batten (to) ('bætn) *i.* engordar.
batter ('bætəʳ) *s.* COC. batido.
batter (to) ('bætəʳ) *t.* batir [golpear; cañonear]. *2* demoler.
battery ('bætəri) *s.* batería. *2* pila eléctrica.
battle ('bætl) *s.* batalla, combate.
battle (to) ('bætl) *i.* combatir.
battlefield ('bætlfi:ld) *s.* campo de batalla.
battlement ('bætlmənt) *s.* muralla almenada.
battleship ('bætlʃip) *s.* acorazado.
bauble ('bɔ:bl) *s.* chuchería.
bawd (bɔ:d) *s.* alcahuete, -ta.
bawdy ('bɔ:di) *a.* obsceno, verde.
bawl (to) (bɔ:l) *i.-t.* gritar, vociferar; berrear.
bay (bei) a.-s. bayo [caballo]. *2 s.* bahía, ensenada. *3* ARQ. intercolumnio, vano. *4* ojo [de puente]. *5* ~ ***window,*** mira-

dor. *6* ladrido. *7* laurel. *8* ***at ~,*** acorralado.
bay (to) (bei) *i.* ladrar.
bayonet ('beiənit) *s.* bayoneta.
baza(a)r (bə'zɑ:ʳ) *s.* bazar. *2* feria o tómbola benéfica.
bazooka (bə'zu:kə) *s.* bazuca.
be (to) (bi:) *i.* ser; estar. *2* hallarse. *3* existir. *4* tener: ***he is ten,*** tiene diez años. *5* *impers.* haber [precedido de ***there***]: ***there is something,*** hay algo. *6* hacer: ***it's cold,*** hace frío. *7* *aux.* Forma la pasiva: ***he is loved,*** es amado; la conjug. progresiva: ***he is coming,*** va a venir; la conjug. de obligación: ***I'm to go out,*** he de salir. ¶ CONJUG: INDIC. Pres.: ***I am*** (æm, əm, m), ***you are*** (ɑ:ʳ, ɑʳ, əʳ)[*art*], ***he is*** (iz, z, s), ***we are,*** etc. | Pret.: ***I, he was*** (wɔz, wəz), ***you, we, they were*** (wə:ʳ, wəʳ). ‖ SUBJ. PRES.: ***be.*** | ***Pret.: were.*** ‖ PART. PAS.: ***been*** (bi:n, bin). ‖ GER.: ***being*** ('bi:iŋ).
beach (bi:tʃ) *s.* playa, orilla.
beach (to) (bi:tʃ) *i.-t.* varar.
beacon ('bi:kən) *s.* almenara. *2* faro, farola.
bead (bi:d) *s.* cuenta [de rosario; abalorio]. *2* perla, gota. *3* *pl.* rosario.
beadle ('bi:dl) *s.* alguacil, macero. *2* bedel.
beak (bi:k) *s.* pico [de ave, etc.].
beam (bi:m) *s.* viga, madero. *2* astil [de balanza]. *3* rayo [de luz, calor, etc.].
beam (to) *(bi:m)* *t.* emitir [luz, etc.]. *2* *i.* brillar.
beaming ('bi:miŋ) *a.* brillante.
bean (bi:n) *s.* haba: ***French ~,*** judía. *2* grano [de café, etc.].
bear (bɛəʳ) *s.* ZOOL. oso, osa. *2* fig. bajista [en Bolsa].
bear (to) (bɛəʳ) *t.* llevar, cargar. *2* soportar, aguantar. *3* producir [frutos, etc.]. *4* dar a luz; ***he was born in London,*** nació en Londres. *5* ***to ~ in mind,*** tener presente; ***to ~ oneself,*** portarse. *6* *i.* resistir, ser paciente. *7* ***to ~ on*** o ***upon,*** referirse a; ***to ~ up,*** mantenerse firme. ¶ Pret.: ***bore*** (bɔ:ʳ); p. p.: ***borne*** o ***born*** (bɔ:n).
beard (biəd) *s.* barba. *2* BOT. arista.
beard (to) (biəd) *t.* desafiar.
bearded ('biədid) *a.* barbudo.
beardless ('biədlis) *a.* imberbe.
bearer ('bɛərəʳ) *s.* portador. *2* soporte. *3* árbol fructífero.
bearing ('bɛəriŋ) *s.* porte, conducción. *2* producción. *3* MEC. cojinete. *4* MAR. orientación: ***to lose one's bearings,*** desorientarse. *5* relación.
beast (bi:st) *s.* bestia, animal.
beastly (bi:stli) *a.* bestial.
beat (bi:t) *s.* golpe; latido. *2* toque [en el tambor]. *3* tictac. *4* ronda, recorrido.
beat (to) (bi:t) *t.* pegar; golpear. 2 tocar [el tambor]. *3* batir [metales; huevos]. *4* vencer, derrotar. *5* ganar, aventajar. *6* ***to ~ time,*** llevar el compás. *7* ***to ~ a retreat,*** emprender la retirada. *8* *i.* batir, golpear [en]; llamar [a la puerta]. *9* latir, palpitar. *10* ***to ~ about the bush,*** fig. andar con rodeos. ¶ Pret.: ***beat*** (bi:t); p. p.: ***beaten*** (bi:tn).
beatify (to) (bi(:)'ætifai) *t.* beatificar.
beating ('bi:tiŋ) *s.* paliza. *2* golpeo. *3* latido, pulsación.
beatitude (bi(:)'ætitju:d) *s.* beatitud.
beau (bou), *pl.* **beaux** (-z) *s.* elegante. *2* galán, cortejo.
beautiful ('bju:tiful) *a.* hermoso, bello. *2* lindo, precioso.
beautify (to) ('bju:tifai) *t.-i.* hermosear(se, embellecer(se.
beauty ('bju:ti) *s.* belleza, hermosura: ~ ***spot,*** lunar postizo.
beaver ('bi:vəʳ) *s.* castor.
becalm (to) (bi'kɑ:m) *t.* calmar.
became (bi'keim) V. TO BECOME.
because (bi'kɔz) *conj.* porque. *2* ~ ***of,*** a causa de.
beckon (to) ('bekən) *t.* llamar por señas. *2* *i.* hacer señas.
become (to) (bi'kʌm) *t.* convenir, sentar, caer o ir bien. *2* *i.* volverse, hacerse, convertirse en; ponerse: ***to ~ angry,*** enojarse. *3* ***what has become of Peter?,*** ¿qué ha sido de Pedro? ¶ Pret.: ***became*** (bi'keim); p. p.: ***become*** (bi'kʌm).
becoming (bi'kʌmiŋ) *a.* que sienta bien. *2* conveniente, propio.
bed (bed) *s.* cama, lecho: ***to go to ~,*** acostarse. *2* GEOGR. lecho, cauce. *3* base, cimiento. *4* estrato, yacimiento. *5* JARD. macizo, cuadro.
bed (to) (bed) *t.-i.* acostar(se.
bedaub (to) (bi'dɔ:b) *t.* embadurnar.
bedbug ('bedbʌg) *s.* ENT. chinche.
bedding ('bediŋ) *s.* colchones y ropa de cama. *2* cama [para el ganado].
bedeck (to) (bi'dek) *t.* adornar.
bedew (to) (bi'dju:) *t.* rociar.
bedlam ('bedləm) *s.* manicomio.
bedrid(den ('bed,rid -n) *a.* postrado en cama.
bedroom ('bedrum) *s.* dormitorio.
bedside ('bedsaid) *s.* ~ ***table,*** mesa de noche.
bedspring ('bedspriŋ) *s.* colchón de muelles.

bedstead ('bedsted) *s.* armadura de la cama.
bee (bi:) *s.* abeja: ***to have a ~ in one's bonnet,*** estar chiflado.
beech (bi:tʃ) *s.* BOT. haya.
beechnut ('bi:tʃnʌt) *s.* hayuco.
beef (bi:f) *s.* carne de vaca.
beefeater ('bi:fˌi:təʳ) *s.* alabardero.
beefsteak ('bi:f'steik) *s.* bisté.
beehive ('bi:haiv) *s.* colmena.
bee-line ('bi:lain) *s.* línea recta.
been (bi:n, bin) V. TO BE.
beer (biəʳ) *s.* cerveza.
beerhouse ('biəhaus) *s.* cervecería.
beet (bi:t) *s.* remolacha.
beetle ('bi:tl) *s.* ENT. escarabajo.
beetle-browed ('bi:tilbraud) *a.* cejudo. *2* ceñudo.
beetroot ('bi:tru:t) *s.* remolacha.
befall (to) (bi'fɔ:l) *i.-t.* ocurrir, acontecer.
befit (to) *(bi*'fit) *i.* convenir.
befitting (bi'fitiŋ) *a.* conveniente.
before (bi'fɔ:ʳ, -fɔəʳ) *adv.* antes. *2* delante. *3 prep.* antes de o que. *4* delante de.
beforehand (bi'fɔ:hænd) *adv.* de antemano, con antelación.
befriend (to) (bi'frend) *t.* favorecer, proteger.
beg (to) (beg) *t.* pedir, solicitar; rogar. *2 i.* mendigar.
began (bi'gæn) V. TO BEGIN.
beget (to) (bi'get) *t.* engendrar, originar. ¶ Pret.: ***begot*** (bi'gɔt); p. p.: ***-gotten*** (-'gɔtn)o ***-got.***
beggar ('begəʳ) *s.* mendigo, -ga.
beggar (to) ('begəʳ) *t.* empobrecer, arruinar. *2* agotar, apurar.
beggarly ('begəli) *a.* pobre, miserable; mezquino.
begin (to) (bi'gin) *t.-i.* empezar, comenzar, principiar. ¶ Pret.: ***began*** (bi'gæn); p. p.: ***begun*** (bi'gʌn); ger.: ***beginning.***
beginner (bi'ginəʳ) *s.* principiante.
beginning (bi'giniŋ) *s.* principio.
begone (bi'gɔn) *interj.* ¡fuera!
begot (bi'gɔt), **begotten** (bi'gɔtn) V. TO BEGET.
begrime (to) (bi'graim) *t.* ensuciar.
beguile (to) (bi'gail) *t.* engañar, seducir: ***to ~ of,*** estafar. *2* pasar [el tiempo].
begun (bi'gʌn) V. TO BEGIN.
behalf (bi'hɑ:f) *s.* cuenta, interés; ***on ~ of,*** en nombre de.
behave (to) (bi'heiv) *i.-ref.* obrar, proceder, portarse bien.
behavio(u)r (bi'heivjəʳ) *s.* conducta, comportamiento.
behead (to) (bi'hed) *t.* decapitar.
beheading (bi'hediŋ) *s.* decapitación.
beheld (bi'held) V. TO BEHOLD.
behind (bi'haind) *adv.* detrás. *2 prep.* detrás de; después de: ***~ time,*** tarde, con retraso. *3 s.* trasero.
behindhand (bi'haind-hænd) *adv.* con retraso. *2 a.* atrasado.
behold (to) (bi'hould) *t.* ver, contemplar, observar. ¶ Pret. y p. p.: ***beheld*** (bi'held).
beho(o)ve (to) (bi'houv) *i.* tocar, atañer, incumbir.
being ('bi:iŋ) *ger.* de TO BE. *2 s.* ser, existencia. *3* persona. *4* ***for the time ~,*** por ahora.
belabour (to) (bi'leibəʳ) *t.* pegar, apalear, maltratar.
belated (bi'leitid) *a.* tardío.
belch (beltʃ) *s.* eructo.
belch (to) (beltʃ) *i.* eructar. *2 t.* vomitar [llamas].
beleaguer (to) (bi'li:gəʳ) *t.* sitiar, cercar.
belfry ('belfri) *s.* campanario.
Belgian ('beldʒən) *s.-s.* belga.
Belgium ('beldʒəm) *n. pr.* GEOGR. Bélgica.
belie (to) (bi'lai) *t.* desmentir.
belief (bi'li:f) *s.* creencia. *2* opinión. *3* fe, confianza.
believable (bi'li:vəbl) *a.* creíble.
believe (to) (bi'li:v) *t.-i.* creer. *2* pensar, opinar.
believer (bi'li:vəʳ) *s.* creyente.
belittle (to) (bi'litl) *t.* menospreciar.
bell (bel) *s.* campana; campanilla; timbre: ***~ boy,*** botones. *2* cencerro, esquila, cascabel. *3* tañido de campana, campanada.
belle (bel) *s.* beldad.
bellicose ('belikous) *a.* belicoso.
bellied ('belid) *a.* panzudo.
belligerent (bi'lidʒərənt) *a.-s.* beligerante.
bellow ('belou) *s.* bramido, mugido, rugido.
bellow (to) ('belou) *i.* bramar, mugir, rugir.
bellows ('belouz) *s.* fuelle.
belly ('beli) *s.* vientre, panza.
belly (to) ('beli) *t.* combar, abultar. *2 i.* pandear.
belong (to) (bi'lɔŋ) *i.* pertenecer. *2* ser habitante de.
belongings (bi'lɔŋiŋz) *s. pl.* bienes.
beloved (bi'lʌvd) *a.* querido, amado, dilecto. *2 s.* persona amada.
below (bi'lou) *adv.* abajo, debajo. *2 prep.* bajo, debajo de; por debajo de: ***~ zero,*** bajo cero.

belt (belt) *s.* cinturón, faja. *2* zona. *3* MEC. correa de transmisión.
bemoan (to) (bi'moun) *t.* llorar, lamentar.
bench (bentʃ) *s.* banco. *2* tribunal.
bend (bend) *s.* inclinación. *2* curvatura, curva, recodo.
bend (to) (bend) *t.* encorvar, doblar, torcer. *2* inclinar. *3* encaminar: ***to ~ one's efforts,*** dirigir sus esfuerzos. *4 i.* encorvarse, doblegarse. *5* inclinarse. *6* aplicarse. ¶ Pret. y p. p.: ***bent*** (bent).
bending ('bendiŋ) *s.* recodo.
beneath (bi'ni:θ) *adv.* abajo, debajo. *2 prep.* bajo, debajo de.
benediction (ˌbeni'dikʃən) *s.* bendición.
benefaction (ˌbeni'fækʃən) *s.* beneficio, merced, gracia.
benefactor ('benifæktəʳ) *s.* bienhechor. *2* donador.
benefice ('benifis) *s.* beneficio.
beneficence (bi'nefisəns) *s.* beneficencia, bondad, caridad.
beneficent (bi'nefisənt) *a.* benéfico.
beneficial (ˌbeni'fiʃəl) *a.* beneficioso, provechoso.
beneficiary (ˌbeni'fiʃəri) *s.* beneficiado. *2* beneficiario.
benefit ('benifit) *s.* beneficio, favor. *2* beneficio, bien, utilidad.
benefit (to) ('benifit) *t.* beneficiar. *2 i.* beneficiarse.
benevolence (bi'nevələns) *s.* benevolencia, caridad.
benevolent (bi'nevɔlənt) *a.* benévolo, caritativo.
benighted (bi'naitid) *a.* sorprendendido por la noche. *2* ignorante.
benign (bi'nain) *a.* benigno.
benignant (bi'nignənt) *a.* benigno, bondadoso. *2* favorable.
benignity (bi'nigniti) *s.* benignidad. *2* favor, merced.
bent (bent) *pret.* y *p. p.* de TO BEND. *2 a.* torcido, doblado. *3* ***~ on,*** empeñado en. *4 s.* curvatura. *5* inclinación, tendencia.
benumb (to) (bi'nʌm) *t.* entumecer, aterir. *2* entorpecer.
benzine ('benzi:n) *s.* bencina.
bequeath (to) (bi'kwi:ð) *t.* legar, dejar.
bequest (bi'kwest) *s.* legado.
bereave (to) (bi'ri:v) *t.* privar, desposeer de. ¶ Pret. y p. p.: ***bereaved*** (bi'ri:vd) o ***bereft*** (bi'reft).
bereavement (bi'ri:vmənt) *s.* privación, despojo. *2* duelo.
bereft (bi'reft) V. TO BEREAVE.
beret ('berei) *s.* boina.
berry ('beri) *s.* baya; grano.
berth (bə:θ) *s.* MAR. amarradero. *2* camarote, litera.
berth (to) (bə:θ) *s.* MAR. amarrar. *2 i.* fondear.
beseech (to) (bi'si:tʃ) *t.* implorar; suplicar. ¶ Pret. y p. p.: ***besought*** (bi'sɔ:t) o ***beseeched*** (bi'si:tʃt).
beset (to) (bi'set) *t.* asediar, acosar. *2* cercar, rodear. ¶ Pret. y p. p.: ***beset;*** ger.: ***besetting.***
beside (bi'said) *adv.* cerca, al lado. *2 prep.* al lado de, cerca de. *3* ***~ oneself,*** fuera de sí. *4* ***~ the point,*** que no viene al caso.
besides (bi'saidz) *adv.* además, por otra parte. *2 prep.* además de. *3* excepto.
besiege (to) (bi'si:dʒ) *t.* sitiar. *2* asediar, acosar.
besmear (to) (bi'smiəʳ) *t.* ensuciar, untar.
besought (bi'sɔ:t) V. TO BESEECH.
bespatter (to) (bi'spætəʳ) *t.* salpicar, manchar.
bespeak (to) (bi'spi:k) *t.* apalabrar, encargar.
best (best) *a. superl.* de GOOD; mejor, óptimo, superior: ***~ man,*** padrino de boda; ***~ seller,*** libro de mayor venta. *2* ***the ~ part of,*** la mayor parte de. *3 adv. superl.* de WELL: mejor; mucho; más. *4 s.* lo mejor, lo más: ***to do one's ~,*** esmerarse; ***to make the ~ of,*** sacar el mejor partido de; ***at ~, at the ~,*** en el mejor de los casos.
bestial ('bestjəl) *a.* bestial.
bestir (to) (bi'stə:ʳ) *ref.* ***to ~ oneself,*** menearse, afanarse.
bestow (to) (bi'stou) *t.* otorgar, conferir. *2* emplear, dedicar.
bestowal (bi'stouəl) *s.* concesión, dádiva, don.
bestride (to) (bi'straid) *t.* montar [a horcajadas]. ¶ Pret.: ***bestrode*** (bi'stroud); p. p.: ***bestridden*** (bi'stridn).
bet (bet) *s.* apuesta.
bet (to) (bet) *t.-i.* apostar.
betake (to) (bi'teik) *ref.* recurrir, acudir. *2* ir, trasladarse.
bethink (to) (bi'θiŋk) *t.-ref.* pensar, considerar.
betide (to) (bi'taid) *t.-i.* ocurrir, suceder. *2 t.* presagiar, indicar.
betimes (bi'taimz) *adv.* a tiempo. *2* pronto, temprano.
betoken (to) (bi'toukən) *t.* presagiar. *2* indicar, denotar.
betray (to) (bi'trei) *t.* traicionar. *2* revelar, descubrir.
betrayal (bi'treiəl) *s.* traición.

betroth (to) (bi'trouð) *t.-i.* desposar, prometer.
betrothal (bi'trouðel) *s.* desposorio; esponsales.
betrothed (bi'trouðd) *a.-s.* prometido, novio futuro.
better ('betəʳ) *a.-adv.* mejor; ~ ***half,*** cara mitad; ~ ***off,*** más acomodado. *2 s.* lo mejor; ***so much the ~,*** tanto mejor. *3 pl.* superiores.
better (to) ('betəʳ) *t.* mejorar. *2 i.* mejorarse.
betterment ('betəmənt) *s.* mejora, adelanto.
betting ('betiŋ) *s.* apuesta.
bettor (betəʳ) *s.* apostante.
between (bi'twi:n) *adv.* en medio. *2 prep.* entre [dos].
bevel ('bevəl) *s.* bisel, chaflán.
bevel (to) ('bevəl) *t.* biselar.
beverage ('bevəridʒ) *s.* bebida.
bewail (to) (bi'weil) *t.* llorar, lamentar. *2 i.* lamentarse, plañir.
beware (to) (bi'wɛəʳ) *i.* guardarse de, precaverse.
bewilder (to) (bi'wildəʳ) *t.* desconcertar, aturdir, confundir.
bewilderment (bi'wildəmənt) *s.* desconcierto, aturdimiento.
bewitch (to) (bi'witʃ) *t.* embrujar, hechizar, encantar.
bewitchment (bi'witʃmənt) *s.* hechizo. *2* encanto, fascinación.
beyond (bi'jɔnd) *adv.* más allá, más lejos. *3 prep.* más allá de. *3 s.* la otra vida.
bias ('baiəs) *s.* sesgo, oblicuidad. *2* parcialidad, prejuicio.
bias (to) ('baiəs) *t.* predisponer.
bib (bib) *s.* babero.
Bible ('baibl) *s.* Biblia.
biblical ('biblikəl) *a.* bíblico.
bibliography (ˌbibli'ɔgrəfi) *s.* bibliografía.
biceps ('baisəps) *a.-s.* bíceps.
bicker (to) ('bikəʳ) *i.* disputar, altercar.
bicycle ('baisikl) *s.* bicicleta.
bid (bid) *s.* licitación, puja.
bid (to) (bid) *t.* decir: ***to ~ good bye,*** decir adiós. *2* ofrecer [un precio], pujar. *3* ordenar, mandar. *4* invitar. ¶ Pret.: ***bade*** (beid); p. p.: ***bidden*** ('bidn).
bidden ('bidn) V. TO BID.
bidding ('bidiŋ) *s.* licitación, postura. *2* mandato; invitación.
bide (to) (baid) *t.-i.* ABIDE: ***to ~ one's time,*** esperar la ocasión.
biennial (bai'eniəl) *a.* bienal.
bier (biəʳ) *s.* andas, féretro.
big (big) *a.* grande, importante. *2* corpulento, voluminoso.
bigamy ('bigəmi) *s.* bigamia.
bight (bait) *s.* ensenada, cala.
bigot ('bigət) *s.* fanático.
bigotry ('bigetri) *s.* fanatismo, intolerancia.
bigwig ('bigwig) *s.* fam. personaje.
bile (bail) *s.* bilis. *2* cólera.
bilge (bildʒ) *s.* MAR. sentina.
bilingual (bai'liŋgwəl) *a.* bilingüe.
Bill(y (bil, -i) *dim.* de WILLIAM.
bill (bil) *s.* pico [de ave]. *2* pica, alabarda. *3* cuenta, nota, factura, lista: ~ ***of fare,*** minuta, lista de platos; ~ ***of lading,*** conocimiento de embarque. *4* letra, pagaré: ~ ***of exchange,*** letra de cambio. *5* patente, certificado. *6* cartel, programa [de teatro], prospecto. *7* proyecto de ley; ley.
bill (to) (bil) *t.* cargar en cuenta. *2* anunciar por carteles.
billet ('bilit) *s.* billete, esquela. *2* MIL. boleta. *3* MIL. alojamiento. *4* trozo de leña.
billet (to) ('bilit) *t.* MIL. alojar.
billiards ('biljədz) *s.* billar.
billion ('biljən) *s.* (Ingl.) billón. *2* (E.U.) mil millones.
billow ('bilou) *s.* oleada. *2* ola.
billow (to) ('bilou) *i.* ondular.
billowy ('biloui) *a.* ondeante.
billy-goat ('biligout) *s.* cabrón.
bin (bin) *s.* caja, arca, arcón, depósito, recipiente.
bind (baind) *s.* lazo, ligadura.
bind (to) (baind) *t.* ligar, atar, unir. *2* vendar. *3* ribetear. *4* encuadernar. *5* obligar, compeler. ¶ Pret. y p. p.: ***bound*** (baund).
binder ('baindəʳ) *s.* encuadernador.
binding ('baindiŋ) *s.* atadura. *2* COST. ribete. *3* encuadernación. *4 a.* obligatorio.
bindweed ('baindwi:d) *s.* BOT. enredadera; correhuela.
binnacle ('binəkl) *s.* bitácora.
binocular (bi'nɔkjuləʳ) *a.* binocular. *2 s. pl.* ÓPT. gemelos.
biography (bai'ɔgrəfi) *s.* biografía.
biology (bai'ɔlədʒi) *s.* biología.
biped ('baiped) *a.-s.* bípedo.
birch (bə:tʃ) *s.* [vara de] abedul.
birch (to) (bə:tʃ) *t.* azotar.
bird (bə:d) *s.* ave, pájaro: ~ ***of prey,*** ave de rapiña; ~***'s eye view,*** vista de pájaro.
bird-lime ('bə:dlaim) *s.* liga.
birth (bə:θ) *s.* nacimiento. *2* cuna, origen. *3* linaje, alcurnia.
birthday ('bə:θdei) *s.* cumpleaños.
birthmark ('bə:θmɑ:k) *s.* lunar.

birthplace ('bə:θpleis) *s.* lugar de nacimiento; pueblo natal.
biscuit ('biskit) *s.* galleta, bizcocho. *2* CERÁM. bizcocho.
bisect (to) (bai'sekt) *t.* bisecar.
bishop ('biʃəp) *s.* ECLES. obispo. *2* AJED. alfil.
bishopric ('biʃəp-rik) *s.* obispado.
bison ('baisn) *s.* ZOOL. bisonte.
bit (bit) *s.* trozo, pedacito, un poco: ~ ***by*** ~, poco a poco. *2* bocado [de comida]. *3* bocado [del freno]. *4* broca, taladro.
bit (bit) *pret.* de TO BITE.
bitch (bitʃ) *s.* ZOOL. perra.
bite (bait) *s.* mordedura. *2* mordisco. *3* bocado, tentempié. *4* picadura [de insecto, etc.].
bite (to) (bait) *t.-i.* morder. *2* picar [un insecto, un manjar, etc.]. ¶ Pret.: ***bit*** (bit); p. p.: ***bit*** o ***bitten*** ('bitn).
biting ('baitiŋ) *a.* mordaz; picante.
bitten ('bitn) V. TO BITE.
bitter ('bitə^r) *a.* amargo. *2* áspero, agrio, duro, cruel, intenso. *3* mordaz. *4* encarnizado.
bitterness ('bitənis) *s.* amargura. *2* acritud. *3* crueldad. *4* rencor.
bitter-sweet ('bitə-swi:t) *a.* agridulce. *2 s.* BOT. dulcamara.
bitumen ('bitjumin) *s.* betún.
bivouac ('bivuæk) *s.* vivaque.
bizarre (bi'zɑ:^r) *a.* raro, original.
blab (to) (blæb) *t.* revelar, divulgar. *2 i.* chismear.
black (blæk) *a.* negro: ~ ***art,*** nigromancia; ~ ***beetle,*** cucaracha; ~ ***market,*** estraperlo; ***Black Sea,*** Mar Negro; ~ ***sheep,*** fig. garbanzo negro. *2* moreno, atezado. *3* puro [café]. *4* hosco, ceñudo, amenazador. *5 s.* negro. *6* moreno, mulato. *7* luto.
black (to) (blæk) *t.* ennegrecer. *2 i.* ennegrecerse.
black-and-blue (ˌblæk-ən-'blu:) *a.* amoratado.
blackberry ('blækbəri) *s.* BOT. zarza. *2* zarzamora.
blackbird ('blækbə:d) *s.* ORN. mirlo.
blackboard ('blækbɔ:d) *s.* pizarra.
blacken (to) ('blækən) *t.* teñir de negro; embetunar. *2 t.-i.* ennegrecer(se, oscurecer(se.
blackguard ('blægɑ:d) *s.* pillo.
blackhead ('blækˌhed) *s.* espinilla, comedón.
blackish ('blækiʃ) *a.* negruzco.
blackmail ('blækmeil) *s.* chantaje.
blackmail (to) ('blækmeil) *t.* hacer un chantaje a.
blackness ('blæknis) *s.* negrura, oscuridad.
black-out ('blækaut) *s.* apagón.
blacksmith ('blæksmiθ) *s.* herrero.
bladder ('blædə^r) *s.* vejiga.
blade (bleid) *s.* hoja, cuchilla [de arma, etc.]. *2* pala [de remo, etc.]. *3* hoja [de hierba].
blade-bone ('bleidboun) *s.* omóplato, paletilla.
blame (bleim) *s.* censura, culpa.
blame (to) (bleim) *t.* censurar.
blanch (to) (blɑ:ntʃ) *t.* blanquear. *2 i.* palidecer.
bland (blænd) *a.* blando, suave.
blandish (to) ('blændiʃ) *t.* halagar, lisonjear, engatusar.
blandishment ('blændiʃmənt) *s.* halago, zalamería.
blank (blæŋk) *a.* en blanco: ~ ***check,*** cheque en blanco. *2* vacío; sin interés. *3* desconcertado, confuso. *4* blanco [verso]. *5 s.* blanco, espacio, laguna. *6* diana [de un blanco].
blanket ('blæŋkit) *s.* manta.
blare (blɛə^r) *s.* trompeteo.
blare (to) (blɛə^r) *i.* sonar [como la trompeta]. *2 t.* gritar.
blaspheme (to) (blæs'fi:m) *i.-t.* blasfemar.
blasphemous ('blæsfiməs) *a.* blasfemo.
blasphemy ('blæsfimi) *s.* blasfemia.
blast (blɑ:st) *s.* ráfaga [de viento]. *2* soplo [de un fuelle]; chorro [de aire, vapor, etc.]. *3* sonido [de trompeta, bocina, etc.]. *4* explosión, voladura. *5* ~ ***furnace,*** alto horno.
blast (to) (blɑ:st) *t.* agostar, marchitar. *2* maldecir.
blatant ('bleitənt) *a.* vocinglero. *2* vulgar, llamativo.
blaze (bleiz) *s.* llama. *2* hoguera. *3* brillo: ***in a*** ~, en llamas.
blaze (to) (bleiz) *i.* arder, llamear. *2* brillar, resplandecer. *3 t.* encender, inflamar.
blazer ('bleizə^r) *s.* chaqueta de deporte.
blazon ('bleizn) *s.* blasón.
blazon (to) ('bleizn) *t.* BLAS. blasonar. *2* proclamar.
bleach (to) (bli:tʃ) *t.* blanquear [tejidos]; descolorar.
bleak (bli:k) *a.* desierto, frío, triste: ~ ***place,*** páramo.
blear (to) (bliə^r) *t.* empañar. *2* nublar [la vista]. *3* ofuscar.
bleat (bli:t) *s.* balido.
bleat (to) (bli:t) *i.* balar.
bled (bled) V. TO BLEED.

bleed (to) (bli:d) *t.-i.* sangrar. *2* chupar, desangrar. ¶ Pret. y p. p.: ***bled*** (bled).
blemish ('blemiʃ) *s.* tacha, defecto. *2* mancha, borrón.
blemish (to) ('blemiʃ) *t.* manchar, afear, empañar.
blend (blend) *s.* mezcla, combinación.
blend (to) (blend) *t.-i.* mezclar(se, combinar(se. *2 t.* matizar, armonizar. ¶ Pret. y p. p.: ***blended*** ('blendid) o ***blent*** (blent).
bless (to) (bles) *t.* bendecir.
blessed ('blesid) *a.* bendito, santo. *2* Santísimo.
blessing ('blesiŋ) *s.* bendición. *2* don, gracia. *3* culto, adoración.
blew (blu:) V. TO BLOW.
blight (blait) *s.* añublo, tizón, pulgón.
blight (to) (blait) *t.* marchitar.
blind (blaind) *a.* ciego. *2* oscuro, tenebroso. *3* ~ ***alley,*** callejón sin salida. *4 s.* pantalla, mampara, persiana. *5* engaño, disfraz, pretexto. *6* **-ly** *adv.* ciegamente, a ciegas.
blind (to) (blaind) *t.* cegar. *2* deslumbrar, ofuscar.
blindfold ('blaindfould) *a.* vendado [de ojos].
blindfold (to) ('blaindfould) *t.* vendar los ojos. *2* ofuscar.
blindness ('blaindnis) *s.* ceguera.
blink (bliŋk) *s.* pestañeo, guiño. *2* destello, reflejo.
blink (to) (bliŋk) *i.* parpadear, pestañear. *2* oscilar.
blinker ('bliŋkəʳ) *s.* anteojeras.
bliss (blis) *s.* bienaventuranza.
blissful ('blisful) *a.* bienaventurado, dichoso.
blister ('blistəʳ) *s.* vejiga, ampolla. *2* vejigatorio.
blister (to) ('blistəʳ) *t.-i.* ampollar(se.
blithe (blaið), **blithesome** (-səm) *a.* alegre, gozoso, jovial.
blizzard ('blizəd) *s.* ventisca, tempestad.
bloat (to) (blout) *t.-i.* hinchar(se.
block (blɔk) *s.* bloque. *2* trozo grande. *3* fig. zoquete [pers.]. *4* tajo [de madera]. *5* motón, polea. *6* horma [de sombrero]. *7* manzana, *cuadra [de casas]. *8* COM. lote. *9* bloc [de papel]. *10* obstáculo.
block (to) (blɔk) *t.* obstruir, bloquear, atascar. *2* ALBAÑ. tapiar.
blockade (blɔ'keid) *s.* MIL. bloqueo, asedio. *2* obstrucción.
blockade (to) (blɔ'keid) *s.* MIL. bloquear.
blockhead ('blɔkhed) *s.* tonto.
blond(e (blɔnd) *a.-s.* rubio.

blood (blʌd) *s.* sangre: ~ ***pressure,*** presión arterial; ***in cold ~,*** a sangre fría. *2* alcurnia.
bloodcurdling ('blʌdˌkə:dliŋ) *a.* horripilante.
bloodhound ('blʌdhaund) *s.* perro sabueso.
bloodless ('blʌdlis) *a.* pálido, exangüe. *2* incruento.
bloodshed ('blʌdʃəd) *s.* matanza.
bloodthirsty ('blʌdˌθə:sti) *a.* sanguinario.
bloody ('blʌdi) *a.* sangriento.
bloom (blu:m) *s.* flor. *2* floración. *3* frescor, lozanía. *4* perfección.
bloom (to) (blu:m) *i.* florecer.
blossom ('blɔsəm) *s.* flor.
blossom (to) ('blɔsəm) *i.* florecer.
blot (blɔt) *s.* borrón, mancha.
blot (to) (blɔt) *t.* emborronar, manchar. *2* mancillar, empañar. *3* secar [lo escrito]. *4 to ~ **out,*** tachar, borrar.
blotch (blɔtʃ) *s.* mancha, borrón. *2* pústula.
blotch to (blɔtʃ) *t.* emborronar.
blotter ('blɔtəʳ) *s.* papel secante.
blotting-paper ('blɔtiŋˌpeipəʳ) *s.* papel secante.
blouse (blauz) *s.* blusa.
blow (blou) *s.* golpe, porrazo. *2* desgracia. *3* soplo [de aire].
blow (to) (blou) *t.* soplar. *2* tocar [la trompeta, etc.]. *3* divulgar. *4* impeler, abrir, etc. [una cosa el aire]. *5* hinchar. *6* fatigar. *7* ***to ~ one's nose,*** sonarse las narices. *8* ***to ~ out,*** apagar; ELECT. fundir; ***to ~ one's brains out,*** levantarse la tapa de los sesos. *9 impers.* hacer viento. *10 i.* soplar. *11* sonar [la trompeta, etc.]. *12* hincharse. ¶ Pret.: ***blew*** (blu:); p. p.: ***blown*** (bloun).
blowfly ('blouflai) *s.* moscarda.
blown (bloun) *p. p.* de TO BLOW.
blow-out ('blou'aut) *s.* reventón.
blowpipe ('bloupaip) *s.* soplete. *2* cerbatana.
blubber (to) ('blʌbəʳ) *i.* llorar.
bludgeon ('blʌdʒən) *s.* porra.
blue (blu:) *a.* azul. *2* cárdeno, amoratado. *3* triste. *4 s.* azul [color]. *5* ***the ~,*** el cielo, el mar. *6 pl.* ***the blues,*** tristeza, melancolía. *7* MÚS. blues.
bluestocking ('blu:ˌstɔkiŋ) *s.* literata; marisabidilla.
bluff (blʌf) *a.* escarpado. *2* rudo, francote. *3 s.* escarpa, risco. *4* farol, envite falso.
bluff (to) (blʌf) *i.* hacer un farol; fanfarronear.
bluish ('blu(:)iʃ) *a.* azulado.

blunder ('blʌndəʳ) *s.* disparate, yerro, plancha.
blunder (to) ('blʌndəʳ) *i.* equivocarse, hacer disparates.
blunderbuss ('blʌdəbʌs) *s.* trabuco.
blunt (blʌnt) *a.* embotado. *2* obtuso. *3* franco, brusco. *4* **-ly** *adv.* claramente, bruscamente.
blunt (to) (blʌnt) *t.-i.* embotar(se.
blur (bləʳ) *s.* borrón.
blur (to) (blə:ʳ) *t.* manchar, empañar. *2 t.-i.* oscurecer(se, poner(se borroso.
blurt (to) (blə:t) *t.* decir, soltar bruscamente.
blush (blʌʃ) *s.* rubor, sonrojo.
blush (to) (blʌʃ) *i.* ruborizarse, sonrojarse. *2* enrojecerse.
bluster (to) ('blʌstəʳ) *i.* enfurecerse. *2* fanfarronear.
blusterer ('blʌstərəʳ) *s.* fanfarrón, valentón.
boa (bouə) *s.* boa.
boar (bɔ:ʳ) *s.* verraco. *2* ***wild*** **~,** jabalí.
board (bɔ:d) *s.* tabla, tablero [de madera]. *2* tablilla [de anuncios]. *3* ELECT. cuadro. *4* mesa puesta, comida, pensión. *5* junta, consejo. *6* cartón. *7* MAR. bordo. *8* MAR. borda. *9* TEAT. escenario, tablas.
board (to) (bɔ:d) *t.* entarimar, enmaderar. *2* tomar o poner a pupilaje. *3* abordar. *4* subir a un buque, a un tren.
boarder ('bɔ:dəʳ) *s.* huésped.
boarding ('bɔ:diŋ) *s.* tablazón. *2* MAR. abordaje. *3* pensión: ~ ***house,*** casa de huéspedes.
boast (boust) *s.* jactancia.
boast (to) (boust) *i.* jactarse. *2* ostentar.
boaster ('boustəʳ) *s.* fanfarrón.
boastful ('boustful) *a.* jactancioso.
boat (bout) *s.* bote, barca, lancha; barco, buque, nave.
boating ('boutiŋ) *s.* paseo en bote.
boatman ('boutmən) *s.* barquero.
boatswain ('bousn) *s.* MAR. contramaestre.
bob (bɔb) *s.* lenteja [de péndulo]. *2* pelo cortado a lo chico. *3* saludo, reverencia. *4* fam. chelín.
bob (to) (bɔb) *t.-i.* menear(se.
bobbin ('bɔbin) *s.* carrete, bobina.
bobtail ('bɔbtəil) *s.* rabo mocho.
bode (to) (boud) *t.-i.* anunciar, presagiar. *2* pronosticar, prever.
bodice ('bɔdis) *s.* corpiño.
bodily ('bɔdili) *a.* corporal. *2 adv.* en persona. *3* en peso.
body ('bɔdi) *s.* cuerpo. *2* persona, individuo. *3* caja [de coche]. *4* entidad [oficial]; sociedad.
bodyguard ('bɔdigɑ:d) *s.* guardia personal.
bog (bɔg) *s.* pantano, cenagal.
bogey ('bougi) *s.* duende, coco.
boggy ('bɔgi) *a.* pantanoso.
boil (bɔil) *s.* ebullición. *2* divieso.
boil (to) (bɔil) *i.* hervir. *2 t.* cocer.
boiler ('bɔiləʳ) *s.* olla, caldero.
boiling ('bɔilin) *s.* hervor, ebullición. *2 a.* hirviente.
boisterous ('bɔistərəs) *a.* estrepitoso, ruidoso, bullicioso.
bold (bould) *a.* intrépido, valiente. *2* atrevido. *3* descarado.
boldness ('bouldnis) *s.* intrepidez. *2* audacia. *3* descaro.
bolster ('boulstəʳ) *s.* cabezal, travesaño [de cama]. *2* cojín.
bolster (to) ('boulstəʳ) *t.* apoyar. *2* apuntalar.
bolt (boult) *s.* saeta, virote. *2* rayo, centella. *3* salto; fuga. *4* perno, clavija. *5* cerrojo, pestillo. *6* ~ ***upright,*** tieso.
bolt (to) (boult) *t.* echar el cerrojo a. *2* engullir. *3 i.* salir, entrar, etc., de repente; huir.
bomb (bɔm) *s.* bomba: ***~-proof,*** a prueba de bomba.
bomb (to) (bɔm) *t.-i.* bombardear.
bombard (to) (bɔm'bɑ:d) *t.* bombardear.
bombardier (ˌbɔmbə'diəʳ) *s.* bombardero.
bombardment (bɔm'bɑ:dmənt) *s.* bombardeo.
bombast ('bɔmbæst) *s.* ampulosidad.
bombastic (bɔm'bæstik) *a.* ampuloso, campanudo.
bomber ('bɔməʳ) *s.* bombardero [avión].
bombing ('bɔmiŋ) *s.* bombardeo [aéreo].
bombshell ('bɔm-ʃel) *s.* bomba, granada.
bond (bɔnd) *s.* atadura. *2* lazo, vínculo. *3* trabazón. *4* pacto, compromiso. *5* fiador [pers.]. *6* COM. bono, obligación. *7 pl.* cadenas, cautiverio.
bondage ('bɔndidʒ) *s.* esclavitud, servidumbre.
bone (boun) *s.* hueso. *2* cuesco [de fruta]. *3* espina [de pescado].
bone (to) (boun) *t.* deshuesar.
bonfire ('bɔnˌfaiəʳ) *s.* fogata.
bonnet ('bɔnit) *s.* gorro; gorra. *2* AUTO. capó.
bonny ('bɔni) *a.* hermoso, lindo.
bonus ('bounəs) *s.* prima, gratificación.
bony ('bouni) *a.* huesudo.
booby ('bu:bi) *s.* bobo, tonto.
book (buk) *s.* libro. *2* cuaderno, libreta. *3* libreto.
book (to) (buk) *t.* anotar, inscribir. *2* reservar [localidades, etc.].

bookbinding ('buk,baindiŋ) *s.* encuadernación.
bookcase ('bukkeis) *s.* armario o estante para libros, librería.
booking-office ('bukiŋ,ɔfis) *s.* despacho de pasajes o localidades.
book-keeper ('buk,ki:pəʳ) *s.* tenedor de libros.
book-keeping ('buk,ki:piŋ) *s.* teneduría de libros.
booklet ('buklit) *s.* folleto.
bookseller ('buk,seləʳ) *s.* librero.
bookshop ('bukʃɔp), **bookstore** (-stɔ:ʳ) *s.* librería [tienda].
book-stall ('bukstɔ:l) *s.* puesto de libros.
bookworm ('bukwə:m) *s.* polilla. *2* fig. ratón de biblioteca.
boom (bu:m) *s.* estampido, retumbo. *2* fig. auge repentino. *3* MAR. botalón, botavara.
boom (to) (bu:m) *i.* retumbar. *2* prosperar. *3* popularizarse.
boon (bu:n) *s.* don, dádiva; merced. *2 a.* alegre, jovial.
boor (buəʳ) *s.* patán. *2* grosero.
boorish ('buəriʃ) *a.* rústico, zafio.
boot (bu:t) *s.* bota. *2 adv.* ***to ~,*** además, por añadidura.
bootblack ('bu:tblæk) *m.* limpiabotas.
booth (bu:ð) *s.* casilla, quiosco.
booty ('bu:ti) *s.* botín, presa.
border ('bɔ:dəʳ) *s.* borde, orilla, margen. *2* frontera. *3* ribete.
border (to) ('bɔ:dəʳ) *t.* orlar. *2* orillar, ribetear. *3 i.* ***to ~ on*** o ***upon,*** lindar con.
bore '(bɔ:ʳ) V. TO BEAR.
bore (bɔ:ʳ) *s.* taladro, barreno [agujero]. *2* alma [de un cañón]. *3* lata, fastidio. *4* latoso, pelmazo.
bore (to) (bɔ:ʳ) *t.* horadar, taladrar. *2* abrir [un agujero, etc.]. *3* aburrir, dar la lata a.
boredom ('bɔ:dəm) *s.* fastidio, aburrimiento.
born, borne (bɔ:n) V. TO BEAR.
borough ('bʌrə) *s.* villa; burgo.
borrow (to) ('bɔrou) *t.* tomar o pedir prestado.
borrower ('bɔrouəʳ) *s.* prestatario.
bosom ('buzəm) *s.* pecho, seno, corazón. *2* COST. pechera. *3* ***~ friend,*** amigo íntimo.
boss (bɔs) *s.* protuberancia, giba. *2* fam. amo, patrón, jefe.
boss (to) (bɔ) *t.-i.* mandar.
bossy ('bɔsi) *a.* mandón.
botanist ('bɔtənist) *s.* botánico.
botany ('bɔtəni) *s.* botánica.
botch (bɔtʃ) *s.* mal remiendo.
botch (to) (bɔtʃ) *t.* remendar chapuceramente.
both (bouθ) *a.-pron.* ambos, entrambos, los dos. *2* conj. ***~ ... and,*** tanto ~ como. *3 adv.* a la vez.
bother ('bɔðəʳ) *s.* preocupación. *2* fastidio, molestia.
bother (to) ('bɔðəʳ) *t.-i.* preocupar(se, molestar(se.
bothersome ('bɔðəsəm) *a.* molesto, fastidioso.
bottle ('bɔtl) *s.* botella, frasco.
bottle (to) ('bɔtl) *t.* embotellar.
bottleneck ('bɔtlnek) *s.* gollete [de botella]. *2* fig. cuello de botella [en un camino].
bottom ('bɔtəm) *s.* fondo: ***at ~,*** en el fondo. *2* base, fundamento. *3* pie [parte inferior]. *4* asiento [de silla]. *5* casco [de nave]. *6* fam. trasero. *7* hondonada. *8 a.* fundamental. *9* del fondo, más bajo.
bottom (to) ('bɔtəm) *t.* poner asiento a. *2 t.-i.* basar(se.
bottomless ('bɔtəmlis) *a.* sin fondo, insondable.
boudoir ('bu:dwɑ:ʳ) *s.* gabinete.
bough (bau) *s.* rama [de árbol].
bought (bɔ:t) V. TO BUY.
boulder ('bouldəʳ) *s.* canto rodado.
boulevard ('bu:l(ə)vɑ:ʳ) *s.* bulevar.
bounce (bauns) *s.* salto, bote. *2* fanfarronada.
bounce (to) (bauns) *t.* hacer botar. *2 i.* lanzarse, saltar. *3* botar, rebotar. *4* fanfarronear.
bound (baund) V. TO BIND. *2 a.* obligado. *3* encuadernado. *4* destinado a. *5* ***~ for,*** con rumbo a; ***to be ~ to,*** estar obligado a; ser necesario. *6 s.* límite, confín. *7* salto, brinco.
bound (to) (baund) *t.* limitar. *2 i.* lindar. *3* saltar, brincar.
boundary ('baundəri) *s.* límite, confín, frontera.
boundless ('baundlis) *a.* ilimitado, infinito.
bounteous ('bauntiəs), **bountiful** ('bauntiful) *a.* dadivoso, generoso. *2* amplio, abundante.
bounty ('baunti) *s.* liberalidad, generosidad. *2* subvención.
bouquet ('bukei) *s.* ramillete. *2* aroma [del vino].
bourgeois ('buəʒwɑ:) *a.-s.* burgués.
bout (baut) *s.* vez, turno. *2* ataque. *3* encuentro.
bow (bau) *s.* inclinación, reverencia, saludo. *2* MAR. proa.

bow (bou) *s.* arco [arma, violín]. *2* curva. *3* lazo, lazada.
bow (to) (bau) *i.* inclinarse, saludar. *2* doblarse; ceder. *3 t.* doblar, inclinar, agobiar.
bow (to) (bou) *t.-i.* arquear(se.
bowel ('bauəl) *s.* intestino. *2 pl.* intestinos, entrañas.
bower ('bauəʳ) *s.* glorieta.
bowl (boul) *s.* cuenco, escudilla, bol; copa. *2* taza [de fuente]. *3* cazoleta [de pipa]. *4* bola, bocha. *5 pl.* juego de bochas.
bowl (to) (boul) *t.* hacer rodar. *2 i.* jugar a bochas o a los bolos.
bowler ('bouləʳ) *s.* sombrero hongo.
bowling ('bouliŋ) *s.* bolera.
bowman ('boumən) *s.* arquero.
bow window ('bou'windou) *s.* ARQ. mirador de planta curva.
box (bɔks) *s.* caja, arca, baúl. *2* MEC. cubo, cárter. *4* apartado [de correos]. *5* casilla, garita. *6* TEAT. palco. *7* bofetón, puñetazo. *8* BOT. boj. *9* TEAT. ~ ***office,*** taquilla.
box (to) (bɔks) *t.* encajonar. *2* abofetear. *3 i.* boxear.
boxer ('bɔksəʳ) *s.* boxeador.
boxing ('bɔksiŋ) *s.* boxeo.
boxwood ('bɔkswud) *s.* boj.
boy (bɔi) *s.* chico, muchacho; ~ ***scout,*** explorador.
boycott ('bɔikət) *s.* boicot.
boycott (to) ('bɔikət) *t.* boicotear.
boyhood ('bɔihud) *s.* muchachez.
boyish ('bɔiiʃ) *a.* de muchacho.
brace (breis) *s.* abrazadera, grapa. *2* riostra, tirante. *3* berbiquí. *4* MAR. braza. *5* par [dos]. *6* IMPR. corchete. *7 pl.* tirantes [del pantalón].
brace (to) (breis) *t.* atar, asegurar. *2* vigorizar. *3* dar ánimo. *4 i.* ***to ~ up,*** cobrar ánimo.
bracelet ('breislit) *s.* brazalete.
bracing ('breisiŋ) *s.* fortificante.
bracken ('brækən) *s.* helecho.
bracket ('brækit) *s.* ménsula, repisa. *2* anaquel, rinconera. *3* IMPR. corchete; paréntesis.
brackish ('brækiʃ) *a.* salobre.
brag (bræg) *s.* jactancia.
brag (to) (bræg) *i.* jactarse.
braggart ('brægət) *a.-s.* jactancioso, baladrón.
braid (breid) *s.* trenza. *2* galón.
braid (to) (breid) *t.* trenzar. *2* galonear, guarnecer.
brain (brein) *s.* ANAT. cerebro, seso. *2 pl.* inteligencia.
brainless ('breinlis) *a.* tonto, mentecato.
brain-sick ('brein-sik) *a.* loco.
brake (breik) *s.* freno [de vehículo, etc.]. *2* helecho. *3* matorral.
brake (to) (breik) *t.* frenar.
bramble ('bræmbl) *s.* zarza.
bran (bræn) *s.* salvado.
branch (brɑ:ntʃ) *s.* rama; ramo; ramal. *2* COM. sucursal. *3* brazo [de río].
branch (to) (brɑ:ntʃ) *i.* echar ramas. *2* bifurcarse.
brand (brænd) *s.* tizón, tea. *2* hierro [para marcar]. *3* marca de fábrica.
brand (to) (brænd) *t.* marcar [con hierro]. *2* estigmatizar.
brandish (to) ('brændiʃ) *t.* blandir.
brand-new ('brænd'nju:) *a.* nuevecito, flamante.
brandy ('brændi) *s.* coñac.
brass (brɑ:s) *s.* latón, metal: ~ ***band,*** charanga. *2* descaro.
brassière ('bræsiεəʳ) *s.* sostén.
brat (bræt) *s.* mocoso.
bravado (brə'vɑ:dou) *s.* bravata.
brave (breiv) *a.* bravo, valiente.
brave (to) (breiv) *t.* desafiar.
bravery ('breivəri) *s.* bravura.
bravo ('brɑ:'vou) *interj.* ¡bravo!
brawl (brɔ:l) *s.* reyerta, riña.
brawl (to) (brɔ:l) *i.* alborotar.
brawn (brɔ:n) *s.* músculo.
brawny ('brɔ:ni) *a.* musculoso.
bray (brei) *s.* rebuzno.
bray (to) (brei) *i.* rebuznar.
braze (to) (breiz) *t.* soldar con latón. *2* broncear.
brazen ('breizn) *a.* de latón. *2* bronceado. *3* desvergonzado.
brazier ('breizjəʳ) *s.* latonero. *2* brasero [para calentarse].
breach (bri:tʃ) *s.* brecha, abertura. *2* fractura. *3* hernia. *4* ruptura, desavenencia. *5* infracción.
breach (to) (bri:tʃ) *t.* hacer brecha en.
bread (bred) *s.* pan.
breadth (bredθ) *s.* anchura.
break (breik) *s.* break [coche]. *2* rotura, ruptura, rompimiento. *3* comienzo: ~ ***of the day,*** amanecer. *4* interrupción, pausa. *5* fuga, evasión. *6* ELECT. corte [en un circuito].
break (to) (breik) *t.* romper, quebrar. *2* amortiguar. *3* interrumpir. *4* hacer fracasar. *5* dominar; domar. *6* arruinar. *7* comunicar, divulgar; dar [una noticia]. *8* ***to ~ down,*** demoler. *9* ***to ~ ground,*** comenzar una empresa. *10* ***to ~ the record,*** batir la marca. *11* ***to ~ up,*** desmenuzar, romper; disolver [una reunión].

12 i. romperse, partirse. *13* debilitarse; quebrantarse [la salud]. *14* prorrumpir. *15* irrumpir. *16* disolverse, disiparse. *17* romper [con uno]. *18* fallar; estropearse. *19* aparecer, salir, nacer, botar; apuntar [el alba]. *20* divulgarse. *21* ***to ~ away,*** soltarse; escapar. *22* ***to ~ down,*** parar por avería; irse abajo, abatirse. *23* ***to ~ out,*** estallar, desatarse. ¶ Pret.: ***broke*** (brouk); p. p.: ***broken*** ('broukən).

breakage ('breikidʒ) *s.* rotura.

break-down ('breikdaun) *s.* derrumbamiento. *2* fracaso. *3* avería. *4* MED. colapso; agotamiento.

breaker ('breikəʳ) *s.* cachón, ola que rompe.

breakfast ('brekfəst) *s.* desayuno.

breakfast (to) ('brekfəst) *i.* desayunarse, almorzar.

breakneck ('breiknek) *a.* peligroso.

break-up ('breik'up) *s.* disolución, disgregación. *2* dispersión.

breakwater ('breikˌwɔ:təʳ) *s.* rompeolas.

breast (brest) *s.* pecho, seno. *2* mama, teta; tetilla. *3* pecho [de animal]; pechuga [de ave]. *4* pechera.

breastbone ('brestboun) *s.* ANAT. esternón. *2* ORN. quilla.

breastwork ('brestwə:k) *s.* FORT. parapeto.

breath (breθ) *s.* aliento, respiración: ***out of ~,*** sin aliento. *2* soplo.

breathe (to) (bri:ð) *i.* respirar. *2* exhalar. *3* soplar.

breathing ('bri:ðiŋ) *s.* respiración. *2* hálito. *3* momento.

breathless ('breθlis) *a.* muerto. *2* jadeante.

bred (bred) V. TO BREED.

breech (bri:tʃ) *s.* trasero, posaderas. *2* recámara, culata.

breeches ('briʃiz) *s. pl.* pantalones.

breed (bri:d) *s.* casta, raza.

breed (to) (bri:d) *t.* engendrar. *2* criar [animales]; dar, producir. *3* criar, educar. *4 i.* criarse. *5* producirse. ¶ Pret. y p. p.: ***bred*** (bred).

breeding ('bri:diŋ) *s.* cría, producción. *2* crianza, educación.

breeze (bri:z) *s.* brisa, airecillo.

brethren ('breðrin) *s. pl.* hermanos, cofrades.

breviary ('bri:vjəri) *s.* breviario.

brevity ('breviti) *s.* brevedad.

brew (bru:) *s.* infusión [bebida].

brew (to) (bru:) *t.* hacer [cerveza]. *2* preparar [el té, un ponche, etc.]. *3* urdir, tramar.

brewery ('bruəri) *s.* cervecería.

bribe (braib) *s.* soborno.

bribe (to) (braib) *t.* sobornar.

bribery ('braibəri) *s.* soborno.

brick (brik) *s.* ladrillo. *2* fig. persona excelente.

brick (to) (brik) *t.* enladrillar.

bricklayer ('brikˌleiəʳ) *s.* albañil.

bridal ('braidl) *a.* nupcial. *2 s.* boda.

bride (braid) *s.* novia, desposada.

bridegroom ('braidgrum) *s.* novio, desposado.

bridge (bridʒ) *s.* puente. *2* caballete [de la nariz]. *3* bridge [juego].

bridge (to) (bridʒ) *t.* pontear. *2* salvar, cubrir [un espacio].

bridle ('braidl) *s.* EQUIT. brida. *2* freno, sujeción.

bridle (to) ('braidl) *t.* embridar. *2* refrenar. *3 i.* engallarse.

brief (bri:f) *a.* breve, conciso. *2* fugaz. *3 s.* resumen. *4* DER. informe, escrito.

brier ('braiəʳ) *s.* zarza; brezo.

brig (brig) *s.* MAR. bergantín.

brigade (bri'geid) *s.* brigada.

brigand ('brigənd) *s.* bandido.

brigantine ('brigəntain) *s.* bergantín, goleta.

bright (brait) *a.* brillante. *2* luminoso. *3* límpido. *4* vivo [color]. *5* claro, ilustre. *6* inteligente. *7* vivo, animado. *8* **-ly** *adv.* brillantemente, etc.

brighten (to) ('braitn) *t.* abrillantar. *2 t.-i.* avivar(se, alegrar(se, animar(se.

brightness ('braitnis) *s.* brillo. *2* claridad, luz. *3* alegría, viveza. *4* agudeza de ingenio.

brilliance, -cy ('briljəns, -i) *s.* brillantez, resplandor.

brilliant ('briljənt) *a.* brillante. *2 s.* brillante [piedra].

brim (brim) *s.* borde [de un vaso, etc.]. *2* ala [de sombrero].

brim (to) (brim) *t.* llenar hasta el borde. *2 i.* rebosar.

brimful ('brim'ful) *a.* lleno hasta el borde.

brimstone ('brimstən) *s.* azufre.

brindled ('brindld) *a.* [animal] rayado.

brine (brain) *s.* salmuera.

bring (to) (briŋ) *t.* traer, llevar. *2* acarrear, causar. *3* inducir [persuadir]. *4* aportar, aducir. *5* poner [en un estado, condición, etc.] *6* ***to ~ about,*** efectuar, realizar; ocasionar; ***to ~ back,*** devolver. *7* ***to ~ down,*** bajar, derribar; abatir, humillar. *8* ***to ~ forth,*** dar [fruto]: dar a luz; poner de manifiesto. *9* ***to ~ in,*** entrar, introducir; presentar [un proyecto, etc.], dar un fallo. *11* ***to ~ out,*** sacar; publicar; presentar. *12* ***to ~ round,*** ganar, persuadir; devolver la salud. *13* ***to ~ up,*** hacer volver en sí. *14* ***to ~ up,*** subir;

criar, educar; traer, presentar; parar, detener. ¶ Pret. y p. p.: ***brought*** (brɔ:t).
bringing-up ('briŋiŋʌp) *s.* crianza, educación [de un niño].
brink (briŋk) *s.* borde, orilla, extremidad: ***on the ~ of,*** al borde, a punto de.
brisk (brisk) *a.* vivo, activo, animado. *2* ágil, ligero.
briskness ('brisknis) *s.* viveza, actividad.
bristle ('brisl) *s.* cerda, porcipelo.
bristle (to) ('brisl) *t.-i.* erizar(se.
Britain (Great) ('britn) *n. pr.* GEOGR. Gran Bretaña.
British ('britiʃ) *a.* británico, inglés. *2 s.* britano, inglés.
brittle ('britl) *a.* quebradizo, friable. *2* s. vidrioso, irritable.
broach (broutʃ) *s.* espetón. *2* punzón. *3* broche, prendedor.
broach (to) (broutʃ) *t.* espetar, ensartar. *2* abrir [un tonel, etc.]. *3* introducir [un tema].
broad (brɔ:d) *a.* ancho. *2* amplio, extenso, lato. *3* comprensivo, general. *4* claro, obvio. *5* vulgar, grosero. *6* ***in ~ day,*** en pleno día.
broadcast ('brɔ:dkɑ:st) *s.* emisión de radio.
broadcast (to) ('brɔ:dkɑ:st) *t.* esparcir, difundir. *2* radiar, emitir por radio.
broadcasting ('brɔ:dkɑ:stiŋ) *s.* radiodifusión: ~ ***station,*** emisora de radio.
broaden (to) ('brɔ:dn) *t.-i.* ensanchar(se.
broad-minded ('brɔ:d'maindid) *a.* liberal, tolerante.
broadside ('brɔ:dsaid) *s.* MAR. costado, andana. *2* MAR. andanada.
broadways ('brɔ:dweiz), **broadwise** (-waiz) *adv.* a lo ancho.
brocade (brə'keid) *s.* brocado.
broccoli ('brɔkəli) *s.* BOT. bróculi.
brochure ('brouʃjuəʳ) *s.* folleto.
broil (brɔil) *s.* asado a la parrilla. *2* riña, tumulto.
broil (to) (brɔil) *t.* asar a la parrilla. *2 t.-i.* asar(se, achicharrar(se.
broiling ('brɔiliŋ) *a.* sofocante.
broken ('broukən) V. TO BREAK. *2 a.* roto, cascado. *3* roturado. *4* quebrantado. *5* quebrada [línea]. *6* accidentado [suelo]. *7* interrumpido. *8* chapurreado. *9* arruinado.
broker ('broukəʳ) *s.* COM. corredor, agente. *2* bolsista.
bronchitis (brɔŋ'kaitis) *s.* bronquitis.
bronze (brɔnz) *s.* bronce.
bronze (to) (brɔnz) *t.-i.* broncear(se.
brooch (broutʃ) *s.* broche.
brood (bru:d) *s.* cría, pollada, nidada. *2* progenie. *3* casta.
brood (to) (bru:d) *t.* empollar, incubar. *2 i.* meditar, cavilar.
broody ('bru:di) *a.* clueco.
brook (bruk) *s.* arroyo, riachuelo.
brook (to) (bruk) *t.* sufrir, aguantar, tolerar.
broom (bru(:)m) *s.* escoba.
broth (brɔθ) *s.* COC. caldo.
brothel ('brɔθl) *s.* burdel.
brother ('brʌðəʳ) *s.* hermano.
brotherhood ('brʌðəhud) *s.* hermandad. *2* cofradía.
brother-in-law ('brʌðərinlɔ:) *s.* cuñado, hermano político.
brotherly ('brʌdəli) *a.* fraternal.
brought (brɔ:t) V. TO BRING.
brow (brau) *s.* ANAT. ceja. *2* frente, entrecejo. *3* cresta, cumbre.
browbeat (to) ('braubi:t) *t.* intimidar con amenazas.
brown (braun) *a.* pardo, moreno, castaño: ~ ***paper,*** papel de estraza.
brown (to) (braun) *t.* tostar.
browse (to) (brauz) *t.* rozar, ramonear; pacer.
bruise (bru:z) *s.* magulladura, cardenal, contusión.
bruise (to) (bru:z) *t.* magullar. *2* machucar, abollar. *3* majar.
brunette (bru:'net) *a.-s.* morena.
brunt (brʌnt) *s.* choque, embate.
brush (brʌʃ) *s.* cepillo. *2* brocha, pincel. *3* matorral, maleza.
brush (to) (brʌʃ) *t.* cepillar: ***to ~ up,*** repasar, refrescar.
brushwood ('brʌʃwud) *s.* matorral.
brusque (brusk) *a.* brusco, rudo.
Brussels (brʌslz) *n. pr.* GEOGR. Bruselas. *2* ~ ***sprouts,*** coles de Bruselas.
brutal ('bru:tl) *a.* brutal.
brutality (bru:'tæliti) *s.* brutalidad, crueldad.
brute (bru:t) *s.* bruto, bestia. *2 a.* brutal, bruto.
brutish ('bru:tiʃ) *a.* abrutado, brutal. *2* estúpido. *3* sensual.
bubble ('bʌbl) *s.* burbuja.
bubble (to) ('bʌbl) *i.* burbujear, borbollar, hervir.
buccaneer (ˌbʌkə'niəʳ) *s.* bucanero, corsario.
buck (bʌk) *s.* gamo. *2* macho. *3* petimetre.
bucket ('bʌkit) *s.* cubo, balde.
buckle ('bʌkl) *s.* hebilla.
buckle (to) ('bʌkl) *t.* abrochar, enhebillar. *2* i. ***to ~ for,*** prepararse para.
buckskin ('bʌkskin) *s.* ante.

bucolic (bju(:)'kɔlik) *a.* bucólico.
bud (bʌd) *s.* yema, capullo: ***in the ~***, fig. en su principio.
bud (to) (bʌd) *i.* brotar, abotonar, pimpollecer.
budding ('bʌdiŋ) *a.* en capullo.
budge (to) (bʌdʒ) *t.-i.* mover(se.
budget ('bʌdʒit) *s.* presupuesto.
budget (to) ('bʌdʒit) *t.-i.* presuponer, presupuestar.
buff (bʌf) *a.* de ante. *2 s.* ante.
buffalo ('bʌfəlou) *s.* búfalo.
buffer ('bʌfəʳ) *s.* FERROC. tope.
buffet ('bʌfit) *s.* bofetada, puñada. *2* ('bufei) aparador [mueble]. *3* bar [de estación].
buffet (to) ('bʌfit) *t.* abofetear, pegar. *2 i.* luchar [con].
buffoon (bʌ'fu:n) *s.* bufón.
buffoonery (bʌ'fu:nəri) *s.* bufonada.
bug (bʌg) *s.* insecto; chinche.
bugaboo ('bʌgəbu:), **bugbear** ('bʌgbεəʳ) *s.* coco, espantajo.
bugle ('bju:gl) *s.* clarín, corneta.
build (bild) *s.* estructura. *2* forma, figura, talle.
build (to) (bild) *t.* construir, edificar. *2* fundar, cimentar. ¶ Pret. y p. p.: ***built*** (bilt).
builder ('bildəʳ) *s.* constructor. *2* maestro de obras.
building ('bildiŋ) *s.* construcción, edificación. *2* edificio, casa.
built (bilt) V. TO BUILD.
bulb (bʌlb) *s.* BOT., ZOOL. bulbo. *2* ELECT. bombilla.
bulge (to) (bʌldʒ) *i.* hacer bulto; pandearse; sobresalir.
bulgy ('bʌldʒi) *a.* prominente.
bulk (bʌlk) *s.* bulto, volumen, tamaño. *2* mole. *3* la mayor parte. *4* COM. ***in ~***, a granel.
bulk (to) (bʌlk) *i.* abultar. *2* tener importancia.
bulky ('bʌlki) *a.* voluminoso.
bull (bul) *s.* ZOOL. toro: ***~ ring***, plaza de toros. *2* bula [pontificia]. *3* COM. alcista.
bulldog ('buldɔg) *s.* perro dogo.
bulldozer ('bul,douzəʳ) *s.* excavadora, buldozer.
bullet ('bulit) *s.* bala: ***~ -proof***, a prueba de bala.
bulletin ('bulitin) *s.* boletín: ***news ~***, boletín de noticias.
bullfight ('bulfait) *s.* corrida de toros.
bullfighter ('bulfaitəʳ) *s.* torero.
bullfighting ('bulfaitiŋ) *s.* tauromaquia, toreo, toros.
bullion ('buljən) *s.* oro o plata en barras. *2* COM. metálico.
bullock ('bulək) *s.* buey.
bull's eye ('bulzai) *s.* ARQ., MAR. ojo de buey. *2* diana [de un blanco].
bully ('buli) *s.* matón, valentón.
bully (to) ('buli) *t.* intimidar con amenazas; maltratar.
bulwark ('bulwək) *s.* baluarte. *2* rompeolas. *3* MAR. amurada.
bumble-bee ('bʌmbl,bi:) *s.* ENT. abejarrón, abejorro.
bumb (bʌmp) *s.* choque, porrazo, batacazo. *2* chichón.
bump (to) (bʌmp) *t.-i.* golpear; chocar [con], dar [contra].
bumper ('bʌmpəʳ) *s.* parachoques. *2* FERROC. tope. *3* copa llena.
bumpkin (bʌmpkin) *s.* patán.
bumptious ('bʌmpʃəs) *a.* presuntuoso.
bun (bʌn) *s.* bollo [panecillo]. *2* moño, castaña.
bunch (bʌntʃ) *s.* manojo, ristra. *2* racimo. *3* grupo, hato.
bunch (to) (bʌntʃ) *t.-i.* juntar(se, arracimar(se.
bundle ('bʌndl) *s.* atado, manojo, haz. *2* bulto, paquete.
bundle (to) ('bʌndl) *t.* liar, atar.
bungalow ('bʌngəlou) *s.* casita.
bungle ('bʌŋgl) *s.* chapucería.
bungle (to) ('bʌngl) *t.* estropear.
bungler ('bʌŋgləʳ) *s.* chapucero.
bunion ('bʌnjən) *s.* juanete [del pie].
bunker ('bʌŋkəʳ) *s.* carbonera.
bunny ('bʌni) *s.* fam. conejito.
bunting ('bʌntiŋ) *s.* lanilla. *2* banderas, gallardetes.
buoy (bɔi) *s.* boya, baliza.
buoy (to) (bɔi) *t.* mantener a flote. *2* sostener, animar.
buoyancy ('bɔiənsi) *s.* flotabilidad. *2* alegría, animación.
buoyant ('bɔiənt) *a.* que flota. *2* elástico, alegre, animado.
burden ('bə:dn) *s.* carga, peso; gravamen. *2* POET. estribillo. *3* tema, idea principal. *4* tonelaje.
burden (to) ('bə:dn) *t.* cargar, agobiar.
burdensome ('bə:dnsəm) *a.* gravoso, pesado, molesto.
bureau ('bjuərou) *s.* escritorio [mesa]. *2* oficina.
bureaucracy (bjuə'rɔkrəsi) *s.* burocracia.
burglar ('bə:gləʳ) *s.* ladrón.
burglary ('bə:gləri) *s.* robo.
burial ('beriəl) *s.* entierro, sepelio.
burin ('bjuərin) *s.* buril, cincel.
burlap ('bə:læp) *s.* harpillera.
burlesque (bə:'lesk) *a.* burlesco.

burly ('bə:li) *a.* corpulento.
burn (bə:n) *s.* quemadura.
burn (to) (bə:n) *t.* quemar, abrasar. *2 i.* arder, quemarse, abrasarse. ¶ Pret. y p. p.: ***burned*** (bə:nd) o ***burnt*** (bə:nt).
burner ('bə:nə^r) *s.* mechero.
burning ('bə:niŋ) *a.* ardiente, encendido, candente. *2 s.* quema; incendio; ardor. *3* escozor.
burnish ('bə:niʃ) *s.* bruñido.
burnish (to) ('bə:niʃ) *t.* bruñir.
burnous(e (be:'nu:s) *s.* albornoz.
burnt (bə:nt) V. TO BURN.
burrow ('bʌrou) *s.* madriguera. *2* galería, excavación.
burrow (to) ('bʌrou) *t.-i.* minar [como los conejos].
burst (bə:st) *s.* explosión, estallido, reventón.
burst (to) (bə:st) *i.* reventar, estallar, hacer explosión; romperse. *2* prorrumpir. *3* rebosar. *4 t.* reventar, hacer estallar. ¶ Pret. y p. p.: ***burst.***
bury (to) ('beri) *t.* enterrar.
bus (bʌs) *s.* autobús.
bush (buʃ) *s.* arbusto: ***to beat about the ~,*** andar con rodeos.
bushel ('buʃl) *s.* medida para áridos [36'34 litros].
bushy ('buʃi) *a.* matoso. *2* espeso, peludo.
busily ('bizili) *adv.* diligentemente; activamente.
business ('biznis) *s.* oficio, ocupación, trabajo, asunto: ***to mean ~,*** hablar u obrar en serio. *2* negocio, comercio, tráfico. *3* negocio, empresa, casa, establecimiento.
bust (bʌst) *s.* busto.
bustle ('bʌsl) *s.* movimiento, agitación. *2* diligencia oficiosa.
bustle (to) ('bʌsl) *t.-i.* bullir, menearse, no parar.
busy ('bizi) *a.* ocupado, atareado. *2* activo, diligente.
busy (to) ('bizi) *t.-ref.* ocupar(se, atarear(se.
busybody ('bizi,bɔdi) *s.* entremetido, fisgón.
but (bʌt, bət) *conj.* mas, pero; sino; sin que, que no; [con ***cannot, could not*** + inf.] no puedo [evitar] menos de, sino. *2 adv.* sólo. *3 prep., conj.* excepto, salvo; menos; ***~ for, ~ that,*** si no fuera por; sin; ***~ then,*** por otro lado; ***not ~ that [what],*** aunque. *4 pron. rel.* que [quien] no; ***no one ~ knows that,*** no hay quien no sepa que.
butane ('bju:tein) *s.* butano.
butcher ('butʃə^r) *s.* carnicero. *2* hombre sanguinario.
butcher (to) ('butʃə^r) *t.* matar, sacrificar [reses]. *2* fig. matar, asesinar.
butchery ('butʃəri) *s.* matanza, carnicería.
butler ('bʌtlə^r) *s.* mayordomo.
butt (bʌt) *s.* cabo grueso; culata, mocho, mango. *2* colilla [de cigarro]. *3* pipa, tonel. *4* blanco [de tiro]. *5* topetada. *6* límite, término.
butt (to) (bʌt) *t.-i.* topetar, acornear; topar. *2 t.* apoyar [en]. *3 i.* ***to ~ in,*** entrometerse.
butter ('bʌte^r) *s.* mantequilla.
butter (to) ('bʌtə^r) *t.* untar con mantequilla.
butterfly ('bʌtəflai) *s.* ENT. mariposa.
buttery ('bʌtəri) *s.* despensa. *2 a.* mantecoso.
buttock ('bʌtək) *s.* nalga. *2 pl.* trasero, posaderas.
button ('bʌtn) *s.* botón. *2 pl.* botones [criadito].
button (to) ('bʌtn) *t.-i.* abrochar(se.
buttonhole ('bʌtnhoul) *s.* ojal.
buttress ('bʌtris) *s.* ARQ. contrafuerte. *2* apoyo, sostén.
buxom ('bʌksəm) *a.* rollizo.
buy (to) (bai) *t.-i.* comprar: ***to ~ up,*** acaparar. ¶ Pret. y p. p.: ***bought*** (bɔ:t).
buyer ('bai-ə^r) *s.* comprador.
buzz (bʌz) *s.* zumbido, susurro.
buzz (to) (bʌz) *i.* zumbar, susurrar.
by (bai) *prep.* junto a, cerca de, al lado de, cabe. *2* a, con, de, en, por, etc.: ***~ day,*** de día; ***~ far,*** con mucho; ***~ oneself,*** solo, sin ayuda. *3* ***~ the way,*** de paso, a propósito. *4 a.* lateral, apartado, secundario. *5 adv.* cerca, al lado, por el lado. *6* aparte.
bygone ('baigɔn) *a.* pasado.
by-law ('bailɔ:) *s.* reglamento, estatutos.
bypass ('baipɑ:s) *s.* MEC y ELECT. derivación.
bypath ('bai-pa:θ) *s.* vereda.
by-product ('bai,prɔdəkt) *s.* subproducto, derivado.
bystander ('bai,stændə^r) *s.* espectador, circunstante.
bystreet ('bai-stri:t) *s.* callejuela.
byword ('baiwə:d) *s.* objeto de burla. *2* apodo. *3* dicho, refrán.

C

cab (kæb) *s.* cabriolé. *2* coche de punto; taxi. *3* cabina de maquinista o conductor.
cabal (kə'bæl) *s.* cábala.
cabaret ('kæbərei) *s.* cabaré(t.
cabbage ('kæbidʒ) *s.* col. berza..
cabin ('kæbin) *s.* cabaña, choza. *2* MAR. camarote: ~ ***boy,*** grumete. *3* cabina.
cabinet ('kæbinit) *s.* gabinete; escritorio. *2* vitrina.
cabinetmaker ('kæbinit-ˌmeikəʳ) *s.* cable. *2* ~ ***railway,*** ferrocarril funicular.
cable ('keibl) *s.* cable. *2* ~ ***railway,*** ferrocarril funicular.
cable (to) ('keibl) *t.* cablegrafiar.
cablegram ('keiblgræm) *s.* cablegrama.
cabman ('kæbmən) *s.* cochero de punto; taxista.
caboose (kə'bu:s) *s.* cocina.
cackle ('kækl) *s.* cacareo.
cackle (to) ('kækl) *i.* cacarear.
cactus ('kæktəs) *s.* cacto.
cad (kæd) *s.* canalla, malcriado.
cadaveric (kə'dævərik), **cadaverous** (-vərəs) *a.* cadavérico.
caddy ('di) *s.* cajita para el té.
cadence ('keidəns) *s.* cadencia.
cadet (kə'det) *s.* hijo menor. *2* cadete.
café ('kæfei) *s.* café [local].
cafeteria (ˌkæfi'tiəriə) *s.* restaurante o café de autoservicio.
cage (keidʒ) *s.* jaula.
cage (to) (keidʒ) *t.* enjaular.
cajole (to) (kə'dʒoul) *t.* engatusar, lisonjear.
cajolery (kə'dʒouləri) *s.* lisonja.
cake (keik) *s.* galleta, torta, pastel, bollo. *2* pastilla, pan [de jabón, cera, etc.].
calabash ('kæləbæʃ) *s.* calabaza.
calamitous (kə'læmitəs) *a.* calamitoso.
calamity (kə'læmiti) *s.* calamidad.
calcareous (kæl'kɛəriəs) *a.* calcáreo.
calcium ('kælsiəm) *s.* calcio.
calculate (to) ('kælkjuleit) *t.* calcular. *2 i.* hacer cálculos: ***calculating machine,*** máquina calculadora.
calculus ('kælkjuləs) *s.* cálculo.
caldron ('kɔ:ldrən) *s.* caldera.
calendar ('kælindəʳ) *s.* calendario, almanaque.
calf (kɑ:f) *pl.* **calves** (kɑ:vz) *s.* ZOOL. ternero, -ra. *2* pantorrilla.
calibrate (to) ('kælibreit) *t.* calibrar, graduar.
calibre ('kælibəʳ) *s.* calibre.
calico ('kælikou) *s.* calicó.
caliph ('kælif) *s.* califa.
call (kɔ:l) *s.* grito, llamada, llamamiento. *2* toque de señal. *3* reclamo [de caza]. *4* demanda, exigencia. *5* obligación, derecho, motivo. *6* visita corta.
call (to) (kɔ:l) *t.* llamar. *2* convocar, citar. *3* invocar. *4* nombrar, apellidar. *5* considerar. *6* pregonar. *7* ***to ~ again,*** volver a llamar; ***to ~ at,*** detenerse en; ***to ~ attention to,*** llamar la atención sobre; ***to ~ back,*** hacer volver; anular; ***to ~ down,*** hacer bajar; censurar; regañar; ***to ~ for,*** ir a buscar; exigir, pedir; ***to ~ forth,*** ser la causa de; hacer salir; poner de manifiesto o en acción; ***to ~ in,*** pedir que se devuelva; hacer venir; retirar; ***to ~ in question,*** poner en duda; ***to ~ names,*** insultar; ***to ~ off,*** suspender; cancelar; ***to ~ on,*** visitar; exhortar; ***to ~ to account,*** llamar a cuentas; ***to ~ to mind,*** recordar; ***to ~ together,*** reunir; ***to ~ to witness,*** tomar por testigo; ***to ~ the roll,*** pasar lista; ***to ~ up,*** llamar por teléfono; llamar a filas; hacer surgir, evocar; poner a debate; ***to ~ upon,*** exhortar; ***to be called upon to,*** tener la obligación de. *8 i.* gritar. *9* hacer una visita a. *10* [de un barco] hacer escala; [del tren] parar.
caller ('kɔləʳ) *s.* visita, visitante.
calling ('kɔliŋ) *s.* profesión, oficio. *2* vocación, llamamiento..
callosity (kæ'lɔsiti) *s.* callosidad.

callous ('kæləs) *a.* calloso. *2* fig. duro, insensible.
callousness ('kæləsnis) *s.* CALLOSITY. *2* dureza, insensibilidad.
callow ('kælou) *a.* implume. *2* inexperto.
calm (kɑ:m) *s.* calma, sosiego. *2* serenidad. *3 a.* sosegado, tranquilo.
calm (to) (kɑ:m) *t.* calmar, sosegar. *2 i. to ~ down,* calmarse.
calmness ('kɑ:mnis) *s.* tranquilidad. *2* serenidad.
calorie ('kæləri) *s.* caloría.
calumniate (to) (kə'lʌmnieit) *t.* calumniar.
calumny ('kæləmni) *s.* calumnia.
Calvary ('kælvəri) *n. pr.* Calvario.
calyx ('keiliks) *s.* BOT. cáliz.
came (keim) V. TO COME.
camel ('kæməl) *s.* camello.
camellia (kə'mi:liə) *s.* camelia.
cameo ('kæmiou) *s.* camafeo.
camera ('kæmərə) *s.* ANAT., FÍS. cámara. *2* máquina fotográfica.
cameraman ('kæmərəmæn) *s.* CINEM. operador.
camomile ('kæməmail) *s.* BOT. camomila, manzanilla.
camouflage ('kæmuflɑ:ʒ) *s.* camuflaje.
camouflage (to) (kæmuflɑ:ʒ) *t.* camuflar.
camp (kæmp) *s.* campamento: *~ **bed,*** lecho de campaña; *~ **chair,*** silla de tijera.
camp (to) (kæmp) *t.-i.* acampar.
campaign (kæm'pein) *s.* campaña.
campaigner (kæm'peinəʳ) *s.* veterano. *2* propagandista.
camphor ('kæmfəʳ) *s.* alcanfor.
camping ('kæmpiŋ) *s.* campamento.
can (kæn) *s.* jarro [de metal], bote, lata: *~ **opener,*** abrelatas.
can (kæn, kən) *aux.* poder o saber [hacer una cosa]. ¶ Pret. y cond.: ***could*** (kud, kəd).
can (to) (kæn) *t.* enlatar, conservar en lata.
Canadian (kə'neidjən) *a.-s.* canadiense.
canal (kə'næl) *s.* canal, acequia.
canalize (to) ('kænəlaiz) *t.* canalizar.
canary (kə'nəri) *s.* ORN. canario.
Canary Islands (kə'nɛəri 'ailəndz) *n. pr.* GEOGR. Islas Canarias.
cancel (to) ('kænsəl) *t.* cancelar. *2* anular. *3* tachar, borrar.
cancer ('kænsəʳ) *s.* MED. cáncer.
cancerous ('kænsərəs) *a.* canceroso.
candelabrum (ˌkændi'lɑ:brəm) *s.* candelabro.
candid ('kændid) *a.* franco, sincero. *2* imparcial. *3* ingenuo.
candidate ('kændidit) *s.* candidato. *2* aspirante. *3* graduando.
candied ('kændid) *a.* garapiñado.
candle ('kændl) *s.* vela, bujía; candela. *2* FÍS. *~ **power,*** bujía.
candlestick ('kændlstik) *s.* candelero; palmatoria.
cando(u)r ('kændəʳ) *s.* sinceridad, franqueza. *2* candor.
candy (kændi) *s.* confite, caramelo.
candy (to) (kændi) *t.* garapiñar.
cane (kein) *s.* BOT. caña; caña de azúcar. *2* bastón.
canine ('keinain) *a.-s.* canino.
canister ('kænistəʳ) *s.* bote, lata. [para té, tabaco, etc.].
canker ('kæŋkəʳ) *s.* úlcera maligna. *2* fig. cáncer.
canker (to) ('kæŋkəʳ) *t.* gangrenar, cancerar. *2 i.* cancerarse.
cannery ('kænəri) *s.* fábrica de conservas.
cannibal ('kænibəl) *a.-s.* caníbal.
cannon ('kænən) *s.* cañón: *~ **shot,*** cañonazo. *2* BILL. carambola.
cannonade (ˌkænə'neid) *s.* cañoneo.
cannot ('kænɔt) forma compuesta de ***can*** y ***not.***
canny (kæni) *a.* sagaz, prudente.
canoe (kə'nu:) *s.* canoa; piragua.
canon ('kænən) *s.* canónigo. *2* canon. *3 a. ~ **law,*** derecho canónico.
canonical (kə'nɔnikəl) *a.* canónico.
canonize (to) ('kænənaiz) *t.* canonizar.
canopy ('kænəpi) *s.* dosel.
can't (kɑ:nt, kænt) contr. de ***can*** y ***not.***
cant (kænt) *s.* jerga, jerizonga. *2* hipocresía. *3* inclinación, ladeo.
cant (to) (kænt) *t.* inclinar, ladear, volcar.
cantankerous (kən'tæŋkərəs) *a.* intratable, quisquilloso.
canteen (kæn'ti:n) *s.* cantimplora [frasco]. *2* cantina, taberna.
canter ('kæntəʳ) *s.* medio galope.
canter (to) ('kæntəʳ) *i.* ir a medio galope.
canticle ('kæntikl) *s.* cántico.
cantonment (kən'tu:nmənt) *s.* acantonamiento.
canvas ('kænvəs) *s.* lona. *2* cañamazo. *3* PINT. lienzo.
canvass (to) ('kænvəs) *t.-i.* ir en busca de votos, pedidos, etc. *2 t.* examinar, discutir.
canyon ('kænjən) *s.* hondonada.
caoutchouc ('kautʃuk) *s.* caucho.
cap (kæp) *s.* gorro, gorra; cofia, bonete, capelo. *2* cima, cumbre.

cap (to) (kæp) *t.* cubrir [la cabeza]. *2* coronar, acabar.
capability (ˌkeipəˈbiliti) *s.* capacidad, aptitud.
capable (ˈkeipəbl) *a.* capaz, apto.
capacious (kəˈpeiʃəs) *a.* capaz, espacioso.
capacity (kəˈpæsiti) *s.* capacidad. *2* calidad. *3* condición.
caparison (kəˈpærisn) *s.* caparazón, gualdrapa.
cape (keip) *s.* GEOGR. cabo. *2* capa corta, esclavina.
caper (ˈkeipəʳ) *s.* cabriola; travesura. *2* BOT. alcaparra.
caper (to) (ˈkeipəʳ) *i.* cabriolar.
capital (ˈkæpitl) *a.* capital. *2* primordial. *3* excelente. *4 a.-s.* mayúscula. *5 s.* COM. capital. *6* capital [población]. *7* ARQ. capitel.
capitalism (ˈkæpitəlizəm) *s.* capitalismo.
capitalist (ˈkæpitəlist) *a.-s.* capitalista.
capitulate (to) (kəˈpitjuleit) *i.* capitular..
capitulation (kəˌpitjuˈleiʃən) *s.* capitulación.
caprice (keˈpri:s) *s.* capricho.
capricious (keˈpriʃəs) *a.* caprichoso, antojadizo.
capriole (ˈkæprioul) *s.* cabriola.
capsize (to) (kæpˈsaiz) *t.-i.* zozobrar; volcar.
capstan (kæpstən) *s.* cabrestante.
capsule (ˈkæpsju:l) *s.* cápsula.
captain (ˈkæptin) *s.* capitán.
captious (ˈkæpʃəs) *a.* capcioso. *2* reparón, quisquilloso.
captivate (to) (ˈkæptiveit) *t.* cautivar, captar.
captivating (ˈkæptiveitiŋ) *a.* cautivador, encantador, seductor.
captive (ˈkæptiv) *a.-s.* cautivo.
captivity (kæpˈtiviti) *s.* cautividad, cautiverio.
capture (ˈkæptʃəʳ) *1.* captura. *2* apresamiento. *3* presa, botín.
capture (to) (ˈkæptʃəʳ) *t.* capturar, prender. *2* apresar.
Capuchin (ˈkæpjuʃin) *s.* capuchino.
car (kɑ:ʳ) *s.* carro. *2* coche, automóvil. *3* tranvía. *4* FERROC. (E. U.) vagón.
carabineer (ˌkærəbiˈniəʳ) *s.* carabinero [soldado].
caramel (ˈkærəmel) *s.* caramelo.
carapace (ˈkærəpeis) *s.* ZOOL. carapacho, caparazón.
carat (ˈkærət) *s.* quilate.
caravan (ˌkærəˈvæn) *s.* caravana. *2* carruaje de gitanos.
caraway (ˌkærəwei) *s.* BOT. alcaravea.
carbide (ˈkɑ:baid) *s.* carburo.
carbine (ˈkɑ:bain) *s.* carabina.
carbon (ˈkɑ:bən) *s.* QUÍM. carbono. *2* ELECT., FOT. carbón.
carbonate (ˈkɑ:bənit) *s.* carbonato.
carbonic (kɑ:bənit) *a.* carbónico.
carbonize (to) (ˈkɑ:bənaiz) *t.* carbonizar.
carbuncle (ˈkɑ:bʌŋkl) *s.* carbunclo. *2* MED. carbunco.
carburet(t)or (ˈkɑ:bjurətəʳ) *s.* carburador.
carcase, carcass (ˈkɑ:kəs) *s.* res muerta. *2* carroña. *3* armazón.
card (kɑ:d) *s.* carta, naipe. *2* tarjeta, cédula, ficha. *3* carda.
card (to) ((kɑ:d) *t.* cardar.
cardboard (ˈkɑ:dbɔ:d) *s.* cartón.
cardigan (ˈkɑ:digən) *s.* chaqueta de punto.
cardinal (ˈkɑ:dinl) *a.* cardinal. *2* cardenalicio. *3 s.* cardenal.
care (kεəʳ) *s.* preocupación, inquietud. *2* cuidado, solicitud: ***take ~!***, ¡cuidado! *3* cargo, custodia.
care (to) (kεəʳ) *i.* preocuparse: cuidar [de]; hacer caso; importarle a uno; apreciar, querer: ***I don't ~***, me tiene sin cuidado.
careen (to) (kəˈrin) *t.* MAR. carenar.
career (kəˈriəʳ) *s.* carrera.
career (to) (keˈriəʳ) *i.* galopar.
careful (ˈkεəful) *a.* cuidadoso. *2* solícito. *3* esmerado. *4* cauteloso.
carefulness (ˈkεəfulnis) *s.* cuidado, diligencia. *2* esmero.
careless (ˈkεəlis) *a.* descuido, negligente.
carelessness (ˈkεəlisnis) *s.* descuidado, negligencia, incuria.
caress (kəˈres) *s.* caricia, halago.
caress (to) (kəˈres) *f.* acariciar.
caretaker (ˈkεəˌteikəʳ) *s.* conserje; portero.
cargo (ˈkɑ:gou) *s.* MAR. carga, cargamento.
caricature (ˌkærikəˈtjuəʳ) *s.* caricatura.
caricature (to) (ˌkærikəˈtjuəʳ) *t.* caricaturizar, ridiculizar.
caricaturist (ˌkærikəˈtjuərist) *s.* caricaturista.
carman (ˈkɑ:mən) *s.* carretero.
Carmelite (ˈkɑ:milait) *a.-s.* carmelita.
carmine (ˈkɑ:main) *s.* carmín.
carnage (ˈkɑ:nidʒ) *s.* carnicería, matanza.
carnal (ˈkɑ:nl) *a.* carnal.
carnation (kɑ:ˈneiʃən) *a.-s.* encarnado. *2 s.* clavel.
carnival (ˈkɑ:nivəl) *s.* carnaval.
carnivorous (kɑ:ˈnivərəs) *a.* carnívoro.
carob (ˈkærəb) *s.* BOT. algarrobo.

carol ('kærəl) *s.* canto alegre, villancico.
carousal (kə'rauzəi) *s.* orgía, juerga.
carouse (to) (kə'rauz) *i.* hacer una juerga, emborracharse.
carp (kɑ:p) *s.* ICT. carpa.
carp (to) (kɑ:p) *i.* criticar.
carpenter ('kɑ:pintəʳ) *s.* carpintero.
carpentry ('kɑ:pintri) *s.* carpintería.
carpet ('kɑ:pit) *s.* alfombra.
carpet (to) ('kɑ:pit) *t.* alfombrar.
carriage ('kæridʒ) *s.* carruaje, coche. *2* FERROC. (Ing.) vagón, coche. *3* ARTILL. cureña. *4* MEC. carro. *5* transporte, acarreo. *6* aire, porte [de una pers.].
carrier ('kæriəʳ) *s.* portador. *2* porteador, transportista. *3* portaviones. *4* ~ ***pigeon,*** paloma mensajera.
carrion ('kæriən) *s.* carroña.
carrot ('kærət) *s.* zanahoria.
carry (to) ('kæri) *t.* llevar; traer, conducir, transportar; acarrear. *2* ***to ~ away,*** llevarse; arrebatar: ***to ~ forward,*** sumar y seguir; ***to ~ off,*** llevarse, ganar; lograr; ***to ~ on,*** continuar, seguir; ***to ~ out,*** llevar a cabo, ejecutar; ***to ~ the day,*** seguir adelante; ***to ~ through,*** completar; ***to ~ weight,*** pesar. *3 i,* alcanzar [la voz, etc.].
cart (kɑ:t) *s.* carro, carreta. *2* carro de mano. *3* ***~-load,*** carretada.
cart (to) (kɑ:t) *t.* carretear, acarrear.
cartage ('kɑ:tidʒ) *s.* carretaje.
carter ('kɑ:təʳ) *s.* carretero.
cartilage ('kɑ:tilidʒ) *s.* cartílago.
cartilaginous (ˌkɑ:ti'lædʒinəs) *a.* cartilaginoso.
cartoon (kɑ:'tu:n) *s.* caricatura. *2* película de dibujos animados.
cartridge ('kɑ:tridʒ) *s.* cartucho: ***~-belt,*** canana; ***~-box,*** cartuchera.
cartwright ('kɑ:t-rait) *s.* carretero [que hace carros].
carve (to) (kɑ:v) *t.* tallar, esculpir, cincelar, grabar. *2* cortar, trinchar [carne].
carver ('kɑ:vəʳ) *s.* tallista, escultor. *2* trinchante [pers.]. *3* cuchillo de trinchar.
carving ('kɑ:viŋ) *s.* entalladura, talla, escultura. *2* ***~-knife,*** trinchante.
cascade (kæs'keid) *s.* cascada.
case (keis) *s.* caso: **in any ~,** en todo caso; ***in ~,*** en caso que. *2* DER. pleito, causa. *3* caja, estuche, funda, maleta; carpeta.
case (to) (keis) *t.* embalar, encajonar, enfundar.
casement ('keismənt) *s.* ventana de bisagras [hoja].
cash (kæʃ) *s.* efectivo, dinero contante: ~ ***register,*** caja registradora; ~ ***down,*** a toca teja; ~ ***on delivery,*** contra reembolso. *2* COM. caja. *3 a.* al contado.
cash (to) (kæʃ) *t.* cobrar, pagar, hacer efectivo [un cheque, etc.].
cashier (kə'ʃiəʳ) *s.* cajero.
cashier (to) (kə'ʃiəʳ) *t.* destituir. *2* MIL. degradar.
cashmere (kæʃ'miə) *s.* cachemir.
casing ('keisiŋ) *s.* cubierta, forro.
cask (kɑ:sk) *s.* tonel, barril.
casket ('kɑ:skit) *s.* arqueta.
cassock ('kæsək) *s.* sotana.
cast (kɑ:st) *s.* tiro, lanzamiento. *2* fundición, vaciado; pieza fundida. *3* molde, mascarilla. *4* disposición, tendencia. *5* matiz, tono. *6* defecto [en un ojo]. *7* TEAT. reparto; actores. *8 a.* ~ ***iron,*** hierro colado. *9* V. TO CAST.
cast (to) (kɑ:st) *t.* echar, tirar, arrojar. *2* verter, derramar. *3* despedir, desechar. *4* proyectar [sombra]. *5* formar, arreglar. *6* fundir, moldear. *7* hacer [cuentas]. *8* TEAT. repartir [los papeles]. *9* dar [un voto]. *10* ***to ~ away,*** desechar; desperdiciar. *11* ***to ~ lots,*** echar suertes. *12 i.* ***to ~ about for,*** discurrir, buscar. ¶ Pret. y p. p.: ***cast.***
castanets (ˌkæstə'nets) *s. pl.* castañuelas.
castaway ('ka:stəwei) *a.-s.* náufrago. *2* fig. réprobo.
caste (kɑ:st) *s.* casta, clase.
castellated ('kæsteleitid) *a.* almenado.
castigate (to) ('kæstigeit) *t.* castigar; corregir.
casting ('kɑ:stiŋ) *s.* lanzamiento. *2* [pieza de] fundición. *3* THEAT. reparto de papeles. *4* ***casting-vote,*** voto decisivo.
castle ('kɑ:sl) *s.* castillo. *2* AJED. torre.
castoroil ('kɑ:stər'ɔil) *s.* aceite de ricino.
castrate (to) (kæs'treit) *t.* castrar, capar.
casual ('kæʒjuəl) *a.* casual. *2* distraído, superficial. *3* hecho o dicho como al descuido.
casually ('kæʒjuəli) *adv.* casualmente. *2* como al descuido.
casualness ('kæʒjuəlnis) *s.* casualidad. *2* inadvertencia.
casualty ('kæʒjuəlty) *s.* accidente, desgracia. *2* MIL. baja. *3* víctima [de un accidente].
cat (kæt) *s.* ZOOT. gato, gata.
cataclysm ('kætəklizəm) *s.* cataclismo.
catacomb ('kætəkoum) *s.* catacumba.
catafalque ('kætəfælk) *s.* catafalco.
catalogue ('kætəlɔg) *s.* catálogo.
catalogue (to) ('kætəlɔg) *t.* catalogar.
catapult ('kætəpʌlt) *s.* catapulta. *2* tirador [juguete].
cataract ('kætərækt) *s.* catarata.

catarrh (kə'tɑ:ʳ) *s.* catarro.
catastrophe (kə'tæstrəfi) *s.* catástrofe. *2* GEOL. cataclismo.
catcall ('katkɔ:l) *s.* silbido, silba, abucheo.
catch (kætʃ) *s.* cogedura. *2* pesca, redada. *3* engaño, trampa. *4* cerradero, pestillo: ~ ***bolt,*** picaporte.
catch (to) (kætʃ) *t.* coger, agarrar, retener, sujetar. *2* coger, pillar [una enfermedad]. *3* coger, sorprender. *4* ***to ~ one's breath,*** contener el aliento. *5 i.* enredarse, engancharse. *6* ser contagioso. *7* ***to ~ at,*** tratar de coger. ¶ Pret. y p. p.: ***caught*** (kɔ:t).
catching ('kætʃiŋ) *a.* contagioso, pegadizo. *2* atractivo.
catchword ('kætʃwə:d) *s.* lema, eslogan. *2* TEAT. pie.
catchy ('kætʃi) *a.* pegadizo [melodía]. *2* insidioso. *3* variable.
catechism ('kætikizəm) *s.* catecismo.
categoric (al (ˌkæti'gɔrik, -əl) *a.* categórico.
category ('kætigəri) *s.* categoría.
cater (to) ('kəitəʳ) *i.* abastecer.
caterer ('keitərəʳ) *s.* abastecedor.
caterpillar ('kætəpiləʳ) *s.* oruga.
caterwaul (to) ('kætəwɔ:l) *i.* maullar.
catgut ('kætgʌt) *s.* cuerda.
cathedral (kə'θi:drəl) *s.* catedral. *2 a.* catedralicio.
catholic ('kæθəlik) *a.-s.* católico..
catholicism (kə'θɔlisizəm) *s.* catolicismo.
catkin ('kætkin) *s.* BOT. amento.
cattle ('kætl) *s.* ganado: ~***-raiser,*** ganadero; ~***-raising,*** ganadería.
caucus ('kɔ:kəs) *s.* junta electoral.
caught (kɔ:t) V. TO CATCH.
cauldron (kɔ:drən) *s.* CALDRON.
cauliflower ('kɔliflauəʳ) *s.* BOT. coliflor.
caulk (to) (kɔ:k) *t.* calafatear.
causal ('kɔ:zəl) *a.* causal.
cause (kɔ:z) *s.* causa; razón, motivo. *2* DER. pleito.
cause (to) (kɔ:z) *t.* causar. *2* hacer [con inf.]; hacer que, inducir a, impeler a.
causeless ('kɔ:zlis) *a.* inmotivado, infundado.
causeway ('kɔ:zwei) *s.* paso firme que cruza un pantano, etc.; calzada, arrecife.
caustic ('kɔ:stik) *a.-s.* cáustico.
cauterize (to) ('kɔ:təraiz) *t.* cauterizar.
cautery ('kɔ:təri) *s.* cauterio.
caution ('kɔ:ʃən) *s.* cautela, precaución. *2* aviso, advertencia.
caution (to) ('kɔ:ʃən) *t.* cautelar, advertir avisar; amonestar.
cautious ('kɔ:ʃəs) *a.* cauto, prudente. *2* **-ly** *adv.* cautamente.
cautiousness ('kɔ:ʃəsnis) *s.* cautela, precaución, prudencia.
cavalcade (ˌkævəl'keid) *s.* cabalgata.
cavalier (ˌkævə'liəʳ) *s.* jinete, caballero. *2 a.* alegre. *3* grosero.
cavalry ('kævəlri) *s.* caballería.
cave (keiv) *s.* cueva, caverna.
cave (to) (keiv) *i.* ***to ~ in,*** hundirse [el suelo, etc].
cavern ('kævən) *s.* caverna.
caviar ('kæviɑ:ʳ) *s.* caviar.
cavil ('kævil) *s.* quisquilla, objeción frívola, sutileza.
cavil (to) ('kævil) *i.* buscar quisquillas; poner reparos nimios.
cavity ('kæviti) *s.* cavidad.
caw (kɔ:) *s.* graznido.
caw (to) (kɔ:) *i.* graznar.
cease (to) ((si:s) *i.-t.* cesar, dejar de.
ceaseless ('si:slis) *a.* incesante, continuo.
cedar ('si:dəʳ) *s.* BOT. cedro.
cede (to) (si:d) *t.* ceder.
ceiling ('si:liŋ) *s.* techo.
celebrate (to) ('selibreit) *t.-i.* celebrar.
celebrated ('selibreitid) *a.* célebre.
celebration (ˌseli'breiʃən) *s.* celebración. *2* fiesta.
celebrity (si'lebriti) *s.* celebridad.
celerity (si'leriti) *s.* celeridad.
celery ('seləri) *s.* BOT. apio.
celestial (si'lestjəl) *a.* celestial, celeste, célico.
celibacy ('selibəsi) *s.* celibato.
cell (sel) *s.* celda. *2* célula.
cellar ('seləʳ) *s.* sótano, cueva. *2* bodega.
cello ('tʃelou) *s.* violoncelo.
Celt (kelt) *s.* celta.
Celtic ('keltik) *a.* céltico. *2 s.* celta.
cement (si'ment) *s.* cemento.
cement (to) (si'ment) *t.* unir con cemento. *2 t.-i.* afianzar(se.
cemetery ('semitri) *s.* cementerio.
cenotaph ('senətɑ:f) *s.* cenotafio.
censor ('sensəʳ) *s.* (censor.
censor (to) ('sensəʳ) *t.* censurar.
censorious (sen'sɔ:riəs) *a.* censurador, severo, rígido.
censorship ('sensəʃip) *s.* censura [oficio].
censure ('senʃəʳ) *s.* censura, crítica, reprobación.
censure (to) ('senʃəʳ) *t.* censurar, criticar, reprobar.
census ('sensəs) *s.* censo, padrón.
cent (sent) *s.* centavo [moneda]. *2* ciento: ***per ~,*** por ciento.
centenarian (ˌsenti'nɛəriən) *s.* centenario [pers.].

centenary (sen'ti:nəri) **centennial** (-'teniəl) *a.-s.* centenario.
centigrade ('sentigreid) *a.* centígrado.
centipede ('sentipi:d) *s.* ciempiés.
central ('sentrəl) *a.* central: ~ ***heating,*** calefacción central.
centralization (ˌsentrəlai'zeiʃən) *s.* centralización.
centralize (to) ('sentrəlaiz) *t.* centralizar.
centre ('sentəʳ) *s.* centro.
centre (to) ('sentəʳ) *t.* centrar. *2* concentrar [en].
century ('sentʃəri) *s.* siglo.
ceramic (si'ræmik) *a.* cerámico.
ceramics (si'ræmiks) *s.* cerámica.
cereal ('siəriəl) *a.-s.* cereal.
cerebral ('seribrəl) *a.* cerebral..
ceremonial (ˌseri'mounjəl) *a.-s.* ceremonial.
ceremonious (ˌseri'mounjəs) *a.* ceremonioso. *2* ceremonial.
ceremony ('seriməni) *s.* ceremonia. *2* cumplido, formalidad.
certain ('sə:tn,-tin) *a.* cierto, seguro. *2* fijo, determinado.
certainly ('sə:tnli) *adv.* ciertamente, seguramente, sin falta.
certainty ('sə:tnti) *s.* certeza, certidumbre.
certificate (sə'tifikit) *s.* certificado, partida.
certificate (to) (sə'tifikeit) *t.* certificar; afirmar.
certify (to) ('sə:tifai) *t.* certificar, afirmar, asegurar.
cessation (se'siʃən) *s.* cesación.
cession ('seʃən) *s.* cesión.
cesspool ('sespu:l) *s.* cloaca.
cetacean (si'teiʃjən) *a.-s.* cetáceo.
chafe (to) (tʃeif) *t.* frotar. *2 t.-i.* rozar(se, escoriar(se. *3* irritar(se.
chaffinch (tʃæ:fintʃ) *s.* pinzón.
chagrin ('ʃægrin) *s.* mortificación, desazón, disgusto.
chagrin (to) ('ʃægrin) *t.* mortificar, disgustar.
chain (tʃein) *s.* cadena. *2 pl.* cadenas, esclavitud.
chain (to) (tʃein) *t.* encadenar.
chair (tʃɛəʳ) *s.* silla, sillón, sitial. *2* cátedra; presidencia: ***to take the*** ~, presidir.
chairman ('tʃɛəmən) *s.* presidente [de una reunión].
chalice ('tʃælis) *s.* cáliz.
chalk (tʃɔ:k) *s.* creta; marga. *2* tiza, yeso.
chalk (to) (tʃɔ:k) *t.* enyesar, margar. *2* dibujar con tiza.
challenge ('tʃælindʒ) *s.* reto, desafío. *2* MIL. quién vive.
challenge (to) ('tʃælindʒ) *t.* retar, desafiar. *2* recusar. *3* MIL. dar el quién vive.
challenger ('tʃælindʒəʳ) *s.* retador; aspirante a un título.
chamber ('tʃeimbəʳ) *s.* cámara, aposento. *2* cámara [de comercio, etc.]. *3* ~***-maid,*** camarera; ~***-pot,*** orinal.
chamberlain ('tʃeimbəlin) *s.* chambelán, camarlengo.
chameleon (kə'mi:ljən) *s.* camaleón.
chamfer ('tʃæmfəʳ) *s.* bisel.
chamfer (to) ('tʃæmfəʳ) *t.* biselar.
chamois ('ʃæmwɑ:) *s.* ZOOL. gamuza. *2* gamuza, ante [piel].
champ (to) (tʃæmp) *t.* mascar: ***to ~ at the bit,*** impacientarse.
champagne (ʃæmp'pein) *s.* champaña.
champaign ('tʃæmpein) *s.* campiña.
champion ('tʃæmpjən) *s.* campeón, paladín. *2* DEP. campeón.
champion (to) ('tʃæmpjən) *t.* defender, abogar por.
championship ('tʃæmpjənʃip) *s.* campeonato.
chance (tʃɑ:ns) *s.* ventura, suerte; azar, casualidad: ***by*** ~, por casualidad, por ventura. *2* oportunidad, coyuntura. *3* probabilidad. *4 a.* casual, fortuito.
chance (to) (tʃɑ:ns) *i.* acaecer, suceder, encontrarse con.
chancel ('tʃɑ:nsəl) *s.* presbiterio.
chancellery ('tʃɑ:nsələri) *s.* cancillería.
chancellor ('tʃɑ:nsələʳ) *s.* canciller. *2* ***Chancellor of the Exchequer,*** (Ingl.) Ministro de Hacienda.
chandelier (ˌʃændi'liəʳ) *s.* lámpara, araña.
change (tʃeindʒ) *s.* cambio, alteración, mudanza, mutación. *2* cambio, trueque, substitución. *3* muda [de ropa]. *4* cambio [de un billete]; vuelta [de un pago]. *5* suelto, moneda suelta. *6* novedad, variedad.
change (to) (tʃeindʒ) *t.* cambiar, alterar, variar, mudar, convertir, trocar. *2* cambiar de, mudar de: ***to ~ colour,*** demudarse. *3* mudar las ropas de. *4 i.* cambiar, variar.
changeable ('tʃeindʒəbl) *a.* cambiable. *2* mudable, variable.
changeful ('tʃeindʒful) *a.* cambiante. *2* mudable, inconstante.
changeless ('tʃeindʒlis) *a.* inmutable, constante.
channel ('tʃænl) *s.* canal, zanja, acequia: ***English Channel,*** Canal de la Mancha.

channel (to) ('tʃænl) *t.* acanalar, estriar. *2* encauzar.
chant (tʃɑ:nt) *s.* canto.
chant (to) ('tʃɑ:nt) *t.* cantar.
chaos ('keiɔs) *s.* caos.
chaotic (kei'ɔtik) *a.* caótico.
chap (tʃæp) *s.* fam. muchacho, sujeto. *2* grieta.
chap (to) (tʃæp) *t.-i.* resquebrajar(se.
chapel ('tʃæpəl) *s.* capilla.
chaperon ('ʃæpəroun) *s.* caperuza. *2* acompañante, carabina.
chap-fallen ('tʃæpˌfɔ:lən) *a.* alicaído, cariacontecido.
chaplain ('tʃæplin) *s.* capellán.
chapter ('tʃæptəʳ) *s.* capítulo [de un libro]. *2* ECLES. cabildo.
char (to) (tʃɑ:ʳ) *t.* carbonizar; socarrar. *2 i.* trabajar a jornal.
character ('kæriktəʳ) *s.* carácter [en todos sus sentidos]. *2* calidad, condición. *3* fama, reputación. *4* referencias, certificado de conducta. *5* HIST., LIT. personaje. *6* TEAT. papel. *7* sujeto, tipo.
characteristic (ˌkæriktə'ristik) *s.* característica. *2 a.* característico.
characterize (to) ('kæriktəraiz) *t.* caracterizar. *2* describir.
charade (ʃə'rɑ:d) *s.* charada.
charcoal ('tʃɑ:koul) *s.* carbón de leña. *2* DIB. carboncillo.
charge (tʃɑ:dʒ) *s.* carga [de un arma, etc.]. *2* cargo, obligación, custodia, cuidado; cometido: ***to be in ~,*** estar al mando, al cuidado. *3* orden, encargo. *4* carga, gravamen. *5* precio, costa, gastos. *6* cargo, acusación. *7* MIL. carga, ataque.
charge (to) (tʃɑ:dʒ) *t.* cargar [un arma, etc.], *2* confiar, encargar. *3* mandar, exhortar. *4* cargar, gravar. *5* pedir [un precio]. *6* COM. adeudar, cargar. *7* ***to ~ with,*** acusar, tachar de. *8 t.-i.* atacar.
charger ('tʃɑ:dʒəʳ) *s.* corcel.
chariot ('tʃæriət) *s.* carro [de guerra].
charitable ('tʃæritəbl) *a.* caritativo.
charity ('tʃæriti) *s.* caridad.
charlatan ('ʃɑ:lətən) *s.* charlatán, curandero.
charm (tʃɑ:m) *s.* encanto, embeleso, hechizo. *2* amuleto.
charm (to) (tʃɑ:m) *t.* encantar, hechizar. *2* embelesar, cautivar.
charming ('tʃɑ:miŋ) *s.* encantador, hechicero, embelesador.
chart (tʃɑ:t) *s.* carta de marear. *2* mapa, plano.
chart (to) (tʃɑ:t) *t.* trazar [un mapa, etc.].
charter ('tʃɑ:təʳ) *t.* fuero, privilegio. *2* escritura.
charter (to) ('tʃɑ:təʳ) *t.* fletar. *2* alquilar.
charwoman ('tʃɑ:ˌwumən) *s.* asistenta.
chary ('tʃɛəri) *a.* cuidadoso [de]. *2* receloso [de]. *3* parco.
chase (tʃeis) *s.* caza, persecución.
chase (to) (tʃeis) *t.* dar caza a, seguir. *2* cincelar.
chasm ('kæzəm) *s.* abismo.
chasis ('ʃæsi) *s.* chasis.
chaste (tʃeist) *a.* casto. *2* puro.
chasten (to) ('tʃeisn) *t.* castigar.
chastise (to) (tʃæs'taiz) *t.* castigar, corregir.
chastisement ('tʃæstizmənt) *s.* castigo, corrección.
chastity ('tʃæstiti) *s.* castidad.
chasuble ('tʃæzjubl) *s.* casulla.
chat (tʃæt) *s.* charla, plática.
chat (to) (tʃæt) *i.* charlar.
chattels ('tʃætlz) *s.* enseres, bienes muebles.
chatter ('tʃætəʳ) *s.* charla, parloteo. *2* castañeo [de dientes].
chatter (to) ('tʃætəʳ) *i.* charlar. *2* castañetear [los dientes].
chatterbox ('tʃætəbɔks) *s.* parlanchín.
chatty ('tʃæti) *a.* hablador.
cheap (tʃi:p) *a.-adv.* barato. *2 a.* ordinario, despreciable.
cheapen (to) ('tʃi:pən) *t.* abaratar. *2* despreciar.
cheapness ('tʃi:pnis) *s.* baratura. *2* vulgaridad.
cheat (tʃi:t) *s.* timo, estafa, trampa. *2* timador, estafador.
cheat (to) (tʃi:t) *t.* engañar, timar. *2 i.* hacer trampas.
cheater ('tʃi:təʳ) *s.* timador, estafador, tramposo.
cheating ('tʃi:tiŋ) *s.* engaño.
check (tʃek) *s.* restricción, represión, obstáculo. *2* contratiempo. *3* comprobación, repaso. *4* COM. cheque, talón. *5* cuadro; dibujo a cuadros. *6* AJED. jaque.
check (to) (tʃək) *t.* detener, refrenar, reprimir. *2* comprobar, verificar, repasar. *3* marcar [con señal]. *4* dar jaque.
checkbook ('tʃekbuk) *s.* talonario de cheques.
checker ('tʃekəʳ) *s.* tejido a cuadros. *2 pl.* juego de damas.
checker (to) ('tʃekəʳ) *t.* cuadricular. *2* variar.
checkmate ('tʃek'meit) *s.* mate.
checkmate (to) ('tʃek'meit) *t.* AJED. dar mate.

checkup ('tʃekʌp) *s.* MED. reconocimiento general.
cheek (tʃi:k) *s.* mejilla; carrillo. *2* fig. descaro.
cheek-bone ('tʃi:kboun) *s.* pómulo.
cheeky ('tʃi:ki) *s.* descarado.
cheep (tʃi:p) *s.* pío [de ave].
cheep (to) (ti:p) *i.* piar.
cheer (tʃiəʳ) *s.* alegría, ánimo. *2* viandas, comida. *3* viva. vítor.
cheer (to) (tʃiəʳ) *t.-i.* alegrar(se, animar(se: ~ ***up!***, ¡ánimo! *2 t.* vitorear; aplaudir.
cheerful ('tʃiəful) *a.* alegre, animado, jovial.
cheerless ('tʃiəlis) *a.* triste.
cheese (tʃi:z) *s.* queso.
chemical ('kemikəl) *a.* químico. *2 s.* producto químico.
chemist ('kemist) *s.* químico. *2* farmacéutico: ***~'s shop,*** farmacia.
chemistry ('kemistri) *s.* química.
cheque (tʃek) *s.* COM. cheque: ***~-book,*** talonario de cheques.
chequer *s.*, **chequer (to)** Véase CHECKER, CHECKER (TO).
cherish (to) ('tʃeriʃ) *t.* acariciar. *2* apreciar. *3* abrigar.
cherry ('tʃeri) *s.* BOT. cereza: ***~-tree,*** cerezo.
cherub ('tʃerəb) *s.* querubín.
chess (tʃes) *s.* ajedrez: ***~-man,*** pieza; ***~-board,*** tablero.
chest (tʃest) *s.* cofre, arca: ~ ***of drawers*** cómoda. *2* pecho.
chestnut ('tʃesnʌt) *s.* BOT. castaña: ***~-tree,*** castaño. *2 a.* [color] castaño.
chew (to) (tʃu:) *t.* mascar, masticar. *2 t.-i.* rumiar, meditar.
chewing-gum ('tʃu:iŋgʌm) *s.* goma de mascar..
chicanery (ʃi'keinəri) *s.* triquiñuela, enredo.
chick (tʃik), **chicken** ('tʃikin) *s.* pollo, polluelo. *2* ***chicken-hearted,*** tímido, cobarde.
chicken-pox ('tʃikinpɔks) *s.* viruelas locas.
chick-pea ('tʃikpi:) *s.* s. garbanzo.
chicory ('tʃikəri) *s.* achicoria.
chid (tʃid) *pret.* de TO CHIDE.
chidden ('tʃidn) V. TO CHIDE.
chide (to) ('tʃaid) *t.* regañar. ¶ Pret.: ***chid*** (tʃid) o ***chided*** ('ʃaidid); p. p.: ***chidden*** ('tʃidn).
chief (tʃi:f) *a.* principal. *2 s.* jefe, cabeza, caudillo.
chiefly ('tʃi:fli) *adv.* principalmente, mayormente, sobre todo.
chieftain ('tʃi:ftən) *s.* capitán.
chiffon ('iʃifɔn) *s.* gasa [tela].
chilblain ('tʃilblein) *s.* sabañón.
child (tʃaild), *pl.* **children** ('tʃildrən) *s.* niño, niña criatura. *2* hijo, hija.
childbirth ('tʃaildbə:θ) *s.* parto.
childhood ('tʃaildhud) *s.* infancia, niñez.
childish ('tʃaildiʃ) *a.* pueril.
children ('tʃildrən) V. CHILD.
Chilean ('tʃiliən) *a.-s.* Chileno.
chill (tʃil) *s.* frío [sensación] *2* escalofrío. *3* frialdad. *4* resfriado. *5 a.* frío, desapacible.
chill (to) (tʃil) *t.* enfriar, helar. *2* desalentar.
chilly ('tʃili) *a.* que siente frío. *2* friolento. *3* frío, glacial.
chime (ʃaim) *s.* juego de campanas. *2* campaneo. *3* armonía.
chime (to) (tʃaim) *t.* tocar, tañer [campanas]. *2 i.* sonar [las campanas]. *3* armonizar.
chimney ('tʃimni) *s.* chimenea: ***~-top,*** chimenea; ***~-sweep,*** deshollinador.
chimpanzee (ˌtʃimpən'zi:) *s.* chimpancé.
chin (tʃin) *s.* barbilla, mentón.
china ('tʃainə) *s.* loza, porcelana.
chinaware ('tʃainəwɛəʳ) *s.* loza, porcelana.
Chinese ('tʃai'ni:z) *a.-s.* chino.
chink (tʃiŋk) *s.* grieta; rendija. *2* tintineo.
chink (to) (tʃiŋk) *t.* agrietar, hender. *2 i.-t.* tintinear.
chip (tʃip) *s.* astilla, pedacito. *2* desportilladura. *3* ficha. *4 pl.* patatas fritas.
chip (to) (tʃip) *t.-i.* resquebrajarse, astillar(se.
chiropodist (ki'rɔpədist) *s.* pedicuro.
chirp (tʃə:p) *s.* chirrido, gorjeo.
chirp (to) (tʃə:p) *i.* chirriar, piar, gorjear.
chisel ('tʃizl) *s.* cincel. *2* formón.
chisel (to) ('tʃizl) *t.* cincelar. *2* escoplear.
chit (tʃit) *s.* desp. chiquillo, chiquilla. *2* vale, nota.
chit-chat ('tʃittʃæt) *s.* charla.
chivalrous ('ʃivəlrəs) *a.* caballeresco. *2* caballeroso.
chivalry ('ʃivəlri) *s.* caballería [institución]. *2* caballerosidad.
chlorine ('klɔ:ri:n) *s.* QUÍM. cloro.
chloroform ('klɔrəfɔ:m) *s.* cloroformo.
chock (tʃɔk) *s.* calzo, cuña.
chock-full ('tʃɔk'ful) *a.* atestado.
chocolate ('tʃɔkəlit) *s.* chocolate.
choice (tʃɔis) *s.* selección, preferencia. *2* opción, alternativa. *3* cosa escogida. *4* lo más escogido. *5 a.* escogido, selecto.
choir ('kwaiəʳ) *s.* coro.

choke (to) (tʃouk) *t.-i.* ahogar(se, sofocar(se. *2* t. ***to ~ up,*** obstruir.
cholera ('kɔlərə) *s.* MED. cólera.
choleric ('kɔləric) *s.* colérico.
choose (to) (tʃu:z) *t.* escoger, elegir. ¶ Pret.: ***chose*** (tʃouz); p. p.: ***chosen*** ('tʃouzn).
chop (tʃɔp) *s.* corte. *2* chuleta.
chop (to) (tʃɔp) *t.* cortar, tajar; picar [carne, etc.]: ***to ~ off,*** cortar [separar].
choppy ('tʃɔpi) *a.* picado [mar].
choral ('kɔ:rəl) *a.-s.* MÚS. coral.
chord (kɔ:d) *s.* MÚS., GEOM. cuerda. *2* MÚS. acorde.
chore (tʃɔ:[r]) *s.* (E.U.) quehacer, faena.
chorus ('kɔ:rəs) *a.-s.* MÚS., TEAT. coro. *2* estribillo: ***~ girl,*** corista.
chose (tʃouz) V. TO CHOOSE.
chosen ('tʃouzn) V. TO CHOOSE.
Christ (kraist) *n. pr.* Cristo.
christen (to) ('krisn) *t.* bautizar.
Christendom ('krisndəm) *s.* cristiandad.
christening ('krisniŋ) *s.* bautizo.
Christian ('kristjən) *a.-s.* cristiano: ***~ name,*** nombre de pila.
christianize ('kristjənaiz) *t.* cristianizar.
Christmas ('krisməs) *s.* Navidad: ***~ carol,*** villancico; ***~ Eve,*** nochebuena.
chronic ('krɔnik) *a.* crónico.
chronicle ('krɔnikl) *s.* crónica.
chronicle (to) ('krɔnikl) *t.* narrar, historiar.
chronicler ('krɔniklə[r]) *s.* cronista.
chronology (krə'nɔledʒi) *s.* cronología.
chrysalis ('krisəlis) *s.* crisálida.
chubby ('tʃʌbi) *a.* regordete.
chuck (tʃʌk) *s.* mamola. *2* echada. *3* MEC. mandril.
chuck (to) (tʃʌk) *t.* dar un golpecito [debajo de la barba]. *2* echar, tirar, arrojar.
chum (tʃʌm) *s.* fam. camarada.
chump (tʃʌmp) *s.* tarugo.
church (tʃə:tʃ) *s.* iglesia.
churchman ('tʃə:tʃmən) *s.* eclesiástico, clérigo.
churchyard ('tʃə:tʃ'jɑ:d) *s.* cementerio.
churl (tʃə:l) *s.* patán.
churlish ('tʃə:liʃ) *a.* rudo.
churn (tʃə:n) *s.* mantequera.
churn (to) (tʃə:n) *t.* batir, mazar. *2* agitar, revolver.
cicada (si'kɑ:də) *s.* ENT. cigarra.
cicatrice ('sikətris) *s.* cicatriz.
cicatrize (to) ('sikətraiz) *t.-ref.* cicatrizar(se.
cider ('saidə[r]) *s.* sidra.
cigar (si'gɑ:[r]) *s.* cigarro puro, tabaco: ***~-case,*** cigarrera.
cigarette (ˌsigə'ret) *s.* cigarrillo, pitillo: ***~-case,*** pitillera; ***~-holder,*** boquilla.
cinder ('sində[r]) *s.* brasa; carbonilla. *2 pl.* cenizas, pavesas.
cinema ('sinimə) *s.* cine.
cinnamon ('sinəmən) *s.* canela.
cipher ('saifə[r]) *s.* cero. *2* cifra.
cipher (to) ('saifə[r]) *t.* cifrar. *2* expresar con cifras, calcular.
circle ('sə:kl) *s.* círculo. *2* TEAT. galería.
circle (to) ('sə:kl) *s.* circuir, rodear. *2 i.* girar; dar vueltas.
circuit ('sə:kit) *s.* circuito. *2* ámbito, radio. *3* rodeo, vuelta.
circuitous (sə'kju:təs) *a.* tortuoso, indirecto.
circular ('sə:kjulə[r]) *a.-s.* circular.
circulate (to) ('sə:kjuleit) *t.* poner en circulación; propalar.
circulation (ˌsə:kju'leiʃən) *s.* circulación. *2* tirada [de un periódico].
circumcision (ˌsə:kəm'siʒən) *s.* circuncisión.
circumference (sə'kʌmfərəns) *s.* circunferencia.
circumflex ('sə:kəmfleks) *a.* circunflejo.
circumlocution (ˌsə:kəmlə'kju:ʃən) *s.* circunloquio.
circumscribe (to) ('sə:kəmskraib) *t.* circunscribir.
circumspect ('sə:kəmspekt) *a.* circunspecto, prudente.
circumstance ('sə:kəmstəns) *s.* circunstancia. *2* detalle, pormenor. *3 pl.* posición económica.
circumstantial (ˌsə:kəm'stænʃəl) *a.* circunstancial. *2* DER ***~ evidence,*** prueba indiciaria.
circumvent (to) (ˌsə:kəm'vent) *t.* engañar. *2* rodear.
circus ('sə:kəs) *s.* circo. *2* circo ecuestre. *3* plaza redonda.
cistern ('sistən) *s.* cisterna.
citadel ('sitədl) *s.* ciudadela.
citation (sai'teiʃən) *s.* citación.
cite (to) (sait) *t.* citar, llamar.
citizen ('sitizn) *s.* ciudadano, vecino.
citizenship ('sitiznʃip) *s.* ciudadanía.
citron ('sitrən) *s.* cidra.
citrus fruits ('sitrəs 'fru:ts) *s. pl.* agrios.
city ('siti) *s.* ciudad. *2* ***the City,*** barrio de Londres.
civet ('sivit) *s.* civeto, algalia.
civic ('sivik) *a.* cívico.
civil ('siv(i)l) *a.* civil: ***~ servant,*** funcionario público. *2* cortés.
civilian (si'viljən) *s.* paisano [no militar]. *2 a.* de paisano.
civility (si'viliti) *s.* cortesía.

civilization (ˌsivilai'zeiʃən) *s.* civilización.
civilize (to) ('sivilaiz) *t.* civilizar.
clad (klæd) V. TO CLOTHE. *2 a.* vestido.
claim (kleim) *s.* demanda, reclamación. *2* derecho, título, pretensión. *3* MIN. pertenencia.
claim (to) (kleim) *t.* reclamar, exigir. *2* reivindicar. *3* afirmar.
claimant ('kleimənt) *s.* reclamante, demandante. *2* pretendiente.
clairvoyance (klεə'vɔiəns) *s.* clarividencia.
clairvoyant (klεə'vɔiənt) *a.* clarividente.
clamber (to) ('klæmbəʳ) *i.* trepar.
clammy ('klæmi) *a.* viscoso, pegajoso.
clamorous ('klæmərəs) *a.* clamoroso, ruidoso.
clamo(u)r ('klæməʳ) *s.* clamor, griterío, estruendo.
clamo(u)r ('klæməʳ) *i.-t.* clamar, gritar.
clamp (klæmp) *s.* tornillo de sujeción, abrazadera.
clamp (to) (klæmp) *t.* sujetar.
clandestine (klæn'destin) *a.* clandestino.
clang (to) (klæŋ), **clank (to)** (klæŋk) *i.* resonar. *2 t.* hacer sonar.
clap (klæp) *s.* ruido o golpe seco: trueno. *2* aplauso.
clap (to) (klæp) *t.* batir, golpear, aplaudir.
clapper ('klæpəʳ) *s.* badajo. *2* matraca.
clapping ('klæpiŋ) *s.* aplauso, palmoteo.
claptrap ('klæptræp) *s.* discurso populachero.
claret ('klærət) *s.* clarete.
clarify (to) ('klærifai) *t.-i.* clarificar(se, aclarar(se.
clarinet (ˌklæri'net) *s.* clarinete.
clarion ('klæriən) *s.* clarín.
clash (klæʃ) *s.* estruendo. *2* choque. *3* oposición, conflicto.
clash (to) (klæʃ) *i.* sonar [al chocar]. *2* chocar. *3* oponerse; discordar.
clasp (klɑ:sp) *s.* broche, cierre, manecilla. *2* abrazo.
clasp (to) (klɑ:sp) *t.* abrochar, cerrar, sujetar [con broche, etc.]. *2* asir. *3* abrazar.
class (klɑ:s) *s.* clase [grupo, categoría, etc.]. *2* clase [en la enseñanza]. *3* fam. distinción.
class (to) (klɑ:s) *t.* clasificar.
classic ('klæsik) *a.-s.* clásico.
classical ('klæsikəl) *a.* clásico.
classification (ˌklæsifi'keiʃən) *s.* clasificación.
classify (to) ('klæsifai) *t.* clasificar.
class-mate ('klɑ:smeit) *s.* condiscípulo.
classroom ('klɑ:srum) *s.* aula.
clatter ('klætəʳ) *s.* martilleo, golpeteo, trápala. *2* alboroto.
clatter (to) ('klætəʳ) *i.* hacer un ruido repetido, resonar.
clause (klɔ:z) *s.* cláusula. *2* artículo.
clavicle ('klævikl) *s.* clavícula.
claw (klɔ:) *s.* garra. *2* garfio.
claw (to) (klɔ:) *t.-i.* arañar, rasgar, desgarrar. *2 t.* agarrar.
clay (klei) *s.* arcilla, barro.
clean (kli:n) *a.* limpio. *2* bien formado.
clean (to) (kli:n) *t.* limpiar. *2* asear. *3* mondar. *4* purificar.
cleaner ('kli:nəʳ) *s.* limpiador. *2* detergente. *3* quitamanchas.
cleanliness ('klenlinis) *s.* limpieza, aseo.
cleanly ('klenli) *a.* limpio, aseado. *2* ('kli:nli) *adv.* limpiamente.
cleanse (to) (klenz) *t.* limpiar, lavar. *2* purificar, depurar.
clear (kliəʳ) *a. claro. 2* limpio, puro. *2* desembarazado. *4 **to keep ~ off,*** no acercarse a. *5 s.* claro, espacio. *6 adv.* claramente, etc..
clear (to) (kliəʳ) *t.* aclarar, disipar. *2* limpiar; librar [de estorbos, etc.]. *3* levantar [la mesa]. *4* liquidar [cuentas]. *5* absolver. *6* saltar por encima. *7* despachar [un barco]. *8 t.-i. **~ away,*** quitar; disiparse. *9 i. **~ up, despejarse, aclarar.** 10 **~ off, out,*** largarse.
clearance ('kliərəns) *s.* despejo. *2* espacio libre. *3* despacho [de un barco]. *4 **~ sale,*** liquidación de existencias.
clear-cut ('kilə'kʌt) *a.* bien perfilado, bien definido.
clear-headed ('kliə'hedid) *a.* inteligente.
clearing ('kliəriŋ) *s.* aclaramiento. *2* claro [en un bosque]. *3* COM. liquidación, compensación: ***~ house,*** cámara de compensación.
clearness ('kliənis) *s.* claridad.
clear-sighted ('kliə'saitid) *a.* clarividente, perspicaz.
1) **cleave (to)** (kli:v) *t.-i.* pegarse, adherirse. ¶ Pret. y p. p.: ***cleaved*** (kli:vd).
2) **cleave (to)** (kli:v) *t.-i.* hender(se, rajar(se, partir(se. ¶ Pret.: ***cleft*** (kleft), ***cleaved*** (kli:vd) o ***clove*** (klouv); p. p.: ***cleft, cleaved*** o ***cloven*** (klouvn).
clef (klef) *s.* MÚS. clave, llave.
cleft (kleft) *a.* hendido. *2 s.* hendidura, raja. *2 pret.* y *p. p.* de TO CLEAVE(2).
clemency ('klemənsi) *s.* clemencia.
clement ('klemənt) *a.* clemente. *2* suave [tiempo].
clench (to) (klentʃ) *t.* apretar [los puños, etc.]. *2* agarrar.
clergy ('kle:dʒi) *s.* clero.

clergyman ('klə:dʒimən) *s.* clérigo, eclesiástico, sacerdote.
cleric ('klerik) *s.* clérigo.
clerical ('klerikəl) *a.* clerical. *2* de oficinista.
clerk (klɑ:k) *s.* empleado, dependiente, pasante, escribiente.
clever ('klevəʳ) *a.* diestro, hábil. *2* listo, avisado, inteligente.
cleverness ('klevənis) *s.* destreza, habilidad. *2* talento.
click (klik) *s.* golpecito seco.
click (to) (klik) *i.* sonar; hacer tictac.
client ('klaiənt) *s.* cliente.
cliff (klif) *s.* risco, acantilado.
climate ('klaimit) *s.* clima.
climb (klaim) *s.* subida, ascenso.
climb (to) (klaim) *t.* trepar, subir, escalar. *2 i.* subir, encaramarse: ***to ~ down,*** bajar.
clinch (klintʃ) *s.* remache. *2* argumento irrebatible. *3* agarro.
clinch (to) (klintʃ) *t.* TO CLENCH. *2 i.* agarrarse.
cling (to) (kliŋ) *i.* asirse, aferrarse. *2* persistir. ¶ Pret. y p. p.: ***clung*** (klʌŋ).
clinic ('klinik) *s.* clínica.
clink (to) (kliŋk) *t.* hacer tintinear. *2 i.* tintinear.
clip (klip) *s.* grapa, sujetapapeles. *2* tijeretazo, corte.
clip (to) (klip) *t.* abrazar, sujetar. *2* cortar, recortar.
clipper ('klipəʳ) *s.* clíper. *2* máquina de cortar el pelo.
clipping ('klipiŋ) *s.* recorte, retal.
clique (kli:k) *s.* pandilla, camarilla.
cloak (klouk) *s.* capa; pretexto.
cloak (to) (klouk) *t.* encapar, cubrir. *2* encubrir, disimular.
cloak-room ('klouk-rum) *s.* guardarropa [en un teatro].
clock (klɔk) reloj [de pared].
clockwork ('klɔkwə:k) *s.* mecanismo de relojería.
clod (klɔd) *s.* terrón, gleba.
clog (klɔg) *s.* zueco. *2* obstáculo.
clog (to) (klɔg) *t.-i.* obstruir(se.
cloister ('klɔistəʳ) *s.* claustro.
1) **close** (klouz) *s.* fin, conclusión. *2* (klous) cierre, clausura.
2) **close** (klous) *a.* cerrado. *2* cercado, acotado. *3* apretado, ajustado. *4* secreto. *5* mal ventilado. *6* pesado, sofocante [tiempo]. *7* tacaño. *8* espeso, tupido. *9* próximo. *10* exacto, fiel. *11* estrecho, riguroso. *12* ***~ season,*** veda; ***~ friend,*** amigo íntimo. *13 adv.* de cerca. *14* a raíz. *15* ***~ by,*** muy cerca.
close (to) (klouz) *t.* cerrar. *2* tapar, obstruir. *3* apretar, tupir. *4* cercar, rodear. *5* concluir, ultimar. *6* clausurar. *7 i.* cerrarse. *8* acercarse. *9* luchar, agarrarse. *10* terminarse.
closeness ('klousnis) *s.* encierro, estrechez. *2* densidad, apretamiento. *3* tacañería. *4* proximidad. *5* intimidad.
closet (klɔzit) *s.* gabinete, camarín. *2* retrete.
closure ('klouʒəʳ) *s.* cierre. *2* fin.
clot (klɔt) *s.* grumo, coágulo.
clot (to) (klɔt) *i.* coagularse.
cloth (klɔθ) *s.* paño, tela. *2* trapo. *3* mantel.
clothe (to) (klouð) *t.* vestir. *2* investir [de autoridad, etc.]. ¶ Pret. y p. p.: ***clothed*** (klouðd) o ***clad*** (klæd).
clothes (klouðz) *s. pl.* vestido, ropa: ***~ hanger,*** colgador.
clothing ('klouðiŋ) *s.* ropa, vestidos.
cloud (klaud) *s.* nube; nublado.
cloud (to) (klaud) *t.-i.* nublar(se.
cloud-burst ('klaudbə:st) *s.* aguacero.
cloudy ('klaudi) *a.* nuboso, nublado. *2* turbio. *3* FOT. velado.
clove (klouv) *s.* clavo [especia]. *2* diente [de ajo]. *3 pret.* de TO CLEAVE (2).
cloven ('klouvn) *a.* hendido. *2 p. p.* de TO CLEAVE (2).
clover ('klouvəʳ) *s.* trébol.
clown (klaun) *s.* payaso. *2* rústico, patán.
clownish ('klauniʃ) *a.* de payaso. *2* rústico, grosero.
cloy (to) (klɔi) *t.* hastiar, empalagar.
club (klʌb) *s.* clava, porra. *2* DEP. bate; palo [de golf]. *3* trébol o bastos [de la baraja]. *4* club, círculo, sociedad.
club (to) (klʌb) *t.* apalear. *2 i.* unirse, escotar [para un fin].
cluck (klʌk) *s.* cloqueo.
cluck (to) (klʌk) *i.* cloquear.
clue (klu:) *s.* indicio, pista.
clump (klʌmp) *s.* grupo [de árboles]. *2* masa, terrón..
clump (to) (klʌmp) *t.-i.* agrupar(se. *2 i.* andar pesadamente.
clumsiness ('klʌmzinis) *s.* torpeza. *2* tosquedad.
clumsy ('klʌmzi) *a.* torpe, desmañado. *2* tosco.
clung (klʌŋ) V. TO CLING.
cluster ('klʌstəʳ) *s.* racimo, ramo. *2* grupo, hato. *3* enjambre.
cluster (to) ('klʌstəʳ) *i.* arracimarse, agruparse. *2 t.* apiñar.
clutch (klʌtʃ) *s.* garra. *2* agarro, presa. *3* MEC. embrague.
clutch (to) (klʌtʃ) *t.-i.* ***to ~,*** o ***to ~ at,*** asir agarrar.

coach (koutʃ) *s.* coche, carroza, diligencia; autocar. *2* FERROC. coche. *3* profesor particular. *4* DEP. entrenador.
coach (to) (koutʃ) *t.-i.* adiestrar, preparar, dar lecciones.
coachman ('koutʃmən) *s.* cochero.
coadjutor (kou'ædʒutəʳ) *s.* coadjutor.
coagulate (to) (kou'ægjuleit) *t.-i.* coagular(se, cuajar(se.
coal (koul) *s.* carbón, hulla: ~ ***tar,*** alquitrán.
coal (to) (koul) *t.-i.* proveer de carbón, carbonear.
coalesce (to) (ˌkouə'les) *i.* unirse, fundirse.
coalition (ˌkouə'liʃən) *s.* unión, fusión. *2* coalición.
coarse (kɔːs) *a.* tosco, grosero. *2* vulgar, soez. *3* áspero, grueso.
coast (koust) *s.* costa; litoral. *2* (E. U.) pendiente.
coast (to) (koust) *i.* navegar cerca de la costa. *2* (E. U.) deslizarse cuesta abajo.
coastal ('koustl) *a.* costanero.
coaster ('koustəʳ) *s.* buque de cabotaje.
coast-line ('koust-lain) *s.* litoral.
coat (kout) *s.* chaqueta; abrigo. *2* capa, mano [de pintura, etc.]. *3* cubierta, revestimiento. *4* ZOOL. pelaje; plumaje. *5* cota [de malla]. *6* escudo [de armas].
coat (to) (kout) *t.* cubrir.
coating ('koutiŋ) *s.* capa, mano.
coax (to) (kouks) *t.* engatusar.
cob (kɔb) *s.* zuro [de maíz]. *2* jaca. *3* pedazo redondo. *4* cisne. *5* araña.
cobalt (kə'bɔːlt) *s.* cobalto.
cobble ('kɔbl) *s.* guijarro.
cobble (to) ('kɔbl) *t.* enguijarrar. *2 t.-i.* componer [zapatos].
cobbler ('kɔbləʳ) *s.* zapatero remendón; chapucero.
cobweb ('kɔbweb) *s.* telaraña.
cocaine (ke'kein) *s.* cocaína.
cock (kɔk) *s.* gallo. *2* macho de un ave. *3* llave, espita, grifo. *4* can [de escopeta].
cock (to) (kɔk) *i.* gallear. *2 t.* amartillar [un arma]. *3* levantar, inclinar.
cockade (kɔ'keid) *s.* escarapela.
cockatoo (ˌkɔkə'tuː) *s.* cacatúa.
cockchafer ('kɔkˌtʃeifəʳ) *s.* abejorro.
cockerel ('kɔkərəl) *s.* gallito.
cock-fighting ('kɔkfaitiŋ) *s.* riña de gallos.
cockle ('kɔkl) *s.* berberecho. *2* barquichuelo. *3* BOT. cizaña.
cockney ('kɔkni) *s.* londinense de la clase popular.
cockpit ('kɔkpit) *s.* gallera. *2* TEAT. cazuela. *3* AVIA. cabina del piloto.
cockroach ('kɔkroutʃ) *s.* cucaracha.
cocktail ('kɔkteil) *s.* cóctel.
cocky ('kɔki) *a.* presumido.
coco ('koukou) *s.* cocotero.
cocoa ('koukou) *s.* cacao.
coconut ('koukənʌt) *s.* coco.
cocoon (kə'kuːn) *s.* capullo.
cod (kɔd) *s.* bacalao.
coddle (to) ('kɔdl) *t.* mimar.
code (koud) *s.* código. *2* cifra.
codify (to) ('kɔdifai) *t.* codificar.
coerce (to) (kou'əːs) *t.* forzar.
coercion (kou'əːʃən) *s.* coerción.
coffee ('kɔfi) *s.* café; ~ ***tree,*** cafeto; ***coffee-pot,*** cafetera.
coffer ('kɔfəʳ) *s.* cofre, arca.
coffin ('kɔfin) *s.* ataúd, féretro.
cog (kɔg) *s.* diente [de engranaje].
cogency ('koudʒənsi) *s.* fuerza [lógica o moral].
cogent ('koudʒənt) *a.* convincente.
cogitate (to) ('kɔdʒiteit) *i.* meditar, reflexionar.
cognate ('kɔgneit) *a.* análogo.
cognizance ('kɔgnizəns) *s.* conocimiento, noticia.
cohabit (to) (kou'hæbit) *i.* cohabitar.
cohere (to) (kou'hiəʳ) *i.* adherirse, pegarse.
coherence, -cy (kou'hiərəns, -i) *s.* coherencia.
coherent (kou'hiərənt) *a.* coherente.
cohesion (kou'hiːʒən) *s.* cohesión.
coil (kɔil) *s.* rollo [de cuerda, etc.]; rosca. *2* rizo [de cabello].
coil (to) (kɔil) *t.* arrollar, enrollar. *2 i.* enroscarse.
coin (kɔin) *s.* moneda, dinero.
coin (to) (kɔin) *t.* acuñar; amonedar. *2* forjar, inventar.
coinage ('kɔinidʒ) *s.* acuñación.
coincide (to) (ˌkouin'said) *i.* coincidir.
coincidence (kou'insidəns) *s.* coincidencia.
coke (kouk) *s.* cock, coque.
colander ('kʌləndəʳ) *s.* colador.
cold (kould) *a.* frío: ~ ***cream,*** colcrén; ~ ***meat,*** fiambre; ***it is*** ~, hace frío. *2* débil, perdido [pista). *3 s.* frío. *4* resfriado: ***to catch*** ~, resfriarse.
cold-blooded ('kould'blʌdid) *a.* de sangre fría. *2* cruel.
coldness ('kouldnis) *s.* frialdad.
collaborate (to) (kə'læbəreit) *i.* colaborar.
collaboration (kəˌlæbə'reiʃən) *s.* colaboración.
collapse (kə'læps) *s.* derrumbamiento, desplome. *2* fracaso, ruina. *3* MED. colapso.
collapse (to) (kə'læps) *i.* derrumbarse, desplomarse. *2* fracasar. *3* sufrir colapso. *4* plegarse.
collapsible (kə'læpsibl) *a.* plegable, desmontable.

collar ('kɔləʳ) *s.* cuello [de una prenda]. *2* collar.
collar (to) ('kɔləʳ) *t.* coger por el cuello de la chaqueta.
collar-bone ('kɔləboun) *s.* clavícula.
collate (kɔ'leit) *t.* cotejar.
collateral (kɔ'lætərəl) *a.* colateral.
collation (kɔ'leiʃən) *s.* cotejo. *2* colación.
colleague ('kɔli:g) *s.* colega.
collect (to) (kə'lekt) *t.* congregar. *2* juntar, recoger, coleccionar. *3* colegir, inferir. *4* recaudar, cobrar. *5* ***to ~oneself,*** serenarse, reponerse. *6 i.* congregarse, acumularse.
collected (kə'lektid) *a.* reunido, juntado. *2* dueño de sí mismo.
collection (kə'lekʃən) *s.* reunión. *2* recogida. *3* cobro, recaudación. *4* colecta, cuestación. *5* colección. *6* recopilación.
collective (kə'lektiv) *a.* colectivo.
collectivize (to) (kə'lektivaiz) *t.* colectivizar.
collector (kə'lektəʳ) *s.* coleccionista. *2* compilador. *3* recaudador.
college ('kɔlidʒ) *s.* colegio.
collide (to) (kə'laid) *i.* chocar.
collie ('kɔli) *s.* perro de pastor.
collier ('kɔliəʳ) *s.* minero [de carbón]. *2* barco carbonero.
colliery ('kɔljəri) *s.* mina de carbón.
collision (kə'liʒən) *s.* colisión, choque. *2* oposición.
colloquial (kə'loukwiəl) *a.* familiar [lenguaje].
colloquialism (kə'loukwiəlizəm) *s.* estilo, frase familiar.
colloquy ('kɔləkwi) *s.* coloquio.
collusion (kə'lu:ʒən) *s.* confabulación.
colonel ('kə:nl) *s.* MIL. coronel.
colonist ('kɔlənist) *s.* colono.
colonize (to) ('kɔlənaiz) *t.* colonizar, poblar.
colony ('kɔləni) *s.* colonia.
colossal (kə'lɔsl) *a.* colosal.
colour ('kʌləʳ) *s.* color: ***to lose ~,*** palidecer; ***under ~ of,*** so color de, bajo pretexto de. *2 pl.* bandera, pabellón.
colour (to) ('kʌləʳ) *t.* colorar, pintar, iluminar. *2* colorear, paliar. *3 i.* colorearse. *4* enrojecer.
colouring ('kʌləriŋ) *s.* colorido.
colourless ('kʌləlis) *a.* descolorido.
colt (koult) *s.* ZOOL. potro.
column ('kɔləm) *s.* columna.
columnist ('kɔləmnist) *s.* periodista.
comb (koum) *s.* peine. *2* peineta. *3* almohaza. *4* cresta [de ave]. *5* panal.
comb (to) (koum) *t.* peinar. *2* cardar, rastrillar.
combat ('kɔmbət) *s.* combate.
combat (to) ('kɔmbət) *t.-i.* combatir.
combatant ('kɔmbətənt) *a.-s.* combatiente.
combative ('kɔmbətiv) *a.* belicoso.
combativeness ('kɔmbətivnis) *s.* belicosidad.
combination (ˌkɔmbi'neiʃən) *s.* combinación.
combine ('kɔmbain) *s.* monipodio; monopolio. *2* AGR. cosechadora.
combine (to) (kəm'bain) *t.-i.* combinar(se. *2 i.* confabularse.
combustible (kəm'bʌstibl) *a.-s.* combustible.
combustion (kəm'bʌstʃən) *s.* combustión. *2* agitación.
come (to) (kʌm) *i.* venir, llegar, acercarse. *2* venir, provenir. *3* aparecer, salir. *4* pasar, suceder. *5* entrar [en acción, en contacto, etc.]. *6* importar, montar a, ser lo mismo [que]. *7* ***to ~ about,*** ocurrir, suceder. *8* ***to ~ across,*** topar o dar con. *9* ***to ~ apart*** o ***asunder,*** dividirse, desunirse. *10* ***to ~ back,*** volver, retroceder. *11* ***to ~ by,*** pasar [por el lado de]; obtener. *12* ***to ~ down,*** bajar; caer. *13* ***to ~ forth,*** salir, aparecer. *14* ***to ~ forward,*** avanzar, presentarse. *15* ***to ~ in,*** entrar. *16* ***to ~ of age,*** llegar a la mayoría de edad. *17* ***to ~ off,*** efectuarse; salir [bien, mal, etc.]; salir, despegarse. *18* ***to ~ on,*** avanzar; proseguir; entrar. *19* ***to ~ out,*** salir; ponerse de largo. *20* ***to ~ round,*** volver; reponerse; ceder, asentir. *21* ***to ~ to,*** volver en sí; consentir, ceder. *22* ***to ~ together,*** juntarse. *23* ***to ~true,*** realizarse. *24* ***to ~ up,*** subir; aparecer; acercarse [a]; estar a la altura [de]. *25* ***to ~ upon,*** caer sobre; dar con. ¶ Pret.: ***came*** (keim); p. p.: ***come*** (kʌm).
comedian (kə'mi:djən) *s.* cómico.
comedy ('kɔmidi) *s.* comedia.
comeliness ('kʌmlinis) *s.* gentileza, gracia. *2* hermosura.
comely ('kʌmli) *a.* gentil, apuesto, bien parecido. *2* decente.
comet ('kɔmit) *s.* ASTR. cometa.
comfort ('kʌmfət) *s.* consuelo. *2* comodidad, bienestar.
comfort (to) ('kʌmfət) *t.* confortar. *2* aliviar, consolar.
comfortable ('kʌmfətəbl) *a.* confortable, cómodo. *2* acomodado.
comforter ('kʌmfətəʳ) *s.* consolador. *2* bufanda.

comfortless ('kʌmfətlis) *a.* triste, desolado. *2* incómodo.
comic ('kɔmik) *a.* cómico, burlesco; gracioso. *2 s.* historieta cómica ilustrada. *3* cómico.
coming ('kʌmiŋ) *a.* próximo, venidero. *2 s.* venida, llegada.
command (kə'mɑ:nd) *s.* orden, mandato. *2* mando; dominio. *3* MIL. comandancia.
command (to) (kə'mɑ:nd) *t.-i.* mandar, comandar, imperar. *2* dominar. *3 t.* mandar, ordenar. *4* merecer [respeto, etc].
commandant (ˌkɔmən'dænt) *s.* comandante [el que manda].
commander (kə'mɑ:ndəʳ) *s.* comandante, jefe. *2* comendador.
commandment (kə'mɑ:ndmənt) *s.* mando. *2* mandato, orden: ***the Ten Commandments,*** los mandamientos de la ley de Dios.
commando (kə'mɑ:ndou) *s.* MIL. comando.
commemorate (to) (kə'meməreit) *t.* conmemorar.
commemoration (kəˌmemə'reiʃən) *s.* conmemoración.
commence (to) kə'mens) *t.-i.* comenzar, empezar.
commencement (kə'mensmənt) *s.* comienzo.
commend (to) (kə'mend) *t.* encomendar. *2* recomendar.
commensurate (kə'menʃərit) *a.* proporcionado, correspondiente.
comment ('kɔmən) *s.* comentario.
comment (to) ('kɔment) *i.* comentar.
commentary ('kɔmentəri) *s.* comentario, glosa.
commentator (kɔmenteitəʳ) *s.* comentador.
commerce ('kɔmə:s) *s.* comercio.
commercial (kə'mə:ʃəl) *a.* comercial: ~ ***traveller,*** viajante.
commiserate (to) (kə'mizəreit) *t.-i.* compadecer(se.
commiseration (kəˌmizə'reiʃən) *s.* conmiseración.
commissariat (ˌkɔmi'sɛəriət) *s.* intendencia militar.
commissary ('kɔmisəri) *s.* intendente militar. *2* comisario.
commission (kə'miʃən) *s.* comisión: ~ ***merchant,*** COM. comisionista. *2* MIL. despacho, nombramiento.
commission (to) (kə'miʃən) *t.* comisionar, encargar, delegar.
commissioner (kə'miʃənəʳ) *s.* comisionado. *2* comisario.
commit (to) (kə'mit) *t.* cometer, perpetrar. *2* encargar, confiar. *3* comprometer: ***to ~ oneself,*** comprometerse. *4* encarcelar.
commitment (kə'mitmənt) *s.* compromiso. *2* promesa.
committee (kə'miti) *s.* comisión, comité.
commodious (kə'moudjəs) *a.* cómodo. *2* espacioso.
commodity (kə'mɔditi) *s.* artículo [de consumo], producto.
common ('kɔmən) *a.* común: ~ ***sense,*** sentido común. *2* vulgar, corriente. *3* regular, usual. *4* raso [soldado]. *5 s. pl.* pueblo, estado llano. *6* tierras comunales. *7 The Commons,* la Cámara de los Comunes.
commoner ('kɔmənəʳ) *s.* plebeyo.
commonwealth ('kɔmənwelθ) *s.* nación, república. *2* comunidad de naciones.
commotion (kə'mouʃən) *s.* conmoción, agitación.
communicate (to) (kə'mju:nikeit) *t.* comunicar, participar. *2* comunicar, transmitir. *3 t. i.* comulgar. *4 i.* comunicarse. *5* conferenciar.
communication (kəˌmju:ni'keiʃən) *s.* comunicación.
communion (kə'mju:njən) *s.* comunión.
communism ('kɔmjunizəm) *s.* comunismo.
communist ('kɔmjunist) *a.-s.* comunista.
community (kə'mju:niti) *s.* comunidad. *2* vecindario.
commutation (ˌkɔmju:'teiʃən) *s.* conmutación. *2* FERROC. (E. U.) ~ ***ticket,*** abono.
commute (to) (kə'mju:t) *t.* conmutar.
compact ('kɔmpækt) *s.* pacto, convenio. *2* polvera de bolsillo.
compact (kəm'pækt) *a.* compacto, denso. 2 breve, conciso.
compact (to) (kəm'pækt) *t.* apretar, comprimir, condensar.
companion (kəm'pænjən) *s.* compañero; camarada.
companionship (kəm'pænjənʃip) *s.* compañerismo.
company ('kʌmpəni) *s.* compañía.
comparable ('kɔmpərəbl) *a.* comparable.
comparative (kəm'pærətiv) *a.* comparativo. *2* comparado.
compare (kəm'pɛəʳ) *s.* ***beyond ~,*** sin comparación.
compare (to) (kəm'pɛəʳ) *t.* comparar. *2* cotejar, confrontar. *3 i.* poderse comparar.
comparison (kəm'pærisn) *s.* comparación.

compartment (kəm'pɑ:tmənt) *s.* compartimiento, departamento.
compass ('kʌmpəs) *s.* área, ámbito. *2* alcance, esfera [de acción, etc.]. *3* brújula. *4* MÚS. extensión. *5* (a veces en *pl.*) compás [instrumento].
compass (to) ('kʌmpəs) *t.* idear, planear. *2* conseguir. *3* comprender. *4* circuir, rodear.
compassion (kəm'pæʃən) *s.* compasión.
compassionate (kəm'pæʃənit) *a.* compasivo.
compatibility (kəm'pætə'biliti) *s.* compatibilidad.
compatible (kəm'pætəbl) *a.* compatible.
compatriot (kəm'pætriət) *s.* compatriota.
compel (to) (kəm'pel) *t.* obligar, forzar. *2* imponer.
compendium (kəm'pendiəm) *s.* compendio, resumen.
compensate (to) ('kɔmpenseit) *t.* compensar. *2* indemnizar.
compensation (ˌkɔmpen'seiʃən) *s.* compensación.
compete (to) (kəm'pi:t) *i.* competir, rivalizar.
competence, -cy ('kɔmpitəns, -i) *s.* competencia, aptitud. *2* medios de vida, buen pasar.
competent ('kɔmpitənt) *a.* competente, capaz. *2* adecuado, idóneo.
competition (ˌkɔmpi'tiʃən) *s.* competición, competencia, rivalidad. *2* certamen, concurso.
competitive (kəm'petitiv) *a.* de concurso.
compilation (ˌkɔmpi'leiʃən) *s.* compilación, recopilación.
compile (to) (kəm'pail) *t.* compilar, recopilar.
complacence, -cy (kəm'pleisns, -si) *s.* complacencia. *2* presunción.
complacent (kəm'pleisnt) *a.* complaciente. *2* presuntuoso.
complain (to) (kəm'plein) *s.* quejarse. *2* DER. querellarse.
complaint (kəm'pleint) *s.* queja, lamento. *2* DER. demanda. *3* mal, enfermedad.
complaisance (kəm'pleizəns) *s.* condescendencia, amabilidad.
complaisant (kəm'pleizənt) *a.* complaciente, amable, atento.
complement ('kɔmplimənt) *s.* complemento. *2* MAR. dotación.
complete (kəm'pli:t) *a.* completo. *2* concluido. *3* consumado.
complete (to) (kəm'pi:t) *t.* completar. *2* llenar. *3* efectuar.
completion (kəm'pli:ʃən) *s.* perfección. *2* realización.
complex ('kɔmpleks) *a.* complejo. *2* complicado. *3 s.* complejo.
complexion (kəm'plekʃən) *s.* cutis, tez, color. *2* carácter.
complexity (kəm'pleksiti) *s.* complejidad.
compliance (kəm'plaiəns) *s.* condescendencia, sumisión.
compliant (kəm'plaiənt) *a.* complaciente. *2* dócil, sumiso.
complicate (to) ('kɔmplikeit) *t.* complicar, enredar, embrollar.
complicated ('kɔmplikeitid) *a.* complicado, intrincado.
complication (ˌkɔmpli'keiʃən) *s.* complicación.
complicity (kəm'plisiti) *s.* complicidad. *2* complejidad.
compliment ('kɔmplimənt) *s.* cumplido, requiebro. *2* atención, regalo. *3 pl.* saludos.
compliment (to) ('kɔmpliment) *t.* cumplimentar, felicitar. *2* lisonjear, requebrar.
complimentary ('kɔmpli'mentəri) *a.* lisonjero, de alabanza. *2* de regalo, gratuito.
comply (to) (kəm'plai) *i.* (con ***with***) condescender, acceder. *2* satisfacer, cumplir, conformarse.
compose (to) (kəm'pouz) *t.* componer. *2* concertar, arreglar. *3* calmar, serenar.
composed (kəm'pouzd) *a.* compuesto [de]. *2* sosegado.
composer (kəm'pouzəʳ) *s.* autor, escritor. *2* compositor.
composite ('kɔmpəzit) *a.-s.* compuesto.
composition (ˌkɔmpə'ziʃən) *s.* composición. *2* arreglo, ajuste.
compositor (kəm'pɔzitəʳ) *s.* cajista.
compost ('kɔmpɔst) *s.* abono.
composure (kəm'pouʒəʳ) *s.* calma, serenidad, presencia de ánimo.
compound ('kɔmpaund) *a.-s.* compuesto. *2 s.* mezcla.
compound (to) (kəm'paund) *t.* componer, mezclar. *2* transigir. *3 i.* pactar, avenirse.
comprehend (to) (ˌkɔmpri'hend) *t.* comprender. *2* contener.
comprehensible (ˌkɔmpri'hensəbl) *a.* comprensible.
comprehension (ˌkɔmpri'henʃən) *s.* comprensión.
comprehensive (ˌkɔmpri'hensiv) *a.* comprensivo. *2* amplio, extenso.
comprehensiveness (kɔmpri'hensivnis) *s.* alcance. *2* cabida.
compress ('kɔmpres) *s.* compresa.
compress (to) (kəm'pres) *t.* comprimir. *2* apretar, condensar.

compression (kəm'preʃən) *s.* compresión; condensación.
compressor (kəm'prəsəʳ) *s.* compresor.
comprise (to) (kəm'praiz) *t.* comprender, incluir.
compromise ('kɔmprəmaiz) *s.* arreglo, transacción. *2* término medio. *3* DER. compromiso.
compromise (to) ('kɔmprəmaiz) *t.* componer, arreglar [por vía de transacción]. *2* comprometer [la reputación]. *3 i.* transigir.
compulsion (kəm'pʌlʃən) *s.* compulsión, coacción.
compulsory (kəm'pʌlsəri) *a.* obligatorio.
compunction (kəm'pʌŋkʃən) *s.* compunción, remordimiento.
compute (to) (kəm'pju:t) *t.* computar, calcular.
computer (kəm'pju:təʳ) *s.* máquina de calcular, computadora.
comrade ('kɔmrid) *s.* compañero, camarada.
comradeship ('kɔmridʃip) *s.* camaradería.
con (kɔn) *adv.-s.* contra.
con (to) (kɔn) *t.* estudiar.
concave ('kɔn'keiv) *a.* cóncavo. *2 s.* concavidad.
conceal (to) (kən'si:l) *t.* ocultar, esconder, tapar, encubrir.
concealment (kn'si:lment) *s.* ocultación. *2* escondite.
concede (to) (kən'si:d) *t.* conceder [reconocer; otorgar].
conceit (kən'si:t) *s.* vanidad, presunción, engreimiento. *2* concepto, conceptismo.
conceited (kən'si:tid) *a.* vano, engreído, presuntuoso.
conceivable (kən'si:vəbl) *a.* concebible.
conceive (to) (kən'si:v) *t.-i.* concebir. *2 t.* comprender.
concentrate (to) ('kɔnsentreit) *t.-i.* concentrar(se.
concentration (ˌkɔnsen'treʃən) *s.* concentración. *2* reconcentración.
concept ('kɔnsept) *s.* concepto.
conception (kən'sepʃən) *s.* concepción. *2* concepto, idea.
concern (kən'sə:n) *s.* interés, afecto. *2* preocupación, inquietud. *3* interés, parte. *4* importancia. *5* asunto. *6* negocio.
concern (to) (kən'sə:n) *t.* concernir, atañer. *2* importar. *3* preocupar. *4 ref.* interesarse.
concerning (kən'sə:niŋ) *prep.* tocante a, acerca de.
concert ('kɔnsə(:)t) *s.* acuerdo. *2* ('kɔnsət)MÚS. concierto.
concert (to) (kən'sə:t) *t.* concertar, planear. *2 i.* concertarse.
concession (kən'seʃən) *s.* concesión.
conch (kɔŋk) *s.* caracola.
conciliate (to. (kən'silieit) *t.* conciliar, propiciar.
conciliation (kənˌsili'eiʃən) *s.* conciliación.
conciliatory (kən'siliətəri) *a.* conciliatorio.
concise (kən'sais) *a.* conciso.
conciseness (kən'saisnis), **concision** (kɔn'sizən) *s.* concisión.
conclave ('kɔkleiv) *s.* cónclave.
conclude (to) (kən'klu:d) *t.* concluir, dar fin a. *2* concluir [un tratado, etc.]. *3* concluir, inferir. *4* decidir, determinar. *5 i.* concluir, finalizar.
conclusion (kən'klu:ʒən) *s.* conclusión. *2* decisión final.
conclusive (kən'klu:siv) *a.* conclusivo. *2* concluyente.
concoct (to) (kən'kɔkt) *t.* mezclar. *2* urdir, tramar.
concoction (kən'kɔkʃən) *s.* mezcla, preparado. *2* drama.
concomitant (kən'kɔmitənt) *a.-s.* concomitante.
concord ('kɔnkɔ:d) *s.* concordia. *2* acuerdo.
concordance (kən'kɔ:dəns) *s.* concordancia, armonía.
concordant (kən'kɔ:dənt) *a.* concordante, conforme.
concourse ('kɔŋkɔ:s) *s.* concurso, concurrencia. *2* gentío.
concrete ('kɔnkri:t) *a.* concreto. *2 s.* hormigón.
concrete (to) ('kɔnkri:t) *t.-i.* solidificar(se.
concur (to) (kən'kə:ʳ) *i.* concurrir, coincidir. *2* cooperar.
concurrence, -cy (kən'kʌrəns- i) *s.* concurrencia. *2* acuerdo.
concussion (kən'kʌʃən) *s.* concusión, sacudida.
condemn (to) (kən'dem) *t.* condenar.
condemnation (ˌkɔndem'neiʃən) *s.* condenación.
condensation (ˌkɔnden'seiʃən) *s.* condensación.
condense (to) (kən'dens) *t.-i.* conden sar(se. *2 t.* abreviar.
condescend (to) (ˌkɔndi'send) *i.* dignarse; condescender.
condescension (ˌkɔndi'senʃən) *s.* condescendencia.
condiment ('kɔndimənt) *s.* condimento.
condition (kən'diʃən) *s.* condición.

condition (to) (kən'diʃən) *t.* condicionar. *2* estipular, convenir.
conditional (kən'diʃənl) *a.* condicional. *2 a.-s.* GRAM. potencial.
condole (to) (kən'doul) *i.* condolerse, dar el pésame.
condolence (kən'douləns) *s.* condolencia pésame.
condone (to) (kən'doun) *t.* perdonar.
conduce (to) (kən'dju:s) *t.* conducir, tender, contribuir.
conducive (kən'dju:siv) *a.* conducente.
conduct ('kɔndəkt) *s.* conducta.
conduct (to) (kən'dʌkt) *t.* conducir. *2* dirigir, mandar.
conductor (kən'dʌktə[r]) *s.* conductor. *2* MÚS. director. *3* cobrador [de tranvía]; (E. U.) revisor [de tren].
cone (koun) *s.* GEOM., BOT. cono.
confection (kən'fekʃən) *s.* confección. *2* confitura, dulce.
confection (to) (kən'fekʃən) *t.* preparar, confitar.
confectioner (kən'fekʃənə[r]) *s.* confitero, repostero.
confectionery (kən'fekʃənri) *s.* dulces, confites. *2* dulcería, confitería.
confederacy (kən'fedərəsi) *s.* confederación, coalición.
confer (to) (ken'fə:[r]) *t.* conferir. *2 i.* conferenciar.
conference ('kɔnfərəns) *s.* conferencia, junta, entrevista.
confess (to) (kən'fes) *t.* confesar. *2* reconocer. *3 i.* confesarse.
confessed (kən'fest) *a.* confesado, declarado, reconocido.
confession (kən'feʃən) *s.* confesión. *2* religión, credo.
confessional (kən'feʃənl) *a.* confesional. *2 s.* confesonario.
confidant *m.*, **confidante** *f.* (ˌkɔnfi'dænt) confidente.
confide (to) (kən'faid) *t.-i.* confiar.
confidence ('kɔnfidəns) *s.* confianza,fe. *2* confidencia.
confident ('kɔnfidənt) *a.* seguro.
confidential (ˌkɔnfi'denʃəl) *a.* confidencial. *2* de confianza.
confine ('kɔnfain) *s.* límite.
confine (to) (kənˌfain) *i.* confinar. *2 t.* limitar, restringir.
confinement (kən'fainmənt) *s.* encierro, reclusión. *2* alumbramiento. *3* limitación.
confirm (to) (kən'fə:m) *t.* confirmar, corroborar.
confirmation (ˌkɔnfə'meiʃən) *s.* confirmación.
confirmed (kən'fə:md) *a.* confirmado. *2* inveterado.
confiscate (to) ('kɔnfiskeit) *t.* confiscar.
confiscation (ˌkɔnfis'keiʃən) *s.* confiscación.
conflagration (ˌkɔnflə'greiʃən) *s.* conflagración, incendio.
conflict ('kɔnflikt) *s.* conflicto.
conflict (to) (kən'flict) *i.* chocar, estar en conflicto.
confluence ('kɔnfluəns) *s.* confluencia.
conform (to) (kən'fɔ:m) *t.-i.* conformar(se.
conformist (kən'fɔ:mist) *s.* conformista.
conformity (kən'fɔ:miti) *s.* conformidad, concordancia, consonancia. *2* obediencia.
confound (to) (kən'faund) *t.* confundir. *2* desbaratar, frustrar. *3* interj. ~ ***it!*** ¡maldito sea!
confounded (kən'faundid) *a.* confuso. *2* fam. maldito.
confraternity (ˌkɔnfrə'tə:niti) *s.* confraternidad. *2* cofradía.
confront (to) (kən'frʌnt) *t.* confrontar. *2* cotejar. *3* arrostrar.
confuse (to) (kən'fju:z) *t.* confundir.
confusion (kən'fju:ʒən) *s.* confusión.
congeal (to) (kən'dʒi:l) *t.-i.* congelar(se. *2* cuajar(se.
congealment (kən'dʒi:lmənt) *s.* congelación.
congenial (kən'dʒi:njəl) *a.* simpático, agradable.
congenital (kən'dʒenitl) *a.* congénito.
conger ('kɔŋgə[r]) *s.* ICT. congrio.
congest (to) (kən'dʒest) *t.-i.* congestionar(se. *2* aglomerar(se.
congestion (kən'dʒestʃən) *s.* congestión. *2* aglomeración.
conglomerate (kən'glɔmərit) *a.-s.* conglomerado.
conglomerate (to) (kən'glɔməreit) *t.-i.* conglomerar(se.
congratulate (to) (kən'grætjuleit) *t.* congratular, felicitar.
congratulation (kənˌgrætju'leiʃən) *s.* congratulación, felicitación.
congregate (to) ('kɔngrigeit) *t.-i.* congregar(se, juntar(se.
congregation (ˌkɔŋgri'geiʃən) *s.* congregación. *2* reunión.
congress ('kɔŋgres) *s.* congreso.
congruent ('kɔŋgruənt), **congruous** (-gruəs) *a.* congruente.
conic(al ('kɔnik(əl)) *a.* cónico.
conifer ('kounifə[r]) *s.* conífera.
conjecture (kən'dʒektʃə[r]) *s.* conjetura, presunción.

conjecture (to) (kən'dʒekʃəʳ) *t.* conjeturar, presumir.
conjoin (to) (kən'dʒɔin) *t.-i.* unir(se, juntar(se.
conjoint ('kɔndʒɔint) *a.* unido. *2* aunado. *3 s.* asociado.
conjugal ('kɔndʒugəl) *a.* conyugal.
conjugate (to) ('kɔndʒugeit) *t.* conjugar.
conjugation (ˌkɔndʒu'geiʃən) *s.* conjugación.
conjunction (kən'dʒʌŋkʃən) *s.* GRAM. conjunción. *2* unión.
conjuration (ˌkɔndʒuə'reiʃən) *s.* súplica. *2* conjuro.
conjuncture (kən'dʒʌŋktʃəʳ) *s.* coyuntura, circunstancias.
conjure (to) (kən'dʒuəʳ) *t.* implorar. *2* ('kʌndʒəʳ) evocar [a un espíritu, etc.]. *3* hacer algo como por arte mágica. *4* ***to ~ up,*** evocar. *5 i.* hacer juegos de manos.
conjurer, conjuror ('kʌndʒərəʳ) *s.* hechicero. *2* prestidigitador.
connect (to) (kə'nekt) *t.* unir, enlazar. *2* conectar. *3* relacionar, asociar. *4* poner en comunicación. *5 i.* unirse, enlazarse. *6* FERROC. enlazar, empalmar.
connection, connexion (kə'nekʃən) *s.* conexión, enlace. *2* relación, respecto. *3* relación [de amistad, comercial, etc.], parentesco. *4* pariente, deudo. *5* FERROC. empalme.
connivance (kə'naivəns) *s.* connivencia, consentimiento.
connive (to) (kə'naiv) *i.* disimular o tolerar culpablemente.
conquer (to) ('kɔŋkəʳ) *t.* conquistar. *2* vencer, dominar.
conqueror ('kɔŋkərəʳ) *s.* conquistador. *2* vencedor.
conquest ('kɔŋkwest) *s.* conquista.
consanguinity (ˌkɔnsæŋ'gwiniti) *s.* consanguinidad.
conscience ('kɔnʃəns) *s.* conciencia.
conscientious (ˌkɔnʃi'enʃəs) *a.* concienzudo. *2* de conciencia.
conscientiousness (ˌkɔnʃi'enʃəsnis) *s.* conciencia, rectitud, escrupulosidad.
conscious ('kɔnʃəs) *a.* consciente.
consciousness (ˌkɔnʃəsnis) *s.* FIL., PSIC. conciencia. *2* sentido.
conscript ('kɔnskript) *a.* reclutado. *2 s.* recluta.
conscript (to) (kən'skript) *t.* alistar.
conscription (kən'skripʃən) *s.* reclutamiento [forzoso].
consecrate (to) ('kɔnsikreit) *t.* consagrar.
consecration (ˌkɔnsi'kreiʃən) *s.* consagración. *2* dedicación.
consecutive (kən'sekjutiv) *a.* consecutivo. *2* sucesivo.
consensus (kən'sensəs) *s.* consenso.
consent (kən'sent) *s.* consentimiento, asentimiento: ***all with one ~,*** unánimemente.
consent (to) (kən'sent) *i.* consentir, acceder.
consequence ('kɔnsikwəns) *s.* consecuencia, resultado. *2* consecuencia, deducción. *3* importancia, entidad.
consequent ('kɔnsikwənt) *s.* consiguiente; lógico. *2 s.* consecuencia. *3* LÓG. consecuente.
consequential (ˌkɔnsi'kwenʃəl) *a.* consiguiente. *2* importante [personal]. *3* engreído.
consequently ('kɔnsikwəntli) *adv.* por consiguiente.
conservation (ˌkɔnsə:veiʃən) *s.* conservación.
conservative (kən'sə:vətiv) *a.* conservativo. *2 a.-s.* POL. conservador.
conservatory (kən'sə:vətri) *a.-s.* conservatorio. *2 s.* invernadero.
conserve (kən'sə:v) *s.* conserva, confitura.
conserve (to) (kən'sə:v) *t.* conservar, mantener. *2* confitar.
consider (to) (kən'sidəʳ) *t.* considerar, pensar.
considerable (kən'sidərəbl) *a.* considerable.
considerate (kən'sidərit) *a.* considerado. [para con los demás].
consideration (kənˌsidə'reiʃən) *s.* consideración. *2* examen, estudio. *3* retribución, precio.
considering (kən'sidəriŋ) *prep.* considerando [que].
consign (to) (kən'sain) *t.* consignar, confiar, depositar.
consignment (kən'saimənt) *s.* consignación; remesa, envío.
consist (to) (kən'sist) *i.* consistir. *2* constar [de].
consistence, -cy (kən'sistəns, -si) *s.* consistencia. *2* consecuencia.
consistent (kən'sistənt) *a.* consistente, sólido. *2* compatible. *3* consecuente.
consolation (ˌkɔnsə'leiʃən) *s.* consolación, consuelo, alivio.
console ('kɔnsoul) *s.* ***~-table,*** consola.
console (to) (kən'soul) *t.* consolar.
consolidate (to) (kən'sɔlideit) *t.-i.* consolidar(se.
consonance- cy ('kɔnsənəns, -i) *s.* consonancia, conformidad.
consonant ('kɔnsənənt) *a.-s.* consonante.
consort ('kɔnsɔ:t) *s.* consorte.
consort (to) (kən'sɔ:t) *i.* juntarse, acompañarse.

conspicuous (kəns'pikjuəs) *a.* conspicuo, eminente. *2* visible.
conspiracy (kən'spirəsi) *s.* conspiración.
conspirator (kən'spirətə[r]) *s.* conspirador.
conspire (to) (kəns'paiə[r]) *i.* conspirar, conjurarse. *2 t.* tramar.
constable ('kʌnstəbl) *s.* condestable. *2* policía [uniformado].
constancy ('kɔnstənsi) *s.* constancia [firmeza, perseverancia].
constant ('kɔnstənt) *a.* constante. *2* leal. *3* continuo.
constellation (ˌkɔnstə'leiʃən) *s.* constelación.
consternation (ˌkɔnstə(:)'neiʃən) *s.* consternación; terror.
constipate (to) ('kɔnstipeit) *t.* estreñir.
constipation (ˌkɔnsti'peiʃən) *s.* extreñimiento.
constituency (kən'stitjuənsi) *s.* distrito electoral. *2* electores.
constituent (kəns'titjuənt) *a.* constitutivo. *2* POL. constituyente. *3 s.* componente. *4* elector [de un diputado].
constitute (to) ('kɔnstitju:t) *t.-i.* constituir(se.
constitution (ˌkɔnsti'tju:ʃən) *s.* constitución.
constrain (to) (kəns'trein) *t.* constreñir, obligar.
constraint (kən'streint) *s.* coacción. *2* represión.
constrict (to) (kən'strikt) *t.* constreñir, apretar. *2* atar.
construct (to) (kəns'trʌkt) *t.* construir, fabricar, hacer.
construction (kən'strʌkʃən) *s.* construcción.
construe (to) (kən'stru:) *t.* GRAM. construir. *2* traducir. *3* explicar.
consul ('kɔnsəl) *s.* cónsul.
consular ('kɔnsjulə[r]) *a.* consular.
consulate ('kɔnsjulit) *s.* consulado.
consult (to) (kən'sʌlt) *t.-i.* consultar. *2 i.* deliberar.
consultation (ˌkɔnsəl'teiʃən) *s.* consulta. *2* junta.
consultative (kən'sʌltətiv) *a.* consultivo.
consume (to) (kən'sju:m) *t.-i.* consumir(se.
consummate (kən'sʌmit) *a.* consumado. *2* perfecto.
consummate (to) ('kɔnsʌmeit) *t.* consumar.
consummation (ˌkɔnsʌ'meiʃən) *s.* consumación. *2* perfección.
consumption (kən'sʌmpʃən) *s.* consumo. *2* MED. tisis.
contact ('kɔntækt) *s.* contacto.
contact (to) ('kɔntækt) *t.* ponerse o estar en contacto con.
contagion (kən'teidʒən) *s.* contagio.
contagious (kən'teidʒəs) *a.* contagioso, pegadizo.
contagiousness (kən'teidʒəsnis) *s.* contagiosidad.
contain (to) (kən'tein) *t.* contener; tener cabida para. *2* reprimir.
container (kən'teinə[r]) *s.* continente, recipiente, envase.
contaminate (to) (kən'tæmineit) *t.* contaminar. *2* impurificar.
contamination (kənˌtæmi'neiʃən) *s.* contaminación.
contemn (to) (kən'tem) *t.* despreciar.
contemplate (to) ('kɔntempleit) *t.* contemplar. *2* proponerse. *3 i.* meditar.
contemplation (ˌkɔntem'pleiʃən) *s.* contemplación. *2* meditación. *3* proyecto.
contemplative ('kɔntempleitiv) *a.* contemplativo.
contemporaneous (kənˌtempə'reinjəs) *a.* **contemporary** (kən'tempərəri) *a.-s.* contemporáneo.
contempt (kən'tempt) *s.* desprecio, menosprecio, desdén.
contemptible (kən'temptəbl) *a.* despreciable. *2* desdeñoso.
contend (to) (kən'tend) *i.* contender. *2* competir, oponerse. *3* luchar, esforzarse. *4 t.* sostener, afirmar.
content ('kɔntent) *s.* contenido.
content (kən'tent) *a.* contento. *2 s.* contento, satisfacción.
content (to) (kən'tent) *t.* contentar, satisfacer.
contented (kən'tentid) *a.* contento, satisfecho, tranquilo.
contention (kən'tenʃən) *s.* contienda, disputa. *2* afirmación.
contentious (kən'tenʃəs) *a.* contencioso, disputador. *2* litigioso.
contentment (kən'tentmənt) *s.* satisfacción, contento.
contest ('kɔntest) *s.* contienda, lucha, lid. *2* disputa, litigio. *3* torneo, concurso, certamen.
contest (to (kən'test) *t.* disputar, luchar por. *2* impugnar. *3 i.* contender, competir.
contestant (kən'testənt) *s.* contendiente. *2* oponente.
context ('kɔntekst) *s.* contexto.
contiguous (kən'tigjuəs) *a.* contiguo, inmediato, próximo.
continence ('kɔntinəns) *s.* continencia.
continent ('kɔntinənt) *a.* continente. *2 s.* GEOGR. continente.

contingency (kən'tindʒənsi) *s.* contingencia. *2* eventualidad.
contingent (kən'tindʒent) *a.-s.* contingente.
continual (kən'tinjuəl) *a.* continuo, incesante.
continuance (kən'tinjuəns) *s.* duración. *2* permanencia.
continuation (kən,tinjuəeiʃən) *s.* continuación.
continue (to) (kən'tinju(:) *t.* continuar. *2 i.* seguir, durar.
continuity (,kɔnti'nju:ti) *s.* continuidad.
continuous (kən'tinjuəs) *a.* continuo. *2* **-ly** *adv.* continuamente.
contort (to) (kən'tɔ:t) *t.* retorcer.
contortion (kən'tɔ:ʃən) *s.* contorsión.
contour ('kɔntuəʳ) *s.* contorno.
contraband ('kɔntrəbænd) *s.* contrabando.
contrabass ('kɔntrə'beis) *s.* MÚS. contrabajo.
contract ('kɔntrækt) *s.* contrato.
contract (to) (kən'trækt) *t.-i.* contraer(se, encoger(se. *2 t.* contratar, pactar. *3* contraer [matrimonio, etc.]. *4 i.* comprometerse por contrato.
contraction (kən'trækʃən) *s.* contracción.
contractor (kən'træktəʳ) *s.* contratante. *2* contratista.
contradict (to) (,kɔntrə'dikt) *t.* contradecir. *2* desmentir, negar.
contradiction (,kɔntrə'dikʃən) *s.* contradicción.
contradictory (,kɔntrə'diktəri) *a.* contradictorio.
contraption (kən'træpʃən) *s.* artefacto.
contrariety (,kɔntrə'raiəti) *s.* contrariedad.
contrarily (kən'trɛərili) *adv.* tercamente.
contrariness ('kɔntrərinis) *s.* oposición. *2* terquedad.
contrary ('kɔntrəri) *a.* contrario. *2* adverso. *3* díscolo, terco. *4 s.* lo contrario. *5* adv. ~ ***to,*** contrariamente a; ***on the*** ~, al contrario; ***to the*** ~, en contra.
contrast ('kɔntrast) *s.* contraste; contraposición.
contrast (to) (kən'trast) *t.* hacer contrastar. *2 i.* contrastar.
contravene (to) (,kɔntrə'vi:n) *t.* contravenir. *2* contradecir.
contravention (,kɔntrə'venʃən) *s.* contravención, infracción.
contribute (to) (kən'tribjut) *t.* contribuir con, aportar. *2 i.* contribuir a.
contribution (,kɔntri'bju:ʃən) *s.* contribución. *2* colaboración.
contributor (kən'tribu:təʳ) *s.* contribuidor. *2* colaborador.
contrite ('kɔntrait) *a.* contrito.
contrition (kən'triʃən) *s.* contrición.
contrivance (kən'traivəns) *s.* inventiva. *2* traza, invención. *3* utensilio, aparato. *4* plan, idea.
contrive (to) (kən'traiv) *t.* idear, inventar. *2* tramar. *3* procurar, lograr. *4 i.* ingeniarse.
control (kən'troul) *s.* mando, autoridad. *2* gobierno, dirección. *3* sujeción, freno. *4* inspección. *5* comprobación. *6* MEC. mando, control, regulación.
control (to) (kən'troul) *t.* sujetar, reprimir. *2* gobernar, dirigir. *3* controlar.
controversial (,kɔntrə'və:ʃəl) *a.* de controversia, discutible.
controversy ('kɔntrə'vəsi, kən'trɔvəsi) *s.* controversia.
controvert (to) ('kɔntrəvə:t) ~ ***t.-i.*** controvertir. *2 t.* negar.
contumacious (,kɔntju(:)'meiʃəs) *a.* contumaz.
contumacy ('kɔntjuməsi) *s.* contumacia, rebeldía; desacato.
contumelious (,kɔntju(:)'mi:ljəs) *a.* injurioso.
contumely ('kɔntju(:)mli) *s.* injuria.
contusion (kən'tju:ʒən) *s.* contusión.
conundrum (kə'nʌndrəm) *s.* acertijo.
convalescence (,kɔnvə'lesns) *s.* convalecencia.
convalescent (,kɔnvə'lesnt) *a.* convaleciente.
convene (to) (kən'vi:n) *t.* convocar. *2* citar. *3 i.* reunirse.
convenience (kən'vinjəns) *s.* conveniencia comodidad.
convenient (kən'vi:njənt) *a.* conveniente, oportuno. *2* cómodo.
convent ('kɔnvənt) *s.* convento.
convention (kən'venʃən) *s.* convocación. *2* asamblea, convención. *3* convento.
conventional (kən'venʃənəl) *a.* convencional.
converge (to) (kən'və:dʒ) *i.* converger. *2 t.* hacer, converger.
convergence, -cy (kən'və:dʒəns, -i) *s.* convergencia.
convergent (kən'və:dʒənt) *a.* convergente.
conversant (kən'və:sənt) *a.* ~ ***with,*** versado en.
conversation (,kɔnvə'seiʃən) *s.* conversación.
converse ('kɔnvə:s) *a.* opuesto.
converse (to) (kən'və:s) *i.* conversar.
conversion (kən'və:ʃən) *s.* conversión.
convert ('kɔnvə:t) *s.* converso.

convert (to) (kən'və:t) *t.* convertir. *2 i.* convertirse.
convex ('kɔn'veks) *a.* convexo.
convexity (kɔn'veksiti) *s.* convexidad.
convey (to) (kən'vei) *t.* llevar, transportar. *2* transmitir.
conveyance (kən'veiəns) *s.* transporte. *2* transmisión. *3* DER. cesión, traspaso.
convict ('kɔnvikt) *s.* presidiario.
convict (to) (kən'vikt) *t.* DER. declarar culpable. *2* condenar.
conviction (kən'vikʃən) *s.* DER. declaración de culpabilidad. *2* convicción, convencimiento.
convince (to) (kən'vins) *t.* convencer.
convivial (kən'viviəl) *a.* convival. *2* sociable, jovial.
convocation (ˌkɔnvə'keiʃən) *s.* convocación. *2* asamblea.
convoke (to) (kən'vouk) *t.* convocar, reunir.
convoy ('kɔnvɔi) *s.* convoy.
convoy (to) ('kɔnvɔi) *t.* convoyar, escoltar.
convulse (to) (kən'vʌls) *t.* convulsionar, crispar: ***to be convulsed with laughter,*** desternillarse de risa.
convulsion (kən'vʌlʃən) *s.* convulsión.
convulsive (kən'vʌlsiv) *a.* convulsivo.
coo (ku:) *s.* arrullo.
coo (to) (ku:) *i.* arrullar(se.
cook (kuk)) *s.* cocinero, -ra.
cook (to) (kuk) *t.-i.* cocer, guisar, cocinar.
cooker ('kukəʳ) *s.* cocina [económica].
cookery ('kukəri) *s.* cocina [arte].
cooking ('kukiŋ) *s.* cocina: ***to do the ~,*** cocinar.
cool (ku:l) *a.* fresco. *2* frío, tibio. *3* sereno, osado. *4 s.* fresco, frescor.
cool (to) (ku:l) *t.-i.* refrescar(se, enfriar(se: ***to ~ down,*** calmarse.
coolness ('ku:lnis) *s.* fresco, frescor. *2* frialdad. *3* serenidad.
coop (ku:p) *s.* gallinero.
cooper ('ku:pəʳ) *s.* tonelero.
co-operate (to) (kou'ɔpəreit) *i.* cooperar.
co-operation (kouˌɔpə'reiʃən) *s.* cooperación.
co-operative (kou'ɔpərətiv) *a.* cooperativo.
cope (koup) *s.* capa pluvial.
cope (to) (koup) *t.* cubrir. *2* i. ***to ~ with,*** contender, rivalizar con; habérselas o poder con.
copious ('koupjəs) *a.* copioso.
copper ('kɔpəʳ) *s.* QUÍM. cobre. *2* penique; calderilla. *3* caldera.
coppice ('kɔpis), **coppice woods** *s.* bosquecillo, soto. *2* matorral.
copulate (to) ('kɔpjuleit) *t.-i.* unir(se.
copulation (ˌkɔpju'leiʃən) *s.* cópula.
copulative ('kɔpjulətiv) *a.* copulativo.
copy ('kɔpi) *s.* copia, reproducción, imitación. *2* ejemplar [de un libro); número [de un periódico]. *3* IMPR. original. *4* ***rough ~,*** borrador.
copy (to) ('kɔpi) *t.* copiar. *2* imitar, remedar.
copyright ('kɔpirait) *s.* [derechos de] propiedad literaria.
coquet (to) (kɔ'ket) *i.* coquetear.
coquetry ('kɔkitri) *s.* coquetería.
coquette (kɔ'ket) *s.* coqueta.
coquettish ('kɔ'ketiʃ) *a.* coqueta.
coral ('kɔrəl) *s.* coral.
corbel ('kɔ:bəl) *s.* ARQ. ménsula, repisa, modillón; voladizo.
cord (kɔ:d) *s.* cordel; cuerda.
cordage ('kɔ:diʒ) *s.* cordaje.
cordial ('kɔdjəl) *a.-s.* cordial.
cordiality (ˌkɔ:di'æliti) *s.* cordialidad.
cordon ('kɔ:dn) *s.* cordón.
corduroy ('kɔ:dərɔi) *s.* pana.
core (kɔ:ʳ) *s.* corazón, centro, alma. *2* corazón [de una fruta].
core (to) (kɔ:) *t.* despepitar.
cork (kɔ:k) *s.* corcho. *2* tapón de corcho. *3* ***~-oak,*** alcornoque.
cork (to) (kɔ:k) *t.* tapar [con corcho], encorchar.
cork-screw ('kɔ:k-skru:) *s.* sacacorchos: ***~ curl,*** tirabuzón.
cormorant ('kɔ:mərənt) *s.* cuervo marino.
corn (kɔ:n) *s.* grano, trigo. *2* (E. U.) maíz. *3* mies. *4* callo: ***corned beef,*** cecina.
corn (to) (kɔ:n) *t.* salar, curar.
corner ('kɔ:nəʳ) *s.* ángulo, esquina, recodo. *2* pico [del sombrero, etc.]. *3* rabillo [del ojo]. *4* cantonera. *5* rincón: ***~ shelf,*** rinconera. *6* COM. acaparamiento. *7* FÚTBOL saque de esquina.
corner (to) (kɔ:nəʳ) *t.* arrinconar, poner en un aprieto. *2* COM. acaparar.
corner-stone ('kɔ:nə-stoun) *s.* piedra angular.
cornet ('kɔ:nit) *s.* corneta de llaves, cornetín. *2* cucurucho.
cornice ('kɔ:nis) *s.* ARQ. cornisa.
coronation (ˌkɛrə'neiʃən) *s.* coronación.
coronet ('kɔrənit) *s.* corona [de noble]. *2* diadema.
corporal ('kɔ:pərəl) *a.* corporal. *2 s.* MIL. cabo.
corporation (ˌkɔ:pə'reiʃən) *s.* corporación, gremio. *2* COM. compañía. *3* ayuntamiento.
corporeal (kɔ:'pɔ:riəl) *a.* corpóreo. *2* tangible.

corps (kɔ:ʳ, *pl.* kɔ:z) *s.* cuerpo de ejército.
corpse (kɔ:ps) *s.* cadáver.
corpulence, -cy ('kɔ:pjuləns, -i) *s.* corpulencia.
corpulent ('kɔ:pjulənt) *a.* corpulento.
corpuscle ('kɔ:pʌsl) *s.* corpúsculo.
correct (kə'rekt) *a.* correcto. *2* exacto, justo.
correct (to) (kə'rekt) *t.* corregir.
correction (kə'rekʃən) *s.* corrección, enmienda. *2* castigo.
correctness (kə'rektnis) *s.* corrección. *2* exactitud.
correpond (to) (ˌkɔris'pɔnd) *i.* corresponder, corresponderse [en analogía]. *2* escribirse.
correspondence (ˌkɔris'pɔndəns) *s.* correspondencia.
correspondent (ˌkɔris'pɔndənt) *a.* correspondiente. *2 s.* corresponsal.
corresponding (ˌkɔris'pɔndiŋ) *a.* correspondiente.
corridor ('kɔridɔ:ʳ) *s.* corredor, pasillo.
corroborate (to) (kə'rɔbəreit) *t.* corroborar, confirmar.
corroboration (kəˌrɔbə'reiʃən) *s.* corroboración.
corrode (to) (kə'roud) *t.* corroer.
corrosion (kə'rouʒən) *s.* corrosión.
corrosive (kə'rousiv) *a.-s.* corrosivo.
corrugate (to) ('kɔrugeit) *t.* arrugar. *2* plegar, ondular.
corrupt (ke'rʌpt) *a.* corrompido.
corrupt (to) (kə'rʌpt) *t.-i.* corromper(se. *2 t.* adulterar, falsear.
corruptible (kə'rʌptəbl) *a.* corruptible.
corruption (kə'rʌpʃən) *s.* corrupción.
corsair ('kɔ:sɛəʳ) *s.* corsario.
corset ('kɔ:sit) *s.* corsé.
cortege (kɔ:'teiʒ) *s.* cortejo.
coruscate (to) ('kɔrəskeit) *i.* coruscar.
corvette (kɔ:'vet) *s.* MAR. corbeta.
cosily ('kouzili) *adv.* cómodamente.
cosmetic (kɔz'metik) *a.-s.* cosmético.
cosmic(al ('kɔzmik(əl) *a.* cósmico.
cosmonaut ('kɔzmə'nɔ:t) *s.* cosmonauta.
cosmopolitan (ˌkɔmə'pɔlitən) *a.* cosmopolita.
cost (kɔst) *s.* coste, precio, expensas. *2 pl.* costas.
cost (to) (kɔst) *i.* costar, valer. ¶ Pret. y p. p.: *cost* (kɔst).
costive ('kɔstiv) *a.* estreñido.
costiveness ('kɔstivnis) *s.* estreñimiento.
costliness ('kɔstlinis) *s.* suntuosidad.
costly ('kɔstli) *a.* costoso, caro. *2* suntuoso.
costume ('kɔstju:m) *s.* traje, vestido. *2 pl.* TEAT. vestuario.
cosy ('kouzi) *a.* cómodo.
cot (kɔt) *s.* choza. *2* camita.
coterie ('koutəri) *s.* tertulia.
cottage ('kɔtidʒ) *s.* casita de campo.
cotton ('kɔtn) *s.* algodón: ~ ***wool***, algodón en rama; ~***-plant***, algodonero.
couch (kautʃ) *s.* cama, lecho. *2* canapé, meridiana.
couch (to) (kautʃ) *t.* acostar, tender. *2* bajar, agachar. *3* enristrar [una pica, etc.]. *4* expresar. *5 i.* acostarse, tenderse. *6* agacharse. *7* estar al acecho.
cough (kɔ:f) *s.* tos.
cough (to) (kɔ:f) *i.* toser.
could (cuk, kəd) V. CAN.
council ('kaunsil) *s.* concilio. *2* consejo, junta. *3* ayuntamiento.
council(l)or ('kaunsiləʳ) *s.* concejal.
counsel ('kaunsəl) *s.* consejo, parecer; deliberación, consulta. *2* asesor; abogado.
counsel (to) ('kaunsəl) *t.* aconsejar, asesorar.
counsel(l)or ('kaunsələʳ) *s.* consejero. *2* abogado.
count (kaunt) *s.* cuenta, cálculo, cómputo. *2* conde.
count (to) (kaunt) *t.* contar, computar. *2* considerar, tener por. *3* ***to ~ on***, contar con.
countenance ('kauntinəns) *s.* rostro, semblante: ***to change ~***, demudarse: ***to put out of ~***, desconcertar. *2* favor, aprobación.
countenance (to) ('kauntinəns) *t.* favorecer, apoyar, aprobar.
counter ('kauntəʳ) *s.* ficha, tanto. *2* computador. *3* mostrador [mesa]. *4 adv.* contra.
counter (to) ('kauntəʳ) *t.* oponerse a. *2 i.* devolver un golpe.
counteract (to) (ˌkauntə'rækt) *t.* contrarrestar.
counter-attack ('kauntərəˌtæk) *s.* contraataque.
counterbalance ('kauntəˌbæləns) *s.* contrapeso.
counterfeit ('kauntəfit) *a.* falso. *2* fingido. *3 s.* falsificación.
counterfeit (to) ('kauntəfit) *t.* falsificar, contrahacer. *2* fingir.
counterfoil ('kauntəfɔil) *s.* matriz [de un cheque].
counterpane (k'auntəpein) *s.* colcha, cobertor.
counterpart ('kauntəpa:t) *s.* duplicado, trasunto. *2* parte que corresponde a otra.
counterpoint ('kauntəpɔint) *s.* contrapunto.

counterpoise ('kauntəpɔiz) *s.* contrapeso. *2* equilibrio.
counterpoise (to) ('kauntəpɔiz) *t.* contrapesar.
countersign ('kauntəsain) *s.* contraseña.
countersign (to) ('kauntəsain) *t.* refrendar, visar.
countess ('kauntis) *s.* condesa.
countless ('kauntlis) *a.* incontable, innumerable.
country ('kʌntri) *s.* país, nación, región. *2* tierra, patria. *3* campo, campiña. *4* ~ ***dance,*** baile popular; ~***-house,*** casa de campo; ~ ***life,*** vida del campo; ~***man,*** campesino; compatriota; ~***side,*** campiña; ~***woman,*** campesina; compatriota.
county ('kaunti) *s.* condado. *2* distrito.
couple ('kʌpl) *s.* par, pareja.
couple (to) ('kʌpl) *t.* aparear, emparejar. *2* acoplar, conectar. *3 i.* aparearse.
courage ('kʌridʒ) *s.* valor.
courageous (kə'reidʒəs) *a.* valeroso, valiente.
courier ('kuriəʳ) *s.* correo, mensajero.
course (kɔ:s) *s.* curso, marcha. *2* camino, trayecto, recorrido. *3* rumbo, derrotero. *4* transcurso [del tiempo]. *5* línea [de conducta]. *6* carrera [en la vida]. *7* curso [de estudios], asignatura. *8* plato, servicio [de una comida]. *9* ALBAÑ. hilada. *10* adv. ***of*** ~, naturalmente, desde luego, por supuesto.
course (to) (kɔ:s) *t.* correr por. *2* perseguir. *3 i.* correr.
court (kɔ:t) *s.* patio; atrio; plazuela, cerrada. *2* pista [de tenis]. *3* corte [de un soberano; la que se hace a una pers.]. *4* tribunal. *5* consejo superior.
court (to) (kɔ:t) *t.* cortejar. *2* galantear. *3* solicitar, buscar.
courteous ('kə:tjəs) *a.* cortés.
courtesan (ˌkɔ:ti'zæn) *s.* cortesana.
courtesy ('kə:tisi) *s.* cortesía.
courtier ('kɔ:tjəʳ) *s.* cortesano, palaciego.
courtly ('kɔ:tli) *a.* cortesano. *2* elegante, refinado.
court-martial ('kɔ:t'mɑ:ʃəl) *s.* consejo de guerra.
courtship ('kɔ:t-ʃip) *s.* cortejo, galanteo. *2* noviazgo.
courtyard ('kɔ:t'jɑ:d) *s.* patio.
cousin ('kʌzn) *s.* primo, -ma.
cove (kouv) *s.* cala, ensenada.
covenant ('kʌvinənt) *s.* convenio, pacto.
covenant (to) ('kʌvinənt) *t.-i.* pactar. *2 i.* convenir(se.
cover ('kʌvəʳ) *s.* tapa, tapadera. *2* cubierta, envoltura, funda, forro. *3* ENCUAD. tapa, cubierta. *4* portada [de revista]. *5* tapete, cobertor. *6* abrigo, cubierto, techado. *7* ***under*** ~ ***of,*** so capa de.
cover (to) ('kʌvʳ) *t.* cubrir. *2* proteger. *3* encubrir. *4* abarcar. *5 i.* cubrirse.
covering ('kʌvəriŋ) *s.* cubierta, techado. *2* envoltura, ropa.
coverlet ('kʌvəlit) *s.* colcha.
covert ('kʌvət) *a.* encubierto, disimulado. *2 s.* ('kʌvəʳ) refugio.
covet (to) ('kʌvit) *t.* codiciar.
covetous ('kʌvitəs) *a.* codicioso.
covetousness ('kʌvitəsnis) *s.* codicia.
covey ('kʌvi) *s.* bandada.
cow (kau) *s.* ZOOLS. vaca.
cow (to) (kau) *t.* acobardar.
coward ('kauəd) *a.-s.* cobarde.
cowardise ('kauədis) *s.* cobardía.
cowardly ('kauədli) *a.* cobarde. *2 adv.* cobardemente.
cowboy ('kaubɔi) *s.* vaquero.
cower (to) ('kauəʳ) *i.* agacharse.
cowl (kaul) *s.* cogulla. *2* capucha. *3* sombrerete [de chimenea].
cowslip ('kauslip) *s.* BOT. primavera.
coxcomb ('kɔkskoum) *s.* petimetre, presumido.
coxswain ('kɔkswein, 'kɔksn) *s.* patrón [de bote de regatas].
coy (kɔi) *a.* recatado, tímido.
coyness ('kɔinis) *s.* modestia, timidez.
cozen (to) ('kʌzn) *t.* engañar.
crab (kræb) *s.* cámbaro, cangrejo de mar. *2* cascarrabias. *3* ~ ***apple,*** manzana silvestre.
crabbed ('kræbid) *a.* gruñón, avinagrado. *2* garrapatoso.
crack (kræk) *s.* crujido, estampido. *2* hendidura, raja. *3* chifladura. *4 a.* fam. de primera.
crack (to) (kræk) *i.* crujir, restallar. *3* reventar, rajarse, agrietarse. *3* enloquecer. *4 t.* romper, rajar. *5* hacer restallar.
cracker ('krækəʳ) *s.* petardo. *2* galleta. *3 pl.* cascanueces.
crackle ('krækl) *s.* crujido, chasquido, crepitación.
crackle (to) ('krækl) *i.* crujir, chasquear, crepitar.
cradle ('kreidl) *s.* cuna. *2* TELÉF. horquilla. *3* andamio colgante.
cradle (to) ('kreidl) *t.* acunar, mecer. *2 i.* estar en la cuna.
craft (krɑ:ft) *s.* arte, destreza. *2* oficio; gremio. *3* artificio, astucia. *4* embarcación.
craftiness ('krɑ:ftinis) *s.* astucia, artería.
craftsman ('krɑ:ftsmən) *s.* artesano.

craftsmanship ('krɑftsmənʃip) *s.* arte, habilidad.
crafty ('krɑ:fti) *a.* astuto, artero.
crag (kræg) *s.* risco, despeñadero.
cragged ('krægid), **craggy** ('krægi) *a.* escarpado, riscoso, áspero.
cram (to) (kræm) *t.* henchir, atestar. *2* fam. preparar [para exámenes]. *3 i.* atracarse.
cramp (kræmp) *s.* calambre, rampa. *2* grapa, abrazadera.
cramp (to) (kræmp) *t.* dar calambres. *2* sujetar. *3* restringir.
crane (krein) *s.* ORN. grulla. *2* MEC. grúa.
crane (to) (krein) *t.* levantar con grúa. *2* estirar [el cuello].
cranium ('kreinjəm) *s.* cráneo.
crank (kræŋk) *s.* MEC. manubrio, manivela; cigüeñal. *2 a.* CRANKY.
cranky ('kræŋki) *a.* chiflado. *2* caprichoso. *3* torcido, sinuoso.
cranny ('kræni) *s.* grieta, resquicio.
crape (kreip) *s.* crespón.
crash (kræʃ) *s.* estallido, estrépito. *2* caída, choque. *3* COM. quiebra.
crash (to) (kræʃ) *t.-i.* romper(se, estallar; caer(se. *2* aterrizar violentamente. *3* quebrar.
crass (kræs) *a.* craso, estúpido.
crater ('kreitəʳ) *s.* cráter.
cravat (krə'væt) *s.* corbata.
crave (to) (kreiv) *t.-i.* pedir, implorar. *2* anhelar.
craven ('kreivən) *a.-s.* cobarde.
craving ('kreiviŋ) *s.* deseo, anhelo, ansia.
crawfish ('krɔ:-fiʃ). *s.* cangrejo.
crawl *s.* reptación, arrastramiento. *2* NAT. crol.
crawl (to) ('krɔ:l) *i.* reptar, arrastrarse; gatear. *2* sentir hormigueo. *3* ***to ~ with,*** estar apestado de.
crayfish ('krei-fiʃ) *s.* CRAWFISH.
crayón ('kreiən) *s.* lápiz, tiza. *2* dibujo al lápiz o a la tiza.
craze (kreiz) *s.* manía, chifladura, moda. *2* locura.
crazy ('kreizi) *a.* loco, insensato. *2* extravagante. *3* ruinoso.
creak (to) (kri:k) *i.* crujir, rechinar, chirriar.
creaking ('kri:kiŋ) *s.* crujido.
cream (kri:m) *s.* crema, nata. *2* flor, flor y nata. *3* crema [cosmético; sopa].
crease (kri:s) *s.* pliegue, doblez, arruga. *2* raya del pantalón.
crease (to) (kri:s) *t.* plegar, doblar, arrugar. *2 i.* arrugarse.
create (to) (kri(:)'eit) *t.* crear. *2* producir, causar.
creation (kri(:)'eiʃən) *s.* creación.
creative (kri(:)'eitiv) *a.* creador.
creator (kri(:)'eitəʳ) *s.* creador.
creature ('kri:tʃəʳ) *s.* criatura.
credence ('kri:dəns) *s.* creencia.
credentials (kri'denʃelz) *s. pl.* credenciales.
credible ('kredəbl) *a.* creíble.
credit ('kredit) *s.* crédito [asenso, fe; buena reputación]. *2* valimiento. *3* honor, honra: ***that does you ~,*** esto le honra. *4* COM. crédito: ***on ~,*** a crédito, al fiado. *5* COM. haber.
credit (to) ('kredit) *t.* dar crédito a. *2* COM. acreditar, abonar.
creditable ('kreditəbl) *a.* honroso.
creditor ('kreditəʳ) *s.* acreedor.
credulity (kri'dju:liti) *s.* credulidad.
credulous ('kredjuləs) *a.* crédulo.
creed (kri:d) *s.* credo; creencia.
creek (kri:k) *s.* abra, cala.
creeps (kri:ps) *s. pl.* hormigueo, horror.
creep (to) (kri:p) *i.* arrastrarse, gatear. *2* correr [los insectos]; trepar [las plantas]. *3* insinuarse. *4* sentir hormigueo, escalofrío. ¶ Pret. y p. p.: ***crept*** (krept).
creeper ('kri:pəʳ) *s.* insecto, reptil; planta rastrera, enredadera.
cremate (to) (kri'meit) *t.* incinerar.
cremation (kri'meiʃən) *s.* incineración.
crematorium (ˌkremə'tɔ:riəm), **crematory** ('kremətəri) *s.* horno crematorio.
creole ('kri:oul) *a.-s.* criollo.
crept (krept) V. TO CREEP.
crescent ('kresnt) *a.* creciente. *2 s.* media luna.
crest (krest) *s.* cresta. *2* penacho. *3* cimera. *4* cima, cumbre.
crestfallen ('krestˌfɔ:lən) *a.* cabizbajo, abatido, alicaído.
crevice ('krevis) *s.* raja, hendedura.
crew (kru:) *s.* MAR., AVIA. tripulación, equipaje. *2* equipo, cuadrilla. *3 pret.* de TO CROW.
crib (krib) *s.* pesebre. *2* cama infantil. *3* plagio.
crib (to) (krib) *t.* encerrar. *2* plagiar.
crick (krik) *s.* tortícolis.
cricket ('krikit) *s.* ENT. grillo. *2* DEP. cricquet.
crier ('kraiəʳ) *s.* pregonero.
crime (kraim) *s.* delito. *2* crimen.
criminal ('kriminl) *a.-s.* criminal.
crimp (to) (krimp) *t.* rizar; arrugar.
crimson ('krimzn) *a.-s.* carmesí.
cringe (krindʒ) *s.* adulación servil.
cringe (to) (krindʒ) *i.* encogerse [ante un peligro, etc.]. *2* arrastrarse [servilmente].

crinkle ('kriŋkl) *s.* arruga; rizo.
crinkle (to) ('kriŋkl) *t.-i.* arrugar(se, rizarse.
crinoline ('krinəli:n) *s.* miriñaque.
cripple ('kripl) *s.* cojo, lisiado.
cripple (to) ('kripl) *t.* encojar, lisiar. *2 i.* lisiarse. *3* cojear.
crippled ('kripld) *a.* lisiado.
crisis ('kraisis) *s.* crisis.
crisp (krisp) *a.* crespo, rizado. *2* crujiente. *3* seco, bien tostado. *4* gráfico, expresivo. *5* decidido. *6* vigorizante [aire, frío].
crisp (to) (krisp) *t.* encrespar, rizar. *2* tostar bien. *3* hacer crujir. *4 i.* encresparse, rizarse.
cris-cross ('kriskrɔs) *a.* entrecruzado. *2 adv.* en cruz.
criterion (krai'tiəriən) *s.* criterio.
critic ('kritik) *s.* crítico.
critical ('kritikəl) *a.* crítico.
criticism ('kritisizəm) *s.* crítica [juicio]. *2* crítica, censura.
criticize (to) ('kritisaiz) *t.-i.* criticar.
croak (krouk) *s.* graznido [de cuervo]. *2* croar [de rana]
croak (to) *i.* (krouk) graznar. *2* croar. *3* gruñir.
crochet ('krouʃei) *s.* ganchillo [labor].
crockery ('krɔkəri) *s.* loza.
crocodile ('krɔkədail) *s.* cocodrilo.
crocus ('kroukəs) *s.* azafrán.
crone (kroun) *s.* vieja, bruja.
crony ('krouni) *s.* camarada.
crook (kruk) *s.* curva, curvatura. *2* gancho, garfio. *3* cayado. *4* trampa. *5* fam. estafador.
crook (to) (kruk) *t.-i.* torcer(se, encorvar(se.
crooked ('krukid) *a.* torcido.
crookedness ('krukidnis) *s.* torcedura; curvatura. *2* maldad.
crop (krɔp) *s.* cosecha. *2* cabello corto. *3* buche [de ave]. *4 pl.* campos, mieses.
crop (to) (krɔp) *t.* cosechar, recolectar. *2* desmochar; trasquilar. *3 i.* pacer.
croquet ('kroukei) *s.* DEP. croquet.
crosier ('krouʒəʳ) *s.* báculo pastoral.
cross (krɔs) *s.* cruz. *2* signo de la cruz. *3* cruce [de caminos, etc.]. *4* cruzamiento, mezcla. *5 a.* en cruz, transversal. *6* contrario, adverso. *7* enojado, malhumorado.
cross (to) (krɛs) *t.* atravesar [la calle]. *2* cruzar [cheque; razas]. *3* contrariar. *4* ***to ~ off*** o ***out,*** borrar, tachar. *5* ***it crossed my mind,*** se me ocurrió. *6 i.* [de pers., cartas] cruzarse. *7* ***to ~ oneself,*** santiguarse. *8* ***to ~ over,*** pasar al otro lado.
cross-bar ('krɔsbɑ:ʳ) *s.* travesaño.
cross-bones ('krɔsbounz) *s.* canillas cruzadas.
cross-bow ('krɔsbou) *s.* ballesta.
crossbred ('krɔsbred) *a.-s.* cruzado, híbrido.
cross-country ('krɔs'kʌntri) *a.* que se hace a campo traviesa.
cross-examine (to) ('krɔsig'zæmin) *t.* interrogar minuciosamente.
cross-eyed (krɔsaid) *a.* bizco.
cross-grained ('krɔs-greind) *a.* terco, irritable.
crossing ('krɔsiŋ) *s.* cruce, cruzamiento. *2* encrucijada: ***level ~,*** paso a nivel. *3* paso, vado. *4* MAR. travesía.
crossnes ('krɔnis) *s.* mal humor.
crosspiece ('krɔspi:s) *s.* travesaño.
crossroads ('krɔsroudz) *s.* encrucijada.
crosswise ('krɔswaiz) *adv.* de través. *2* en cruz. *3* al revés.
cross-word -(puzzle) ('krɔswə:d'pʌz) *s.* crucigrama.
crotch (krɔtʃ) *s.* horquilla, horca. *2* bifurcación.
crotchet ('krɔtʃit) *s.* MÚS. negra. *2* capricho.
crotchety ('krɔtʃiti) *a.* caprichoso.
crouch (to) (krautʃ) *i.* agacharse, agazaparse. *2* arrastrarse [servilmente].
crow (krou) *s.* ORN. cuervo: ***cock's ~,*** canto del gallo; ***~'s foot,*** pata de gallo.
crow (to) (krou) *i.* cantar [el gallo]. *2* jactarse, bravear.
crowbar ('kroubɑ:ʳ) *s.* palanca.
crowd (kraud) *s.* multitud, gentío.
crowd (to) (kraud) *t-.i.* agolpar(se, apiñar(se, amontonar(se.
crown (kraun) *s.* corona. *2* ANAT. coronilla. *3* cima, cumbre. *4* copa [de árbol, de sombrero].
crown (to) (kraun) *t.* coronar.
crucial ('kru:ʃjəl) *a.* crucial.
crucifix ('kru:sifiks) *s.* crucifijo.
crucifixion (ˌkru:si'fikʃən) *s.* crucifixión.
crucify (to) ('kru:sifai) *t.* crucificar. *2* atormentar.
crude (kru:d) *s.* crudo. *2* tosco, basto, rudo.
crudity ('kru:diti) *s.* crudeza. *2* tosquedad, grosería.
cruel (kruəl) *a.* cruel.
cruelty ('kruəlti) *s.* crueldad.
cruet ('kru(:)it) *s.* vinagrera: ***~-stand,*** vinagreras.
cruise (kru:z) *s.* crucero, viaje.

cruise (to) (kru:z) *t.* MAR., AVIA. cruzar, navegar.
cruiser ('kru:zə^r) *s.* crucero.
crumb (krʌm) *s.* miga. *2* mendrugo, migaja.
crumb (to) (krʌm) *t.* migar.
crumble (to) ('krʌmbl) *t.* desmenuzar, deshacer. *2 i.* deshacerse, desmoronarse, derrumbarse.
crumple (to) ('krʌmpl) *t.* arrugar, ajar. *2 i.* arrugarse.
crunch (to) (krʌntʃ) *t.* mascar. *2* hacer crujir. *3 i.* crujir.
crusade (kru:'seid) *s.* cruzada.
crusader (kru:'seide^r) *s.* cruzado.
crush (krʌʃ) *s.* aplastamiento, machacamiento. *2* apretura, aglomeración.
crush (to) (krʌʃ) *t.* aplastar, machacar. *2* estrujar. *3* oprimir. *4* aniquilar.
crust (krʌst) *s.* corteza, [de pan, etc.]. *2* mendrugo. *3* costra.
crustacean (krʌs'teiʃjən) *a.-s.* ZOOL. crustáceo.
crustiness ('krʌstinis) *s.* mal genio.
crusty ('krʌsti) *a.* costroso. *2* rudo, áspero, brusco.
crutch (krʌʃ) *s.* muleta [de cojo]. *2* horquilla, puntal.
cry (krai) *s.* grito. *2* lamento, lloro, llanto. *3* pregón.
cry (to) (krai) *i.-t.* gritar. *2 i.* aullar. *3* llorar, lamentarse. *4 t.* exclamar. *5* pregonar. *6* pedir. *7* ***to ~ down,*** rebajar, desacreditar. *8* ***to ~ out,*** gritar.
crying ('kraiiŋ) *a.* enorme, atroz. *2 s.* llanto.
crypt (kript) *s.* cripta.
cryptic(al ('kriptik, -əl) *a.* secreto, oculto.
crystal ('kristl) *s.* cristal. *2 a.* de cristal, cristalino.
crystalline ('kristəlain) *a.* cristalino.
crystallize (to) (kristəlaiz) *t.-i.* cristalizar(se.
cub (kʌb) *s.* cachorro.
cube (kju:b) *s.* GEOM. MAT. cubo. *2 a.* ~ ***root,*** raíz cúbica.
cube (to) (kju:b) *t.* cubicar.
cubic(al ('kju:bik(əl) *a.* cúbico.
cubicle ('kju:bikl) *s.* cubículo.
cubism ('kju:bizəm) *s.* cubismo.
cubist ('kju:bist) *a.-s.* cubista.
cuckoo ('kuku:) *s.* ORN. cuclillo.
cucumber ('kju:kəmbə') *s.* BOT. cohombro; pepino.
cuddle (to) ('kʌdl) *t.* abrazar, acariciar. *2 i.* estar abrazado.
cudgel ('kʌdʒəl) *s.* garrote, porra.
cudgel (to) ('kʌdʒəl) *t.* apalear, aporrear: ***to ~ one's brains,*** devanarse los sesos.
cue (kju:) *s.* señal, indicación. *2* TEAT. pie. *3* BILL. taco.
cuff (kʌf) *s.* puño [de camisa o vestido]: ~ ***links,*** gemelos.
cuff (to) (kʌf) *t.* abofetear.
cuirass (kwi'ræs) *s.* coraza.
cull (to) (kʌl) *t.* escoger, elegir. *2* coger [frutos, flores, etc.].
culminate (to) ('kʌlmineit) *t.* culminar.
culpability (ˌkʌlpə'biliti) *s.* culpabilidad.
culpable ('kʌpəbl) *a.* culpable.
culprit ('kʌlprit) *s.* culpable, reo.
cult (kʌlt) *s.* culto.
cultivate (to) ('kʌltiveit) *t.* cultivar. *2* civilizar.
cultivation (ˌkʌltiəveiʃən) *s.* cultivo. *2* cultura.
cultivator ('kʌltiveitə^r) *s.* cultivador. *2* agricultor.
culture ('kʌltʃə^r) *s.* cultura.
cultured ('kʌltʃəd) *a.* culto.
cumbersome ('kʌmbəsəm), **cumbrous** ('kʌmbrəs) *a.* embarazoso, engorroso, pesado.
cumulate (to) ('kju:mjuleit) *t.-i.* acumular(se.
cunning (kʌniŋ) *a.* hábil, ingenioso. *2* sagaz, astuto. *3 s.* habilidad, ingenio. *4* astucia, maña.
cup (kʌp) *s.* taza, copa. *2* trago. *3* copa [trofeo].
cupboard ('kʌbəd) *s.* aparador, armario; alacena.
cupidity (kju(:)'piditi) *s.* codicia.
cupola ('kju:pələ) *s.* cúpula.
cur (kə:^r) *s.* desp. perro. *2* canalla.
curable ('kjuərəbl) *a.* curable.
curate ('kjuərit) *s.* coadjutor, teniente cura.
curator ('kjuə'reitə^r) *s.* conservador, administrador.
curb (kə:b) *s.* barbada [del treno]. *2* sujeción, freno. *3* bordillo. *4* brocal [de pozo].
curb (to) (kə:b) *t.* refrenar, contener, reprimir.
curd (kə:d) *s.* cuajada.
curdle (to) ('kə:dl) *t.-i.* cuajar(se; coagular(se; helar(se.
cure (kjuə^r) *s.* cura, curación. *2* cura [de almas].
cure (to) (kjuə^r) *t.-i.* curar(se. *2 t.* curar [pescado, etc.].
curfew ('kə:fju:) *s.* toque de queda.
curing ('kjuəriŋ) *s.* curación.
curio ('kjuəriou) *s.* curiosidad, antigüedad [objeto].
curiosity (ˌkjuəri'ɔsiti) *s.* curiosidad [de saber; objeto raro].

curious ('kjuəriəs) *a.* curioso.
curl (kə:l) *s.* rizo, bucle, tirabuzón. *2* espiral [de humo].
curl (to) (kə:l) *t.-i.* rizar(se, ensortijar(se. *2* encorvar(se; enroscar(se. *3* fruncir [los labios].
curlew ('kə:lju:) *s.* chorlito.
curling (kə:liŋ) *a.* de rizar: ~ ***tongs,*** rizador, tenacillas.
curmudgeon (kə:'mʌdʒən) *s.* tacaño.
currant ('kʌrənt) *s.* pasa de Corinto. *2* grosella.
currency ('kʌrənsi) *s.* curso, circulación. *2* moneda corriente, dinero. *3* dinero en circulación.
current ('kʌrənt) *a.* corriente. *2 s.* corriente [de agua, aire, etc.]: ***alternating*** ~, corriente alterna; ***direct*** ~, corriente continua. *3* curso, marcha.
curry ('kʌri) *s.* condimento de origen indio.
curry (to) ('kʌri) *t.* zurrar, adobar [pieles]. *2* almohazar. *3* fig. ***to*** ~ ***favour,*** adular.
curse (kə:s) *s.* maldición. *2* blasfemia, terno. *3* calamidad.
curse (to) (kə:s) *t.* maldecir. *2* afligir. *3 i.* jurar, renegar.
cursed ('kə:sid) *a.* maldito.
cursory ('kə:səri) *a.* superficial, sumario, hecho por encima.
curt (kə:t) *a.* breve, conciso. *2* seco, brusco.
curtail (to) (kə:'teil) *t.* acortar, cercenar. *2* abreviar, restringir.
curtain ('kə:tn) *s.* cortina: ***to draw the*** ~, correr la cortina; ***to drop*** [***raise***] ***the*** ~, bajar [alzar] el telón.
curtness ('kə:tnis) *s.* brusquedad, rudeza. *2* concisión.
curtsy ('kə:tsi) *s.* reverencia.
curtsy (to) ('kə:tsi) *i.* hacer una reverencia.
curvature ('kə:vətʃə^r) *s.* curvatura.
curve (kə:v) *s.* curva.
curve (to) (kə:v) *t.-i.* encorvar(se, torcer(se.
cushion ('kuʃən) *s.* cojín, almohadilla.
custard ('kʌstəd) *s.* natillas.
custodian (kʌs'toudjən) *s.* guardián.
custody ('kʌstədi) *s.* custodia, guarda. *2* prisión, detención: ***to take into*** ~, detener.
custom ('kʌstəm) *s.* costumbre. *2* parroquia, clientela. *3 pl.* aduana; derechos de aduana: ***customs officer,*** vista de aduana; ***custom-house,*** aduana.
customary ('kʌstəməri) *a.* acostumbrado, habitual, usual.
customer ('kʌstəmə^r) *s.* parroquiano, cliente.
cut (kʌt) *s.* corte, incisión. *2* tajo, cuchillada. *3* grabado [esp. en madera]. *4* labra, tallado. *5* corte, reducción. *6* corte [en los naipes]. *7* trozo [de carne], tajada. *8* hechura, corte [de un vestido]. *9* desaire. *10* ***short*** ~, atajo. *11 p. p.* de TO CUT.
cut (to) (kʌt) *t.* cortar, partir, separar. *2* cortar [un vestido; la retirada; los naipes; el gas, el agua, etc.]. *3* segar. *4* abrir, excavar. *5* recortar. *6* trinchar. *7* labrar, tallar. *8* herir. *9* dejar de tratarse con, negar el saludo a. *11* diluir. *12* ***to*** ~ ***a caper,*** hacer una cabriola. *13* ***to*** ~ ***a figure,*** hacer papel. *14* ***to*** ~ ***down,*** cortar, rebajar, reducir. *15* ***to*** ~***out,*** cortar, quitar; desconectar. *16* ***to*** ~ ***short,*** interrumpir. *17 i.* cortar. *18 salir [los dientes]. 19* pasar, atajar. *20* ***to*** ~ ***in,*** meter baza. ¶ Pret. y p. p.: ***cut*** (kʌt); ger.: ***cutting.***
cute (kju:t) *a.* listo, astuto; mono.
cuticle ('kju:tikl) *s.* cutícula.
cutlas ('kʌtləs) *s.* machete; sable corto.
cutlery ('kʌtləri) *s.* cuchillería.
cutlet ('kʌtlit) *s.* chuleta.
cut-throat ('kʌtθrout) *s.* asesino.
cutting ('kʌtiŋ) *a.* cortante. *2* hiriente, incisivo. *3 s.* corte, incisión. *4* recorte, retazo. *5* AGR. esqueje, estaca.
cuttle-fish ('kʌtlfiʃ) *s.* jibia.
cutwater ('kʌtˌwɔ:tə^r) *s.* tajamar.
cycle (to) ('saikl) *i.* ir en bicicleta.
cycling ('saikliŋ) *s.* ciclismo.
cyclist ('saiklist) *s.* ciclista.
cyclone ('saikloun) *s.* METEOR. ciclón.
cylinder ('silində^r) *s.* GEOM., MEC. cilindro.
cymbal ('simbəl) *s.* MÚS. címbalo.
cynic ('sinik) *s.* cínico.
cynical ('sinikəl) *a.* cínico.
cynicism ('sinisizəm) *s.* cinismo.
cynosure ('sinəzjuə^r) *s.* blanco de las miradas.
cypress ('saipris) *s.* BOT. ciprés.
czar (zɑ:^r) *s.* zar.

D

dad (dæb) *s.* golpecito, toque ligero. *2* ICT. platija. *3* experto.
dad (to) (dæb) *t.* dar golpecitos a. *2* dar pinceladas a.
dabble (to) ('dæbl) *t.* rociar, salpicar; ***to ~ in,*** meterse en.
dad (dæd), **daddie, daddy** ('dædi) *s.* fam. papá, papaíto.
dado ('deidou) *s.* ARQ. dado, neto. *2* friso, alizar.
daffodil ('dæfədil) *s.* narciso.
daft (dɑ:ft) *a.* tonto, bobo.
dagger ('dægə[r]) *s.* daga, puñal.
dahlia ('deiljə) *s.* BOT.dalia.
daily ('deili) *a.* diario, cotidiano. *2 s.* periódico diario. *3 adv.* diariamente.
dainty ('deinti) *a.* delicado, exquisito. *2* elegante, refinado. *3 s.* bocado exquisito, golosina.
dairy ('dɛəri) *s.* lechería. *2* quesería. *3* vaquería.
dairymaid ('dɛərimeid) *s.* lechera [pers.].
dairyman ('dɛərimən) *s.* lechero.
dais ('deiis) *s.* tarima, estrado.
daisy ('deizi) *s.* BOT. margarita.
dale (deil) *s.* cañada,vallecito.
dalliance ('dæliəns) *s.* jugueteo, devaneo. *2* tardanza.
dally (to) ('dæli) *i.* jugar, juguetear. *2* perder el tiempo.
dam (dæm) *s.* dique, presa. *2* madre [en ganadería].
dam (to) (dæm) *t.* represar, embalsar. *2* cerrar, obstruir.
damage ('dæmidʒ) *s.* daño, perjuicio. *2* COM. avería, siniestro. *3 pl.* indemnización.
damage (to) ('dæmidʒ) *t.* dañar, perjudicar, deteriorar. *2 i.* averiarse.
damaging ('dæmidʒiŋ) *a.* perjudicial, nocivo.
damask ('dæməsk) *a.* adamascado. *2 s.* damasco.
dame (deim) *s.* dama, señora.
damn (dæm) *s.* maldición. *2* fig. pito, bledo.
damn (to) (dæm) *t.* TEOL. condenar. *2* maldecir. *3 i.* echar ternos.
damnable ('dæmnəbl) *a.* condenable, detestable.
damnation (dæm'neiʃən) *s.* condenación, perdición.
damned (dæmd) *a.* maldito.
damp (dæmp) *a.* húmedo, mojado. *2 s.* humedad.
damp (to) (dæmp) *t.* humedecer, mojar. *2* apagar, amortiguar. *3* desalentar.
dampen (to) ('dæmpən) *t.* TO DAMP.
dampness ('dæmpnis) *s.* humedad.
dance (dɑ:ns) *s.* danza, baile.
dance (to) (dɑ:ns) *i.-t.* danzar, bailar: ***to ~ attendance on,*** servir obsequiosamente a.
dancer ('dɑ:nsə[r]) *s.* bailador, -ra. *2* bailarín, danzarín, -na.
dancing ('dɑ:nsiŋ) *s.* danza, baile. *2 a.* de baile, que baila.
dandelion ('dændilaiən) *s.* BOT. diente de león.
dandle (to) ('dændl) *t.* hacer saltar [a un niño] sobre las rodillas. *2* mimar, acariciar.
dandruff ('dændrəf) *s.* caspa.
dandy ('dændy) *a.-s.* dandi.
Dane (dein) *s.* danés.
danger ('deindʒə[r]) *s.* peligro, riesgo. *2* trance.
dangerous ('deindʒərəs) *a.* peligroso. *2* de cuidado, grave.
dangle (to) ('dæŋgl) *t.* hacer bailar [en el aire]. *2 i.* colgar.
Danish ('deiniʃ) *a.* danés.
dank (dæŋk) *a.* liento, húmedo.
dapper ('dæpə[r]) *s.* vivaracho. *2* elegante, pulcro.
dapple(d ('dæpld) *a.* manchado, moteado. *2* rodado [caballo].
dare (dɛə[r]) *s.* reto, desafío.
dare (to) *t.* atreverse a, osar. *2* arros-

trar, desafiar. *3* desafiar, retar. ¶ Pret.: ***dared*** (dɛəd) o ***durst*** (də:st); p. p.: ***dared.***

daring ('dɛəriŋ) *a.* osado; emprendedor. *2 s.* atrevimiento.

dark (dɑ:k) *a.* oscuro; moreno [pers.]. *2* sombrío, triste. *3* secreto. *4* ~ ***ages,*** época de ignorancia; ~ ***lantern,*** linterna sorda; ~***room,*** cuarto oscuro [FOT.]; ***it's getting*** ~, va oscureciendo. *5 s.* oscuridad, tinieblas: ***in the*** ~, a oscuras.

darken (to) ('dɑ:kən) *t.-i.* oscurecer(se; nublar(se. *2 t.* denigrar.

darkness ('dɑ:knis) *s.* obscuridad. *2* tinieblas. *3* ignorancia.

darling ('dɑ:liŋ) *a.* amado, querido. *2 s.* ser querido.

darn (dɑ:n) *s.* zurcido.

darn (to) (dɑ:n) *t.* zurcir.

darnel ('dɑ:nl) *s.* BOT. cizaña.

dart (dɑ:t) *s.* dardo, flecha. *2* movimiento rápido.

dart (to) (dɑ:t) *t.* lanzar, arrojar. *2 i.* lanzarse, precipitarse.

dash (dæʃ) *s.* arremetida. *2* golpe, choque, embate. *3* IMPR. guión largo, raya. *4* rasgo [de pluma]. *5* un poco de. *6* ~***-board,*** salpicadero; ***at one*** ~, de un golpe; ***to cut a*** ~, hacer gran papel.

dash (to) (dæʃ) *t.* lanzar, arrojar. *2* romper, estrellar. *3* rociar, salpicar. *4* frustrar, destruir. *5* desanimar. *6* ***to*** ~ ***off,*** escribir de prisa. *7 i.* chocar, estrellarse. *8* lanzarse.

dashing ('dæʃiŋ) *a.* enérgico, brioso. *2* ostentoso, vistoso.

dastard ('dæstəd) *a.-s.*, **dastardly** (~ li) *a.* cobarde, vil.

data ('deitə) *s. pl.* datos.

date (deit) *s.* fecha, data: ***out of*** ~, anticuado; ***up to*** ~, hasta la fecha; al día. *2* cita [para verse]. *3* BOT. dátil: ~***-palm,*** datilera.

date (to) (deit) *t.* fechar, datar. *2 i.* anticuarse. *3* ***to*** ~ ***from*** or ***back to,*** datar de.

dative ('deitiv) *a.-s.* dativo.

daub (dɔ:b) *s.* embadurnadura. *2* pintarrajo.

daub (to) (dɔ:b) *t.* embadurnar. *2* pintarrajear.

daughter ('dɔ:tə[r]) *s.* hija.

daughter-in-law ('dɔ:tərinlɔ:) *s.* nuera, hija política.

daunt (to) (dɔ:nt) *t.* intimidar, acobardar, desanimar.

dauntless ('dɔ:ntlis) *a.* impávido.

dauphin ('dɔ:fin) *s.* delfín.

daw (dɔ:) *s.* ORN. corneja.

dawdle (to) ('dɔ:dl) *i.* haronear. *2 t.* perder [el tiempo].

dawn (dɔ:n) *s.* alba, aurora, amanecer. *2* albor, comienzo.

dawn (to) (dɔ:n) *i.* amanecer, alborear.

dawing ('dɔ:niŋ) *s.* amanecer.

day (dei) *s.* día: ~***-dream,*** ilusión; ~***-labourer,*** jornalero; ~***-scholar,*** alumno externo; ~ ***off,*** día libre, de asueto; ***by*** ~, *de día;* ***the*** ~ ***after tomorrow,*** pasado mañana; ***the*** ~ ***before yesterday,*** anteayer, *2* jornada, jornal. *3* luz del día.

day-book ('deibuk) *s.* COM. libro diario.

day-break ('dei-breik) *s.* amanecer.

daylight ('deilait) *s.* luz del día.

daze (deiz) *s.* deslumbramiento, aturdimiento.

daze (to) (deiz) *t.* deslumbrar, aturdir.

dazzle ('dæzl) *s.* deslumbramiento.

dazzle (to) ('dæzl) *t.* deslumbrar.

dazzling ('dæzliŋ) *a.* deslumbrante.

deacon ('di:kən) *s.* diácono.

dead (ded) *a.* muerto. *2* difunto. *3* apagado. *4* sordo [sonido]. *5* completo, absoluto. *6* cierto, certero. *7* ~ ***calm,*** calma chicha. *8* ~ ***end,*** callejón sin salida; punto muerto. *9* ~ ***stop,*** parada en seco. *10 adv.* completamente; directamente. *11 s.* ***the dead,*** los muertos.

deaden (to) ('dedn) *t.* amortiguar, apagar.

deadly ('dedli) *a.* mortal. *2 adv.* mortalmente; sumamente.

deaf (def) *a.* sordo: ~ ***and dumb,*** sordomudo; ***to turn a*** ~ ***ear to,*** hacerse el sordo.

deafen (to) ('defn) *t.* ensordecer.

deafness ('defnis) *s.* sordera.

deal (di:l) *s.* porción, cantidad: ***a great*** ~[***of***], mucho. *2* trato, negociación. *3* reparto, distribución. *4* mano [de naipes].

deal (to) (di:l) *t.* dar, distribuir, dispensar. *2* arrear [un golpe, etc.]. *3 i.* ***to*** ~ ***in, with, at,*** comerciar; ***to*** ~ ***with,*** tratar con: portarse con. ¶ Pret. y p. p.: ***dealt*** (delt).

dealer ('di:lə[r]) *s.* comerciante, tratante. *2* el que da los naipes.

dealing ('di:liŋ) *s.* proceder, comportamiento. *2 pl.* trato, relaciones. *3* tratos, negocios.

dealt (delt) V. TO DEAL.

dean (di:n) *s.* deán. *2* decano.

dear (diə[r]) *a.* caro, querido. *2* caro, costoso. *3* ***Dear Sir,*** muy señor mío. *4* ~ ***me!,*** ¡Dios mío! *5 adv.* caro.

dearly ('dieəli) *adv.* amorosamente, tiernamente. *2* costosamente.

dearth (də:θ) *s.* carestía, hambre. *2* falta, escasez.
death (deθ) *s.* muerte: ***on pain of ~,*** bajo pena de muerte; ***to put to ~,*** ejecutar.
death-bed ('deθbed) *s.* lecho de muerte.
deathless ('deθlis) *a.* inmortal.
deathly ('deθli) *a.* mortal, letárgico, cadavérico.
death-trap ('deθtræp) *s.* trampa.
debar (to) (di'bɑ:ʳ) *t.* excluir [de]. *2* prohibir.
debase (to) (di'beis) *t.* rebajar, degradar, envilecer.
debasement (di'beismənt) *s.* envilecimiento; degradación.
debatable (di'beitəbl) *a.* discutible.
debate (di'beit) *s.* debate, discusión.
debate (to) (di'beit) *t.-i.* debatir, discutir. *2* reflexionar.
debauch (di'bɔ:tʃ) *s.* exceso, orgía, libertinaje.
debauch (to) (di'bɔ:tʃ) *t.* seducir, corromper.
debauchee (ˌdebɔ:'tʃi:) *s.* libertino.
debauchery (di'bɔ:tʃəri) *s.* libertinaje, intemperancia.
debenture (di'bentʃəʳ) *s.* obligación: ~ ***bonds,*** obligaciones.
debilitate (to) (di'biliteit) *t.* debilitar, enervar.
debility (di'biliti) *s.* debilidad.
debit ('debit) *s.* COM. debe. *2* COM. débito, adeudo, cargo.
debit (to) ('debit) *t.* COM. adeudar, cargar.
debouch (to) (di'bautʃ) *i.* desembocar.
debris ('debri:) *s.* ruinas, escombros; deshecho.
debt (det) *s.* deuda, débito.
debtor ('detəʳ) *s.* deudor.
début ('deibu:) *s.* TEAT. estreno, debut. *2* entrada [de una joven] en sociedad.
débutante (ˌdeibu'tɑ:nt) *s.* debutante.
decade ('dekeid) *s.* década.
decadence ('dekədəns) *s.* decadencia, ocaso.
decadent ('dekədənt) *a.* decadente.
decalogue ('dekəlɔg) *s.* decálogo.
decamp (to) (di'kæmp) *i.* decampar. *2* largarse, huir.
decant (to) (di'kænt) *t.* decantar, trasegar.
decanter (di'kæntəʳ) *s.* ampolla, garrafa.
decapitate (to) (di'kæpiteit) *t.* decapitar.
decay (di'kei) *i.* decaimiento, decadencia, ruina. *2* podredumbre. *3* MED. caries.
decay (to) (di'kei) *i.* decaer, declinar. *2* arruinarse. *3* pudrirse. *4* marchitarse. *5* MED. cariarse.
decease (di'si:s) *s.* defunción.
decease (to) (di'si:s) *i.* morir.
deceased (di'si:st) *a.-s.* difunto.
deceit (di'sit) *s.* engaño, dolo. *2* artificio, superchería.
deceitful (di'si:tful) *s.* engañoso. *2* falso, engañador.
deceive (to) (di'si:v) *t.* engañar. *2* defraudar, burlar.
deceiver (di'si:vəʳ) *s.* impostor.
December (di'sembəʳ) *s.* diciembre.
decency ('di:snsi) *s.* decencia. *2* decoro.
decent ('di:snt) *a.* decente. *2* razonable, regular.
decentralize (di:'sentrəlaiz) *t.* descentralizar.
deception (di'sepʃən) *s.* engaño, decepción.
deceptive (di'septiv) *a.* engañoso, falaz.
decide (to) (di'said) *t.-i.* decidir. *2* ***to ~ to,*** decidirse a.
decided (di'saidid) *a.* decidido. *2* definido, indudable. *3* **-ly** *adv.* decididamente; indudablemente.
deciduous (di'sidjuəs) *a.* [hoja] caduca.
decimal ('desiməl) *a.* decimal.
decimate (to) ('desimeit) *t.* diezmar.
decimeter, -tre ('desiˌmi:təʳ) *s.* decímetro.
decipher (to) (di'saifəʳ) *t.* descifrar.
decision (di'siʒən) *s.* decisión.
decisive (di'saisiv) *a.* decisivo. *2* decidido, firme.
deck (deck) *s.* MAR. cubierta, puente. *2* piso [de un autobús, etc.]. *3* baraja.
deck (to) (dek) *t.* adornar.
declaim (to) (di'kleim) *i.-t.* declamar.
declamation (ˌdeklə'meiʃən) *s.* declamación. *2* perorata.
declaration (ˌdeklə'reiʃən) *s.* declaración. *2* manifiesto.
declare (to) (di'klɛəʳ) *t.-i.* declarar. *2 t.* manifestar. *3 i.* ***to ~ for,*** o ***against,*** declararse partidario o enemigo de.
declension (di'klenʃən) *s.* GRAM. declinación.
decline (di'klain) *s.* declinación, decadencia, ocaso. *2* decaimiento, consunción. *3* mengua, baja.
decline (to) (di'klain) *t.-i.* inclinar(se, bajar. *2 t.* rehusar, negarse a. *3* GRAM. declinar. *4 i.* declinar, decaer.
declivity (di'kliviti) *s.* declive.
decoction (di'kɔkʃən) *s.* decocción, cocimiento.
décolleté (dei'kɔltei) *a.* escotado.
decompose (to) (ˌdi:-kəm'pouz) *t.-i.* descomponer(se.
decomposition (ˌdi:-kɔmpə'ziʃən) *s.* descomposición.
decorate (to) ('dekəreit) *t.* decorar, adornar. *2* condecorar.

decoration (ˌdekəˈreiʃən) *s.* decoración, ornamentación; ornamento. *2* condecoración.
decorative (ˈdekərətiv) *a.* decorativo.
decorous (ˈdəkərəs) *a.* decoroso, correcto. *2* **-ly** *adv.* decorosamente, correctamente.
decorum (diˈkɔ:rəm) *s.* decoro.
decoy (diˈkɔi) *s.* señuelo, reclamo, cimbel. *2* añagaza. *3* gancho [pers.].
decoy (to) (diˈkɔi) *t.* atraer con señuelo. *2* seducir.
decrase (ˈdi:kri:s) *s.* decrecimiento, disminución.
decrease (to) (di:ˈkri:s) *i.* decrecer. *2 t.-i.* menguar, disminuir(se.
decree (diˈkri:) *s.* decreto, orden.
decree (to) (diˈkri:) *t.* decretar.
decrepit (diˈkrepit) *a.* decrépito.
decrepitude (diˈkrepitju:d) *s.* decrepitud.
decry (to) (diˈkrai) *t.* desacreditar, rebajar, censurar.
dedicate (to) (ˈdedikeit) *t.* dedicar. *2* consagrar.
dedication (ˈdediˈkeiʃən) *s.* dedicación. *2* consagración.
deduce (to) (diˈdju:s) *t.* deducir, inferir. *2* hacer derivar.
deduct (to) (diˈdʌkt) *t.* deducir, rebajar, descontar.
deduction (diˈdʌkʃən) *s.* deducción, descuento. *2* inferencia.
deed (di:d) *s.* hecho; acción: ***in*** ~, de hecho, en verdad. *2* hazaña, proeza. *3* DER. escritura.
deem (to) (di:m) *t.-i.* juzgar, creer, estimar.
deep (di:p) *a.* hondo, profundo. *2* sagaz, astuto. *3* absorto, enfrascado. *4* agudo, intenso. *5* grave [sonido]. *6 adv.* hondamente, profundamente. *7 s.* profundidad. *8* piélago, abismo, sima.
deepen (to) (ˈdi:pən) *t.-i.* ahondar(se, intensificar(se. *2* hacer(se más grave [un sonido].
deepness (ˈdi:pnis) *s.* profundidad, intensidad. *2* astucia.
deer (diəʳ) *s.* ciervo, venado.
deface (to) (diˈfeis) *t.* borrar, desfigurar, mutilar, afear.
defacement (diˈfeismənt) *s.* desfiguración.
defamation (ˌdefəˈmeiʃən) *s.* difamación, infamación.
defamatory (diˈfæmətəri) *a.* calumnioso.
defame (to) (diˈfeim) *t.* difamar, infamar, calumniar.
default (diˈfə:lt) *s.* falta, carencia. *2* negligencia; incumplimiento; falta de pago. *3* no comparecencia; DER. rebeldía.
default (to) (diˈfɔ:lt) *t.-i.* faltar [a un deber, etc.]. *2 i.* DER. no comparecer.
defeat (diˈfi:t) *s.* derrota, vencimiento. *2* frustración.
defeat (to) (diˈfi:t) *t.* derrotar, vencer. *2* frustrar.
defeatist (diˈfi:tist) *s.* derrotista.
defect (diˈfekt) *s.* defecto.
defection (diˈfekʃən) *s.* defección.
defective (diˈfektiv) *a.* defectivo, defectuoso. *2* corto, deficiente. *3 s.* PSIC. deficiente.
defence (diˈfens) *s.* defensa.
defenceless (diˈfenslis) *a.* indefenso, inerme.
defend (to) (diˈfand) *t.* defender.
defendant (diˈfendənt) *s.* DER. demandado; acusado.
defender (diˈfendəʳ) *s.* defensor. *2* campeón, abogado.
defensible (diˈfensəbl) *a.* defendible.
defensive (diˈfensiv) *a.* defensivo. *2 s.* defensiva.
defer (to) (diˈfə:ʳ) *t.* diferir, aplazar, retardar. *2* remitir [al juicio, etc., de]. *3 i.* ceder a.
deference (ˈdefərəns) *s.* deferencia; consideración.
deferent (ˈdefərənt) *a.* deferente, respetuoso. *2* FISIOL. deferente.
deferential (ˌdefəˈrenʃəl) *a.* DEFERENT 1.
defiance (diˈfaiəns) *s.* desafío, reto, provocación: ***to set at*** ~, desafiar; in ~ ***of***, a despecho de.
defiant (diˈfaiənt) *a.* desafiador, provocativo.
deficiency (diˈfiʃənsi) *s.* deficiencia. *2* falta, insuficiencia.
deficient (diˈfiʃənt) *a.* deficiente. *2* falto, insuficiente.
deficit (ˈdefisit) *s.* déficit.
defile (ˈdi:fail) *s.* desfiladero.
defile (to) (diˈfail) *t.* ensuciar. *2* manchar, mancillar, profanar. *3 i.* MIL. desfilar.
defilement (diˈfailmənt) *s.* ensuciamiento. *2* profanación.
definable (diˈfainəbl) *a.* definible.
define (to) (diˈfain) *t.* definir. *2* delimitar. *3* caracterizar.
definite (ˈdefinit) *a.* definido. *2* claro, terminante. *3* **-ly** *adv.* definitivamente; ciertamente.
definiteness (ˈdefinitnis) *s.* exactitud, precisión.
definition (ˌdefiˈniʃən) *s.* definición. *2* precisión, claridad.
definitive (diˈfinitiv) *a.* definitivo.
deflate (to) (diˈfleit) *t.-i.* desinflar(se, deshinchar(se.
deflation (diˈfleiʃən) *s.* desinflamiento. *2* ECON. deflación.

deflect (to) (di'flekt) *t.-i.* desviar(se, apartar(se.
deflection (di'flekʃən) *s.* desvío.
deflower (to) (di:'flauəʳ) *t.* desflorar [ajar, deslustrar; violar].
deform (to) (di'fɔ:m) *t.* deformar. *2* degradar, envilecer.
deformation (ˌdifɔ:'meiʃən) *s.* deformación.
deformed (di'fɔ:md) *a.* deformado. *2* deforme.
deformity (di'fɔ:miti) *s.* deformidad, fealdad.
defraud (to) (di'frɔ:d) *t.* defraudar, estafar.
defrauder (di'frɔ:dəʳ) *s.* defraudador.
defrauding (di'frɔ:diŋ) *s.* defraudación.
defray (to) (di'frei) *t.* costear, sufragar, pagar.
deft (deft) *s.* ágil, diestro, hábil.
defunct (di'fʌŋkt) *a.-s.* difunto.
defy (to) (di'fai) *t.* desafiar. *2* retar, provocar.
degeneracy (di'dʒenərəsi) *s.* degeneración.
degenerate (di'dʒenərit) *a.-s.* degenerado.
degenerate (to) (di'dʒenəreit) *i.* degenerar.
degeneration (diˌdʒenə'reiʃən) *s.* degeneración.
degradation (ˌdegrə'deiʃən) *s.* degradación. *2* degeneración.
degrade (to) (di'greid) *t.-i.* degradar(se. *2 t.* minorar, rebajar.
degrading (di'greidiŋ) *a.* degradante.
degree (di'gri:) *s.* grado: ***by degrees***, gradualmente; ***to take a ~***, graduarse. *2* rango, categoría.
dehydrate (to) (di:'haidreit) *t.* deshidratar.
deification (ˌdi:ifi'keiʃən) *s.* deificación.
deify (to) ('di:ifai) *t.* deificar, divinizar.
deign (to) (dein) *i.* dignarse.
deism ('di:izəm) *s.* deísmo.
deist ('di:ist) *s.* deísta.
deity ('di:iti) *s.* deidad.
deject (to) (di'dʒekt) *t.* abatir, desanimar.
dejected (di'dʒektid) *a.* abatido, desanimado.
dejection (di'dʒekʃən) *s.* abatimiento. *2* FISIOL. deyección.
delay (di'lei) *s.* dilación, retraso.
delay (to) (di'lei) *t.* diferir, aplazar, retrasar. *2 i.* tardar.
delegate ('deligit) *a.-s.* delegado.
delegate (to) ('deligeit) *t.* delegar, comisionar.
delegation (ˌdeli'geiʃən) *s.* delegación.
delete (to) (di'li:t) *t.* borrar.
deliberate (di'libərit) *a.* deliberado, premeditado. *2* cauto.
deliberate (to) (di'libəreit) *t.* reflexionar, considerar. *2 i.* deliberar, consultar.
deliberation (diˌlibə'reiʃən) *s.* deliberación. *2* reflexión.
delicacy ('delikəsi) *s.* delicadeza. *2* finura, sensibilidad. *3* miramiento. *4* refinamiento, primor. *5* cosa delicada, golosina.
delicate ('delikit) *a.* delicado. *2* mirado, considerado. *3* exquisito, primoroso. *4* exigente.
delicatessen (ˌdelikə'tesn) *s. pl.* fiambres, queso, conservas, etc.; tienda en que se venden.
delicious (di'liʃəs) *a.* delicioso. *2* sabroso.
delight (di'lait) *s.* deleite, delicia, placer, gozo, encanto.
delight (to) (di'lait) *t.* deleitar, encantar, recrear. *2 i.* deleitarse, gozarse, complacerse.
delightful (di'laitful) *a.* deleitable, delicioso, ameno, exquisito.
delimit(ate (to) (di:'limit(eit) *t.* delimitar.
delimitation (diˌlimi'teiʃən) *s.* delimitación.
delineate (to) (di'linieit) *t.* delinear, trazar, bosquejar.
delineation (diˌlini'eiʃən) *s.* delineación, traza, bosquejo.
delinquency (di'liŋkwənsi) *s.* delincuencia. *2* culpa, falta.
delinquent (di'liŋkwənt) *a.-s.* delincuente, culpable.
delirious (di'liriəs) *a.* delirante.
delirium (di'liriəm) *s.* delirio, desvarío.
deliver (to) (di'livəʳ) *t.* libertar. *2* librar, salvar. *3* entregar, dar; rendir, resignar. | Gralte. con ***over*** o ***up***. *4* repartir [géneros, correspondencia]. *5* pronunciar [un discurso]. *6* descargar [un golpe]; lanzar, tirar. *7* ***to be delivered of a child***, dar a luz un hijo.
deliverance (di'livərəns) *s.* liberación, rescate.
deliverer (di'livərəʳ) *s.* libertador, salvador.
delivery (di'livəri) *s.* liberación, rescate. *2* entrega. *3* pronunciación [de un discurso], elocuencia, dicción. *4* remesa, reparto. *5* parto, alumbramiento.
dell (del) *s.* vallecito, cañada.
delta ('deltə) *s.* delta.
delude (to) (di'lu:d) *t.* engañar.
deluge ('delju:dʒ) *s.* diluvio. *2* inundación.
deluge (to) ('delju:dʒ) *t.* inundar.
delusion (di'lu:ʒən) *s.* engaño.

delusive (di'lu:siv), **delusory** (di'lu:səri)*a.* engañoso; ilusorio.
delve (to) (delv) *t.-i.* cavar.
demagogic (ˌdemə'gɔgik) *a.* demagógico.
demagogue ('deməgɔg) *s.* demagogo.
demagogy ('deməgɔgi) *s.* demagogia.
demand (di'mɑ:nd) *s.* demanda, petición: ***law of supply and ~***, ley de la oferta y demanda.
demand (to) (di'mɑ:nd) *t.* demandar, pedir, exigir, reclamar.
demarcate (to) ('di:mɑ:keit) *t.* demarcar.
demarcation (ˌdi:mɑ:'keiʃən) *s.* demarcación.
demean (to) (di'mi:n) *ref.* portarse, conducirse. *2* rebajarse.
demeano(u)r (di'mi:nəʳ) *s.* comportamiento; aire, porte.
demented (di'mentid) *a.* demente.
demerit (di:'merit) *s.* demérito.
demesne (di'mein) *s.* heredad.
demigod ('demigɔd) *s.* semidiós.
demilitarize (to) ('di:'militəraiz) *t.* desmilitarizar.
demise (di'maiz) *s.* fallecimiento.
demise (to) (di'maiz) *t.* DER. transmitir, transferir.
demobilize (to) (di:'moubilaiz) *t.* MIL. desmovilizar.
democracy (di'mɔkrəsi) *s.* democracia.
democrat ('deməkræt) *s.* demócrata.
democratic(al (ˌdemə'krætik(əl) *a.* democrático.
demolish (to) (di'mɔliʃ) *t.* demoler. *2* arrasar, derruir, destruir.
demon ('di:mən) *s.* demonio.
demonstrate (to) ('demənstreit) *t.* demostrar. *2 i.* manifestarse.
demonstration (ˌdeməns'treiʃən) *s.* demostración. *2* manifestación pública.
demonstrative (di'mɔnstrətiv) *a.* demostrativo.
demonstrator ('demənstreitəʳ) *s.* demostrador. *2* expositor. *3* manifestante.
demoralization (diˌmɔrəlai'zeiʃən) *s.* desmoralización.
demoralize (to) (di'mɔrəlaiz) *t.* desmoralizar.
demoralizing (di'mɔrəlaiziŋ) *a.* desmoralizador.
demur (di'mə:ʳ) *s.* irresolución, vacilación. *2* objeción, reparo.
demur (to) (di'mə:ʳ) *i.* objetar, poner dificultades. *2* vacilar.
demure (di'mjuəʳ) *a.* serio, formal. *2* recatado. *3* gazmoño.
den (den) *s.* caverna. *2* guarida.
denial (di'naiəl) *s.* negación. *2* denegación, negativa.
denigrate (to) ('denigreit) *t.* denigrar.
denizen ('denizn) *s.* habitante.
denominate (to) (di'nɔmineit) *t.* denominar, llamar.
denomination (diˌnɔmi'neiʃən) *s.* denominación. *2* secta.
denominator (di'nɔmineitəʳ) *s.* MAT. denominador.
denote (to) (di'nout) *t.* denotar. *2* indicar, señalar.
denouement (dei'nu:mɑ:ŋ) *s.* desenlace.
denounce (to) (di'nauns) *t.* denunciar. *2* anunciar, presagiar.
dense (dens) *a.* denso, espeso.
density ('densiti) *s.* densidad.
dent (dent) *s.* mella, abolladura.
dent (to) (dent) *t.* mellar, abollar.
dental ('dentl) *a.* dental.
dentifrice ('dentifris) *a.-s.* dentífrico.
dentist ('dentist) *s.* dentista.
dentition (den'tiʃən) *s.* dentición.
denture ('dentʃəʳ) *s.* dentadura [esp. la postiza].
denude (to) (di'nju:d) *t.* denudar, desnudar, despojar.
denunciation (diˌnʌnsi'eiʃən) *s.* denuncia [de un tratado].
deny (to) (di'nai) *t.* negar.
deodorizer (di:'oudəraizəʳ) *s.* desodorante.
depart (to) (di'pɑ:t) *i.* partir, salir, irse. *2* morir: ***the departed***, los difuntos.
department (di'pɑ:tmənt) *s.* departamento. *2* distrito. *3* ***a ~ store***, almacén grande.
departure (di'pɑ:tʃəʳ) *s.* partida, marcha, salida. *2* desviación.
depend (to) (di'pend) *i.* depender. *2* ***to ~ on***, o ***upon***, depender de, estribar en; confiar en, estar seguro de.
dependable (di'pendəbl) *a.* formal, digno de confianza.
dependence (di'pəndəns) *s.* dependencia. *2* confianza.
dependency (di'pendənsi) *s.* posesión, protectorado [territorio].
dependent (di'pendənt) *a.-s.* dependiente: ***to be ~ on***, depender de.
depict (to) (di'pikt) *t.* pintar, representar, retratar, describir.
deplete (to) (di'pli:t) *t.* agotar.
depletion (di'plit:ʃən) *s.* agotamiento.
deplorable (di'plɔ:rəbl) *a.* deplorable, lamentable.
deplore (to) (di'plɔ:ʳ) *t.* deplorar, lamentar.
deploy (to) (di'plɔi) *t.* desplegar.
deployment (di'plɔimənt) *s.* despliegue.
depopulate (to) (di:'pɔpjuleit) *t.-i.* despoblar(se [un país].

deport (to) (di'pɔ:t) *t.* deportar, desterrar. *2 to ~ oneself*, portarse, conducirse.
deportation (ˌdi:pɔ:'teiʃən) *s.* deportación.
deportment (di'pɔ:tmənt) *s.* conducta, proceder, maneras.
depose (to) (di'pouz) *t.* deponer, destituir. *2 t.-i.* declarar.
deposit (di'pɔzit) *s.* depósito, sedimento. *2* COM. depósito.
deposit (to) (di'pɔzit) *t.-i.* depositar(se, sedimentar(se.
deposition (ˌdepə'ziʃən) *s.* deposición, destitución. *2* DER. deposición, testimonio.
depository (di'pɔzitəri) *s.* almacén; guardamuebles.
depot ('depou) *s.* depósito, almacén.
deprave (to) (di'preiv) *t.* depravar. *2* corromper, viciar.
depravity (di'præviti) *s.* depravación. *2* acción depravada.
deprecate (to) ('deprikeit) *t.* desaprobar.
deprecation (ˌdepri'keiʃən) *s.* desaprobación.
depreciate (to) (di'pri:ʃieit) *t.* depreciar. *2* despreciar, desestimar. *3 i.* depreciarse.
depreciation (diˌpri:ʃi'eiʃən) *s.* depreciación. *2* desestimación.
depredation (ˌdepri'deiʃən) *s.* depredación. *2 pl.* estragos.
depress (to) (di'pres) *t.* deprimir. *2* abatir, desanimar.
depressing (di'presiŋ) *a.* deprimente.
depression (di'preʃən) *s.* depresión. *2* abatimiento, desánimo. *3* COM. crisis.
depressive (di'presiv) *a.* depresivo. *2* deprimente.
deprivation (ˌdepri'veiʃən) *s.* privación. *2* pérdida.
deprive (to) (di'praiv) *t.* privar, despojar, desposeer. *2* destituir.
depth (depθ) *s.* profundidad, hondura. *2* grueso, espesor. *3* fondo. *4* abismo. *5* gravedad [del sonido], intensidad [del color]. *6* sagacidad.
deputation (ˌdepju(:)'teiʃən) *s.* diputación, delegación.
depute (to) (di'pju:t) *t.* delegar.
deputy (di'pjuti) *s.* diputado. *2* delegado, agente, comisario.
derail (to) (di'reil) *t.* hacer descarrilar. *2 i.* descarrilar.
derailment (di'reilmənt) *s.* descarrilamiento.
derange (to) (di'reindʒ) *t.* desarreglar, trastornar. *2* interrumpir, estorbar.
derangement (di'reindʒmənt) *s.* desarreglo, desconcierto. *2* perturbación mental.
derelict ('derilikt) *a.* abandonado. *2* MAR. derrelicto.
dereliction (ˌderi'likʃən) *s.* abandono; negligencia.
deride (to) (di'raid) *t.* burlarse, mofarse de, ridiculizar.
derision (di'riʒən) *s.* mofa, escarnio, irrisión.
derisive (di'raisiv) *a.* de burla, de mofa.
derisory (di'raisəri) *a.* irrisorio.
derivation (ˌderi'veiʃən) *s.* derivación. *2* origen, procedencia.
derive (to) (di'raiv) *t.* derivar, sacar, deducir. *2 i.* derivar, derivarse, provenir.
derogate (to) ('derəgeit) *i. to ~ from*, detractar, detraer.
derrick ('derik) *s.* grúa, cabria. *2* torre de perforación.
dervish ('də:viʃ) *s.* derviche.
descend (to) (di'send) *i.-t.* descender, bajar: *to ~ from*, derivarse de; *to ~ to*, rebajarse a.
descendant (di'sendənt) *a.-s.* descendiente.
descent (di'sent) *s.* descenso, bajada. *2* linaje, descendencia. *3* pendiente.
describe (to) (dis'kraib) *t.* describir.
description (dis'kripʃən) *s.* descripción.
descriptive (dis'kriptiv) *a.* descriptivo.
descry (to) (dis'krai) *t.* descubrir, divisar, columbrar.
desecrate (to) ('desikreit) *t.* profanar.
1) **desert** (di'zə:t) *s.* mérito, valía. *2 pl.* merecimiento, merecido.
2) **desert** ('dezət) *a.* desierto. *2 s.* desierto, yermo.
desert (to) (di'zə:t) *t.* abandonar, dejar. *2 t.-i.* desertar.
deserter (di'zə:tə^r) *s.* desertor.
desertion (di'zə:ʃən) *s.* abandono, desamparo. *2* deserción.
deserve (to) (di'zə:v) *t.-i.* merecer.
deserving (di'zə:viŋ) *a.* merecedor. *2* meritorio.
desiccate (to) ('desikeit) *t.-i.* desecar(se.
design (di'zain) *s.* plan, proyecto. *2* intención, mira, designio. *3* dibujo, diseño, plano.
design (to) (di'zain) *t.* destinar. *2* idear, proyectar, tramar. *3* proponerse. *4* trazar, diseñar. *5 i.* hacer diseños, planes.
designate (to) ('dezigneit) *t.* indicar, señalar. *2* designar.
designation (ˌdezig'neiʃən) *s.* designación.
designedly (di'zainidli) *adv.* adrede, de intento.

designer (di'zainə^r) *s.* dibujante. *2* inventor.
designing (di'zainiŋ) *a.* artero, insidioso, intrigante.
desirable (di'zaiərəbl) *a.* deseable, apetecible.
desire (di'zaiə^r) *s.* deseo. *2* anhelo, ansia.
desire (to) (di'zaiə^r) *t.* desear, anhelar, ansiar. *2* rogar.
desirous (di'zaiərəs) *a.* deseoso, ansioso, ganoso.
desist (to) (di'zist) *i.* desistir.
desk (desk) *s.* pupitre, escritorio, bufete. *2* (E. U.) púlpito.
desolate ('desəlit) *a.* desolado, desierto, solitario; triste, solo.
desolate (to) ('desəleit) *t.* desolar, devastar. *2* afligir.
desolation (ˌdesə'leiʃən) *s.* desolación. *2* soledad.
despair (dis'pɛə^r) *s.* desesperación; desesperanza.
despair (to) (dis'pɛə^r) *i.* desesperar; desesperanzarse.
despairingly (dis'pɛəriŋli) *adv.* desesperadamente.
despatch = DISPATCH.
desperado (ˌdespə'rɑ:dou) *s.* malechor peligroso, criminal.
desperate ('despərit) *a.* desesperado. *2* arriesgado, temerario. *3* **-ly** *adv.* desesperadamente.
desperation (despə'reiʃən) *s.* desesperación; furor.
despicable ('despikəbl) *a.* despreciable, bajo, ruin.
despise (to) (dis'paiz) *t.* despreciar, menospreciar.
despite (dis'pait) prep. ~ ***of***, ***in*** ~ ***of***, a pesar de.
despoil (to) (dis'pɔil) *t.* despojar, privar [de].
despond (to) (dis'pɔnd) *i.* abatirse, desalentarse.
despondence, -cy (dis'pɔndəns, -i) *s.* desaliento, desánimo.
despondent (dis'pɔndənt) *a.* desalentado, desanimado.
despot ('despɔt) *s.* déspota.
despotic (de'spɔtik) *a.* despótico.
despotism ('despətizəm) *s.* despotismo.
dessert (di'zə:t) *s.* postres.
destination (ˌdesti'neiʃən) *s.* destinación, destino.
destine (to) ('destin) *t.* destinar.
destiny ('destini) *s.* destino, sino.
destitute ('destitju:t) *a.* destituido, desprovisto. *2* desvalido.
destitution (ˌdesti'tju:ʃən) *s.* destitución, privación. *2* miseria.
destroy (to) (dis'trɔi) *t.* destruir. *2* demoler. *3* romper, destrozar. *4* aniquilar.
destroyer (dis'trɔiə^r) *s.* destructor, devastador. *2* MAR. destructor.
destruction (dis'trʌkʃən) *s.* destrucción. *2* ruina, perdición.
destructive (dis'trʌktiv) *a.* destructivo.
desultory ('desəltəri) *a.* intermitente, discontinuo, inconexo.
desuetude (di'sjuitjud) *s.* desuso.
detach (to) (di'tætʃ) *t.* separar, desprender. *2* MIL. destacar.
detachable (di'tætʃəbl) *a.* separable.
detached (di'tætʃt) *a.* separado. *2* imparcial.
detachment (di'tætʃmənt) *s.* separación, desprendimiento. *2* despego; desapasionamiento. *3* MIL. destacamento.
detail ('di:teil) *s.* detalle, pormenor. *2* MIL. destacamento.
detail (to) ('di:teil) *t.* detallar, especificar. *2* MIL. destacar.
detain (to) (di'tein) *t.* retener, detener. *2* arrestar.
detect (to) (di'tekt) *t.* descubrir, averiguar. *2* RADIO. detectar.
detection (di'tekʃən) *s.* descubrimiento, averiguación.
detective (di'tektiv) *a.* que descubre. *2* policíaco. *3 s.* detective.
detector (di'tektə^r) *s.* detector.
detention (di'tenʃən) *s.* detención, arresto.
deter (to) (di'tə:^{r}) *t.* detener, disuadir, impedir.
detergent (di'tə:dʒənt) *a.-s.* detergente.
deteriorate (to) (di'tiəriəreit) *t.-i.* deteriorar(se. *2* empeorar(se.
deterioration (diˌtiərə'rei'ʃən) *s.* deterioro.
determinate (di'təminit) *a.* determinado. *2* definitivo.
determination (diˌtə:mi'neiʃən) *s.* determinación. *2* decisión.
determine (to) (di'tə:min) *t.* determinar. *2 i.* determinarse, decidirse. | Gralte. con ***on***.
deterrent (di'terənt) *a.* disuasivo. *2 s.* freno, impedimento.
detest (to) (di'test) *t.* detestar, aborrecer.
detestable (di'testəbl) *a.* detestable.
detestation (ˌdi:tes'teiʃən) *s.* detestación, aborrecimiento.
dethrone (to) (di'θroun) *t.* destronar.
dethronement (di'θrounmənt) *s.* destronamiento.

detonate (to) ('detouneit) *i.* estallar. *2 t.* hacer estallar.
detonation (ˌdetou'neiʃən) *s.* detonación.
detonator ('detouneitəʳ) *s.* detonador.
detour ('deituəʳ) *s.* desvío; rodeo.
detract (to) (di'trækt) *t.* quitar, restar. *2* detraer, detractar. *3 i. **to ~ from**,* menoscabar, rebajar.
detraction (di'trækʃən) *s.* detracción, calumnia.
detriment ('detrimənt) *s.* detrimento, perjuicio.
detrimental (ˌdetri'mentl) *a.* perjudicial, nocivo.
deuce (dju:s) *s.* dos [en naipes o dados]. *2 fam.* ¡demonio!
devaluation (ˌdi:vælju'eiʃən) *s.* desvalorización.
devalue (to) (di:vælju:) *t.* desvalorizar.
devastate (to) ('devəsteit) *t.* devastar, asolar.
devastation (ˌdevəs'teiʃən) *s.* devastación, asolamiento.
develop (to) (di'veləp) *t.* desenvolver, desarrollar. *2* fomentar, mejorar. *3* explotar [una mina, etc.]. *4* FOT. revelar. *5 i.* desarrollarse, evolucionar.
development (di'veləpmənt) *s.* desarrollo. *2* fomento, explotación, urbanización. *3* FOT. revelado.
deviate (to) ('di:vieit) *i.* desviarse, apartarse.
deviation (ˌdi:vi'eiʃən) *s.* desviación. *2* extravío, error.
device (di'vais) *s.* artificio, invención. *2* aparato, dispositivo. *3* ardid, recurso. *4* divisa, lema.
devil ('devl) *s.* demonio, diablo.
devilish ('devliʃ) *a.* diabólico. *2* endiablado.
devilment ('devimənt), **devilry** ('devlri) *s.* diablura. *2* perversidad.
devious ('di:vjəs) *a.* desviado, apartado. *2* tortuoso. *3* errante.
devise (to) (di'vaiz) *t.* inventar, discurrir. *2 i.* formar planes.
devoid (di'vɔid) *a.* falto, exento.
devolution (ˌdi:və'lu:ʃən) *s.* entrega, traspaso [del poder, etc.].
devolve (to) (di'vɔlv) *t.* transmitir, traspasar. *2 i.* recaer.
devote (to) (di'vout) *t.* consagrar, dedicar. *2* destinar.
devoted (di'voutid) *a.* consagrado, dedicado. *2* destinado. *3* devoto, ferviente, leal.
devotee (ˌdevou'ti:) *s.* devoto, beato. *2* fanático.
devotion (di'vouʃən) *s.* devoción. *2* afecto, lealtad.
devour (to) (di'vauəʳ) *t.* devorar.
devout (di'vaut) *a.* devoto, piadoso. *2* fervoroso, sincero.
dew (dju:) *s.* rocío; relente.
dew (to) (dju:) *t.-i.* rociar, refrescar.
dewlap ('dju:læp) *s.* papada.
dewy ('dju:i) *a.* húmedo de rocío.
dexterity (deks'teriti) *s.* destreza, habilidad, maña.
dexterous ('dekstərəs) *a.* diestro, hábil, mañoso.
diabolic(al (ˌdaiə'bɔlik(əl) *a.* diabólico.
diadem ('daiədəm) *s.* diadema.
diæresis (dai'iərisis) *s.* diéresis.
diagnose (to) ('daiəgnouz) *t.* diagnosticar.
diagnosis (ˌdaiəg'nousis) *s.* diagnosis.
diagnostic (ˌdaiəg'nɔstik) *a.-s.* diagnóstico.
diagonal (dai'ægənl) *a.-s.* diagonal.
diagram ('daiəgræm) *s.* diagrama, esquema.
dial ('daiəl) *s.* reloj de sol, cuadrante. *2* esfera [de reloj]. *3* disco [de teléfono, etc.].
dial (to) ('daiəl) *t.* TELEF. marcar.
dialect ('daiəlekt) *s.* dialecto.
dialectics (ˌdaiə'lektiks) *s.* dialéctica.
dialogue ('daiəlɔg) *s.* diálogo.
diameter (dai'æmitəʳ) *s.* diámetro.
diamond ('daiəmənd) *s.* diamante. *2* GEOM. rombo.
diaper ('daiəpəʳ) *s.* lienzo adamascado. *2* pañal, braga.
diaphanous (dai'æfənəs) *a.* diáfano.
diaphragm ('daiəfræm) *s.* diafragma.
diarrhoea (ˌdaiə'riə) *s.* diarrea.
diary ('daiəri) *s.* diario, dietario.
diatribe ('daiətraib) *s.* diatriba.
dice (dais) *s.* dados: *~ **-box**,* cubilete. *2* cubitos.
Dick (dik) *n. pr.* Ricardito.
dickens ('dikinz) *s. fam.* demonio, diantre.
dictaphone ('diktəfoun) *s.* dictáfono.
dictate ('dikteit) *s.* mandato.
dictate (to) (dik'teit) *t.* dictar. *2 i.* mandar.
dictation (dik'eiʃən) *s.* dictado.
dictator (dik'teitəʳ) *s.* dictador.
dictatorial (ˌdiktə'tɔ:riəl) *a.* dictatorial.
dictatorship (dik'teitəʃip) *s.* dictadura.
diction ('dikʃən) *s.* dicción, estilo, lenguaje.
dictionary ('dikʃənri) *s.* diccionario, léxico.
dictum ('diktəm) *s.* dicho, aforismo.
did (did) *pret.* de ***to do.***
didactic(al (di'dæktik(əl) *a.* didáctico.
didn't (didnt) *contr.* de DID y NOT.
1) **die** (dai) *pl.* **dice** (~ **s**) *s.* dado [para jugar]. *2* cubito.
2) **die** (dai) *pl.* **dies** (~ **z**) *s.* ARQ. dado, neto. *2* MEC. cuño, troquel.

die (to) (dai) *i.* morir, fallecer: ***to be dying to*** o ***for***, morirse por. ¶ Pret. y p. p.: ***died*** (daid); ger.: ***dying*** ('daiiŋ).
diet ('daiət) *s.* dieta [régimen]. *2* dieta [asamblea].
differ (to) ('difə^r) *i.* diferir, diferenciarse; discrepar, disentir.
difference ('difrəns) *s.* diferencia. *2* desigualdad.
different ('difrənt) *a.* diferente. *2* **-ly** *adv.* diferentemente.
differentiate (to) (ˌdifə'renʃieit) *t.-ref.* diferenciar.
difficult ('difikəlt) *a.* difícil. *2* **-ly** *adv.* difícilmente.
difficulty ('difikəlti) *s.* dificultad. *2* obstáculo, objeción. *3* apuro, aprieto.
diffidence ('difidəns) *s.* cortedad, timidez, apocamiento.
diffident ('difidənt) *a.* tímido, apocado.
diffuse (di'fju:s) *a.* difuso.
diffuse (to) (di'fju:z) *t.-i.* difundir(se.
diffusion (di'fju:ʒən) *s.* difusión.
dig (dig) *s.* metido, codazo.
dig (to) (dig) *t.* cavar, ahondar. *2* escarbar: ***to ~ out, to ~ up***, desenterrar. *3 t.-i.* clavar(se, hundir(se. ¶ Pret. y p. p.: ***dug*** (dʌg).
digest ('daidʒest) *s.* compendio, recopilación.
digest (to) (di'dʒest) *t.-i.* digerir(se. *2 t.* resumir, recopilar.
digestible (di'dʒestəbl) *a.* digerible.
digestion (di'dʒestʃəŋ) *s.* digestión.
digestive (di'dʒestiv) *a.* digestivo.
digger (digə^r) *s.* cavador. *2* azada; máquina cavadora.
digging ('digiŋ) *s.* excavación.
dignified ('dignifaid) *a.* dignificado. *2* digno, serio, grave.
dignify (to) ('dignifai) *t.* dignificar, enaltecer.
dignitary ('dignitəri) *s.* dignatario, dignidad.
dignity ('digniti) *s.* dignidad. *2* honor. *3* rango, elevación.
digress (to) (dai'gres) *i.* divagar.
digression (dai'greʃən) *s.* digresión.
dike (daik) *s.* dique, malecón. *2* zanja.
dilapidate (to) (di'læpideit) *t.* arruinar, estropear. *2* dilapidar.
dilapidated (di'læpideitid) *a.* ruinoso, estropeado, viejo, en mal estado.
dilapidation (diˌlæpi'deiʃən) *s.* ruina, desmoronamiento.
dila(ta)tion (ˌdailei'teiʃən, dai'leiʃən) *s.* dilatación.
dilate (to) (dai'leit) *t.-i.* dilatar(se, hinchar(se.
dilatory ('dilətəri) *a.* dilatorio. *2* tardo, lento, moroso.
dilemma (di'lemə) *s.* dilema. *2* disyuntiva.
dilettante (ˌdili'tænti) *s.* aficionado.
diligence ('dilidʒəns) *s.* diligencia, aplicación, asiduidad. *2* ('diliʒɑ:ns) diligencia [coche].
diligent ('dilidʒənt) *a.* diligente.
dilly-dally (to) ('diliˌdæli) *i.* perder el tiempo, entretenerse.
dilute (to) (dai'lju:t) *t.-i.* diluir(se. *2 t.* aguar.
dilution (dai'lu:ʃən) *s.* dilución.
dim (dim) *a.* obscuro, opaco. *2* anublado. *3* empañado, deslustrado. *4* vago, confuso, débil.
dim (to) (dim) *t.* obscurecer. *2* empañar. *3* amortiguar.
dime (daim) *s.* diezmo. *2* (E. U.) diez centavos.
dimension (di'menʃən) *s.* dimensión.
diminish (to) (di'miniʃ) *t.* disminuir. *2* abatir, humillar. *3 i.* disminuir, menguar.
diminution (ˌdimi'nju:ʃən) *s.* disminución.
diminutive (di'minjutiv) *a.-s.* diminutivo.
dimity ('dimiti) *s.* fustán.
dimness ('dimnis) *s.* semiobscuridad, penumbra. *2* obscuridad.
dimple ('dimpl) *s.* hoyuelo.
din (din) *s.* fragor, estrépito.
din (to) (din) *t.* golpear con ruido. *2 i.* hacer resonar.
dine (to) (dain) *i.* comer, cenar.
diner ('dainə^r) *s.* comensal. *2* vagón restaurante.
dinghy, dingey ('diŋgi) *s.* botecito; lancha.
dinginess ('dindʒinis) *s.* suciedad, empañamiento.
dingy ('dindʒi) *a.* obscuro, negruzco, sucio; sórdido.
dining-car ('dainiŋ-kɑ:^r) *s.* FERROC. vagón restaurante.
dining-room ('dainiŋrum) *s.* comedor [pieza].
dinner ('dinə^r) *s.* comida, cena: ***~ -jacket***, smoking; ***~ -service, ~ -set***, vajilla; ***~ -time***, hora de comer.
dint (dint) *s.* golpe, abolladura. *2 adv.* ***by ~ of***, a fuerza de.
diocese ('daiəsis) *s.* diócesis.
dip (dip) *s.* zambullida, baño corto. *2* declive, depresión.
dip (to) (dip) *t.* sumergir, bañar, mojar. *2* achicar. *3* saludar con [la bandera]. *4 i.* zambullirse: ***to ~ into***, hojear. *5* bajar, inclinarse.
diphthong ('difθɔŋ) *s.* diptongo.
diploma (di'ploumə) *s.* diploma.
diplomacy (di'ploumәsi) *s.* diplomacia.

diplomat ('dipləmæt), **diplomatist** (di'ploumətist) *s.* diplomático.
diplomatic (ˌdiplə'mætik) *a.* diplomático.
dipper ('dipəʳ) *s.* cazo, cucharón.
dire ('daiəʳ) *a.* horrendo, terrible. *2* extremo, sumo.
direct (di-, dai'rekt) *a.* directo, derecho: ~ ***object***, complemento directo. *2* recto.
direct (to) (di-, dai'rekt) *t.* dirigir. *2* encaminar, encauzar. *3* encargar; dar instrucciones a.
direction (dai-, di'rekʃən) *s.* dirección. *2* junta directiva. *3 pl.* encargo; instrucciones.
directly (dai-, di'rektli) *adv.* directamente. *2* en seguida. *3 conj.* en cuanto, tan pronto como.
directness (dai-, di'rektnis) *s.* derechura. *2* franqueza, rectitud.
director (dai-, di'rektəʳ) *s.* director. *2* caudillo, guía. *3* gerente.
directorate (dai-, di'rektərit) *s.* dirección [cargo]. *2* junta directiva.
directory (di'rektəri) *s.* directorio. *2* guía [telefónica, etc.].
direful ('daiəful) *a.* horrendo, terrible, espantoso.
dirge (də:dʒ) *s.* canto fúnebre.
dirt (də:t) *s.* barro, lodo. *2* suciedad, basura. *3* bajeza, vileza.
dirty ('də:ti) *a.* manchado, sucio. *2* cochino, indecente. *3* bajo, vil. *4* ~ ***trick***, cochinada.
dirty (to) ('də:ti) *t.-i.* ensuciar(se.
disability (ˌdisə'biliti) *s.* impotencia, incapacidad; impedimento.
disable (to) (dis'eibl) *t.* inutilizar, imposibilitar. *2* lisiar.
disabled (dis'eibld) *a.* mutilado.
disablement (dis'eiblmənt) *s.* incapacidad. *2* mutilación. *3* impedimento.
disabuse (to) (ˌdisə'bju:z) *t.* desengañar, sacar del error.
disadvantage (ˌdisəd'vɑ:ntidʒ) *s.* desventaja. *2* inconveniente.
disadvantageous (ˌdisædvɑ:n'teidʒəs) *a.* desventajoso.
disaffected (ˌdisə'fektid) *a.* desafecto.
disaffection (ˌdisə'fekʃən) *s.* deslealtad.
disagree (to) (ˌdisə'gri:) *i.* discordar, discrepar. *2* discutir. *3* no probar, sentar mal.
disagreeable (ˌdisə'griəbl) *a.* desagradable, ingrato. *2* descortés.
disagreement (ˌdisə'gri:mənt) *s.* discordancia, discrepancia, desacuerdo. *2* disensión.
disallow (to) (ˌdisə'lau) *t.* rechazar, denegar.
disappear (to) (ˌdisə'piəʳ) *i.* desaparecer.
disappearance (ˌdisə'piərəns) *s.* desaparición.
disappoint (to) (ˌdisə'pɔint) *t.* defraudar, frustar; decepcionar.
disappointment (ˌdisə'pɔintmənt) *s.* desilusión, desengaño. *2* frustración, chasco.
disapproval (ˌdisə'pru:vəl) *s.* desaprobación, censura.
disapprove (to) ('disə'pru:v) *t.* desaprobar.
disarm (to) (dis'ɑ:m) *t.-i.* desarmar(se. *2* calmar.
disarmament (disˌɑ:məmənt) *s.* desarme.
disarrange (to) ('disə'reindʒ) *t.* desarreglar, desordenar.
disarray ('disə'rei) *s.* desorden, confusión. *2* desaliño.
disarray (to) ('disə'rei) *t.* desordenar.
disaster (di'zɑ:stəʳ) *s.* desastre.
disastrous ('disɑ:strəs) *a.* desastroso.
disavow (to) ('disə'vau) *t.* repudiar, desconocer. *2* desaprobar.
disavowal (ˌdisə'vauəl) *s.* repudiación, denegación.
disband (to) (dis'bænd) *i.* dispersarse, desbandarse.
disbelief ('disbi'li:f) *s.* incredulidad.
disbelieve (to) ('disbi'li:v) *t.-i.* descreer; no creer.
disburse (to) (dis'bə:s) *t.* desembolsar, pagar.
disbursement (dis'bə:smənt) *s.* desembolso, pago.
disc (disk) *s.* DISK.
discard (to) (di'kɑ:d) *t.-i.* descartarse [de]. *2 t.* descartar.
discern (to) (di'sə:n) *t.* discernir, distinguir. *2* percibir.
discerning (di'sə:niŋ) *a.* inteligente, sagaz, perspicaz.
discernment (di'sə:nmənt) *s.* discernimiento. *2* buen criterio.
discharge (dis'tʃɑ:dʒ) *s.* descarga. *2* tiro, disparo. *3* salida [de un líquido]. *4* supuración. *5* descargo. *6* absolución. *7* cumplimiento, desempeño. *8* recibo, quitanza. *9* liberación [de un preso]. *10* destitución. *11* MIL. licencia.
discharge (to) (dis'tʃɑ:dʒ): *t.* descargar. *2* disparar [un arma]. *3* verter [sus aguas]. *4* supurar. *5* exonerar, absolver. *6* poner en libertad. *7* saldar, pagar. *8* relevar [de servicio], destituir. *9* MIL. licenciar.
disciple (di'saipl) *s.* discípulo.
discipline ('disiplin) *s.* disciplina. *2* castigo.

discipline (to) ('disiplin) *t.* disciplinar. *2* castigar, corregir.
disclaim (to) (dis'kleim) *t.* negar, desconocer, repudiar.
disclose (to) (dis'klouz) *t.* descubrir, destapar. *2* revelar.
disclosure (dis'klouʒəʳ) *s.* descubrimiento, revelación.
discolo(u)r (to) (dis'kʌləʳ) *t.* descolorir, desteñir.
discomfit (to) (dis'kʌmfit) *t.* derrotar. *2* frustrar, desconcertar.
discomfiture (dis'kʌmfitʃəʳ) *s.* derrota. *2* desconcierto.
discomfort (dis'kʌmfət) *s.* incomodidad, molestia. *2* malestar.
discompose (to) (ˌdiskəm'pouz) *t.* turbar, desconcertar.
discomposure (ˌdiskəm'pouʒəʳ) *s.* turbación. *2* desorden.
disconcert (to) (ˌdiskən'sə:t) *t.* desconcertar, confundir, turbar.
disconnect (to) ('diskə'nekt) *t.* separar; desconectar.
disconnected ('diskə'nektid) *a.* desconectado. *2* incoherente.
disconsolate (dis'kɔnsəlit) *a.* desconsolado.
discontent ('diskən'tent) *s.* descontento, disgusto. *2 a.* descontento.
discontent (to) ('diskən'tent) *t.* descontentar, disgustar.
discontinuance (ˌdiskən'tinjuəns) *s.* interrupción, cesación.
discontinue (to) ('diskən'tinju:) *t.* interrumpir, hacer cesar.
discontinnous ('diskən'tinjues) *a.* discontinuo.
discord ('diskɔ:d) *s.* discordia.
discord (to) (dis'kɔ:d) *i.* desconvenir, discordar.
discordance (dis'kɔ:dəns) *s.* discordancia. *2* disensión.
discordant (dis'kɔ:dənt) *a.* discordante, discorde.
discount ('diskaunt) *s.* descuento; rebaja; rebaja, bonificación.
discount (to) ('diskaunt) *t.* descontar, rebajar. *2* desestimar.
discountenance (to) (dis'kauntinəns) *t.* turbar. *2* desaprobar.
discourage (to) (dis'kʌridʒ) *t.* desalentar. *2* disuadir.
discouragement (dis'kʌridʒmənt) *s.* desaliento, desánimo.
discourse (dis'kɔ:s) *s.* discurso. *2* plática, conversación.
discourse (to) (dis'kɔ:s) *i.* discurrir, disertar, razonar.
discourteous (dis'kə:tjəs) *a.* descortés.
discourtesy (dis'kə:tisi) *s.* descortesía.
discover (to) (dis'kʌvəʳ) *t.* descubrir, hallar. *2* revelar.
discoverable (dis'ʌvərəbl) *a.* averiguable.
discoverer (dis'kʌvərəʳ) *s.* descubridor.
discovery (dis'kʌvəri) *s.* descubrimiento, hallazgo.
discredit (dis'kredit) *s.* descrédito; deshonra, desprestigio.
discredit (to) (dis'kredit) *t.* desacreditar, desprestigiar.
discreet (dis'kri:t) *a.* discreto; juicioso, cuerdo, prudente.
discrepance, -cy (dis'krepəns, -i) *s.* discrepancia.
discretion (dis'kreʃən) *s.* discreción [sensatez, reserva].
discreminate (to) (dis'krimineit) *t.* distinguir, diferenciar; discriminar *2* hacer diferencias.
discriminating (dis'krimineitiŋ) *a.* agudo, perspicaz. *2* que hace diferencias, parcial.
discrimination (disˌkrimi'neiʃən) *s.* discernimiento. *2* discriminación.
discursive (dis'kə:siv) *a.* digresivo, extenso, lato. *2* razonado.
discus ('diskəs) *s.* DEP. disco.
discuss (to) (dis'kʌs) *t.-i.* discutir. *2* ventilar, hablar de.
discussion (dis'kʌʃən) *s.* discusión, debate.
disdain (dis'dein) *s.* desdén, menosprecio.
disdain (to) (dis'dein) *t.* desdeñar, menospreciar.
disdainful (dis'deinful) *a.* desdeñoso. *2* altanero.
disease (di'zi:z) *s.* enfermedad, dolencia.
diseased (di'zi:zd) *a.* enfermo; morboso.
disembark (to) ('disim'bɑ:k) *t.-i.* desembarcar.
disembarkation (ˌdisemba:'keiʃən) *s.* desembarco.
disembodied ('disim'bɔdid) *a.* incorpóreo, inmaterial.
disembowel (to) (ˌdisim'bauəl) *t.* desentrañar, destripar.
disenchant (to) ('disin'tʃɑ:nt) *t.* desencantar.
disenchantment (ˌdisin'tʃɑ:ntmənt) *s.* desengaño; desilusión.
disencumber (to) ('disin'kʌmbəʳ) *t.* desembarazar.
disengage (to) ('disin'geidʒ) *t.* desenredar, desembarazar, librar. *2 i.* desasirse.
disengaged (ˌdisin'geidʒd) *a.* libre; desocupado.

disentangle (to) ('disin'tæŋgl) *t.* desenredar. *2* zafar.
disentanglement (ˌdisin'tæŋglmənt) *s.* desenredo.
disestablishment (ˌdisis'tæbliʃmənt) *s.* separación de la Iglesia y del Estado.
disfavour ('dis'feivəʳ) *s.* disfavor, desaprobación, desagrado.
disfigure (to) (dis'figəʳ) *t.* desfigurar, afear.
disfranchise (to) ('dis'fræntʃaiz) *t.* privar de los derechos civiles.
disgorge (to) (dis'gɔ:dʒ) *t.* vomitar, desembuchar. *2* devolver.
disgrace (dis'greis) *s.* desgracia, disfavor. *2* deshonra, vergüenza.
disgrace (to) (dis'greis) *t.* deshonrar.
disgraceful (dis'greisful) *a.* deshonroso, vergozoso.
disgruntled (dis'grʌntld) *a.* descontento, malhumorado.
disguise (dis'gaiz) *s.* disfraz.
disguise (to) (dis'gaiz) *t.* disfrazar. *2* ocultar, disimular.
disgust (dis'gʌst) *s.* aversión, hastío, repugnancia.
disgust (to) (dis'gʌst) *t.* hastiar, repugnar, asquear.
disgusting (dis'gʌstiŋ) *a.* repugnante, asqueroso.
dish (diʃ) *s.* plato, fuente.
dish (to) (diʃ) *t.* servir. *2* burlar, frustar.
dish-cloth ('diʃklɔθ) *s.* paño de cocina.
dishearten (to) (dis'hɑ:tn) *t.* descorazonar, desanimar.
dishevel (to) (di'ʃevəl) *t.* desgreñar, despeinar, desarreglar.
dishevelled (di'ʃevəld) *a.* desgreñado.
dishonest (dis'ɔnist) *a.* ímprobo, falso. *2* poco honrado. *3* **-ly** *adv.* de mala fe.
dishonesty (dis'ɔnisti) *s.* improbidad, falta de honradez.
dishono(u)r (dis'ɔnəʳ) *s.* deshonor, deshonra. *2* afrenta.
dishono(u)r (to) (dis'ɔnəʳ) *t.* deshonrar. *2* COM. no aceptar. *3* afrentar.
dishono(u)rable (dis'ɔnərəbl) *a.* deshonroso. *2* poco honrado.
disillusion (ˌdisi'lu:ʒən) *s.* desilusión, desengaño.
disillusion (to) (ˌdisi'lu:ʒən) *t.* desilusionar.
disinclination (ˌdisinkli'neiʃən) *s.* aversión, desafecto.
disincline (to) ('disin'klain) *t.* desinclinar, indisponer.
disinfect (to) (ˌdisin'fekt) *t.* desinfectar.
disinfectant (ˌdisin'fektənt) *a.-s.* desinfectante.
disinfection (ˌdisin'fekʃən) *s.* desinfección.
disingenuous (ˌdisin'dʒenjuəs) *a.* falso, disimulado.
disinherit (to) (ˌdisin'herit) *t.* desheredar.
disintegrate (to) (dis'intigreit) *t.-i.* desintegrar(se, disgregar(se.
disinter (to) ('disin'tə:ʳ) *t.* desenterrar, exhumar.
disinterested (dis'intristid) *a.* desinteresado. *2* imparcial.
disinterestedness (dis'intristidnis) *s.* desinterés. *2* imparcialidad.
disinterment (ˌdisin'tə:mənt) *s.* exhumación.
disjoin (to) (dis'dʒɔin) *t.-i.* desjuntar(se, desunir(se.
disjoint (to) (dis'dʒɔint) *t.* desarticular, descoyuntar, dislocar.
disk (disk) *s.* disco.
dislike (dis'laik) *s.* aversión, antipatía.
dislike (to) (dis'laik) *t.* tener antipatía a, detestar.
dislocate (to) ('disləkeit) *t.* dislocar, descoyuntar.
dislodge (to) (dis'lɔdʒ) *t.* desalojar, echar fuera.
disloyal ('dis'lɔiəl) *a.* desleal.
disloyalty ('dis'lɔiəlti) *s.* deslealtad.
dismal ('dizməl) *a.* triste, sombrío.
dismantle (to) (dis'mæntl) *t.* desmantelar. *2* desguarnecer.
dismay (dis'mei) *s.* desmayo, desaliento. *2* consternación.
dismay (to) (dis'mei) *t.* desanimar, espantar, acongojar.
dismember (to) (dis'membəʳ) *t.* desmembrar.
dismiss (to) (dis'mis) *t.* despedir [a uno]. *2* disolver [una junta, etc.]. *3* destituir, licenciar. *4* desechar.
dismissal (dis'misəl) *s.* despido. *2* destitución. *3* disolución.
dismount (to) ('dis'maunt) *t.* desmontar. *2* *i.* bajar, apearse.
disobedience (ˌdisə'bi:djəns) *s.* desobediencia.
disobedient (ˌdisə'bi:djənt) *a.* desobediente, insumiso, rebelde.
disobey (to) ('disə'bei) *t.-i.* desobedecer.
disorder (dis'ɔ:dəʳ) *s.* trastorno, desarreglo; enfermedad. *2* enajenación mental.
disorder (to) (dis'ɔ:dəʳ) *t.* desordenar, desarreglar. *2* perturbar, trastornar.
disorderly (dis'ɔ:dəli) *a.* desordenado. *2* confuso. *3* alborotado.
disorganization (disˌɔ:gənai'zei:ʃən) *s.* desorganización.

disorganize (to) (dis'ɔ:gənaiz) *t.* desorganizar.
disown (to) (dis'oun) *t.* repudiar; desconocer, negar; renegar de.
disparage (to) (dis'pæridʒ) *t.* desacreditar, despreciar, rebajar.
disparagement (dis'pæridʒmənt) *s.* detracción, menosprecio.
disparagingly (dis'pæridʒiŋli) *adv.* con desdén.
disparity (dis'pæriti) *s.* disparidad.
dispassionate (dis'pæʃənit) *a.* desapasionado, frío, imparcial.
dispatch (dis'pætʃ) *s.* despacho [acción]. *2* expedición, prontitud. *3* parte, mensaje.
dispatch (to) (dis'pætʃ) *t.* despachar, enviar, expedir. *2* apresurar. *3* concluir.
dispel (to) (dis'pel) *t.-i.* dispersar(se, disipar(se.
dispensary (dis'pensəri) *s.* dispensario farmacéutico.
dispensation (ˌdispen'seiʃən) *s.* dispensa, exención. *2* providencia divina. *3* ley, religión.
dispense (to) (dis'pens) *t.* dispensar, distribuir, conceder. *2* dispensar, eximir. *3* administrar [justicia]. *4 i. to ~ with*, prescindir de, pasar sin.
dispersal (dis'pə:səl), **dispersion** (dis'pə:ʃən) *s.* dispersión.
disperse (to) (dis'pə:s) *t.-i.* dispersar(se.
dispirit (to) (di'spirit) *t.* desalentar, desanimar.
displace (to) (dis'pleis) *t.* cambiar de sitio, remover, desalojar, quitar el sitio a. *2* MAR. desplazar.
displacement (dis'pleismənt) *s.* desalojamiento. *2* desplazamiento. *3* GEOL. falla, quiebra.
display (dis'plei) *s.* despliegue, exhibición, manifestación. *2* ostentación, alarde. *3* pompa.
display (to) (dis'plei) *t.* desplegar, abrir, extender. *2* exponer. *3* exhibir, lucir, ostentar.
displease (to) (dis'pli:z) *t.* desagradar, disgustar, ofender.
displeasure (dis'pleʒəʳ) *s.* desagrado descontento. *2* disgusto.
disport (to) (dis'pɔ:t) *i.-ref.* divertirse, recrearse.
disposable (dis'pozəbl) *a.* disponible.
disposal (dis'pouzəl) *s.* disposición, arreglo, colocación [acción]. *2* venta.
dispose (to) (dis'pouz) *t.* disponer [arreglar, ordenar; establecer; disponer el ánimo de]. *2 to ~ of*, disponer de; deshacerse de, consumir, vender.
disposition (ˌdispə'ziʃən) *s.* disposición, arreglo. *2* genio, humor. *3* tendencia, inclinación.
dispossess (to) ('dispə'zes) *t.* desposeer. *2* DER. desahuciar.
disproportion (ˌdisprə'pɔ:ʃən) *s.* desproporción.
disproportionate (ˌdisprə'pɔ:ʃənit) *a.* desproporcionado.
disprove (to) ('dis'pru:v) *t.* refutar, confutar.
disputable (dis'pju:təbl) *a.* disputable, discutible.
dispute (dis'pju:t) *s.* disputa, discusión. *2* litigio, pleito.
dispute (to) (dis'pju:t) *t.-i.* disputar, discutir. *2* controvertir.
disqualification (disˌkwɔlifi'keiʃən) *s.* inhabilation.
disqualify (to) (dis'kwɔlifai) *t.* inhabilitar. *2* DEP. descalificar.
disquiet (dis'kwaiət) *s.* inquietud, desasosiego.
disquiet (to) (dis'kwaiət) *t.* inquietar, desasosegar.
disquisition (ˌdiskwi'zi ʃən) *s.* disquisición, discurso.
disregard ('disri'ga:d) *s.* desatención, descuido, desprecio.
disregard (to) ('disri'gɑ:d) *t.* desatender, descuidar, despreciar, no hacer caso de.
disrepair ('disri'pɛəʳ) *s.* mal estado.
disreputable (dis'repjutəbl) *a.* desacreditado. *2* deshonroso.
disrepute ('disri'pju:t) *s.* descrédito, mala fama, deshonra.
disrespect ('disris'pekt) *s.* falta de respeto, desacato.
disrespectful (ˌdisris'pekful) *a.* irrespetuoso.
disrobe (to) ('dis'roub) *t.-i.* desnudar(se.
disrupt (to) (dis'rʌpt) *t.* romper, dividir; desgajar.
disruption (dis'rʌpʃən) *s.* ruptura.
disruptive (dis'rʌptiv) *a.* disolvente.
dissatisfaction ('disˌsætis'fækʃən) *s.* descontento.
dissatisfy (to) ('dis'sætisfai) *t.* descontentar, no satisfacer.
dissect (to) (di'sekt) *t.* disecar, anatomizar.
dissection (di'sekʃən) *s.* disección.
dissemble (to) (di'sembl) *t.* disimular, disfrazar.
dissembler (di'sembləʳ) *s.* fingidor, hipócrita.
disseminate (to) (di'semineit) *t.* diseminar. *2* divulgar.

dissension (di'senʃən) *s.* disensión, discordia.
dissent (di'sent) *s.* disentimiento.
dissent (to) (di'sent) *i.* disentir, diferir. *2* disidir.
dissertation (ˌdisə(:)'teiʃən) *s.* disertación.
disservice (dis'sə:vis) *s.* perjuicio.
dissever (to) (dis'sevəʳ) *t.* partir, dividir.
dissidence ('disidəns) *s.* disidencia.
dissimilar ('di'similaʳ) *a.* diferente.
dissimilarity (ˌdisimi'læriti) *s.* diferencia.
dissimulate (to) (di'simjuleit) *t.-i.* disimular, fingir.
dissimulation (diˌsimju'leifən) *s.* disimulo, hipocresía.
dissipate (to) ('disipeit) *t.* dispersar. *2* disipar. *3 i.* disiparse, desvanecerse.
dissipation (ˌdisi'peiʃən) *s.* disipación. *2* diversión, devaneo.
dissociate (to) (di'souʃieit) *t.-i.* disociar(se.
dissociation (diˌsousi'eiʃən) *s.* disociación.
dissoluble (di'sɔljubl) *a.* disoluble.
dissolute ('disəlu:t) *a.* disoluto, relajado.
disoluteness (disəlu:tnis) *s.* disolución, relajamiento.
dissolution (ˌdisə'lu:ʃən) *s.* disolución [acción de disolver(se]. *2* muerte.
dissolve (to) (di'zɔlv) *t.-i.* disolver(se. *2 i.* deshacerse. *3* desaparecer, morir.
dissonance, -cy ('disənəns, -i) *s.* disonancia.
dissuade (to) (di'sweid) *t.* disuadir.
dissuasion (di'sweiʒən) *s.* disuasión.
distaff ('distɑ:f) *s.* rueca.
distance ('distəns) *s.* distancia. *2* alejamiento; lejos, lejanía; ***in the*** ~, a lo lejos.
distance (to) ('distəns) *t.* distanciar. *2* dejar atrás.
distant ('distənt) *a.* distante, lejano. *2* esquivo, frío.
distaste ('dis'teist) *s.* hastío, aversión, repugnancia.
distasteful (dis'teistful) *a.* desagradable, repugnante.
distemper (dis'tempəʳ) *s.* mal humor. *2* enfermedad. *3* pintura al temple.
distemper (to) (dis'tempəʳ) *t.* perturbar, enfermar. *2* incomodar, irritar. *3* pintar al temple.
distend (to) (dis'tend) *t.* estirar, dilatar, hinchar.
distil(l (to) (dis'til) *t.* destilar.
distillation (ˌdisti'leiʃən) *s.* destilación. *2* extracto, esencia.
distillery (dis'tiləri) *s.* destilería.
distinct (dis'tiŋkt) *a.* distinto, claro. *2* diferente.
distinction (dis'tiŋkʃən) *s.* distinción. *2* diferencia.
distinctive (dis'tiŋktiv) *a.-s.* distintivo.
distinguish (to) (dis'tiŋgwiʃ) *t.* distinguir. *2* discernir. *3 i.* distinguirse.
distinguished (dis'tiŋgwiʃt) *a.* distinguido. *2* marcado.
distort (to) (dis'tɔ:t) *t.* torcer, deformar. *2* tergiversar.
distorsion (dis'tɔ:ʃən) *s.* distorsión. *2* falseamiento, tergiversación.
distract (to) (dis'trækt) *t.* distraer, apartar. *2* perturbar, agitar, enloquecer.
distracted (dis'træktid) *a.* distraído. *2* trastornado, enloquecido; loco, frenético.
distraction (dis'trækʃən) *s.* distracción. *2* perturbación, confusión. *3* locura. *4* pasatiempo.
distraught (dis'trɔ:t) *a.* DISTRACTED.
distress (dis'tres) *s.* pena, aflicción. *2* ahogo, cansancio. *3* miseria, escasez. *4* apuro.
distress (to) (dis'tres) *t.* afligir, angustiar. *2* poner en aprieto.
distressing (dis'tresiŋ) *a.* penoso.
distribute (to) (dis'tribju(:)t) *t.* distribuir.
distribution (ˌdistri'bju:ʃən) *s.* distribución, reparto.
distributive (dis'tribjutiv) *a.* distributivo.
district ('distrikt) *s.* distrito. *2* partido, comarca, región.
distrust (dis'trʌst) *s.* desconfianza, recelo.
distrust (to) (dis'trʌst) *t.* desconfiar, recelar, sospechar de.
disturb (to) (dis'tə:b) *t.* turbar, agitar, perturbar, desordenar. *2* distraer, estorbar. *3* molestar.
disturbance (dis'tə:bəns) *s.* perturbación, alteración. *2* disturbio, alboroto. *3* malestar.
disunion ('dis'ju:njən) *s.* desunión, discordia.
disunite (to) ('disju:'nait) *t.-i.* desunir(se.
disuse ('dis'ju:s) *s.* desuso.
disuse (to) ('dis'ju:z) *t.* desusar. *2* dejar de usar.
ditch (ditʃ) *s.* zanja, foso, cuneta. *2* BOT. ~ ***reed***, carrizo.
dither ('diðəʳ) *s.* temblor, agitación.
dither (to) ('diðəʳ) *i.* temblar.
ditto ('ditou) *s.* ídem, lo dicho.
ditty ('diti) *s.* canción, copla.
diurnal (dai'ə:nl) *a.* diurno; diario.
divagate (to) ('daivəgeit) *i.* divagar.
divagation (ˌdaivə'geiʃən) *s.* divagación.
divan (di'væn) *s.* diván.

dive (daiv) *s.* zambullida, inmersión. *2* buceo. *3* NAT. salto. *4* AVIA. picado.
dive (to) (daiv) *i.* zambullirse, sumergirse. *2* arrojarse de cabeza. *3* AVIA. picar. *4* bucear. *5 t.* zambullir, sumergir.
diver ('daivəʳ) *s.* buzo.
diverge (to) (dai'və:dʒ) *i.* divergir, apartarse. *2* discrepar.
divergence (dai'və:dʒəns) *s.* divergencia.
divergent (dai'və:dʒənt) *a.* divergente.
divers (d'aivəz) *a.* diversos, varios.
diverse (dai'və:s) *a.* diverso, diferente.
diversify (to) (dai'və:sifai) *t.* diversificar, variar.
diversion (dai'və:ʃən) *s.* diversión, pasatiempo. *2* desviación.
diversity (dai'və:siti) *s.* diversidad.
divert (to) (dai'və:t) *t.* desviar, apartar. *2* divertir, recrear.
diverting (dai'v:tiŋ) *a.*entretenido.
divest (to) (dai'vest) *t.* desnudar. *2* despojar, desposeer.
divide (to) (di'vaid) *t.-i.* dividir(se; separar(se. *2 i.* bifurcarse. *3* compatir.
dividend ('dividend) *s.* dividendo.
divider (di'vaidəʳ) *s.* partidor. *2* MAT. divisor. *3 pl.* compás de división.
divination (ˌdivi'neiʃən) *s.* adivinación.
divine (di'vain) *a.* divino; sublime. *2 s.* sacerdote; teólogo.
divine (to) (di'vain) *t.-i.* adivinar. *2* conjeturar.
diviner (di'vainəʳ) *s.* adivino.
diving ('daiviŋ) *s.* buceo: *~-suit*, escafandra. *2* zambullida. *3* AVIA. picado.
divinity (di'viniti) *s.* divinidad. *2* teología.
divisibility (diˌvizi'biliti) *s.* divisibilidad.
divisible (di'vizəbl) *a.* divisible.
division (di'viʒən) *s.* división. *2* tabique. *3* desunión.
divisor (di'vaizəʳ) *s.* MAT. divisor.
divorce (di'vɔ:s) *s.* divorcio.
divorce (to) (di'vɔ:s) *t.-i.* divorciar(se. *2* divorciarse de.
divorcée (di'vɔ:sei) *s.* persona divorciada.
divulge (to) (dai'vʌldʒ) *t.* divulgar; publicar.
dizziness ('dizinis) *s.* vértigo, mareo, vahído.
dizzy ('dizi) *a.* vertiginoso. *2* mareado, aturdido.
do (to) (du:) *t.* [en sentido general] hacer [justicia; un favor, etc.]. *2* concluir, despachar. *3* cumplir con [un deber, etc.]. *4* producir, preparar, arreglar; ***to ~ one's hair***, peinarse. *5* cocer, guisar. *6 i.* obrar, portarse; estar: ***how ~ you ~?***, ¿cómo está usted? *7* servir, bastar: ***that will ~***, esto basta. *8* ***to ~ away with***, abolir; ***to ~ by***, tratar; ***to ~ for***, trabajar por; arreglárselas para; destruir; ***to ~ one's best***, esmerarse; ***to ~ out***, limpiar; ***to ~ up***, liar; restaurar; arreglar; abrochar; ***to ~ with***, hacer con; vivir con; estar satisfecho con; ***to ~ without***, pasarse sin; ***well to ~***, rico. *9* ***do*** se usa también: a) como auxiliar en frases negativas [***he did not go***, no fue] e interrog. [***does he go?***, ¿va él?]; b) para dar énfasis: ***I do like it***, de verdad que me gusta; c) para substituir un verbo que no se quiere repetir: ***she plays the piano better now than she did last year***, ella toca el piano mejor ahora que [lo tocaba] el año pasado. ¶ INDIC. Pres., 3.ª pers.: ***does*** (dʌ, dəz). | Pret.: ***did*** (did). | Part. p.: ***done*** (dʌn).
docile ('dousail) *s.* dócil.
docility (dou'siliti) *s.* docilidad.
dock (dɔk) *s.* dique; dársena. *2* desembarcadero; muelle. *3* banquillo [de los acusados].
dock (to) (dɔk) *t.* cortar, cercenar. *2* MAR. hacer entrar en el dique.
docker ('dɔkəʳ) *s.* estibador.
dockyard ('dɔkjɑ:d) *s.* astillero.
doctor ('dɔktəʳ) *m.* doctor. *2* médico, facultativo.
doctor (to) ('dɔktəʳ) *t.* doctorar. *2* medicinar. *3* reparar, componer. *4* adulterar, amañar.
doctorate ('dɔktərit) *s.* doctorado.
doctrine ('dɔktrin) *s.* doctrina.
document ('dɔkjumənt) *s.* documento.
document (to) ('dɔkjumənt) *t.* documentar.
dodder (to) ('dɔdəʳ) *i.* temblar.
dodge (dɔdʒ) *s.* regate. *2* argucia, artificio.
dodge (to) (dɔdʒ) *i.* hurtar el cuerpo, regatear; evitar, burlar.
dodger ('dɔdʒəʳ) *s.* tramposo.
doe (dou) *s.* ZOOL. gama; coneja; liebre o antílope hembra.
doer ('du(:)əʳ) *s.* autor, agente.
does (dʌz, dəz) V. TO DO.
doff (to) (dɔf) *t.* quitarse.
dog (dɔg) *s.* perro, perra, can: ~ ***days***, canícula; ~ ***in the manger***, perro del hortelano; ***hot*** ~, salchicha caliente.
dog (to) (dɔg) *t.* perseguir, seguir, espiar.
dogged ('dɔgid) *a.* terco, obstinado. *2* **-ly** *adv.* tercamente.
doggedness ('dɔgidnis) *s.* terquedad, tenacidad.
doggerel ('dɔgərəl) *s.* coplas de ciego, versos malos.
dogma ('dɔgmə) *s.* dogma.
dogmatic(al (dɔg'mætik(əl) *a.* dogmático.

doing ('du(:)iŋ) *ger.* de TO DO. *2 s. pl.* hechos, acciones.
doldrums ('dɔldrəmz) *s. pl.* calmas ecuatoriales: ***in the*** ~, abatido.
doleful ('doulful)a *a.* doloroso, lastimero, lúgubre.
doll (dɔl) *s.* muñeca, muñeco.
dollar ('dɔlə^r) *s.* dólar. *2* peso [moneda].
dolly ('dɔli) *s.* muñequita.
dolphin ('dɔlfin) *s.* ZOOL. delfín.
dolt (doult) *s.* tonto, zote.
domain (də'mein) *s.* heredad, finca. *2* dominio, campo, esfera.
dome (doum) *s.* ARQ. cúpula.
domestic (də'mestik) *a.* doméstico. *2* casero. *3 s.* criado.
domesticate (to) (də'mestikeit) *t.* domesticar. *2* civilizar.
domicile ('dəmisail) *s.* domicilio.
dominant ('dɔminənt) *a.* dominante.
dominate (to) ('dɔmineit) *t.-i.* dominar. *2 i.* predominar.
domination (ˌdɔmi'neiʃən) *s.* dominación.
domineer (to) (ˌdɔmi'niə^r) *i.-t.* dominar, tiranizar.
domineering (ˌdɔmi'niəriŋ) *a.* dominante, autoritario.
dominion (də'minjən) *s.* dominación, señorío, gobierno.
domino ('dɔminou) *s.* dominó [traje; pieza del juego]. *2 pl.* dominó [juego].
don (dɔn) *s.* don [tratamiento español]. *2* profesor de Oxford o Cambridge.
don (to) (dɔn) *t.* vestirse.
donate (to) (dou'neit) *t.* donar.
donation (dou'neiʃən) *s.* donación. *2* donativo; dádiva, don.
done (dʌn) *p. p.* de TO DO.
donkey ('dɔŋki) *s.* asno, burro.
donor ('dounə^r) *s.* donante.
doodle (to) ('du:dl) *t.-i.* garrapatear.
doom (du:m) *s.* sentencia, condena. *2* destino, suerte. *3* ruina, perdición. *4* juicio final.
doom (to) (du:m) *t.* condenar.
doomsday ('du:mzdei) *s.* día del juicio final.
door (dɔ:^r, dɔə^r) *s.* puerta: ***out of doors***, al aire libre. *2* portal.
door-bell (dɔ:bel) *s.* timbre.
door-case ('dɔ:keis) *s.* marco de la puerta.
door-keeper ('dɔ:ˌki:pə^r) *s.* portero.
door-knocker ('dɔ:ˌnɔkə^r) *s.* aldaba.
door-plate (d'dɔ:pleit) *s.* placa.
doorway ('dɔ:wei) *s.* puerta, entrada, portal.
dope (doup) *s.* droga, narcótico. *2* información.
dope (to) (doup) *t.* drogar, narcotizar.
dormant ('dɔ:mənt) *a.* durmiente. *2* inactivo, latente, secreto.
dormitory ('dɔ:mitri) *s.* dormitorio [de colegio, etc.].
dormouse ('dɔ:maus) *pl.* **dormice** ('dɔ:mais) *s.* ZOOL. lirón.
dorsal ('dɔ:səl) *a.* dorsal.
dose (dous) *s.* dosis, toma.
dose (to) (dous) *t.* medicinar, dar una toma a. *2* dosificar.
dot (dɔt) *s.* punto, señal: ***on the*** ~, en punto [hora].
dot (to) (dɔt) *t.* poner punto a [la i]. *2* puntear, salpicar.
dotage ('doutidʒ) *s.* chochera.
dotard ('doutəd) *s.* viejo chocho.
dote (to) (dout) *i.* chochear.
double ('dʌbl) *a.* doble, duplo. *2* doble [de dos partes; insincero, ambiguo]: ~ ***dealing***, doblez, falsía; ~ ***entry***, COM. partida doble. *3 s.* doble. *4* duplicado. *5* doblez, pliegue. *6 adv.* doblemente.
double (to) ('dʌbl) *t.* doblar, duplicar. *2* redoblar, repetir. *3* doblar, plegar. *4* MAR. doblar [un cabo]. *5* CINEM. doblar.
doublet ('dʌblit) *s.* jubón. *2* par, pareja.
doubloon (dʌb'lu:n) *s.* doblón.
doubt (daut) *s.* duda. *2* incertidumbre. *3* objeción, reparo.
doubt (to) (daut) *t.-i.* dudar, dudar de. *2 t.* temer, sospechar.
doubtful ('dautful) *a.* dudoso. *2* indeciso. *3* incierto.
doubtless ('dautlis) *a.* indudable.
dough (dou) *s.* masa [del pan]. *2 fam.* pasta [dinero].
doughnut ('dounʌt) *s.* buñuelo.
doughty ('dauti) *a.* valiente.
doughy ('doui) *a.* pastoso, blando, crudo.
dour (duə^r) *a.* adusto. *2* terco.
douse (to) (daus) *t.* rociar, remojar. *2 t.-i.* zambullir(se.
dove (dʌv) *s.* palomo, paloma.
dove-cot ('dʌvkɔt) *s.* palomar.
dowager ('dauədʒə^r) *s.* viuda rica.
dowdy ('daudi) *a.* desaliñado.
dower ('dauə^r) *s.* dote; dotación.
down (daun) *s.* plumón. *2* bozo, vello. *3* pelusa. *4* duna. *5* loma. *6* ***ups and downs***, altibajos. *7 adv.-prep.* abajo, hacia abajo, por: ~ ***the street***, calle abajo. *8* en sujeción. *9* completamente. *10 a.* pendiente, descendente. *11* decaído, enfermo: ~ ***in the mouth***, cariacontecido. *12 a.-adv.* al contado. *13 interj.* ¡abajo!
down (to) (daun) *t.* derribar. *2* derrotar. *3* tragar. *4* bajar.
downcast ('daunkɑ:st) *a.* bajo [ojos, mirada]. *2* abatido.

downfall ('daunfɔ:l) *s.* caída [de agua o nieve]. *2 fig.* ruina.
down-hearted ('daun'hɑ:tid) *a.* abatido, desanimado.
downhill ('daun'hil) *s.* declive, bajada. *2 adv.* cuesta abajo.
downright ('daunrait) *a.* claro, categórico. *2* franco. *3* absoluto. *4 adv.* claramente.
downstairs ('daun'stɛəz) *adv.* abajo [en el piso inferior].
downward ('daunwəd) *a.* descendente. *2 adv.* DOWNWARDS.
downwards ('daunwədz) *adv.* hacia abajo: ***face*** ~, de bruces.
downy ('dauni) *a.* velloso.
dowry ('dauəri) *s.* dote.
doze (douz) *s.* sueño ligero.
doze (to) (douz) *i.* dormitar.
dozen ('dʌzn) *s.* docena.
dozy ('douzi) *a.* soñoliento.
drab (dræb) *s.* pardusco. *2* soso, monótono. *3* pazpuerca.
drabble (to) ('dræbl) *t.* enlodar.
draft, draught (drɑ:ft) *s.* acción de sacar. *2* corriente [de aire]. *3* tiro [de chimenea]. *4* inhalación, trago; bebida. *5* atracción, tracción, tiro. *6* redada. *7* trazado; boceto, dibujo; plano; borrador. *8* MIL. reclutamiento. *9* COM. giro, letra de cambio. *10* MAR. calado. *11 pl.* (Ingl.) ***draughts***, juego de damas. ¶ En las acepciones. *4* y *6* úsase de preferencia ***draught***.
draft, draught (to) (drɑ:ft) *t.* hacer el borrador de, redactar. *2* dibujar, bosquejar. *3* MIL. reclutar; destacar.
draftsman (drɑ:ftsmən) *s.* dibujante, delineante; redactor.
drag (dræg) *s.* rastra, grada. *2* narria. *3* traba, rémora. *4* ~ ***boat***, draga.
drag (to) (dræg) *t.* arrastrar. *2* rastrear, dragar. *3 i.* arrastrar. *4* arrastrarse, avanzar lentamente. *5* rezagarse.
draggled ('drægld) *a.* enlodado.
dragon ('drægən) *s.* dragón.
dragon-fly ('drægənflai) *s.* ENT. libélula.
dragoon (drə'gu:n) *s.* MIL dragón.
dragoon (to) (drə'gu:n) *t.* intimidar, perseguir.
drain (drein) *s.* drenaje. *2* desagüe. *3* alcantarilla; zanja.
drain (to) (drein) *t.* sacar, apurar, escurrir. *2* vaciar, empobrecer, sangrar. *3* enjugar. *4* desecar, avenar. *5 i.* vaciarse.
drainage ('dreinidʒ) *s.* desagüe. *2* avenamiento. *3* drenaje.
drake (dreik) *s.* pato [macho].
drama ('drɑ:mə) *s.* drama.
dramatic (drə'mætik) *a.* dramático.
dramatist ('dræmətist) *s.* dramaturgo.
dramatize (to) ('dræmətaiz) *t.* dramatizar.
drank (dræŋk) V. TO DRINK.
drape (to) (dreip) *t.* cubrir con ropajes. *2* entapizar, adornar.
draper ('dreipəʳ) *s.* pañero.
drapery ('dreipəri) *s.* pañería. *2* ropaje, tapicería.
drastic ('dræstik) *a.* drástico. *2* enérgico, riguroso.
draught (drɑ:ft) *s.* DRAFT.
draught (to) (drɑ:ft) *t.* TO DRAFT.
draughtsman ('drɑ:ftsmæn) *s.* ficha [del juego de damas]. *2* DRAFTSMAN.
draw (drɔ:) *s.* arrastre, tracción, tiro. *2* atracción. *3* NAIPES robo. *4* empate. *5* sorteo; premio [en la lotería].
draw (to) (drɔ:) *t.* arrastrar, tirar de. *2* atraer. *3* persuadir, inducir. *4* hacer hablar, sonsacar. *5* sacar, retirar, obtener. *6* desenvainar [la espada]. *7* correr, descorrer [cortinas, etc.]. *8* chupar. *9* respirar, inhalar. *10* cobrar [un sueldo]. *11* COM. librar, girar. *12* echar [suertes]; sortear. *13* estirar. *14* dibujar, bosquejar. *15* redactar, extender. *16 i.* tirar [arrastrando]. *17* tirar [una chimenea, etc.]. *18* encogerse, contraerse. *19* estirarse, alargarse. *20* empatar. ¶ Pret.: ***drew*** (dru:); *p. p.*: ***drawn*** (drɔ:n).
drawback ('drɔ:bæk) *s.* inconveniente, desventaja.
drawbridge ('drɔ:bridʒ). *s.* puente levadizo.
drawee (drɔ'i:) *s.* COM. librado, girado.
drawer (drɔ:ʳ, drɔəʳ) *s.* cajón. *2* COM. librador. *3* dibujante. *4 pl.* calzoncillos; pantalones [de mujer].
drawing ('drɔ:iŋ) *s.* dibujo. *2* tracción, arrastre. *3* sorteo. *4* ~ ***room***, salón. *5* ~***-pin***, chincheta.
drawl (drɔ:l) *s.* enunciación lenta.
drawl (to) (drɔ:l) *t.-i.* arrastrar las palabras.
drawn (drɔ:n) *p. p.* de TO DRAW. *2 a.* de aspecto fatigado.
dread (dred) *s.* miedo, temor. *2 a.* temible, terrible.
dread (to) (dred) *t.-i.* temer [a], tener miedo [de].
dreadful ('dredful) *a.* terrible, espantoso. *2* horrible, repugnante. *3* **-ly** *adv.* terriblemente.
dream (dri:m) *s.* sueño, ensueño. *2* visión, quimera.

dream (to) (dri:m) *t.-i.* soñar ¶ Pret. y *p. p.*: ***dreamed*** o ***dreamt*** (dremt).
dreamer ('dri:məʳ) *s.* soñador.
dreamt (dremt) V. TO DREAM.
dreariness ('driərinis) *s.* tristeza, melancolía. *2* pesadez.
dreary ('driəri) *a.* triste, sombrío. *2* monótono, aburrido.
dredge (dredʒ) *s.* draga, rastra.
dredge (to) (dredʒ) *t.* dragar, rastrear. *2* espolvorear.
dredging ('dredʒiŋ) *s.* dragado.
dregs (dregz) *s. pl.* heces, sedimento. *2* madre [del vino].
drench (to) (drentʃ) *t.* mojar, calar, empapar.
dress (dres) *s.* vestido, indumentaria. *2* traje; hábito; vestido de mujer. *3* atavío, compostura.
dress (to) (dres) *t.* vestir, ataviar, adornar. *2* peinar, arreglar [el cabello]. *3* almohazar. *4* curar [las heridas]. *5* poner [la mesa]. *6* preparar, aderezar, guisar, almidonar; labrar [la piedra]. *7 i.* vestirse, ataviarse. *8* MIL. alinearse.
dresser ('dresəʳ) *s.* cómoda con espejo. *2* aparador de cocina.
dressing ('dresiŋ) *s.* acción de vestir(se. *2* arreglo, aderezo, adorno. *3* CIR. cura, vendaje. *4* ***dressing*** o ~ ***down***, rapapolvo, castigo. *5* ~ ***gown***, bata. *6* ~***-table***, tocador.
dressmaker ('dresˌmeikəʳ) *s.* modista, costurera.
drew (dru:) V. TO DRAW.
dribble ('dribl) *s.* gota. *2* baba. *3* regate.
dribble (to) ('dribl) *i.* gotear. *2* babear. *3 t.* FÚTBOL driblar, regatear.
dried (draid) V. TO DRY.
drier ('draiəʳ) *s.* secador.
drift (drift) *s.* lo arrastrado por el mar, el viento, etc. *2* corriente [de agua, de aire]. *3* MAR., AVIA. deriva. *4* rumbo, dirección, giro. *5* impulso. *6* intención, sentido. *7* ARQ. empuje.
drift (to) (drift) *t.* impeler, llevar, amontonar. *2 i.* flotar, ir a la deriva; dejarse arrastrar; amontonarse. *3* MAR., AVIA. derivar.
drill (dril) *s.* taladro. *2* ZOOL. mandril. *3* dril [tela]. *4* MIL. instrucción. *5* ejercicio.
drill (to) (dril) *t.* taladrar, perforar. *2* ejercitar. *3 i.* MIL. hacer la instrucción. *4* ejercitarse.
drink (driŋk) *s.* bebida. *2* trago: ***to take a*** ~, echar un trago.
drink (to) (driŋk) *t.* beber; beberse: ***to*** ~ ***someone's health***, brindar por uno. *2 i.* emborracharse.
drinkable ('driŋkəbl) *a.* potable.
drinking ('driŋkiŋ) *s.* bebida: ~***-bout***, borrachera; ~***-trough***, abrevadero; ~***-water***, agua potable.
drip (drip) *s.* goteo. *2* gotera.
drip (to) *i.* gotear, chorrear.
drive (draiv) *s.* paseo en coche. *2* calzada particular para coches. *3* energía, esfuerzo. *4* MEC. mando, transmisión.
drive (to) (draiv) *t.* impeler, impulsar, mover, llevar. *2* guiar, conducir. *3* ***to*** ~ ***away***, ahuyentar; disipar. *4* ***to*** ~ ***mad***, volver loco. *5 i.* conducir [un vehículo]. *6* ir en coche. ¶ Pret.: ***drove*** (drouv); *p. p.*: ***driven*** ('drivn).
drivel (to) ('drivl) *i.* babear. *2* decir tonterías.
driven ('drivn) *V.* TO DRIVE.
driver ('draivəʳ) *s.* conductor, carretero; chófer; maquinista.
driving ('draiviŋ) *s.* conducción. *2* impulso. *3 a.* motriz. *4* de conducción: ~ ***school***, escuela de chóferes; ~ ***mirror***, espejo retrovisor. *5* violento.
drizzle ('drizl) *s.* llovizna.
drizzle (to) ('drizi) *i.* lloviznar.
droll (droul) *a.* raro, cómico, chusco. *2 s.* bufón, chusco.
dromedary ('drʌmədəri) *s.* ZOOL. dromedario.
drone (droun) *s.* ENT. y *fig.* zángano. *2* zumbido.
drone (to) (droum) *t.* zumbar.
droop (dru:p) *s.* inclinación, caída.
droop (to) (dru:p) *t.-i.* inclinar(se, bajar(se. *2 i.* marchitarse.
drop (drɔp) *s.* gota [de líquido]. *2* JOY. pendiente. *3* confite. *4* caída. *5* declive.
drop (to) (drop) *t.* dejar caer, soltar, echar, verter: ***to*** ~ ***a hint***, soltar una indirecta. *2* abandonar, desistir de. *3* omitir. *4* tumbar, derribar. *5* ***to*** ~ ***a line***, poner unas líneas. *6 i.* gotear, chorrear. *7* caer, descender. *8* acabarse, cesar. *9* ***to*** ~ ***off***, decaer; quedar dormido; morir.
dropper ('drɔpəʳ) *s.* cuentagotas.
dropsy ('drɔpsi) *s.* hidropesía.
dross (drɔs) *s.* escoria.
drought (draut) *s.* sequía.
drove (drouv) V. TO DRIVE. *2 s.* manada, rebaño. *3* multitud, gentío.
drover ('drouvəʳ) *s.* ganadero.
drown (to) (draun) *t.-i.* ahogar(se, anegar(se. *2 t.* inundar.
drowse (to) (drauz) *i.* dormitar.
drowsiness ('drauzinis) *s.* somnolencia, sopor, modorra.

drowsy ('drauzi) *a.* soñoliento.
drub (to) (drʌb) *t.* apalear.
drubbing ('drʌbiŋ) *s.* paliza.
drudge (drʌdʒ) *s.* persona abrumada de trabajo, esclavo.
drudge (to) (drʌdʒ) *i.* afanarse.
drudgery ('drʌdʒəri) *s.* reventadero, trabajo penoso.
drug (drʌg) *s.* droga; medicamento.
drug (to) (drʌg) *t.* narcotizar; medicinar. *2* tomar drogas.
druggist ('drʌgist) *s.* (Ingl.) droguero, farmacéutico; (E. U.) dueño de un DRUG-STORE.
drug-store ('drʌgstɔ:ʳ) *s.* (E. U.) tienda a la vez farmacia, perfumería, colmado, comedor, etc.
drum (drʌm) *s.* tambor: *~-major*, tambor mayor. *2* MEC. cilindro. *3* COM. bidón.
drum (to) (drʌm) *i.* tocar el tambor. *2* tabalear, tamborilear.
drumhead ('drʌmhed) *s.* parche [del tambor].
drumstick ('drʌm-stik) *s.* baqueta [de tambor].
drunk (drʌŋk) *p. p.* de TO DRINK. *2 a.* borracho, embriagado: ***to get*** *~*, emborracharse.
drunkard ('drʌŋkəd) *s.* borrachín.
drunken ('drʌŋkən) *a.* borracho, embriagado.
drunkenness ('drʌnkənnis) *s.* embriaguez.
dry (drai) *a.* seco; árido: ***dry-cleaning***, lavado a seco; *~* ***nurse***, niñera. *2* aburrido.
dry (to) (drai) *t.-i.* secar(se, enjugar(se.
dryness ('drainis) *s.* sequedad. *2* aridez.
dubious ('dju:bjəs) *a.* dudoso. *2* ambiguo, equívoco; sospechoso. *3* **-ly** *adv.* dudosamente.
dubiousness ('dju:bjəsnis) *s.* duda, incertidumbre.
ducal ('dju:kəl) *a.* ducal.
ducat ('dʌkət) *s.* ducado [moneda].
duchess ('dʌtʃis) *s.* duquesa.
duchy ('dʌtʃi) *s.* ducado [territorio].
duck (dʌk) *s.* ORN. ánade, pato. *2* ORN. pata. *3* agachada rápida, zambullida. *4* TEJ. dril.
duk (to) (dʌk) *t.-i.* zambullir(se. *2* agachar(se rápidamente.
duct (dʌkt) *s.* conducto, tubo.
ductile ('dʌktail) *a.* dúctil.
dudgeon ('dʌdʒən) *s.* resentimiento, enojo.
due (dju:) *a.* debido: *~* ***to***, debido a; ***in*** *~* ***time***, a su debido tiempo. *2* COM. vencido, pagadero. *3* propio, conveniente. *4* [tren] que ha de llegar. *5 s.* deuda; merecido. *6 pl.* derechos [a pagar]. *7 adv.* exactamente; directamente.
duel ('dju(:)əl) *s.* duelo, desafío.
duenna (dju(:)'enə) *s.* dueña, señora de compañía.
duet (dju(:)'et) *s.* dúo.
duffer ('dʌfəʳ) *s.* imbécil.
dug (dʌg) V. TO DIG. teta, ubre.
dug-out ('dʌgaut) *s.* piragua. *2* refugio subterráneo.
duke (dju:k) *s.* duque.
dukedom ('dju:kdəm) *s.* ducado.
dull (dʌl) *a.* embotado, obtuso, romo. *2* torpe, lerdo. *3* triste, sombrío. *4* aburrido, insulso. *5* apagado, mate, sordo. *6* nublado [tiempo]. *7* empañado, deslustrado.
dull (to) (dʌl) *t.* embotar. *2* hacer pesado. *3* apagar, amortiguar. *4* mitigar. *5* empañar. *6* ofuscar, ensombrecer.
dullness ('dʌlnis) *s.* embotamiento. *2* torpeza, estupidez. *3* pesadez. *4* desanimación.
duly (('dju:li) *adv.* debidamente. *2* puntualmente, a su tiempo.
dumb (dʌm) *a.* mudo, callado, sin habla. *2* *~* ***show***, pantomima.
dumbbell ('dʌmbel) *s.* pesa de gimnasia.
dumbfound (to) (dʌm'faund) *t.* confundir, dejar atónito.
dumbness ('dʌmnis) *s.* mudez, mutismo; silencio.
dummy ('dʌmi) *a.* falso, simulado. *2 s.* objeto simulado; maniquí; maqueta [de libro]. *3* BRIDGE muerto. *4* chupete.
dump (dʌmp) *s.* vertedero; depósito. *2 pl.* murria, melancolía.
dump (to) (dʌmp) *t.* vaciar de golpe, descargar, verter.
dumpy ('dʌmpi) *a.* bajo y gordo.
dun (dʌn) *a.* pardo. *2 s.* acreedor importuno.
dun (to) (dʌn) *t.* apremiar, perseguir.
dunce (dʌns) *s.* zote, ignorante.
dune (dju:n) *s.* duna.
dung (dʌŋ) *s.* estiércol: *~* ***hill***, estercolero.
dung (to) (dʌŋ) *t.* estercolar.
dungarees (ˌdʌngə'ri:z) *s.* mono [prenda].
dungeon ('dʌndʒən) *s.* calabozo, mazmorra.
duo ('dju(:)ou) *s.* MÚS. dúo.
dupe (dju:p) *s.* engañado. *2* incauto, primo.
dupe (to) (dju:p) *t.* engañar, embaucar.
duplicate ('dju:plikit) *a.-s.* duplicado.
duplicate (to) ('dju:plikeit) *t.* duplicar.
duplicity (dju(:)'pliciti) *s.* duplicidad.

durability (ˌdjuərəˈbiliti) *s.* duración.
durable (ˈdjuərəbl) *a.* durable, duradero.
duration (djuəˈreiʃən) *s.* duración, permanencia.
duress (djuəˈres) *s.* coacción. *2* prisión, encierro.
during (ˈdjuəriŋ) *prep.* durante.
durst (də:st) V. TO DARE.
dusk (dʌsk) *s.* crepúsculo, anochecida. *2* sombra, obscuridad.
dusky (ˈdʌski) *a.* obscuro, moreno, negruzco. *2* sombrío.
dust (dʌst) *s.* polvo: ~ ***coat***, guardapolvo [prenda]. *2* restos mortales. *3* polvareda. *4* trapatiesta, alboroto. *5* basura, barreduras: ~ ***bin***, cubo de la basura.
dust (to) (dʌst) *t.* desempolvar, quitar el polvo a. *2* espolvorear.
duster (ˈdʌstə^r) *s.* paño, plumero, etc., para quitar el polvo.
dustman (ˈdʌstmən) *s.* basurero.
dusty (ˈdʌsti) *a.* polvoriento.
Dutch (dʌtʃ) *a.-s.* holandés.
dutiful (ˈdju:tiful) *a.* obediente, respetuoso, solícito.
duty (ˈdju:ti) *s.* deber, obligación. *2* obediencia, respeto. *3* quehaceres; funciones [de un cargo]. *4* servicio, guardia: ***on*** ~, de servicio; ***to be off*** ~, estar libre de servicio; ***to do one's*** ~, cumplir con su deber. *5 pl.* derechos [de aduanas, etc.].
dwarf (dwɔ:f) *a.-s.* enano, -na.
dwarf (to) (dwɔ:f) *t.* impedir el crecimiento de. *2* empequeñecer, achicar.
dwarfish (ˈdwɔ:fiʃ) *a.* enano, diminuto.
dwell (to) (dweel) *i.* habitar, morar, residir, vivir. *2* permanecer. *3* ***to*** ~ ***on*** o ***upon***, detenerse, hacer hincapié en. ¶ Pret., y *p. p.*: ***dwelt*** (dwelt).
dweller (ˈdwelə^r) *s.* habitante.
dwelling (ˈdweliŋ) *s.* morada, vivienda, casa, domicilio.
dwindle (to) (ˈdwindl) *i.* menguar, disminuirse; consumirse.
dye (dai) *s.* tintura, tinte, color.
dye (to) (dai) *t.-i.* teñir(se. *2 i.* teñirse.
dyer (ˈdaiə^r) *s.* tintorero.
dying (ˈdaiiŋ) *ger.* de TO DIE. *2 a.* moribundo, agonizante. *3* mortal, perecedero.
dynamic (daiˈnæmik) *a.* dinámico.
dynamics (daiˈnæmiks) *s.* dinámica.
dynamite (ˈdainəmait) *s.* dinamita.
dynamo (ˈdainəmou) *s.* ELECT. dinamo.
dynastic (diˈnæstik) *a.* dinástico.
dynasty (ˈdinəsti) *s.* dinastía.
dysentery (ˈdisntri) *s.* disentería.
dyspepsia (disˈpepsiə) *s.* dispepsia.
dyspeptic (disˈpeptik) *a.* dispéptico.

E

each (i:tʃ) *a.-pr.* cada, todo; cada uno: ~ ***other***, uno a otro, los unos a los otros. *2 adv.* cada uno, por cabeza.
eager ('i:gəʳ) *a.* ávido, ansioso, anheloso. *2* ardiente, vehemente. *3* **-ly** *adv.* con afán.
eagerness ('i:gənis) *s.* avidez, ansia, afán, ardor, vehemencia.
eagle ('i:gl) *s.* águila.
ear (iəʳ) *s.* oreja: ***up to the ears***, *fig.* hasta los ojos. *2* oído, oídos: ***to give ~ to***, prestar oído a; ***to play by ~***, tocar de oído. *3* BOT. espiga, mazorca [de cereal].
ear-ache ('iəreik) *s.* dolor de oídos.
ear-drum ('iədrʌm) *s.* ANAT. tímpano [del oído].
earl (ə:l) *s.* conde [título].
earldom (ə:ldəm) *s.* condado.
early ('ə:li) *a.* primitivo, antiguo, remoto. *2* próximo [en el futuro]. *3* precoz, temprano. *4* ***to be ~***, llegar temprano. *5 adv.* temprano, pronto.
earn (to) (e:n) *t.* ganar, merecer, lograr. *2* devengar.
earnest ('ə:nist) *a.* serio, formal. *2* sincero, ardiente. *3* celoso, diligente. *4 s.* seriedad: ***in ~***, en serio. *5* señal, prenda. *6* **-ly** *adv.* seriamente, de veras.
earnestness ('ə:nistnis) *s.* seriedad, buena fe. *2* ahínco, ardor.
earnings ('ə:niŋz) *s. pl.* ganancias; sueldo, salario.
earpiece ('iəpi:s) *s.* auricular.
ear-ring ('iəriŋ) *s.* pendiente, arete.
earshot ('iə-ʃɔt) *s.* alcance del oído.
earth (ə:θ) *s.* tierra, barro. *2* tierra [mundo; país; suelo]. *3* madriguera. *4* ELECT. tierra.
earthen ('ə:θen) *a.* de barro.
earthenware ('ə:θən-wɛəʳ) *s.* ollería, vasijas de barro.
earthly ('ə:θli) *a.* terrestre. *2* terrenal. *3* mundano, carnal.
earthquake ('ə:θweik) *s.* terremoto.
earthwork ('ə:θ-wə:k) *s.* terraplén.
earthworm ('ə:θ-wə:m) *s.* lombriz de tierra.
earthy ('ə:θi) *a.* terroso, térreo.
earwig ('iəwig) *s.* ENT. tijereta.
ease (i:z) *s.* alivio, descanso. *2* tranquilidad. *3* comodidad, holgura, desahogo: ***at ~***, a gusto. *4* facilidad, soltura.
ease (to) (i:z) *t.* aliviar, moderar. *2* descargar, desembarazar. *3* tranquilizar. *4* aflojar. *5 i.* ***to ~ off*** o ***up***, moderarse.
easel ('i:zl) *s.* caballete [de pintor].
easiness ('i:zinis) *s.* comodidad, holgura. *2* facilidad. *3* soltura, desembarazo. *4* tranquilidad.
easily ('i:zili) *adv.* fácilmente.
east (i:st) *s.* este, oriente, levante. *2 a.* oriental, del este.
Easter ('i:stəʳ) *s.* Pascua de Resurrección.
easterly ('i:stəli) *a.* oriental. *2 adv.* al este, hacia el este.
eastern ('i:stən) *a.* oriental.
easy ('i:zi) *a.* fácil. *2* sencillo, natural. *3* cómodo, holgado: ~ ***chair***, sillón. *4* desembarazado, desenvuelto. *5 adv.* con calma.
easy-going ('i:zi,gouiŋ) *a.* comodón. *2* condescendiente.
eat (to) (i:t) *t.-i.* comer. *2* consumir, gastar. *3* ***to ~ away*** o ***into***, corroer; gastar; ***to ~ up***, consumir, devorar, destruir. ¶ Pret.: ***ate*** (et, eit); *p. p.*: ***eaten*** (i:tn).
estable ('i:təbl) *a.* comestible. *2 s. pl.* comestibles.
eaten ('i:tn) *p. p.* de TO EAT.
eating-house ('i:tiŋhaus) *s.* bodegón, hostería.
eau-de-Cologne (ˌoudəkə'loun) *s.* agua de Colonia.
eaves (i:vz) *s. pl.* alero, socarrén.
eavesdrop (to) ('i:vzdrəp) *i.* escuchar detrás de las puertas.
ebb (eb) *s.* MAR. menguante, reflujo: ~***-tide***, marea menguante.

ebb (to) (eb) *i.* menguar [la marea]. *2* decaer.
ebony ('ebəni) *s.* BOT. ébano.
ebullience (i'bʌl'jəns) *s.* ebullición, hervor, entusiasmo.
ebullient (i'bʌljənt) *a.* exuberante.
eccentric (ik'sentrik) *a.-s.* excéntrico. *2 s.* MEC. excéntrica.
eccentricity (ˌeksen'trisiti) *s.* excentricidad.
ecclesiastic (iˌkli:ziæstik) *a.-s.* eclesiástico.
echo ('ekou) *s.* eco.
echo (to) ('ekou) *t.* hacer eco a. *2 i.* repercutir, resonar.
eclectic (ek'lektik) *a.* ecléctico.
eclipse (i'klips) *s.* eclipse.
eclipse (to) (i'klips) *t.* eclipsar.
eclogue ('eklɔg) *s.* égloga.
economic(al (ˌi:kə'nɔmik, -əl) *a.* económico.
economics (ˌi:kə'nɔmiks) *s.* economía [ciencia].
economist (i'kɔnəmist) *s.* economista.
economize (to) (i:'kɔnəmaiz) *t.-i.* economizar, ahorrar.
economy (i'kɔnəmi) *s.* economía.
ecstasy ('ekstəsi) *s.* éxtasis.
ecumenic(al (i:kju:'menik, -əl) *a.* ecuménico.
eddy ('edi) *s.* remolino.
eddy (to) ('edi) *i.* arremolinarse.
edge (edʒ) *s.* filo, corte. *2* canto, borde, esquina. *3* margen, orilla. *4* ribete, pestaña. *5* DEP. ventaja. *6* ***to set the teeth on ~***, dar dentera. *7* ***on ~***, de canto; *fig.* impaciente.
edge (to) (edʒ) *t.* afilar, aguzar. *2* ribetear; orlar, rodear. *3 t.-i.* moverse poco a poco.
edgeways ('edʒweiz), **edgewise** (waiz)*adv.* de filo, de lado.
edging ('edʒiŋ) *s.* ribete, guarnición.
edible ('edibl) *a.-s.* comestible.
edict ('i:dikt) *s.* edicto, decreto.
edification (ˌedifi'keiʃən) *s.* edificación [moral].
edifice ('edifis) *s.* edificio.
edify (to) ('edifai) *t.* edificar moralmente.
edit (to) ('edit) *t.* revisar, preparar para la publicación. *2* redactar, dirigir [un periódico].
edition (i'diʃən) *s.* edición.
editor ('editəʳ) *s.* director, redactor [de una publicación].
editorial (ˌedi'tɔ:riəl) *a.* de dirección o redacción: ~ ***staff***, redacción [de un periódico]. *2 s.* editorial, artículo de fondo.
educate (to) (e'djukeit) *t.* educar. *2* enseñar, instruir.
educated ('edjukeitid) *a.* educado, instruido, culto.
education (ˌedju:'keiʃən) *s.* educación. | No tiene el sentido de urbanidad. *2* enseñanza.
educational (ˌedju(:)keiʃənl) *a.* educativo. *2* docente. *3* cultural.
educator ('edju:keitəʳ) *s.* educador, pedagogo.
eel (i:l) *s.* ICT. anguila.
eerie, eery ('iəri) *a.* terrible, misterioso, fantástico.
efface (to) (i'feis) *t.* borrar.
effect (i'fekt) *s.* efecto. | No tiene el sentido de efecto mercantil ni del que se da a una pelota. *2* ***to take ~***, producir su efecto; entrar en vigor. *3* ***in ~***, de hecho. *4* ***to the ~ that***, en el sentido de que. *5 pl.* efectos, bienes.
effect (to) (i'fekt) *t.* efectuar, realizar.
effective (i'fektiv) *a.* efectivo.
effectual (i'fektjuəl) *a.* eficaz.
effectuate (to) (i'fektjueit) *t.* efectuar, realizar.
effeminacy (i'ffeminəsi) *s.* afeminación.
effeminate (i'feminit) *a.* afeminado.
effervesce (to) (ˌefə'ves) *i.* hervir.
effervescence (ˌefə'vesns) *s.* efervescencia.
effervescent (ˌefə'vesənt) *a.* efervescente. *2* decadente.
effete (e'fi:t) *a.* gastado, agotado.
efficacious (ˌefi'keiʃəs) *a.* eficaz.
efficacy ('efikəsi) *s.* eficacia.
efficient (i'fiʃənt) *a.* eficiente. *2* capaz, competente.
effigy ('efidʒi) *s.* efigie, imagen.
effort ('efət) *s.* esfuerzo. *2* obra, trabajo.
effrontery (e'frʌntəri) *s.* descaro, desfachatez.
effulgence ('efʌldʒəns) *s.* fulgor, resplandor.
effulgent (ə'fʌldʒənt) *a.* resplandeciente.
effusion (i'fju:ʒən) *s.* efusión.
effusive (i'fju:siv) *a.* efusivo.
egg (eg) *s.* huevo: ***boiled ~***, huevo pasado por agua; ***fried ~***, huevo frito: ***hard-boiled ~***, huevo duro; ***new-laid ~***, huevo fresco.
egg (to) (eg) *t.* cubrir con huevo. *2* ***to ~ on***, incitar, instigar.
egg-cup ('egkʌp) *s.* huevera.
egg-plant ('eglɑ:nt) *s.* berenjena.
eggshell ('egʃəl) *s.* cáscara de huevo, cascarón.
egoist ('əgouist) *s.* egoísta.
egotism ('egoutizəm) *s.* egotismo.

egregious ((i'gri:dʒəs) *a.* insigne.
egress ('i:gres) *s.* salida.
Egyptian (i'dʒipʃən) *a.-s.* egipcio.
eiderdown ('aidədaun) *s.* edredón.
eight (eit) *a.-s.* ocho.
eighteen ('ei'ti:n) *a.-s.* dieciocho.
eighteenth ('ei'ti:nθ) *a.* decimoctavo.
eighth (eitθ) *a.-s.* octavo.
eightieth ('eitiiθ) *a.-s.* octogésimo.
eighty ('eiti) *a.-s.* ochenta.
either ('aiðəʳ, 'i:ðəʳ) *a.-pr.* [el] uno o [el] otro; [el] uno y [el] otro. *2 adv.* también; [con negación] tampoco. *3 conj.* ~ ... *or*, o ... *o*.
ejaculate (to) (i'dʒækjuleit) *t.* eyacular. *2* exclamar, proferir.
eject (to) (i:'dʒekt) *t.* arrojar, expeler. *2* echar fuera, expulsar.
eke out (to) (i:k aut) *t.* añadir, aumentar [con dificultad].
elaborate (i'læbərit) *a.* trabajado, detallado. *2* complicado, recargado. *3* suntuoso.
elaborate (to) (i'læbəreit) *t.* elaborar. *2 i.* extenderse, detallar.
elapse (to) (i'læps) *i.* pasar, transcurrir [un tiempo].
elastic (i'læstik) *a.-s.* elástico.
elate(d (i'leit(id) *a.* triunfante, gozoso. *2* engreído.
elation (i'leiʃən) *s.* elación. *2* júbilo, alborozo.
elbow ('elbou) *s.* codo: ***at one's*** ~, al lado. *2* recodo. *3* tubo acodado. *4* brazo [de sillón].
elbow (to) ('elbov) *t.* empujar con el codo. *2* ***to*** ~ ***one's way***, abrirse paso a codazos.
elder ('eldəʳ) *a.* mayor [en edad]. *2 s.* persona mayor. *3* saúco.
elderly ('eldəli) *a.* mayor, anciano.
eldest ('eldist) *a. superl.* mayor [en edad]. *2* primogénito.
elect (i'lekt) *a.* elegido, escogido. *2* electo. *3 s.* TEOL. elegido.
elect (to) (i'lekt) *t.* elegir.
election (i'lekʃən) *s.* elección.
elective (i'lektiv) *a.* electivo.
elector (i'lektəʳ) *s.* elector.
electric(al (i'lektrik(əl) *a.* eléctrico. *2 fig.* electrizante.
electrician (ilek'triʃən) *s.* electricista.
electricity (ilek'trisiti) *s.* electricidad.
electrify (to) (i'lektrifai) *t.* electrizar. *2* electrificar.
electrocute (to) (i'lektrəkju:t) *t.* electrocutar.
electrode (i'lektroud) *s.* electrodo.
electron (i'lektrɔn) *s.* electrón.
electronic (ilek'trɔnik) *a.* electrónico.
electroplate (to) (i'lektroupleit) *t.* galvanizar.
elegance ('eligəns) *s.* elegancia.
elegant ('eligənt) *a.* elegante.
elegy ('elidʒi) *s.* elegía.
element ('elimənt) *s.* elemento. *2 pl.* elementos [rudimentos; fuerzas naturales].
elementary (ˌeli'mentəri) *a.* elemental: ~ ***education***, enseñanza primaria.
elephant ('elifənt) *s.* ZOOL. elefante.
elevate (to) ('eliveit) *t.* elevar, levantar, alzar. *2* engrandecer.
elevation (ˌeli'velʃən) *s.* elevación. *2* exaltación. *3* altura. *4* GEOGR. altitud. *5* ARQ., DIB. alzado.
elevator ('eliveitəʳ) *s.* elevador. *2* montacargas. *3* (E. U.) ascensor. *4* (Ingl.) escalera mecánica. *5* almacén de granos.
eleven (i'levn) *a.-s.* once.
eleventh (i'levnθ) *a.* undécimo.
elf (elf) *s.* duende. *2* diablillo.
elicit (to) (i'lisit) *t.* sacar, arrancar, sonsacar.
elide (to) (i'laid) *t.* elidir.
eligible ('elidʒəbl) *a.* elegible.
eliminate (to) (i'limineit) *t.* eliminar.
elimination (iˌlimi'neiʃən) *s.* eliminación.
elision (i'liʒən) *s.* elisión.
elite (ei'li:t) *s.* flor y nata, lo mejor.
elixir (i'liksəʳ) *s.* elixir.
elk (elk) *s.* ZOOL. ante, alce.
ellipse (i'lips) *s.* GEOM. elipse.
ellipsis (i'lipsis) *s.* GRAM. elipsis.
elliptic(al (i'liptik,-əl) *a.* elíptico.
elm (elm) *s.* BOT. olmo.
elocution (ˌelə'kju:ʃən) *s.* elocución, declamación.
elongate (to) ('i:lɔŋgeit) *t.-i.* alargar(se, extender(se.
elongation (ˌi:lɔŋ'geiʃən) *s.* alargamiento; extensión.
elope (to) (i'loup) *i.* fugarse [con un amante].
elopement (i'loupmənt) *s.* fuga, rapto.
eloquence ('eləkwəns) *s.* elocuencia.
eloquent ('eləkwənt) *a.* elocuente.
else (els) *a.* más, otro: ***nobody*** ~, nadie más. *2 adv.* de otro modo. *3 conj.* si no.
elsewhere ('els'wεəʳ) *adv.* en [cualquier] otra parte.
elucidate (to) (i'lu:sideit) *t.* elucidar, dilucidar.
elude (to) (i'lu:d) *t.* eludir, huir, evitar.
elusive (i'lu:siv) *a.* huidizo, esquivo. *2* vago, impalpable.
emaciate (to) (i'meiʃieit) *t.-i.* enflaquecer(se, adelgazar(se.
emaciation (iˌmeisi'eiʃən) *s.* demacración.

emanate (to) ('emәneit) *i.* emanar, proceder.
emanation (ˌemә'neiʃәn) *s.* emanación.
emancipate (to) (i'mænsipeit) *t.* emancipar. *2* libertar.
emancipation (iˌmænsi'peiʃәn) *s.* emancipación.
emasculate (i'mæskjulit) *a.* castrado; afeminado.
emasculate (to) (i'mæskjuleit) *t.* castrar.
embalm (to) (im'bɑ:m) *t.* embalsamar.
embankment (im'bæŋkmәnt) *s.* terraplén, dique, presa.
embargo (em'bɑ:gou) *s.* embargo [de buques o mercancías].
embark (to) (im'bɑ:k) *t.-i.* embarcar(se.
embarkation (ˌembɑ:'keiʃәn) *s.* embarco, embarque.
embarrass (to) (im'bærәs) *t.* turbar, desconcertar. *2* embarazar, estorbar. *3* poner en apuros.
embarrassment (im'bærәsmәnt) *s.* turbación, copromiso. *2* embarazo, estorbo. *3* apuros, dificultades.
embassy ('embәsi) *s.* embajada.
embattle (to) (im'bætl) *t.* formar en batalla. *2* almenar.
embed (to) (im'bed) *t.* encajar, empotrar, incrustar.
embellish (to) (im'beliʃ) *t.* embellecer, hermosear, adornar.
embellishment (im'beliʃmәnt) *s.* embellecimiento. *2* adorno.
ember ('embәʳ) *s.* ascua, pavesa.
embezzle (to) (im'bezl) *t.* desfalcar [apropiarse].
embezzlement (im'bezlmәnt) *s.* desfalco, peculado.
embitter (to) (im'bitәʳ) *t.* amargar. *2* enconar.
emblem ('emblәm) *s.* emblema. *2* símbolo, signo.
embodiment (im'bɔdimәnt) *s.* encarnación. *2* incorporación.
embody (to) (im'bɔdi) *t.* encarnar, personificar. *2* incorporar, incluir, englobar.
embolden (to) (im'bouldәn) *t.* animar, envalentonar.
embolism ('embәlizәm) *s.* MED. embolia.
emboss (to) (im'bɔs) *t.* repujar, estampar en relieve.
embrace (im'breis) *s.* abrazo.
embrace (to) (im'breis) *t.-i.* abrazar(se. *2* *t.* abarcar. *3* adoptar.
embrasure (im'breiʒәʳ) *s.* cañonera, tronera. *2* alféizar.
embrocation (ˌembrou'keiʃәn) *s.* embrocación.
embroider (to) (im'brɔidәʳ) *t.* bordar, recamar. *2* adornar.
embroidery (im'brɔidәri) *s.* bordado, bordadura, recamado.
embroil (to) (im'brɔil) *t.* embrollar, enredar.
embryo ('embriou) *s.* embrión.
emend (to) (i:'mend) *t.* enmendar, corregir.
emendation (ˌi:men'deiʃәn) *s.* enmienda.
emerald ('emәrәld) *s.* esmeralda.
emerge (to) (i'mә:dʒ) *i.* emerger. *2* salir, aparecer, surgir.
emergence (i'mә:dʒәns) *s.* emergencia; salida, aparición.
emergency (i'mә:dʒәnsi) *s.* emergencia, apuro, caso de necesidad; urgencia.
emery ('emәri) *s.* esmeril.
emigrant ('emigrәnt) *s.* emigrante, emigrado.
emigrate (to) ('emigreit) *i.* emigrar.
emigration (ˌemi'greiʃәn) *s.* emigración.
eminence ('eminәns) *s.* eminencia, altura. *2* distinción. *3* eminencia [título].
eminent ('eminәnt) *a.* eminente. *2* relevante; manifiesto.
emir (e'miәʳ) *s.* emir.
emissary ('emisәri) *s.* emisario, agente secreto, espía.
emission (i'miʃәn) *s.* emisión. | No en emisión de radio.
emit (to) (i'mit) *t.* emitir.
emolument (i'mɔljumәnt) *s.* emolumento.
emotion (i'mouʃәn) *s.* emoción.
emotional (i'mouʃәnl) *a.* emotivo.
emperor ('empәrәʳ) *s.* emperador.
emphasis ('emfәsis) *s.* énfasis. *2* insistencia, intensidad.
emphasize (to) ('emfәsaiz) *t.* dar énfasis a. *2* recalcar, acentuar, insistir en, poner de relieve.
emphatic(al (im'fætik, -әl) *a.* enfático. *2* enérgico, fuerte.
empire ('empaiәʳ) *s.* imperio.
empiric (emp'pirik) *a.-s.* empírico.
empiricism (em'pirisizәm) *s.* empirismo.
emplacement (im'pleismәnt) *s.* emplazamiento, situación.
employ (im'plɔi) *s.* empleo, servicio, ocupación.
employ (to) (im'plɔi) *t.* emplear. *2* colocar, ocupar.
employee (ˌemplɔi'i:) *s.* empleado, dependiente.
employer (im'plɔiәʳ) *s.* patrón, amo, jefe.
employment (im'plɔimәnt) *s.* empleo. *2* trabajo, colocación.
emporium (em'pɔ:riәm) *s.* emporio.
empower (to) (im'pauәʳ) *t.* autorizar, facultar, dar poder.

empress ('empris) *s.* emperatriz.
emptiness ('emptinis) *s.* vacío, vacuidad. *2* futilidad, vanidad.
empty ('empti) *a.* vacío. *2* vacante. *3* vacuo, vano. *4* frívolo.
empty (to) ('empti) *t.* vaciar, evacuar. *2* descargar, verter. *3 i.* vaciarse. *4* desaguar.
empty-headed ('empti'hedid) *a.* tonto.
emulate (to) ('emjuleit) *t.* emular. *2* rivalizar con.
emulation (ˌemju'leiʃən) *s.* emulación, rivalidad.
emulsion (i'mʌlʃən) *s.* emulsión.
enable (to) (i'neibl) *t.* habilitar, facultar. *2* facilitar.
enact (to) (i'nækt) *t.* aprobar y sancionar [una ley]. *2* TEAT. representar [una escena]; desempeñar [un papel].
enactment (i'næktmənt) *s.* ley, estatuto. *2* ejecución.
enamel (i'næməl) *s.* esmalte.
enamel (to) (i'næməl) *t.* esmaltar. *2* charolar.
enamo(u)r (to) (i'næməʳ) *t.* enamorar.
encage (to) (in'keidʒ) *t.* enjaular.
encamp (to) (in'kæmp) *t.-i.* acampar.
encampment (in'kæmpmənt) *s.* campamento.
encase (to) (in'keis) *t.* encajonar.
enchain (to) (in'tʃein) *t.* encadenar.
enchant (to) (in'tʃɑ:nt) *t.* encantar, hechizar. *2* deleitar.
enchanter (in'tʃɑ:ntəʳ) *s.* encantador, hechicero.
enchanting (in'tʃɑ:ntiŋ) *a.* encantador, embelesador.
enchantment (in'tʃɑ:ntmənt) *s.* encantamiento, hechicería. *2* encanto, hechizo, embeleso.
enchantress (in'tʃɑ:ntris) *s.* encantadora, hechicera.
encircle (to) (in'sə:kl) *t.* abrazar, ceñir. *2* rodear, cercar.
enclose (to) (in'klouz) *t.* cercar, rodear. *2* adjuntar, incluir.
enclosure (in'klouʒəʳ) *s.* cercamiento. *2* cerca, vallado, reja. *3* cercado, coto. *4* documento que acompaña a una carta.
encomium (en'koumiəm) *s.* encomio.
encompass (to) (in'kʌmpəs) *t.* cercar, circundar. *2* abarcar.
encore (ɔŋ'kɔ:) *interj.* ¡que se repita! *2 s.* TEAT. repetición.
encounter (in'kauntəʳ) *s.* encuentro. *2* choque, combate.
encounter (to) (in'kauntəʳ) *t.* encontrar, tropezar con. *2* combatir, luchar con . *3 i.* encontrarse, entrevistarse. *4* luchar.
encourage (to) (in'kʌridz) *t.* alentar, animar. *2* incitar. *3* estimular, fomentar.
encouragement (in'kʌridʒmənt) *s.* aliento, ánimo. *2* estímulo.
encroach (to) (in'croutʃ) *i.* pasar los límites de, invadir, abusar. | Gralte. con ***on*** o ***upon.***
encroachment (in'kroutʃmənt) *s.* usurpación, abuso, intromisión.
encumber (to) (in'.βgʌmbəʳ) *t.* embarazar, estorbar. *2* cargar.
encumbrance (in'kʌmbrəns) *s.* embarazo, estorbo. *2* carga.
encyclop(a)edia (enˌsaiklou'pi:dje) *s.* enciclopedia.
end (end) *s.* fin, cabo, extremo: ***on ~***, derecho; de punta, erizado; seguido, consecutivo. *2* cabo, colilla. *3* conclusión, muerte: ***to come to an ~***, acabarse; ***to make an ~ of***, acabar con; ***at the ~ of***, a fines de; ***in the ~***, al fin. *4* fin, objeto: ***to the ~ that***, a fin de que. *5* resultado: ***to no ~***, en vano. *6* FÚTBOL extremo.
end (to) (end) *t.* acabar, terminar. *2 i.* acabar, finalizar: ***to ~ in***, acabar en. *3* morir. *4* ***to ~ by***, acabar por.
endanger (to) (in'deindʒeʳ) *t.* poner en peligro, comprometer.
endear (to) (in'diəʳ) *t.* hacer amar, hacer querido o amado.
endearing (in'diəriŋ) *a.* cariñoso.
endearment (in'diəmənt) *s.* expresión cariñosa, terneza.
endeavo(u)r (in'devəʳ) *s.* esfuerzo, empeño, tentativa.
endeavo(u)r (to) (in'devəʳ) *i.* esforzarse, empeñarse, procurar.
ending ('endiŋ) *s.* fin, final, conclusión. *2* GRAM. terminación.
endive ('endiv) *s.* BOT. escarola.
endless ('endlis) *a.* inacabable, interminable. *2* continuo.
endorse (to) (in'dɔ:s) *t.* endosar. *2* confirmar. *3* autorizar.
endorsee (ˌendɔ:'si:) *s.* endosado, endosatario.
endorsement (in'dɔ:smənt) *s.* endoso.
endorser (in'dɔ:səʳ) *s.* endosador.
endow (to) (in'dau) *t.* dotar [una fundación; de cualidades].
endowment (in'daumənt) *s.* dotación, fundación. *2* dotes.
endurance (in'djuərəns) *s.* sufrimiento. *2* resistencia, aguante.
endure (to) (in'djuəʳ) *t.* soportar, sufrir, resistir. *2 i.* durar.
enduring (in'djuəriŋ) *a.* paciente, sufrido, resistente. *2* durable.

endways ('endweiz), **endwise** (-waiz) *adv.* de punta, de pie, derecho. *2* longitudinalmente.
enemy ('enimi) *s.* enemigo.
energetic(al (ˌenə'dʒetik, -əl) *a.* enérgico, vigoroso.
energy ('enədʒi) *s.* energía.
enervate (to) ('enə:veit) *t.* enervar, debilitar.
enervating ('enə:veitiŋ) *a.* enervante, enervador.
enfeeble (to) (in'fi:bl) *t.* debilitar, enervar.
enfold (to) (in'fould) *t.* envolver. *2* abrazar.
enforce (to) (in'fɔ:s) *t.* hacer cumplir [una ley, etc.]. *2* imponer [obediencia, etc.].
enfranchise (to) (in'fræntʃaiz) *t.* manumitir. *2* conceder privilegios o derechos políticos.
engage (to) (in'geidʒ) *t.* comprometer, empeñar. *2* tomar, contratar. *3* ocupar, absorber. *4* trabar [batalla, conversación]. *5 i.* comprometerse, obligarse: ***engaged couple***, novios. *6* ocuparse. *7* MEC. engranar, encajar.
engagement (in'geidʒmənt) *s.* compromiso, cita. *2* palabra de casamiento; noviazgo. *3* ajuste, contrato. *4* MIL. encuentro, combate. *5* MEC. engranaje.
engaging (in'geidʒiŋ) *a.* atractivo, simpático.
engender (to) (in'dʒendəʳ) *t.* engendrar.
engine ('endʒin) *s.* máquina, motor; locomotora: ~ ***driver***, FERROC. maquinista; ***steam***-~, máquina de vapor.
engineer (ˌendʒi'niəʳ) *t.* ingeniero. *2* (E. U.) maquinista.
engineer (to) (ˌendʒiniəʳ) *t.* proyectar. *2* arreglar.
engineering ('endʒi'niəriŋ) *s.* ingeniería. *2* dirección, manejo.
English ('iŋgliʃ) *a.* y *s.* inglés: ~ ***Channel***. GEOGR. Canal de la Mancha; ~***man***, inglés [hombre]; ~***woman***, inglesa.
engrave (to) (in'greiv) *t.* grabar, cincelar.
engraver (in'greivəʳ) *s.* grabador.
engraving (in'greiviŋ) *s.* grabado. *2* lámina, estampa.
engross (to) (in'grous) *t.* absorber. *2* poner en limpio.
engulf (to) (in'gʌlf) *t.* engolfar, sumergir, sumir.
enhance (to) (in'hɑ:ns) *t.* acrecentar, realzar. *2* encarecer.
enigma (i'nigmə) *s.* enigma.
enigmatic (ˌenig'mætik) *a.* enigmático.
enjoin (to) (in'dʒɔin) *t.* mandar, ordenar, prescribir, encargar.
enjoy (to) (in'dʒɔi) *t.* gozar o disfrutar de: ***to ~ oneself***, divertirse, deleitarse.
enjoyable (in'dʒɔiəbl) *a.* agradable, deleitable.
enjoyment (in'dʒɔimənt) *s.* goce, disfrute; uso, usufructo. *2* fruición. *3* gusto, placer, solaz.
enlarge (to) (in'lɑ:dʒ) *t.-i.* agrandar(se; aumentar. *2* ampliar(se. *3* ***to ~ upon***, extenderse [sobre un tema].
enlargement (in'lɑ:dʒmənt) *s.* agrandamiento, ensanchamiento, extensión. *2* FOT. ampliación.
enlighten (to) (in'laitn) *t.* iluminar, alumbrar. *2* ilustrar.
enlightened (in'laitənd) *a.* ilustrado, culto.
enlightenment (in'laitnmənt) *s.* ilustración, cultura.
enlist (to) (in'list) *t.* alistar. *2 i.* alistarse, sentar plaza.
enliven (to) (in'laivn) *t.* avivar, animar, alegrar.
enmesh (to) (in'meʃ) *t.* coger en la red.
enmity ('enmiti) *s.* enemistad.
ennoble (to) (i'noubl) *t.* ennoblecer.
enormity (i'nɔ:miti) *s.* enormidad.
enormous (i'nɔ:məs) *a.* enorme. *2* **-ly** adv. enormemente.
enough (i'nʌf) *a.* bastante, suficiente. *2 adv.* bastante.
enquire (to) = TO INQUIRE.
enrage (to) (in'reidʒ) *t.* enfurecer, encolerizar, exasperar.
enrapture (to) (in'ræptʃəʳ) *t.* arrebatar, entusiasmar, extasiar.
enrich (to) (in'ritʃ) *t.* enriquecer. *2* AGR. fertilizar.
enrol(l (to) (in'roul) *t.* alistar, matricular. *2 i.* alistarse.
enrol(l) ment (in'roulmənt) *s.* alistamiento, empadronamiento.
enshrine (to) (in'ʃrain) *t.* guardar como reliquia.
enshroud (to) (in'ʃraud) *t.* amortajar. *2* envolver, ocultar.
ensing ('ensain: in the navy, ensn) *s.* bandera, pabellón, enseña. *2* insignia. *3* (E. U.) alférez [de marina]. *4* ***ensign-bearer***, abanderado.
enslave (to) (in'sleiv) *t.* esclavizar.
enslavement (in'sleivmənt) *s.* avasallamiento. *2* esclavitud.
ensnare (to) (in'snɛəʳ) *t.* entrampar; tender un lazo a.
ensue (to) (in'sju:) *i.* seguir, suceder. *2* seguirse, resultar.

ensure (to) (in'ʃuəʳ) *t.* asegurar.
entail (in'teil) *s.* vinculación.
entail (to) (in'teil) *t.* vincular [bienes]. *2* ocasionar.
entangle (to) (in'tæŋgl) *t.* enredar, enmarañar.
enter (to) ('entəʳ) *t.* entrar en o por. *2* inscribirse para. *3* meter. *4* anotar. *5 i.* entrar. *6* ingresar.
enterprise ('entəpraiz) *s.* empresa. *2* energía, resolución.
enterprising ('entəpraiziŋ) *a.* emprendedor.
entertain (to) (ˌentə'tein) *t.* entretener, divertir. *2* hospedar, agasajar. *3* tomar en consideración. *4* tener, abrigar [ideas, sentimientos]. *5 i.* recibir huéspedes, dar comidas o fiestas.
entertainer (ˌentə'teinəʳ) *s.* anfitrión. *2* actor, músico.
entertaining (ˌentə'teiniŋ) *a.* divertido.
entertainment (ˌentə'teinmənt) *s.* acogida, hospitalidad; fiesta. *2* entretenimiento, diversión; función, espectáculo.
enthral(l (to) (in'θrɔ:l) *t.* hechizar, cautivar.
enthrone (to) (in'θroun) *t.* entronizar.
enthuse (to) (in'θju:z) *i. fam.* ***to ~ over***, entusiasmarse por.
enthusiasm (in'θju:ziæezəm) *s.* entusiasmo.
enthusiast (in'θju:ziæst) *s.* entusiasta.
enthusiastic(al (in'θju:zi'æstik-əl) *a.* entusiástico.
entice (to) (in'tais) *t.* atraer, tentar, incitar.
enticement (in'taismənt) *s.* tentación. *2* atractivo. *3* seducción.
enticer (in'taisəʳ) *s.* tentador, seductor.
entire (in'taiəʳ) *a.* entero, completo, íntegro. *2* **-ly** *adv.* enteramente.
entirety (in'taiəti) *s.* totalidad.
entitle (to) (in'taitl) *t.* titular. *2* dar derecho a, autorizar.
entity ('entiti) *s.* entidad, ser.
entomology ('entə'mɔlədʒi) *s.* entomología.
entourage (ˌɔntu'rɑ:ʒ) *s.* medio ambiente. *2* séquito, cortejo.
entrails ('entreilz) *s. pl.* entrañas, vísceras.
entrance ('entrəns) *s.* entrada, acceso, ingreso: ***no ~***, se prohíbe la entrada. *2* puerta, zaguán. *3* boca, embocadura.
entrance (to) (in'trɑ:ns) *t.* extasiar, hechizar.
entrap (to) (in'træp) *t.* entrampar, atrapar, engañar.
entreat (to) (in'tri:t) *t.-i.* suplicar, rogar, implorar.
entreaty (in'tri:ti) *s.* súplica, ruego, instancia.
entrench (to) (in'trentʃ) *t.* atrincherar.
entrenchment (in'trentʃmənt) *s.* trinchera.
entrust (to) (in'trʌst) *t.* confiar, dejar al cuidado de.
entry ('entri) *s.* entrada, ingreso. *2* puerta, vestíbulo, zaguán. *3* asiento, anotación. *4* artículo [de diccionario].
entwine (to) (in'twain) *t.* entrelazar. *2* enroscar. *3* abrazar.
ennumerate (to) (i'nju:məreit) *t.* enumerar. *2* contar, numerar.
enumeration (iˌnju:mə'reiʃən) *s.* enumeración.
enunciate (to) ('nʌnsieit) *t.* enunciar. *2* pronunciar.
enunciation (iˌnʌnsi'eiʃən) *s.* enunciación.
envelop (to) (in'veləp) *t.* envolver, cubrir, forrar.
envelope ('enviloup) *s.* sobre [de carta]. *2* envoltura, cubierta.
envelopment (in'veləpmənt) *s.* envolvimiento. *2* envoltura.
envenom (to) (in'venəm) *t.* envenenar.
enviable ('enviəbl) *a.* envidiable.
envious ('enviəs) *a.* envidioso.
environment (in'vaiərənmənt) *s.* ambiente, medio ambiente. *2* alrededores.
environs ('envirənz) *s. pl.* contornos, alrededores, cercanías.
envisage (to) (in'vizidʒ) *t.* mirar cara a cara. *2* enfocar.
envoy ('envɔi) *s.* mensajero.
envy ('envi) *s.* envidia.
envy (to) ('envi) *t.* envidiar.
epaulet ('epoulet) *s.* charretera.
ephemeral (i'femərəl) *a.* efímero.
epic ('epik) *a.* épico. *2 s.* epopeya; poema épico.
epicure ('epikjuəʳ) *s.* epicúreo.
epidemic (ˌepi'demik) *a.* epidémico. *2 s.* epidemia.
epigram ('epigræm) *s.* epigrama.
epigrammatic (ˌepigrə'mætik) *a.* epigramático.
epilepsy ('epilepsi) *s.* MED. epilepsia.
epileptic (ˌepi'leptik) *a.-s.* epiléptico.
epilogue ('epilɔg) *s.* epílogo.
episcopal (i'piskəpəl) *a.* episcopal.
episode ('episoud) *s.* episodio.
episodic(al (ˌepi'sɔdik, -əl) *a.* episódico. *2* esporádico, ocasional.
epistle (i'pisl) *s.* epístola.
epitaph ('epitɑ:f) *s.* epitafio.
epithet ('epiθet) *s.* epíteto.
epitome (i'pitəmi) *s.* epítome.

epitomize (to) (i'pitəmaiz) *t.* epitomar, compendiar.
epoch ('i:pɔk) *s.* época, edad.
equable ('ekwebl) *a.* igual, uniforme. *2* tranquilo, ecuánime.
equal ('i:kwəl) *a.* igual. *2* justo, imparcial. *3 to do be ~ to*, estar a la altura de. *4 s.* igual. *5* **-ly** *adv.* igualmente, por igual.
equal (to) ('i:kwəl) *t.* igualar.
equality (i:'kwɔliti) *s.* igualdad.
equalize (to) ('i:kwəlaiz) *t.* igualar.
equanimity (ˌi:kwə'nimiti) *s.* ecuanimidad.
equation (i'kweiʃən) *s.* ecuación.
equator (i'kweitə^r) *s.* ecuador.
equatorial (ˌekwə'tɔ:rial) *a.-s.* ecuatorial.
equerry (i'kweri) *s.* caballerizo.
equestrian (i'kwestriən) *a.* ecuestre. *2 s.* jinete.
equidistant ('i:kwi'distənt) *a.* equidistante.
equilateral ('i:kwi'lætərəl) *a.-s.* GEOM. equilátero.
equilibrate (to) (ˌi:kwi'laibreit) *t.* equilibrar.
equilibrium (ˌi:kwi'libriəm) *s.* equilibrio.
equine ('i:kwain) *a.* equino.
equinoctial (ˌi:kwi'nɔkʃəl) *a.* equinoccial.
equinox ('i:kwinɔks) *s.* ASTR. equinoccio.
equip (to) (i'kwip) *t.* equipar, pertrechar, aparejar.
equipage ('ekwipidʒ) *s.* equipo, avíos. *2* tren, séquito, carruaje.
equipment (i'kwipmənt) *s.* equipo, equipaje. *2* pertrechos.
equipoise ('ekwipɔiz) *s.* equilibrio.
equitable ('ekwitəbl) *a.* justo, equitativo, imparcial.
equity ('ekwiti) *s.* equidad.
equivalence (i'kwivələns) *s.* equivalencia.
equivalent (i'kwivələnt) *a.* equivalente.
equivocal (i'kwivəkəl) *a.* equívoco.
equivocate (to) (i'kwivəkeit) *t.* hacer equívoco. *2 i.* usar equívocos, mentir.
equivocation (iˌkwivə'keiʃən) *s.* equívoco.
era ('iərə) *s.* era [de tiempo].
eradicate (to) ('irædikeit) *t.* desarraigar, extirpar.
eradication (iˌrædi'keiʃən) *s.* desarraigo, extirpación.
erase (to) (i'reiz) *t.* borrar. *2* tachar, rayar, raspar.
eraser (i'reizə^r) *s.* borrador.
erasure (i'reiʒə^r) *s.* borradura.
erect (i'rekt) *a.* derecho, levantado, erguido, enhiesto.
erect (to) (i'rekt) *t.* erigir. *2* levantar. *3* construir.
erection (i'rekʃən) *s.* erección. *2* estructura. *3* MEC. montaje.
ermine ('ə:min) *s.* armiño.
erode (to) (i'roud) *t.* corroer.
erosion (i'rouʒən) *s.* erosión.
erotic(al (i'rɔtik, -əl) *a.* erótico.
err (to) (ə:^r) *i.* errar, equivocarse, pecar. *2* vagar.
errand ('erənd) *s.* encargo, recado, mandado.
errant ('erənt) *a.* errante: ***knight-errant***, caballero andante.
erratic (i'rætik) *a.* errático. *2* variable, inconstante.
erratum (e'reitəm, e'rɑ:təm) *pl.* **-ta** (-tə)*s.* errata.
erroneous (i'rounjəs) *a.* erróneo, falso. *2* **-ly** *adv.* erróneamente.
error ('erə^r) *s.* error. *2* yerro, equivocación.
eructate (to) (i'rʌkteit) *i.* eructar.
eructation (ˌi:rʌk'teiʃən) *s.* eructo.
erudite ('eru(:)dait) *a.* erudito.
erudition (ˌeru(:)'diʃən) *s.* erudición, conocimientos.
erup (to) (i'rʌpt) *i.* hacer erupción.
eruption (i'rʌpʃən) *s.* erupción. *2* ataque; estallido.
escalade (ˌeskə'leid) *s.* MIL. escalada.
escalade (to) (ˌeskə'leid) *t.* escalar [una pared, etc.].
escalator ('eskəleitə^r) *s.* escalera mecánica.
escapade (ˌeskə'peid) *s.* evasión, fuga. *2* travesura, aventura.
escape (is'kep) *s.* escape, fuga. *2* escape [de gas, etc.].
escape (to) (is'keip) *i.* escapar(se; huir. *2 t.* evitar, rehuir.
escarpment (is'kɑ:pmənt) *s.* escarpa, acantilado.
eschew (to) (is'tʃu:) *t.* evitar.
escort (is'kɔ:t) *s.* escolta, convoy; acompañante.
escort (to) (iskɔ:t) *t.* escoltar, convoyar, acompañar.
escutcheon (is'kʌtʃən) *s.* escudo de armas.
Eskimo ('eskimou) *a.-s.* esquimal.
especial (is'peʃəl) *a.* especial, peculiar, particular.
especially (is'peʃəli) *adv.* especialmente [sobre todo].
espionage (ˌespiə'nɑ:ʒ) *s.* espionaje.
esplanade (ˌesplə'neid) *s.* explanada.
espousal (is'pauzəl) *s.* desposorio; esponsales. *2* adhesión.
espouse (to) (is'pauz) *t.* desposarse, casarse con.
espy (to) (is'pai) *t.* divisar, columbrar.

esquire (is'kwaiəʳ) *s.* título pospuesto al apellido en cartas [Esq.]. Equivale a Señor Don. *2* ant. escudero.
essay ('esei) *s.* tentativa, esfuerzo. *2* ensayo [literario].
essay (to) (e'sei) *t.* ensayar, examinar. *2* intentar.
essence ('esns) *s.* esencia.
essential (i'senʃəl) *a.* esencial. *2* capital, vital, indispensable. *3* **-ly** *adv.* esencialmente.
establish (to) (is'tæbliʃ) *t.* establecer. *2* probar, demostrar.
establishment (is'tæbliʃmənt) *s.* establecimiento. *2* fundación. *3* ***church*** ~, iglesia establecida por el estado.
estate (is'teit) *s.* estado [orden, clase, de pers.]. *2* bienes: ***personal*** ~, bienes, muebles; ***real*** ~, bienes raíces. *3* heredad, finca. *4* herencia [bienes].
esteem (to) (is'ti:m) *t.* estimar, apreciar. *2* juzgar, considerar.
estimate ('estimit) *s.* estimación, cálculo. *2* presupuesto [de una obra].
estimate (to) ('estimeit) *t.* estimar, evaluar, juzgar.
estimation (ˌesti'meiʃən) *s.* estima, aprecio. *2* evaluación.
estrange (to) (is'treindʒ) *t.* extrañar, alejar, enajenar, hacer perder la amistad.
estrangement (is'treidʒmənt) *s.* extrañamiento, desvío.
estuary ('estjuəri) *s.* estuario, ría.
etch (to) (etʃ) *t.* grabar al agua fuerte.
etching ('etʃʌŋ) *s.* grabado al agua fuerte.
eternal (i'tə:nl) *a.* eterno, sempiterno; perpetuo.
eternity (i'tə:niti) *s.* eternidad.
ether ('i:θəʳ) *s.* éter.
ethereal (i'θiəriəl) *a.* etéreo. *2* aéreo, vaporoso, sutil.
ehtic(al ('eθik, -əl) *a.* ético.
ethics ('eθiks) *s.* ética.
ethnic(al ('eθnik, -əl) *a.* étnico.
etiquette (ˌeti'ket) *s.* etiqueta.
etymology (ˌeti'mɔledʒi) *s.* etimología.
eucalyptus (ˌju:kə'liptəs) *s.* BOT. eucalipto.
Eucharist ('ju:kərist) *s.* Eucaristía.
eucharistic (ˌju:kə'ristik) *a.* eucarístico.
eugenics (ju:'dʒeniks) *s.* eugenesia.
eulogize (to) ('ju:lədʒaiz) *t.* elogiar, loar, alabar.
eulogy ('ju:lədʒi) *s.* elogio.
euphemism ('ju:fimizəm) *s.* eufemismo.
Europe ('juərəp) *n. pr.* GEOGR. Europa.
European (ˌjuərə'pi(:)ən) *a.-s.* europeo.
evacuate (to) (i'vækjueit) *t.* evacuar. *2* desocupar, vaciar.
evacuation (iˌvækju'eiʃən) *s.* evacuación.
evade (to) (i'veid) *t.* evadir, eludir, evitar, escapar a.
evaluate (to) (i'væljueit) *t.* evaluar, valuar, tasar.
evaluation (iˌvælju'eiʃən) *s.* evaluación.
evanescent (ˌi:və'nesnt) *a.* evanescente; fugaz.
evangelize (to) (i'vændʒilaiz) *t.* evangelizar.
evaporate (to) (i'væpəreit) *t.-i.* evaporar(se.
evasión (i'veiʒən) *s.* evasión.
evasive (i'veisiv) *a.* evasivo.
eve (i:v) *s.* víspera, vigilia.
even ('i:vən) *a.* llano, liso. *2* uniforme, regular. *3* ecuánime. *4* igualado, equilibrado. *5* igual. *6* par [número]. *7* en paz, desquitado. *8* *adv.* aun, hasta, también, incluso: ~ ***if***, aunque, aun cuando; ~ ***so***, aun así. *9* siquiera: ***not*** ~, ni siquiera. *10* **-ly** *adv.* llanamente, con suavidad.
even (to) ('i:vən) *t.* igualar, allanar, nivelar. *2* COM. liquidar.
evening ('i:vniŋ) *s.* tarde, anochecer.
event (i'vent) *s.* caso, hecho, suceso, acontecimiento: ***at all events***, en todo caso.
eventful (i'ventful) *a.* lleno de acontecimientos, memorable.
eventual (i'ventjuəl) *a.* eventual, contingente. *2* final, consiguiente. *3* **-ly** *adv.* eventualmente; finalmente.
ever ('evəʳ) *adv.* siempre: ***for*** ~, para siempre. *2* alguna vez. *3* [después de negativa] nunca: ***hardly*** ~, casi nunca. *4* ~ ***since***, desde entonces; desde que. *5* ~ ***so***, ~ ***so much***, muy, mucho. *6* ~ ***so little***, muy poco.
evergreen ('evəgri:n) *a.* siempre verde: ~ ***oak***, encina. *2* *s.* siempreviva.
everlasting (ˌevə'lɑ:stiŋ) *a.* eterno, sempiterno, perpetuo.
evermore ('evə'mɔ:ʳ) *adv.* eternamente, siempre.
every ('evri) *a.* cada, todo, todos: ~ ***day***, cada día, todos los días; ~ ***other day***, días alternos; ***his*** ~ ***word***, cada palabra suya; ~ ***now and then***, de vez en cuando.
everybody ('evribɔdi) *pron.* todos, todo el mundo; cada uno.
everyday ('evridei) *a.* diario, cotidiano, ordinario.
everyone ('evriwʌn) *pron.* EVERYBODY.
everything ('evriθiŋ) *pron.* todo, cada cosa.
everywhere ('evriwɛəʳ) *adv.* por todas partes; a todas partes.

evidence ('evidəns) *s.* evidencia. *2* prueba, demostración. *3* DER. testimonio; deposición.
evident ('evidənt) *a.* evidente, claro. *2* **-ly** *adv.* evidentemente.
evil ('i:vil) *a.* malo. *2* maligno; ~ ***eye***, mal de ojo. *3 s.* mal; desastre. *4 adv.* mal, malignamente.
evil-doer ('i:vl'du(:)əʳ) *s.* malhechor.
evil-minded ('i:vl'maindid) *a.* mal intencionado. *2* malicioso.
evince (to) (i'vins) *t.* mostrar, revelar, indicar.
evocation (ˌevou'keiʃən) *s.* evocación.
evoke (to) (i'vouk) *t.* evocar.
evolution (ˌi:və'lu:ʃən) *s.* evolución.
evolve (to) (i'vɔlv) *t.* desenvolver, desarrollar. *2 i.* evolucionar, desarrollarse.
ewe (ju:) *s.* oveja.
ewer ('ju(:)əʳ) *s.* jarro.
exacerbate (to) (eks'æsə:beit) *t.* exacerbar. *2* irritar.
exact (ig'zækt) *a.* exacto. *2* preciso, riguroso. *3* **-ly** *adv.* exactamente.
exact (to) (ig'zækt) *t.* exigir, imponer.
exaction (ig'zækʃən) *s.* exacción.
exactitude (igʒæktitju:d), **exactness** (ig'zæknis) *s.* exactitud.
exacting (ig'zæktiŋ) *a.* exigente.
exaggerate (to) (ig'zædʒəreit) *t.* exagerar. *2* abultar, ponderar.
exaggeration (igˌzædʒə'reiʃən) *s.* exageración.
exalt (to) (ig'zɔ:lt) *t.* exaltar, ensalzar; elevar, engrandecer.
exaltation (ˌegzɔ:l'teiʃən) *s.* exaltación; regocijo.
examination (igˌzæmi'neiʃən) *s.* examen. *2* DER. interrogatorio.
examine (to) (ig'zæmin) *t.* examinar. *2* DER. interrogar.
examinee (igˌzæmi'ni:) *s.* examinando.
examiner (ig'zæminəʳ) *s.* examinador.
example (ig'zɑ:mpl) *s.* ejemplo: ***for*** ~, por ejemplo. *2* modelo, dechado. *3* muestra, ejemplar.
exasperate (to) (ig'zɑ:spəreit) *t.* exasperar, irritar. *2* agravar.
exasperation (igˌzɑ:spə'reiʃən) *s.* exasperación.
excavate (to) ('ekskəveit) *t.* excavar. *2* extraer cavando.
excavation (ˌekskə'veiʃən) *s.* excavación.
exceed (to) (ik'si:d) *t.* exceder, sobrepujar, aventajar.
exceeding (ik'si:diŋ) *a.* grande, extremo. *2* **-ly** *adv.* sumamente.
excel (to) (ik'sel) *t.* aventajar, sobrepujar, superar. *2 i.* distinguirse, sobresalir.
excellence ('eksələns) *s.* excelencia.
excellent ('eksələnt) *a.* excelente.
except (ik'sept) *prep.* excepto, salvo, a excepción de. *2 conj.* a menos que.
except (to) (ik'sept) *t.* exceptuar.
exception (ik'sepʃən) *s.* excepción. *2* salvedad: ***to take*** ~, objetar; ofenderse.
exceptionable (ik'sepʃənəbl) *a.* recusable. *2* reprochable, tachable.
exceptional (ik'sepʃənl) *a.* excepcional, poco común.
excerpt ('eksə:pt) *s.* cita, pasaje, fragmento.
excess (ik'ses) *s.* exceso, demasía, sobra. *2* exceso, abuso, desmán.
excessive (ik'sesiv) *a.* excesivo.
exchange (iks'tʃəindʒ) *s.* cambio, trueque; ***in*** ~ ***for***, a cambio de. *2* COM. bolsa, lonja. *3* central [de teléfonos]. *4* ***bill of*** ~, letra de cambio.
exchange (to) (iks'tʃeindʒ) *t.* cambiar, canjear, trocar, permutar, conmutar.
exchequer (iks'tʃekəʳ) *s.* (Ingl.) hacienda pública: ***Chancellor of the*** ~, Ministro de Hacienda. *2* bolsa, fondos.
excise (ek'saiz) *s.* impuesto indirecto.
excise (to) (ek'saiz) *t.* gravar con impuesto indirecto.
excision (ek'siʒən) *s.* excisión.
excitability (ikˌsaitə'biliti) *s.* excitabilidad.
excitable (ik'saitəbl) *a.* excitable.
excite (to) (ik'sait) *t.* excitar. *2* acalorar, animar.
excitement (ik'saitmənt) *s.* excitación, agitación, emoción.
exciting (ik'saitiŋ) *a.* excitante. *2* emocionante.
exclaim (to) (iks'kleim) *t.-i.* exclamar.
exclamation (ˌeksklə'meiʃən) *s.* exclamación. *2* GRAM. ~ ***mark***, punto de admiración.
exclude (to) (iks'klu:d) *t.* excluir.
exclusion (iks'klu:ʒən) *s.* exclusión.
exclusive (iks'klu:siv) *a.* exclusivo. *2* privativo. *3* selecto. *4* **-ly** *adv.* exclusivamente.
excommunicate (to) (ˌekskə'mju:nikeit) *t.* excomulgar.
excruciating (iks'kru:ʃieitiŋ) *a.* torturador. *2* atroz [dolor].
exculpate (to) ('ekskʌlpeit) *t.* disculpar.
exculpation (ˌekskʌl'peiʃən) *s.* disculpa.
excursion (iks'kə:ʃən) *s.* excursión.
excursionist (iks'kə:ʃənist) *s.* excursionista.
excusable (iks'kju:zəbl) *a.* disculpable.
excuse (iks'kju:s) *s.* excusa.
excuse (to) (iks'kju:z) *t.* excusar. *2* perdonar, dispensar: ***excuse me!***, ¡dispense usted!

execrable ('eksikrəbl) *a.* execrable, abominable.
execrate (to) ('eksikreit) *t.* execrar, abominar.
execration (,eksi'kreiʃən) *s.* execración, abominación.
execute (to) ('eksikju:t) *t.* ejecutar, cumplir, llevar a cabo. *2* TEAT. desempeñar. *3* ejecutar, ajusticiar. *4* otorgar [un documento].
execution (,eksi'kju:ʃən) *s.* ejecución. *2* DER. embargo.
executioner (,eksi'kju:ʃənəʳ) *s.* verdugo.
executive (ig'zekjutiv) *a.* ejecutivo. *2 s.* poder ejecutivo. *3* director, gerente.
executor (ig'zekjutəʳ) *s.* ejecutor. *2* albacea.
exemplary (ig'zempləri) *a.* ejemplar. *2* ilustrativo.
exemplify (to) (ig'zemplifai) *t.* ejemplificar; demostrar.
exempt (ig'zempt) *a.* exento, libre, franco.
exempt (to) (ig'zempt) *t.* eximir, exceptuar, dispensar.
exemption (ig'zempʃən) *s.* exención.
exercise ('eksəsaiz) *s.* ejercicio. *2* práctica.
exercise (to) ('eksəsaiz) *t.* ejercer, practicar. *2* emplear. *3* preocupar, inquietar. *4 t.-i.-ref.* ejercitar(se.
exert (to) (ig'zə:t) *t.* ejercer, poner en acción. *2 t.-pr.* esforzar(se.
exertion (ig'ze:ʃən) *s.* esfuerzo.
exhalation (,ekshə'leiʃən) *s.* exhalación, vaho, tufo.
exhale (to) (eks'heil) *t.-i.* exhalar(se.
exhaust (ig'zɔ:st) *s.* MEC. escape, descarga [de gases, vapor, etc.]. *2* tubo de escape.
exhaust (to) (ig'zɔ:st) *t.* agotar. *2* MEC. dar salida o escape a.
exhausted (ig'zɔ:stid) *a.* agotado; rendido.
exhaustion (ig'zɔ:stʃən) *s.* agotamiento. *2* MEC. vaciamiento.
exhaustive (ig'zɔ:stiv) *a.* exhaustivo.
exhibit (ig'zibit) *s.* objeto expuesto. *2* DER. documento fehaciente.
exhibit (to) (ig'zibit) *t.* exhibir. *2* exponer [a la vista]. *3* mostrar, dar muestras de. *4* lucir, ostentar.
exhibition (,eksi'biʃən) *s.* exhibición. *2* exposición [de productos, cuadros, etc.].
exhilarate (to) (ig'zilərert) *t.* alegrar, animar.
exhilaration (ig,zilə'reiʃən) *s.* alegría, regocijo, animación.
exhort (to) (ig'zɔ:t) *t.* exhortar.
exhortation (,egzɔ:'teiʃən) *s.* exhortación.
exhume (to) (eks'hju:m) *t.* exhumar, desenterrar.
exigence, -cy ('edsidʒens, -i) *s.* exigencia, necesidad, urgencia.
exile ('eksail) *s.* destierro, exilio. *2* desterrado, exilado.
exile (to) ('eksail) *t.* desterrar.
exist (to) (ig'zist) *i.* existir. *2* vivir. *3* subsistir.
existence (ig'zistəns) *s.* existencia.
exit ('eksit) *s.* salida [acción, sitio]. *2* TEAT. mutis.
exodus ('eksədəs) *s.* éxodo.
exonerate (to) (ig'zɔnəreit) *t.* exonerar, descargar. *2* exculpar.
exoneration (ig,zɔnə'reiʃən) *s.* exoneración, descargo.
exorbitant (ig'zɔ:bitənt) *a.* exorbitante.
exorcism ('eksɔ:sizəm) *s.* exorcismo.
exorcise (to) ('eksɔ:saiz) *t.* exorcisar.
exordium (ek'sɔ:djəm) *s.* exordio.
exotic(al (eg'zɔtik, -əl) *a.* exótico.
expand (to) (iks'pænd) *t.-i.* extender(se; dilatar(se. *2* abrir(se; desplegar(se. *3* desarrollar(se. *4 i.* expansionarse.
expanse (iks'pæns) *s.* extensión.
expansion (iks'pænʃən) *s.* expansión. *2* dilatación. *3* extensión, ensanchamiento. *4* desarrollo.
expansive (iks'pænsiv) *a.* expansivo. *2* extenso.
expatiate (to) (eks'peiʃieit) *i.* espaciarse, extenderse.
expatriate (to) (eks'pætrieit) *t.-ref.* expatriar(se.
expect (to) (iks'pekt) *t.* esperar [contar con]. *2* suponer.
expectant (iks'pektənt) *a.* encinta.
expectation (,ekspek'teiʃən) *s.* espera, expectación. *2* perspectiva, esperanza, probabilidad.
expedient (iks'pi:djənt) *a.* conveniente. *2 s.* expediente, recurso.
expedite (to) ('ekspidait) *t.* apresurar: facilitar. *2* despachar.
expedition (,ekspi'diʃən) *s.* expedición [militar, científica].
expeditious (,ekspi'diʃəs) *a.* expeditivo, pronto.
expel (to) (iks'pel) *t.* expeler. *2* echar, expulsar.
expend (to) (iks'pend) *t.* gastar, expender.
expenditure (iks'penditʃəʳ) *s.* gasto, desembolso.
expense (iks'pens) *s.* gasto, desembolso. *2* expensas, costa.
expensive (iks'pensiv) *a.* costoso.
experience (iks'piəriəns) *s.* experiencia. *2* experimento. *3* aventura, lo que sucede a uno.

experience (to) (iks'piəriəns) *t.* experimentar. *2* probar, sentir.
experiment (iks'perimənt) *s.* experimento, prueba, tentativa.
experiment (to) (iks'periment) *t.-i.* experimentar [ensayar, probar].
expert ('ekspə:t) *a.* experto, diestro. *2 s.* experto, perito.
expertness ('ekspə:tnis) *s.* pericia.
expiate (to) ('ekspieit) *t.* expiar.
expiation (ˌekspi'eiʃən) *s.* expiación.
expiration (ˌekspaiə'reiʃən) *s.* muerte. *2* término, vencimiento. *3* FISIOL. expiración.
expire (to) (iks'paiə^r) *i.* expirar, morir. *2* expirar [un plazo]. *3 t.-i.* FISIOL. espirar.
expiry (iks'paiəri) *s.* expiración, vencimiento.
explain (to) (iks'plein) *t.* explicar, exponer, aclarar.
explanation (ˌeksplə'neiʃən) *s.* explicación.
explanatory (iks'plænətəri) *a.* explicativo.
expletive (eks'pli:tiv) *s.* interjección. *2* juramento; palabrota.
explicit (iks'plisit) *a.* explícito.
explode (to) (iks'ploud) *t.* volar, hacer estallar. *2* refutar. *3 i.* estallar, hacer explosión.
exploit ('eksplɔit) *s.* hazaña.
exploit (to) (iks'plɔit) *t.* explotar.
exploitation (ˌeksploi'teiʃən) *s.* explotación.
exploration (ˌeksplɔ:'reiʃən) *s.* exploración.
explore (to) (iks'plɔ:^r) *t.* explorar. *2* examinar, sondear.
explosion (iks'plouʒən) *s.* explosión, estallido.
explosive (iks'plousiv) *a.-s.* explosivo.
export ('ekspɔ:t) *s.* exportación.
export (to) (eks'pɔ:t) *t.* exportar.
exportation (ˌekspɔ:'teiʃən) *s.* exportación.
exporter (eks'pɔ:tə^r) *s.* exportador.
expose (to) (iks'pouz) *t.* exponer a la vista, a un riesgo]; poner en peligro, comprometer. *2* FOT. exponer. *3* desenmascarar.
exposition (ˌekspə'ziʃən) *s.* exposición. *2* explicación.
expostulate (to) (iks'pɔstjuleit) *i.* hacer reconvenciones, discutir; tratar de disuadir.
expostulation (iksˌpɔstju'leiʃən) *s.* reconvención.
exposure (iks'pouʒə^r) *s.* exposición [a la intemperie, al peligro, etc.]; falta de protección. *2* FOT. exposición. *3* orientación. *4* desenmascaramiento.
expound (to) (iks'paund) *t.* exponer, explicar, comentar.
express (iks'pres) *a.* expreso, claro, explícito. *2* expreso, especial. *3* expreso [tren, mensajero]. *4 s.* expreso.
express (to) (iks'pres) *t.* expresar(se. *2* prensar.
expressive (iks'presiv) *a.* expresivo.
expropriate (to) (eks'prouprieit) *t.* desposeer, expropiar.
expulsion (iks'pʌlʃən) *s.* expulsión.
expunge (to) (eks'pʌndʒ) *t.* borrar, tachar.
expurgate (to) ('ekspə:geit) *t.* expurgar.
exquisite ('ekskwizit) *a.* exquisito. *2* primoroso. *3* delicado, refinado. *4* intenso, vivo, agudo. *5 s.* petimetre.
extant (eks'tænt) *a.* existente, en existencia.
extempore (eks'tempəri) *a.* improvisado.
extemporize (to) (iks'tempəraiz) *t.-i.* improvisar.
extend (to) (iks'tend) *t.-i.* extender(se, prolongar(se, alargar(se. *2 t.* dar, ofrecer.
extension (iks'tenʃən) *s.* extensión. *2* prolongación. *3* adición, anexo. *4* COM. prórroga.
extensive (iks'tensiv) *a.* extensivo. *2* extenso, ancho, vasto.
extent (iks'tent) *s.* extensión; amplitud, magnitud: ***to a certain*** ~, hasta cierto punto.
extenuate (to) (eks'tenjueit) *t.* minorar, atenuar, paliar.
extenuation (eksˌtenju'eiʃən) *s.* atenuación; mitigación.
exterior (eks'tiəriə^r) *a.* exterior, externo. *2 s.* exterior.
exterminate (to) (eks'tə:mineit) *t.* exterminar, extirpar.
external (eks'tə:nl) *a.* externo, exterior.
extinct (iks'tiŋkt) *a.* extinto, extinguido. *2* apagado [fuego, etc.].
extinction (iks'tiŋkʃən) *s.* extinción.
extinguish (to) (iks'tiŋgwiʃ) *t.* extinguir. *2* apagar.
extirpate (to) ('ekstə:peit) *t.* extirpar. *2* desarraigar.
extirpation (ˌekstə:'peiʃən) *s.* extirpación: exterminio.
extol (to) (iks'tɔl) *t.* exaltar, ensalzar, alabar.
extort (to) (iks'tɔ:t) *t.* arrancar, obtener [algo] por la fuerza, etc.
extortion (iks'tɔ:ʃən) *s.* extorsión. *2* exacción.

extortionate (iks'tɔ:ʃənit) *a.* opresivo, injusto.
extra ('ekstrə) *a.* extra. *2* extraordinario, adicional. *3* de repuesto. *4 s.* extra.
extract ('ekstrækt) *s.* QUÍM., FARM. extracto. *2* extracto, cita.
extract (to) (iks'trækt) *t.* extraer. *2* seleccionar, citar.
extradition (ˌekstrə'diʃən) *s.* extradición.
extraneous (eks'treinjəs) *a.* extraño, ajeno [a una cosa].
extraordinary (iks'trɔ:dnri, -dinəri) *a.* extraordinario.
extravagance (iks'trævigəns) *s.* prodigalidad, derroche. *2* extravagancia.
extravagant (iks'trævigənt) *a.* pródigo, derrochador. *2* excesivo. *3 a.-s.* extravagante.
extreme (iks'tri:m) *a.* extremo. *2* extremado, riguroso. *3 s.* extremo, extremidad. *4* **-ly** *adv.* sumamente.
extremity (iks'tremiti) *s.* extremidad. *2* extremo, exceso. *3 pl.* medidas extremas; extremidades.
extricate (to) ('ekstrikeit) *t.* desembarazar, desenredar, librar.
extrication (ˌekstri'keiʃən) *s.* desembarazo, desenredo.
extrinsic (eks'trisik) *a.* extrínseco.
exuberance (ig'zju:bərəns) *s.* exuberancia.
exuberant (ig'zju:bərənt) *a.* exuberante.
exude (to) (ig'zju:d) *t.-i.* exudar, rezumar.
exult (to) (ig'zʌlt) *i.* exultar, alegrarse; triunfar.
exultant (ig'zʌltənt) *a.* triunfante.
exultation (ˌegzʌl'teiʃən) *s.* alborozo, alegría.
eye (ai) *s.* ojo [órgano de la visión; atención, vigilancia], vista, mirada: ***to catch the ~ of***, llamar la atención; ***to keep an ~ on***, vigilar; ***to make eyes at***, poner los ojos tiernos a; ***to see ~ to ~***, estar completamente de acuerdo. *2* ojo [de una aguja, del pan, del queso]. *3* COST. corcheta, presilla.
eye (to) (ai) *t.* mirar, clavar la mirada en.
eyeball ('aibɔ:l) *s.* globo del ojo.
eye-brow ('aibrau) *s.* ANAT. ceja.
eye-glass ('aiglɑ:s) *s.* anteojo. *2 pl.* gafas.
eyelash ('ailæʃ) *s.* ANAT. pestaña.
eyelet ('ailit) *s.* COST. ojete.
eyelid ('ailid) *s.* ANAT. párpado.
eyesight ('ai-sait) *s.* vista [sentido].
eye-tooth ('ai-tu:θ) *s.* colmillo.
eye-witness ('ai'witnis) *s.* testigo presencial.

F

fable ('feibl) *s.* fábula; ficción.
fabric ('fæbrik) *s.* tejido, tela. *2* textura. *3* fábrica, edificio.
fabricate (to) ('fæbrikeit) *t.* fabricar. *2* inventar.
fabrication (ˌfæbri'keiʃən) *t.* fabricación, construcción. *2* invención, mentira.
fabulous ('fæbjuləs) *a.* fabuloso.
façade (fə'sɑ:d) *s.* ARQ. fachada.
face (feis) *s.* cara, rostro, semblante; ***in the ~ of,*** ante, en presencia de. *2* osadía, descaro. *3* mueca, gesto: ***to make faces,*** hacer muecas. *4* aspecto, apariencia: ***on the ~ of it,*** según las apariencias. *5* superficie; frente, fachada. *6* esfera [de reloj]. *7* COM. ***~ value,*** valor nominal.
face (to) (feis) *t.* volverse o mirar hacia. *2* hacer cara a, enfrentarse con; afrontar. *3* dar a, estar encarado a. *4* cubrir, revestir.
facet ('fæsit) *s.* faceta.
facetious (fə'si:ʃəs) *a.* humorístico. *2* bromista, chancero.
facile ('fæsail, 'fæsil) *a.* fácil.
facilitate (to) (fə'siliteit) *t.* facilitar, posibilitar.
facility (fə'siliti) *s.* facilidad. *2* destreza.
facing ('feisiŋ) *s.* paramento, revestimento. 2 COST. vuelta, vistas. *3* encaramiento. *4 prep.-adv.* en frente [de].
facsimile (fæk'simili) *s.* facsímil(e.
fact (fækt) *s.* hecho; verdad, realidad: ***in ~,*** de hecho, en realidad; ***as a matter of ~*** en realidad; ***matter of ~,*** hecho positivo. 2 dato.
faction ('fækʃən) *s.* facción, bando, parcialidad.
factious ('fækʃəs) *a.* faccioso.
factitous ('fæk'tiʃəs) *a.* artificial.
factor ('fæktə^r) *s.* factor.
factory ('fæktəri) *s.* fábrica, manufactura.
faculty ('fækəlti) *s.* facultad.
fad (fæd) *s.* capricho; manía.
fade (to) (feid) *t.-i.* marchitar(se, debilitar(se, desteñir(se: ***to ~ away,*** desvanecerse.
fag (fæg) *s.* fatiga, pena. *2* cigarrillo; ***~ end,*** desperdicios; colilla.
fag (to) (fæg) *t.* fatigar, cansar. *2 i.* penar.
fail (feil) *s.* ***without ~,*** sin falta.
fail (to) (feil) *i.* faltar. *2* decaer, acabarse. *3* fallar, inutilizarse. *4* fracasar. *5* fallar, frustrarse. *6* errar, equivocarse. *7* COM. quebrar. *8* salir mal [en un examen]. *9* ***to ~ to,*** dejar de. *10 t.* abandonar [a uno]. *11* errar. *12* suspender [en un examen].
failing ('feiliŋ) *s.* falta, defecto. *2 prep.* faltando, a falta de.
failure ('feiljə^r) *s.* fracaso, fiasco, malogro. *2* paro [de un motor, etc.]. *3* COM. quiebra.
faint (feint) *a.* débil. *2* desfallecido. *3* tenue, leve, imperceptible. *4 s.* desmayo.
faint (to) (feint) *i.* desmayarse. *2* desfallecer.
faint-hearted ('feint'hɑ:tid) *a.* tímido, cobarde.
fair (fɛə^r) *a.* hermoso, bello. *2* bueno [regular; favorable; bonancible]. *3* sereno [cielo]. *4* limpio, sin defecto: ***~ copy,*** copia en limpio. *5* justo, honrado: ***~ play,*** juego limpio. *6* razonable. *7* blanca [tez]; rubio [cabello]. *8 adv.* favorablemente. *9* lealmente, imparcialmente. *10 s.* feria, mercado. *11* **-ly** *adv.* completamente, bastante.
fairness ('fɛənis) *s.* limpieza, pureza. *2* imparcialidad, justicia. *3* hermosura. *4* blancura [de la tez]. *5* color rubio.
fairv ('fɛəri) *s.* hada, duende: ***~ tale,*** cuento de hadas.
faith (feiθ) *s.* fe: ***in good ~,*** de buena fe; ***to keep ~,*** cumplir la palabra dada.
faithful ('feiθful) *a.* fiel. *2* leal.
faithfulness ('feiθfulnis) *s.* fidelidad, lealtad.

faithless ('feiθlis) *a.* infiel. *2* desleal, pérfido.
fake (feik) *s.* imitación, falsificación. *2* impostor, farsante. *3 a.* falso, falsificado, fingido.
fake (to) (feik) *t.* falsificar, imitar, fingir.
fakir ('fɑ:kiəʳ) *s.* faquir.
falcon ('fɔ:lkən) *s.* ORN. halcón.
fall (fɔ:l) *s.* caída. *2* decadencia, ruina. *3* baja, bajada, descenso. *4* declive, pendiente. *5* cascada, catarata. *6* (E. U.) otoño.
fall (to) (fɔ:l) *i.* caer. *2* caerse. *3* venirse abajo. *4* bajar, descender. *5* disminuir. *6* decaer. *7* ponerse: ***to ~ to work,*** ponerse a trabajar. *8* tocar, corresponder [a uno una cosa]. *9* ***to ~ across,*** topar con. *10* ***to ~ asleep,*** dormirse. *11* ***to ~ away,*** enflaquecer; desvanecerse; rebelarse; apostatar. *12* ***to ~ back,*** retroceder. *13* ***to ~ back on,*** recurrir a. *14* ***to ~ down,*** caer, caerse; hundirse, fracasar. *15* ***to ~ flat,*** caer tendido; no tener éxito. *16* ***to ~ foul of,*** reñir con; MAR. abordar; enredarse con. *17* ***to ~ in love,*** enamorarse. *18* ***to ~ in with,*** estar de acuerdo con; coincidir; armonizar con. *19* ***to ~ out,*** reñir, desavenirse; acontecer. *20* ***to ~ short,*** faltar, escasear; quedar corto. *21* ***to ~ through,*** fracasar. *22* ***to ~ upon,*** atacar, embestir. ¶ Pret.: ***fell*** (fel); p. p.: ***fallen*** ('fɔlən).
fallacious (fə'leiʃəs) *a.* falaz, engañoso.
fallen ('fɔ:lən) *p. p.* de TO FALL.
fallibility (ˌfæli'biliti) *s.* falibilidad.
fallible ('fæləbl) *a.* falible.
fallow ('fælou) *a.* en barbecho. *2 s.* barbecho. *3 a.-s.* flavo [color]. *4* ZOOL. ***~-deer,*** gamo.
false (fɔ:ls) *a.* falso. *2* simulado, postizo. *3* **-ly** *adv.* falsamente.
falsehood ('fɔ:lshud) *s.* falsedad.
falsify (to) ('fɔ:lsifai) *t.* falsear, falsificar. *2* desmentir.
falter (to) ('fɔ:ltəʳ) *i.* vacilar, titubear. *2* tambalearse, temblar. *3 i.-t.* balbucir.
fame (feim) *s.* fama, reputación.
familiar (fə'miljəʳ) *a.* familiar. *2* íntimo [amigo]. *3* ***~ with,*** versado en.
familiarity (fəˌmili'æriti) *s.* familiaridad. *2* intimidad. *3* ***~ with,*** conocimiento de.
familiarize (to) (fə'miljəraiz) *t.* familiarizar. *2* acostumbrar.
family ('fæmili) *s.* familia. *2* sangre, linaje. *3 a.* familiar, de familia: ***~ name,*** apellido.
famine ('fæmin) *s.* hambre, carestía.
famished ('fæmiʃt) *a.* hambriento, famélico.
famous ('feiməs) *a.* famoso, afamado, célebre.
fan (fæn) *s.* abanico. *2* ventilador. *3* hincha, aficionado.
fan (to) (fæn) *t.* abanicar. *2* aventar. *3* ventilar.
fanatic(al (fə'nætik, -əl) *a.* fanático.
fanciful ('fænsiful) *a.* antojadizo. *2* caprichoso, fantástico.
fancy ('fænsi) *s.* fantasía, imaginación. *2* capricho, antojo. *3* afición. *4 a.* caprichoso, de fantasía: ***~ dess,*** disfraz. *5* de gusto, elegante.
fancy (to) ('fænsi) *t.* imaginar, figurarse. *2* encapricharse por.
fanfare ('fænfεəʳ) *s.* son de trompetas.
fang (fæŋ) *s.* colmillo [de animal]. *2* diente [de serpiente].
fantastic(al (fæn'tæstik, -əl) *a.* fantástico, grotesco. *2* extravagante, caprichoso. *3* imaginario.
fantasy ('fæntəsi) *s.* fantasía. *2* ensueño. *3* humor, capricho.
far (fɑ:ʳ) *adv.* lejos, a lo lejos: ***~ and wide,*** por todas partes; ***as ~ as,*** tan lejos como; hasta; en cuanto; ***as ~ as I know,*** que yo sepa; ***in so ~ as,*** en cuanto, en lo que; ***so ~,*** hasta ahora; ***~-away,*** lejano, alejado; ***~-fetched,*** rebuscado. *2* muy, mucho: ***~ away,*** muy lejos; ***~ better,*** mucho mejor; ***~ off,*** lejano; a lo lejos. *3 a.* lejano, distante: ***Far East,*** Extremo Oriente.
farce (fɑ:s) *s.* farsa.
farcical ('fɑ:sikəl): *a.* burlesco.
fare (fεəʳ) *s.* pasajero, pasaje; precio del billete. *2* comida, mesa: ***bill of ~,*** lista de platos, menú.
fare (to) (fεəʳ) *i.* pasarlo [bien o mal]. *2* pasar, ocurrir.
farewell ('fεə'wel) *interj.* ¡adiós! *2* **s.** despedida, adiós: ***to bid ~ to,*** despedir a, despedirse de.
farm (fɑ:m) *s.* granja, cortijo, hacienda: ***~ hand,*** mozo de labranza.
farm (to) (fɑ:m) *t.* cultivar, labrar, explotar [la tierra].
farmer ('fɑ:məʳ) *s.* granjero, labrador, hacendado.
farmhouse (fɑ:mhaus) *s.* granja, alquería, casa de labor.
farming ('fɑ:miŋ) *s.* cultivo, labranza, agricultura.
farmyard ('fɑ:m-jɑ:d) *s.* corral.
farrier ('færiəʳ) *s.* herrador.
far-sighted ('fɑ:'saitid) *a.* perspicaz. *2* sagaz.
farther ('fɑ:ðəʳ) *adv.* más lejos, más allá. *2* además. *3 a.* más distante.

farthest ('fɑ:ðist) *a. superl.* [el más lejano]. *2 adv.* más lejos.
farthing ('fɑ:ðiŋ) *s.* cuarto de penique.
fascinate (to) ('fæsineit) *t.* fascinar, encantar.
fascination (ˌfəsi'neiʃən) *s.* fascinación, encanto.
fascism ('fæʃizəm) *s.* fascismo.
fascist ('fæʃist) *a.-s.* fascista.
fashion ('fæʃən) *s.* forma. *2* modo, manera. *3* moda, costumbre, uso: ***in ~,*** de moda; ***out of ~,*** pasado de moda. *4* elegancia, buen tono.
fashion (to) ('fæʃən) *t.* formar, hacer, labrar. *2* amoldar.
fashionable ('fæʃnəbl) *a.* a la moda. *2* elegante.
fast (fɑ:st) *a.* firme, seguro; fiel; sólido, duradero. *2* atado, fijo; íntimo: ***to make ~,*** fijar, amarrar, asegurar, cerrar. *3* rápido, veloz. *4* adelantado [reloj]. *5* profundo [sueño]. *6 adv.* firmemente. *7* estrechamente. *8* aprisa. *9* profundamente [dormido]. *10 s.* ayuno, abstinencia. *11* amarra, cable.
fasten (to) ('fɑ:sn) *t.* fijar, atar, sujetar. *2* unir, pegar. *3* cerrar [con cerrojo, etc.]. *4* abrochar. *5 i.* fijarse, pegarse. *6* cerrarse, abrocharse.
fastener ('fɑ:snəʳ) *s.* cerrojo, fiador, pasador, broche.
fastidious (fæs'tidiəs) *a.* descontentadizo, delicado, exigente. *2* desdeñoso.
fastness ('fɑ:stnis) *s.* firmeza, fijeza, solidez. *2* rapidez. *3* fortaleza, plaza fuerte. *4* libertinaje. *5 pl.* fragosidades.
fat (fæt) *a.* gordo, obeso; grueso. *2* graso, pingüe. *3* fértil. *4* rico, opulento. *5 s.* gordura; grasa; manteca; sebo.
fatal ('feitl) *a.* fatal. *2* funesto.
fatalism ('feitəlizəm) *s.* fatalismo.
fatalist ('feitəlist) *s.* fatalista.
fatality (fə'tæliti) *s.* fatalidad. *2* desgracia, desastre; muerte.
fate (feit) *s.* hado, destino. *2* sino, suerte.
fated ('feitid) *a.* destinado.
fateful ('feitful) *a.* fatal. funesto. *2* fatídico. *3* crítico.
father ('fɑ:ðəʳ) *s.* padre. *2* Dios Padre.
father (to) ('fɑ:ðəʳ) *t.* engendrar. *2* adoptar; reconocer como suyo.
fatherhood ('fa:ðəhud) *s.* paternidad.
father-in-law ('fɑ:ðərinlɔ:) *s.* padre político, suegro.
fatherland ('fɑ:ðəlænd) *s.* patria.
fatherly ('fɑ:ðəli) *a.* paternal.
fathom ('fæðəm) *s.* braza [medida].
fathom (to) ('fæðəm) *t.* MAR. sondar. *2* penetrar, comprender.
fatigue (fə'ti:g) *s.* fatiga, cansancio. *2* MIL. ***~ duty,*** mecánica.
fatigue (to) (fə'ti:g) *t.* fatigar, cansar.
fatness ('fætnis) *s.* gordura, obesidad. *2* fertilidad [del suelo].
fatten (to) ('fætn) *t.* engordar, cebar. *2* fertilizar.
fatty ('fæti) *a.* graso; gordo.
fatuous ('fætjuəs) *a.* fatuo, necio.
fault (fɔ:lt) *s.* falta, defecto, tacha; error, equivocación; culpa, desliz: ***it is my ~,*** yo tengo la culpa. *2* GEOL., MIN. falla.
fault-finding ('fɔ:ltˌfaindiŋ) *a.* reparón, criticón. *2 s.* crítica.
faultless ('fɔ:ltlis) *a.* impecable, perfecto, irreprochable.
faulty ('fɔ:lti) *a.* defectuoso.
fauna ('fɔ:nə) *s.* fauna.
favo(u)r ('feivəʳ) *s.* favor: ***do me the ~ of,*** hágame el favor de; ***to be in ~ with,*** gozar del favor de; ***to be in ~ of,*** estar por, ser partidario de.
favo(u)r (to) ('feivəʳ) *t.* favorecer. *2* apoyar.
favo(u)rable ('feivərəbl) *a.* favorable, propicio.
favo(u)red ('feivəd) *a.* favorecido, dotado. *2* parecido [bien o mal].
favo(u)rite ('feivərit) *a.* favorito, preferido, predilecto. *2 s.* favorito, valido.
fawn (fɔ:n) *s.* ZOOL. cervato.
fawn (to) (fɔ:n) *i.* ***to ~ on*** o ***upon,*** adular, halagar.
fealty ('fi:əlti) *s.* homenaje; lealtad.
fear (fiəʳ) *s.* miedo, temor.
fear (to) (fiəʳ) *t.-i.* temer, tener miedo [a].
fearful ('fiəful) *a.* espantoso, pavoroso. *2* terrible, tremendo. *3* temeroso, medroso. *4* de miedo.
fearless ('fiəlis) *a.* intrépido, bravo, osado; que no teme.
fearlessness ('fiəlisnis) *s.* intrepidez, valor.
fearsome ('fiəsəm) *a.* temible, espantoso.
feasibility (ˌfi:zə'biliti) *s.* posibilidad.
feasible ('fi:zəbl) *a.* factible, hacedero, posible, viable.
feast (fi:st) *s.* fiesta. *2* festejo. *3* festín, banquete.
feast (to) (fi:st) *t.* festejar. *2* agasajar. *3 t.-i.* banquetear(se. *4* regalar(se; deleitar(se.
feat (fi:t) *s.* proeza, hazaña.
feather ('feðəʳ) *s.* pluma [de ave]: ***~ bed,*** colchón de plumas; ***~ duster,*** plumero. *2* penacho, vanidad. *3* clase, calaña.
feather (to) (feðəʳ) *t.* emplumar. *2* cubrir con plumas. *3 i.* emplumecer.

feature ('fi:tʃə^r) *s.* rasgo, facción [del rostro]. *2* forma, figura. *3* rasgo distintivo.
febrile ('fi:brail) *a.* febril.
February ('februəri) *s.* febrero.
fecund ('fi:kənd) *a.* fecundo.
fecundate (to) ('fi:kəndeit) *t.* fecundar, fertilizar.
fecundity (fi'kʌnditi) *s.* fecundidad. *2* fertilidad.
fed (fed) *pret.* y p. p. de TO FEED.
federal ('fedərəl) *a.* federal.
federate (to) ('fedəreit) *t.-i.* confederar(se.
federation (ˌfedə'reiʃən) *s.* federación, liga.
fee (fi;) *s.* honorarios, derechos; cuota. *2* propina, gratificación.
fee (to) (fi:) *t.* retribuir, pagar.
feeble ('fi:bl) *a.* débil. *2* flaco.
feeble-minded ('fi:bl'maindid) *a.* imbécil. *2* irresoluto, vacilante.
feed (fi:d) *s.* alimento, comida [esp. de los animales]; pienso.
feed (to) (fi:d) *t.-i.* alimentar(se, nutrir(se. *2 i.* pacer, pastar. *3* ***to ~ on*** or ***upon,*** alimentarse de; ***to be fed up [with],*** estar harto de. ¶ Pret. y p. p.: ***fed*** (fed).
feel (fi:l) *s.* tacto. *2* sensación.
feel (to) (fi:l) *t.* tocar, tentar, palpar. *2* tomar [el pulso]. *3* examinar, sondear. *4* sentir, experimentar. *5* creer, pensar. *6* ***to ~ one's way,*** ir a tientas, proceder con tiento. *7 i.* sentirse, estar, tener: ***to ~ bad,*** sentirse mal; ***to ~ cold,*** tener frío; ***to ~ hot,*** tener calor. *8* ser sensible, sentir. *9* ***it feels cold,*** lo encuentro frío. *10* ***to ~ for,*** buscar a tientas; condolerse de. *11* ***to ~ like,*** tener ganas de. ¶ Pret. y p. p.: ***felt*** (felt).
feeling ('fi:liŋ) *s.* tacto [sentido]. *2* sensación, percepción. *3* sentimiento. *4* calor, pasión, ternura, compasión. *5* presentimiento. *6 a.* sensible, tierno. *7* **-ly** *adv.* con emoción.
feet (fi:t) *s. pl.* de FOOT, pies.
feign (to) (fein) *t.* fingir, aparentar, simular. *2 i.* fingir.
feint (feint) *s.* ficción, treta. *2* ESGR. finta.
felicitate (to) (fi'lisiteit) *t.* felicitar.
felicitación (fiˌlisi'teiʃən) *s.* felicitación, enhorabuena.
felicitous (fi'lisitəs) *a.* feliz [idea, expresión].
felicity (fi'lisiti) *s.* felicidad.
feline ('fi:lain) *a.-s.* felino.
fell (fel) *pret.* de TO FALL. *2 a.* cruel. *3 s.* tala [de árboles]. *4* cuero. *5* montaña; páramo.
fell (to) (fel) *t.* derribar, tumbar. *2* cortar [árboles].
fellow ('felou) *s.* compañero. *2* individuo, muchacho: ***good ~,*** buen muchacho. *3* igual, pareja. *4* socio, miembro [de una academia, etc.]. *5 a.* indica igualdad o asociación: ***~ being,*** ***~ creature,*** prójimo, semejante; ***~ citizen,*** conciudadano; ***~ student,*** condiscípulo; ***~ traveller,*** compañero de viaje.
fellowship ('felouʃip) *s.* compañerismo. *2* compañía, asociación. *3* cuerpo, sociedad.
felon ('felən) *s.* criminal.
felonious (fi'lounjəs) *a.* criminal.
felony ('feləni) *s.* crimen, delito.
felt (felt) V. TO FEEL. *2 s.* fieltro.
female ('fi:meil) *s.* hembra. *2* mujer. *3 a.* femenino, hembra.
feminine ('feminin) *a.* femenino.
fen (fen) *s.* pantano, marjal.
fence (fens) *s.* empalizada, valla, cerca, cercado. *2* esgrima.
fence (to) (fens) *t.* cercar, vallar. *2* proteger. *3 i.* esgrimir.
fencing ('fensiŋ) *s.* esgrima. *2* material para cercas.
fend (to) (fend) *t.* ***to ~ off,*** resguardar(se de; parar [un golpe]. *2 i.* ***to ~ for oneself,*** ir tirando, defenderse.
fender ('fendə^r) *s.* guardafuegos. *2* guardabarro.
fennel ('fenl) *s.* BOT. hinojo.
ferment ('fə:mənt) *s.* fermento. *2* fermentación, agitación.
ferment (to) (fə(:)'ment) *i.-t.* fermentar. *2 i.* bullir, agitarse.
fern (fə:n) *s.* BOT. helecho.
ferocious (fə'rouʃəs) *a.* fiero, feroz, terrible.
ferocity (fə'rɔsiti) *s.* fiereza, ferocidad.
ferret ('ferit) *s.* ZOOL. hurón.
ferret (to) ('ferit) *i.-t.* huronear: ***to ~ out,*** buscar, averiguar.
ferro-concrete ('ferou'kɔŋkri:t) *s.* hormigón armado.
ferrous ('ferəs) *a.* ferroso.
ferrule ('feru:l) *s.* regatón, contera.
ferry ('feri) *s.* balsadero. *2* barca, balsa, transbordador [para cruzar un río, etc.]. *3* ***~-boat,*** barca de pasaje.
ferry (to) ('feri) *t.-i.* cruzar [un río] en barca.
fertile ('fə:tail) *a.* fértil. *2* fecundo.
fertilize (to) ('fə:tilaiz) *t.* fertilizar. *2* fecundar. *3* abonar.
fertilizer ('fə:tilaizə^r) *s.* fertilizante, abono.
ferule ('feru:l) *s.* férula, palmeta.
fervency ('fə:vənsi) *s.* fervor, celo; ardor.

fervent ('fə:vənt) *a.* ferviente, fervoroso, vehemente.
fervour ('fə:vəʳ) *s.* fervor, ardor.
festal ('festl) *a.* festivo, alegre.
fester (to) ('festəʳ) *t.-i.* enconar(se, ulcerar(se. *2* pudrir(se.
festival ('festəvəl) *s.* fiesta, festividad. *2* festival.
festivity (fes'tiviti) *s.* alborozo, animación. *2* fiesta, festividad.
festoon (fes'tu:n) *s.* festón [guirnalda].
fetch (to) (fetʃ) *t.* ir por, ir a buscar. *2* venderse a o por. *3* exhalar [un suspiro]. *4* arrear [un golpe].
fête (feit) *s.* fiesta, celebración.
fetid ('fetid) *a.* fétido, hediondo.
fetish ('fi:tiʃ) *s.* fetiche.
fetter ('fetəʳ) *s.* grillete, prisión.
fetter (to) ('fetəʳ) *t.* encadenar.
fettle ('fetl) *s.* estado, condición.
feud (fju:d) *s.* rencilla, enemistad. *2* feudo.
feudal ('fju:dl) *a.* feudal.
feudalism ('fju:dəlizəm) *s.* feudalismo.
fever ('fi:vəʳ) *s.* MED. fiebre, calentura. *2* fiebre, agitación.
feverish ('fi:vəriʃ) *a.* febril.
few (fju:) *a.-pron.* pocos: ***a ~***, unos cuantos, algunos.
fewer ('fju:əʳ) *a.-pron. comp. de* FEW; menos: ***the ~ the better,*** cuantos menos, mejor.
fiancé (fi'ɑ:nsei) *s.* novia, prometida.
fib (fib) *s.* bola, mentirilla.
fiasco (fi'æskou) *s.* fiasco, fracaso.
fiber, fibre ('faibəʳ) *s.* fibra.
fibrous ('faibrəs) *a.* fibroso.
fickle ('fikl) *a.* mudable, inconstante, voluble, veleidoso.
fickleness ('fiklnis) *s.* inconstancia.
fiction ('fikʃən) *s.* ficción. *2* novela, fábula. *3* mentira.
fiddle ('fidl) *s.* MÚS. fam. violín.
fidling ('fidliŋ) *a.* fútil, trivial.
fidelity (fi'deliti) *s.* fidelidad.
fidget (to) ('fidʒit) *i.* estar inquieto, agitarse. *2* ***to ~ with,*** jugar con, manosear.
fidgety ('fidʒiti) *a.* inquieto, nervioso, impaciente.
field (fi:ld) *s.* campo [tierra laborable; campiña]. *2* DEP. ELECT., FÍS. campo. *3* campo [de batalla; de una ciencia, actividad, etc.]. *4 a.* ***~ artillery,*** artillería de campaña; ***~ glass,*** gemelos de campaña.
fiend (fi:nd) *s.* demonio, diablo.
fiendish ('fi:ndiʃ) *a.* diabólico.
fierce (fiəs) *a.* fiero, feroz. *2* furioso. *3* intenso.
fierceness ('fiəsnis) *s.* ferocidad.
fieriness ('faiərinis) *s.* ardor, calor. *2* fogosidad.
fiery ('faiəri) *a.* ígneo. *2* ardiente, encendido. *3* vehemente, fogoso. *4* irascible, soberbio.
fife (faif) *s.* pífano.
fifteen ('fif'ti:n) *a.-s.* quince.
fifteenth ('fif'ti:nθ) *a.-s.* decimoquinto.
fifth (fifθ) *a.-s.* quinto.
fiftieth ('fiftiiθ) *a.-s.* quincuagésimo.
fifty ('fifti) *a.-s.* cincuenta.
fig (fig) *s.* BOT. higo; ***~-tree,*** higuera; ***~-leaf,*** fig. hoja de higuera; ***I don't care a ~,*** no me importa nada.
fight (fait) *s.* lucha, combate.
fight (to) (fait) *i.* luchar, pelear, contender. *2 t.* luchar con o contra. *3* lidiar [un toro]. *4* librar [una batalla]. ¶ Pret. y p. p.: ***fought*** (fɔ:t).
fighter ('faitəʳ) *s.* luchador. *2* combatiente. *3* avión de caza.
fighting ('faitiŋ) *a.* luchador, combativo; [toro] de lidia.
figment ('figmənt) *s.* ficción, invención.
figurative ('figjurətiv) *a.* figurativo. *2* figurado.
figure ('figəʳ) *s.* figura. *2* tipo, cuerpo, talle. *3* ARIT. cifra, número. *4* precio, valor. *5* dibujo; estatua. *6* ***~ head,*** mascarón de proa.
figure (to) ('figəʳ) *t.* adornar con [dibujos, etc.]. *2* figurarse, imaginar. *3* calcular. *4* ***to ~ out,*** resolver; descifrar, entender. *5* hacer viso.
filament ('filəmənt) *s.* filamento.
filbert ('filbət) *s.* avellana: ***~-tree,*** avellano.
filch (to) (filtʃ) *t.* hurtar, ratear.
file (fail) *s.* lima, escofina. *2* carpeta, archivador. *3* legajo, expediente. *4* fila, hilera.
file (to) (fail) *t.* limar. *2* archivar, registrar. *3 i.* desfilar.
filing ('failiŋ) *s.* limadura [acción]. *2* acción de archivar; ***~ card,*** ficha [de fichero]. *3 pl.* limaduras.
filigree ('filigri:) *s.* filigrana.
fill (fil) *s.* hartazgo. *2* colmo.
fill (to) (fil) *t.-i.* llenar(se. *2 t.* henchir, completar. *3* ocupar [un puesto]. *4* empastar [una muela]. *5* llevar a cabo. *6* ***to ~ in,*** rellenar [un impreso]; ***to ~ out,*** ensanchar(se; ***to ~ up,*** llenar, tapar.
fillet ('filit) *s.* filete; solomillo. *2* venda; lonja.
fillet (to) ('filit) *t.* cortar en lonjas.
filling ('filiŋ) *s.* relleno; llenado: ***~ sta-***

tion, estación de servicio. *2* envase. *3* empastadura.
fillip ('filip) *s.* capirotazo. *2* estímulo.
filly ('fili) *s.* potranca.
film (film) *s.* película, filme; ~ ***star***, estrella de cine. *2* membrana, telilla.
film (to) (film) *t.* filmar.
filter ('filtəʳ) *s.* filtro.
filter (to) ('filtəʳ) *t.-i.* filtrar(se.
filth (filθ) *s.* suciedad, porquería. *2* corrupción, obscenidad.
filthiness ('filθinis) *s.* suciedad. *2* obscenidad.
filthy ('filθi) *a.* sucio, mugriento. *2* corrompido, impuro.
fin (fin) *s.* aleta [de pez].
final ('fainl) *a.* final. *2* conclusivo. *3* definitivo, decisivo; terminante. *4* s. DEP. final. *5* **-ly** *adv.* finalmente.
finance (fai'næns, fi-) *s.* ciencia financiera. *2* *pl.* hacienda, fondos.
finance (to) (fai'næns, -fi) *t.* financiar.
financial (fai'nænʃəl, -fi) *a.* financiero, rentístico, bancario.
financier (fai'nænsiəʳ, fi-) *s.* financiero.
finch (fintʃ) *s.* ORN. pinzón.
find (faind) *s.* hallazgo, descubrimiento.
find (to) (faind) *t.* encontrar, hallar; descubrir; adivinar: ***to ~ fault with***, hallar defectos, censurar; ***to ~ out***, averiguar. *2* proveer de. *3* DER. ***to ~ guilty***, declarar culpable. ¶ Pret. y p. p.: ***found*** (faund).
finding ('faindiŋ) *s.* hallazgo, descubrimiento. *2* DER. fallo.
fine (fain) *s.* multa. *2 a.* fino. *3* de ley. *4* hermoso, bello. *5* bueno, excelente. *6* primoroso. *7* guapo, elegante. *8* ~ ***arts***, bellas artes.
fine (to) (fain) *t.* multar.
fineness '('fainnis) *s.* fineza, finura. *2* primor, excelencia.
finery ('fainəri) *s.* galas, adornos, atavíos.
finesse (fi'nes) *s.* astucia. *2* tacto, diplomacia.
finger ('fiŋgəʳ) *s.* dedo: ***index ~***, dedo índice; ***middle ~***, dedo del corazón; ***ring ~***, dedo anular; ***little ~***, dedo meñique; ~ ***board***, MÚS. teclado; ~ ***tip***, punta, yema del dedo.
finger (to) ('fiŋgəʳ) *t.* tocar, manosear. *2* hurtar. *3* teclear.
finger-nail ('fiŋgəneil) *s.* uña [del dedo].
finger-print ('fiŋgə-print) *s.* impresión digital.
finical ('finikl), **finicking** ('finikiŋ) *s.* melindroso, remilgado.
finish ('finiʃ) *s.* fin, final, término, remate. *2* última mano, acabado, perfección.
finish (to) ('finiʃ) *t.* acabar, terminar, concluir. *2* dar la última mano a. *3* vencer, matar, aniquilar. *4 i.* acabar, terminar.
finishing ('finiʃiŋ) *s.* acabamiento. *2* perfeccionamiento. *3* acabado. *4 a.* que acaba: ~ ***blow***, golpe de gracia.
finite ('fanait) *a.* finito, limitado.
Finland ('finlənd) *n. pr.* GEOGR. Finlandia.
Finn (fin) *s.* finés. *2* finlandés.
Finnish ('finiʃ) *a.-s.* finlandés.
fir (fə:ʳ) *s.* BOT. abeto.
fire ('faiəʳ) *s.* fuego, lumbre: ***to be on ~***, estar ardiendo; ***to catch ~***, encenderse; ***to set on*** o ***to ~***, pegar fuego a. *2* fuego, incendio: ***~-alarm***, avisador de fuegos; ***~-arm***, arma de fuego; ***~-brigade***, los bomberos; ***~-engine***, bomba de incendios; ***~-escape***, escalera de incendios. *3* fuego [disparos]: ***to miss ~***, fallar el tiro. *4* ardor, pasión; inspiración.
fire (to) ('faiəʳ) *t.* encender. *2* disparar [un arma de fuego]. *3* inflamar, enardecer. *4* despedir [a un empleado]. *5 i.* encenderse. *6* enardecerse.
fireman ('faiəmən) *s.* bombero. *2* fogonero.
fire-place ('faiə-pleis) *s.* hogar, chimenea.
fire-proof ('faiə-pru:f) *a.* incombustible; refractario.
fireside ('faiə-said) *s.* sitio junto a la lumbre.
firewood ('faiəwud) *s.* leña.
fireworks ('faiəwə:ks) *s. pl.* fuegos artificiales.
firing ('faiəriŋ) *s.* encendimiento. *2* fuego, disparo.
firm (fə:m) *a.* firme. *2* duro, consistente. *3* fiel, leal. *4 s.* firma, casa, razón social.
firmness ('fə:mnis) *s.* firmeza. *2* dureza, consistencia. *3* fidelidad, lealtad.
first (fə:st) *a.* primero: ~ ***aid***, primeros auxilios; ~ ***hand***, de primera mano; ~ ***name***, nombre de pila; ~ ***night***, TEAT. noche de estreno. *2* prístino, primitivo. *3* anterior, original. *4* temprano. *5 adv.* primero. *6* antes, al principio. *7* por primera vez. *8 s.* primero. *9* principio: ***at ~***, al principio; ***from the ~***, desde el principio. *10* **-ly** *adv.* primero, primeramente.
first-rate ('fə:st'reit) *a.* excelente, de primera.
firth (fə:θ) *s.* ría estuario.
fiscal ('fiskəl) *a.* fiscal.
fish (fiʃ) *s.* ICT. pez: ***a queer ~***, fig. un tipo raro. *2* pescado: ~ ***market***, pescadería.
fish (to) (fiʃ) *t.-i.* pescar.
fisherman ('fiʃəmən) *s.* pescador.

fishing ('fiʃiŋ) *s.* pesca [acción]: *~-rod,* caña de pescar; *~-tackle,* avíos de pescar. *2* pesquería.
fish-hook ('fiʃhuk) *s.* anzuelo.
fishmonger ('fiʃˌmʌŋgəʳ) *s.* pescadero.
fishpond ('fiʃpɔnd) *s.* estanque, vivero.
fission ('fiʃən) *s.* fisión.
fissure ('fiʃəʳ) *s.* hendidura, grieta.
fist (fist) *s.* puño.
fisticuffs ('fistikʌfs) *s. pl.* puñetazos.
fit (fit) *s.* ataque, acceso, paroxismo. *2* arranque, arrebato. *3* capricho, antojo. *4* ajuste, encaje. *5* corte, talle [de un traje]. *6* ***by fits and starts,*** a empujones. *7 a.* apto, capaz, apropiado, conveniente. *8* bien de salud. *9* listo, preparado.
fit (to) (fit) *t.-i.* adaptarse, ajustarse [a]; encajar [en]; convenir [con]; corresponder [a]; ser propio o adecuado [de o para]. *2* caer, venir [bien o mal]. *3 t.* ajustar, encajar. *4* entallar [un vestido]. *5* proveer, equipar. *6* disponer, preparar.
fitful ('fitful) *a.* variable. *2* caprichoso. *3* espasmódico.
fitness ('fitnis) *s.* aptitud, conveniencia. *2* salud.
fitting ('fitiŋ) *a.* propio, adecuado, conveniente. *2 s.* ajuste, encaje. *3* MEC. montaje. *4* SASTR. prueba, entalladura. *5 pl.* accesorios, guarniciones; muebles.
five (faiv) *a.-s.* cinco.
fiver ('faivəʳ) s. fam. billete de banco de cinco libras.
fix (fiks) *s.* apuro, aprieto.
fix (to) (fiks) *t.* fijar. *2* señalar; poner, establecer. *3* grabar [en la mente]. *4* atraer [la atención]. *5* arreglar, reparar. *6* fam. amañar. *7* convencer. *8* arreglar las cuentas [a uno]. *9 i.* fijarse, solidificarse. *10* ***to ~ on,*** decidirse por, escoger.
fixture ('fikstfəʳ) *s.* cosa, mueble, etc., fijos en un lugar. *2* persona establecida en un lugar. *3 pl.* instalación [de gas, etc.].
fizzle (to) ('fizl) *i.* sisear. *2* ***to ~ out,*** chisporrotear al apagarse.
flabbergast (to) ('flæbəga:st) *t.* confundir.
flabbiness ('flæbinis) *s.* flaccidez. *2* flojedad.
flabby ('flæbi) *a.* fláccido, flojo.
flaccid ('flæksid) *a.* fláccido, flojo.
flaccidity (flæk'siditi) *s.* flaccidez.
flag (flæg) *s.* bandera, estandarte, banderola. *2* losa, lancha.
flag (to) (flæg) *i.* desanimarse. *2* aflojar, flaquear, decaer.
flagellate (to) ('flædʒəleit) *t.* azotar.
flagging ('flægiŋ) *a.* lánguido.
flagitious (fle'dʒiʃəs) *a.* malvado.
flagon ('flægən) *s.* frasco.
flagrance, -cy ('fleigrəns, -i) *s.* flagrancia; escándalo.
flagrant ('fleigrənt) *a.* notorio, escandaloso.
flagship ('flægʃip) *s.* buque insignia.
flair (flɛəʳ) *s.* instinto, disposición natural.
flake (fleik) *s.* copo [de nieve]. *2* escama, pedacito, hojuela.
flamboyant (flæm'bɔiənt) *a.* flamígero. *2* vistoso, resplandeciente.
flame (fleim) *s.* llama; fuego. *2* pasión.
flame (to) (fleim) *i.* llamear, flamear, encenderse, inflamarse.
flamingo (flə'miŋgou) *s.* ORN. flamenco.
flange (flændʒ) *s.* MEC. brida, pestaña, reborde.
flank (flæŋk) *s.* ijada. *2* costado, lado. *3* MIL. flanco.
flank (to) (flæŋk) *t.* flanquear.
flannel ('flænl) *s.* TEJ. franela.
flap (flæp) *s.* SAST. cartera, pata; haldeta. *2* hoja plegadiza [de mesa]. *3* golpe, aletazo.
flap (to) (flæp) *t.* batir, agitar [las alas]. *2 i.* batir, aletear.
flare (flɛəʳ) *s.* llamarada, destello. *2* abocinamiento. *3* vuelo [de falda]. *4* arrebato [de cólera].
flare (to) (flɛəʳ) *t.* acampanar. *2 i.* llamear, fulgurar: ***to ~ up,*** encolerizarse.
flash (flæʃ) *s.* llamarada, destello; ráfaga de luz; fogonazo: ***~ of lightning,*** relámpago. *2* ostentación, relumbrón.
flash (to) (flæʃ) *t.* encender. *2* despedir [luz, destellos]; telegrafiar, radiar. *3 i.* relampaguear, centellear, brillar.
flashlight ('flæʃlait) *s.* linterna eléctrica. *2* FOT. luz de magnesio.
flashy ('flæʃi) *a.* llamativo, chillón.
flask (flɑ:sk) *s.* frasco, redoma.
flat (flæt) *a.* plano, llano, liso, raso. *2* chato, aplastado. *3* positivo, categórico. *4* insulso, soso. *5* monótono. *6* MÚS. desentonado. *7* MÚS. bemol. *8 s.* llanura, planicie, plano. *9* palma [de la mano]. *10* piso, apartamento. *11* **-ly** *adv.* llanamente, etc.
flatness ('flætnis) *s.* llanura. *2* lisura. *3* insipidez.
flatten (to) ('flætn) *t.* allanar, aplanar, aplastar. *2* postrar, abatir. *3 i.* aplanarse. *4* perder el sabor.
flatter (to) ('flætəʳ) *t.* adular, lisonjear. *2* halagar.
flattering ('flætəriŋ) *a.* lisonjero; halagüeño.
flattery ('flætəri) *s.* adulación, lisonja. *2* halago.

flatulent ('flætjulent) *s.* flatulento.
flaunt (flɔ:nt) *s.* ostentación.
flaunt (to) (flɔ:nt) *t.* hacer ondear. *2* lucir, ostentar. *3 i.* pavonearse.
flautist ('flɔ:tist) *s.* flautista.
flavo(u)r ('fleivəʳ) *s.* Sabor, gusto. *2* Aroma. *3* coc. Sazón.
flavo(u)r (to) ('fleivəʳ) *t.* sazonar, condimentar.
flaw (flɔ:) *s.* grieta, raja. *2* falta, defecto, imperfección.
flawless ('flɔ:lis) *a.* sin tacha.
flax (flæks) *s.* lino.
flaxen ('flæksən) *a.* de lino.
flay (to) (flei) *t.* desollar, despellejar. *2* fig. reprender.
flea (fli:) *s.* pulga.
fleck (flek) *s.* mancha; mota.
fled (fled) V. TO FLEE.
fledged ('fledʒd) *a.* plumado.
flee (to) (fli:) *i.* huir. *2 t.* huir de, evitar. ¶ Pret. y p. p.: ***fled*** (fled).
fleece (fli:s) *s.* vellón, lana.
fleece (to) (fli:s) *t.* esquilar. *2* robar.
fleecy ('fli:si) *a.* lanoso, lanudo.
fleet (fli:t) *s.* armada. *2* flota, escuadra. *3 a.* veloz, ligero.
fleeting ('fli:tiŋ) *a.* fugaz, pasajero, efímero.
Flemish ('flemiʃ) *a.-s.* flamenco [de Flandes].
flesh (fleʃ) *s.* carne: ***to put on ~,*** engordar; ***to lose ~,*** adelgazar.
fleshy ('fleʃi) *a.* carnoso, pulposo. *2* gordo, corpulento.
flew (flu:) *Pret.* de TO FLY.
flexibility (ˌfleksi'bility) *s.* flexibilidad.
flexible ('fleksəbl) *a.* flexible.
flexion ('flekʃən) *s.* flexión.
flick (flik) *s.* golpecito.
flicker ('flikəʳ) *s.* luz trémula.
flicker (to) ('flikəʳ) *i.* vacilar, temblar. *2* aletear.
flight (flait) *s.* vuelo. *2* trayectoria [de un proyectil]. *3* bandada [de pájaros]; escuadrilla [de aviones]. *4* fuga, huida. *5* tramo [de escalera].
flighty ('flaiti) *a.* vacilante.
flimsiness ('flimzinis) *s.* endeblez. *2* fragilidad.
flimsy ('flimzi) *a.* débil, endeble. *2* fútil, trivial, baladí.
flinch (to) (flintʃ) *i.* vacilar, retroceder, arredrarse.
fling (fliŋ) *s.* tiro, echada. *2* prueba, tentativa. *3* brinco. *4* pulla. *5* baile escocés.
fling (to) (fliŋ) *t.* echar, arrojar, tirar, lanzar: ***to ~ open,*** abrir de golpe. *2 i.* arrojarse, lanzarse. ¶ Pret. y p. p.: ***flung*** (flʌŋ).
flint (flint) *s.* pedernal. *2* piedra de encendedor.
flip (to) (flip) *t.* arrojar, lanzar [con el pulgar y otro dedo].
flippancy ('flipənsi) *s.* frivolidad. *2* ligereza.
flippant ('flipənt) *a.* ligero, impertinente, petulante.
flirt (flə:t) *s.* galanteador. *2* coqueta.
flirt (to) (flə:t) *i.* flirtear, coquetear. *2* juguetear.
flirtation (flə:'teiʃən) **flirting** ('flə:tiŋ) *s.* flirteo, coqueteo, galanteo.
flit (to) (flit) *i.* volar, revolotear.
flitch (flitʃ) *s.* lonja de tocino.
flitting ('flitiŋ) *a.* fugaz.
float (flout) *s.* corcho, flotador. *2* boya. *3* balsa. *4* carroza.
float (to) (flout) *i.* flotar. *2 t.* hacer flotar. *3* COM. emitir.
flock (flɔk) *s.* rebaño; manada; bandada [de aves]. *2* grey. *3* muchedumbre. *4* hatajo.
flock (to) (flɔk) *i.* reunirse, congregarse, juntarse.
floe (flou) *s.* témpano de hielo.
flog (to) (flɔg) *t.* azotar.
flogging ('flɔgiŋ) *s.* paliza.
flood (flʌd) *s.* riada, crecida. *2* inundación. *3* torrente. *4* abundancia. *5* ***~-tide,*** pleamar.
flood (to) (flʌd) *t.* inundar. *2* diluviar. *3 i.* desbordarse.
flood-light ('flʌdlait) *s.* reflector.
floor (flɔ:ʳ, flɔəʳ) *s.* suelo, piso, pavimento. *2* fondo [del mar, etc.]. *3* piso [de una casa].
floor (to) (flɔ:ʳ) *t.* solar. *2* tumbar. *3* vencer, derrotar.
flooring ('flɔ:riŋ) *s.* piso, suelo. *2* embaldosado, entarimado.
flora ('flɔ:rə) *s.* BOT. flora.
florid ('flɔrid) *a.* florido [estilo]. *2* colorado [rostro].
florin ('flɔrin) *s.* florín.
florist ('flɔrist) *s.* florista.
flotsam ('flɔtsəm) *s.* pecio(s.
flounce (flauns) *s.* volante, faralá. *2* sacudida.
flounce (to) (flauns) *i.* moverse con furia. *2* guarnecer con volantes.
flounder ('flaundəʳ) *s.* ICT. platija. *2* esfuerzo tope.
flounder (to) (flaundəʳ) *i.* esforzarse torpemente. *2* vacilar; equivocarse.
flour ('flauəʳ) *s.* harina.
flourish ('flʌriʃ) *s.* molinete ostentoso con

el sable, etc. *2* rasgo caprichoso. *3* toque de trompetas. *4* prosperidad.
flourish (to) ('flʌriʃ) *i.* prosperar. *2* rasguear [con la pluma; la guitarra]. *3 t.* adornar. *4* blandir [la espada, etc.].
flourishing ('flʌriʃiŋ) *a.* próspero, floreciente.
floury ('flauəri) *a.* harinoso.
flout (to) (flaut) *t.* mofarse de, escarnecer, insultar.
flow (flou) *s.* flujo, corriente. *2* torrente, chorro.
flow (to) (flou) *i.* fluir, manar, correr. *2* dimanar, proceder. *3* ***to ~ away,*** deslizarse; ***to ~ into,*** desembocar en.
flower ('flauəʳ) *s.* BOT. flor: ***~-pot,*** maceta; ***~ vase,*** jarrón, florero. *2* flor y nata.
flower (to) ('flauəʳ) *i.* florecer.
flowering ('flauəriŋ) *a.* florido.
flowery ('flauəri) *a.* florido.
flowing ('flouiŋ) *a.* fluido, fluente. *2* fluido, fácil [estilo].
flown (floun) *p. p. de* TO FLY.
flu (flu:) *s.* MED. fam. gripe.
fluctuate (to) ('flʌktjueit) *i.* fluctuar.
fluctuation (ˌflʌktju'eiʃən) *s.* fluctuación.
flue (flu:) *s.* chimenea, humero.
fluency ('fluənsi) *s.* fluidez.
fluent (fluənt) *a.* fluido. *2* fácil, corriente. *2* **-ly** *adv.* fácilmente.
fluff (flʌf) *s.* pelusa, lanilla.
fluffy ('flʌfi) *a.* mullido.
fluid ('flu(:)id) *a.-s.* fluido.
fluidity (flu(:)'iditi) *s.* fluidez.
fluke (flu:k) *s.* chiripa.
flung (flʌŋ) V. TO FLING.
fluorescent (fluə'resnt) *a.* fluorescente.
flurry ('flʌri) *s.* agitación, excitación. *2* barullo. *3* ráfaga.
flurry (to) ('flʌri) *t.* agitar.
flush (flʌʃ) *a.* lleno, rico, abundante. *2* rojo, encendido. *3* parejo, raso, nivelado. *4 s.* flujo rápido. *5* rubor, sonrojo.
flush (to) (flʌʃ) *i.* afluir [la sangre]. *2* encenderse; ruborizarse. *3* salir, brotar. *4 t.* encender, ruborizar. *5* animar; engreír. *6* inundar. *7* igualar.
fluster ('flʌstəʳ) *s.* confusión.
fluster (to) ('flʌstəʳ) *t.* confundir, aturdir.
flute (flu:t) *s.* MÚS. flauta. *2* ARQ. estría. *3* pliegue.
flutter ('flʌtəʳ) *s.* vibración, aleteo, palpitación. *2* agitación.
flutter (to) ('flʌtəʳ) *i.* temblar, aletear, palpitar. *2* flamear, ondear. *3* agitarse. *4 t.* agitar.
fluvial ('flu:vjəl) *a.* fluvial.
flux (flʌks) *s.* flujo. *2* fusión.
fly (flai) *s.* ENT. mosca. *2* bragueta. *3 pl.* TEAT. bambalinas. *4* ***~-leaf,*** guarda [de libro]; ***~-wheel,*** MEC. volante.
fly (to) (flai) *i.* volar. *2* huir, escaparse. *3* lanzarse, precipitarse. *4* saltar, estallar. *5* ***to ~ into a passion,*** montar en cólera. *6 t.* dirigir [un avión]. *7* enarbolar [banderas]. *8* evitar, huir de. ¶ Pret.: ***flew*** (flu:); p. p.: ***flown*** (floun).
flying ('flaiiŋ) *a.* volador, volante, para volar; rápido, veloz: ***~ buttress,*** arbotante; ***~ saucer,*** platillo volante. *2* fugitivo. *3* desplegado [bandera, etc.].
foal (foul) *s.* potro, potra.
foam (foum) *s.* espuma.
foam (to) (foum) *i.* echar espuma.
focus ('foukəs) *s.* foco; enfoque.
focus (to) ('foukəs) *t.* enfocar.
fodder ('fɔdəʳ) *s.* forraje, pienso.
foe (fou) *s.* enemigo.
fog (fɔg) *s.* niebla, bruma.
foggy ('fɔgi) *a.* neblinoso, brumoso. *2* FOT. velado.
foible ('fɔibl) *s.* punto flaco, debilidad.
foil (fɔil) *s.* ESGR. florete. *2* hojuela [de metal].
foil (to) (fɔil) *t.* frustrar.
foist (to) (fɔist) *t.* endosar [una mercancía, etc.] con engaño.
fold (fould) *s.* pliegue, doblez. *2* redil, aprisco. *3* grey.
fold (to) (fould) *t.-i.* doblar(se, plegarse. *2 t.* cruzar [los brazos].
folding ('fouldiŋ) *a.* plegable: ***~ chair,*** silla de tijera.
foliage ('fouliidʒ) *s.* follaje.
folk (fouk) *s.* gente, pueblo, raza: ***~ song,*** canción popular.
folk-lore ('fouk-lɔ:ʳ) *s.* folklore.
follow (to) ('fɔlou) *t.* seguir. *2* perseguir. *3* ***as follows,*** como sigue; ***to ~ on,*** o ***up,*** proseguir; ***to ~ out,*** llevar a cabo.
follower ('fɔlouəʳ) *s.* seguidor. *2* imitador, discípulo. *3* partidario.
following ('fɔlouiŋ) *a.* siguiente.
folly ('fɔli) *s.* tontería. *2* locura.
foment (to) fou'mənt) *t.* fomentar.
fond (fɔnd) *a.* cariñoso. *2* ***to be ~ of,*** ser amigo de; querer; ser aficionado a. *3* **-ly** *adv.* cariñosamente.
fondle (to) ('fɔndl) *t.* tratar con amor; mimar, acariciar.
fondness ('fɔndnis) *s.* afición. *2* cariño, ternura.
font (fɔnt) *s.* pila bautismal.
food (fu:d) *s.* alimento, comida. *2* ***~-stuffs,*** comestibles.
fool (fu:l) *s.* tonto, bobo. *2* loco. *3* bufón.

4 to make a ~ of, poner en ridículo; *to play the ~,* hacer el tonto.
fool (to) (fu:l) *t.* engañar. *2* embromar. *3 i.* bromear.
fool-hardy ('fu:lˌhɑ:di) *a.* temerario.
foolish ('fu:liʃ) *a.* tonto, necio. *2* absurdo, ridículo.
foolishness ('fu:liʃnis) *s.* tontería, simpleza, necedad.
foot (fut), *pl.* **feet** (fi:t) *s.* pie [de pers.]: *on ~,* a pie. *2* pata, pie [de animal, mueble, objeto]. *3* pie, base. *4* pie [medida].
football ('futbɔ:l) *s.* DEP. fútbol.
footfall ('futfɔ:l) *s.* pisada.
footing ('futiŋ) *s.* pie, base, fundamento.
footlights ('futlaits) *s.* candilejas.
footman ('futmən) *s.* lacayo.
foot-path ('futpɑ:θ) *s.* sendero.
footprint ('futprint) *s.* huella, pisada.
footsore ('futsɔ:ʳ) *a.* despeado.
footstep ('futstep) *s.* paso, pisada.
footwear ('futwɛəʳ) *s.* calzado; medias, calcetines.
fop (fɔp) *s.* petimetre.
for (fɔ:ʳ, fəʳ) *prep.* para; por; a causa de. *2* durante. *3 as ~ me,* por mi parte; *but ~,* a no ser por, sin; *~ all,* no obstante, a pesar de; *~ good,* para siempre; *what ~?,* ¿para qué?. *4 conj.* (fɔ:ʳ) ya que, pues.
forage ('fɔridʒ) *s.* forraje.
forage (to) ('fɔridʒ) *t.* forrajear. *2* saquear, pillar.
forasmuch as (fərəz'mʌtʃæz) *conj.* ya que, puesto que.
foray ('fɔrei) *s.* correría, incursión, irrupción.
forbade (fə'beid) V. TO FORBID.
forbear (to) ('fɔ:bɛəʳ) *t.* dejar de, abstener de. *2* sufrir con paciencia. ¶ Pret.: *forbore* (fɔ:'bɔ:ʳ); p. p.: *forborne* (fɔ:'bɔ:n).
forbearance (fɔ:'bɛərəns) *s.* abstención, contención. *2* paciencia, indulgencia.
forbid (to) (fə'bid) *t.* prohibir, vedar, negar: *God ~!,* ¡no quiera Dios! ¶ Pret.: *forbade* (fə'beid) *o* *forbad* (fə'bæd); p. p.: *forbidden* (fə'bidn).
forbidding (fə'bidiŋ) *a.* prohibitivo. *2* repulsivo. *3* formidable.
forbore (fɔ:'bɔ:ʳ) V. TO FORBEAR.
forborne (fɔ:'bɔ:n) V. TO FORBEAR.
force (fɔ:s) *s.* fuerza: *by ~,* a la fuerza, por fuerza. *2* brío, fuego. *3* virtud, eficacia. *4 in ~,* en vigor, en vigencia.
force (to) (fɔ:s) *t.* forzar. *2* obligar. *3* imponer. *4* obtener, sacar, meter, etc. [por fuerza]: *to ~ one's way,* abrirse paso.
forceful ('fɔ:sful) *a.* poderoso, eficaz; violento.
force-meat ('fɔ:s-mi:t) relleno.
forceps ('fɔ:səps) *s.* fórceps.
forcible ('fɔ:səbl) *a.* fuerte, potente, eficaz, violento.
ford (fɔ:d) *s.* vado.
ford (to) (fɔ:d) *t.* vadear.
fore (fɔ:, fɔəʳ) *a.* delantero. *2 s.* parte delantera; proa. *3 adv.* a proa.
forearm (fɔ:r'ɑ:m) *s.* antebrazo.
forebode (to) (fɔ:'boud) *t.-i.* presagiar. *2 t.* presentir.
foreboding (fɔ:'boudiŋ) *s.* presagio, augurio. *2* presentimiento.
forecast ('fɔkɑ:st) *s.* pronóstico, previsión.
forecast (to) ('fɔ:kɑ:st) *t.* pronosticar, predecir. ¶ Pret. y p. p.: *forecast* o *-ted* (-tid).
foredoom (to) (fɔ:'du:m) *t.* destinar o condenar de antemano.
forefather ('fɔ:ˌfɑ:ðəʳ) *s.* antepasado.
forefinger ('fɔ:ˌfiŋgəʳ) *s.* dedo índice.
forefoot ('fɔ:-fut) *s.* pata delantera.
forefront ('fɔ:frʌnt) *s.* vanguardia.
foregoing (fɔ:'gouiŋ) *s.* anterior, precedente.
foreground ('fɔ:graund) *s.* PERSP. primer término o plano.
forehead ('fɔrid) *s.* ANAT. frente.
foreign ('fɔrin) *a.* extranjero, exterior: *Foreign Office* (Ingl.), ministerio de asuntos exteriores. *2* forastero, extraño. *3* ajeno.
foreigner ('fɔrinəʳ) *s.* extranjero [pers.].
foreknowledge ('fɔ:'nɔlidʒ) *s.* presciencia.
foreland ('fɔ:lənd) *s.* cabo, promontorio.
foreleg ('fɔ:leg) *s.* pata delantera.
forelock ('fɔ:lɔk) *s.* mechón que cae sobre la frente.
foreman ('fɔ:mən) *s.* capataz.
foremost ('fɔ:moust) *a.* delantero. *2* primero, principal.
forenoon ('fɔ:nu:n) *s.* [la] mañana.
forensic (fə'rensik) *a.* forense.
forerunner ('fɔ:ˌrʌnəʳ) *s.* precursor. *2* anuncio, presagio.
foresee (to) (fɔ:'si:) *t.* prever. ¶ Pret.: *foresaw* (fɔ:'sɔ:); p. p.: *foreseen* (fɔ:'si:n).
foreshadow (to) (fɔ:'ʃædou) *t.* prefigurar, simbolizar.
foreshortening (fɔ:'ʃɔ:tniŋ) *s.* escorzo.
foresight ('fɔ:sait) *s.* previsión, perspicacia. *2* prudencia.
forest ('fɔrist) *s.* bosque, selva.
forestall (to) (fɔ:'stɔ:l) *t.* anticiparse a; prevenir, impedir.
forestry ('fɔristri) *s.* silvicultura.

foretell (to) (fɔ:'tel) *t.* predecir. ¶ Pret. y p. p.: ***foretold*** (fɔ:'tould).
forethought ('fɔ:θɔ:t) *s.* previsión. *2* premeditación.
forever (fə'revə^r) *adv.* siempre, para siempre, por siempre.
forewarn (to) (fɔ:'wɔ:n) *t.* prevenir, advertir, avisar.
foreword ('fɔ:wə:d) *s.* prefacio.
forfeit ('fɔ:fit) *s.* pena, multa. *2* prenda [en los juegos].
forfeit (to) ('fɔ:fit) *t.* perder [algo] como pena o castigo.
forge (fɔ:dʒ) *s.* fragua; herrería.
forge (to) (fɔ:dʒ) *t.* forjar, fraguar [metal]. *2* forjar [mentiras]. *3* falsificar [documentos].
forgery ('fɔ:dʒəri) *s.* falsificación.
forget (to) (fə'get) *t.-i.* olvidar, olvidarse de, descuidar: *~ **it,*** no se preocupe. ¶ Pret.: ***forgot*** (fə'gɔt); p. p.: ***forgotten*** (fə'gɔtn).
forgetful (fə'getful) *a.* olvidadizo.
forgive (to) fə'giv) *t.* perdonar, dispensar. ¶ Pret.: ***forgave*** (fə'geiv); p. p.: ***forgiven*** (fə'givn).
forgiveness (fə'givnis) *s.* perdón, remisión. *2* misericordia.
forgo (to) (fɔ:'gou) *t.* renunciar a, privarse de. ¶ Pret.: ***forwent*** (fɔ:'went); p. p.: ***forgone*** (fɔ:'gɔn).
forgot (fə'gɔt), **forgotten** (fə'gɔtn) V. TO FORGET.
fork (fɔ:k) *s.* tenedor. *2* horca, horquilla. *3* bifurcación.
fork (to) (fɔ:k) *i.* bifurcarse.
forlorn (fə'lɔ:n) *a.* abandonado. *2* triste. *3* desesperado.
form (fɔ:m) *s.* forma. *2* formalidad, etiqueta. *3* impreso [para llenar]. *4* banco [asiento]. *5* grado o curso en escuela primaria.
form (to) (fɔ:m) *t.-i.* formar(se.
formal ('fɔ:məl) *a.* formal [rel. a la forma]. *2* solemne; de cumplido, de etiqueta. *2* ceremonioso.
formality (fɔ:'mæliti) *s.* formalidad, requisito. *2* ceremonia, etiqueta.
formation (fɔ:'meiʃən) *s.* formación. *2* disposición, estructura.
former ('fɔ:mə^r) *a.* anterior, precedente; antiguo. *2 pron.* el primero [de dos]; ***the ~ ..., the latter...,*** éste ..., aquél...
formerly ('fɔ:məli) *adv.* antes. *2* antiguamente.
formidable ('fɔ:midəbl) *a.* formidable, temible.
formula ('fə:mjulə) *s.* fórmula.
formulate (to) ('fɔ:mjuleit) *t.* formular.
fornicate (to) ('fɔ:nikeit) *i.* fornicar.
fornication ('fɔ:ni'keiʃən) *s.* fornicación.
forsake (to) (fə'seik) *t.* abandonar, desamparar. *2* renegar de. ¶ Pret.: *forsook* (fə'suk); p. p.: *forsaken* (fə'seikən).
forswear (to) (fɔ:'swɛə^r) *t.* abjurar, renunciar. ¶ Pret.: ***forswore*** ('fɔ:'swɔ:^{r}); p. p.: ***forsworn*** (fɔ:'swɔ:n).
fort (fɔ:t) *s.* fuerte, fortaleza.
forth (fɔ:θt) *adv.* delante, adelante. *2* en adelante. *3* ***and so ~,*** y así sucesivamente.
forthcoming (fɔ:θ'kʌmiŋ) *a.* venidero, próximo. *2* disponible.
forthwith ('fɔ:θ'wiθ) *adv.* inmediatamente.
fortieth ('fɔ:tiiθ) *a.-s.* cuadragésimo.
fortification (ˌfɔ:tifi'keiʃən) *s.* fortificación.
fortify (to) ('fɔ:tifai) *t.* fortificar. *2* fortalecer. *3* corroborar.
fortitude ('fɔ:titju:d) *s.* fortaleza [de ánimo], valor.
fortnight ('fɔ:tnait) *s.* quincena.
fortnightly ('fɔ:tˌnəitli) *a.* quincenal. *2 adv.* cada quince días.
fortress ('fɔ:tris) *s.* fortaleza.
fortuitous (fɔ:'tju(:)itəs) *a.* fortuito, casual.
fortunate ('fɔ:tʃənit) *a.* afortunado, feliz.
fortune ('fɔ:tʃən) *s.* fortuna, suerte: ***~-teller,*** adivino. *2* fortuna, caudal.
forty ('fɔ:ti) *a.-s.* cuarenta.
forward ('fɔ:wəd) *a.* delantero. *2* precoz, adelantado. *3* atrevido, descarado. *4 s.* DEP. delantero.
forward (to) ('fɔ:wəd) *t.* enviar, remitir, expedir; reexpedir. *2* promover, favorecer, adelantar.
forwardness ('fɔ:wədnis) *s.* progreso. *2* prontitud. *3* precocidad. *4* audacia. *5* descaro.
forward(s ('fɔ:wəd(z) *adv.* [hacia] adelante; más allá.
fossil ('fɔsil) *a.-s.* fósil.
fossilize (to) ('fɔsilaiz) *t.-i.* fosilizar(se.
foster ('fɔstə^r) *a.* de leche; adoptivo: ***~-brother,*** hermano de leche; ***~-mother,*** madre adoptiva.
foster (to) ('fɔstə^r) *t.* criar, nutrir. *2* alentar, fomentar.
fought (fɔ:t) V. TO FIGHT.
foul (faul) *a.* sucio, asqueroso. *2* fétido. *3* viciado [aire]. *4* malo [tiempo]. *5* obsceno. *6* DEP. sucio.
foul (to) (faul) *t.-i.* ensuciar(se. *2* enredar(se. *3* DEP. jugar sucio. *4* chocar.
found (faund) TO FIND.
found (to) (faund) *t.* fundar. *2* METAL. fundir.

foundation (faun'deiʃən) *s.* fundación [acción, institución]. *2* fundamento, base.
founder ('faunðəʳ) *s.* fundador. *2* fundidor.
founder (to) ('faundəʳ) *t.* MAR. hundir, echar a pique. *2 i.* MAR. irse a pique. *3* tropezar, despearse [el caballo].
foundling ('faundliŋ) *s.* expósito; inclusero.
foundry ('faundri) *s.* fundición.
fount (faunt) *s.* manantial.
fountain ('fauntin) *s.* fuente; surtidor. *2* *~-pen,* pluma estilográfica.
four (fɔ:ʳ, fɔəʳ) *a.-s.* cuatro: ***on all fours,*** a gatas.
fourfold ('fɔ:-fould) *a.* cuádruplo.
fourteen ('fɔ:'ti:n) *a.-s.* catorce.
fourteenth ('fɔ:'ti:nθ) *a.* decimocuatro.
fourth (fɔ:θ) *a.-s.* cuatro.
fowl (faul) *s.* ave de corral.
fox (fɔks) *s.* zorro, raposa.
foxy ('fɔksi) *a.* taimado, astuto.
fraction ('frækʃən) *s.* fragmento, porción. *2* MAT. fracción.
fractious ('frækʃəs) *a.* quisquilloso, enojadizo. *2* rebelón.
fracture ('fræktʃəʳ) *s.* fractura.
fracture (to) ('fræktʃəʳ) *t.-i.* fracturar(se, romper(se.
fragile ('frædʒail) *a.* frágil. *2* quebradizo; delicado.
fragment ('frægmənt) *s.* fragmento, trozo.
fragmentary ('frægməntəri) *a.* fragmentario.
fragrance ('freigrəns) *s.* fragancia.
fragrant ('freigrənt) *a.* fragante, oloroso.
frail (freil) *a.* frágil. *2* débil.
frame (freim) *s.* armazón, armadura, esqueleto. *2* cuerpo [del hombre, etc.]. *3* bastidor, marco. *4* *~* ***of mind,*** estado de ánimo.
frame (to) (frem) *t.* formar, construir. *2* encuadrar, enmarcar. *3* idear. *4* expresar.
framework ('freimwə:k) *s.* armazón, esqueleto.
franc (fræŋk) *s.* franco [moneda].
franchise ('fræntʃaiz) *s.* privilegio. *2* derecho político.
frank (fræŋk) *a.* franco [sincero, claro]. *2* *s.* franquicia postal.
frankfurter ('fræŋkˌfɔ:təʳ) *s.* salchicha de Francfort.
frankincense ('fræŋkinˌsens) *s.* incienso.
frankness ('fræŋknis) *s.* franqueza, sinceridad.
frantic ('fræntik) *a.* frenético, furioso, desesperado.
fraternal (frə'tə:nl) *a.* fraternal.
fraternity '(frə'tə:niti) *s.* hermandad.
fraternize (to) ('frætənaiz) *i.* fraternizar.
fratricide ('freitrisaid) *s.* fratricidio. *2* fratricida.
fraud (frɔ:d) *s.* fraude, dolo, engaño. *2* farsante, impostor.
fraudulent ('frɔ:djulənt) *a.* engañoso.
fraught (frɔ:t) *a.* lleno, cargado, preñado.
fray (frei) *s.* riña, pelea.
fray (to) (frei) *t.* rozar, raer, desgastar. *2 i.* deshilacharse.
freak (fri:k) *s.* capricho, antojo, rareza. *2* monstruosidad.
freakish ('fri:kiʃ) *a.* monstruoso. *2* raro. *3* caprichoso.
freckle ('frekl) *s.* peca.
free (fri:) *a.* libre: *~* ***and easy,*** campechano, despreocupado; *~* ***trade,*** librecambio; *~* ***will,*** libre albedrío. *2* franco, exento. *3* gratuito, de balde. *4* espontáneo, voluntario. *5* liberal, generoso. *6* suelto, fácil; atrevido, desenvuelto. *7* desocupado, vacante. *8 adv.* libremente. *10* **-ly** *adv.* libremente, etc.
free (to) (fri:) *t.* librar, libertar. *2* eximir. *3* desembarazar; soltar.
freebooter ('fri:ˌbu:təʳ) *s.* filibustero.
freedom ('fri:dəm) *s.* libertad. *2* facilidad, soltura.
free-hand ('fri:hænd) *a.* hecho a pulso [dibujo].
freehold ('fri:hould) *s.* dominio absoluto.
freemason ('fri:ˌmeisn) *s.* francmasón.
freemasonry ('fri:ˌmeisnri) *s.* francmasonería.
freer (friəʳ) *s.* libertador.
freeze (fri:z) *s.* helada.
freeze (to) (fri:z) *t.-i.* helar(se, congelar(se. ¶ Pret.: ***froze*** (frouz); p. p.: ***frozen*** (frouzn).
freezing ('fri:ziŋ) *a.* glacial. *2* frigorífico. *3* *~* ***point,*** punto de congelación.
freight (freit) *s.* carga, flete.
French (frentʃ) *a.-s.* francés: ***the French,*** los franceses; *~* ***bean,*** judía; *~* ***leave,*** despedida a la francesa; *~* ***window,*** puerta, ventana.
Frenchman ('frentʃmən) *s.* francés [hombre].
Frenchwoman ('frentʃˌwumən) *s.* francesa [mujer].
frenzied ('frenzid) *a.* frenético.
frenzy ('frenzi) *s.* frenesí, locura, desvarío.
frequency ('fri:kwənsi) *s.* frecuencia.
frequent ('fri:kwənt) *a.* frecuente. *2* habitual, regular.
frequent (to) (fri'kwent) *t.* frecuentar.
fresco ('freskou) *s.* PINT. fresco.
fresh (freʃ) *a.* fresco, nuevo, reciente. *2* tierno [pan]. *3* puro [aire]. *4* descan-

sado [tropa]. *5* descarado, fresco. *6* ~ ***water,*** agua dulce. *7* **-ly** *adv.* frescamente, etc.
freshen (to) ('freʃn) *t.-i.* refrescar(se.
freshman ('freʃmən) *s.* estudiante de primer año en universidad.
freshness ('freʃnis) *s.* frescor. *2* verdor. *3* novedad. *4* descaro.
fret (fret) *s.* roce. *2* raedura. *3* irritación.
fret (to) (fret) *t.-i.* rozar(se, raer(se, desgastar(se. *2* impacientar(se, irritar(se, apurar(se.
fretful ('fretful) *a.* irritable, enojadizo; nervioso, impaciente.
friar ('fraiəʳ) *s.* fraile, monje.
friction ('frikʃən) *s.* fricción, rozamiento, roce, frote.
Friday ('fraidi) *s.* viernes: ***Good ~,*** viernes santo.
fried (fraid) *p. p.* de TO FRY. *2* frito.
friend (frend) *s.* amigo, amiga: ***to make friends with,*** trabar amistad con; ***bosom ~,*** amigo íntimo; ***boy ~,*** novio; ***girl ~,*** novia.
friendless ('frendlis) *a.* sin amigos.
friendly ('frendli) *a.* amistoso, amigable. *2* benévolo, favorable.
friendship ('frendʃip) *s.* amistad.
frieze (fri:z) *s.* ARQ. friso.
frigate ('frigit) *s.* fragata.
fright (frait) *s.* miedo, terror; susto, espanto. *2* espantajo.
frighten (to) ('fraitn) *t.* asustar, espantar: ***to ~ away,*** ahuyentar.
frightful ('fraitful) *a.* espantoso, terrible. *2* horroroso, feísimo. *3* **-ly** adv. terriblemente.
frightfulness ('fraitfulnis) *s.* horror, espanto.
frigid ('fridʒit) *a.* frígido, frío.
frigidity (fri'dʒiditi) *s.* frigidez, frialdad, indiferencia.
frill (fril) *s.* COST. adorno alechugado; chorrera, faralá.
fringe (frindʒ) *s.* franja, fleco, orla. *2* flequillo. *3* borde.
fringe (to) (frindʒ) *t.* orlar, adornar con flecos o franjas.
frippery ('fripəri) *s.* perifollos. *2 a.* frívolo.
frisk (to) *i.* retozar, triscar.
frisky ('friski) *a.* juguetón, alegre, vivaracho.
fritter ('fritəʳ) *s.* frisuelo, buñuelo. *2* fragmento.
fritter (to) ('fritəʳ) *t.* desmenuzar: ***to ~ away,*** desperdiciar.
frivolity (fri'vɔliti) *a.* frivolidad.
frivolous ('frivələs) *a.* frívolo.
frizzle (to) ('frizl) *t.* rizar, encrespar, frisar.
fro (frou) *adv.* ***to and ~,*** de un lado a otro.
frock (frɔk) *s.* hábito [monacal]. *2* vestido [de mujer]. *3* ~ ***coat,*** levita.
frog (frɔg) *s.* rana. *2 t.* alamar.
frolic ('frɔlik) *s.* juego, retozo. *2* holgorio, diversión.
frolic (to) ('frɔlik) *i.* juguetear, retozar, divertirse.
frolicsome ('frɔliksəm) *a.* juguetón, travieso, retozón.
from (frɔm, frəm) *prep.* de, desde. *2* a partir de. *3* de parte de. *4* según. *5* por, a causa de.
front (frʌnt) *s.* frente, fachada. *2* MIL. frente. *3* delantera. *4* pechera [de camisa]. *5* ***in ~ of,*** delante de, frente a. *6 a.* delantero; frontero; frontal.
front (to) (frʌnt) *t.* hacer frente a. *2* mirar a, dar a.
frontier ('frʌntjəʳ) *s.* frontera. *2 a.* fronterizo.
frontispiece ('frʌntispi:s) *s.* frontispicio. *2* portada [de libro].
frost (frɔst) *s.* escarcha, helada.
frost-bitten ('frɔst͵bitn) *a.* helado; quemado [por la helada].
frosty ('frɔsti) *a.* helado, glacial.
froth (frɔθ) *s.* espuma.
froth (to) (frɔθ) *t.* espumar.
frothy ('frɔθi) *a.* espumoso. *2* frívolo.
frown (fraun) *s.* ceño, entrecejo.
frown (to) (fraun) *i.* fruncir el entrecejo.
frowning ('frauniŋ) *a.* ceñudo.
froze (frouz) V. TO FREEZE.
frozen ('frouzn) TO FREEZE.
frugal ('fru:gəl) *a.* frugal.
frugality (fru'gæliti) *s.* frugalidad.
fruit (fru:t) *s.* fruto. *2* fruta, frutas; ~ ***tree,*** árbol frutal.
fruit (to) (fru:t) *i.* fructificar.
fruiterer ('fru:tərəʳ) *s.* frutero: ***~'s shop,*** frutería.
fruitful ('fru:tful) *a.* fructífero, fructuoso. *2* fértil, abundante.
fruition (fru(:)'iʃən) *s.* fruición.
fruitless ('fru:tlis) *a.* infructuoso, estéril, vano.
frump (frʌmp) *s.* vieja anticuada.
frustrate (to) (frʌs'treit) *t.* frustrar. *2* burlar, hacer fracasar.
frustration (frʌs'treiʃən) *s.* frustración.
fry (frai) *s.* freza, morralla: ***small ~,*** gente menuda.
fry (to) (frai) *t.-i.* freír(se.
frying ('fraiiŋ) *s.* freidura: ***~-pan,*** sartén.
fuel (fjuəl) *s.* combustible. *2* pábulo.

fugitive ('fju:dʒitiv) *a.* fugitivo. *2* fugaz, pasajero. *3 s.* fugitivo.
fulfil(l (to) (ful'fil) *t.* cumplir, realizar, verificar, efectuar.
fulfilment (ful'filmənt) *s.* ejecución, realización. *2* colmo.
full (ful) *a.* lleno, colmado, repleto, atestado: ~ ***house,*** lleno [en un espectáculo]; ~ ***moon,*** luna llena. *2* pleno, entero, completo, todo; ***at*** ~ ***speed,*** a toda velocidad. *3* plenario. *4* copioso, abundante. *5* extenso, detallado: ***in*** ~, detalladamente, sin abreviar. *6* ~ ***age,*** mayoría de edad. *7* ~ ***dress,*** traje de etiqueta; uniforme de gala. *8* ~ ***stop,*** punto [final]. *9 adv.* enteramente, del todo.
full-grown ('ful'groun) *a.* crecido.
full-length ('ful'leŋθ) *a.* de cuerpo entero.
fullness ('fulnis) *s.* llenura, plenitud, colmo. *2* abundancia. *3* hartura.
fully ('fuli) *adv.* plenamente. *2* de lleno. *3* ampliamente.
fulminate (to) ('fʌlmineit) *t.* fulminar. *2 i.* ***to*** ~ ***against,*** tronar contra.
fulsome ('fulsəm) *a.* servil, bajo.
fumble (to) ('fʌmbl) *i.* buscar a tientas, revolver [buscando].
fumbler ('fʌmbləʳ) *s.* chapucero.
fume (fju:m) *s.* humo. *2* vaho, gas, vapor. *3* cólera.
fume (to) (fju:m) *t.* ahumar. *2* rabiar, echar pestes.
fumigate (to) ('fju:migeit) *t.* fumigar. *2* sahumar.
fuming ('fju:miŋ) *a.* enojado, furioso.
fumigation (ˌfju:mi'geiʃən) *s.* fumigación.
fun (fʌn) *s.* broma, diversión: ***in [for]*** ~, de broma: ***to be*** ~, ser divertido. *2* chanza, burla: ***to make*** ~ ***of,*** burlarse de; ***to have some*** ~, divertirse.
function ('fʌŋkʃən) *s.* función. *2* fiesta, reunión, acto.
function (to) ('fʌŋkʃən) *i.* funcionar.
functional ('fʌŋkʃənl) *a.* funcional.
fund (fʌnd) *s.* fondo, capital. *2* acopio, reserva. *3 pl.* fondos.
fundamental (ˌfʌndə'mentl) *a.* fundamental. *2 s. pl.* fundamento, principio, parte esencial. *3* **-ly** *adv.* fundamentalmente.
funeral ('fju:nərəl) *s.* entierro. *2* exequias. *3 a.* fúnebre.
fungus ('fʌŋgəs) *s.* BOT. hongo.
funk (fʌŋ) *s.* cobardía, miedo.
funnel ('fʌnl) *s.* embudo. *2* chimenea [de vapor].
funny ('fʌni) *a.* cómico, gracioso, divertido. *2* raro, curioso.
fur (fə:ʳ) *s.* piel: ~ ***coat,*** abrigo de pieles. *2* sarro.
furbelow ('fə:bilou) *s.* faralá, volante.
furbish (to) ('fə:biʃ) *t.* bruñir, acicalar, limpiar.
furious ('fjuəriəs) *a.* furioso, furibundo, airado.
furl (to) (fə:l) *t.* plegar [banderas]. *2* MAR. aferrar [velas].
furlong ('fə:lɔŋ) *s.* estadio [medida].
furlough ('fə:lou) *s.* MIL. licencia.
furnace ('fə:nis) *s.* horno, hornillo: ***blast*** ~, alto horno.
furnish (to) ('fə:niʃ) *t.* surtir, proveer. *2* equipar, amueblar. *3* suministrar, proporcionar.
furnishing ('fə:niʃiŋ) *s. pl.* útiles, avíos, mobiliario.
furniture ('fə:nitʃəʳ) *s.* mobiliario, muebles: ***piece of*** ~, mueble.
furrier ('fʌriəʳ) *s.* peletero.
furrow ('fʌrou) *s.* surco. *2* arruga.
furrow (to) ('fʌrou) *t.* surcar.
further ('fə:ðəʳ) *a.* adicional, ulterior, nuevo, otro. *2* más lejano. *3 adv.* más allá. *4* además, aún.
further (to) ('fə:ðəʳ) *t.* adelantar, fomentar, apoyar, servir.
furthermore ('fə:ðə'mɔ:ʳ) *adv.* además.
furthest ('fə:ðist) *a.-adv.* FARTHEST.
furtive ('fə:tiv) *a.* furtivo.
fury ('fjuəri) *s.* furia. *2* entusiasmo, frenesí.
furze (fə:z) *s.* BOT. aulaga; hiniesta.
fuse (fju:z) *s.* espoleta, cebo, mecha. *2* ELECT. fusible.
fuse (to) (fju:z) *t.-i.* fundir(se, derretir(se. *2* fusionar(se.
fuselage ('fju:zilɑ:ʒ) *s.* fuselaje.
fusilier (ˌfju:zi'liəʳ) *s.* fusilero.
fusillade (ˌfju:zi'leid) *s.* descarga cerrada, tiroteo.
fusion ('fju:ʒən) *s.* fusión.
fuss (fʌs) *s.* alboroto, alharaca; ajetreo o inquietud innecesarios.
fuss (to) (fʌs) *i.* bullir, ajetrearse, alborotarse.
fussy ('fʌsi) *a.* bullidor, inquieto. *2* minucioso, exigente.
fustian ('fʌstiən) *s.* fustán; pana. *2 a.* [estilo] altisonante.
fusty ('fʌsti) *a.* mohoso, rancio. *2* que huele a cerrado.
futile ('fju:tail) *a.* fútil. *2* frívolo. *3* vano, inútil.
future ('fu:tʃəʳ) *a.* futuro, venidero. *2 s.* futuro, porvenir.
fuzz (fʌz) *s.* vello, pelusa.
fuzzy('fʌzi) *a.* velloso. *2* rizado, crespo. *3* borroso.

G

gab (gæb) *s.* locuacidad.
gabardine ('gæbədi:n) *s.* gabardina [tela].
gabble ('gæbl) *s.* charla.
gabble (to) ('gæbl) *t.* charlar, parlotear.
gable ('geibl) *s.* ARQ. aguilón. *2* gablete, frontón.
gad (to) (gæd) *i.* callejear.
gad-about ('gædəbaut) *a.-s.* callejero.
gad-fly ('gædflai) *s.* ENT. tábano.
gadget ('gædʒit) *s.* chisme, mecanismo.
gaff (gæf) *s.* garfio. *2* MAR. cangrejo: ~ ***sail,*** cangreja.
gag (gæg) *s.* mordaza. *2* TEAT. morcilla.
gag (to) (gæg) *t.* amordazar. *2* TEAT. meter morcilla.
gage (geidʒ) *s.* prenda, garantía. *2* GAUGE.
gage (to) (geidʒ) *t.* empeñar. *2* TO GAUGE.
gaiety ('geiəti) *s.* alegría, diversión. *2* fausto, pompa.
gain (gein) *s.* ganancia. *2* ventaja.
gain (to) (gein) *t.* ganar. *2 i.* ganar, progresar. *3* ***to ~ on,*** acercarse a; ganar ventaja a.
gainful ('geinful) *a.* provechoso.
gainings ('geiniŋz) *s. pl.* ganancias.
gainsay (to) (gein'sei) *t.* contradecir, negar.
gait (geit) *s.* paso, marcha. *2* orteontinente.
gaiter ('geitəʳ) *s.* polaina.
gala ('gɑ:lə) *s.* gala, fiesta.
galaxy ('gæləksi) *s.* galaxia.
gale (geil) *s.* vendaval.
gall (gɔ:l) *s.* bilis, hiel. *2* amargura. *3* VET. matadura. *4* descaro.
gall (to) (gɔ:l) *t.* rozar. *2* irritar. *3* hostigar.
gallant ('gælənt) *a.* galano. *2* gallardo, valiente. *3* galante. *4 s.* galán.
gallantry ('gæləntri) *s.* valentía. *2* galantería.
galleon ('gæliən) *s.* MAR. galeón.
gallery ('gæləri) *s.* galería. *2* pasadizo. *3* tribuna [en una iglesia]. *4* TEAT. paraíso.
galley ('gæli) *s.* MAR. galera: ~ ***slave,*** galeote. *2* MAR. cocina.
galicism ('gælisizəm) *s.* galicismo.
gallivant (to) (ˌgæli'vænt) *i.* callejear.
gallon ('gælən) *s.* galón [medida].
galloon (gə'lu:n) *s.* galón, trencilla.
gallop ('gæləp) *s.* galope.
gallop (to) ('gæləp) *i.* galopar.
gallows ('gælouz) *s.* horca, patíbulo: ~***-bird,*** reo de muerte.
galore (gə'lɔ:ʳ) *adv.* en abundancia.
galosh (gə'lɔʃ) *s.* chanclo [de goma].
galvanize (to) ('gælvənaiz) *t.* galvanizar.
gamble ('gæmbl) *s.* juego [por dinero].
gamble (to) ('gæmbl) *i.* jugar [dinero].
gambling ('gæmbliŋ) *s.* juego: ~***-house,*** ~***-den,*** casa de juego.
gambol ('gæmbəl) *s.* brinco, cabriola, retozo.
gambol (to) ('gæmbəl) *i.* brincar, retozar.
game (geim) *s.* juego, diversión. *2* partida [de juego]. *3* DEP. partido. *4* caza [animales]: ***big*** ~, caza mayor. *5* burla, broma. *6 a.* valiente, dispuesto.
game (to) (geim) *t.-i.* TO GAMBLE.
game-cock ('geimkɔk) *s.* gallo de pelea.
game-keeper ('geimˌki:pəʳ) *s.* guardabosque.
gamester ('geimstəʳ) *s.* jugador, tahur.
gammon ('gæmən) *s.* jamón. *2* trola.
gamut ('gæmət) *s.* escala, gama.
gander ('gændəʳ) *s.* ZOOL. ganso.
gang (gæŋ) *s.* cuadrilla, brigada; banda.
gang-plank ('gæŋplæŋk) *s.* plancha, pasarela.
gangrene ('gæŋgri:n) *s.* gangrena.
gangrene (to) ('gæŋgri:n) *t.-i.* gangrenar(se.
gangster ('gæŋstəʳ) *s.* gangster.
gangway ('gæŋwei) *s.* pasillo. *2* pasarela. *3* MAR. portalón.
gaol (dʒeil) *s.* cárcel.

gap (gæp) *s.* boquete, brecha. *2* hueco, claro, vacío. *3* quebrada, barranca.
gape (geip) *s.* bostezo.
gape (to) (geip) *i.* bostezar. *2* estar boquiabierto.
garage ('gærɑ:ʒ, -ridʒ) *s.* garaje.
garb (gɑ:b) *s.* vestido, traje.
garbage ('gɑ:bidʒ) *s.* basura.
garble (to) ('gɑ:bl) *t.* falsificar.
garden ('gɑ:dn) *s.* jardín: ~ ***party,*** fiesta en un jardín; ***kitchen*** **~,** huerto; ~ ***stuff,*** hortalizas.
gardener ('gɑ:dnəʳ) *s.* jardinero.
gardenia (gɑ:'di:njə) *s.* BOT. gardenia.
gardening ('gɑ:dniŋ) *s.* jardinería, horticultura.
gargle (to) ('gɑ:gl) *t.-i.* gargarizar.
gargoyle ('gɑ:gɔil) *s.* gárgola.
garish ('gɛəriʃ) *a.* deslumbrante, chillón, llamativo.
garland ('gɑ:lənd) *s.* guirnalda.
garlic ('gɑ:lik) *s.* BOT. ajo.
garment ('gɑ:mənt) *s.* vestido, prenda.
garner ('gɑ:nəʳ) *s.* granero, hórreo.
garnet ('gɑ:nit) *s.* granate.
garnish ('gɑ:niʃ) *s.* adorno, guarnición. *2* COC. aderezo.
garnish (to) ('gɑ:niʃ) *t.* adornar. *2* COC. aderezar.
garret ('gærət) *s.* desván, buhardilla.
garrison ('gærisn) *s.* guarnición.
garrison (to) ('gærisn) *t.* MIL. guarnecer.
gar(r)otte (gə'rɔt) *s.* garrote.
gar(r)otte (to) (gə'rɔt) *t.* dar garrote.
garrulity (gæ'ru:liti) *s.* garrulidad, locuacidad.
garrulous ('gæruləs) *a.* locuaz.
garter ('gɑ:təʳ) *s.* liga: ***the Garter,*** la Orden de la Jarretera.
gas (gæs) *s.* gas: ~ ***range,*** cocina de gas; ~ ***works,*** fábrica de gas. *2* (E. U.) gasolina.
gaseous ('gæzjəs) *a.* gaseoso.
gash (gæʃ) *s.* cuchillada, herida.
gash (to) (gæʃ) *t.* acuchillar, herir, cortar.
gaslight ('gæslait) *s.* luz de gas.
gasolene ('gæsəli:n) *s.* (E. U.) gasolina.
gasp (gɑ:sp) *s.* boqueada; respiración entrecortada.
gasp (to) (gɑ:sp) *i.* boquear. *2 t.* decir de manera entrecortada.
gastric ('gæstrik) *a.* gástrico.
gastritis (gæs'traitis) *s.* gastritis.
gastronomy (gæs'trɔnəmi) *s.* gastronomía.
gate (geit) *s.* puerta [de ciudad, muro, etc.]; verja; barrera. *2* compuerta [de esclusa, etc.].
gate-keeper ('geitˌki:pəʳ) *s.* portero.
gateway ('geit-wei) *s.* puerta.
gather (to) ('gæðəʳ) *t.* recoger, juntar. *2* cosechar. *3* recaudar. *4* COST. fruncir. *5* deducir, inferir. *6* tomar [aliento, color]; cobrar [fuerzas, etc.]. *7 i.* reunirse. *8* amontonarse.
gathering ('gæðəriŋ) *s.* recolección. *2* acumulación. *3* reunión [de gente]. *4* recaudación. *5* COST. fruncido. *6* MED. absceso.
gaudily ('gɔ:dili) *adv.* ostentosamente.
gaudiness ('gɔ:dinis) *s.* ostentación.
gaudy ('gɔ:di) *a.* chillón, llamativo, ostentoso.
gauge (geidʒ) *s.* medida, calibre. *2* regla de medir, calibrador, manómetro, etc. *3* FERROC. ancho de vía. *4* MAR. calado.
gauge (to) (geidʒ) *t.* medir. *2* MAR. arquear. *3* juzgar.
gaunt (gɔ:nt) *a.* flaco, desvaído.
gauntlet ('gɔ:ntlit) *s.* guantelete, manopla. *2* ***to run the*** **~,** pasar por las baquetas.
gauze (gɔ:z) *s.* gasa, cendal; ***wire-*****~,** tela metálica.
gauzy ('gɔ:zi) *a.* vaporoso.
gave (geiv) *pret.* de TO GIVE.
gawky ('gɔ:ki) *a.-s.* torpe.
gay (gei) *a.* alegre. *2* vistoso.
gaze (geiz) *s.* mirada fija.
gaze (to) (geiz) *i.* mirar fijamente. *2* contemplar.
gazelle (gə'zel) *s.* gacela.
gazette (gə'zet) *s.* gaceta [periódico].
gazetteer (ˌgæzi'tiəʳ) *s.* diccionario geográfico.
gear (giəʳ) *s.* vestidos, atavíos. *2* guarniciones [del caballo]. *3* herramientas. *4* MAR. aparejo. *5* MEC. engranaje, mecanismo [de transmisión, etc.]: ***to throw into*** **~,** embragar.
gear (to) (giəʳ) *t.* ataviar. *2* enjaezar. *3* pertrechar. *4* engranar.
geese (gi:s) *s. pl.* de GOOSE.
gelatine (ˌdʒelə'ti:n) *s.* gelatina.
gelatinous (dʒi'lætinəs) *a.* gelatinoso.
geld (to) (geld) *t.* castrar, capar.
gelding ('geldiŋ) *s.* caballo castrado.
gem (dʒem) *s.* gema, piedra preciosa.
gender ('dʒendəʳ) *s.* género.
general ('dʒenərəl) *a.* general: ~ ***delivery,*** lista de correos. *2 m.* MIL., ECLES. general. *3* ***in*** **~,** en general. *4* el público. *5* **-ly** *adv.* generalmente.
generality (ˌdʒenə'ræliti) *s.* generalidad.
generalization (ˌdʒenərəlai'zeiʃən) *s.* generalización.
generalize (to) ('dʒenərəlaiz) *t.-i.* generalizar.
generate (to) ('dʒenəreit) *t.* producir.
generation (ˌdʒenə'reiʃən) *s.* generación.

generator ('dʒenəreitə^r^) *s.* generador; dínamo.
generic (dʒi'nerik) *a.* genérico.
generosity (ˌdʒenə'rɔsiti) *s.* generosidad.
generous ('dʒenərəs) *a.* generoso. *2* noble. *3* amplio.
genial ('dʒi:njəl) *a.* genial. *2* afable. *3* alegre. *4* agradable.
geniality (ˌdʒi:ni'æliti) *s.* cordialidad. *2* jovialidad.
genius ('dʒi:njəs) *pl.* **geniuses** ('dʒi:niəsiz) genio [fuerza creadora]. *2* carácter particular [de una nación, época, etc.]. *3 pl.* ***genii*** ('dʒi:niai) genio [deidad]; demonio.
genteel (dʒen'ti:l) *a.* [hoy, irónico] cursi; [antes] cortés, bien criado.
gentile ('dʒentail) *a.-s.* gentil [pagano; no judío].
gentle ('dʒentl) *a.* de buena posición social. *2* dócil. *3* afable, benigno. *4* suave, moderado.
gentleman ('dʒentlmən) *s.* caballero, señor; hombre correcto.
gentlemanliness ('dʒentlmənlinis) *s.* caballerosidad.
gentlemanly ('dʒentlmənli) *a.* caballeroso, correcto.
gentleness (dʒentlnis) *s.* mansedumbre. *2* afabilidad. *3* dulzura, suavidad. *4* distinción.
gentlewoman ('dʒentlˌwumən) *f.* señora. *2* dama de honor.
gently ('dʒentli) *adv.* suavemente. *2* despacio, quedito.
gentry ('dʒentri) *s.* señorío [no noble]. *2* irón. gente.
genuflexión (ˌdʒenju'flekʃən) *s.* genuflexión.
genuine ('dʒenjuin) *a.* genuino. auténtico, legítimo. *2* sincero. *3* **-ly** *adv.* verdaderamente; sinceramente.
genuineness ('dʒenjuinnis) *s.* autenticidad. *2* sinceridad.
geographer (dʒi'ɔgrəfə^r^) *s.* geógrafo.
geography (dʒi'ɔgrəfi) *s.* geografía.
geology (dʒi'ɔlədʒi) *s.* geología.
geometry (dʒi'ɔmitri) *s.* geometría.
George (dʒɔ:dʒ) *n. pr.* Jorge.
geranium (dʒi'reinjəm) *s.* BOT. geranio.
germ (dʒə:m) *s.* germen. *2* BOT. yema. *3* microbio.
German ('dʒə:mən) *a.-s.* alemán.
germane (dʒe:'mein) *a.* afin. *2* adecuado, propio.
Germany ('dʒə:məni) *n. pr.* Alemania.
germicide ('dʒə:misaid) *s.* germicida.
germinate (to) ('dʒə:mineit) *i.* germinar. *2 t.* hacer germinar.
germination (ˌdʒe:mi'neiʃən) *s.* germinación.
gerund ('dʒerənd) *s.* gerundio.
gesticulate (to) (dʒes'tikjuleit) *i.* accionar, hacer ademanes.
gesticulation (dʒesˌtikju'leiʃən) *s.* gesticulación.
gesture ('dʒestʃə^r^) *s.* ademán.
get (to) (get) *t.* obtener, conseguir. *2* hallar. *3* coger, atrapar. *4* vencer. *5* mandar; hacer que. *6* poner [en un estado, etc.]: ***to ~ ready,*** preparar(se. *7* procurar, proporcionar. *8* comprender. *9* ***to ~ air, wind,*** divulgarse; enterarse de. *10* ***to ~ back,*** recobrar. *11* ***to ~ down,*** descolgar; tragar. *12* ***to ~ hold of,*** asir. *13* ***to ~ into,*** meterse en. *14* ***to ~ over,*** hacer pasos por encima; ganar [a una causa]; acabar. *15* ***to ~ the better of,*** llevar ventaja a. *16 i.* ganar dinero. *17* estar, hallarse. *18* ir, llegar, meterse, introducirse, pasar. *19* hacerse, volverse, ponerse; ***to ~ better,*** mejorar; ***to ~ old,*** hacerse viejo. *20* ***to ~ about, abroad,*** divulgarse. *21* ***to ~ along with,*** avenirse con. *22* ***to ~ away,*** irse, escapar. *23* ***to ~ back,*** volver. *24* ***to ~ down,*** bajar, descender; ***to ~ near,*** acercarse. *25* ***to ~ on,*** montar; armonizar; adelantar, medrar. *26* ***to ~ on one's nerves,*** irritarse. *27* ***to ~ over,*** reponerse, superar [un obstáculo]; pasar al otro lado. *28* ***to ~ rid of,*** deshacerse de. *29* ***to ~ up,*** levantarse. *30* ***~ out!,*** ¡largo de aquí! ‖ Pret. y p. p.: ***got*** (gɔt).
get up ('getʌp) *s.* atavío.
gewgaw ('gju:gɔ:) *s.* chuchería.
geyser ('gaizə^r^) *s.* géiser. *2* ('gi:zə^r^) calentador de agua.
ghastliness ('gɑ:stlinis) *s.* palidez. *2* horror.
ghastly ('gɑ:stil) *a.* horrible. *2* fantasmal. *3* lívido, cadavérico. *4 adv.* horriblemente.
gherkin ('gə:kin) *s.* pepinillo.
ghetto ('getou) *s.* barrio judío.
ghost (goust) *s.* espíritu, alma; ***the Holy ~,*** el Espíritu Santo. *2* espectro, fantasma.
ghoul (gu:l) *s.* vampiro.
giant ('dʒaiənt) *a.-s.* gigante.
gibber (to) ('dʒibə^r^) *i.* farfullar, charlar.
gibberish ('gibəriʃ) *s.* charla incoherente. *2* jerga.
gibbet ('dʒibit) *s.* horca, patíbulo.
gibe (dʒaib) *s.* mofa, escarnio.
gibe (to) (dʒaib) *t.-i.* mofarse.
giblets ('dʒiblits) *s. pl.* COC. menudillos.
giddiness ('gidinis) *s.* vértigo. *2* atolondramiento.

giddy ('gidi) *a.* vertiginoso. *2* mareado, que sufre vértigo. *3* atolondrado, veleidoso. *4* **-ly** *adv.* vertiginosamente.
gift (gift) *s.* donación. *2* donativo, regalo. *3* dote, prenda.
gifted (giftid) *a.* dotado.
gig (gig) *s.* carruaje ligero. *2* bote, lancha. *3* fisga, arpón.
gigantic (dʒai'gæntik) *a.* gigantesco.
giggle ('gigl) *s.* risita nerviosa.
giggle (to) ('gigl) *i.* reír nerviosa y tontamente.
gild (to) (gild) *t.* dorar.
gill (gil) *s.* agalla [de pez]. *2* (dʒil) medida de licores.
gilt (gilt) *a.-s.* dorado.
gin (dʒin) *s.* ginebra [licor]. *2* armadijo, trampa. *3* cabría.
ginger ('dʒindʒəʳ) *s.* BOT. jengibre. *2* color rubio rojizo.
gingerly ('dʒindʒəli) *adv.* cautelosamente, con precaución.
gipsy ('dʒipsi) *s.* GYPSY.
giraffe (dʒi'rɑ:f) *s.* jirafa.
gird (to) (gə:d) *t.* ceñir, cercar. ‖ Pret. y p. p.: ***girded*** (gə:did) o ***girt*** (gə:t).
girdle ('gə:dl) *s.* cinto, faja.
girdle (to) ('gə:dl) *t.* ceñir.
girl (gə:l) *f.* niña, muchacha, joven. *2* doncella, criada.
girlhood ('gə:lhud) *s.* niñez, juventud [en la mujer].
girlish ('gə:liʃ) *a.* juvenil, de niña.
girt (gə:t) V. TO GIRD.
girth (gə:θ) *s.* cincha. *2* cincho, faja. *3* periferia, contorno.
gist (dʒist) *s.* quid, punto esencial.
give (to) (giv) *t.* dar; donar; regalar; entregar. *2* empeñar [one's word]. *3* ofrecer, presentar. *4* ***to ~ away,*** regalar; repartir; revelar [un secreto]; ***to ~ back,*** devolver; ***to ~ birth to,*** dar a luz; ***to ~ off,*** despedir [humo, etc.]; ***to ~ oneself up,*** rendirse; ***to ~ out,*** repartir; publicar; emitir; ***to ~ over,*** entregar; desistir de; ***to ~ over,*** entregar; desistir de; ***to ~ up,*** renunciar a; entregar. *5 i.* dar de sí, ceder. *6* [ventana] dar a. *7* ***to ~ out,*** agotarse, ceder. ‖ Pret.: ***gave*** (geiv); p. p.: ***given*** ('givn).
gizzard ('gizəd) *s.* molleja.
glacial ('gleisjəl) *a.* glacial.
glacier ('glæsjəʳ) *s.* glaciar, ventisquero.
glad (glæd) *a.* alegre, contento: ***to be ~ of,*** alegrarse de. *2* **-ly** *adv.* de buena gana.
gladden (to) ('glædn) *t.* alegrar. *2* animar.
glade (gleid) *s.* claro [en un bosque].
gladness ('glædnis) *s.* alegría, contento.
gladsome ('glædsəm) *a.* alegre, placentero.
glamorous ('glæmərəs) *a.* fascinador.
glamo(u)r ('glæməʳ) *s.* encanto, hechizo.
glance (glɑ:ns) *s.* mirada, vistazo. *2* vislumbre. *3* destello.
glance (to) (glɑ:ns) *i.-t.* dar una mirada; echar una ojeada, un vistazo; mirar de soslayo. *2 i.* destellar. *3* ***to ~ off,*** desviarse.
gland (glænd) *s.* glándula.
glare (glɛəʳ) *s.* fulgor, resplandor. *2* mirada feroz.
glare (to) (glɛəʳ) *i.* brillar, deslumbrar. *2* mirar con fiereza.
glaring ('glɛəriŋ) *a.* brillante, deslumbrador. *2* chillón. *3* evidente. *4* **-ly** *adv.* evidentemente.
glass (glɑ:s) *s.* vidrio, cristal: ***~ case,*** escaparate, vitrina. *2* vaso, copa. *3* cristalería [de mesa]. *4* espejo. *5* ÓPT. lente; anteojo. *6 pl.* lentes, gafas; gemelos.
glass-house ('glɑ:shaus) *s.* fábrica de vidrio. *2* invernáculo.
glassware ('gla:s-wɛəʳ) *s.* vajilla de cristal.
glassy ('glɑ:si) *a.* cristalino.
glaze (gleiz) *s.* vidriado.
glaze (to) (gleiz) *t.* vidriar, barnizar. *2* velar [los ojos]. *3* poner cristales a.
gleam (gli:m) *s.* destello. *2* brillo tenue o pasajero. *3* rayo [de luz, esperanza].
gleam (to) (gli:m) *i.* destellar, brillar, centellear.
glean (to) (gli:n) *t.* espigar. *2* rebuscar, recoger.
glee (gli:) *s.* alegría, gozo.
gleeful ('gli:ful) *a.* alegre, gozoso.
glen (glen) *s.* cañada; hondonada, valle.
glib (glib) *a.* locuaz.
glide (glaid) *s.* deslizamiento. *2* planeo.
glide (to) (glaid) *i.* deslizarse, resbalar. *2* AVIA. planear.
glider ('glaidəʳ) *s.* planeador.
glimmer ('gliməʳ) *s.* vislumbre, resplandor, luz débil.
glimmer (to) ('gliməʳ) *i.* brillar; rielar; vislumbrarse.
glimpse (glimps) *s.* resplandor, fugaz; visión rápida; vislumbre.
glimpse (to) (glimps) *i.* echar una ojeada. *2* brillar con luz trémula. *3 t.* vislumbrar.
glint (glint) *s.* brillo, destello.
glint (to) (glint) *i.* brillar. *2 t.* reflejar (la luz).
glisten (to) ('glisn) *i.* brillar, centellear, rielar.
glitter ('glitəʳ) *s.* resplandor. *2* brillo, lustre.

glitter (to) ('glitəʳ) *i.* brillar, relucir, chispear.
gloaming ('gloumiŋ) *s.* anochecer.
gloat (to) (glout) *i.* gozarse en.
globe (gloub) *s.* globo, bola. *2* esfera [terrestre]: ~ ***trotter***, trotamundos.
globular ('glɔbjuləʳ) *a.* globular.
globule ('glɔbju:l) *s.* glóbulo.
gloom (glu:m) *s.* oscuridad. *2* tristeza.
gloomy ('glu:mi) *a.* oscuro, lóbrego. *2* sombrío, triste. *3* hosco.
glorification ('glɔrifi'keiʃən) *s.* glorificación, apoteosis.
glorify (to) ('glɔ:rifai) *t.* glorificar. *2* ensalzar.
glorious ('blɔ:riəs) *a.* glorioso. *2* espléndido, magnífico.
glory ('glɔ:ri) *s.* gloria. *2* grandeza. *3* aureola, halo.
glory (to) ('glɔ:ri) *i.* gloriarse.
gloss (glɔs) *s.* lustre, brillo. *2* oropel. *3* glosa, comentario.
gloss (to) (glɔs) *t.* lustrar, pulir. *2* paliar. *3* *t.-i.* glosar.
glossary ('glɔsəri) *s.* glosario.
glossy ('glɔsi) *a.* brillante, satinado. *2* especioso.
glove (glʌv) *s.* guante: ***to be hand in*** ~, ser uña y carne.
glow (glou) *s.* luz, resplandor. *2* viveza de color. *3* ardor, calor: ~ ***worm***, luciérnaga.
glow (to) (glou) *i.* dar luz o calor vivos; arder; brillar, resplandecer. *2* tener colores vivos.
glower (to) ('glauəʳ) *i.* mirar con ceño.
glowing ('glouiŋ) *a.* resplandeciente. *2* ardiente, encendido. *3* brillante. *4* entusiasta.
glucose ('glu:kous) *s.* glucosa.
glue (glu:) *s.* cola [para pegar]. *2* visco.
glue (to) (glu:) *t.* encolar, pegar.
gluey ('glu:i) *a.* pegajoso.
glum (glʌm) *a.* malhumorado.
glut (glʌt) *s.* hartura; exceso.
glut (to) (glʌt) *t.-i.* hartarse. *2* t. COM. inundar. *3* colmar. *4* *i.* hartarse.
glutinous ('glu:tinəs) *a.* pegajoso.
glutton ('glʌtn) *a.-s.* glotón.
gluttony ('glʌtəni) *s.* glotonería.
glycerine (ˌglisə'ri:n) *s.* glicerina.
gnarl (nɑ:l) *s.* nudo [en madera].
gnarled (nɑ:ld) *a.* nudoso.
gnash (to) (næʃ) *i.* hacer rechinar los dientes.
gnat (næt) *s.* ENT. mosquito.
gnaw (to) (nɔ:) *t.* roer. *2* morder, mordiscar.
go (gou) *s.* ida. *2* marcha, curso. *3* empuje. *4* tentativa. *5* moda: ***it is all the*** ~, hace furor.
go (to) (gou) *i.* ir. *2* irse, marchar, partir. *3* andar, funcionar. *4* [el traje] caer bien. *5* morir; decaer. *6* tener éxito. *7* resultar. *8* ***to*** ~ ***about***, ir de un lado a otro; ***to*** ~ ***abroad***, ir al extranjero; ***to*** ~ ***after***, seguir; ***to*** ~ ***ahead***, avanzar; ***to*** ~ ***along***, continuar; ***to*** ~ ***along with***, acompañar; ***to*** ~ ***astray***, extraviarse; ***to*** ~ ***at***, atacar; ***to*** ~ ***away***, irse; ***to*** ~ ***back***, volver; ***to*** ~ ***bad***, echarse a perder; ***to*** ~ ***between***, mediar, terciar; ***to*** ~ ***by***, pasar [de largo]; ***to*** ~ ***down***, bajar; irse a pique; ***to*** ~ ***for***, ir a buscar; acometer; ***to*** ~ ***in***, o ***into***, entrar; ***to*** ~ ***mad***, volverse loco; ***to*** ~ ***off***, irse; dispararse; echarse a perder; ***to*** ~ ***on***, continuar; ***to*** ~ ***out***, salir; divulgarse; apagarse [la luz]; ***to*** ~ ***over***, repasar; pasar [por encima; al otro lado]; ***to*** ~ ***through***, atravesar; sufrir; ***to*** ~ ***to sleep***, dormirse; ***to*** ~ ***up***, subir; ***to*** ~ ***without***, pasarse sin; ***to*** ~ ***wrong***, salir mal; ***to let*** ~, dejar ir; soltar. *9* *t.* seguir: ***to*** ~ ***one's way***, seguir su camino. *10* soportar. *11* ***to*** ~ ***halves***, ir a medias. ¶ Pres. 3.ª pers.: ***goes*** (gouz); pret.: ***went*** (went); p. p.: ***gone*** (gɔn).
goad (goud) *s.* pincho, aguijón.
goad (to) (goud) *t.* aguijar, aguijonear, picar.
goal (goul) *s.* DEP. meta, portería; gol: ***to score a*** ~, marcar un tanto. *2* fin, objeto.
goal-keeper ('goulˌki:pəʳ) *s.* DEP. portero, guardameta.
goat (gout) *s.* cabra; cabrón.
goatee (gou'ti:) *s.* perilla.
goat-herd ('gouthə:d) *s.* cabrero.
gobble (to) ('gɔbl) *t.* engullir. *2* *i.* gluglutear.
go-between ('gou-biˌtwi:n) *s.* mediador. *2* alcahueta.
goblet ('gɔblit) *s.* copa.
goblin ('gɔblin) *s.* duende, trasgo.
God (gɔd) *n. pr.* Dios. *2* *m.* dios.
godchild ('gɔdtʃaild) *s.* ahijado, ahijada.
goddess ('gɔdis) *s.* diosa, diva.
godfather ('gɔdˌfɑ:ðəʳ) *s.* padrino [de bautismo].
godforsaken ('gɔdfəˌseikn) *a.* abandonado. *2* triste, desierto, desolado.
godless ('gɔdlis) *a.* impío.
godlessness ('gɔdlinis) *s.* impiedad.
godliness ('gɔdlinis) *s.* piedad.
godly ('gɔdli) *a.* piadoso, devoto.
godmother ('gɔdˌmʌðəʳ) *f.* madrina [de bautismo].

goggle ('gɔgl) *a.* saltón [ojo]. *2 s. pl.* gafas ahumadas.
goggle (to) ('gɔgl) *i.* hacer rodar los ojos o abrirlos desmesuradamente.
gold (gould) *s.* oro [metal, riqueza]: ~ ***leaf,*** pan de oro; ~ ***standard,*** patrón oro.
golden ('gouldən) *a.* de oro, áureo, dorado.
goldfinch ('gouldfintʃ) *s.* jilguero.
goldsmith ('gouldsmiθ) *s.* orfebre.
golf (gɔlf) *s.* DEP. golf.
gone (gɔn) *p. p.* de TO GO.
gong (gɔŋ) *s.* gong, batintin.
good (gud) *a.* bueno: ~ ***cheer,*** alegría; ~ ***day,*** buenos días; ~***-for-nothing,*** inútil; ***Good Friday,*** Viernes Santo; ~***-looking,*** guapo; ~ ***looks,*** buen aspecto; ~***-natured,*** afable; ~ ***night,*** buenas noches; ~ ***time,*** buen rato; diversión; ~ ***turn,*** favor; ***a*** ~ ***deal,*** mucho; ***a*** ~ ***while,*** un buen rato; ***in*** ~ ***earnest,*** en serio. *2* valiente. *3* solvente. *4 interj.* ¡bien! *5 s.* bien; provecho: ***what is the*** ~ ***of it?,*** ¿para qué sirve?, ***for*** ~, para siempre.
good-by, good-bye ('gud'bai) *s.* adiós; ***to say*** ~ ***to,*** despedirse de. *2 interj.* ¡adiós!
goodish ('gudiʃ) *a.* bastante bueno o grande.
goodly ('gudli) *a.* agradable. *2* guapo. *3* considerable.
goodness ('gudnis) *s.* bondad. *2* virtud. *3* interj. ~ ***gracious!,*** ¡Santo Dios!; ***for*** ~ ***sake!,*** ¡por Dios!
goods (gudz) *s. pl.* géneros, mercancías.
goody ('gudi) *a.-s.* bonachón.
goose (gu:s), *pl.* **geese** (gi:s) *s.* ORN. ganso, oca. *2* ~ ***flesh,*** carne de gallina.
gooseberry ('guzbəri) *s.* BOT. grosellero silvestre.
gore (gɔ:ʳ) *s.* sangre. *2* sangre cuajada. *3* COST. cuchillo, nesga.
gore (to) (gɔ:ʳ) *t.* poner cuchillo o nesga a. *2* acornear. *3* herir con los colmillos.
gorge (gɔ:dʒ) *s.* garganta, gaznate. *2* garganta, desfiladero.
gorge (to) (gɔ:dʒ) *t.* engullir. *2* obstruir. *3 t.-i.* hartar(se.
gorgeous ('gɔ:dʒəs) *a.* brillante, suntuoso.
gorilla (gə'rilə) *s.* ZOOL. gorila.
gory ('gɔ:ri) *a.* ensangrentado, sangriento.
gospel ('gɔspəl) *s.* evangelio.
gossamer ('gɔsəməʳ) *s.* telaraña. *2* gasa, cendal. *3 a.* delgado.
gossip ('gɔsip) *s.* chismografía, comadreo. *2* habladuría. *3* chismoso. *4* compadre, comadre.
gossip (to) ('gɔsip) *i.* chismear, murmurar, charlar.
got (gɔt) V. TO GET.
Gothic ('gɔθik) *a.* gótico.
gouge (gaudʒ) *s.* gubia.
gouge (to) (gaudʒ) *t.* esclopear.
gourd (guəd) *s.* BOT. calabaza.
gourmet ('guəmei) *s.* gastrónomo.
gout (gaut) *s.* MED. gota.
gouty ('gauti) *a.* gotoso.
govern (to) ('gʌvən) *t.* governar, regir. *2* GRAM. regir.
governance ('gʌvənəns) *s.* gobierno, gobernación.
governess ('gʌvənis) *s.* aya; institutriz.
government ('gʌvnmənt, -'gʌvə-) *s.* gobierno, dirección; mando, autoridad. *2* gobierno [ministerio]. *3* GRAM. régimen.
governor ('gʌvənəʳ) *s.* gobernador. *2* director. *3* preceptor.
gown (gaun) *s.* vestido de mujer. *2* bata; túnica; toga.
grab (to) (græb) *t.* agarrar, asir.
grace (greis) *s.* gracia [física; espiritual]. *2* amabilidad. *3* garbo. *4* disposición, talante: ***with a bad*** ~, de mala gana. *5 pl.* ***good graces,*** valimiento. *6* MIT. ***the Graces,*** las Gracias.
grace (to) (greis) *t.* adornar. *2* agraciar. *3* honrar.
graceful ('greisful) *a.* gracioso, airoso, agraciado, elegante. *2* fácil, natural.
gracefulness ('greisfulnis) *s.* gracia, donaire, gentileza.
gracious ('geiʃəs) *a.* gracioso, atractivo. *2* afable, cortés. *3* bondadoso. *4 interj.* ***gracious!,*** ¡válgame Dios! *5* **-ly** *adv.* graciosamente, agradablemente.
graciousness ('greiʃəsnis) *s.* afabilidad, bondad; amabilidad.
gradation (grə'deiʃən) *s.* gradación. *2* grado; rango.
grade (greid) *s.* grado. *2* clase, calidad. *3* ING. pendiente, desnivel.
grade (to) (greid) *t.* graduar. *2* matizar [un color, etc.]. *3* ING. nivelar, explanar.
gradient ('greidjənt) *s.* ING. pendiente, desnivel.
gradual ('grædjuəl) *a.* gradual. *2* **-ly** *adv.* gradualmente.
graduate ('grædjuit) *a.* graduado [en universidad].
graduate (to) ('grædjueit) *t.-i.* graduar(se.

graft (grɑ:ft) *s.* AGR.. injerto. *2* (E. U.) ganancia ilícita.
graft (to) (grɑ:ft) *t.* injertar. *2* (E. U.) adquirir ilícitamente.
grain (grein) *s.* grano [de trigo, uva, etc.]. *2* cereales. *3* átomo, pizca. *4* fibra, veta: ***against the ~,*** a contrapelo.
grammar ('græməʳ) *s.* gramática: ***~-school,*** instituto de segunda enseñanza; (E. U.) escuela primaria.
gramme (græm) *s.* gramo.
granary ('grænəri) *s.* granero.
grand (grænd) *a.* grande, gran. *2* grandioso, espléndido.
grandchild ('græn-tfaild) *s.* nieto, nieta.
grandaughter ('græn'dɔ:təʳ) *s.* nieta.
grandeur ('grændʒəʳ) *s.* grandeza, magnificencia.
grandfather ('grænd'fɑ:ðəʳ) *s.* abuelo.
grandiloquent (græn'diləkwənt) *a.* grandilocuente.
grandiose ('grændious) *a.* grandioso. *2* pomposo, hinchado.
grandmother ('græn'mʌðəʳ) *s.* abuela.
grandness ('grændnis) *s.* grandeza.
grandparent ('græn,pɛərənt) *s.* abuelo, abuela. *2 pl.* abuelos.
grandson ('grænsʌn) *s.* nieto.
grandstand ('grændstænd) *s.* gradería cubierta, tribuna.
grange (greindʒ) *s.* granja, hacienda, cortijo.
granite ('grænit) *s.* granito.
granny, -nie ('græni) *s.* abuela.
grant (grɑ:nt) *s.* concesión, donación. *2* don, merced, subvención.
grant (to) (grɑ:nt) *t.* conceder, otorgar, dar. *2* ***to take for granted,*** dar por supuesto.
granulated ('græŋjuleitid) *a.* granulado.
grape (greip) *s.* BOT. uva. *2* vid, parra.
grapefruit ('greip-fru:t) *s.* BOT. toronja, pomelo.
grape-vine ('greip-vain) *s.* vid, parra.
graph (græ:f) *s.* gráfica.
graphic(al ('græfik(əl) *a.* gráfico.
graphite ('græfait) *s.* MINER. grafito.
grapple (to) (græpl) *t.-i.* asir(se, agarrar(se.
grasp (grɑ:sp) *s.* asimiento. *2* apretón de manos. *3* dominio, poder. *4* comprensión.
grasp (to) (grɑ:sp) *t.* asir, empuñar. *2* abrazar, abarcar. *3* comprender, entender.
grasping ('grɑ:spiŋ) *a.* avaro.
grass (grɑ:s) *s.* hierba, césped, pasto.
grasshopper ('grɑ:s,hɔpəʳ) *s.* ENT. langosta, saltamontes.
grassland ('grɑ:s-lænd) *s.* prado, tierra de pasto.
grassy ('grɑ:si) *a.* herboso.
grate (greit) *s.* reja, verja. *2* rejilla [de hogar].
grate (to) (greit) *t.* rallar. *2* raspar. *3* molestar. *4 i.* rachinar.
grateful ('greitful) *a.* agradecido. *2* grato, agradable.
gratification (,grætifi'keiʃən) *s.* satisfacción. *2* gratificación.
gratify (to) ('grætifai) *t.* satisfacer, contentar. *2* gratificar.
grating ('greitiŋ) *a.* raspante. *2* chirriante. *3* irritante. *4 s.* verja, enrejado. *5* reja, rejilla. *6 pl.* ralladuras.
gratis ('greitis) *adv.* gratis, de balde.
gratitude ('grætitju:d) *s.* gratitud.
gratuitous (grə'tju:itəs) *a.* gratuito. *2* injustificado.
gratuity (grə'tjuiti) *s.* gratificación, propina.
grave (greiv) *a.* grave [importante; serio, digno]. *2* GRAM. (grɑ:v) grave. *3 s.* ('greiv) tumba, sepulcro.
gravel ('grævəl) *s.* arena gruesa, guijo. *2* MED. cálculos.
graveness (greivnis) *s.* gravedad, seriedad.
gravestone (greivstoun) *s.* lápida sepulcral.
graveyard ('greiv-jɑ:d) *s.* cementerio.
gravitate (to) ('græviteit) *i.* gravitar.
gravitation (,grævi'teiʃən) *s.* gravitación.
gravity ('græviti) *s.* gravedad.
gravy ('greivi) *s.* COC. salsa, jugo.
gray (grei) *a.* gris, pardo.
graze (greiz) *s.* roce. *2* pasto.
graze (to) (greiz) *t.* rozar; arañar; raspar. *2 i.* pacer, pastar.
grazing ('greiziŋ) *s.* pastoreo. *2* pasto: ***~-land,*** dehesa.
grease (gri:s) *s.* grasa. *2* sebo.
grease (to) (gri:z) *t.* engrasar.
greasy ('gri:zi, -si) *a.* grasiento.
great (greit) *a.* grande, gran, magno, mayor: *~* ***age,*** edad avanzada. *2* crecido. *3* magnífico, estupendo. *4* **-ly** *adv.* muy, mucho, grandemente.
greatness ('greitnis) *s.* grandeza. *2* amplitud. *3* esplendor.
Grecian ('gri:ʃən) *a.* griego.
greed, greediness (gri:d, -inis) *s.* ansia, codicia. *2* voracidad.
greedy ('gri:di) *a.* ansioso, codicioso. *2* avaro. *3* voraz, glotón.
Greek (gri:k) *a.-s.* griego.
green (gri:n) *a.* verde. *2* lozano. *3* bisoño, inexperto. *4 s.* verde. *5* verdor, ver-

dura. *6* prado. *7 pl.* verduras, hortalizas.
greengrocer ('gri:nˌgrousəʳ) *s.* verdulero.
greenhouse ('gri:nhaus) *s.* invernáculo.
Greenland ('gri:nlənd) *n. pr.* GEOGR. Groenlandia.
greet (to) (gri:t) *t.* saludar.
greeting ('gri:tiŋ) *s.* saludo. *2 pl.* saludos, recados.
gregarious (gre'gɛəriəs) *a.* gregario.
grenade (gri'neid) *s.* granada [bomba].
grew (gru:) *pret.* de TO GROW.
grey (grei) *a.* GRAY.
greyhound ('greihaund) *s.* galgo.
grid (grid) *s.* reja, parrilla. *2* RADIO. rejilla. *3* ELECT. red.
grief (gri:f) *s.* dolor, pena, pesar, aflicción. *2* daño: ***to come to ~***, sufrir algún daño.
grievance (gri:vəns) *s.* agravio, ofensa, queja.
grieve (to) (gri:v) *t.* afligir, apenar. *2* lamentar. *3 i.* afligirse, dolerse.
grievous ('gri:vəs) *a.* doloroso, penoso. *2* fiero, atroz.
grill (gril) *s.* COC. parrillas.
grill (to) (gril) *t.* asar a la parrilla.
grille (gril) *s.* verja, reja.
grim (grim) *a.* torvo, ceñudo. *2* feo. *3* horrible, siniestro.
grimace (gri'meis) *s.* mueca, visaje, mohín.
grimace (to) (gri'meis) *i.* hacer muecas o visajes.
grime (graim) *s.* tizne, mugre.
grime (to) (graim) *t.* ensuciar.
grimy ('graimi) *a.* sucio.
grin (grin) *s.* mueca de dolor o cólera. *2* sonrisa.
grin (to) (grin) *i.* hacer muecas. *2* sonreírse.
grind (to) (graind) *t.* moler, triturar. *2* afilar, esmerilar. *3* hacer rechinar [los dientes]. *4* molestar, oprimir. *5 i.* pulirse. ¶ Pret. y p. p.: ***ground*** (graund).
grindstone ('grainstoun) *s.* muela, piedra de afilar.
grip (grip) *s.* agarro, presa. *2* poder. *3* puño, mango. *4* maletín. *5* ***to come to grips***, luchar a brazo partido.
grip (to) (grip) *t.* agarrar, apretar, empuñar. *2 i.* agarrarse.
gripes (graips) *s. pl.* retortijones.
grisly ('grizli) *a.* espantoso, terrible.
gristle ('grisl) *s.* cartílago.
grit (grit) *s.* arena. *2* firmeza.
grizzle (to) ('grizl) *t.* gimotear.
groan (groun) *s.* gemido, quejido.
groan (to) (groun) *t.* gemir.
groats (grouts) *s.* sémola.
grocer ('grousəʳ) *s.* tendero [de comestibles], abacero.
grocery ('grousəri) *s.* tienda de comestibles. *2 pl.* comestibles.
groggy ('grɔgi) *a.* achispado. *2* vacilante, atontado.
groin (grɔin) *s.* ANAT. ingle. *2* ARQ. arista de encuentro.
groom (grum) *s.* mozo de cuadra. *2* lacayo. *3* novio.
groom (to) (grum) *t.* cuidar [caballos]. *2* fig. componer, asear.
groove (gru:v) *s.* ranura, surco.
groove (to) (gru:v) *t.* acanalar.
grope (to) (group) *t.-i.* tentar; andar a tientas.
gross (grous) *a.* grueso. *2* denso. *3* grosero, tosco, obsceno. *4* craso [error, etc.]. *5* COM. total; bruto. *6 s.* gruesa. **-ly** *adv.* en bruto, toscamente.
grossness ('grousnis) *s.* grosería. *2* grosor.
grotesque (grou'tesk) *a.* grotesco.
grotto ('grɔtou) *s.* gruta, cueva.
ground (graund) *s.* tierra, suelo, piso. *2* terreno. *3* B. ART. campo; fondo. *4* PERSP. término. *5* campo [de batalla]. *6* ELECT. tierra. *7* materia, fundamento: pie, razón, motivo. *8 pl.* terrenos. *9* heces, sedimento. *10 a. ~ **floor**,* bajos, piso bajo. *11 pret.* y *p. p.* de TO GRIND.
ground (to) (graund) *t.* fundamentar, apoyar. *2 i.* basarse. *3* MAR. encallar.
groundless ('graundlis) *a.* infundado, gratuito.
group (gru:p) *s.* grupo, conjunto.
group (to) (gru:p) *t.-i.* agrupar(se.
grouse (graus) *s.* ORN. ortega. *2* queja.
grove (grouv) *s.* bosquecillo.
grovel (to) ('grɔvl) *i.* arrastre. *2* envilecerse.
grow (to) (grou) *i.* crecer, desarrollarse. *2* nacer, salir [el pelo, etc.]. *3* ponerse, volverse: ***to ~ old***, envejecer; ***to ~ to***, llegar a [amar, etc.]. *4* cultivar, criar. ¶ Pret.: ***grew*** (gru:); p. p.: ***grown*** (groun).
grower ('grouəʳ) *s.* cultivador.
growl (graul) *s.* gruñido.
growl (to) (graul) *i.* gruñir.
grown (groun) *p. p.* de TO GROW.
grown-up ('grounʌp) *a.-s.* adulto.
growth (grouθ) *s.* crecimiento, desarrollo, aumento. *2* cultivo. *3* vegetación. *4* tumor.
grub (grʌb) *s.* larva, gusano, coco. *2* fam. comida.

grudge (grʌdʒ) *s.* resentimiento, rencor, inquina.
grudge (to) (grʌdʒ) *t.* regatear, escatimar. *2* envidiar.
grudgingly ('grʌdʒiŋli) *adv.* de mala gana.
gruel (gruəl) *s.* gachas.
gruesome ('gru:səm) *a.* horrible, horripilante. *2* repugnante.
gruff (grʌf) *a.* rudo, brusco, malhumorado.
gruffness ('grʌfnis) *s.* aspereza, ceño, malhumor.
grumble ('grʌmbl) *s.* refunfuño, queja. *2* ruido sordo.
grumble (to) ('grʌmbl) *i.* refunfuñar. *2* producir ruido sordo.
grunt (grʌnt) *s.* gruñido.
grunt (to) (grʌnt) *i.* gruñir.
guarantee (ˌgærən'ti:) *s.* garantía, fianza. *2* fiador.
guarantee (to) (ˌgærən'ti:) *t.* garantizar, salir fiador.
guarantor (ˌgærən'tɔ:ʳ) *s.* garante, fiador.
guaranty ('gærənti) *s.* garantía.
guard (gɑ:d) *s.* guardia. *2* vigilancia, protección. *3* guardián, vigilante. *4* guarnición [de la espada]. *5* jefe de tren.
guard (to) (gɑ:d) *t.* guardar, proteger. *2* *i.* guardarse.
guarded (gɑ:did) *a.* cauteloso. *2* **-ly** *adv.* cautamente.
guardian ('gɑ:djən) *s.* guardián, custodio. *2* DER. tutor. *3* *a.* ~ *angel,* ángel de la guarda.
guardianship ('gɑ:djənʃip) *s.* protección. *2* DER. tutela.
gudgeon ('gʌdʒən) *s.* ICT. gobio. *2* MEC. gorrón, muñón.
guer(r)illa (gə'rilə) *s.* guerrillero. *2* guerrilla.
guess (ges) *s.* conjetura.
guess (to) (ges) *t.* conjeturar, suponer, creer; adivinar.
guest (gest) *s.* huésped, invitado. *2* pensionista, inquilino.
guffaw (gʌ'fɔ:) *s.* risotada, carcajada.
guffaw (to) (gʌ'fɔ:) *i.* reír a carcajadas.
guidance ('gaidəns) *s.* guía, gobierno, dirección.
guide (gaid) *s.* guía [perrsona, libro]. *2* MEC. MIL., guía.
guide (to) (gaid) *t.* guiar. *2* dirigir, gobernar.
guild (gild) *s.* gremio, cofradía.
guile (gail) *s.* astucia, dolo.
guileful ('gailful) *a.* astuto.
guileless ('gailliss) *a.* sencillo, cándido, sincero.
guilt (gilt) *s.* culpa, delito. *2* culpabilidad.
guiltless ('giltlis) *a.* inocente, libre de culpa.
guilty ('gilti) *a.* culpable, reo.
guinea ('gini) *s.* guinea (moneda). *2* *~-fowl,* gallina de Guinea: *~-pig,* conejillo de Indias.
guise (gaiz) *s.* guisa, modo: ***under the ~ of,*** so capa de.
guitar (gi'tɑ:ʳ) *s.* MÚS. guitarra.
guitarist (gi'tɑ:rist) *s.* guitarrista.
gulch (gʌlʃ) *s.* (E. U.) barranca.
gulf (gʌlf) *s.* GEOGR. golfo: ***Gulf Stream,*** Corriente del Golfo. *2* sima, abismo.
gull (gʌl) *s.* ORN. gaviota.
gull (to) (gʌl) *t.* estafar, engañar.
gullet ('gʌlit) *s.* gaznate.
gullibility (ˌgʌli'biliti) *s.* credulidad.
gullible ('gʌlibl) *a.* incauto, bobo.
gully ('gʌli) *s.* hondonada.
gulp (gʌlp) *s.* trago, engullida.
gulp (to) (gʌlp) *t.* tragar, engullir.
gum (gʌm) *s.* encía. *2* goma: ***chewing ~,*** chiclé; ~ ***boots,*** botas de goma.
gum (to) (gʌm) *t.* engomar.
gumption ('gʌmpʃən) *s.* sentido común e iniciativa.
gun (gʌn) *s.* ARTILL. cañón, fusil, escopeta. *3* (E. U.) pistola revólver.
gunner ('gʌnəʳ) *s.* artillero.
gunnery ('gʌnəri) *s.* artillería.
gunboat ('gʌn-bout) *s.* cañonero [buque].
gunman ('gʌnmən) *s.* pistolero.
gunpowder ('gʌnˌpaudəʳ) *s.* pólvora.
gunshot ('gʌn-ʃɔt) *s.* tiro [de fusil, etc.].
gunwale ('gʌnl) *s.* MAR. borda.
gurgle ('gə:gl) *s.* gorgoteo, gorjeo [del niño].
gurgle (to) ('gə:gl) *i.* gorgotear. *2* gorjear [el niño].
gush (gʌʃ) *s.* chorro, borbotón. *2* efusión, extremo.
gush (to) (gʌʃ) *i.* brotar, manar a borbotones. *2* ser efusivo.
gushing ('gʌʃiŋ) *a.* efusivo.
gust (gʌst) *s.* ráfaga, racha. *2* explosión, arrebato.
gusto ('gʌstou) *s.* gusto, afición.
gusty ('gʌsti) *a.* borrascoso.
gut (gʌt) *s.* intestino. *2* desfiladero. *3* *pl.* pop. agallas.
gut (to) (gʌt) *t.* destripar.
gutter ('gʌtəʳ) *s.* arroyo [de la calle]. *2* canal, canalón. *3* badén. *4* zanja, surco.
gutter (to) ('gʌtəʳ) *i.* correrse [una vela].

guttersnipe ('gʌtə-ṡnaip) *s.* pilluelo.
guttural ('gʌtərel) *a.* gutural.
guy (gai) *s.* tirante, viento. *2* tipo, individuo; mamarracho.
guy (to) (gai) *t.* ridiculizar.
guzzle (to) ('gʌzl) *t.-i.* tragar.
gymnasium (dʒim'neizjəm) *s.* gimnasio.
gymnast ('dʒimnæst) *s.* gimnasta.
gymnastic (dʒim'næstik) *a.* gimnástico.
gymnastics (dʒim'næstiks) *s.* gimnasia.
gypsum ('dʒipsəm) *s.* yeso.
gypsy ('dʒipsi) *a.-s.* gitano.
gyrate (to) (ˌdʒaiə'reit) *i.* girar [dar vueltas].
gyration (ˌdʒaiə'reiʃən) *s.* giro, vuelta.

H

haberdasher ('hæbədæʃəʳ) *s.* camisero, mercero.
haberdashery ('hæbədæʃəri) *s.* camisería, mercería.
habit ('hæbit) *s.* hábito [costumbre; vestido]. *2 **riding ~,*** traje de amazona; ***to be in the ~ of,*** tener costumbre de.
habitable ('gæbitəbl) *a.* habitable.
habitation (ˌhæbi'teiʃən) *s.* habitación, morada.
habitual (hə'bitjuəl) *a.* habitual; acostumbrado.
habituate (to) (hə'bitjueit) *t.* habituar.
habitué (hə'bitjuei) *s.* concurrente habitual.
hack (hæk) *s.* caballo de alquiler; rocín. *2* azacán. *3* corte, tajo. *4* tos seca.
hack (to) (hæk) *t.* tajar, cortar.
hackney ('hækni) *s.* jaca: ~ ***carriage,*** coche de alquiler; ***hackneyed,*** gastado, trillado.
had (hæd, həd) V. TO HAVE.
haddock ('hædək) *s.* ICT. róbalo.
haft (hɑ:ft) *s.* mango, puño.
hag (hæg) *s.* bruja, vieja.
haggard ('hægəd) *a.* macilento, ojeroso; fatigado, angustiado.
haggle ('hægl) *s.* discusión, regateo.
haggle (to) ('hægl) *t.* discutir, regatear.
hail (heil) *s.* granizo, pedrisco. *2* saludo, llamada. *3 interj.* ¡ave!, ¡salud!
hail (to) (heil) *i.-t.* granizar, pedriscar. *2* saludar, llamar.
hair (hɛəʳ) *s.* cabello, pelo, vello; cabellera: ***against the ~,*** a contrapelo.
hairbrush ('hɛə-brʌʃ) *s.* cepillo para el pelo.
haircut ('hɛə-kʌt) *s.* corte de pelo.
hair-do ('hɛədu:) *s.* peinado, tocado.
hairdresser ('hɛəˌdresəʳ) *s.* peluquero, -ra. *2* peluquería.
hairless ('hɛəlis) *a.* calvo; pelado.
hairpin ('hɛəpin) *s.* horquilla.
hair-raising ('hɛəˌreiziŋ) *a.* espeluznante.
hairy ('hɛəri) *a.* peludo, velloso.
hake (heik) *s.* ICT. merluza.
halberd ('hælbə(:)d) *s.* alabarda.
halberdier (ˌhælbə'diəʳ) *s.* alabardero.
halcyon ('hælsiən) *a.* tranquilo, apacible.
hale (heil) *a.* sano, robusto.
half (hɑ:f), *pl.* **halves** (hɑ:vs) *s.* mitad: ***better ~,*** consorte; ***to go halves,*** ir a medias. *2 a.-adv.* medio; semi, casi: ~ ***back,*** medio [fútbol]; ***~-blood,*** medio hermano, -na; ***~-breed, ~-caste,*** mestizo; ***~-length,*** [retrato] de medio cuerpo; ***~-time*** media jornada; ***~-way,*** equidistante; ***~-wited,*** imbécil.
halfpenny ('heipni) *s.* medio penique.
hall (hɔ:l) *s.* vestíbulo. *2* salón. *3* paraninfo [de universidad]. *4* edificio público.
hallo, halloa (hə'lou) *interj.* ¡hola!; ¡diga! [teléf.].
halloo (hə'lu:) *interj.* ¡busca! [a los perros]. *2 s.* grito [de llamada].
halloo (to) (hə'lu:) *t.* gritar. *2* azuzar [a los perros].
hallow (to) ('hælou) *t.* santificar; reverenciar.
hallucination (həˌlu:si'neiʃən) *s.* alucinación.
halo ('heilou) *s.* nimbo, halo.
halt (hɔ:lt) *s.* alto, parada. *2* cojera. *3* vacilación. *4 a.* cojo.
halt (to) (hɔ:lt) *i.* detenerse, hacer alto. *2* cojear. *3* vacilar; tartamudear. *4 t.* parar.
halter ('hɔ:ltəʳ) *s.* cabestro. *2* dogal.
halting ('hɔ:ltiŋ) *a.* cojo. *2* defectuoso. *3* vacilante.
halve (to) (hɑ:v) *t.* partir en dos. *2* ser la mitad de.
halves (hɑ:vz) *s. pl.* de HALF.
ham (hæm) *s.* pernil, jamón.
hamlet ('hæmlit) *s.* aldea.
hammer ('hæmə) *s.* martillo. *2* gatillo, percutor.

hammer (to) ('hæmə^r) *t.* martillar, golpear.
hammock ('hæmək) *s.* hamaca.
hamper ('hæmpə^r) *s.* cesta, canasta. *2* traba, estorbo.
hamper (to) ('hæmpə^r) *t.* estorbar, embarazar.
hand (hænd) *s.* mano; palmo. *2* operario; mano de obra; tripulante. *3* manecilla [del reloj]. *4* letra. *5* mano [en las cartas]. *6* **~-*bag*,** bolso; maletín; **~-*ball*,** balonmano; **~-*barrow*,** angarillas, carro de mano; **~-*bill*,** prospecto; **~*book*,** manual, guía; **~*cart*,** carretón; **~*cuff*,** manillas; **~*full*,** puñado; **~-*made*,** hecho a mano; **~-*maid*,** doncella, criada; **~-*organ*,** organillo; **~*rail*,** pasamano; **~-*shake*,** apretón de manos; **~-*work*,** obra de mano; **~-*writing*,** letra. *7* ***at first* ~,** de primera mano; ***at* ~,** a mano, cerca; ***by* ~,** a mano; ***to be* ~ *in glove*,** ser uña y carne; ***to get the upper* ~,** llevar ventaja; ***to hold hands*,** estar cogidos de las manos; ***to lend a* ~,** echar una mano; ***hands off!*,** ¡fuera las manos!; ***hands up!*,** ¡manos arriba!; ***on* ~,** disponible; ***in the one* ~ ... *in the other* ~,** por una parte ... por otra; ***second-*~,** de segunda mano.
hand (to) (hænd) *t.* dar; entregar, pasar. *2* conducir, guiar. *2* ***to* ~ *down*,** transmitir. *4* ***to* ~ *out*,** dar, distribuir. *5* ***to* ~ *over*,** entregar, resignar.
handicap ('hændikæp) *s.* obstáculo, desventaja, inferioridad.
handicap (to) ('hændikæp) *t.* DEP. poner obstáculos, poner trabas.
handicraft ('hændikrɑ:ft) *s.* oficio mecánico. *2* ocupación o habilidad manual.
handkerchief ('hæŋkətʃif) *s.* pañuelo.
handle ('hændl) *s.* asa, asidero; astil, mango; puño; tirador; manubrio; **~-*bar*,** manillar.
handle (to) ('hændl) *t.* tocar, manosear. *2* manejar, tratar. *3* dirigir. *4* poner mango a.
handling ('hændliŋ) *s.* manipulación, trato. *2* dirección.
handsome ('hænsəm) *a.* hermoso. *2* guapo. *3* liberal, generoso.
handy ('hændi) *a.* hábil, diestro. *2* a la mano, próximo. *3* cómodo. *4* **~ *man*,** mozo.
hang (hæŋ) *s.* caída [de un vestido, etc.]. *2* sentido, intención. *3* manera, tranquilo. *4* fig. un bledo.
hang (to) (hæŋ) *t.* colgar, suspender. *2* ahorcar. *3* adornar con colgaduras, etc. *4* tender [la ropa]. *5* bajar [la cabeza]. *6* *i.* colgar, pender. *7* ser ahorcado. *8* depender, descansar. *9* asirse [a], colgarse [de]. *10* ***to* ~ *up*,** TELÉF. colgar. ¶ Pret. y p. p.: ***hung*** (hʌŋ).
hangar ('hæŋə^r) *s.* hangar.
hanger ('hæŋə^r) *s.* colgadero, percha.
hanging ('hæŋiŋ) *a.* pendiente. *2 s.* ejecución en la horca. *3 pl.* colgaduras.
hangman ('hæŋmən) *s.* verdugo.
hank (hæŋk) *s.* madeja.
hanker (to) ('hæŋkə^r) *i.* ***to* ~ *after*,** ansiar, anhelar.
hankering ('hæŋkəriŋ) *s.* ansia, deseo.
haphazard ('hæp'hæzəd) *a.* casual, hecho al azar. *2 s.* casualidad, azar. *3 adv.* al azar.
happen (to) ('hæpən) *i.* acontecer, ocurrir. *2* acertar a [ser, estar, etc.]. *3* ***to* ~ *on*,** encontrar, dar con.
happening ('hæpəniŋ) *s.* acontecimiento, suceso.
happily ('hæpili) *adv.* felizmente, afortunadamente.
happiness ('hæpinis) *s.* felicidad.
happy ('hæpi) *a.* feliz. *2* contento, alegre: ***to be* ~ *to*,** alegrarse de, tener gusto en.
harangue (hə'ræŋ) *s.* arenga.
harangue (to) (hə'ræŋ) *t.* arengar. *2 i.* discursear.
harass (to) ('hærəs) *t.* atormentar. *2* acosar, hostigar.
harbinger ('hɑ:bindʒə) *s.* heraldo, nuncio.
harbo(u)r ('hɑ:bə) *s.* MAR. puerto. *2* asilo, refugio, abrigo.
harbour (to) ('hɑ:bə^r) *t.* resguardar, amparar. *2* acoger, albergar. *3* abrigar [sentimientos, etc.]. *4 i.* refugiarse.
hard (hɑ:d) *a.* duro [en todas sus acepciones]: **~ *of hearing*,** duro de oído. *2* difícil. *3* agrio [vino, etc.]. *4* COM. sostenido [precio]. *5* **~ *cash*,** dinero efectivo; metálico. *6* **~ *facts*,** hechos indiscutibles. *7* **~*labo(u)r*,** trabajos forzados. *8 adv.* duramente, recio, de firme. *9* difícilmente.10 **~ *by*,** al lado, muy cerca. *11* **~ *up*,** apurado [de dinero]. *12 s.* suelo o piso duro.
harden (to) ('hɑ:dn) *t.-i.* endurecer(se. *2* curtir(se.
hard-headed ('hɑ:d'hedid) *a.* testarudo. *2* astuto.
hard-hearted ('hɑ:d'hɑ:tid) *a.* duro de corazón.
hardiness ('hɑ:dinis) *s.* vigor, robustez. *2* valor.
hardly ('hɑ:dli) *adv.* difícilmente. *2* apenas. *3* duramente.
hardness (hɑ:dnis) *s.* dureza. *2* solidez. *3* penalidad, trabajo.

hardship ('ha:dʃip) *s.* penalidad, privación. *2* injusticia.
hardware ('ha:d-wεəʳ) *s.* quincalla, ferretería.
hardy ('ha:di) *a.* fuerte, robusto, resistente. *2* valiente. *3* audaz.
hare (hεəʳ) *s.* liebre.
hare-brained ('hεəbreind) *a.* aturdido; casquivano.
harehound ('hεə'haund) *s.* lebrel.
haricot ('hærikou) *s.* judía, habichuela.
hark (to) (ha:k) *t.-i.* escuchar, oír. *2 interj.* ¡oye!, ¡oiga!
harlot ('ha:lət) *s.* ramera.
harm (ha:m) *s.* mal, daño, perjuicio.
harm (to) (ha:m) *t.* dañar, perjudicar.
harmful ('ha:mful) *a.* dañoso, nocivo, perjudicial.
harmless ('ha:mlis) *a.* inofensivo.
harmonic (ha:'mɔnik) *a.-s.* MÚS. harmónico.
harmonious (ha:'mounjəs) *a.* armonioso.
harmonize (to) ('ha:mənaiz) *t.-i.* armonizar. *2 i.* armonizarse, concordar; congeniar.
harmony ('ha:məni) *s.* armonía.
harness ('ha:nis) *s.* arneses, arreos, guarniciones.
harness (to) ('ha:nis) *t.* enjaezar.
harp (ha:p) *s.* MÚS. arpa.
harp (to) (ha:p) *i.* tocar el arpa. *2* ***to ~ on,*** repetir, machacar.
harpoon (ha:'pu:n) *s.* arpón.
harpoon (to) (ha:'pu:n) *t.* arponear.
harpsichord ('ha:pskɔ:d) *s.* MÚS. clavicordio.
harpy ('ha:pi) *s.* arpía.
harrow ('hærou) *s.* AGR. grada. *2* instrumento de tortura.
harrow (to) ('hærou) *t.* AGR. gradar. *2* desgarrar, atormentar.
harrowing ('hærouiŋ) *a.* agudo, desgarrador. *2* conmovedor.
harry (to) ('hæri) *t.* saquear, asolar. *2* molestar, acosar.
harsh (ha:ʃ) *a.* áspero. *2* discordante. *3* duro, cruel. *4* **-ly** *adv.* ásperamente, duramente.
hart (ha:t) *s.* ciervo, venado.
harum-scarum ('hεərəm'skεərəm) *a.-s.* atolondrado, tarambana.
harvest ('ha:vist) *s.* cosecha; siega.
harvest (to) ('ha:vist) *t.-i.* cosechar; segar.
harvester ('ha:vistəʳ) *s.* segador. *2* ***combine-~,*** cosechadora.
has (hæz, həz) *3.ª pers. pres. ind.* de TO HAVE.
hash (hæʃ) *s.* picadillo, jigote.
hash (to) (hæʃ) *t.* picar, desmenuzar.
hassock ('hæsək) *s.* cojín.
haste (heist) *s.* prisa; presteza; precipitación; ***to be in ~,*** tener prisa; ***to make ~,*** darse prisa.
haste (to) (heist) *i.* TO HASTEN.
hasten (to) (heisn) *t.* apresurar, acelerar, avivar. *2* dar prisa. *3 i.* darse prisa.
hat (hæt) *s.* sombrero.
hatch (hætʃ) *s.* compuerta. *2* escotilla. *3* pollada, nidada.
hatch (to) (hætʃ) *t.* empollar, incubar. *2* idear, tramar. *3 i.* encolar. *4* salir del cascarón.
hatchet ('hætʃit) *s.* hacha, destral.
hatchway ('hætʃwei) *s.* escotilla.
hate (heit) *s.* odio, aversión.
hate (to) (heit) *t.* odiar, aborrecer, detestar.
hateful ('heitful) *a.* odioso.
hatred ('heitrid) *s.* odio, aborrecimiento, aversión.
hatter ('hætə) *s.* sombrerero.
haughtily ('hɔ:tili) *adv.* altivamente.
haughtiness ('hɔ:tinis) *s.* orgullo, altanería.
haughty ('hɔ:ti) *a.* altivo, orgulloso.
haul (hɔ:l) *s.* tirón. *2* arrastre. *3* redada.
haul (to) (hɔ:l) *t.-i.* tirar de, arrastrar. *2* acarrear, transportar. *3* ***to ~ down,*** arriar.
haulage ('hɔ:lidʒ) *s.* transporte.
haunch (hɔ:ntʃ) *s.* anca, grupa. *2* pierna [de venado].
haunt (hɔ:nt) *s.* lugar que se frecuenta; guarida. *2* morada.
haunt (to) (hɔ:nt) *t.* rondar, frecuentar. *2* obsesionar [una idea].
have (to) (hæv o həv) *aux.* haber. *2* ***I had rather,*** más quisiera; ***we had rather,*** vale más que. *3 t.* haber, tener, poseer. *4* tener [cuidado, dolor, un niño, etc.]. *5* saber: ***he has no latin,*** no sabe latín. *6* tomar, comer, beber. *7* permitir, consentir. *8* mandar hacer; hacer que. *9* ***to ~ a mind to,*** estar tentado de. *10* ***to ~ to,*** tener que, haber de. *11* ***to ~ to do with,*** tener que ver con. ¶ 3.ª pers. pres ind.: ***has*** (hæz, həz); pret. y p. p.: ***had*** (hæd, həd).
haven ('heivn) *s.* puerto, abra. *2* asilo, abrigo.
haversack ('hævəsæk) *s.* mochila.
havoc ('hævək) *s.* estrago, destrucción.
hawk (hɔ:k) *s.* halcón, azor.
hawk (to) (hɔ:k) *t.* cazar con halcón. *2* pregonar [mercancías, etc.]. *3 i.* carraspear.
hawker ('hɔ:kəʳ) *s.* halconero. *2* vendedor ambulante, buhonero.

hay (hei) *s.* heno, forraje.
hay-fork ('hei;fɔ:k) *s.* AGR. horca, horcón.
hay-loft ('hei-lɔft) *s.* henil.
hayrick ('heirik), **haystack** (-stæk) *s.* almiar, montón de heno.
hazard ('hæzəd) *s.* azar, acaso. *2* albur, riesgo.
hazard (to) ('hæzəd) *t.* arriesgar. *2 i.* arriesgarse.
hazardous ('hæzədəs) *a.* arriesgado, peligroso.
haze (heiz) *s.* niebla, calina.
hazel ('heizl) *s.* avellano: *~-nut,* avellana, *2 a.* de color de avellana.
hazy ('heizi) *a.* brumoso.
he (hi:, hi) *pron. pers.* él. *2 pron. indef.* el, aquel: ~ *who,* el o aquel que, quien. *3 a.* macho, varán: *~-bear,* oso [macho].
head (hed) *s.* cabeza: ~ *of hair,* cabellera; ~ *or tails,* cara o cruz; *from ~ to foot,* de pies a cabeza; *over ~ and ears,* hasta los ojos. *2* cabecera. *3* cima, cumbre; copa [de árbol]. *4* puño [de bastón]. *5* título, encabezamiento. *6* promontorio. *7* repollo [de col, etc.]. *8* espuma [de un líquido]. *9* MAR. proa. *10* crisis, punto decisivo. *22 on this ~,* sobre este punto, por este concepto. *12* jefe, principal.
head (to) (hed) *t.* encabezar. *2* acaudillar. *3* adelantar [a uno] *4* descabezar, desmochar. *5 i.* ir, dirigirse.
headache ('hedeik) *s.* dolor de cabeza.
heading ('hediŋ) *s.* título, encabezamiento; membrete.
headland ('hedlənd) *s.* GEOGR. cabo.
headlight ('hedlait) *s.* faro [de vehículo].
headline ('hedlain) *s.* titulares [de periódico]. *2* título.
headlong ('hedlɔŋ) *a.* impetuoso, temerario. *2* de cabeza [caída].
headmaster ('hed'mɑ:ster), **headmistress** (-'mistris) *s.* director, -ra [de un colegio].
headquarters ('hed'kwɔ:təz) *s.* MIL. cuartel general. *2* jefatura de policía. *3* sede [de una entidad]. *4* dirección.
headstrong ('hedstrɔŋ) *a.* obstinado, testarudo.
heal (to) (hi:l) *t.-i.* curar(se, sanar(se. *2 t.* remediar.
health (helθ) *s.* salud, sanidad.
healthful ('helθful) *a.* sano, saludable.
healthy ('helθi) *a.* sano. *2* vigoroso.
heap (hi:p) *s.* montón, pila.
heap (to) (hi:p) *t.* amontonar, apilar. *2* cargar, colmar.
hear (to) (hiəʳ) *t.-i.* oír. *2* escuchar: ~ *of,* oír hablar de. ¶ Pret. y p. p.: ***heard*** (hə:d).
heard (hə:d) V. TO HEAR.
hearer ('hiərəʳ) *s.* oyente.
hearing ('hiəriŋ) *s.* oído [sentido]: *within ~,* al alcance del oído. *2* audición; audiencia.
hearken (to) ('hɑ:kən) *i.* escuchar.
hearsay ('hiəsei) *s.* rumor, voz común.
hearse (hə:s) *s.* coche o carroza fúnebre.
heart (hɑ:t) *s.* corazón: ~ *failure,* colapso cardíaco; *to take to ~,* tomar en serio, a pecho; *at ~,* en el fondo; *by ~,* de memoria; *to one's ~'s content,* a placer, sin restricción. *2* cogollo [de lechuga, etc.]. *3* copas [de la baraja].
heartache ('hɑ:t-eik) *s.* aflicción.
heartbeat ('hɑ:tbi:t) *s.* latido [del corazón].
heartbreak ('hɑ:tbreik) *s.* angustia.
hearten (to) ('hɑ:tn) *t.* animar, alentar.
heartfelt ('hɑ:tfelt) *a.* cordial, sincero; sentido.
hearth (hɑ:θ) *s.* hogar; chimenea.
heartles ('hɑ:tlis) *a.* sin corazón, cruel.
heart-rending ('hɑ:tˌrendiŋ) *a.* agudo, desgarrador.
hearty ('hɑ:ti) *a.* cordial, sincero. *2* vigoroso. *3* robusto, sano. *4* nutritivo, abundante.
heat (hi:t) *s.* calor. *2* acaloramiento. *3* ardor, fogosidad.
heat (to) (hi:t) *t.* calentar. *2* acalorar, excitar. *3 i.* calentarse. *4* acalorarse.
heater ('hi:təʳ) *s.* calentador.
heathen ('hi:ðən) *a.-s.* pagano.
heating ('hi:tiŋ) *s.* calefacción.
heave (hi:v) *s.* esfuerzo para levantar o levantarse. *2* movimiento de lo que se levanta. *3* jadeo.
heave (to) (hi:v) *t.* levantar, solevar; mover con esfuerzo. *2* exhalar [un suspiro, etc.]. *3* hinchar [el pecho]. *4 i.* levantarse y bajar alternativamente; jadear. ¶ Pret. y p. p.: ***heaved*** (hi:vd) o ***hove*** (houv).
heaven ('hevn) *s.* cielo, gloria. *2* cielo, firmamento.
heavenly ('hevnli) *a.* celestial, divino. *3* celeste.
heavily ('hevili) *adv.* pesadamente. *2* fuertemente, duramente.
heaviness ('hevinis) *s.* pesadez. *2* letargo. *3* abatimiento.
heavy ('hevi) *a.* pesado. *2* opresivo, severo. *3* fuerte, recio, violento. *4* profundo, intenso. *5* amodorrado, soñoliento. *6* agobiado, oprimido. *7*

denso, tupido. *8* encapotado, sombrío. *9 adv.* pesadamente.
Hebrew ('hi:bru:) *a.-s.* hebreo.
hecatomb ('hekətoum) *s.* hecatombe.
heckle (to) ('hekl) *t.* hostigar [con preguntas].
hectare ('hekta:) *s.* hectárea.
hectic ('hektik) *a.-s.* hético, tísico. *2 a.* febril, agitado.
hedge (hedʒ) *s.* seto vivo; cerca, vallado.
hedge (to) (hedʒ) *t.* cercar, vallar; rodear. *2 i.* abrigarse, escudarse.
hedgehog ('hedʒhɔg) *s.* erizo.
heed (hi:d) *s.* atención; caso.
heed (to) (hi:d) *t.* prestar atención a, hacer caso de. *2* notar.
heedful ('hi:dful) *a.* atento, cuidadoso, cauto.
heedless ('hi:dlis) *a.* desatento; distraído, atolondrado.
heel (hi:l) *s.* talón; tacón.
hefty ('hefti) *s.* fornido, recio.
hegemony (hi(:)'geməni) *s.* hegemonía.
heifer ('hefəʳ) *s.* novilla, vaquilla.
height (hait) *s.* altura, altitud. *2* estatura, alzada. *3* cerro, cumbre. *4* extremo, colmo.
heighten (to) ('haitn) *t.* levantar. *2* realzar, avivar. *3 i.* elevarse.
heinous ('heinəs) *a.* odioso, atroz.
heir (ɛəʳ) *s.* heredero.
heiress ('ɛəris) *s.* heredera.
held (held) V. TO HOLD.
helicopter ('helikɔptəʳ) *s.* helicóptero.
helix ('hi:liks) *s.* hélice.
he'll (hi:l) contract. de HE SHALL y de HE WILL.
hell (hel) *s.* infierno.
hello ('he'lou) *interj.* ¡hola! *2* ¡diga! [en el teléfono].
helm (helm) *s.* timón.
helmet ('helmit) *s.* yelmo, casco.
helmsman ('helmzmən) *s.* timonero, timonel.
help (help) *s.* ayuda, auxilio; ***help!***, ¡socorro! *2* remedio, recurso: ***there is no ~ for it,*** no tiene remedio. *3* sirviente.
help (to) (help) *t.* ayudar, contribuir a. *2* remediar, evitar: ***he cannot ~ but,*** no puede menos de. *3* servir [comida, etc.].
helpful ('helpful) *a.* que ayuda, útil. *2* saludable.
helping ('helpiŋ) *a.* ración [de comida].
helpless ('helplis) *a.* desvalido. *2* impotente. *3* irremediable.
helter-skelter ('heltə'skeltəʳ) *adv.* atropelladamente, sin orden.
helve (helv) *s.* mango [del hacha].
hem (hem) *s.* COST. dobladillo, bastilla. *2* borde, orla.
hem (to) (hem) *t.* COST. dobladillar. *2* cercar, rodear.
hemp (hemp) *s.* cáñamo.
hen (hen) *f.* ORN. gallina. *2* hembra de ave.
hence (hens) *adv.* desde aquí o ahora. *2* de aquí a, dentro de. *3* por tanto, luego.
henceforth ('hens'fɔ:θ) *adv.* de aquí en adelante.
henchman ('hentʃmən) *s.* secuaz, servidor.
hen-coop ('henku:p), **hen-house** (-haus) *s.* gallinero.
her (hə:ʳ, ə:ʳ, həʳ, əʳ) *pron. f.* (ac. o dat.)la, le. *2* [con prep.] ella. *3 a. pos. f.* su, sus [de ella].
herald ('herəld) *s.* heraldo.
herald (to) ('herəld) *t.* anunciar.
heraldry ('herəldri) *s.* heráldica.
herb (hə:b) *s.* (hierba.
herbalist ('hə:bəlist) *s.* herbolario.
herbivorous ('hə:bivərəs) *s.* hervívoro.
herd (hə:d) *s.* rebaño, manada.
herd (to) (hə:d) *t.-i.* juntar o juntarse en rebaño o manada.
here (hiəʳ) *adv.* aquí, ahí, acá: ~ ***it is,*** helo aquí.
hereabouts ('hiərə͵bauts) *adv.* por aquí cerca.
hereafter (hiər'a:ftəʳ) *adv.* en lo futuro.
hereby ('hiə'bai) *adv.* por este medio, por este acto.
hereritary (hi'rəditəri) *a.* hereditario.
heredity (hi'rediti) *s.* herencia.
hereof (hiər'ɔv) *adv.* de esto, acerca de esto; de aquí.
heresy ('herəsi) *s.* herejía.
heretic ('herətik) *s.* hereje.
heritage ('heritidʒ) *s.* herencia.
hermetic(al (hə:'metik, -əl) *a.* hermético.
hermit ('hə:mit) *s.* ermitaño.
hermitage ('hə:mitidʒ) *s.* ermita.
hero ('hiərou) *s.* héroe.
heroic(al (hi'rouik, -əl) *a.* heroico.
heroine ('herouin) *f.* heroína.
heroism ('herouizəm) *s.* heroísmo.
heron ('herə) *s.* garza.
herring ('heriŋ) *s.* ICT. arenque.
hers (hə:z) *s. pron. f.* [el] suyo, [la]suya; [los] suyos, [las] suyas [de ella].
herself (hə:'self) *pron. pers. f.* ella misma, se, sí misma.
he's (hi:z) contrac. de HE IS y de HE HAS.
hesitate (to) ('heziteit) *i.* vacilar, dudar. *2* tartamudear.
hesitation (͵hezi'teʃən) *s.* vacilación, duda. *2* tartamudeo.
heterodox ('hetərədɔks) *a.-s.* heterodoxo.

heterogeneous ('hetərou'dʒi:njəs) *a.* heterogéneo.
hew (to) (hju:) *t.* cortar, picar; labrar. ¶ Pret.: ***hewed*** (hju:d); p. p.: ***hewn*** hju:n).
hexagon ('heksəgən) *s.* hexágono.
hexagonal (hek'sægənl) *a.* hexagonal.
hiccough, hiccup ('hikʌp) *s.* hipo.
hiccough, hiccup (to) ('hikʌp) *i.* tener hipo.
hid (hid) *pret.* de TO HIDE.
hidden ('hidn) *a.* escondido. *2* oculto, secreto, latente. *3 p. p.* de TO HIDE. *4* **-ly** *adv.* escondidamente, secretamente.
hide (haid) *s.* piel, cuero.
hide (to) (haid)) *t.* esconder, ocultar, tapar. *2 i.* esconderse, ocultarse. ¶ Pret.: ***hid*** (hid); p. p.: ***hidden*** ('hidn) o ***hid.***
hide-and-seek ('haid-ənd-'si:k) *s.* escondite [juego].
hideous ('hidiəs) *a.* horrible. *2* odioso.
hiding ('haidiŋ) *s.* paliza. *2 a.* ~ ***place,*** escondite.
hierarchy ('haiəra:ki) *s.* jerarquía.
hieroglyph ('haiərəglif) *s.* jeroglífico.
high (hai) *a.* alto. | Hablando de una pers. se dice ***tall.*** *2* elevado. *3* de alto. *4* ilustre, noble. *5* altivo, altanero. *6* subido, caro [precio].7 mayor [calle, altar, misa]. *8* gruesa [mar]. *9 manida [carne]. 10* COC. fuerte, picante. *11* AUTO. ~***gear,*** directa. *12* ~ ***spirits,*** buen humor, animación. *13* ***the Most High,*** el Altísimo. *14 adv.* caro. *15* ~ ***and low,*** por todas partes. *16 s.* lo alto. *17* **-ly** *adv.* altamente, en sumo grado.
high-born ('haibɔ:n) *a.* noble, linajudo.
highbrow ('hai-brau) *a.-s.* intelectual.
highland ('hailənd) *s.* montaña, región montañosa.
high-minded ('hai'maindid) *a.* magnánimo; altivo.
highness ('hai-nis) *s.* altura. *2* alteza.
highway ('haiwei) *s.* carretera.
highwayman ('haiweimən) *s.* salteador, forajido.
hiker ('aikəʳ) *s.* excursionista.
hilarious (hi'lɛəriəs) *a.* alegre.
hill (hill) *s.* colina, collado, cerro; montaña. *2* cuesta.
hillock ('hilək) *s.* montículo, altillo.
hillside ('hil'said) *s.* ladera.
hilly ('hili) *a.* montañoso.
hilt (hilt) *s.* puño, empuñadura.
him (him, im) *pron. m.* [ac. o dat.] lo, le. *2* [con prep.] él: ***to*** **~,** a él.
himself (him'self) *pron, pers. m.* él, él mismo, se, sí, sí mismo.
hind (haind) *a.* trasero, posterior. *2 s.* cierva.
hinder (to) ('haindəʳ) *t.-i.* impedir, estorbar.
hindrance ('hindrəns) *s.* estorbo, obstáculo, impedimento.
hinge (hindʒ) *s.* gozne, bisagra.
hinge (to) (hindʒ) *t.* engoznar. *2 i.* ***to*** ~ ***on,*** depender de.
hint (hint) *s.* indicación, insinuación, indirecta, alusión.
hint (to) (hint) *t.-i.* indicar, insinuar, sugerir, aludir.
hinterland ('hintəlænd) *s.* interior [del país].
hip (hip) *s.* cadera.
hire ('haiəʳ) *s.* alquiler.
hire (to) ('haiəʳ) *t.* alquilar, arrendar. *2 i.* alquilarse.
his (hiz, iz) *a.-pron. m.* [el] suyo, [la] suya; [los] suyos, [las] suyas [de él].
hiss (hiz) *s.* siseo. *2* silbido.
hies (to) (hiz) *i.-t.* silbar, sisear.
historian (his'tɔ:riən) *s.* historiador.
historic(al (his'tərik, -əl) *a.* histórico.
history ('histəri) *s.* historia.
hit (hit) *s.* golpe, choque. *2* acierto, éxito.
hit (to) (hit) *t.* pegar, golpear, herir, dar con: ***to*** ~ ***the mark,*** dar en el blanco: ***to*** ~ ***the nail on the head,*** dar en el clavo. ¶ Pret. y p. p.: ***hit*** (hit).
hitch (hitʃ) *s.* tropiezo, dificultad; sacudida.
hitch (to) (hitʃ) *t.* mover [a tirones]. *2* enganchar, atar.
hitch-hiking ('hitʃhaikiŋ) *s.* auto-stop.
hither ('hiðəʳ) *adv.* acá, hacia acá: ~ ***and thither,*** acá y acullá. *2 a.* de este lado.
hitherto ('hiðə'tu:) *adv.* hasta aquí, hasta ahora.
hive (haiv) *s.* colmena.
hoard (hɔ:d) *s.* depósito, repuesto, tesoro.
hoard (to) (hɔ:d) *t.* acumular, guardar, atesorar.
hoarding ('hɔ:diŋ) *s.* atesoramiento. *2* cerca de construcción. *3* cartelera.
hoarfrost ('hɔ:'fɔst) *s.* escarcha.
hoarse (hɔs) *a.* ronco, áspero.
hoary ('hɔ:ri) *a.* cano, canoso.
hoax (houks) *s.* broma, engaño.
hoax (to) (houks) *t.* engañar.
hobble ('hɔbl) *s.* cojera. *2* manea, traba.
hobble (to) ('hɔbl) *i.* cojear. *2 t.* poner trabas, trabar.
hobby ('hɔbl) *s.* afición; pasatiempo.
hobgoblin ('ɔb,gɔlin) *s.* duende, trasgo.
hockey ('həki) *s.* hockey.
hoe (hou) *s.* azada, azadón.
hoe (to) (hou) *t.* cavar.
hog (hɔg) *s.* cerdo, cochino.
hogshead ('hɔgzhed) *s.* pipa, bocoy.

hoist (hɔist) *s.* grúa, montacargas. *2* empujón hacia arriba.
hoist (to) (hɔist) *t.* izar, subir, elevar; enarbolar.
hold (hould) *s.* presa, agarro. *2* asidero, sostén. *3* fortaleza, refugio. *4* receptáculo. *5* MAR. bodega. *6* AVIA. cabina de carga. *7* dominio, poder. *8* ***to take*** o ***lay ~of,*** agarrar, apoderarse de.
hold (to) (hould) *t.* tener, poseer. *2* sujetar, tener asido. *3* aguantar, sostener. *5* sostener, defender. *6* detener. *7* ocupar, absorber. *8* tener cabida para. *9* celebrar [una reunión]; sostener [una conversación]. *10* hacer [compañía]. *11* considerar, tener por. *12* ***to ~ back,*** contener, refrenar. *13* ***to ~ down,*** tener sujeto, oprimir. *14* ***to ~ forth,*** presentar; expresar. *15* ***to ~ one's tongue,*** callar. *16* ***to ~over,*** aplazar, diferir; ***to ~ up,*** levantar; sostener; mostrar; refrenar; atracar, robar. *17 i.* agarrarse, asirse. *18* mantenerse, sostenerse. *19* valer, estar o seguir en vigor. *20* durar, continuar. *21* ***to ~ back,*** contenerse; abstenerse. *22* ***to ~ forth,*** predicar, perorar. *23* ***to ~ good,*** subsistir. *24* ***to ~ out,*** mantenerse firme. ¶ Pret. y p. p.: ***held*** held).
holder ('houldəʳ) *s.* tenedor, poseedor. *2* mango, agarrador, boquilla. *3* FOT. chasis. *4* titular.
holding ('houldiŋ) *s.* posesión.
hold-up ('houldʌp) *s.* atraco.
hofe (houl) *s.* agujero, boquete. *2* hoyo, hueco. *3* bache. *4* cueva, madriguera. *5* defecto.
hole (to) (houl) *t.* agujerear, horadar.
holiday ('hɔlədi, -lid-, -dei) *s.* fiesta, festividad. *2* vacación, asueto. *3 pl.* vacaciones. *4 a.* festivo.
holiness ('houlinis) *s.* santidad.
hollow ('hɔlou) *a.* hueco. *2* hundido [ojos, mejillas]. *3* falso, insincero. *4 s.* hueco. *5* depresión, hondonada, valle.
holly ('hɔli) *s.* BOT. acebo.
holm-oak ('houm'ouk) *s.* encina.
holocaust ('hɔləkɔ:st) *s.* holocausto.
holster ('houlstəʳ) *s.* pistolera.
holy ('houli) *a.* santo; sagrado.
homage ('hɔmidʒ) *s.* homenaje: ***to pay ~,*** rendir homenaje.
home (houm) *s.* hogar, casa, morada. *2* asilo, hospicio. *3* patria, país natal. *4* ***at ~,*** en casa; ***make yourself at ~,*** póngase comodo. *5 a.* doméstico, hogareño. *6* nacional, del país: ***Home Office,*** ministerio de gobernación; ***~ rule,*** autonomía. *7 adv.* en o a casa. *8* ***to strike ~,*** dar en el blanco; herir en lo vivo.
homeland ('houmlænd) *s.* patria, tierra natal.
homeless ('houmlis) *a.* sin casa.
homely ('houmli) *a.* llano, sencillo, casero. *2* feo, vulgar. *3* rústico, inculto.
homespun ('houm-spʌn) *a.* hilado o hecho en casa. *2* basto.
homesick ('houm-sik) *a.* nostálgico.
homesickness ('houm-siknis) *s.* nostalgia, añoranza.
homicidal (ˌhɔmi'saidl) *a.* homicida.
homicide ('hɔmisaid) *s.* homicidio. *2* homicida.
homily ('hɔmili) *s.* homilía.
homonym ('hɔmənim) *s.* homónimo.
homosexual ('houmou'seksjuəl) *a.-s.* homosexual.
hone (to) (houn) *t.* afilar, vaciar.
honest ('ɔnist) *a.* honrado, probo. *2* justo, recto. *3* sincero. *4* honesto. *5* **-ly** *adv.* con franqueza.
honesty ('ɔnisti) *s.* honradez, rectitud. *2* sinceridad.
honey ('hʌni) *s.* miel. *2* dulzura. *3* ¡vida mía! *4* ***~-bee,*** abeja obrera; ***~ comb,*** panal; ***~ moon,*** luna de miel; ***~-mouthed,*** adulador; ***~-suckle,*** madreselva.
honeyed ('hʌnid) *a.* meloso, melifluo, almibarado.
hono(u)r ('ɔnəʳ) *s.* honor, honra: ***~ bright,*** fam. de veras. *2* honradez. *3* prez. *4* lauro. *5* ***Your Honour,*** Usía, Su Señoría. *6 pl.* honores. *7* honras.
hono(u)r ('ɔnəʳ) *t.* honrar. *2* laurear, condecorar. *3* COM. hacer honor [a su firma]; aceptar, pagar.
honourable ('ɔnərəbl) *a.* honorable. *2* honrado. *3* honroso.
hood (hud) *s.* capucha, caperuza, capirote. *2* capota [de coche]; capó [de auto], etc.
hoodwink (to) ('hudwiŋk) *t.* vendar los ojos a. *2* engañar.
hoof (hu:f) *s.* casco, pezuña.
hook (huk) *s.* gancho, garfio: ***by ~ or by croock*** a tuertas o a derechas. *2* escarpia. *3* anzuelo. *4* ***~ and eye,*** corchete [macho y hembra].
hook (to) (huk) *t.* encorvar. *2* enganchar. *3* pescar, atrapar.
hoop (hu:p) *s.* aro, cerco, fleje. *2* anillo, anilla.
hoot (hu:t) *s.* grito; grita. *2* silbo [del mochuelo]. *3* pitido [de locomotora]; bocinazo.
hoot (to) (hu:t) *i.-t.* gritar, dar gritos. *2 i.* silbar [el mochuelo]. *3* dar pitidos o bocinazos.
hooter ('hu:təʳ) *s.* sirena; bocina.

hop (həp) *s.* salto, brinco. *2* BOT. lúpulo.
hop (to) (hɔp) *i.* brincar, saltar.
hope (houp) *s.* esperanza, confianza.
hope (to) (houp) *t.-i.* esperar [tener esperanza], confiar.
hopeful ('houpful) *a.* esperanzado. *2* risueño, prometedor.
hopeless ('houplis) *a.* desesperado, irremediable.
horde (hɔ:d) *s.* horda.
horizon (hə'raizn) *s.* horizonte.
horizontal (ˌhɔri'zɔntl) *a.* horizontal.
horn (hɔ:n) *s.* asta, cuerno: ~ ***of plenty,*** cuerpo de la abundancia. *3* callosidad. *4* bocina. *5* MÚS. cuerno, trompa.
hornet ('hɔ:nit) *s.* ENT. avispón.
hornpipe ('hɔ:npaip) *s.* baile inglés.
horny ('hɔ:ni) *a.* córneo. *2* calloso.
horrible 'hɔribl) *a.* horrible.
horrid ('hɔrid) *a.* horroroso.
horrify (to) ('hɔrifai) *t.* horrorizar.
horror ('hɔrəʳ) *s.* horror.
horse (hɔ:s) *s.* ZOOL. caballo: ~ ***race,*** carrera de caballos; ~ ***sense,*** sentido práctico. *2* MIL. caballería, caballos. *3* asnilla, borriquete. *4* potro [de gimnasia].
horseback ('hɔ:sbæk) *s.* lomo de caballo: ***on*** ~, a caballo.
horsefly ('hɔ:sflai) *s.* ENT. tábano.
horsehair ('hɔ:shɛəʳ) *s.* crin.
horseman ('hɔ:smən) *s.* jinete.
horsemanship ('hɔ:mənʃip) *s.* equitación.
hersepower ('hɔ:sˌpauəʳ) *s.* caballo de fuerza o de vapor.
horseshoe ('hɔ:ʃʃu:) *s.* herradura.
horsewoman ('hɔ:sˌwumən) *s.* amazona.
horticulture ('hɔ:tikʌltʃəʳ) *s.* horticultura.
hose (houz) *s.* calza(s, media(s. *2* manga, manguera.
hosier ('houʒəʳ) *s.* calcetero.
hosiery ('houʒəri) *s.* calcetería, géneros de punto.
hospice ('hɔspis) *s.* hospicio; hospedería.
hospitable ('hɔspitəbl) *a.* hospitalario, acogedor.
hospital ('hɔspitl) *s.* hospital. *2* clínica.
hospitality (ˌhɔspi'tæliti) *s.* hospitalidad.
host (houst) *s.* hospedero, mesonero. *2* huésped, anfitrión. *3* hueste. *4* multitud. *5* hostia.
hostage ('hɔstidʒ) *s.* rehén.
hostel ('hɔstəl) *s.* residencia de estudiantes.
hostelry ('hɔstəlri) *s.* hostería.
hostess ('houstis) *s.* mesonera. *2* anfitriona. *3* AVIA. azafata.
hostile ('hɔstail) *a.* hostil.
hostility (hɔs'tiliti) *s.* hostilidad.
hot (hɔt) *a.* caliente; ~ ***dog,*** salchicha caliente; ***to be*** ~, tener calor; ***it is*** ~, hace calor. *2* cálido, caluroso. *3* acalorado, ardoroso. *4* picante, ardiente. *5* fogoso, vehemente. *6* enérgico. *7* vivo [genio]. *8* reciente [noticia, etc.]. *9* **-ly** *adv.* calurosamente.
hotbed ('hɔtbed) *s.* plantel.
hotel (hou'tel, ou-) *s.* hotel.
hothead ('hɔthed) *s.* exaltado.
hothouse ('hɔthaus) *s.* invernáculo, estufa.
hound (haund) *s.* perro de caza.
hour ('auəʳ) *s.* hora: ~***-hand,*** horario [saetilla].
hour-glass (aue-glɑ:s) *s.* reloj de arena.
hourly ('auəli) *a.* de cada hora, continuo. *2 adv.* a cada hora.
house (haus, *pl.* 'hauziz) *s.* casa [habitación, hogar; edificio; familia, linaje]. *2* MEC. alojamiento. *3* cámara [legislativa]: ***House of Commons,*** Cámara de los Comunes. *4* TEAT. sala, público.
household ('haushould) *s.* casa, familia [los que viven juntos]. *2 a.* doméstico; casero.
householder ('haushouldəʳ) *s.* amo de la casa.
housekeeper ('hausˌki:pəʳ) *s.* ama de llaves o de gobierno.
housemaid ('haus-meid) *s.* criada.
housewife ('haus-waif) *s.* ama de casa.
housework ('hauz-wə:k) *s.* quehaceres domésticos.
housing ('hauziŋ) *s.* alojamiento, vivienda. *2* MEC. caja, cárter.
hove (houv) V. TO HEAVE.
hovel ('hɔvl) *s.* casucha.
how (hau) adv. cómo, de qué manera; por qué: ~ ***do you do?,*** ¿cómo está usted? *2* qué, cuán [admirativos]. *3* ~ ***much,*** cuánto; ~ ***many,*** cuántos; ~ ***long,*** cuanto tiempo.
however (hau'evəʳ) *adv.* como quiera que, por muy ... que, por mucho que. *2 conj.* sin embargo, no obstante.
howitzer ('hauitsəʳ) *s.* obús.
howl (haul) *s.* aullido. *2* grito.
howl (to) (haul) *i.* aullar; gritar.
howsoever (ˌhausou'evəʳ) *adv.* como quiera que, por muy ... que.
hoyden ('hɔidn) *s.* muchacha traviesa.
hub (hʌb) *s.* cubo [de rueda]. *2* fig. centro, eje; centro de actividad.
hubbub ('hʌbʌb) *s.* griterío, algazara, tumulto.
huckster ('hʌkstəʳ) *s.* buhonero.
huddle ('hʌdl) *s.* montón, tropel, confusión.

huddle (to) ('hʌdl) *t.-i.* amontonar(se; apiñar(se. *2 t.* empujar. *3 i.* acurrucarse.
hue (hju:) *s.* color, matiz, tinte. *2* ~ ***and cry,*** alarma.
huff (hʌf) *s.* enfado, enojo.
huffy ('hʌfi) *a.* enojado.
hug (hʌg) *s.* abrazo estrecho.
hug (to) (hʌg) *t.* abrazar.
huge (hju:dʒ) *a.* grande, enorme, vasto, inmenso.
hulk (hʌlk) *s.* buque viejo.
hull (hʌl) *s.* cáscara, corteza [de fruta]; vaina [de legumbre]. *2* casco [de buque].
hull (to) (hʌl) *t.* mondar, desvainar.
hum (hʌm) *s.* zumbido; ronroneo; rumor.
hom (to) (hʌm) *i.* zumbar; rumorear. *2 t.-i.* canturrear.
human ('hju:mən) *a.* humano.
humane (hju(:)'mein) *a.* humano, humanitario, compasivo.
humanism ('hju:mənizm) *s.* humanismo.
humanity (hju(:)əmæniti) *s.* humanidad. *2 pl.* humanidades.
humanize (to) ('hju:mənaiz) *t.* humanizar.
humble ('hʌmbl) *a.* humilde. *2* modesto, sencillo.
humble (to) ('hʌmbl) *t.-ref.* humillar(se.
humbleness ('hʌmblnis) *s.* humildad.
humbug ('hʌmbʌg) *s.* engaño. *2* charlatanería. *3* farsante.
humbug (to) ('hʌmbʌg) *t.* engañar.
humdrum ('hʌmdrʌm) *s.* monótono, aburrido.
humerus ('hju:mərəs) *s.* húmero.
humid ('hju:mid) *a.* húmedo.
humidity (hju(:)'miditi) *s.* humedad.
humiliate (to) (hju(:)'milieit) *t.* humillar.
humiliation (hju(:)ˌmili'eiʃən) *s.* humillación.
humility (hju(:)'militi) *s.* humildad, sumisión.
humming ('hʌmiŋ) *a.* zumbador. *2* muy activo, intenso.
humming-bird ('hʌmiŋbə:d) *s.* colibrí, pájaro mosca.
hummock ('hʌmək) *s.* montecillo.
humorist ('hju:mərist) *s.* humorista. *2* chistoso [pers].
humour ('hju:məʳ) *s.* humorismo. *2* humor, genio.
humour (to) (h'hju:məʳ) *t.* complacer, mimar. *2* adaptarse.
humo(u)rous ('hju:mərəs) *a.* humorístico, gracioso.
hump (hʌmp) *s.* jiba, joroba.
humpbacked ('hʌmpbækt), **humped** (hʌmpt), **humpy** ('hʌmpi) *a.* jorobado, jiboso.
hunch (hʌntʃ) *s.* joroba, jiba.
hunch (to) (hʌntʃ) *t.-i.* encorvar [la espalda].
hundred ('hʌndrəd) *a.* cien, ciento. *2 s.* ciento, centena.
hundredweight ('hʌndrədweit) *s.* quintal: (Ingl.) 58.8 kg.; (E. U.) 45.36 kg.
hung (hʌŋ) V. TO HANG.
hunger ('hʌŋgəʳ) *s.* hambre.
hunger (to) ('hʌŋgəʳ) *i.* tener hambre: ***to ~ for,*** ansiar.
hungry ('hʌngri) *a.* hambriento: ***to be ~,*** tener hambre.
hunk (hʌŋk) *s.* fam. trozo, pedazo, grande.
hunt (hʌnt) *s.* caza [acción]; montería. *2* cacería.
hunt (to) (hʌnt) *t.-i.* cazar; perseguir: ***to go hunting,*** ir de caza.
hunter ('hʌntəʳ) *s.* cazador.
hunting ('hʌntiŋ) *s.* caza, montería: ~ ***party,*** cacería.
hurdle ('hə:dl) *s.* zarzo, cañizo. *2* valla, obstáculo.
hurdy-gurdy ('hə:diˌgə:di) *s.* organillo.
hurl (hə:l) *s.* tiro, lanzamiento.
hurl (to) (hə:l) *t.* lanzar, tirar, arrojar: ***to ~ oneself,*** lanzarse.
hurrah! (hu'rɑ:) *interj.* ¡hurra!.
hurricane ('hʌrikən) *s.* huracán.
hurried ('hʌrid) *a.* precipitado, apresurado, hecho de prisa.
hurry ('hʌri) *s.* prisa, premura, precipitación: ***to be in a ~,*** tener prisa.
hurry (to) ('hʌri) *t.* dar prisa, apresurar. *2* acelerar, avivar. *3* atropellar, precipitar. *4 i.* apresurarse, darse prisa.
hurt (hə:t) *s.* herida, lesión. *2* daño, dolor. *3 a.* herido, lastimado. *4* ofendido. *5* perjudicado.
hurt (to) (hə:t) *t.* herir, lastimar. *2* apenar, afligir. *3 i.* doler. ¶ Pret. y p. p.: ***hurt*** (hə:t).
hurtful (hə:tful) *a.* perjudicial.
hurtle (to) ('hə:tl) *t.* TO HURL. *2 i.* volar, caer, chocar, moverse con estruendo.
husband ('hʌzbənd) *s.* marido, esposo.
husband (to) (hʌzbənd) *t.* administrar, economizar.
husbandman ('hʌzbəndmən) *s.* agricultor.
husbandry ('hʌzbənri) *s.* (agricultura, labranza. *2* economía.
hush (hʌʃ) *s.* quietud, silencio.
hush (to) (hʌʃ) *t.-i.* callar. *2 t.* hacer callar, acallar.
husk (hʌsk) *s.* cáscara, vaina [de fruto].
huskiness ('hʌskinis) *s.* ronquera.
husky ('hʌski) *a.* ronco.
hussy ('hʌsi) *s.* pícara, buena pieza. *2* mujer perdida.

hustle ('hʌsl) *s.* actividad.
hustle (to) ('hʌsl) *t.* apresurar. *2 i.* apresurarse, bullir.
hut (hʌt) *s.* choza, cabaña.
hutch (hʌtʃ) *s.* arca, cofre. *2* conejera.
hyacinth ('haiəsinθ) *s.* BOT., MIN. jacinto.
hybrid ('haibrid) *a.* híbrido.
hydrangea (hai'dreindʒe) *s.* BOT. hortensia.
hydrant ('haidrənt) *s.* boca de riego.
hydraulic (hai'drɔ:lik) *a.* hidráulico.
hydraulics (hai'drɔ:liks) *s.* hidráulica.
hydrogen ('haidridʒən) *s.* QUÍM. hidrógeno.
hydroplane ('haidrouplein) *s.* hidroavión.
hyena (hai'i:nə) *s.* ZOOL. hiena.
hygiene ('haidʒi:n) *s.* higiene.
hygienic (hai'dʒi:nik) *a.* higiénico.
hymn (him) *s.* himno.
hyperbole (hai'pə:bəli) *s.* hipérbole.
hyphen ('haifən) *s.* ORTOG. quión.
hypnotism ('hipnətizəm) *s.* hipnotismo.
hynotize (to) ('hipnətaiz) *t.* hipnotizar.
hypocrisy (hi'pəkrəsi) *s.* hipocresía.
hypocrite ('hipəkrit) *s.* hipócrita.
hypocritical (ˌhipə'kritikəl) *a.* hipócrita.
hypotenuse (hai'pɔtinju:z) *s.* GEOM. hipotenusa.
hypothesis (hai'pɔθisis) *s.* hipótesis.
hypothetic(al (ˌhaipou'θetik, -əl) *a.* hipotético.
hysteria (his'tiəriə) *s.* histeria.
hysterical (his'terikəl) *a.* histérico.
hysterics (his'teriks) *s.* ataque de nervios.

I

I (ai) *pron. pers.* yo.
ice (ais) *s.* hielo: ~ ***cream,*** helado de crema.
ice (to) (ais) *t.* helar, congelar.
iceberg ('aisbə:g) *s.* iceberg.
icebox ('aisbɔks) *s.* nevera.
icebreaker ('aisbreikəʳ) *s.* buque rompehielos.
Iceland ('aislənd) *n. pr.* Islandia.
icicle ('aisikl) *s.* carámbano.
icy ('aisi) *a.* helado, frío.
idea (ai'diə) *s.* idea.
ideal (al'diəl) *a.-s.* ideal.
idealism (ai'diəlizəm) *s.* idealismo.
idealist (ai'diəlist) *s.* idealista.
idealize (to) (ai'diəlaiz) *t.* idealizar.
identical (ai'dəntikəl) *a.* idéntico.
identification (ai͵dentifi'keiʃən) *s.* identificación.
identify (to) (ai'dentifai) *t.* identificar.
identity (ai'dentiti) *s.* identidad: ~ ***card,*** tarjeta de identidad.
idiocy ('idiəsi) *s.* idiotez.
idiom ('idiəm) *s.* idioma, lengua. *2* locución, idiotismo.
idiot ('idiət) *s.* idiota.
idiotic(al (͵di'tik, -əl) *a.* idiota.
idle ('aidl) *a.* ocioso; inactivo. *2* perezoso. *3* de ocio. *4* inútil.
idle (to) ('aidl) *i.* estar ocioso.
idleness ('aidlnis) *s.* inactividad. *2* futilidad. *3* holgazanería.
idol ('aidl) *s.* ídolo.
idolatry (ai'dɔlətri) *s.* idolatría.
idolize (to) ('aidəlaiz) *t.-i.* idolatrar.
idyll ('idil) *s.* idilio.
idyllic (ai'dilk) *a.* idílico.
il (if) *s.* conj. si: ***as*** ~, como si; ~ ***only,*** si al menos; ~ ***so,*** si es así. *2* aunque, aun cuando.
ignite (to) (ig'nait) *t.* encender. *2 i.* encenderse, inflamarse.
ignition (ig'niʃən) *s.* ignición. *2* encendido [de un motor].
ignoble (ig'noubl) *a.* innoble.
ignominious (͵ignə'miniəs) *s.* ignorante, pedante.
ignorance ('ignərəns) *s.* ignorancia.
ignorant ('ignərənt) *a.* ignorante.
ignore (to) (ig'nɔ:ʳ) *t.* desconocer, hacer caso omiso.
iguana (i'gwɑ:nə) *s.* iguana.
I'll (ali) *contr.* de I SHALL y I WILL.
ill (il) *a.* enfermo: ***to fall*** ~, caer enfermo. *2* mareado. *3* malo, mal: ~***-breeding,*** mala crianza; ~ ***health,*** mala salud. *4 s.* mal, desgracia. *5 adv.* mal.
ill-bred ('il'bred) *a.* malcriado.
illegal (i'li:gəl) *a.* ilegal.
illegality (͵li(:)'gæliti) *s.* ilegalidad.
illegible (i'ledʒidl) *a.* ilegible.
illegimate (͵ili'dʒitimit) *a.* ilegítimo.
illicit (i'lisit) *a.* ilícito.
illiteracy (i'litərəsi) *s.* ignorancia. *2* analfabetismo.
illiterate (i'litərit) *a.* iletrado, analfabeto.
ill-mannered ('il'mænəd) *a.* mal educado.
illness ('ilnis) *s.* enfermedad.
illogical ('ilɔdʒikəl) *a.* ilógico.
ill-starred ('il'stɑ:d) *a.* desdichado.
ill-timed ('il'taimd) *a.* intempestivo, inoportuno.
ill-treat (to) ('il'tri:t) *t.* maltratar.
illuminate (to) (i'lju:mineit) *t.* iluminar.
illumination (i͵lju:mi'neiʃən) *s.* iluminación. *2 pl.* luminarias.
illusion (i'lu:ʒən) *s.* ilusión; espejismo, engaño. *2* aparición.
illusory (i'lu:səri) *a.* ilusorio, engañoso.
illustrate (to) ('iləstreit) *t.* ilustrar [con dibujos, etc.].
illustration (͵iləs'treiʃən) *s.* ilustración. No tiene sentido de cultura, luces.
illustrious (i'lʌstriəs) *a.* ilustre.
I'm (aim) *contr.* de I AM.

image ('imidʒ) *s.* imagen. *2* representación. *3* efigie. *4* parecido.
imaginable (i'mædʒinəbl) *a.* imaginable.
imaginary (i'mædʒinəri) *a.* imaginario.
imagination (iˌmædʒi'neiʃən) *s.* imaginación.
imagine (to) (i'mædʒin) *t.* imaginar.
imbecile ('imbisi:l) *a.-s.* imbécil.
imbecility (ˌimbi'siliti) *s.* imbecilidad.
imbibe (to) (im'baid) *t.* absorber. *2* empaparse de.
imbroglio (im'brouliou) *s.* enredo, embrollo.
imbue (to) (im'bju:) *t.* saturar, impregnar. *2* imbuir, infundir.
imitate (to) ('imiteit) *t.* imitar.
imitation (ˌimi'teiʃən) *s.* imitación.
immaculate (i'mækjulit) *a.* inmaculado.
immaterial (ˌimə'tiəriəl) *a.* inmaterial. *2* indiferente, que no importa: ***it is ~***, no importa.
immature (ˌimə'tjuəʳ) *a.* inconmensurable.
immediate (i'mi:djət) *a.* inmediato.
immediately (i'mi:djətli) *adv.* inmediatamente.
immense (i'mens) *a.* inmenso.
immensity (i'mensiti) *s.* inmensidad.
immerse (to) (i'mə:s) *t.* sumergir. *2* absorber.
immersion (i'mə:ʃən) *s.* inmersión.
immigrant ('imigrənt) *a.-s.* inmigrante.
immigration (ˌimi'greiʃən) *s.* inmigración.
imminent ('iminənt) *a.* inminente.
immobile (i'moubail) *a.* inmóvil.
immobilize (to) (i'moubilaiz) *t.* inmovilizar.
immoderate (i'mɔdərit) *a.* inmoderado, desmedido.
immoderation ('iˌmɔdə'reiʃən) *s.* inmoderación.
immodest (i'mɔdist) *a.* inmodesto. *2* indecente.
immodesty (i'mɔdisti) *s.* inmodestia. *2* indecoro, indecencia.
immolate (to) ('imouleit) *t.* inmolar.
immoral (i'mɔrəl) *a.* inmoral.
immorality (ˌimə'ræliti) *s.* inmoralidad.
immortal (i'mɔ:tl) *a.-s.* inmortal.
immortality (ˌimɔ:'tæliti) *s.* inmortalidad.
immortalize (to) (ˌimɔ:təlaiz) *t.* inmortalizar.
immovable (i'mu:vəbl) *a.* inamovible, inmóvil, fijo. *2* inalterable, inflexible.
immune (i'mju:n) *a.-s.* inmune.
immunity (i'mju:niti) *s.* inmunidad. *2* privilegio, exención.
immunize (to) ('imju(:)naiz) *t.* inmunizar.
immure (to) (i'mjuəʳ) *t.* emparedar.
immutable (i'mju:təbl) *a.* inmutable.
imp (imp) *s.* diablillo, duende.
impact ('impækt) *s.* golpe, choque, impacto.
impair (to) (im'pɛəʳ) *t.* dañar, deteriorar, disminuir, debilitar.
impale (to) (im'peil) *t.* empalar.
impalpable (im'pælpəbl) *a.* impalpable.
impart (to) (im'pɑ:t) *t.* impartir, dar, comunicar. *2* hacer saber.
impartial (im'pɑ:ʃəl) *a.* imparcial.
impartiality ('imˌpɑ:ʃi'æliti) *s.* imparcialidad.
impassable (im'pɑ:səbl) *a.* impracticable, intransitable.
impase (æm'pa:s) *s.* callejón sin salida.
impassible (im'pæsibl) *a.* impasible.
impassioned (im'pæʃənd) *a.* apasionado.
impassive (im'pæsiv) *a.* impasible. *2* insensible.
impatience (im'peiʃəns) *s.* impaciencia. *2* ansia.
impatient (im'peiʃənt) *a.* impaciente.
impeach (to) (im'pi:tʃ) *t.* poner en tela de juicio. *2* acusar.
impeccable (im'pəkəbl) *a.* impecable.
impede (to) (im'pi:d) *t.* impedir, estorbar.
impediment (im'pedimənt) *s.* impedimento, estorbo.
impel (to) (im'pel) *t.* impeler, impulsar. *2* mover, obligar.
impending (im'pendiŋ) *a.* inminente, amenazador.
impenetrable (im'penitrəbl) *a.* impenetrable.
impenitent (im'penitənt) *a.* impenitente.
imperative (im'perativ) *a.* imperativo. *2* *a.-s.* GRAM. imperativo.
imperfect (im'pə:fikt) *a.* imperfecto. *2* *s.* GRAM. imperfecto.
imperfection (ˌimp'fekʃən) *s.* imperfección.
imperial (im'piəriəl) *a.* imperial.
imperialism (im'piəriəlizəm) *s.* imperialismo.
imperialist (im'piəriəlist) *s.* imperialista.
imperialistic (imˌpiəriə'listik) *a.* imperialista.
imperil (to) (im'peril) *t.* poner en peligro.
imperious (im'piəries) *a.* imperioso. *2* **-ly** adv. imperiosamente.
imperishable (im'periʃəbl) *a.* imperecedero.
impersonal (im'pə:sənl) *a.* impersonal.
impersonate (to) (im'pə:səneit) *t.* personificar. *2* TEAT. representar. *3* hacerse pasar por.

impertinence (im'pə:tinəns) *s.* impertinencia.
impertinent (im'pə:tinənt) *a.* impertinente.
impervious (im'pə:vjəs) *a.* impenetrable. *2* que no atiende a [razones, etc.].
impetuosity (im,petju'ɔsiti) *s.* impetuosidad.
impetuous (im'petjuəs) *a.* impetuoso. *2* **-ly** *adv.* impetuosamente.
impetus ('impitəs) *s.* ímpetu, impulso.
impinge (to) (im'pindʒ) *t.* ~ *[up]on,* chocar con, rozar con.
impious ('impiəs) *a.* impío.
impish ('impiʃ) *a.* travieso, endiablado.
implacable (im'pækəbl) *a.* implacable.
implant (to) ('implɑ:nt) *t.* implantar.
implement ('implimənt) *s.* instrumento. *2 pl.* enseres.
implicate (to) ('implikeit) *t.* implicar. *2* entrelazar. *3* complicar, comprometer.
implication (,impli'keiʃən) *s.* implicación. *2* deducción.
implicit (im'plisit) *a.* implícito.
implore (to) (im'plɔ:ʳ) *t.* implorar.
imply (im'plai) *t.* implicar, entrañar. *2* significar, denotar.
impolite (,impə'lait) *a.* descortés.
imponderable (im'pɔndərəbl) *a.-s.* imponderable.
import ('impɔ:t) *s.* importancia. *2* significado. *3* importación. *4 pl.* géneros importados.
import (to) (im'pɔ:t) *t.-i.* importar. *2 t.* significar.
importance (im'pɔ:təns) *s.* importancia. *2* cuantía.
important (im'pɔ:tənt) *a.* importante. *2* presuntuoso.
importation (,impɔ:'teiʃən) *s.* importación.
importer (im'pɔ:təʳ) *s.* importador.
importunate (im'pɔ:tjunit) *a.* importuno, pesado, insistente.
importune (to) (im'pɔ:tju:n) *t.-i.* importunar.
importunity (,impə'tju:niti) *s.* importunidad.
impose (to) (im'pouz) *t.* imponer. *2 i.* ***to ~ on*** o ***upon,*** engañar.
imposing (im'pouziŋ) *a.* imponente, impresionante.
imposition (,impə'ziʃən) *s.* imposición. *2* tributo. *3* engaño.
impossibility (im,pɔsə'biliti) *s.* imposibilidad.
impossible (im'pɔsibl) *a.* imposible.
impostor (im'pɔstəʳ) *s.* impostor.
imposture (im'pɔstʃəʳ) *s.* impostura.
impotence ('impətəns) *s.* impotencia.
impotent ('impətənt) *a.* impotente.
impound (to) (im'paund) *t.* confiscar. *2* encerrar.
impoverish (to) (im'pɔvəriʃ) *t.* empobrecer.
impracticable (im'præktikəbl) *a.* impracticable. *2* intransitable.
impregnable (im'pregnəbl) *a.* inexpugnable.
impregnate (to) ('impregneit) *t.* impregnar. *2* empapar.
impresario (,imprə'sɑ:riou) *s.* TEAT. empresario.
impress ('impres) *s.* impresión, huella.
impress (to) (im'pres) *t.* imprimir, grabar. *2* inculcar. *3* impresionar.
impression (im'preʃən) *s.* impresión. *2* señal, huella. *3* edición [ejemplares].
impressive (im'presiv) *a.* impresionante, emocionante, grandioso, solemne.
imprint ('imprint) *s.* impresión, huella. *2* pie de imprenta.
imprint (to) (im'print) *t.* imprimir, estampar. *2* grabar.
imprison (to) (im'prizn) *t.* encarcelar.
imprisonment (im'priznmənt) *s.* encarcelamiento. *2* prisión.
improbability (im,prɔbə'bility) *s.* improbabilidad.
improbable (im'prɔbəbl) *s.* improbable. *2* inverosímil.
impromptu (im'prɔmptju:) *a.* improvisado. *2 adv.* de repente *3. s.* improvisación.
improper (im'prɔpəʳ) *a.* impropio. *2* indecoroso.
impropriety (,im-prə'praiəti) *s.* impropiedad. *2* indecencia.
improve (to) (im'pru:v) *t.* mejorar, desarrollar. *2* aprovechar. *3* beneficiar, explotar, urbanizar. *4 i.* progresar.
improvement (im'pru:vmənt) *s.* perfeccionamiento. *2* progreso. MED. mejoría. *4* aprovechamiento. *5* explotación, urbanización.
improvidence (im'prɔvidəns) *s.* imprevisión.
improvident (im'prɔvidənt) *a.* impróvido, imprevisor.
improvisation (,imprəvai'zeiʃən) *s.* improvisación.
improvise (to) ('imprəvaiz) *t.-i.* improvisar.
imprudence (im'pru:dəns) *s.* imprudencia.
imprudent (im'pru:dənt) *a.* imprudente.
impudence ('mpjudəns) *s.* imprudencia, desvergüenza, descaro.

impudent ('impjudənt) *a.* impudente, descarado, atrevido.
impugn (to) (im'pju:n) *t.* impugnar.
impulse ('impʌls) *s.* impulso. *2* impulsión; ímpetu.
impulsion (im'pʌlʃən) *s.* impulsión, ímpetu.
impulsive (im'pʌlsiv) *a.-s.* impulsivo.
impunity (im'pju:niti) *s.* impunidad.
impure (im'pjuəʳ) *a.* impuro.
impurity (im'pjuəriti) *s.* impureza; deshonestidad.
imputation (ˌimpju(:)'teiʃən) *s.* imputación.
impute (to) (im'pju:t) *t.* imputar, atribuir, achocar.
in (in) *prep.* en, con, de, dentro de, durante, entre, por: ***dressed ~ black,*** vestido de negro: ***~ the morning,*** por la mañana. *2* ***~ so far as,*** en lo que, hasta donde. *3 adj.* interior, de dentro. *4 adv.* dentro, adentro; en casa; en el poder: ***~ here,*** aquí dentro. *5* rincón, recoveco: ***ins and outs,*** recovecos, interioridades, pormenores.
inability (ˌinə'biliti) *s.* incapacidad, impotencia. *2* inhabilidad.
inaccessible (ˌinæk'sesəbl) *a.* inaccesible.
inaccuracy (in'ækjurəsi) *s.* inexactitud, incorrección.
inaccurate (in'ækjurit) *a.* inexacto.
inaction (in'ækʃən) *s.* inacción.
inactive (in'æktiv) *a.* inactivo. *2* ocioso.
inactivity (ˌinæk'tivity) *s.* inactividad.
inadequacy (in'ædikwəsi) *s.* falta de adecuación. *2* desproporción. *3* insuficiencia.
inadequate (in'ædikwit) *a.* inadecuado. *2* insuficiente.
inadmissible (ˌinəd'misəbl) *a.* inadmisible.
inadvertence (ˌinəd'və:təns) *s.* inadvertencia.
inadvertent (ˌinəd'və:tənt) *a.* inadvertido, distraído. *2* **-ly** *adv.* inadvertidamente.
inalienable (in'eiljənəbl) *a.* inajenable.
inane (i'nein) *a.* inane. *2* vano.
inanimate (in'ænimit) *a.* inanimado. *2* exánime.
inanition (ˌinə'niʃən) *a.* inanición.
inanity (i'næniti) *s.* necedad, fatuidad.
inapplicable (in'æplikəbl) *a.* inaplicable.
inapposite (in'æpəzit) *a.* inadecuado, poco apropiado.
inappreciable (ˌinə'pri:ʃəbl) *a.* inapreciable.
inappropriate (ˌinə'proupriit) *a.* impropio.
inappropriateness (ˌinə'proupriitnis) *s.* impropiedad.
inapt (in'æpt) *a.* inepto.
inaptitude (in'æptitju:d) *a.* ineptitud.
inarticulate (ˌinɑ:'tikjulit) *a.* inarticulado.
inasmuch as (inez'mʌtʃ æz) *conj.* considerando que, visto que, puesto que.
inattention (ˌinə'tenʃən) *s.* distracción, inadvertencia.
inattentive (ˌinɔ'tentiv) *a.* desatento. *2* distraído.
inaudible (in'ɔdibl) *a.* inaudible.
inaugurate (to) (i'nɔ:gjureit) *t.* inaugurar.
inauguration (iˌnɔ:gju'reiʃən) *s.* inauguración.
inauspicious (ˌnɔ:s'piʃəs) *a.* poco propicio, desfavorable.
inborn ('in'bɔ:n), **inbred** ('in'bred) *a.* innato, ingénito.
incalculable (in'kælkjuləbl) *a.* incalculable. *2* imprevisible.
incandescent (ˌinkæn'desnt) *a.* incandescente.
incantation (ˌinkæn'teiʃən) *s.* encantamiento, sortilegio.
incapability (inˌkepəbiliti) *s.* incapacidad.
incapable (in'keipəbl) *a.* incapaz.
incapacitate (to) (ˌinkə'pæsiteit) *t.* incapacitar, inhabilitar.
incapacity (ˌnkə'pæsiti) *s.* incapacidad.
incarcerate (to) (in'kɑ:səreit) *t.* encarcelar.
incarnate (in'kɑ:nit) *a.* encarnado.
incarnation (ˌinkɑ:'neiʃən) *s.* encarnación, personificación.
incautious (in'kɔ:ʃəs) *a.* incauto, imprudente.
incendiary (in'sendjəri) *a.* incendiario; inflamatorio.
incense ('insens) *s.* incienso.
incense (to) ('insens) *t.* incensar. *2* (in'sens)irritar, encolerizar.
incentive (in'sentiv) *s.* incentivo.
inception (in'sepʃən) *s.* principio, comienzo.
incertitude (in'sə:titju:d) *s.* incertidumbre.
incessant (in'sesnt) *a.* incesante. *2* **-ly** *adv.* sin cesar.
incest ('insest) *s.* incesto.
incestuous (in'sestjuəs) *a.* incestuoso.
inch (intʃ) *s.* pulgada [2.54 cm].
incidence ('insidəns) *s.* incidencia.
incident ('insidənt) *a.-s.* incidente.
incidental (ˌinsi'dentl) *a.* incidental. *2* **-ly** *adv.* incidentalmente.
incinerate (in'sinəreit) *t.* incinerar.
incinerator (in'sinəreitəʳ) *s.* incinerador.

incipient (in'sipiənt) *a.* incipiente.
incision (in'siʒən) *s.* incisión.
incise (to) (in'saiz) *t.* cortar.
incisive (in'saisiv) *a.* incisivo.
incisor (in'saizəʳ) *s.* diente incisivo.
incite (to) (in'sait) *t.* incitar.
incitement (in'saitmənt) *s.* incitación. *2* incentivo.
incivility (ˌinsi'viliti) *s.* incivilidad, descortesía.
inclemency (in'klemənsi) *s.* inclemencia. *2* intemperie.
inclination ('inkli'neiʃən) *s.* inclinación. *2* declive.
incline (in'klain) *s.* pendiente, declive, cuesta.
incline (to) (in'klain) *t.* inclinar. *2* doblar [la cabeza]. *3 i.* inclinarse. *4* propender, tender.
include (to) (in'klu:d) *t.* incluir.
inclusion (in'klu:ʒən) *s.* inclusión.
inclusive (in'klu:siv) *a.* inclusivo. *2 adv.* inclusive.
incoherence (ˌinkou'hiərəns) *s.* incoherencia.
incoherent (ˌinkou'hiərənt) *a.* incoherente.
incombustible (ˌinkəm'bʌstəbl) *a.* incombustible.
income ('inkəm) *s.* ingresos, renta: ~ ***tax,*** impuesto sobre la renta.
incommensurate (ˌinkə'menʃərit) *a.* desproporcionado.
incomparable (in'kɔmpərəbl) *a.* incomparable.
incompatible (ˌinkəm'pætəbl) *a.* incompatible.
incompetent (in'kɔmpitənt) *a.* incompetente.
incomplete (ˌinkəm'pli:t) *a.* incompleto.
incomprehensible (inˌkɔmpri'hensəbl) *a.* incomprensible.
inconceivable (ˌinkən'si:vəbl) *a.* inconcebible. *2* increíble.
incongruous (in'kɔŋgruəs) *a.* incongruente. *2* inadecuado.
inconsequent (in'kɔnsikwənt) *a.* inconsecuente, ilógico.
inconsiderate (ˌinkən'sidərit) *a.* inconsiderado, irreflexivo. *2* desconsiderado.
inconsistency (ˌinkən'sistənsi) *s.* inconsecuencia.
inconsistent (ˌinkən'sistənt) *a.* incompatible, contradictorio. *2* inconsecuente. *3* inconsistente.
inconstancy (in'kɔnstənsi) *s.* inconstancia.
inconstant (in'kɔnstənt) *a.* inconstante.
incontestable (ˌinkən'testəbl) *a.* indiscutible.
incontinence (in'kɔntinəns) *s.* incontinencia.
inconvenience (ˌinkən'vi:njəns) *t.* inconveniencia, inoportunidad. *2* molestia, engorro.
inconvenience (to) (ˌinkən'vi:njəns) *t.* incomodar, molestar.
inconvenient (ˌinkən'vi:njənt) *a.* inconveniente, impropio, inoportuno. *2* incómodo, molesto.
incorporate (to) (in'kɔ:pəreit) *t.-i.* incorporar(se, unir(se. *2* constituir(se en sociedad. *3 t.* comprender; incluir.
incorrect (ˌinkə'rekt) *a.* incorrecto. *2* inexacto.
incorrectness (ˌinkə'rektnis) *s.* incorrección. *2* inexactitud.
incorruptible (ˌinkə'rʌptəbl) *a.* incorruptible; íntegro, probo.
increase ('inkri:s) *s.* aumento, incremento. *2* ganancia.
increase (to) (in'kri:s) *t.* aumentar, acrecentar. *2* agrandar. *3 i.* aumentarse, crecer.
incredible (in'kredəbl) *a.* increíble.
incredulous (in'kredjuləs) *a.* incrédulo.
incriminate (to) (in'krimineit) *t.* incriminar.
incubate (to) ('inkjubeit) *t.* incubar. *2 i.* estar en incubación.
inculcate (to) ('inkʌlkeit) *t.* inculcar.
incumbent (to) ('inkʌmbənt) *a.* obligatorio: ***to be ~ on.*** incumbir. *s.* beneficiado.
incur (to) (in'kə:ʳ) *t.* incurrir en, atraerse. *2* contraer [una deuda].
incurable (in'kjuərəbl) *a.* incurable.
incursión (in'kə:ʃən) *s.* incursión, correría..
indebted (in'detid) *a.* endeudado. *2* obligado, reconocido.
indecency (in'di:snsi) *s.* indecencia. *2* indecoro.
indecent (in'di:snt) *a.* indecente. *2* indecoroso. *3* **-ly** *adv.* indecentemente.
indecision (ˌindi'siʒən) *s.* indecisión, irresolución.
indecisive (ˌindi'saisiv) *a.* indeciso, irresoluto.
indecorous (in'dekərəs) *a.* indecoroso. *2* ~ **ly** *adv.* indecorosamente.
indeed ((in'di:d) *adv.* realmente, de veras.
indefatigable (ˌindi'fætigəbl) *a.* infatigable.
indefensible (ˌindi'fætigəbl) *a.* indefendible.
indefinite (in'definit) *a.* indefinido. *2* indeterminado.
indelible (in'delibl) *a.* indeleble.
indelicacy (in'delikəsi) *s.* grosería: torpeza.

indelicate (in'delikit) *a.* indelicado. *2* indecoroso. *3* grosero.
indemnification (in,demnifi'keiʃən) *s.* indemnización.
indemnify (to) (in'demnifai) *t.* indemnizar.
indemnity (in'demniti) *s.* indemnidad. *2* indemnización.
indent (to) (in'dent) *t.* mellar, dentar. *2* hacer un contrario: ***to ~ for,*** pedir. *3* pedir. *3* IMPR. sangrar.
indenture (in'dentfə^r) *s.* contrato; escritura.
independence (,indi'pendəns) *s.* independencia.
independent (,indi'pendənt) *a.* independiente.
indescribable (,indis'kraibəbl) *a.* indescriptible.
indestructible (,indis'trʌktəbl) *a.* indestructible.
indeterminate (,indi'tə:minit) *a.* indeterminado.
indetermination ('indi,tə:mi'neiʃən) *s.* indeterminación.
index ('indeks) *s.* índice. *2* IMPR. manecilla.
Indian ('indjən) *a.-s.* indio: ***~ file,*** fila india.
india-rubber ('indjə'rʌbə^r) *s.* caucho.
indicate (to) ('indikeit) *t.* indicar.
indication (,indi'keiʃən) *s.* indicación; señal.
indict (to) (in'dait) *t.* acusar. *2* procesar.
indictment (in'daitmənt) *s.* acusación, procesamiento.
Indies ('indiz) *s. pl.* GEOGR. Indias: ***west ~,*** Antillas.
indifference (in'difrəns) *s.* indiferencia.
indifferent (in'difrəns) *s.* indiferencia.
indigence ('indidʒəns) *s.* pobreza.
indigenous (in'didʒinəs) *a.* indígena.
indigestible (,indi'dʒestəbl) *a.* indigesto.
indigestion (,indi'dʒestʃən) *s.* indigestión.
indignant (in'dignənt) *a.* indignado.
indignation (,indig'neiʃən) *s.* indignación.
indignity (in'digniti) *s.* indignidad. *2* ultraje, afrenta.
indigo ('indigo) *s.* añil, indigo.
indirect (,indi'rekt) *a.* indirecto. *2* tortuoso, engañoso.
indiscipline (in'disiplin) *s.* indisciplina.
indiscret (,indis'kri:t) *a.* indiscreto. *2* imprudente, impolítico, poco hábil.
indiscretion (,indis'kreʃən) *s.* indiscreción. *2* imprudencia, torpeza.
indiscriminate (,indis'kriminit) *a.* que no hace distinción.
indispensable (,indis'pensəbl) *a.* indispensable.
indispose (to) (,indis'pouz) *t.* indisponer.
indisposed (,indis'pouzd) *a.* indispuesto.
indisposition (,indispə'ziʃən) *s.* indisposición; malestar.
indisputable (,indis'pju:təbl) *a.* incontestable.
indissoluble (,indi'sɔljubl) *a.* indisoluble.
indistinct (,indis'tiŋkt) *a.* indistinto. *2* confuso.
indistinguishable (,indis'tiŋgwiʃəbl) *a.* indistinguible.
indite (to) (in'dait) *t.* redactar.
individual (,indi'vidjuəl) *a.* individual. *2* *s.* individuo.
indivisible (,indi'vizəbl) *a.* indivisible.
indoctrinate (to) (in'dɔktrineit) *t.* adoctrinar.
indolence ('indələns) *s.* indolencia.
indolent ('indələnt) *a.* indolente.
indomitable (in'dɔmitəbl) *a.* indomable.
indoor ('indɔ:^r) *a.* interior, de puertas adentro.
indoors ('indɔ:z) *adv.* dentro de casa en local cerrado.
indorse (to), indorsee, etc., ENDORSE (TO), ENDORSEE, etc.
induce (to) (in'dju:s) *t.* inducir, instigar. *2* causar, producir.
inducement (in'dju:smənt) *s.* móvil, incentivo, aliciente.
induct (to) (in'dʌkt) *t.* instalar [en un cargo].
induction (in'dʌkʃən) *n.* inducción; ingreso.
indulge (to) (in'dʌldʒ) *t.* satisfacer [pasiones, etc.]. *2* complacer; consentir. 3 i. ***to ~ in,*** entregarse a, permitir.
indulgence (in'dʌlʒəns) *s.* satisfacción; intemperancia. *2* indulgencia, lenidad, mimo.
indulgent (in'dʌldʒənt) *a.* indulgente.
industrial (in'dʌstriəl) *a.* industrial.
industrious (in'dʌstriəs) *a.* industrioso, laborioso, aplicado.
industry ('indəstri) *s.* industria. *2* diligencia, laboriosidad.
inebriate (i'ni:briit) *a.* ebrio.
inedible (in'edibl) *a.* incomible..
ineffable (in'efəbl) *a.* inefable.
ineffaceable (,ini'feisəbl) *a.* imborrable.
ineffectual (,ini'fektjuəl) *a.* ineficaz. *2* inútil, vano.
inefficacy (in'efikəsi) *s.* ineficacia.
inefficient (,ini'fiʃənt) *a.* ineficaz.
inept (i'nept) *a.* inepto.
inequality (,ini(:)'kɔliti) *s.* desigualdad. *2* desproporción.

inert (i'nə:t) *a.* inerte.
inertia (i'nə:ʃjə) *s.* inercia.
inescapable (ˌinis'keipəbl) *a.* ineludible.
inevitable (in'evitəbl) *a.* inevitable.
inexact (ˌinig'zækt) *a.* inexacto.
inexhaustible (ˌinig'zɔ:stəbl) *a.* inagotable.
inexorable (in'eksərəbl) *a.* inexorable; inflexible.
inexpedient (ˌiniks'pi:djənt) *a.* inoportuno, improcedente.
inexpensive (ˌiniks'pensiv) *a.* barato, poco costoso.
inexperience (ˌiniks'piəriəns) *s.* inexperiencia, impericia.
inexperienced (ˌiniks'piəriənst) *a.* inexperto, novel.
inexpressive (ˌiniks'presiv) *a.* inexpresivo.
inextricable (in'ekstrikəbl) *a.* intrincado.
infallibility (inˌfælə'biliti) *s.* infatibilidad.
infallible (in'fæləbl) *a.* infalible.
infamous ('infəməs) *a.* infame.
infamy ('infəmi) *s.* infamia.
infancy ('infənsi) *s.* infancia.
infant ('nfənt) *s.* infante, criatura, niño. *2 a.* infantil.
infantile ('infəntail) *a.* infantil.
infantry ('infəntri) *s.* MIL. infantería.
infatuate (to) (in'fætjueit) *t.* entontecer. *2* enamorar o apasionar locamente.
infatuate(d (in'fætjueit, -id) *a.* bobo. *2* locamente enamorado.
infatuation (in'fætju'eiʃən) *s.* simpleza. *2* enamoramiento.
infect (to) (in'fekt) *t.* infectar.
infection (in'fekʃən) *s.* infección.
infectious (in'fekʃəs) *a.* infeccioso. *2* contagioso, pegadizo.
infer (to) (in'fə:ʳ) *t.* inferir.
inference ('infərəns) *s.* inferencia, deducción, conclusión.
inferior (in'fiəriəʳ) *a.-s.* inferior.
inferiority (inˌfiəri'ɔriti) *s.* inferioridad.
infernal (in'fə:nl) *a.* infernal.
infest (to) (in'fest) *t.* infestar.
infidel ('infidəl) *a.-s.* infiel.
infiltrate (to) ('infiltreit) *t.-i.* infiltrar(se.
infinite ('infinit) *a.-s.* infinito.
infinitive (in'finitiv) *a.-s.* GRAM. infinitivo.
infirm (in'fə:m) *a.* débil. *2* inseguro, inestable *3* enfermizo.
infirmary (in'fə:məri) *s.* enfermería. *2* asilo, hospicio.
infirmity (in'fə:miti) *s.* enfermedad. *2* flaqueza. *3* defecto.
inflame (to) (in'fleim) *t.-i.* inflamar(se. *2* encolerizar(se.
inflammable (in'flæməbl) *a.* inflamable. *2* irascible.
inflammation (ˌinflə'meiʃən) *s.* inflamación.
inflate (to) (in'fleit) *t.* inflar.
inflation (in'fleiʃən) *s.* hinchazón. *2* inflación.
inflect (to) (in'flekt) *t.* torcer. *2* GRAM. declinar.
inflection (in'fleʃən) *s.* inflexión.
inflexibility (inˌfleksə'biliti) *s.* inflexibilidad.
inflexible (in'fleksəbl) *a.* inflexible.
inflict (to) (in'flikt) *t.* infligir.
infliction (in'flikʃən) *s.* inflexión.
inflow ('inflou) *s.* afluencia.
influence ('influəns) *s.* influencia,influjo.
influence (to) ('influəns) *t.* influir en o sobre.
influential (ˌinflu'enʃəl) *a.* influyente.
influenza (ˌinflu'enzə) *s.* MED. influenza, gripe.
influx ('inflʌks) *s.* afluencia.
inform (to) (in'fɔ:m) *t.* informar. *2* comunicar. *3 ~ **to against,*** delatar, denunciar.
informar (in'fɔ:ml) *a.* sin ceremonia. *2* desenvuelto. *3* oficioso.
informality (ˌinfɔ:'mæliti) *s.* ausencia de formalidades o ceremonias, sencillez.
informant (in'fɔ:mənt) *s.* informador.
information (ˌinfə'meiʃən) *s.* información. *2* informes, noticias. *3* DER. delación.
informer (in'fɔ:məʳ) *s.* informador. *2* DER. delator.
infraction (in'frækʃen) *s.* infracción.
infringe (to) (in'fridʒ) *t.* infringir. *2 **to ~ on*** o ***upon,*** usurpar, invadir [derechos, etc.].
infringement (in'frindʒmənt) *s.* infracción.
infuriale (to) (in'fjuərieit) *t.* enfurecer.
infuse (to) (in'fju:z) *t.* infundir.
ingathering ('inˌgæðəriŋ) *s.* cosecha.
ingenious (in'dʒi:njəs) *a.* ingenioso, hábil, sutil.
ingenuity (ˌindʒi'nju(:)iti) *s.* ingenio, inventiva. *2* ingeniosidad, artificio.
ingenuous (in'dʒenjuəs) *a.* ingenuo, sincero, franco.
ingenousness (in'dʒenjuəsnis) *s.* ingenuidad, sinceridad.
inglorious (in'glɔ:riəs) *a.* ignominioso.
ingot ('ingət) *s.* lingote.
ingrain (to) ('in'grein) *t.* teñir con grana. *2* fijar, inculcar.
ingratiate (to) (in'griʃieit) *t.* congraciar: ***to ~ oneself with,*** congraciarse con.
ingratitude (in'grætitju:d) *s.* ingratitud.
ingredient (in'gri:djənt) *s.* ingrediente.

inhabit (to) (in'hæbit) *t.* habitar, morar en.
inhabitant (in'hæbitant) *s.* habitante.
inhale (to) (in'heil) *t.* inhalar.
inherent (in'hiərənt) *a.* inherente. *2* innato.
inherit (to) (in'herit) *t.* heredar.
inheritance (in'heritəns) *s.* herencia.
inheritor (in'heritə^r) *s.* heredero.
inhibit (to) (in'hibit) *t.* prohibir. *2* inhibir.
inhibition (ˌin(h)i'biʃən) *s.* prohibición. *2* inhibición.
inhospitable (in'hɔspitəbl) *a.* inhospitalario.
inhuman (in'hju:mən) *a.* inhumano.
inimical (i'nimikəl) *a.* hostil.
iniquitous (i'nikwitəs) *a.* inicuo.
iniquity (i'nikwiti) *s.* iniquidad.
initial (i'niʃəl) *a.-s.* inicial.
initiate (to) ('iniʃieit) *s.* iniciar.
initiative (i'niʃiətiv) *s.* iniciativa.
inject (to) (in'dʒekt) *t.* inyectar.
injection (in'dʒekʃən) *s.* inyección. *2* lavativa.
injudicious (ˌindʒzu(:):ədiʃəs) *a.* imprudente.
injunction (in'dʒʌŋkʃən) *s.* orden, mandato.
injure (to) ('indʒə:^r) *t.* dañar, perjudicar. *2* herir, lastimar.
injurious (in'dʒuəries) *a.* dañoso. *2* lesivo. *3* injurioso, ofensivo.
injury ('indʒəri) *s.* daño, perjuicio, deterioro. *2* herida; lesión. *3* injuria, ofensa.
injustice (in'dʒʌstis) *s.* injusticia.
ink (iŋk) *s.* tinta.
inkling ('iŋkliŋ) *s.* insinuación. *2* atisbo, vislumbre, sospecha.
inkstand ('iŋkstænd) *s.* tintero.
inland (in'lənd) *a.* de tierra adentro. *2 adv.* (in'lænd) tierra adentro.
inlay (to) ('in'lei) *t.* incrustar, embutir. *2* taracear. ¶ Pret. y p. p.: ***inlaid*** (in'leid).
inlet ('inlet) *s.* abra, caleta; ría. *2* acceso, entrada.
inmate ('inmeit) *s.* habitante de, o recluido en, una casa, asilo, cárcel, etc.; asilado, preso.
inmost ('inmoust) *a.* más interior, íntimo, recóndito.
inn (in) *s.* posada, fonda, mesón.
innate ('i'neit) *a.* innato.
inner ('inə^r) *a.* interior, íntimo: ~ ***tube,*** cámara [de neumático].
innkeeper ('inˌki:pə^r) *s.* posadero, fondista.
innocence ('nəsns) *s.* inocencia.
innocent ('inəsnt) *a.-s.* inocente.
innocuous (i'nɔkjuəs) *a.* inocuo.
innovation (ˌinou'veiʃən) *s.* innovación, novedad.
innuendo (ˌinju(:)'endou) *s.* indirecta, insinuación.
inoculate (to) (i'nɔkjuleit) *t.* inocular.
inoffensive (ˌinə'fensiv) *a.* inofensivo.
inoperative (in'ɔpərətiv) *a.* inoperante.
inopportune (in'ɔp tju:n) *s.* inoportuno.
inordinate (i'nɔ:dinit) *a.* inmoderado, excesivo.
inorganic (ˌinɔ:'gænik) *a.* inorgánico.
inquest ('inkwest) *s.* información judicial.
inquire (to) (in'kwaiə^r) *t.* averiguar, investigar, preguntar.
inquiry (in'kwaiəri) *s.* indagación, investigación, pregunta.
inquisition (ˌinkwi'ziʃən) *s.* inquisición, pesquisa.
inquisitive (in'kwizitiv) *a.* curioso, preguntón.
inroad ('inroud) *s.* incursión, invasión.
inrush ('inrʌʃ) *s.* empuje; invasión.
insalubrious (ˌinsə'lu:briəs) *a.* insalubre.
insane (in'sein) *a.* loco, demente: ~ ***asylum,*** manicomio.
insanity (in'sæniti) *s.* locura, demencia.
insatiable (in'seiʃjəbl) *a.* insaciable.
inscribe (to) (in'skraib) *t.* inscribir.
inscription (in'skripʃən) *s.* inscripción. *2* título, rótulo. *3* dedicatoria.
inscrutable (in'skru:təbl) *a.* inescrutable.
insect ('insekt) *s.* ZOOL. insecto.
insecure (ˌinsi'kjuə^r) *a.* inseguro.
insecurity (ˌin-si'kjuəriti) *s.* inseguridad. *2.* peligro, riesgo.
insensible (in'sensibl) *a.* insensible. *2* inanimado.
insensitive (in'sensitiv) *a.* insensible.
insert (to) (in'sə:t) *t.* insertar, introducir.
insertion (in'sə:ʃən) *s.* inserción, metimiento.
inside ('in'said) *s.* interior [de una cosa]. *2 pl.* entrañas, interioridades. *3 a.* interior, interno; íntimo. *4 adv.* dentro; adentro: ~ ***out,*** de dentro afuera, al revés. *5 prep.* dentro de.
insidious (in'sidiəs) *a.* insidioso.
insight ('insait) *s.* perspicacia, penetración.
insignificance (ˌinsig'nifikəns) *s.* insignificancia.
insincere (ˌinsin'siə^r) *a.* insincero, hipócrita.
insinuate (to) (in'sinjueit) *t.* insinuar. *2 ref.* insinuarse.
insinuation (inˌsinju'eiʃən) *s.* insinuación.
insipid (in'sipid) *a.* insípido, soso.
insipidity (ˌinsi'piditi) *s.* insipidez.

insist (to) (in'sist) *i.* insistir, persistir en; porfiar.
insistence (in'sistəns) *s.* insistencia, persistencia.
insistent (in'sistənt) *a.* pertinaz: ***to be ~,*** empeñarse en.
insolence ('insələns) *s.* insolencia. *2* altanería.
insolent ('insələnt) *a.* insolente. *2* altanero.
insoluble (in'sɔljubl) *a.* insoluble.
insolvency (in'sɔlvənsi) *s.* insolvencia.
insolvent (in'sɔlvənt) *s.* insolvente.
insomnia (in'sɔmniə) *s.* insomnio.
insomuch (ˌinsou'mʌtʃ) *conj.* ~ **that,** de manera que. *2* ~ ***as,*** ya que, puesto que.
inspect (to) (ins'pekt) *t.* inspeccionar, examinar, registrar.
inspection (ins'pekʃən) *s.* inspección, examen, registro.
inspector (ins'pektəʳ) *s.* inspector, interventor, revisor.
inspiration (ˌinspi'reiʃən) *s.* inspiración.
inspire (to) (ins'paiəʳ) *t.* inspirar. *2* infundir. *3* sugerir.
inspirit (to) (ins'pirit) *t.* animar, alentar.
install (to) (ins'tɔ:l) *t.* instalar.
installment, instalment (in'stɔ:lmənt)-*s.* instalación [acción]. *2* plazo [de pago]. *3* entrega, fascículo.
instance ('instəns) *s.* ejemplo, caso: ***for ~,*** por ejemplo. *2* vez, ocasión. *3* instancia.
instant ('instənt) *s.* instante, momento. *2 a.* instante,insistente. *3* apremiante, urgente. *4* corriente, actual: ***the 10th ~,*** el diez del corriente.
instantaneous (ˌinstən'teinjəs) *a.* instantáneo.
instantly ('instəntli) *adv.* al instante, inmediatamente.
instead (ins'ted) *adv.* en cambio, en lugar. *2* ~ ***of,*** en lugar de, en vez de.
instep ('instep) *s.* empeine [del pie, del zapato].
instigate (to) ('instigeit) *t.* instigar. *2* fomentar.
instil, instill (to) (ins'til) *t.* instilar.
instinct ('instiŋkt) *s.* instinto.
institute ('institju:t) *s.* instituto, institución. *2* regla, precepto.
institute (to) ('institju:t) *t.* instituir.
institution (ˌinsti'tju:ʃən) *s.* institución. *2* costumbre establecida.
instruct (to) (in'strʌkt) *t.* instruir. *2* ordenar, mandar.
instruction (in'strʌkʃən) *s.* instrucción, enseñanza. *2* saber. *3 pl.* instrucciones, indicaciones.
instrument ('instrumənt) *s.* instrumento.
insubordination ('insəˌbɔ:di'neiʃən) *s.* insubordinación.
insubstantial (ˌinsəbs'tænʃəl) *a.* insubstancial, ligero, frágil.
insufferable (in'sʌfərəbl) *a.* insufrible.
insufficient (ˌinsə'fiʃənt) *a.* insuficiente. *2* incompetente.
insular ('insjuləʳ) *a.* insular.
insulate (to) ('insjuleit) *t.* aislar.
insult ('insʌlt) *s.* insulto.
insult (to) (in'sʌlt) *t.* insultar.
insurance (in'ʃuərəns) *s.* COM. seguro: ***life ~,*** seguro de vida. *2* garantía, seguridad.
insure (to) (in'ʃuəʳ) *t.* COM. asegurar. *2* garantizar.
insurgent (in'sə:dʒənt) *a.-s.* insurgente, insurrecto.
insurmountable (ˌinsə(:)'mauntəbl) *a.* insuperable.
insurrection (ˌinsə'rekʃən) *s.* insurrección.
intact (in'tækt) *a.* intacto, íntegro.
intangible (in'tæn(d)ʒibl) *a.* intangible; impalpable.
integer ('intidʒəʳ) *s.* entero, número entero.
integral ('intigrəl) *a.* integrante; esencial. *2* íntegro, completo. *a.-s.* MAT. integral.
integrate (to) ('intigreit) *t.* integrar.
integrity (in'tegriti) *s.* integridad.
intellect ('intilekt) *s.* intelecto, inteligencia.
intellectual (ˌinti'lektjuəl) *s.* intelectual.
intelligence (in'telidʒəns) *s.* inteligencia, talento. *2* noticia. *3* información secreta.
intelligent (in'teliʒənt) *a.* inteligente.
intemperance (in'tempərəns) *s.* intemperancia.
intemperate (in'tempərit) *a.* excesivo, extremado. *2* intemperante. *3* bebedor.
intend (to) (in'tend) *t.* tener intención de, proponerse. *2* destinar. *3* querer decir.
intended (in'tendid) *a.* propuesto, deseado; hecho [para]; destinado [a]. *2 a.-s.* fam. prometido, futuro.
intense (in'tens) *a.* intenso. *2* ardiente, fogoso, vehemente.
intensify (to) (in'tensifai) *f.* intensificar. *2* FOT. reforzar.
intensive (in'tensiv) *a.* intensivo. *2* intenso.
intent (in'tent) *a.* fijo [pensamiento, mirada]. *2* ~ ***on,*** atento a, dedicado a;

absorto en; empeñado en. *3 s.* intento, designio, intención.
intention (in'tenʃən) *s.* intención.
intentional (in'tenʃənl) *a.* intencional.
inter (to) (in'tə:r) *t.* enterrar, sepultar.
intercalate (to) (in'tə:kəleit) *t.* intercalar.
intercede (to) (ˌintə'si:d) *t.* interceder.
intercessor (ˌintə'sesər) *s.* intercesor.
interchange ('intə'tʃeindʒ) *s.* intercambio. *2* comercio.
interchange (to) (ˌintə'tʃeindʒ) *t.* cambiar, trocar. *2 t.-i.* alternar(se.
intercourse ('intəkɔ:s) *s.* trato, comunicación. *2* comercio.
interdict (to) (ˌintə'dikt) *t.* prohibir, vedar.
interest ('intrist) *s.* interés. *2* participación [en un negocio]. *3* creces: ***with ~,*** con creces.
interest (to) ('intrist, 'intərest) *t.* interesar.
interesting ('intristiŋ) *a.* interesante.
interfere (to) (ˌintə'fiər) *i.* FÍS. interferir. *2* interponerse, entrometerse.
interference (ˌintə'fiərəns) *s.* FÍS., RADIO interferencia. *2* intervención, intromisión. *3* obstáculo.
interim ('intərim) *a.* interino. *2 s.* entretanto, interin: ***in the ~,*** en el interín.
interior (in'tiəriər) *a.* interior, interno. *2 s.* interior.
interjection (ˌintə'dʒekʃən) *s.* interjección.
interlace (to) (ˌintə(:)'leis) *t.* entrelazar.
interlock (to) (ˌintə(:)'lɔk) *t.* trabar o entrelazar fuertemente, enclavijar.
interloper ('intə(:)loupər) *a.* entrometido, intruso.
interlude ('intə(:)lu:d) *s.* TEAT. intermedio.2 MÚS. interludio. *3* intervalo.
interment (in'tə:mənt) *s.* entierro.
intermission (ˌintə'miʃən) *s.* intermisión, interrupción. *2* TEAT. intermedio, entreacto.
intermittent (ˌintə(:)'mitənt) *a.* intermitente.
intern (in'te:n) *s.* interno [de un hospital].
internal (in'tə:nl) *a.* interno.
international (ˌinte'næʃənl) *a.* internacional.
interpose (to) (ˌntə(:)pouz) *t.-i.* interponer(se.
interpret (to) (ˌntə:prit) *t.* interpretar.
interpretation (inˌtə:pri'teiʃən) *s.* interpretación.
interpreter (in'tə:pritər) *s.* intérprete.
interrogate (to) (in'terəgeit) *t.* interrogar. *2 i.* hacer preguntas.
interrupt (to) (ˌintə'rʌpt) *t.* interrumpir.
interruption (ˌintə'rʌpʃən) *s.* interrupción. *2* obstáculo.
intersect (to) (ˌintə(:)'sekt) *t.* Cortar [una línea, etc., a otra]. *2 i.* intersecarse.
intersperse (ˌintə(:)'spə:s) *t.* entremezclar, sembrar.
interstice (in'tə:stis) *s.* intersticio. *2* resquicio.
interval ('intəvəl) *s.* intervalo. *2* TEAT. descanso.
intervene (to) (ˌintə'vi:n) *i.* intervenir. *2* interponerse. *3* sobrevenir, ocurrir.
intervening (ˌintə'vi:niŋ) *a.* que interviene. *2* intermedio.
interview ('intəvju:) *s.* entrevista. *2* interviu (periodística).
interview (to) ('intəvju:) *t.* entrevistarse con. *2* intervievar.
interweave (to) (ˌintə'wi:v) *t.* entretejer.
intestine (in'testin) *a.* intestino, interno. *2 s.* ANAT. intestino.
intimate ('intimit) *a.* íntimo. *2* de confianza. *3 s.* amigo íntimo. *4* **-ly** *adv.* íntimamente.
intimate (to) ('intimeit) *t.* notificar, intimar. *2* insinuar.
intimation (ˌinti'meiʃən) *s.* notificación, intimación. *2* insinuación, indicación.
intimidate (to) (in'timideit) *t.* intimidar.
into ('intu) *prep.* en, dentro [indicando movimiento, transformación, penetración, inclusión].
intolerable (in'tɔlərəbl) *a.* intolerable, insufrible, insoportable.
intonation (ˌintou'neiʃən) *s.* entonación.
intoxicate (to) (in'tɔksikeit) *t.* embriagar. *2* MED. intoxicar.
intoxication (inˌtɔksi'keiʃən) *s.* embriaguez. *2* MED intoxicación.
intractable (in'træktəbl) *a.* indócil, rebelde, obstinado.
intransigent (in'trænsidʒent) *a.-s.* intransigente.
intrepid (in'trepid) *a.* intrépido.
intricacy ('intrikəsi) *s.* enredo, complicación.
intricate ('intrikit) *a.* intrincado, complicado, confuso.
intrigue (in'tri:g) *s.* intriga, conspiración. *2* enredo amoroso. *3* LIT. enredo.
intrigue (to) (in'tri:g) *t.-i.* intrigar.
introduce (to) (ˌintrə'dju:s) *t.* introducir. *2* presentar [una persona; un proyecto de ley].
introduction (ˌintrə'kʌkʃən) *s.* introducción. *2* presentación.
introductory (ˌintrə'dʌktəri) *a.* preliminar.
intrude (to) (in'tru:d) *t.* imponer [uno su presencia, sus opiniones]. *2 i.* estorbar.

intruder (in'tru:dəʳ) *s.* intruso. *2* entremetido.
intuition (ˌintju(:)'ʃən) *s.* intuición.
intuitive (in'tju:itiv) *a.* intuitivo.
inundate (to) ('inʌndeit) *t.* inundar, anegar.
inundation (ˌinʌndeiʃən) *s.* inundación.
inure (to) (i'njuəʳ) *t.* acostumbrar, habituar, avezar.
inured (i'njued) *a.* avezado, hecho a.
invade (to) (in'veid) *t.* invadir. *2* usurpar, violar [derechos, etc.].
invader (in'veidəʳ) *s.* invasor.
invalid (in'vælid) *a.* inválido, nulo. *2* ('invəli:d) inválido, enfermo, achacoso. *3 s.* inválido. *4* persona achacosa.
invalidate (to) (in'vælideit) *t.* invalidar, anular.
invaluable (in'væljuəbl) *a.* inestimable, precioso. *2* sin valor.
invariable (in'vɛəriəbl) *a.* invariable.
invasion (in'veiʒən) *s.* invasión. *2* usurpación, violación.
invective (in'vektiv) *s.* invectiva.
inveigle (to) (in'vi:gi) *t.* engañar, seducir.
invent (to) (in'vent) *t.* inventar.
invention (in'venʃən) *s.* invención. *2* invento. *3* inventiva.
inventor (in'ventəʳ) *s.* inventor.
inventory ('inventri) *s.* inventario.
invert (to) (in'və:t) *t.* invertir [alterar el orden].
inverted (in'və:tid) *a.* invertido: ~ ***commas,*** comillas. *2* **-ly** adv. invertidamente.
invest (to) (in'vest) *t.* invertir [dinero]. *2* MIL. sitiar, cercar. *3* ***to ~ with,*** revestir de.
investigate (to) (in'vestigeit) *t.* investigar. *2* indagar.
investigation (inˌvesti'geiʃən) *s.* investigación. *2* indagación.
investment (in'vestmənt) *s.* investidura. *2* inversión [de dinero]. 3 MIL. cerco, sitio.
inveterate (in'vetərit) *a.* inveterado. *2* empedernido, pertinaz.
invidious (in'vidiəs) *a.* irritante, odioso. *2* **-ly** *adv.* odiosamente.
invigorate 9to) (in'vigəreit) *t.* vigorizar, fortalecer.
invincible (in'vinsibl) *a.* invencible.
inviolable (in'vaiələbl) *a.* inviolable; sagrado.
invisible (in'vizəbl) *a.* invisible: ~ ***ink,*** tinta simpática.
invitation (ˌinvi'teiʃən) *s.* invitación. *2* llamada, atractivo.
invite (to) (in'vait) *t.* invitar, convidar. *2* inducir, tentar.
inviting (in'vaitiŋ) *a.* que invita. *2* atractivo, seductor. *3* **-ly** *adv.* atractivamente, tentadoramente.
invoice ('invɔis) *s.* COM. factura.
invoice (to)·('invɔis) *t.* COM. facturar.
invoke (to) (in'vouk) *t.* invocar. *2* evocar [los espíritus].
involve (to) (in'vɔlv) *t.* envolver, enrollar. *2* envolver, complicar, comprometer. *3* enredar.
involved (in'vɔld) *a.* envuelto, enredado; complicado, comprometido. *2* intrincado. *3* absorto.
inward ('inwəd) *a.* interior, íntimo.
inwards ('inwədz) *adv.* hacia dentro.
irate (ai'reit) *a.* encolerizado, airado.
ire ('aiəʳ) *s.* ira, cólera.
Ireland ('aiələnd) *n. pr.* GEOGR. Irlanda.
Irish ('aiərʃ) *a.* irlandés.
irksome ('ə:ksəm) *a.* fastidioso, tedioso, pesado.
iron ('aiən) *s.* hierro. *2 pl.* cadenas. *3 a.* de hierro, férreo: ***Iron Age,*** Edad de Hierro.
iron (to) ('aiən) *t.* planchar [la ropa]: ***to ~ out a difficulty,*** allanar una dificultad.
ironic(al (ai'rɔnik, -əl) *a.* irónico. *2* **-ly** *adv.* irónicamente.
irony ('aiərəni) *s.* ironía.
irradiate (to) (i'reidieit) *t.* irradiar. *2* iluminar. *3 i.* brillar.
irrational (i'ræʃənəl) *a.* irracional. *2* absurdo, ilógico.
irreconcilable (i'rekənsailəbl) *a.* irreconciliable. *2* inconciliable.
irrecoverable (ˌiri'kʌvərəbl) *a.* irreparable. *2* irrecuperable. *3* incobrable.
irregular (i'regjuləʳ) *a.* irregular. *2* **-ly** *adv.* irregularmente.
irrelevant (i'relivənt) *a.* fuera de propósito, que no viene al caso; ajeno [a la cuestión].
irreligious (ˌiri'lidʒəs) *a.* irreligioso.
irrepressible (ˌiri'presəbl) *a.* irreprimible.
irresistible (ˌiri'zistəbl) *a.* irresistible.
irresolute (i'rezəlu:t) *a.* irresoluto, indeciso.
irrespective (ˌiris'pektiv) *a.-adv.* ~ ***of,*** que no tiene en cuenta; prescindiendo de, independientemente de.
irresponsible (ˌiris'pɔnsəbl) *a.* irresponsable.
irreverent (i'revərənt) *a.* irreverente.
irrigate (to) ('irigeit) *t.* regar.
irrigation (ˌiri'geiʃən) *s.* riego. *2* irrigación.
irritable ('iritəbl) *a.* irritable.

irritate (to) ('iriteit) *t.* irritar.
irritation (ˌiri'teiʃən) *s.* irritación.
island ('ailənd) *s.* isla, ínsula.
islander ('ailəndəʳ) *s.* isleño.
isle (ail) *s.* isla. *2* isleta.
isolate (to) ('aisəleit) *t.* aislar. *2* separar, incomunicar.
isolation (ˌalsə'leiʃən) *s.* aislamiento.
issue ('isju:, 'iʃju:) *s.* salida, regreso. *2* fuente, principio. *3* solución, decisión; resultado. *4* beneficios, rentas. *5* prole, hijos. *6* emisión [de valores]; expedición [de una orden] *7* punto [que se debate]: ***at ~***, en disputa. *8* edición, tirada.
issue (to) ('isju:, 'iʃu:) *t.* arrojar, verter. *2* dar, expedir [una orden, etc.]. *3* emitir, poner en circulación. *4* publicar. *5 i.* salir, nacer, manar. *6* descender de. *7* acabar, resolverse. *8* salir, ser publicado.
it (it) *pr. neutro* él, ella, ello, eso, lo, la, le.
italic (i'tælik) *a.* itálico. *2 s. pl.* IMPR. bastardilla, cursiva.
Italy ('itəli) *n. pr.* GEOGR. Italia.
itch (itʃ) *s.* MED. sarna. *2* picazón, comezón, prurito.
itch (to) (itʃ) *i.* sentir picazón, prurito. *2* tener comezón o deseo [de].
item ('aitəm) *adv.* item. *2 s. partida [de una cuenta]*. *3* punto, detalle. *4* noticia.
iterate (to) ('itəreit) *t.* repetir, reiterar.
itinerant (i'tinərənt) *a.* que viaja, ambulante. *2 s.* viandante.
itinerary (ai'tinərəri) *a.-s.* itinerario. *2 s.* guía [de viajeros].
its (its) *a.-pron, neutro* su, sus, suyo, suyos [de él, ella, etc.].
itself (it'self) *pron, neutro* él mismo, ella misma, ello mismo, sí, sí mismo.
ivory ('aivəri) *s.* marfil.
ivy ('aivi) *s.* BOT. hiedra, yedra.

J

jab (dʒæb) *s.* pinchazo, hurgonazo, codazo.
jab (to) (dʒæb) *t.* pinchar, hurgonear; dar un codazo.
jabber ('dʒæbə^r) *s.* charla, farfulla, chapurreo.
jabber (to) ('dʒæbə^r) *i.-t.* charlar, farfullar; chapurrear.
jack (dʒæk) *s.* hombre, mozo; marinero. *2* sota [de naipes]. *3* asno. *4* MEC. gato, cric. *5* boliche [bola pequeña]. *6* ELECT. clavija de conexión.
jackal ('dʒækɔ:l) *s.* ZOOL. chacal.
jackass ('dʒækæs) *s.* asno, burro.
jackdaw ('dʒækdɔ:) *s.* chova.
jacket ('dʒækit) *s.* chaqueta, americana; cazadora. *2* sobrecubierta [de libro].
jade (dʒeid) *s.* MINER. jade. *2* rocín, jamelgo. *3* mala pécora.
jagged ('dʒægid) *a.* dentado, mellado, de borde irregular.
jaguar ('dʒægjuə^r) *s.* jaguar.
jail (dʒeil) *s.* cárcel, prisión.
jail (to) (dʒeil) *t.* encarcelar.
jailer ('dʒeilə^r) *s.* carcelero.
jam (dʒæm) *s.* confitura, mermelada. *2* atasco; embotellamiento [del tráfico]. *3* aprieto, lío.
jam (to) (dʒæm) *t.* apretar, apiñar. *2* estrujar. *3* obstruir.
jamboree (ˌdʒæmbə'ri:) *s.* holgorio, fiesta. *2* reunión de muchachos exploradores.
jangle (to) ('dʒæŋgl) *i.* parlotear. *2* disputar. *3* sonar de un modo discordante, cencerrear.
janitor ('dʒænitə^r) *s.* portero.
January (d'ʒænjuəri) *s.* enero.
Japanese (ˌdʒæpə'ni:z) *a.-s.* japonés.
jar (dʒɑ:^{r}) *s.* jarra, tarro. *2* sonido áspero, chirrido. *3* choque, sacudida. *4* efecto desagradable. *5* desavenencia.
jar (to) (dʒɑ:^{r}) *t.-i.* [hacer] sonar, vibrar con sonido áspero. *2 i.* producir un efecto desagradable. *3* discordar, chocar. *4* disputar.
jarring ('dʒɑ:riŋ) *a.* discordante, estridente.
jargon ('dʒɑ:gən) *s.* jerga, jerigonza.
jasmin ('dʒæsmin) *s.* jazmín.
jasper ('dʒæspə^r) *s.* jaspe.
jaundice ('dʒɔ:ndis) *s.* MED. ictericia. *2* mal humor, envidia, celos.
jaunt (dʒɔ:nt) *s.* paseo, excursión.
jaunt (to) (dʒɔ:nt) *i.* pasear, hacer una excursión.
jaunty ('dʒɔ:nti) *a.* vivo, garboso, airoso.
jaw (dʒɔ:) *s.* ZOOL. mandíbula, quijada. *2* MEC. mordaza. *3* palabrería. *4 pl.* boca, entrada.
jazz (dʒæz) *s.* jazz.
jealous ('dʒeləs) *a.* celoso; envidioso. *2* receloso. *3* **-ly** *adv.* celosamente.
jealousy ('dʒeləsi) *s.* celos. *2* envidia. *3* recelo.
jean (dʒein) *s.* TEJ. dril. *2 pl.* (dʒi:nz) pantalones tejanos.
jeep (dʒi:p) *s.* AUTO. jip.
jeer (dʒiə^r) *s.* burla, mofa, befa.
jeer (to) (dʒiə^r) *t.-i.* burlarse, mofarse [de].
jelly ('dʒeli) *s.* jalea. *2* gelatina.
jeopardize (to) ('dʒepədaiz) *t.* arriesgar, exponer, poner en peligro.
jeopardy ('dʒepədi) *s.* riesgo, peligro, exposición.
jerk (dʒə:k) *s.* tirón, sacudida. *2* salto, repullo, respingo.
jerk (to) (dʒə:k) *t.* sacudir, traquetear, dar tirones o sacudidas a. *2* atasajar [la carne].
jest (dʒest) *s.* broma, burla, chanza. *2* cosa de risa.
jest (to) (dʒest) *i.* bromear, chancearse.
Jesuit ('dʒezjuit) *s.* jesuita.
jet (dʒet) *s.* MINER. azabache. *2* surtidor, charro: ~ ***plane,*** avión de reacción. *3* boquilla, mechero.

jet (to) (dʒet) *i.* salir, brotar o manar en chorro.
jetty ('dʒeti) *s.* malecón, rompeolas. *2* muelle, desembarcadero.
Jew (dʒu:) *a.-s.* judío, israelita.
jewel ('dʒu:əl) *s.* joya, alhaja. *2* piedra preciosa.
jewel(l)er ('dʒu:ələʳ) *s.* joyero, platero: ***~'s shop,*** joyería, platería.
jewellery, jewelry ('dʒu:əlri) *s.* joyas, pedrería.
Jewess ('dzu(:)is) *s.* judía, israelita.
jib (dʒib) *s.* MAR. foque.
jig (dʒig) *s.* jiga [danza].
jilt (dʒilt) *s.* coqueta [mujer].
jilt (to) (dʒilt) *i.* despedir o dejar plantado [a un novio].
jingle ('dʒiŋgl) *s.* tintineo, cascabeleo. *2* sonaja, cascabel.
jingle (to) ('dʒiŋgl) *i.* tintinear. *2* rimar. *3* hacer sonar.
jingoism ('dʒiŋgouizəm) *s.* jingoísmo, patriotería.
job (dʒɔb) *s.* obra, trabajo, tarea, quehacer. *2* empleo, ocupación. *3* asunto, negocio.
jockey ('dʒɔki) *s.* DEP. jockey.
jocose (dʒə'kous) *a.* jocoso. *2* bromista.
jocular ('dʒɔkjuləʳ) *a.* jocoso. *2* chancero. *3* alegre, jovial.
jocund ('dʒɔkənd) *a.* jocundo.
jog (dʒɔg) *s.* empujoncito. *2* estímulo. *3* trote o paso corto.
joint (to) (dʒɔin) *t.* unir, juntar, acoplar. *2* unirse, incorporarse a; ingresar en. *3* trabar [batalla]. *4* desaguar en. *5* lindar con. *6 i.* unirse, juntarse. *7* ***to ~ in,*** tomar parte en.
joiner ('dʒɔinʳ) *s.* ebanista, carpintero.
joinery ('dʒɔinəri) *s.* ebanistería, carpintería.
joining ('dʒɔiniŋ) *s.* unión, juntura.
joint (dʒɔint) *s.* ANAT. coyuntura, articulación. *2* junta, unión, empalme. *3* BOT. nudo; entrenudo. *4* trozo de carne. *5 a.* unido, mixto, común: *~* ***stock,*** capital social. *6.* ***~-stock company,*** compañía anónima. *7* **-ly** *adv.* juntamente, etc.
jointed ('dʒɔintid) *a.* articulado [con articulaciones]. *2* nudoso.
joke (dʒouk) *s.* chiste; chanza, broma: ***to play a ~ on,*** gastar una broma a; ***in ~,*** de broma.
joke (to) (dʒouk) *i.* bromear. *2* gastar bromas: ***no joking,*** bromas aparte.
joker ('dʒoukəʳ) *s.* bromista. *2* comodín [naipe].
jolly ('dʒɔli) *a.* alegre, divertido. *2* estupendo. *3 adv.* muy.
jolt (dʒoult) *s.* traqueteo, sacudida.
jolt (to) (dʒoult) *i.* dar tumbos. *2 t.* traquetear, sacudir.
jostle (to) ('dʒɔsl) *t.* empujar. *2 i.* empujarse. *3* avanzar a codazos. *4* chocar.
jot (to) (dʒɔt) *t.* escribir de prisa. *2* ***to ~ down,*** apuntar, anotar.
journal ('dʒə:nl) *s.* diario, periódico. *2* diario [que lleva uno]. *3* COM. diario.
journey ('dʒə:ni) *s.* viaje; camino, jornada.
journey (to) ('dʒə:ni) *i.* viajar. *2 t.* viajar por.
journeyman ('dʒə:nimən) *s.* jornalero. *2* oficial [de un oficio].
joust (dʒaust) *s.* justa. *2 pl.* torneo.
joust (to) (dʒaust) *i.* justar.
jovial ('dʒouvjəl) *a.* jovial, alegre, festivo.
jowl (dʒaul) *s.* carrillo. *3* quijada. *3* papada.
joy (dʒɔi) *s.* gozo, júbilo, regocijo, alegría.
joyful ('dʒɔiful) *a.* jubiloso, alegre, gozoso. *2* **-ly** *adv.* gozosamente, alegremente.
jubilant ('dʒu:bilənt) *a.* jubiloso, alborozado.
jubilation (ˌdʒu:bi'leiʃən) *s.* júbilo, exultación.
judge (dʒʌdʒ) *s.* juez, magistrado. *2* juez, perito, conocedor.
judge (to) (dʒʌdʒ) *t.-i.* juzgar. *2* creer, suponer.
judg(e)ment ('dʒʌdʒment) *s.* decisión, fallo. *2* juicio, dictamen. *3* criterio.
judicious (dʒu(:)'diʃəs) *a.* juicioso, discreto, de buen sentido. *2* **-ly** *adv.* juiciosamente.
jug (dʒʌg) *s.* jarro, cántaro.
juggle ('dʒʌgl) *s.* juego de manos, escamoteo; trampa.
juggle (to) ('dʒʌgl) *i.* hacer juegos de manos. *2* engañar, estafar, escamotear.
juice (dʒu:s) *s.* zumo, jugo.
juicy ('dʒu:si) *a.* jugoso. *2* picante, divertido.
July (dʒu(:)'lai) *s.* julio [mes].
jumble ('dʒʌmbl) *s.* mezcla, revoltijo, confusión.
jumble (to) ('dʒʌmbl) *t.* emburujar, mezclar confusamente.
jump (dʒʌmp) *s.* salto, brinco. *2* lanzamiento [en paracaídas].
jump (to) (dʒʌmp) *i.* saltar, brincar. *2* lanzarse [en paracaídas]. *3* concordar, coincidir. *4 t.* saltar, salvar. *5* ***to ~ the track,*** descarrilar.
jumpy ('dʒʌmpi) *a.* saltón. *2* nervioso, excitable.

junction ('dʒʌŋkʃən) *s.* unión; confluencia. *2* FERROC. empalme.
juncture ('dʒʌŋktʃəʳ) *s.* juntura. *2* articulación, conexión. *3* coyuntura, momento crítico.
June (dʒu:n) *s.* junio [mes].
jungle ('dʒʌŋgl) *s.* selva virgen, manigua. *2* matorral, espesura.
junior ('dʒu:njəʳ) *a.* menor, más joven, hijo: ***X. X.*** **~**, X. X. hijo. *2 s.* joven.
junk (dʒʌnk) *s.* junco [embarcación]. *2* chatarra, desperdicios.
jurisdiction (ˌdʒuəris'dikʃən) *s.* jurisdicción.
jury ('dʒuəri) *s.* DER. jurado.
just (dʒʌst) *a.* justo, recto. *2* merecido. *3* fiel, exacto. *4* verdadero, bien fundado. *5 adv.* justamente, precisamente: ~ ***so,*** eso mismo. *6* hace poco: ~ ***now,*** ahora mismo; ***he has*** ~ ***arrived,*** acaba de llegar. *7* ~ ***as,*** al tiempo que, cuando; lo mismo que; semejante a. *8* **-ly** *adv.* justamente, rectamente, exactamente.
justice ('dʒʌstis) *s.* justicia. *2* verdad, exactitud. *3* DER. juez, magistrado: ~ ***of the peace,*** juez de paz.
justification (ˌdʒʌstifi'keiʃən) *s.* justificación.
justify (to) ('dʒʌstifai) *t.-i.* justificar(se. *2* defender, sincerar.
justness ('dʒʌstnis) *s.* justicia, equidad. *2* exactitud, precisión.
jut (dʒʌt) *s.* salidizo, proyección.
jut (to) (dʒʌt) *i.* [a veces con ***out***] salir, sobresalir.
jute (dʒu:t) *s.* yute.
juvenile ('dʒu:vinail) *a.* juvenil, joven. *2* ~ ***Court,*** tribunal de menores. *3 s.* joven.
juxtapose (to) ('dʒʌkstəpouz) *t.* yuxtaponer.

K

kaleidoscope (kə'laidəskoup) *s.* calidoscopio.
keel (ki:l) *s.* quilla.
keen (ki:n) *a.* agudo, afilado. *2* agudo, intenso, vivo. *3* sutil, perspicaz. *4* mordaz, incisivo. *5* vehemente. *6* ansioso. *7* muy interesado [por]. *8* **-ly** *adv.* agudamente, etc.
keenness ('ki:nnis) *s.* agudeza, viveza. *2* sutileza, perspicacia. *3* aspereza. *4* ansia, vehemencia, entusiasmo.
keep (ki:p) *s.* mantenimiento, subsistencia. *2* fortaleza, torreón.
keep (to) (ki:p) *t.* guardar, tener guardado. *2* tener, mantener. *3* cuidar, custodiar, guardar. *4* dirigir, tener [un establecimiento]. *5* llevar [los libros, etc.]. *6* mantener, sustentar, conservar, defender. *7* detener, impedir. *8* retener, quedarse con. *9* callar, ocultar. *10* guardar [silencio]. *11* observar, cumplir, guardar [silencio]. *12* atenerse a, seguir. *13* celebrar, tener [reunión, sesión, etc.]. *14* ***to ~ away,*** tener alejado. *15* ***to ~ back,*** tener a raya; reprimir; retener, reservar. *16* ***to ~ on,*** conservar puesta [una prenda]. *17* ***to ~ out,*** no dejar entrar. *18* ***to ~ time,*** llevar el compás. *19* ***to ~ up,*** sostener. *20* *i.* mantenerse, conservarse. *21* seguir, continuar, permanecer, quedarse. *22* ***to ~ from,*** abstenerse de. *23* ***to ~ off,*** no acercarse; no tocar, no pisar. *24* ***to ~ on,*** proseguir. ¶ Pret. y p. p.: ***kept*** (kept).
keeper ('ki:pə^r^) *s.* guardián. *2* custodio, velador, defensor. *3* alcaide. *4* tenedor [per.]. *5* propietario, director [de ciertos establecimientos].
keeping ('ki:piŋ) *s.* guardia custodia. *2* mantenimiento. *3* posesión. *4* observancia. *5* acción de llevar [los libros, etc.]. *6* concordancia, armonía.
keepsake ('ki:pseik) *s.* recuerdo, regalo.
keg (keg) *s.* cuñete, barril.
Kelt (kelt) *s.* celta.
kennel ('kenl) *s.* perrera. *2* jauría.
kept (kept) V. TO KEEP.
kerb (kə:b) *s.* encintado [de la acera].
kerchief ('kə:tʃif) *s.* pañuelo, pañolón.
kermes ('kə:miz) *s.* (E. U.) feria, tómbola.
kernel ('kə:nl) *s.* grano [de trigo, etc.]. *2* almendra, núcleo [del fruto].
kettle ('ketl) *s.* caldero, olla. *2* tetera.
kettledrum ('ketldrʌm) *s.* MÚS. timbal, atabal.
key (ki:) *s.* llave. *2* clave. *3* MEC. chaveta, clavija. *4* tecla [de piano, etc.]. *5* templador, afinador [instrumento]. *6* MÚS. tono. *7* GEOGR. cayo, isleta.
keyhole ('ki:houl) s. ojo de la cerradura.
keystone ('ki:-stoun) *s.* ARQ. clave. *2* fig. piedra angular.
kick (kik) *s.* puntapié, patada: ***free ~,*** golpe franco. *2* coz [de un animal].
kick (to) (kik) *t.* dar puntapiés a, acocear. *2* *i.* patear, dar puntapiés, coces: ***to ~ against the pricks,*** dar coces contra el aguijón. *3* dar coz [un arma].
kid (kid) *s.* cabrito. *2* fam. niño, -ña; chico, -ca. *3* cabritilla [piel].
kidnap (to) ('kidnæp) *t.* secuestrar, raptar.
kidney ('kidni) *s.* ANAT. riñón. *2* índole. *3* ***~ bean,*** alubia, judía.
kill (to) (kil) *t.* matar: ***to ~ two birds with one stone,*** matar dos pájaros de un tiro.
killer ('kilə^r^) *s.* matador.
kill-joy ('kildʒɔi) *s.* aguafiestas.
kiln (kiln) *s.* horno [para secar, calcinar, etc.].
kilogram, -gramme ('kiləgræm) *s.* kilogramo.
kilometre, -meter ('kilə,mi:tə^r^) *s.* kilómetro.
kilowatt ('kiləwɔt) *s.* ELECT. kilovatio.
kilt (kilt) *s.* enagüillas [del traje escocés].
kin (kin) *s.* parientes, parentela, familia:

next of ~, próximo pariente. *2 a.* pariente.
kind (kaind) *a.* bueno, bondadoso, benévolo. *2* amable. *3* cariñoso. *4* manso, dócil. *5 s.* género, especie, clase: ***a ~ of,*** una especie de.
kind-hearted ('kaind'hɑ:tid) *a.* bondadoso, de buen corazón.
kindle (to) ('kindl) *t.-i.* encender(se. *2* inflamar(se.
kindliness ('kaindlinis) *s.* bondad, benevolencia. *2* favor, amabilidad.
kindling ('kindliŋ) *s.* ignición. *2* leña menuda.
kindly ('kaindli) *a.* bondadoso, amable. *2* benigno. *3 adv.* bondadosamente.
kindness ('kaindnis) *s.* bondad, benevolencia, amabilidad. *2* favor, fineza.
kindred ('kindrid) *a.* pariente. *2* parecido, afín. *3 s.* parentesco.
kinetics (kai'netiks) *s.* cinética.
king (kiŋ) *s.* rey, monarca. *2* rey [en el ajedrez]; dama [en el juego de damas].
kingdom ('kiŋdəm) *s.* reino.
kingly ('kiŋli) *a.* real, regio. *2 adv.* regiamente.
kink (kiŋk) *s.* anillo, rizo, coca [que se forma en un hilo, etc., cuando se encarruja].
kink (to) (kiŋk) *t.-i.* ensortijar(se, encarrujar(se.
kinship ('kinʃip) *s.* parentesco.
kiss (kis) *s.* beso.
kiss (to) (kis) *t.-i.* besar(se.
kit (kit) *s.* equipo, avíos; juego o caja de herramientas. *2* gatito, -ta.
kitchen ('kitʃin) *s.* cocina: ~ ***garden,*** huerto; ~ ***range,*** cocina económica; ~ ***sink,*** fregadero.
kite (kait) *s.* cometa [juguete]. *2* ORN. milano.
kitty (kiti) *s.* gatito, minino.
knack (næk) *s.* maña, arte, tranquilo. *2* hábito.
knapsack ('næpsæk) *s.* mochila, morral.
knave (neiv) *s.* bribón, pícaro.
knavish ('neiviʃ) *a.* bribón, bellaco. *2* bribonesco. *3* travieso. *4* **-ly** *adv.* bellacamente.
knead (to) (ni:d) *t.* amasar, heñir, sobar.
knee (ni:) *s.* ANAT. rodilla, hinojo: ~ ***breeches,*** calzón corto; ***on one's knees,*** de rodillas. *2* MEC. codo, codillo.
kneel (to) (ni:l) *i.* arrodillarse. *2* estar de rodillas. ¶ Pret. y p. p.: ***knelt*** (nelt) o ***kneeled*** ('ni:ld).
knell (nel) *s.* doble, toque de difuntos.
knelt (nelt) V. TO KNEEL.
knew (nju:) ***pret.*** de TO KNOW.
knickerbockers ('nikəbɔkəz), **knickers** ('nikəz) *s.* calzón ancho, bragas.
knick-knack ('niknæk) *s.* chuchería, bujería.
knife, *pl.* **knives** (naif, naivz) *s.* cuchillo; cuchilla; navaja.
knight (nait) *s.* caballero [de una orden]; ~ ***Templar,*** templario. *2* caballo [de ajedrez].
knight (to) (nait) *t.* armar caballero.
knight-errant ('nait-'erənt) *s.* caballero andante.
knit (to) (nit) *t.* tejer [a punto de aguja o malla]. *2* ***to ~ one's brow,*** fruncir las cejas. *3* hacer calceta o tejido de punto. ¶ Pret. y p. p.: ***knit*** (nit) o ***knited*** ('nitid).
knob (nɔb) *s.* bulto, protuberancia. *2* botón, tirador [de puerta, etc.]. *3* terrón, trozo.
knock (nɔk) *s.* golpe, porrazo. *2* aldabonazo.
knock (to) (nɔk) *t.-i.* golpear. *2* hacer chocar. *3* llamar [a golpes]. *4* ***to ~ down,*** derribar; atropellar [con un coche]. *5* ***to ~ out,*** poner fuera de combate.
knocker ('nɔkə^r) *s.* golpeador. *2* llamador, aldaba.
knock-out ('nɔkaut) *s.* BOX. fuera de combate.
knoll (noul) *s.* loma, otero.
knot (nɔt) *s.* nudo, lazo. *2* nudo [de montañas; de la madera, de una cuestión, etc.].
knot (to) (nɔt) *t.* anudar, hacer nudo en. *2* atar. *3* fruncir [las cejas]. *4 i.* anudarse, enredarse.
knotty ('nɔti) *a.* nudoso. *2* difícil, espinoso. *3* áspero, rugoso.
know (to) (nou) *t.* conocer: ***to ~ by sight,*** conocer de vista. *2* saber; ***to ~ how to, to ~ to,*** saber [hacer]; ***for all I ~,*** que yo sepa; a mi juicio. *3* ver, comprender. *4* distinguir, discernir. *5 i.* saber: ***to ~ best,*** saber mejor lo que conviene. ¶ Pret.: ***knew*** (nju:); p. p.: ***known*** (noun).
knowing ('nouiŋ) *a.* inteligente; astuto; entendido; enterado. *2* de inteligencia. *3* **-ly** *adv.* a sabiendas; hábilmente.
knowledge ('nɔlidʒ) *s.* conocimiento: ***to the best of my ~,*** según mi leal saber y entender. *2* saber, conocimientos.
known (noun) *p. p.* de TO KNOW: ***to make ~,*** hacer saber.
knuckle ('nʌkl) *s.* ANAT. nudillo.
knuckle (to) ('nʌkl) *t.* golpear o apretar con los nudillos. *2 i.* ***to ~ down*** o ***under,*** someterse, ceder.
knuckle-bone ('nʌklboun) *s.* taba [hueso].
knurl (nə:l) *s.* protuberancia. *2* botón, asidero. *3* moleteado [de una pieza metálica].

L

label ('leibl) *s.* rótulo, etiqueta.
label (to) ('leibl) *t.* rotular, poner etiqueta a.
laboratory (lə'bɔrətəri) *s.* laboratorio.
laborious (le'bɔ:riəs) *s.* trabajador, laborioso. *2* laborioso, trabajoso, ímprobo.
labo(u)r ('leibə^r) *s.* trabajo, labor; pena, fatiga. *2* tarea, faena, obra. *3* mano de obra. *4* ***Labour Party***, partido laborista.
labo(u)r (to) ('leibə^r) *i.* trabajar, esforzarse, forcejear. *2* ***to ~ under***, estar padeciendo [una enfermedad, un error, etc.]. *3 t.* trabajar; arar, cultivar. *4* pulir, perfilar.
labo(u)rer ('leibərə^r) *s.* trabajador, obrero, jornalero, bracero.
labyrinth ('læbərinθ) *s.* laberinto, dédalo.
lace (leis) *s.* cordón, cinta. *2* galón [de oro o plata]. *3* encaje, blonda.
lace (to) (leis) *t.* atar [los zapatos, el corsé, etc.]. *2* guarnecer con encajes.
lacerate (to) ('læsəreit) *t.* lacerar. *2* rasgar, desgarrar.
lachrymose ('lækrimous) *a.* lacrimoso.
lack (læk) *s.* falta, carencia. *2* privación, necesidad.
lack (to) (læk) *s.* faltar [no existir]. *2 i.-t.* carecer de, faltarle, necesitar.
lackey ('læki) *s.* lacayo.
lacking ('lækiŋ) *a.* carente, falto de.
laconic (lə'kɔnik) *a.* lacónico.
lacquer ('lækə^r) *s.* laca, barniz.
lacquer (to) ('lækə^r) *t.* barnizar.
lad (læd) *s.* muchacho, mozo.
ladder ('lædə^r) *s.* escalera [de dos banzos y escalones]; escalera de mano, escala. *2* carrera [en las medias].
lade (to) (leid) *t.* cargar [con peso]. *2* cargar [mercancías]. *3* sacar o servir con cucharón. ¶ P. p.: ***laded*** ('leidid) o ***laden*** ('leidn).
lading ('leidiŋ) *s.* carga, embarque [de mercancías].
laden ('leidn) *p. p.* de TO LADE. *2 a.* cargado.
ladle ('leidl) *s.* cucharón, cazo.
lady ('leidi) *s.* señora, dama: ~ ***in waiting***, camarera [de una reina o princesa]. *2* novia, dulcinea. *3* (con may.) Señora [la Virgen]. *4* (Ingl.) título de las señoras de la nobleza.
ladylike ('leidilaik) *a.* delicado, elegante. *2* afeminado.
lag (læg) *s.* retardo, retraso.
lag (to) (læg) *i.* moverse lentamente, rezagarse, quedarse atrás.
laggard ('lægəd) *a.-s.* rezagado; perezoso, holgazán.
lagoon (lə'gu:n) *s.* albufera; laguna.
laid (leid) V. TO LAY.
lain (lein) *p. p.* de TO LIE 2.
lair (lɛə^r) *s.* yacija. *2* cubil [de fieras].
lake (leik) *s.* lago, laguna, estanque. *2* laca, carmín [color].
lamb (læm) *s.* cordero.
lame (leim) *a.* cojo, lisiado.
lame (to) (leim) *t.* encojar, lisiar.
lameness ('leimnis) *s.* cojera. *2* imperfección.
lament (lə'ment) *s.* lamento.
lament (to) (lə'ment) *i.* lamentarse. *2 t.* lamentar, deplorar.
lamentable ('læməntəbl) *a.* lamentable, deplorable. *2* lastimero, dolorido.
laminate (to) ('læmineit) *t.* laminar.
lamp (læmp) *s.* lámpara, candil, farol. *2* ***street*** ~, farol; ~ ***shade***, pantalla.
lamp-post ('læmpoust) *s.* poste, o pie de farol [de calle].
lance (lɑ:ns) *s.* lanza [arma]. *2* lanceta.
lance (to) (lɑ:ns) *t.* alancear.
land (lænd) *s.* tierra [superficie del globo]; tierra firme. *2* terreno, suelo. *3* tierra [cultivada], finca rústica. *4* tierra, país, nación, región.
land (to) (lænd) *t.* desembarcar. *2* arrear [un golpe]. *3* coger, sacar [un pez]: con-

seguir, obtener. *4 i.* desembarcar. *5* apearse. *6* tomar tierra. *7* aterrizar. *8* ir a parar, caer.

landing ('lændiŋ) *s.* desembarco. *2* aterrizaje. *3* desembarcadero. *4* rellano [de escalera].

landlady ('læn,leidi) *s.* propietaria; casera. *2* patrona, posadera, mesonera.

landlord ('lænlɔ:d) *s.* propietario [de tierras]; casero. *2* patrón, posadero, mesonero.

landmark ('lænma:k) *s.* hito, mojón.

landowner ('lænd,ounəʳ) *s.* hacendado, terrateniente.

landscape ('lænskeip) *s.* paisaje, vista. *2* paisaje.

landslide (l'ænslaid) *s.* deslizamiento de tierras.

lane (lein) *s.* senda, vereda. *2* callejón. *3* MAR., AVIA. ruta.

language (læŋgwidʒ) *s.* lenguaje. *2* lengua, idioma.

languid ('læŋgwid) *a.* lánguido. *2* mustio, lacio, flojo.

languish (to) ('læŋgwiʃ) *i.* languidecer. *2* consumirse.

lank (læŋk) *a.* alto y flaco, enjuto, seco. *2* lacio. *3* **-ly** *adv.* flacamente, laciamente.

lantern ('læntən) *s.* linterna, farol, fanal.

lap (læp) *s.* falda, regazo: ~ ***dog,*** perro faldero. *2* traslapo, solapo. *3* lamedura. *4* chapaleteo [del agua].

lap (to) (læp) *t.* sobreponer, encaballar. *2* traslapar, solapar. *3* envolver, rodear. *4* lamer. *5* chapalear [el agua].

lapel (lə'pel, læ'pel) *s.* solapa [de vestido].

lapse (læps) *s.* lapso, error, caída. *4* lapso, transcurso.

lapse (to) (læps) *i.* pasar, transcurrir. *2* decaer, pasar. *3* caer, recaer en [un estado, error, etc.]. *4* DER. caducar.

larçeny ('la:sni) *s.* robo, hurto.

larch (la:tʃ) *s.* BOT. alegre.

lard (la:d) *s.* tocino gordo. *2* manteca de cerdo.

larder ('la:dəʳ) *s.* despensa.

large (la:dʒ) *a.* grande, grueso, cuantioso, copioso; ***on a ~ scale,*** en gran escala. *2* amplio. *3* extenso, lato. *4* ***at ~,*** extensamente; en general; suelto, en libertad. *5* **-ly** *adv.* grandemente; en gran parte.

lark (la:k) *s.* ORN. alondra. *2* diversión, holgorio.

lark (to) (la:k) *i.* bromear, divertirse.

larynx ('læriŋks) *s.* laringe.

lascivious (lə'siviəs) *a.* lascivo.

lash (læʃ) *s.* pestaña [del ojo]. *2* latigazo. *3* tralla, látigo.

lash (to) (læʃ) *t.* azotar, fustigar. *2* atar, trincar. *3 i.* chasquear [el látigo].

lass (læs) *f.* chica, moza.

lassitude ('læsitju:d) *s.* lasitud, flojedad.

lasso ('læsou) *s.* lazo, mangana.

last (la:st) *a.* último, final: ~ ***but one,*** penúltimo. *2* pasado; ~ ***night,*** anoche. *3 s.* fin, final, término; lo último: ***at ~,*** al fin, por fin; ***to the ~,*** hasta el fin. *4* horma [del zapato]. *5 adv.* finalmente.

last (to) (la:st) *i.* durar, permanecer.

lasting ('la:stiŋ) *a.* duradero, perdurable. *2* sólido, permanente. *3* **-ly** *adv.* duraderamente.

latch (lætʃ) *s.* picaporte, pestillo de golpe.

late (leit) *a.* que llega, ocurre, o se hace tarde; retrasado, tardío; de fines de; ***to be ~,*** llegar tarde. *2* anterior, último. *3* difunto. *4* reciente. *5 adv.* tarde. *6* recientemente. *7* ***of ~,*** últimamente. *8* ***~ in,*** a fines de.

lateen (lə'ti:n) *a.* MAR. latina [vela].

lately ('leitli) *adv.* últimamente, recientemente.

latent ('leitənt) *a.* latente. *2* oculto, disimulado.

later ('leitəʳ) *a.-adv. comp.* de LATE: ***~ on,*** más adelante.

lateral ('lætərəl) *a.* lateral.

latest ('leitist) *superl.* de LATE.

lathe (leið) *s.* MEC. torno [de tornear, etc.].

lather ('la:ðəʳ) *s.* espuma [de jabón; de sudor].

lather (to) ('la:ðəʳ) *t.* enjabonar. *2 i.* hacer espuma.

Latin ('lætin) *a.* latino. *2 s.* latín [lengua]; latino [pers.].

latitude ('lætitju:d) *s.* latitud.

latter ('lætəʳ) *a.* más reciente, moderno. *2* último. *3* ***the ~,*** éste, este último.

lattice ('lætis) *s.* celosía, enrejado.

laudable ('lɔ:dəbl) *a.* laudable.

laugh (la:f) *s.* risa.

laugh (to) (la:f) *i.* reír, reírse; ***to ~ at,*** reírse de.

laughing ('la:fiŋ) *a.* risueño, reidor. *2* ***~ matter,*** cosa de risa. *3* ***~ gas,*** gas hilarante. *4* **-ly** *adv.* con risa; con burla.

laughing-stock ('la:fiŋstɔk) *s.* hazmerreír.

laughter ('laftəʳ) *s.* risa, hilaridad.

launch (lɔ:ntʃ) *s.* MAR. lanzamiento, botadura. *2* MAR. lancha, chalupa.

launch (to) (lɔ:ntʃ) *t.* lanzar. *2* MAR. botar. *3 i.* arrojarse.

laundress ('lɔ:ndris) *s.* lavandera.

laundry ('lɔ:ndri) *s.* lavadero [cuarto]. *2* lavandería. *3* ropa lavada.
laurel ('lɔrəl) *s.* BOT. laurel.
lavatory ('lævətəri) *s.* lavabo; retrete. *2* LITURG. lavatorio.
lavender ('lævindəʳ) *s.* espliego.
lavish ('læviʃ) *a.* pródigo, dadivoso. *2* abundante, copioso.
lavish (to) ('læviʃ) *t.* prodigar, despilfarrar.
law (lɔ:) *s.* ley, regla, precepto. *2* derecho, jurisprudencia. *3* derecho, código, legislación: ***comercial*** ~, derecho mercantil. *4* foro, abogacía. *5* justicia: ***to take the*** ~ ***into one's own hands,*** tomarse la justicia por su mano.
law-abiding ('lɔ:əˌbaidiŋ) *a.* observante de la ley.
lawful ('lɔ:ful) *a.* legal, legítimo; lícito. *2* ~ ***age,*** mayoría de edad. *3* **-ly** *adv.* legalmente.
lawless ('lɔ:lis) *a.* sin ley. *2* ilegal, ilícito. *3* revoltoso, licencioso. *4* **-ly** *adv.* ilegalmente.
lawn (lɔ:n) *s.* césped, prado.
lawsuit ('lɔ:sju:t) *s.* acción, pleito.
lawyer ('lɔ:jəʳ) *s.* letrado, abogado.
lax (læks) *a.* laxo. *2* impreciso.
laxity ('læksiti) *s.* laxitud. *2* negligencia. *3* imprecisión.
1) **lay** (lei) *pret.* de TO LIE 2).
2) **lay** (lei) *a.* laico, seglar. *2* lego, no profesional. *3 s.* situación. *4* LIT. lay, balada.
lay (to) (lei) *t.* tumbar, acostar, tender. *2* poner, dejar; colocar. *3* enterrar. *4* tender [un cable, etc.]. *5* extender, aplicar [sobre]; cubrir, tapizar. *6* disponer, preparar, urdir. *7* imponer [cargas]. *8* poner [huevos; la mesa]. *9* calmar, sosegar. *10* echar [la culpa]. *11* presentar, exponer. *12* apostar [dinero]. *13* ***to*** ~ ***aside,*** poner a un lado; desechar; guardar. *14* ***to*** ~ ***at one's door,*** echar la culpa a. *15* ***to*** ~ ***bare,*** desnudar; descubrir. *16* ***to*** ~ ***by,*** ahorrar. *17* ***to*** ~ ***down,*** acostar, derribar; rendir, deponer, abandonar, apostar [dinero]; tramar, proyectar; dictar [la ley]. *18* ***to*** ~ ***hold of,*** asir, apoderarse de. *19* ***to*** ~ ***in,*** hacer provisión de. *20* ***to*** ~ ***on,*** atacar. *21* ***to*** ~ ***out,*** desplegar; disponer, proyectar; amortajar; invertir [dinero]. *22 i.* poner [las gallinas]. ¶ Pret. y p. p.: ***laid*** (leid).
layer ('leiəʳ) *s.* capa, estrato. *2* ALBAÑ. hilada.
layman ('leimən) *s.* lego, laico.
laziness ('leizinis) *s.* pereza, holgazanería.
lazy ('leizi) *a.* perezoso, holgazán. *2* lento, pesado.
1) **lead** (led) *s.* plomo. *2* MAR. plomada.
2) **lead** (li:d) *s.* primacía, primer lugar. *2* dirección, mando, guía. *3* salida [en el juego]. *4* MEC., ELECT., avance. *5* correa [de perro]. *6* TEAT. primer papel.
1) **lead (to)** (led) *t.* emplomar.
2) **lead (to)** (li:d) *t.* conducir, guiar; dirigir; impulsar, inducir. *2* hacer pasar [un hilo, etc.]. *3* conducir [agua, etc.]. *4* llevar [un género de vida]. *5* ser el primero. *6* ***to*** ~ ***astray,*** descarriar. *7 i.* guiar, dirigir. *8* ser mano [en el juego]. *9* conducir [ser camino de]. ¶ Pret. y p. p.: ***led*** (led).
leaden ('ledn) *a.* de plomo. *2* plomizo.
leader (li:dəʳ) *s.* conductor, guía. *2* jefe, caudillo. *3* director [de orquesta]; primer violín. *4* editorial, artículo de fondo.
leadership ('li:dəʃip) *s.* dirección, jefatura. *2* dotes de mando.
leading ('li:diŋ) *a.* principal, capital, primero: ~ ***man,*** primer actor.
leaf (li:f) *pl.* **leaves** (li:vz) BOT. hoja; pétalo. *2* hoja [de libro, puerta, etc.]. *3* ala [de mesa]. *4* hoja [lámina].
leafy ('li:fi) *a.* frondoso. *2* hojoso.
league (li:g) *s.* liga, unión. *2* legua. *3* DEP. liga.
league (to) (li:g) *t.* ligar, confederar. *2 i.* unirse, aliarse.
leak (li:k) *s.* escape [de un fluido]. *2 fig.* filtración [de dinero, etc.]. *3* grieta, gotera.
leak (to) (li:k) *i.* tener escapes o pérdidas [un recipiente]. *2* filtrarse, escaparse [un fluido; dinero, noticias]. *3* gotear [un techo].
leaky ('li:ki) *a.* que tiene escapes, que hace agua.
lean (li:n) *a.* delgado, flaco. *2* magro. *3 s.* carne magra.
lean (to) (li:n) *t.-i.* apoyar(se; reclinar(se; recostar(se. *2 i.* inclinarse, ladearse. *3* inclinarse [en opinión, deseo, etc.]. ¶ Pret. y p. p.: ***leant*** (lent) o ***leaned*** (li:nd).
leaning (li:niŋ) *s.* inclinación. *2* propensión, tendencia.
leant (lent) V. TO LEAN.
lean-to ('li:n'tu:) *s.* alpende, cobertizo.
leap (li:p) *s.* salto, brinco. *2 a.* ~ ***year,*** año bisiesto.
leap (to) (li:p) *i.* soltar, brincar. *2* latir fuertemente. *3 t.* saltar; hacer saltar. ¶ Pret. y p. p.: ***leapt*** o ***leaped*** (lept).
learn (to) (lə:n) *t.-i.* aprender. *2 t.* enterarse de. ¶ Pret. y p. p.: ***learned*** (lə:nd) o ***learnt*** (lə:nt).

learned ('lə:nid) *a.* ilustrado, docto, sabio; versado [en]. *2* culto [estilo].
learning ('lə:niŋ) *s.* instrucción, ilustración, saber.
learnt (lə:nt) V. TO LEARN.
lease (to) (li:s) *t.* arrendar, dar o tomar en arriendo.
leash (li:ʃ) *s.* traílla, correa.
least (li:st) *a. superl.* de LITTLE. *2* mínimo, menor. *3 s.* ***the ~***, lo menos; ***at ~, at the ~***, por lo menos; ***not in the ~***, de ningún modo. *4 adv.* ***when you ~ expect it,*** cuando menos se espera.
leather ('leðəʳ) *s.* cuero.
leave (li:v) *s.* permiso, licencia: ***by your ~***, con su permiso. *2* despedida: ***to take ~***, despedirse.
leave (to) (li:v) *t.* dejar [en varios sentidos]: ***to ~ behind,*** dejar atrás; dejarse olvidado; ***to ~ off,*** dejar de [hacer una cosa]; dejar [el trabajo, un hábito, un vestido]. *4 i.* partir, salir, irse. ¶ Pret. y p. p.: ***left*** (left).
leaven ('levn) *s.* levadura, fermento.
leaves (li:vz) *s. pl.* de LEAF.
leavings ('li:viŋz) *s. pl.* sobras, desperdicios.
lecherous ('letʃərəs) *a.* lujurioso, lascivo.
lectern ('lektə(:)n) *s.* facistol.
lecture ('lektʃəʳ) *s.* conferencia, disertación. *2* reprensión, sermón.
lecture (to) ('lektʃəʳ) *i.* dar una conferencia. *2* sermonear, reprender.
lecturer ('lektʃərəʳ) *s.* conferenciante. *2* lector, catedrático.
led (led) V. TO LEAD.
ledge (ledʒ) *s.* repisa. *2* saliente o rellano estrecho.
ledger ('ledʒəʳ) *s.* COM. mayor [libro].
leer (liəʳ) *s.* mirada de soslayo.
lees (li:z) *s. pl.* heces, poso.
leeward ('li:wəd) *s.* sotavento. *2 adv.* a sotavento.
left (left) *pret. y p. p.* de TO LEAVE: ***to be ~ over,*** quedar, sobrar. *2 a.* izquierdo. *3 s.* izquierda: ***on the ~***, a la izquierda.
left-handed ('left'hændid) *a.* zurdo.
leg (leg) *s.* pierna [de persona, de media, de compás]. *2* pata [de animal, de mueble]. *3* COC. pierna [de cordero, etc.]. *4* apoyo. *5* pernera.
legacy ('legəsi) *s.* legado, herencia.
legal ('li:gəl) *s.* legal. *2* legítimo, lícito. *3* jurídico. *4* **-ily** *adv.* legalmente.
legate ('legit) *s.* legado [pers.].
legation (li'geiʃən) *s.* legación. *2* embajada.
legend ('ledʒənd) *s.* leyenda. *2* legenda.
legión ('li:dʒən) *s.* legión.
legionary ('li:dʒənəri) *a.-s.* legionario.
legislate (to) ('ledʒisleit) *i.* legislar.
legislation (ˌledʒis'leiʃən) *s.* legislación.
legislature ('ledʒisleitʃəʳ) *s.* cuerpo de legisladores. *2* función legislativa: ***term of ~***, legislatura.
legitimacy (li'dʒitiməsi) *s.* legitimidad.
legitimate (li'dʒitimit) *a.* legítimo.
legitimate (to) (li'dʒitimeit) *t.* legitimar.
leisure ('leʒəʳ) *s.* ocio, desocupación, tiempo libre: ~ ***hours,*** ratos perdidos; ***at one's*** ~ cuando uno pueda.
lemon ('lemən) *s.* BOT. limón: ~ ***tree,*** limonero.
lemonade (ˌlemə'neid) *s.* limonada.
lend (to) (lend) *t.* prestar: ***to ~ a hand,*** echar una mano; ***to ~ oneself*** o ***itself,*** prestarse. ¶ Pret. y p. p.: ***lent*** (lent).
lender ('lendəʳ) *s.* prestador.
length (leŋθ) *s.* longitud; extensión; duración: ***at full ~***, por extenso; ***to go any ~***, hacer uno todo lo posible. *2* espacio, trecho.
lengthen (to) ('leŋθən) *t.-i.* alargar(se; prolongar(se.
lengthy ('leŋθi) *a.* largo; difuso.
leniency ('li:njənsi) *s.* lenidad, indulgencia; suavidad.
lenient ('li:njənt) *a.* indulgente; suave.
lens (lenz) *s.* OPT. lente. *2* ANAT. cristalino.
Lent (lent) *s.* cuaresma.
lent (lent) V. TO LEND.
lentil ('lentil) *s.* BOT. lenteja.
leper ('lepəʳ) *s.* leproso.
leprosy ('leprəsi) *s.* MED. lepra.
less (les) *a.-adv.-prep.* menos. *2* menor; ***to grow ~***, decrecer.
lessen (to) ('lesn) *t.* disminuir, achicar, reducir. *2 i.* disminuirse, menguar, decrecer.
lesser ('lesəʳ) *a. comp.* de LITTLE. menor.
lesson ('lesn) *s.* lección. *2* enseñanza, ejemplo.
lest (lest) *conj.* para que no, por miedo de que, no sea que.
let (let) *s.* estorbo, obstáculo.
let (to) (let) *t.* arrendar, alquilar. *2* dejar, permitir. *3* dejar o hacer entrar, salir, etc. *4* MED. sacar [sangre]. *5* ***to ~ alone,*** dejar en paz, no tocar; ~ ***alone*** [adv.], por no hablar de, y mucho menos. *6* ***to ~ know,*** hacer saber. *7* ***to ~ loose,*** soltar desatar; aflojar. *8* ***to ~ off,*** disparar; dejar salir. *9* ***to ~ out,*** dejar salir o escapar; soltar, aflojar; ensanchar [un vestido]; arrendar, alquilar. *10 i.* alquilarse. *11* ***to ~ up,*** cesar; moderarse. *12* AUX. ~ ***us run,***

corramos; ~ ***him come,*** que venga. ¶ Pret. y p. p.: ***let*** (let).
lethal ('li:θəl) *a.* letal.
lethargy ('leθədʒi) *s.* letargo.
letter ('letəʳ) *s.* letra [del alfabeto; signo]. *2* letra [sentido literal]. *3* carta; documento: ~ ***of credit,*** carta de crédito; ~ ***box,*** buzón. *4 pl.* letras, literatura.
lettering ('letəriŋ) *s.* inscripción, letrero.
lettuce ('letis) *s.* BOT. lechuga.
level ('levl) *a.* liso, llano, horizontal; ~ ***crossing,*** FERROC. paso a nivel. *2* igual. *3* equilibrado; imparcial. *4* juicioso. *5 s.* nivel. *6* llano, llanura.
level (to) ('levl) *t.* nivelar. *2* allanar. *3* apuntar [un arma].
lever ('li:vəʳ) *s.* palanca.
levity ('leviti) *s.* levedad. *2* frivolidad. *3* veleidad.
levy ('levi) *s.* leva, recluta. *2* recaudación [de tributos].
levy (to) ('levi) *t.* reclutar. *2* recaudar [tributos].
lewd (lu:d) *a.* lujurioso, lascivo.
liability (ˌlaiə'biliti) *s.* riesgo, tendencia. *2* responsabilidad [pecuniaria]. *3 pl.* COM. obligaciones.
liable ('laiəbl) *a.* expuesto, sujeto, propenso. *2* responsable [pecuniariamente].
liar ('laiəʳ) *s.* embustero, mentiroso.
libel ('laibəl) *s.* libelo; calumnia, difamación.
liberal ('libərəl) *a.* liberal. *2* abundante. *3 s.* POL. liberal.
liberality (ˌlibə'ræliti) *s.* liberalidad. *2* don, dádiva.
liberate (to) ('libəreit) *t.* libertar, liberar.
libertine ('libə(:)tain) *a.-s.* libertino.
liberty ('libəti) *s.* libertad; ***at*** ~, en libertad, libre. *2* exención, franquicia.
librarian (lai'brɛəriən) *s.* bibliotecario.
library ('laibrəri) *s.* biblioteca.
license, licence ('laisəns) *s.* licencia, libertinaje. *2* licencia [poética]. *3* licencia, permiso. *4* autorización, matrícula, patente, concesión.
license, licence (to) ('laisəns) *t.* autorizar, dar permiso.
licentious (lai'senʃəs) *a.* licencioso.
lick (lik) *s.* lamedura.
lick (to) (lik) *t.* lamer. *2* fam. pegar, apalizar.
licorice ('likəris) *s.* BOT. regaliz.
lid (lid) *s.* tapa, tapadera. *2* párpado.
lie (lai) *s.* mentira, embuste. *2* disposición, situación.
1) **lie (to)** (lai) *i.* mentir. ¶ Pret. y p. p.: ***lied*** (laid); ger.: ***lying*** ('laiiŋ).
2) **lie (to)** (lai) *i.* tenderse, acostarse, recostarse, apoyarse. *2* estar tendido o acostado, yacer. *3* estar, permanecer. *4* consistir. *5* hallarse, extenderse. *6* ***to*** ~ ***about,*** estar esparcido. *7* ***to*** ~ ***down,*** echarse, acostarse. *8* ***to*** ~ ***low,*** agazaparse; estar quieto, escondido. *9* ***to*** ~ ***on,*** depender de; pesar sobre. *10* ***to*** ~ ***up,*** irse a la cama. ¶ Pret.: ***lay*** (lei); p. p.: ***lain*** (lein); ger.: ***lying*** ('laiiŋ).
lieutenant (lef'tenənt) *s.* lugarteniente. *2* MIL. teniente: ~ ***colonel,*** teniente coronel.
life (laif), *pl.* **lives** (laivz) *s.* vida: ~ ***belt,*** cinturón salvavidas; ~ ***sentence,*** cadena perpetua; ***for*** ~, para toda la vida; ***to the*** ~, al vivo. *2* animación. *3* B. ART. ***from*** ~, del natural.
life-boat ('laifbout) *s.* bote salvavidas.
lifeless ('laiflis) *a.* sin vida, inanimado, inerte.
lifelong (laif-lɔŋ) *a.* de toda la vida.
lifelike ('laif-laik) *a.* que parece vivo, natural.
lifetime ('laiftaim) *s.* curso de la vida. *2* eternidad. *3 a.* perpetuo, vitalicio.
lift (lift) *s.* elevación, alzamiento. *2* alza, aumento. *3* (Ingl.) ascensor. *4* ***to give someone a*** ~, llevar uno en su coche a otro; ayudar a uno.
lift (to) (lift) *t.* alzar, levantar. *2* quitar [un peso de encima]. *3* fam. hurtar. *4 i.* levantarse.
light (lait) *s.* luz. *2* fuego, cerilla [para encender]. *3* lumbrera [pers.]. *4* aspecto, punto de vista. *5 pl.* luces [alumbrado; ilustración; entendimiento]. *6 a.* de luz. *7* blondo, rubio; blanca [tez]. *8* claro [color]. *9* ligero. *10* leve. *11 adv.* ligeramente; fácilmente.
light (to) (lait) *t.-i.* encender(se. *2* iluminar(se. *3 i.* posarse, descender. *4* topar [con]. ‖ Pret. y p. p.: ***lighted*** ('laitid) o ***lit*** (lit).
lighten (to) ('laitn) *t.-i.* iluminar(se. *2* aclarar(se, avivar(se [un color]. *3* alegrar(se. *4* aligerar(se. *5 t.* alumbrar. *6 i.* relampaguear.
lighter ('laitəʳ) *s.* encendedor [pers.; mechero]. *2* MAR. gabarra.
light-headed ('lait'hedid) *a.* ligero de cascos. *2* aturdido, mareado.
lighthouse ('laithaus) *s.* MAR. faro, farola.
lighting ('laitiŋ) *s.* iluminación. *2* alumbrado. *3* encendido.
lightning ('laitniŋ) *s.* relámpago; rayo: ~ ***rod,*** pararrayos.
like (laik) *a.* igual, semejante, parecido, tal, como: ~ ***father,*** ~ ***son,*** de tal palo,

tal astilla. *2* probable. *3 adv.* como: ~ ***this,*** así. *4* ~ ***enough, very*** ~, probablemente. *5 s.* igual [pers. o cosa]. *6 pl.* gustos, simpatías.
like (to) (laik) *t.* querer, tener simpatía a; gustar de, gustarle a uno; querer, desear.
likelihood ('laiklihud) *s.* probabilidad; verosimilitud.
likely ('laikli) *a.* probable. *2* verosímil, creíble. *3* apropiado. *4* prometedor. *5 adv.* probablemente.
liken (to) ('laikən) *t.* asemejar, comparar.
likeness ('laiknis) *s.* semejanza, parecido, aire. *2* apariencia, forma. *3* retrato.
likewise ('laik-waiz) *adv.* igualmente. *2* asimismo, además.
liking ('laikiŋ) *s.* inclinación, afición, simpatía. *2* agrado, gusto, preferencia.
lilac ('lailək) *s.* BOT. lilac, lila.
lily ('lili) *s.* BOT. lirio; azucena, lis. *2* ***water*** ~, nenúfar.
limb (limb) *s.* miembro [del hombre o del animal]. *2* rama [de árbol].
limber ('limbəʳ) *a.* flexible, ágil.
lime (laim) *s.* cal: ~ ***pit,*** calera. *2* caliza.
limestone ('laimstoun) *s.* piedra caliza.
limit ('limit) *s.* límite. *2* fam. colmo: ***to be the*** ~, ser el colmo.
limit (to) ('limit) *t.* limitar.
limitation (ˌlimi'teiʃən) *s.* limitación. *2* restricción.
limp (limp) *s.* cojera. *2 a.* flojo, flexible. *3* débil.
limp (to) (limp) *i.* cojear.
limpid ('limpid) *a.* límpido, claro, transparente.
linden ('lindən) *s.* BOT. tilo.
line (lain) *s.* cuerda, cabo, cordel, sedal. *2* línea [raya, trazo; renglón; fila, hilera, etc.]. *3* conducción, tubería. *4* verso [línea]. *5* arruga [en la cara]. *6* ramo de negocios, especialidad. *7 pl.* líneas, contornos, rasgos. *8* TEAT. papel.
line (to) (lain) *t.* linear, rayar. *2* arrugar [el rostro]. *3* alinearse a lo largo de. *4* forrar, revestir. *5 i.* ***to*** ~ ***up,*** ponerse en fila.
lineage ('liniidʒ) *s.* linaje, abolengo.
lineaments ('liniəmənt) *s. pl.* facciones, fisonomía.
linen ('linin) *s.* lienzo, lino [tela]. *2* ropa blanca.
liner ('lainəʳ) *s.* vapor o avión de línea.
linger (to) ('liŋgəʳ) *i.* demorar, ir despacio, quedarse, entretenerse. *2* ir durando.
lingering ('liŋgəriŋ) *a.* lento, prolongado. *2* tardo, moroso.
linguistics (liŋ'gwistiks) *s.* lingüística.
lining (lainiŋ) *s.* forro. *2* AUTO. guarnición de freno.
link (liŋk) *s.* eslabón. *2* vínculo, enlace. *3* gemelo [de puño]. *4 pl.* campo de golf.
link (to) (liŋk) *t.-i.* eslabonar(se, enlazar(se.
linnet ('linit) *s.* ORN. pardillo. *2* ORN. jilguero.
linoléum (li'nouljəm) *s.* linóleo.
lion ('laiən) *s.* león. *2* ENT. ~ ***ant,*** hormiga león.
lioness ('laiənis) *s.* leona.
lip (lip) *s.* labio. *2* pico.
lip-stick ('lip-stik) *s.* lápiz para labios.
liquefy (to) ('likwifai) *t.-i.* licuar(se.
liqueur (li'kjuəʳ) *s.* licor.
liquid ('likwid) *a.-s.* líquido. *2 a.* claro, cristalino. *3* COM. realizable.
liquor ('likəʳ) *s.* licor.
lisp (to) (lisp) *i.* cecear.
lissom(e ('lisəm) *a.* flexible. *2* ágil.
list (list) *s.* lista, catálogo, rol, matrícula. *2* orillo. *3* MAR. inclinación, escora.
list (to) (list) *t.* poner en lista; registrar. *2* alisar. *3* COM. cotizar, facturar. *4* listar, orillar. *5 i.* alistarse. *6* MAR. escorar.
listen (to) ('lisn) *i.* escuchar, oír, atender. Gralte. con *to.*
listener ('lisnəʳ) *s.* oyente, radioyente.
listless ('listlis) *a.* distraído, indiferente, apático, abatido. *2* **-ly** *adv.* distraídamente.
lit (lit) *pret.* y *p. p.* de TO LIGHT.
literal ('litərəl) *a.* literal. *2* **-ly** *adv.* literalmente.
literate ('litərit) *a.* instruido.
literature ('lit(ə)ritʃəʳ) *s.* literatura.
lithe (laið), **lithesome** (-səm) *a.* flexible, cimbreño, ágil.
lithography (li'θɔgrəfi) *s.* litografía.
litigate (to) ('litigeit) *t.-i.* litigar.
litre, liter ('li:təʳ) *s.* litro.
litter ('litəʳ) *s.* litera [vehículo]. *2* camilla, parihuelas. *3* camada, lechigada. *4* cama [de paja para las caballerías]. *5* tendalera; desorden; basura.
litter (to) ('litəʳ) *t.* esparcir cosas por; poner o dejar en desorden.
little ('litl) *a.* pequeño, chico, menudo. *2 adv.-s.* poco; un poco de; algo.
littleness ('litlnis) *s.* pequeñez; poquedad; mezquindad.
live (laiv) *a.* vivo [que vive; enérgico, activo]. *2* ardiente, encendido: ~ ***coal,*** ascuas, brasas. *3* palpitante, de actualidad.
live (to) (liv) *i.-t.* vivir: ***to*** ~ ***by one's wits,*** vivir de la trampa; ***to*** ~ ***in,*** vivir, habi-

tar, morar en; ***to ~ on*** o ***upon,*** vivir de o a costa de. *2 t.* llevar, pasar [tal o cual vida].

livelihood ('laivlihud) *s.* vida, medios de vida.

liveliness ('laivlinis) *s.* vida, vivacidad, animación.

lively (laivli) *a.* vivo, vivaz, vivaracho. *2* animado. *3* vivo [brioso, airoso, rápido; alegre, brillante; intenso: pronto]. *4* animador. *5* gráfica [descripción, etc.]. *6 adv.* vivamente.

liver ('livəʳ) *s.* hígado.

livery ('livəri) *s.* librea. *2* fig. plumaje, ropaje. *3* pupilaje o alquiler de caballos.

livestock ('laivstɔk) *s.* ganado, animales que se crían.

livid ('livid) *a.* lívido. *2* pálido.

living ('liviŋ) *a.* vivo, viviente; que vive. *2* viva [agua, roca, etc.]. *3* vital [salario]. *4* ***~ room,*** cuarto de estar. *5 s.* vida [modo de vivir; medios de vida].

lizard ('lizəd) *s.* ZOOL. lagarto.

llama ('lɑ:mə) *s.* ZOOL. llama.

load (loud) *s.* carga. *2* peso.

load (to) (loud) *t.* cargar [un buque, un arma, etc.]. *2* oprimir. *3* cubrir. *4 i.* cargar, tomar carga.

loaf (louf) *s.* pan, hogaza. *2* pilón [de azúcar].

loaf (to) (louf) *i.* holgazanear.

loafer ('loufəʳ) *s.* holgazán, vago.

loan (loun) *s.* préstamo. *2* empréstito.

loan (to) (loun) *t.-i.* prestar [dinero].

loath (louθ) *a.* renuente, poco dispuesto.

loathe (to) (louð) *t.* aborrecer, detestar, sentir repugnancia.

loathing ('louðiŋ) *s.* aversión, asco, repugnancia.

loathsome ('louðsəm) *a.* aborrecible, odioso, repugnante.

lobby ('lɔbi) *s.* pasillo [de Cámara legislativa]; galería, vestíbulo. *2* (E. U.) camarilla política.

lobe (loub) *s.* lóbulo.

lobster ('lɔbstəʳ) *s.* ZOOL. langosta; bogavante: ***spiny ~,*** langosta.

local ('loukəl) *a.* local. *2* municipal, regional. *3 s.* persona de una localidad. *4* sección local.

localize (to) ('loukəlaiz) *t.* localizar, limitar. *2* dar carácter local.

locate (to) (lou'keit) *t.* localizar [descubrir la situación de]. *2* situar, poner, colocar.

location (lou'keiʃən) *s.* localización. *2* situación, ubicación.

lock (lɔk) *s.* rizo, bucle, trenza. *2* mechón, vedija. *3* cerradura. *4* llave [de arma de fuego]. *5* presa, llave [en la lucha]. *6* esclusa. *7 pl.* cabellos.

lock (to) (lɔk) *t.* cerrar [con llave]; encerrar. *2* apretar, abrazar. *3* sujetar, trabar, enclavijar.

locker (l'kəʳ) *s.* cofre, armario.

locket ('lɔkit) *s.* guardapelo, medallón.

lockout ('lɔkaut) *s.* lockout [cierre de fábrica por los patronos].

locksmith ('lɔk-smiθ) *s.* cerrajero.

locomotive ('loukəˌmoutiv) *a.* locomotora, -triz. *2 s.* locomotora.

locust ('loukəst) *s.* ENT. langosta. *2* ENT. (E. U.) cigarra. *3* BOT. ***locust*** o ***~-tree,*** algarrobo.

locution (lou'kju:ʃən) *s.* locución.

lode (loud) *s.* MIN. veta, filón.

lodge (lɔdʒ) *s.* casita, pabellón. *2* casa del guarda. *3* logia [masónica].

lodge (to) (lɔdʒ) *t.* alojar, hospedar. *2* introducir, colocar. *3* depositar. *4* presentar [una denuncia, etc.]. *5 i.* alojarse.

lodging ('lɔdʒiŋ) *s.* alojamiento, posada. *2* morada. *3* ***to take lodgings in,*** hospedarse en.

loft (lɔft) *s.* desván. *2* (E. U.) piso alto de un almacén, etc.

log (lɔg) *s.* leño, tronco. *2* MAR. cuaderno de bitácora. *3* AVIA. diario de vuelo.

logarithm ('lɔgəriθəm) *s.* logaritmo.

loggerheads ('lɔgəhəd) *s. pl.* ***to be at ~,*** estar en desacuerdo.

loggia ('lɔdʒə, -dʒjə) *s.* ARQ. pórtico, galería abierta.

logic ('lɔdʒik) *s.* lógica.

logical ('lɔdʒikəl) *a.* lógico. *2* **-ly** *adv.* lógicamente.

loin (lɔin) *s.* ijada, íjar. *2* CARN. lomo, solomillo. *3 pl.* lomos, riñones.

loiter (to) ('lɔitəʳ) *i.* rezagarse; pasear, holgazanear.

loll (to) (lɔl) *i.* recostarse indolentemente; repantigarse. *2 t.* sacar [la lengua] el animal cansado.

Londoner ('lʌndənəʳ) *s.* londinense.

lone (loun) *a.* solo [sin compañía; único]. *2* solitario.

loneliness ('lounlinis) *s.* soledad. *2* tristeza del que está solo.

lonely ('lounli) *a.* solo, solitario. *2* que siente la soledad.

long (lɔŋ) *a.* largo: ***in the ~ run,*** a la larga. *2* extenso, prolongado. *3* que tarda: ***to be ~ in coming,*** tardar en venir. *4 adv.* durante [un tiempo]; mucho tiempo: ***as ~ as,*** mientras, con tal que; ***~ ago,*** hace mucho tiempo; ***so ~,*** hasta la vista. *5 s.* longitud, largo.

long (to) (lɔŋ) *i.* [con ***for, after*** o ***to***] ansiar, anhelar; añorar.
longhand ('lɔŋhænd) *s.* escritura corriente [no taquigráfica].
longing ('lɔŋiŋ) *s.* ansia, anhelo. *2* nostalgia. *3 a.* ansioso.
longitude ('lɔndʒitju:d) *s.* GEOGR., ASTR. longitud.
long-sighted ('lɔŋ'saitid) *a.* présbita. *2* perspicaz, sagaz. *3* previsor.
long-suffering ('lɔŋ'sʌfəriŋ) *a.* sufrido, paciente.
longways, -wise ('lɔŋweiz, -waiz) *adv.* a lo largo, longitudinalmente.
look (luk) *s.* mirada, ojeada. *2* semblante, cara. *3* aspecto, apariencia, cariz. *4 pl.* ***good looks,*** buen parecer.
look (to) (luk) *i.* mirar; considerar. | Gralte. con ***at.*** *2* mirar, dar a, caer; estar situado. *3* parecer: ***he looked tired,*** parecía cansado. *4* aparecer, manifestarse. *5* sentar, caer [bien o mal]. *6* ***to ~ about,*** mirar alrededor. *7* ***to ~ after,*** cuidar de. *8* ***to ~ alike,*** parecerse. *9* ***to ~ alive,*** darse prisa. *10* ***to ~ down on,*** despreciar. *11* ***to ~ for,*** buscar. *12* ***to ~ forward to,*** esperar con placer. *13* ***to ~ into,*** investigar. *14* ***to ~ like,*** parecer. *15* ***to ~ out,*** asomarse; tener cuidado: ***~ out!,*** ¡cuidado! *16* ***to ~ to,*** velar por. *17 t.* mirar. *18* ***to ~ daggers*** [at], mirar airadamente. *19* ***to ~ over,*** repasar; hojear [un libro]. *20* ***to ~ up,*** buscar [en un diccionario, etc.].
looker-on ('lukər'ɔn) *s.* mirón, espectador.
looking-glass ('lukiŋglɑ:s) *s.* espejo.
lookout ('luk'aut) *s.* vigía, atalaya. *2* atalaya, miradero. *3* vigilancia, espera: ***to be on the ~ for,*** estar a la mira de. *4 pl.* perspectivas.
loom (lu:m) *s.* TEJ. telar.
loom (to) (lu:m) *t.-i.* aparecer, asomar [de una manera confusa o impresionante]. *2* vislumbrarse, amenazar.
loop (lu:p) *s.* curva, vuelta muy pronunciada. *2* lazo; presilla; asa. *3* AVIA. rizo.
loop (to) (lu:p) *t.* doblar en forma de gaza. *2* asegurar con presilla. *3* AVIA. ***to ~ the loop,*** rizar el rizo.
loophole ('lu:phoul) *s.* aspillera, tronera. *2* fig. salida, escapatoria.
loose (lu:s) *a.* suelto, flojo, desatado, desenredado, desprendido. *2* flojo [tornillo, diente]. *3* suelto, disgregado. *4* desgarbado. *5* holgado, ancho [vestido]. *6* suelto, en libertad, no sujeto: ***to break ~,*** escaparse; desatarse. *7* vago, indeterminado; libre [traducción]. *8* relajado, disoluto. *9 s.* libertad, soltura. *10* **-ly** *adv.* flojamente; vagamente, etc.
loose (to) (lu:s) *t.* soltar, desatar, aflojar. *2* dejar en libertad. *3* lanzar [flechas, etc.].
loosen (to) ('lu:sn) *t.* soltar, desatar. *2* aflojar, desceñir. *3* ahuecar, mullir. *4* relajar. *5 i.* aflojarse, desatarse.
loot (lu:t) *s.* botín, presa.
loot (lu:t) *t.-i.* saquear, pillar.
lop (to) (lɔp) *t.* podar, desmochar.
loquacious (lou'kweiʃəs) *a.* locuaz.
lord (lɔ:d) *s.* señor, dueño, amo. *2* lord [título]: ***Lord Mayor,*** alcalde de Londres. *3* ***the Lord,*** el Señor; ***the Lord's Prayer,*** el padrenuestro.
lordship ('lɔ:dʃip) *s.* señoría, dominio. *2* ***your ~,*** su señoría.
lorry ('lɔri) *s.* camión.
lose (to) (lu:z) *t.* perder: ***to ~ one's temper,*** perder la calma; ***to ~ one's way,*** perderse, extraviarse. *2 i.* perder, tener una pérdida. *3 i.* perderse; extraviarse; engolfarse, ensimismarse. ¶ Pret. y p. p.: ***lost*** (lɔst).
loss (lɔs, lɔ:s) *s.* pérdida: ***to be at a ~,*** estar perplejo, indeciso. *2* perdición. *3* COM. daño, quebranto, siniestro.
lost (lɔst) V. TO LOSE. *2 a.* perdido. *3* arruinado. *4* olvidado. *5* desorientado, perplejo. *6* ***~ in thought,*** abstraído, pensativo. *7* ***~ to,*** insensible a.
lot (lɔt) *s.* lote, parte. *2* solar. *3* suerte [para decidir]: ***to cast lots,*** echar suertes. *4* suerte, sino. *5* hato, colección. *6* sujeto, persona. *7* ***a ~ of, lots of,*** la mar de. *3 adv.* ***a ~,*** mucho.
lottery ('lɔtəri) *s.* lotería, rifa.
loud (laud) *a.* fuerte [sonido]. *2* alta [voz]. *3* recio, ruidoso. *4* chillón, llamativo. *5* vulgar, ordinario. *6* **-ly** *adv.* en voz alta. *7* ruidosamente.
loud-speaker ('laud'spi:kə[r]) *s.* RADIO altavoz.
lounge (laundʒ) *s.* salón de descanso o tertulia.
lounge (to) (laundʒ) *i.* pasear, pasar el rato. *2* estar sentado o reclinado indolentemente.
louse (laus), *pl.* **lice** (lais) *s.* ENT. piojo.
lousy ('lauzi) *a.* piojoso. *2* astroso, asqueroso.
lout (laut) *s.* patán, rústico.
lovable ('lʌvəbl) *a.* amable [digno de ser amado].
love (lʌv) *s.* amor, cariño, afecto, afición: ***~ affair,*** amorío; ***~ at first sight,*** flechazo; ***~ feast,*** ágape; ***to be in ~ with,*** estar enamorado de; ***for ~,*** sin interés;

de balde; ***not for ~ nor money,*** por nada del mundo. *2* amor [persona amada]. *3* fam. preciosidad.
love (to) (lʌv) *t.* amar, querer. *2* gustar de, tener afición a.
lovely ('lʌvli) *a.* amable, adorable, encantador, hermoso, exquisito. *2* deleitoso, ameno.
lover ('lʌvə^{r}) *s.* enamorado. *2* amante, galán. *3* amigo [de], aficionado [a].
lovesick ('lʌvsik) *a.* enamorado.
loving ('lʌviŋ) *a.* amante. *2* afectuoso, cariñoso. *3* bondadoso. *4* **-ly** *adv.* amorosamente, etc.
low (lou) *a.* bajo: ~ ***relief,*** bajo relieve; ~ ***trick,*** cochinada; ~ ***water,*** bajamar, estiaje. *2* ~ ***necked,*** escotado [vestido]. *3* pobre. *4* escaso, insuficiente. *5* débil, enfermo; abatido: ~ ***spirits,*** abatimiento, desánimo. *6* postrado, muerto. *7* humilde, sumiso. *8* AUTO. ~ ***gear,*** primera. *9* *adv.* bajo. *10* bajamente. *11* sumisamente. *12* barato. *13* *s.* mugido, berrido. *14* **-ly** *a.* humilde, modesto. *15* *adv.* humildemente, modestamente.
1) **lower (to)** ('louə^{r}) *t.* bajar. *2* arriar. *3* agachar. *4* rebajar, reducir. *5* abatir, humillar. *6* *i.* bajar, reducirse, disminuir.
2) **lower (to)** ('laue^{r}) *i.* mirar ceñudo. *2* encapotarse [el cielo].
lowering ('lauəriŋ) *s.* ceñudo, amenazador. *2* encapotado [cielo].
loyal (lɔiəl) *a.* leal, fiel.
loyalty ('lɔiəlti) *s.* lealtad, fidelidad.
lozenge ('lɔzindʒ) *s.* GEOM. rombo. *2* BLAS. losange. *3* pastilla [de menta].
lucid ('lu:sid) *a.* lúcido. *2* luciente.
lucidity (lu:'siditi) *s.* lucidez.
luck (lʌk) *s.* suerte, fortuna [buena o mala]; buena suerte.
luckily ('lʌkili) *adv.* afortunadamente.
luckless ('lʌklis) *a.* desafortunado. *2* desdichado.
lucky ('lʌki) *a.* afortunado. *2* feliz, dichoso.
lucrative ('lu:krətiv) *a.* lucrativo.
ludicrous ('lu:dikrəs) *a.* cómico, ridículo.
luggage ('lʌgidʒ) *s.* equipaje [de viajero].
lugubrious (lu:'gju:briəs) *a.* fúnebre, lúgubre.
lukewarm ('lu:k-wɔ:m) *a.* tibio, templado.
lull (lʌl) *s.* momento de calma o silencio.
lull (to) (lʌl) *t.* adormecer, arrullar. *2* calmar. *3* *i.* amainar, calmarse.
lumber ('lʌmbə^{r}) *s.* madera [aserrada], madera de construcción. *2* trastos viejos: ~ ***room,*** trastera.
luminous ('lu:minəs) *a.* luminoso.
lump (lʌmp) *s.* pedazo, terrón, pella, burujo. *2* bulto, chichón. *3* nudo [en la garganta]. *4* TEJ. mota. *5* sujeto torpe. *6* ***in the ~,*** en junto, por junto; ~ ***sum,*** suma global.
lunacy ('lu:nəsi) *s.* locura, demencia.
lunar ('lu:nə^{r}) *a.* lunar.
lunatic ('lu:nətik) *a.-s.* loco, demente: ~ ***asylum,*** manicomio.
lunch (lʌntʃ), **luncheon** (-ən) *s.* almuerzo, comida del mediodía.
lunch (to) (lʌntʃ) *i.* almorzar, tomar la comida del medio día.
lung (lʌŋ) *s.* pulmón.
lunge (lʌndʒ) *s.* estocada. *2* arremetida.
lurch (lə:tʃ) *s.* sacudida, tumbo. *2* bandazo. *3* ***to leave in the ~,*** dejar en la estacada.
lure (ljuə^{r}) *s.* señuelo, reclamo. *2* cebo, tentación.
lure (to) (ljuə^{r}) *t.* atraer [con señuelo]; seducir, tentar.
lurid ('ljuərid) *a.* lívido, cárdeno, rojo, fantasmal, pavoroso.
lurk (to) (lə:k) *i.* acechar, estar escondido. *2* moverse furtivamente.
luscious ('lʌʃəs) *a.* delicioso, exquisito. *2* dulce, sabroso. *3* meloso, empalagoso. *4* **-ly** *adv.* sabrosamente, exquisitamente.
lush (lʌʃ) *a.* lujuriante, fresco, lozano.
lust (lʌst) *s.* avidez. *2* lujuria.
lust (to) (lʌst) *i.* codiciar. *2* desear [con lujuria].
lustful ('lʌstful) *a.* sensual, carnal.
lustre ('lʌstə^{r}) *s.* lustre, brillo. *2* reflejo. *3* esplendor. *4* araña [lámpara].
lustrous ('lʌstrəs) *a.* lustroso, brillante.
lusty ('lʌsti) *a.* lozano, fuerte, robusto. *2* vigoroso, enérgico.
lute (lu:t) *s.* MÚS. laúd. *2* luten.
luxuriant (lʌg'zjuəriənt) *a.* lujuriante, exuberante, frondoso.
luxurious (lʌg'zjuəriəs) *a.* lujoso. *2* dado al lujo. *3* sibarítico.
luxury ('lʌkʃəri) *s.* lujo, fausto. *2* regalo, molicie. *3* placer.
lyceum (lai'siəm) *s.* liceo, ateneo.
lye (lai) *s.* lejía.
lying ('laiiŋ) *ger.* de TO LIE. *2* *a.* mentiroso. *3* tendido, echado. *4* situado. *5* **-ly** *adv.* falsamente.
lynch (to) (lintʃ) *t.* linchar.
lynx (liŋks) *s.* ZOOL. lince.
lyre ('laiə^{r}) *s.* MÚS. lira.
lyric ('lirik) *a.* lírico. *2* *s.* poema lírico.

M

macaroni (ˌmækəˈrouni) *s.* macarrones.
macaroon (ˌmækəˈru:n) *s.* mostachón.
mace (meis) *s.* maza [arma; insignia]: ~ ***bearer,*** macero.
machination (ˌmækiˈneiʃən) *s.* maquinación.
machine (məˈʃi:n) *s.* máquina. *2* bicicleta, automóvil, etc. *3 a.* ~ ***gun,*** ametralladora.
machinery (məˈʃi:nəri) *s.* maquinaria.
mackerel (ˈmækrəl) *s.* ICT. caballa. *2* ~ ***sky,*** cielo aborregado.
mackintosh (ˈmækintɔʃ) *s.* impermeable.
mad (mæd) *a.* loco: ***to be ~ about,*** tener una locura por. *2* insensato, disparatado. *3* furioso. *4* rabioso [animal]. *5* **-ly** *adv.* locamente, furiosamente, etc.
madam (ˈmædəm, mæˈdɑ:m) *s.* señora [tratamiento de respeto].
madden (to) (ˈmædn) *t.* enloquecer. *2 i.* enloquecer, volverse loco.
maddening (ˈmædniŋ) *a.* exasperante.
made (meid) *pret.* y *p. p.* de TO MAKE. *2 a.* hecho, compuesto, confeccionado, fabricado.
made-up (ˈmeidʌp) *a.* hecho [vestido, ropa]. *2* maquillado, pintado [rostro]. *3* artificial, ficticio, inventado.
madhouse (ˈmædhaus) *s.* manicomio.
madman (ˈmædmən) *s.* loco, orate.
madness (ˈmædnis) *s.* locura. *2* furia, frenesí.
Madrid (məˈdrid) *n. pr.* GEOGR. Madrid.
Madrilenian (ˌmædriˈli:niən) *a.-s.* madrileño.
magazine (ˌmægəˈzi:n) *s.* almacén, depósito. *2* polvorín. *3* revista [periódico].
magic (ˈmædʒik) *s.* magia: ***as if by ~,*** como por ensalmo. *2 a.* mágico: ~ ***lantern,*** linterna mágica.
magical (ˈmædʒikəl) *a.* mágico; encantado.
magician (məˈdʒiʃən) *s.* mágico, mago.
magistrate (ˈmædʒistrit) *s.* magistrado. *2* juez de paz.
magnanimous (mægˈnænimәs) *a.* magnánimo. *2* ***~-ly*** *adv.* magnánimamente.
magnet (ˈmægnit) *s.* ELECT. imán.
magnetic (mægˈnetik) *a.* magnético: ~ ***needle,*** brújula. *2* atrayente, cautivador.
magnificence (mægˈnifisns) *s.* magnificencia.
magnificent (mægˈnifisnt) *a.* magnífico, espléndido. *2* **~-ly** *adv.* magníficamente.
magnify (to) (ˈmægnifai) *t.* agrandar, aumentar, amplificar. *2* exagerar.
magnifying glass (ˈmægnifaiiŋˈglɑ:s) *s.* lente de aumento, lupa.
magpie (ˈmægpai) *s.* ORN. urraca. *2* fig. charlatán, cotorra.
mahogany (məˈhəgəni) *s.* BOT. caoba.
maid (meid) *s.* doncella, soltera, [virgen]: ~ ***of honour,*** dama de honor. *2* doncella, criada: ~ ***of all work,*** criada para todo.
maiden (ˈmeidn) *s.* doncella, joven soltera. *2 a.* de soltera: ~ ***name,*** nombre de soltera. *3* virginal. *4* primero, inicial.
maid-servant (ˈmeidˈsə:vənt) *s.* criada, doméstica.
mail (meil) *s.* malla, cota de malla. *2* correo, correspondencia: ~ ***boat,*** buque correo; ***air ~,*** correo aéreo.
mail (to) (meil) *t.* echar al correo, enviar por correo.
mailbox (ˈmeilbɔks) *s.* buzón; apartado.
maim (to) (meim) *t.* mutilar, estropear, lisiar.
main (mein) *a.* primero; principal, mayor, maestro: ~ ***body,*** grueso [del ejército]. *2 s.* lo principal, lo esencial: ***in the ~,*** en su mayor parte, principalmente. *3* tubería, conducto principal [de gas, agua, etc.].

mainland ('meinlənd) *s.* continente, tierra firme.
maintain (to) (me(i)n'tein) *t.* mantener.
maintenance ('meintinəns) *s.* mantenimiento. *2* apoyo, sostén. *3* manutención.
maize (meiz) *s.* BOT. maíz.
majestic (mə'dʒestik) *a.* majestuoso.
majesty ('mædʒisti) *s.* majestad; majestuosidad.
major ('meidʒə[r]) *a.* mayor, principal. *2 s.* DER. mayor de edad. *3* MIL. comandante.
Majorca (mə'dʒɔ:kə) *n. pr.* GEOGR. Mallorca.
majority (mə'dʒɔriti) *s.* mayoría. *2* mayor de edad. *3* MIL. comandancia [empleo].
make (meik) *s.* hechura, forma; constitución. *2* hechura, obra, fabricación. *3* marca, modelo.
make (to) (meik) *t.* hacer [crear, elaborar, fabricar; formar; causar, producir, preparar; efectuar, etc.]: ***to make fun,*** burlarse; ***to ~ a mistake,*** equivocarse; ***to ~ a noise,*** hacer ruido. *2* hacer [que uno haga una cosa]. *3* poner en cierto estado, dar una cualidad: ***to ~ angry,*** enfadar; ***to ~ clear,*** aclarar; ***to ~ good,*** cumplir, llevar a cabo; mantener; justificar [con el resultado]. *7* ***to ~ haste,*** apresurarse. *8* ***to ~ known,*** hacer saber. *9* ***to ~ much of,*** dar mucha importancia a; apreciar. *10* ***to ~ out,*** hacer, escribir; comprender, descifrar; probar, justificar. *11* ***to ~ over,*** rehacer; ceder, entregar. *12* ***to ~ the most of,*** sacar el mejor partido de. *13* ***to ~ up one's mind,*** decidirse. *14 i.* dirigirse, encaminarse a. *15* contribuir a. *16* ***to ~ away,*** largarse. *17* ***to ~ away with,*** llevarse; destruir. *18* ***to ~ merry,*** divertirse. *19* ***to ~ off,*** largarse. *20* ***to ~ up,*** hacer las paces; pintarse, maquillarse. *21* ***to ~ up for,*** suplir, compensar. ¶ Pret. y p. p.: ***made*** (meid).
maker ('meikə[r]) *s.* hacedor, autor, artífice.
makeshift ('meikʃift) *a.* provisional. *2 s.* recurso, substitutivo.
make-up ('meikʌp) *s.* composición, modo de ser. *2* afeite [del rostro]. *3* TEAT. caracterización, maquillaje.
making ('meikiŋ) *s.* hechura, confección, fabricación: ***in the ~,*** haciéndose; sin terminar.
maladroit ('mælə'drɔit) *a.* torpe; falto de tacto.
malady ('mælədi) *s.* mal, enfermedad.
malapropos ('mæl'æprəpou) *a.* impropio, inoportuno.
malcontent ('mælkən'tent) *a.-s.* malcontento.
male (meil) *a.* macho. *2* masculino. *3 s.* varón; animal macho: ***~ child,*** hijo varón.
malefactor ('mæli'fæktə[r]) *s.* malhechor.
maleficent (mə'lefisnt) *a.* maléfico.
malevolence (mə'levələns) *s.* malevolencia, malquerencia.
malice ('mælis) *s.* mala voluntad. *2* malicia, malignidad.
malicious (mə'liʃəs) *a.* malévolo, rencoroso. *2* travieso, pícaro. *3* **-ly** *adv.* malévolamente, malignamente.
malign (mə'lain) *a.* maligno. *2* dañino. *3* **-ly** *adv.* malévolamente, malignamente.
malign (to) (mə'lain) *t.* detraer, difamar, calumniar.
malignant (mə'lignənt) *a.* maligno. *2* maléfico. *3* malévolo.
mallard ('mæləd) *s.* ORN. pato salvaje
malleable ('mæliəbl) *a.* maleable.
mallet ('mælit) *s.* mazo, mallete.
mallow ('mælou) *s.* BOT. malva.
malt (mɔ:lt) *s.* malta.
maltreat (to) (mæl'tri:t) *t.* maltratar.
mammal ('mæməl) *s.* ZOOL. mamífero.
mammoth ('mæməθ) *s.* mamut.
man (mæn) *pl.* **men** (men) hombre: ***the ~ in the street,*** el hombre corriente; ***to a man,*** todos sin excepción. *2* [sin artículo] el género humano. *3* [en composición] buque, navío: ***merchantman,*** buque mercante.
man (to) (mæn) *t.* MAR. tripular, dotar.
manacles ('mænəklz) *s. pl.* manillas, esposas.
manacle (to) ('mænəkl) *t.* esposar.
manage (to) ('mænidʒ) *t.* manejar. *2* dirigir, regir, administrar. *3* tratar con cuidado. *4 t.-i.* ingeniarse, componérselas; lograr.
manageable ('mænidʒəbl) *a.* manejable, dócil.
management ('mænidʒmənt) *s.* manejo, gobierno, administración; cuidado. *2* gerencia. *3* habilidad, trastienda.
manager ('mænidʒə[r]) *s.* director, administrador.
mandate ('mændeit) *s.* mandato, orden.
mane (mein) *s.* crin [de caballo]; melena [de león, de pers.].
manful ('mænful) *a.* viril, varonil. *2* bravo, esforzado.
mange (meindʒ) *s.* roña, sarna.
manger ('meindʒə[r]) *s.* pesebre, comedero.

mangle (to) ('mæŋgl) *t.* planchar con máquina. *2* magullar, destrozar, mutilar.
mangy ('meindʒi) *a.* sarnoso.
manhood ('mænhud) *s.* virilidad, valor. *2* los hombres.
manja ('meinjə) *s.* manía [afición, locura].
maniac ('meiniæk) *a.-s.* maníaco.
manicure ('mænikjuəʳ) *s.* manicura [cuidado de las manos].
manifest ('mænifest) *a.* manifiesto, patente.
manifest (to) ('mænifest) *t.* manifestar; demostrar. *2 i.* manifestarse.
manifestation (ˌmænifes'teiʃən) *s.* manifestación; demostración.
manifold ('mænifould) *a.* múltiple, vario, numeroso.
manipulate (to) (mə'nipjuleit) *t.* manipular, manejar.
mankind (mæn'kaind) *s.* género humano. *2* los hombres.
manlike ('mænlaik) *a.* varonil. *2* hombruno.
manliness ('mænlinis) *s.* virilidad, hombradía, valor.
manly ('mænli) *a.* varonil, viril, valeroso, noble.
manner ('mænəʳ) *s.* manera, modo: ***by no ~ of means,*** de ningún modo; ***in a ~,*** en cierto modo, hasta cierto punto. *2* hábito, costumbre. *3* aire, porte. *4 pl.* maneras, modales.
mannerly ('mænəli) *a.* cortés, urbano, atento. *2 adv.* urbanamente.
manoeuvre (mə'nu:vəʳ) *s.* MIL., MAR. maniobra. *2* maniobra, manejo.
manoeuvre (to) (mə'nu:vəʳ) *t.* hacer maniobrar. *2* inducir, obligar con maniobras o manejos.
manor ('mænəʳ) *s.* casa señorial en el campo, casa solariega.
manservant ('mænˌsə:vənt) *s.* criado.
mansion ('mænʃən) *s.* palacio, casa grande.
manslaughter ('mænˌslɔ:təʳ) *s.* homicidio.
mantle ('mæntl) *s.* manto. *2* fig. manto, capa.
mantle (to) ('mæntl) *t.* cubrir, tapar, envolver.
mantelpiece ('mæntlpi:s) *s.* repisa de chimenea.
manufacture (ˌmænju'fæktʃəʳ) *s.* manufactura [fabricación; producto fabricado].
manufacture (to) (ˌmænju'fæktʃəʳ) *t.* manufacturar, fabricar.
manufacturer (ˌmænju'fæktʃərəʳ) *s.* fabricante.
manure (mə'njuəʳ) *s.* AGR. abono, estiércol.
manure (to) (mə'njuəʳ) *t.* abonar, estercolar.
manuscript ('mænjuskript) *a.-s.* manuscrito.
many ('meni) *a.* muchos, -chas. *2* [en composición] multipoli-, de muchos: ***many-coloured,*** multicolor, policromo. *3 pron.* muchos. *4* ***a great ~,*** un gran número.
map (mæp) *s.* mapa, carta.
maple ('meipl) *s.* BOT. arce, *meple.
mar (to) (mɑ:ʳ) *t.* estropear, echar a perder, frustrar.
marabou ('mærəbu:) *s.* ORN. marabú.
maraud (to) (mə'rɔ:d) *i.* merodear. *2 t.* saquear, merodear en.
marble ('mɑ:bl) *s.* mármol. *2* canica [bolita]. *3 a.* jaspeado.
March (mɑ:tʃ) *s.* marzo [mes].
march (mɑ:tʃ) *s.* marcha [acción de caminar; curso, progreso]. *2* MÚS. MIL. marcha.
march (to) (mɑ:tʃ) *i.* marchar, andar. *2* marchar, progresar. *3 t.* hacer ir [a un sitio].
mare (mɛəʳ) *s.* yegua.
margin ('mɑ:dʒin) *s.* margen, borde, orilla. *2* COM., ECON. margen.
marginal ('mɑ:dʒinəl) *a.* marginal.
marguerite (ˌmɑ:gə'ri:t) *s.* BOT. margarita.
marine (mə'ri:n) *s.* marino. *2 s.* marina. *3* soldado de marina.
mariner ('mærinəʳ) *s.* marinero, marino.
marionette (ˌmæriə'net) *s.* marioneta, títere.
marjoram ('mɑ:dʒərəm) *s.* BOT. mejorana; orégano.
mark (mɑ:k) *s.* marca, señal. *2* mancha. *3* huella. *4* signo, indicio. *5* rótulo. *6* importancia, distinción: ***of mark,*** de nota [pers.]. *7* punto, nota, calificación. *8* blanco, hito, fin, propósito: ***to miss the ~,*** errar el tiro: ***beside the ~,*** errado; que no viene al caso. *9* marco [moneda].
mark (to) (mɑ:k) *t.* marcar, señalar. *2* indicar. *3* delimitar. *4* notar, observar, advertir: ***~ my words,*** ¡advierte lo que te digo! *5* puntuar, calificar. *6* ***to ~ down,*** poner por escrito. *7* ***to ~ cut,*** indicar; designar. *8* ***to ~ time,*** MIL. marcar el paso.
market ('mɑ:kit) *s.* mercado; bolsa: ***~ price,*** precio corriente; ***~ town,*** población con mercado.
marketing ('mɑ:kitiŋ) *s.* compra o venta en el mercado.

marksman ('mɑ:ksmən) *s.* [buen] tirador.
marmalade ('mɑ:məleid) *s.* mermelada.
marmot ('mɑ:mət) *s.* ZOOL. marmota.
marquet(e)ry ('mɑ:kitri) *s.* marquetería, taracea.
marquis, -quess ('mɑ:kwis) *s.* marqués.
marriage ('mæridʒ) *s.* matrimonio: ***by marriage,*** político [pariente]. *2* casamiento, boda.
marriageable ('mæridʒəbl) *a.* casadero, núbil.
married ('mærid) *a.* casado: ~ ***couple,*** matrimonio; ***to get*** ~, casarse.
marrow ('mærou) *s.* meollo, tuétano, medula.
marry (to) ('mæri) *t.* casar, desposar. *2* casarse con. *3* unir, juntar. *4 i.* casarse.
marsh (mɑ:ʃ) *s.* marjal, paúl, pantano.
marshal ('m`:ʃəl) *s.* MIL. mariscal. *2* maestro de ceremonias.
marshy ('mɑ:ʃi) *a.* pantanoso. *2* palustre.
mart (mɑ:t) *s.* emporio, centro comercial.
marten ('mɑ:tin) *s.* ZOOL. marta.
martial ('mɑ:ʃəl) *a.* marcial, militar: ~ ***law,*** ley marcial.
martin ('mɑ:tin) *s.* vencejo.
martyr ('mɑ:təʳ) *s.* mártir.
martyr (to) ('mɑ:təʳ) *t.* martirizar.
martyrdom ('mɑ:tədəm) *s.* martirio.
marvel ('mɑ:vəl) *s.* maravilla, prodigio.
marvel (to) ('mɑ:vəl) *i.* maravillarse, admirarse.
marvellous ('mɑ:viləs) *a.* maravilloso, prodigioso. *2* asombroso.
marzipan (ˌmɑ:zi'pæn) *s.* mazapán.
mascot ('mæskət) *s.* mascota.
masculine ('mɑ:skjulin) *a.* masculino, varonil. *2* hombruno.
mask (to) (mɑ:sk) *t.* enmascarar. *2 i.* ponerse careta. *3* disfrazarse. *4* ***masked ball,*** baile de máscaras.
mason ('meisn) *s.* albañil. *2* masón.
masonry ('meisnri) *s.* albañilería. *2* (con may.) masonería.
masquerade (ˌmæskə'reid) *s.* mascarada: ~ ***ball,*** baile de máscaras. *2* máscara [disfraz].
masquerade (to) (ˌmæskə'reid) *i.* disfrazarse.
mass (mæs) *s.* masa, bulto, mole. *2* montón, gran cantidad: ~ ***production,*** fabricación en serie.
Mass o **mass** (mæs, mɑ:s) *s.* LITURG. misa.
mass (to) (mæs) *t.* amasar, juntar. *2 i.* juntarse, reunirse.
massacre ('mæsəkəʳ) *s.* carnicería, matanza.
massacre (to) ('mæsəkəʳ) *t.* hacer una matanza de. *2* asesinar.
massage ('mæsɑ:ʒ) *s.* amasamiento, masaje.
massive ('mæsiv) *a.* macizo. *2* voluminoso. *3* pesadas [facciones].
mast (mɑ:st) *s.* MAR. mástil, palo. *2* asta: ***at half*** ~, a media asta.
master ('mɑ:stəʳ) *s.* amo, patrón, dueño. *2* señor, señorito [dicho por un criado]. *3* MAR. patrón, capitán. *4* maestro: ***school*** ~, maestro; profesor [de instituto]. *5* jefe, director. *6 a.* maestro, magistral: ~ ***builder,*** maestro de obras; ~ ***key,*** llave maestra.
master (to) ('mɑ:stəʳ) *t.* dominar, vencer, subyugar. *2* dominar [un idioma, ciencia, arte, etc.].
masterful ('mɑ:stəful) *a.* dominante, autoritario. *2* hábil, diestro; de maestro.
masterly ('mɑ:stəli) *a.* magistral, hábil. *2 adv.* magistralmente.
masterpiece ('mɑ:təpi:s) *s.* obra maestra.
mastery ('mɑ:stəri) *s.* dominio [poder; conocimiento]. *2* maestría.
masticate (to) ('mæstikeit) *t.* masticar.
mastication (ˌmæsti'keiʃən) *s.* masticación.
mastiff ('mæstif) *s.* mastín.
mat (mæt) *s.* estera. *2* esterilla, ruedo, felpudo. *3* tapetito. *4* enredijo, greña. *5 a.* mate, sin lustre.
mat (to) (mæt) *t.* hacer mate. *2* esterar. *3 t.-i.* enmarañar(se, apelmazar(se.
match (mætʃ) *s.* fósforo, cerilla. *2* pareja, igual. *3* contrincante temible: ***to meet one's*** ~, hallar la horma de su zapato. *4* juego [de dos cosas]. *5* DEP. lucha, partida, partido. *6* casamiento, partido: ***good*** ~, buen partido.
match (to) (mætʃ) *t.* casar, hermanar, aparear. *2* oponer, equiparar. *3* igualar a. 4 proporcionar, adaptar. *5 i.-t.* hacer juego [con]. *6 i.* casarse.
matchless ('mætʃlis) *a.* sin igual, incomparable.
mate (meit) *s.* compañero, -ra. *2* consorte, cónyuge. *3* MAR. segundo de a bordo, piloto. *4* ayudante. *5* AJED. mate.
mate (to) (meit) *t.* casar, desposar. *2* aparear, hermanar. *3* AJED. dar mate a. *4 i.* aparearse.
material (mə'tiəriəl) *a.* material. *2* físico, corpóreo. *3* importante, esencial. *4 s.* material, materia. *5* tela, género. *6 pl.* materiales, avíos. 7 **-ly** *adv.* materialmente, etc.
materialize (to) (mə'tiəriəlaiz) *t.* materializar. *2* hacer perceptible. *3 i.* materializarse.
maternity (mə'tə:niti) *s.* maternidad.

mathematics (ˌmæθiˈmætiks) *s.* matemáticas.
matriculate (to) (məˈtrikjuleit) matricularse [esp. en una universidad].
matrimony (ˈmætriməni) *s.* matrimonio [casamiento, sacramento; estado].
matrix (ˈmeitriks) *s.* matriz.
matron (ˈmeitrən) *s.* matrona.
matter (ˈmætəʳ) *s.* materia: ~ ***of course,*** cosa lógica, natural, de cajón; ***as a ~ of fact,*** de hecho, en realidad. *2* motivo, ocasión. *3* cosa: ***a ~ of ten years,*** cosa de diez años. *4* importancia: ***no ~,*** no importa. *5* ***what is the ~?,*** ¿qué ocurre?; ***what is the ~ with you?,*** ¿qué le pasa a usted?
matter (to) (ˈmætəʳ) *i.* importar: ***it does not ~,*** no importa.
matting (ˈmætiŋ) *s.* estera; esterado.
mattock (ˈmætək) *s.* zapapico.
mattress (ˈmætris) *s.* colchón.
mature (məˈtjuəʳ) *a.* maduro. *2* adulto; juicioso. *3* COM. vencido, pagadero.
mature (to) (məˈtjuəʳ) *t.-i.* madurar. *2 i.* vencer [una deuda, etc.].
maturity (məˈtjuəriti) *s.* madurez. *2* vencimiento [de una deuda, plazo, etc.].
maul (mɔ:l) *s.* mazo, machota.
maul (to) (mɔ:l) *t.* aporrear, magullar.
mawkish (ˈmɔ:kiʃ) *a.* sensiblero, empalagoso. *2* nauseoso.
maxim (ˈmæksim) *s.* máxima, sentencia.
May (mei) *s.* mayo [mes]. *2* (con min.) BOT. espino albar.
may (mei) *v. aux.* poder [tener facultad, libertad, oportunidad o permiso; ser posible o contingente]: ***~ I go?,*** ¿puedo irme?, ***come what ~,*** venga lo que viniere; ***she ~ be late,*** puede (ser) que ella llegue tarde. *2* a veces expresa deseo: ***~ it be so,*** ojalá sea así. ¶ Pret.: ***might*** (mait). Sólo tiene pres. y pret.
maybe (ˈmeibi:) *adv.* acaso, tal vez.
mayor (mɛəʳ) *s.* alcalde, corregidor.
maypole (ˈmeipoul) *s.* mayo, árbol de mayo.
maze (meiz) *s.* laberinto, dédalo. *2* confusión, perplejidad.
me (mi:, mi) *pron. pers.*, me, mi: ***with me,*** conmigo.
meadow (ˈmedou) *s.* prado, pradera.
meager, meagre (ˈmi:gəʳ) *a.* magro, flaco. *2* pobre, estéril, escaso.
meal (mi:l) *s.* comida: ***~ time,*** hora de comer. *2* harina [de maíz, etc.].
mean (mi:n) *s.* bajo, humilde. *2* ruin, bajo, vil. *3* mezquino, tacaño. *4* (E. U.) avergonzado, indispuesto. *5* medio, mediano, intermedio: ***~ term.*** término medio. *6 s.* medio [término medio]; media [proporcional]. *7* justo medio. *8 pl.* medio, medios [de hacer, obtener, etc.]: ***by all means,*** a toda costa; no faltaba más; ***by means of,*** por medio de; ***by no means,*** de ningún modo. *9 pl.* medios, recursos bienes de fortuna.
mean (to) (mi:n) *t.* significar, querer decir. *2* pensar, proponerse, tener intención de. *3* destinar: ***clothes are meant for use,*** los vestidos se hacen para usarlos. *4 i.* tener intención [buena o mala]. ¶ Pret. y p. p.: ***meant*** (ment).
meander (miˈændəʳ) *s.* meandro.
meander (to) (miˈændəʳ) *i.* serpentear. *2* errar, vagar.
meaning (ˈmi:niŋ) *s.* significación, sentido, acepción. *2* intención.
meanness (mi:nnis) *s.* humildad, pobreza. *2* mala calidad. *3* ruindad. *4* mezquindad, tacañería.
meant (ment) V. TO MEAN.
meantime (ˈmi:nˈtaim), **meanwhile** (-ˈwail) *adv.* entretanto. *2 m.* interín.
measles (ˈmi:zlz) *s. pl.* MED. sarampión: ***german ~,*** rubéola.
measure (ˈmeʒəʳ) *s.* medida: ***beyond ~,*** sobremanera; ***to take measures,*** tomar las medidas o disposiciones necesarias. *2* cantidad, grado, extensión: ***in some ~,*** en cierto grado, en cierto modo. *3* ritmo. *4* MÚS. compás.
measure (to) (ˈmeʒəʳ) *t.-i.* medir: ***to ~ one's lenght,*** medir el suelo, caerse. *2* ajustar, proporcionar.
measured (ˈmeʒəd) *a.* medido. *2* mesurado, rítmico, acompasado. *3* moderado.
measurement (ˈmeʒəmənt) *s.* medición. *2* medida.
meat (mi:t) *s.* carne [como alimento]: ***~ ball,*** albóndiga; ***~ safe,*** fresquera. *2* vianda, comida.
mechanic (miˈkænik) *a.* mecánico. *2 s.* obrero, artesano, mecánico.
mechanical (miˈkænikəl) *a.* mecánico. *2* maquinal; automático.
mechanics (miˈkæniks) *s.* mecánica [ciencia].
mechanism (ˈmekənizəm) *s.* mecanismo. *2* mecanicismo.
medal (ˈmedl) *s.* medalla.
medallion (miˈdæljən) *s.* medallón.
meddle (to) (ˈmedl) *i.* entrometerse, in jerirse, meterse [en].
meddlesome (ˈmedlsəm) *a.* entremetido.
meddling (ˈmedliŋ) *s.* entremetimiento, intromisión.

mediate ('mi:diit) *a.* mediato. *2* intermedio.
mediation (ˌmi:di'eiʃən) *s.* mediación.
mediator ('mi:dieitəʳ) *s.* mediador, medianero.
medical ('medikəl) *a.* médico, de medicina.
medicament (me'dikəmənt) *s.* medicamento.
medicine ('medsin) *s.* medicina [medicamento; ciencia].
mediocre ('mi:dioukəʳ) *a.* mediocre, mediano.
meditate (to) ('mediteit) *t.* proyectar, proponerse. *2 i.* meditar.
meditation (ˌmedi'teiʃən) *s.* meditación, reflexión.
Mediterranean (ˌmeditə'reinjən) *a.-s.* Mediterráneo.
medium ('mi:djəm) *s.* medio, punto o grado medio. *2* medio, conducto. *3* medium. *4 a.* mediano, medio.
medley ('medli) *s.* mezcla, mezcolanza. *2* MÚS. popurri. *3 a.* mezclado, confuso.
medulla (me'dʌlə) *s.* médula.
meek (mi:k) *a.* manso, suave, humilde, dócil. *2* **-ly** *adv.* mansamente, humildemente.
meekness (mi:knis) *s.* mansedumbre, suavidad, docilidad.
meet (to) (mi:t) *t.* encontrar, hallar, topar con; enfrentarse con. *2* conocer, ser presentado a. *3* reunirse, entrevistarse con. *4* hacer frente a [gastos, etc.]. *5* satisfacer, llenar, cumplir [necesidades, requisitos, etc.]. *6* refutar, responder. *7* ***to go to ~,*** ir a esperar o recibir. *8 i.* reunirse, encontrarse. *9* oponerse; pelear. *10* confluir. *11* ***to ~ with,*** encontrar, encontrarse con. ¶ Pret. y p. p.: ***met*** (met).
meeting ('mi:tiŋ) *s.* reunión, junta, sesión. *2* asamblea, mitin. *3* conferencia, entrevista. *4* encuentro.
megaphone ('megəfoun) *s.* megáfono, bocina, portavoz.
melancholic (ˌmelən'kɔlik) *a.-s.* MED. melancólico.
melancholy ('melənkəli) *s.* melancolía, hipocondría. *2 a.* melancólico.
mellifluous (me'lifluəs) *a.* melifluo.
mellow ('melou) *a.* maduro, sazonado [fruto]. *2* tierno, blando, pastoso, meloso. *3* suave [vino]. *4* lleno, puro, suave [voz, sonido, color, luz]. *5* calamocano. *6* **-ly** *adv.* blandamente, suavemente.
mellow (to) ('melou) *t.-i.* madurar. *2* suavizar(se.
melodious (mi'loudjəs) *a.* melodioso.
melody ('melədi) *s.* melodía, aire.
melon ('melən) *s.* BOT. melón.
melt (to) (melt) *t.-i.* fundir(se, derretir(se. *3* disipar(se, desvanecer(se. *3* ablandar(se, confundir(se. *5 i.* deshacerse, disolverse: ***to ~ into tears,*** fig. deshacerse en lágrimas.
member ('membəʳ) *s.* miembro. *2* socio, individuo. *3* diputado [de una Cámara].
membership ('membəʃip) *s.* calidad de miembro o socio: ***~ fee,*** cuota.
memoir ('memwɑ:ʳ) *s.* memoria, informe, nota.
memorable ('memərəbl) *a.* memorable.
memorandum (ˌmemə'rændəm), *pl.* **dums** (dəmz) o **da** (də) *s.* memorándum. *2* nota, apunte.
memorial (mi'mɔ:riəl) *a.* conmemorativo. *2 s.* monumento conmemorativo. *3* memorial, petición. *4* nota, apunte.
memorize (to) ('meməraiz) *t.* aprender de memoria.
memory ('meməri) *s.* memoria, retentiva. *2* memoria, recuerdo: ***within ~ of man,*** que registra la historia.
men (men) *s. pl.* de MAN.
menace ('menəs) *s.* amenaza.
menace (to) ('menəs) *t.-i.* amenazar.
mend (to) (mend) *t.* componer, reparar, remendar. *2* repasar, zurcir. *3* corregir, enmendar. *4* mejorar. *5 i.* corregirse, enmendarse. *6* mejorarse; restablecerse.
menial ('mi:njəl) *a.* doméstico, servil. *2 s.* criado, lacayo.
mental ('mentl) *a.* mental, intelectual. *2* **-ly** *adv.* mentalmente.
mention ('menʃən) *s.* mención.
mention (to) ('menʃən) *t.* mencionar, nombrar: ***don't ~ it,*** no hay de qué.
mercantile ('mə:kəntail) *a.* mercantil, mercante.
mercenary ('mə:sinəri) *a.* mercenario; venal, interesado. *2 s.* MIL. mercenario.
merchandise ('mə:tʃəndaitz) *s.* mercancía, géneros.
merchant ('mə:tʃənt) *s.* mercader, comerciante. *2 a.* mercante, mercantil.
merciful ('mə:siful) *a.* misericordioso, clemente, compasivo. *2* **-ly** *adv.* misericordiosamente, piadosamente.
mercifulness ('mə:sifulnis) *s.* misericordia, clemencia, compasión.
merciless ('mə:silis) *a.* implacable, despiadado, cruel.
mercury ('mə:kjuri) *s.* QUÍM. mercurio, azogue.

mercy ('mə:si) *s.* misericordia, clemencia, compasión. *2* merced, gracia. *3* ***at the ~ of,*** a la merced de.
mere (miəʳ) *a.* mero, solo.
merge (to) (mə:dʒ) *t.* unir, combinar, fusionar. *2 i.* fundirse, unirse, fusionarse.
meringue (mə'ræŋ) *s.* merengue.
merit ('merit) *s.* mérito. *2* merecimiento.
merit (to) ('merit) *t.* merecer; ser digno de.
meritorius (ˌmeri'tɔ:riəs) *a.* meritorio.
mermaid ('mə:meid) *s.* MIT. sirena.
merrily ('merili) *adv.* alegremente.
merriment ('merimənt) *s.* alegría, regocijo. *2* fiesta, diversión.
merry ('meri) *a.* alegre, divertido, festivo: ***to make ~,*** divertirse. *2* risueño, placentero.
merry-go-round ('merigouˌraund) *s.* tiovivo, caballitos.
mesh (meʃ) *s.* malla [de red]. *2* MEC. engranaje. *3 pl.* lazos, trampa.
mesmerize (to) ('mezməraiz) *t.* magnetizar, hipnotizar.
mess (mes) *s.* enredo, lío; asco, suciedad: ***to get into a ~,*** meterse en un lío; ***to make a ~ of,*** desarreglar, enredar, ensuciar. *2* MIL. mesa de oficiales.
mess (to) (mes) *t.* desarreglar, enredar, ensuciar.
message ('mesidʒ) *s.* mensaje. *2* recado, mandado, parte, aviso.
messenger ('mesindʒəʳ) *s.* mensajero. *2* mandadero. *3* heraldo.
messiah (mi'saiə) *s.* mesías.
mestizo (mes'ti:zou) *s.* mestizo.
met (met) V. TO MEET.
metal ('metl) *s.* metal.
metallic (mi'tælik) *a.* metálico.
metamorphosis (ˌmetə'mɔ:fɔsis) *s.* metamorfosis.
meter ('mi:təʳ) *s.* contador [de gas, etc.].
method ('meθəd) *s.* método. *2* técnica.
methodical (mi'θɔdikəl) *a.* métodico.
meticulous (mi'tikjuləs) *a.* meticuloso.
metre, (E. U.) **meter** ('mi:təʳ) *s.* metro.
metropolis (mi'trɔpəlis) *s.* metrópoli.
metropolitan (ˌmetrə'pɔlitən) *a.-s.* metropolitano.
mettle ('metl) *s.* temple, brío, ánimo.
Mexico ('meksikou) *n. pr.* GEOGR. Méjico, México.
mice (mais) *s. pl.* de MOUSE.
Michael (maikl) *n. pr.* m. Miguel.
microbe ('maikroub) *s.* microbio.
mid (mid) *a.* medio, mitad [punto medio].
midday ('middei) *s.* mediodía [las doce].
middle ('midl) *a.* medio, de en medio, mediano, intermedio: ***~ age,*** mediana edad; ***Middle Ages,*** Edad Media; ***~ class,*** clase media; ***Middle East,*** Oriente Medio. *2 s.* medio, mediados, mitad, centro: ***in the ~ of,*** en medio de, a mediados de. *3* promedio.
midget ('midʒit) *a.* enano, liliputiense.
midnight ('midnait) *s.* medianoche: ***~ Mass,*** misa del gallo.
midst (midst) *s.* centro, medio: ***in the ~ of,*** en medio de, entre.
midsummer ('midˌsʌməʳ) *s.* canícula.
midway ('mid'wei) *s.* mitad del camino. *2* avenida central. *3 a.-adv.* de la mitad o a mitad del camino.
midwife ('midwaif) *s.* partera, comadrona.
mien (mi:n) *s.* semblante, aire, continente.
might (mait) *pret.* de MAY. *2 s.* poderío, fuerza: ***with ~ and main,*** con todas sus fuerzas, a más no poder.
mighty ('maiti) *a.* poderoso. *2* vigoroso, potente. *3* importante, grande.
migrate (to) (mai'greit) *i.* pasar de un país a otro; emigrar.
migration (mai'greiʃən) *s.* migración.
mild (maild) *a.* apacible, blando. *2* manso, dócil. *3* leve, moderado, templado. *4* dúctil. *5* **-ly** *adv.* blandamente, etc.
mildew ('mildju;) *s.* AGR. mildew; añublo. *2* moho [orgánico].
mildness ('maildnis) *s.*suavidad, benignidad. *2* lenidad, indulgencia. *3* mansedumbre. *4* templanza [del clima].
mile (mail) *s.* milla: ***~ stone,*** piedra miliaria.
militancy ('militənsi) *s.* belicosidad, combatividad.
military ('militəri) *a.* militar. *2* castrense. *3 s.* ***the ~,*** los militares.
militate (to) ('militeit) *i.* militar.
militia (mi'liʃə) *s.* milicia.
milk (milk) *s.* leche: ***~ can,*** lechera [vasija].
milk (to) (milk) *t.* ordeñar.
milky ('milki) *a.* lechoso, lácteo: ***Milky Way,*** Vía Láctea.
mill (mil) *s.* molino. *2* fábrica, taller.
mill (to) (mil) *t.* moler, triturar. *2* aserrar.
miller ('miləʳ) *s.* molinero.
milliner ('milinəʳ) *s.* modista de sombreros.
millinery ('milinəri) *s.* sombrerería de señoras.
mime (maim) *s.* TEAT. mimo. *2* payaso, bufón.
mimic ('mimik) *a.* mímico. *2* imitativo. *3 s.* pantomimo; imitador.
mimic (to) ('mimik) *t.* imitar, remedar. ¶ Pret. y p. p.: ***mimicked;*** ger.: ***mimicking.***

mimosa ('mi'mouzə) *s.* BOT. mimosa, sensitiva.
mince (to) (mins) *t.* desmenuzar; picar [carne]. *2* medir [las palabras]; ***without mincing words***, sin moderse la lengua. *3 i.* andar, hablar, etc., de un modo afectado.
mincing ('minsiŋ) *a.* afectado, remilgado.
mind (maind) *s.* mente, espíritu, entendimiento, juicio; ánimo: ***to go out of one's ~***, perder el juicio; ***presence of ~***, presencia de ánimo. *2* mentalidad. *3* intención, propósito, deseo: ***to know one's ~***, saber uno lo que quiere. *4* pensamiento, mientes, memoria, recuerdo: ***to bear*** o ***keep in ~***, tener presente; ***to put in ~***, [hacer] recordar; ***out of ~***, olvidado, inmemorial. *5* opinión, parecer: ***to change one's ~***, mudar de opinión; ***of one ~***, unánimes.
mind (to) (maind) *t.* tener en cuenta; hacer caso de. *2* tener inconveniente en; molestarle a uno [una cosa]: ***do you ~ the smoke?***, ¿le molesta el humo? *3* cuidar de, atender, ocuparse de. *4* tener cuidado con. *5* recordar, acordarse de. *6 i.* ***never ~***, no importa, no se preocupe. *7* ***mind!***, ¡cuidado!
mindful ('maindful) *a.* atento, cuidadoso. *2* **-ly** *adv.* atentamente, cuidadosamente.
1) **mine** (main) *pron. pos.* mío, -a; míos, -as: ***a friend of ~***, un amigo mío.
2) **mine** (main) *s.* MIN., FORT., MIL. mina.
mine (to) (main) *t.* minar. *2* extraer [mineral]; beneficiar [un filón].
miner ('mainəʳ) *s.* minero.
mineral ('minərəl) *a.-s.* mineral.
mingle (to) ('miŋgl) *t.* mezclar; entremezclar. *2 i.* mezclarse; juntarse.
miniature ('minjətʃəʳ) *s.* miniatura.
minimum ('miniməm) *s.* mínimo.
minion ('minjən) *s.* favorito, seguidor servil. *2* esbirro.
minister ('ministəʳ) *s.* ministro [en todas sus acepciones].
minister (to) ('ministəʳ) *t.* dar, suministrar. *2 i.* oficiar. *3* asistir, auxiliar.
ministry ('ministri) *s.* ministerio. *2* clero.
minor ('mainəʳ) *a.-s.* menor. *2 s.* menor [de edad].
minority (mai'nɔriti) *s.* minoría. *2* menor edad.
minstrel ('minstrəl) *s.* trovador, juglar. *2* (E.U.) cantor cómico.
mint (mint) *s.* casa de moneda. *2* BOT. menta. *3* pastilla de menta.
mint (to) (mint) *t.* acuñar [moneda].
minus ('mainəs) *prep.-a.* menos: ~ ***sign***, signo menos.
1) **minute** (mai'nju:t) *a.* menudo, diminuto. *2* minucioso.
2) **minute** ('minit) *s.* minuto: ~ ***hand***, minutero. *2* momento, instante. *3* minuta, nota. *4* acta [de una junta, etc.].
miracle ('mirəkl) *s.* milagro. *2* TEAT. ~ ***play***, auto [drama religioso].
miraculous (mi'rækjuləs) *a.* milagroso. *2* maravilloso.
mirage ('mira:ʒ) *s.* espejismo.
mire ('maiəʳ) *s.* cieno, lodo, fango.
mirror ('mirəʳ) *s.* espejo.
mirror (to) ('mirəʳ) *t.* reflejar. *2 i.* reflejarse; mirarse [en un espejo].
mirth (mə:θ) *s.* alegría, regocijo, hilaridad.
miry ('maiəri) *a.* cenagoso, lodoso, fangoso.
misadventure ('misədventʃəʳ) *s.* desgracia, percance.
misanthropy (mi'zænθrəpi) *s.* misantropía.
misapply (to) ('misə'plai) *t.* usar o emplear mal.
misapprehend (to) ('mis,æpri'hend) *t.* entender mal.
misbehave (to) ('misbi'heiv) *i.* portarse mal.
misbehaved ('misbi'heivd) *a.* malcriado, descortés.
misbehaviour ('misbi'heivjəʳ) *s.* mal comportamiento. *2* descortesía.
misbelief ('misbi'li:f) *s.* error; herejía.
miscarry (to) (mis'kæri) *i.* abortar. *2* malograrse. *3* extraviarse [una carta].
miscellaneous (,misi'leinjəs) *a.* misceláneo.
miscellany (mi'seləni) *s.* miscelánea.
mischance (mist'tʃa:ns) *s.* desgracia, fatalidad, percance.
mischief ('mis-tʃif) *s.* mal, daño, perjuicio: ***to make ~***, enredar, meter cizaña. *2* travesura.
mischievous ('mis-tʃivəs) *a.* malo, dañino. *2* enredador, chismoso. *3* travieso. *4* **-ly** *adv.* dañinamente, perversamente.
misconduct (mis'kɔndəkt) *s.* mala conducta.
misconduct (to) ('miskən'dʌkt) *t.* dirigir o administrar mal.
misconstrue (to) ('miskən'stru:) *t.* interpretar equivocadamente.
misdeed ('mis'di:d) *s.* fechoría, mala acción.
misdemeanour (,misdi'mi:nəʳ) *s.* mala conducta. *2* delito.

misdirect (to) ('misdi'rekt) *t.* dirigir erradamente.
misdoer ('mis'du:əʳ) *s.* malhechor, delincuente.
miser ('maizəʳ) *a.-s.* mísero, avaro, roñoso.
miserable ('mizərəbl) *a.* miserable.
miserly ('maizəli) *a.* avaro, tacaño, roñoso.
misery ('mizəri) *s.* miseria. *2* desdicha, infelicidad. *3* pena, dolor, sufrimiento.
misfire (to) ('mis'faiəʳ) *i.* fallar [un arma de fuego, el encendido de un motor, etc.].
misfortune (mis'fɔ:tʃən) *s.* infortunio, desdicha, desgracia.
misgiving (mis'giviŋ) *s.* presentimiento, recelo, temor.
misgovernment ('mis'gʌvənmənt) *s.* desgobierno, desbarajuste.
misguide (to) ('mis'gaid) *t.* dirigir mal, aconsejar mal: ***misguided***, mal aconsejado, descaminado.
mishap ('mishæp) *s.* desgracia, percance, contratiempo.
misjudge (to) ('mis'dʒʌdʒ) *t.* juzgar mal, erróneamente.
mislay (to) (mis'lei) *t.* extraviar, perder.
mislead (to) (mis'li:d) *t.* desencaminar, descarriar, despistar. *2* engañar, seducir.
mismanagement ('mis'mænidʒmənt) *s.* mala administración.
misplace (to) ('mis'pleis) *t.* poner fuera de su sitio. *2* extraviar.
misprint ('mis'print) *s.* errata, error de imprenta.
misrepresent (to) ('mis,repri'zent) *t.* desfigurar, tergiversar.
Miss (mis) *s.* señorita [antepuesto al nombre].
miss (mis) *s.* errada; fracaso. *2* falta, pérdida.
miss (to) (mis) *t.* errar. *2* perder [un tren, la ocasión, etc.]. *3* omitir. *4* escapar, evitar. *5* echar de menos. *6 i.* errar el blanco. *7* fallar, no surtir efecto.
misshapen ('mis'ʃeipən) *a.* deforme.
missile ('misail) *a.* arrojadizo. *2 s.* proyectil.
missing ('misiŋ) *a.* extraviado, perdido, que falta: ***to be ~***, faltar, estar extraviado o perdido.
mission ('miʃən) *s.* misión.
missive ('misiv) *a.* misivo. *2 s.* carta, misiva.
mis-spend (to) ('mis'pend) *t.* malgastar.
mist (mist) *s.* niebla, vapor, vaho.
mistake (mis'teik) *s.* equivocación, error, confusión: ***to make a ~***, equivocarse.
mistake (to) (mis'teik) *t.* equivocar; confundir, tomar [una pers. o cosa] por otra. ¶ Pret.: ***mistook;*** p. p.: ***~ taken.***
mistaken (mis'teikən) *p. p.* de TO MISTAKE. *2 a.* equivocado, errado. *3* erróneo, incorrecto.
mistletoe ('misltou) *s.* BOT. muérdago.
mistress ('mistris) *s.* ama, dueña, señora. *2* maestra [de escuela]. *3* querida, manceba.
mistrust ('mis'trʌst) *s.* desconfianza, suspicacia.
mistrust (to) ('mis'trʌst) *t.* desconfiar de, recelar.
mistrustful ('mis'trʌstful) *a.* desconfiado, receloso.
misty ('misti) *a.* brumoso, nebuloso. *2* empapado. *3* confuso, vago.
misunderstand (to) ('misʌndə'stænd) *t.* entender mal.
misunderstanding ('misʌndə'stændiŋ) *s.* equivocación, error, mala interpretación. *2* desavenencia.
misuse ('mis'ju:s) *s.* mal uso; uso impropio.
misuse (to) ('mis'ju:z) *t.* maltratar. *2* usar mal.
mite (mait) *s.* pizca; pequeñez. *2* criatura.
mitigate (to) ('mitigeit) *t.* mitigar, disminuir, atenuar.
mitigation (,miti'geiʃən) *s.* alivio, mitigación.
mitre ('maitəʳ) *s.* mitra.
mitten ('mitn) *s.* guante sin división para los dedos, excepto para el pulgar. *2* ***to get***, o ***give the ~***, recibir o dar calabazas.
mix (miks) *s.* mezcla. *2* ***mix-up***, embrollo, lío.
mix (to) (miks) *t.* mezclar. *2* ***to ~ up***, mezclar; confundir. *3 i.* mezclarse. *4* juntarse, alternar.
mixed (mikst) *a.* mezclado. *2* mixto. *3* misceláneo, variado. *4* ***~ up***, confundido, aturdido.
mixture ('mikstʃəʳ) *s.* mezcla, mixtura.
moan (moun) *s.* gemido, quejido, lamento.
moan (to) (moun) *i.* gemir, quejarse. *2 t.* llorar, deplorar.
moat (mout) *s.* FORT. foso.
mob (mɔb) *s.* populacho, chusma; turba. *2* gentío, tropel.
mob (to) (mɔb) *t.* atacar en tumulto. *2 i.* tumultuarse.
mobile ('moubail) *a.* móvil. *2* inconstante, variable.
mobilize (to) ('moubilaiz) *t.* movilizar.
moccasin ('mɔkəsin) *s.* mocasín.

mock (mɔk) *a.* ficticio, falso. *2* fingido, burlesco. *3 s.* burla, mofa.
mock (to) (mɔk) *t.* mofarse de, burlarse de; engañar. *2* imitar. *3 i.* ***to ~ at***, burlarse de.
mockery ('mɔkəri) *s.* burla, mofa, escarnio. *2* remedo.
model ('mɔdl) *s.* modelo. *2* diseño, muestra. *3* figurín. *4* dechado, ejemplo. *5 a.* modelo: ~ ***school***, escuela modelo.
model (to) ('mɔdl) *t.* modelar, formar, moldear.
moderate ('mɔdərit) *a.* moderado; templado. *2* mesurado. *3* módico. *4* mediano, regular. *5* **-ly** *adv.* moderadamente.
moderate (to) ('mɔdəreit) *t.* moderar; templar; reprimir. *2 i.* moderarse.
moderation (ˌmɔdə'reiʃən) *s.* moderación. *2* sobriedad, templanza. *3* mesura, comedimiento.
modern ('mɔdən) *a.* moderno.
modest ('mɔdist) *a.* modesto, recatado. *2* modesto, humilde. *3* moderado [no excesivo].
modesty ('mɔdisti) *s.* modestia. *2* pudor, decencia.
modify (to) ('mɔdifai) *t.* modificar. *2* moderar, templar, suavizar.
modulate (to) ('mɔdjuleit) *t.* modular. *2* ajustar. *3 i.* MÚS. modular.
Mohammed (mou'hæmed) *n. pr. m.* Mahoma.
Mohammedan (mou'hæmidən) *a.-s.* mahometano.
moiety ('mɔiəti) *s.* mitad.
moist (mɔist) *a.* húmedo, mojado.
moisten (to) ('mɔisn) *t.* humedecer, mojar. *2 i.* humedecerse.
moisture ('mɔistʃə^r) *s.* humedad.
mole (moul) *s.* lunar. *2* rompeolas; muelle. *3* ZOOL. topo.
molest (to) (mou'lest) *t.* molestar, inquietar, vejar.
mollify (to) ('mɔlifai) *t.* molificar. *2* mitigar. *3* calmar, apaciguar.
molten ('moultən) *p. p. irr.* de TO MELT. *2 i.* fundido [metal].
moment ('moumənt) *s.* momento, instante, coyuntura. *2* momento, importancia.
momentarily ('moumәntərili) *adv.* momentáneamente.
momentous (mou'mentəs) *a.* importante, grave, trascendental.
momentum (mou'mentəm) *s.* ímpetu, impulso, velocidad adquirida.
monarch ('mɔnək) *s.* monarca.
monarchy ('mɔnəki) *s.* monarquía.
monastery ('mɔnəstri) *s.* monasterio, convento.
monastic(al (mə'næstik, -əl) *a.* monástico.
Monday ('mʌndi, -dei) *s.* lunes.
money ('mʌni) *s.* moneda, dinero: ~ ***order***, giro postal: ~ ***lender***, prestamista.
mongol ('mɔŋgɔl) *a.-s.* mogol, mongol.
mongoose ('mɔŋgu:s) *s.* ZOOL. mangosta.
mongrel ('mʌŋgrəl) *a.-s.* mestizo, cruzado.
monitor ('mɔnitə^r) *s.* admonitor. *2* instructor. *3* monitor.
monk (mʌŋk) *s.* monje, fraile.
monkey ('mʌŋki) *s.* ZOOL. mono, mico, simio. *2* MEC. ~ ***wrench***, llave inglesa.
monkish ('mʌŋkiʃ) *a.* monacal; frailesco.
monogram ('mɔnəgræm) *s.* monograma.
monograph ('mɔnəgrɑ:f) *s.* monografía.
monologue ('mɔnələg) *s.* monólogo; soliloquio.
monopolize (to (mə'nɔpəlaiz) *t.* monopolizar.
monopoly (mə'nɔpəli) *s.* monopolio.
monotonous (mə'nɔtənəs) *a.* monótono.
monotony (mə'nɔtəni) *s.* monotonía.
monsoon (mɔn'su:n) *s.* monzón.
monster ('mɔnstə^r) *s.* monstruo. *2 a.* enorme.
monstrosity (mɔns'trɔsiti) *s.* monstruosidad.
monstruous ('mɔnstrəs) *a.* monstruoso. *2* **-ly** *adv.* monstruosamente.
month (mʌnθ) *s.* mes.
monthly ('mʌnθli) *a.-adv.* mensual(mente: ~ ***allowance***, ***pay***, etc., mensualidad.
monument ('mɔnjumənt) *s.* monumento.
mood (mu:d) *s.* genio, talante. *2* humor, disposición: ***to be in no ~ for*** o ***to***, no tener ganas de. *3* capricho.
moody ('mu:di) *a.* malhumorado, triste, caviloso. *2* raro, caprichoso, veleidoso.
moon (mu:n) *s.* ASTR. luna: ***new ~***, luna nueva; ***full ~***, luna llena: ~ ***light***, luz de la luna.
moor (muə^r) *s.* páramo, brezal, marjal.
Moor (muə^r) *s.* moro, sarraceno.
moor (to) (muə^r) *t.-i.* MAR. amarrar, anclar.
mop (mɔp) *s.* bayeta. *2* greña, cabello revuelto.
mop (to) (mɔp) *t.* fregar el suelo. *2* enjugar, limpiar [el sudor, etc.].
mope (to) (moup) *i.* andar abatido y melancólico; aburrirse.
moral ('mɔrəl) *a.* moral. *2* virtuoso. *3 s.* moraleja, enseñanza. *4 pl.* moral, ética. *5* moral [costumbres].

morale (mɔ'rɑ:l) *s.* moral [estado de ánimo].
morality (mə'ræliti) *s.* moralidad.
moralize (to) ('mɔrəlaiz) *t.-i.* moralizar.
morass (mə'ræs) *s.* pantano, cenagal.
morbid ('mɔ:bid) *a.* mórbido, morboso. *2* horrible.
morbidity (mɔ:'biditi) *s.* morbosidad. *2* morbididad.
mordant ('mɔ:dənt) *a.* corrosivo. *2* acre, mordaz. *3 s.* mordente.
more (mɔ:ʳ, mɔəʳ) *a.-adv.* más; [not] ***any*** ~, ya no; ~ ***or less***, [poco] más o menos; ***once*** ~, otra vez; ***the*** ~ ***the merrier***, cuantos más, mejor.
moreover (mɔ:'rouvəʳ) *adv.* además, por otra parte.
Moresque (mə'resk) *a.-s.* moro, morisco. *2* B. ART. árabe.
morning ('mɔ:niŋ) *s.* [la] mañana. *2* alba, aurora, albores. *3 a.* matinal, matutino; ~ ***star***, lucero del alba.
Moroccan (mə'rɔkən) *a.-s.* marroquí.
Morocco (mə'rɔkou) *n. pr.* GEOGR. Marruecos.
morose (mɔ'rous) *a.* malhumorado, hosco, displicente. *2* **-ly** *adv.* con mal humor.
morphia ('mɔ:fje), **morphine** ('mɔ:fi:n) *s.* morfina.
morrow ('mɔrou) *s.* mañana, día siguiente: ***on the*** ~, el día siguiente.
morsel ('mɔ:səl) *s.* bocado. *2* pedacito.
mortal ('mɔ:tl) *a.-s.* mortal: ~ ***sin***, pecado mortal. *2* **-ly** *adv.* mortalmente.
mortality (mɔ:'tæliti) *s.* mortalidad. *2* humanidad.
mortar ('mɔ:təʳ) *s.* mortero, almirez. *2* ARTILL. mortero. *3* mortero, argamasa.
mortgage ('mɔ:gidʒ) *s.* hipoteca.
mortgage (to) ('mɔ:gidʒ) *t.* hipotecar.
mortify (to) ('mɔ:tifai) *t.* mortificar, humillar. *2* mortificarse.
mortuary ('mɔ:tjuəri) *a.* mortuorio. *2 s.* depósito de cadáveres.
mosaic (mə'zeiik) *a.* mosaico.
Moslem ('mɔzlem) *a.-s.* muslime.
mosque (mɔsk) *s.* mezquita.
mosquito (məs'ki:tou) *s.* ENT. mosquito: ~ ***net***, mosquitero.
moss (mɔs) *s.* BOT. musgo; moho.
most (moust) *adj. superl.* de MORE, MUCH y MANY. *2* muchos, los más, la mayoría de. *3* ***for the*** ~ ***part***, en su mayor parte. *4 adv.* sumamente, muy; más: ***Most Reverend***, reverendísimo. *5 s.* lo más, lo sumo: ***at the*** ~, a lo más, a lo sumo.
mostly ('moustli) *adv.* en su mayor parte, principalmente.
motel (mou'tel) *s.* motel.
moth (mɔθ) *s.* ENT. polilla; mariposa nocturna.
mother ('mʌðəʳ) *s.* madre. *2 a.* madre; materno; natal: ~ ***tongue***, lengua madre; lengua materna.
motherly ('mʌðəli) *a.* maternal, materno. *2 adv.* maternalmente.
motif (mou'ti:f) *s.* MÚS., B. ART. motivo, tema.
motion ('mouʃən) *s.* movimiento, moción. *2* seña, ademán. *3* moción, proposición. *4* ~ ***picture***, película [cinematográfica]. *pl.* cine.
motion (to) ('mouʃən) *i.-t.* hacer seña o ademán [a uno].
motionless ('mouʃənlis) *a.* inmóvil.
motive ('moutiv) *s.* motivo, causa, razón. *2 a.* motor, motriz: ~ ***power***, fuerza motriz.
motor ('moutəʳ) *s.* motor [lo que mueve]. *2 a.* motor, motriz. *3* de motor; automóvil.
mottle ('mɔtl) *s.* pinta, mancha, veta [de color].
mottle (to) ('mɔtl) *t.* motear, jaspear, vetear.
motto ('mɔtou) *s.* mote, lema, divisa.
mo(u)ld (mould) *s.* moho [orgánico], verdín. *2* tierra vegetal, mantillo. *3* molde, matriz, modelo. *4* forma, hechura.
mo(u)ld (to) (mould) *t.* moldear. *2* modelar. *3 i.* enmohecerse.
mo(u)lder (to) ('mouldəʳ) *t.-i.* consumir(se, convertir(se en polvo.
mo(u)lding ('mouldiŋ) *s.* CARP., ARQ. moldura. *2* moldeado.
mo(u)ldy ('mouldi) *a.* mohoso, florecido.
mo(u)lt (to) (moult) *t.* mudar [la pluma, la piel, etc.]. *2 i.* mudar, hacer la muda [un animal].
moulting ('moultiŋ) *s.* muda [de los animales].
mound (maund) *s.* montículo, túmulo. *2* terraplén.
mount (maunt) *s.* monte, montaña. *2* montura, cabalgadura. *3* montura [de un objeto].
mount (to) (maunt) *t.* subir [una cuesta, etc.]; elevarse por. *2* subir, levantar. *3* montar(se en o sobre. *4* montar, armar, engastar, engarzar. *5* TEAT. poner en escena. *6* MAR., MIL. montar [cañones; la guardia]. *7 i.* subir, elevarse, remontarse. *8* ascender [una cuenta].
mountain ('mauntin) *s.* montaña; ~ ***range***, cadena de montañas; ~ ***climber***, montañero.
mountaineer (ˌmaunti'niəʳ) *s.* montañés. *2* alpinista.

mountainous ('mauntinəs) *a.* montañoso, montuoso. *2* enorme.
mounting ('mauntiŋ) *s.* subida. *2* montaje; engaste, montura.
mourn (to) (mɔ:n) *t.* deplorar, lamentar, llorar. *2 i.* lamentarse, dolerse. *3* estar de luto.
mournful ('mɔ:nful) *a.* triste, lúgubre, fúnebre. *2* apesadumbrado.
mourning ('mɔ:niŋ) *s.* dolor, pesar, duelo. *2* lamento, llanto. *3* luto: ***to be in ~,*** estar de luto.
mouse (maus), *pl.* **mice** (mais) *s.* ZOOL. ratón.
moustache (məs'tɑ:ʃ) *s.* bigote.
mouth (mauθ) *s.* ANAT. boca: ***down in the ~,*** alicaído, cariacontecido. *2* boca [entrada, orificio]. *3* bocas, desembocadura [de un río].
mouthful ('mauθful) *s.* bocado [de comida]. *2* pizca.
mouthpiece ('mauθpi:s) *s.* MÚS. boquilla, embocadura. *2* portavoz, vocero.
movable ('mu:vəbl) *a.* movible, móvil. *2 s. pl.* muebles, efectos.
move (mu:v) *s.* movimiento [acción de moverse]: ***to get a ~ on,*** darse prisa: ***on the ~,*** en movimiento. *2* jugada. *3* cambio de sitio. *4* paso, diligencia.
move (to) (mu:v) *t.* mover. *2* inducir, persuadir. *3* menear. *4* remover, trasladar, mudar. *5* conmover, enternecer. *6* excitar [un sentimiento]. *7* proponer [en una asamblea]. *8* jugar [una pieza, un peón]. *9 i.* moverse, andar: ***to ~ away,*** irse: alejarse; ***to ~ round,*** dar vueltas. *10* irse. *11* trasladarse, mudarse.
movement ('mu:vmənt) *s.* movimiento. *2* mecanismo [de reloj, etc.].
movie ('mu:vi) *s.* película [de cine]. *2 pl.* ***the movies,*** el cine.
moving ('mu:viŋ) *s.* movimiento; traslado, mudanza. *2 a.* móvil, que se mueve: ***~ picture,*** película [de cine]. *3* motor, motriz. *4* conmovedor, patético. *5* **-ly** *adv.* conmovedoramente, patéticamente.
mow (to) (mou) *t.* segar, guadañar. ¶ Pret. ***mowed*** (moud); p. p.: ***mown*** (moun).
mown (moun) *p. p.* de TO MOW.
much (mʌtʃ) *a.* mucho, -cha. *2* adv. muy, mucho: ***as ~ as,*** tanto como; ***how ~?,*** ¿cuánto?: ***so ~ the better,*** tanto mejor. *3 s.* mucho, gran cosa: ***to make ~ of,*** tener en mucho, festejar.
muck (mʌk) *s.* estiércol; suciedad.
mud (mʌd) *s.* barro, lodo, fango: ***to sling ~ at,*** llenar de fango, difamar.
muddle ('mʌdl) *s.* enredo, lío, confusión, desorden.
muddle (to) ('mʌdl) *t.* enredar, embrollar. *2* enturbiar. *3* embriagar, entontecer. *4 i.* hacerse un lío.
muddy ('mʌdi) *a.* barroso, fangoso, lodoso. *2* turbio. *3* confuso.
mudguard ('mʌdgɑ:d) *s.* guardabarros.
muezzin (mu(:)'ezin) *s.* almuecín.
muffle (to) ('mʌfl) *t.* envolver, embozar, cubrir, tapar. *2* apagar [un sonido].
muffler ('mʌfləʳ) *s.* bufanda, embozo. *2* MEC. silenciador.
mug (mʌg) *s.* jarro [para beber].
mulatto (mju(:)'lætou) *a.-s.* mulato.
mulberry ('mʌlbəri) *s.* BOT. moral: ***white ~,*** morera. *2* mora.
mule (mju:l) *s.* ZOOL. mulo, macho: ***she-mule,*** mula.
muleteer (ˌmju:li'tiəʳ) *s.* mulero.
multiple ('mʌltipl) *a.* múltiple. *2 s.* múltiplo.
multiply (to) ('mʌltiplai) *t.-i.* multiplicar(se.
multitude ('mʌltitju:d) *s.* multitud, muchedumbre.
multitudinous (ˌmʌlti'tju:dinəs) *a.* numeroso. *2* multitudinario.
mumble (to) ('mʌmbl) *t.-i.* mascullar, murmurar, musitar.
mummy ('mʌmi) *s.* momia. *2* mamá.
munch (to) (mʌntʃ) *t.* mascar.
mundane ('mʌndein) *a.* mundano.
municipality (mju(:)ˌnisi'pæliti) *s.* municipalidad, municipio.
munificent (mju(:)'nifisnt) *a.* munificente.
munitions (mju(:)'niʃənz) *s. pl.* municiones.
murder ('mə:dəʳ) *s.* asesinato, homicidio.
murder (to) ('mə:dəʳ) *t.* asesinar, matar.
murderer ('mə:dərəʳ) *s.* asesino, matador, homicida.
murderous ('mə:dərəs) *a.* asesino, homicida. *2* sanguinario, cruel.
murky ('mə:ki) *a.* obscuro, lóbrego, sombrío.
murmur ('mə:məʳ) *s.* murmullo, susurro, rumor. *2* queja.
murmur (to) ('mə:məʳ) *i.-t.* murmurar, susurrar. *2 i.* quejarse, refunfuñar.
muscle ('mʌsl) *s.* ANAT. músculo.
muscular ('mʌskjuləʳ) *a.* muscular. *2* musculoso, fornido.
Muse (mju:z) MIT. y fig. musa.
muse (to) (mju:z) *i.* meditar, reflexionar. *2* estar o mirar absorto, distraído.
museum (mju(:)'ziəm) *s.* museo.
mushroom ('mʌʃrum) *s.* BOT. seta, hongo.
music ('mju:zik) *s.* música: ***~ stand,*** atril; ***to face the ~,*** pagar el pato.

musical ('mju:zikəl) *a.* musical, músico: ~ ***comedy***, comedia musical, opereta. *2* armonioso, melodioso, canoro.
musician (mju(:)'ziʃən) *s.* músico.
musk (mʌsk) *s.* almizcle: ~ ***melon***, melón; ~ ***rat***, desmán. *2* ZOOL. almizclero.
musket ('mʌskit) *s.* mosquete, fusil.
musketeer (ˌmʌski'tiəʳ) *s.* mosquetero, fusilero.
musketry ('mʌskitri) *s.* mosquetería, fusilería.
muslin ('mʌzlin) *s.* muselina. *2* percal.
1) **must** (mʌst, məst) *s.* mosto. *2* moho, ranciedad.
2) **must** (mʌst, məst) *aux. defect.* [usado sólo en el presente] deber, haber de, tener que. *2* deber de. *3* ser necesario.
mustard ('mʌstəd) *s.* mostaza.
muster ('mʌstəʳ) *s.* reunión. *2* MIL. lista, revista.
muster (to) ('mʌsəʳ) *t.* juntar, reunir. *2* MIL. reunir. *3 i.* reunirse, juntarse.
musty ('mʌsti) *a.* mohoso. *2* rancio. *3* mustio, triste.
mute (mju:t) *a.-s.* mudo. *2* MÚS. sordina. *3* **-ly** *adv.* mudamente.
mutilate (to) ('mju:tileit) *t.* mutilar.
mutilation (ˌmju:ti'leiʃən) *s.* mutilación.
mutineer (ˌmju:ti'niəʳ) *s.* amotinado. *2* amotinador.
mutinous ('mju:tinəs) *a.* rebelde, indómito. *2* subversivo. *3* **-ly** *adv.* amotinadamente.
mutiny ('mju:tini) *s.* motín, insubordinación.
mutiny (to) ('mju:tini) *i.* amotinarse, rebelarse.
mutter ('mʌtəʳ) *s.* murmullo.
mutter (to) ('mʌtəʳ) *t.-i.* murmurar, musitar, refunfuñar.
mutton ('mʌtn) *s.* carnero, carne de carnero: ~ ***chop***, chuleta de carnero.
mutual ('mju:tjuəl) *a.* mutual, mutuo; recíproco.
muzzle ('mʌzl) *s.* hocico, morro. *2* bozal, frenillo. *3* boca [de un arma de fuego].
muzzle (to) ('mʌzl) *t.* abozalar. *2* amordazar.
my (mai) *a. pos.* mi, mis: ~ ***book***, mi libro. *2* interj. ***oh, my!***, ¡caramba!
myopia (mai'oupjə) *s.* miopía.
myrmidon ('mə:midən) *s.* esbirro.
myrrh (mə:ʳ) *s.* mirra.
myrtle ('mə:tl) *s.* mirto, arrayán.
myself (mai'self) *pron.* yo, yo mismo; a mí, a mí mismo, me.
mysterious (mis'tiəriəs) *a.* misterioso.
mystery ('mistəri) *s.* misterio. *2* arcano, enigma.
mystic ('mistik) *a.-s.* místico.
mysticism ('mistisizəm) *s.* misticismo.
mystify (to) ('mistifai) *t.* confundir, desconcertar, engañar.
myth (miθ) *s.* mito. *2* fábula.
mythological (ˌmiθə'lɔdʒikəl) *a.* mitológico.
mythology (mi'θɔlədʒi) *s.* mitología.

N

nadir ('neidiəʳ) *s.* nadir.
nag (næg) *s.* jaca. *2* rocín.
nag (to) (næg) *t.-i.* regañar, hallarlo todo mal.
nail (neil) *s.* ANAT., ZOOL. uña: ~ ***clippers***, cortauñas. *2* clavo; punta; tachón: ***on the*** ~, en el acto.
nail (to) (neil) *t.* clavar; fijar, sujetar. *2* clavetear.
naive, naive (nɑ:'iv, nai'i:v) *a.* sencillo, ingenuo. *2* **-ly** *adv.* ingenuamente.
naked ('neikid) *a.* desnudo: ***with the*** ~ ***eye***, a simple vista. *2* descubierto, sin protección. *3* **-ly** *adv.* desnudamente.
name (neim) *s.* nombre: ***what is your*** ~***?***, ¿cómo se llama usted?; ***in the*** ~ ***of***, en nombre de. *2* fama, reputación. *3* ***nick*** ~, apodo, mote.
name (to) (neim) *t.* llamar, denominar, apellidar. *2* nombrar, hacer mención de. *3* señalar, indicar, fijar.
nameless ('neimlis) *a.* anónimo. *2* innominado. *3* humilde. *4* indescriptible, horrible.
namely ('neimli) *adv.* a saber, esto es.
namesake ('neim-seik) *s.* homónimo, tocayo.
nanny ('næni) *s.* niñera.
nap (næp) *s.* siesta, sueñecito. *2* pelo [de un tejido].
nap (næp) *i.* dormitar, descabezar el sueño: ***to catch napping***, coger desprevenido.
nape (neip) *s.* ~ ***of the neck***, nuca, cogote.
napkin ('næpkin) *s.* servilleta. *2* toalleta.
narcissus (nɑ:'sisəs) *s.* BOT. narciso.
narcotic (nɑ:'kɔtik) *a.-s.* MED. narcótico.
nard (nɑ:d) *s.* BOT. nardo.
narrate (to) (næ'reit) *t.* narrar.
narration (næ'reiʃən) *s.* narración.
narrative ('nærətiv) *a.* narrativo. *2 s.* narración, relato. *3* narrativa.
narrow ('nærou) *a.* estrecho, angosto: ~ ***gauge***, vía estrecha. *2* escaso, reducido. *3* mezquino, tacaño. *4* iliberal. *5* ~ ***escape***, por poco. *6* ~ ***circumstances***, pobreza, estrechez. *7 s. pl.* parte estrecha. *8* **-ly** *adv.* estrechamente; mezquinamente.
narrow (to) ('nærou) *t.-i.* estrechar(se, angostar(se. *2* reducir(se, encoger(se.
narrow-minded ('nærou'maindid) *a.* mezquino, iliberal, mojigato.
narrowness ('nærounis) *s.* estrechez, angostura.
nasal ('neizəl) *a.-s.* nasal.
nasty ('nɑ:sti) *a.* sucio, asqueroso, repugnante. *2* indecente, grosero. *8* desagradable. *4* malo.
nation ('neiʃən) *s.* nación.
nationality (ˌnæʃə'næliti) *s.* nacionalidad.
native ('neitiv) *a.* nativo [metal]. *2* natal, nativo, patrio. *3* natural [de un país]; indígena, autóctono. *4* originario, oriundo. *5 s.* natural; indígena.
nativity (nə'tiviti) *s.* natividad.
natty ('næti) *a.* elegante. *2* diestro, hábil.
natural ('nætʃrəl) *a.* natural. *2* nato. *3* parecido [retrato]. *4 s.* idiota, simple.
naturalize (to) ('nætʃrəlaiz) *t.* naturalizar. *2* aclimatar.
nature ('neitʃə) *s.* naturaleza, natura. *2* carácter, especie. *3* natural, índole, genio. *4* B. ART. ***from*** ~, del natural.
naught (nɔ:t) *s.* cero. *2* nada: ***to come to*** ~, reducirse a nada, malograrse.
naughty ('nɔ:ti) *a.* malo, desobediente, travieso.
nausea ('nɔ:sjə) *s.* náusea, asco.
nauseate (to) ('nɔ:sieit) *t.* dar náuseas a. *2 i.* nausear.
nauseous ('nɔ:siəs) *a.* nauseabundo.
nautic(al ('nə:tik, -əl) *a.* náutico, marino.
naval ('neivəl) *a.* naval.
nave (neiv) *s.* ARQ. nave.
navel ('neivəl) *s.* ombligo.
navigate (to) ('nævigeit) *t.-i.* navegar.

navigation (ˌnævi'geiʃən) *s.* navegación.
navigator ('nævigeitəʳ) *s.* navegante.
navy ('neivi) *s.* armada, flota, marina de guerra.
nay (nei) *adv.* no.
near (niəʳ) *a.* cercano, próximo, inmediato: ***Near East***, Próximo Oriente. *2* íntimo, estrecho. *3 adv.* cerca: ***to come*** ~, acercarse. *4* casi, a punto de. *5 prep.* cerca de.
near (to) (niəʳ) *t.-i.* acercar(se.
nearby ('niəbai) *a.* cercano. *2 adv.* cerca.
nearly ('niəli) *adv.* cerca, aproximadamente. *2* casi, por poco.
neat (ni:t) *a.* pulcro, ordenado. *2* limpio. *3* límpido. *4* primoroso. *5* elegante. *6* hábil, diestro. *7* puro; neto.
neatness ('ni:tnis) *s.* limpieza, pulcritud, orden.
nebulous ('nebjuləs) *a.* nebuloso.
necessary ('nesisəri) *a.* necesario.
necessitous (ni'sesitəs) *a.* necesitado, pobre.
necessity (ni'sesiti) *s.* necesidad, precisión.
neck (nek) *s.* cuello, pescuezo, garganta. *2* cuello [de una prenda, una vasija, etc.]; gollete. *3* parte estrecha.
necklace ('neklis) *s.* collar, gargantilla.
need (ni:d) *s.* necesidad, carencia, falta. *2* necesidad, pobreza.
need (to) (ni:d) *t.* necesitar, haber menester, requerir. *2 i.* estar necesitado. *3 impers.* ser necesario, ser menester.
needful ('ni:dful) *a.* necesario. *2* necesitado. *3 s.* lo necesario.
needle ('ni:dl) *s.* aguja. *2* BOT. hoja acicular. *3* brújula.
needless ('ni:dlis) *a.* innecesario, inútil.
needlewoman ('ni:dlˌwumən) *s.-f.* costurera.
needy ('ni:di) *a.* necesitado, menesteroso.
nefarious (ni'fɛəriəs) *a.* nefario, abominable.
negation (ni'geiʃən) *s.* negación.
negative ('negətiv) *a.* negativo. *2 s.* negativa, negación. *3* FOT., ELECT. negativo.
neglect (ni'glekt) *s.* abandono, descuido, negligencia. *2* desuso.
neglect (to) (ni'glekt) *t.* abandonar, descuidar, omitir. *2* desdeñar, arrinconar.
neglectful (ni'glektful) *a.* descuidado, negligente. *2* **-ly** *adv.* negligentemente.
negligence ('neglidʒəns) *s.* negligencia, descuido, dejadez.
negotiate (to) (ni'gouʃieit) *t.-i.* negociar. *2 fam.* atravesar, saltar, salvar.
negotiation (niˌgouʃi'ieʃən) *s.* negociación. *2* negocio, gestión.

Negro ('ni:grou) *a.-s.* negro [pers.].
neigh (nei) *s.* relincho.
neigh (to) (nei) *i.* relinchar.
neighbo(u)r ('neibəʳ) *s.* vecino. *2* amigo. *3* prójimo.
neighbo(u)rhood ('neibəhud) *s.* vecindad. *2* cercanías. *3* vecindario.
neighbo(u)ring ('neibəriŋ) *a.* vecino, adyacente. *2* rayano, cercano.
neither ('naiðəʳ, 'ni:ðəʳ) *a.* ninguno [de los dos], ningún, na. *2 conj.* ni. *3 adv.* tampoco, ni siquiera. *4 pron.* ninguno, ni el uno ni el otro.
neologism (ni(:)'ɔlədʒizəm) *s.* neologismo.
nephew ('nevjù(:) *s.* sobrino.
nerve (nə:v) *s.* ANAT., BOT. nervio. *2* nervio, vigor. *3* sangre fría; valor; descaro. *4 pl.* nervios.
nervous ('nə:vəs) *a.* nervioso. *2* vigoroso, enérgico. *3* tímido.
nest (nest) *s.* nido. *2* nidal, ponedero.
nest (to) (nest) *i.* anidar. *2* buscar nidos.
nestle (to) ('nesl) *i.* acurrucarse; anidar(se.
net (net) *s.* red. *2* malla, redecilla [tejido]. *3 a.* COM. neto; líquido.
nettle ('netl) *s.* BOT. ortiga.
nettle (to) ('netl) *t.* picar [como una ortiga], enfadar.
neuter ('nju:təʳ), **neutral** (-trəl) *a.* neutro. *2* neutral.
never ('nevəʳ) *adv.* nunca, jamás: ~ ***again***, nunca más. *2* de ningún modo, no: ~ ***fear***, no hay cuidado: ~ ***mind***, no importa.
nevertheless (ˌnevəðə'les) *adv. conj.* no obstante, sin embargo.
new (nju:) *a.* nuevo. *2* tierno [pan]. *3* moderno. *4* reciente. *5* ~ ***arrival***, recién llegado. *6* **-ly** *adv.* nuevamente, recientemente.
newborn ('nju:bɔ:n) *a.* recién nacido.
newcomer ('nju:'kʌməʳ) *s.* recién venido o llegado.
new-laid ('nju:leid) *s.* fresco [huevo].
news (nju:z) *s.* noticia, noticias: ***a piece of*** ~, una noticia. *2* prensa, periódicos.
newsman ('nju:zmən) *s.* (Ingl.) vendedor de periódicos. *2* (E. U.) periodista, reportero.
newspaper ('nju:sˌpeipəʳ) *s.* diario, periódico.
newspaperman ('nju:s'peipəˌmæn) *s.* periodista.
newt (nju:t) *s.* ZOOL. tritón.
next (nekst) *a.* próximo, inmediato, contiguo; siguiente, sucesivo; futuro, venidero: ~ ***door***, la puerta de al lado; ~

life, la vida futura. *2 adv.* luego, después, a continuación: ~ *to*, al lado de; después de, casi. *3 prep.* al lado de. *4* después de.
nib (nib) *s.* punto [de la pluma]. *2* MEC. pico, punta, púa, diente.
nibble ('nibl) *s.* mordisco, bocadito.
nibble (to) ('nibl) *t.* mordisquear. *2* picar [como el pez].
nice (nais) *s.* bueno, agradable; delicioso, exquisito, primoroso. *2* lindo. *3* elegante, refinado. *4* amable, simpático. *5* fino, sutil; exacto, preciso. *6* concienzudo, escrupuloso. *7* delicado, exigente. *8* **-ly** *adv.* sutilmente, finalmente, etc.
niche (nitʃ) *s.* nicho, hornacina.
nick (nik) *s.* mella, desportilladura: ***in the ~ of time***, en el momento crítico.
nickel ('nikl) *s.* QUÍM. níquel. *2 fam.* (E. U.) moneda de cinco centavos.
nickname ('nikneim) *s.* apodo, nombre familiar.
niece (ni:s) *s. f.* sobrina.
niggard ('nigəd) *a.-s.* tacaño, avaro.
niggardly ('nigədli) *a.* tacaño. *2 adv.* tacañamente.
night (nait) *s.* noche: ***at ~, by ~***, de noche; ***last ~***, anoche. *2 a.* de noche, nocturno.
nightfall ('naitfɔ:l) *s.* anochecer.
nightgown ('naitgaun) *s.* camisón, bata de noche.
nightingale ('naitiŋgeil) *s.* ORN. ruiseñor.
nightly ('naitli) *adv.* cada noche.
nightmare ('naitmɛəʳ) *s.* pesadilla.
night-time ('nait-taim) *s.* noche: ***in the ~***, de noche.
night-watchman ('nait'wɔtʃmən) *s.* sereno, vigilante nocturno.
nimble ('nimbl) *a.* ágil, ligero, vivo, activo.
nincompoop ('ninkəmpu:p) *s.* bobo, simple.
nine (nain) *a.-s.* nueve: ***~ o'clock***, las nueve. *2* ***the Nine***, las Musas.
ninepins ('nain-pinz) *s.* juego de bolos.
nineteen ('nain'ti:n) *a.-s.* diecinueve.
nineteenth ('nain'ti:nθ) *a.-s.* decimonono.
ninetieth ('naintiiθ) *a.-s.* nonagésimo.
ninety ('nainti) *a.-s.* noventa.
ninny ('nini) *s.* bobo, mentecato.
ninth (nainθ) *a.* nono, noveno.
nip (nip) *s.* pellizco, mordisco, picotazo.
nip (to) (nip) *t.* pellizcar. *2* mordiscar, picotear. *3* helar, marchitar [el frío]. *4* cortar: ***to ~ in the bud***, cortar en germen.
nipper ('nipəʳ) *s.* boca, pinzas [de crustáceo]. *2 pl.* pinzas, alicates, cortaalambre.
nipple ('nipl) *s.* ANAT. pezón, tetilla. *2* protuberancia.
nit (nit) *s.* liendre.
nitrogen ('naitridʒən) *s.* nitrógeno.
no (nou) *adv.* no: ***are you going? —No***, ¿va usted? —No; ~ ***more***, no más. *2 a.* ningún, ninguno: ~ ***one***, ninguno, nadie; ***with ~ money***, sin dinero.
nobility (nou'biliti) *s.* nobleza.
noble ('noubl) *a.-s.* noble.
nobleman (noublmən) *s.* noble, aristócrata.
nobleness ('noublnis) *s.* nobleza [cualidad].
nobody ('noubədi) *pron.* nadie, ninguno. *2 s.* nadie [pers. insignificante].
nod (nɔd) *s.* inclinación de cabeza [en señal de asentimiento, etc.]. *2* cabezada [el que duerme sentado].
nod (to) (nɔd) *i.-t.* inclinar la cabeza [en señal de asentimiento, saludo, etc.]. *2 i.* dar cabezadas, dormitar.
noise (nɔiz) *s.* ruido, sonido. *2* ruido, barullo, alboroto. *3* rumor, fama.
noise (to) (nɔiz) *t.* esparcir, divulgar, rumorear.
noiseless ('nɔizlis) *a.* silencioso, callado, tranquilo.
noisome ('nɔisəm) *a.* nocivo, pernicioso. *2* fétido, ofensivo, repugnante.
noisy ('nɔizi) *a.* ruidoso, clamoroso, bullicioso.
nomad ('nɔməd) *a.* nómada.
nominate (to) ('nɔmineit) *t.* nombrar. *2* proponer; designar como candidato.
nomination (ˌnɔmi'neiʃən) *s.* nominación, nombramiento, propuesta.
nonchalance ('nɔnʃələns) *s.* indiferencia, abandono, indolencia.
non-conformist ('nɔnkən'fɔ:mist) *a.-s.* disidente.
nondescript ('nɔndiskript) *a.-s.* indefinible, difícil de clasificar.
none (nʌn) *pron.* ninguno; nada. *2* nadie. *3 adv.* no, en ningún modo: ~ ***the less***, no obstante, sin embargo.
nonentity (nə'nentiti) *s.* nada; no existencia. *3* nulidad [pers.].
nonpayment ('nɔn'peimənt) *s.* falta de pago.
nonplus (to) ('nɔn'plʌs) *t.* confundir, dejar perplejo. *2* aplastar, dejar sin palabra.
nonsense ('nɔnsəns) *s.* absurdidad, tontería, desatino. *2* tonterías, pamplinas. *3 interj.* ¡bah!
non-skid ('nɔn'skid) *a.* antideslizante.

noodle ('nu:dl) *s.* tallarín; fideo. *2* fig. tonto, zote.
nook (nuk) *s.* rincón. *2 fig.* rinconcito.
noon (nu:n) *s.* mediodía.
noose (nu:s) *s.* lazo, nudo corredizo. *2* dogal.
nor (nɔ:ʳ) *conj.* ni: ***neither you ~ I***, ni usted ni yo. *2* tampoco: ***~ I***, yo tampoco.
norm (nɔ:m) *s.* norma.
normal ('nɔ:məl) *a.* normal. *2* **-ly** *adv.* normalmente.
Norman ('nɔ:mən) *a.-s.* normando.
Norse (nɔ:s) *a.-s.* escandinavo.
north (nɔ:θ) *s.* norte. *2 a.* del norte, septentrional. *3* ***North Pole***, Polo Norte.
northern ('nɔ:ðən) *a.* del norte, septentrional.
Norway ('nɔ:wei) *n. pr.* GEOGR. Noruega.
Norwegian (nɔ:'wi:dʒen) *a.-s.* noruego.
nose (nouz) *s.* ANAT., ZOOL. nariz, narices. *2* nariz, olfato. *3* morro, hocico: ***~ bag***, morral, cebadera. *4* MAR. proa.
nose (to) (nouz) *t.* oler, olfatear.
nosegay ('nouzgei) *s.* ramillete [de flores].
nosey ('nouzi) *a. fam.* curioso, entremetido.
nostalgia (nɔs'tældʒiə) *s.* nostalgia.
nostril ('nɔstril) *s.* ventana de la nariz. *2* ollar.
not (nɔt) *adv.* no: ***~ at all***, nada, de ningún modo; de nada.
notable ('noutəbl) *a.* notable. *2* memorable. *3 s.* notable, pers. de nota.
notary (public) ('noutəri) *s.* notario.
notation (nou'teiʃən) *s.* notación. *2* anotación.
notch (nɔtʃ) *s.* muesca, entalladura, mella.
notch (to) (nɔtʃ) *t.* hacer muescas en. *2* mellar, dentar.
note (nout) *s.* nota, señal. *2* nota [distinción]. *3* nota, apunte, relación, cuenta. *4* nota [oficial]. *5* billete, esquela. *6* billete [de banco]. *7* MÚS. nota. *8* ***to take ~ of***, observar.
note (to) (nout) *t.* notar, observar. *2* hacer notar. *3* anotar, asentar, registrar, apuntar: ***to ~ down***, apuntar.
notebook ('noutbuk) *s.* agenda, libreta, cuaderno.
noted ('noutid) *a.* nombrado, conocido, célebre, eminente.
nothing ('nʌθiŋ) *s.* nada: ***for ~***, de balde; inútilmente. *2* ARIT. cero. *3* nadería. *4 adv.* nada, de ningún modo, no: ***~ less***, no menos.
notice ('noutis) *s.* informe, aviso, advertencia. *2* conocimiento, observación, caso; mención: ***to take ~ of***, notar, hacer caso de. *3* atención, cortesía. *4* despido: ***to give ~***, dar uno su despido. *5* reseña [literaria, etc.].
notice (to) ('noutis) *t.* notar, observar, advertir. *2* hacer mención de; reseñar [un libro]. *3* reconocer, hacer caso de.
noticeable ('noutisəbl) *a.* notable.
notify (to) ('noutifai) *t.* notificar. *2* informar, avisar.
notion ('nouʃən) *s.* noción. *2* idea, concepto. *3* intención; capricho. *4 pl.* (E. U.) mercería.
notorious (nou'tɔ:riəs) *a.* notorio, conocido, famoso. | Ús. gralte. en sentido peyorativo.
notwithstanding (ˌnɔtwiθ'stændiŋ) *adv.* no obstante. *2 prep.* a pesar de. *3 conj.* aunque, por más que.
nougat ('nu:gɑ:) *s.* nuégado, guirlache, turrón.
nought (nɔ:t) *s.* NAUGHT.
noun (naun) *s.* GRAM. nombre.
nourish (to) ('nʌriʃ) *t.* nutrir, alimentar, sustentar.
nourishing ('nʌriʃiŋ) *a.* nutritivo.
nourishment ('nʌriʃmənt) *s.* nutrición. *2* alimento, sustento. *3* pábulo, pasto.
novel ('nɔvəl) *a.* nuevo; original. *2 s.* novela.
novelist ('nɔvəlist) *s.* novelista.
November (nou'vembəʳ) *s.* noviembre.
novelty ('nɔvəlti) *s.* novedad.
novice ('nɔvis) *s.* novicio.
now (nau) *adv.* ahora; hoy día; actualmente: ***from ~ on***, de ahora en adelante; ***~ and then***, de vez en cuando. *2* entonces. *3* ahora, ahora bien. *4* mas, pero. *5* ***now ... now***, ora ... ora, ya ... ya. *6 interj.* ¡vamos!, ¡vaya!
nowadays ('nauədeiz) *adv.* hoy día, hoy en día.
nowhere ('nou(h)wɛəʳ) *adv.* en ninguna parte, a ningún sitio.
noxious ('nɔkʃəs) *a.* nocivo, dañino, pernicioso.
nuance (nju:'ɑ:ns) *s.* matiz.
nuclear ('nju:kliəʳ) *a.* nuclear.
nucleus ('nju:kliəs) *s.* núcleo.
nude (nju:d) *a.* desnudo. *2* escueto.
nudge (nʌdʒ) *s.* codazo ligero.
nudge (to) (nʌdz) *t.* tocar con el codo.
nugget ('nʌgit) *s.* MIN. pepita.
nuisance ('nju:sns) *s.* daño, molestia, fastidio. *2* pers. o cosa molesta, fastidiosa.
null (nʌl) *a.* nulo.
nullity (to) ('nʌlifai) *t.* anular.
numb (nʌm) *a.* entumecido, envarado, adormecido, entorpecido.
numb (to) (nʌm) *t.* entumecer, entorpecer.

number ('nʌmbəʳ) *s.* número [en todas sus acepciones].
number (to) ('nʌmbəʳ) *t.* numerar. *2* contar.
numberless ('nʌmbəlis) *a.* innumerable, innúmero.
numbness (nʌmnis) *s.* entumecimiento, torpor, adormecimiento.
numeral ('nju:mərəl) *a.* numeral. *2 s.* número, cifra.
numerator ('nju:məreitəʳ) *s.* numerador.
numerous ('nju:mərəs) *a.* numeroso. *2* muchos. *3* **-ly** *adv.* numerosamente, en gran número.
numskull ('nʌmskʌl) *s.* bodoque, zopenco.
nun (ʌn) *s.* monja, religiosa.
nuncio ('nʌnʃiou) *s.* nuncio [apostólico].
nunnery ('nʌnəri) *s.* convento [de monjas].
nuptial ('nʌpʃəl) *a.* nupcial.
nurse (nə:s) *s.* ama [de cría], nodriza, niñera. *2* enfermera.
nurse (to) (nə:s) *t.* criar, amamantar. *2* alimentar; abrigar, acariciar; fomentar. *3* cuidar [de un niño, a un enfermo].
nursery ('nə:sri) *s.* cuarto de los niños: ~ ***rhymes***, cuentos en verso. *2* criadero, vivero.
nursing ('nə:siŋ) *s.* crianza, lactancia. *2* cuidado [de enfermos]: ~ ***home***, clínica.
nurture ('nə:tʃəʳ) *s.* alimentación. *2* crianza, educación.
nurture (to) ('nə:tʃəʳ) *t.* alimentar. *2* criar, educar. *3* fomentar.
nut (nʌt) *s.* BOT. nuez. *2* MEC. tuerca. *3* pop. chola.
nut-brown ('nʌtbraun) *a.* castaño, tostado.
nutcracker ('nʌtˌkrækəʳ) *s.* cascanueces.
nutrition (nju(:)'triʃən) *s.* nutrición.
nutritious (nju(:)'triʃəs) *a.* nutritivo, alimenticio.
nutshell ('nʌt-ʃəl) *s.* cáscara de nuez o avellana: ***in a*** ~, en pocas palabras.
nuzzle (to) ('nʌzl) *i.* husmear. *2* hocicar, hozar. *3* acurrucarse.
nymph (nimf) *s.* ninfa.

O

oak (ouk) *s.* roble.
oar (ɔ:ʳ, ɔəʳ) *s.* remo.
oarsman ('ɔ:zmən) *a.* remero.
oasis (ou'eisis) *s.* oasis.
oat (out) *s.* BOT. avena.
oath (ouθ) *s.* juramento, jura: ***to take ~***, prestar juramento. *2* juramento, voto, reniego.
oatmeal ('outmi:l) *s.* harina o puches de avena.
obduracy ('ɔdjurəsi) *s.* dureza [de corazón]; obstinación, obduración, impenitencia.
obedience (ə'bi:djəns) *s.* obediencia.
obedient (ə'bi:diənt) *a.* obediente. *2* dócil
obeisance (o(u)'beisəns) *s.* reverencia [saludo]. *2* respeto, homenaje.
obelisk ('ɔbilisk) *s.* obelisco.
obesity (ou'bi:siti) *s.* obesidad.
obey (to) (ə'bei) *t.-i.* obedecer.
obituary (ə'bitjuəri) *a.* necrológico. *2 s.* nota necrológica.
object (ɔbdʒikt) *s.* objeto. *2* objeto de lástima, risa, etc. *3* GRAM. complemento.
object (to) (əb'dʒekt) *t.* objetar. *2* reprochar. *3 i.* oponerse, poner objeción.
objection (əb'dʒekʃən) *s.* objeción, reparo, inconveniente.
objectionable (əb'dʒekʃənəbl) *a.* poco grato. *2* censurable. *3* molesto, inconveniente.
objective (ɔb'dʒektiv, əb-) *a.-s.* objetivo.
objector (əb'dʒektəʳ) *s.* objetante.
obligate (to) ('ɔbligeit) *t.* obligar, comprometer.
obligation (,ɔbli'geiʃən) *s.* obligación, deber, compromiso. *2* deuda de agradecimiento: ***to be under ~ to***, deber favores a.
oblige (to) (ə'blaidʒ) *t.* obligar. *2* complacer, servir, poner en deuda [por un favor]: ***much obliged***, muchas gracias.
obliging ('ə'blaidʒiŋ) *a.* complaciente, servicial, cortés. *2* **-ly** *adv.* cortésmente, amablemente.
oblique (ə'bli:k) *a.* oblicuo. *2* indirecto. *3* evasivo.
obliterate (to) (ə'blitəreit) *t.* borrar [tachar, hacer desapareer].
oblivion (ə'bliviən) *s.* olvido.
oblivious (ə'bliviəs) *a.* desmemoriado. *2* olvidado [que olvida]. *3* abstraído [de].
oblong ('ɔblɔŋ) *a.* oblongo.
obnoxious (əb'nɔkʃəs) *a.* ofensivo, molesto, detestable, odioso.
oboe ('oubou) *s.* MÚS. óboe.
obscene (ɔb'si:n) *a.* obsceno; indecente.
obscure (əbs'kjuəʳ) *a.* obscuro. *2* vago, indistinto.
obscure (to) (əbs'kjuəʳ) *t.* obscurecer. *2* ocultar.
obscurity (əb'skjuəriti) *s.* obscuridad. *2* confusión, vaguedad.
obsequies ('ɔbsikwiz) *s. pl.* exequias, funerales.
obsequious (əb'si:kwiəs) *a.* obsequioso, servil, zalamero.
observance (əb'zə:vəns) *s.* observancia. *2* ceremonia, rito; práctica, uso.
observant (əb'zə:vənt) *a.* atento, vigilante. *2* observante. *3* cuidadoso [de].
observation (,ɔbzə(:)'veiʃən) *s.* observación.
observatory (əb'zə:vətri) *s.* observatorio. *2* atalaya, mirador.
observe (to) (əb'zə:v) *t.* observar. *2* guardar [una fiesta]. *3* decir, hacer notar.
observer (əb'zə:vəʳ) *s.* observador.
obsess (to) (əb'ses) *t.* obsesionar.
obsession (əb'seʃən) *s.* obsesión.
obsolete ('ɔbsəli:t) *a.* anticuado, desusado.
obstacle ('ɔbstəkl) *s.* obstáculo. *2* impedimento, óbice.
obstinacy ('ɔbstinəsi) *s.* obstinación. *2* pertinacia, persistencia.
obstinate ('ɔbstinit) *a.* obstinado. *2* emperrado. *3* persistente.

obstruct (to) (əbs'trʌkt) *t.* obstruir. *2* atorar, atascar. *3* entorpecer, impedir, estorbar.
obstruction (əbs'trʌkʃən) *s.* obstrucción. *2* obstáculo, estorbo.
obtain (to) (əb'tein) *t.* obtener, alcanzar, conseguir, lograr. *2 i.* ser general, estar en boga.
obtrude (to) (əb'tru:d) *t.* imponer o introducir quieras que no. *2 -i.-ref.* entremeterse.
obtruder (əb'tru:dəʳ) *s.* entremetido, intruso.
obstrusive (əb'tru:siv) *a.* entremetido, intruso, molesto.
obtuse (əpb'tju:s) *a.* obtuso. *2* embotado [sentido]; sordo [dolor]. *3* **-ly** *adv.* obtusamente.
obverse ('ɔbvə:s) *s.* anverso.
obviate (to) ('ɔvieit) *t.* obviar, prevenir, evitar.
obvious ('ɔbviəs) *a.* obvio, evidente, palmario. *2* sencillo, fácil de descubrir. *3* **-ly** *adv.* obviamente, evidentemente.
occasion (ə'keiʒən) *s.* ocasión, oportunidad, caso, circunstancia: ***on ~***, cuando se ofrece, ocasionalmente. *2* causa, motivo, origen; pie: ***on the ~ of***, con motivo de. *3* ***I have no ~ for***, no me hace falta.
occasion (to) (ə'keiʒən) *t.* ocasionar, causar, motivar.
occasional (ə'keiʒənl) *a.* ocasional, casual. *2* poco frecuente. *3* **-ly** *adv.* ocasionalmente.
occident ('ɔksidənt) *s.* occidente, ocaso, oeste.
occlude (to) (ɔ'klu:d) *t.* ocluir. *2* cerrar.
occult (ɔ'kʌlt) *a.* oculto, secreto, misterioso.
occupant ('ɔkjupənt) *s.* ocupante, inquilino.
occupation (ˌɔkju'peiʃən) *s.* ocupación. *2* posesión, tenencia.
occupy (to) ('ɔkjupai) *t.* ocuparse. *2* emplear, invertir.
occur (to) (ə'kə:ʳ) *i.* hallarse. *2* ocurrir, suceder. *3* ocurrirse [a uno].
occurrence (ə'kʌrəns) *s.* ocurrencia, suceso, caso.
ocean ('ouʃən) *s.* océano.
ocher, ochre ('oukəʳ) *s.* ocre.
October (ɔk'toubəʳ) *s.* octubre.
octopus ('ɔktəpəs) *s.* pulpo.
ocular ('ɔkjuləʳ) *a.-s.* ocular.
oculist ('ɔkjulist) *s.* oculista.
odd (ɔd) *a.* impar, non. *2* suelto, solo. *3* ocasional: *~* ***job***, trabajo ocasional; *~* ***times***, ratos perdidos. *4* y tantos; y pico: ***ten pounds ~***, diez libras y pico. *5* raro, curioso, extraño. *6* **-ly** *adv.* extrañamente.
oddity ('ɔditi) *s.* rareza, singularidad. *2* ente raro.
odds (ɔdz) *s. pl.* y *sing.* desigualdad; superioridad: ***to fight against ~***, luchar contra fuerzas superiores. *2* ventaja [en el juego]. *3* probabilidades [en favor o en contra]. *4* desavenencia: ***to be at ~ with***, estar reñido con. *5* *~* ***and ends***, retazos, cosas sueltas.
ode (oud) *s.* LIT. oda.
odious ('oudiɔs) *a.* odioso, repugnante.
odium ('oudiəm) *s.* odio.
odo(u)r ('oudəʳ) *s.* olor. *2* fragancia. *3* ***bad ~***, hedor.
odo(u)rless ('oudəlis) *a.* inodoro.
of (ɔv, əv) *prep.* En muchos casos se traduce por *de*; en otros, por *a, en, con, por,* etc.: *~* ***himself***, solo, por sí mismo: *~* ***late***, últimamente.
off (ɔ:f, ɔf) *adv.* lejos, fuera; enteramente, del todo; indica alejamiento, ausencia, separación, disminución, privación, cesación: ***to be ~***, irse; ***from far ~***, de lejos. *2 prep.* lejos de, fuera de; de o desde. *3* MAR. frente a, a la altura de. *4 a.* alejado, ausente. *5* lateral [calle, etc.]. *6* libre, de asueto. *7* suspendido, interrumpido, abandonado. *8* quitado, sin poner. *9* cerrado, cortado [gas, agua, etc]. *10* FÚTBOL *~* ***side***, fuera de juego.
offal ('ɔfəl) *s. sing.* y *pl.* bazofia, basura, desperdicios.
offence (ə'fens) *s.* ofensa, agravio. *2* ofensa, ataque. *3* pecado. *4* infracción: delito.
offend (to) (ə'fend) *t.* ofender. *2 i.* pecar; delinquir.
offender (ə'fendəʳ) *s.* ofensor. *2* pecador; delincuente.
offense (ə'fens) *s.* OFFENCE.
offensive (ə'fensiv) *a.* ofensivo. *2* perjudicial. *3 s.* ofensiva.
offer ('ɔfəʳ) *s.* oferta, ofrecimiento. *2* propuesta, proposición. *3* COM. oferta.
offer (to) ('ɔfəʳ) *t.-i.* ofrecer(se. *2 t.* brindar. *3* hacer, inferir.
offering ('ɔfəriŋ) *s.* ofrenda. *2* ofrecimientos. *3* don, dádiva.
off-hand ('ɔf:'hænd) *adv.* de improviso, sin pensarlo; bruscamente. *2 a.* hecho o dicho de improviso; brusco.
office ('ɔfis) *s.* oficio, función, ministerio. *2* cargo, empleo [esp. público o de autoridad]. *3* oficina, despacho, agencia, negociado. *4* ECCL. oficio. *5 pl.* oficios: ***good offices***, buenos oficios.

officer ('ɔfisəʳ) *s.* MIL., MAR. oficial. *2* funcionario.
official (ə'fiʃəl) *a.* oficial. *2 s.* el que tiene un cargo público o de gobierno. *3* funcionario.
officiate (to) (ə'fiʃieit) *i.* oficiar. *2 t.* celebrar [un rito, etc.].
officious (ə'fiʃəs) *a.* oficioso. *2* entremetido.
offing ('ɔfiŋ) *s. in the ~*, mar afuera.
offset ('ɔ:fset) *s.* compensación, equivalente. *2* cosa que da realce. *3* IMPR. offset.
offspring ('ɔ:fspriŋ) *s.* vástago, hijo, hijos, prole. *2 fig.* producto, resultado.
off (ɔ(:)ft), **often** ('ɔ(:)fn) *adv.* a menudo, frecuentemente.
ogle (to) ('ougl) *t.-i.* mirar con amor o coquetería; echar el ojo.
ogre ('ougəʳ) *s.* ogro.
oil (ɔil) *s.* aceite; óleo. *2* petróleo. *3 sing.* y *pl.* color o pintura al óleo: ~ ***painting***, cuadro al óleo.
oilcloth ('ɔil-klɔθ) *s.* hule. *2* linóleo.
oily ('ɔili) *a.* aceitoso. *2* grasiento. *3* untuoso. *4* zalamero, hipócrita.
ointment ('ɔintmənt) *s.* unto, untura, ungüento.
O.K., OK., okay ('ou'kei) *a.* conforme. *2 adv.* está bien. *3* visto bueno.
old (ould) *a.* viejo; anciano; añoso; añejo; antiguo: ~ ***boy***, chico viejo [expresión de afecto]; ~ ***man***, viejo; ~ ***salt***, lobo de mar; *Old Testament*, Antiguo Testamento; ***how ~ are you?***, ¿qué edad tiene usted?
old-fashioned ('ould'fæʃən) *a.* anticuado; pasado de moda.
oldster ('ouldstəʳ) *s. fam.* viejo, vieja.
oleander (ˌouli'ændəʳ) *s.* BOT. adelfa.
oligarchy ('ɔligɑ:ki) *a.* oligarquía.
olive ('ɔliv) *s.* BOT. olivo: ~ ***grave***, olivar; *2* aceituna, oliva: ~ ***oil***, aceite de oliva: ~ ***tree***, olivo.
omelet, omelette ('ɔmlit) *s.* tortilla de huevos.
omen ('oumən) *s.* agüero, presagio, pronóstico.
ominous ('ɔminəs) *a.* ominoso, presagioso.
omission (o(u)'miʃən) *s.* omisión. *2* olvido, descuido.
omit (to) (o(u)'mit) *t.* omitir. *2* dejar de, olvidar.
omnibus (ɔ'mnibəs) *s.* ómnibus.
omnipotent (ɔm'nipətənt) *a.* omnipotente.
omniscient (ɔm'nisiənt) *a.* omnisciente.
omnivorous (ɔm'nivərəs) *a.* omnívoro.
on (ɔn, ən) *prep.* en, sobre, a, de, con; por; bajo: ~ ***the table***, sobre la mesa; ~ ***board***, a bordo; ~ ***foot***, a pie; ~***credit***, al fiado; ~ ***arriving***, al llegar; ~ ***duty***, de servicio; ***on this condition***, con esta condición; ~ ***all sides***, por todos lados; ~ ***pain of***, bajo pena de. *2* ~ ***Monday***, el lunes. *3 adv.* puesto: ***to have one's hat*** ~, llevar puesto el sombrero. *4* adelante, continuando: ***to go*** ~, seguir, continuar; ***and so*** ~, y así sucesivamente. *5 a.* que funciona; abierto, encendido: ***the light is*** ~, la luz está encendida.
once (wʌns) *adv.-s.* vez, una vez; ~ ***and again***, una y otra vez; ~ ***for all***, de una vez para siempre; ***at*** ~, a la vez, de una vez; en seguida; ***once upon a time there was***, érase una vez. *2* alguna vez. *3* en otro tiempo. *4 a.* antiguo, que fue. *5 conj.* una vez que.
one (wʌn) *a.* uno, una: ~ ***hundred***, ciento. *2* un solo, único: ***his ~ chance***, su única oportunidad. *3* unido, idéntico, lo mismo: ***it is all ~ to me***, me da lo mismo. *4* un cierto, un tal. *5 pron.* uno, una: ***no*** ~, nadie; ~ ***another***, el uno al otro. *6 s.* uno. *7 the* ~ ***who***, el que, aquel que; ***this*** ~, éste.
onerous ('ɔnərəs) *a.* oneroso.
oneself (wʌn'self) *pron.* se, sí, uno mismo: ***within*** ~, consigo.
one-way ('wʌn, wei) *a.* dirección única. *2* de ida [billete].
onion ('ʌnjən) *s.* BOT. cebolla.
only (ounli) *a.* solo, único. *2 adv.* sólo, solamente, únicamente. *3* ***if*** ~, ojalá, si, si al menos. *4 conj.* sólo que, pero.
onrush ('ɔnrʌʃ) *s.* embestida, arremetida, fuerza impetuosa.
onset ('ɔnset) *s.* ataque, asalto. *2* principio.
onslaught ('ɔnslɔ:t) *s.* ataque furioso, asalto.
onto ('ɔntu, -te) *prep.* hacia, sobre.
onward(s ('ɔnwəd(z) *adv.* hacia adelante.
ooze (u:z) *s.* fango, légamo.
ooze (to) (u:z) *i.* rezumarse, escurrirse. *2* manar, fluir suavemente. *3 t.* exudar, sudar.
opal ('oupəl) *s.* MINER. ópalo.
opaque (ou'peik) *a.* opaco. *2* obscuro [estilo]. *3* torpe, obtuso.
open ('oupən) *a.* abierto: ***in the open air***, al aire libre. *2* raso, descubierto. *3* descubierto [coche, etc.]. *4* expuesto [a]. *5* visible, manifiesto; conocido: ~ ***secret***, secreto a voces. *6* franco, sincero. *7* **-ly** *adv.* abiertamente, francamente, etc.

open (to) ('oupən) *t.* abrir. *2* ofrecer a la vista. *3* iniciar, empezar: ***to ~ up***, descubrir, abrir, hacer accesible. *4 i.* abrir, abrirse. *5* confiarse, abrir su corazón a. *6* ***to ~ into, on, upon***, etc., dar acceso a, salir a, dar a.
opening ('oupəniŋ) *s.* apertura. *2* abertura, entrada, brecha, boquete. *3* TEAT. estreno. *n.* oportunidad, coyuntura.
open-minded ('oupən'maindid) *a.* de espíritu abierto, razonable.
opera ('ɔpərə) *s.* MÚS. ópera: ~ ***glassess***, gemelos de teatro.
operate (to) ('ɔpəreit) *t.* hacer funcionar, mover, manejar, dirigir. *2* efectuar. *3 i.* obrar, producir efecto. *4* COM., MIL., CIR. operar.
operation (ˌɔpə'reiʃən) *s.* operación. *2* funcionamiento.
operator ('ɔpəreitəʳ) *s.* operador, maquinista: ***telephone*** ~, telefonista.
opinion (ə'pinjən) *s.* opinión. *2* buen concepto: ***to have no ~ of***, no tener buen concepto de.
opinionate(d (ə'pinjəneitid) *a.* obstinado, terco.
opium ('oupjəm) *s.* opio: ~ ***poppy***, adormidera.
opossum (ə'pɔsəm) *s.* ZOOL. zarigüeya, opósum.
opponent (ə'pounənt) *s.* oponente, contrario, adversario.
opportune ('ɔpətju:n) *a.* oportuno.
opportunity (ˌɔpə'tju:niti) *s.* oportunidad; lugar, ocasión.
oppose (to) (ə'pouz) *t.* oponer. *2* oponerse a, resistir.
opposed (ə'pouzd) *a.* opuesto, contrario.
opposite ('ɔpəzit)a *a.* opuesto: ~ ***angles***, ángulos opuestos. *2* frontero. *3* contrario, adverso. *4 prep.* enfrente de. *5 adv.* enfrente.
opposition (ˌɔpə'ziʃən) *s.* oposición; resistencia. *2* contrariedad, contradicción.
oppress (to) (ə'pres) *t.* oprimir. *2* tiranizar. *3* agobiar, abrumar, abatir.
oppression (ə'preʃən) *s.* opresión, tiranía.
oppressor (ə'presəʳ) *s.* opresor.
opprobious (ə'proubiəs) *a.* oprobioso. *2* injurioso, ultrajante.
opt (to) (ɔpt) *i.* optar.
optic ('ɔptik) *a.* óptico.
optician (ɔp'tiʃən) *s.* óptico.
optimist ('ɔptimist) *s.* optimista.
optimistic (ˌɔpti'mistik) *a.* optimista.
option ('ɔpʃən) *s.* opción. *2* alternativa.
optional ('ɔpʃənl) *a.* facultativo, discrecional.
opulence ('ɔpjuləns) *s.* opulencia.
opulent ('ɔpjulənt) *a.* opulento.
or (ɔ:ʳ) *conj.* o, u. *2* si no, de otro modo.
oracle ('ɔrəkl) *s.* oráculo.
oral ('ɔ:rəl) *a.* oral.
orange ('ɔrindʒ) *s.* BOT. naranja: ~ ***blossom***, azahar; ~**-tree**, naranjo.
oration (ɔ:'reiʃən) *s.* discurso.
orator ('ɔrətəʳ) *s.* orador.
oratory ('ɔrətəri) *s.* oratoria. *2* oratorio, capilla.
orb (ɔ:b) *s.* orbe, esfera.
orbit ('ɔ:bit) *s.* ASTR. órbita.
orchard ('ɔ:tʃəd) *s.* huerto [de frutales].
orchestra ('ɔ:kistrə) *s.* orquesta. *2* TEAT. platea.
orchid ('ɔ:kid) *s.* BOT. orquídea.
ordain (to) (ɔ:'dein) *t.* ordenar, [conferir órdenes]. *2* ordenar, decretar, disponer.
ordeal (ɔ:'di:l) *s.* ordalía. *2* prueba [penosa].
order ('ɔ:ʃəʳ) *s.* order [disposición o sucesión regular]: ***in*** ~, en orden; ***out of*** ~, desordenado; descompuesto. *2* orden [religiosa, militar, etc.]. *3* condecoración. *4* orden, mandato, precepto. *5* orden [sacramento]. *6* orden, clase, grado: ***the lower orders***, la clase baja. *7* COM. pedido, encargo. *8* ***in ~ to***, para, a fin de.
order (to) ('ɔ:dəʳ) *t.* ordenar [poner un orden; disponer, mandar]. *2* COM. pedir; encargar, mandar hacer. *3* ECCL. ordenar. *4* MIL. ***Order arms!*** ¡descansar!
orderly ('ɔ:dəli) *a.* ordenado, metódico. *2* obediente, tranquilo. *3 s.* MIL. ordenanza. *4* practicante [de hospital]. *5 adv.* ordenadamente.
ordinal ('ɔ:dinl) *a.-s.* ordinal.
ordinary ('ɔ:din(ə)ri) *a.-s.* ordinario. *2 in* ~, en ejercicio; de cámara.
ordnance ('ɔ:dnəns) *s.* artillería, cañones.
ordure ('ɔ:djuəʳ) *s.* suciedad.
ore (ɔ:ʳ,ɔəʳ) *s.* MIN. mineral, ganga, mena.
organ ('ɔ:gən) *s.* órgano [de un animal, una planta, un partido, etc.]. *2* MÚS. órgano; ***barrel*** ~, organillo; ~ ***grinder***, organillero.
organism ('ɔ:gənizəm) *s.* BIOL., FIL., organismo.
organization (ˌɔ:gənai'zeiʃən) *s.* organización.
organize (to) ('ɔ:gənaiz) *t.-i.* organizar(se.
orgy ('ɔ:dʒi) *s.* orgía.
Orient ('ɔ:riənt) *s.* oriente.
orient (to) ('ɔ:rient) *t.* orientar.
orientate (to) ('ɔ:rienteit) *t.* orientar.
orifice ('ɔrifis) *s.* orificio.

origin ('ɔridʒin) *s.* origen. *2* linaje, nacimiento.
original (ə'ridʒənl) *a.* original: ~ ***sin***, pecado original. *2* primitivo, primero. *3 s.* original.
originate (to) (ə'ridʒineit) *t.* originar, crear, producir. *2 i.* originarse, nacer, provenir.
ornament ('ɔ:nəmənt) *s.* ornamento, adorno.
ornament (to) ('ɔ:nəment) *t.* ornamentar, adornar, decorar.
ornamental (ˌɔ:nə'mentl) *a.* ornamental, decorativo.
ornate (ɔ:'neit) *a.* adornado en exceso; recargado. *2* florido [estilo].
ornithology (ˌɔ:ni'θɔlədʒi) *s.* ornitología.
orography (ɔ'rɔgrəfi) *s.* orografía.
orphan (ˌɔ:fən) *a.-s.* huérfano.
orphanage ('ɔ:fənidʒ) *s.* orfandad. *2* orfanato.
orthodox ('ɔ:θədɔks) *a.* ortodoxo.
orthodoxy ('ɔ:θədɔksi) *s.* ortodoxia.
orthography (ɔ:'θɔgrəfi) *s.* ortografía.
oscillate (to) ('ɔsileit) *i.* oscilar. *2* fluctuar.
osier ('ouʒə^r) *s.* BOT. mimbrera. *2* mimbre.
ostensible (ɔs'tensibl) *a.* ostensible. *2* aparente.
ostentation (ˌɔsten'teiʃən) *s.* ostentación. *2* pompa. *3* alarde.
ostentatious (ˌɔsten'teifəs) *a.* ostentoso, pomposo.
ostler ('ɔslə^r) *s.* mozo de cuadra, palafrenero.
ostracism ('ɔstrəsizəm) *s.* ostracismo.
ostrich ('ɔstritʃ) *s.* avestruz.
other ('ʌðə^r) *a.* otro, otra, otras, otras: ***every ~ day***, días alternos. *2 pron.* (*pl.* **others**) otro, etc. *3 adv.* [other than], más que; otra cosa que.
otherwise ('ʌðə-waiz) *adv.* de otra manera: ~ ***called***, alias, por otro nombre. *2* en otro caso, fuera de eso. *3 conj.* si no, de lo contrario.
otiose ('ouʃious) *a.* ocioso.
otter ('ɔtə^r) *s.* ZOOL. nutria.
1) **ought** (ɔ:t) *pron.-adv.* AUGHT.
2) **ought** (ɔ:t) *def.* y *aux.* [seguido de infinitivo con ***to***] deber [en presente o mejor condicional]: ***I ~ to write***, debo o debería escribir.
ounce (auns) *s.* onza [28.35 gr.].
our ('auə^r) *a.* nuestro, nuestra, etc.; ***Our Lady***, Nuestra Señora.
ours ('auəz) *pron. pos.* [el] nuestro, [la] nuestra, [los] nuestros, [las] nuestras: ***a friend of ~***, un amigo nuestro.
ourselves (ˌauə'selvz) *pron.* nosotros mismos. *2* nos, a nosotros mismos.
oust (to) (aust) *t.* desalojar, desahuciar, echar fuera.
ouster ('austə^r) *s.* DER. desposesimiento; desahucio.
out (aut) *adv.* fuera, afuera, hacia fuera: ***to go ~***, salir. *2* claro, sin rodeos: ***speak ~***, hable claro. *3* completamente, hasta el fin. *4* por, movido por: ~ ***of pity***, por compasión. *5* de, con: ~ ***of a bottle***, de una botella. *6 a.* ausente, fuera de casa. *7* cerrado, apagado; expirado. *8* publicado, que ha salido. *9* ~ ***and away***, con mucho; ~ ***and*** ~, completamente; acérrimo; ~ ***for***, en busca de; ~ ***of favour***, en desgracia; ~ ***of place***, fuera de sitio; incongruo; ~ ***of sorts***, indispuesto; ***one ~ of ten***, uno de cada diez; ~ ***of this world***, extraordinario, del otro jueves; ~ ***on strike***, en huelga; ~ ***to win***, decidido a vencer. *10 interj.* ¡fuera!
outbreak ('autbreik) *s.* erupción. *2* arrebato, estallido. *3* principio [de una guerra, etc.].
outbuilding ('autˌbildiŋ) *s.* dependencia accesoria.
outburst ('autbə:st) *s.* arranque, explosión, estallido: ~ ***of laughter***, explosión de risas.
outcast ('autkɑ:st) *a.-s.* desterrado, proscrito, paria.
outcome ('autkʌm) *s.* resultado, consecuencia, desenlace.
outcry ('aut-krai) *s.* grito. *2* gritería, clamor, clamoreo.
outdo (to) (aut' du:) *t.* exceder, sobrepujar, vencer: ***to ~ oneself***, excederse a sí mismo.
outdoor ('aut'dɔ:) . el aire libre, el campo, la calle. *2* **-s** (-z) *adv.* fuera de casa, al aire libre.
outer ('autə^r) *a.* exterior, externo. *2* **-ly** *adv.* exteriormente.
outfit ('autfit) *s.* equipo. *2* ajuar, pertrechos, avíos. *3* conjunto [de vestir].
outfit (to) ('autfit) *t.* equipar, aviar, habilitar, armar.
outflow ('autflou) *s.* efusión, flujo, salida.
outing ('autiŋ) *s.* salida, jira, excursión.
outlaw ('aut-lɔ:) *s.* bandido, forajido. *2* proscrito.
outlet ('aut-let) *s.* salida, orificio de salida; desagüe. *2* toma de corriente. *3* COM. salida, mercado.
outline ('aut-lain) *s.* contorno, perfil. *2* bosquejo, esbozo. *3* plan, esquema; compendio.
outlook ('aut-luk) *s.* atalaya. *2* vista, perpectiva. *3* actitud mental. *4* perspectivas.

outlying ('aut,laiiŋ) *a.* alejado, exterior, circundante. *2* extrínseco.
out-of-date ('autəv'deit) *a.* pasado de moda, anticuado.
out-of-print ('autəv'print) *a.* agotado [libro, edición].
outpost ('autpoust) *s.* MIL. avanzada.
output ('autput) *s.* producción, rendimiento.
outrage ('aut-reidʒ) *s.* ultraje, desafuero, atropello.
outrage (to) ('aut-reidʒ) *t.* ultrajar, atropellar. *2* violar.
outrageous (aut'reidʒəs) *a.* ultrajante. *2* violento. *3* desaforado, enorme, atroz. *4* **-ly** *adv.* ultrajosamente, etc.
outright ('aut-rait) *a.* sincero, franco, directo. *2* completo, absoluto. *3 adv.* (aut'rait) completamente. *4* abiertamente, sin reserva. *5* en seguida.
outset ('aut-set) *s.* principio, salida.
outside ('aut'said) *s.* exterior, parte externa; superficie. *2* apariencia. *3* lo más, lo sumo: ***at the*** ~, a lo más. *4 a.* exterior. *5* superficial. *6* extraño. *7* neutral. *8 adv.* fuera, afuera, por fuera. *9 prep.* fuera de, más allá de; excepto.
outsider ('aut'saidəʳ) *s.* forastero. *2* extraño, profano.
outskirts ('aut-skə:ts) *s. pl.* alrededores.
outstanding (aut'stændiŋ) *a.* saledizo, saliente. *2* destacado, notable, sobresaliente. *3* pendiente, por pagar o cobrar.
outstretch (to) (aut'stretʃ) *t.* extender, alargar.
outstrip (to) (aut'strip) *t.* adelantar, dejar atrás.
outward ('autwed) *a.* exterior, externo. *2* aparente, superficial. *3* que va hacia fuera; que sale, de ida. *4* **-s** (-z) *adv.* hacia fuera.
outwit (to) (aut'wit) *t.* engañar con astucia; ser más listo que.
oval ('ouvəl) *a.* oval, ovalado. *2 s.* óvalo.
oven ('ʌvn) *s.* horno, hornillo.
over ('ouvəʳ) *adv.* arriba, por encima. *2* al otro lado: de una mano a otra. *3* enfrente. *4* al revés, trastornado. *5* completamente: ***all*** ~, por todas partes, completamente. *6* más, de más. *7* ***to run*** ~, salirse, derramarse. *8* ~ ***again***, de nuevo. *9* ~ ***and above***, además de. *10 prep.* sobre, encima de, por encima de. *11* al otro lado o a la vuelta de. *12* más de. *13* durante. *14* por todo [un espacio, camino, etc.]. *15* de, a propósito de. *16 a.* superior, más alto. *17* que cubre. *18* excesivo, de más. *19* acabado.
overalls ('ouvərə:lz) *s.* mono de trabajo. *2* guardapolvo.
overawe (to) (,ouvər'ɔ:) *t.* intimidar, atemorizar.
overbear (to) (,ouvə'bɛəʳ) *t.* agobiar. *2* dominar, imponerse.
overbearing (,ouvə'bɛəriŋ) *a.* dominador, despótico, altanero.
overcast ('ouvə-kɑ:st) *a.* nublado, encapotado. *2* sombrío. *3 s.* cielo encapotado.
overcharge (to) ('ouvə'tʃɑ:dʒ) *t.* sobrecargar, recargar. *2* cobrar demasiado.
overcoat ('ouvəkout) *s.* sobretodo, gabán, abrigo.
overcloud (to) (,ouvə'klaud) *i.* anublarse, cerrarse [el cielo].
overcome (to) (,ouvə'kʌm) *t.* vencer, triunfar de. *2* vencer, superar, allanar [obstáculos, etc.]. *3* sobreponerse a. *4* rendir, agotar.
overcrowd (to) (,ouvə'kraud) *t.* apiñar, atestar.
overdo (to) (,ouvə'du:) *t.* hacer [algo] demasiado; exagerar. *2* cocer demasiado. *3* fatigar.
overdress (to) ('ouvə'dres) *t.-i.* ataviar o ataviarse con exceso.
overflow ('ouvə-flou) *s.* inundación, avenida. *2* desbordamiento.
overflow (to) (,ouvə'flou) *t.-i.* inundar, desbordar(se.
overgrown ('ouvə'groun) *a.* cubierto de plantas, hierbas. *2* anormalmente desarrollado.
overhang (to) ('ouvə'hæŋ) *t.* hacer saliente, volar o colgar sobre. *2* estar suspendido sobre; amenazar. *3 i.* hacer saliente.
overhaul ('ouvəhɔ:l) *s.* repaso, recorrido.
overhaul (to) (,ouvə'hɔ:l) *t.* repasar, recorrer; revisar, examinar. *2* alcanzar.
overhead ('ouvə'hed) *a.-adv.* [situado] arriba, en lo alto.
overhear (to) (,ouvə'hiəʳ) *t.* oír por casualidad, acertar a oír.
overjoyed (,ouvə'dʒɔid) *a.* alborozado, jubiloso.
everland ('ouvəlænd) *a.-adv.* por tierra, por vía terrestre.
overlap (to) ('ouvə'læp) *t.* cubrir, recubrir, dar una capa. *2* oprimir, abrumar.
overloock (to) (,ouvə'luk) *t.* mirar desde lo alto. *2* dominar [estar más elevado]. *3* tener vista a. *4* inspeccionar, vigilar. *5* repasar, revisar. *6* pasar por alto, no ver, descuidar. *7* tolerar, perdonar.
overnight ('ouvə'nait) *adv.* en la noche anterior. *2* toda la noche: ***to stay*** ~, pasar la noche.

overpowering (ˌouvəˈpauəriŋ) *a.* dominador, dominante. *2* abrumador, arrollador, irresistible.
overrate (to) (ˈouvəˈreit) *t.* valorar excesivamente.
overrun (to) (ˌouvəˈrʌn) *t.* cubrir enteramente, invadir. *2* recorrer. *3* pasar por encima, atropellar. *4* exceder.
oversea (ˈouvəˈsi:) *a.* de ultramar. *2* **-s** (-z)*adv.* ultramar, allende los mares.
oversee (to) (ˈouvəˈsi:) *t.* vigilar, inspeccionar, revisar.
overseer (ˈouvəsiəʳ) *s.* inspector, veedor. *2* sobrestante, capataz.
overshadow (to) (ˌouvəˈʃædou) *s.* dar sombra a. *2* eclipsar.
overshoe (ˈouvəˌʃu:) *s.* (E. U.) chanclo, zapato de goma.
oversight (ˈouvəsait) *s.* descuido, omisión, inadvertencia. *2* vigilancia, cuidado.
overstate (to) (ˈouvəˈsteit) *t.* exagerar.
overstep (to) (ˈouvəˈstep) *t.* pasar, transgredir.
overtake (to) (ˌouvəˈteik) *t.* alcanzar, atrapar. *2* pasar, dejar atrás. *3* sorprender, coger.
overthrow (to) (ˌouvəˈθrou) *t.* volcar, tumbar, derribar. *2* derrocar. *3* destruir. *4* vencer.
overtime (ˈouvətaim) *s.* tiempo suplementario. *2 a.-adv.* en horas extraordinarias.
overtop (to) (ˈouvəˈtɔp) *t.* dominar, descollar sobre; sobresalir entre. *2* rebasar.
overture (ˈouvətjuəʳ) *s.* insinuación, proposición, propuesta [de paz, etc.]. *2* MÚS. obertura.
overturn (to) (ˌouvəˈtə:n) *t.* volcar, trabucar. *2* derribar. *3* trastornar.
overweening (ˌouvəˈwi:niŋ) *a.* presuntuoso, arrogante.
overwhelm (to) (ˌouvəˈwelm) *t.* inundar. *2* abrumar, aplastar. *3* confundir, anonadar.
overwhelming (ˌouvəˈwelmiŋ) *a.* aplastante, arrollador, irresistible, poderoso.
owe (to) (ou) *t.* deber, adeudar.
owing (ˈouiŋ) *ger.* de TO OWE. *2 a.-adv.* ***~ to***, debido a, por causa de.
owl (aul) *s.* ORN. búho, mochuelo, lechuza.
own (oun) *a.* propio, mismo, de uno: ***his ~ mother***, su propia madre. *2 s.* ***one's ~***, lo suyo, lo de uno.
own (to) (oun) *t.* poseer, tener. *2* reconocer, confesar.
owner (ˈounəʳ) *s.* dueño, propietario, poseedor.
ox (ɔks), *pl.* **oxen** (ˈɔksən) *s.* buey: ***ox-eye***, ojo de buey.
oxide (ˈɔksaid) *s.* QUÍM. óxido.
oxygen (ˌɔksidʒən) *s.* oxígeno.
oyster (ˈɔistəʳ) *s.* ostra.

P

pace (peis) *s.* paso [marcha, modo de andar; medida]. *2* portante [del caballo].

pace (to) (peis) *i.* andar, pasear. *2* amblar. *3 t.* recorrer o medir a pasos.

pacific (pəˈsifik) *a.* pacífico. *2* GEOGR. ***Pacific Ocean,*** océano Pacífico.

pacify (to) (ˈpæsifai) *t.* pacificar, apaciguar, calmar, sosegar.

pack (pæk) *s.* lío, fardo, bala; paquete; carga: ~ ***animal,*** animal de carga. *2* baraja. *3* hato, sarta. *4* cuadrilla. *5* manada. *6* jauría.

pack (to) (pæk) *t.-i.* empacar, empaquetar; envasar. *2 t.* hacer [la maleta]. *3* amontonar, llenar, atestar. *4* cargar [una acémila]. *5 i.* reunirse, juntarse. *6* ***to ~ up,*** hacer la maleta.

package (ˈpækidʒ) *s.* fardo, paquete, bulto.

packet (ˈpækit) *s.* paquete [fardo pequeño]. *2* ***~boat,*** paquebote.

packing (ˈpækiŋ) *s.* embalaje; envase.

packsaddle (ˈpækˌsædl) *s.* albarda, basto.

pact (pækt) *s.* pacto, convenio.

pad (pæd) *s.* cojincillo, almohadilla; postizo, relleno; hombrera. *2* tampón [para entintar]. *3* ESGR. peto. *4* taco, bloc [de papel]. *5* jaca.

pad (to) (pæd) *t.* rellenar, acolchar; forrar [de algo blando].

padding (ˈpædiŋ) *s.* relleno, acolchado. *2* LIT. paja, relleno.

paddle (ˈpædl) *s.* canalete [remo]. *2* paleta [de rueda]: ~ ***boat,*** buque de ruedas.

paddle (to) (ˈpædl) *t.* impulsar con canalete. *2* apalear. *3 i.* remar con canalete. *4* chapotear.

paddock (ˈpædək) *s.* dehesa, cercado [para caballos de carreras].

padlock (ˈpædlɔk) *s.* candado.

pagan (ˈpeigən) *a.-s.* pagano, gentil.

page (peidʒ) *s.* paje. *2* botones; criado joven. *3* página.

pageant (ˈpædʒənt) *s.* cabalgata, desfile, espectáculo magnífico, pompa.

paid (peid) V. TO PAY.

pail (peil) *s.* herrada, cubo. *2* MAR. balde.

pain (pein) *s.* dolor, pena; aflicción. *2* pena [castigo]. *3* trabajo, molestia; ***to take pains to,*** esforzarse en, esmerarse por.

pain (to) (pein) *t.* doler, punzar. *2* causar dolor, afligir.

painful (ˈpeinful) *a.* doloroso. *2* penoso, aflictivo, angustioso. *3* arduo. *4* dolorido. *5* **-ly** *adv.* dolorosamente, etc.

painstaking (ˈpeinzˌteikiŋ) *a.* afanoso, industrioso, cuidadoso, concienzudo, esmerado.

paint (peint) *s.* pintura, color. *2* afeite, colorete.

paint (to) (peint) *t.-i.* pintar.

paintbrush (ˈpeinbrʌʃ) *s.* brocha, pincel.

painter (ˈpeintəʳ) *s.* pintor. *2* MAR. amarra.

painting (ˈpeintiŋ) *s.* pintura [acción, arte; color]. *2* pintura, cuadro.

pair (pɛəʳ) *s.* par, pareja. *2* yunta. *3 a.* ~ ***of scissors,*** unas tijeras; ***a ~ of trousers,*** unos pantalones.

pair (to) (pɛəʳ) *t.* aparear, casar, acoplar. *2* parear. *3 i.* aparearse.

pajamas (pəˈdʒɑːməz) *s. pl.* pijama.

pal (pæl) *s.* compañero, camarada.

palace (ˈpælis) *s.* palacio.

palatable (ˈpælətəbl) *a.* sabroso. *2* agradable, aceptable.

palate (ˈpælit) *s.* paladar.

pale (peil) *a.* pálido. *2* descolorido. *3 s.* estaca, palizada. *4* límites, esfera. *5* **-ly** *adv.* pálidamente.

pale (to) (peil) *i.* palidecer.

palette (ˈpælit) *s.* PINT. paleta.

palfrey (ˈpɔːlfri) *s.* palafrén.

paling (ˈpeiliŋ) *s.* palenque, estacada.

palisade (ˌpæliˈseid) *s.* palizada, estacada.

pall (pɔːl) *s.* paño mortuorio. *2* ECLES. palio.

pall (to) (pɔ:l) *t.* ahitar, empalagar. *2 i. to ~ on one,* cansar, dejar de gustar.
palliate (to) ('pælieit) *t.* paliar, mitigar. *2* atenuar, excusar.
pallid ('pælid) *a.* pálido; desvaído.
palm (pɑ:m) *s.* BOT. palma: ***Palm Sunday,*** Domingo de Ramos; ~ ***tree,*** palmera. *2* fig. palma, victoria. *3* palma [de la mano].
palm (to) (pɑ:m) *t.* manosear. *2* escamotear. *3 to ~ off on,* endosar [algo a uno].
palmist(er ('pɑ:mist(əʳ) *s.* quiromántico.
palmistry ('pɑ:mistri) *s.* quiromancia.
palpable ('pælpəbl) *a.* palpable, evidente.
palpitate (to) ('pælpiteit) *i.* palpitar, latir.
palsied ('pɔ:lzid) *a.* paralítico. *2* vacilante, tembloroso.
paltry ('pɔ:ltri) *a.* mezquino, despreciable. *2* pobre, fútil.
pampas ('pæmpəs) *s. pl.* pampa.
pamper (to) ('pæmpəʳ) *t.* mimar, consentir.
pamphlet ('pæmflit) *s.* folleto.
pan (pæn) *s.* cacerola, cazuela, cazo: ***frying*** ~, sartén. *2* platillo [de balanza]. *3* cazoleta [de arma de fuego].
panacea (ˌpænə'siə) s. panacea.
pancake ('pænkeik) *s.* hojuela [fruta de sartén]; torta delgada.
pane (pein) *s.* cristal, vidrio [de ventana, etc.] *2* cara, faceta.
panegyric (ˌpæni'dʒirik) *a.-s.* panegírico.
panel ('pænl) *s.* CARP. ARQ., ING. panel, cuarterón; entrepaño, artesón. *2* PINT. tabla. *3* recuadro. *4* AUTO., ELECT. tablero, cuadro. *5* lista [de jurados].
panel(l)ing ('pænəliŋ) *s.* revestimiento de madera. *2* artesonado.
pang (pæŋ) *s.* punzada, dolor agudo, tormento, congoja.
panic ('pænik) *a.-s.* pánico.
pannier ('pæniəʳ) *s.* cesta grande, cuévano. *2* tontillo.
panorama (ˌpænə'rɑ:mə) *s.* panorama.
pansy ('pænzi) *s.* BOT. pensamiento.
pant (pænt) *s.* jadeo, resuello. *2* palpitación.
pant (to) (pænt) *i.* jadear, resollar. *2* palpitar.
pantheist ('pænθiist) *s.* panteísta.
panther ('pænθəʳ) *s.* ZOOL. pantera; (E. U.) puma.
panties ('pæntiz) *s. pl.* bragas [de mujer].
pantomime ('pæntəmaim) *s.* pantomima.
pantry ('pæntri) *s.* despensa.
pants (pænts) *s.* fam. pantalones. *2* calzoncillos.
papa (pa'pɑ:) *s.* fam. papá.
papacy ('peipəsi) *s.* papado.
papal ('peipəl) *a.* papal, pontificio.
paper ('peipəʳ) *s.* papel [materia; hoja de papel; documento]: ~ ***currency,*** ~ ***money,*** papel moneda; ~ ***knife,*** plegadera. *2* papel, periódico, diario. *3 pl.* documentos, apuntes, memorias.
paper (to) ('peipəʳ) *t.* empapelar.
par (pɑ:ʳ) *s.* equivalencia, paridad; COM. par: ***at*** ~, a la par; ***to be on a*** ~ ***with,*** correr parejas con.
parable ('pærəbl) *s.* parábola [narración].
parabola (p ə'ræbələ) *s.* GEOM. parábola.
parachute ('pærəʃu:t) *s.* paracaídas.
parade (pə'reid) *s.* ostentación; alarde, gala. *2* MIL. parada, revista. *3* desfile, cabalgata. *4* (Ingl.) paseo público.
parade (to) (pə'reid) *t.* ostentar, alardear de. *2 t.-i.* MIL. formar en parada; [hacer] desfilar. *3 i.* exhibirse.
paradise ('pærədais) *s.* paraíso.
paradox ('pærədɔks) *s.* paradoja.
paragon ('pærəgən) *s.* modelo, ejemplar, dechado.
paragraph ('pærəgrɑ:f) *s.* párrafo. *2* suelto, artículo corto.
parakeet ('pærəki:t) *s.* periquito.
paralise (to) ('pærəlaiz) *t.* paralizar.
parallel ('pærəlel) *a.* paralelo. *2 s.* paralelismo, semejanza. *3* par, igual. *4* GEOGR., ELEC. paralelo.
parallel (to) ('pærəlel) *t.* igualar, parangonar. *2* ser paralelo a.
parallelogram (ˌpærə'leləgræm) *s.* GEOM. paralelogramo.
paralysis (pə'rælisis) *s.* parálisis.
paralytic (ˌpærə'litik) *a.-s.* paralítico.
paramount ('pærəmaunt) *a.* superior, supremo, máximo.
paramour ('pærəmuəʳ) *s.* amante; querido; querida.
parapet ('pærəpit) *s.* parapeto. *2* pretil, baranda.
parasite ('pærəsait) *s.* parásito. *2* gorrón, gorrero.
parasol (ˌpærə'sɔl) *s.* sombrilla, parasol.
paratrooper ('pærətru:pəʳ) *t.* paracaidista.
parcel ('pɑ:sl) *s.* paquete, bulto. *2* hatajo. *3* parcela.
parcel (to) ('pɑ:sl) *t.* parcelar, dividir. *2* empaquetar.
parch (to) (pɑ:tʃ) *t.* tostar. *2* quemar, abrasar [el calor, la sed, etc.]; resecar, agostar.
parchment ('pɑ:tʃmənt) *s.* pergamino; vitela.
pardon ('pɑ:dn) *s.* perdón. *2* indulto, amnistía.

pardon (to) 'p:dn) *t.* perdonar. *2* indultar. *3* excusar: ~ ***me,*** dispense usted.
pare (to) (pɛəʳ) *t.* mondar, pelar [fruta, etc.]. *2* cortar, recortar, raer. *3* reducir, cercenar.
parent ('pɛərənt) *s.* padre o madre. *2 pl.* padres.
parentage ('pɛərəntidʒ) *s.* linaje, nacimiento.
parings ('pɛəriŋz) *s. pl.* mondaduras, raeduras.
parish ('pæriʃ) *s.* parroquia, feligresía.
parishioner (pə'riʃənəʳ) *s.* feligrés, parroquiano.
Paris ('pæris) *n. pr.* GEOGR. París.
Parisian (pə'rizjən) *a.-s.* parisiense.
park (pɑ:k) *s.* parque.
park (to) (pɑ:k) *t.-i.* aparcar, estacionar.
parking ('pɑ:kiŋ) *s.* aparcamiento.
parley ('pɑ:li) *s.* conferencia, discusión.
parley (to) ('pɑ:li) *i.* discutir, parlamentar.
parliament ('pɑ:ləmənt) *s.* parlamento, cortes.
parlo(u)r ('pɑ:ləʳ) *s.* sala de estar o recibimiento. *2* (E. U.) salón [de belleza]; sala [de billares]. *3* locutorio.
parochial (pə'roukjəl) *a.* parroquial. *2* fig. limitado, local; estrecho.
parody ('pærədi) *s.* parodia.
parole (pə'roul) *s.* palabra de honor. *2* MIL. santo y seña.
paroxism ('pærəksizəm) *s.* paroxismo *2.* acceso, arrebato.
parrot ('pærət) *s.* ORN. loro, cotorra, papagayo.
parry ('pæri) *s.* parada, quite.
parry (to) ('pæri) *t.-i.* parar [un golpe, etc.]. *2* evitar, eludir.
parsimonious (ˌpɑ:si'mounjəs) *a.* parsimonioso, parco, tacaño.
parsley ('pɑ:sli) *s.* BOT. perejil.
parsnip ('pɑ:snip) *s.* BOT. chirivía.
parson ('pɑ:sn) *s.* párroco, cura, sacerdote.
parsonage ('pɑ:sənidʒ) *s.* rectoría, rectoral.
part (pɑ:t) *s.* parte [porción; miembro; elemento; participación, etc.]: ~ ***of speech,*** parte de la oración; ***to take the ~ of,*** ponerse de parte de. *2* cuidado, deber. *3* TEAT. papel. *4* MÚS. parte. *5* MEC. pieza. *6* (E. U.) raya [del cabello]. *7 pl.* lugares, países. *8* talento, dotes. *9 a.-adv.* parcial, parcialmente.
part (to) (pɑ:t) *t.* dividir, partir. *2* repartir. *3* ***to ~ the hair,*** hacer la raya. *4 i.* separarse, desprenderse. *5* irse, despedirse. *6* morir. *7* ***to ~ with,*** desprenderse de; separarse de.
partake (to) (pɑ:'teik) *t.* compartir. *2 i.* ***to ~ in,*** participar en. *3* ***to ~ of,*** participar de.
partial ('pɑ:ʃəl) *a.* parcial. *2* afecto, aficionado. *3* **-ly** *adv.* parcialmente.
partiality (ˌpɑ:ʃi'æliti) *s.* parcialidad. *2* inclinación, afición.
participate (to) (pɑ:'tisipeit) *i.-t.* participar [tomar o tener parte].
participle ('pɑ:tisipl) *s.* GRAM. participio.
particle ('pɑ:tikl) *s.* partícula. *2* pizca.
particular (pə'tikjuləʳ) *a.* particular. *2* minucioso, detallado. *3* escrupuloso, exigente. *4 s.* pormenor, detalle. *5* ***in ~,*** en particular.
particularize (to) (pə'tikjuləraiz) *t.* particularizar, detallar, especificar.
parting ('pɑ:tiŋ) *s.* separación, división. *2* partida, marcha; despedida. *3* raya [del pelo]. *4* ~ ***of ways,*** bifurcación.
partisan (ˌpɑ:ti'zæn) *s.* partidario. *2* guerrillero. *3* partesana. *4 a.* partidista.
partition (pɑ:'tiʃən) *s.* partición. *2* división. *3* tabique, barandilla.
partly ('pɑ:tli) *adv.* en parte, en cierto modo.
partner ('pɑ:tnəʳ) *s.* socio [en un negocio]. *2* compañero [en el juego]. *3* pareja [de baile]. *4* cónyuge. *5* aparcero.
partridge ('pɑ:tridʒ) *s.* ORN. perdiz.
party ('pɑ:ti) *s.* partido [político], bando. *2* partido, causa. *3* reunión, fiesta; grupo de personas que viajan, cazan, etc. juntas. *4* MIL. destacamento. *5* parte [en un contrato, una contienda, etc.]. *6* individuo, sujeto. *7 a.* ~ ***wall,*** pared medianera.
pass (pɑ:s) *s.* paso, pasaje; desfiladero; desembocadero. *2* paso [acción o permiso de pasar]; pase; salvoconducto. *3* aprobación [en exámenes]. *4* ESGR. estocada. *5* trance, situación.
pass (to) (pɑ:s) *i.* pasar [en todas sus acepciones]. *2* ***to ~ along,*** pasar por. *3* ***to ~ by,*** pasar de largo, por el lado. *4* ***to ~ for,*** pasar por. *4* ***to ~ out,*** salir. *6* ***to ~ over,*** pasar al otro lado. *7* ***to come to ~,*** suceder, ocurrir. *8 t.* pasar [atravesar; cruzar; dejar atrás]. *9* cruzarse con. *10* pasar de, exceder. *11* pasar, sufrir; tolerar. *12* tomar [un acuerdo]; aprobar [a un examinando, un proyecto de ley]. *13* pasar, hacer pasar, dar. *14* omitir. *15* emitir [un juicio]. *16* pasar, colar, cerner. *17* ***to ~ along,*** pasar de uno a otro. *18* ***to ~ by,*** perdonar, omitir. *19* ***to ~ over,*** transferir; omitir; postergar; perdonar. ¶ Pret. p.: ***passed*** o ***past.***
passable ('pɑ:səbl) *a.* pasadero. *2* transitorio. *3* tolerable, regular.

passage ('pæsidʒ) *s.* paso, pasaje, tránsito. *2* paso, entrada, pasadizo. *3* MAR. viaje. *4* pasaje [de un buque]. *5* lance, encuentro, incidente. *6* pasaje [de un libro, etc.].

passenger ('pæsindʒəʳ) *s.* viajero, pasajero.

passer-by ('pɑ:sə'bai) *s.* transeúnte, viandante.

passing ('pɑ:siŋ) *s.* paso, pasada. *2* tránsito, muerte. *3 a.* que pasa. *4* pasajero, transitorio.

passion ('pæʃən) *s.* pasión. *2* cólera, ira. *3* (con may.) Pasión [de N. S.].

passionate ('pæʃənit) *a.* apasionado. *2* acalorado, colérico. *3* **-ly** *adv.* apasionadamente; colérico.

passive ('pæsiv) *a.* pasivo. | No tiene el sentido de pasivo [haber], ni el de pasivo [participio]. *2 s.* GRAM. voz pasiva.

passport ('pɑ:s-pɔ:t) *s.* pasaporte.

password ('pa:s-wə:d) *s.* santo y seña, contraseña.

past (pɑ:st) *a.* pasado, pretérito; último, ex, que fue. *2* consumado. *3* GRAM. pasivo [participio]; pretérito [tiempo]. *4 s.* pasado. *5 prep.* pasado, después de; fuera de; sin: ~ ***recovery,*** incurable, sin remedio.

paste (peist) *s.* pasta, masa. *2* engrudo.

paste (to) peist) *t.* pegar con engrudo.

pasteboard ('peistbɔ:d) *s.* cartón.

pastel ('pæstəl) *s.* BOT. hierba pastel. *2* PINT. pastel.

pastime ('pɑ:s-taim) *s.* pasatiempo.

pastor ('pa:stəʳ) *s.* pastor (esp. espiritual)

pastoral ('pɑ:stərəl) *a.* pastoril. *2 a.-s.* pastoral.

pastry ('peistri) *s.* pastelería, pasteles, repostería: ~ ***cook,*** pastelero.

pasturage ('pɑ:stjuridʒ) *s.* pasto. *2* apacentamiento.

pasture ('pɑ:stʃəʳ) *s.* pasto, dehesa.

pasture (to) ('pɑ:stʃəʳ) *t.-i.* pacer, apacentarse. *2 t.* apacentar.

pat (pæt) *a.* exacto, conveniente, oportuno. *2 adv.* oportunamente. *3 s.* golpecito, palmadita.

pat (to) (pæt) *t.* dar palmaditas o golpecitos.

patch (pætʃ) *s.* remiendo; parche. *2* lunar postizo. *3* trozo. *4* mancha [de color]. *5* pedazo [de terreno].

patch (to) (pætʃ) *t.* remendar, apedazar. *2* cubrir con manchas de color.

patent ('peitənt) *a.* patente, manifiesto. *2* patentado. *3* ~ ***leather,*** charol. *4 s.* patente; diploma.

patent (to) ('peitənt) *t.* patentar.

paternity (pə'tə:niti) *s.* paternidad.

path (pɑ:θ) *s.* camino, senda, vereda. *2* ruta, curso.

pathetic (pə'θetik) *a.* patético. *2* lastimoso.

pathos ('peiθɔs) *s.* patetismo, sentimiento.

pathway ('pɑ:θ-wei) *s.* camino, senda.

patience ('peiʃənt) *s.* paciencia. *2* solitario [juego].

patient ('peʃənt) *a.* paciente. *2* susceptible [de]. *3 s.* MED. paciente. *4* **-ly** *adv.* pacientemente.

patriarch ('peitriɑ:k) *s.* patriarca.

patrimony ('pætriməni) *s.* patrimonio.

patriot ('peitriət) *s.* patriota.

patriotism ('pætriətizəm) *s.* patriotismo.

patrol (pə'troul) *s.* patrulla; ronda.

patrol (to) (pə'troul) *i.-t.* patrullar, rondar.

patron ('peitrən) *a.* patrón, tutelar. *2 s.* patrón [santo]. *3* patrono, protector. *4* parroquiano, cliente.

patronage ('pætrənidʒ) *s.* protección, patrocinio. *2* clientela. *3* ECLES. patronato.

patronize (to) ('pætrənaiz) *t.* proteger, patrocinar. *2* ser cliente de.

patten ('pætn) *s.* zueco, chanclo.

pattern ('pætən) *s.* modelo, muestra, dechado; ejemplar, tipo. *2* patrón, plantilla. *3* dibujo, diseño.

paunch ('pɔ:ntʃ) *s.* panza, barriga.

pauper (pɔ:pəʳ) *s.* pobre [pers.].

pause (pɔ:z) *s.* pausa, interrupción. *2* MÚS. calderón. *3* vacilación. *4* respiro, tregua.

pause (to) (pɔ:z) *i.* pausar, interrumpirse, detenerse. *2* vacilar.

pave (to) (peiv) *t.* pavimentar, solar, adoquinar.

pavement ('peivmənt) *s.* pavimiento. *2* acera; andén.

pavillion (pə'viljən) *s.* pabellón [tienda, dosel].

paw (pɔ:) *s.* garra, zarpa.

paw (to) (pɔ:) *t.* manosear, sobar. *2 i.* patear, piafar.

pawn (pɔ:n) *s.* peón [de ajedrez]. *2* empeño, garantía: ***in*** ~, en prenda.

pawn (to) (pɔ:n) *t.* empeñar [un objeto].

pawnbroker ('pɔ:nˌbroukəʳ) *s.* prestamista.

pawnshop ('pɔ:n-ʃɔp) *s.* casa de empeños.

pay (pei) *s.* paga, sueldo. *2* pago; recompensa.

pay (to) (pei) *t.-i.* pagar: ***to*** ~ ***back*** devolver; ***to*** ~ ***for,*** pagar; recompensar; expiar; ***to*** ~ ***off,*** pagar y despedir; saldar; vengarse; ***to*** ~ ***out,*** desembolsar; ***to*** ~

up, saldar. *2 t.* costear, sufragar. *3* hacer [una visita; la corte]; rendir [homenaje]; prestar [atención]; dirigir [cumplidos]. *4* MAR. ***to ~ out,*** largar, lascar. *5 i.* compensar, ser provechoso. ¶ Pret. y p. p.: ***paid*** (peid).

payable ('peiəbl) *a.* pagable, pagadero.

payer ('peiə^r) *s.* pagador.

paymaster ('pei,mɑ:stə^r) *s.* pagador; habilitado.

payment ('peimənt) *s.* pago, paga. *2* recompensa.

pay-office ('pei;'ɔfis) *s.* pagaduría.

pea (pi:) *s.* BOT. guisante.

peace (pi:s) *s.* paz: ~ ***of God,*** tregua de Dios; ***at ~,*** en paz. *2* orden público. *3* quietud, tranquilidad, silencio.

peaceful ('pi:sful) *a.* pacífico, tranquilo. *2* **-ly** *adv.* pacíficamente.

peacemaker ('pi:s,meikə^r) *s.* pacificador.

peach (pi:tʃ) *s.* BOT. melocotón: ~ ***tree,*** melocotonero.

peacock ('pi:kɔk) *s.* ORN. pavo real.

peahen ('pi:'hen) *s.* ORN. pava real.

peak (pi:k) *s.* pico, cumbre, cima. *2* cúspide. *3* pico, punta [de una cosa]. *4* cresta [de ola]. *5* visera [de gorra].

peal (pi:l) *s.* repique [de campanas]. *2* estrépito, estruendo.

peal (to) (pi:l) *t.-i.* repicar [las campanas]. *2* gritar. *3* sonar, retronar.

peanut ('pi:nʌt) *s.* BOT. cacahuete; *maní.

pear (pɛə^r) *s.* BOT. pera: ~ ***tree,*** peral. *2* perilla [adorno].

pearl (pə:l) *s.* perla, margarita.

pearl (to) (pə:l) *t.* perlar. *2* dar color de perla. *3 i.* pescar perlas.

pearly ('pə:li) *a.* perlino, nacarado.

peasant ('pezənt) *s.* labriego, campesino.

peasantry ('pezəntri) *s.* paisanaje, gente del campo.

peat (pi:t) *s.* turba [materia].

pebble ('pebl) *s.* guija, guijarro, china.

peccadillo (,pekə'dilou) *s.* pecadillo, falta.

peck (pek) *s.* picotazo.

peck (to) (pek) *t.* picar, picotear.

pectoral ('pektərəl) *a.-s.* pectoral.

peculiar (pi'kju:liə^r) *a.* peculiar. *2* particular, especial. *3* raro, singular.

peculiarity (pi,kju:li'æriti) *s.* peculiaridad.

pecuniary (pi'kju:njəri) *a.* pecuniario.

pedagogue ('pedəgɔg) *s.* pedagogo. *2* pedante.

pedal ('pedl) *s.* pedal. *2 a.* de pie.

pedant ('pedənt) *s.* pedante.

pedantry ('pedəntri) *s.* pedantería.

peddle (to) ('pedl) *t.* vender de puerta en puerta. *2 i.* hacer de buhonero.

peddler ('pedlə^r) *s.* buhonero.

pedestal ('pedistl) *s.* pedestal; peana, pie.

pedestrian (pi'destriən) *a.* pedestre. *2* peatón, caminante.

pedigree ('pedigri:) *s.* genealogía, linaje, árbol genealógico.

peel (pi:l) *s.* piel, corteza, cáscara, hollejo, telilla.

peel (to) (pi:l) *t.* pelar, mondar, descascarar. *2 i.* pelarse, descascararse. *3* desprenderse [la piel, etc.].

peeling ('pi:liŋ) *s.* peladura, mondadura.

peep (pi:p) *s.* atisbo, ojeada. *2* asomo. *3* pío [de ave]; vocecita.

peep (to) (pi:p) *i.* atisbar, fisgar; mirar por una rendija. *2* asomarse. *3* piar.

peep-hole ('pi:p-houl) *s.* atisbadero, mirilla.

peer (piə^r) *s.* par, igual, compañero. *2* par [noble].

peer (to) (piə^r) *i.* mirar [atentamente]. *2* asomar, salir, aparecer.

peerage ('piəridʒ) *s.* dignidad de par; cuerpo de la nobleza.

peerless ('piəlis) *a.* sin par, incomparable.

peevish ('pi:viʃ) *a.* malhumorado, brusco; quisquilloso, displicente, enojadizo.

peg (peg) *s.* clavija, estaquilla, taco. *2* percha, colgador. *3* estaca, jalón.

pelican ('pelikən) *s.* ORN. pelícalo, alcatraz.

pellet ('pelit) *s.* pelotilla, bolita. *2* píldora. *3* bodoque.

pell-mell ('pel'məl) *adv.* revueltamente, atropelladamente. *3 s.* confusión, desorden.

pellucid (pe'lju:sid) *a.* diáfano, transparente.

pelota (pə'loutə) *s.* pelota vasca.

pelt (pelt) *s.* pellejo, cuero. *2* golpeo.

pelt (to) (pelt) *t.* apedrear; tirar, hacer llover [algo] sobre. *2 i.* caer con fuerza [la lluvia]. *3* apresurarse.

pen (pen) *s.* pluma [para escribir]. *2* corral [para encerrar ganado].

pen (to) (pen) *t.* escribir. *2* encerrar [ganado]. ¶ Pret. y p. p.: ***penned*** o ***pent.***

penal ('pi:nl) *a.* penal. *2* penable.

penalize (to) ('pi:nəlaiz) *t.* penar, castigar.

penalty ('penəlti) *s.* pena, castigo. *2* DEP. penalti, castigo.

penance ('penəns) *s.* penitencia.

penchant ('pɑ:ŋʃɑ:ŋ) *s.* afición, tendencia.
pencil ('pensl) *s.* lápiz, lapicero. *2* pincel fino.
pendant, pendent ('pendənt) *a.* pendiente. *2* colgante, péndulo. *3 s.* cosa que cuelga; pendiente, zarcillo, medallón. *4* ARQ. pinjante.
pendulum ('pendjuləm) *s.* péndulo; péndola.
penetrate (to) ('penitreit) *t.-i.* penetrar. *2 i.* atravesar, perforar.
penetrating ('penitreitiŋ) *a.* penetrante. *2* perspicaz.
penetration (,peni'treiʃən) *s.* penetración.
penguin ('peŋgwin) *s.* ORN. pingüino.
penholder ('pen,houldəʳ) *s.* portapluma.
peninsular (pi'ninsjuləʳ) *a.-s.* peninsular.
penitence ('penitəns) *s.* penitencia, contricción.
penitent ('peni'tent) *a.-s.* penitente, arrepentido.
penitential (,peni'tenʃəl) *a.* penitencial.
penitentiary (,peni'tenʃəri) *a.* penitencial. *2* penitenciario. *3 s.* penitenciaría.
penknife ('pennaif) *s.* cortaplumas.
pennant ('penənt) *s.* flámula, gallardete. *2* MAR. insignia.
penniless ('penilis) *a.* pobre, sin dinero.
penny ('peni), *pl.* **pennies** ('peniz) o [en comp.] **pence** (pens) *s.* penique.
pension ('penʃən) *s.* pensión, retiro, jubilación. *2* ('pɑ:ŋsiɔ:ŋ) pension, casa de huéspedes.
pension (to) ('penʃən) *t.* pensionar, retirar, jubilar.
pensioner ('penʃənəʳ) *s.* pensionado. *2* jubilado. *3* MIL. inválido. *4* pensionista.
pensive ('pensiv) *a.* pensativo; melancólico.
pent (pent) *a.* encerrado, acorralado. *2* contenido, reprimido.
pentagon ('pentəgən) *s.* GEOM. pentágono.
Pentecost ('pentikɔst) *s.* Pentecostés.
penthouse ('penthaus) *s.* cobertizo. *2* tejadillo. *3* (E. U.) piso en la azotea.
penultimate (pi'nʌltimit) *a.* penúltimo.
penury ('penjuri) *s.* penuria, estrechez. *2* escasez.
people ('pi:pl) *s.* pueblo, raza, nación. *2* pueblo [de un país, etc.]. *3* gente, personas: ***two*** **~**, dos pesonas: ***the young*** **~**, la gente joven.
people (to) ('pi:pl) *t.* poblar.
pep (pep) *s.* pop. (E. U.) energía, brío.
pepper ('pepəʳ) *s.* pimienta. *2.* pimiento, ají. *3.* ***red*** **~**, pimentón.
pepper (to) ('pepəʳ) *t.* sazonar con pimienta. *2* salpimentar. *3* acribillar.
peppermint ('pepəmint) *s.* BOT. menta, piperita.
per (pə(:)ʳ),prep. *por:* **~ *cent***, por ciento. *2* ***as*** **~**, según.
perambulate (to) (pə'ræmbjuleit) *t.* recorrer. *2 i.* andar, pasear.
perambulator (pə'ræmbjuleitəʳ), fam. **pram** (præm) *s.* cochecito de niño.
perceivable (pə'si:vəbl) *a.* perceptible.
perceive (to) (pə'si:v) *t.* percibir, ver, distinguir.
percentage (pə'sentidz) *s.* porcentaje.
perceptible (pə'septibl) *a.* perceptible, sensible, visible.
perception (pə'sepʃən) *s.* percepción.
perch (pə:tʃ) *s.* ICT. perca. *2* pértica [medida]. *3* percha, alcándara. *4* pértiga, palo.
perch (to) (pə:tʃ) *t.-i.* encaramar(se. *2 i.* posarse [en una percha, rama, etc.].
perchance (pə'tʃɑ:ns) *adv.* acaso, por ventura.
percolate (to) ('pə:kəleit) *t.* colar, filtrar. *2 t.-i.* trascolarse, filtrarse [por].
percolator ('pə:kəleitəʳ) *s.* filtro, colador.
percussion (pə:'kʌʃən) *s.* percusión.
perdition (pə:'diʃən) *s.* perdición.
peregrination (,perigri'neiʃən) *s.* peregrinación, viaje.
peremptory (pə'remptəri) *a.* perentorio, terminante. *2* autoritario, imperioso.
perennial (pə'renjəl) *a.* perennal, perenne. *2* BOT. perenne, vivaz.
perfect ('pə:fikt) *a.* perfecto. *2* acabado, consumado, completo.
perfect (to) (pə'fekt) *t.* perfeccionar, acabar, completar.
perfection (pə'fekʃən) *s.* perfección.
perfectly ('pə:fiktli) *adv.* perfectamente, a la perfección.
perfidious (pə:'fidiəs) *a.* pérfido.
perfidy ('pə:fidi) *s.* perfidia.
perforate (to) ('pə:fəreit) *t.* perforar, taladrar.
perforce (pə'fɔ:s) *adv.* a la fuerza.
perform (to) (pə'fɔ:m) *t.* hacer, ejecutar, realizar. *2 i.* actuar. *3* desempeñar un papel, tocar un instrumento, etc. *4* funcionar [una máquina].
performance (pə'fɔ:məns) *s.* ejecución, cumplimiento, desempeño. *2* acción, hazaña. *3* función, representación, concierto; actuación de un artista, etc.
perfume ('pə:fju:m) *s.* perfume.

perfume (to) (pə'fju:m) *t.* perfumar, embalsamar.
perfunctory (pə'fʌŋktəri) *a.* perfunctorio, hecho sin interés, formulario.
perhaps (pə'hæps, præps) *adv.* quizá, tal vez.
peril ('peril) *s.* peligro, riesgo.
perilous ('periləs) *a.* peligroso, expuesto.
period ('piəriəd) *s.* período. *2* hora [de clase]. *3* punto final.
periodic (ˌpiəri'ɔdik) *a.* periódico.
periodical (ˌpiəri'ɔdikəl) *a.* periódico. *2 s.* periódico, revista.
periscope ('periskoup) *s.* periscopio.
perish (to) ('periʃ) *i.* perecer, fenecer.
perishable ('periʃəbl) *a.* perecedero. *2* marchitable. *3* averiable.
periwig 'periwig) *s.* peluquín.
perjure (to) ('pə:dʒə^r) *i.* perjurar.
perjury ('pə:dʒəri) *s.* perjurio.
perk (to) (pə:k) *t.* levantar, erguir [la cabeza, etc.]. *2* ataviar. *3 i.* ***to ~ up,*** reanimarse.
perky ('pə:ki) *a.* gallardo, airoso.
permanence ('pə:mənəns) *s.* permanencia.
permanent ('pə:mənənt) *a.* permanente, estable, duradero: ~ ***wave,*** ondulación, permanente. *2* **-ly** *adv.* permanentemente.
permeate (to) 'pə:mieit) *t.* penetrar, calar, impregnar.
permission (pə'miʃən) *s.* permiso, licencia, venia. *2* MIL. permiso.
permissive (pə'misiv) *a.* permisivo. *2* permitido.
permit ('pə:mit) *s.* permiso, licencia, pase, guía.
permit (to) (pə'mit) *t.* permitir.
pernicious (pə:'niʃəs) *a.* pernicioso. *2* malvado.
perorate (to) ('perəreit) *i.* perorar.
perpendicular (ˌpə:pən'dikjulə^r) *a.-s.* perpendicular. *2 a.* vertical.
perpetrate (to) ('pə:pitreit) *t.* perpetrar.
perpetual (pə'petjuəl, -tʃuəl) *a.* perpetuo. *2* continuo, incesante. *3* BOT. perenne. *4* **-ly** *adv.* perpetuamente.
perpetuate (to) (pə'petjueit) *t.* perpetuar.
perplex (to) (pə'pleks) *t.* dejar perplejo; confundir. *2* aturdir. *3* complicar, enredar.
perplexity (pə'pleksiti) *s.* perplejidad, duda, confusión. *2* complicación, enredo.
perquisite ('pə:kwizit) *s.* gaje, obvención, propina.
persecute (to) ('pə:sikju:t) *t.* perseguir, vejar, oprimir. *2* perseguir, acosar.
persecution (ˌpə:si'kju:ʃən) *s.* persecución.
perseverance (ˌpə:si'viərəns) *s.* perseverancia.
persevere (to) (ˌpə:si'viə^r) *i.* perseverar.
persist (to) (pə'sist) *i.* persistir. *2* insistir, porfiar. *3* ~ ***in,*** empeñarse en.
persistence (pə'sistənt) *s.* persistencia constancia. *2* insistencia, porfía.
persistent (pə'sistənt) *a.* persistente. *2* constante, tenaz. *3* insistente. *4* **-ly** *adv.* persistentemente, etc.
person ('pə:sn) *s.* persona.
personable ('pə:sənəbl) *a.* bien parecido.
personage ('pə:sənidʒ) *s.* personaje.
personal ('pə:sənl) *a.* personal: ~ ***pronoun,*** pronombre personal. *2.* ~ ***estate,*** bienes muebles. *3 s.* nota de sociedad. *4* **-ly** *adv.* personalmente.
personality (ˌpə:sə'næliti) *s.* personalidad. *2* individualidad. *3* personalismo, alusión personal.
personate (to) ('pə:səneit) *t.* TEAT. representar el papel de. *2* fingirse, hacerse pasar por, *3* personificar.
personify (to) (pe:'sɔnifai) *t.* personificar.
personnel (ˌpə:sə'nel) *s.* personal, dependencia.
perspective (pə'spektiv) *s.* perspectiva.
perspicacious (ˌpe:spi'keiʃəs) *a.* perspicaz.
perspicuous (pə'spikjuəs) *a.* perspicuo.
perspiration (ˌpə:spi'reiʃən) *s.* transpiración, sudor.
perspire (to) (pəs'paiə^r) *t.-i.* transpirar, sudar. *2 t.* exudar.
persuade (to) (pə'sweid) *t.* persuadir, inducir. *2* exhortar, tratar de convencer.
persuasion (pə'sweiʒən) *s.* persuasión. *2* persuasiva. *3* creencia. *4* credo, fe.
pert (pə:t) *a.* petulante, descarado. *2* vivo, alegre, desenvuelto. *3* **-ly** *adv.* descaradamente, etc.
pertain (to) (pə:'tein) *i.* pertenecer; corresponder, tocar, atañer.
pertinacious (ˌpe:ti'neiʃəs) *a.* pertinaz.
pertinent ('pə:tinənt) *a.* pertinente, oportuno, atinado.
pertness ('pə:tnis) *s.* petulancia, descaro. *2* vivacidad.
perturb (to) (pə'tə:b) *t.* perturbar, agitar.
perturbation (ˌpə:tə:'beiʃən) *s.* perturbación, conturbación, agitación.
perusal (pə'ru:zəl) *s.* lectura, lectura atenta.
peruse (to) (pə'ru:z) *t.* leer, leer con cuidado.
Peruvian (pə'ru:vjən) *a.-s.* peruano.
pervade (to) (pə:'veid) *t.* penetrar, llenar, difundirse por.

perverse (pə'və:s) *a.* perverso, avieso. *2* terco, indócil, que lleva la contraria. *3* **-ly** *adv.* perversamente.
perversion (pə'və:ʃən) *s.* perversión. *2* pervertimiento. *3* corrupción, alteración.
perverseness (pə'və:snis), **perversity** (pə'və:siti) *s.* perversidad, malicia. *2* terquedad, indocilidad.
pervert (to) (pə'və:t) *t.* pervertir. *2* corromper, tergiversar, falsear.
pervious ('pə:vjəs) *a.* penetrable, permeable.
pessimist ('pesimist) *s.* pesimista.
pest (pest) *s.* peste; plaga. *2* insecto nocivo.
pester (to) ('pestəʳ) *t.* molestar, importunar.
pestiferous (pes'tifərəs) *a.* pestífero, pestilente.
pestilence ('pestiləns) *s.* peste, pestilencia.
pestle ('pesl) *s.* mano de almirez, majadero.
pet (pet) *a.* querido, mimado, favorito. *2* ~ ***name,*** apelativo cariñoso. *3 s.* animal favorito. *4* pers. o niño mimado. *5* enojo, berrinche.
pet (to) (pet) *t.* mimar, acariciar.
petal ('petl) *s.* BOT. pétalo.
Peter ('pi:təʳ) *n. pr.* Pedro.
petition (pi'tiʃən) *s.* petición, solicitud. *2* ruego, súplica.
petition (to) (pi'tiʃən) *t.* solicitar. *2* dirigir una petición a.
petrel ('petrəl) *s.* ORN. petrel.
petrify (to) ('petrifai) *t.-i.* petrificar(se.
petrol ('pətrəl) *s.* (Ingl.) gasolina, bencina.
petroleum (pi'trouljəm) *s.* petróleo, aceite mineral.
petticoat ('petikout) *s.* enaguas. *2* falda. *3* fig. faldas, mujeres.
pettifoger ('petifɔgəʳ) *s.* leguleyo, picapleitos.
pettish ('petiʃ) *a.* enojadizo, malhumorado.
petty ('peti) *a.* pequeño, insignificante, mezquino: ~ ***cash,*** gastos menores; ~ ***thief,*** ratero. *2* inferior, subalterno.
petulance ('petjuləns) *s.* impaciencia, malhumor, mal genio.
petulant ('petjulənt) *a.* enojadizo, malhumorado.
pewter ('pju:təʳ) *s.* peltre. *2* vasijas de peltre.
phalange ('fælændʒ) *s.* ANAT., ZOOL., POL. falange.
phantasm ('fæntæzəm) *s.* fantasma.
phantom ('fæntəm) *s.* fantasma, aparición. *2* ilusión óptica. *3 a.* fantasmal, quimérico.
pharmacy ('fɑ:məsi) *s.* farmacia.
phase (feiz) *s.* fase.
pheasant ('feznt) *s.* ORN. faisán.
phenomenon (fi'nɔminən) *s.* fenómeno.
philander (to) (fi'lændəʳ) *i.* galantear, flirtear.
philanthropy (fi'lænθrəpi) *s.* filantropía.
philharmonic (ˌfila:'mɔnik) *a.* filarmónico.
philologist (fi'lɔlədʒist) *s.* filólogo.
philosopher (fi'lɔsəfəʳ) *s.* filósofo.
philosophy (fi'lɔsəfi) *s.* filosofía.
philtre ('filtəʳ) *s.* filtro, bebedizo.
phlegm (flem) *s.* flema.
phlegmatic(al (fleg'mætik(əl) *a.* flemático.
phœnix ('fi:niks) *s.* fénix.
phone (foun) *s.* fam. teléfono.
phone (to) (foun) *t.-i.* telefonear.
phonetics (fə'netiks) *s.* fonética.
phoney, phony ('founi) *a.* fam. (E. U.) falso, engañoso.
photo ('foutou) *s.* fam. fotografía.
photograph ('foutəgrɑ:f) *s.* fotografía.
photograph (to) ('foutəgrɑ:f) *t.-i.* fotografiar.
photogravure (ˌfoutəgrə'vjuəʳ) *s.* fotograbado.
phrase (freiz) *s.* frase, locución.
physical ('fizikəl) *a.* físico: ~ ***training,*** educación física.
physician (fi'ziʃən) *s.* médico, doctor.
physics ('fiziks) *s. pl.* física.
physiognomy (ˌfizi'ɔnəmi) *s.* fisonomía.
physiologist (ˌfizi'ɔlədʒist) *s.* fisiólogo.
physique (fi'zi:k) *s.* físico, figura, constitución [de una pers.].
pianist ('pjənist, 'pjænist) *s.* MÚS. pianista.
piano ('pjænou, 'pjɑ:nou) *s.* piano.
picaresque (ˌpikə'resk) *a.* picaresco.
pick (pik) *s.* pico [herramienta]. *2* MÚS, púa, plectro. *3* cosecha. *4* selección. *5* flor, lo más escogido.
pick (to) (pik) *t.* picar, agujerear. *2* coger [flores, frutos, etc.]. *3* escoger. *4* limpiar, pelar, mondar. *5* forzar [una cerradura]. *6* picotear. *7* comer a bocaditos. *8* ***to ~ a quarrel,*** buscar pendencia. *9* ***to ~ off,*** arrancar. *10* ***to ~ out,*** escoger. *11* ***to ~ up,*** recoger; tomar; captar [en radio]. *12 i.* ***to ~ up,*** restablecerse; ganar velocidad.
picket ('pikit) *s.* estaca, piquete. *2* MIL. piquete.
pickle ('pikl) *s.* salmuera, escabeche,

adobo. *2* apuro, aprieto. *3 pl.* encurtidos.
pickle (to) ('pikl) *t.* escabechar, adobar.
pickpocket ('pik,pɔkit) *s.* ratero, carterista.
pickup ('pikʌp) *s.* recogida. *2* cosa hallada. *3* ELECT. fonocaptor, pick-up.
picnic ('piknik) *s.* partida de campo, jira, comida al aire libre.
picnic (to) ('piknik) *i.* comer o merendar en el campo.
picture ('piktʃəʳ) *s.* pintura, cuadro. *2* imagen, retrato; lámina, grabado. *3* escena, cuadro. *4* descripción. *5* OPT. imagen. *6* ***the pictures***, el cine.
picture (to) ('piktʃəʳ) *t.* pintar, retratar. *2* describir. *3 i.* imaginarse, representarse.
picturesque (,piktʃə'resk) *a.* pintoresco.
pie (pai) *s.* pastel, empanada.
piece (pi:s) *s.* pieza, trozo, pedazo. *2* pieza [de tela, de un juego]; ejemplo, caso, acto: ~ ***of furniture***, mueble; ~ ***of advice***, consejo: ~ ***of news***, noticia. *3* cañón, arma de fuego. *4* moneda. *5* casco, tonel. *6* PINT. cuadro. *7* MÚS., LIT., TEAT. pieza, obra.
piece (to) (pi:s) *t.* apedazar, remendar. *2* reunir.
piecemeal ('pi:s-mi:l) *a.* hecho de trozos. *2 adv.* en pedazos. *3* poco a poco, por partes.
pied (paid) *a.* moteado.
pier (piəʳ) *s.* pilar, estribo. *2* muelle, embarcadero; rompeolas. *3* ARQ. entrepaño.
pierce (to) (piəs) *t.* atravesar, traspasar; perforar; penetrar. *2* conmover. *3* abrir [un agujero, etc.].
piercing ('piəsiŋ) *a.* agudo, penetrante.
piety ('paiəti) *s.* piedad, devoción.
pig (pig) *s.* ZOOL. cerdo, cochino. *2* COC. lechón. *3* fig. cerdo [pers.].
pigeon ('pidʒin) *s.* ORN. pichón, palomo.
pigeonhole ('pidʒinhoul) *s.* hornilla [de palomar]. *2* casilla [de casillero].
pig-headed ('pig'hedid) *a.* testarudo, terco.
pigskin ('pigskin) *s.* piel de cerdo.
pigsty ('pigstai) *s* pocilga, zahurda.
pigtail ('pigteil) *s.* coleta [de pelo].
pike (paik) *s.* pica [arma]; garrocha; chuzo. *2* ICT. lucio.
pilaster (pi'læstəʳ) *s.* ARQ. pilastra.
pile (pail) *s.* pelo, pelusa, lana. *2* pila, montón. *3* ELECT. pila, batería. *4* pira. *5* estaca, pilote.
pile (to) (pail) *t.* amontonar, apilar. *2* sostener con pilotes. *3 i.* acumularse.
pilfer (to) ('pilfəʳ) *t.-i.* hurtar, ratear, sisar.
pilfering ('pilfəriŋ) *s.* ratería, hurto.
pilgrim ('pilgrim) *s.* peregrino, romero.
pilgrimage ('pilgrimidʒ) *s.* peregrinación, romería.
pill (pil) *s.* píldora. *2* fig. mal trago.
pillage ('pilidz) *s.* pillaje, saqueo. *2* botín [de un pillaje].
pillage (to) ('pilidz) *t.* pillar, saquear.
pillar ('piləʳ) *s.* pilar, columna; sostén: ***from ~ to post***, de Ceca en Meca; de Herodes a Pilatos.
pillion ('piljən) *s.* asiento trasero de motocicleta.
pillory (piləri) *s.* picota.
pillow (pilou) *s.* almohada. *2* almohadón.
pilot ('pailət) *m.* MAR. piloto, práctico. *2* AVIA. piloto, aviador. *3* guía, consejero.
pilot (to) ('pailət) *t.* pilotar. *2* dirigir, gobernar.
pimp (pimp) *s.* alcahuete.
pimple ('pimpl) *s.* grano, barro [en la piel].
pin (pin) *s.* alfiler. *2* prendedor, broche. *3* clavillo, clavija, chaveta. *4* MEC. gorrón; muñón. *5* bolo [para jugar]. *6 pl.* palos [de billar].
pin (to) (pin) *t.* prender [con alfileres]; clavar, sujetar.
pinafore ('pinəfɔ:ʳ) *s.* delantal [de niño].
pincers ('pinsəz) *s. pl.* tenazas, mordazas. *2* pinzas, tenacillas.
pinch (pintʃ) *s.* aprieto, apuro. *2* punzada, dolor. *3* pellizco. *4* pulgarada.
pinch (to) (pintʃ) *t.* pellizcar. *2* apretar [el zapato]. *3* hurtar. *4* reducir, escatimar. *5* coger, prender, *6 i.* economizar.
pine (pain) *s.* BOT. pino: ~ ***cone***, piña; ~ ***nut***, piñón.
pine (to) (pain) *i.* desfallecer, languidecer. | Gralte. con ***away***. *2* afligirse. *3* ***to ~ for*** o ***after***, anhelar.
pineapple ('pain,æpl) *s.* BOT. ananá, piña de América.
ping-pong ('pimpɔŋ) *s.* tenis de salón, pingpong.
pinion ('pinjən)) *s.* ORN. ala. *2* alón. *3* MEC. piñón.
pinioned ('pinjənd) *a.* atado, maniatado.
pink (piŋk) *s.* BOT. clavel; clavellina. *2* color de rosa. *3* estado perfecto. *4 a.* rosado.
pinnacle ('pinəkl) *s.* pináculo. *2* cima, cumbre.
pint (paint) *s.* pinta, cuartillo [medida].
pioneer (,paiə'niəʳ) *s.* MIL. zapador, gastador. *2* pionero.

pious ('paiəs) *a.* pío, piadoso, devoto. *2* **-ly** *adv.* piadosamente.
pipe (paip) *s.* tubo, cañería, conducto. *2* cañón [de órgano]. *3* flauta, caramillo. *4* MAR. silbato. *5* pitido, silbido. *6* pipa [para fumar]. *7* pipa, tonel. *8 pl.* tubería. *9* MÚS. gaita.
pipe (to) (paip) *t.-i.* tocar [en] el caramillo. *2* chiflar, pitar. *3 t.* MAR. llamar [con el silbato].
pipe-line ('paip-lain) *s.* tubería, oleoducto.
piper ('paipəʳ) *s.* gaitero.
piping ('paipiŋ) *a.* agudo, aflautado. *2 adv.* ~ ***hot,*** muy caliente. *3 s.* tubería. *4* COST. ribete.
piquancy ('pi:kənsi) *s.* lo picante [de una cosa].
piquant ('pi:kənt) *a.* picante. *2* travieso, picaresco.
pique (pi:k) *t.* picar, irritar. *2* picar, estimular. *3* ***to ~ onself on,*** picarse, jactarse de.
piracy ('pairərəsi) *s.* piratería.
pirate ('paiərit) *s.* pirata. *2* plagiario.
pirate (to) (p'aiərit) *t.-i.* piratear.
pirogue (pi'roug) *s.* piragua.
pistil ('pistil) *s.* BOT. pistilo.
pistol ('pistl) *s.* pistola; ~ ***case,*** pistolera.
piston ('pistən) *s.* MEC. pistón, émbolo.
pit (pit) *s.* hoyo; foso, pozo. *2* boca [del estómago]. *3* cacaraña. *4* mina. *5* TEAT. parte posterior del patio. *6* (E. U.) corro [de Bolsa]. 7 hueso [de fruta].
pitapat ('pitə'pæt) *s.* trip trap; palpitación.
pitch (pitʃ) *s.* pez, brea, alquitrán. *2* echada, tiro [en ciertos juegos]. *3* inclinación, pendiente. *4* MÚS., FONÉT. tono. *5* paso [de rosca].
pitch ((to) (pitʃ) *t.* empecinar, embrear. *2* tirar, arrojar. *3* clavar, fijar en tierra; poner, colocar. *4 i.* echarse o caer de cabeza. *5* MAR. cabecear. *6* ***pitched battle,*** batalla campal.
pitcher ('pitʃəʳ) *s.* jarro, cántaro. *2* lanzador.
pitchfork ('pitʃfɔ:k) *s.* AGR. horca, horquilla.
piteous ('pitiəs) *a.* lastimoso, lastimero.
pitfall ('pitfɔ:l) *s.* trampa [para cazar]. *2* añagaza; escollo.
pith (piθ) *s.* meollo, médula.
pitiable ('pitiəbl) *a.* lastimoso, lamentable. *2* despreciable.
pitiful ('pitiful) *a.* PITIABLE. *2* compasivo. *3* **-ly** *adv.* despiadadamente.
pitiless ('pitilis) *a.* despiadado, cruel, inhumano. *2* **-ly** *adv.* despiadadamente.
pity ('piti) *s.* piedad, compasión. ***what a ~!,*** ¡qué lástima!
pity (to) ('piti) *t.* compadecer, apiadarse de.
pivot ('pivət) *s.* eje, pivote.
placard ('plækɑ:d) *s.* cartel, anuncio, letrero.
placate (to) (plə'keit) *t.* aplacar, apaciguar.
place (pleis) *s.* lugar, sitio; parte; local: ***out of ~,*** fuera de lugar o de propósito. *2* puesto; rango, dignidad. *3* empleo, cargo. *4* MIL. plaza. *5* plazuela; calle corta. *6* mansión, quinta.
place (to) (pleis) *t.* colocar, poner, situar, acomodar.
placement ('pleismənt) *s.* colocación, situación.
placid ('plæsid) *a.* plácido, apacible.
plague (pleig) *s.* plaga. *2* peste. *3* calamidad.
plague (to) (pleig) *t.* plagar, infestar. *2* molestar, importunar.
plaid (plæd) *s.* manta escocesa. *2* tartan. *3* diseño a cuadros.
plain (plein) *a.* llano, liso. *2* claro, evidente. *3* franco, sincero. *4* simple, corriente. *5* feo, sin atractivo. *6* puro, sin mezcla. *7* ~ ***clothes,*** traje de paisano. *8* MÚS. ~ ***song,*** canto llano. *9 adv.* claramente. *10 s.* llanura. *11* **-ly** *adv.* llanamente, claramente.
plaint (pleint) *s.* queja. *2* DER. querella.
plaintiff ('pleintif) *s.* DER. demandante.
plaintive ('pleintiv) *a.* lastimero, triste, plañidero.
plait (plæt) *s.* pliegue. *2* trenza..
plait (to) (plæt) *t.* plegar, alechugar. *2* trenzar.
plan (plæn) *s.* plano, diseño, esquema. *2* PERSP., ESC. plano. *3* plan, proyecto.
plan (to) (plæn) *t.* planear, proyectar; planificar. *2 i.* hacer planes.
plane (plein) *a.* plano. *2 s.* plano [superficie]. *3* nivel. *4* aeroplano, avión. *5* cepillo, garlopa. *6* BOT. ~ ***tree,*** plátano [árbol].
plane (to) (plein) *t.* CARP. acepillar, cepillar. *2 i.* AVIA. volar; planear.
planet ('plænit) *s.* ASTR. planeta.
plank (plæŋk) *s.* tablón, tabla.
plant (plɑ:nt) *s.* BOT. planta. *2* mata, esqueje. *3* equipo, instalación. *4* fábrica, taller.
plant (to) (plɑ:nt) *t.* plantar, sembrar. *2* fundar, establecer. *3* implantar.
plantation (plæn'teiʃən) *s.* plantación. *2* plantío.
plaster ('plɑ:stəʳ) *s.* yeso; estuco, escayola. *2* FARM. parche, emplasto.

plaster (to) ('plɑ:stəʳ) *t.* enyesar, enlucir. *2* emplastar. *3* pegar [un cartel, etc.].
plastic ('plæstik) *a.-s.* plástico.
plate (pleit) *s.* placa, plancha. *2* grabado, lámina. *3* ELECT., FOT., BACT., ZOOL. placa. *4* plato, fuente. *5* vajilla [de plata, etc.].
plate (to) (pleit) *t.* planchear. *2* dorar, platear, niquelar, chapear. *3* IMPR. clisar.
plateau ('plætou) *s.* meseta.
platform ('plætfɔ:m) *s.* plataforma. *2* tablado, tarima. *3* tribuna, estrado. *4* FERROC. andén.
platinum ('plætinəm) *s.* platino.
platitude ('plætitju:d) *s.* perogrullada, lugar común.
platoon (plə'tu:n) *s.* pelotón.
plausible ('plɔ:zibl) *a.* especioso, aparentemente bueno.
play (pleid) *s.* juego [diversión, deporte], broma: *~ **on words,*** juego de palabras. *2* MEC. juego. *3* juego, funcionamiento, acción. *4* juego [de luces, colores, etc.]. *5* TEAT. representación. *6* TEAT. comedia, drama, etc..
play (to) (plei) *t.* jugar [una partida, un naipe, etc.]. *2* poner en acción, hacer, causar: ***to ~ a trick on,*** hacer una mala jugada a. *3* fingir: ***to ~ the fool,*** hacerse el tonto. *4* TEAT. representar [una obra]; hacer [un papel]. *5* MÚS. tocar, tañer. *6* ***to ~ truant,*** hacer novillos. *7 i.* divertirse, jugar; bromear. *8* ***to ~ fair,*** jugar limpio.
player ('pleiəʳ) *s.* jugador. *2* TEAT. actor. *3* tocador, ejecutante.
playful ('pleiful) *a.* juguetón, travieso.
playground ('plei-graund) *s.* patio de recreo. *2* campo de juego.
playhouse ('pleihaus) *s.* teatro.
playwright ('pleirait) *s.* autor dramático.
plea (pli:) *s.* argumentación. *2* defensa, alegato. *3* disculpa, excusa, pretexto. *4* súplica.
plead (to) (pli:d) *t.* alegar [en defensa, etc.]. *2 i.* pleitear, abogar. *3* DER. ***to ~ guilty,*** declararse culpable.
pleading ('pli:diŋ) *s.* alegación, defensa. *2* súplica, ruegos.
pleasant ('pleznt) *a.* agradable, grato, placentero. *2* simpático, afable. *3* **-ly** *adv.* agradablemente, gratamente.
pleasantry ('plezntri) *s.* broma, chanza.
please (to) (pli:z) *t.-i.* agradar, gustar, placer; complacer. *2* ***to be pleased*** [***to***], estar contento; querer, tener a bien. *3 i.* gustar, tener a bien, dignarse: ***please,*** haga usted el favor de.
pleasing ('pli:ziŋ) *a.* agradable, grato, placentero. *2* afable, cortés. *3* **-ly** *adv.* agradablemente, etc..
pleasurable ('pleʒərəbl) *a.* agradable, deleitoso.
pleasure ('pleʒəʳ) *s.* placer, deleite, goce, gusto. *2* recreo. *3* gozo, alegría. *4* gusto, voluntad, deseo.
pleat (pli:t) *s.* pliegue, doblez.
plebeian (pli'bi:ən) *a.* plebeyo.
pledge (pledʒ) *s.* prenda [garantía], rehén, fianza, empeño. *2* brindis.
pledge (to) (pledʒ) *t.* dar en prenda, empeñar. *2* comprometerse. *3* hacer prometer. *4* brindar por.
plentiful ('plentiful) *a.* abundante, copioso. *2* fértil, feraz.
plenty ('plenti) *s.* abundancia: *~ **of,*** mucho, de sobra.
pliable ('piaiəbl) *a.* flexible, dócil. *2* dúctil, manejable.
pliant ('plaiənt) *a.* flexible, cimbreño. *2* blando, dócil, complaciente.
pliers ('plaiəz) *s. pl.* alicates, tenazas.
plight (plait) *s.* condición, estado. *2* apuro, aprieto.
plod (to) (plɔd) *i.* afanarse, trabajar mucho; andar pesadamente.
plot (plɔt) *s.* porción de terreno, solar, parcela. *2* conspiración, complot, maquinación. *3* LIT. trama, argumento.
plot (to) (plɔt) *t.* tramar, urdir. *2 i.* conspirar.
plotter ('plɔtəʳ) *s.* conspirador, intrigante.
plough, (E. U.) **plow** (plau) *s.* arado.
plough (to) ((E. U.), **plow (to)** (plau) *t.-i.* arar, labrar. *2 t.* surcar.
ploughman, (E. U.) **plowman** (plaumən) *s.* arador, labrador.
pluck (plʌk) *s.* valor, resolución. *2* tirón, estirón.
pluck (to) (plʌk) *t.* coger, arrancar. *2* desplumar. *3* dar un tirón. *4* MÚS. puntear. *5* ***to ~ up courage,*** cobrar ánimo.
plug (plʌg) *s.* tapón, espita, taco. *2* DENT. empaste. *3* ELECT. clavija. *4* AUTO. bujía.
plug (to) (plʌg) *t.* atarugar, tapar. *2* ELECT ***to ~ in,*** enchufar.
plum (plʌm) *s.* BOT. ciruela; ciruelo. *2* pasa [para repostería].
plumage ('plu:midʒ) *s.* plumaje.
plumb (plʌm) *s.* plomo, plomada. *2 a.* vertical. *3* completo. *4 adv.* a plomo. *5* completamente; directamente.
plumb (to) (plʌm) *t.* sondear. *2* ALBAÑ. aplomar. *3* plomar.
plumber ('plʌməʳ) *s.* plomero. *2* fontanero.

plume (plu:m) *s.* pluma [de ave]. *2* plumaje. *3* penacho. *4* fig. galardon.
plump (plʌmp) *a.* regordete, rollizo. *2* brusco, franco.
plunder ('plʌndəʳ) *s.* pillaje, saqueo; botín.
plunder (to) ('plʌndəʳ) *s.* pillar, saquear, robar.
plundering ('plʌndəriŋ) *s.* pillaje, rapiña. *2* expoliación.
plunge (plʌndʒ) *s.* zambullida, sumersión; salto, caída.
plunge (to) (plʌndʒ) *t.-i.* zambullir(se, precipitar(se, abismar(se.
pluperfect ('plu:'pə:fikt) *a.-s.* GRAM. pluscuamperfecto.
plural ('pluərəl) *a.-s.* plural.
plus (plʌs) *prep.* más.
plush (plʌʃ) *s.* TEJ. felpa, peluche.
ply (plai) *s.* pliegue, doblez. *2* propensión.
ply (to) (plai) *t.* usar, manejar. *2* practicar. *3* trabajar con ahínco en. *4* ***to ~ with,*** acosar con [preguntas]; hacer comer o beber. *5 i.* ***to ~ between,*** hacer el servicio entre.
poach (to) (poutʃ) *i.* cazar o pescar en vedado. *2 t.* escalfar [huevos].
poacher ('potʃəʳ) *s.* cazador o pescador furtivo.
pock (pɔk) *s.* MED. viruela.
pocket ('pɔkit) *s.* bolsillo, faltriquera. *2* MIL. bolsa. *3* ANAT., MED. saco, bolsa. *4* AVIA. bache. *5* BILL. tronera.
pocket (to) ('pɔkit) *t.* embolsar(se.
pocket-book ('pɔkitbuk) *s.* libro de bolsillo. *2* billetero, cartera.
pock-marked ('pɔkmɑ:kt) *a.* picado de viruelas.
pod (pɔd) *s.* BOT. vaina, cápsula.
poem ('pouim) *s.* poema.
poet ('pouit) *s.* poeta, vate.
poetry ('po(u)itri) *s.* poesía. | No tiene el sentido de verso, poema. *2* poética.
poignant ('pɔinənt) *a.* acerbo. *2* agudo, penetrante. *3* mordaz. *4* conmovedor. *5* **-ly** *adv.* acerbamente, etc..
point (pɔint) *s.* punta [extremo, esp. agudo]. *2* punzón, buril, puñal, etc. *3* GEOGR. punta; pico, picacho. *4* punto [en varios sentidos]: ***~ of view,*** punto de vista; ***to come to the ~,*** ir al grano, venir al caso; ***beside the ~,*** fuera de propósito; ***in the ~ of,*** a punto de. *5* tanto [en el juego]. *6* signo [de puntuación]. *7* peculiaridad. *8* el quid; la intención, el chiste. *9* fin, propósito: ***to carry one's ~,*** salirse con la suya. *10* grado [de escala]. *11* FERROC. aguja.
point (to) (pɔint) *t.* aguzar, sacar punta a. *2* apuntar, asestar, encarar. *3* señalar, indicar, hacer notar. *4* GRAM. puntuar. *5 i.* ***to ~ at, to*** o ***toward,*** señalar, apuntar a o hacia. *6 t.-i.* parar [el perro].
point-blank ('pɔint'blæŋk) *a.* directo; claro, categórico. *2 adv.* a quemarropa. *3* clara, categóricamente.
pointed ('pɔintid) *a.* puntiagudo. *2* intencionado, mordaz. *3* ARQ. apuntado. *4* **-ly** *adv.* sutilmente, agudamente, etc..
pointer ('pɔintəʳ) *s.* indicador; índice; manecilla. *2* perro de muestra.
poise (pɔiz) *s.* equilibrio. *2* serenidad. *3* aire, continente.
poise (to) (pɔiz) *t.* equilibrar, balancear.
poison ('pɔizn) *s.* veneno, ponzoña.
poison (to) ('pɔizn) *t.* envenenar.
poisonous ('pɔiznəs) *a.* venenoso.
poke (pouk) *s.* empujón, codazo. *2* hurgonazo.
poke (to) (pouk) *t.* picar, aguijonear, atizar, hurgar. *2* meter. *3 i.* husmear, meterse [en].
poker ('poukəʳ) *s.* hurgón, atizador. *2* póquer [juego].
polar ('pouləʳ) *a.* polar.
pole (poul) *s.* polo. *2* palo, pértiga. *3* lanza [de carruaje]. *4* (con may.) polaco, ca.
polemic (pə'lemik) *a.* polémico [de controversia]. *2 s.* polemista. *3* polémica.
pole-star ('poul-stɑ:ʳ) *s.* estrella polar. *2* fig. norte, guía.
police (pə'li:s) *s.* policía: ***~ court,*** tribunal correccional.
policeman (pə'li:smən) *s.* policía; guardia de seguridad, urbano.
policy ('pɔlisi) *s.* política, línea de conducta; maña. *2* póliza [de seguro].
Polish (pouliʃ) *a.-s.* polaco.
polish ('pɔliʃ) *s.* pulimento. *2* lustre, brillo. *3* betún, lustre [para zapatos].
polish (to) ('pɛliʃ) *t.* pulir, bruñir, lustrar. *2* perfeccionar; educar. *3 i.* pulirse.
polite (pə'lait) *a.* cortés, atento, bien educado. *2* culto, refinado.
politeness (pə'laitnis) *s.* cortesía, urbanidad.
politic ('pɔlitik) *a.* político, prudente.
political (pə'litikəl) *a.* político [de la política].
politician (ˌpɔli'tiʃən) *s.* político.
politics ('pɔlitiks) *s. pl.* política.
poll (poul) *s.* cabeza [pers.] *2* votación; su resultado. *3* lista electoral. *4 pl.* colegio electoral. *5* urnas electorales.
poll (to) (poul) *t.* recibir y escrutar [los votos]. *2* dar [voto]. *3* trasquilar. *4* desmochar. *5* descornar.

pollen ('pɔlin) *s.* BOT. polen.
pollute (to) (pɔ'lu:t, -'lju:t) *t.* impurificar, contaminar.
pollution (pɔ'lu:ʃən, -'lju:-) *s.* contaminación. *2* MED. polución.
polo ('polou) *s.* polo [juego].
poltroon (pɔl'tru:n) *s.* cobarde.
polygamous (pɔ'ligəməs) *a.* polígamo.
polytheism ('pɔliθi(:)izəm) *s.* politeísmo.
pomegranate ('pɔm,grænit) *s.* BOT. granada. *2* BOT. granadó.
pommel ('pʌml) *s.* pomo [de la espada]. *2* perilla [del arzón].
pommel (to) ('pʌml) *t.* aporrear.
pomp (pɔmp) *s.* pompa, fausto.
pompous ('pɔmpəs) *a.* pomposo. *2* hueco, vanidoso. 3 **-ly** *adv.* pomposamente.
pond (pɔnd) *s.* estanque, charca.
ponder (to) ('pɔndə^r) *t.* ponderar, pesar. *2* ***to ~ on*** o ***over,*** reflexionar acerca de.
ponderous (pɔndərəs) *a.* pesado, macizo. *2* pesado, aburrido. *3* **-ly** *adv.* pesadamente.
poniard ('pɔnjəd) *s.* puñal.
pontifex ('pɔntifeks) *s.* pontífice.
pony ('pouni) *s.* jaquita, caballito.
poodle ('pu:dl) *s.* perro de lanas.
pool (pu:l) *s.* charco, balsa. *2* estanque. *3* polla [en ciertos juegos]. *4* fusión de intereses o empresas.
poop (pu:p) *s.* MAR. popa.
poor (puə^r) *a.* pobre: ~ ***thing,*** pobrecito, ta. *2* malo, de mala calidad. *3* débil; enfermo. *4* pl. ***the ~,*** los pobres. *5* **-ly** *adv.* pobremente; insuficientemente.
pop (pɔp) *s.* estallido, taponazo, pistoletazo. *2* bebida gaseosa.
pop (to) (pɔp) *t.* hacer estallar. *2* sacar, asomar. *3* soltar, disparar. *4 i.* ***to ~ in,*** entrar [de sopetón].
pop-corn ('pɔp,kɔ:n) *s.* rosetas de maíz.
Pope (poup) *s.* papa, pontífice. *2* pope.
pop-eyed (pɔp'aid) *a.* de ojos saltones.
poplar (p'ɔplə^r) *s.* BOT. álamo, chopo.
poppy ('pɔpi) *s.* BOT. amapola, adormidera.
popular ('pɔpjulə^r) *a.* popular. *2* corriente, general. *3* que tiene simpatías. *4* de moda.
popularity (,pɔpju'læriti) *s.* popularidad; estimación general.
populate (to) ('pɔpjuleit) *t.* poblar.
population (,pɔpju'leiʃən) *s.* población [habitantes].
porcelain ('pɔ:slin) *s.* porcelana.
porch (pɔ:tʃ) *s.* porche, atrio, pórtico. *2* vestíbulo, entrada.
porcupine ('pɔ:kjupain) *s.* ZOOL. puerco espín.
pore (pɔ:^r, pɔə^r) *s.* poro.
pore (to) (pɔ:^r, pɔə^r) *i.* ***to ~ over,*** mirar de cerca, leer con atención.
pork (pɔ:k) *s.* cerdo, carne de cerdo.
porpoise ('pɔ:pəs) *s.* ZOOL. marsopa.
porridge ('pɔridʒ) *s.* gachas, puches, potaje.
port (pɔ:t) *s.* puerto [de mar o río]. *2* MAR. porta. *3* MAR. babor. *4* porte, aire. *5* vino de Oporto.
portable ('pɔ:təbl) *a.* portátil.
portcullis (pɔ:t'kʌlis) *s.* FORT. rastrillo.
portend (to) (pɔ:'tend) *t.* anunciar, presagiar.
portent ('pɔ:tent) *s.* portento. *2* presagio.
portentous (pɔ:'tentəs) *a.* portentoso. *2* presagioso. *3* grave, solemne.
porter ('pɔ:tə^r) *s.* portero. *2* mozo [de estación, hotel, etc.].
portfolio (pɔ:t'foujou) *s.* carpeta, cartera. *2* cartera, ministerio. *3* cartera [de un banco].
portion ('pɔ:ʃən) *s.* porción, porte. *2* herencia, dote. *3* sino, suerte.
portion (to) ('pɔ:ʃən) *t.* distribuir. *2* dotar.
portly ('pɔ:tli) *a.* voluminoso, corpulento. *2* majestuoso.
portmanteau (pɔ:t'mæntou) *s.* maleta, maletín.
portrait ('pɔ:trit) *s.* retrato.
portray (to) (pɔ:'trei) *t.* retratar.
portrayal (pɔ'treiəl) *s.* retrato, descripción.
Portuguese (,pɔ:tju'gi:z) *a.-s.* portugués.
pose (pouz) *s.* actitud. *2* actitud afectada.
pose (to) (pouz) *t.* B. ART. colocar. *2* plantear [un problema, etc.], hacer [una pregunta]. *3* confundir con palabras difíciles. *4 i.* B. ART. posar por. *5* ***to ~ as,*** darse aires de.
position (pə'ziʃən) *s.* posición. *2* postura, actitud. *3* situación. *4* empleo.
positive ('pɔzitiv) *a.* positivo. *2* categórico. *3* indudable. *4* terco. *5 s.* lo positivo. *6* FOT. positiva.
possess (to) (pə'zes) *t.* poseer, tener.
possibility (,pɔsi'biliti) *s.* posibilidad.
possible ('pɔsibl) *a.* posible: ***as soon as ~,*** cuanto antes.
possibly ('pɔsibli) *adv.* posiblemente, tal vez.
post (poust) *s.* poste, pilar. *2* MIL. puesto. *3* puesto, empleo, cargo. *4* factoría [comercial]. *5* posta [para viajar]. *6* correo, estafeta; correos: ~ ***card,*** tarjeta postal; ~ ***office,*** casa de correos.
post (to) (poust) *t.* anunciar [con carteles]; fijar [carteles]. *2* apostar, situar. *3* enviar por correo. *4* enterar. *5 i.* viajar por la posta.

postage ('poustidʒ) *s.* franqueo: ~ ***stamp,*** sello de correos.
postal ('poustəl) *a.* postal: ~ ***order,*** giro postal.
poster ('poustəʳ) *s.* cartel, anuncio. *2* fijador de carteles.
posterity (pɔs'teriti) *s.* posteridad.
postern ('poustə:n) *s.* poterna. *2* puerta falsa.
posthaste ('poust-'heist) *adv.* rápidamente.
postman ('pous(t)mən) *s.* cartero.
post-office ('poustˌɔfis) *s.* oficina de correos, estafeta: ~ ***box,*** apartado de correos.
postpone (to) (pous(t)'poun) *t.* aplazar, diferir. *2* posponer.
postponement (pous(t)'pounmənt) *s.* aplazamiento.
postscript ('pousskript) *s.* posdata.
posture ('pɔstʃəʳ) *s.* postura, actitud. *2* estado, situación.
pot (pɔt) *s.* olla, puchero, pote. *2* maceta, tiesto.
potable ('poutəbl) *a.* potable.
potato (pə'teitou) *s.* BOT. patata: ***sweet*** ~, batata, boniato.
potency ('poutənsi) *s.* potencia, poder. *2* autoridad. *3* fuerza.
potent ('poutənt) *a.* potente, poderoso.
potentate ('poutənteit) *s.* potentado.
potential (pə'tenʃəl) *a.-s.* potencial. *2* **-ly** *adv.* potencialmente.
potluck ('pɔt'lʌk) *s.* ***to take*** ~, hacer penitencia, comer de lo que haya.
potter ('pɔtəʳ) *s.* alfarero.
pottery ('pɔtəri) *s.* alfarería. *2* vasijas de barro.
pouch (pautʃ) *s.* bolsa, saquito. *2* faltriquera. *3* ANAT., ZOOL. bolsa.
poultice ('poultis) *s.* cataplasma, bizma.
poultry ('poultri) *s.* pollería, aves de corral.
pounce (pauns) *s.* zarpazo. *2* salto súbito.
pounce (to) (pauns) *i.* saltar, abalanzarse.
pound (paund) *s.* libra [peso; moneda].
pound (to) (paund) *t.* moler, majar, machacar. *2* aporrear.
pour (to) (pɔ:ʳ,pɔəʳ) *t.* verter, derramar, echar. *2 i.* fluir, correr; salir a chorros. *3* diluviar.
pout (paut) *s.* mohín [con los labios]; puchero. *2 pl.* berrinche.
pout (to) (paut) *i.* hacer mohínes o pucheros; mostrar malhumor.
poverty ('pɔvəti) *s.* pobreza, indigencia: ~ ***striken,*** muy pobre, indigente.
powder ('paudəʳ) *s.* polvo; polvillo. *2* polvos [de tocador]: ~ ***box,*** polvera. *3* pólvora: ~ ***magazine,*** polvorín.
powder (to) ('paudəʳ) *t.* polvorear. *2 t.-i.* pulverizar(se. *3* empolvar(se.
power ('pauəʳ) *s.* poder, facultad. *2* poderío, fuerza. *3* potestad, autoridad, influencia. *4* DER. poder: ~ ***of attorney,*** poder, procuración. *5* potencia [estado soberano]. *6* MAT., FÍS. potencia. *7* energía, fuerza mecánica o motriz: ~ ***plant,*** central eléctrica. *8 pl.* potestades [angélicas].
powerful ('pauəful) *a.* poderoso. *2* fuerte. *3* intenso, potente. *4* **-ly** *adv.* poderosamente, etc.
power-house ('pauəhaus) *s.* central eléctrica.
powerless ('pauəlis) *a.* impotente, ineficaz.
practicable ('præktikəbl) *a.* practicable. *2* factible, hacedero. *3* transitable.
practical ('præktikəl) *a.* práctico. *2* virtual, de hecho. *3* ~ ***joke,*** broma, chasco.
practically ('præktikəli) *adv.* prácticamente. *2* de hecho, casi.
practice ('præktis) *s.* práctica: ***in*** ~, en la práctica. *2* costumbre. *3* clientela. *4* artería, estratagema.
practise (to) ('præktis) *t.-i.* practicar. *2* ejercitarse en. *3* ejercer [una profesión]. *4 t.* ejercitar, adiestrar.
practitioner (præk'tiʃənəʳ) *s.* médico, etc., que ejerce.
pragmatic(al (præg'mætikˌ-əl) *a.* pragmático.
prairie ('prɛəri) *s.* pradera, llanura, sabana; ~ ***wolf,*** coyote.
praise (preiz) *s.* alabanza, elogio. *2* fama.
praise (to) (preiz) *t.* alabar, ensalzar.
praiseworthy ('preizˌwə:ði) *a.* laudable, digno de alabanza.
prance (prɑ:ns) *s.* cabriola, trenzado [del caballo].
prance (to) (prɑ:ns) *i.* cabriolar, trenzar [el caballo].
prank (præŋk) *s.* travesura, retozo.
prattle ('prætl) *s.* charla, parloteo.
prattle (to) ('prætl) *i.* charlar, parlotear.
prawn (prɔ:n) *s.* ZOOL. camarón, quisquilla, langostino.
pray (to) (prei) *t.-i.* rogar, suplicar. *2 i.* orar, rezar.
prayer (prɛəʳ) *s.* ruego, súplica. *2* rezo, oración: ~ ***book,*** devocionario. *3 pl.* preces.
preach (to) (pri:tʃ) *t.-i.* predicar, sermonear.

preacher ('pri:tʃəʳ) *s.* predicador.
preamble (pri:'æmbl) *s.* preámbulo.
prebend ('prebənd) *s.* prebenda.
precarious (pri'kɛəriəs) *a.* precario. *2* incierto, inseguro. *3* infundado.
precaution (pri'kɔ:ʃən) *s.* precaución.
precede (to) (pri(:)'si:d) *t.-i.* preceder.
precedence (pri(:)'si:dəns) *s.* precedencia, prioridad.
precedent (pri'si:dənt) *a.* precedente, antecedente, anterior. *2 s.* ('presidənt)-precedente.
precept ('pri:sept) *s.* precepto.
precinct ('pri:siŋkt) *s.* recinto; interior de un edificio, etc. *2* distrito. *3 pl.* inmediaciones.
precious ('preʃəs) *a.* precioso, preciado. *2* caro, amado. *3* culterano. *4 adv.* muy, mucho. *5* **-ly** *adv.* preciosamente; extremadamente.
precipice ('precipis) *s.* precipicio, despeñadero.
precipitate (pri'sipitit) *a.* precipitado. *2* súbito. *3 s.* QUÍM. precipitado.
precipitate (to) (pri'sipiteit) *t.* precipitar [despeñar; apresurar]. *2* QUÍM. METEOR. precipitar. *3 i.* precipitarse.
precipitous (pri'sipitəs) *a.* pendiente, escarpado.
precise (pri'sais) *a.* preciso, claro, distinto; exacto, justo. *2* rígido, meticuloso. *3* **-ly** *adv.* precisamente, justamente.
preciseness (pri'saisnis) *s.* precisión, claridad. *2* rigor, meticulosidad.
precision (pri'siʒən) *s.* precisión, exactitud.
preclude (to) (pri'klu:d) *t.* impedir, excluir.
precocious (pri'kouʃəs) *a.* precoz.
precursor (pri(:)'kə:səʳ) *s.* precursor.
predecessor ('pri:disəsəʳ) *s.* predecesor, antecesor.
predestinate (to) (pri(:)'destineit) *t.* predestinar.
predestination (pri(:)ˌdesti'neiʃən) *s.* predestinación.
predestine (to) (pri(:)'destin) *t.* predestinar.
predicament (pri'dikəmənt) *s.* LÓG. predicamento. *2* apuro, aprieto.
predict (to) (pri'dikt) *t.* predecir, vaticinar.
prediction (pri'dikʃən) *s.* predicción, vaticinio.
predilection (ˌpri:di'lekʃən) *s.* predilección.
predispose (to) ('pri:dis'pouz) *t.* predisponer.
predominance (pri'dɔminəns) *s.* predominio.
predominate (to) (pri'dɔmineit) *i.* predominar, prevalecer.
pre-eminent (pri(:)'eminənt) *a.* preeminente.
prefabricated ('pri:'fæbrikeitid) *a.* prefabricado.
preface ('prefis) *s.* prefacio, prólogo.
prefect ('pri:fekt) *s.* prefecto.
prefer (to) (pri'fə:ʳ) *t.* preferir, anteponer. *2* elevar, exaltar.
preferable ('prefərəbl) *a.* preferible.
preference ('prefərəns) *s.* preferencia. *2* predilección.
preferential (ˌprefə'renʃəl) *a.* preferente.
preferment (pri'fə:mənt) *s.* ascenso, elevación. *2* favorecimiento, apoyo.
prefix ('pri:fiks) *s.* prefijo.
pregnant ('pregnənt) *a.* preñada, embarazada. *2* importante; significativo.
prehensile (pri'hensail) *a.* prensil.
prehistory ('pri:'histəri) *s.* prehistoria.
prejudge (to) ('pri:'dʒʌdʒ) *t.* prejuzgar.
prejudice ('predʒudis) *s.* prejuicio, prevención. *2* daño, perjuicio.
prejudice (to) ('predʒudis) *t.* prevenir, predisponer. *2* perjudicar, dañar.
prejudicial (ˌpredʒu'diʃəl) *a.* perjudicial, nocivo.
prelate ('prelit) *s.* prelado.
preliminary (pri'liminəri) *a.-s.* preliminar.
prelude ('prelju:d) *s.* preludio.
prelude (to) ('prelju:d) *t.-i.* preludiar.
premature (ˌpremə'tjuəʳ) *a.* prematuro. *2* **-ly** *adv.* prematuramente.
premeditate (to) (pri(:)'mediteit) *t.* premeditar.
premier ('premjəʳ) *a.* primero, principal. *2 s.* primer ministro.
première '('premiɛəʳ) *s.* estreno de una obra teatral o filme.
premise ('premis) *s.* premisa. *2 pl.* local, casa, finca.
premise (to) (pri'maiz) *t.* suponer, dar por sentado.
premium ('pri:mjəm) *s.* premio. *2* COM. prima, interés.
premonition (ˌpri:mə'niʃən) *s.* aviso, presentimiento.
preoccupation (pri(:)ˌɔkju'peiʃən) *s.* preocupación.
preoccupy (to) (pri(:)'ɔkjupai) *t.* preocupar [ocupar antes que otro; absorber la atención]. *2* predisponer.
preparation (ˌprepə'reiʃən) *s.* preparación. *2* preparativo. *3* preparado.
preparative (pri'pærətiv), **preparatory** (pri'pærətəri) *a.* preparatorio.

prepare (to) (pri'pɛəʳ) *t.* preparar. *2* prevenir, disponer, aprestar. *3* equipar. *4 i.* prepararse. *5* hacer preparativos.
prepayment ('pri:'peimənt) *s.* pago adelantado.
prepense (pri'pens) *a.* premeditado.
preponderate (to) (pri'pɔndəreit) *i.* preponderar.
preposition (ˌprepə'ziʃən) *s.* GRAM. preposición.
prepossess (to) (ˌpri:pə'zes) *t.* imbuir [de una idea, etc.]. *2* causar buena impresión.
prepossessing (ˌpri:pə'zesiŋ) *a.* simpático, atractivo.
preposterous (pri'pɔstərəs) *a.* absurdo, descabellado; ridículo. *2* **-ly** *adv.* absurdamente, etc.
prerequisite ('pri:'rekwizit) *s.* requisito previo.
prerogative (pri'rɔgətiv) *s.* prerrogativa.
presage ('presidʒ) *s.* presagio. *2* pronóstico.
presage (to) ('presidʒ) *t.* presagiar. *2* pronosticar.
Presbyterian (ˌprezbi'tiəriən) *a.-s.* presbiteriano.
presbytery ('prezbit(ə)ri) *s.* presbiterio. *2* casa rectoral.
prescribe (to) (pris'kraib) *t.* prescribir [ordenar; recetar]. *2 t.-i.* DER. prescribir.
prescription (pris'kripʃən) *s.* prescripción.
presence ('prezns) *s.* presencia: ~ ***of mind,*** presencia de ánimo. *2* aire, porte. *3* ~ ***chamber,*** salón de audiencias de un soberano.
present ('preznt) *a.* presente: ***to be*** **~,** estar presente, asistir. *2* actual. *3* GRAM. presente [tiempo]; pasivo [participio]. *4 s.* presente, la actualidad: ***for the*** **~,** por ahora. *5* presente, regalo.
present (to) (pri'zent) *t.* presentar: ***to ~ oneself,*** presentarse, personarse. *2* ofrecer [un aspecto, sus respetos, etc.]. *3* apuntar [un arma]. *4* ***to ~ with,*** regalar, obsequiar con.
presentation (ˌprezen'teiʃən) *s.* presentación. *2* regalo, obsequio.
presentiment (pri'zentimənt) *s.* presentimiento.
presently ('prezntli) *adv.* presentemente. *2* dentro de poco, al poco rato.
preservation (ˌprezə'veiʃən) *s.* preservación. *2* conservación.
preserve (pri'zə:v) *s.* conserva, confitura. *2* vedado.
preserve (to) (pri'zə:v) *t.* preservar, proteger. *2* conservar, mantener. *3* conservar, confitar.
preside (to) (pri'zaid) *t.-i.*, presidir; dirigir: ***to ~ at*** o ***over,*** presidir.
president ('prezidənt) *s.* presidente.
press (pres) *s.* muchedumbre. *2* apretura. *3* empuje, presión. *4* prisa, apremio. *5* prensa [máquina, periódicos]. *6* imprenta.
press (to) (pres) *t.* apretar. *2* apiñar. *3* impeler. *4* prensar, planchar, laminar. *5* estrujar, exprimir. *6* abrumar, oprimir; apurar. *7* apremiar. *8* obligar. *9* instar. *10* insistir en. *11* acosar. *12 i.* ejercer presión. *13* avanzar; agolparse; apiñarse. *14* urgir, apremiar.
pressing ('presiŋ) *a.* urgente, apremiante. *2* insistente, importuno.
pressure ('preʃəʳ) *s.* presión. *2* impulso, empuje. *3* peso, opresión. *4* urgencia, apremio. *5* ELECT. tensión.
prestidigitation ('prestiˌdidʒi'teiʃən) *s.* prestidigitación.
prestige (pres'ti:ʒ) *s.* prestigio.
presume (to) (pri'zju:m) *t.* presumir, suponer. *2 i.* atreverse.
presumption (pri'zʌmpʃən) *s.* presunción.
presumptive (pri'zʌmptiv) *a.* presunto. *2* presuntivo.
presumptuous (pri'zʌmptjuəs) *a.* presuntuoso, presumido, atrevido. *2* **-ly** *adv.* presuntuosamente.
presuppose (to) (ˌpri:sə'pouz) *t.* presuponer.
pretence (pri'tens) *s.* pretensión. *2* fingimiento, apariencia, pretexto: ***under false pretences,*** con engaño; ***under ~ of,*** so pretexto de.
pretend (to) (pri'tend) *t.* aparentar, fingir, simular. *2 t.-i.* pretender, aspirar [a].
pretender (pri'tendəʳ) *s.* pretendiente.
pretentious (pri'tenʃəs) *a.* pretencioso, ostentoso. *2* ambicioso, vasto. *3* **-ly** *adv.* con presunción, ostentosamente.
preterit(e ('pretərit) *a.* pretérito, pasado. *2 s.* GRAM. pretérito definido.
pretext ('pri:tekst) *s.* pretexto.
prettily ('pritili) *adv.* lindamente, bonitamente. *2* bastante, pasablemente.
pretty ('priti) *a.* lindo, bonito; gracioso. *2* bueno, regular; considerable: ***a ~ penny,*** un dineral. *3 adv.* bastante: ***~ well,*** bastante bien.
prevail (to) (pri'veil) *i.* prevalecer. *2* predominar; reinar, ser general. *3* ***to ~ upon*** o ***with,*** convencer, persuadir.
prevalent ('prevələnt) *a.* reinante, corriente, general.
prevaricate (to) (pri'værikeit) *i.* usar de argucias; deformar la verdad, mentir. *2* DER. prevaricar.

prevent (to) (pri'vent) *t.* prevenir, evitar, impedir. *2* anticiparse a.
preventive (pri'ventiv) *a.* impeditivo. *2* preventivo; profiláctico.
previous ('pri:vjəs) *a.* previo. *2* anterior, precedente. *3 adv.* ~ ***to,*** antes de.
previously (pri:vjəsli) *adv.* previamente, con anterioridad.
prevision (pri(:)'viʒən) *s.* previsión.
prey (prei) *s.* presa, rapiña. *2* presa, botín; víctima.
prey (to) (prei) *i.* ***to ~ on, upon*** o ***at,*** hacer presa: pillar: remorder, preocupar.
price (prais) *s.* precio; coste, costa: ***set ~,*** precio fijo; ***at any ~,*** a toda costa. *2* valor, importe. *3* curso [en Bolsa].
price (to) (prais) *t.* apreciar, estimar, tasar.
priceless ('praislis) *a.* inapreciable, que no tiene precio.
prick (prik) *s.* pinchazo, picadura, resquemor. *2* aguijón. *3* estímulo, acicate.
prick (to) (prik) *t.* pinchar, punzar, picar. *2* espolear. *3* avivar, aguzar: ***to ~ up one's ears,*** aguzar los oídos o las orejas.
prickle ('prikl) *s.* pincho, púa. *2* ardor, comezón.
prickle (to) ('prikl) *t.* punzar, producir picazón.
prickly ('prikli) *a.* espinoso. *2* que pica.
pride (praid) *s.* orgullo: ***to take ~ in,*** enorgullecerse. *2* soberbia, altivez. *3* pompa, esplendor.
pride (to) (praid) *t.* ***to ~ oneself on,*** enorgullecerse de.
priest (pri:st) *m.* sacerdote. *2* presbítero.
priesthood ('pri:sthud) *s.* sacerdocio.
prig (prig) *s.* pedante, presuntuoso; gazmoño.
prim (prim) *a.* relamido, estirado. *2* riguroso, exacto. *3* **-ly** *adv.* con remilgo, afectación, etc.
primacy ('praiməsi) *s.* primacía, supremacía.
primary ('praiməri) *a.* primario. *2* prístino. *3* fundamental.
primate ('praimit) *s.* ECCL. primado. *2* ZOOL. ('praimeit) primate.
prime (praim) *a.* primero, principal: ~ ***minister,*** primer ministro. *2* MAT. primo. *3* superior, excelente. *4 s.* prima [hora]. *5* albor, amanecer. *6* lo mejor: ***the ~ of life,*** la flor de la edad.
prime (to) (praim) *t.* cebar [un arma, etc.]. *2* imprimar. *3* preparar, instruir de antemano.
primer ('praiməʳ) *s.* abecedario [libro].
primeval (prai'mi:vəl) *a.* primitivo.
primitive ('primitiv) *a.* primitivo. *2* prístino.
primordial (prai'mɔ:djəl) *a.* primordial.
primrose ('primrouz) *s.* BOT. vellorita, primavera.
prince (prins) *s.* príncipe.
princely ('prinsli) *a.* digno de un príncipe; noble, regio.
princess (prin'ses) *f.* princesa.
principal ('prinsipl) *a.* principal. *2 s.* jefe. *3* director [de un colegio]. *4* DER. poderdante. *5* **-ly** *adv.* principalmente.
principle ('prinsəpl) *s.* principio [origen; verdad fundamental, regla, ley]. *2* QUÍM. principio.
print (print) *s.* impresión, huella. *2* estampa, impresión: ***in ~,*** impreso; ***out of ~,*** agotado. *3* TEJ. estampado.
print (to) (print) *t.-i.* imprimir, estampar. *2* dar a la imprenta, publicar. *3* FOT. tirar [una prueba].
printing ('printiŋ) *s.* impresión, estampado. *2* imprenta, tipografía [arte]. *3* impreso, estampa. *4* FOT. impresión.
prior ('praiəʳ) *a.* anterior, previo. *2 adv.* ***prior to,*** antes de. *2 s.* prior.
priority (prai'ɔriti) *s.* anterioridad. *2* prioridad.
prismatic (priz'mætik) *a.* prismático. *2* colorido, brillante.
prison ('prizn) *s.* prisión, cárcel.
prisoner ('priznəʳ) *s.* preso; prisionero.
pristine ('pristain) *a.* prístino, primitivo.
privacy ('praivəsi) *s.* retiro, aislamiento. *2* reserva, secreto.
private ('praivit) *a.* privado, personal, particular: ~ ***hospital,*** clínica. *2* reservado, confidencial. *3* secreto, excusado. *4* retirado, apartado, solo: ***they wish to be ~,*** quieren estar solos. *5 s.* soldado raso. *6* **-ly** *adv.* privadamente.
privateer (ˌpraivə'tiəʳ) *s.* corsario.
privation (prai'veiʃən) *s.* privación [carencia; necesidad].
privilege ('privilidʒ) *s.* privilegio. *2* prerrogativa; inmunidad, exención; honor.
privy ('privi) *a.* privado, oculto, secreto. *2* ~ ***to,*** enterado, cómplice de.
prize (praiz) *s.* premio, recompensa. *2* premio [de lotería]. *3* presa, captura.
prize (to) (praiz) *t.* apreciar, estimar; valuar. *2* alzaprimar.
probability (ˌprɔbə'biliti) *s.* probabilidad. *2* verosimilitud.
probable ('prɔbəbl) *a.* probable. *2* verosímil.
probation (prə'beiʃən) *s.* probación. *2* DER. libertad vigilada.

probe (proub) *s.* CIR. tienta, sonda. *2* exploración, sondeo.
probe (to) (proub) *t.* CIR. sondar. *2* explorar, sondear.
probity ('proubiti) *s.* probidad.
problem ('prɔbləm) *s.* problema.
problematic(al (ˌprɔbli'mætik, -əl) *a.* problemático. *2* enigmático.
procedure (prə'si:dʒəʳ) *s.* proceder. *2* procedimiento. *3* DER. tramitación.
proceed (to) (prə'si:d) *i.* proseguir, seguir adelante. *2* proceder, provenir. *3* proceder, obrar; pasar a [hacer algo]. *4* DER. actuar, proceder.
proceeding (prə'si:diŋ, prou-) *s.* proceder, procedimiento. *2* marcha, proceso. *3 pl.* actas. *4* DER. actuaciones, autos.
proceeds ('prousi:dz) *s. pl.* producto, beneficios.
process ('prouses) *s.* proceso, progreso, marcha: ***in ~ of time,*** con el tiempo. *2* procedimiento, sistema. *3* ANAT., ZOOL., BOT. apófisis, apéndice.
procession (prə'seʃən) *s.* procesión. *2* cortejo, desfile; cabalgata. *3* marcha, curso.
proclaim (to) (prə'kleim) *t.* proclamar. *2* promulgar. *3* pregonar. *4* proscribir.
proclamation (ˌprɔklə'meiʃən) *s.* proclamación. *2* proclama, banda, edicto.
proclivity (prə'kliviti) *s.* proclividad.
procrastine (to) (pru'kræstineit) *t.-i.* diferir, aplazar.
procreation (ˌproukri'eiʃən) *s.* procreación.
procure (to) (prə'kjuəʳ) *t.* lograr, obtener, procurar.
prod (prɔd) *s.* pincho, aguijada. *2* aguijonazo.
prod (to) (prɔ) *t.* pinchar, aguijonear.
prodigal ('prɔdigəl) *a.-s.* pródigo. *2* **-ly** *adv.* pródigamente.
prodigious (prə'didʒəs) *a.* prodigioso, portentoso. *2* enorme, inmenso. *3* **-ly** *adv.* prodigiosamente, etc.
prodigy ('prɔdidʒi) *s.* prodigio, portento.
produce ('prɔdju:s) *s.* producto, producción. *2* productos agrícolas.
produce (to) (prə'dju:s) *t.* presentar, exhibir. *2* producir. *3* criar. *4* poner en escena. *5* GEOM. prolongar.
producer (prə'dju:səʳ) *s.* productor. *2* TEAT. director.
product ('prɔdəkt) *s.* producto, producción. *2* resultado, efecto. *3* MAT., QUÍM. producto.
production (prə'dʌkʃən) *s.* producción. *2* TEAT. dirección escénica, representación.
productive (prə'dʌktiv) *a.* productivo. *2* producente. *3* fértil, fecundo.
profane (prə'fein) *a.* profano. *2* irreverente, blasfemo.
profane (to) (prə'fein) *t.* profanar.
profanity (prə'fæniti) *s.* profanidad. *2* irreverencia, reniego.
profess (to) (prə'fes) *t.* profesar. *2* declarar, confesar. *3 i.* profesar [en una orden].
professed (prə'fest) *a.* declarado. *2* ostensible. *3* supuesto. *4* profeso.
profession (prə'feʃən) *s.* profesión. *2* declaración. *3* fe, religión.
professor (prə'fəsəʳ) *s.* profesor, catedrático.
professorship (prə'fesəʃip) *s.* profesorado, cátedra.
proffer ('prɔfəʳ) *s.* oferta, proposición.
proffer (to) ('prɔfəʳ) *t.* ofrecer, brindar, proponer.
proficiency (prə'fiʃənsi) *s.* pericia, habilidad.
proficient (prə'fiʃənt) *a.* perito, diestro.
profile ('proufi:l, -fail) *s.* perfil [contorno; postura]: ***in ~,*** de perfil.
profit ('prɔfit) *s.* provecho, ventaja, utilidad. *2* ganancia, beneficio: ***~ and loss,*** ganancias y pérdidas.
profit (to) ('prɔfit) *t.* aprovechar, ser útil a. *2 i.* aprovecharse; adelantar, mejorar: ***to ~ by,*** sacar partido de.
profitable ('prɔfitəbl) *a.* provechoso, beneficioso, útil, lucrativo.
profiteer (ˌprɔfi'tiəʳ) *s.* explotador, logrero, acaparador.
profligate ('prɔfligit) *a.-s.* libertino, disoluto.
profound (prə'faund) *a.* profundo. *2* hondo. *3* abstruso. *4* **-ly** *adv.* profundamente, etc.
profuse (prə'fju:s) *a.* profuso. *2* pródigo, generoso. *3* **-ly** *adv.* profusamente, etc.
profusion (prə'fju:ʒən) *s.* profusión. *2* prodigalidad.
progeny ('prɔdʒini) *s.* prole, descendencia.
prognosticate (to) (prəg'nɔstikeit) *t.* pronosticar.
program(me ('prougræm) *s.* programa. *2* plan.
progress ('prougres) *s.* progreso. *2* progresos. *3* marcha, curso, carrera.
progress (to) (prə'gres) *i.* progresar. *2* avanzar. *3 t.* hacer progresar.
progressive (prə'gresiv) *a.* progresivo.
prohibit (to) (prə'hibit) *t.* prohibir. *2* impedir.
prohibition (ˌproui'biʃən) *s.* prohibición. *2* (E. U.) ***~ law,*** ley seca.
project ('prɔdʒekt) *s.* proyecto, plan.

project (to) (prəˈdʒekt) *t.* proyectar, idear. *2* proyectar [sombra, etc.]. arrojar. *3* GEOM. proyectar. *4 i.* volar, sobresalir, resaltar.

proletariat(e (ˌprouleˈtɛəriət) *a.-s.* proletariado.

prolix (ˈprouliks) *a.* prolijo, difuso. *2* pesado, latoso.

prologue (ˈproulɔg) *s.* prólogo.

prolong (to) (prəˈlɔŋ) *t.* prolongar, extender. *2 i.* dilatarse, entretenerse.

promenade (ˌprɔmiˈnɑ:d) *s.* paseo.

prominence (ˈprɔminəns) *s.* prominencia. *2* altura. *3* distinción, eminencia.

prominent (ˈprɔminənt) *a.* prominente, saliente. *2* notable. *3* distinguido, eminente. *4* **-ly** *adv.* prominentemente, eminentemente.

promiscuous (prəˈmiskjuəs) *a.* promiscuo.

promise (ˈprɔmis) *s.* promesa. *2* augurio.

promise (to) (ˈprɔmis) *t.-i.* prometer: ***promised Land,*** tierra de Promisión.

promising (ˈprɔmisiŋ) *a.* prometedor, halagüeño.

promontory (ˈprɔməntri) *s.* promontorio.

promote (to) (prəˈmout) *t.* promover, ascender. *2* promover, fomentar, suscitar. *3* fundar, organizar [una empresa].

promotion (prəˈmouʃən) *s.* promoción.

prompt (prɔmpt) *a.* pronto, presto, listo, puntual: ~ ***payment,*** pronto pago. *2* **-ly** *adv.* prontamente; puntualmente.

prompt (to) (prɔmpt) *t.* incitar, inducir. *2* sugerir, apuntar. *3* TEAT. apuntar.

prompter (ˈprɔmptəʳ) *s.* apuntador, traspunte.

promulgate (to) (ˈprɔməlgeit) *t.* promulgar, publicar.

prone (proun) *a.* prono, inclinado a. *2* boca abajo. *3* inclinado, pendiente.

prong (prɔŋ) *s.* gajo, púa, diente, punta [de horca, tenedor, etc.]. *2* horca, horcón.

pronoun (ˈprounaun) *s.* GRAM. pronombre.

pronounce (to) (prəˈnauns) *t.* pronunciar [palabras, sentencias]. *2* declarar. *3 i.* pronunciarse [en pro, en contra].

pronounced (prəˈnaunst) *a.* pronunciado, marcado, decidido.

pronunciation (prəˈnʌnsiˈeiʃən) *s.* pronunciación.

proof (pru:f) *s.* prueba, demostración. *2* ensayo. *3* DER., MAT., IMPR., FOT. prueba: ~ ***reader,*** IMPR. corrector. *4* ***a ~ against,*** a prueba de.

prop (prɔp) *s.* puntual, apoyo, sostén.

prop (to) (prɔp) *t.* apuntalar, apoyar, sostener.

propaganda (ˌprɔpəˈgændə) *s.* propaganda.

propagate (to) (ˈprɔpəgeit) *t.* propagar. *2* difundir. *3 i.* propagarse.

propel (to) (prəˈpel) *t.* propulsar, impeler.

propeller (prəˈpeləʳ) *s.* propulsor. *2* hélice [de buque o avión].

propensity (prəˈpensiti) *s.* propensión.

proper (ˈprɔpəʳ) *a.* propio, característico. *2* propio, apropiado. *3* correcto [en su uso, etc.]. *4* propiamente dicho. *5* GRAM. propio [nombre]. *6* decoroso, conveniente; exigente [en decoro o etiqueta]. *7 s.* propio [de la misa]. *8* **-ly** *adv.* propiamente, adecuadamente, etc.

property (ˈprɔpəti) *s.* propiedad [atributo, cualidad]. *2* propiedad [derecho; finca]. *3* fortuna, bienes, hacienda. *4* TEAT. accesorios.

prophecy (ˈprɔfisi) *s.* profecía.

prophesy (to) (ˈprɔfisai) *t.-i.* profetizar.

prophet (ˈprɔfit) *s.* profeta.

prophetic(al (prəˈfetik, -əl) *a.* profético.

propitiate (to) (prəˈpiʃieit) *i.* propiciar.

propitious (preˈpiʃəs) *a.* propicio. *2* favorable, feliz. *3* **-ly** *adv.* propiciamente.

proportion (prəˈpɔ:ʃən) *s.* proporción; armonía, correlación. *2* MAT. proporción. *3 pl.* proporciones, tamaño.

proportion (to) (prəˈpɔ:ʃən) *t.* proporcionar [una cosa a otra; disponer con armonía].

proportional (prəˈpɔ:ʃənl) **proportionate** (prəˈpɔ:ʃənit) *a.* proporcional. *2* **-ly** *adv.* proporcionalmente.

proposal (prəˈpouzəl) *s.* propuesta, proposición. *2* oferta. *3* declaración, proposición de matrimonio.

propose (to) (prəˈpouz) *t.* proponer. *2* proponerse, tener intención de. *3* brindar por. *4 i.* declararse a una mujer.

proposition (ˌprɔpəˈziʃən) *s.* proposición. *2* (E. U.) cosa, asunto, negocio.

propound (to) (prəˈpaund) *t.* proponer. *2* presentar, plantear.

proprietor (prəˈpraiətəʳ) *s.* propietario, dueño.

propriety (prəˈpraiəti) *s.* propiedad, cualidad de apropiado. *2* corrección, decencia. *3 pl.* urbanidad, reglas de conducta.

prorogue (to) (prəˈroug) *t.* aplazar, suspender.

proscribe (to) (prousˈkraib) *t.* proscribir.

proscription (prousˈkripʃən) *s.* proscripción.

prose (prouz) *s.* prosa. *2* discurso pesado.

prosecute (to) (ˈprɔsikju:t) *t.* proseguir, continuar. *2* ejercer [una profesión, etc.]. *3* DER. procesar, enjuiciar.

prosecution (ˌprɔsi'kju:ʃən) *s.* prosecución. *2* DER. proceso, acusación. *3* DER. ministerio fiscal.
prosecutor ('prɔsikju:təʳ) *s.* DER. demandante; acusador privado. *2* DER. ***public ~,*** fiscal.
prosody ('prɔsedi) *s.* métrica.
prospect ('prɔspekt) *s.* perspectiva, paisaje, panorama. *2* expectativa, esperanza. *3* situación, orientación.
prospect (to) (prəs'pekt) *t.-i.* explorar [terrenos] en busca de [oro, petróleo, etc.].
prospective (prəs'pektiv) *a.* probable, posible, en perspectiva.
prospectus (prəs'pektəs) *s.* prospecto, programa.
prosper (to) ('prɔspəʳ) *t.-i.* prosperar.
prosperity (prɔs'periti) *s.* prosperidad.
prosperous ('prɔspərəs) *a.* próspero. *2* favorable.
prostitute ('prɔstitju:t) *s.* prostituta.
prostrate ('prɔstreit) *a.* postrado, prosternado. *2* abatido. *3* BOT. tendido.
prostrate (to) (prɔs'treit) *t.* postrar; abatir. *2 i.-ref.* postrarse, prosternarse.
prostration (prɔs'treiʃən) *s.* postración.
prosy ('prouzi) *a.* prosaico. *2* latoso, insulso.
protect (to) (prə'tekt) *t.* proteger.
protection (prə'tekʃən) *s.* protección.
protective (prə'tektiv) *a.* protector. *2* proteccionista.
protector (prə'tektəʳ) *s.* protector.
protein ('prouti:n) *s.* QUÍM. proteína.
protest ('proutest) *s.* protesta. *2* protestación. *3* DER. protesta.
protest (to) (prə'test) *t.-i.* protestar.
Protestant ('prɔtistənt) *a.-s.* protestante.
Protestantism ('prɔtistəntizəm) *s.* protestantismo.
protocol ('proutəkɔl) *s.* protocolo.
protract (to) (prə'trækt) *t.* alargar, prolongar.
protrude (to) (prə'tru:d) *t.* sacar, hacer salir. *2 i.* sobresalir.
protuberance (prə'tju:bərəns) *s.* protuberancia.
proud (praud) *a.* orgulloso, soberbio, altanero. *2* ***to be ~ of,*** enorgullecerse de. *3* espléndido, noble, bello. *4* **-ly** *adv.* orgullosamente, etc.
prove (to) (pru:v) *t.* probar, demostrar, justificar. *2* experimentar, comprobar, poner a prueba; hacer la prueba de. *3 i.* salir, resultar [bien o mal]; demostrar que se es [apto, etc.]. P. p.: ***proved,*** o ***proven.***
provender ('prɔvindəʳ) *s.* pienso, forraje.
proverb ('prɔvəb) *s.* proverbio, refrán.
provide (to) (prə'vaid) *t.* proveer, abastecer. *2* suministrar. *3* estipular. *4 i.* ***to ~ for,*** proveer a, dotar, proveer de medios de vida. *5* ***to ~ against,*** precaverse contra.
provided (prə'vaidid) *conj.* ***~ that,*** con tal que, siempre que.
providence ('prɔvidəns) *s.* providencia, previsión. *2* providencia divina.
provident ('prɔvidənt) *a.* próvido, previsor. *2* frugal, económico.
province ('prɔvins) *s.* provincia. *2* región, distrito. *3* esfera [de actividad, etc.]. *4* competencia, incumbencia.
provision (prə'viʒən) *s.* provisión, prevención. *2* medida, providencia. *3* cláusula, estipulación. *4* pl. provisiones.
provisional (prə'viʒənl) *a.* provisional. *2* **-ly** *adv.* provisionalmente.
proviso (prə'vaizou) *s.* estipulación, condición, requisito.
provocative (prə'vɔkətiv) *a.* provocativo. *2* irritante.
provoke (to) (prə'vouk) *t.* provocar. *2* irritar. *3 i.* causar enojo.
provoking (prə'voukiŋ) *a.* provocativo. *2* irritante, exasperador.
prow (prau) *s.* proa. *2* MAR. tajamar.
prowess ('prauis) *s.* valor, bizarría. *2* proeza. *3* destreza.
prowl (to) (praul) *t.-i.* rondar [para robar, etc.]; andar al acecho.
proximate ('prɔksimit) *a.* próximo, inmediato.
proxy ('prɔksi) *s.* procuración, delegación: ***by ~,*** por poderes. *2* apoderado, delegado.
prude (pru:d) *s.* remilgada, mojigata.
prudence ('pru:dəns) *s.* prudencia.
prudent ('pru:dənt) *a.* prudente; previsor; considerado, discreto. *2* **-ly** *adv.* prudentemente.
prudery ('pru:dəri) *s.* remilgo, gazmoñería.
prudish ('pru:diʃ) *a.* remilgado, gazmoño.
prune (to) (pru:n) *t.* podar, recortar: ***prunning-hook*** o ***-knife,*** podadera, podón.
prurience ('pruəriəns) *s.* comezón, prurito. *2* lascivia.
Prussian ('prʌʃən) *a.-s.* prusiano.
pry (to) (prai) *i.* espiar, acechar. *2 t.* apalancar.
psalm (sɑ:m) *s.* salmo.
pseudonym (]sju:dənim, -dou-) *s.* seudónimo.
psychiatrist (sai'kaiətrist) *s.* psiquiatra.

psychologic(al (ˌsaikəˈlɔdʒik(əl) *a.* psicológico.
psychology (saiˈkɔledʒi) *s.* psicología.
psychosis (saiˈkousis) *s.* MED. psicosis.
pub (pʌb) *s.* pop. [Ingl.] cervecería, taberna.
puberty (ˈpju:bəti) *s.* pubertad.
public (ˈpʌblik) *a.* público: ~ ***house,*** taberna; ~ ***servant,*** funcionario público. *2 s.* público. *3* **-ly** *adv.* públicamente.
publication (ˌpʌbliˈkeiʃən) *s.* publicación. *2* edición.
publicity (pʌˈblisiti) *s.* publicidad. *2* notoriedad.
publish (to) (ˈpʌbliʃ) *t.* publicar. *2* editar. *3* difundir, propalar.
publisher (ˈpʌbliʃəʳ) *s.* editor.
pucker (ˈpʌkəʳ) *s.* arruga, pliegue.
pucker (to) (ˈpʌkəʳ) *t.* arrugar, plegar.
pudding (ˈpudiŋ) *s.* budín, pudín. *2* embuchado.
puddle (ˈpʌdl) *s.* charco, poza.
pudgy (ˈpʌdʒi) *a.* rechoncho.
puerility (pjuəˈriliti) *s.* puerilidad.
Puerto Rican (ˈpwə:touˈri:kən) *a.-s.* portorriqueño.
puff (pʌf) *s.* soplo, bufido. *2* bocanada, fumarada. *3* COC. bollo: ~ ***paste,*** hojaldre. *4* COST. bollo, bullón. *5* borla [para empolvarse].
puff (to) (pʌf) *i.* soplar, jadear; echar bocanadas o fumaradas. *2* ***to ~ up,*** hincharse; ahuecarse. *3 t.* hinchar. *4* engreír.
pugilist (ˈpju:dʒilist) *s.* púgil.
pugnacious (pʌgˈneiʃəs) *a.* pugnaz, belicoso.
pull (pul) *s.* tirón, sacudida. *2* tirador [botón, cordón, etc.]. *3* esfuerzo prolongado. *4* atracción. *5* trago. *6* chupada [a un cigarro]. *7* ventaja, superioridad. *8* influencia, aldabas.
pull (to) (pul) *t.* tirar de, halar, estirar, arrastrar. *2* arrancar. *3* desgarrar. *4* torcer, distender [un ligamento, etc.]. *5* beber, chupar. *6* (E. U.) sacar [un arma]. *7* ***to ~ apart,*** separar, desgajar. *8* ***to ~ down,*** derribar, bajar. *9* ***to ~ on,*** ponerse [las medias, etc.]. *10* ***to ~ one's leg,*** tomar el pelo a uno. *11* ***to ~ out,*** arrancar, sacar. *12* ***to ~ through,*** sacar de un apuro, llevar a cabo. *13* ***to ~ up,*** arrancar; detener, parar; reprender. *14 i.* tirar, dar un tirón; ejercer tracción; trabajar. *15* ***to ~ in,*** detenerse, llegar [un tren] a la estación. *16* ***to ~ round,*** restablecerse. *17* ***to ~ through,*** salir de un apuro.
pulley (ˈpuli) *s.* polea, garrucha; aparejo.
pull-over (ˈpulˌouvəʳ) *s.* pulóver, jersey.
pulp (pʌlp) *s.* pulpa. *2* pasta [de papel].
pulpit (ˈpulpit) *s.* púlpito. *2* tribuna.
pulsate (to) (pʌlˈseit) *i.* pulsar, latir.
pulse (pʌls) *s.* pulso, pulsación, latido.
pulse (to) (pʌls) *i.* pulsar, latir.
pulverize (to) (ˈpʌlvəraiz) *t.* pulverizar.
puma (ˈpju:mə) *s.* ZOOL. puma.
pumice o **pumice stone** (ˈpʌmisstoun) *s.* piedra pómez.
pump (pʌmp) *s.* MEC. bomba. *2* fuente alimentada por una bomba.
pump (to) (pʌmp) *t.* impeler, lanzar, sacar, etc., con bomba. *2* sonsacar. *3 i.* dar a la bomba.
pumpkin (ˈpʌmpkin) *s.* BOT. calabaza.
pun (pʌn) *s.* retruécano, juego de palabras.
punch (pʌntʃ) *s.* ponche: ~ ***bowl,*** ponchera. *2* puñetazo. *3* empuje, energía. *4* punzón; sacabocados.
Punch (pʌntʃ) *n. pr.* Polichinela: ***Punch-and-Judy show,*** función de títeres.
punch (to) (pʌntʃ) *t.* picar, aguijar. *2* perforar, embutir, etc., con punzón, etc. *3* apuñear.
punctilious (pʌŋkˈtiliəs) *a.* puntilloso, meticuloso.
punctual (ˈpʌŋktjuəl) *a.* puntual, exacto. *2* **-ly** *adv.* puntualmente.
punctuality (ˌpʌŋktjuˈæliti) *s.* puntualidad, exactitud.
punctuate (to) (ˈpʌŋktjueit) *t.* puntuar, acentuar, hacer resaltar.
punctuation (ˌpʌnktjuˈeiʃən) *s.* GRAM. puntuación.
puncture (ˈpʌŋktʃəʳ) *s.* pinchazo, picadura. *2* CIR. punción.
puncture (to) (ˈpʌŋktʃəʳ) *t.* punzar, pinchar, picar.
pungent (ˈpʌndʒənt) *a.* picante. *2* mordaz. *3* agudo, vivo, penetrante.
punish (to) (ˈpʌniʃ) *t.* castigar, penar.
punishment (ˈpʌniʃmənt) *s.* castigo. *2* vapuleo.
punt (pʌnt) *s.* batea, barca plana.
puny (ˈpju:ni) *a.* endeble, canijo. *2* pequeño, diminuto.
pup (pʌp) *s.* cachorro.
pupil (ˈpju:pl, -pil) *s.* discípulo, alumno. *2* DER. pupilo. *3* ANAT. pupila.
puppet (ˈpʌpit) *s.* títere, muñeco; maniquí.
purchase (ˈpə:tʃəs) *s.* compra. *2* MEC., MAR. palanca, aparejo.
purchase (to) (ˈpə:tʃəs) *t.* comprar, adquirir: ***purchasing power,*** poder adquisitivo.

purchaser ('pəːtʃəsəʳ) *s.* comprador.
pure ('pjuəʳ) *a.* puro. *2* **-ly** *adv.* puramente: simplemente.
purgative ('pəːgətiv) *a.* purgativo. *2 a.-s.* MED. purgante.
purgatory ('pəːgətəri) *s.* purgatorio.
purge (pəːdʒ) *s.* purga.
purge (to) (pəːdʒ) *t.* purgar, limpiar. *2* DER., MED., MEC. purgar. *3 i.* purgarse.
purification (ˌpjuərifi'keiʃən) *s.* purificación. *2* depuración.
purifier (ˌpjuərifaiəʳ) *s.* purificador.
Puritan ('pjuəritən) *a.-s.* puritano.
purity ('pjuəriti) *s.* pureza.
purl (pəːl) *s.* murmurio del agua. *2* onda, rizo. *3* orla rizada.
purl (to) (pəːl) *t.* orlar, adornar con flecos. *2 i.* murmurar [las aguas]. *3* ondular, arremolinarse.
purloin (to) (pəː'lɔin) *t.* hurtar, substraer.
purloiner (pəː'lɔinəʳ) *s.* ladrón.
purple ('pəːpl) *a.* purpúreo, morado, rojo. *2* imperial, regio. *3 s.* púrpura.
purport ('pəːpət) *s.* significado, sentido, tenor.
purport (to) ('pəːpət) *t.* significar, querer decir, dar a entender.
purpose ('pəːpəs) *s.* propósito, intención, designio: ***on ~***, de propósito. *2* resolución, determinación. *3* efecto, resultado, uso, utilidad. *4* **-ly** *adv.* de propósito, adrede.
purpose (to) ('pəːpəs) *t.-i.* proponerse, intentar.
purr (pəːʳ) *s.* ronroneo.
purr (to) (pəːʳ) *i.* ronronear.
purse (pəːʳs) *s.* bolsa, bolsillo, portamonedas. *2* bolsa [dinero: premio, subvención; recipiente].
purse (to) (pəːs) *t.* arrugar, fruncir [la frente, los labios].
pursue (to) (pə'sjuː) *t.* seguir, perseguir. *2* perseguir [un fin]. *3* seguir [unos estudios, etc.]. *4 i.* proseguir, continuar.
pursuit (pə'sjuːt) *s.* seguimiento, caza, busca. *2* pretensión, empeño. *3* prosecución. *4* ocupación, actividad.
purvey (to) (pəː'vei) *t.-i.* proveer, abastecer.
purveyor (pəː'veiəʳ) *s.* proveedor, abastecedor.
purview ('pəːvjuː) *s.* esfera, extensión, alcance.
pus (pʌs) *s.* MED. pus.
push (puʃ) *s.* empujón. *2* impulso, energía, esfuerzo. *3* embestida. *4* apuro, aprieto. *5 ~* ***button,*** pulsador, botón eléctrico.
push (to) (pʌʃ) *t.* empujar, impeler: ***to ~ aside,*** apartar: ***to ~ in,*** encajar, meter. *2* apretar [un botón]. *3* proseguir. *4* impulsar. *5* apremiar. *6 i.* empujar. *7* ***to ~ forward,*** avanzar, abrirse paso. *8* ***to ~ off,*** desatracar, irse. *9* interj. ***push on!,*** ¡adelante!
pusillanimous (ˌpjuːsi'læniməs) *a.* pusilánime.
puss (pus) *s.* gatito, minino. *2* chiquilla, mozuela.
put (put) *s.* acción de TO PUT. *2* golpe, lanzamiento. *3* ***to stay ~,*** estar quieto.
put (to) (put) *t.* poner, colocar. *2* obligar, incitar. *3* hacer [una pregunta]. *4* expresar. *5* atribuir, achacar. *6* ***to ~ aside,*** descartar, desechar; poner aparte. *7* ***to ~ away,*** guardar; ahorrar; rechazar. *8* ***to ~ down,*** poner [en el suelo]; reprimir; deprimir; humillar; apuntar, anotar; rebajar; hacer callar. *9* ***to ~ forth,*** extender; mostrar; proponer; echar [hojas, plumas, etc.]. *10* ***to ~ in mind,*** recordar. *11* ***to ~ off,*** diferir; desechar; eludir; quitarse [una prenda]. *12* ***to ~ on,*** ponerse [una prenda].; engañar; dar [la luz, etc.]; TEAT. poner en escena. *13* ***to ~ on airs,*** darse tono. *14* ***to ~ out,*** sacar; echar fuera; alargar; exhibir; invertir [dinero, etc.]; apagar [la luz, fuego]; molestar, irritar; desconcertar. *15* ***to ~ out of countenance,*** avergonzar; ***to ~ out of joint,*** dislocar; ***to ~ out of the way,*** quitar de en medio; matar. *16* ***to ~ over,*** aplazar. *17* ***to ~ to death,*** matar. *18* ***to ~ together,*** reunir; montar [un artefacto]. *19* ***to ~ two and two together,*** atar cabos. *20* ***to ~ up,*** levantar, erigir; armar, montar; ahorrar; envolver; inventar; alojar; TEAT. poner en escena. *21 i.* ir, dirigirse. *22* MAR. ***to ~ about,*** cambiar de rumbo. *23* ***to ~ to sea,*** hacerse a la mar. *24* ***to ~ out,*** irse, salir; MAR. zarpar. *25* ***to ~ up with,*** aguantar, sufrir; conformarse con. ¶ Pret. y p. p.: ***put*** (put); ger.: ***putting*** ('putiŋ).
put-out ('putaut) *a.* enojado, contrariado.
putrefaction (ˌpjuːtri'fækʃən) *s.* putrefacción.
putrefy (to) ('pjuːtrifai) *t.-i.* pudrir(se, corromper(se.
putrid ('pjuːtrid) *a.* pútrido. *2* apestoso. *3* corrompido [moralmente].
putty ('pʌti) *s.* masilla.
puzzle ('pʌzl) *s.* embarazo, perplejidad. *2* enredo, embrollo. *3* acertijo, rompecabezas: ***crossword ~,*** crucigrama.
puzzle (to) ('pʌzl) *t.* confundir, dejar perplejo. *2* embrollar. *3* ***to ~ out,*** descifrar.

puzzling ('pʌzliŋ) *a.* enigmático, intrigante.
pygmy ('pigmi) *a.-s.* pigmeo, enano.
pyjamas (pə'dʒa:məz) *s.* pl. pijama.
pyramid ('pirəmid) *s.* pirámide.
pyre ('paiəʳ) *s.* pira, hoguera.
Pyrenees (ˌpirə'ni:z) *n. pr.* GEOGR. Pirineos.
python ('paiθən) *s.* ZOOL., MIT. pitón.

Q

quack (kwæk) *s.* graznido [del pato]. *2* curandero, charlatán. *3 a.* falso, de charlatán.
quack (to) (kwæk) *i.* graznar.
quadrangle ('kwɔˌdræŋgl) *s.* cuadrángulo; patio.
quadrille (kwə'dril) *s.* contradanza. *2* cuadrilla [de toreros].
quaff (kwɑ:f) *s.* trago, bebida.
quaff (to) (kwɑ:f) *t.-i.* beber.
quag (kwæg) *s.* GUAGMIRE 1.
quagmire ('kwægmaiəʳ) *s.* cenagal. *2* fig. atolladero.
quail (kweil) *s.* ORN. codorniz.
quail (to) (kweil) *i.* abatirse, acobardarse.
quaint (kweint) *a.* curioso, singular; atractivo por su rareza.
quake (to) (kweik) *i.* temblar, estremecerse.
Quaker ('kweikəʳ) *a.-s.* cuáquero.
qualification (ˌkwɔlifi'keiʃən) *s.* calificación. *2* condición, requisito. *3* capacidad, idoneidad.
qualified ('kwɔlifaid) *a.* calificado, apto, idóneo, competente.
qualify (to) ('kwɔlifai) *t.* calificar, capacitar. *2* modificar, limitar. *3* atenuar. *4 i.* capacitarse, habilitarse.
quality ('kwɔliti) *s.* calidad, cualidad: ***in ~ of,*** en calidad de. *2* clase. *3* excelencia. *4* propiedad, virtud.
qualm (kwɔ:m) *s.* basca, desfallecimiento. *2* duda, inquietud.
quandary ('kwɔndəri) *s.* incertidumbre, perplejidad. *2* apuro.
quantity ('kwɔntiti) *s.* cantidad. *2 sing.* y *pl.* gran cantidad.
quarantine ('kwɔrənti:n) *s.* cuarentena [aislamiento]. *2* lazareto.
quarrel ('kwɔrəl) *s.* riña, disputa, desavenencia.
quarrel (to) ('kwɔrəl) *i.* reñir, pelear, disputar.
quarrelsome ('kwɔrəlsəm) *a.* pendenciero, rencilloso.
quarry ('kwɔri) *s.* cantera, pedrera. *2* presa, caza [que se persigue].
quart (kwɔ:t) *s.* cuarto de galón.
quarter ('kwɔ:təʳ) *s.* cuarto, cuarta parte. *2* cuarto [de hora; de la luna]. *3* moneda de veinticinco centavos. *4* trimestre. *5* parte, dirección: ***form all quarters,*** de todas partes. *6* barrio, vecindad. *7* cuartel, clemencia: ***to give no ~,*** no dar cuartel. *8 pl.* cuartel, oficina; vivienda, alojamiento.
quarter (to) ('kwɔtəʳ) *t.* cuartear. *2* acuartelar; hospedar, alojar.
quarterly ('kwɔ:təli) *a.* trimestral. *2 adv.* trimestralmente.
quartet (kwɔ:'tet) *s.* grupo de cuatro. *2* MÚS. cuarteto.
quartz (kwɔ:ts) *s.* MINER. cuarzo.
quash (to) (kwɔʃ) *t.* sofocar, reprimir. *2* DER. anular.
quatrain ('kwɔtrein) *s.* LIT. cuarteta; redondilla.
quaver (to) ('kweivəʳ) *i.* temblar, vibrar. *2* MÚS. trinar, gorjear. *3 i.-t.* decir con voz trémula.
quay (ki:) *s.* muelle, desembarcadero.
queen (kwi:n) *s.* reina: ***~ bee,*** abeja reina.
queer (kwiəʳ) *a.* raro, extraño, estrafalario. *2* excéntrico, chiflado.
quell (to) (kwel) *t.* reprimir, sofocar. *2* aquietar. *3* calmar.
quench (to) (kwentʃ) *t.* apagar, extinguir, calmar, templar.
querulous ('kwerulәs) *a.* quejumbroso, quejicoso.
query ('kwiəri) *s.* pregunta. *2* duda. *3* interrogante.
query (to) ('kwiəri) *t.* preguntar, inquirir. *2* interrogar. *3* poner en duda. *4 i.* hacer preguntas.
quest (kwest) *s.* busca. *2* pesquisa.
quest (to) (kwest) *t.* buscar. *2* indagar.

question ('kwestʃən) *s.* pregunta: ~ ***mark,*** interrogante. *2* objeción, duda: ***to call in*** ~, poner en duda. *3* cuestión, problema, asunto.
question (to) ('kwestʃən) *t.* preguntar, interrogar. *2* discutir, poner en duda.
questionable ('kwestʃənəbl) *a.* cuestionable. *2* dudoso, sospechoso.
queue (kju:) *s.* cola, hilera. *2* coleta.
queue (to) (kju:) *i.* hacer cola.
quibble ('kwibl) *s.* sutileza; equívoco, subterfugio.
quibble (to) ('kwibl) *i.* sutilizar, valerse de equívocos o subterfugios.
quick (kwik) *a.* vivo, rápido, pronto, impetuoso: ~ ***temper,*** genio vivo. *2* despierto, agudo. *3* vivo, intenso, ardiente. *4* movediza [arena]. *5* viva [agua]. *6 s.* carne viva; lo vivo: ***to cut in the*** ~, herir en lo vivo. *7* **-ly** *adv.* vivamente, prontamente, aprisa.
quicken (to) ('kwikən) *t.* vivificar, resucitar. *2* avivar, excitar, aguzar. *3* apresurar. *4 i.* avivarse. *5* apresurarse.
quicklime ('kwik-laim) *s.* cal viva.
quiet ('kwaiət) *a.* quieto, inmóvil. *2* callado, silencioso: ***to be*** ~, callar, callarse. *3* tranquilo, sosegado. *4* sencillo, modesto, serio. *5 s.* quietud, silencio, calma, paz. *6* ***on the*** ~, a la chita callando.
quiet (to) (kwaiət) *t.* aquietar, sosegar. *2 i.* ***to*** ~ ***down,*** aquietarse.
quill (kwil) *s.* pluma [de ave]. *2* cañón [de pluma].
quilt (kwilt) *s.* colcha; cobertor acolchado.
quilt (to) (kwilt) *t.* acolchar.
quince (kwins) *s.* membrillo [árbol y fruto].
quintal ('kwintl) *s.* quintal.
quintessence (kwin'tesns) *s.* quinta esencia.
quintet (kwin'tet) *s.* grupo de cinco. *2* MÚS. quinteto.
quip (kwip) *s.* pulla, sarcasmo. *2* ocurrencia.
quit (kwit) *a.* absuelto, descargado. *2* libre, exento.
quit (to) (kwit) *t.* dejar, abandonar, irse de; dejarse de; desistir, renunciar a. *2* librar, descargar. *3* pagar, saldar. *4 i.* irse. *5* parar, dejar de hacer algo.
quite (kwait) *adv.* completamente, del todo; realmente, verdaderamente. *2* *fam.* ~ ***a man,*** todo un hombre. *3* fam. ~ ***so,*** así es, en efecto.
quittance ('kwitəns) *s.* quitanza. *2* pago, recompensa.
quiver ('kwivəʳ) *s.* aljaba, carcaj. *2* vibración, temblor.
quiver (to) ('kwivəʳ) *t.* vibrar, temblar, estremecerse.
quixotic (kwik'sɔtik) *a.* quijotesco.
quoit (kɔit) *s.* tejo, herrón.
quotation (kwou'teiʃən) *s.* cita [texto citado]. *2* COM. cotización. *3 a.* ~ ***marks,*** comillas ("").
quote (to) (kwout) *t.* citar [un texto, un autor]. *2* COM. cotizar; dar el precio de. *3* poner entre comillas.
quotidian (kwɔ'tidiən) *a.* cotidiano, diario.
quotient ('kwouʃənt) *s.* MAT. cociente.

R

rabbi ('ræbai) *s.* rabí, rabino.
rabbit ('ræbit) *s.* ZOOL. conejo.
rabble ('ræbl) *s.* populacho, canalla. *2* multitud alborotada.
rabid ('ræbid) *a.* MED., VET. rabioso. *2* furioso, violento.
rac(c)oon (rə'ku:n) *s.* ZOOL. mapache.
race (reis) *s.* raza; casta, linaje. *2* carrera, regata. *3* ***mill*** ~, canal, caz.
race (to) (reis) *i.* correr [en una carrera, etc.]. *2 t.* hacer correr. *3* competir con [en una carrera].
racial ('reiʃəl) *a.* racial.
racism ('reisizəm) *s.* racismo.
rack (ræk) *s.* estante, etc., para ciertas cosas: arquero, taquera, perchero, red para el equipaje. *2* aparato de tortura.
rack (to) (ræk) *t.* torturar. *2* atormentar. *3* ***to ~ one's brains,*** devanarse los sesos.
racket ('rækit) *s.* raqueta. *2* alboroto. *3* diversión, holgorio. *4* pop. timo, engaño.
racy ('reisi) *a.* vivo, animado, chispeante.
radar ('reidɑ:, -də) *s.* ELECT radar.
radial ('reidjəl) *a.* radial, radiado.
radiance ('reidjəns) *s.* brillo, resplandor, esplendor.
radiant ('reidjənt) *a.* radiante.
radiate (to) ('reidieit) *t.-i.* radiar, irradiar. *2 t.* iluminar. *3* difundir.
radiation (ˌreidi'eiʃən) *s.* radiación.
radiator ('reidieitə^r) *s.* radiador.
radical ('rædikəl) *a.-s.* radical. *2 a.* esencial, fundamental. *3* **-ly** *adv.* radicalmente.
radio ('reidiou) *s.* ELECT. radio; ~ ***set,*** aparato de radio.
radioactive ('reidiou'æktiv) *a.* radioactivo.
radish ('rædiʃ) *s.* BOT. rábano.
radium ('reidjəm) *s.* QUÍM. radio.
radius ('reidjəs) *s.* GEOM., ANAT. radio. *2* radio [de acción, etc.].
raffle ('ræfl) *s.* rifa.
raffle (to) ('ræfl) *t.-i.* rifar, sortear.
raft (rɑ:ft) *s.* balsa, almadía.
rafter ('rɑ:ftə^r) *s.* ARQ. viga.
rag (ræg) *s.* trapo, harapo, pingajo, guiñapo: ***in rags,*** hecho jirones; andrajoso.
ragamuffin ('rægə'mʌfin) *s.* golfo, pelagatos.
rage (reidʒ) *s.* rabia, ira. *2* furia, violencia. *3* ***to be all the ~,*** estar de moda.
rage (to) (reidʒ) *i.* rabiar, encolerizarse. *2* hacer estragos.
ragged ('rægid) *a.* andrajoso, harapiento. *2* roto, deshilachado, mellado. *3* **-ly** *adv.* andrajosamente; hecho jirones.
ragman ('rœgmæn) *s.* trapero.
raid (reid) *s.* incursión, ataque.
raid (to) (reid) *t.* hacer una incursión en.
rail (reil) *s.* barra; pasamano, barandal. *2* barandilla, barrera. *3* raíl; ferrocarril; ***by ~,*** por ferrocarril.
rail (to) (reil) *t.* cercar, poner barandilla a. *2* i. ***to ~ at,*** injuriar, vituperar.
railing ('reiliŋ) *s.* barandilla, pasamano, barrera, reja, verja.
raillery ('reiləri) *s.* burla, fisga.
railroad ('reilroud) (E. U.), **railway** (-wei) (Ingl.) *s.* ferrocarril, vía férrea.
raiment ('reimənt) *s.* ropa, vestidos.
rain (rein) *s.* lluvia: ~ ***bow,*** arco iris; ~ ***coat,*** impermeable; ~ ***drop,*** gota de lluvia; ~ ***storm,*** chubasco; ~ ***fall,*** aguacero; lluvia, lluvias.
rain (to) (rein) *i.-impers.-t.* llover; ***to ~ cats and dogs,*** llover a cántaros.
rainy ('reini) *a.* lluvioso.
raise (reiz) *s.* aumento, alza, subida [de precio, salario, etc.].
raise (to) (reiz) *t.* levantar, alzar, elevar; poner derecho, erguir, erigir. *2* elevar, subir [la temperatura, el tono, los precios, etc.]. *3* elevar, engrandecer; ascender. *4* levantar, sublevar. *5* suscitar, promover. *6* presentar, hacer [una ob-

jeción]. *7* cultivar [plantas], criar [animales]. *8* (E. U.) criar, educar.
raisin ('reizn) *s.* pasa [uva seca].
raja(h ('rɑ:dʒə) *s.* rajá.
rake (reik) *s.* libertino. *2* AGR. rastro, rastrillo.
rake (to) (reik) *t.* AGR. rastrillar. *2* rascar, raer. *3* atizar, hurgar [el fuego].
rally ('ræli) *s.* reunión. *2* recobro, restablecimiento.
rally (to) ('ræli) *t.-i.* reunir(se, concentrar(se. *2* reanimar(se, fortalecer(se.
ram (ræm) *s.* ZOOL. morueco. *2* MIL. ariete. *3* MEC. martinete.
ram (to) (ræm) *t.* apisonar. *2* clavar, meter [a golpes]; atestar, henchir. *3 i.* chocar.
ramble ('ræmbl) *s.* paseo, excursión. *2* divagación.
ramble (to) ('ræmbl) *i.* pasear, vagar. *2* serpentear. *3* divagar.
rambling ('ræmbliŋ) *a.* paseador. *2* que divaga. *3* BOT. trepador, rastrero. *4* grande y de planta irregular [caja].
ramp (ræmp) *s.* rampa, declive.
rampant ('ræmpənt) *a.* exuberante. *2* violento. *3* general, extendido. *4* BLAS. rampante.
rampart ('ræmpɑ:t) *s.* FORT. muralla, baluarte; terraplén.
ramshackle ('ræmˌʃækl) *a.* desvencijado. *2* destartalado, ruinoso.
ran (ræn) *pret.* de TO RUN.
ranch (rɑ:ntʃ) *s.* rancho, hacienda.
rancher ('rɑ:ntʃə^r) *s.* ranchero, ganadero, vaquero.
rancid ('rænsid) *a.* rancio.
ranco(u)r ('ræŋkə^r) *s.* rencor.
random ('rændəm) *s.* azar, acaso: ***at ~,*** al azar. *2 a.* ocasional, fortuito.
rang (ræŋ) *pret.* de TO RING.
range (reindʒ) *s.* fila, hilera: ***~ of mountains,*** sierra, cordillera. *2* esfera [de una actividad]. *3* escala, gama, serie. *4* extensión [de la voz]. *5* alcance [de un arma, etc.]; distancia. *6* autonomía [de buque o avión]. *7* extensión de pastos.
range (to) (reindz) *t.* alinear; arreglar, ordenar. *2* recorrer. *3* pasear [la mirada por]. *4 i.* alinearse. *5* extenderse, variar [dentro de ciertos límites]. *6* correr, errar. *7* contarse [entre]. *8* alcanzar [un arma].
rank (ræŋk) *a.* lozano, lujuriante, vicioso. *2* rancio; ofensivo [sabor, olor]. *3* grosero. *4* insalubre. *5* acabado, insigne, rematado. *6 s.* línea, hilera, fila. *7* rango, grado.
rank (to) (ræŋk) *t.* alinear. *2* ordenar, arreglar. *3 i.* ***to ~ high,*** tener un alto grado o categoría; ***to ~ with,*** contarse entre.
rankle (to) ('ræŋkl) *i.* enconarse, ulcerarse, irritarse.
ransack (to) ('rænsæk) *t.* registrar, explorar. *2* saquear, pillar.
ransom ('rænsəm) *s.* rescate, redención.
ransom (to) ('rænsəm) *t.* rescatar, redimir. *2* hacer pagar rescate.
rant (to) (rænt) *i.* declamar a gritos. *2* desbarrar; delirar.
rap (ræp) *s.* golpe seco.
rap (to) (ræp) *t.-i.* golpear, dar un golpe seco.
rapacious (rə'peiʃəs) *a.* rapaz.
rape (to) (reip) *t.* forzar, violar.
rapid ('ræpid) *a.* rápido. *2 s.* rápido, rabión. *3* **-ly** *adv.* rápidamente.
rapidity (rə'piditi) *s.* rapidez.
rapier ('reipiə^r) *s.* estoque, espadín.
rapport (ræ'pɔ:^r) *s.* relación, armonía, conformidad.
rapt (ræpt) *a.* arrebatado, transportado, absorto.
rapture ('ræptʃə^r) *s.* rapto, arrobamiento, éxtasis.
rapturous ('ræptʃərəs) *a.* arrobado, embelesado.
rare (rɛə^r) *a.* raro [de poca densidad; poco común; escaso]. *2* ralo. *3* raro; peregrino. *4* COC. poco cocido. *5* **-ly** *adv.* raramente, rara vez.
rarefy ('rɛərifai) *t.-i.* rarificar(se, enrarecer(se.
rarity ('rɛəriti) *s.* rareza, raridad. *2* tenuidad. *3* preciosidad, primor.
rascal (rɑ:skəl) *s.* bribón, pillo.
rase (to) (reiz) *t.* TO RAZE.
rash (ræʃ) *a.* irreflexivo, precipitado; imprudente, temerario. *2 s.* salpullido. *3* **-ly** *adv.* imprudentemente.
rasp (to) (rɑ:sp) *t.* raspar, escofinar, raer, rallar.
raspberry ('rɑ:zbəri) *s.* BOT. frambuesa; frambueso.
rasping ('rɑ:spiŋ) *a.* raspante. *2* áspero, bronco. *3* irritante.
rat (ræt) *s.* ZOOL. rata.
ratchet ('rætʃit) *s.* trinquete.
rate (reit) *s.* razón, proporción, tanto [por ciento]; tipo [de interés o cambio]; velocidad. *2* precio, valor. *3* clase, orden. *4* arbitrio, impuesto. *5* ***at any ~,*** al menos, de todos modos.
rate (to) (reit) *t.* valuar, tasar, apreciar. *2* estimar, juzgar. *3* reñir, regañar. *4 i.* ser tenido o considerado.
rather ('rɑ:ðə^r) *adv.* bastante, algo, un tanto. *2* mejor, antes, más: ***I would ~,***

me gustaría más. *3* antes bien, al contrario. *4* mejor dicho. *5 interj.* ¡ya lo creo!

ratify (to) ('rætifai) *t.* ratificar, confirmar.

ratio ('reiʃiou) *s.* relación, proporción. *2* MAT. razón.

ration ('ræʃən) *s.* ración.

ration (to) ('ræʃən) *t.* racionar.

rational ('ræʃənl) *a.* racional. *2* cuerdo, razonable. *3* **-ly** *adv.* racionalmente.

rationalize (to) ('ræʃənəlaiz) *t.* hacer racional o explicable. *2* MAT., COM., IND. racionalizar.

rationing ('ræʃəniŋ) *s.* racionamiento.

rattle ('rætl) *s.* tableteo, matraqueo. *2* estertor. *3* cascabel [de serpiente]. *4* sonajero [juguete]. *5* matraca.

rattle (to) ('rætl) *t.* hacer sonar, sacudir. *2* decir rápidamente. *3* aturdir. *4 i.* tabletear, matraquear; rodar con ruido [un coche, etc.]. *5* temblar [los cristales, etc.].

rattlesnake ('rætlsneik) *s.* serpiente de cascabel.

rattling ('rætliŋ) *a.* ruidoso. *2* vivo, animado. *3* estupendo.

raucous ('rɔ:kəs) *a.* rauco, ronco, bronco.

ravage ('rævi3) *s.* daño, estrago.

ravage (to) ('rævidʒ) *t.* asolar, talar, arruinar. *2* saquear.

rave (to) (reiv) *i.* delirar. *2* bramar, enfurecerse.

raven ('reivn) *s.* ORN. cuervo.

ravenous ('rævinəs) *a.* voraz. *2* hambriento.

ravine (rə'vi:n) *s.* barranca, hondonada, quebrada.

raving ('reiviŋ) *s.* delirio. *2 a.* delirante. *3* furioso. *4* **-ly** *adv.* delirantemente.

ravish (to) ('ræviʃ) *t.* extasiar, embelesar. *2* violar.

raw (rɔ:) *a.* crudo [sin cocer], en bruto, en rama: ~ ***material,*** materia prima; ~ ***flesh,*** carne viva. *2* crudo, húmedo, frío [viento, tiempo]. *3* bisoño, novato. *4* **-ly** *adv.* crudamente.

raw-boned ('rɔ:'bound) *a.* esquelético.

ray (rei) *s.* rayo [de luz, etc.]. *2* GEOM. radio. *3* ICT. raya.

raze (to) (reiz) *t.* arrasar, asolar. *2* raspar, borrar.

razor ('reizə^r) *s.* navaja de afeitar.

reach (ri:tʃ) *s.* alcance, poder: ***in ~ of,*** al alcance de.

reach (to) (ri:tʃ) *t.* alargar, extender, tender: ***to ~ out one's hand,*** alargar o tender la mano. *2* tocar, llegar a o hasta, alcanzar. *3* alargar, dar. *4* alcanzar, obtener. *5 i.* extenderse, llegar, alcanzar [a o hasta].

react (to) (ri(:)'ækt) *i.* reaccionar.

reactor (ri(:)'æktə^r) *s.* reactor.

read (to) (ri:d) *t.* leer. *2* descifrar. *3* estudiar [para la licenciatura]. *4* indicar, registrar [un termómetro, etc.]. *5 i.* leer(se. *6* decir, rezar [un escrito, etc.]. ¶ Pret. y p. p.: ***read*** (red).

reader ('ri:də^r) *s.* lector. *2* IMPR. corrector [de pruebas].

readily ('redili) *adv.* prontamente. *2* de buena gana.

readiness ('redinis) *s.* prontitud, facilidad. *2* disposición, buena voluntad. *3* disponibilidad.

reading ('ri:diŋ) *s.* lectura, lección. *2* indicación [de un termómetro, etc.].

readjust (to) ('ri:ə'dʒʌst) *t.* reajustar.

ready ('redi) *s.* preparado, pronto, listo, dispuesto, aparejado. *2* vivo, ágil, diestro. *3* fácil [método]. *4* pronto [pago, réplica, etc.]. *5* a la mano, disponible; contante, efectivo.

ready-made ('redi'meid) *a.* hecho, confeccionado: ~ ***clothes,*** ropa hecha.

real (riəl) *a.* real, verdadero. *2* sincero. *3* DER. inmueble, raíz: ~ ***estate,*** fincas.

realism ('riəlizəm) *s.* realismo.

realistic (riə'listik) *a.* realista; práctico.

reality (ri(:)'æliti) *s.* realidad.

realization (ˌriəlai'zeiʃən) *s.* realización. *2* comprensión.

realize (to) ('riəlaiz) *t.* comprender, darse cuenta de. *2* realizar, efectuar. *3* dar vida o realidad a.

really ('riəli) *adv.* realmente, de veras.

realm (relm) *s.* reino. *2* campo, dominio, región.

reap (to) (ri:p) *t.* segar, guadañar. *2* recoger, cosechar.

reaping ('ri:piŋ) *s.* siega: ~ ***machine,*** segadora mecánica.

reaper ('ri:pə^r) *s.* segador.

reappear (to) ('ri:ə'piə^r) *i.* reaparecer.

rear (riə^r) *a.* trasero, último, posterior. *2* ~ ***admiral,*** contralmirante. *3* MIL. ~ ***guard,*** retaguardia. *4 s.* trasera, parte de atrás; fondo [de una sala]; cola [de una fila].

rear (to) (riə^r) *t.* levantar, alzar; erigir. *2* criar, cultivar; educar. *3 i.* empinarse, encabritarse.

reason ('ri:zn) *s.* razón. | No tiene el sentido de razón en MAT. ni el de razón social: ***it stands to ~,*** es razonable, es justo; ***by ~ of,*** por causa de.

reason (to) ('ri:zn) *t.-i.* razonar. *2 i.* persuadir o disuadir con razones.

reasonable ('ri:zənəbl) *a.* racional [ser]. *2* razonable. *3* módico.
reasoning (ri:z(ə)niŋ) *s.* razonamiento.
reassurance (ˌri:ə'ʃuərəns) *s.* confianza restablecida. *2* seguridad renovada. *3* COM. reaseguro.
reassure (to) (ˌri:ə'ʃuə^r) *t.* tranquilizar. *2* COM. reasegurar.
rebel ('rebl) *a.-s.* rebelde; insurgente.
rebel (to) (ri'bel) *i.* rebelarse, sublevarse.
rebelion (ri'beljən) *s.* rebelión, sublevación.
rebound (ri'baund) *s.* rebote, rechazo. *2* repercusión.
rebound (to) (ri'baund) *i.* rebotar. *2* repercutir. *3* volver a adquirir actualidad o interés.
rebuff (ri'bʌf) *s.* repulsa, desaire.
rebuff (to) (ri'bʌf) *t.* repulsar, desairar.
rebuild (to) ('ri:'bild) *t.* reconstruir.
rebuke (ri'bju:k) *s.* reproche, censura.
rebuke (to) (ri'bju:k) *t.* increpar, reprender, censurar.
recalcitrant (ri'kælsitrənt) *a.* recalcitrante, obstinado, rebelde.
recall (ri'kɔ:l) *s.* llamada [para hacer volver]. *2* recordación. *3* anulación, revocación.
recall (to) (ri'kɔ:l) *t.* llamar, hacer volver. *2* recordar, acordarse de. *3* anular, revocar. *4* destituir.
recant (to) (ri'kænt) *t.-i.* retractar(se.
recapitulate (to) (ˌri:kə'pitjuleit) *t.-i.* recapitular, resumir.
recede (to) (ri'si:d) *i.* retroceder. *2* retirarse, alejarse.
receipt (ri'si:t) *s.* recepción, recibo. *2* cobranza. *3* recibo, carta de pago, recibí. *4* receta, fórmula. *5* ingresos, entradas.
receive (to) (risi:v) *t.* recibir; tomar, aceptar. *2* acoger. *3* cobrar, percibir.
receiver (ri'si:və^r) *s.* receptor. *2* cobrador, tesorero. *3* TELEF. auricular.
recent ('ri:snt) *a.* reciente. *2* moderno, nuevo. *3* **-ly** *adv.* recientemente.
receptacle (ri'septəkl) *s.* receptáculo, recipiente.
reception (ri'sepʃən) *s.* recepción. *2* admisión, aceptación.
receptionist (ri'sepʃənist) *s.* recepcionista.
recess (ri'ses) *s.* hueco, entrada, nicho, alcoba. *2* lugar recóndito. *3* suspensión, descanso; recreo [escolar].
recipe ('resipi) *s.* récipe, receta.
recipient (ri'sipiənt) *a.-s.* receptor, recibidor.
reciprocal (ri'siprəkəl) *a.* recíproco; mutuo. *2* **-ly** *adv.* mutuamente.
reciprocate (to) (ri'siprəkeit) *t.* reciprocar. *2* cambiar, intercambiar. *3* corresponder a [un afecto, favor, etc.]. *4 i.* ser recíproco o correspondiente. *5* MED. tener movimiento alternativo o de vaivén.
recital (ri'saitl) *s.* relación, narración. *2* MÚS. recital.
recite (to) (ri'sait) *t.-i.* recitar. *2 t.* narrar.
reckless ('reklis) *a.* indiferente; que no hace caso. *2* temerario, atolondrado.
reckon (to) ('rekən) *t.-i.* contar, calcular. *2 t.* considerar [como]; contar [entre]. *3* calcular; suponer, creer. *4 i.* ***to ~ on*** o ***with,*** contar con.
reckoning ('rekəniŋ) *s.* cuenta, cómputo, cálculo. *2* cuenta [que se da]; ajuste de cuentas.
reclaim (to) (ri'kleim) *t.* poner en cultivo; hacer utilizable [un terreno, etc.]; ganar [terreno] al mar. *2* regenerar [a una pers.]. *3* DER. reclamar.
recline (to) (ri'klain) *t.-i.* reclinar(se, recostar(se.
recluse (ri'klu:s) *a.* retirado, solitario. *2 s.* pers. retirada del mundo; ermitaño.
recognize (to) ('rekəgnaiz) *t.* reconocer. | No tiene el sentido de examinar o registrar.
recoil (ri'kɔil) *s.* retroceso, reculada. *2* coz [de un arma].
recoil (to) (ri'kɔil) *i.* retroceder, recular, retirarse. *2* dar coz [un arma].
recollect (to) (ˌrekə'lekt) *t.-i.* recordar, acordarse.
recollect (to) ('ri:kə'lekt) *t.* recoger. *2* recobrar. *3* ***to ~ oneself,*** reponerse, serenarse.
recollection (ˌrekə'lekʃən) *s.* recuerdo, memoria. *2* recogimiento [espiritual].
recommend (to) (ˌrekə'mend) *t.* recomendar. *2* alabar.
recommendation (ˌrekəmen'deiʃən) *s.* recomendación. *2* consejo.
recompense ('rekəmpens) *s.* recompensa. *2* indemnización.
recompense (to) ('rekəmpens) *t.* recompensar, pagar. *2* compensar, indemnizar.
reconcile (to) ('rekənsail) *t.* reconciliar. *2* conciliar, hacer compatible. *3* ***to ~ oneself to,*** conformarse con, resignarse a.
reconciliation ('rekənsili'eiʃən) *s.* reconciliación.
reconnaissance (ri'kɔnisəns) *s.* MIL. reconocimiento.
reconnoitre (to) (ˌrekə'nɔitə^r) *t.* MIL. reconocer.
reconsider (to) ('ri:kən'sidə^r) *t.* repensar. *2* volver a estudiar, a discutir.

reconstruct (to) ('ri:-kəns'trʌkt) *t.* reconstruir.
record ('rekɔ:d) *s.* inscripción, registro. *2* acta, historia. *3* DER. expediente, autos. *4* hoja de servicios, historial. *5* disco; grabación [en disco]. *6* DEP. récord, marca. *7 pl.* archivo, protocolo. *8* anales, memorias.
record (to) (ri'kɔ:d) *t.* asentar, inscribir, registrar. *2* fijar en la memoria. *3* grabar en disco o en cinta magnetofónica.
recorder (ri'kɔ:dəʳ) *s.* archivero, registrador. *2* MEC. indicador, contador. *3* ***tape-~***, magnetófono.
recount (to) (ri'kaunt) *t.* contar, relatar.
recourse (ri'kɔ:s) *s.* recurso, refugio, auxilio: ***to have ~ to***, recurrir a.
recover (to) (ri'kʌvəʳ) *t.* recobrar, recuperar. *2* curar: hacer volver en sí. *3* rescatar. *4* ***to ~ oneself***, reponerse; recobrar el equilibrio. *5 i.* restablecerse; volver en sí.
recovery (ri'kʌvəri) *s.* recobro, recuperación. *2* cobranza. *3* restablecimiento, convalecencia.
re-create (to) ('ri:kri'eit) *t.* recrear [crear de nuevo].
recreate (to) ('rekrieit) *t.* recrear, divertir. *2 i.* recrearse.
recreation (ˌrekri'eiʃən) *s.* recreación, recreo.
recriminate (to) (ri'krimineit) *t.* recriminar.
recruit (ri'kru:t) *s.* recluta, novato.
recruit (to) (ri'kru:t) *t.* reclutar, alistar.
rectangle ('rekˌtæŋgl) *s.* GEOM. rectángulo.
rectify (to) ('rektifai) *t.* rectificar, corregir, enmendar.
rectitude ('rektitju:d) *s.* rectitud.
rector ('rektəʳ) *s.* rector. *2* párroco.
rectory ('rektəri) *s.* curato. *2* casa rectoral.
recumbent (ri'kʌmbənt) *a.* reclinado, recostado; yacente.
recuperate (to) (rik'ju:pəreit) *t.* recuperar, recobrar. *2 i.* restablecerse, reponerse.
recur (to) (ri'kə:ʳ) *i.* volver [a un tema]. *2* volver a ofrecerse [a la mente, etc.]. *3* volver a ocurrir, repetirse.
recurrence (ri'kʌrəns) *s.* repetición, reaparición.
recurrent (ri'kʌrənt) *a.* que se repite o reaparece; periódico.
red (red) *a.* encarnado, colorado, rojo; enrojecido, encendido: ***~ corpuscle***, hematíe, glóbulo rojo; ***~ currant***, grosella; ***~ heat***, calor al rojo; ***~ tape***, balduque; fig. formalismo burocrático; ***~ wine***, vino tinto; ***Red Sea***, Mar Rojo; ***to turn ~***, ponerse colorado, sonrojarse. *2 a.-s.* POL. rojo. *3 s.* rojo, encarnado [color].
redden (to) ('redn) *t.* enrojecer. *2 i.* enrojecerse. *3* ruborizarse.
reddish ('rediʃ) *a.* rojizo.
redeem (to) (ri'di:m) *t.* redimir. *2* cumplir [una promesa]. *3* compensar.
redeemer (ri'di:məʳ) *s.* redentor: ***The Redeemer***, el Redentor.
redemption (ri'dempʃən) *s.* redención.
red-hot ('red'hɔt) *a.* calentado al rojo, muy caliente. *2* muy entusiasta. *3* fresco, reciente [noticias, etc.].
redness (rednis) *s.* rojez, rojura.
redolent ('redoulənt) *a.* fragante, oloroso. *2* que tiene algo de; que huele o recuerda a.
redouble (to) (ri'dʌbl) *t.* reduplicar, redoblar. *2 i.* redoblarse.
redoubtable (ri'dautəbl) *a.* temible, formidable.
redress (ri'dres) *s.* reparación, desagravio. *2* remedio, compensación. *3* corrección.
redress (to) (ri'dres) *t.* deshacer, reparar [injusticias]. *2* resarcir, compensar. *3* corregir, rectificar, enderezar.
redskin ('red-skin) *s.* indio piel roja.
reduce (to) (ri'dju:s) *t.* reducir. *2* rebajar, diluir. *3* MIL. degradar. *4 i.* reducirse.
reduction (ri'dʌkʃən) *s.* reducción.
redundancy (ri'dʌndənsi) *s.* redundancia.
reduplicate (to) (ri'dju:plikeit) *t.* reduplicar, redoblar.
reed (ri:d) *s.* BOT. caña; carrizo; junco. *2* caña [material]. *3* MÚS. lengüeta. *4* BOT. ***~ mace***, espadaña.
reef (ri:f) *s.* arrecife, bajío, escollo. *2* MAR. rizo.
reek (ri:k) *s.* vaho, mal olor.
reek (to) (ri:k) *t.* exhalar, echar [vaho, tufo, etc.]. *2* ahumar. *3 i.* humear, vahear; oler mal: ***to ~ of***, oler a.
reel (ri:l) *s.* devanadera, carrete. *2* CINE. rollo [de película]. *3* tambaleo.
reel (to) (ri:l) *t.* aspar, devanar. *2* hacer dar vueltas a. *3 i.* dar vueltas [la cabeza]. *4* tambalearse, vacilar.
re-enlist (to) ('ri:in'list) *t.-i.* reenganchar(se, volver(se a alistar.
refer (to) (ri'fə:ʳ) *t.* referir, remitir. *2* referir, relacionar, atribuir. *3 i.* referirse, aludir. *4* remitirse. *5* dirigirse, recurrir.
referee (ˌrefə'ri:) *s.* árbitro, juez. *2* ponente.
reference ('refrəns) *s.* referencia, relación. *2* referencia [alusión, mención; remisión]. *3* ***~ book***, libro de consulta. *4 pl.* referencias.

refine (to) (ri'fain) *t.* refinar. *2* afinar. *3* pulir, perfeccionar. *4 i.* refinarse, pulirse. *5* sutilizar.
refined (ri'faind) *a.* refinado. *2* pulido. *3* fino, culto.
refinement (ri'fainmənt) *s.* refinamiento. *2* sutileza; finura, urbanidad. *3* refinación.
reflect (to) (ri'flekt) *t.* reflejar, reflector. *2 i.* reflejarse. *3* reflexionar.
reflection (ri'flekʃən) *s.* reflexión, reverberación. *2* reflejo, imagen. *3* reflexión, consideración. *4* tacha, descrédito.
reflex ('ri:-fleks) *a.-s.* reflejo.
reform (ri'fɔ:m) *s.* reforma.
reform (to) (ri:'fɔ:m) *t.* reformar, mejorar, enmendar. *2 i.* reformarse, corregirse.
reformation (ˌrefə'meiʃən) *s.* reforma.
reformer (ri'fɔ:mə[r]) *s.* reformador.
refraction (ri'frækʃən) *s.* refracción.
refractory (ri'fræktəri) *a.* terco, obstinado, rebelde. *2* refractario, resistente.
refrain (ri'frein) *s.* estribillo.
refrain (to) (ri'frein) *t.* refrenar, contener. *2 i.* contenerse; abstenerse.
refresh (to) (ri'freʃ) *t.* refrescar. *2* renovar, restaurar. *3* reparar las fuerzas, descansar. *4 i.* refrescarse, descansar.
refreshment (ri'freʃmənt) *s.* refrescadura. *2* refresco, refrigerio. *3* realivio, descanso. *4 pl.* refrescos.
refrigerate (to) (ri'fridʒəreit) *t.* refrigerar, helar.
refrigerator (ri'fridʒəreitə[r]) *s.* refrigerador. *2* nevera.
refuge ('refju:dʒ) *s.* refugio, asilo, protección. *2* refugio, asilo [lugar, institución]. *3* pretexto.
refugee (ˌrefju(:)'dʒi:) *s.* refugiado. *2* asilado.
refund (to) (ri:'fʌnd) *t.* restituir, reembolsar, reintegrar.
refusal (ri'fju:zəl) *s.* rechazamiento. *2* negativa, denegación, repulsa. *3* opción.
refuse ('refju:s) *s.* desecho, sobras, basura.
refuse (to) (ri'fju:z) *t.* rehusar, rechazar, desechar, denegar, negar. *2* negarse a.
refute (to) (ri'fju:t) *t.* refutar, impugnar, rebatir.
regain (to) (ri'gein) *t.* recobrar, recuperar.
regal ('ri:gəl) *a.* real, regio.
regale (to) (ri'geil) *t.* regalar, agasajar. *2* recrear, deleitar. *3* ref. regalarse.
regard (ri'gɑ:d) *s.* miramiento, consideración, caso: ***without ~ to,*** sin hacer caso de. *2* afecto, respeto. *3* relación, respecto: ***with ~ to,*** con respecto a. *4* mirada. *5 pl.* recuerdos.
regard (to) (rigɑ:d) *t.* mirar, contemplar. *2* reparar, observar. *3* mirar, considerar. *4* estimar, apreciar, respetar. *5* tocar a, concernir, referirse a: ***as regards,*** en cuanto a.
regarding (ri'gɑ:diŋ) *prep.* tocante a, respecto de.
regenerate (to) (ri'dʒenəreit) *t.-i.* regenerar(se.
regent ('ri:dʒənt) *a.-s.* regente.
regicide ('redʒisaid) *s.* regicidio. *2* regicida.
regime (rei'ʒi:m) *s.* régimen.
regiment ('redʒimənt) *s.* MIL. regimiento.
region ('ri:dʒən) *s.* región.
register ('redʒistə[r]) *s.* registro; archivo, protocolo.
register (to) ('redʒistə[r]) *t.-i.* registrar(se, inscribir(se, matricular(se. *2 t.* registrar, señalar. *3* certificar [una carta]: facturar [el equipaje].
registrar (ˌredʒis'trɑ:[r]) *s.* registrador; archivero.
registration (ˌredʒis'treiʃən) *s.* registro, inscripción. *2* facturación [de equipajes].
registry ('redʒistri) *s.* registro [inscripción; oficina]. *2* AUTO., MAR. matrícula.
regnant ('regnənt) *a.* reinante.
regression (ri'greʃən) *s.* regresión.
regret (ri'gret) *s.* pesar, sentimiento. *2* remordimiento. *3* añoranza.
regret (to) (ri'gret) *i.* sentir, lamentar. *2* arrepentirse. *3* llorar, añorar.
regretful (ri'gretful) *a.* pesaroso. *2* **-ly** *adv.* con pesar.
regrettable (ri'gretəble) *a.* sensible, lamentable.
regular ('regjulə[r]) *a.* regular. | No tiene el sentido de mediano. *2* ordenado, metódico. *3* normal, corriente.
regulate (to) ('regjuleit) *t.* regular, arreglar, reglamentar. *2* regular, ajustar. *3* regularizar.
regulation (ˌregju'leiʃən) *s.* regulación. *2* reglamentación. *3* regla, orden. *4 pl.* reglas, reglamento, ordenanzas.
rehash (to) ('ri:'hæʃ) *t.* desp. recomponer; refundir.
rehearsal (ri'hə:səl) *s.* ensayo [de una comedia, etc.]. *2* repetición, recitación.
rehearse (to) (ri'hə:s) *t.* ensayar [una comedia, etc.]. *2* repasar [lo estudiado]. *3* repetir.
reign (rein) *s.* reino, soberanía. *2* reinado.
reign (to) (rein) *i.* reinar.
reimburse (to) (ˌri:im'bə:s) *t.* reembolsar, indemnizar.
rein (rein) *s.* rienda. *2* sujeción, freno.
reindeer ('reindiə[r]) *s.* reno.

reinforce (to) (ˌri:in'fɔ:s) *t.* reforzar. *2* ***reinforced concrete,*** hormigón armado.
reinforcement (ˌri:in'fɔ:smənt) *s.* refuerzo. *2 pl.* MIL. refuerzos.
reinstate (to) ('ri:in'steit) *t.* reponer [en un cargo]. *2* reparar, renovar.
reiterate (to) (ri:'itəreit) *t.* reiterar, repetir.
reject ('ri:dʒekt) *s.* desecho.
reject (to) (ri'dʒekt) *t.* rechazar, rehusar, repeler. *2* denegar. *3* desechar, descartar.
rejection (ri'dʒekʃən) *s.* rechazamiento. *2* denegación. *3* desecho.
rejoice (to) (ri'dʒɔis) *t.-i.* alegrar(se, regocijar(se.
rejoicing (ri'dʒɔisiŋ) *s.* alegría, regocijo. *2* fiesta, festividad.
rejoin (to) (ri'dʒɔin) *t.* reunirse con; volver a juntarse con. *2 t.-i.* responder, replicar.
rejoinder (ri'dʒɔindəʳ) *s.* respuesta, réplica.
rejuvenate (to) (ri'dʒu:vineit) *t.* rejuvenecer, remozar.
relapse (ri'læps) *s.* recaída. *2* reincidencia.
relapse (to) (ri'læps) *i.* recaer, reincidir.
relate (to) (ri'leit) *t.* relatar, referir, contar. *2* relacionar [una cosa con otra]. *3 i.* relacionarse, referirse.
related (ri'leitid) *a.* relacionado, conexo. *2* emparentado, afín.
relation (ri'leiʃən) *s.* relación, relato. *2* relación [entre cosas o personas]; respecto: ***in ~ to,*** respecto a. *3* parentesco, afinidad. *4* pariente, deudo.
relationship (ri'leiʃənʃip) *s.* relación [entre cosas o pers.]. *2* parentesco.
relative ('relətiv) *a.* relativo. *2 s.* pariente, deudo, allegado. *3* **-ly** *adv.* relativamente.
relax (to) (ri'læks) *t.-i.* relajar(se, aflojar(se, ablandar(se. *2 t.* esparcir [el ánimo]. *3 i.* remitir, amainar. *4* descansar.
relaxation (ˌri:læk'seiʃən) *s.* relajación, aflojamiento. *2* descanso, solaz, esparcimiento.
relay (ri'lei) *s.* relevo. *2* ELECT. ('ri:'lei) relevador, relé.
relay (to) ('ri:lei) *t.* volver a colocar. ¶ Pret. y p. p.: ***relaid*** ('ri:'leid) *2 i.* retransmitir por radio. ¶ Pret. y p. p.: ***relayed*** ('ri:'leid).
release (ri'li:s) *s.* libertad, excarcelación. *2* descargo, exoneración, quita. *3* MEC. disparo, escape.
release (to) (ri'li:s) *t.* libertar, soltar. *2* librar, descargar, aliviar. *3* DER. ceder.
relegate (to) ('religeit) *t.* relegar.
relent (to) (ri'lent) *i.* ablandarse, aplacarse, ceder; enternecerse. *2* mitigarse.
relentless (ri'lentlis) *a.* implacable, inexorable.
relevant ('relivənt) *a.* pertinente, aplicable, que hace al caso.
reliable (ri'laiəbl) *a.* confiable, digno de confianza, seguro, formal. *2* fidedigno.
reliance (ri'laiəns) *s.* confianza, seguridad.
relic ('relik) *s.* reliquia. *2 pl.* restos, ruinas.
relief (ri'li:f) *s.* ayuda, auxilio, socorro; limosna. *2* alivio. *3* aligeramiento. *4* descanso, solaz. *5* relieve, realce. *6* MIL. relevo.
relieve (to) (ri'li:v) *t.* remediar, auxiliar, socorrer. *2* consolar. *3* aliviar. *4* desahogar. *5* realzar, hacer resaltar. *6* MIL. relevar.
religion (ri'lidʒən) *s.* religión.
religious (ri'lidʒəs) *a.* religioso. *2* piadoso. *3 s.* religioso.
relinquish (to) (ri'liŋkwiʃ) *t.* abandonar, dejar; desistir de. *2* ceder, renunciar a.
relish ('reliʃ) *s.* buen sabor, gusto, dejo. *2* gusto, goce, fruición. *3* gusto [para apreciar]. *4* condimento, entremés.
relish (to) ('reliʃ) *t.* saborear, paladear. *2* gustarle a uno [una cosa]. *3 i.* gustar, agradar.
reluctance (ri'lʌktəns) *s.* repugnancia, renuencia, aversión.
reluctant (ri'lʌktənt) *a.* renuente, reacio.
rely (to) (ri'lai) *i.* [con ***on*** o ***upon***] confiar o fiar en, contar con, fiarse de.
remain (to) (ri'mein) *i.* quedar, sobrar, restar, faltar. *2* quedarse. *3* permanecer, continuar.
remainder (ri'meindəʳ) *s.* resto, sobrante. *2* MAT. resta, residuo.
remains (ri'meinz) *s. pl.* restos [mortales]. *2* sobras. *3* reliquias, ruinas.
remark (ri'mɑ:k) *s.* observación, nota, dicho, comentario.
remark (to) (ri'mɑ:k) *t.* observar, advertir, notar, reparar. *2* observar, hacer notar, decir.
remarkable (ri'mɑ:kəbl) *a.* observable. *2* notable, extraordinario.
remedy ('remidi) *s.* remedio.
remedy (to) ('remidi) *t.* remediar.
remember (to) (ri'membəʳ) *t.* recordar, acordarse de. *2* hacer presente; dar recuerdos.
remind (to) (ri'maind) *t.* ***to ~ of,*** recordar, hacer presente [una cosa a uno].
reminder (ri'maindəʳ) *s.* recordatorio.
reminiscent (ˌremi'nisnt) *a.* recordativo, evocador. *2* lleno de recuerdos.
remiss (ri'mis) *a.* remiso, negligente.

remission (ri'miʃən) *s.* remisión [perdón; disminución de intensidad].
remit (to) (ri'mit) *t.* remitir [perdonar; someter a la decisión, etc.; diferir, aplazar]. *2* remitir, enviar.
remittance (ri'mitəns) *s.* COM. remesa [de dinero], giro.
remnant ('remnənt) *s.* remanente, resto, residuo. *2* vestigio. *3* retal, saldo.
remonstrate (to) (ri'mɔnstreit) *i.* protestar, objetar, reconvenir; tratar de persuadir.
remorse (ri'mɔ:s) *s.* remordimiento, compunción.
remorseful (ri'mɔ:sful) *a.* arrepentido, compungido.
remorseless (ri'mɔ:slis) *a.* implacable, cruel.
remote (ri'mout) *a.* remoto, lejano, apartado. *2* extraño, ajeno. *3* **-ly** *adv.* remotamente.
removal (ri'mu:vəl) *s.* acción de quitar o llevarse; remoción, levantamiento. *2* mudanza. *3* eliminación, supresión, alejamiento.
remove (to) (ri'mu:v) *t.* trasladar, mudar. *2* alejar. *3* remover, quitar, sacar, eliminar. *4 i.* trasladarse, mudarse.
remunerate (to) (ri'mju:nəreit) *t.* remunerar.
remunerative (ri'mju:nərətiv) *a.* remuneratorio. *2* remunerador.
Renaissance (rə'neisəns) *s.* Renacimiento.
rend (to) (rend) *t.* rasgar, desgarrar, hender, rajar. *2* lacerar. *3* dividir, desunir. ¶ Pret. y p. p.: ***rent*** (rent).
render (to) ('rendə^r^) *t.* dar, entregar. *2* devolver. *3* hacer, administrar [justicia]. *4* rendir [tributo, etc.]. *5* prestar, hacer [ayuda, un favor, etc.]. *6* volver, hacer, poner: ***to ~ useless,*** hacer inútil. *7* B. ART. representar, expresar. *8* traducir, verter.
rendezvous ('rɔndivu:) *s.* cita [para encontrarse], reunión. *2* punto de reunión.
renegade ('renigeid) *s.* renegado, apóstata.
renew (to) (ri'nju:) *t.-i.* renovar(se. *2* reanudar(se.
renewal (ri'nju(:)əl) *s.* renovación, renuevo. *2* reanudación.
renounce (to) (ri'nauns) *t.* renunciar. *2* renegar, abjurar. *3* repudiar, rechazar.
renovate (to) ('renouveit) *t.* renovar, restaurar. *2* regenerar.
renown (ri'naun) *s.* renombre, fama.
renowned (ri'naund) *a.* renombrado, famoso.
rent (rent) *s.* renta, arriendo, alquiler. *2* desgarrón; grieta, raja. *3* cisma, división. *4 p. p.* de TO REND.
rent (to) (rent) *t.-i.* arrendar(se, alquilar(se.
renunciation (ri,nʌnsi'eiʃən) *s.* renuncia.
reorganize (to) ('ri:'ɔ:gənaiz) *t.* reorganizar.
repair (ri'pɛə^r^) *s.* reparación, restauración, remiendo, compostura. *2* estado: ***in good ~,*** en buen estado; ***out of ~,*** descompuesto.
repair (to) (ri'pɛə^r^) *t.* reparar, remendar, componer. *2* remediar, subsanar, restablecer. *3 i.* ***to ~ to,*** ir o acudir a; refugiarse en.
reparation (,repə'reiʃən) *s.* reparación, compensación, satisfacción.
repartee (,repɑ:'ti:) *s.* réplica pronta y aguda. *2* discreteo.
repast (ri'pɑ:st) *s.* comida, refacción.
repay (to) (ri:'pei) *t.* pagar, corresponder a. *2* reembolsar, compensar.
repayment (ri:'peimənt) *s.* pago, retorno, desquite.
repeal (ri'pi:l) *s.* abrogación, revocación.
repeal (to) (ri'pi:l) *t.* abrogar, revocar.
repeat (to) (ri'pi:t) *t.* repetir, reiterar. *2* recitar. *3 i.* repetirse periódicamente.
repeatedly (ri'pi:tidli) *adv.* repetidamente.
repel (to) (ri'pel) *t.* repeler, rechazar. *2* repugnar.
repellent (ri'pelənt *a.* repelente. *2* repulsivo.
repent (to) (ri'pent) *i.* arrepentirse. *2 t.* arrepentirse de.
repentance (ri'pentəns) *s.* arrepentimiento.
repentant (ri'pentənt) *a.* arrepentido.
repercussion (,ri:pə:'kʌʃən) *s.* repercusión. *2* rechazo, reflexión, retumbo.
repetition (,repi'tiʃən) *s.* repetición. *2* repaso [de una lección, etc.]. *3* recitación. *4* copia, reproducción.
replace (to) (ri'pleis) *t.* reponer, devolver. *2* reemplazar, substituir. *3* cambiar [una pieza].
replacement (ri'pleismənt) *s.* substitución, cambio. *2* restitución. *3* pieza de cambio.
replenish (to) (ri'pleniʃ) *t.* llenar, henchir. *2* rellenar, llenar de nuevo.
replete (ri'pli:t) *a.* lleno, repleto. *2* gordo.
reply (ri'plai) *s.* respuesta, contestación.
reply (to) (ri'plai) *t.* responder, contestar. *2* DER. replicar.
report (ri'pɔ:t) *s.* voz, rumor. *2* noticia, información. *3* relato. *4* parte, comunicado. *5* informe, dictamen. *6* denuncia. *7* detonación, tiro.
report (to) (ri'pɔ:t) *t.* relatar, contar, dar cuenta o parte de. *2* informar, dictaminar sobre. *3* denunciar. *4* rumorear: ***it is***

reported, se dice. *5 i.* dar noticias de sí mismo; presentarse.
reporter (ri'pɔ:tə^r) *s.* reportero. *2* informador. *3* DER. relator.
repose (ri'pouz) *s.* reposo.
repose (to) (ri'pouz) *t.* descansar, reclinar. *2* poner [confianza, etc.]. *3 i.* reclinarse, tenderse. *4* reposar, descansar.
reposeful (ri'pouzful) *a.* sosegado, tranquilo.
reprehend (to) (ˌrepri'hend) *t.* reprender, censurar.
represent (to) (ˌrepri'zent) *t.* representar, significar.
representation (ˌreprizen'teiʃən) *s.* representación. *2* súplica, protesta.
representative (ˌrepri'zentətiv) *a.* representativo. *2* típico. *3 s.* representante, apoderado, delegado; (E. U.) diputado.
repress (to) (ri'pres) *t.* reprimir, contener, refrenar, dominar, sofocar. *2* cohibir.
repression (ri'preʃən) *s.* represión.
reprieve (ri'pri:v) *s.* suspensión de la ejecución de un reo; indulto. *2* alivio, respiro, tregua.
reprieve (to) (ri'pri:v) *t.* suspender la ejecución [de un reo]; indultar.
reprimand ('reprimɑ:nd) *s.* reprimenda, reprensión.
reprimand (to) ('reprimɑ:nd) *t.* reprender, reconvenir.
reprint ('ri:'print) *s.* reimpresión. *2* tirada aparte.
reprisal (ri'praizəl) *s.* represalia.
reproach (ri'proutʃ) *s.* reproche, censura. *2* tacha, baldón.
reproach (to) (ri'proutʃ) *t.* reprochar. *2* reprender.
reproachless (ri'proutʃlis) *a.* irreprochable.
reprobate ('reproubeit) *a.-s.* réprobo. *2* malvado, vicioso.
reproduce (to) (ˌri:prə'dju:s) *t.* reproducir. *2 i.* reproducirse, propagarse.
reproduction (ˌri:prə'dʌkʃən) *s.* reproducción.
reproof (ri'pru:f), **reproval** (ri'pru:vəl) *s.* reprobación, reprensión.
reprove (to) (ri'pru:v) *t.* reprobar, reprender, censurar.
reptile ('reptail) *a.-s.* reptil.
republic (ri'pʌblik) *s.* república.
repudiate (to) (ri'pju:dieit) *t.* repudiar. *2* desconocer, rechazar, recusar.
repugnance (ri'pʌgnəns) *s.* repugnancia.
repugnant (ri'pʌgnənt) *a.* repugnante. *2* hostil, reacio.
repulse (ri'pʌls) *s.* repulsión, rechazo. *2* repulsa, desaire.
repulse (to) (ri'pʌls) *t.* rechazar, repeler. *2* repulsar.
repulsive (ri'pʌlsiv) *a.* repulsivo.
reputable ('repjutəbl) *a.* estimable, honrado, honroso, lícito.
reputation (ˌrepju(:)'teiʃən) *s.* reputación, fama. *2* buena fama, nota, distinción.
repute (ri'pju:t) *s.* reputación, estimación, fama: ***of ill ~,*** de mala fama.
repute (to) (ri'pju:t) *t.* reputar, tener por.
reputedly (ri'pju:tidli) *adv.* según se cree.
request (ri'kwest) *s.* ruego, solicitud: ***at the ~ of,*** a instancias de. *2* demanda, salida: ***in ~,*** en boga, solicitado.
request (to) (ri'kwest) *t.* rogar, pedir, solicitar, encargar.
require (to) (ri'kwaiə^r) *t.-i.* requerir, pedir, demandar, exigir, necesitar.
requirement (ri'kwaiəment) *s.* requisito, condición. *2* exigencia, necesidad. *3* demanda, requerimiento.
requisite ('rekwizit) *a.* requerido, necesario, indispensable. *2 s.* requisito, cosa esencial.
rescind (to) (ri'sind) *t.* rescindir, anular.
rescue ('reskju:) *s.* liberación, rescate, salvamento, socorro.
rescue (to) ('reskju:) *t.* libertar, rescatar, salvar.
rescuer ('reskjuə^r) *s.* libertador, salvador.
research (ri'sə:tʃ) *s.* búsqueda, indagación, investigación.
research (to) (ri'sə:tʃ) *t.* buscar, indagar, investigar.
resemblance (ri'zembləns) *s.* parecido, semejanza.
resemble (to) (ri'zembl) *t.* parecerse, asemejarse a.
resent (to) (ri'zent) *t.* resentirse u ofenderse de o por; sentirse de, agraviarse por.
resentful (ri'zentful) *a.* resentido, ofendido. *2* rencoroso.
resentment (ri'zentmənt) *s.* resentimiento, enojo.
reservation (ˌrezə'veiʃən) *s.* reserva [reservación; condición, salvedad]. *2* terreno reservado.
reserve (ri'zə:v) *s.* reserva, repuesto. *2* reserva [discreción; sigilo; frialdad]. *3* reservación, reserva, restricción.
reserve (to) (ri'zə:v) *t.* reservar. *2* hacerse reservar [un asiento, etc.].
reserved (ri'zə:vd) *a.* reservado. *2* **-ly** *adv.* reservadamente.
reservoir ('rezəvwɑ:^r) *s.* depósito [de agua, gas, etc.]. *2* alberca, aljibe. *3* embalse.
reside (to) (ri'zaid) *i.* residir.

residence ('reizidəns) *s.* residencia: morada, mansión; período en que se reside.
resident ('rezidənt) *a.* residente. *2 s.* residente, morador. *3* gobernador de un protectorado.
residue ('rezidju:) *s.* residuo, resto, remanente.
resign (to) (ri'zain) *t.* dimitir, renunciar a. *2* entregar. *3 i.* dimitir. *4* resignarse, conformarse. *5* AJED. abandonar.
resignation (ˌrezig'neiʃən) *s.* dimisión, renuncia. *2* resignación, conformidad.
resilience (ri'ziliəns) *s.* resorte, elasticidad.
resilient (ri'ziliənt) *a.* elástico. *2* que reacciona fácilmente.
resin ('rezin) *s.* resina.
resist (to) (ri'zist) *t.-i.* resistir. | No tiene el sentido de tolerar, sufrir. *2 t.* oponerse a, resistirse a.
resistance (ri'zistəns) *s.* resistencia.
resistant (ri'zistənt) *a.* resistente.
resolute ('rezəlu:t) *a.* resuelto, decidido; denodado.
resolution ('rezə'lu:ʃən) *s.* resolución. *2* propósito. *3* acuerdo [de una asamblea]; propuesta [de acuerdo]; conclusión.
resolve (ri'zɔlv) *s.* resolución [acuerdo; firmeza de propósito].
resolve (to) (ri'zɔlv) *t.* resolver. *2* decidir [a uno a que haga algo]. *3* acordar [en una asamblea]. *4 i.* resolverse, decidirse.
resolved (ri'zɔlvd) *a.* resuelto. *2* persuadido, convencido.
resonance ('rezənəns) *s.* resonancia.
resort (ri'zɔ:t) *s.* recurso, medio, refugio. *2* balneario: ***summer ~***, punto de veraneo.
resort (to) (ri'zɔ:t) *i.* acudir, concurrir, frecuentar. *2* recurrir, echar mano [de].
resound (to) (ri'zaund) *i.* resonar, retumbar, formar eco.
resource (ri'sɔ:s) *s.* recurso, medio, expediente, remedio. *2 pl.* recursos.
resourceful (ri'zɔ:sful) *a.* listo, ingenioso.
respect (ris'pekt) *s.* respeto, atención, consideración. *2* respecto, relación; aspecto: ***with ~ to,*** respeto a o de. *3 pl.* respetos, saludos.
respect (to) (ris'pekt) *t.* respetar. *2* respectar, atañer.
respectable (ris'pektəbl) *a.* respetable. *2* decente, presentable. *3* honroso; correcto.
respectful (ris'pektful) *a.* respetuoso. *2* **-ly** *adv.* respetuosamente.
respecting (ris'pektiŋ) *prep.* con respecto a, en cuanto a.
respective (ris'pektiv) *a.* respectivo.
respiration (ˌrespi'reiʃən) *s.* respiración, respiro.
respite ('respait) *s.* respiro, tregua, descanso. *2* suspensión, prórroga.
resplendent (ris'plendənt) *a.* resplandeciente.
respond (to) (ris'pɔnd) *i.* responder, contestar. *2* responder, corresponder [a una acción, etc.].
response (ris'pɔns) *s.* respuesta, contestación, réplica.
responsibility (risˌpɔnsi'biliti) *s.* responsabilidad. *2* cometido: ***to take the ~ of,*** encargarse de. *3* solvencia.
responsible (ris'pɔnsəbl) *a.* responsable. *2* autorizado, respetable.
responsive (ris'pɔnsiv) *a.* que responde o corresponde [a una acción, un afecto], sensible; obediente; que se interesa.
rest (rest) *s.* descanso, reposo. *2* paz, tranquilidad. *3* MÚS. pausa, silencio. *4* apoyo, soporte. *5* ristre. *6* resto, restante: ***the ~***, lo demás; los demás. *7* ***at ~***, en reposo; tranquilo; en paz [muerto].
rest (to) (rest) *i.* descansar, reposar; estar quieto. *2* cesar, parar. *3* posarse. *4* descansar, apoyarse, basarse [en], cargar [sobre]. *5* descansar, confiar [en]. *6* quedar, permanecer. *7* ***to ~ with,*** depender de. *8 t.* asentar, apoyar, basar.
restaurant ('restərənt) *s.* restaurante.
restful ('restful) *a.* quieto, sosegado. *2* reparador.
restive ('restiv) *a.* ingobernable. *2* inquieto, impaciente.
restless ('restlis) *a.* inquieto, intranquilo, agitado. *2* bullicioso, revoltoso. *3* desvelado, insomne.
restoration ('restə'reiʃən) *s.* restauración. *2* restitución.
restore (to) (ris'tɔ:ʳ) *t.* restaurar. *2* restablecer. *3* reponer [en el trono]. *4* devolver.
restrain (to) (ris'trein) *t.* refrenar, contener, reprimir, coartar, impedir. *2* limitar.
restraint (ris'treint) *s.* refrenamiento, cohibición, restricción. *2* reserva, circunspección. *3* contención, moderación.
restrict (to) (ris'trikt) *t.* restringir, limitar.
restriction (ris'trikʃən) *s.* restricción, limitación.
restrictive (ris'triktiv) *a.* restrictivo.

result (ri'zʌlt) *s.* resultado. *2* consecuencia.
result (to) (ri'zʌlt) *i.* ***to ~ from,*** resultar, originarse, inferirse. *2* ***to ~ in,*** dar por resultado, venir a parar en.
resume (to) (ri'zju:m) *t.* reasumir, volver a tomar, a ocupar. *2* recobrar. *3* reanudar, continuar. *4* resumir.
resumption (ri'zʌmpʃən) *s.* reasunción. *2* recobro. *3* reanudación.
resurgence (ri'sə:dʒəns) *s.* resurgimiento.
resurrección (ˌrezə'rekʃən) *s.* resurrección; renacimiento.
resuscitate (to) (ri'sʌsiteit) *t.-i.* resucitar.
retail ('ri:teil) *s.* detall, menudeo.
retail (to) (ri:'teil) *t.* detallar, vender al por menor.
retain (to) (ri'tein) *t.* retener, guardar, quedarse con. *2* detener, contener. *3* tomar o tener a su servicio.
retainer (ri'teinəʳ) *s.* criado, dependiente, seguidor.
retaliate (to) (ri'tælieit) *i.* desquitarse, vengarse. *2 t.* devolver [un daño, una injuria].
retaliation (riˌtæli'eiʃən) *s.* desquite, venganza, represalias.
retard (ri'tɑ:d) *s.* retardo.
retard (to) (ri'tɑ:d) *t.* retardar, retrasar, atrasar.
reticent ('retisənt) *a.* reservado.
retina ('retinə) *s.* ANAT. retina.
retinue ('retinju:) *s.* séquito, acompañamiento.
retire (to) (ri'taiəʳ) *i.* retirarse [apartarse, retroceder; recogerse, irse a acostar]. *2* retraerse. *3 t.* retirar, apartar, sacar. *4 t.-i.* retirar(se, jubilar(se.
retired (ri'taiəd) *a.* retirado, apartado, solitario. *2* retraído. *3* retirado, jubilado.
retirement (ri'taiəmənt) *s.* retiro. *2* retirada. *3* retraimiento.
retiring (ri'taiəriŋ) *a.* retraído, tímido, modesto. *2* que se retira. *3* del retiro o jubilación.
retort (ri'tɔ:t) *s.* réplica mordaz. *2* QUÍM. retorta.
retort (to) (ri'tɔ:t) *t.-i.* replicar, redargüir. *2* devolver [una ofensa, etc.].
retrace (to) (ri'treis) *i.* desandar: ***to ~ one's steps,*** volver sobre sus pasos. *2* seguir, reparar [con los ojos], evocar. *3* relatar, contar.
retract (to) (ri'trækt) *t.* retractarse de. *2 i.* retractarse. *3 t.-i.* retraer(se, encoger(se.
retreat (ri'tri:t) *s.* retirada. *2* retiro, aislamiento. *3* refugio, asilo. *4* retreta [toque].
retreat (to) (ri'tri:t) *i.* retirarse, retroceder. *2* refugiarse. *3* tener inclinación hacia atrás. *4 t.* retirar, mover hacia atrás.
retrench (to) (ri'trentʃ) *t.* cercenar, reducir; economizar.
retribution (ˌretri'bju:ʃən) *s.* retribución. *2* justo castigo.
retrieve (to) (ri'tri:v) *t.* recobrar, recuperar. *2 t.-i.* cobrar [la caza el perro].
retrograde ('retrougreid) *a.* retrógrado.
retrospect ('retrouspekt) *s.* mirada retrospectiva: ***in ~,*** retrospectivamente.
return (ri'tə:n) *s.* vuelta, regreso, retorno: ***~ ticket,*** billete de ida y vuelta; ***many happy returns of the day,*** feliz cumpleaños; ***by ~ mail,*** a vuelta de correo. *2* devolución, reexpedición. *3* retorno, pago, cambio, desquite: ***in ~,*** en cambio. *4* beneficio, fruto; producción. *5 pl.* datos, resultado [de un escrutinio, etc.].
return (to) (ri'tə:n) *i.* volver, retornar; regresar, reaparecer. *2 t.* volver, devolver, restituir; pagar, dar en cambio.
reunion ('ri:'ju:njən) *s.* reunión.
reunite (to) ('ri:ju:'nait) *t.-i.* reunir(se; reconciliar(se.
reveal (to) (ri'vi:l) *t.* revelar, descubrir, manifestar.
revel ('revl) *s.* holgorio, orgía.
revel (to) ('revl) *i.* jaranear, tomar parte en orgías. *2* deleitarse, gozarse [en].
revelation (ˌrevi'leiʃən) *s.* revelación. *2* Apocalipsis.
revenge (ri'vendʒ) *s.* venganza. *2* desquite.
revenge (to) (ri'vendʒ) *t.* vengar, vindicar. *2 i.* vengarse.
revengeful (ri'vendʒful) *a.* vengativo.
revenue ('revinju:) *s.* renta, rédito, ingresos. *2* rentas públicas; fisco.
reverberate (to) (ri'və:bəreit) *t.* reflejar [la luz, etc.]. *2 i.* reverberar, reflejarse, retumbar.
revere (to) (ri'viəʳ) *t.* reverenciar, venerar.
reverence ('revərəns) *s.* reverencia, respeto.
reverence (to) ('revərəns) *t.* reverenciar, acatar.
reverend ('revərənd) *a.* reverendo, venerable.
reverent ('revərənt) *a.* reverente.
reverie ('revəri) *s.* ensueño. *2* visión, fantasía.
reversal (ri'və:səl) *s.* inversión. *2* cambio completo [de opinión, etc.].
reverse (ri'və:s) *a.* inverso, contrario. *2 s.* lo inverso o contrario. *3* inversión, trastorno. *4* revés, contratiempo. *5* reverso, revés, dorso. *6* MEC. marcha atrás.

reverse (to) (ri'və:s) *t.* invertir, volver al revés, transformar. *2* MEC. poner en marcha atrás.
review (ri'vju:) *s.* revista [inspección; periódico; espectáculo]. *2* revisión. *3* reseña [de una obra]. *4* MIL. revista.
review (to) (ri'vju:) *t.* rever. *2* revisar, repasar. *3* hacer la crítica o reseña de.
revile (to) (ri'vail) *t.* ultrajar, denigrar, injuriar, denostar.
revise (to) (ri'vaiz) *t.* revisar; corregir.
revision (ri'viʒən) *s.* revisión, repaso.
revival (ri'vaivəl) *s.* restauración, renacimiento; resurgimiento, despertar. *2* TEAT. reposición.
revive (to) (ri'vaiv) *t.* reanimar, reavivar, despertar. *2* restablecer, resucitar. *3 i.* volver en sí. *4* revivir, renacer.
revoke (to) (ri'vouk) *t.* revocar, derogar.
revolt (ri'voult) *s.* revuelta, rebelión.
revolt (to) (ri'voult) *i.* sublevarse, amotinarse. *2* sublevarse, indignarse, sentir asco. *3 t.* sublevar; dar asco.
revolting (ri'voultiŋ) *a.* indignante, odioso. *2* repugnante.
revolution (ˌrevə'lu:ʃən) *s.* revolución.
revolve (to) (ri'vɔlv) *t.* voltear; hacer girar. *2* revolver [en la mente]. *3 i.* rodar, girar, dar vueltas.
revolver (ri'vɔlvəʳ) *s.* revólver.
revolving (ri'vɔlviŋ) *a.* rotativo, giratorio.
revulsion (ri'vʌlʃən) *s.* revulsión.
reward (ri'wɔ:d) *s.* premio, recompensa, galardón. *2* pago.
reward (to) (ri'wɔ:d) *t.* premiar, recompensar, pagar.
rhapsody ('ræpsədi) *s.* rapsodia. *2* discurso entusiástico.
rhetoric ('retərik) *s.* retórica.
rheumatism ('ru:mətizəm) *s.* reumatismo, reuma.
rhinoceros (rai'nɔsərəs) *s.* ZOOL. rinoceronte.
rhomboid ('rɔmbɔid) *s.* romboide.
rhubarb ('ru:bɑ:b) *s.* ruibarbo.
rhyme (raim) *s.* LIT. rima. *2* ***witout ~ or reason,*** sin ton ni son.
rhyme (to) (raim) *t.-i.* rimar. *2 i.* consonar, armonizar. *3* versificar.
rhythm ('riðəm) *s.* ritmo.
rib (rib) *s.* ANAT., BOT., MAR. costilla. *2* ENT. nervio [de ala]. *3* varilla [de paraguas o abanico]. *4* cordoncillo [de tejido]. *5* ARQ. nervadura.
ribald ('ribəld) *a.* grosero, obsceno.
ribbon ('ribən) *s.* cinta, galón, banda, tira.
rice (rais) *s.* arroz: ~ ***field,*** arrozal.
rich (ritʃ) *a.* rico. *2* suculento. *3* muy dulce. *4* fértil, pingüe. *5* fragante. *6* vivo [color]. *7* melodioso [voz, sonido]. *8* **-ly** *adv.* ricamente.
riches ('ritʃiz) *s. pl.* riqueza.
rickety ('rikiti) *a.* raquítico. *2* desvencijado. *3* ruinoso.
rid (to) (rid) *t.* librar, desembarazar: ***to get ~ of,*** librarse, desembarazarse de; ***to be well ~ of,*** salir bien de. ¶ Pret. y p. p.: ***rid*** (rid) o ***ridded*** ('ridid).
ridden ('ridn) *p. p.* de TO RIDE.
riddle ('ridl) *s.* enigma, acertijo, adivinanza. *2* criba.
riddle (to) ('ridl) *t.* resolver, descifrar. *2* cribar. *3* acribillar.
ride (raid) *s.* paseo o viaje a caballo, en bicicleta, en coche.
ride (to) (raid) *i.* ir a caballo, en bicicleta, en coche, etc.; cabalgar, montar: ***to ~ roughshod over,*** fig. tiranizar, atropellar. *2* girar, funcionar. *3* andar, marchar [el caballo montado, el vehículo]. *4* MAR. ***to ~ at anchor,*** estar fondeado. *5 t.* montar [un caballo, etc.]; conducir [un vehículo], ir en él. *6* surcar [las olas]. *7* oprimir. *8* ***to ~ down,*** atropellar, pisotear. *9* ***to ~ out,*** sortear, capear [un temporal]. ¶ Pret.: ***rode*** (roud); p. p.: ***ridden*** ('ridn).
rider ('raidəʳ) *s.* el que va montado en algo; jinete, ciclista, etc. *2* aditamento.
ridge (ridʒ) *s.* elevación larga y estrecha. *2* cerro, cresta. *3* AGR. lomo. *4* caballete [de tejado].
ridicule ('ridikju:l) *s.* ridículo.
ridicule (to) ('ridikju:l) *t.* ridiculizar, poner en ridículo.
ridiculous (ri'dikjuləs) *a.* ridículo.
riding ('raidiŋ) *s.* paseo a caballo o en coche. *2* equitación. *3* MAR. fondeadero.
rife (raif) *a.* corriente, general, frecuente. *2* ~ ***with,*** lleno de.
riff-raff ('rifræf) *s.* canalla, chusma.
rifle ('raifl) *s.* rifle, fusil.
rifle (to) ('raifl) *t.* pillar, saquear. *2* robar, llevarse.
rift (rift) *s.* hendedura, grieta. *2* disensión, desavenencia.
rig (to) (rig) *t.* MAR. aparejar. *2* equipar. *3* vestir, ataviar.
rigging ('rigiŋ) *s.* MAR. aparejo, jarcia.
right (rait) *a.* recto, derecho [no torcido]. *2* GEOM. recto. *3* recto, justo, honrado. *4* bueno, correcto, verdadero, apropiado; que está bien; sano, cuerdo. *5* que tiene razón. *6* derecho, diestro, de la derecha. *7 adv.* derechamente. *8* exactamente. *9* bien; justamente; con razón. *10* a la derecha. *11* ~ ***away,*** en seguida, en el acto. *12* ~ ***now,*** ahora

mismo. *13* interj. ***all ~!***, ¡está bien!, ¡conformes! *14* *s.* derecho, justicia, razón. *15* derecho [que se tiene]. *16* derecho [de una tela, etc.]. *17* derecha, diestra. *18* POL. derecha. *19* **-ly** *adv.* rectamente, honradamente.

right (to) (rait) *t.* hacer justicia a. *2* enderezar, corregir.

righteous ('raitʃəs) *a.* recto, justo. *2* honrado, virtuoso. *3* **-ly** *adv.* honradamente.

rightful (raitful) *a.* justo, honrado, legítimo.

rigid ('ridʒid) *a.* rígido. *2* preciso, riguroso.

rigo(u)r ('rigə^r) *s.* rigidez. *2* rigor. *3* austeridad.

rill (ril) *s.* arroyuelo, riachuelo.

rim (rim) *s.* borde, margen, canto [esp. de algo curvo]. *2* reborde, pestaña. *3* aro, llanta [de rueda].

rind (raind) *s.* corteza. *2* cáscara, piel, hollejo.

ring (riŋ) *s.* anillo, sortija. *2* anilla, anillo, aro, cerco. *3* ojera [en el ojo]. *4* pista, arena, redondel. *5* BOX. ring, cuadrilátero. *6* corro, círculo. *7* sonido vibrante, resonante; tañido de campana; llamada [de timbre].

1) **ring (to)** (riŋ) *t.* cercar, circundar. *2* poner anillos a. *3* *i.* formar círculo. ¶ Pret. y p. p.: ***ringed*** (riŋd).

2) **ring (to)** (riŋ) *t.* hacer sonar; tocar, tañer, repicar [campanas]; tocar [un timbre]; ***to ~ up***, llamar por teléfono; TEAT. subir el telón. *2* *i.* tocar el timbre. *3* sonar, tañer, retiñir. *4* zumbar [los oídos]. ¶ Pret.: ***rang*** (ræŋ); p. p.: ***rung*** (rʌŋ).

ringing ('riŋiŋ) *s.* campaneo, repique; retintín. *2* zumbido [de oídos].

ringlet (riŋlit) *s.* anillejo. *2* sortija, rizo.

rink (riŋk) *s.* pista de patinar.

rinse (to) (rins) *t.* enjuagar.

riot ('raiət) *s.* tumulto, alboroto, motín. *2* desenfreno, exceso.

riot (to) ('raiət) *i.* armar alboroto, amotinarse. *2* ser exuberante.

rioter ('raiətə^r) *s.* alborotador, amotinado.

riotous ('raiətəs) *a.* amotinado. *2* desenfrenado, disoluto.

rip (rip) *s.* rasgadura. *2* descosido.

rip (to) (rip) *t.* rasgar, abrir, destripar, descoser, arrancar. *2* *i.* desgarrarse, abrirse.

ripe (raip) *a.* maduro. *2* en sazón, a punto.

ripen (to) ('raipən) *t.-i.* madurar, sazonar(se.

ripple ('ripl) *s.* onda, rizo. *2* pliegue, ondulación. *3* murmullo [del agua].

ripple (to) ('ripl) *i.* rizarse, ondear. *2* caer en ondas. *3* murmurar [el agua].

rise (raiz) *s.* levantamiento, ascensión, subida. *2* elevación. *3* salida [de un astro]. *4* pendiente, cuesta, altura. *5* encumbramiento, ascenso. *6* aumento, alza, subida [de precios, etc.]. *7* causa, origen: ***to give ~ to***, dar origen a.

rise (to) (raiz) *i.* subir, ascender, elevarse, alzarse, remontarse. *2* salir [un astro]. *3* encumbrarse, ascender. *4* levantarse [de la cama, etc.; ponerse en pie]. *5* erizarse. *6* alzarse, sublevarse. *7* subir, aumentar, crecer; encarecerse. *8* nacer, salir, originarse. *9* surgir, aparecer, presentarse, ocurrir. ¶ Pret.: ***rose*** (rouz); p. p.: ***risen*** ('rizn).

risen (rizn) *p.-p.* de TO RISE.

rising ('raiziŋ) *s.* subida. *2* levantamiento. *3* alzamiento, insurrección. *4* orto, salida.

risk (risk) *s.* riesgo, peligro.

risk (to) (risk) *t.* arriesgar, aventurar, exponer. *2* exponerse a.

risky ('riski) *a.* arriesgado, expuesto. *2* verde, escabroso.

rite (rait) *s.* rito.

ritual ('ritjuəl) *a.-s.* ritual.

rival ('raivəl) *a.* competidor. *2* *s.* rival.

rival (to) ('raivəl) *t.* competir, rivalizar con; emular a.

rivalry ('raivəlri) *s.* rivalidad. *2* emulación.

river ('rivə^r) *s.* río: ~ ***basin***, cuenca; ***up ~***, río arriba; ***down ~***, río abajo.

riverside ('rivəsaid) *s.* ribera, orilla de un río.

rivet (to) ('rivit) *t.* roblar, remachar. *2* fijar, absorber [la mirada, la atención, etc.].

rivulet ('rivjulit) *s.* riachuelo, arroyo.

road (roud) *s.* carretera, camino: ***in the road***, estorbando el paso. *3* MAR. rada.

road-house ('roudhaus) *s.* parador.

roadstead ('roudsted) *s.* rada, fondeadero.

roadway ('roudwei) *s.* carretera, calzada.

roam (to) (roum) *i.* rodar, vagar, errar. *2* *t.* vagar por.

roar (rɔː^r, rɔə^r) *s.* rugido, bramido. *2* grito; griterío.

roar (to) (rɔː^r, rɔə^r) *i.* rugir, bramar. *2* gritar, alborotar.

roaring ('rɔːriŋ) *s.* bramador; ruidoso, tremendo, enorme. *3* próspero.

roast (roust) *s.* asado. *2* *a.* asado, tostado.

roast (to) (roust) *t.-i.* asar(se. *2* tostar(se.

rob (to) (rɔb) *t.* robar, hurtar, pillar, saquear.

robber ('rɔbə^r) *s.* ladrón.

robbery ('rɔbəri) *s.* robo, latrocinio.

robe (roub) *s.* ropaje, vestidura, túnica; toga [de juez, etc.]. *2* bata. *3* vestido de mujer. *4* fig. manto, capa.
robe (to) (roub) *t.-i.* vestir(se, ataviar(se.
robin ('rɔbin) *s.* ORN. petirrojo.
robot ('roubɔt) *s.* robot.
robust (rə'bʌst) *a.* robusto. *2* fuerte, sólido.
rock (rɔk) *s.* roca, peña, peñasco; escollo: *~ **salt**,* sal gema; ***on the rocks**,* perdido, arruinado.
rock (to) (rɔk) *t.* acunar. *2 t.-i.* mecer(se, balancear(se. *3* tambalear(se.
rocket ('rɔkit) *s.* cohete.
rocking ('rɔkiŋ) *a.* mecedor; vacilante, oscilante: *~ **chair**,* mecedora.
rocky ('rɔki) *a.* rocoso, pedregoso.
rod (rɔd) *s.* vara, varilla, barra. *2* bastón de mando; cetro. *3* caña [de pescar]. *4* varilla de virtudes. *5* MEC. barra, vástago.
rode (roud) *pret.* de TO RIDE.
rodent ('roudənt) *a.-s.* roedor.
roe (rou) *s.* hueva.
rogue (roug) *s.* pícaro, bribon. *2* holgazán.
role, rôle (roul) *s.* papel [que se hace o representa].
roll (roul) *s.* rollo [de papel, etc.]. *2* lista, nómina, registro, escalafón. *3* bollo, panecillo. *4* ARQ. voluta. *5* retumbo [del trueno]; redoble [del tambor]. *6* balanceo. *7 ~ **of the waves**,* oleaje.
roll (roul) *t.* hacer rodar. *2* mover, llevar, etc., sobre ruedas. *3* arrollar, enrollar. *4* liar [un cigarrillo]. *5* envolver, fajar. *6* allanar, etc., con rodillo. *7* mover [los ojos], ponerlos en blanco. *8 i.* rodar, girar. *9* ir sobre ruedas. *10* revolcarse. *11* ondular [un terreno]. *12* balancearse [un buque]. *13* moverse [las olas]. *14* arrollarse, hacerse una bola. *15* retumbar, tronar. *16* redoblar [el tambor]. *17 **to** ~ **down**,* bajar rodando.
roller ('roulə^r^) *s.* MEC. rodillo, cilindro, tambor. *2* rueda o ruedecita [de patín, etc.]. *3* MAR. ola larga.
rolling ('rouliŋ) *a.* rodante, que rueda: *~ **stock**,* FERROC. material rodante; *~ **pin**,* rollo de cocina.
Roman ('roumən) *a.-s.* romano. *2 a.* latina [lengua]. *3 s.* latín. *4* IMPR. redondo [tipo].
romance (rə'mæns) *s.* romance; novela. *2* lo novelesco; interés, aventura; idilio amoroso. *3* ficción, invención.
Romanesque (ˌroumə'nesk) *a.-s.* ARQ. románico.
romantic (rou'mæntik, rə-) *a.* romántico.
romp (to) (rɔmp) *i.* jugar, correr, saltar, retozar.
roof (ru:f) *s.* techo, techado, tejado, cubierta: ***flat** ~,* azotea. *2* fig. techo, hogar. *3* cielo [de la boca].
roof (to) (ru:f) *t.* cubrir, techar.
rook (ruk) *s.* ORN. grajo, chova. *2* AJED. torre, roque.
room (rum, ru:m) *s.* cuarto, pieza, habitación, sala. *2* espacio, sitio; cabida: ***to make** ~,* hacer sitio, abrir paso. *3* causa, motivo: ***there is no** ~ **for doubt**,* no cabe duda.
roomy ('rumi) *a.* espacioso, holgado, amplio.
roost (ru:st) *s.* percha; gallinero.
roost (to) (ru:st) *i.* dormir [las aves en la percha].
rooster ('ru:stə^r^) *s.* gallo [ave].
root (ru:t) *s.* raíz: ***to take** ~,* arraigar.
root (to) (ru:t) *i.t.* hozar. *2 t.* arraigar, implantar. *3 **to** ~ **out**,* desarraigar, extirpar. *4 i.* arraigar, echar raíces.
rope (roup) *s.* cuerda, soga, maroma, cable: ***to know the ropes**,* conocer bien un asunto; ***rope-dancer, rope-walker**,* volatinero, funámbulo. *2* sarta, ristra.
rosary ('rouzəri) *s.* rosario.
rose (rouz) *s.* BOT. rosal. *2* BOT. rosa. *3* rosa [color, adorno]. *4* rallo [de regadera]. *5* rosetón [ventana]. *6* BOT. *~ **mallow**,* malva real. *7 pret.* de TO RISE.
rosebud ('rouzbʌd) *s.* capullo de rosa, pimpollo.
rosemary ('rouzməri) *s.* BOT. romero.
rosewood ('rouzwud) *s.* palisandro; palo de rosa.
rosy ('rouzi) *a.* rosado, sonrosado, color de rosa. *2* sonrojado. *3* risueño, lisonjero.
rot (rɔt) *s.* putrefacción, podredumbre.
rot (to) (rɔt) *i.* pudrirse, corromperse. *2 t.* pudrir.
rotary ('routəri) *a.* rotatorio.
rotate (to) (rou'teit) *i.* rodar, girar. *2* turnar, alternar. *3 t.* hacer girar.
rote (rout) *s.* ***by** ~,* de rutina, de memoria.
rotten ('rɔtn) *a.* podrido. *2* fétido. *3* malo, ofensivo, sucio. *4* poco firme, inseguro.
rotund (rou'tʌnd) *a.* redondo. *2* rotundo.
rouge (ru:ʒ) *s.* colorete, arrebol.
rough (rʌf) *a.* áspero, tosco, basto. *2* escabroso [terreno]. *3* agitado [mar]. *4* tempestuoso. *5* rudo, inculto. *6* brusco. *7* en bruto, de preparación, mal acabado: *~ **copy**,* borrador. *8* aproximativo. *9* duro; penoso; rudo, violento. *10 s.* lo áspero, tosco, etc.: ***in the** ~,* en bruto.
rough (to) (rʌf) *t.* hacer o labrar toscamente. *2 **to** ~ **it**,* vivir sin comodidades.

roughly ('rʌfli) *adv.* ásperamente. *2* toscamente. *3* aproximadamente, en términos generales.
roulette (ru(:)'let) *s.* ruleta.
round (raund) *a.* redondo. *2* rollizo. *3* circular. *4* claro, categórico. *5* fuerte, sonoro. *6* cabal, completo. *7 s.* círculo, esfera; corro. *8* redondez. *9* recorrido, ronda. *10* ronda [de bebidas, etc.]. *11* serie [de sucesos, etc.], rutina. *12* salva [de aplausos]. *13* descarga, salva, disparo. *14* BOX. asalto. *15 adv.* alrededor; por todos lados: ***to turn ~,*** hacer girar; ***to hand ~ the cigars,*** pasar los cigarros. *16* ***~ about,*** alrededor; aproximadamente. *17 prep.* alrededor de. *18* ***~ the corner,*** a la vuelta de la esquina.
round (to) (raund) *t.* redondear. *2* rodear, cercar. *3* doblar [un cabo, una espina]. *4* ***to ~ off,*** completar, acabar. *5* ***to ~ up,*** juntar, recoger. *6 i.* redondearse.
roundabout ('raundəbaut) *a.* indirecto, hecho con rodeos. *2 s.* circunloquio. *8* tiovivo.
roundish (raundiʃ) *a.* redondeado.
roundly ('raundli) *adv.* redondamente. *3* francamente.
round-up ('raundʌp) *s.* (E. U.) rodeo [del ganado]; recogida, redada.
rouse (to) (rauz) *t.-i.* despertar. *2 t.* animar, excitar, provocar.
rout (raut) *s.* rota, derrota.
rout (to) (raut) *t.* derrotar, poner en fuga. *2* arrancar, hozando. *3* ***to ~ out,*** sacar, echar.
route (ru:t) *s.* ruta, camino, vía. *2* itinerario.
routine (ru:'ti:n) *s.* rutina, hábito.
rove (to) (rouv) *i.* vagar, errar, corretear. *2* piratear.
rover ('rouvəʳ) *s.* vagabundo. *2* pirata.
1) **row** (rau) *s.* riña, pendencia.
2) **row** (rou) *s.* fila, hilera, línea. *2* paseo en lancha o bote.
1) **row (to)** (rau) *t.* fam. pelearse con. *2 i.* pelearse, alborotar.
2) **row (to)** (rou) *i.* remar, bogar. *2 t.* mover al remo.
rowdy (raudi) *a.-s.* camorrista, bravucón, alborotador.
rower (rouəʳ) *s.* remero.
royal ('rɔiəl) *a.* real, regio.
royalty ('rɔiəlti) *s.* realeza. *2* persona(s real(es. *3* derechos [de autor].
rub (rʌb) *s.* friega, frote, roce. *2* tropiezo, dificultad.
rub (to) (rʌb) *t.* estregar, restregar, fregar, frotar. *2* bruñir, pulir. *3* irritar. *4* ***to ~ away*** u ***off,*** quitar frotando. *5* ***to ~ in,*** hacer penetrar frotando; encasquetar. *6* ***to ~ out,*** borrar. *7 i.* rozar.
rubber ('rʌbəʳ) *s.* caucho, goma; goma de borrar. *2 pl.* chanclos.
rubbish ('rʌbiʃ) *s.* basura, desecho, escombros. *2* fam. tonterías.
rubble ('rʌbl) *s.* ripio, cascote, cascajo; mampuestos.
rubblework ('rʌbl-wə:k) *s.* mampostería.
rubicund ('ru:bikənd) *a.* rubicundo.
ruble ('ru:bl) *s.* rublo.
ruby ('ru:bi) *s.* MINER. rubí.
ruction ('rʌkʃən) *s.* fam. alboroto, tumulto.
rudder ('rʌdəʳ) *s.* timón, gobernalle.
ruddy ('rʌdi) *a.* colorado, encendido; rubicundo.
rude (ru:d) *a.* rudo. *2* tosco. *3* chapucero, imperfecto. *4* inculto; inhábil. *5* brusco, descortés.
rudeness ('ru:dnis) *s.* rudeza. *2* tosquedad. *3* grosería, descortesía.
rudiment ('ru:dimənt) *s.* rudimento.
rue (ru:) *s.* BOT. ruda.
rue (to) (ru:) *t.-i.* llorar, lamentar, sentir.
rueful ('ru:ful) *a.* lamentable, lamentoso. *2* lloroso, afligido.
ruff (rʌf) *s.* gorguera, cuello alechugado.
ruffian ('rʌfjən) *a.* brutal, cruel. *2 s.* hombre brutal, matón.
ruffle ('rʌfl) *s.* lechuguilla, volante fruncido.
ruffle (to) ('rʌfl) *t.* rizar, alechugar, fruncir. *2* arrugar, descomponer. *3* irritar, incomodar. *4* encrespar, erizar.
rug (rʌg) *s.* alfombra, alfombrilla, ruedo, felpudo. *2* (Ingl.) manta [de viaje, etc.].
Rugby (football) ('rʌgbi) *s.* DEP. rugby.
rugged ('rʌgid) *a.* rugoso; áspero, escabroso. *2* rudo. *3* desapacible. *4* recio. *5* regañón. *6* borrascoso.
ruin (ruin) *s.* ruina. *2* destrucción. *3* perdición, deshonra. *4 pl.* ruinas.
ruin (to) (ruin) *t.* arruinar. *2* destruir. *3* seducir, perder. *4 i.* arruinarse, perderse.
ruinous ('ruinəs) *a.* ruinoso.
rule (ru:l) *s.* regla, precepto, pauta, norma: ***as a ~,*** por regla general. *2* reglamento, régimen. *3* gobierno, poder. *4* reinado. *5* regla [para trazar líneas; para medir].
rule (to) (ru:l) *t.-i.* gobernar, regir, dirigir. *2 t.* regular, reglar. *3* reglar, rayar, pautar. *4* tirar [líneas]. *5* ***to ~ out,*** excluir; desechar.
ruler ('ru:ləʳ) *s.* gobernante, soberano. *2* regla [instrumento].

rum (rʌm) *s.* ron, aguardiente. *2 a.* extraño, singular.
rumble ('rʌmbl) *s.* rumor, retumbo, ruido sordo.
rumble (to) ('rʌmbl) *i.* retumbar, hacer un ruido sordo.
ruminant ('ru:minənt) *a.-s.* rumiante. *2 a.* meditativo.
ruminate (to) ('ru:mineit) *t.-i.* rumiar.
rummage (to) ('rʌmidʒ) *t.-i.* registrar, revolver buscando.
rumo(u)r ('ru:məʳ) *s.* rumor.
rumo(u)r (to) ('ru:məʳ) *t.* rumorear, propalar.
rump (rʌmp) *s.* ancas, cuarto trasero. *2* rabadilla [de ave].
rumple (to) ('rʌmpl) *t.-i.* arrugar(se, chafar(se, ajar(se.
rumpus ('rʌmpəs) *s.* bulla, alboroto, ruido.
run (rʌn) *s.* corrida, carrera. *2* curso, marcha, dirección. *3* serie, racha. *4* funcionamiento, operación, manejo. *5* hilo [del discurso]. *6* clase, tipo, etc., usual. *7* viaje, paseo. *8* libertad de andar por un sitio. *9* terreno, extensión. *10* carrera [en las medias]. *11* ***in the long ~,*** a la larga, tarde o temprano. *12 p. p.* de TO RUN.
run (to) (rʌn) *i.* correr. *2* girar, rodar. *3* extenderse [hacia, hasta, por]; llegar, alcanzar [hasta]. *4* pasar [a cierto estado]; ***to ~ dry,*** secarse [un pozo, etc.]. *5* fluir, manar, chorrear. *6* derretirse. *7* correrse [colores]. *8* supurar. *9* durar, mantenerse: TEAT. representarse seguidamente. *10* seguir, estar vigente; estar en boga. *11* funcionar, marchar. *12* POL. presentarse [para]; *13* ***to ~ about,*** correr, ir de un lado a otro. *14* ***to ~ across,*** encontrar, dar con. *15* ***to ~ against,*** chocar con; oponerse [a]. *16* ***to ~ away,*** huir, desbocarse [un caballo]; ***to ~ away with,*** fugarse con, arrebatar; llevarse. *17* ***to ~ down,*** pararse, habérsele acabado la cuerda, el vapor, etc.; agotarse, debilitarse. *18* ***to ~ on,*** seguir, continuar. *19* ***to ~ out,*** salir; salirse, derramarse; acabarse; extenderse; ***to ~ out of,*** acabársele a uno [una cosa]. *20* ***to ~ over,*** rebosar, desbordarse; atropellar, pasar por encima. *21* ***to ~ with,*** estar chorreando o empapado de; abundar en *22 t.* correr; cazar, perseguir. *23* pasar [una cosa por encima de otra]. *24* hacer [un mandado]. *25* tirar [una línea]. *26* pasar de contrabando. *27* correr [un riesgo]. *28* regentar, dirigir, explotar [un negocio]. *29* MIL. burlar [un bloqueo]. *30* ***to ~ down,*** derribar; atropellar [con un vehículo]; denigrar, difamar. *31* ***to ~ into,*** clavar, hundir. *32* ***to ~ out,*** sacar, extender; agotar. *33* ***to ~ through,*** atravesar, pasar de parte a parte; hojear. *34* ***to ~ to earth,*** perseguir hasta su escondite; seguir hasta su origen. ¶ Pret.: ***ran*** (ræn); p. p.: ***run*** (rʌn); ger.: ***running.***
runabout ('rʌnəbaut) *s.* vagabundo. *2* birlocho. *3* automóvil ligero.
runaway ('rʌnəwei) *a.-s.* fugitivo. *2* desertor. *3 a.* desbocado [caballo]. *4* DEP. ganado fácilmente.
rung (rʌŋ) *s.* escalón [de escala]. *2 p. p.* de TO RING.
runner ('rʌnəʳ) *s.* corredor [el que corre]. *2* mensajero. *3* (E. U.) agente [de un total, etc.]. *4* contrabandista. *5* MEC. corredera o anillo corredizo. *6* patín [de trineo]. *7* pasillo [alfombra]. *8* BOT. ***~ bean,*** judía [planta].
running ('rʌniŋ) *s.* carrera, corrida, curso. *2* marcha, funcionamiento. *3* dirección, manejo. *4* flujo. *5 a.* corredor. *6* corriente: ***~ water,*** agua corriente. *7* corredizo: ***~ knot,*** nudo corredizo. *8* fluido [estilo]. *9 adv.* seguido.
runway ('rʌnwei) *s.* lecho, cauce. *2* AVIA. pista de aterrizaje.
rupee (ru:'pi:) *s.* rupia.
rupture ('rʌptʃəʳ) *s.* ruptura, rotura. *2* MED. hernia.
rupture (to) ('rʌptʃəʳ) *t.-i.* romper(se. *2* quebrarse, sufrir hernia.
rural ('ruərəl) *a.* rural, rústico.
ruse (ru:z) *s.* ardid, astucia.
rush (rʌʃ) *s.* movimiento o avance impetuoso. *2* torrente, tropel, afluencia: ***~ hour,*** hora punta. *3* prisa, precipitación. *4* ímpetu, empuje. *5* embestida. *6* BOT. junco.
rush (to) (ruʃ) *i.* arrojarse, abalanzarse, precipitarse: ***to ~ forward,*** avanzar, arrojarse con ímpetu. *2 t.* empujar. *3* activar, apresurar. *4* embestir.
rusk (rʌsk) *s.* sequillo, galleta.
Russian ('rʌʃən) *a.-s.* ruso.
rust (rʌst) *t.* enmohecer(se. *2* aherrumbrar(se.
rustic ('rʌstik) *a.-s.* rústico. *2* campesino. *3 a.* campestre.
rustle ('rʌsl) *s.* susurro, crujido.
rustle (to) ('rʌsl) *i.* susurrar, crujir. *2* hacer susurrar o crujir. *3* robar [ganado].
rusty ('rʌsti) *a.* mohoso, herrumbroso. *2* enmohecido. *3* rojizo.

rut (rʌt) *s.* carril, rodada, surco. *2* rutina, costumbre. *3* brama, celo [de los animales].

ruthless ('ru:θlis) *s.* cruel, despiadado, inhumano. *2* **-ly** *adv.* cruelmente, etc.

rye (rai) *s.* BOT. centeno. *2* BOT. ~ ***grass,*** ballico, césped inglés.

S

Sabbath ('sæbəθ) *s.* día de descanso, sábado, domingo.
sabotage ('sæbətɑ:ʒ) *s.* sabotaje.
sabre ('seibəʳ) *s.* sable.
sack (sæk) *s.* saco, costal. *2* saco, saqueo.
sack (to) (sæk) *t.* saquear. *2* ensacar. *3* despedir, mandar a paseo.
sacrament ('sækrəmənt) *s.* sacramento: ***Holy Sacrament***, Santísimo Sacramento.
sacred ('seikrid) *a.* sagrado, sacrosanto. *2* inviolable.
sacrifice ('sækrifais) *s.* sacrificio.
sacrifice (to) ('sækrifais) *t.* sacrificar; inmolar.
sacrilege ('sækrilidʒ) *s.* sacrilegio.
sacrilegious (ˌsækri'lidʒəs) *a.* sacrílego.
sad (sæd) *a.* triste. *2* aciago. *3* malo, pobre, de inferior calidad. *4* **-ly** *adv.* tristemente; funestamente.
sadden (to) ('sædn) *t.* entristecer. *2 i.* entristecerse.
saddle ('sædl) *s.* silla [de montar]. *2* sillín.
saddle (to) ('sædl) *t.* ensillar. *2* enalbardar. *3* ***to ~ with***, hacer cargar con.
sadism ('sædizəm) *s.* sadismo.
sadness ('sædnis) *s.* tristeza. *2* melancolía.
safe (seif) *a.* salvo, ileso, incólume: ***~ and sound***, sano y salvo. *2* seguro [exento de peligro]; prudente. *3* seguro, confiable. *4 s.* arca, caja de caudales. *5* alacena.
safe-conduct ('seif'kɔndəkt) *s.* salvoconducto, convoy.
safeguard ('seifgɑ:d) *s.* salvaguardia, resguardo.
safely ('seifli) *adv.* sin peligro. *2* salvo, sin novedad.
safety ('seifti) *s.* seguridad, incolumidad: ***~ belt***, salvavidas; ***~ pin***, imperdible; ***~ razor***, maquinilla de afeitar. *2* prudencia.
saffron ('sæfrən) *s.* azafrán.
sag (to) (sæg) *t.* combar, empandar. *2 i.* ceder, flojear. *3* bajar [los precios].
sagacious (sə'geiʃəs) *a.* sagaz.
sage (seidʒ) *s.* BOT. salvia. *2* sabio, filósofo, hombre prudente. *3 a.* cuerdo.
said (sed) V. TO SAY.
sail (seil) *s.* MAR. vela. *2* aspa [de molino].
sail (to) (seil) *i.* navegar. *2* hacerse a la vela. *3* deslizarse, flotar, volar. *4 t.* navegar por, surcar.
sailing ('seiliŋ) *s.* navegación, deporte de vela.
sailor ('seiləʳ) *s.* marinero. *2* marino.
saint (seint, san(t) *s.* santo, santa.
saintly ('seintli) *a.* santo, devoto.
sake (seik) *s.* causa, motivo, amor, consideración: ***for my ~***, por mí, por mi causa; ***for God's ~***, por el amor de Dios.
salad ('sæləd) *s.* ensalada: ***~ bowl***, ensaladera.
salamander ('sæləˌmædəʳ) *s.* ZOOL., MIT. salamandra.
salary ('sæləri) *s.* salario, sueldo, paga.
sale (seil) *s.* venta; liquidación: ***for ~, on ~***, en venta.
salesman ('seilzmən) *s.* vendedor. *2* viajante de comercio.
saliva (sə'laivə) *s.* saliva.
sallow ('sælou) *a.* pálido, cetrino.
salmon ('sæmən) *s.* ICT. salmón.
salon ('sælɔŋ) *s.* salón.
saloon (sə'lu:n) *s.* salón [gran sala]. *2* (E. U.) taberna, bar.
salt (sɔ:lt) *s.* QUÍM. sal. *2* sal común. *3* ingenio, agudeza. *4 a.* salado, salino.
salt (to) (sɔ:lt) *t.* salar. *2* sazonar con sal.
saltpeter ('sɔ:ltˌpi:təʳ) *s.* nitro, salitre. *2* nitrato de Chile.
salutary ('sæljutəri) *a.* saludable.
salutation (ˌsælju'teiʃən) *s.* salutación, saludo.
salute (sə'lu:t) *s.* saludo.

salute (to) (sə'lu:t) *t.-i.* saludar. *2 i.* MIL. cuadrarse.
salvage ('sælvidʒ) *s.* salvamento.
salvation (sæl'veiʃən) *s.* salvación.
same (seim) *a.-pron.* mismo, misma, etc.: ***at the ~ time***, a la vez, al mismo tiempo. *2 adv.* ***the same***, igualmente. *3* ***all the same***, a pesar de todo.
sameness ('seimnis) *s.* igualdad; monotonía.
sample ('sɑ:mpl) *s.* COM. muestra. *2* muestra, cala, cata. *3* espécimen, ejemplo.
sample (to) ('sɑ:mpl) *t.* sacar muestra de; probar, catar.
sanatorium (ˌsænə'tɔ:riəm) *s.* sanatorio.
sanctimonious (ˌsæŋkti'mounjəs) *a.* santurrón.
sanction ('sæŋkʃən) *s.* sanción.
sanction (to) ('sæŋkʃən) *t.* sancionar.
sanctuary ('sæŋktjuəri) *s.* santuario. *2* asilo, refugio, sagrado.
sand (sænd) *s.* arena: ~ ***bar***, barra de arena. *2* playa.
sandal ('sændl) *s.* sandalia. *2* BOT. sándalo.
sandwich ('sænwidʒ) *s.* emparedado, bocadillo.
sane (sein) *a.* sano. *2* cuerdo. *3* **-ly** *adv.* sanamente, cuerdamente.
sang (sæŋ) V. TO SING.
sangaree (ˌsæŋgə'ri:) *s.* sangría [bebida].
sanguinary ('sæŋgwinəri) *a.* sanguinario, cruel. *2* sangriento.
sanguine ('sæŋgwin) *a.* rubicundo. *2* sanguíneo. *3* optimista. *4 s.* DIB. sanguina.
sanitary ('sænitəri) *a.* sanitario, de sanidad. *2* higiénico.
sanity ('sæniti) *s.* cordura, salud mental. *2* sensatez.
sap (sæp) *s.* savia. *4* vigor, vitalidad.
sap (to) (sæp) *t.* zapar, minar.
sapphire ('sæfaiəʳ) *s.* zafir, zafiro.
sarcasm ('sɑ:kæzəm) *s.* sarcasmo.
sarcastic (sɑ:'kæstik) *a.* sarcástico.
sardine (sɑ:'di:n) *s.* ICT. sardina.
sardonic (sɑ:'dɔnik) *a.* sardónico.
sash (sæʃ) *s.* faja, ceñidor, banda. *2* parte movible de la ventana de guillotina.
sat (sæt) V. TO SIT.
satanic (sə'tænik) *a.* satánico.
satchel ('sætʃəl) *s.* maletín. *2* cartera [para libros].
satellite ('sætəlait) *s.* satélite.
satiate (to) ('seiʃieit) *t.* saciar. *2 i.* saciarse.
satiety (sə'taieti) *s.* saciedad.
satin ('sætin) *s.* TEJ. raso.
satire ('sætaiəʳ) *s.* sátira.
satiric (sə'tirik) *a.* satírico.
satirize (to) ('sætəraiz) *t.* satirizar.
satisfaction (ˌsætis'fækʃən) *s.* satisfacción.
satisfactory (ˌsætis'fæktəri) *a.* satisfactorio. *2* suficiente, ventajoso.
satisfy (to) ('sætisfai) *t.* satisfacer. *2* contentar. *3* convencer: ***I am satisfied that***, estoy seguro de que. *4* compensar, pagar.
saturate (to) ('sætʃəreit) *t.* saturar. *2* empapar, llenar. *3* imbuir.
Saturday ('sætədi, -dei) *s.* sábado.
sauce (sɔ:s) *s.* salsa. *2* aderezo, condimento.
sauce-boat ('sɔ:sbout) *s.* salsera.
saucepan ('sɔ:spən) *s.* cacerola, cazuela.
saucer ('sɔ:səʳ) *s.* platillo [plato pequeño].
saucy (s'ɔ:si) *a.* descarado, respondón. *2* elegante.
saunter (to) ('sɔ:ntəʳ) *i.* pasear; andar despacio y sin objeto.
sausage ('sɔsidʒ) *s.* salsicha, embutido.
savage ('sævidʒ) *a.* salvaje. *2* fiero, bárbaro, brutal. *3 s.* salvaje. *4* **-ly** *adv.* salvajemente.
savagery ('sævidʒəri) *s.* salvajismo. *2* barbarie, ferocidad.
savant ('sævənt) *s.* hombre de letras o de ciencia.
save (seiv) *prep.* salvo, excepto. *4 conj.* si no fuera.
save (to) (seiv) *t.* salvar, librar. *2* guardar, preservar. *3* ahorrar [dinero, etc.]. *4* guardar, conservar.
saving ('seiviŋ) *s.* economía, ahorro. *2 pl.* ahorros: ***savings bank***, caja de ahorros. *3 prep.* salvo, excepto. *4* **-ly** *adv.* económicamente, etc.
saviour ('seivjə) *s.* salvador.
savour ('seivəʳ) *s.* sabor; olor. *2* gusto, deje.
savour (to) ('seivəʳ) *t.* saborear. *2* dar un sabor u olor a.
savoury ('seivəri) *a.* sabroso, apetitoso. *2* fragante. *3* (Ingl.) especie de entremés.
saw (sɔ:) *s.* sierra [herramienta]. *2* dicho, refrán, proverbio. *3 pret.* de TO SEE.
saw (to) (sɔ:) *t.-i.* serrar, aserrar. ¶ Pret.: ***sawed*** (sɔ:d); *p. p.:* ***sawn*** (sɔ:n).
sawdust ('sɔ:dʌst) *s.* serrín.
sawed (sɔ:d) V. TO SAW.
sawn (sɔ:n) V. TO SAW.
Saxon ('sæksn) *a.-s.* sajón. *2* anglosajón.
say (sei) *s.* dicho, aserto. *2* turno para hablar.
say (to) (sei) *t.* decir: ***to ~ mass***, decir misa; ***it is said***, se dice: ***that is to ~***, es decir. *2* recitar, rezar. ¶ Pres.: ***says*** (səz) pret. y p. p.: ***said*** (sed).

saying ('seiiŋ) *s.* lo que se dice. *2* dicho, sentencia.
scab (skæb) *s.* costra, postilla.
scabbard ('skæbəd) *s.* vaina [de un arma].
scaffold ('skæfəld) *s.* andamio. *2* tablado. *3* tribuna [al aire libre]. *4* cadalso, patíbulo.
scaffolding ('skæfəldiŋ) *s.* armazón, andamiaje.
scale (skeil) *s.* platillo [de balanza]. *2* balanza, báscula, romana. *3* escala [serie graduada; proporción]. *4* MÚS. escala. *5* escama, laminilla.
scale (to) (skeil) *t.* pesar. *2* escamar [quitar las escamas].
scalp (skælp) *s.* cuero cabelludo.
scalp (to) (skælp) *t.* arrancar la cabellera.
scalpel ('skælpəl) *s.* CIR. escalpelo.
scaly ('skeili) *a.* escamoso. *2* ruin. *3* avaro.
scamp (skæmp) *s.* pícaro, bribón.
scamper ('skæmpəʳ) *s.* huida precipitada.
scamper (to) ('skæmpəʳ) *i.* huir, correr.
scan (to) (skæn) *t.* escandir. *2* escrutar, explorar.
scandal ('skændl) *s.* escándalo. | No tiene el sentido de alboroto. *2* ignominia. *3* difamación, maledicencia.
scandalize (to) ('skændəlaiz) *t.* escandalizar.
scandalous ('skændələs) *a.* escandaloso, vergonzoso. *2* difamatorio.
scant (skænt) *a.* escaso, corto, exiguo: ~ *of*, corto de.
scanty ('skænti) *a.* escaso, insuficiente, exiguo. *2* mezquino, cicatero.
scapegoat ('skeipgout) *s. fig.* cabeza de turco.
scar (skɑ:ʳ) *s.* cicatriz. *2* chirlo. *3* roca pelada.
scarce (skɛəs) *a.* escaso, raro, contado.
scarcely ('skɛəsli) *adv.* apenas, difícilmente. *2* ~ ***ever***, casi nunca.
scarcity ('skɛəsiti) *s.* escasez, penuria, carestía. *2* rareza, raridad.
scare (skɛəʳ) *s.* susto, alarma. *2* pánico.
scare (to) (skɛəʳ) *t.* asustar, amedrentar, alarmar. *2* ***to*** ~ ***away***, espantar, ahuyentar.
scarecrow ('skɛə-krou) *s.* espantapájaros.
scarf (skɑ:f) *s.* echarpe. *2* pañuelo, bufanda.
scarlet ('skɑ:lit) *a.* rojo, de color escarlata.
scathing ('skeiðiŋ) *a.* acerbo, mordaz.
scatter (to) ('skætəʳ) *t.* dispersar. *2* disipar, desvanecer. *3* esparcir, difundir.
scenario (si'nɑ:riou) *s.* TEAT., CINEM. guión.
scene (si:n) *s.* escena [en todas sus acepciones]. *2* escenario. *3* TEAT. decorado: ~ ***shifter***, tramoyista; ***behind the scenes***, entre bastidores. *4* cuadro, vista, paisaje.
scenery ('si:nəri) *s.* paisaje, panorama. *2* TEAT. decorado.
scent (sent) *s.* olfato. *2* olor; fragancia. *3* rastro, pista, indicio. *4* perfume, esencia.
scent (to) (sent) *t.* oler, olfatear, husmear, ventear. *2* sospechar. *3* perfumar. *4* ***t. to*** ~ ***of***, oler a.
scepter, sceptre ('septəʳ) *s.* cetro [real].
schedule ('ʃedju:l, [E. U.] 'skedju:l) *s.* lista, inventario. *2* horario [de trenes, etc.]. *3* programa, plan.
scheme (ski:m) *s.* esquema, diseño. *2* plan, proyecto. *3* intriga, maquinación.
scheme (to) (ski:m) *t.* proyectar, idear, trazar. *2 i.* formar planes, intrigar.
schism ('sizəm) *s.* cisma; escisión.
scholar ('skɔləʳ) *s.* licenciado que disfruta de beca. *2* hombre docto, erudito.
scholarship ('skɔləʃip) *s.* saber, erudición. *2* beca [para estudiar].
school (sku:l) *s.* escuela. *2* colegio [de enseñanza]. *3* facultad [de una universidad]. *4 a.* escolar, de enseñanza: ~ ***year***, año escolar.
school (to) (sku:l) *t.* enseñar, instruir.
schooling ('sku:liŋ) *s.* instrucción, enseñanza.
schoolmaster ('sku:lˌmɑ:stəʳ) *s.* profesor de instituto.
schoolmistress ('sku:lˌmistris) *s.* profesora de instituto.
science ('saiens) *s.* ciencia. *2* ciencias naturales.
scientist ('saiəntist) *s.* hombre de ciencia.
scintillate (to) ('sintileit) *i.* centellear, chispear.
scion ('saiən) *s.* AGR. vástago, renuevo. *2* descendiente.
scissors ('sizəz) *s. pl.* tijeras.
scoff (skɔf) *s.* burla, mofa.
scoff (to) (skɔf) *i.* mofarse, burlarse, hacer befa [de].
scold (to) (skould) *t.* reñir, regañar.
scoop (sku:p) *s.* cucharón, cazo. *2* cuchara [de excavadora, etc.].
scope (skoup) *s.* alcance [de un arma]. *2* campo o radio [de acción]. *3* mira, designio.
scorch (to) (skɔ:tʃ) *t.* chamuscar, socarrar. *2* abrasar, quemar. *3 i.* abrasarse.
scorching ('sckɔ:tʃiŋ) *a.* abrasador, ardiente.
score (skɔ:ʳ, skɔəʳ) *s.* muesca, entalladura. *2* cuenta [de lo que se debe]. *3* tantos,

tanteo. *4* razón, motivo. *5* veintena. *6* MÚS. partitura.
score (to) (skɔ:ʳ, skɔəʳ) *t.* esclopear. *2* marcar, ganar [puntos, tantos]. *3* rayar. *4* MÚS. orquestar.
scorn (skɔ:n) *s.* desdén, desprecio. *2* escarnio.
scorn (to) (skɔ:n) *t.* desdeñar, despreciar. *2* escarnecer. *3* tener a menos.
scorpion ('skɔ:pjən) *s.* ZOOL. escorpión, alacrán.
Scot (skɔt) *s.*, **Scoth** (skɔtʃ) *a.-s.* escocés.
scoundrel ('skaundrəl) *s.* granuja, bribón, canalla.
scour (to) ('skauəʳ) *t.* fregar, estregar; limpiar. *2* explorar, registrar.
scourge (skə:dʒ) *s.* látigo, azote. *2* azote, calamidad.
scourge (to) (skə:dʒ) *t.* azotar, flagelar.
scout (skaut) *s.* MIL. explorador, escucha: ***boy*** ~, muchacho explorador.
scout (to) (skaut) *t.-i.* explorar, reconocer. *2* desdeñar.
scowl (skaul) *s.* ceño, sobrecejo.
scowl (to) (skaul) *i.* mirar con ceño.
scrag (skræg) *s.* pescuezo. *2* pedazo.
scramble ('skræmbl) *s.* lucha, arrebatiña. *2* gateamiento.
scramble (to) ('skræmbl) *i.* trepar, gatear. *2* andar a la arrebatiña. *3* barajar, revolver: ***scrambled eggs***, huevos revueltos.
scrap (skræp) *s.* trozo, pedazo, mendrugo. *2 pl.* sobras, desperdicios; chatarra: ~ ***iron***, hierro viejo; ~ ***book***, álbum de recortes.
scrape (skreip) *s.* raspadura, rasguño. *2* lío, aprieto.
scrape (to) (skreip) *t.* raspar, rascar, raer; rayar.
scratch (skrætʃ) *s.* arañazo; rasguño; raya. *2* tachón, borradura.
scratch (to) (skrætʃ) *t.* arañar, rayar. *2* rascar. *3* tachar, borrar.
scream (skri:m) *s.* chillido, grito.
scream (to) (skri:m) *t.-i.* chillar, gritar.
screech (skri:tʃ) *s.* chillido. *2* chirrido.
screech (to) (skri:tʃ) *i.* chillar. *2* chirriar.
screen (skri:n) *s.* pantalla: ***the*** ~, la pantalla, el cine. *2* bombo, cancel, persiana. *3* alambrera, enrejado [de ventana, etc.]. *4* abrigo, reparo.
screen (to) (skri:n) *t.* ocultar, tapar. *2* abrigar, proteger.
screw (skru:) *s.* tornillo, rosca; tuerca. *2* hélice [propulsor].
screw (to) (skru:) *t.* atornillar.
screw-driver ('skru:ˌdraivəʳ) *s.* destornillador.
Scripture ('skriptʃəʳ) *s.* Sagrada Escritura.
scroll (skroul) *s.* rollo de papel o pergamino [esp. escrito].
scrub (skrʌb) *a.* desmirriado, achaparrado. *2 s.* fregado, fregoteo. *3* monte bajo.
scrub (to) (skrʌb) *t.* fregar, estregar.
scruff (skrʌf) *s.* pescuezo, nuca.
scruple ('skru:pl) *s.* escrúpulo [duda, recelo].
scruple (to) ('skru:pl) *i.* tener escrúpulo. *2* vacilar.
scrutinize (to) ('skru:tinaiz) *t.* escrutar, escudriñar.
scullery ('skʌləri) *s.* fregadero, trascocina.
sculptor ('skʌlptəʳ) *s.* escultor.
sculpture ('skʌlptʃəʳ) *s.* escultura.
scum (skʌm) *s.* espuma, nata. *2* escoria, hez. *3* canalla, chusma.
scurry (to) ('skʌri) *i.* echar a correr, huir, escabullirse.
scutcheon ('skʌtʃən) *s.* escudo de armas.
scuttle ('skʌtl) *s.* escotillón, abertura. *2* cubo del carbón.
scuttle (to) ('skʌtl) *t.* MAR. barrenar, echar a pique.
scythe (saið) *s.* guadaña.
sea (si:) *s.* mar, océano: ***high*** o ***open*** ~, alta mar. *2* oleaje, marejada. *3 a.* del mar: ~ ***level***, nivel del mar; ~ ***wall***, rompeolas; ~ ***side***, playa; ~ ***horse***, caballo de mar.
seagull ('si:gʌl) *s.* gaviota.
seal (si:l) *s.* ZOOL. foca. *2* sello, sigilo.
seal (to) (si:l) *t.* sellar, precintar.
sealing-wax ('si:liŋwæks) *s.* lacre.
seam (si:m) *s.* costura; sutura.
seam (to) (si:m) *t.* coser.
seaman ('si:mən) *s.* marinero, marino.
seamstress ('semstris) *s.* costurera.
sear (to) (siəʳ) *t.* secar, agostar.
search (sə:tʃ) *s.* busca, búsqueda. *2* registro, reconocimiento.
search (to) (sə:tʃ) *t.-i.* buscar. *2* examinar, registrar. *3* escudriñar, indagar.
searchlight ('sə:tʃ-lait) *s.* ELECT. proyector, reflector.
seasick ('si:-sik) *a.* mareado [en el mar].
seasickness ('si:-siknis) *s.* mareo [en el mar].
seaside ('si:'said) *s.* orilla del mar, costa, playa. *2 a.* costanero; de playa.
season ('si:zn) *s.* estación [del año]. *2* tiempo, temporada: ~ ***ticket***, abono. *3* sazón, tiempo oportuno: ***on due*** ~, a su tiempo: ***out of*** ~, intempestivo.
season (to) ('si:zn) *t.* sazonar. *2* aliñar, aderezar. *3* habituar, aclimatar.
seasonable ('si:zənəbl) *a.* oportuno, conveniente.

seat (si:t) *s.* asiento [para sentarse]: ***to take a ~***, tomar asiento. *2* TEAT. localidad. *3* sitio, sede, residencia. *4* situación.
seat (to) (si:t) *t.* sentar, asentar. *2* establecer, instalar. *3* fijar, afianzar.
secede (to) (si'si:d) *i.* separarse [de una comunión].
secession (si'seʃən) *s.* sucesión, separación.
seclude (to) (si'klu:d) *t.* apartar, aislar. *2* recluir, encerrar.
seclusion (si'klu:ʒən) *s.* retraimiento, aislamiento. *2* reclusión, encierro.
second ('sekənd) *a.* segundo: ~ ***hand***, de segunda mano; ~ ***cabin***, MAR., segunda clase. *2* secundario, subordinado. *3* inferior: ***to be ~ to none***, no ser inferior a nadie. *4 s.* segundo [división del minuto]. *5* **-ly** *adv.* en segundo lugar.
second (to) ('sekənd) *t.* secundar, apoyar, apadrinar.
secondary ('sekəndəri) *a.* secundar.
secret ('si:krit) *a.* secreto: ~ ***service***, espionaje, policía secreta. *2* recóndito, íntimo. *3* callado, reservado. *4 s.* secreto: ***in ~***, en secreto. *5* **-ly** *adv.* secretamente, reservadamente.
secretary ('sekrətri) *s.* secretario. *2* ministro [del gobierno].
secrete (to) (si'kri:t) *t.* esconder, encubrir. *2* FISIOL. secretar.
sect (sekt) *s.* secta. *2* grupo, partido.
section ('sekʃən) *s.* sección. *2* región, barrio.
secular ('sekjulə^r) *a.* secular. *2 s.* eclesiástico secular. *3* seglar, lego.
secure (si'kjuə^r) *a.* seguro [libre de peligro o riesgo]. *2* **-ly** *adv.* seguramente.
secure (to) (si'kjuə^r) *t.* asegurar; afianzar; prender. *2* obtener, lograr. *3* garantizar.
security (si'kjuəriti) *s.* seguridad. *2* protección, salvaguardia. *3* tranquilidad, confianza. *4 pl.* COM. pagarés, valores.
sedative ('sedətiv) *a.-s.* MED. sedativo. *2* calmante.
sedentary ('sedntəri) *a.* sedentario.
sediment ('sedimənt) *s.* sedimento. *2* heces, poso.
sedition (si'diʃən) *s.* sedición.
seduce (to) (si'dju:s) *t.* seducir. *2* inducir, tentar.
sedulous ('sedjuləs) *a.* asiduo, aplicado, laborioso.
see (si:) *s.* ECLES. sede. silla: ***Holy ~***, Santa Sede.
see (to) (si:) *t.-i.* ver. *2* mirar, observar. *3* considerar, juzgar. *4* ***to ~ one off***, ir a despedir a uno. *5* ***to ~ after***, cuidar; buscar. *6* ***to ~ into***, examinar. *7* ***to ~ that***, cuidar de que. *8* ***to ~ through***, penetrar; calar las intenciones de. *9* ***to ~ to***, cuidar de, atender. ¶ Pret.: ***saw*** (sɔ:); ***seen*** (si:n).
seed (si:d) *s.* BOT. semilla, simiente, grano.
seed (to) (si:d) *t.-i.* sembrar. *2 t.* despepitar, deshuesar.
seek (to) (si:k) *t.* buscar. *2* pedir. *3* perseguir, ambicionar. *4 i.* ***to ~ after, for***, o ***out***, buscar, solicitar. ¶ Pret. y p. p.: ***sought*** (sɔ:t).
seem (to) (si:m) *i.* parecer: ***it seams to me***, me parece. *2* parecerle a uno. *3* fingirse.
seeming (si:miŋ) *a.* aparente; parecido. *2 s.* apariencia. *3* **-ly** *adv.* aparentemente, al parecer.
seemly ('si:mli) *a.* decente, correcto. *2* bien parecido. *3 adv.* decentemente.
seen (si:n) V. TO SEE.
seep (to) (si:p) *i.* filtrar, escurrirse.
seer ('si(:)ə^r) *s.* profeta, vidente.
seethe (to) (si:ð) *i.* hervir.
segment ('segmənt) *s.* segmento.
segregation (ˌsegri'geiʃən) *s.* segregación, separación.
seismic ('saizmik) *a.* sísmico.
seize (to) (si:z) *t.* asir, agarrar, coger. *2* apoderarse de. *3* confiscar, embargar.
seizure ('si:ʒə^r) *s.* captura. *2* embargo.
seldom ('seldəm) *adv.* raramente, rara vez.
select (si'lekt) *a.* selecto, escogido. *2* delicado, exigente [al escoger].
select (to) (si'lekt) *t.* escoger, elegir, seleccionar.
selection (si'lekʃən) *s.* selección. *2* trozo escogido. *3* COM. surtido.
self (self), *pl.* **selves** (selvz) *a.* mismo; idéntico [*myself, yourselves*, etc.]. *2* *self-* [en compuestos] auto-, por sí mismo: ~ ***conscious***, tímido; ~ ***control***, dominio de sí mismo; ~ ***service***, autoservicio; ~ ***sufficient***, presuntuoso.
selfish (selfiʃ) *a.* interesado, egoísta. *2* **-ily** *adv.* interesadamente, egoístamente.
selfishness ('selfiʃnis) *s.* egoísmo, amor propio.
sell (sel) *s. fam.* engaño, estafa.
sell (to) (sel) *t.* vender, [enajenar, traicionar]: ***tickets are sold out***, las localidades están agotadas. *2* engañar. *3 i.* venderse [un artículo]: ***to ~ off***, liquidar. ¶ Pret. y p. p.: ***sold*** (sould).
seller ('selə^r) *s.* vendedor. *2* cosa que se vende bien: ***best ~***, libro de mayor venta.

semaphore ('semәfɔ:ʳ) *s.* semáforo. *2* FERROC. disco de señales.
semblance ('sembləns) *s.* semejanza. *2* aspecto, semblante. *3* imagen, retrato. *4* apariencia.
semicolon ('semi'koulən) *s.* ORTOG. punto y coma.
seminar ('seminɑ:ʳ) *s.* seminario [en una universidad].
senate ('senit) *s.* senado.
send (to) (send) *t.* enviar, mandar. *2* lanzar. *3* ***to ~ away***, despedir; ***to ~ back***, devolver; ***to ~ for***, enviar a buscar; ***to ~ forth***, exhalar; exportar; publicar; ***to ~ word***, mandar recado. ¶ Pret. y p. p.: ***sent*** (sent).
sender ('sendəʳ) *s.* remitente, expedidor. *2* TELEGR., RADIO. transmisor.
senile ('si:nail) *a.* senil, caduco.
senior ('si:njəʳ) *a.* mayor, de más edad; más antiguo; decano. *2* (E. U.) del último curso de una facultad. *3 s.* anciano.
sensation (sen'seiʃən) *s.* sensación. *2* sensacionalismo, afectismo.
sensational (sen'seiʃənl) *a.* sensacional. *2* melodramático, efectista.
sense (sens) *s.* sentido [corporal; del humor, etc.]. *2* cordura, buen sentido: ***common ~***, sentido común. *3* inteligencia. *4* significado, acepción: ***to make ~***, tener sentido. *5* sensación, impresión, conciencia. *6* ***to be out one's senses***, estar loco.
sense (to) (sens) *t.* sentir, percibir, darse cuenta.
senseless ('senslis) *a.* insensible, sin conocimiento. *2* sin sentido, absurdo. *3* insensato. *4* **-ly** *adv.* sin conocimiento; absurdamente.
sensible ('sensibl) *a.* sensible. *2* perceptible. *3* sensato, cuerdo. *4* ***to be ~ of***, tener conciencia de.
sensitive ('sensitiv) *a.* sensitivo. *2* sensible, impresionable.
sensual ('sensjuel) *a.* sensual. *2* materialista.
sent (sent) V. TO SEND.
sentence ('sentəns) *s.* sentencia, fallo; condena. *2* sentencia máxima. *3* GRAM. oración, período.
sententious (sen'tenʃəs) *a.* sentencioso. *2* conciso, enérgico.
sentiment ('sentimənt) *s.* sentimiento. *2* sensibilidad. *3* parecer, opinión. *4* concepto, frase.
sentimental (ˌsenti'mentl) *a.* sentimental.
sentry ('sentri) *s.* centinela.
separate ('seprit) *a.* separado. *2* aparte. *3* distinto. *4* **-ly** *adv.* separadamente, por separado.
separate (to) ('sepəreit) *t.* separar. *2* despegar. *3 i.* separarse. *4* desprenderse.
separation (ˌsepə'reiʃən) *s.* separación. *2* porción.
September (səp'tembəʳ) *s.* septiembre.
sepulchre ('sepəlkəʳ) *s.* sepulcro, sepultura.
sequel ('si:kwəl) *s.* secuela. *2* conclusión, inferencia. *3* continuación.
sequence ('si:kwəns) *s.* sucesión, continuación; serie. *2* consecuencia. *3* ilación.
sequential (si'kwenʃəl) *a.* sucesivo, consecutivo. *2* consiguiente.
serenade (ˌseri'neid) *s.* serenata. *2 fam.* cencerrada.
serene (si'ri:n) *a.* sereno, claro, despejado; plácido, tranquilo.
serenity (si'reniti) *s.* serenidad, bonanza. *2* sosiego, apacibilidad. *3* serenidad, sangre fría.
serf (sə:f) *s.* siervo. *2* esclavo.
sergeant ('sɑ:dʒənt) *s.* MIL. sargento.
serial ('siəriəl) *a.* en serie, consecutivo. *2* publicado por entregas. *3* CINEM., RADIO serial.
series ('siəri:z) *s.* serie: ***in ~***, ELECT. en serie.
serious ('siəriəs) *a.* serio. *2* verdadero, sincero. *3* **-ly** *adv.* seriamente; en serio.
seriousness ('siəriəsnis) *s.* seriedad, gravedad.
sermon ('se:mən) *s.* sermón.
serpent ('sə:pənt) *s.* serpiente, sierpe.
serried ('serid) *a.* apretado, apiñado.
serum ('siərəm) *s.* suero.
servant ('sə:vənt) *s.* sirviente, criado. *2* servidor. *3* siervo.
serve (to) (sə:v) *t.-i.* servir. *2* surtir, abastecer. *3* ejecutar, notificar: ***to ~ a summons***, entregar una citación. *4* cumplir [una condena]. *5* ***it serves me right***, me está bien empleado.
service ('se:vis) *s.* servicio; saque [de pelota en tenis]; ***at your ~***, servidor de usted. *2* utilidad. *3* ayuda. *4* función religiosa: ***funeral ~***, funerales. *5* ***mail ~***, servicio de correos. *6* reparación: ***~ station***, estación de servicio.
serviceable ('sə:visəbl) *a.* servible. *2* útil. *3* duradero. *4* servicial.
servile ('se:vail) *a.* servil.
servitude ('se:vitju:d) *s.* servidumbre. *2* esclavitud.
session ('seʃən) *s.* sesión.
set (set) *s.* juego, servicio surtido, colección; grupo: ***~ of chairs***, sillería. *2* ade-

rezo [de diamantes]. *3* equipo, cuadrilla. *4* clase, gente. *5* aparato [de radio, etc.]. *6* dirección; tendencia. *7* colocación; actitud, postura. *8* TEAT., CINEM. decoración. *9* TENIS set. *10 a.* resuelto, determinado. *11* fijo, inmóvil, firme: ~ ***price***, precio fijo. *12* reglamentario. *13* preparado, estudiado.

set (to) (set) *t.* poner, colocar, instalar. *2* destinar, fijar. *3* plantar, erigir. *4* preparar, arreglar. *5* poner [un reloj] en hora. *6* excitar [contra]. *7* dar [el tono]. *8* adornar; sembrar. *9* engastar [una joya]. *10* dar, atribuir [un valor, etc.]. *11* fijar, inmovilizar. *12* IMPR. componer. *13* CIR. encajar [un hueso]. *14* tender [una trampa, etc.]. *15* ***to ~ about***, poner a. *16* ***to ~ aside***, dejar a un lado. *17* ***to ~ back***, detener, atrasar [el reloj]. *18* ***to ~ down***, sentar; poner por escrito. *19* ***to ~ fire to***, pegar fuego a. *20* ***to ~ free***, libertar. *21* ***to ~ going***, poner en marcha. *22* ***to ~ off***, adornar; comparar; disparar. *23* ***to ~ out***, extender; proyectar. *24* MAR. ***to ~ sail***, hacerse a la vela. *25* ***to ~ up***, alzar; fundar; exponer. *26 i.* caer bien [una prenda]. *27* ponerse [un astro]. *28* dedicarse a, ponerse a. *29* fijarse [un color]; fraguar, solidificarse. *30* ***to ~ forth***, ponerse [en camino]. *31* ***to ~ off***, salir. *32* ***to ~ out for***, salir para. *33* ***to ~ up for***, hacerse pasar por. ¶ Pret. y p. p.: ***set*** (set); ger.: ***setting*** ('setiŋ).

set-back ('setbæk) *s.* revés, contrariedad, retroceso.

settee (se'ti:) *s.* canapé, sofá.

setting ('setiŋ) *s.* puesta [del sol]. *2* engaste [de una joya]. *3* escenario [de una narración]; ambiente; decorado [teatro]. *4* ~ ***up***, establecimiento.

settle ('setl) *s.* escaño, banco. *2* escalón.

settle (to) ('setl) *t.* colocar, establecer. *2* fijar, asegurar. *3* colonizar, poblar. *4* ordenar; arreglar. *5* ajustar [cuentas]; zanjar [una disputa]; decidir, resolver. *6* pagar [una deuda]. *7* sosegar, pacificar. *8 i.* establecerse, instalarse: ***to ~ down***, asentarse.

settlement ('setlmənt) *s.* establecimiento, instalación. *2* colonización; poblado. *3* ~ ***house***, casa de beneficencia. *4* dotación [de bienes, etc.]. *5* acomodo, empleo. *6* ajuste [de cuentas]. *7* arreglo, convenio.

settler ('setləʳ) *s.* poblador, colono.

seven ('sevn) *a.-s.* siete.

seventeen ('sevn'ti:n) *a.-s.* diecisiete.

seventeenth ('sevn'ti:nθ) *a.* decimoséptimo.

seventh ('sevnθ) *a.* séptimo.

seventieth ('sevntiəθ, -tiiθ) *a.-s.* septuagésimo.

seventy ('sevnti) *a.-s.* setenta.

sever (to) ('sevəʳ) *t.-i.* separar(se; romper(se. *2 t.* cortar.

several ('sevrəl) *a.* varios, diversos. *2* diferentes, distintos.

severe (si'viəʳ) *a.* severo. *2* grave, duro. *3* **-ly** *adv.* severamente.

severity (si'veriti) *s.* severidad. *2* rigor, dureza.

sew (to) (sou) *t.-i.* coser. ¶ Pret.: ***sewed*** (soud); p. p.: ***sewn*** (soun) o ***sewed***.

sewage ('sju:idʒ) *s.* aguas de albañal.

sewed (soud) V. TO SEW.

sewer (sjuəʳ) *s.* alcantarilla, cloaca.

sewing (souiŋ) *s.* costura [acción de coser]: ~***machine***, máquina de coser.

sewn (soun) V. TO SEW.

sex (seks) *s.* sexo: ***the fair ~***, el bello sexo.

sexual ('seksjuəl) *a.* sexual.

shabby ('ʃæbi) *a.* raído, gastado. *2* desaseado. *3* mezquino. *4* ruin, vil.

shack (ʃæk) *s.* (E. U.) cabaña.

shakle ('ʃækl) *s.* grillete, esposa. *2* traba, estorbo.

shade (ʃeid) *s.* sombra [de un árbol, etc.]. *2* matiz, tinte. *3* pantalla [de lámpara]. *4* visillo, cortina.

shade (to) (ʃeid) *t.* hacer o dar sombra. *2* resguardar de la luz. *3* proteger, esconder.

shadow ('ʃædou) *s.* espacio de sombra definida, oscuridad. *2* sombra [de un objeto; en pintura]. *3* espectro, imagen. *4* pizca, señal. *5* retiro, amparo.

shadow (to) ('ʃædou) *t.* sombrear; oscurecer. *2* espiar, seguir, seguir de cerca.

shaft (ʃɑ:ft) *s.* astil [de saeta, etc.]. *2* asta [de lanza, bandera]. *3* saeta. *4* fuste [de columna]; obelisco. *5* lanza, vara [de carruaje]. *6* MEC. árbol, eje. *7* pozo [de mina].

shaggy ('ʃægi) *a.* lanudo, peludo. *2* áspero. *3* desgreñado.

shake (ʃeik) *s.* meneo, sacudida. *2* temblor, estremecimiento. *3* apretón [de manos]. *4* ***milk ~***, batido [de leche].

shake (to) (ʃeik) *t.* sacudir, agitar, blandir. *2* hacer temblar. *3* librarse de. *4* titubear; hacer vacilar. *5* impresionar. *6* ***to ~ hands***, darse la mano. *7* ***to ~ one's head***, decir que no con la cabeza. *8* ***to ~ with cold***, tiritar de frío. ¶ Pret.: ***shook*** (ʃuk); p. p.: ***shaken*** ('ʃeikən).

shaky ('ʃeiki) *a.* tembloroso, vacilante. *2* ruinoso, agrietado.

shall (ʃæl, ʃəl) *v. def. aux.* del futuro. En 1.ᵃˢ personas denota simple acción futura: en 2.as y 3.as, voluntad, intención, mandato: ***I shall go***, iré; ***he shall go***, tiene que ir. *2* SHOULD (ʃud, ʃəd) pret. de ***shall***. En 1.as personas, forma potencial; en 2.as y 3.as voluntad, intención, mandato: ***I should come***, vendría; ***you should come***, deberías venir.

shallow ('ʃælou) *a.* bajo, poco profundo. *2* superficial, frívolo. *3 s.* bajío.

sham (ʃæm) *s.* fingimiento. *2* imitación, cosa falsa. *3 a.* fingido, falso.

sham (to) (ʃæm) *t.-i.* fingir, simular.

shame (ʃeim) *s.* vergüenza, bochorno; pudor. *2* vergüenza, deshonra.

shame (to) (ʃeim) *t.* avergonzar. *2* afrentar.

shameful ('ʃeimful) *a.* vergonzoso. *2* **-ly** *adv.* vergonzosamente.

shampoo (ʃæm'pu:) *s.* champú.

shank (ʃæŋk) *s.* zanca, pierna.

shape (ʃeip) *s.* forma, figura. *2* cuerpo, estado; ***out of*** ~, deformado.

shape (to) (ʃeip) *t.* formar, dar forma a; modelar: ***to ~ one's life***, ajustar o disponer su vida.

shapeless ('ʃeiplis) *a.* informe. *2* deforme.

share (ʃεəʳ) *s.* parte, porción. *2* participación. *3* COM. acción.

share (to) (ʃεəʳ) *t.* distribuir, repartir. *2* ***to ~ in***, participar en; ***to thing with***, compartir una cosa con; ***to go shares with***, ir a medias con.

shareholder ('ʃεəˌhouldəʳ) *s.* COM. accionista.

shark (ʃɑ:k) *s.* ICT. y *fig.* tiburón. *2* estafador.

sharp (ʃɑ:p) *a.* agudo, aguzado, afilado, cortante, punzante. *2* puntiagudo. *3* escarpado. *4* áspero, duro, severo. *5* vivo, listo, astuto. *6* violento, impetuoso. *7* ***at ten o'clock*** ~, a las diez en punto.

sharpen (to) ('ʃɑ:pən) *t.* afilar, aguzar; amolar.

sharpness ('ʃɑ:pnis) *s.* agudeza; perspicacia. *2* aspereza. *3* mordacidad. *4* violencia, rigor.

shatter (to) ('ʃætəʳ) *t.* romper, hacer astillas.

shave (to) (ʃeiv) *t.-i.* afeitar(se. *2 t.* pasar rozando.

shaving ('ʃeiviŋ) *s.* afeitado: ~ ***brush***, brocha de afeitar. *2* ***wood shavings***, virutas.

shawl (ʃɔ:l) *s.* chal, mantón.

she (ʃi:, ʃi) *pron. pers.* ella. *2* hembra: ***she-ass***, borrica.

sheaf (ʃi:f), *pl.* **sheaves** (ʃi:vz) *s.* haz, gavilla.

shear (ʃiəʳ) *s.* esquileo. *2* lana esquilada. *3 pl.* cizalla.

shear (to) (ʃiəʳ) *t.* esquilar, trasquilar. ¶ P. p.: ***shorn*** (ʃɔ:n).

sheath (ʃi:θ) *s.* vaina, funda.

sheathe (to) (ʃi:ð) *t.* envainar, enfundar.

shed (ʃed) *s.* cobertizo, alpende. *2* hangar. *3* divisoria de aguas.

shed (to) (ʃed) *t.* verter, derramar. *2* lanzar, esparcir. *3 i.* mudar [la piel, etc.]. ¶ Pret. y p. p.: ***shed.***

sheen (ʃi:n) *s.* lustre, brillo.

sheep (ʃi:p) *s. sing.* y *pl.* carnero(s, oveja(s: ~ ***dog***, perro pastor.

sheer (ʃiəʳ) *a.* puro, mero. *2* completo, absoluto. *3* empinado, escarpado. *4* TEJ. fino, ligero. *5 adv.* completamente. *6* de golpe.

sheer (to) (ʃiəʳ) *t.-i.* desviar: ***to ~ off***, apartarse, huir de.

sheet (ʃi:t) *s.* lámina, plancha. *2* hoja [de papel]. *3* sábana [de cama].

shelf (ʃelf), *pl.* **shelves** (ʃelvz) *s.* anaquel, repisa; *pl.* estantería. *2* saliente de roca. *3* bajío.

shell (ʃel) *s.* ZOOL. concha, caparazón. *2* cáscara [de huevo, nuez, etc.]. *3* vaina [de guisantes, etc.]. *4* casco [de barco]. *5* bala [de cañón], bomba, granada.

shell (to) *t.* descascarar, mondar. *2* bombardear.

shellfish ('ʃelfiʃ) *s.* marisco(s.

shelter ('ʃeltəʳ) *s.* abrigo, refugio; albergue: ***to take*** ~, refugiarse.•

shelter (to) ('ʃeltəʳ) *t.-i.* guarecer(se, abrigar(se.

shelve (to) (ʃelv) *t.* archivar; dar carpetazo a. *2 i.* estar en declive.

shelves (ʃelvz) *s. pl.* de ***shelf.***

shepherd ('ʃepəd) *s.* pastor, zagal.

sheriff ('ʃerif) *s.* alguacil mayor.

sherry ('ʃeri) *s.* vino de Jerez, jerez.

shield (ʃi:ld) *s.* escudo, adarga. *2* defensa.

shield (to) (ʃi:ld) *t.* proteger, escudar, defender.

shift (ʃift) *s.* recurso, maña. *2* tanda, turno [de obreros; de trabajo]. *3* cambio, desviación.

shift (to) (ʃift) *t.-i.* cambiar, mudar [de posición, etc.]; mover(se, trasladar(se. *2* usar subterfugios: ***to ~ for oneself***, arreglárselas.

shiftless ('ʃiftlis) *a.* inútil, perezoso.

shilling ('ʃiliŋ) *s.* chelín.

shimmer ('ʃiməʳ) *s.* luz trémula.

shimmer (to) ('ʃiməʳ) *i.* rielar, brillar débilmente.

shin (ʃin) *s.* espinilla [de la pierna].

shin (to) (ʃin) *i.-t.* trepar, subir.

shine (ʃain) *s.* brillo, resplandor, lustre.
shine (to) (ʃain) *i.* brillar, resplandecer, lucir. *2* pulir, lustrar [el calzado]. ¶ Pret. y p. p.: ***shone*** (ʃɔn).
shingle ('ʃiŋgl) *s.* guijarro. *2* ripia [para techar]. *3* (E. U.) letrero de despacho. *4 pl.* MED. zoster, zona.
shining ('ʃainiŋ) *a.* brillante, resplandeciente.
ship (ʃip) *s.* buque, barco: ~ ***builder***, ingeniero naval; ~ ***yard***, astillero.
ship (to) (ʃip) *t.-i.* embarcar(se. *2 t.* transportar, expedir.
shipment ('ʃipmənt) *s.* cargamento, embarque.
shipping ('ʃipiŋ) *s.* embarque, expedición.
shipwreck ('ʃip-reck) *s.* naufragio: ***to be shipwrecked***, naufragar.
shire ('ʃaiə^r) *s.* (Ingl.) distrito, condado.
shirk (to) (ʃə:k) *t.* eludir, evitar. *2 i.* huir del trabajo.
shirt (ʃə:t) *s.* camisa [de hombre]: ***in one's ~ sleeves***, en mangas de camisa.
shiver ('ʃivə^r) *s.* temblor, escalofrío, estremecimiento.
shiver (to) ('ʃivə^r) *i.-t.* temblar, tiritar, estremecerse.
shoal (ʃoul) *s.* bajo, bajío, banco [de arena o de peces].
shock (ʃɔk) *s.* golpe, choque. *2* conmoción; sobresalto, susto. *3* ofensa. *4* MED. choque. *5* greña, maraña.
shock (to) (ʃɔk) *t.* chocar; ofender. *2* sobresaltar, causar impresión. *3* sacudir, conmover. *4* ***to be shocked***, asombrarse.
shocking ('ʃɔkiŋ) *a.* chocante, ofensivo, escandaloso. *2* horrible.
shod (ʃɔd) V. TO SHOE.
shoe (ʃu:) *s.* zapato: ~ ***black***, limpiabotas; ~ ***polish***, betún; ***shoeohorn***, calzador.
shoe (to) (ʃu:) *t.* calzar; herrar [a un caballo]. ¶ Pret. y p. p.: ***shod*** (ʃɔd).
shoemaker ('ʃu:ˌmeikə^r) *s.* zapatero.
shone (ʃɔn) TO SHINE.
shock (ʃuk) V. TO SHAKE.
shoot (ʃu:t) *s.* BOT. vástago, retoño. *2* conducto inclinado [para carbón, etc.]. *3* cacería. *4* concurso de tiro [al blanco].
shoot (to) (ʃu:t) *t.* fusilar. *2* disparar [un tiro, una instantánea]. *3* echar [brotes]. *4* DEP. chutar. *5 i.* ir de caza. *6* ***to ~ down***, derribar. *7* ***to ~ up***, brotar [las plantas, etc.]. ¶ Pret. y p. p.: ***shot*** (ʃɔt).
shooting ('ʃu:tiŋ) *s.* caza con escopeta. *2* tiro(s, tiroteo; fusilamiento. *3* CINEM. filmación, rodaje.
shop (ʃɔp) *s.* tienda, comercio, almacén; ~ ***assistant***, dependiente; ~ ***keeper***, tendero; ~ ***window***, escaparate.
shop (to) (ʃɔp) *i.* comprar [en tiendas]: ***to go shopping***, ir de compras.
shore (ʃɔ:^r) *s.* orilla [del mar, río, etc.], costa, playa, ribera: ***on ~***, en tierra.
shorn (ʃɔ:n) V. TO SHEAR.
short (ʃɔ:t) *a.* corto; breve, escaso, poco. *2* bajo [de estatura]. *3* seco, brusco. *4* ***to be ~ of***, estar falto o escaso de; ***to be ~***, para abreviar; ***to cut ~***, interrumpir bruscamente; ***to fall ~ of***, quedarse corto de; ***to run ~ of***, acabársele a uno algo; ~ ***cut***, atajo; ~ ***hand***, taquígrafo, taquigrafía; ~ ***sighted***, corto de vista. *5 adv.* brevemente, cortamente; ~ ***of***, excepto, si no. *6 s.* lo corto: ***for ~***, para abreviar; ***in ~***, en resumen; ~ ***for***, forma abreviada para. *7* CINEM. película corta. *8 pl.* pantalones cortos [para deporte].
shortage ('ʃɔ:tidʒ) *s.* falta, escasez, carestía.
shorten (to) ('ʃɔ:tn) *t.-i.* acortar(se, abreviar, reducir.
shortly ('ʃɔ:tli) *adv.* brevemente. *2* luego, en breve: ~ ***before***, poco antes; ~ ***after***, poco después.
shot (ʃɔt) *a.* tornasolado, matizado. *2 s.* tiro, disparo. *3* bala; perdigones. *4* ***he is a good ~***, es un buen tirador. *5* tirada [en ciertos juegos]. *6* V. TO SHOOT.
shot-gun ('ʃɔtgʌn) *s.* escopeta de caza.
should (ʃud, ʃed) V. TO SHALL.
shoulder ('ʃouldə^r) *s.* hombro. *2* codo [de un cuadrúpedo]; espaldilla [de cordero]. *3* parte saliente.
shoulder (to) ('ʃouldə^r) *t.* echar o llevar al hombro; cargar con. *2* empujar con el hombro.
shout (ʃaut) *s.* grito, griterío, exclamación.
shout (to) (ʃaut) *t.-i.* gritar, vocear. *2* vitorear.
shove (ʃʌv) *s.* empujón, empuje. *2* impulso.
shove (to) (ʃʌv) *t.i.* empujar, dar empujones. *2 i.* avanzar a empujones.
shovel ('ʃʌvl) *s.* pala. *2* palada.
show (ʃou) *s.* presentación, exhibición. *2* exposición [artística, etc.]; ~ ***room***, sala de exposición. *3* espectáculo; función [de teatro, cine]. *4* ostentación, alarde: ***to make a ~ of***, hacer gala de. *5* ficción.
show (to) (ʃou) *t.* mostrar, enseñar, exhibir, lucir. *2* sacar, asomar. *3* hacer ver, demostrar. *4* revelar, descubrir. *5* indi-

car; dar [señales]. *6* acompañar: ~ ***him in***, hágale pasar. *7* ***to ~ how to***, enseñar a [hacer algo]. *8* ***to ~ up***, destacar. *9 i.* mostrarse, aparecer. *10* TEAT. actuar. *11* ***to ~ off***, fachendear, pavonearse. ¶ Pret.: ***showed*** (ʃoud); p. p.: ***shown*** (ʃoun) o ***showed.***

shower (ʃauəʳ) *s.* chubasco, chaparrón. *2* lluvia, copia, abundancia. *3* ~ ***bath***, ducha.

shown (ʃoun) V. TO SHOW.

showy ('ʃoui) *a.* vistoso, ostentoso. *2* chillón, llamativo.

shrank (ʃræŋk) V. TO SHRINK.

shred (ʃred) *s.* tira, jirón, andrajo. *2* triza, fragmento.

shred (to) (ʃred) *t.* hacer tiras, jirones, trizas.

shrew (ʃru:) *s.* ZOOL. musaraña. *2* mujer de mal genio, arpía.

shrewd (ʃru:d) *a.* sagaz, listo, astuto. *2* **-ly** *adv.* sutilmente, astutamente.

shriek (ʃri:k) *s.* chillido, alarido.

shriek (to) (ʃri:k) *i.* chillar, gritar.

shrill (ʃril) *a.* agudo, penetrante, chillón.

shrill (to) (ʃril) *t.-i.* chillar.

shrimp (ʃrimp) *s.* ZOOL. camarón, quisquilla, gamba.

shrine (ʃrain) *s.* urna, relicario; capilla, santuario.

shrink (to) (ʃriŋk) *t.-i.* encoger(se, contraerse; disminuir. ¶ Pret.: ***shrank*** (ʃræŋk)o ***shrunk*** (ʃrʌŋk) ; p. p.: ***shrunk*** o ***shrunken*** ('ʃrʌŋkən).

shrinkage ('ʃriŋkidʒ) *s.* encogimiento, contracción.

shrivel (to) ('ʃrivl) *t.-i.* arrugar(se, encoger(se, resecar(se.

shroud (ʃraud) *s.* mortaja, sudario.

shroud (to) (ʃraud) *t.* amortajar; ocultar.

shrub (ʃrʌb) *s.* arbusto.

shrug (to) (ʃrʌg) *t.-i.* encoger(se [de hombros].

shrunk (ʃrʌŋk) V. TO SHRINK.

shrunken (ʃrʌŋkən) TO SHRINK.

shuck (to) (ʃʌk) *t.* (E. U.) descascarar, pelar.

shudder ('ʃʌdəʳ) *s.* temblor, estremecimiento.

shudder (to) ('ʃʌdəʳ) *i.* estremecerse. *2* tiritar.

shuffle (to) ('ʃʌfl) *t.* barajar [las cartas], revolver. *2* arrastrar los pies. *3* andar con evasivas.

shun (to) (ʃʌn) *t.* rehuir, esquivar, eludir.

shut (to) (ʃʌt) *t.* cerrar [una puerta, etc.]. *3* tapar, obstruir. *3* ***to ~ down***, cerrar una fábrica; ***to ~ off***, cortar [el gas, etc.]; ***to ~ up***, tapar; callarse. ¶ Pret. y p. p.: ***shut*** (ʃʌt); ger.: ***shutting.***

shutter ('ʃʌtəʳ) *s.* postigo, contraventana. *2* FOT. obturador.

shy (ʃai) *a.* tímido, asustadizo. *2* retraído. *3* cauteloso, prudente. *4* **-ly** *adv.* tímidamente; con cautela.

shy (to) (ʃai) *i.* esquivar; asustarse; respingar [un caballo].

shyness ('ʃainis) *s.* timidez. *2* vergüenza, recato. *3* cortedad.

sick (sik) *a.-s.* enfermo. *2* mareado. *3* ***the ~***, los enfermos; ***to be ~ of***, estar harto de; ***he is ~***, está enfermo, (Ingl.) está mareado.

sicken (to) ('sikn) *t.* enfermar, poner enfermo. *2* dar asco o náuseas. *3* hartar, empalagar. *4 i.* ponerse enfermo.

sickening ('sikniŋ) *a.* nauseabundo, repugnante. *2* lastimoso.

sickle ('sikl) *s.* hoz, segur.

sickly ('sikli) *a.* enfermizo, achacoso. *2* insaluble.

sickness ('siknis) *s.* enfermedad. *2* náusea, mareo.

side (said) *s.* lado, costado: ***by the ~ of***, al lado de. *2* orilla, margen. *3* falda [de montaña]. *4* partido, bando: ***to take sides with***, tomar partido por. *5 a.* lateral; secundario: ~ ***door***, puerta lateral.

side (to) (said) *t.* ponerse o estar al lado de. *2 i.* ***to ~ with***, tomar partido por.

sideboard ('saidbɔ:d) *s.* aparador, alacena.

sidelong ('saidlɔŋ) *a.* lateral; oblicuo. *2* de soslayo. *3 adv.* lateralmente.

sidewalk ('said-wɔ:k) *s.* (E. U.) acera.

sideward(s ('saidwəd, -z) *adv.* de lado, hacia un lado.

sideways ('said-weiz), **sidewise** (-waiz) *a.* dirigido hacia un lado. *2 adv.* de lado. *3* oblicuamente. *4* de soslayo.

siege (si:dʒ) *s.* sitio, asedio, cerco.

sieve (siv) *s.* cedazo, tamiz.

sift (to) (sift) *t.* cerner, tamizar, cribar.

sigh (sai) *s.* suspiro.

sigh (to) (sai) *i.* suspirar: ***to ~ for***, anhelar.

sight (sait) *s.* vista, visión [sentido, órgano; acción de ver]: ***at ~***, ***on ~***, a primera vista; ***by ~***, de vista. *2* escena, espectáculo. *3* mira [de arma]. *4* ***what a ~!***, ¡qué adefesio! *5* ***to see the sights***, ver los lugares de interés. *6* **-ly** *a.* vistoso, hermoso. *7 adv.* vistosamente, bellamente.

sight (to) (sait) *t.-i.* ver, mirar *2 t.* avistar.

sightseeing ('sait͵si:iŋ) *s.* turismo; visita de sitios interesantes.

sign (sain) *s.* signo, señal, indicio. *2* astro, vestigio. *3* ~ ***board***, cartel; tablero [para anuncios]; ***electric*** ~, anuncio luminoso.
sign (to) (sain) *t.-i.* firmar, rubricar. *2* contratar. *3* hacer señas.
signal ('signəl) *s.* señal, seña, signo. *2 a.* señalado, notable.
signalize (to) ('signəlaiz) *t.* distinguir, particularizar.
signatory ('signətəri) *s.-a.* firmante.
signature ('signətʃəʳ) *s.* firma, rúbrica.
significance, -cy (sig'nifikəns, -si) *s.* significación, significado. *2* importancia.
significant (sig'nifikənt) *a.* significativo, importante.
signify (to) ('signifai) *t.* significar. *2 i.* importar.
signpost ('sainpoust) *s.* poste indicador.
silence ('sailəns) *s.* silencio: ~ ***gives consent***, quien calla otorga. *2* reserva, secreto. *3 interj.* ¡silencio!
silence (to) ('sailəns) *t.* imponer silencio, hacer callar.
silent ('sailənt) *a.* silencioso; mudo: ***to be*** ~, callar, callarse. *2* **-ly** *adv.* silenciosamente.
silhouette (ˌsilu'et) *s.* silueta.
silk (silk) *s.* seda [materia, hilo, tejido]: ~ ***worm***, gusano de seda; ~ ***hat***, sombrero de copa. *2 pl.* sedería, géneros de seda.
silken ('silkən) *a.* de seda. *2* sedoso.
sill (sil) *s.* umbral. *2* antepecho [de ventana].
silliness ('silinis) *s.* tontería, simpleza.
silly ('sili) *a.* tonto, necio. *2* absurdo, disparatado. *3* rústico, sencillo.
silver ('silvəʳ) *s.* plata [metal, moneda; objetos]. *2 a.* de plata: ~ ***wedding***, bodas de plata; ~ ***work***, orfebrería.
silversmith ('silvə-smiθ) *s.* platero, orfebre.
silverware ('silvə-wɛəʳ) *s.* objetos de plata.
similar ('siməʳ) *a.* similar, semejante.
similarity (ˌsimi'læriti) *s.* semejanza, parecido.
simmer (to) ('siməʳ) *t.-i.* hervir a fuego lento.
simper ('simpəʳ) *s.* sonrisa boba.
simple ('simpl) *a.* simple. *2* sencillo. *3* llano [sin presunción]. *4* tonto, bobo. *5* ~ ***minded***, ingenuo. *6 s.* simplón.
simplicity (sim'plisiti) *s.* simplicidad. *2* sencillez. *3* llaneza. *4* ingenuidad. *5* simpleza.
simplify (to) ('simplifai) *t.* simplificar.
simply ('simpli) *adv.* simplemente; meramente.
simulate (to) ('simjuleit) *t.* simular; imitar.
simultaneous (ˌsiməl'teinjəs) *a.* simultáneo.
sin (sin) *s.* pecado.
sin (to) (sin) *i.* pecar.
since (sins) *adv.* desde, desde entonces. *2 prep.* desde, después de. *3 conj.* desde que, después que. *4* ya que, puesto que.
sincere (sin'siəʳ) *a.* sincero. *2* verdadero, real.
sincereness (sin'siənis) **sincerity** (sin'seriti) *s.* sinceridad, franqueza.
sinecure ('sainikjuəʳ) *s.* sinecura, prebenda.
sinew ('sinju:) *s.* ANAT. tendón. *2* fuerza muscular. *3* energía, nervio.
sinewy ('sinju(:)i) *a.* nervoso, nervudo. *2* fuerte, vigoroso.
sinful ('sinful) *a.* pecador, pecaminoso.
sing (to) (siŋ) *t.-i.* cantar: ***to*** ~ ***out of tune***, desafinar. ¶ Pret.: ***sang*** (sæŋ); p. p.: ***sung*** (sʌŋ).
singe (to) (sindʒ) *t.* chamuscar, socarrar.
singer ('siŋəʳ) *s.* cantante, cantor, cantatriz.
single ('siŋgl) *a.* único: ***not a*** ~ ... ni un solo... *2* célibe: ~ ***man***, soltero. *3* sencillo, simple. *4* individual.
single (to) ('siŋgl) *t.* ***to*** ~ ***out***, singularizar, distinguir; escoger.
singsong ('siŋ;sɔŋ) *s.* sonsonete. *2 a.* monótono.
singular ('siŋgjuləʳ) *a.* singular. *2* raro, estrafalario. *3 s.* GRAM. número singular.
sinister ('sinistəʳ) *a.* siniestro. *2* aciago, funesto.
sink (siŋk) *s.* sumidero. *2* fregadero.
sink (to) (siŋk) *t.-i.* hundir(se, sumergir(se, echar a pique; naufragar. *2* cavar [un pozo]. *3* clavar [los dientes, un poste, etc.]. *4* grabarse [en la memoria]. *5* ***to*** ~ ***down***, derrumbarse. *6* ponerse [el sol]. ¶ Pret.: ***sank*** (sæŋk)o ***sunk*** (sʌŋk); p. p.: ***sunk*** o ***sunken*** ('sʌŋkən).
sinner ('sinəʳ) *s.* pecador, pecadora.
sinuosity (ˌsinju'ɔsiti) *s.* sinuosidad, tortuosidad.
sinuous ('sinjuəs) *a.* sinuoso, tortuoso.
sip (sip) *s.* sorbo.
sip (to) (sip) *t.-i.* beber a sorbos.
sir (sə:ʳ, səʳ) *s.* señor: ***yes, sir***, sí, señor. *2* (Ingl.) tratamiento que se antepone al nombre de un caballero o baronet: ***Sir Winston Churchill.***
sire ('saiəʳ) *s.* señor [tratamiento del soberano]. *2* progenitor. *3* animal padre, semental.

siren ('saiərin, -rən) *s.* MIT. sirena. *2* mujer seductora. *3* sirena [pito].
sirloin ('sə:lɔin) *s.* solomillo, solomo.
sister ('sistəʳ) *s.* hermana. *2* sor, monja. *3* enfermera. *4* ***sister-in-law***, cuñada, hermana política.
sit (to) (sit) *t.-i.* sentar(se; posarse [un pájaro]; estar sentado. *2* empollar [las gallinas]. *3* celebrar sesión. *4* sentar bien [un traje]. *5* ***to ~ down***, sentarse; establecerse. *6* ***to ~ for***, representar [un distrito]; servir de modelo. *7* ***to ~ on*** o ***upon***, deliberar sobre. *8* ***to ~ up***, incorporarse [en la cama]. ¶ Pret. y p. p.: ***sat*** (sæt).
site (sait) *s.* sitio, escenario [de algo]. *2* asiento, situación [de una población, etc.].
sitting ('sitiŋ) *s.* acción de sentarse o estar sentado. *2* sesión. *3* empolladura. *4* *a.* sentado: ~ ***room***, sala, estancia.
situation (ˌsitju'eiʃən) *s.* situación; posición. *2* colocación, empleo.
six (siks) *a.-s.* seis.
sixpence ('sikspəns) *s.* seis peniques.
sixteen ('siks'ti:n) *a.-s.* dieciséis.
sixteenth ('siks'ti:nθ) *a.-s.* decimosexto.
sixth (siksθ) *a.-s.* sexto.
sixtieth ('sikstiiθ) *a.-s.* sexagésimo.
sixty ('siksti) *a.-s.* sesenta.
size (saiz) *s.* medida, tamaño. *2* número [de calzado, etc.]; talla [de vestido].
size (to) (saiz) *t.* clasificar según tamaño. *2* ***to ~ up***, apreciar, avaluar. *3* encolar, aprestar.
sizeable ('saizəble) *a.* bastante grande, considerable.
sizzle (to) ('sizl) *i.* chirriar [al freírse, etc.].
skate (skeit) *s.* patín: ***ice ~***, patín de hielo; ***roller ~***, patín de ruedas.
skate (to) (skeit) *i.* patinar [sobre patines].
skein (skein) *s.* madeja, cadejo.
skeleton ('skelitn) *s.* esqueleto. *2* armazón. *3* esbozo, esquema. *4* ~ ***key***, llave maestra.
sketch (sketʃ) *s.* boceto, apunte, croquis.
sketch (to) (sketʃ) *t.* esbozar, bosquejar, diseñar.
ski (ski:) *s.* esquí.
ski (to) (ski:) *i.* esquiar.
skid (to) (skid) *t.* hacer deslizar sobre maderos, etc. *2* patinar [una rueda].
skilful ('skilful) *a.* diestro, hábil, experto. *2* **-ly** *adv.* diestramente, hábilmente.
skill (skil) *s.* habilidad, destreza, maña.
skilled (skild) *a.* práctico; hábil, experto.
skim (to) (skim) *t.* espumar, desnatar. *2* examinar superficialmente.
skin (skin) *s.* piel, cutis, pellejo: ***by the ~ of one's teeth***, por un pelo. *2* odre. *3* cáscara, hollejo. *4* ***skin-deep***, superficial.
skin (to) (skin) *t.* desollar, despellejar. *2* desplumar. *3* pelar, mondar. *4* ***to ~ over***, cicatrizarse.
skip (skip) *s.* salto, brinco. *2* omisión.
skip (to) (skip) *t.* saltar, brincar. *2* omitir, pasar por alto.
skirmish ('skə:miʃ) *s.* escaramuza.
skirt (skə:t) *s.* falda, saya: ***under ~***, enaguas. *2* orilla, margen.
skirt (to) (skə:t) *t.-i.* bordear, rodear, circundar.
skit (skit) *s.* paso cómico; cuento satírico; burla.
skulk (to) (skʌlk) *i.* esconderse, acechar sin ser visto.
skull (skʌl) *s.* cráneo, calavera.
sky (skai) *s.* cielo, firmamento: ~ ***blue***, azul celeste; ~ ***light***, claraboya, tragaluz; ~ ***scraper***, rascacielos.
skylark ('skailɑ:k) *s.* ORN. alondra.
slab (slæb) *s.* tabla, plancha, losa. *2* loncha, tajada.
slack (slæk) *a.* flojo; débil. *2* lento. *3* negligente, remiso. *4* *s.* inactividad, calma. *5* *pl.* pantalones anchos. *6* **-ly** *adv.* flojamente.
slacken (to) ('slækən) *t.* moderar, retardar. *2* aflojar. *3* *i.* ser lento o negligente.
slag (slæg) *s.* escoria.
slain (slein) V. TO SLAY.
slake (to) (sleik) *t.-i.* apagar [la sed, la cal, etc.]. *2* mojar, refrescar.
slam (slæm) *s.* golpe, portazo.
slam (to) (slæm) *t.* cerrar de golpe: ***to ~ the door***, dar un portazo.
slander ('slɑ:ndəʳ) *s.* calumnia, difamación.
slander (to) ('slɑ:ndəʳ) *t.* calumniar, difamar.
slanderous ('slɑ:dərəs) *a.* calumniador, difamador.
slang (slæŋ) *s.* lenguaje popular. *2* jerga, argot.
slant (slɑ:nt) *s.* inclinación, oblicuidad; declive. *2* punto de vista.
slant (to) (slɑ:nt) *t.-i.* segar(se, inclinar(se.
slap (slæp) *s.* palmada; bofetón. *2* insulto, desaire.
slap (to) (slæp) *t.* pegar, abofetear.
slash (slæʃ) *s.* cuchillada, tajo.
slash (to) (slæʃ) *t.* acuchillar; hacer un corte en. *2* rebajar [sueldos, precios, etc.].
slate (sleit) *s.* pizarra.

slaughter ('slɔ:təʳ) *s.* matanza, carnicería: ~ ***house***, matadero.
slaughter (to) ('slɔ:təʳ) *t.* matar. *2* sacrificar [reses].
Slav (slæv, slɑ:v) *a.-s.* eslavo.
slave (sleiv) *s.* esclavo: ~ ***trade***, trata de esclavos.
slavery ('sleivəri) *s.* esclavitud, servidumbre.
slay (to) (slei) *t.* matar. ¶ Pret.: ***slew*** (slu:); p. p.: ***slain*** (slein).
sled (sled), **sledge** (sledʒ) *s.* trineo, rastra.
sleek (sli:k) *a.* liso, bruñido. *2* zalamero.
sleek (to) (sli:k) *t.* pulir, alisar.
sleep (sli:p) *s.* sueño; descanso; ~ ***walker***, sonámbulo. *2* muerte.
sleep (to) (sli:p) *i.* dormir: ***to ~ like a lop***, dormir como un lirón. *2 t.* ***to ~ away*** o ***out***, pasar [un tiempo durmiendo]. ¶ Pret. y p. p.: ***slept*** (slept).
sleepiness ('sli:pinis) *s.* somnolencia, sueño.
sleeping ('sli:piŋ) *a.* dormido: ~***car***, coche cama; ~ ***pills***, píldoras para dormir.
sleeplessness ('sli:p-lisnis) *s.* insomnio.
sleepy ('sli:pi) *a.* soñoliento: ***to be*** ~, tener sueño.
sleeve (sli:v) *s.* manga [de vestido]: ***to laugh up one's*** ~, reírse con disimulo.
sleigh (slei) *s.* trineo: ~ ***bell***, cascabel.
sleight (slait) *s.* destreza, habilidad: ~ ***of hand***, juego de manos.
slender ('slendəʳ) *a.* delgado, esbelto. *2* tenue. *3* escaso. *4* frugal.
slept (slept) V. TO SLEEP.
sleuth (slu:θ) *s.* sabueso. *2* (E. U.) detective.
slew (slu:) V. TO SLAY.
slice (slais) *s.* rebanada, lonja, rodaja.
slice (to) (slais) *t.* rebanar. *2* tajar, cortar.
slick (slik) *a. fam.* mañoso. *2* astuto, meloso. *3* liso, lustroso. *4 s.* lugar aceitoso en el agua.
slick (to) (slik) *t.* alisar, pulir. *2 i.* acicalarse.
slid (slid) V. TO SLIDE.
slide (slaid) *s.* corrimiento de tierra; falla. *2* MEC. corredera, ranura. *3* ÓPT. diapositiva.
slide (to) (slaid) *i.-t.* resbalar, deslizarse. ¶ Pret. y p. p.: ***slid*** (slid).
slight (slait) *a.* ligero, leve. *2* pequeño, insignificante. *3* delgado, delicado. *4 s.* desaire, desprecio. *5* **-ly** *adv.* ligeramente, levemente.
slight (to) (slait) *t.* despreciar. *2* desairar.
slim (slim) *a.* delgado, esbelto. *2* pequeño. *3* baladí. *4* hábil. *5* **-ly** *adv.* esbeltamente; escasamente.
slime (slaim) *s.* limo. *2* viscosidad.
slimy ('slaimi) *a.* fangoso. *2* viscoso.
sling (sliŋ) *s.* honda. *2* portafusil.
sling (to) (sliŋ) *t.* tirar con honda. *2* lanzar: ***to ~ a rifle over one's shoulder***, echarse el rifle al hombro. ¶ Pret. y p. p.: ***slung*** (slʌŋ).
slink (to) (sliŋk) *i.* andar furtivamente: ***to ~ away***, escurrirse. ¶ Pret. y p. p.: ***slunk*** (slʌŋk).
slip (slip) *s.* resbalón. *2* desliz, tropiezo, error. *3* huida, esquinazo. *4* tira [trozo estrecho]; trozo de papel. *5* funda [de mueble, etc.]. *6* combinación [de mujer]. *7 a.* ~ ***knot***, nudo corredizo.
slip (to) (slip) *t.-i.* resbalar(se, deslizar(se. *2* cometer un desliz, equivocarse. *3* dislocarse [un hueso]. *4* borrarse de la memoria. *5* pasar por alto. *6* ***to ~ away*** o ***off***, escabullirse. *7* ***to ~ into***, introducirse.
slipper ('slipəʳ) *s.* zapatilla, babucha.
slippery ('slipəri) *a.* resbaladizo. *2* huidizo. *3* astuto.
slit (slit) *s.* abertura estrecha, corte, hendedura.
slit (to) (slit) *t.* hender, cortar, dividir. ¶ Pret. y p. p.: ***slit.***
slogan ('slougən) *s.* eslogan, lema.
slop (sləp) *s.* fango, suciedad. *2* agua sucia, desperdicios.
slop (to) (slɔp) *t.* ensuciar, salpicar.
slope (sloup) *s.* cuesta, pendiente. *2* falda, ladera. *3* GEOGR. vertiente.
slope (to) (sloup) *i.* inclinarse, estar en declive. *2 t.* inclinar, sesgar.
sloping ('sloupiŋ) *a.* inclinado, pendiente. *2* **-ly** *adv.* en declive.
sloppy (slɔpi) *a.* sucio, lodoso. *2* desaseado. *3* mal hecho [vestido].
slot (slɔt) *s.* hendedura, abertura: ~ ***machine***, tragaperras. *2* pista, rastro.
sloth (slouθ) *s.* pereza, galvana. *2* ZOOL. perezoso.
slouch (slautʃ) *s.* pers. desmañada, perezosa. *2* inclinación, caída, perezosa. *2* inclinación, caída. *3 a.* caído, gacho.
slouch (to) (slautʃ) *i.* andar agachado o alicaído. *2* repantigarse [en una silla, etc.].
slovenly ('slʌvnli) *a.* desaliñado, desaseado. *2 adv.* desaliñadamente.
slow (slou) *a.* lento, tardo. *2* torpe: ~ ***witted***, cerrado de mollera. *3* atra-

sado; ***the watch goes*** ~, el reloj atrasa. *4 adv.* lentamente, despacio. *5* **-ly** *adv.* despacio, lentamente.

slow (to) (slou) *t.-i.* retardar [el paso].

slowness ('slounis) *s.* lentitud. *2* cachaza. *3* torpeza, pesadez.

slug (slʌg) *s.* ZOOL. babosa. *2* bala, posta.

slug (to) (slʌg) *t.* pasar [un tiempo] ocioso. *2* aporrear, apuñear. *3 i.* andar despacio.

sluggish ('slʌgiʃ) *a.* flojo, indolente. *2* lento. *3* COM. encalmado. *4* **-ly** *adv.* perezosamente, lentamente.

slump (slʌm) *s.* barrio miserable; barrio bajo.

slumber ('slʌmbəʳ) *s.* sueño.

slumber (to) ('slʌmbəʳ) *i.* dormitar. *2* dormirse.

slum (*sl*ʌm) *s.* hundimiento, desplome.

slump (to) (slʌmp) *i.* caer, desplomarse.

slung (slʌŋ) V. TO SLING.

slunk (slʌŋk) V. TO SLINK.

slur (slə:ʳ) *s.* mancha, borrón.

slur (to) (slə:ʳ) *t.* manchar. *2* pasar por alto.

slushy ('slʌʃi) *a.* fangoso. *2* empalagosamente sentimental.

sly (slai) *a.* astuto, socarrón. *2* travieso. *3* furtivo: ***on the*** ~, a hurtadillas. *4* **-ly** *adv.* astutamente.

slyness ('slai-nis) *s.* astucia, disimulo.

smack (smæk) *s.* sabor, gustillo. *2* poquito, algo. *3* restallido, chasquido, golpe.

smack (to) (smæk) *i.* ***to*** ~ ***of***, tener un gustillo de. *2 i.-t.* chasquear el látigo; chuparse los dedos; besar sonoramente. *3 t.* dar un manotazo a.

small (smɔ:l) *a.* pequeño, chico; insignificante: ~ ***change***, dinero suelto; ***in a*** ~ ***way***, en pequeña escala. *2* menor: ~ ***game***, caza menor. *3* bajo [estatura].

smallness ('smɔ:lnis) *s.* pequeñez. *2* baja estatura. *3* ruindad.

smallpox ('smɔ:l-pɔks) *s.* MED. viruelas.

smart (smɑ:t) *a.* elegante: ***the*** ~ ***set***, la gente distinguida. *2* listo, astuto: ~ ***remark***, observación aguda. *3* fuerte, violento. *4 s.* punzada, escozor. *5* dolor. *6* **-ly** *adv.* vivamente; agudamente; con elegancia.

smart (to) (smɑ:t) *i.* escocer, doler.

smash (smæʃ) *s.* rotura, destrozo. *2* choque [de vehículos, etc.], golpe violento. *3* fracaso, bancarrota.

smash (to) (smæʃ) *t.-i.* romper(se, destrozar(se. *2* quebrar, arruinar(se, destruir(se.

smashing ('smæʃiŋ) *a.* coll. estupendo.

smatter (smætəʳ), **smattering** (-riŋ) *s.* barniz, tintura; conocimiento superficial.

smear (smiəʳ) *s.* embadurnamiento, mancha.

smear (to) (smiəʳ) *t.* embadurnar, untar, manchar.

smell (smel) *s.* olfato [sentido]. *2* olor.

smell (to) (smel) *t.* oler [percibir con el olfato]. *2* olfatear, husmear: ***to*** ~ ***a rat***, sospechar algo malo. *3 i.* oler [exhalar olor]: ***to*** ~ ***of***, oler a. ¶ Pret. y p. p.: ***smelt*** (smelt).

smelt (to) (smelt) *t.* fundir [minerales]. *2* extraer [metal] por fusión. *3 pret.* y p. p. de TO SMELL.

smile (smail) *s.* sonrisa.

smile (to) (smail) *i.* sonreír(se.

smirk (to) (smə:k) *i.* sonreír(se afectadamente.

smite (to) (smait) *t.* golpear, herir. *2* asolar. *3* remorder [la conciencia]. ¶ Pret.: ***smote*** (smout); p. p.: ***smiten*** ('smitn).

smith (smiθ) *s.* forjador. *2* el que trabaja en metales; herrero.

smithy ('smiði) *s.* forja, herrería.

smitten (smitn) V. TO SMITE.

smog (smɔg) *s.* niebla mezclada con humo.

smoke (smouk) *s.* humo: ~ ***-screen***, cortina de humo; ***to have a*** ~, fumar; ~***-stack***, chimenea.

smoke (to) (smouk) *t.-i.* fumar. *2* ahumar. *3* echar humo.

smoking ('smoukiŋ) *a.* de fumar: ~***car***, vagón para fumadores; ~***room***, cuarto de fumar; ***no*** ~, se prohíbe fumar.

smoky ('smouki) *a.* humeante; ahumado; lleno de humo.

smooth (smuð) *a.* liso, terso. *2* llano, igual. *3* fácil. *4* blando, suave. *5* plácido. *6* afable, lisonjero. *7* **-ly** *adv.* lisamente, etc.

smooth (to) (smu:ð) *t.* alisar, allanar. *2* cepillar, pulir. *3* facilitar [las cosas]. *4* suavizar. *5* calmar.

smoothness ('smuðnis) *s.* lisura. *2* suavidad. *3* afabilidad.

smote (smout) V. TO SMITE.

smother (to) ('smʌðəʳ) *t.-i.* ahogar(se; sofocar(se; asfixiar(se.

smug (smʌg) *a.* presumido, relamido. *2* **-ly** *adv.* pulidamente, etc.

smuggle (to) ('smʌgl) *t.* pasar de contrabando.

smut (smʌt) *s.* suciedad, mancha. *2* obscenidad.

smut (to) (smʌt) *t.* ensuciar, manchar.

snack (snæk) *s.* bocado, tentempié, comida ligera.
snag (snæg) *s.* tocón. *2* raigón. *3* obstáculo imprevisto; tropezón.
snail (sneil) *s.* caracol; babosa.
snake (sneik) *s.* culebra, serpiente.
snake (to) (sneik) *i.* arrastrarse sinuosamente, serpentear.
snap (snæp) *s.* chasquido. *2* castañeta [con los dedos]. *3* mordisco. *4* energía, vigor. *5* ~ ***shot***, foto instantánea.
snap (to) (snæp) *t.-i.* chasquear, romper(se con estallido. *2* arrebatar. *3* tirar un bocado a; responder con acritud. *4* hacer una instantánea.
snare (snɛəʳ) *s.* lazo, armadijo. *2* celada, trampa.
snare (to) (snɛəʳ) *t.* atrapar; hacer caer en una trampa.
snarl (snɑ:l) *s.* gruñido; regaño. *2* enredo, maraña.
snarl (to) (snɑ:l) *i.* regañar; gruñir. *2 t.-i.* enredar(se, enmarañar(se.
snatch (snætʃ) *s.* acción de arrebatar. *2* trozo, pedacito. *3* rato: ***by snatches***, a ratos.
snatch (to) (snætʃ) *t.* coger, arrebatar, quitar.
sneak (sni:k) *s.* persona ruin, solapada.
sneak (to) (sni:k) *t.-i.* andar u obrar furtivamente: ***to ~ in***, meter(se a escondidas; ***to ~ out, off, away***, salir o llevar(se [algo] a escondidas. *2* hurtar, ratear.
sneer (sniəʳ) *s.* sonrisa o gesto desdeñoso; burla, mofa.
sneer (to) (sniəʳ) *i.* reírse con burla o desprecio; burlarse. | Gralte. con ***at***.
sneeze (sni:z) *s.* estornudo.
sneeze (to) (sni:z) *i.* estornudar.
sniff (snif) *s.* olfato, husmeo. *2* sorbo [por las narices].
sniff (to) (snif) *t.* olfatear, husmear. *2 i.* sorberse los mocos.
snip (snip) *s.* incisión, tijeretazo. *2* recorte.
snip (to) (snip) *t.* cortar, recortar [con tijeras].
snivel (to) ('snivl) *i.* moquear. *2* gimotear, hacer pucheros.
snob (snɔb) *s.* esnob [persona con pretensiones sociales].
snobbery ('snɔbəri) *s.* esnobismo. *2* orgullo, presunción.
snooze (to) (snu:z) *i.* dormitar, sestear.
snore (to) (snɔ:ʳ) *i.* roncar.
snort (to) (snɔ:t) *i.* resoplar, bufar.
snout (snaut) *s.* trompa [del elefante]. *2* hocico, morro.
snow (snou) *s.* nieve: ~ ***storm***, tempestad de nieve: ~***-drift***, ventisquero: ~***flake***, copo de nieve; ~***fall***, nevada.
snow (to) (snou) *i.* nevar.
snub (snʌb) *s.* repulsa, desaire. *2* ~ ***nosed***, chato.
snub (to) (snʌb) *t.* reprender, desairar.
snuff (snʌf) *s.* rapé, tabaco en polvo.
snuff (to) (snʌf) *t.* oler; absorber por la nariz. *2* olfatear, husmear. *3* despabilar [una vela].
snuffle (to) ('snʌfl) *i.* respirar con la nariz obstruida. *2* ganguear.
snug (snʌg) *a.* cómodo, abrigado. *2* ajustado, apretado.
so (sou) *adv.* así; eso, lo mismo: ***I hope ~***, así lo espero. *2* ~ ***that***, para que. *3* tan, tanto: ~ ***good***, tan bueno. *4* y así, por tanto. *5 conj.* con tal que; para que. *6* ***and ~ forth***, etcétera; ~ ***far as***, hasta; ~ ***long***, hasta la vista; ~ ***much***, tanto; ~ ***many***, tantos; ***so-so***, regular; ***so-and-so***, fulano [de tal]; ~ ***far***, hasta ahora, hasta aquí; ~ ***to say***, o ***to speak***, por decirlo así.
soak (souk) *s.* remojo, remojón. *2* borrachín.
soak (to) (souk) *t.-i.* remojar(se, empapar(se: ***to be soaked through***, estar calado hasta los huesos.
soap (soup) *s.* jabón: ~ ***dish***, jabonera; ~ ***flakes***, escamas de jabón.
soap (to) (soup) *t.* jabonar. *2* dar jabón, adular.
soar (to) (sɔ:ʳ, sɔəʳ) *i.* elevarse, remontarse.
sob (sɔb) *s.* sollozo; suspiro.
sob (to) (sɔb) *i.* sollozar; suspirar.
sober ('soubəʳ) *a.* sobrio; abstemio. *2* sereno, templado. *3* serio. *4* discreto [color]. *5* **-ly** *adv.* sobriamente, serenamente.
soberness ('soubənis) *s.* sobriedad, seriedad.
sobriety (sou'braiəti) *s.* sobriedad, cordura.
sobriquet ('soubrikei) *s.* apodo, mote.
so-called ('sou'kɔ:ld) *a.* llamado, supuesto; pseudo.
sociable ('souʃəbl) *a.* sociable, tratable.
social ('souʃəl) *a.* social: ~ ***security***, seguro social. *2* sociable. *3 s.* reunión social.
socialism ('souʃəlizəm) *s.* socialismo.
society (sə'saiəti) *s.* sociedad. *2* compañía.
sock (sɔk) *s.* calcetín. *2* golpe, puñetazo.
socket ('sɔkit) *s.* hueco en que encaja algo; cuenca [del ojo]; alvéolo [de diente]; enchufe.

sod (sɔd) *s.* césped. *2* terrón; turba.
sodden ('sɔdn) *a.* mojado, empapado.
sofa ('soufə) *s.* sofá.
soft (sɔft) *a.* blando, maleable, fofo. *2* muelle, suave, delicado. *3* dulce, grato. *4* tierno. *5* débil [de carácter]. *6* perezoso. *7 adv.* blandamente, suavemente; callandito, quedito.
soften (to) ('sɔfn) *t.-i.* ablandar(se, suavizar(se.
softness ('sɔftnis) *s.* suavidad, blandura. *2* dulzura. *3* molicie.
soil (sɔil) *s.* tierra, terreno. *2* suelo, país. *3* suciedad; mancha.
soil (to) (sɔil) *t.* ensuciar, manchar.
sojourn ('sɔdʒe:n) *s.* estancia, estada.
sojourn (to) ('sɔdʒe:n) *i.* estar, residir [por una temporada].
solace ('sɔləs) *s.* consuelo, alivio. *2* solaz.
solace (to) ('sɔləs) *t.* consolar, aliviar. *2* solazar.
sold (sould) V. TO SELL.
solder (to) ('sɔldəʳ) *t.* soldar. *2* unir.
soldier ('souldʒəʳ) *s.* soldado.
sole (soul) *s.* planta [del pie]; palma [del casco del caballo]. *2* suela [del zapato]. *3* suelo, base. *4* ICT. lenguado. *5 a.* solo, único: ~ ***right***, exclusiva. *6* **-ly** *adv.* solamente, únicamente.
solemn ('sɔləm) *a.* solemne.
solemnity (sə'lemniti) *s.* solemnidad.
solemnize (to) ('sɔləmnaiz) *t.* solemnizar.
solicit (to) (sə'lisit) *t.* solicitar. *2* rogar. *3* inducir, incitar.
solicitor (sə'lisitəʳ) *s.* especie de abogado o procurador.
solicitous (sə'lisitəs) *a.* solícito, cuidadoso, ansioso.
solicitude (sə'lisitju:d) *s.* solicitud, cuidado.
solid ('sɔlid) *a.* sólido. *2* macizo. *3* duro, firme.
solidify (to) (sə'lidifai) *t.-i.* solidificar. *2* consolidar.
solidity (sə'liditi) *s.* solidez. *2* seriedad, solvencia.
soliloquy (sə'liləkwi) *s.* soliloquio.
solitary ('sɔlitəri) *a.* solitario. *2* solo, único.
solitude ('sɔlitju:d) *s.* soledad, retiro.
soluble ('sɔljubl) *a.* soluble.
solution (sə'lu:ʃən) *s.* solución.
solve (to) (sɔlv) *t.* resolver, aclarar.
somber, sombre ('sɔmbəʳ) *a.* obscuro, sombrío.
some (sʌm, səm) *a.-pron.* algún, algunos; un, unos; alguna persona. *2* algo de, un poco de.
somebody ('sʌmbədi) *pron.* alguien, alguno: ~ ***else***, algún otro.
somehow ('sʌmhau) *adv.* de algún modo.
someone ('sʌmwʌn) *pron.* SOMEBODY.
somersault ('sʌməsɔ:lt) *s.* salto mortal.
something ('sʌmθiŋ) *s.* algo, alguna cosa. *2* persona o cosa de importancia.
sometime ('sʌmtaim) *adv.* algún día, alguna vez.
sometimes ('sʌmtaimz) *adv.* algunas veces, a veces.
somewhat ('sʌmwɔt) *s.* algo, un poco. *2 adv.* algo, algún tanto; en cierto modo.
somewhere ('sʌmwɛəʳ) *adv.* en alguna parte.
son (sʌn) *s.* hijo; descendiente [varón]. *2* ***son-in-law***, yerno.
song (sɔŋ) *s.* canto [acción de cantar]. *2* MÚS., LIT. canción, canto, copla, cantar: ***the Song of Songs***, el Cantar de los Cantares.
son-in-law ('sʌninlɔ:) *s.* yerno.
sonnet ('sɔnit) *s.* LIT. soneto.
sonorous (sə'nɔ:rəs) *a.* sonoro; armonioso; resonante.
soon (su:n) *adv.* pronto, luego; temprano: ***as ~ as***, tan pronto como; ~ ***after***, poco después. *2* prontamente.
sooner (su:nəʳ) *adv. comp.* de SOON.: más pronto más temprano: ~ ***or later***, tarde o temprano.
soot (sut) *s.* hollín.
soothe (to) (su:ð) *t.* aliviar, calmar. *2* apaciguar. *3* halagar.
soothsayer ('su:θˌseiəʳ) *s.* adivino.
sophism ('sɔfizəm) *s.* sofisma.
sophisticated (sə'fistikietid) *a.* sofisticado. *2* artificial, refinado, mundano.
soporific (ˌsoupə'rifik) *a.-s.* soporífero.
soprano (sə'prɑ:nou) *s.* MÚS. soprano, tiple.
sorcerer ('sɔ:sərəʳ) *s.* hechicero, brujo, encantador.
sorcery ('sɔ:səri) *s.* hechicería. *2* hechizo.
sordid ('sɔ:did) *a.* sórdido. *2* bajo, vil.
sore (sɔ:ʳ, sɔəʳ) *a.* dolorido, inflamado: ***to have a ~ throat***, tener mal de garganta; ~ ***eyes***, mal de ojos. *2* afligido, apenado. *3* ofendido [con ***at***]. *4 s.* herida, llaga. *5* **-ly** *adv.* penosamente.
sorrow ('sɔrou) *s.* dolor, pesar, sentimiento. *2* arrepentimiento.
sorrow (to) ('sɔrou) *i.* afligirse.
sorry ('sɔri) *a.* afligido, pesaroso, triste: ***I am ~***, lo siento; ***I am ~ for him***, le compadezco. *2* arrepentido. *3* raquítico; ruin.
sort (sɔ:t) *s.* clase, especie, suerte: ***a ~ of***, una especie de. *2* modo, manera: ***in a***

~, en cierto modo. *3* ~ ***of***, algo, un tanto.
sort (to) (sɔ:t) *t.* ordenar, clasificar. *2* escoger, entresacar.
sough (to) (sau) *t.* murmullar, susurrar [el viento].
sought (sɔ:t) V. TO SEEK.
soul (soul) *s.* alma [en todos sus sentidos, menos en los de hueco, madero o pieza interior]: ***not a*** ~, nadie, ni un alma.
sound (saund) *a.* sano: ~ ***of mind***, en su cabal juicio. *2* ileso, incólume. *3* cuerdo, sensato. *4* sólido, seguro. *5* bueno, fuerte. *6* fiel, leal. *7* profundo [sueño]. *8* ~ ***film***, película sonora; ~ ***wave***, FÍS. onda sonora. *9 s.* son, sonido. *10* brazo de mar; ría.
sound (to) (saund) *i.* sonar. *2* resonar, divulgarse. *3 t.* tocar, tañer [un instrumento]. *4* entonar [alabanzas]. *5* auscultar. *6* sondear.
sounding ('saundiŋ) *a.* sonor: ***high*** ~, rimbombante. *2 s.* sonda.
soundness ('saundnis) *s.* solidez. *2* cordura, rectitud. *3* ~ ***of body***, buena salud.
soup (su:p) *s.* sopa.
sour ('sauəʳ) *a.* ácido, agrio. *2* rancio; fermentado. *3* verde [fruta]. *4* áspero, desabrido, huraño. *5* **-ly** *adv.* agriamente; ásperamente.
sour (to) ('sauəʳ) *t.-i.* agriarse. *2* enranciarse, fermentar.
source (sɔ:s) *s.* fuente, manantial: ***to have from a good*** ~, saber de buena tinta.
sourness ('sauənis) *s.* acidez. *2* acritud, desabrimiento.
south (sauθ) *s.* sur, mediodía. *2 a.* del sur, meridional: ***South America***, América del Sur; ***South Pole***, Polo Sur.
southern ('sʌðən) *a.* del sur, meridional.
souvenir ('su:vəniəʳ) *s.* recuerdo.
sovereign ('sɔvrin) *a.* soberano. *2* supremo, sumo. *3 s.* soberano [monarca: moneda].
soviet ('souviet) *s.* soviet. *2 a.* soviético: ***Soviet Union***, Unión Soviética.
1) **sow** (sau) *s.* cerda, marrana.
2) **sow (to)** (sou) *t.* sembrar. ¶ Pret.: ***sowed*** (soud); p. p.: ***sown*** (soun) o ***sowed.***
spa (spɑ:) *s.* balneario.
space (speis) *s.* espacio. *2* trecho, distancia. *3* plaza, sitio. *4* oportunidad.
space (to) (speis) *t.* espaciar.
spacious ('speiʃəs) *a.* espacioso; vasto. *2* amplio. *3* **-ly** *adv.* ampliamente, dilatadamente.
spade (speid) *s.* laya, pala [para remover la tierra].
span (spæn) *s.* palmo, llave de la mano. *2* extensión, trecho, espacio, lapso; instante. *3* luz [de un arco]; ojo [de puente]. *4* envergadura [de avión]. *5 pret.* de TO SPIN.
spangle (spæŋgl) *s.* lentejuela; cosa brillante. *2* destello.
Spaniard ('spænjəd) *s.* español.
Spanish ('spæniʃ) *a.* español, hispano, hispánico: ~ ***shawl,*** mantón de Manila. *2 s.* lengua española o castellana. *3 pl.* ***the Spanish***, los españoles.
spank (to) (spæŋk) *t.* azotar, dar nalgadas. *2 i.* correr, galopar.
spanner ('spænəʳ) *s.* MEC. llave de tuerca, llave inglesa.
spar (spɑ:ʳ) *s.* pértiga. *2* hurgonazo. *3* combate de boxeo.
spar (to) (spɑ:ʳ) *i.* hacer movimientos de ataque y defensa con los puños [como en el boxeo]. *2* reñir, disputar.
spare (spεəʳ) *a.* de repuesto, de recambio; sobrante; libre, disponible. *2* flaco, enjuto. *3* sobrio, frugal. *4* **-ly** *adv.* económicamente, parcamente.
spare (to) (spεəʳ) *t.* ahorrar, economizar; evitar, excusar: ***to have*** [***something***] ***to*** ~, tener [algo] de sobra. *2* prescindir de, pasar sin. *3* perdonar, hacer gracia de.
sparing ('spεəriŋ) *a.* económico, parco, sobrio. *2* escaso. *3* clemente. *4* **-ly** *adv.* económicamente; con clemencia.
spark (spɑ:k) *s.* chispa: centella, chispazo: ~ ***plug***, bujía [del motor].
spark (to) (spɑ:k) *i.* chispear, echar chispas.
sparkle (pɑ:kl) *s.* chispa, destello, brillo, centelleo. *2* viveza, animación.
sparkling ('spɑ:kliŋ) *a.* chispeante, rutilante, brillante: ~ ***wine***, vino espumoso.
sparrow ('spærou) *s.* gorrión, pardal.
sparse (spɑ:s) *a.* escaso; ralo [pelo]; frugal.
spasm ('spæzəm) *s.* espasmo.
spat (spæt) V. TO SPIT.
spat (to) (spæt) *t.-i.* (E. U.) reñir, disputar. *2* golpear ligeramente.
spatter (to) ('spætəʳ) *t.* salpicar. *2 i.* caer gotas gruesas.
speak (to) (spi:k) *i.* hablar: ***to*** ~ ***out***, hablar claro; ***to*** ~ ***through the nose***, ganguear; ***so to*** ~, por decirlo así. *2 t.* hablar, decir, expresar: ***to*** ~ ***one's mind***, decir lo que uno piensa. *3* hablar [una lengua]. ¶ Pret.: ***spoke*** (spouk); p. p.: ***spoken*** ('spoukən).
speaker ('spi:kəʳ) *s.* el que habla. *2* ora-

dor. *3* presidente [de una asamblea]. *4* RADIO locutor.
spear (spiəʳ) *s.* lanza, venablo. *2* arpón [para pescar]. *3* tallo, caña [de hierba].
spear (to) (spiəʳ) *t.* alancear. *2* atravesar con arpón.
special ('speʃəl) *a.* especial. *2* particular, peculiar. *3* ~ ***delivery***, correo urgente. *4 s.* tren, autobús, etc., especial. *5* carta urgente. *6* **-ly** *adv.* especialmente; singularmente.
specialist ('speʃəlist) *a.-s.* especialista.
specialize (to) ('speʃəlaiz) *t.-i.* especializar(se. *2* detallar.
species ('spi:ʃi:z) *s.* especie [imagen; apariencia]. *2* clase, suerte. *3* género humano.
specific(al (spi'sifik, -əl) *a.* específico. *2* preciso. *3* característico. *4 s.* FARM. específico.
specify (to) ('spesifai) *t.* especificar, detallar.
specimen ('spesimin) *s.* espécimen, muestra.
specious ('spi:ʃəs) *a.* especioso, engañoso.
speck (spek) *s.* manchita; motita. *2* pizca, átomo.
speck (to) (spek) *t.* manchar, motear.
speckle ('spekl) *s.* manchita.
spectacle ('spektəkl) *s.* espectáculo. *2 pl.* gafas, anteojos.
spectacular (spek'tækjuləʳ) *a.* espectacular. *2* sensacional.
spectator (spek'teitəʳ) *s.* espectador.
specter, spectre ('spektəʳ) *s.* espectro, aparición.
speculate (to) ('spekjuleit) *i.* especular, teorizar [sobre]. *2* COM. especular.
sped (sped) V. TO SPEED.
speech (spi:tʃ) *s.* palabra, lenguaje. *2* idioma. *3* discurso. *4* TEAT. parlamento. *5* conversación.
speed (spi:d) *s.* rapidez, prisa. *2* marcha, velocidad. *3 a.* rápido.
speed (to) (spi:d) *t.* acelerar, dar prisa a. *2* despachar, expedir. *3* prosperar, ayudar. *4 i.* apresurarse. ¶ Pret. y p. p.: ***sped*** (sped) o ***speeded*** ('spi:did).
speedway ('spi:d-wei) *s.* autopista.
speedy ('spi:di) *a.* rápido, ligero. *2* activo, diligente.
spell (spel) *s.* hechizo, encanto. *2* fascinación. *3* turno, tanda. *4* período, temporada: ***by spells***, por turnos; a ratos.
spell (to) (spel) *t.-i.* deletrear. *2* escribir correctamente. ¶ Pret. y p. p.: ***spelled*** (speld) o ***spelt*** (spelt)
spelling ('speliŋ) *s.* deletreo; ortografía.
spelt (spelt) *p. p.* de TO SPELL.
spend (to) (spend) *t.* gastar. *2* consumir, agotar. *3* pasar [el tiempo]. ¶ Pret. y p. p.: ***spent*** (spent).
spendthrift ('spendθrift) *s.* derrochador, malgastador.
spent (spent) V. TO SPEND.
sphere (sfiəʳ) *s.* esfera. *2* globo, orbe.
sphinx (sfiŋks) *s.* esfinge.
spice (spais) *s.* especia. *2* picante. *3* aroma.
spice (to) (spais) *t.* condimentar con especias. *2* sazonar.
spicy ('spaisi) *a.* sazonado con especias; picante.
spider ('spaidəʳ) *s.* araña: ***spider's web***, telaraña. *2* trébedes.
spike (spaik) *s.* pincho, púa. *2* clavo de alcayata. *3* BOT. espiga. *4* BOT. espliego.
spike (to) (spaik) *t.* clavar con clavos.
spill (spill) *s.* derramamiento. *2* caída [desde un caballo].
spill (to) *t.-i.* derramar(se, verter(se: ***to ~ over***, rebosar. ¶ Pret. y p. p.: ***spilled*** (spild) o ***spilt*** (spilt).
spilt (spilt) V. TO SPILL.
spin (spin) *s.* giro, vuelta. *2* paseo en coche o bicicleta.
spin (to) (spin) *t.-i.* hilar. *2* tejer: ***to ~ a yarn***, contar un cuento increíble. *3* hacer girar. *4* hacer bailar [un trompo]. *5* ***to ~ out***, alargar. ¶ Pret.: ***spun*** (spʌn) o ***span*** (spæn); p. p.: ***spun*** (spʌn).
spinach ('spinidʒ) *s.* espinaca.
spinal ('spainl) *a.* espinal: ~ ***column***, espina dorsal.
spindle ('spindl) *s.* huso. *2* MEC. eje.
spine (spain) *s.* espinazo. *2* parte saliente y esquinada. *3* espina.
spineless ('spainlis) *a.* invertebrado. *2* flácido, flojo.
spinner ('spinəʳ) *s.* hilador, hilandero. *2* máquina de hilar.
spinning ('spiniŋ) *s.* hilatura, acción de hilar: ~ ***mill***, hilandería; ~ ***top***, trompo; ~ ***wheel***, torno de hilar.
spinster ('spinstəʳ) *s.* soltera, solterona.
spiral ('spaiərəl) *a.* espiral: ~ ***staircase***, escalera de caracol.
spire ('spaiəʳ) *s.* cima, cúspide. *2* ARQ. aguja, chapitel de torre.
spirit ('spirit) *s.* espíritu [en todos sus sentidos]: ***the Holy Spirit***, el Espíritu Santo. *2* estado de ánimo, humor. *3* aparecido, espectro. *4* ánimo, valor; vivacidad; energía. *5 pl.* alcohol, bebida espirituosa. *6* ***spirits, high spirits***, alegría, animación; ***out of spirits***, triste, abatido.
spirit (to) ('spirit) *t.* alentar, animar. | A veces con ***up***. *2* ***to ~ away*** o ***off***, llevarse, hacer desaparecer.

spirited ('spiritid) *a.* vivo, brioso. *2* **-ly** *adv.* vivamente.
spiritless ('spirit-lis) *a.* exánime. *2* abatido, desanimado. *3* cobarde. *4* flojo.
spiritual ('spiritjuəl) *a.* espiritual. *2 s.* espiritual [canto religioso de los negros].
spit (spit) *s.* asador. *2* esputo, saliva.
spit (to) (spit) *i.* escupir, esputar. *2* lloviznar. ¶ Pret. y p. p.: ***spat*** (spæt).
spite (spait) *s.* despecho, rencor, resentimiento. *2* ***in ~ of***, a pesar de, a despecho de.
spite (to) (spait) *t.* molestar, irritar.
spiteful ('spaitful) *a.* rencoroso, malévolo. *2* ***-ly*** *adv.* rencorosamente, malévolamente.
splash (splæʃ) *s.* salpicadura, rociada. *2* chapoteo. *3* ***to make a ~***, hacer sensación.
splash (to) (splæʃ) *t.* salpicar, rociar. *2 i.* chapotear.
spleen (spli:n) *s.* ANAT. bazo. *2* bilis, mal humor. *3* esplin, melancolía.
splendid ('splendid) *a.* espléndido. *2* ilustre, glorioso. *3* **-ly** *adv.* espléndidamente.
splendo(u)r ('splendəʳ) *s.* brillo, resplandor. *2* magnificencia.
splice (to) (splais) *t.* empalmar, unir.
splint (splint) *s.* astilla. *2* CIR. tablilla.
splinter ('splintəʳ) *s.* astilla, esquirla.
splinter (to) ('splintəʳ) *t.-i.* astillar(se.
split (split) *s.* grieta. *2* división, cisma. *3* astilla, raja. *4 a.* hendido, rajado.
split (to) (split) *t.-i.* hender(se, rajar(se, partir(se. ¶ Pret. y p. p.: ***split*** (split).
spoil (spɔil) *s.* despojo, botín. *2* saqueo, robo. *3 pl.* despojos.
spoil (to) (spɔil) *t.* saquear, robar: ***to ~ of***, privar de. *2* estropear, echar a perder. *3* mimar, malcriar. *4 i.* estropearse. ¶ Pret. y p. p.: ***spoiled*** (spɔild) o ***spoilt*** (spɔilt).
spoilt (spɔilt) V. TO SPOIL.
spoke (spouk) *pret.* de TO SPEAK. *2 s.* rayo [de rueda].
spoken ('spoukən) V. TO SPEAK.
spokesman ('spouksmən) *s.* portavoz, vocero.
sponge (spʌndʒ) *s.* esponja. *2 fig.* gorrón, parásito.
sponge (to) (spʌndʒ) *t.* lavar con esponja, borrar. *2* absorber, chupar. *3 i.* esponjarse.
sponsor ('spɔnsəʳ) *s.* fiador, responsable. *2* padrino, madrina. *3* patrocinador.
sponsor (to) ('spɔnsəʳ) *t.* salir fiador, responder de, o por. *2* apadrinar. *3* patrocinar.
spontaneous (spɔn'teinjəs) *a.* espontáneo. *2* **-ly** *adv.* espontáneamente.
spool (spu:l) *s.* carrete, bobina.
spoon (spu:n) *s.* cuchara.
spoonful ('spu:nful) *s.* cucharada.
sport (spɔ:t) *s.* deporte. *2* juego, diversión. *3* broma, burla.
sport (to) (spɔ:t) *t.* ostentar, lucir. *2 i.* jugar, retozar.
sporting ('spɔ:tiŋ) *a.* deportivo. *2* honrado, leal.
sportsman ('spɔ:tsmən) *m.* deportista.
sportive ('spɔ:tiv) *a.* alegre, festivo, chistoso.
spot (spɔt) *s.* mancha, borrón. *2* lunar, pinta. *3* sitio, lugar: ***in spots***, aquí y allá; ***on the ~***, en el sitio mismo; en el acto; alerta. *4 a.* disponible [dinero].
spot (to) (spɔt) *t.* manchar. *2* motear. *3* marear. *4* descubrir; localizar. *5 i.* mancharse.
spotless ('spɔtlis) *a.* limpio, inmaculado.
spotlight ('spɔt-lait) *s.* reflector. [de teatro]. *2* AUTO. faro piloto.
spouse (spauz) *s.* esposo, -a; consorte.
spout (spaut) *s.* caño, espita; pico, pitorro [de vasija]; gárgola, canalón. *2* chorro, surtidor. *3* aguacero.
spout (to) (spaut) *t.* echar [en chorro]. *2 t.-i.* declamar. *3 i.* chorrear; brotar [un líquido].
sprain (sprein) *s.* MED. torcedura, esguince.
sprain (to) (sprein) *t.* MED. torcer: ***to ~ one's ankle***, torcerse el tobillo.
sprang (spræŋ) V. TO SPRING.
sprawl (to) (sprɔ:l) *i.* tenderse, yacer; tumbarse [cuan largo es]. *2 t.* abrir, extender [brazos, piernas, etc.].
spray (sprei) *s.* líquido pulverizado; rocío [del mar, etc.]. *2* ramita, ramaje.
spray (to) (sprei) *t.* pulverizar con un líquido, rociar.
spread (spred) *pret.* y *p. p.* de TO SPREAD. *2 a.* extendido, etc. *3 s.* despliegue, desarrollo. *4* extensión [de terreno, etc.]. *5* difusión, propagación. *6* AVIA. envergadura. *7* cobertor; tapete. *8* mesa puesta, festín.
spread (to) (spred) *t.-i.* extender(se, desplegar(se. *2* esparcir(se, derramar(se. *3* difundir(se, divulgar(se. *4 t.* ofrecer a la vista. *5* untar con; dar una mano de. *6* poner o preparar [la mesa]. ¶ Pret. y p. p.: ***spread*** (spred).
spree (spri:) *s.* diversión: ***to go on a ~***, ir de juerga.
sprig (sprig) *s.* ramita, pimpollo.

sprightly ('spraitli) *a.* vivo, alegre. *2* brioso, ágil.
spring (spriŋ) *s.* primavera. *2* fuente: ~ ***water***, agua de manantial. *3* origen, principio. *4* salto, brinco. *5* muelle, resorte: ~ ***mattress***, colchón de muelles. *6* elasticidad: ~ ***board***, trampolín. *7* vigor, energía. *8* ARQ. arranque [de un arco]. *9* ***springtime***, primavera; ***spring tide***, marea viva.
spring (to) (spriŋ) *i.* saltar, brincar; lanzarse sobre [*at*]. *2* nacer, brotar. | con ***forth***, ***out***, o ***up***. *3* arrancar [un arco]. *4* provenir, seguirse. *5 t.-i.* mover(se, o cerrar(se [con resorte]. *6 t.* hacer saltar o estallar [una mina]. *7* levantar [la caza]. ¶ Pret.: ***sprang*** (spræŋ); p. p.: ***sprung*** (sprʌŋ).
sprinkle ('spriŋkl) *s.* rocío, rociada. *2* llovizna.
sprinkle (to) ('spriŋkl) *t.* rociar, regar. *2* lloviznar.
sprint (sprint) *s.* carrera corta y rápida.
sprint (to) (sprint) *i.* correr a toda velocidad.
sprite (sprait) *s.* duende, trasgo.
sprout (spraut) *s.* retoño, brote. *2 pl.* ***Brussels sprouts***, coles de Bruselas.
sprout (to) (spraut) *i.* brotar, retoñar; crecer.
spruce (spru:s) *a.* pulcro, elegante. *2 s.* BOT. picea.
spruce (to) (spru:s) *t.-i.* asear(se, componer(se [con un].
sprung (sprʌŋ) V. TO SPRING.
spun (spʌn) V. TO SPIN.
spur (spə:ʳ) *s.* espuela. *2* aguijón, estímulo. *3* espolón [de gallo]. *4* estribación [de montaña].
spur (to) (spə:ʳ) *t.* espolear, picar. *2* estimular.
spurious ('spjuəriəs) *a.* espurio, falso.
spurn (spə:n) *s.* coz, puntapié.
spurn (to) (spə:n) *t.* desdeñar, despreciar.
spurt (spə:t) *s.* chorretada, borbotón. *2* explosión [de ira, etc.].
spurt (to) (spə:t) *i.* brotar, salir en chorro. *2* estallar [una pasión].
sputter ('spʌtəʳ) *s.* rociada [de saliva, etc.]. *2* chisporroteo. *3* farfulla.
sputter (to) ('spʌtəʳ) *i.* echar saliva al hablar. *2* chisporrotear. *3 t.-i.* farfullar.
sputum ('spju:təm) *pl.* **sputa** (-tə) *s.* MED. esputo.
spy (spai) *s.* espía: ~ ***glass***, catalejo; ~ ***hole***, atisbadero.
spy (to) (spai) *t.* espiar; acechar. *2 i.* ***to*** ~ ***on*** o ***upon***, espiar a.
squabble ('skwɔbl) *s.* disputa, riña.
squabble (to) ('skwɔbl) *i.* disputar, reñir.
squad (skwɔd) *s.* escuadra; pelotón.
squadron ('skwɔdrən) *s.* MAR. escuadra. *2* AVIA. escuadrilla. *3* MIL. escuadrón.
squalid ('skwɔlid) *a.* escuálido, sucio.
squall (skwɔ:l) *s.* chubasco, turbonada. *2* chillido.
squall (to) (skwɔ:l) *impers.* caer chubascos. *2 t.-i.* chillar.
squalor ('skɔləʳ) *s.* suciedad, miseria.
squander (to) ('skwɔndəʳ) *t.* derrochar, malgastar.
square (skwɛəʳ) *s.* GEOM. cuadro, cuadrado. *2* MAT. cuadrado. *3* casilla [ajedrez, etc.]. *4* plaza [de ciudad]. *5* escuadra, cartabón. *6* ***he is on the*** ~, obra de buena fe. *7 a.* ~ ***foot***, pie cuadrado; en cuadro. *8* escuadrado. *9* fornido. *10* exacto, justo. *11* recto, honrado. *12* saldado, en paz; empatado. *13* rotundo, categórico. *14* abundante [comida]. *15* **-ly** *adv.* en cuadro, a escuadra; honradamente.
square (to) (skwɛəʳ) *t.* GEOM., MAT. cuadrar. *2* escuadrar; elevar al cuadrado; medir en unidades cuadradas. *3* cuadricular. *4* ***to*** ~ ***a person with another***, poner bien a una persona con otra. *5* saldar [cuentas]; ajustar, arreglar. *6* ***to*** ~ ***oneself***, justificarse. *7 i.* concordar [una cosa con otra].
squash (skɔʃ) *s.* calabaza.
squash (to) (skɔʃ) *t.-i.* aplastar(se, estrujar(se.
squat (skwɔ) *a.* en cuclillas, agachado. *2* rechoncho.
squat (to) (skwɔt) *i.* sentarse en cuclillas. *2* agacharse. *3* establecerse como colonizador en tierra baldía.
squawk (skwɔ:k) *s.* graznido, chillido; queja.
squawk (to) (skwɔ:k) *i.* graznar, chillar; quejarse.
squeak (ski:k) *s.* chillido, chirrido.
squeak (to) (ski:k) *i.* chillar, chirriar. *2* delatar.
squeal (ski:l) *s.* chillido, grito agudo.
squeal (to) (ski:l) *i.* chillar.
squeamish ('skwi:miʃ) *a.* escrupuloso, remilgado. *2* propenso a la náusea.
squeeze (skwi:z) *s.* apretón, estrujón. *2* apretura. *3* compresión.
squeeze (to) (skwi:z) *t.* apretar, comprimir. *2* estrujar, prensar. *3* exprimir. *4* agobiar [con impuestos]. *5* obtener por presión.
squelch (skweltʃ) *s.* aplastamiento. *2* chapoteo.

squelch (to) (skweltʃ) *t.* aplastar. *2 i.* andar chapoteando.
squint (skwint) *s.* estrabismo. *2* mirada de soslayo o furtiva. *3* ***squint-eyed***, bizco.
squint (to) (skwint) *i.* bizcar. *2* mirar de soslayo.
squire ('skwaiəʳ) *s.* escudero. *2* (Ingl.)hacendado; caballero.
squirm (to) (skwə:m) *i.* retorcerse, serpear.
squirrel ('skwirəl) *s.* ardilla.
squirt (to) (skwə:t) *t.* lanzar un chorrito. *2* jeringar. *3* rociar.
stab (stæb) *s.* puñalada, estocada.
stab (to) (stæb) *t.-i.* apuñalar, acuchillar.
stability (stə'biliti) *s.* estabilidad.
stable ('steibl) *a.* estable. *2 s.* establo, cuadra.
stable (to) ('steibl) *t.-i.* poner, tener o estar en un establo.
stack (stæk) *s.* almiar. *2* pila, montón. *3* pabellón [de fusiles]. *4* cañón [de chimenea].
stack (to) (stæk) *t.* apilar, amontonar.
stadium ('steidjəm) *s.* estadio.
staff (stɑ:f) *s.* palo, bastón; báculo. *2* asta [de bandera, etc.]. *3* MIL. estado mayor. *4* personal [técnico o directivo]; profesorado. *5* redacción [de un periódico]. *6* MÚS. pentagrama.
staff (to) (stɑ:f) *t.* proveer de personal técnico o directivo.
stag (stæg) *s.* ciervo, venado [macho].
stage (steidʒ) *s.* escenario, escena, tablas; teatro [arte, profesión]. *2* campo [de actividades]. *3* parada; jornada: ***stage-coach***, diligencia. *4* grado, fase.
stage (to) (steidʒ) *t.* poner en escena.
stagger (to) ('stægəʳ) *i.* vacilar, tambalearse. *2* titubear. *3 t.* hacer vacilar.
staging ('steidʒiŋ) *s.* andamiaje. *2* TEAT. puesta en escena.
stagnant ('stægnənt) *a.* estancado: ***to become*** ~, estancarse.
stagnate (to) ('stægneit) *i.* estancar(se.
staid (steid) *a.* serio, formal. *2* **-ly** *adv.* seriamente.
stain (stein) *s.* mancha. *2* tinte.
stain (to) (stein) *t.-i.* manchar(se. *2* teñir: ***stained glass***, vidrio de color. *3 i.* mancharse.
stainless ('steinlis) *a.* limpio, inmaculado. *2* ~ ***steel***, acero inoxidable.
stair (stɛəʳ) *s.* escalón, peldaño: ***I go down-stairs*** o ***upstairs***, voy al piso de abajo o de arriba.
staircase ('stɛəkeis) *s.* escalera.
stake (steik) *s.* estaca; poste. *2* puesta, apuesta [en el juego]. *3* ***to be at*** ~, estar en juego, en peligro.
stake (to) (steik) *t.* estacar. *2* apostar [en el juego], arriesgar.
stale (steil) *a.* pasado; rancio, viejo.
stalk (stɔ:k) *s.* BOT. tallo, caña; pecíolo.
stalk (to) (stɔ:k) *t.* andar majestuosamente. *2* espiar, acechar.
stall (stɔ:l) *s.* establo, cuadra. *2* puesto [de venta]. *3* TEAT. butaca de patio.
stall (to) (stɔ:l) *t.-i.* poner o tener en establo o cuadro. *2* atascar(se; ahogar(se [un motor].
stallion ('stæljən) *s.* caballo padre.
stalwart ('stɔ:lwət) *a.-s.* fornido. *2* valiente. *3* leal.
stammer ('stæməʳ) *s.* tartamudeo. *2* balbuceo.
stammer (to) ('stæməʳ) *i.* tartamudear. *2* balbucear.
stamp (stæmp) *s.* estampa, huella, señal. *2* sello [que se pega; que marca; carácter distintivo]; póliza. *3* estampilla. *4* cuño, troquel. *5* género, suerte.
stamp (to) (stæmp) *t.* estampar, imprimir, marcar. *2* caracterizar. *3* sellar, estampillar. *4* poner sello a. *5* estampar [en relieve]. *6* patear; apisonar.
stampede (stæm'pi:d) *s.* huida en tropel; estampida.
stanch (stɑ:ntʃ) *a.* STAUNCH.
stand (stænd) *s.* posición, puesto. *2* alto, parada. *3* resistencia: ***to make a*** ~, hacer frente, resistir. *4* tablado, tribuna. *5* puesto [en el mercado]; quiosco [de venta]. *6* velador, pie, soporte.
stand (to) (stænd) *i.* estar, tenerse o ponerse en pie; levantarse; ~ ***up***, ponte en pie. *4* durar. *5* detenerse. *6* mantenerse firme, resistir. *7* ser compatible [con]. *8 t.* poner derecho. *9* aguantar: ***I can't*** ~ ***him***, no puedo verle. *10* ***to*** ~ ***aside***, apartarse. *11* ***to*** ~ ***back of***, colocarse detrás de; respaldar a. *12* ***to*** ~ ***by***, apoyar; estar alerta. *13* ***to*** ~ ***a chance of***, tener posibilidad de. *14* ***to*** ~ ***for***, representar; estar en lugar de; presentarse para; hacer rumbo a. *15* ***to*** ~ ***in with***, estar en buenas relaciones con. *16* ***to*** ~ ***off***, apartarse. *17* ***to*** ~ ***on***, descansar sobre, depender de. *18* ***to*** ~ ***on end***, ponerse de punta [el pelo]. *19* ***to*** ~ ***out***, sobresalir. *20* ***stand still***, estése quieto. *21* ***it stands to reason***, es razonable. ¶ Pret. y p. p.: ***stood*** (stud).
standard ('stændəd) *s.* norma; nivel: ~ ***of living***, nivel de vida. *2* modelo. *3* ***gold*** ~, patrón oro. *4* base, sostén. *5* estandarte: ***standard-bearer***, portaestandarte. *6 a.* de ley; oficial. *7* normal, corriente.

standardize (to) ('stændədaiz) *t.* unificar, regularizar.
standing ('stændiŋ) *a.* derecho, de pie. *2* parado. *3* fijo. *4* vigente [ley]. *5 s.* posición. *6* reputación. *7* sitio, lugar. *8* duración.
standpoint ('stændpɔint) *s.* punto de vista.
standstill ('stændstil) *s.* alto, parada. *2* pausa.
stank (stæŋk) *pret.* de TO STINK.
stanza ('stænzə) *s.* estancia, estrofa.
staple ('steipl) *s.* grapa [para sujetar papeles, etc.]. *2* producto principal [de un país]. *3* materia prima. *4 a.* corriente. *5* principal.
star (stɑːʳ) *s.* ASTR. estrella, astro. *2* asterisco. *3* placa, gran cruz. *4* destino. *5* estrella [de cine, etc.].
star (to) (stɑːʳ) *t.* tachonar de estrellas. *2* marcar con asterisco. *3* TEAT., CINEM. presentar como estrella o ser estrella.
starboard ('stɑːbəd) *s.* MAR. estribor.
starch (stɑːtʃ) *s.* almidón. *2* empaque.
starch (to) (stɑːtʃ) *t.* almidonar.
stare (stɛəʳ) *s.* mirada fija, de hito en hito.
stare (to) (stɛəʳ) *t.-i.* mirar fijamente; clavar la vista.
starfish ('stɑː-fiʃ) *s.* estrellamar.
stark (stɑːk) *a.* rígido. *2* desnudo. *3* puro, completo. *4 adv.* completamente: ~ ***mad***, loco de remate.
starlight ('stɑːlait) *s.* luz de estrellas. *2 a.* iluminado por las estrellas.
starry ('stɑːri) *a.* estrellado.
start (stɑːt) *s.* sobresalto, bote. *2* susto. *3* marcha, partida. *4* delantera, ventaja. *5* ***by starts***, a ratos; a empujones.
start (to) (stɑːt) *i.* sobresaltarse. *2* salir, partir; arrancar [el motor, etc.]. *3 t.-i.* poner(se en marcha. *4 t.* empezar, emprender [un negocio, etc.]. *5* levantar [la caza, etc.]. *6* dar salida a.
starter ('stɑːtəʳ) *s.* el que sale [en una carrera]. *2* ***self-starter***, motor de arranque. *3* DEP. juez que da la salida.
starting ('stɑːtiŋ) *s.* principio; arranque, salida. *2* sobresalto. *3 a.* ~ ***point***, punto de partida.
startle (to) (stɑːtl) *t.-i.* asustar(se; sobresaltar(se.
startling ('stɑːtliŋ) *a.* sorprendente, alarmante. *2* **-ly** *adv.* con sobresalto o sorpresa.
starvation (stɑː'veiʃən) *s.* hambre, inanición.
starve (to) (stɑːv) *i.* morir o padecer hambre. *2 t.* matar de hambre.
state (steit) *s.* establo, situación. *2* FÍS. estado. *3* POL. estado: ***State Department***, (E. U.) ministerio de relaciones exteriores. *4* pompa. *5* majestad.
state (to) (steit) *t.* exponer, declarar, expresar. *2* consignar [por escrito]. *3* plantear [un problema].
stateliness ('steitlinis) *s.* majestuosidad.
stately ('steitli) *a.* majestuoso.
statement ('steitmənt) *s.* declaración, afirmación. *2* exposición, relación; relato, informe. *3* estado de cuentas.
stateroom ('steit-rum) *s.* MAR. camarote. *2* FERROC. departamento individual con cama.
statesman ('steitsmən) *s.* estadista, hombre de estado.
station ('steiʃən) *s.* estación [de tren, metereológica, etc.]. *2* parada, apeadero. *3* puesto [militar; de servicio]. *4* MAR. apostadero. *5* puesto, situación.
station (to) ('steiʃən) *t.* estacionar, situar.
stationary ('steiʃnəri) *a.* estacionario; fijo.
stationery ('steiʃnəri) *s.* papelería.
statistics (stə'tistiks) *s.* estadística.
statuary ('stætjuəri) *a.* estatuario. *2 s.* estatuaria.
statue ('stætjuː) *s.* imagen, estatua.
stature ('stætʃəʳ) *s.* estatura, talla.
status ('steitəs) *s.* estado legal. *2* estado, condición.
statute ('stætjuːt) *s.* estatuto, ordenanza.
staunch (stɔːntʃ) *a.* fuerte, sólido. *2* leal, constante.
staunch (to) (stɔːntʃ) *t.* estancar, restañar.
stave (steiv) *s.* duela [de tonel]. *2* palo. *3* LIT. estrofa. *4* MÚS. pentagrama.
stave (to) (steiv) *t.* poner duelas a. *2 t.-i.* romper(se, agujerear(se: ***to ~ in***, romperse; ***to ~ off***, evitar; diferir. ¶ Pret. y p. p.: ***staved*** (steivd) o ***stove*** (stouv).
stay (stei) *s.* MAR. estay, tirante. *2* sostén, apoyo. *3* parada, estancia. *4* aplazamiento. *5* varilla [de corsé]. *6 pl.* corsé.
stay (to) (stei) *t.* sostener, apoyar. *2* fundar, basar. *3* resistir. *4* detener, frenar. *5* aplazar. *6* aguardar. *7* sosegar. *8 i.* estar de pie o quieto; pararse. *9* estar o quedarse en casa; ***to ~ up***, velar. *10* tardar. *11* ***to ~ at*** o ***in***, hospedarse en. *12* ***to ~ away***, ausentarse.
stead (sted) *s.* (precedido de ***in***) lugar, vez: utilidad; ***in ~ of***, en vez de.
steadfast ('stedfəst) *a.* firme. *2* invariable. *3* resuelto.
steadiness ('stedinis) *s.* firmeza, estabilidad. *2* constancia.
steady ('stedi) *a.* firme. *2* estable, continuo, regular. *3* quieto. *4* juicioso.
steady (to) ('stedi) *t.-i.* afianzar(se, dar firmeza. *2* calmar [los nervios].

steak (steik) *s.* tajada [para asar o freír], biftec.
steal (sti:l) *s.* hurto, robo.
steal (to) (sti:l) *t.-i.* hurtar, robar. *2* ***to ~ away***, escabullirse, escapar; ***to ~ into a room***, meterse a hurtadillas en un cuarto; ***to ~ out of a room***, salir a escondidas de un cuarto. ¶ Pret.: ***stole*** (stoul); p. p.: ***stolen*** ('stoulən).
stealth (stelθ) *s.* disimulo, cautela, secreto: ***by ~***, a hurtadillas.
stealthy ('stelθi) *a.* furtivo, secreto; disimulado.
steam (sti:m) *s.* vapor [esp. de agua]: ***~ engine***, máquina de vapor. *2* vaho.
steam (to) (sti:m) *t.* cocer o preparar al vapor. *2 i.* emitir vaho. *3* marchar a vapor.
steamboat ('sti:mbout), **steamer** ('sti:məʳ), **steamship** ('sti:mʃip) *s.* vapor [buque].
steed (sti:d) *s.* corcel.
steel (sti:l) *s.* acero [metal, arma]. *2 a.* de acero; fuerte.
steel (to) (sti:l) *t.* acerar. *2* endurecer, acorazar.
steep (sti:p) *a.* empinado, pendiente. *2 s.* cuesta, precipicio.
steep (to) (sti:p) *t.* empapar, remojar. *2 i.* estar en remojo.
steeple ('sti:pl) *s.* campanario o torre con aguja.
steepness ('sti:pnis) *s.* declive, precipicio.
steer (stiəʳ) *s.* novillo castrado.
steer (to) (stiəʳ) *t.* gobernar [una embarcación]; conducir, guiar [un vehículo], pilotar [un avión].
steering ('stiəriŋ) *s.* dirección, gobierno [esp. del buque o coche]: ***~ gear***, AUTO. dirección; ***~ wheel***, volante [del coche].
stem (stem) *s.* BOT. tallo, tronco. *2* tronco [de una familia]. *3* raíz [de una palabra]. *4* pie [de copa]. *5* proa.
stem (to) (stem) *t.* estancar, represar. *2* navegar contra [la corriente]. *3* resistir. *4 i.* provenir, derivar. *5 t.-i.* contener(se.
stench (stentʃ) *s.* hedor, tufo.
stenographer (ste'nɔgrəfəʳ) *s.* taquígrafo.
step (step) *s.* paso [del que anda; en el progreso, etc.]: ***~ by ~***, paso a paso. *2* escalón; umbral. *3* estribo [de coche]. *4* huella, pisada. *5* medida, diligencia [para].
step (to) (step) *i.* andar, caminar; ***to ~ aside***, apartarse; ***to ~ back***, retroceder; ***to ~ in***, entrar; ***to ~ out***, salir. *2 t.* sentar [el pie]. *3* ***to ~ on the gas***, pisar el acelerador. *4* ***to ~ up***, elevar, subir.
stepfather ('step,fɑ:ðəʳ) *s.* padrastro.
step-ladder ('step,lædəʳ) *s.* escalera de mano.
stepmother ('step,mʌðəʳ) *s.* madrastra.
sterile ('sterail) *a.* estéril.
sterling ('stə:liŋ) *a.* esterlina: ***pound ~***, libra esterlina. *2* puro, de ley: ***~ silver***, plata de ley.
stern (stə:n) *a.* duro, riguroso. *2* austero, severo. *3 s.* popa. *4* **-ly** *adv.* severamente.
sternness ('stə:nnis) *s.* severidad, rigor, austeridad.
stevedore ('sti:vidɔ:ʳ) *s.* estibador, cargador de muelle.
stew (stju:) *s.* estofado, guisado. *2* ***to be in a ~***, estar en un apuro.
stew (to) (stju:) *t.* estofar, guisar.
steward (stjuəd) *s.* mayordomo. *2* camarero [de buque, etc.].
stewardess ('stjuədis) *s.* mayordoma. *2* camarera [de buque o avión].
stewed (stju:d) *a.* estofado, cocido.
stew-pan ('stju:pæn), **stew-pot** -pɔt) *s.* olla, cacerola.
stick (stik) *s.* palo, garrote. *2* leño. *3* varita, palito. *4* batuta. *5* barra [de labios, etc.].
stick (to) (stik) *t.* clavar, hincar. *2* meter. *3* pegar, adherir. *4* pinchar. *5* sacar, asomar [con ***out***]. *6* levantar [con ***up***]. *7 i.* estar clavado; pegarse. *8* sobresalir. *9* atascarse. ¶ Pret. y p p.: ***stuck*** (stʌk).
sticky ('stiki) *a.* pegajoso, viscoso, tenaz.
stiff (stif) *a.* tieso [rígido; estirado]. *2* almidonado. *3* espeso. *4* tirante. *5* duro, difícil. *6* terco, obstinado. *7* ***~ neck***, tortícolis; obstinación; ***stiffnecked***, obstinado. *8* **-ly** *adv.* tiesamente, rígidamente.
stiffen (to) ('stifn) *t.-i.* atiesar(se. *2* envarar(se. *3* endurecer(se. *4* espesar(se. *5 i.* robustecerse. *6* obstinarse.
stiffness ('stifnis) *s.* rigidez, dureza. *2* engreimiento.
stifle (to) ('staifl) *t.-i.* ahogar(se. *2 t.* apagar. *3* callar, ocultar.
stigma ('stigmə), *pl.* **stigmas** (-z) o **-mata** (-tə) *s.* estigma [en todas sus acepciones].
still (stil) *a.* quieto, inmóvil. *2* tranquilo, sosegado. *3* silencioso. *4* suave [voz, ruido]. *5* muerto, inanimado: ***~ life***, naturaleza muerta. *6 adv.* aún, todavía. *7 conj.* no obstante, a pesar

de eso. *8 s.* silencio, quietud. *9* alambique. *10* destilería.
still (to) (stil) *t.* acallar. *2* detener, parar. *3 t.-i.* calmar(se, aquietar(se.
stillness ('stilnis) *s.* quietud, calma, silencio.
stilted ('stiltid) *a.* realzado, elevado. *2* altisonante, hinchado.
stimulant ('stimjulənt) *a.-s.* estimulante *2 s. pl.* bebidas alcohólicas.
stimulate (to) ('stimjuleit) *t.-i.* estimular.
stimulus ('stimjuləs) *s.* estímulo.
sting (stiŋ) *s.* picadura, punzada. *2* aguijón, estímulo. *3* escozor: ~ ***of remorse***, remordimiento.
sting (to) (stiŋ) *t.-i.* picar, punzar. *2* escocer, remorder. *3* aguijonear, estimular. ¶ Pret. y p. p.: ***stung*** (stʌŋk).
stinginess ('stindʒinis) *s.* avaricia, tacañería.
stingy ('stindʒi) *s.* avaro.
stink (stiŋk) *s.* hedor, peste.
stink (to) (stiŋk) *i.* heder, oler mal. ¶ Pret.: ***stank*** (stæŋk) o ***stunk*** (stʌŋk); p. p.: ***stunk.***
stint (stint) *s.* limitación, restricción. *2* tarea asignada.
stint (to) (stint) *t.* limitar, escatimar. *2 i.* ser económico.
stipulate (to) ('stipjuleit) *t.* estipular.
stir (stə:ʳ) *s.* movimiento, actividad. *2* revuelo, alboroto.
stir (to) (stə:ʳ) *t.-i.* mover(se, menear(se. *2 t.* agitar; promover; inspirar.
stirrup ('stirəp) *s.* estribo.
stitch (stitʃ) *s.* puntada [de costura]. *2* CIR. punto. *3* punzada [dolor].
stitch (to) (stitʃ) *t.* coser a puntadas, pespuntar.
stock (stɔk) *s.* tronco [de árbol; del cuerpo; origen]. *2* zoquete. *3* pilar. *4* provisión, existencia: ***out of*** ~, vendido. *5* TEAT. repertorio. *6* inventario. *7* ganado: ***stockbreeder***, ganadero. *8* capital de un negocio. *9* COM. título; acción: ***stockholder***, accionista. *10* muebles. *11* mango [de caña de pescar, etc.]; caja [de fusil, etc.]. *12* valores públicos. *13 pl.* cepo [castigo]. *14 a.* común, usual.
stock (to) (stɔk) *t.* tener en existencia. *2* abastecer, proveer.
stockade (stɔ'keid) *s.* empalizada, vallado.
Stockholm ('stɔkhoum) *n. pr.* GEOGR. Estocolmo.
stocking ('stɔkiŋ) *s.* media, calceta.
stocky ('stɔki) *a.* rechoncho.
stoic(al ('stouik, -əl) *a.* estoico.
stoke (to) (stouk) *t.-i.* atizar [el fuego]. *2* cargar [el horno, etc.].
stole (stoul), **stolen** ('stoulən) V. TO STEAL.
stolid ('stɔlid) *a.* estólido. *2* impasible.
stomach ('stʌmək) *s.* estómago: ~ ***ache***, dolor de estómago.
stone (stoun) *s.* piedra: ***within a stone's throw***, a tiro de piedra; ***Stone Age***, Edad de Piedra. *2* hueso [de fruta]. *3* (Ingl.)peso de 14 libras.
stone (to) (stoun) *t.* apedrear. *2* deshuesar [fruta].
stony ('stouni) *a.* pedregoso. *2* duro, insensible.
stood (stud) V. TO STAND.
stool (stu:l) *s.* taburete, escabel. *2* excremento. *3* retrete.
stoop (stu:p) *s.* inclinación [de espaldas], encorvamiento.
stoop (to) (stu:p) *i.* agacharse, doblar el cuerpo. *2* andar encorvado. *3 t.* inclinar.
stop (stɔp) *s.* alto, parada; fin, pausa. *2* apeadero. *3* posada, parador. *4* obstrucción; tapón. *5* GRAM. punto: ***full*** ~, punto final.
stop (to) (stɔp) *t.-i.* detener(se, parar(se. *2 t.* dejar de. *3* interrumpir. *4* poner coto a. *5* impedir, estorbar. *6* tapar.
stoppage ('stɔpidʒ) *s.* detención, interrupción. *2* obstrucción.
stopper ('stɔpəʳ) *s.* tapón, obturador.
storage ('stɔ:ridʒ) *s.* almacenamiento. *2* almacenaje.
store (stɔ:ʳ, stɔəʳ) *s.* abundancia; provisión. *2* tesoro. *3* ~***house***, almacén. *4* (E. U.) tienda, comercio. *5 pl.* reservas, provisiones.
store (to) (stɔ:ʳ, stɔəʳ) *t.* proveer, abastecer. *2* atesorar. *3* almacenar: ***to*** ~ ***up***, acumular.
storey ('stɔ:ri) *s.* ARQ. piso, planta.
stork (stɔ:k) *s.* ORN. cigüeña.
storm (stɔ:m) *s.* tempestad, tormenta. *2* MIL. asalto: ***to take by*** ~, tomar al asalto.
storm (to) (stɔ:m) *t.* tomar al asalto. *2 i.* haber tempestad.
stormy ('stɔ:mi) *a.* tempestuoso. *2* violento, turbulento.
story ('stɔ:ri) *s.* historia, leyenda, cuento. *2 fam.* chisme, embuste. *3* trama, argumento. *4* ARQ. piso [de edificio].
stout (staut) *a.* fuerte, recio. *2* valiente. *3* firme, leal. *4* obstinado.
stove (stouv) *s.* estufa; hornillo. *2* cocina económica de gas o electricidad. *3* V. TO STAVE.

stow (to) (stou) *t.* apretar, hacinar. *2* guardar, esconder.
straddle (to) ('strædl) *i.* esparrancarse. *2* montar o estar a horcajadas sobre.
straggle (to) ('strægl) *i.* andar perdido; extraviarse. *2* rezagarse.
straight (streit) *a.* recto, derecho; correcto. *2* erguido; lacio [pelo]. *3* sincero; honrado; serio. *4* puro, sin mezcla. *5* *adv.* seguido: ***for two hours ~***, dos horas seguidas; ~ ***away***, en seguida; ~ ***ahead***, enfrente. *6* *s.* recta, plano. *7* escalera [en póker].
straighten (to) ('streitn) *t.-i.* enderezar(se. *2* arreglar.
straightforward (streit'fɔ:wəd) *a.* recto, derecho. *2* honrado. *3* sincero.
straightness ('streitnis) *s.* rectitud. *2* honradez.
straightway ('streit-wei) *adv.* inmediatamente, en seguida.
strain (strein) *s.* tensión o esfuerzo excesivo. *2* esguince, torcedura. *3* estirpe. *4* rasgo heredado; vena [de loco]. *5* clase, suerte. *6* tono, acento. *7* aire, melodía.
strain (to) (strein) *t.* estirar demasiado. *2* forzar [la vista, etc.]; fatigar. *3* torcer, violentar. *4* colar, tamizar. *5* *i.* esforzarse.
strainer ('streinəʳ) *s.* tensor. *2* colador, cedazo.
strait (streit) *a.* estrecho, apretado. *2* difícil. *3* *s.* GEOGR. estrecho. *4* aprieto, apuro.
straiten (to) ('streitn) *t.* estrechar. *2* agobiar.
straitness ('streitnis) *s.* estrechez. *2* apuro, penuria.
strand (strænd) *s.* playa, ribera. *2* ramal [de cuerda], trenza. *3* hilo [de perlas].
strand (to) (strænd) *t.-i.* embarrancar. *2* *t.* dejar desamparado.
strange (streindʒ) *a.* extraño, foráneo. *2* ajeno. *3* raro, singular. *4* retraído, reservado. *5* **-ly** *adv.* extrañamente.
stranger ('streindʒəʳ) *s.* extraño, forastero.
strangle (to) ('stræŋgl) *t.-i.* ahogar(se. *2* *t.* estrangular. *3* reprimir, sofocar.
strap (stræp) *s.* correa, tira [esp. para atar]. *2* ZAP. tirador.
strap (to) (stræp) *t.* atar con correas. *2* precintar. *3* azotar con correa. *4* asentar el filo [de la navaja].
strapping ('stræpiŋ) *a.* robusto, fuerte.
stratagem ('strætidʒəm) *s.* estratagema.
strategic(al (strə'ti:dʒik, -əl) *a.* estratégico.
stratosphere ('strætousfiəʳ) *s.* estratosfera.
stratum ('streitəm, strɑ:təm), *pl.* **strata** (-tə) *s.* estrato, capa.
straw (strɔ:) *s.* paja: ~ ***hat***, sombrero de paja; ***that's the last*** ~, es el colmo.
strawberry ('strɔ:bəri) *s.* fresa.
stray (strei) *a.* descarriado, errante. *2* *s.* animal descarriado. *3* *pl.* RADIO parásitos.
stray (to) (strei) *i.* desviarse. *2* descarriarse, perderse.
streak ('stri:k) *s.* raya, línea. *2* rayo o raya [de luz].
streak (to) ('stri:k) *t.* rayar, listar. *2* *i.* ir como un rayo.
streaky ('stri:ki) *a.* rayado, listado.
stream (stri:m) *s.* corriente. *2* río, arroyo. *3* torrente; chorro.
stream (to) (stri:m) *i.* fluir, manar. *2* salir a torrentes.
street (stri:t) *s.* calle, vía pública; ***by-street***, callejuela; ***streetcar***, (E. U.) tranvía.
strenght (streŋθ) *s.* fuerza, energía. *2* firmeza. *3* poder. *4* intensidad.
strengthen (to) ('streŋθən) *t.-i.* fortalecer(se, reforzar(se.
strenuous ('strenjuəs) *a.* estrenuo, enérgico. *2* arduo.
stress (stres) *s.* fuerza [que obliga], presión, coacción. *2* ***to lay ~ on***, dar importancia a. *3* esfuerzo, tensión. *4* MÚS., PROS. acento.
stress (to) (stres) *t.* someter a un esfuerzo. *2* acentuar. *3* recalcar, hacer hincapié en.
stretch (stretʃ) *s.* extensión. *2* estiramiento. *3* tensión. *4* esfuerzo. *5* trecho. *6* período [de tiempo].
stretch (to) (stretʃ) *t.-i.* extender(se, alargar(se; estirar(se. *2* *t.* forzar; exagerar. *3* ***to ~ oneself***, tenderse, desperezarse. *4* ***to ~ out***, estirar; alargar. *5* *i.* esforzarse. *6* tumbarse.
stretcher ('stretʃəʳ) *s.* tendedor. *2* tensor. *3* camilla, parihuelas. *4* CARP. viga, tirante.
strew (to) (stru:) *t.* esparcir. *2* regar. ¶ Pret.: ***strewed*** (stru:d); p. p.: ***strewed*** o ***strewn*** (stru:n).
stricken ('strikən) *p. p.* de TO STRIKE. *2* golpeado, herido. *3* gastado.
strict (strikt) *a.* estricto. *2* riguroso. *3* **-ly** *adv.* estrictamente, rigurosamente.
stridden ('stridn) V. TO STRIDE.
stride (straid) *s.* paso largo, zancada.
stride (to) (straid) *i.* andar a pasos largos. *2* montar a horcajadas. ¶ Pret.: ***strode*** (stroud); p. p.: ***stridden*** ('stridn).
strident (straidənt) *a.* estridente.

strife (straif) *s.* disputa, contienda. *2* competición; porfía.
strike (straik) *s.* golpe. *2* huelga: ***to go on ~***, declararse en huelga; ***~ breaker***, esquirol. *3* descubrimiento de un filón. *4* golpe de suerte.
strike (to) (straik) *t.* golpear, herir. *2* encontrar [oro, etc.]. *3* cortar de un golpe. *4* encender [una cerilla]. *5* producir un efecto súbito: ***to ~ dumb***, dejar mudo; asombrar. *6* sorprender, extrañar. *7* ocurrir [una idea]: ***it strikes me***, se me ocurre. *8* acuñar [moneda]. *9* MÚS. tocar. *10* dar [la hora]. *11* ***how does she ~ you?***, ¿qué opina de ella? *12* cerrar [un trato]. *13* arriar [bandera]. *14* ***to ~ off*** o ***out***, borrar. *15* ***to ~ down***, derribar. *16 i.* marchar, partir. *17* declararse en huelga. ¶ Pret.: ***struck*** (strʌk); p. p.: ***struck*** o ***stricken*** ('strikən).
striker ('straikəʳ) *s.* huelguista. *2* golpeador.
striking ('straikiŋ) *a.* sorprendente, chocante. *2* llamativo.
string (striŋ) *s.* cordón, cordel; hilo. *2* ristra, sarta.
string (to) (striŋ) *t.* atar [con cordón, etc.]. *2* ensartar, enhebrar. *3* extender, alargar. ¶ Pret. y p. p.: ***strung*** (strʌŋ).
stringent ('strindʒənt) *a.* rígido, severo. *2* COM. flojo [mercado].
strip (strip) *s.* tira, lista, listón: ***~ of land***, faja de tierra.
strip (to) (strip) *t.-i.* despojar(se, desnudar(se: ***strip-tease***, espectáculo en que una artista se desnuda. *2* privar, robar. *3* MAR. desmantelar. ¶ Pret. y p. p.: ***stripped*** (stript).
stripe (straip) *s.* raya, lista, franja, galón.
stripe (to) (straip) *t.* rayar, listar: ***striped***, rayado, listado.
strive (to) (straiv) *i.* esforzarse. *2* forcejear; luchar. ¶ Pret.: ***strove*** (strouv); p. p.: ***striven*** ('strivn).
strode (stroud) *pret.* de TO STRIDE.
stroke (strouk) *s.* golpe. *2* brazada [del que nada]; jugada; tacada. *3* campanada [de reloj]. *4* MED. ataque [de apoplejía, etc.]. *5* esfuerzo, acto: ***~ of wit***, rasgo de ingenio. *6* trazo, rasgo, pincelada. *7* caricia.
stroke (to) (strouk) *t.* frotar suavemente; acariciar, alisar.
stroll (stroul) *s.* paseo: ***to take a ~***, dar una vuelta.
stroll (to) (stroul) *i.* pasear [a pie].
strong (strɔŋ) *a.* fuerte. *2* robusto. *3* grande, poderoso. *4* marcado, pronunciado. *5* firme. *6* acérrimo. *7* espirituosa [bebida]. *8* ***strong-minded***, de creencias arraigadas; ***strong-willed***, voluntarioso. *9 adv.* fuertemente. *10* **-ly** fuertemente; sólidamente.
stronghold ('strɔŋhould) *s.* fortaleza, plaza fuerte.
strove (strouv) V. TO STRIVE.
struck (strʌk) V. TO STRIKE.
structure ('strʌktʃəʳ) *s.* estructura. *2* construcción, edificio.
struggle ('strʌgl) *s.* esfuerzo, lucha. *2* disputa.
struggle (to) ('strʌgl) *i.* esforzarse, luchar, pugnar.
strung (strʌŋ) V. TO STRING.
strut (strʌt) *s.* contoneo, pavoneo. *2* CARP. tornapunta.
strut (to) (strʌt) *i.* andar con paso arrogante; contonearse.
stub (stʌb) *s.* tocón. *2* cabo, resto; colilla [de cigarro]. *3* matriz [de talonario].
stubble ('stʌbl) *s.* rastrojo. *2* barba sin afeitar.
stubborn ('stʌbən) *a.* obstinado, terco; tenaz.
stuck (stʌk) V. TO STICK.
stud (stʌd) *s.* tachón, clavo de adorno. *2* botón postizo para camisa.
stud (to) (stʌd) *t.* tachonar, clavetear.
student ('stju:dənt) *s.* estudiante.
studio ('stju:diou) *s.* estudio, taller.
studious ('stju:djəs) *a.* estudioso, aplicado.
study ('stʌdi) *s.* estudio [acción de estudiar]. *2* objeto de estudio. *3* B. ART., LIT. estudio. *4* despacho.
study (to) ('stʌdi) *t.-i.* estudiar.
stuff (stʌf) *s.* material, materia prima. *2* tela, paño. *3* chismes, cachivaches. *4* pócima. *5* tonterías.
stuff (to) (stʌf) *t.* llenar, atestar. *2* rellenar; disecar [un animal]. *3* embutir. *4 t.-i.* atracar(se [de comida].
stuffy ('stʌfi) *a.* mal ventilado. *2* (E. U.) malhumorado.
stumble ('stʌmbl) *s.* tropiezo, tropezón. *2* desliz.
stumble (to) ('stʌmbl) *i.* tropezar, dar un traspié. *2* vacilar, tratamudear.
stump (stʌmp) *s.* tocón, cepa. *2* muñón [de miembro cortado]; raigón [de muela, etc.]. *3* colilla [de cigarro]. *4* (E. U.) ***to be up a ~***, estar en un brete.
stump (to) (stʌmp) *t.* cortar el tronco [de un árbol]. *2* tropezar. *3* (E. U.)recorrer haciendo discursos electorales.
stumpy ('stʌmpi) *a.* rechoncho.

stun (to) (stʌn) *t.* aturdir, atolondrar. *2* pasmar.
stung (stʌŋ) V. TO STING.
stunk (stʌŋk) V. TO STINK.
stunt (to) (stʌnt) *t.* impedir el desarrollo de. *2* hacer piruetas.
stunted ('stʌntid) *a.* desmedrado, raquítico.
stupefaction (ˌstju:pi'fækʃən) *s.* estupefacción.
stupefy (to) ('stju:pifai) *t.* causar estupor, aturdir, atontar. *2* pasmar.
stupendous (stju:pendəs) *a.* estupendo, asombroso.
stupid ('stju:pid) *a.-s.* estúpido, tonto. *2 a.* atontado, aturdido.
stupidity (stju(:)'piditi) *s.* estupidez, tontería.
stupor ('stju:pəʳ) *s.* estupor, letargo.
sturdiness ('stə:dinis) *s.* robustez. *2* firmeza. *3* tenacidad.
sturdy ('stə:di) *a.* robusto. *2* firme. *3* tenaz.
stutter (to) ('stʌtəʳ) *i.* tartamudear.
stutterer ('stʌtərəʳ) *s.* tartamudo.
sty (stai) *s.* pocilga. *2* MED. orzuelo.
style (stail) *s.* estilo [de autor, escuela, etc.]. *2* distinción, elegancia; moda.
suave (swɑ:v) *a.* suave, afable.
subconscious ('sʌb'kɔnʃəs) *a.-s.* subconsciente.
subdivision ('sʌbdiˌviʒən) *s.* subdivisión.
subdue (to) (səb'dju:) *t.* sojuzgar, someter. *2* amansar. *3* ***subdued tone***, tono sumiso; voz baja.
subject ('sʌbdʒikt) *a.* sometido, supeditado. *2* expuesto a. *3 a.-s.* súbdito. *4 s.* sujeto, asunto, tema; asignatura. *5* GRAM., LÓG., FIL., PSIC. sujeto.
subject (to) (səb'dʒekt) *t.* sujetar, someter. *2* subordinar.
subjection (səb'dʒekʃən) *s.* sometimiento. *2* sujeción.
subjugate (to) ('sʌbdʒugeit) *t.* subyugar, sojuzgar.
sublime (sə'blaim) *a.* sublime.
submarine (ˌsʌbmə'ri:n) *a.-s.* submarino.
submerge (to) (səb'mə:dʒ) *t.-i.* sumergir(se. *2* inundar.
submission (sə'miʃən) *s.* sumisión. *2* sometimiento.
submissive (səb'misiv) *a.* sumiso.
submit (to) (səb'mit) *t.-i.* someter(se. *2* presentar, exponer.
subordinate (sə'bɔ:dinit) *a.* subordinado, subalterno.
subordinate (to) (sə'bɔ:dineit) *t.* subordinar. *2* supeditar.
subscribe (to) (səb'skraib) *t.-i.* subscribir(se, firmar. *2 i.* ***to ~ for***, subscribirse a; ***to ~ to***, aprobar.
subscription (səb'skipʃən) *s.* subscripción, abono.
subsequent ('sʌbsikwənt) *a.* subsiguiente. *2* **-ly** *adv.* después, posteriormente.
subside (to) (səb'said) *i.* menguar, bajar [el nivel]. *2* calmarse.
subsidiary (səb'sidjəri) *a.* subsidiario. *2* auxiliar. *3 a.-s.* COM. filial.
subsidize (to) ('sʌbsidaiz) *t.* subvencionar.
subsidy ('sʌbsidi) *s.* subvención.
subsist (to) (səb'sist) *i.* subsistir.
subsistence (səb'sistəns) *s.* subsistencia. *2* manutención, sustento.
substance ('sʌbstəns) *s.* substancia.
substantial (səb'stænʃəl) *a.* substancial. *2* esencial. *3* sólido. *4* importante, considerable.
substantiate (to) (səb'stænʃieit) *t.* comprobar, justificar.
substantive ('sʌbstəntiv) *s.-a.* substantivo.
substitute ('sʌbstitju:t) *s.* substituto, suplente.
substitute (to) ('sʌbstitju:t) *t.* substituir.
substitution (ˌsʌbsti'tju:ʃən) *s.* substitución; reemplazo.
subterfuge ('sʌbtəfju:dʒ) *s.* subterfugio.
subterranean (ˌsʌbtə'reinjən), **subterraneous** (-njəs) *a.* subterráneo.
subtle ('sʌtl) *a.* sutil. *2* disimulado. *3* astuto.
subtlety ('sʌtlti) *s.* sutileza. *2* agudeza. *3* astucia.
subtract (to) (səb'trækt) *t.* substraer. *2* MAT. restar.
subtraction (səb'trækʃən) *s.* substracción. *2* MAT. resta.
suburb ('sʌbə:b) *s.* suburbio. *2 pl.* inmediaciones.
subvention (səb'venʃən) *s.* subvención, ayuda.
subversive (sʌb'və:siv) *a.* subversivo.
subway ('sʌbwei) *s.* paso subterráneo. *2* (E. U.) ferrocarril subterráneo.
succeed (to) (sək'si:d) *i.* suceder [a una pers.]. *2* tener buen éxito; salir bien.
success (sək'ses) *s.* éxito, triunfo.
succesful (sək'sesful) *a.* que tiene éxito; afortunado, próspero. *2* **-ly** *adv.* felizmente, con buen éxito; prósperamente.
succession (sək'seʃən) *s.* sucesión.
successive (sək'sesiv) *a.* sucesivo.
successor (sək'səsəʳ) *s.* sucesor, heredero.
succo(u)r ('sʌkəʳ) *s.* socorro, auxilio.
succo(u)r (to) ('sʌkəʳ) *t.* socorrer, auxiliar.
succulent ('sʌkjulənt) *a.* suculento, jugoso.

succumb (to) (sə'kʌm) *f.* sucumbir. *2* rendirse.
such (sʌtʃ) *a.-pron.* tal(es, semejante(s. *2 pron.* éste, -ta, etc.; ***as*** ~, como a tal. *3* ~ ***as***, el, la, los, las que; tal(es como. *4 adv.* tan, así, tal: ~ ***a good man***, un hombre tan bueno.
suchlike ['sʌtʃlaik] *a.* Vulg. tal, semejante, de esta clase, de esta índole. *2 pron.* Vulg. cosas así, cosas semejantes.
suck (to) (sʌk) *t.-i.* chupar, sorber; mamar.
sucker ('sʌkə^r) *s.* mamón, chupón. *2* lechón, cordero lechal.
suckle (to) ('sʌkl) *t.* amamantar. *2 i.* mamar.
sudden ('sʌdn) *a.* súbito, repentino: ***all of a*** ~, de pronto. *2* **-ly** *adv.* de súbito, de repente.
suddenness ('sʌdnnis) *s.* precipitación, rapidez.
suds (sʌdz) *a.-s.* jabonaduras; espuma.
sue (to) (sju:, su:) *t.-i.* DER. demandar. *2* ***to*** ~ ***for peace***, pedir la paz.
suffer (to) ('sʌfə^r) *t.-i.* sufrir; ***to*** ~ ***from***, padecer de. *2* resistir, aguantar.
suffering ('sʌfəriŋ) *s.* sufrimiento, padecimiento. *2 a.* doliente, enfermo. *3* sufrido.
suffice (to) (sə'fais) *i.* bastar, ser suficiente.
sufficient (sə'fiʃənt) *a.* suficiente, bastante. *2* **-ly** *adv.* suficientemente, bastante.
suffocate (to) ('sʌfəkeit) *t.-i.* sofocar(se, asfixiar(se.
suffrage ('sʌfridʒ) *s.* sufragio, voto.
suffuse (to) (sə'fju:z) *t.* bañar. *2* difundir.
sugar ('ʃugə^r) *s.* azúcar: ~***-bowl***, azucarero; ~***-cane***, caña de azúcar; ***lump of*** ~, terrón de azúcar.
sugar (to) ('ʃugə^r) *t.* azucarar, confitar.
suggest (to) (sə'dʒest) *t.* sugerir. *2* hacer pensar en. *3* sugestionar.
suggestion (sə'dʒestʃən) *s.* sugestión. *2* indicación. *3* señal.
suggestive (sə'dʒestiv) *a.* sugestivo.
suicide ('sjuisaid) *s.* suicidio: ***to commit*** ~, suicidarse. *2* suicida.
suit (sju:t) *s.* petición. *2* cortejo, galanteo. *3* DER. demanda; pleito. *4* traje. *5* colección, surtido. *6* palo de la baraja.
suit (to) (sju:t) *t.* vestir. *2 t.-i.* convenir, ir o venir bien. *3* ajustarse, acomodarse. *4* agradar, satisfacer.
suitable ('sju:təbl) *a.* propio, conveniente, apropiado; satisfactorio.
suit-case ('sju:tkeis) *s.* maleta.
suite (swi:t) *s.* séquito, comitiva. *2* colección, serie: ~ ***of rooms***, serie de habitaciones.
suitor ('sju:tə^r) *s.* DER. demandante. *2* aspirante. *3* pretendiente, galán.
sulk (to) (sʌlk) *i.* estar enfurruñado, de mal humor.
sulky ('sʌlki) *a.* enfurruñado, malhumorado.
sullen ('sʌlən) *a.* hosco, huraño. *2* triste. *3* **-ly** *adv.* hoscamente; sombríamente.
sully ('sʌli) *s.* mancha.
sully (to) ('sʌli) *t.-i.* manchar(se.
sulphate ('sʌlfeit) *s.* sulfato.
sulphur ('sʌlfə^r) *s.* azufre.
sultriness ('sʌltrinis) *s.* bochorno, calor sofocante.
sultry ('sʌltri) *a.* bochornoso, sofocante.
sum (sʌm) *s.* MAT. suma. *2* total.
sum (to) (sʌm) *t.-i.* sumar. *2* ***to*** ~ ***up***, sumar; resumir.
summarize (to) ('sʌməraiz) *t.* resumir, compendiar.
summary ('sʌməri) *a.* sumario, breve. *2 s.* sumario, resumen.
summer ('sʌmə^r) *s.* verano, estío. *2* ARQ. viga maestra; dintel.
summer (to) ('sʌmə^r) *i.* veranear, pasar el verano.
summit ('sʌmit) *s.* cúspide, punta, cima.
summon (to) ('sʌmən) *t.* llamar, convocar. *2* DER. citar.
summons ('sʌmənz) *s.* llamada. *2* DER. citación. *3* MIL. intimación [de rendición].
sumptuous ('sʌmptjuəs) *a.* suntuoso. *2* **-ly** *adv.* suntuosamente.
sun (sʌn) *s.* sol: ~***-bath***, baño de sol; ~***-blind***, persiana.
sun (to) (sʌn) *t.* asolear. *2 i.* tomar el sol.
sunbeam ('sʌnbi:m) *s.* rayo de sol.
sunburn (to) ('sʌnbə:n) *t.-i.* quemar(se, tostar(se con el sol.
Sunday ('sʌndi, -dei) *s.* domingo.
sunder ('sʌndə^r) *s.* separación, división.
sunder (to) ('sʌndə^r) *t.-i.* separar(se, dividir(se.
sundial ('sʌndaiəl) *s.* reloj de sol, cuadrante solar.
sundown ('sʌndaun) *s.* puesta de sol.
sundry ('sʌndri) *a.* varios, diversos. *2* sendos.
sunflower ('sʌnˌflauə^r) *s.* BOT. girasol.
sung (sʌŋ) V. TO SING.
sunk (sʌŋk) V. TO SINK.
sunlight ('sʌnlait) *s.* sol, luz de sol.

sunny ('sʌni) *a.* soleado; radiante: ***it is*** ~, hace sol.
sunrise ('sʌnraiz) *s.* salida del sol, amanecer.
sunset ('sʌnset) *s.* ocaso, puesta del sol.
sunshade ('sʌn-ʃeid) *s.* sombrilla. *2* toldo.
sunshine ('sʌnʃain) *s.* luz de sol; solana.
sunstroke ('sʌn-strouk) *s.* MED. insolación.
sup (to) (sʌp) *t.-i.* cenar. *2 t.* beber, tomar a sorbos.
superb (sju(:)'pə:b) *a.* soberbio, magnífico.
supercilious (ˌsju:pə'siliəs) *a.* arrogante, altanero.
superficial (ˌsju:pə'fiʃəl) *a.* superficial. *2* somero. *3* **-ly** *adv.* superficialmente.
superfluous (sju:'pə:fluəs) *a.* superfluo.
superfortress (ˌsju:pəˌfɔ:tris) *s.* AVIA. superfortaleza.
superhuman (ˌsju:pə:'hju:mən) *a.* sobrehumano.
superintendent (ˌsju:prin'tendənt) *s.* superintendente, inspector. *2* capataz.
superior (sju(:)'piəriəʳ) *a.-s.* superior.
superiority (sju(:)ˌpiəri'ɔriti) *s.* superioridad.
superlative (sju(:)'pə:lətiv) *a.-s.* superlativo. *2* exagerado.
supernatural (ˌsju(:)pə'nætʃrəl) *a.* sobrenatural.
supersede (to) (ˌsju:pə'si:d) *t.* reemplazar. *2* DER. sobreseer.
superstition (ˌsju:pə'stiʃən) *s.* superstición.
superstitious (ˌsju:pə'stiʃəs) *a.* supersticioso.
supervise (to) ('sju:pəvaiz) *t.* inspeccionar, revisar.
supervision (ˌsju:ə'viʒən) *s.* inspección, vigilancia.
supervisor ('sju:pəvaizəʳ) *s.* inspector, director.
supper ('sʌpəʳ) *s.* cena: ***to have*** ~, cenar.
supplant (to) (sə'plɑ:nt) *t.* suplantar.
supple ('sʌpl) *a.* flexible. *2* dócil.
supplement ('sʌplimənt) *s.* suplemento.
supplement (to) ('sʌpliment) *t.* complementar, completar.
suppliant ('sʌpliənt) **supplicant** (~ kənt)*a.-s.* suplicante.
supplication (ˌsʌpli'keiʃən) *s.* súplica, plegaria; ruego.
suppleir (sə'plaiəʳ) *s.* suministrador, proveedor.
supply (sə'plai) *s.* suministro, provisión. *2* repuesto, surtido. *3 pl.* provisiones, víveres, pertrechos.
supply (to) (sə'plai) *t.* suministrar, proporcionar; abastecer. *2* suplir.
support (sə'pɔ:t) *s.* soporte, apoyo. *2* ayuda. *3* sustento, manutención.
support (to) (sə'pɔ:t) *t.* soportar [sostener; tolerar]. *2* apoyar. *3* sustentar, mantener.
supporter (sə'pɔ:təʳ) *s.* mantenedor, defensor. *2* partidario. *3* apoyo.
suppose (to) (sə'pouz) *t.* suponer. *2* creer, pensar.
supposed (sə'pouzd) *a.* supuesto, presunto. *2* **-ly** *adv.* supuestamente.
suppress (to) (sə'pres) *t.* suprimir. *2* ahogar, sofocar.
suppression (sə'preʃən) *s.* supresión, omisión. *2* represión.
supremacy (sju'preməsi) *s.* supremacía.
supreme (sju(:)'pri:m) *a.* supremo. *2* **-ly** *adv.* supremamente; sumamente.
sure (ʃuəʳ) *a.* seguro. *2* firme. *3* ***to make*** ~, asegurar(se de. *4 adv.* ciertamente.
sureness ('ʃuənis) *s.* seguridad [calidad de seguro]. *2* certeza, confianza.
surety ('ʃuəti) *s.* SURENESS. *2* cosa segura. *3* garantía. *4* fiador.
surf (sə:f) *s.* oleaje, rompiente; resaca.
surface ('sə:fis) *s.* superficie; cara.
surface (to) ('sə:fis) *t.* alisar, pulir.
surfeit ('se:fit) *s.* exceso. *2* empacho.
surfeit (to) ('sə:fit) *t.-i.* hartar(se, saciar(se.
surge (sə:dʒ) *s.* ola, oleaje.
surge (to) (sə:dʒ) *i.* hincharse, agitarse.
surgeon ('sə:dʒən) *s.* cirujano. *2* MIL. médico.
surgery ('sə:dʒəri) *s.* cirugía. *2* sala de operaciones.
surliness ('sə:linis) *s.* brusquedad, rudeza.
surly ('sə:li) *a.* rudo, brusco, hosco.
surmise ('sə:maiz) *s.* conjetura, suposición.
surmise (to) (se:'maiz) *t.* conjeturar, suponer.
surmount (to) (sə:'maunt) *t.* vencer, superar. *2* coronar.
surmountable (sə:'mauntəbl) *a.* superable.
surname ('sə:neim) *s.* apellido. *2* sobrenombre.
surpass (to) (sə:'pɑ:s) *t.* sobrepujar, aventajar.
surpassing (sə:'pɑ:siŋ) *a.* sobresaliente, excelente.
surplus ('sə:pləs) *s.-a.* sobrante, excedente. *2 s.* superavit.
surprise (sə'praiz) *s.* sorpresa.
surprise (to) (sə'praiz) *t.* sorprender. *2* ***to be surprised at***, sorprenderse de.
surprising (sə'praiziŋ) *a.* sorprendente, asombroso.

surrender (sə'rendəʳ) *s.* rendición. *2* entrega, renuncia.
surrender (to) (sə'rendəʳ) *t.-i.* rendir(se, entregar(se.
surround (to) (sə'raund) *t.* rodear, cercar.
surrounding (sə'raundiŋ) *a.* circundante. *2 s.* cerco. *3 pl.* alrededores. *4* ambiente.
surveillance (sə:'veiləns) *s.* vigilancia.
survey ('sə:vei) *s.* medición; plano [de un terreno]. *2* inspección, examen. *3* perspectiva, bosquejo [de historia, etc.].
survey (to) (sə:'vei) *t.* medir, deslindar [tierras]. *2* levantar el plano de. *3* inspeccionar, examinar. *4* dar una ojeada general a.
surveyor (sə(:)'veiəʳ) *s.* agrimensor; topógrafo. *2* inspector. *3* vista [de aduanas].
survival (sə'vaivəl) *s.* supervivencia. *2* resto, reliquia.
survive (to) (sə'vaiv) *t.* sobrevivir.
survivor (sə'vaivəʳ) *s.* sobreviviente.
susceptible (sə'septibl) *a.* susceptible; capaz. *2* ~ *to*, propenso a.
suspect ('sʌspekt) *a.-s.* sospechoso.
suspect (to) (səs'pekt) *t.* sospechar.
suspend (to) (səs'pend) *t.* suspender, colgar. *2* aplazar, interrumpir.
suspenders (səs'pendəz) *s. pl.* ligas. *2* tirantes [de pantalón].
suspense (səs'pens) *s.* suspensión, interrupción. *2* incertidumbre, ansiedad: ***to keep in*** ~, tener en vilo.
suspension (səs'penʃən) *s.* suspensión: ~ ***points***, puntos suspensivos; ~ ***bridge***, puente colgante.
suspicion (səs'piʃən) *s.* sospecha.
suspicious (səs'piʃəs) *a.* sospechoso. *2* suspicaz. *3* **-ly** *adv.* sospechosamente.
suspiciousness (səs'piʃəsnis) *s.* suspicacia, recelo.
sustain (to) (səs'tein) *t.* sostener. *2* mantener, sustentar. *3* sufrir [daños, etc.]. *4* defender.
sustenance ('sʌstinəns) *s.* sostenimiento. *2* mantenimiento.
swaddle (to) ('swɔdl) *t.* empañar [a un niño]; fajar, vendar.
swagger ('swægəʳ) *s.* andar arrogante. *2* fanfarronería.
swagger (to) ('swægəʳ) *i.* contonearse, fanfarrear.
swain (swein) *s.* zagal. *2* enamorado.
swallow ('swɔlou) *s.* ORN. golondrina. *2* gaznate. *3* trago. *4* ~ ***-tail***, frac.
swallow (to) ('swɔlou) *t.-i.* tragar, engullir.
swam (swæm) V. TO SWIM.
swamp ('swɔmp) *s.* pantano, marisma.
swamp (to) ('swɔmp) *t.-i.* sumergir(se, hundir(se. *2* abrumar [de trabajo].
swampy ('swɔmpi) *a.* pantanoso, cenagoso.
swan (swɔn) *s.* cisne. *2* NAT. (E. U.) ~ ***dive***, salto del ángel.
swap (to) (swɔp) *t.-i.* cambiar, cambalachear.
sward (swɔ:d) *s.* césped, tierra herbosa.
swarm (swɔ:n) *s.* enjambre. *2* multitud.
swarm (to) (swɔ:m) *i.* pulular, hormiguear.
swart (swɔ:t), **swarthy** ('swɔ:ði) *a.* moreno, atezado.
swat (swɔt) *s.* golpazo.
swat (to) *t.* golpear con fuerza.
swathe (sweið) *s.* faja, venda. *2 pl.* pañales.
swathe (to) (sweið) *t.* fajar, vendar.
sway (swei) *s.* oscilación, vaivén. *2* desviación. *3* poder, dominio.
sway (to) (swei) *i.* oscilar. *2* tambalear; inclinarse. *3 t.-i.* dominar, influir en.
swear (to) (swɛəʳ) *t.-i.* jurar; renegar, echar maldiciones. ¶ Pret.: ***swore*** (swɔ:); p. p.: ***sworn*** (swɔ:n).
sweat (swet) *s.* sudor; trasudor.
sweat (to) (swet) *t.-i.* sudar; trasudar. *2 t.* hacer sudar; explotar [al que trabaja].
sweater ('swetəʳ) *s.* el que suda. *2* explotador [de obreros]. *3* suéter.
Swedish ('swi:diʃ) *a.* sueco. *2 s.* idioma sueco.
sweep (swi:p) *s.* barrido. *2* barrendero; deshollinador. *3* extensión.
sweep (to) (swi:p) *t.* barrer. *2* deshollinar. *3* arrebatar. *4* rastrear, dragar. *5* abarcar [con la vista, etc.]. *6 i.* andar majestuosamente. *7* extenderse. ¶ Pret. y p. p.: ***swept*** (swept).
sweeper ('swi:pəʳ) *s.* barrendero; ***carpet*** ~, escoba mecánica.
sweet (swi:t) *a.* dulce, azucarado. *2* amable, benigno. *4* oloroso. *5* ***to have a*** ~ ***tooth***, ser goloso. *6 adv.* dulcemente, etc. *7 s.* dulzura. *8 pl.* dulces, golosinas.
sweeten (to) ('swi:tn) *t.-i.* endulzar(se, dulcificar(se.
sweetheart ('swi:thɑ:t) *s.* novio; amado; novia; amada.
swell (swel) *s.* hinchazón. *2* bulto, protuberancia. *3* oleaje. *4 a.* elegante.
swell (to) (swel) *t.-i.* hinchar(se, inflar(se. *2* engreír(se. ¶ Pret.: ***swelled*** (sweld); p. p.: ***swollen*** ('swoulən) y ***swelled***.
swelling ('sweliŋ) *s.* hinchazón. *2* aumento, crecida.

swelter (to) ('sweltə^r^) *t.-i.* ahogar(se [de calor].
swept (swept) V. TO SWEEP.
swerve (swə:v) *s.* desviación, viraje. *2* vacilación.
swerve (to) (swə:v) *t.-i.* desviar(se, apartar(se. *2 i.* vacilar.
swift (swift) *a.* rápido, veloz.
swiftness ('swiftnis) *s.* velocidad, rapidez.
swim (swim) *s.* acción o rato de nadar. *2* ~ ***suit***, traje de baño; ***swimming-pool***, piscina.
swim (to) (swim) *i.* nadar; flotar. *2 i.* pasar a nado. ¶ Pret.: ***swam*** (swæm); p. p.: ***swum*** (swʌm).
swindle ('swindl) *s.* estafa, timo.
swindle (to) ('swindl) *t.* estafar, timar.
swindler ('swindlə^r^) *s.* estafador, timador.
swine (swain) *s. sing.* y *pl.* ZOOL. cerdo, cerdos.
swineherd ('swainhə:d) *s.* porquero.
swing (swiŋ) *s.* oscilación, giro; ritmo. *2* columpio. *3* operación, marcha: ***full*** ~, plena operación.
swing (to) (swiŋ) *t.-i.* balancear(se, columpiar(se. *2 t.* hacer oscilar o girar. *3* blandir [un bastón, etc.]. *4* suspender, colgar. *5 i.* ser ahorcado. Pret. y p. p.: ***swung*** (swʌŋ).
swipe (swaip) *s.* golpe fuerte. *2* trago grande.
swipe (to) (swaip) *t.* golpear fuerte. *2* hurtar.
swirl (swə:l) *s.* remolino, torbellino.
swirl (to) (swə:l) *t.-i.* girar, dar vueltas. *2 i.* arremolinarse.
Swiss (swis) *a.-s.* suizo, -za.
switch (switʃ) *s.* vara flexible; látigo. *2* latigazo. *3* añadido [de pelo postizo]. *4* FERROC. aguja, desvío. *5* ELECT. interruptor, conmutador. *6* cambio.
switch (to) (switʃ) *t.* azotar, fustigar. *2* cambiar, desviar. *3* ELECT. ***to*** ~ ***on***, conectar [dar la luz]: ***to*** ~ ***off***, desconectar. *4 i.* cambiar.
switch-board ('switʃbɔ:d) *s.* ELECT., TELEF. cuadro de distribución.
Switzerland ('switsələnd) *n. pr.* GEOGR. Suiza.
swollen ('swoulən) V. TO SWELL.
swoon (swu:n) *s.* desmayo.
swoon (to) (swu:n) *i.* desmayarse, desfallecer.
swoop (to) (swu:p) *i.* abatirse, precipitarse [sobre].
sword (swɔ:d) *s.* espada [arma]; ***to be at sword's points***, estar a matar.
swore (swɔ:^r^) V. TO SWEAR.
sworn (swɔ:n) V. TO SWEAR.
swum (swʌm) V. TO SWIM.
swung (swʌŋ) V. TO SWING.
sycamore ('sikəmɔ:^r^) *s.* BOT. sicómoro. *2* BOT. (E. U.) plátano falso.
syllable ('siləbl) *s.* sílaba.
symbol ('simbl) *s.* símbolo.
symbolic(al (sim'bɔlik, -əl) *a.* simbólico.
symmetric(al (si'metrik, -əl) *a.* simétrico.
symmetry ('simitri) *s.* simetría.
sympathetic(al (ˌsimpə'θetik, -əl) *a.* simpático. *2* simpatizante. *3* compasivo; comprensivo.
sympathize (to) ('simpəθaiz) *i.* simpatizar. *2* compadecerse, acompañar en el sentimiento.
sympathy ('simpəθi) *s.* simpatía. *2* compasión, condolencia. *3* comprensión. *4* afinidad, armonía. *5* pésame.
symphony ('simfəni) *s.* sinfonía.
symptom ('simptəm) *s.* síntoma.
syndicate ('sindikit) *s.* sindicato financiero, trust. *2* empresa distribuidora de artículos, etc., para los periódicos.
syndicate (to) ('sindikeit) *t.-i.* sindicar(se, asociar(se. *2* publicar [artículos, etc.] en periódicos a través de un sindicato.
synonym ('sinənim) *s.* sinónimo.
synonymous (si'nɔniməs) *a.* sinónimo.
syntax ('sintæks) *s.* GRAM. sintaxis.
synthetic (sin'θetik) *a.* sintético.
synthetize (to) ('sinθitaiz) *t.* sintetizar.
syringe ('sirindʒ) *s.* jeringa.
syrup ('sirəp) *s.* jarabe. *2* almíbar.
system ('sistəm) *s.* sistema. *2* orden, método.
systematic(al (ˌsisti'mætik, -əl) *a.* sistemático. *2* taxonómico.
systematize (to) ('sistimətaiz) *t.* sistematizar. *2* organizar.

T

tabernacle ('tæbə(:)nækl) *s.* tabernáculo.
table ('teibl) *s.* mesa: ~ ***cloth,*** mantel; ~ ***ware,*** vajilla, servicio de mesa. *2* tabla [de materias, etc.]; lista, catálogo: ***tables of the Law,*** las Tablas de la Ley. *3* ~ ***land,*** meseta. *4* tablero [de juego].
table (to) ('teibl) *t.* poner sobre la mesa. *2* poner en forma de índice. *3* ***to ~ a motion,*** aplazar la discusión de una moción.
tablet ('tæblit) *s.* tablilla. *2* lápida, placa. *3* FARM. tableta, comprimido. *4* bloc de papel.
tabulate (to) ('tæbjuleit) *t.* disponer en forma de tabla o cuadro.
tacit ('tæsit) *a.* tácito.
tack (tæk) *s.* tachuela. *2* hilván. *3* cambio de rumbo. *4* MAR. amura [cabo].
tack (to) (tæk) *t.* clavar con tachuelas. *2* hilvanar. *3* cambiar de rumbo.
tackle ('tækl) *s.* equipo, aparejos: ***fishing*** ~, avíos de pescar. *2* agarrada [en rugby]. *3* jarcia.
tackle (to) ('tækl) *t.* agarrar, forcejear con. *2* abordar [un problema, etc.].
tact (tækt) *s.* tacto, discreción.
tactful ('tæktful) *a.* prudente, diplomático.
tactics ('tæktiks) *s. pl.* táctica.
tactless ('tæktlis) *a.* falto de tacto.
tag (tæg) *s.* herrete. *2* marbete, etiqueta. *3* cabo, resto; que cuelga. *4* ***question*** ~, GRAM. muletilla [¿verdad?]: ***she is pretty, isn't she,*** es bonita, ¿verdad?
tag (to) (tæg) *t.* poner herretes a. *2* poner etiqueta a. *3* unir. *4* seguir de cerca.
Tagus ('teigəs) *n. pr.* Tajo.
tail (teil) *s.* cola, rabo; extremidad: ~ ***light,*** farol de cola. *2* SAST. faldón: ~ ***coat,*** frac.
tailor ('teiləʳ) *s.* sastre: ~ ***made,*** hecho a la medida.
tailoring ('teilərin) *s.* sastrería [arte, oficio].
taint (teint) *s.* mancha, infección, corrupción.
taint (to) (teint) *t.* manchar. *2 t.-i.* inficionar(se, corromper(se.
take (teik) *s.* toma, tomadura. *2* redada. *3* recaudación [de dinero]. *4* ***take-off,*** remedo, parodia; despegue [del avión].
take (to) (teik) *t.* tomar, coger; agarrar; apoderarse de. *2* asumir. *3* acometer [a uno una enfermedad, deseo, etc.]. *4* deleitar, cautivar. *5* suponer, entender. *6* MAT. restar. *7* cobrar. *8* llevar, conducir. *9* dar [un golpe, un paseo, un salto, etc.]. *10* hacer [ejercicio, un viaje]. *11* someterse a, sufrir, aguantar. *12* sacar [una foto, etc.]. *13 i.* arraigar [una planta]. *14* prender [el fuego; la vacuna]. *15* ser eficaz. *16* tener éxito. *17* pegar, adherirse a. *18* ***to ~ a chance,*** correr el riesgo. *19* ***to ~ a fancy,*** caer en gracia a uno; antojársele a uno; aficionarse a. *20* ***to ~ after,*** parecerse a. *21* ***to ~ an hour to get there,*** tardar una hora en llegar. *22* ***to ~ amiss,*** interpretar mal. *23* ***to ~ away,*** quitar. *24* ***to ~ back one's words,*** desdecirse, retractarse. *25* ***to ~ care of,*** cuidar de. *26* ***to ~ charge of,*** encargarse de. *27* ***to ~ cold,*** resfriarse. *28* ***to ~ down,*** descolgar; poner por escrito. *29* ***to ~ effect,*** surtir efecto, dar resultado; entrar en vigor [una ley]. *30* ***to ~ for granted,*** dar por sentado. *31* ***to ~ from,*** quitar; restar. *32* ***to ~ in,*** meter en; abarcar; recibir; engañar, timar; reducir, achicar [un vestido]. *33* ***I ~ it that,*** supongo que... *34* ***to ~ leave,*** despedirse. *35* ***to ~ off,*** descontar, rebajar; despegar [el avión]; remedar. *36* ***to ~ out,*** sacar [de paseo]; quitar. *37* ***to ~ place,*** ocurrir, tener lugar. *38* ***to ~ to,*** tomar, afición a. *39* ***to ~ up,*** ocupar, abarcar; tomar posesión [de un empleo]; censurar; empezar. *40* ***to ~ with,*** juntarse con, prendarse de. ¶ Pret.: ***took*** (tuk); p. p.: ***taken*** 'teikən.

take-down ('teikˌdaun) *a.* desmontable. *2 s.* desarmadura. *3* humillación.

taken ('teikən) *p. p.* de TO TAKE. *2 **to be ~ ill,*** caer enfermo.

taking ('teikiŋ) *a.* atractivo, seductor. *2* contagioso. *3 s.* toma. *4* captura. *5* afecto, inclinación.

tale (teil) *s.* cuento, fábula. *2* LIT. cuento. *3* relato, informe. *4 **to teil tales,*** contar cuentos; murmurar.

talent ('tælənt) *s.* talento, aptitud. *2* persona de talento.

tale-teller ('teilˌteləʳ) *s.* cuentista. *2* chismoso.

talk (tɔ:k) *s.* conversación, plática, conferencia. *2* rumor, hablilla. *3* tema de conversación.

talk (to) (tɔ:k) *i.* hablar; conversar; ***to ~ about,*** hablar de; ***to ~ to,*** hablar a; responder. *2 t.* hablar [una lengua]. *3 **to ~ business,*** hablar de negocios. *4 **to ~ for talking's sake,*** hablar por hablar. *5 **to ~ into,*** persuadir a. *6 **to ~ nonsense,*** decir disparates. *7 **to ~ out of,*** disuadir de. *8 **to ~ over,*** examinar. *9 **to ~ through one's ears,*** hablar por los codos. *10 **to ~ up,*** alabar; hablar claro.

talkative ('tɔ:kətiv) *a.* hablador, locuaz.

tall (tɔ:l) *a.* alto [pers., árbol]. *2* excesivo, exorbitante: ***a ~ story,*** cuento difícil de creer.

tallness ('tɔ:lnis) *s.* altura; estatura.

tallow ('tælou) *s.* sebo.

tally ('tæli) *s.* tarja [para llevar una cuenta]. *2* cuenta [que se lleva]. *3* marbete, etiqueta. *4* copia, duplicado.

tally (to) ('tæli) *t.* llevar la cuenta de. *2* marcar, señalar. *3* ajustar. *4 **to ~ with,*** concordar con.

talon ('tælən) *s.* garra. *2* monte [de la baraja].

tamable ('teiməbl) *a.* domable, domesticable.

tame (teim) *a.* manso, dócil; ***~ amusement,*** diversión poco animada. *2* **-ly** *adv.* mansamente.

tame (to) (teim) *t.* domar, domesticar.

tamer ('teiməʳ) *s.* domador.

tamp (to) (tæmp) *t.* atacar [un barreno; la pipa]. *2* apisonar.

tamper (to) ('tæmpəʳ) *i. **to ~ with,*** meterse en, enredar con; falsificar.

tan (tæn) *s.* color tostado. *2 a.* tostado, de color de canela.

tan (to) (tæn) *t.* curtir [las pieles]. *2* tostar, atezar. *3* zurrar, azotar.

tang (tæŋ) *s.* dejo, sabor. *2* sonido vibrante, tañido. *3* punzada.

tang (to) (tæŋ) *i.* sonar, retiñir. *2 t.* hacer retiñir.

tangent ('tændʒənt) *a.-s.* tangente.

tangible ('tændʒəbl) *a.* tangible, palpable.

tangle ('tæŋgl) *s.* enredo, maraña, confusión.

tangle (to) ('tæŋgl) *t.-i.* enredar(se, enmarañar(se. *2* confundir(se.

tank (tæŋk) *s.* tanque, cisterna. *2* MIL. tanque.

tannery ('tænəri) *s.* tenería, curtiduría.

tantalize (to) ('tæntəlaiz) *t.* atormentar, exasperar mostrando lo inasequible.

tantrum ('tæntrəm) *s.* ataque de mal humor, berrinche.

tap (tæp) *s.* grifo, espita. *2* golpecito, palmadita. *3 **~ dance,*** zapateado; ***~ room,*** bar.

tap (to) (tæp) *t.* poner espita a; abrir un barril. *2 t.-i.* dar golpecitos o palmadas [a o en]: ***to ~ at a door,*** llamar a una puerta.

tape (teip) *s.* cinta, galón: ***~ measure,*** cinta métrica; ***~ recorder,*** aparato magnetofónico de cinta.

tape (to) (teip) *t.* atar con cinta. *2* medir con cinta. *3* grabar en cinta magnetofónica.

taper ('teipəʳ) *s.* candela, velilla; cirio.

taper (to) ('teipəʳ) *t.-i.* afilar(se, adelgazar(se, ahusar(se.

tapestry ('tæpistri) *s.* tapiz, colgadura, tapicería.

tar (tɑ:ʳ) *s.* alquitrán, brea, pez.

tar (to) (tɑ:ʳ) *t.* alquitranar, embrear.

tardiness ('tɑ:dinis) *s.* lentitud, tardanza.

tardy ('tɑ:di) *a.* lento, tardo. *2* retrasado. *3* tardío.

target ('tɑ:git) *s.* blanco [al que se tira]: ***~ practice,*** tiro al blanco.

tariff ('tærif) *s.* tarifa. *2* arancel. *3 a.* arancelario.

tarnish ('tɑ:niʃ) *s.* deslustre, empañamiento. *2* mancha.

tarnish (to) ('tɑ:niʃ) *t.-i.* empañar(se, deslucir(se. *2 t.* manchar.

tarpaulin (tɑ:'pɔ:lin) *s.* tela embreada, encerado.

tarry ('tɑ:ri) *a.* alquitranado, embreado. *2* sucio.

tarry (to) ('tæri) *i.* detenerse, estar, demorarse, entretenerse.

tart (tɑ:t) *a.* acre, agrio; áspero: ***~ reply,*** respuesta mordaz o agria. *2 s.* tarta, pastel. *3* mujer inmoral; prostituta.

tartan ('tɑ:tən) *s.* tartán.

task (tɑ:sk) *s.* tarea, labor, trabajo. *2 **to take to ~,*** reprender, regañar.

tassel ('tæsəl) *s.* borla, campanilla.

taste (teist) *s.* gusto [sentido]. *2* sabor. *3*

afición. *4* gusto [por lo bello, etc.]. *5* sorbo, bocadito. *6* muestra, prueba.
taste (to) (teist) *t.* gustar, saborear. *2* probar, catar. *3 i. **to ~ of,*** saber a.
tasteful ('teistful) *a.* de buen gusto, elegante.
tasteless ('teistlis) *a.* insípido, soso. *2* de mal gusto.
tasty ('teisti) *a.* de buen gusto. *2* fam. sabroso.
tatter ('tætəʳ) *s.* harapo, andrajo, jirón. *2 a. **tattered,*** harapiento, andrajoso.
tattle ('tætl) *s.* charla, parloteo. *2* chismorreo. *3 **tattler,*** hablador; chismoso; soplón.
tattle (to) ('tætl) *i.* charlar. *2* chismorrear.
tattoo (tə'tu:) *s.* retreta [toque; fiesta]. *2* tamborileo. *3* tatuaje.
tattoo (to) (tə'tu:) *t.* tatuar. *2 i.* tocar retreta. *3* tamborilear.
taught (tɔ:t)V. TO TEACH.
taunt (tɔ:nt) *s.* reproche insultante, sarcasmo, provocación.
taunt (to) (tɔ:nt) *t.* reprochar con insulto, provocar.
taut (tɔ:t) *a.* tirante, tieso. *2* aseado.
tavern ('tævən) *s.* taberna, mesón.
tawdry ('tɔ:dri) *a.* chillón, llamativo.
tawny ('tɔ:ni) *a.* moreno, atezado. *2* leonado.
tax (tæks) *s.* impuesto, contribución. *2* carga, esfuerzo gravoso. *3 **taxpayer,*** contribuyente.
tax (to) (tæks) *t.* imponer tributo a, gravar. *2* fatigar; abusar de. *3* censurar.
taxation (tæk'seiʃən) *s.* imposición de tributos, impuestos.
taxi (tæksi), **taxicab** ('tæksikæb) *s.* taxi [coche].
tea (ti:) *s.* té: ***afternoon ~,*** merienda; ***~ cup,*** taza para té; ***~ party,*** té [reunión]; ***~ pot,*** tetera; ***~ set,*** juego de té; ***~ spoon,*** cucharilla.
teach (to) (ti:tʃ) *t.-i.* enseñar, instruir. ¶ Pret. y p. p.: ***taught*** (tɔ:t).
teacher ('ti:tʃəʳ) *s.* maestro, -tra, profesor, -ra.
teaching ('ti:tʃiŋ) *s.* enseñanza, instrucción. *2 a.* docente.
team (ti:m) *s.* tiro [de animales]. *2* grupo, cuadrilla: ***~ work,*** cooperación. *3* DEP. equipo.
team (to) (ti:m) *t.* enganchar, uncir.
1) **tear** (tiəʳ) *s.* lágrima: ***~ gas,*** gas lacrimógeno; ***to burst into tears,*** romper a llorar.
2) **tear** (tɛəʳ) *s.* rotura, desgarro: ***wear and ~,*** desgaste.
tear (to) (tɛəʳ) *t.* romper, rasgar, desgarrar. *2* mesar. *3* arrancar, separar con violencia. *4 **to ~ down,*** desarmar; demoler. *5 **to ~ up,*** arrancar; romper en pedazos. *6 i.* rasgarse. *7* moverse u obrar con furia. ¶ Pret.: ***tore*** (tɔ:ʳ, tɔəʳ); p. p.: ***torn*** (tɔ:n).
tearful ('tiəful) *a.* lloroso.
tease (to) (ti:z) *t.* fastidiar, importunar, molestar.
teaspoonful ('ti:spu(:)nˌful) *s.* cucharadita.
teat (ti:t) *s.* pezón [de teta]; teta.
technical ('teknikəl) *a.* técnico.
technician (tek'niʃən) *s.* técnico.
technique (tek'ni:k) *s.* técnica.
teddy bear ('tediˌbɛəʳ) *s.* osito de trapo.
teddy boy ('tediˌbɛi) *s.* gamberro.
tedious ('ti:djəs) *a.* tedioso, latoso. *2* **-ly** *adv.* fastidiosamente, aburridamente.
tediousness ('ti:djəsnis) *s.* tedio, aburrimiento, fastidio.
teem (to) (ti:m) *t.* producir, engendrar. *2 i. **to ~ with,*** abundar en, estar lleno de.
teenager ('ti:nˌeidʒəʳ) *s.* joven de 13 a 19 años.
teeth (ti:θ) *s. pl.* de TOOTH: ***he escaped by the skin of his ~,*** se escapó por milagro.
teetotal(l)er (ti:'toutləʳ) *s.* abstemio.
telecast ('telikɑ:st) *s.* transmisión por televisión.
telecast (to) ('telikɑ:st) *t.* televisar.
telegram ('teligræm) *s.* telegrama.
telegraph ('teligrɑ:f, -græf) *s.* telégrafo. *2* telegrama.
telephone ('telifoun) *s.* teléfono: ***~ call,*** llamada telefónica.
telephone (to) ('telifoun) *t.-i.* telefonear, llamar por teléfono.
telescope ('teliskoup) *s.* telescopio.
televiewer ('telivju:əʳ) *s.* telespectador.
television ('teliˌviʒən) *s.* televisión.
tell (to) (tel) *t.* contar, numerar. *2* narrar, relatar, decir. *3* mandar, ordenar. *4* distinguir, conocer; adivinar. *5 **to ~ on someone,*** contar chismes de alguien. *6 **to ~ someone off,*** destacar para un servicio; reprender. *7 **there is no telling,*** no es posible decir o prever. *8 **it tells,*** tiene su efecto. ¶ Pret. y p. p.: ***told*** (tould).
temerity (ti'meriti) *s.* temeridad.
temper ('tempəʳ) *s.* temple [del metal]. *2* genio; humor. *3* cólera, mal genio: ***to keep one's ~,*** contenerse; ***to lose one's ~,*** encolerizarse.
temper (to) ('tempəʳ) *t.* templar, moderar. *2* mezclar. *3* templar [el metal].
temperament ('tempərəmənt) *s.* temperamento [de una pers.].
temperance ('tempərəns) *s.* templanza, sobriedad.

temperate ('tempərit) *a.* templado, sobrio, moderado.
temperature ('tempritʃəʳ) *s.* temperatura: ***to have a ~,*** tener fiebre.
tempest ('tempist) *s.* tempestad.
tempestuous (tem'pestjuəs) *a.* tempestuoso, borrascoso. *2* **-ly** *adv.* tempestuosamente.
temple ('templ) *s.* templo. *2* ANAT. sien.
temporal ('tempərəl) *a.* temporal, transitorio.
temporary ('tempərəri) *a.* temporal, provisional, interino.
temporize (to) ('tempəraiz) *i.* contemporizar; ganar tiempo.
tempt (to) (tempt) *t.* tentar, instigar, atraer.
temptation (temp'teiʃən) *s.* tentación. *2* incentivo.
tempter ('temptəʳ) *s.* tentador.
ten (ten) *a.-s.* diez: *~* ***o'clock,*** las diez. *2* *s.* decena.
tenable ('tenəbl) *a.* defendible, sostenible.
tenacious (ti'neiʃəs) *a.* tenaz. *2* **-ly** *adv.* tenazmente, con tesón.
tenacity (ti'næsiti) *s.* tenacidad. *2* tesón.
tenant ('tenənt) *s.* inquilino, arrendatario.
tend (to) (tend) *t.* cuidar, atender, vigilar. *2* *i.* tender [a un fin]. *3* ir, dirigirse [a].
tendency ('tendənsi) *s.* tendencia; propensión.
tender ('tendəʳ) *a.* tierno: *~* ***hearted,*** de corazón tierno. *2* delicado [escrupuloso]. *3* dolorido: *~* ***foot,*** novato, no aclimatado. *4* *s.* cuidador, guardador. *5* ténder [de un tren]; lancha [de auxilio]. *6* oferta, propuesta. *7* ***legal*** *~,* moneda corriente. *8* **-ly** *adv.* tiernamente, etc.
tender (to) ('tendəʳ) *t.* ofrecer, presentar. *2* *t.-i.* ablandar(se, enternecer(se.
tenderness ('tendənis) *s.* ternura, suavidad. *2* debilidad. *3* sensibilidad.
tendon ('tendən) *s.* tendón.
tendril ('tendril) *s.* zarcillo [de planta trepadora].
tenement ('tenimənt) *s.* habitación, vivienda: *~* ***house,*** casa de vecindad.
tenet ('tenit, 'ti:net) *s.* principio, dogma, credo.
tenfold ('ten-fould) *a.* décuplo. *2* *adv.* diez veces.
tennis ('tenis) *s.* tenis: *~* ***court,*** cancha de tenis.
tenor ('tenəʳ) *s.* contenido, significado. *2* curso, tendencia. *3* MÚS. tenor.
tense (tens) *a.* tenso; tirante, tieso. *2* *s.* GRAM. tiempo [de verbo].
tension ('tenʃən) *s.* tensión, tirantez.
tent (tent) *s.* tienda de campaña: ***bell*** *~,* pabellón.
tent (to) (tent) *i.* acampar en tiendas.
tentacle ('tentəkl) *s.* tentáculo.
tentative ('tentətiv) *a.* de prueba, de ensayo; tentador; provisional. *2* *s.* tentativa, ensayo.
tenth (tenθ) *a.-s.* décimo.
tenuous ('tenjuəs) *a.* tenue, sutil.
tenure ('tenjuəʳ) *s.* tendencia, posesión. *2* ejercicio [de un cargo].
tepid ('tepid) *a.* tibio, templado.
tercet ('tə:sit) *s.* LIT. terceto. *2* MÚS. tresillo.
tergiversate (to) ('tə:dʒivə:seit) *i.* cambiar de opinión, de principios. *2* hacer manifestaciones contradictorias.
term (tə:m) *s.* plazo, período. *2* período de sesiones [justicia] o de clases [trimestre]. *3* LÓG., MAT., ARQ. término. *4* *pl.* condiciones; acuerdo: ***to come to terms,*** llegar a un arreglo. *5* relaciones: ***to be on good terms,*** estar en buenas relaciones.
term (to) (tə:m) *t.* nombrar, llamar.
termagant ('tə:məgənt) *a.* turbulento, pendenciero. *2* *s.* fiera, arpía.
terminal ('tə:minl) *a.* terminal. *2* *s.* término, final. *3* estación terminal.
terminate (to) ('tə:mineit) *t.* limitar. *2* *t.-i.* terminar.
termination (ˌte:mi'neiʃən) *s.* terminación, fin. *2* GRAM. desinencia.
terminus ('tə:minəs) *s.* término, final. *2* estación terminal.
terrace ('terəs) *s.* terraza. *2* terrado. *3* terraplén.
terrestrial (ti'restriəl) *a.* terreno, terrenal.
terrible ('teribl) *a.* terrible, tremendo.
terribly ('teribli) *adv.* terriblemente.
terrier ('teriəʳ) *s.* perro de busca.
terrific (te'rifik) *a.* terrífico; terrorífico.
terrify (to) ('terifai) *t.* aterrar, aterrorizar.
territory ('teritəri) *s.* territorio.
terror ('terəʳ) *s.* terror, espanto.
terse (tə:s) *a.* terso, conciso, limpio [estilo]. *2* **-ly** *adv.* concisamente.
test (test) *s.* copela. *2* prueba, ensayo: *~* ***tube,*** tubo de ensayo; ***to undergo a*** *~,* sufrir una prueba. *3* PSIC. test.
test (to) (test) *t.* examinar, probar, ensayar, poner a prueba.
testament ('testəmənt) *s.* testamento.
testify (to) ('testifai) *t.* testificar, testimoniar. *2* *i.* dar testimonio.

testimony ('testiməni) *s.* testimonio, declaración.
testy ('testi) *a.* irritable, susceptible.
tetchy ('tetʃi) *a.* quisquilloso, enojadizo.
tête-a-téte ('teitɑ:'teit) *adv.* a solas [dos personas]. *2 a.* confidencial. *3* entrevista a solas.
tether ('teðəʳ) *s.* cuerda, ramal [para atar a un animal]: ***at the end of one's ~,*** habiendo acabado las fuerzas.
tether (to) ('teðəʳ) *t.* atar, estacar [a un animal].
text (tekst) *s.* texto: *~* ***book,*** libro de texto. *2* tema [de un discurso, etc.].
textile ('tekstail) *a.* textil: *~* ***mill,*** fábrica de tejidos.
than (ðæn, ðən) *conj.* que [después de comparativo]: ***he is taller ~ you,*** él es más alto que tú. *2* de: ***more ~ once,*** más de una vez.
thank (to) (θæŋk) *t.* dar gracias: *~* ***you,*** [le doy las] gracias. *2 s. pl.* ***thanks,*** gracias.
thankful ('θæŋkful) *a.* agradecido. *2* **-ly** *adv.* con agradecimiento.
thankfulness ('θæŋkfulnis) *s.* gratitud, agradecimiento.
thankless ('θæŋklis) *a.* ingrato, desagradecido: *~* ***task,*** tarea ingrata.
thanksgiving ('θæŋksˌgiviŋ) *s.* acción de gracias.
that (ðæt) *a.* ese, esa, aquel, aquella. *2 pron.* ése, ésa, eso, aquél, aquélla, aquello. *3 pron. rel.* (ðət, ðæt) que. *4 conj.* (ðət) que: ***so ~,*** para que. *5 adv.* así, tan: *~* ***far,*** tan lejos; *~* ***long,*** de este tamaño.
thatch (θætʃ) *s.* paja seca [para techar]: ***thatched roof,*** techo de paja.
thaw (θɔ:) *s.* deshielo, derretimiento.
thaw (to) (θɔ:) *t.-i.* deshelar(se, derretir(se.
the (ðə; ante vocal, ði) *art.* el, la, lo; los, las. *2 adv.* *~* ***more he has,*** *~* ***more he wants,*** cuanto más tiene [tanto] más quiere.
theater, theatre ('θiətəʳ) *s.* teatro.
theatrical (θi'ætrikəl) *a.* teatral. *2 s.* comedia. *3 pl.* funciones teatrales.
theft (θeft) *s.* robo, hurto.
their (ðεəʳ, ðəʳ) *a. pos.* su, sus [de ellos o de ellas].
theirs (ðεəz) *pron. pos.* [el] suyo, [la] suya, [los] suyos, [las] suyas [de ellos o de ellas].
them (ðem,ðəm) *pron. pers.* [sin prep.] los, las, les. *2* [con prep.] ellos, ellas.
theme (θi:m) *s.* tema, materia, asunto.
themselves (ðəm'selvz) *pron. pers.* ellos mismos, ellas mismas. *2* se [reflex.], a sí mismos.
then (ðen) *adv.* entonces. *2* luego, después; además. *3 conj.* por consiguiente. *4* ***now ~,*** ahora bien; *~* ***and there,*** allí mismo; ***now and ~,*** de vez en cuando.
thence (ðens) *adv.* desde allí, desde entonces: *~* ***forth,*** desde entonces. *2* por lo tanto, por eso.
theology (θi'ɔlədʒi) *s.* teología.
theoretic (al (θiə'retic, -əl) *a.* teórico.
theory ('θiəri) *s.* teoría.
there (ðεəʳ, ðəʳ) *adv.* allí, allá, ahí: *~* ***is,*** *~* ***are,*** hay; *~* ***was,*** *~* ***were,*** había; *~* ***he is,*** helo ahí. *2 interj.* ¡eh!, ¡vaya!, ¡ea! *3* ***thereabouts,*** por allí, aproximadamente. *4* ***thereafter,*** después de ello; por lo tanto. *5* ***thereby,*** en relación con esto. *6* ***therefore,*** por lo tanto. *7* ***therein,*** en eso; allí dentro. *8* ***thereof,*** de eso, de ello. *9* ***thereon,*** encima de ello; en seguida. *10* ***thereupon,*** por tanto; inmediatamente.
thermometer (θe'məmitəʳ) *s.* termómetro.
thermos bottle o **flask** ('θə:mɔs bɔtl, flɑ:sk)*s.* botella termos.
these (ði:z) *a.* estos, estas. *2 pron.* éstos, éstas.
thesis ('θi:sis), *pl.* **-ses** (-si:z) *s.* tesis.
thews (θju:z) *s.* músculos. *2* energía.
they (ðei) *pron. pers.* ellos, ellas.
thick (θik) *a.* espeso, grueso: ***two inches ~,*** dos pulgadas de grueso. *2* espeso, poblado [barba], tupido. *3 ~* ***with,*** lleno de. *4* seguido, continuado. *5* turbio, neblinoso. *6* torpe. *7* ronco [voz]. *8* duro [de oído]. *9* íntimo [amigo]. *10 s.* grueso, espesor: ***the ~ of,*** lo más espeso de; ***through ~ and thin,*** incondicionalmente. *11* **-ly** *adv.* espesamente, densamente.
thicken (to) ('θikən) *t.-i.* espesar(se, engrosar(se, complicar(se.
thicket ('θikit) *s.* espesura, maleza, matorral.
thickness ('θiknis) *s.* espesor, grueso. *2* densidad, consistencia.
thief (θi:f) *s.* ladrón, ratero.
thieve (to) (θi:v) *i.* robar, hurtar.
thigh (θai) *s.* ANAT. muslo.
thimble ('θimbl) *s.* dedal.
thin (θin) *s.* delgado, fino, tenue. *2* flaco, enjuto. *3* claro, flojo, aguado. *4* ligero, transparente. *5* escaso, corto. *6* débil, agudo [voz, etc.]. *7* **-ly** *adv.* delgadamente; flacamente; con poca densidad.
thin (to) (θin) *t.-i.* adelgazar(se. *2* aclarar(se [hacer(se menos espeso]. *3* aguar(se. *4* disminuir.

thine (ðain) *pron. pos.* [el]tuyo, [la] tuya, [los] tuyos, [las]tuyas. *2 a.* tu, tus. | Úsase sólo en poesía y en la Biblia.
thing (θiŋ) *s.* cosa: ***for one ~,*** entre otras cosas; ***the right ~,*** lo justo, lo debido; ***poor ~!,*** ¡pobrecito!
think (to) (θiŋk) *t.-i.* pensar, juzgar, creer. *2* discurrir, idear. *3* ~ ***it over,*** piénsalo bien; ***to ~ on, of,*** pensar en: ***I ~ so,*** eso creo yo; ***to ~ well*** o ***ill of,*** tener buena, mala opinión de. ¶ Pret. y p. p.: ***thought*** (θɔ:t).
thinker ('θiŋkəʳ) *s.* pensador.
thinness (θinnis) *s.* delgadez, flacura. *2* raleza [de cabello]. *3* enrarecimiento [del aire].
third (θə:d) *a.* tercero. *2 s.* tercio [tercera parte].
thirst (θə:st) *s.* sed. *2* anhelo, ansia.
thirst (to) (θə:st) *i.* tener sed. *2* anhelar, ansiar.
thirsty ('θə:sti) *a.* sediento: ***to be ~,*** tener sed.
thirteen ('θə:'ti:n) *a.-s.* trece.
thirteenth ('θə:'ti:nθ) *a.* decimotercero.
thirtieth ('θə:tiiθ) *a.* trigésimo.
thirty ('θə:ti) *a.-s.* treinta.
this (ðis) *a.* este, esta. *2 pron.* éste, ésta, esto.
thistle ('θisl) *s.* BOT. cardo.
thither ('ðiðəʳ) *adv.* allá, hacia allá.
thong (θɔŋ) *s.* correa.
thorn (θɔ:n) *s.* espina, púa, pincho.
thorny ('θɔ:ni) *a.* espinoso; arduo, difícil.
thorough ('θʌrə) *a.* completo, total, acabado. *2* perfecto, consumado. *3* esmerado.
thoroughbred ('θʌrə-bred) *a.-s.* de pura raza, de casta [animal]. *2* bien nacida, distinguida [persona].
thoroughfare ('θʌrəfɛəʳ) *s.* vía pública, camino: ***no ~,*** prohibido el paso.
those (ðouz) *a.* esos, esas; aquellos, aquellas. *2 pron.* ésos, ésas; aquéllos, aquéllas.
thou (ðau) *pron.* tú. | Úsase sólo en poesía y en la Biblia.
though (ðou) *conj.* aunque, si bien; sin embargo. *2* ***as ~,*** como si.
thought (θɔ:t) V. TO THINK. *2 s.* pensamiento, idea, intención: ***on second ~,*** pensándolo mejor.
thoughtful ('θɔ:tful) *a.* pensativo, meditabundo. *2* atento, solícito. *3* previsor. *4* **-ly** *adv.* reflexivamente; con atención.
thoughtfulness ('θɔ:tfulnis) *s.* consideración, atención. *2* cuidado, solicitud.
thoughtless ('θɔ:tlis) *a.* irreflexivo, atolondrado, incauto. *2* impróvido. *3* **-ly** *adv.* irreflexivamente, descuidadamente.
thoughtlessness ('θɔ:tlisnis) *s.* irreflexión, ligereza. *2* descuido, inadvertencia.
thousand ('θauzənd) *a.* mil. *s.* ***a ~, one ~,*** mil, un millar.
thousandth ('θauzənθ) *a.-s.* milésimo.
thrash (to) (θræʃ) *t.-i.* trillar, desgranar. *2 t.* golpear; derrotar. *3 i.* revolcarse, agitarse.
thrashing ('θræʃiŋ) *s.* THRESHING. *2* zurra, paliza.
thread (θred) *s.* hilo. *2* fibra, hebra; ***screw ~,*** rosca de tornillo.
thread (to) (θred) *t.* enhebrar, ensartar: ***to ~ a screw,*** roscar un tornillo. *2 i.* pasar, deslizarse.
threat (θret) *s.* amenaza. *2* amago.
threaten (to) ('θretn) *t.-i.* amenazar: ***threatening,*** amenazador. *2* amagar.
three (θri:) *a.-s.* tres: ~ ***fold,*** triple; tres veces más.
thresh (to) (θreʃ) *t.-i.* trillar desgranar.
threshing ('θreʃiŋ) *s.* trilla: ~ ***machine,*** trilladora; ~ ***floor,*** era.
threshold ('θreʃ(h)ould) *s.* umbral.
threw (θru:) *pret.* de TO THROW.
thrift (θrift) *s.* economía, frugalidad. *2* (E. U.) crecimiento, desarrollo vigoroso.
thriftless ('θriftlis) *a.* manirroto, impróvido.
thrifty ('θrifti) *a.* económico, frugal. *2* industrioso. *3* (E. U.) próspero, floreciente.
thrill (θril) *s.* temblor, estremecimiento, escalofrío, emoción viva.
thrill (to) (θril) *t.* hacer estremecer, dar calofríos, emocionar. *2 i.* temblar, estremecerse.
thriller ('θriləʳ) *s.* cuento o drama espeluznante.
thrive (to) (θraiv) *i.* crecer. *2* prosperar, medrar. ¶ Pret.: ***throve*** (θrouv) o ***thrived*** (θraivd); p. p.: ***thrived*** o ***thriver*** ('θrivn).
thriving ('θraiviŋ) *a.* próspero, floreciente. *2* **-ly** *adv.* prósperamente.
throat (θrout) *s.* garganta, cuello, gaznate: ***sore ~,*** dolor de garganta.
throb (θrɔb) *s.* latido, palpitación.
throb (to) (θrɔb) *i.* latir, palpitar.
throe (θrou) *s.* angustia, agonía.
throne (θroun) *s.* trono.
throng (θrɔŋ) *s.* muchedumbre, gentío, tropel.
throng (to) (θrɔŋ) *i.* apiñarse, agolparse. *2 t.* apiñar, atestar.

throttle ('θrɔtl) *s.* garganta, gaznate. *2* gollete [de botella]. *3* válvula reguladora, obturador.
throttle (to) ('θrɔtl) *t.-i.* ahogar(se. *2 t.* estrangular: ***to ~ down,*** reducir la marcha.
through (θru:) *prep.* por, a través de. *2* por medio de, a causa de. *3 adv.* de un lado a otro, de parte a parte, hasta el fin; completamente, enteramente: ***loyal ~ and ~,*** leal a toda prueba; ***to be wet ~,*** estar calado hasta los huesos; ***to carry the plan ~,*** llevar a cabo el plan. *4 a.* directo: ***~ train,*** tren directo. *5* de paso. *6* ***to be ~ with,***haber acabado con.
throughout (θru:'aut)) *prep.* por todo, durante todo, a lo largo de: ***~ the year,*** durante todo el año. *2 adv.* por o en todas partes, desde el principio hasta el fin.
throve (θrouv) V. TO THRIVE.
throw (θrou) *s.* lanzamiento, tiro. *2* tirada [de dados]. *3* MEC. carrera, embolada: ***throwback,*** retroceso.
throw (to) (θrou) *t.* tirar, arrojar, lanzar. *2* empujar, impeler. *3* derribar. *4* ***to ~ away,*** desperdiciar. *5* ***to ~ back,*** devolver; replicar; rechazar. *6* ***to ~ down,*** derribar. *7* ***to ~ in gear,*** engranar; ***to ~ in the clutch,*** embragar. *8* ***to ~ off,*** librarse de; improvisar [versos]. *9* ***to ~ open,*** abrir de par en par. *10* ***to ~ out,*** echar fuera, proferir; ***to ~ out of gear,*** desengranar; ***to ~ out the clutch,*** desembragar. *22* ***to ~ over,*** abandonar. *12* ***to ~ up,*** echar al aire; levantar; vomitar. ¶ Pret.: ***threw*** (θru:); p. p.: ***thrown*** (θroun).
thrown (θroun) V. TO THROW.
thrush (θrʌʃ) *s.* ORN. tordo; zorzal.
thrust (θrʌst) V. TO THRUST. *2* estocada, lanzada, puñalada. *3* empujón. *4* arremetida.
thrust (to) (θrʌst) *t.* meter, clavar, hincar. *2* empujar. *3* extender [sus ramas]. *4* ***to ~ aside,*** echar a un lado. *5* ***~ in,*** meter en o entre. *6* ***to ~ out,*** sacar, echar fuera. *7* ***to ~ someone through with a sword,*** atravesar a alguien con la espada. *8* ***to ~ a task upon someone,*** imponer a alguien una tarea. *9 i.* meterse, abrirse paso. *10* apiñarse. ¶ Pret. y p. p.: ***thrust*** (θrʌst).
thud (θʌd) *s.* porrazo, golpazo.
thumb (θʌm) *s.* pulgar: ***~ tack,*** chinche [clavito].
thump (θʌmp) *s.* golpe, porrazo.
thump (to) (θʌmp) *t.-i.* golpear, aporrear.
thunder ('θʌndəʳ) *s.* trueno. *2* estruendo.
thunder (to) ('θʌndə) *i.* tronar. *2* retumbar.
thunder-bolt ('θʌndəboult) *s.* rayo, centella.
thunder-clap ('θʌndə-klæp) *s.* trueno, estallido.
thunder-storm ('θʌndə-stɔ:m) *s.* tronada.
thunder-struck ('θʌndə-strʌk) *a.* aturdido, atónito, estupefacto.
Thursday ('θə:zdi, -dei) *s.* jueves.
thus (ðʌs) *adv.* así, de este modo. *2* hasta este punto: ***~ far,*** hasta aquí; hasta ahora.
thwart (to) (θwɔ:t) *t.* desbaratar, frustrar, impedir.
thyme (taim) *s.* BOT. tomillo.
thyself (ðai'self) *pron.* tú mismo, ti mismo. | Úsase sólo en poesía y en la Biblia.
tick (tik) *s.* ZOOL. garrapata. *2* tela de colchón o almohada. *3* tictac. *4* marca, señal.
tick (to) (tik) *i.* hacer tictac; latir [el corazón]. *2* señalar, marcar [el taxímetro, etc.].
ticket ('tikit) *s.* billete, boleto, entrada: ***return ~,*** billete de ida y vuelta; ***~ office,*** taquilla. *2* lista de candidatos. *3* etiqueta.
tickle ('tikl) *s.* cosquillas. *2* toque ligero.
tickle (to) ('tikl) *t.* hacer cosquillas. *2* halagar, divertir. *3 i.* tener cosquillas.
ticklish ('tikliʃ) *a.* cosquilloso. *2* susceptible; delicado. *3* variable.
tide (taid) *s.* marea; corriente; flujo de la marea: ***high*** o ***full ~,*** pleamar; ***ebb*** o ***low ~,*** bajamar. *2* curso [de una cosa]. *3* época: ***Christmas ~,*** temporada de navidad.
tidily ('taidili) *adv.* aseadamente, ordenadamente.
tidiness ('taidinis) *s.* aseo, pulcritud.
tidings ('taidiŋz) *s.* noticias, nuevas.
tidy ('taidi) *a.* aseado, pulcro, ordenado. *2 s.* cubierta de respaldo. *3* cajón para retazos.
tidy (to) (taidi) *t.* asear, arreglar.
tie (tai) *s.* cinta, cordón, etc. para atar. *2* lazo, nudo. *3* corbata. *4* empate. *5* ***tie-up,*** enlace, conexión; paralización; embotellamiento.
tie (to) (tai) *t.* atar. *2* liar, anudar. *3 t.-i.* empatar.
tier (tiəʳ) *s.* hilera, fila.
tier (to) (tiəʳ) *t.* disponer en hileras o capas.
tiger ('taigəʳ) *s.* tigre; ***~ cat,*** gato montés.
tight (tait) *a.* bien cerrado, hermético. *2* tieso, tirante. *3* apretado; ***it fits ~,*** está muy ajustado. *4* duro, severo. *5* tacaño. *6* igualado [en el juego]. *7* ***to be in***

a ~ spot, estar en un aprieto. *8* **-ly** *adv.* herméticamente; apretadamente; fuertemente.
tighten (to) ('taitn) *t.-i.* apretar(se, estrechar(se. *2* estirar(se.
tightness ('taitnis) *s.* estrechez. *2* tirantez, tensión. *3* tacañería.
tile (tail) *s.* teja. *2* losa, baldosa, azulejo.
tile (to) (tail) *t.* tejar. *2* embaldosar, cubrir con azulejos.
1) **till** (til) *prep.* hasta. *2 conj.* hasta que.
2) **till (to)** (til) *t.-i.* labrar, cultivar.
tillage ('tilidʒ) *s.* labranza, cultivo.
tiller ('tiləʳ) *s.* labrador, agricultor. *2* caña [del timón].
tilt (tilt) *s.* inclinación, ladeo; declive. *2* justa, torneo. *3* lanzada, golpe. *4* disputa. *5* ***at full ~,*** a toda velocidad.
tilt (to) (tilt) *t.-i.* inclinar(se, ladear(se. *2* volcar(se. *3 t.* dar lanzadas, acometer.
timber ('timbəʳ) *s.* madera [de construcción]; viga. *2* bosque, árboles maderables.
time (taim) *s.* tiempo. | No tiene el sentido de estado atmosférico. *2* hora; vez; plazo: ***at any ~,*** a cualquier hora; ***at a ~,*** de una vez: ***at no ~,*** nunca; ***at one ~,*** de una vez, de una tirada; ***at the same ~,*** al mismo tiempo; ***at times,*** a veces; ***behind ~,*** retrasado [el tren]; ***behind the times,*** anticuado; ***for the ~ being,*** de momento, por ahora; ***from ~ to ~,*** de vez en cuando; ***in ~,*** a tiempo, andando el tiempo; ***many a ~,*** a menudo; ***on ~*** puntual; ***to beat the ~,*** marcar el compás; ***to have a good ~,*** divertirse, pasar un buen rato; ***what's the ~?, what ~ is it?,*** ¿qué hora es?
time (to) (taim) *t.* escoger el momento. *2* regular, poner en hora [el reloj]. *3* cronometrar, medir el tiempo.
timeful ('taimful) *a.* oportuno.
timekeeper ('taimˌki:pəʳ) *s.* reloj, cronómetro. *2* cronometrador.
timeless ('taimlis) *a.* eterno, interminable.
timely ('taimli) *adv.* oportunamente; temprano.
time-table ('taimˌteibl) *s.* guía, horario, itinerario.
timid ('timid) *a.* tímido, medroso.
timidity (ti'miditi) *s.* timidez.
timorous ('timərəs) *a.* temeroso, medroso.
tin (tin) *s.* QUÍM. estaño. *2* lata, hojalata. *3* lata, bote.
tin (to) (tin) *t.* estañar, cubrir con estaño. *2* enlatar: ***tinned goods,*** conservas.
tincture ('tiŋktʃəʳ) *s.* tintura, color, tinte.
tincture (to) ('tiŋktʃəʳ) *t.* teñir, colorar.
tinder ('tindəʳ) *s.* yesca.
tinge (tindʒ) *s.* tinte, matiz. *2* saborcillo, dejo.
tinge (to) (tindʒ) *t.* teñir, matizar; dar un sabor, cualidad, etc., a.
tingle ('tiŋgl) *s.* hormigueo, picazón.
tingle (to) ('tiŋgl) *i.* hormiguear, picar. *2* sentir hormigueo.
tinkle ('tiŋkl) *s.* tintineo; retintín.
tinkle (to) ('tiŋkl) *i.* retiñir, tintinear. *2 t.* hacer sonar o retiñir.
tinsel ('tinsəl) *s.* oropel.
tint (tint) *s.* tinte, matiz.
tint (to) (tint) *t.* teñir, matizar.
tiny ('taini) *a.* pequeñito, diminuto.
tip (tip) *s.* extremo, punta. *2* propina. *3* soplo, aviso confidencial. *4* golpecito. *5* inclinación, vuelco.
tip (to) (tip) *t.-i.* inclinar(se, volcar(se. *2 t.* dar propina a. *3* dar un soplo o aviso confidencial a. *4* dar un golpecito.
tipsy ('tipsi) *a.* achispado, algo borracho.
tiptoe ('tiptou) *s.* punta de pie. *2 adv.* ***on ~,*** de puntillas; alerta.
tiptoe (to) ('tiptou) *i.* andar de puntillas.
tiptop ('tip'tɔp) *s.* lo más alto, lo mejor.
tirade (tai'reid) *s.* andanada, invectiva.
tire ('taiəʳ) *s.* llanta, neumático, goma.
tire (to) ('taiəʳ) *t.-i.* cansar(se, fatigar(se. *2* aburrir(se; fastidiar(se.
tired ('taiəd) *a.* cansado, fatigado; aburrido: ***~ out,*** muerto de cansancio.
tiredness ('taiədnis) *s.* cansancio; fatiga; aburrimiento.
tireless ('taiəlis) *a.* incansable, infatigable.
tiresome ('taiəsəm) *a.* cansado, molesto, fastidioso.
tiring ('taiəriŋ) *a.* cansado, pesado.
tissue ('tisju:, tiʃju:) *s.* tisú, gasa: ***~ paper,*** papel de seda. 2 BIOL. tejido.
tit (tit) *s.* ***~ for tat,*** golpe por golpe.
titanic (tai'tænik) *a.* titánico.
titbit ('titbit) *s.* golosina; trozo escogido, bocado regalado.
tithe (taið) *s.* diezmo. *2* pizca.
title ('taitl) *s.* título. | No tiene el sentido de título en química: ***~ page,*** portada [de un libro]; ***~ deed,*** título de propiedad.
titter ('titəʳ) *s.* risita, risa ahogada.
titter (to) ('titəʳ) *i.* reír con risa ahogada o disimulada.
titular ('titjuləʳ) *a.* del título. *2* honorario, nominal. *3 a.-s.* titular.
to (tu:, tu, tə) *prep.* a. hacia, para; hasta: ***~ the right,*** a la derecha; ***a quarter ~ five,*** las cinco menos cuarto: ***I have ~ go,*** tengo que ir. *2* ***to*** ante verbo es signo de infinitivo y no se traduce. *3*

adv. ***to come ~,*** volver en sí; ***~ and fro,*** de acá para allá.
toad (toud) *s.* sapo.
toast (toust) *s.* tostada, pan tostado. *2* brindis.
toast (to) (toust) *t.-i.* tostar(se. *2* brindar.
toaster ('toustəʳ) *s.* tostador. *2* el que brinda.
tobacco (tə'bækou) *s.* tabaco.
tobacconist (tə'bækənist) *s.* tabaquero, estanquero; ***tobacconist's,*** estanco.
today, to-day (tə'dei) *adv.* hoy, hoy en día. *2 s.* el día de hoy.
toe (tou) *s.* dedo del pie. *2* pezuña. *3* punta del calzado, de la media.
toe-nail ('touneil) *s.* uña del dedo del pie.
together (tə'geðəʳ) *adv.* junto; juntos, reunidos, juntamente; de acuerdo; ***to call ~,*** convocar: ***to come ~,*** juntarse; ***~ with,*** junto con. *2* al mismo tiempo. *3* sin interrupción.
toil (tɔil) *s.* trabajo, esfuerzo, fatiga. *2 pl.* red, lazo.
toil (to) (tɔil) *i.* afanarse, esforzarse.
toilet ('tɔilit) *s.* tocador; cuarto de baño; retrete: ***~ articles,*** artículos de tocador; ***~ case,*** neceser; ***~ paper,*** papel higiénico. *2* tocado; peinado; aseo personal.
toilsome ('tɔilsəm) *a.* laborioso, penoso.
token ('toukən) *s.* señal, indicio, prueba, recuerdo. *2* rasgo característico. *3* moneda, ficha.
told (tould) V. TO TELL.
tolerance ('tɔlərəns) *s.* tolerancia.
tolerant ('tɔlərənt) *a.* tolerante.
tolerate (to) ('tɔləreit) *t.* tolerar.
toll (toul) *s.* tañido de campana. *2* peaje, tributo.
toll (to) (toul) *t.* tañer, doblar o sonar [la campana].
tomato (tə'mɑ:tou, [E. U.] tə'meitou) *s.* BOT. tomate.
tomb (tu:m) *s.* tumba, sepulcro.
tombstone ('tu:m-stoun) *s.* lápida sepulcral.
tomcat ('tɔm'kæt) *s.* ZOOL. gato.
tome (toum) *s.* tomo, volumen.
tomorrow (tə'mɔrou) *adv.* mañana. *2 s.* día de mañana.
ton (tʌn) *s.* tonelada.
tone (toun) *s.* tono; sonido; voz. *2 pl.* matices.
tone (to) (toun) *t.* dar tono a: ***to ~ down,*** bajar el tono; ***to ~ up,*** elevar el tono. *2* tomar un tono o color; armonizar [con].
tongs (tɔŋz) *s. pl.* tenazas, pinzas.
tongue (tʌŋ) *s.* ANAT. lengua: ***~ twister,*** trabalenguas; ***to hold one's ~,*** callarse. *2* idioma; habla.
tonic ('tɔnik) *a.-s.* tónico.
tonight (tə'nait, tu-) *s.* esta noche.
tonnage ('tʌnidʒ) *s.* tonelaje.
tonsil ('tɔnsl) *s.* amígdala.
tonsure ('tɔnʃəʳ) *s.* tonsura.
too (tu:) *adv.* demasiado [seguido de a. y adv.]. *2* ***~ much,*** demasiado; ***~ many,*** demasiados [ante subst.]. *3* también, además.
took (tuk) V. TO TAKE.
tool (tu:l) *s.* instrumento, herramienta, utensilio.
tooth (tu:θ), *pl.* **teeth** (ti:θ) *s.* diente; muela; ***to have a sweet ~,*** ser goloso.
toothache ('tu:θ-eik) *s.* dolor de muelas.
toothbrush ('tu:θbrʌʃ) *s.* cepillo para los dientes.
toothless ('tu:θlis) *a.* desdentado.
tooth-paste ('tu:θpeist) *s.* pasta dentífrica.
toothpick ('tu:θpik) *s.* mondadientes.
top (tɔp) *s.* parte o superficie superior, cima, cumbre, remate, pináculo, cabeza, cúspide: ***from ~ to bottom,*** de arriba abajo; ***on (the) ~ of,*** encima de; ***at the ~ of his voice,*** a voz en cuello. *2* copa [del árbol]. *3* tablero [de mesa]. *4* capota [de coche]. *5* ***spinning ~,*** trompo. *6* lo mejor. *7 a.* superior, primero: ***~ hat,*** sombrero de copa; ***at ~ speed,*** a toda velocidad.
top (to) (tɔp) *t.* desmochar. *2* coronar, rematar. *3* sobresalir.
topaz ('toupæz) *s.* MINER. topacio.
toper ('toupəʳ) *s.* borrachín.
topic ('tɔpik) *s.* asunto, tema. *2 pl.* tópicos, lugares comunes.
topmost ('tɔpmoust) *a.* más alto [de todos].
topple (to) ('tɔpl) *t.* hacer caer, derribar, volcar. *2 i.* tambalearse [con ***down*** u ***over***].
torch (tɔ:tʃ) *s.* hacha, antorcha. *2* linterna eléctrica. *3* ***blow ~,*** soplete.
tore (tɔ:ʳ) V. TO TEAR.
torment ('tɔ:mənt) *s.* tormento, tortura, pena.
torment (to) (tɔ:'ment) *t.* atormentar, torturar, molestar.
torn (tɔ:n) V. TO TEAR. *2 a.* roto, rasgado.
tornado (tɔ:'neidou) *s.* tornado, huracán.
torpedo (tɔ:'pi:dou) *s.* MIL., ICT. torpedo; ***~ boat,*** torpedero.
torpedo (to) (tɔ:'pi:dou) *t.* torpedear.

torpor ('tɔ:pəʳ) *s.* torpeza, letargo, apatía.
torrent ('tɔrənt) *s.* torrente.
torrid ('tɔrid) *a.* tórrido, ardiente.
torsion ('tɔ:ʃən) *s.* torsión.
tortoise ('tɔ:təs) *s.* ZOOL. tortuga.
torture ('tɔ:tʃə) *s.* tortura, tormento.
torture (to) ('tɔ:tʃəʳ) *t.* torturar, martirizar.
toss (tɔs) *s.* sacudida, meneo. *2* lanzamiento, tiro. *3* cara o cruz; azar: ***I don't care a ~,*** no me importa un bledo.
toss (to) (tɔs) *t.* sacudir, menear, agitar. *2* arrojar, lanzar. *3 i.* moverse, agitarse; cabecear [un buque].
toss-up ('tɔsʌp) *s.* cara y cruz. *2* probabilidad incierta.
tot (tɔt) *s.* chiquitín, -na. *2* fam. suma. *3* fam. traguito.
tot (to) (tɔt) *t.-i.* [con ***up***] sumar.
total ('toutl) *s.* total. *2 a.* entero, todo. *3* **-ly** *adv.* totalmente.
totalitarian (ˌtoutæli'tɛəriən) *a.* totalitario.
totter (to) ('tɔtəʳ) *i.* vacilar, tambalearse; amenazar ruina.
touch (tʌtʃ) *s.* toque, tiento. *2* tacto. *3* contacto. *4* ***a ~ of fever,*** algo de fiebre; ***~ and go,*** situación peligrosa; ***to get in ~ with,*** ponerse en contacto con; ***to keep in ~ with,*** mantener(se en comunicación con.
touch (to) (tʌtʃ) *t.* tocar, tantear, palpar. *2* rozar. *3* inspirar; conmover; irritar. *4* alcanzar, llegar a. *5* esbozar, retocar. *6* ***to ~ at a port,*** hacer escala en un puerto; ***to ~ off an explosive,*** prender la mecha de un explosivo; ***to ~ up, retocar;*** *7 i.* tocarse, estar contiguo.
touchiness ('tʌtʃinis) *s.* susceptibilidad.
touching ('tʌtʃiŋ) *prep.* tocante a, en cuanto a. *2 a.* tierno, conmovedor. *3* **-ly** *adv.* tiernamente, conmovedoramente.
touchstone ('tʌtʃstoun) *s.* piedra de toque.
touchy ('tʌtʃi) *a.* susceptible, irritable, quisquilloso.
tough (tʌf) *a.* duro, correoso. *2* fuerte, vigoroso. *3* (E. U.) malvado, pendenciero. *4* terco, tenaz. *5* arduo, penoso.
toughen (to) ('tʌfn) *t.-i.* endurecer(se, curtir(se. *2* hacer(se correoso.
toughness ('tʌfnis) *s.* dureza, resistencia. *2* correosidad. *3* tenacidad.
tour (tuəʳ) *s.* viaje, excursión, vuelta, jira. *2* turno.
tour (to) (tuəʳ) *i.* viajar por, hacer turismo.
tourist ('tuərist) *s.* turista, viajero.
tournament ('tuənəmənt) *s.* torneo, justa. *2* certamen.
tow (tou) *s.* estopa. *2* remolque: ***~ boat,*** remolcador; ***to take in ~,*** remolcar.
toward (tə'wɔ:d), **towards** (-z) *prep.* hacia. *2* cerca de. *3* para. *4* con, para con.
towel ('tauəl) *s.* toalla: ***~ rack,*** toallero.
tower ('tauəʳ) *s.* torre, torreón. *2* campanario.
tower (to) ('tauəʳ) *i.* descollar, sobresalir. *2* elevarse, remontarse.
towering ('tauəriŋ) *a.* alto, elevado. *2* encumbrado. *3* sobresaliente.
town (taun) *s.* población, ciudad, pueblo; municipio: ***~ council,*** ayuntamiento; ***~ hall,*** casa del ayuntamiento.
toxic ('tɔksik) *s.* tóxico.
toy (tɔi) *s.* juguete [para jugar]. *2 a.* de juguete; pequeñito.
toy (to) (tɔi) *i.* jugar, juguetear, divertirse.
trace (treis) *s.* huella, pisada, rastro. *2* señal, indicio. *3* pizca. *4* tirante [de los arreos].
trace (to) (treis) *t.* trazar, esbozar. *2* rastrear, seguir la pista de. *3* investigar; buscar el origen de.
track (træk) *t.* rastrear, seguir la pista de. *2* trazar, trillar [un camino].
tract (trækt) *s.* rastro, pista, huellas; señal, vestigio. *2* MAR. estela. *3* reguero. *4* camino, senda. *5* rumbo, trayectoria. *6* DEP. pista. *7* vía [de tren, tranvía, etc.].
track (to) (træk) *t.* rastrear, seguir la pista de. *2* trazar, trillar [un camino].
tract (trækt) *s.* área, región, trecho: ***digestive ~,*** aparato digestivo.
tractable ('træktəbl) *a.* complaciente, tratable.
traction ('trækʃən) *s.* tracción. *2* servicio público de transportes.
tractor ('træktəʳ) *s.* tractor.
trade (treid) *s.* profesión, ocupación; oficio, arte mecánica: ***~ union,*** sindicato obrero. *2* comercio, tráfico: ***~ mark,*** marca registrada. *3* parroquia, clientela.
trade (to) (treid) *i.* comerciar, negociar, tratar. *2 t.* comerciar en; vender.
trader ('treidəʳ) *s.* comerciante, negociante. *2* buque mercante.
tradesman ('treidzmən) *s.* comerciante, tendero. *2* artesano.
trading ('treidiŋ) *s.* comercio, tráfico. *2 a.* comercial, mercantil.
tradition (trə'diʃən) *s.* tradición.
traditional (trə'diʃənl) *a.* tradicional.
traduce (to) (trə'dju:s) *t.* difamar, calumniar.

traffic ('træfik) *s.* tráfico, comercio. *2* tránsito, tráfico: ~ ***lights,*** semáforo.
tragedian (trə'dʒi:djən) *s.* trágico [autor; actor].
tragedy ('trædʒidi) *s.* tragedia.
tragic(al ('trædʒik, -əl) *a.* trágico. *2* **tragically** *adv.* trágicamente.
trail (treil) *s.* cola [de vestido, cometa, etc.]. *2* rastro, huella, pista. *3* senda.
trail (to) (treil) *t.-i.* arrastrar(se. *2* seguir la pista. *3* ***to*** ~ ***behind,*** ir rezagado.
trailer ('treiləʳ) *s.* AUTO. remolque. *2* rastreador, cazador. *3* CINEM. tráiler.
train (trein) *s.* tren [ferroc.; de máquina; de ondas]. *2* fila, recua; séquito, comitiva. *3* cola [de cometa, vestido, etc.]. *4* ***passenger*** ~, tren de pasajeros; ***goods*** ~, tren de mercancías.
train (to) (trein) *t.-i.* ejercitar(se, adiestrar(se. *2 t.* educar. *3* DEP. entrenar. *4* apuntar [un cañón, etc.].
trainee (trei'ni:) *s.* persona que se adiestra. *2* MIL. recluta.
trainer ('treinəʳ) *s.* amaestrador. *2* DEP. preparador.
training ('treiniŋ) *s.* adiestramiento, preparación. *2* DEP. entrenamiento: ~ ***camp,*** campo de entrenamiento.
trait (trei, [E. U.] treit) *s.* toque, pincelada. *2* rasgo, peculiaridad.
traitor ('treitəʳ) *a.-s.* traidor.
tram (træm), **tramcar** ('træmkɑ:ʳ) *s.* tranvía.
trammel (to) ('træməl) *t.* trabar, estorbar.
tramp (træmp) *s.* viandante. *2* vagabundo. *3* caminata.
tramp (to) (træmp) *i.* viajar a pie, vagabundear. *2 t.* pisar; apisonar.
tramper ('træmpəʳ) *s.* vagabundo.
trample (to) ('træmpl) *t.* hollar, pisar: ~ ***on,*** pisotear.
trance (trɑ:ns) *s.* enajenamiento, rapto, éxtasis. *2* estado hipnótico.
tranquil ('træŋkwil) *a.* tranquilo, apacible.
tranquility (træŋ'kwiliti) *a.* tranquilidad, sosiego, paz.
transact (to) (træn'zækt) *t.* llevar a cabo, tramitar, despachar. *2* pactar.
transaction (træn'zækʃən) *s.* despacho, negociación. *2* COM., DER. transacción; arreglo. *3 pl.* actas [de una sociedad docta].
transatlantic ('trænzə'læntik) *a.* transatlántico.
transcend (to) (træn'send) *t.* sobrepasar; ir más allá de. *2 i.* FIL., TEOL. transcender.
transcendence (træn'sendən), **-cy** (-i) *s.* excelencia, superioridad. *2* FIL. transcendencia.
transcontinental ('trænzˌkɔnti'nentl) *a.* transcontinental.
transcribe (to) (træns'kraib) *t.* transcribir.
transcript ('trænskript) *s.* transcripción, copia.
transfer ('trænsfə:ʳ) *s.* transferencia, traslado, transporte. *2* DER. ~ ***of ownership,*** cesión o traspaso de propiedad.
transfer (to) (træns'fə:ʳ) *t.* transferir, trasladar, transbordar. *2* DER. traspasar, ceder.
transferable (træns'fə:rəbl) *a.* transferible.
transference (trænsfərəns) *s.* transferencia, traslado.
transfix (to) (træns'fiks) *t.* traspasar, atravesar.
transform (to) (træns'fɔ:m) *t.-i.* transformar(se.
transformation (ˌtrænsfə'meiʃən) *s.* transformación.
transgress (to) (træns'gres) *t.* transgredir, quebrantar. *2 i.* quebrantar la ley.
transgression (træns'greʃən) *s.* transgresión. *2* delito, pecado.
transient ('trænziənt) *a.* transitorio, pasajero. *2 s.* transeúnte.
transistor (træn'sistəʳ) *s.* ELECT. transistor.
transit ('trænsit) *s.* tránsito, paso.
transition (træn'siʒən) *s.* transición.
transitive ('trænsitiv) *a.-s.* GRAM. transitivo.
transitory ('trænsitəri) *a.* transitorio, pasajero.
translate (to) (træns'leit) *t.* traducir. *2* trasladar [de un lugar a otro].
translation (træns'leiʃən) *s.* traducción. *2* traslado.
translator (træns'leitəʳ) *s.* traductor.
translucent (trænz'lu:snt) *a.* translúcido, transluciente: ***to be*** ~, traslucirse.
transmission (trænz'miʃən) *s.* transmisión. *2* AUTO. cambio de marchas.
transmit (to) (trænz'mit) *t.* transmitir. *2* enviar, remitir.
transmitter (trænz'mitəʳ) *s.* transmisor; emisor.
transom ('trænsəm) *s.* CARP. travesaño. *2* ARQ. dintel, puente. *3* montante [ventana].
transparence (træns'pɛərəns) *s.* transparencia.
transparency (træns'pɛərensi) *s.* transparencia. *2* filmina, diapositiva.
transparent (træns'pɛərənt) *a.* transparente. *2* franco, ingenuo.

transpiration (ˌtrænspiˈreiʃən) *s.* transpiración.
transpire (to) (trænsˈpaiəʳ) *t.-i.* transpirar, sudar. *2* divulgarse.
transplant (to) (trænsˈplɑ:nt) *t.* trasplantar.
transplantation (ˌtrænsplɑ:nˈteiʃən) *s.* trasplante.
transport (ˈtrænspɔ:t) *s.* transporte, acarreo. *2* rapto, éxtasis.
transport (to) (trænsˈpɔ:t) *t.* transportar, acarrear. *2* transportar, enajenar. *3* deportar.
transportation (ˌtrænspɔ:ˈteiʃən) *s.* transporte, sistemas de transporte. *2* (E. U.) coste del transporte; billete, pasaje. *3* deportación.
transpose (to) (trænsˈpouz) *t.* transponer.
trans-shipment (trænˈʃipmənt) *s.* transbordo.
transversal (trænzˈvə:səl) *a.* transversal.
trap (træp) *s.* trampa, lazo: ***to lay a ~***, tender una trampa.
trap (to) (træp) *t.* coger con trampa, atrapar.
trapeze (treˈpi:z) *s.* GEOM., GIMN. trapecio.
trapper (ˈtræpəʳ) *s.* trampero, cazador de pieles.
trappings (ˈtræpiŋz) *s. pl.* jaeces, gualdrapa. *2* adornos, atavíos.
trash (træʃ) *s.* hojarasca, broza, basura. *2* tontería.
trashy (ˈtræʃi) *a.* inútil, despreciable.
travel (ˈtrævl) *s.* viaje. *2* tráfico.
travel (to) (ˈtrævl) *i.* viajar. *2 t.* viajar por, recorrer.
travel(l)er (ˈtrævləʳ) *s.* viajero.
travel(l)ing (ˈtrævliŋ) *a.* de viaje; ~ ***expenses***, gastos de viaje.
traverse (ˈtrævə(:)s) *s.* travesaño.
traverse (to) (ˈtrævə(:)s) *t.* cruzar, atravesar, recorrer.
travesty (ˈtrævisti) *s.* disfraz, parodia.
travesty (to) (ˈtrævisti) *t.* parodiar, falsear.
tray (trei) *s.* bandeja. *2* cubeta [de baúl o maleta].
treacherous (ˈtretʃərəs) *a.* traidor, falso, engañoso. *2* **-ly** *adv.* traidoramente.
treachery (ˈtretfʃəri) *s.* traición. *2* deslealtad, alevosía.
tread (tred) *s.* paso, pisada. *2* huella, rastro.
tread (to) (tred) *t.* pisar, hollar. *2* pisotear. *3* andar a pie, caminar. ¶ Pret.: ***trod*** trɔd); p. p.: ***trodden*** (ˈtrɔdn) o ***trod.***
treason (ˈtri:zn) *s.* traición.
treasure (ˈtreʒəʳ) *s.* tesoro.
treasure (to) (ˈtreʒəʳ) *t.* atesorar.
treasurer (ˈtrəʒərəʳ) *s.* tesorero.
treasury (ˈtreʒəri) *s.* tesorería, erario público: ***Secretary of the ~***, ministro de hacienda.
treat (tri:t) *s.* agasajo, convite. *2* placer, deleite.
treat (to) (tri:t) *t.-i.* tratar. *2 t.* convidar, invitar.
treatise (ˈtri:tiz) *s.* tratado.
treatment (ˈtri:tmənt) *s.* trato; tratamiento.
treaty (ˈtri:ti) *s.* tratado, convenio.
treble (ˈtrebl) *a.* triple, triplo. *2* ~ ***voice,*** voz atiplada.
treble (to) (ˈtrebl) *t.-i.* triplicar(se.
tree (tri:) *s.* árbol: ***apple ~***, manzano; ***family ~***, árbol genealógico; ***shoe ~***, horma de zapato.
treeless (ˈtri:lis) *a.* pelado, sin árboles.
trellis (ˈtrelis), **trellis-work** (-we:k) *s.* enrejado. *2* glorieta, emparrado.
tremble (ˈtrembl) *s.* temblor, estremecimiento.
tremble (to) (ˈtrembl) *i.* temblar. *2* estremecerse, trepidar.
tremendous (triˈmendəs) *a.* tremendo.
tremor (ˈtreməʳ) *s.* temblor, estremecimiento.
tremulous (ˈtremjuləs) *a.* trémulo, tembloroso.
trench (trentʃ) *s.* foso, zanja. *2* trinchera.
trench (to) (trentʃ) *t.* abrir fosos o zanjas en. *2 t.-i.* atrincherar(se.
trenchant (ˈtrentʃənt) *a.* tajante, bien definido. *2* mordaz, incisivo.
trend (trend) *s.* dirección, rumbo. *2* inclinación, tendencia.
trend (to) (trend) *i.* dirigirse, tender.
trepidation (ˌtrepiˈdeiʃən) *s.* trepidación. *2* sobresalto.
trespass (ˈtrespəs) *s.* transgresión. *2* delito.
trespass (to) (ˈtrespəs) *i.* ***to ~ against,*** infringir; pecar contra. *2* ***to ~ on,*** o ***upon,*** traspasar los límites de.
tress (tres) *s.* trenza [de pelo]; rizo, bucle.
trial (ˈtraiəl) *s.* prueba, ensayo. *2* aflicción, desgracia. *3* juicio, proceso.
triangle (ˈtraiæŋgl) *s.* triángulo.
tribe (traib) *s.* tribu.
tribulation (ˌtribjuˈleiʃən) *s.* tribulación.
tribunal (traiˈbju:nl) *s.* tribunal. *2* juzgado.
tributary (ˈtribjutəri) *a.-s.* tributario; afluente [río].
tribute (ˈtribju:t) *s.* tributo. *2* homenaje.
trice (trais) *s.* momento, instante: ***in a ~***, en un santiamén.
trick (trik) *s.* treta, ardid, engaño. *2* arte,

habilidad. *3* hábito, vicio. 4 baza [en los naipes]. *5* ***to play tricks,*** hacer suertes; hacer travesuras.
trick (to) (trik) *t.-i.* engañar, estafar, burlar. *2* ***to ~ out,*** o ***up,*** vestir, ataviar.
trickery ('trikəri) *s.* engaño, superchería, malas artes.
trickle (to) ('trikl) *i.* gotear, escurrir.
tricky ('triki) *a.* trapacero, marrullero. *2* difícil, intrincado..
tried (traid) V. TO TRY. *2 a.* probado, fiel.
trifle ('traifl) *s.* fruslería, friolera, bagatela, baratija.
trifle (to) ('traifl) *i.* bromear, chancear(se. *2* ***to ~ with,*** jugar con; burlarse de.
trifler ('traifləʳ) *s.* persona frívola.
trifling ('traifliŋ) *a.* fútil, ligero. *2* frívolo.
trigger ('trigəʳ) *s.* gatillo, disparador.
trill (tril) *s.* trino, gorjeo.
trill (to) (tril) *i.* trinar, gorjear. *2 t.* pronunciar con vibración.
trim (trim) *a.* bien arreglado; en buen estado. *2* elegante; pulcro, acicalado. *3 s.* adorno, aderezo. *4* buen estado. *5* **-ly** *adv.* en buen orden.
trim (to) (trim) *t.* arreglar, disponer. *2* cortar [el pelo, etc.]; podar. *3* adornar, guarnecer. *4* templar [las velas, etc.].
trimming ('trimiŋ) *s.* guarnición, adorno, ribete, franja, orla. COST. *3* poda. *4* desbaste [de un tronco]. *5* paliza. *6 pl.* adornos; accesorios; recortes.
trinket ('triŋkit) *s.* joya, dije. *2* baratija.
trip (trip) *s.* viaje, excursión: ***to go on a ~***, viajar. *2* tropezón. *3* zancadilla.
trip (to) (trip) *i.* saltar, brincar. *2* tropezar, dar un traspié; equivocarse. *3 t.* hacer tropezar o caer.
triple ('tripl) *a.* triple.
trite (trait) *a.* gastado, trivial, vulgar.
triumph ('traiəmf) *s.* triunfo.
triumph (to) ('traiəmf) *i.* triunfar, vencer.
triumphal (trai'ʌmfəl) *a.* triunfal.
triumphant (trai'ʌmfənt) *a.* triunfante. *2* victorioso. *3* **-ly** *adv.* triunfalmente.
trivial ('triviəl) *a.* trivial, fútil, frívolo.
triviality (trivi'ælity) *s.* trivialidad, menudencia.
trod (trɔd) V. TO TREAD.
trodden ('trɔdn) V. TO TREAD.
trolley ('trɔli) *s.* trole: ~ ***bus***, trolebús. *2* carretilla.
trombone (trɔm'boum) *s.* MÚS. trombón.
troop (tru:p) *s.* tropa, cuadrilla.
trophy ('troufi) *s.* trofeo.
tropic ('trɔpik) *s.* trópico.
tropical ('trɔpikəl) *a.* tropical.
trot (trɔt) *s.* trote: ***at a ~***, al trote.
trot (to) (trɔt) *i.* trotar. *2 t.* hacer trotar.
trouble ('trʌbl) *s.* perturbación, desorden. *2* pena; apuro: ***to be in ~***, estar en un apuro; ***it is not worth the ~***, no vale la pena. *3* inconveniente; molestia. *4* avería. *5* ***heart ~***, enfermedad de corazón.
trouble (to) ('trʌbl) *t.* turbar, perturbar. *2* incomodar, molestar. *3 i.-ref.* preocuparse; molestarse.
troublemaker ('trʌblmeikəʳ) *s.* agitador, alborotador.
troublesome ('trʌblsəm) *a.* molesto, pesado. *2* enojoso. *3* inquieto.
trough (trəf) *s.* ***food ~***, comedero; ***drinking ~***, abrevadero. *2* artesa; batea. *3* ***eaves ~***, canalón de tejado.
trousers ('trauzəz) *s. pl.* pantalón(es.
trousseau ('tru:sou) *s.* ajuar de novia.
trout (traut) *s.* trucha.
truant ('tru(:)ənt) *s.* tunante, holgazán: ***to play ~***, hacer novillos. *2 a.* ocioso; perezoso.
truce (tru:s) *s.* tregua.
truck (trʌk) *s.* (Ingl.) vagón de plataforma. *2* (E. U.) camión. *3* carretilla de mano. *4* cambio, trueque. *5* ***garden ~***, hortalizas frescas.
truculence ('trʌkjuləns) *s.* truculencia, crueldad.
truculent ('trʌkjulənt) *a.* truculento.
trudge (trʌdʒ) *s.* caminata; marcha penosa.
trudge (to) (trʌdʒ) *i.-t.* andar con esfuerzo.
true (tru:) *a.* verdadero, cierto, real. *2* fiel, leal. *3* exacto. *4* ***it is ~***, es verdad.
truism ('tru(:)izəm) *s.* verdad manifiesta; perogrullada.
truly ('tru:li) *adv.* verdaderamente. *2* sinceramente: ***yours (very) truly***, su afectísimo.
trump (trʌmp) *s.* triunfo [en los naipes].
trump (to) (trʌmp) *t.* matar con un triunfo [en naipes]. *2* ***to ~ up an excuse***, inventar una excusa.
trumpery ('trʌmpəri) *s.* oropel, relumbrón; engaño.
trumpet ('trʌmpit) *s.* trompeta, clarín.
truncheon ('trʌntʃən) *s.* garrote, porra.
trunk (trʌŋk) *s.* tronco [de árbol; del cuerpo, etc.]. *2* cofre, baúl. *3* trompa [de elefante]. *4 pl.* pantalones cortos [para deporte]. *5* ~ ***call***, conferencia interurbana.
trust (trʌst) *s.* confianza, fe [en una pers. o cosa]; esperanza. *2* depósito, cargo, custodia. *3* COM. crédito. *4* trust, asociación de empresas.
trust (to) (trʌst) *t.* confiar en; fiar(se. *2* esperar. *3* dar crédito a.

trustee (trʌs'ti:) *s.* fidelcomisario; administrador legal. *2* ***board of trustees***, patronato [de una universidad, etc.].

trustful ('trʌstful) *a.* confiado. *2* **-ly** *adv.* confiadamente.

trustworthy ('trʌstˌwə:ði) *a.* digno de confianza, fidedigno.

trusty ('trʌsti) *a.* fiel, honrado. *2* firme, seguro. *3 s.* persona honrada.

truth (tru:θ) *s.* verdad. *2* fidelidad.

truthful ('tru:θful) *a.* veraz. *2* verdadero.

truthfulness ('tru:θfulnis) *s.* veracidad.

try (trai) *s.* prueba, ensayo, tentativa.

try (to) (trai) *t.* probar, intentar, tratar de: ***to ~ on a suit***, probarse un traje. *2* exasperar: ***to ~ someone's patience***, poner a prueba la paciencia de uno. *3* DER. juzgar; ver [una causa, etc.]. *4* ***to ~ to***, esforzarse en.

trying ('traiiŋ) *a.* irritante, molesto, fatigoso.

tub (tʌb) *s.* tina, batea. *2* bañera, baño.

tube (tju:b) *s.* tubo. *2* RADIO lámpara, válvula. *3* ***tube*** o ***~ railway***, metro, ferrocarril subterráneo.

tuberculosis (tjuˌbə:kju'lousis) *s.* tuberculosis.

tuberculous (tju'bə:kjuləs) *a.* tuberculoso.

tuck (to) (tʌk) *t.* hacer alforzas o pliegues: ***to ~ in bed***, arropar; ***to ~ up one's sleeves***, arremangarse.

Tuesday ('tju:zdi, -dei) *s.* martes.

tuft (tʌft) *s.* penacho, cresta. *2* borla. *3* mata espesa.

tug (tʌg) *s.* tirón, estirón; forcejeo. *2* remolcador.

tug (to) (tʌg) *t.* tirar de, arrastrar. *2* remolcar. *3* trabajar con esfuerzo.

tuition (tju'iʃən) *s.* enseñanza, instrucción.

tulip ('tju:lip) *s.* tulipán.

tumble ('tʌmbl) *s.* caída, tumbo, vuelco, voltereta. *2* desorden. *3 a.* ***~ down***, destartalado, ruinoso.

tumble (to) ('tʌmbl) *i.* dar volteretas, voltear. *2* caerse, dejarse caer: ***to ~ down***, caerse; ***to ~ into, on, upon***, tropezar con. *3 t.* derribar. *4* trastornar.

tumbler ('tʌmbləʳ) *s.* vaso [para beber]. *2* volatinero, acróbata.

tumo(u)r ('tju:məʳ) *s.* MED. tumor.

tumult ('tju:mʌlt) *s.* tumulto.

tumultuous (tju(:)'mʌltjuəs) *a.* tumultuoso.

tune (tju:n) *s.* melodía; tonada: ***out of ~***, desafinado; ***in ~ with***, afinado; a tono con.

tune (to) (tju:n) *t.* templar, afinar. *2* entonar: ***to ~ in***, sintonizar; ***to ~ up***, acordar [instrumentos]; poner a punto [un motor, etc.]. *3 i.* armonizar.

tuneful (tju:nful) *a.* armonioso, melodioso.

tunic ('tju:nik) *s.* túnica.

tunnel ('tʌnl) *s.* túnel.

tunny ('tʌni) *s.* ICT. atún.

turbid ('tə:bid) *a.* turbio, turbulento.

turbine ('tə:bin, -bain) *s.* MEC. turbina.

turbojet ('tə:bou'dʒet) *s.* turborreactor.

turbulent ('tə:bjulənt) *a.* turbulento, agitado.

turf (tə:f) *s.* césped; tepe. *2* turba. *3* ***the ~***, las carreras de caballos.

turgid ('tə:dʒid) *a.* hinchado. *2* ampuloso, pomposo.

Turk (tə:k) *s.* turco.

Turkey ('tə:ki) *n. pr.* GEOGR. Turquía. *2 minusc.* pavo.

turmoil ('tə:mɔil) *s.* confusión, alboroto.

turn (tə:n) *s.* vuelta, giro; revolución. *2* recodo; cambio de rumbo. *3* turno. *4* ***at every ~***, a cada paso; ***bad*** o ***ill ~***, jugarreta; ***good ~***, favor; ***to take turns***, turnarse; ***~ of mind***, actitud mental.

turn (to) (tə:n) *t.-i.* volver(se; voltear(se. *2* girar, dar vueltas. *3* tornear, labrar al torno. *4* desviar(se; dirigir(se. *5* trastornar: ***to ~ the brain of***, trastornar el juicio a. *6* doblar: ***to ~ the corner***, doblar la esquina. *7* cambiar, transformar. *8* volverse: ***to ~ pale***, ponerse pálido. *9* ***to ~ a deaf ear***, hacerse el sordo. *10* ***to ~ aside***, desviar(se. *11* ***to ~ away,*** despedir, echar; desviar. *12* ***to ~ back***, volver atrás; devolver. *13* ***to ~ down***, rechazar [una oferta]; poner boca abajo; bajar [el gas]. *14* ***to ~ in***, entrar; irse a la cama. *15* ***to ~ inside out***, volver al revés. *16* ***to ~ into***, convertir(se en. *17* ***to ~ off***, cortar [el agua, etc.], apagar [la luz]. *18* ***to ~ on***, abrir [la llave del gas, etc.], encender [la luz]. *19* ***to ~ out***, expulsar, echar; apagar [la luz]; producir. *20* ***to ~ out badly***, salir mal; ***to ~ out to be***, resultar. *21* ***to ~ over***, volcar(se [un vehículo]; revolver [en la mente]; volver una hoja; entregar. *22* ***to ~ to***, tender, dirigirse a; aplicarse a; ***to ~ to the left***, torcer a la izquierda. *23* ***to ~ up***, subir [el cuello; la radio]; arremangarse; ***to ~ up one's nose***, desdeñar. *24* ***to ~ upside down***, trastornar; volcar; zozobrar.

turning ('tə:niŋ) *s.* giro, vuelta. *2* viraje. *3* recodo, esquina. *4 a.* giratorio. *5* ***~ point***, punto crucial, crisis.

turnip ('tə:nip) *s.* nabo.

turnout ('tə:n'aut) *s.* salida a paseo. *2* concurrencia. *3* bifurcación; apartadero [en vía férrea]. *4* producción [de una fábrica]. *5* acabado, presentación. *6* vestido, atuendo.
turnover ('tə:nˌouvəʳ) *a.* doblado hacia abajo. *2 s.* vuelco [de un coche]. *3* cambio, reorganización [de personal]. *4* ***business ~***, movimiento de mercancías. *5* coc. estrelladera.
turnpike ('tə:npaik) *s.* (E. U.) gran autopista de peaje.
turnstile ('tə:n-stail) *s.* torniquete [en un paso].
turpentine ('tə:pəntain) *s.* trementina, aguarrás.
turpitude ('tə:pitju:d) *s.* depravación, vileza.
turret ('tʌrit) *s.* torrecilla, torreón.
turtle ('tə:tl) *s.* ZOOL. tortuga: ~ ***dove***, tórtola.
tusk (tʌsk) *s.* colmillo [de elefante, etc.].
tussle ('tʌsl) *s.* pelea; discusión.
tutor ('tju:təʳ) *s.* preceptor. *2* tutor.
tutor (to) ('tju:təʳ) *t.* enseñar, instruir.
tuxedo (tʌk'si:dou) *s.* (E. U.) traje de esmoquin.
twang (twæŋ) *s.* sonido vibrante [de cuerda de guitarra]. *2* gangueo, tonillo nasal.
tweed (twi:d) *s.* paño de lana con mezcla de colores.
tweezers ('twi:zəz) *s. pl.* pinzas, tenacillas.
twelfth (twelfθ) *a.-s.* duodécimo: ~ ***night***, noche de reyes, epifanía.
twelve (twelv) *a.-s.* doce.
twentieth ('twentiiθ) *a.-s.* vigésimo.
twenty ('twenti) .*-s.* veinte.
twice (twais) *adv.* dos veces.
twig (twig) *s.* BOT. ramita, varita.
twilight ('twailait) *s.* crepúsculo: ***in the ~***, entre dos luces.
twin (twin) *s.* gemelo, mellizo.
twine (twain) *s.* cordel, bramante, guita.
twine (to) (twain) *t.* torcer [hilos, etc.]; tejer. *2* enlazar, abrazar. *3 i.* enroscarse.
twinge (twindʒ) *s.* punzada, dolor agudo. *2* remordimiento.
twinge (to) (twindʒ) *t.* punzar. *2 i.* sentir dolor agudo.
twinkle ('twiŋkl) *s.* titilación, destello. *2* parpadeo; guiño.
twinkle (to) ('twiŋkl) *i.* titilar, destellar. *2* parpadear; guiñar.
twinkling ('twiŋkliŋ) *s.* ***in a ~***, en un santiamén; ***in the ~ of an eye***, en un abrir y cerrar de ojos.
twirl (twə:l) *s.* giro o vuelta rápidos; molinete. *2* rasgo [con la pluma].
twirl (to) (twə:l) *t.-i.* girar o hacer girar rápidamente.
twist (twist) *s.* torsión, torcedura. *2* enroscadura, vuelta. *3* sesgo; propensión. *4* rosca [de pan].
twist (to) (twist) *t.-i.* torcer(se, retorcer(se. *2* enroscar(se, entrelazar(se.
twitch (twitʃ) *s.* crispamiento, temblor, contracción nerviosa. *2* tirón, sacudida.
twitch (to) (twitʃ) *t.* tirar de, dar un tirón a. *2 i.* crisparse, moverse convulsivamente.
twitter ('twitəʳ) *s.* gorjeo, piar [de los pájaros].
twitter (to) ('twitəʳ) *i.* gorjear, piar. *2* temblar, agitarse.
two (tu:) *a.-s.* dos. *2* ***twofold***, doble.
tycoon (tai'ku:n) *s.* magnate [de la industria, etc.].
type (taip) *s.* tipo, modelo, ejemplar: ~ ***writer***, máquina de escribir; ~ ***writing***, mecanografía; ***typist*** , mecanógrafa.
typewrite (to) ('taip-rait) *t.* escribir a máquina. *2 a.* ***typewritten***, escrito a máquina. ¶ Pret.: ***typewrote*** ('taip-rout); p. p.: ***typewriten*** ('taip-ˌritn).
typhoon (tai'fu:n) *s.* METEOR. tifón.
typical ('tipikl) *a.* típico; característico. *2* **-ly** *adv.* típicamente.
tyrannic(al (ti'rænikˌ-əl) *a.* tiránico.
tyrannize (to) ('tirənaiz) *t.* tiranizar. *2 i.* obrar con tiranía.
tyranny ('tirəni) *s.* tiranía.
tyrant ('taiərənt) *s.* tirano.
tyre ('taiəʳ) *s.* TIRE.
tyro ('taiərou) *s.* novato, principiante.

U

ubiquity (ju:'bikwiti) *s.* ubicuidad, omnipresencia.
udder ('ʌdəʳ) *s.* ZOOL. ubre, teta.
ugly ('ʌgli) *a.* feo. *2* horroroso. *3* odioso, repugnante. *4* (E. U.) de mal genio.
ugliness ('ʌglinis) *s.* fealdad. *2* fiereza.
ulcer ('ʌlsəʳ) *s.* úlcera, llaga.
ulcerate (to) ('ʌlsəreit) *t.-i.* ulcerar(se.
ulcerous ('ʌlsərəs) *a.* ulceroso.
ultimate ('ʌltimit) *a.* último, final. *2* fundamental, esencial. *3* **-ly** *adv.* últimamente, etc.
ultra ('ʌltrə) *a.* exagerado. *2* fánático. *3 s.* extremista, exaltado.
umbrage ('ʌmbridʒ) *s.* pique, resentimiento.
umbrella (ʌm'brelə) *s.* paraguas; ~ ***stand,*** paragüero. *2* sombrilla.
umpire ('ʌmpaiəʳ) *s.* árbitro, juez.
un- (ʌn) pref. de negación que equivale a des-, in-, no, sin, etc.
unabashed ('ʌnə'bæʃt) *a.* no avergonzado, descarado.
unable ('ʌn'eibl) *a.* incapaz, imposibilitado. *2* ***to be ~ to,*** no poder [hacer una cosa].
unacceptable ('ʌnək'septəbl) *a.* inaceptable.
unaccountable ('ʌnə'kauntəbl) *a.* inexplicable, extraño; irresponsable.
unaccustomed ('ʌnə'kʌstəmd) *a.* insólito, inusitado. *2* no acostumbrado.
unadvisable ('ʌnəd'vaizəbl) *a.* que no es de aconsejar.
unadvised ('ʌnəd'vaizd) *a.* sin consejo. *2* imprudente, precipitado. *3* **-ly** *adv.* imprudentemente, irreflexivamente.
unaffected (ˌʌnə'fektid) *a.* sencillo, natural. *2* impasible, inalterado.
unafraid ('ʌnə'freid) *a.* impertérrito.
unalterable (ʌn'ɔ:ltərəbl) *a.* inalterable, inmutable.
unanimity (ˌju:nə'nimiti) *s.* unanimidad.
unanimous (ju(:)'næniməs) *a.* unánime. *2* de acuerdo.
unanswerable (ˌʌn'ɑ:nsərəbl) *a.* incontrovertible, incontestable.
unarmed (ʌn'ɑ:md) *a.* desarmado, indefenso.
unassailable (ˌʌnə'seiləbl) *a.* inexpugnable.
unassuming ('ʌnə'sju:miŋ) *a.* modesto, sin presunción.
unattached ('ʌnə'tætʃt) *a.* suelto, despegado. *2* libre, sin compromiso.
unattainable ('ʌnə'teinəbl) *a.* inasequible.
unauthorized ('ʌn'ɔ:θəraizd) *a.* no autorizado.
unavailing ('ʌnə'veiliŋ) *a.* inútil, infructuoso, vano.
unavoidable (ˌʌnə'vɔidəbl) *a.* inevitable, ineludible.
unaware ('ʌnə'wɛəʳ) *a.* desprevenido, ignorante [de una cosa]. *2* **-s** (-z) *adv.* inesperadamente, de improviso.
unbalanced ('ʌn'bælənst) *a.* desequilibrado.
unbearable (ʌn'bɛərəbl) *a.* insufrible, insoportable.
unbecoming ('ʌnbi'kʌmiŋ) *a.* que sienta o cae mal. *2* impropio, indecoroso. *3* **-ly** *adv.* impropiamente, indecorosamente.
unbelief ('ʌnbi'li:f) *s.* incredulidad.
unbelievable (ˌʌnbi'li:vəbl) *a.* increíble.
unbeliever ('ʌnbi:'li:vəʳ) *s.* descreído; infiel.
unbend (to) ('ʌn'bend) *t.-i.* enderezar(se. *2* soltarse. *3* ***-ing,*** inflexible.
unbias(s)ed ('ʌn'baiəst) *a.* imparcial, libre de prejuicio.
unborn ('ʌn'bɔ:n) *a.* no nacido; futuro.
unbosom (to) (ʌn'buzəm) *t.* revelar, confesar.
unbound ('ʌn'baund) *pret.* y *p. p.* de TO UNBIND. *2 a.* desatado, suelto. *3* sin encuadernar.

unbounded (ʌn'baundid) *a.* ilimitado, infinito.
unbreakable ('ʌn'breikəbl) *a.* irrompible.
unbridled (ʌn'braidld) *a.* desenfrenado, no controlado.
unbroken ('ʌn'broukən) *a.* entero, intacto. *2* ininterrumpido. *3* indómito.
unburden (to) (ʌn'bə:dn) *t.* descargar; aliviar: ***to ~ oneself,*** franquearse, desahogarse.
unbutton (to) ('ʌn'bʌtn) *t.* desabotonar, desabrochar.
uncanny (ʌn'kæni) *a.* misterioso, extraño, sobrenatural.
unceasing (ʌn'si:siŋ) *a.* incesante. *2* **-ly** *adv.* sin cesar.
unceremonious ('ʌn,seri'mounjəs) *a.* sin ceremonia; familiar, llano. *2* brusco, descortés. *3* **-ly** *adv.* familiarmente, etc.
uncertain (ʌn'sə:tn) *a.* incierto, dudoso. *2* vago, indeterminado. *3* variable. *4* indeciso. *5* **-ly** *adv.* inciertamente.
uncertainty (ʌn'sə:tnti) *s.* incertidumbre.
unchangeable (ʌn'tʃeindʒəbl) *a.* inmutable, invariable.
unchanged ('ʌn'tʃeindʒd) *a.* inalterado, igual.
uncharitable (ʌn'tʃæritəbl) *a.* poco caritativo, duro.
unchecked ('ʌn'tʃekt) *a.* desenfrenado. *2* COM. no comprobado.
uncivil ('ʌn'sivl) *a.* incivil, descortés.
uncivilized ('ʌn'sivilaizd) *a.* salvaje, tosco, inculto.
uncle ('ʌŋkl) *s.* tío.
unclean ('ʌn'kli:n) *a.* sucio, desaseado.
unclouded ('ʌn'klaudid) *a.* claro, despejado, sin nubes.
uncoil (to) ('ʌn'kɔil) *t.* desarrollar, desenrollar.
uncomfortable (ʌn'kʌmfətəbl) *a.* penoso, incómodo, desagradable, molesto.
uncommon (ʌn'kɔmən) *a.* poco común o frecuente, insólito. *2* **-ly** *adv.* insólitamente; extraordinariamente.
uncomplimentary ('ʌn,kɔmpli'mentəri) *a.* poco halagüeño o amable; ofensivo.
uncompromising (ʌn'kɔmprəmaiziŋ) *a.* inflexible, firme, intransigente.
unconcern ('ʌnkən'sə:n) *s.* tranquilidad. *2* indiferencia.
unconcerned ('ʌnkən'se:nd) *a.* indiferente, frío, desinteresado.
unconditional ('ʌn-kən'diʃənl) *a.* incondicional.
uncongenial ('ʌn-kən'dʒi:njəl) *a.* incompatible. *2* antipático.
unconquerable (ʌn'kɔŋkərəbl) *a.* inconquistable, invencible.
unconscious (ʌn'kɔnʃəs) *a.* inconsciente. *2* **-ly** *adv.* inconscientemente.
unconsciousness (,ʌn'kɔnʃəsnis) *s.* inconsciencia, insensibilidad.
uncontrollable (,ʌn-kən'trouləbl) *a.* ingobernable, indomable.
unconventional ('ʌn-kən'venʃənl) *a.* libre de trabas, despreocupado.
uncouth (ʌn'ku:θ) *a.* tosco, rudo, inculto. *2* **-ly** *adv.* toscamente, rudamente.
uncover (to) (ʌn'kʌvə[r]) *t.-i.* destapar(se, descubrir(se. *2* desabrigar(se. *3 t.* revelar.
unction ('ʌŋkʃən) *s.* unción. *2* fervor: ***Extreme Unction,*** Extremaunción. *3* hipocresía.
unctuous ('ʌŋktjuəs) *a.* untuoso.
uncultivated ('ʌn'kʌltiveitid) *a.* yermo, baldío. *2* inculto.
uncultured ('ʌn'kʌltʃəd) *a.* inculto; grosero.
undamaged ('ʌn'dæmidʒ) *a.* indemne, ileso.
undaunted (ʌn'dɔ:ntid) *a.* impávido, intrépido, impertérrito. *2* **-ly** *adv.* intrépidamente.
undecided ('ʌndi'saidid) *a.* indeciso.
undefeated ('ʌndi'fi:tid) *a.* invicto.
undefended ('ʌndi'fendid) *a.* indefenso.
undefiled ('ʌndi'faild) *a.* impoluto, limpio.
undefined (,ʌndi'faind) *a.* indefinido.
undeniable (,ʌndi'naiəbl) *a.* innegable, indiscutible.
under ('ʌndə[r]) *prep.* bajo, debajo de. *2* menos de; dentro: ~ ***an hour,*** en menos de una hora. *3* en tiempo de. *4* conforme a, según. *5* ~ ***arms,*** bajo las armas; ~ ***age,*** menor de edad; ~ ***cover,*** al abrigo. *6 adv.* abajo, debajo. *7 a.* inferior; subordinado.
underbrush ('ʌndə'brʌʃ) *s.* maleza [de un bosque].
underclothes ('ʌndə-klouðz) *s.* ropa interior.
underdeveloped ('ʌndədi'veləpt) *a.* poco desarrollado. *2* subdesarrollado.
underdone ('ʌndədʌn, -'dʌn) *a.* COC. poco asado.
underestimate (to) ('ʌndər'estimeit) *t.* menospreciar, tener en poco.
underfeed (to) ('ʌndə'fi:d) *t.* alimentar, insuficientemente. *2 a.* ***underfed,*** mal nutrido.
undergo (to) ('ʌndə'gou) *t.* sufrir, padecer, aguantar. ¶ Pret.: ***underwent*** ('ʌndə'went); p. p.: ***undergone*** ('ʌndə'gɔn).
undergraduate (,ʌndə'grædjuit) *s.* estu-

diante universitario que aún no tiene grado académico.

underground ('ʌndəgraund) *a.* subterráneo. *2* secreto, clandestino. *3 s.* subterráneo. *4* metro, ferrocarril subterráneo. *7* (ˌʌndə'graund) *adv.* bajo tierra. *6* en secreto.

undergrowth ('ʌndə-grouθ) *s.* maleza, matas [del bosque].

underhand ('ʌndəhænd) *adv.* clandestinamente. *2 a.* secreto, clandestino: **-ed,** clandestino.

underlie (to) (ˌʌndə'lai) *t.* estar debajo de. *2* ser la base de.

underline (to) (ˌʌndə'lain) *t.* subrayar.

underlying (ˌʌndə'laiiŋ) *a.* subyacente. *2* fundamental.

undermine (to) (ˌʌndə'main) *t.* minar, socavar.

undermost ('ʌndəmoust) *a.* el más bajo. *2 adv.* debajo de todo.

underneath (ˌʌndə'ni:θ) *adv.* debajo. *2 prep.* debajo de.

underpay (to) ('ʌndə'pei) *t.* pagar poco, pagar mal.

underrate (to) (ˌʌndə'reit) *t.* rebajar, menospreciar.

undershirt (ˌʌndəʃə:t) *s.* camiseta.

undersign (to) (ˌʌndə'sain) *t.* firmar, subscribir. *2* ***the undersigned,*** el infrascrito.

underskirt ('ʌndə-skə:t) *s.* enaguas, refajo.

understand (to) (ˌʌndə'stænd) *t.* entender, comprender: ***to give to ~,*** dar a entender. ¶ Pret. y p. p.: ***understood*** (ˌʌndə'stud).

understandable (ˌʌndə'stændəbl) *a.* comprensible.

understanding (ˌʌndə'stændiŋ) *s.* inteligencia, comprensión. *2* entendimiento [facultad]. *3 a.* inteligente; comprensivo.

understatement ('ʌndə'steitmənt) *s.* declaración incompleta.

understood (ˌʌndə'stud) *pret.* y *p. p.* de TO UNDERSTAND.

undertake (to) (ˌʌndə'teik) *t.* emprender, acometer, intentar. *2* comprometerse a. ¶ Pret.: ***undertook*** (ˌʌndə'tuk); p. p.: ***undertaken*** (ˌʌndə'teikən).

undertaker ('ʌndəˌteikəʳ) *s.* empresario de pompas fúnebres.

undertaking (ˌʌndə'teikiŋ) *s.* empresa. *2* contrata. *3* ('ndəˌteikiŋ) funeraria.

undertone ('ʌndətoun) *s.* voz baja. *2* color apagado.

undertook (ˌʌndə'tuk) *pret.* de TO UNDERTAKE.

undertow ('ʌndətou) *s.* MAR. resaca.

undervalue (to) ('ʌndə'vælju:) *t.* menospreciar, despreciar.

underwear ('ʌndəwεəʳ) *s.* ropa interior.

underwent (ˌʌndə'went) *pret.* de TO UNDERGO.

underworld ('ʌndəwə:ld) *s.* mundo subterráneo o submarino. *2* el hampa, bajos fondos de la sociedad.

underwrite (to) ('ʌndərait) *t.* subscribir, firmar. ¶ Pret.: ***underwrote*** ('ʌndərout); p. p.: ***underwritten*** ('ʌndəˌritn).

undeserved ('ʌndi'zə:vd) *a.* inmerecido.

undeserving ('ʌndi'zə:viŋ) *a.* indigno.

undesirable ('ʌndi'zaiərəbl) *a.* indeseable.

undetermined ('ʌndi'tə:mind) *a.* indeterminado. *2* indeciso.

undeveloped ('ʌndi'veləpt) *a.* sin desarrollar, rudimentario.

undid ('ʌn'did) *pret.* de TO UNDO.

undigested ('ʌndi'dʒestid) *a.* no digerido.

undigestible ('ʌndi'dʒestibl) *a.* indigesto.

undignified (ʌn'dignifaid) *a.* poco digno o decoroso.

undiscovered ('ʌndis'kʌvəd) *a.* no descubierto.

undismayed ('ʌndis'meid) *a.* impertérrito.

undisputed ('ʌndis'pju:tid) *a.* indiscutible.

undisturbed ('ʌndis'tə:bd) *a.* tranquilo; impasible, sereno.

undivided ('ʌndi'vaidid) *a.* entero, indiviso.

undo (to) ('ʌn'du:) *t.* desatar, desabrochar. *2* deshacer: ***to ~ one's hair,*** soltarse el cabello. *2* anular. ¶ Pret.: ***undid*** ('ʌn'did); p. p.: ***undone*** ('ʌn'dʌn).

undone (ˌʌn'dʌn) *p. p.* de TO UNDO: ***to leave ~,*** dejar por hacer.

undoubted (ʌn'dautid) *a.* cierto, indudable. *2* **-ly** (-li) indudablemente, etc.

undress (to) ('ʌn'dres) *t.-i.* desnudar(se, desvestir(se.

undue ('ʌn'dju:) *a.* indebido, excesivo. *2* impropio. *3* injusto.

undulate (to) ('ʌndjuleit) *t.-i.* ondular, ondear.

unduly ('ʌn'dju:li) *adv.* indebidamente.

undutiful ('ʌn'dju:tiful) *a.* que falta a sus deberes; desobediente.

undying (ʌn'daiiŋ) *a.* imperecedero, eterno.

unearth (to) ('ʌn'ə:θ) *t.* desenterrar.

uneasily (ʌn'i:zili) *adv.* intranquilamente, incómodamente.

uneasiness (ʌ'n:zinis) *s.* intranquilidad, inquietud. *2* malestar, incomodidad.

uneasy (ʌn'i:zi) *a.* intranquilo, inquieto. *2* molesto, incómodo.

uneducated ('ʌn'edjukeitid) *a.* inculto, ignorante.

unemployed ('ʌnim'plɔid) *a.* desocupado, ocioso. *2* sin trabajo.
unemployment ('ʌnim'plɔimənt) *s.* falta de trabajo, paro; desocupación.
unending (ʌn'endiŋ) *a.* inacabable, interminable.
unenviable ('ʌn'enviəbl) *a.* poco envidiable.
unequal ('ʌn'i:kwəl) *s.* desigual. *2* diferente. *3* insuficiente, ineficaz.
unequalled ('ʌn'i:kwəld) *a.* inigualado, sin par.
unerring ('ʌn'ə:riŋ) *a.* infalible, certero.
uneven ('ʌn'i:vən) *a.* desigual, desnivelado. *2* impar. *3* **-ly** *adv.* desigualmente.
unevenness ('ʌn'i:vənnis) *s.* desigualdad, desnivel, escabrosidad.
unexpected ('ʌniks'pektid) *a.* inesperado, imprevisto. *2* repentino. *3* **-ly** *adv.* inesperadamente, etc.
unfading (ʌn'feidiŋ) *a.* inmarcesible, inmarchitable.
unfailing (ʌn'feiliŋ) *a.* inagotable. *2* seguro. *3* infalible.
unfair ('ʌn'fɛə[r]) *a.* injusto, desleal: ***to act unfairly,*** obrar de mala fe.
unfaithful ('ʌn'feiθful) *a.-s.* infiel, desleal.
unfaithfulness ('ʌn'feiθfulnis) *s.* infidelidad, deslealtad.
unfamiliar ('ʌn-fə'miljə[r]) *a.* poco familiar, desconocido.
unfashionable ('ʌn'fæʃənəbl) *a.* no ajustado a la moda.
unfasten (to) ('ʌn'fɑ:sn) *t.* desabrochar, desprender, soltar.
unfathomable (ʌn'fæðəməbl) *a.* insondable, sin fondo.
unfavo(u)rable ('ʌn'feivərəbl) *a.* desfavorable, contrario, adverso.
unfeeling (ʌn'fi:liŋ) *a.* insensible, duro, cruel. *2* **-ly** *adv.* cruelmente.
unfinished ('ʌn'finiʃt) *a.* inacabado, incompleto.
unfit ('ʌn'fit) *a.* incapaz, inepto. *2* inadecuado, impropio.
unfold (to) ('ʌn'fould) *t.-i.* desplegar(se, extender(se. *2 t.* descubrir, revelar.
unforeseen ('ʌn-fɔ:'si:n) *a.* imprevisto.
unforgettable ('ʌn-fə'getəbl) *a.* inolvidable.
unforgiving ('ʌn-fə'giviŋ) *a.* implacable, rencoroso.
unfortunate (ʌn'fɔ:tʃənit) *a.-s.* desgraciado, desdichado. *2* **-ly** *adv.* desgraciadamente, etc.
unfounded ('ʌn'faundid) *a.* infundado, sin base.
unfrequented ('ʌn-fri'kwentid) *a.* solitario.
unfriendly ('ʌn'frendli) *a.* poco amistoso, hostil, enemigo.
unfurl (to) (ʌn'fə:l) *t.* desplegar, extender.
unfurnished ('ʌn'fə:niʃt) *a.* desamueblado.
ungainly (ʌn'geinli) *a.* desgarbado, torpe.
ungentlemanlike (ʌnd'dʒentlmənlaik), **ungentlemanly** (ʌn'dʒentlmənli) *a.* impropio de un caballero, descortés.
ungodly (ʌn'gɔdli) *a.* impío.
ungraceful ('ʌn'greisful) *a.* desgarbado, torpe.
ungrateful (ʌn'greitful) *a.* ingrato, desagradecido.
unguent ('ʌŋgwənt) *s.* ungüento.
unhang (to) ('ʌŋ'hæŋ) *t.* descolgar, desprender. ¶ Pret. y p. p.: ***unhung*** ('ʌn'hʌŋ).
unhappily (ʌn'hæpili) *adv.* infelizmente; desgraciadamente.
unhappiness (ʌn'hæpinis) *s.* infelicidad, desdicha.
unhappy (ʌn'hæpi) *a.* infeliz, desgraciado. *2* triste.
unharmed ('ʌn'hɑ:md) *a.* ileso, incólume.
unhealthy (ʌn'helθi) *a.* enfermo. *2* malsano, insalubre.
unheard ('ʌn'hə:d) *a.* no oído. *2* ~ ***of,*** inaudito, extraño.
unheeded ('ʌn'hi:did) *a.* desatendido, inadvertido.
unhesitating (ʌn'heziteitiŋ) *a.* resuelto; rápido, pronto. *2* **-ly** *adv.* resueltamente.
unhinge (to) (ʌn'hindʒ) *t.* desquiciar; sacar de quicio.
unhook (to) ('ʌn'huk) *t.-i.* desenganchar(se, descolgar; desabrochar(se.
unhorse (to) ('ʌn'hɔ:s) *t.* desmontar, desarzonar.
unhurt ('ʌn'hə:t) *a.* ileso, indemne.
unification (ˌju:nifi'keiʃən) *s.* unificación.
uniform ('ju:nifɔ:m) *a.-s.* uniforme.
unify (to) ('ju:nifai) *t.-i.* unificar(se, unir(se.
unimpaired ('ʌnim'pɛəd) *a.* intacto, incólume.
unimportant ('ʌnim'pɔ:tənt) *a.* insignificante, sin importancia.
unintelligible ('ʌnin'telidʒəbl) *a.* ininteligible.
unintentional ('ʌnin'tenʃənl) *a.* involuntario.
uninterested ('ʌn'intristid) *a.* indiferente, distraído, apático.
union ('ju:njən) *s.* unión: ***the Union,*** los

Estados Unidos. *2* asociación o sindicato obrero: ***Trade Union,*** sindicato obrero.
unique (ju:'ni:k) *a.* único; singular, raro.
unison ('ju:nizn) *a.* unísono: ***in ~,*** al unísono; al compás.
unit ('ju:nit) *s.* unidad.
unite (to) (ju:'nait) *t.-i.* unir(se, juntar(se.
United States of America (ju'naitid steits əv ə'merikə) *n. pr.* Estados Unidos de América.
unity ('ju:niti) *s.* unidad.
universal (ˌju:ni'və:səl) *a.* universal.
universe ('ju:nivə:s) *s.* universo, mundo.
university (ˌju:ni'və:siti) *s.* universidad. *2 a.* universitario.
unjust ('ʌn'dʒʌst) *a.* injusto.
unjustifiable (ʌn'dʒʌstifaiəbl) *a.* injustificable.
unkempt ('ʌn'kempt) *a.* desaliñado. *2* despeinado.
unkind (ʌn'kaind) *a.* duro, cruel. *2* poco amable. *3* **-ly** *adv.* duramente, etc.
unkindness (ʌn'kaindnis) *s.* dureza, crueldad. *2* falta de bondad.
unknown ('ʌn'noun) *a.* desconocido, ignorado, ignoto: ~ ***quantity,*** incógnita.
unlatch (to) ('ʌn'lætʃ) *t.* abrir, quitar el cerrojo.
unlawful ('ʌn'lɔ:ful) *a.* ilegal.
unlearned ('ʌn'lə:nid) *a.* indocto, ignorante. *2* no aprendido, instintivo.
unless (ən'les) *conj.* a menos que, a no ser que. *2* salvo, excepto.
unlike ('ʌn'laik) *a.* desemejante, diferente. *2 adv.* de diferente modo que. *3 prep.* a diferencia de.
unlikely (ʌn'laikli) *a.* improbable. *2* incierto. *3* inverosímil. *4 adv.* improbablemente.
unlikelihood ('ʌn'laiklihud) *s.* improbabilidad.
unlimited (ʌn'limitid) *a.* ilimitado. *2* vago, indefinido.
unload (to) ('ʌn'loud) *t.* descargar [un buque, etc.].
unlock (to) ('ʌn'lɔk) *t.* abrir [una puerta, etc.]. *2* descubrir, revelar.
unlooked-for (ʌn'luktfɔ:[r]) *a.* imprevisto, inesperado.
unloose(n (to) ('ʌn'lu:s, -n) *t.-i.* desatar(se, aflojar(se, soltar(se.
unluckily (ʌn'lʌkili) *adv.* desgraciadamente, por desgracia.
unlucky (ʌn'lʌki) *a.* desafortunado, desgraciado. *2* nefasto. *3* siniestro.
unmanageable (ʌn'mænidʒəbl) *a.* ingobernable, indomable.
unmannerly (ʌn'mænəli)*a.* mal educado. *2 adv.* descortésmente.
unmarried ('ʌn'mærid) *a.* soltero, soltera.
unmatched ('ʌn'mætʃt) *a.* único, sin par. *2* desapareado.
unmerciful (ʌn'mə:siful) *a.* implacable. cruel. *2* **-ly** *adv.* implacablemente, cruelmente.
unmerited ('ʌn'meritid) *a.* inmerecido.
unmindful (ʌn'maindful) *a.* olvidadizo, desatento, descuidado.
unmistakable ('ʌnmis'teikəbl) *a.* inequívoco, claro, evidente.
unmixed ('ʌn'mikst) *a.* puro, sin mezcla.
unmoved ('ʌn'mu:vd) *a.* firme, inmoble. *2* impasible, frío, indiferente.
unnatural (ʌn'nætʃrəl) *a.* no natural. *2* inhumano. *3* artificial.
unnecessary (ʌn'nesisəri) *a.* innecesario, superfluo.
unnoticed ('ʌn'noutist) *a.* inadvertido.
unobtainable ('ʌnəb'teinəbl) *a.* inasequible.
unoccupied ('ʌn'ɔkjupaid) *a.* desocupado, vacante, vacío.
unostentatious ('ʌnˌɔsten'teiʃəs) *a.* sencillo, modesto.
unpack (to) ('ʌn'pæk) *t.* desempaquetar, deshacer [baúles, etc.].
unpaid ('ʌn'peid) *a.* sin pagar.
unparalleled (ʌn'pærəleld) *a.* único, incomparable.
unpardonable (ʌn'pɑ:dnəbl) *a.* imperdonable, inexcusable.
unperceived ('ʌnpə'si:vd) *a.* inadvertido.
unperturbed ('ʌn-pə(:)'tə:bd) *a.* quieto, sereno.
unpleasant (ʌn'pleznt) *a.* desagradable, molesto. *2* **-ly** *adv.* desagradablemente.
unpleasantness (ʌn'plezntnis) *s.* disgusto, molestia.
unpolished ('ʌn'pɔliʃt) *a.* áspero, tosco. *2* sin pulir, mate.
unpopular ('ʌn'pɔpjulə[r]) *a.* impopular.
unprecedented (ʌn'presidentid) *a.* sin precedente, inaudito.
unprejudiced (ʌn'predʒudist) *a.* imparcial.
unpremeditated ('ʌn-pri'mediteitid) *a.* impremeditado, indeliberado.
unprepared ('ʌn-pri'pεəd) *a.* desprevenido, descuidado.
unpretending, unpretentious ('ʌnpri'tendiŋ, -'tenʃəs) *a.*modesto, sin pretensiones.
unprincipled (ʌn'prinsipld) *a.* inmoral, sin conciencia.
unproductive ('ʌnprə'dʌktiv) *a.* improductivo, estéril.

unprofitable (ʌn'prɔfitəbl) *a.* improductivo, inútil.
unprotected ('ʌnprə'tektid) *a.* sin protección, indefenso.
unpublished ('ʌn'pʌbliʃt) *a.* inédito.
unpunished ('ʌn'pʌniʃt) *a.* impune, sin castigo.
unqualified ('ʌn'kwɔlifaid) *a.* inhábil, incapaz. *2* absoluto, categórico; completo, entero.
unquenchable (ʌn'kwentʃəbl) *a.* inextinguible.
unquestionable (ʌn'kwestʃənəbl) *a.* incuestionable, indiscutible.
unquiet (ʌn'kwaiət) *a.* inquieto. *2* **-ly** *adv.* inquietamente.
unravel (to) (ʌn'rævl) *t.* desenredar, desenmarañar. *2* aclarar, explicar.
unready ('ʌn'redi) *a.* desprevenido, desapercibido.
unreal ('ʌn'riəl) *a.* irreal, ilusorio, imaginario.
unreasonable (ʌn'ri:znəbl) *a.* irrazonable. *2* inmoderado, exorbitante.
unrecognizable ('ʌn'rekəgnaizəbl) *a.* desconocido, irreconocible.
unrefined ('ʌnri'faind) *a.* no refinado. *2* inculto, rudo.
unrelenting (ˌʌnri'lentiŋ) *a.* inexorable, inflexible.
unreliable ('ʌnri'laiəbl) *a.* no confiable, de poca confianza. *2* informal.
unrepentant ('ʌnri'pentənt) *a.* impenitente.
unreserved ('ʌnri'zə:vd) *a.* no reservado, franco, abierto. *2* **-ly** *adv.* francamente, sin reserva.
unrest ('ʌn'rest) *s.* inquietud, desasosiego.
unrestrained ('ʌnris'treind) *a.* libre, desenfrenado. *2* suelto, desembarazado.
unrewarded ('ʌnri'wɔ:did) *a.* sin recompensa.
unriddle (to) ('ʌn'ridl) *t.* resolver, descifrar.
unripe ('ʌn'raip) *a.* verde, en agraz; inmaduro.
unrivalled (ʌn'raivəld) *a.* sin rival, sin par.
unroll (to) ('ʌn'roul) *t.-i.* desenrollar(se.
unruly (ʌn'ru:li) *a.* indócil, desobediente.
unsafe ('ʌn'seif) *a.* inseguro, peligroso.
unsatisfactory ('ʌnˌsætis'fæktəri) *a.* poco satisfactorio, inaceptable.
unsatisfied ('ʌn'sætisfaid) *a.* no satisfecho. *2* descontento.
unsavo(u)ry ('ʌn'seivəri) *a.* insípido, soso. *2* mal oliente.
unscalable ('ʌn'skeiləbl) *a.* infranqueable.
unscathed ('ʌn'skeiðd) *a.* indemne, ileso.
unscrew (to) ('ʌn'skru:) *t.* destornillar.
unscrupulous (ʌn'skru:pjuləs) *a.* poco escrupuloso.
unseal (to) ('ʌn'si:l) *t.* abrir, desellar.
unseasonable (ʌn'si:z(ə)nəbl) *a.* intempestivo, inoportuno.
unseemly (ʌn'si:mli) *a.* indecoroso, indecente. *2 adv.* impropiamente, indecorosamente.
unseen ('ʌn'si:n) *a.* no visto, inadvertido. *2* invisible.
unselfish ('ʌn'selfiʃ) *a.* altruista, generoso.
unselfishness ('ʌn'selfiʃnis) *s.* desinterés, generosidad.
unsettle (to) ('ʌn'setl) *t.* perturbar, alterar; trastornar. *2* ***unsettled,*** desarreglado; inestable [tiempo]; turbio [líquido]; indeciso.
unshaken ('ʌn'ʃeikən) *a.* firme, inalterado.
unsheltered ('ʌn'ʃeltəd) *a.* desabrigado, sin protección.
unshod ('ʌn'ʃɔd) *a.* descalzo. *2* desherrado, sin herraduras.
unsightly (ʌn'saitli) *a.* feo, deforme.
unsightliness (ʌn'saitlinis) *s.* fealdad, deformidad.
unskilled ('ʌn'skild), **unskillful** ('ʌn'skilful) *a.* torpe, inhábil, inexperto.
unsociable (ʌn'souʃəbl) *a.* insociable, reservado.
unsound ('ʌn'saund) *a.* enfermo, achacoso. *2* erróneo. *3* malsano. *4* inseguro.
unspeakable (ʌn'spi:kəbl) *a.* inefable, indecible.
unstable ('ʌn'steibl) *a.* inestable. *2* inconstante, variable.
unsteady ('ʌn'stedi) *a.* inseguro, inestable. *2* inconstante.
unsteadiness ('ʌn'stedinis) *s.* inseguridad, inestabilidad. *2* inconstancia.
unstrained ('ʌn'streind) *a.* natural, no forzado.
unsuccessful ('ʌn-sək'sesful) *a.* infructuoso, desgraciado. *2* fracasado, sin éxito. *3* **-ly** *adv.* sin éxito.
unsufferable ('ʌn'sʌfərəbl) *a.* insoportable, insufrible.
unsuitable ('ʌn'sju:təbl), **unsuited** ('ʌn'sju:tid) *a.* impropio, inadecuado.
unsullied ('ʌn'sʌlid) *a.* puro, sin mancha.
unsure ('ʌn'ʃuəʳ) *a.* inseguro. *2* incierto, precario.
unsurmountable ('ʌn-sə:'mauntəbl) *a.* insuperable, invencible.
unsurpassed ('ʌn-sə:'pɑ:st) *a.* excelente, insuperado.
unsuspected ('ʌn-səs'pektid) *a.* insospechado.

untamed ('ʌn'teimd) *a.* indomado, indómito, bravío.
unthoughtful ('ʌn'θɔ:tful) *a.* irreflexivo, inconsiderado.
untidy (ʌn'taidi) *a.* desaliñado, desaseado, desordenado.
untie (to) ('ʌn'tai) *t.* desatar, desanudar. *2* aflojar, soltar.
until (ən'til) *prep.* hasta [con sentido temporal]. *2 conj.* hasta que.
untimely (ʌn'taimli) *a.* inoportuno. *2* prematuro. *3 adv.* intempestivamente.
untiring (ʌn'taiəriŋ) *a.* incansable, infatigable.
unto ('ʌntu) *prep.* poét. y ant. hacia a, hasta, contra, en.
untold ('ʌn'tould) *a.* no dicho. *2* no revelado. *3* incalculable.
untouchable (ʌn'tʌtʃəbl) *a.* intangible. *2 s.* intocable.
untoward (ʌn'touəd) *a.* indócil, terco. *2* indecoroso.
untrained ('ʌn'treind) *a.* inexperto; indisciplinado. *2* MIL. bisoño.
untranslatable ('ʌntræns'leitəbl) *a.* intraducible.
untried ('ʌn'traid) *a.* no probado, no ensayado.
untrimmed ('ʌn'trimd) *a.* desguarnecido, sin adornos.
untrod(den ('ʌn'trɔd(n) *a.* no hollado.
untroubled ('ʌn'trʌbld) *a.* quieto, sosegado, tranquilo.
untrue ('ʌn'tru:) *a.* falso, inexacto. *2* desleal.
untruly ('ʌn'tru:li) *adv.* falsamente.
untrustworthy ('ʌn'trʌst,wə:ði) *a.* poco fiable o seguro.
untruth ('ʌn'tru:θ) *s.* falsedad.
unused ('ʌn'ju:zd) *a.* no usado. *2* ('ʌn'ju:st) no habituado.
unusual (ʌn'ju:ʒuəl) *a.* extraordinario, excepcional, raro, no acostumbrado. *2* **-ly** *adv.* excepcionalmente.
unveil (to) (ʌn'veil) *t.-i.* quitar(se el velo, descubrir(se.
unwarned ('ʌn'wɔ:nd) *a.* no avisado. *2* desprevenido.
unwariness (ʌn'wɛrinis) *s.* imprudencia, imprevisión.
unwarranted (ʌn'wɔrəntid) *a.* injustificado. *2* ('ʌn'wɔrəntid) no autorizado. *3* sin garantía.
unwary (ʌn'wɛəri) *a.* descuidado, incauto, desprevenido.
unwelcome (ʌn'weklkəm) *a.* mal acogido, mal recibido. *2* desagradable, inoportuno.
unwell ('ʌn'wel) *a.* indispuesto, enfermo.
unwholesome ('ʌn'houlsəm) *a.* insalubre, malsano. *2* dañino.
unwieldy (ʌn'wi:ldi) *a.* de difícil manejar, engorroso.
unwilling ('ʌn'wiliŋ) *a.* reacio, renuente. *2* **-ly** *adv.* de mala gana.
unwillingness (ʌn'wiliŋnis) *s.* mala voluntad, repugnancia.
unwise ('ʌn'waiz) *a.* imprudente, necio. *2* ignorante. *3* **-ly** *adv.* imprudentemente, etc.
unwitting (ʌn'witiŋ) *a.* inconsciente, distraído. *2* **-ly** *adv.* inconscientemente, sin saberlo.
unwonted (ʌn'wountid) *a.* desacostumbrado, inusitado, raro.
unworthy (ʌn'wə:ði) *a.* indigno, desmerecedor.
unwounded ('ʌn'wu:ndid) *a.* sin herida, ileso.
unwrap (to) ('ʌn'ræp) *t.* desenvolver, desabrigar.
unyielding (ʌn'ji:ldiŋ) *a.* inflexible, firme. *2* terco, reacio.
unyoke (to) ('ʌn'jouk) *t.* desuncir; desunir. *2 i.* libertarse de un yugo.
up (ʌp) *adv.* hacia arriba. *2* en pie. *3* a la altura de: ***well ~ in,*** bien enterado. *4* enteramente, completamente: ***to burn ~,*** quemar del todo. *5* en contacto o proximidad: ***close ~ to,*** tocando a. *6* en reserva: ***to lay ~,*** acumular. *7* hasta: ***~ to date,*** hasta la fecha. *8 prep.* subido a, en lo alto de: ***~ a tree,*** subido a un árbol. *9* hacia arriba: ***~ the river,*** río arriba. *10 a.* ascendente: ***~ train,*** tren ascendente. *11* derecho; levantado [no acostado]. *12* que está en curso: ***what is ~?,*** ¿qué ocurre? *13* entendido, enterado. *14* capaz, dispuesto. *15* acabado: ***the time is ~,*** expiró el plazo. *16 s.* ***ups and downs,*** altibajos. *17 interj.* ¡arriba!, ¡aúpa! *18* ***~ there!,*** ¡alto ahí!
upbraid (to) (ʌp'breid) *t.* reconvenir, reprender.
upbringing ('ʌp,briŋiŋ) *s.* educación.
upheaval (ʌp'hi:vəl) *s.* sublevación. *2* trastorno, conmoción.
upheave (to) (ʌp'hi:v) *t.-i.* solevar(se, levantar(se.
uphill ('ʌp'hil) *adv.* cuesta arriba. *2 a.* ascendente. *3* dificultoso.
uphold (to) (ʌp'hould) *t.* levantar; mantener derecho. *2* sotener, apoyar. ¶ Pret. y p. p.: ***upheld*** (ʌp'held).
upholster (to) (up'houlstəʳ) *t.* tapizar y emborrar [muebles].
upholstery (ʌp'houlstəri) *s.* tapicería; colgaduras.

upkeep ('ʌpki:p) *s.* conservación, manutención.
upland ('ʌplənd) *s.* meseta. *2* tierra adentro.
uplift ('ʌplift) *s.* levantamiento, elevación.
uplift (to) (ʌp'lift) *t.* levantar, elevar.
upon (ə'pɔn) *prep.* sobre, encima. *2* ***nothing to live ~,*** nada con qué vivir; ***~ pain of,*** bajo pena de; ***~ seeing this,*** viendo esto.
upper ('ʌpəʳ) *a. comp.* de UP: superior, alto, más elevado: ***~ classes,*** la clase alta; ***~ House,*** cámara alta; ***to have the ~ hand of,*** ejercer el mando. *2 s.* pala y caña del zapato; litera alta.
uppermost ('ʌpəmoust, -məst) *a.* el más alto o elevado; predominante. *2 adv.* en lo más alto; en primer lugar.
upright ('ʌp'rait) *a.* derecho, vertical. *2* recto, honrado. *3* **-ly** *adv.* verticalmente; rectamente, honradamente.
uprightness ('ʌpˌraitnis) *s.* rectitud, honradez.
uprising (ʌp'raiziŋ) *s.* levantamiento. *2* insurrección.
uproar ('ʌpˌrɔ:) *s.* gritería, alboroto, tumulto.
uproarious (ʌp'rɔ:riəs) *a.* tumultuoso, ruidoso.
uproot (to) (ʌp'ru:t) *t.* desarraigar, extirpar.
upset ('ʌpset) *a.* volcado, tumbado. *2* trastornado, desarreglado. *3 s.* vuelco. *4* trastorno; desorden. *5* contratiempo.
upset (to) (ʌp'set) *t.* volcar. *2* trastornar, desarreglar. *3* alterar, conmover. *4* contrariar, desbaratar. *5 i.* volcar. ¶ Pret. y p. p.: ***upset*** (ʌp'set).
upside ('ʌpsaid) *s.* lado o parte superior: ***~ down,*** al revés, patas arriba.
upstairs ('ʌp'stɛəz) *adv.* arriba, al o en el piso de arriba. *2 a.* de arriba.
upstart ('ʌpˌstɑ:t) *a.-s.* advenedizo; presuntuoso.
up-to-date ('ʌptə'deit) *a.* al corriente. *2* moderno, del día.
upward ('ʌpwəd) *a.* dirigido hacia arriba, ascendente.
upward(s ('ʌpwəd, -z) *adv.* hacia arriba, arriba.
urban ('ə:bən) *a.* urbano [de la ciudad].
urbanity (ə:'bæniti) *s.* urbanidad. *2* fineza.
urchin ('ə:tʃin) *s.* pilluelo, granuja.
urge (ə:dʒ) *s.* impulso. *2* ganas, deseo.
urge (to) (ə:dʒ) *t.* insistir en. *2* recomendar. *3* instar, apremiar. *4* incitar. *5* apresurar.
urgency ('ə:dʒənsi) *s.* urgencia. *2* insistencia.
urgent ('ə:dʒənt) *a.* urgente. *2* insistente.
urinate (to) ('juərineit) *i.* orinar, mear.
urn (ə:n) *s.* urna. *2* jarrón.
us (ʌs, əs, s) *pron. pers.* [caso objetivo] nos. *2* [con prep.] nosotros.
usage ('ju:zidʒ) *s.* trato, tratamiento. *2* uso, costumbre.
use (ju:s) *s.* uso, empleo: ***out of ~,*** desusado, pasado de moda. *2* utilidad, servicio, provecho: ***of no ~,*** inútil. *3* práctica, costumbre.
use (to) (ju:z) *t.* usar, emplear. *2* practicar, hacer. *3* tratar [bien, mal]. *4* ***to ~ up,*** gastar, consumir.
used (ju:st) *v. defect.-pret.* y *p. p.* acostumbraba: ***he used to live in London,*** acostumbraba vivir en Londres. *2 a.* ***used to + ger.*** acostumbrado a: ***I am not used to being spoken like that,*** no estoy acostumbrado a que me hablen así.
useful ('ju:sful) *a.* útil, provechoso. *2* **-ly** *adv.* útilmente.
useless ('ju:slis) *a.* inútil. *2* inservible. *2* **-ly** *adv.* inútilmente, infructuosamente.
usher ('ʌʃəʳ) *s.* ujier, portero. *2* TEAT. acomodador.
usher (to) ('ʌʃəʳ) *t.* introducir; anunciar, guiar.
usual ('ju:ʒuəl) *a.* usual, habitual: ***as ~,*** como de costumbre. *2* **-ly** *adv.* generalmente, etc.
usufruct ('ju:sju(:)frʌkt) *s.* usufructo.
usurer ('ju:ʒərəʳ) *s.* usurero.
usurp (to) (ju:'zə:p) *t.* usurpar.
usury ('ju:ʒuri) *s.* usura.
utensil (ju:'tensl, -sil) *s.* utensilio, herramienta.
utility (ju:'tiliti) *s.* utilidad, provecho. *2* empresa de servicio público.
utilize (to) ('ju:tilaiz) *t.* utilizar, emplear, explotar.
utmost ('ʌtmoust, -məst) *a.* sumo, extremo. *2 s.* lo más posible: ***to do one's ~,*** hacer cuanto uno puede.
utter ('ʌtəʳ) *a.* absoluto, total. *2* terminante.
utter (to) ('ʌtəʳ) *t.* pronunciar, articular. *2* lanzar [un grito]. *3* decir, expresar.
utterance ('ʌtərəns) *s.* pronunciación, articulación. *2* expresión, manera de hablar. *3* declaración, discurso.
utterly ('ʌtəli) *adv.* absolutamente, completamente, del todo.

V

vacancy ('veikənsi) *s.* ocio. *2* vacío, hueco. *3* empleo vacante. *4* habitación desocupada.
vacant ('veikənt) *a.* vacante. *2* vacío. *3* desocupado; libre.
vacate (to) (və'keit) *t.* dejar vacante. *2* evacuar, desocupar.
vacation (ve'keiʃən) *s.* vacación, descanso.
vaccinate (to) ('væksineit) *t.* vacunar.
vaccine ('væksi:n) *s.* vacuna.
vacillate (to) ('væsileit) *t.* vacilar. *2* fluctuar.
vacuum ('vækjuəm) *s.* vacío: ~ ***cleaner,*** aspirador eléctrico.
vagabond ('vægəbənd) *a.-s.* vagabundo.
vagary ('veigəri) *s.* capricho, antojo, extravío.
vagrant ('veigrənt) *a.-s.* vago; vagabundo.
vague (veig) *a.* vago, indefinido. *2* incierto.
vain (vein) *a.* vano, fútil: ***in*** **~,** en vano. *2* vanidoso. *3* **-ly** *adv.* vanamente.
vainglory (vein'glɔ:ri) *s.* vanagloria.
vale (veil) *s.* valle, cañada.
valence, -cy ('veiləns, -i) *s.* QUÍM. valencia.
valentine ('væləntain) *s.* tarjeta o regalo el día de san Valentín. *2* novio, novia.
valet ('vælit, -lei, -li) *s.* criado, ayuda de cámara.
valiant ('væljənt) *a.* valiente, valeroso.
valid ('vælid) *a.* válido. *2* valedero.
validity (və'liditi) *s.* validez.
valise (və'li:z) *s.* maleta, valija; *petaca.
valley ('væli) *s.* valle, cuenca.
valo(u)r ('vælə^r) *s.* valor, valentía.
valuable ('væljuəbl) *a.* valioso, costoso. *2* *s. pl.* joyas, objetos de valor.
valuation (ˌvælju'eiʃən) *s.* valoración, avalúo. *2* estimación, apreciación.
value ('vælju:) *s.* valor [de una cosa]; precio, mérito.
value (to) ('vælju:) *t.* valorar, valuar. *2* apreciar, estimar.
valve (vælv) *s.* ANAT. MEC., RADIO. válvula: ***safety*** **~,** válvula de seguridad. *2* BOT. ventalla. *3* ZOOL. valva.
vampire ('væmpaiə^r) *s.* vampiro; vampiresa.
van (væn) *s.* carromato. *2* camión. *3* (Ingl.) furgón de equipajes.
vandalism ('vændəlizəm) *s.* vandalismo.
vane (vein) *s.* veleta. *2* aspa [de molino]. *3* paleta, álabe.
vanguard ('vængɑ:d) *s.* vanguardia.
vanilla (və'nilə) *s.* BOT. vainilla.
vanish (to) ('væniʃ) *i.* desaparecer, desvanecerse.
vanity ('væniti) *s.* vanidad: ~ ***case,*** polvera; ~ ***table,*** tocador.
vanquish (to) ('væŋkwiʃ) *t.* vencer, derrotar.
vapid ('væpid) *a.* soso, insípido.
vaporize (to) ('veipəraiz) *t.-i.* vaporizar(se. *2* volatilizar. *3* evaporar.
vaporous (veipərəs) *a.* brumoso. *2* vaporoso, etéreo.
vapo(u)r ('veipə^r) *s.* vapor, vaho. *2* niebla ligera.
variable ('vɛəriəbl) *a.-s.* variable.
variance ('vɛəriəns) *s.* variación. *2* discrepancia. *3* desavenencia, desacuerdo: ***to be at*** **~,** estar en desacuerdo.
variation (ˌvɛəri'eiʃən) *s.* variación.
varied ('vɛərid) *a.* vario, variado.
variegated ('vɛərigeitid) *a.* abigarrado, jaspeado, matizado.
variety (və'raiəti) *s.* variedad. *2* TEAT. variedades.
various ('vɛəriəs) *a.* vario [diverso; variable]. *2* varios; diferentes. *3* **-ly** *adv.* variamente.
varnish ('vɑ:niʃ) *s.* barniz.
varnish (to) ('vɑ:niʃ) *t.* barnizar. *2* CERÁM. vidriar.

vary (to) ('vɛəri) *t.-i.* variar. *2 i.* diferenciarse.
vase (vɑ:z) *s.* jarrón; florero.
vassal ('væsəl) *s.* vasallo.
vast (vɑ:st) *a.* vasto. *2* inmenso; enorme, atroz. *3* **-ly** *adv.* vastamente, etc.
vastness ('vɑ:stnis) *s.* inmensidad.
vat (væt) *s.* tina, tanque.
vaudeville ('voudəvil) *s.* espectáculo de variedades, vodevil.
vault (vɔ:lt) *s.* ARQ. bóveda. *2* sótano; cripta; tumba o panteón subterráneo. *3* salto [con pértiga, etc.].
vault (to) (vɔ:lt) *t.* abovedar. *2 t.-i.* saltar [por encima], saltar con pértiga.
vaunt (to) (vɔ:nt) *i.* jactarse, vanagloriarse.
veal (vi:l) *s.* ternera [carne].
veer (to) (viəʳ) *i.* virar, girar, desviarse.
vegetable ('vedʒitəbl) *a.* vegetal. *2* de hortalizas: ~ ***garden,*** huerto. *3 s.* vegetal, planta. *4* legumbre, hortaliza.
vegetate (to) ('vedʒiteit) *i.* vegetar.
vegetation (vedʒi'teiʃən) *s.* vegetación.
vehemence ('vi:iməns) *s.* vehemencia.
vehement ('vi:imənt) *a.* vehemente. *2* **-ly** *adv.* vehementemente.
vehicle ('vi:ikl) *s.* vehículo.
veil (veil) *s.* velo.
veil (to) (veil) *t.* velar [cubrir con velo]. *2* ocultar, disimular.
vein (vein) *s.* ANAT. vena. *2* BOT. vena, nervio. *3* MIN. veta, filón. *4* humor, disposición.
vellum ('veləm) *s.* pergamino, vitela.
velocity (vi'lɔsiti) *s.* velocidad.
velvet ('velvit) *s.* terciopelo, velludo.
velvety ('velviti) *a.* aterciopelado. *2* suave.
vendor ('vendɔ:ʳ) *s.* vendedor.
veneer (vi'niəʳ) *s.* hoja para chapear, chapa.
veneer (to) (vi'niəʳ) *t.* chapear, enchapar; revestir.
venerable ('venərəbl) *a.* venerable. *2* venerado.
venerate (to) ('venəreit) *t.* venerar, reverenciar.
veneration (ˌvenə'reiʃən) *s.* veneración.
Venezuelan (ˌvene'zweilən) *a.-s.* venezolano.
vengeance ('ven(d)ʒens) *s.* venganza. *2* ***with a ~,*** con furia.
vengeful ('ven(d)ʒful) *a.* vengativo.
venison ('venzn, 'venizn) *s.* venado, carne de venado.
venom ('venəm) *s.* veneno. *2* rencor, ponzoña.
venomous ('venəməs) *a.* venenoso. *2* rencoroso.
vent (vent) *s.* orificio, abertura: escape, respiradero. *2* expansión, desahogo: ***to give ~ to anger,*** desahogar la ira.
vent (to) (vent) *t.* dar salida a. *2* desahogar; descargar.
ventilate (to) ('ventileit) *t.* ventilar. *2* discutir.
ventilator ('ventileitəʳ) *s.* ventilador.
ventriloquist (ven'triləkwist) *s.* ventrílocuo.
venture ('ventʃəʳ) *s.* ventura, azar, riesgo: ***at a ~,*** al azar. *2* empresa arriesgada.
venture (to) ('ventʃəʳ) *t.-i.* aventurar(se, arriesgar(se. *2 i.* atreverse.
venturesome ('ventʃəsəm), **venturous** ('ventʃərəs) *a.* atrevido, temerario. *2* aventurado, arriesgado, azaroso.
venturously ('ventʃərəsli) *adv.* osadamente.
veracious (və'reiʃəs) *a.* veraz. *2* verídico.
veranda(h (və'rændə) *s.* veranda, terraza.
verb (və:b) *s.* GRAM. verbo.
verbal ('və:bl) *a.* verbal. *2* oral.
verbatim (və:'beitim) *adv.* literalmente, al pie de la letra.
verbena (və(:)'bi:nə) *s.* BOT. verbena.
verbose (və:'bous) *a.* verboso. *2* difuso, prolijo.
verbosity (və:'bɔsiti) *s.* verbosidad.
verdant ('və:dənt) *a.* verde [campo, planta, etc.].
verdict ('və:dikt) *s.* veredicto. *2* dictamen.
verdure ('və:dʒəʳ) *s.* verde, verdura, verdor.
verge (ve:dʒ) *s.* borde, orilla: ***on the ~ of,*** a punto de.
verge (to) (və:dʒ) *i.* inclinarse, acercarse [a o hacia]. *2* ***to ~ on,*** estar próximo a, estar al borde de: ***to ~ toward,*** tender a.
verification (ˌverifi'keiʃən) *s.* verificación, comprobación.
verify (to) ('verifai) *t.* verificar, comprobar.
verily ('verili) *adv.* verdaderamente, en verdad.
veritable ('veritəbl) *a.* verdadero.
vermicelli (ˌvə:mi'seli) *s.* fideos.
vermillion (və'miljən) *s.* bermellón. *2* rojo, carmín.
vermin ('və:min) *s.* bicho, sabandija. *2* alimaña.
vernacular (və'nækjuləʳ) *a.* vernáculo. *2 s.* lenguaje vernáculo.
versatile ('və:sətail) *a.* versátil. *2* de conocimientos variados.
verse (və:s) *s.* LIT. verso. *2* versículo.
versed (və:st) *a.* versado, instruido.
versify (to) ('və:sifai) *t.-i.* versificar.
version ('və:ʃən) *s.* versión.

vertebrate ('və:tibrit) *a.-s.* ZOOL. vertebrado.
vertical ('və:tikəl) *a.* vertical. *2* **-ly** *adv.* verticalmente.
vertiginous (və:'tidʒinəs) *a.* vertiginoso. *2* **-ly** *adv.* vertiginosamente.
vertigo ('və:tigou) *s.* vértigo.
verve (vɛəv, və:v) *s.* inspiración, brío.
very ('veri) *a.* mismo, idéntico: ***at that ~ moment,*** en aquel mismo instante. *2* verdadero, puro, solo: ***the ~ truth,*** la pura verdad. *3 adv.* muy, sumamente: ***~ much,*** mucho, muchísimo.
vespers ('vespəz) *s. pl.* LITURG. vísperas.
vessel ('vesl) *s.* vasija, vaso: ***blood ~,*** vena. *2* nave, embarcación.
vest (vest) *s.* chaleco. *2* camiseta de punto.
vest (to) (vest) *t.* ***to ~ in,*** dar, atribuir, conferir a. *2* ***to ~ with power,*** investir de autoridad. *3* ***vested interests,*** intereses creados.
vestibule ('vestibju:l) *s.* vestíbulo; zaguán.
vestige ('vestidʒ) *s.* vestigio, huella.
vestment ('vestmənt) *s.* vestidura. *2* vestidura sagrada.
vestry ('vestri) *s.* sacristía. *2* junta parroquial.
veteran ('vetərən) *s.-a.* veterano.
veterinary ('vetərinəri) *a.* veterinario.
veto ('vi:tou) *s.* veto; prohibición.
veto (to) ('vi:tou) *t.* poner el veto a; prohibir.
vex (to) (veks) *t.* vejar, molestar. *2* disgustar, desazonar. *3* discutir: ***vexed point,*** punto discutido.
vexation (vek'seiʃən) *s.* molestia. *2* chinchorrería. *3* disgusto, enojo.
vexatious (vek'seiʃəs) *a.* enfadoso, molesto, engorroso.
via ('vaiə) *prep.* vía, por la vía de, por.
viaduct ('vaiədʌkt) *s.* viaducto.
vial ('vaiəl) *s.* frasco, ampolleta.
viands ('vaiəndz) *s. pl.* vituallas, provisiones, comida.
vibrant ('vaibrənt) *a.* vibrante.
vibrate (to) (vai'breit) *t.-i.* vibrar, hacer vibrar.
vicar ('vikəʳ) *s.* vicario. *2* párroco anglicano.
vicarage ('vikəridʒ) *s.* beneficio y casa del VICAR 2.
vicarious (vai'kɛəriəs) *a.* delegado; suplente.
vice (vais) *s.* vicio. *2* VISE. *3* fam. sustituto, suplente. *4 pref.* vice-. *5* ('vaisi) *prep.* en lugar de.
vice-chancellor ('vais'tʃɑ:nsələʳ) *s.* vicecanciller.
viceroy ('vais rɔi) *s.* virrey.
vice versa ('vaisi'və:sə) *adv.* viceversa.
vicinity (vi'siniti) *s.* vecindad, cercanía. *2* alrededores, contornos.
vicious ('viʃəs) *a.* vicioso [depravado; defectuoso]. *2* resabiado: ***~ dog,*** perro mordedor. *3* sañudo, rencoroso. *4* **-ly** *adv.* viciosamente; malignamente.
vicissitude (vi'sisitju:d) *s.* vicisitud.
victim ('viktim) *s.* víctima. *2* interfecto.
victor ('viktəʳ) *m.* vencedor.
Victoria (vik'tɔ:riə) *n. pr. f.* Victoria.
victorious (vik'tɔ:riəs) *a.* victorioso. *2* triunfal. *3* **-ly** *adv.* victoriosamente.
victory ('viktəri) *s.* victoria, triunfo.
victual (to) ('vitl) *t.-i.* avituallar(se.
victuals ('vitlz) *s. pl.* vitualla(s, víveres.
vie (to) (vai) *t.* emular, competir.
view (vju:) *s.* vista, visión, consideración; mirada. *2* vista, panorama, escena. *3* opinión, punto de vista, aspecto. *4* propósito: ***with a ~ to,*** con el propósito de; ***~ point,*** punto de vista.
view (to) (vju:) *t.* ver, mirar. *2* examinar, inspeccionar. *3* considerar.
viewer ('vju:əʳ) *s.* espectador. *2* inspector. *3* TELEV. telespectador.
vigil ('vidʒil) *s.* vigilia, desvelo: ***to keep ~,*** velar.
vigilance ('vidʒiləns) *s.* vigilancia.
vigilant ('vidʒilənt) *a.* vigilante, atento.
vigorous ('vigərəs) *a.* vigoroso. *2* fuerte, enérgico. *3* **-ly** *adv.* vigorosamente, enérgicamente.
vigo(u)r ('vigəʳ) *s.* vigor, fuerza, energía.
vile (vəil) *a.* vil, ruin. *2* malo, pésimo. *3* **-ly** *adv.* vilmente, etc.
vileness ('vailnis) *s.* vileza, bajeza, infamia.
vilify (to) ('vilifai) *t.* vilipendiar, denigrar.
villa ('vilə) *s.* villa, quinta.
village ('vilidʒ) *s.* aldea, lugar, pueblo.
villager ('vilidʒəʳ) *s.* lugareño, aldeano.
villain ('vilən) *s.* bribón, canalla. *2* malo, traidor [de drama o novela].
villainous ('vilənəs) *a.* villano, vil, ruin.
villainy ('viləni) *s.* villanía, maldad, infamia.
vindicate (to) ('vindikeit) *t.* vindicar, justificar. *2* reivindicar.
vindication (ˌvindi'keiʃən) *s.* vindicación; justificación, desagravio.
vindictive (vin'diktiv) *a.* vindicativo, vengativo.
vine (vain) *s.* BOT. vid, parra; enredadera.
vinegar ('vinigəʳ) *s.* vinagre.
vineyard ('vinjəd) *s.* viña, viñedo.
vintage ('vindidʒ) *s.* vendimia. *2* cosecha [de vino].

violate (to) ('vaiəleit) *t.* violar, forzar; atropellar.
violence ('vaiələns) *s.* violencia.
violent ('vaiələnt) *a.* violento. *2* impetuoso.
violet ('vəiəlit) *s.* violeta. *2* color de violeta. *3 a.* violado.
violín (ˌvaiə'lin) *s.* violín.
violinist ('vaiəlinist) *s.* violinista.
violoncello (ˌvaiələn'tʃelou) *s.* violoncelo.
viper ('vaipəʳ) *s.* víbora.
virago (vi'rɑ:gou) *s.* virago. *2* arpía, mujer regañona.
virgin ('və:dʒin) *s.* virgen, doncella: ***the Virgin,*** la Santa Virgen. *2 a.* Virgen; virginal.
virginity (və:'dʒiniti) *s.* virginidad.
virile ('virail) *a.* viril, masculino, varonil.
virility (vi'riliti) *s.* virilidad.
virtual ('və:tjuəl) *a.* virtual. *2* **-ly** *adv.* virtualmente.
virtue ('və:tju:) *s.* virtud: ***by*** o ***in ~ of,*** en virtud de.
virtuosity (ˌvə:tju'ɔsiti) *s.* virtuosismo, maestría.
virtuous ('və:tʃuəs, -tjuəs) *a.* virtuoso.
virulence ('viruləns) *s.* virulencia, malignidad.
virulent ('virulənt) *a.* virulento.
virus ('vaiərəs) *s.* virus.
visa ('vi:zə) *s.* visado, visto bueno.
visage ('vizidʒ) *s.* rostro, semblante. *2* aspecto.
viscount ('vaikaunt) *s.* vizconde: ***viscountess,*** vizcondesa.
viscous ('viskəs) *a.* viscoso.
vise (vais) *s.* MEC. (E. U.) tornillo de banco.
visible (vizibl) *a.* visible.
vision ('viʒən) *s.* vista [sentido]. *2* visión [facultad de ver; cosa vista, aparición].
visionary ('viʒənəri) *a.-s.* visionario. *2 a.* imaginario, quimérico.
visit ('vizit) *s.* visita.
visit (to) ('vizit) *t.* visitar. *2* afligir, castigar. *3 i.* hacer visita.
visitor ('vizitəʳ) *s.* visita, visitante. *2* visitador.
visor ('vaizəʳ) *s.* visera.
vista ('vistə) *s.* vista, panorama.
visual ('vizjuəl) *a.-s.* visual. *2* **-ly** *adv.* visualmente.
visualize (to) ('vizjuəlaiz) *t.* hacer visible. *2* representarse en la mente.
vital ('vaitl) *a.* vital. *2* fatal, mortal.
vitality (vai'tæliti) *s.* vitalidad. *2* animación, vigor.
vitalize (to) ('vaitəlaiz) *t.* vivificar.
vitals (vaitlz) *s. pl.* órganos vitales, entrañas.
vitamin(e ('vaitəmin, 'vit-) *s.* vitamina.
vitiate (to) ('viʃieit) *t.* viciar [dañar, corromper].
vitriol (vitriəl) *s.* vitriolo. *2* virulencia, causticidad.
vituperate (to) (vi'tju:pəreit) *t.* vituperar. *2* denostar.
vivacious (vi'veiʃəs) *a.* vivaz, vivaracho, alegre, animado.
vivacity (vi'væsiti) *s.* vivacidad, viveza.
vivid ('vivid) *a.* vívido. *2* vivo, animado. *3* **-ly** *adv.* vivamente.
vividness ('vividnis) *s.* viveza, intensidad.
vivify (to) ('vivifai) *t.* vivificar. *2* animar, avivar.
vixen ('viksn) *s.* zorra, raposa.
vocabulary (və'kæbjuləri) *s.* vocabulario. *2* léxico.
vocal ('voukəl) *a.-s.* vocal. *2 a.* oral. *3* vocálico. *4* fig. hablador, elocuente. *5* **-ly** *adv.* vocalmente, oralmente.
vocalist ('voukəlist) *s.* vocalista.
vocation (vou'keiʃən) *s.* vocación. *2* oficio, profesión.
vociferate (to) (vou'sifəreit) *i.* vociferar.
vociferous (vou'sifərəs) *a.* vociferante, vocinglero. *2* **-ly** *adv.* a gritos, desaforadamente.
vogue (voug) *s.* boga, moda.
voice (vɔis) *s.* voz. *2* habla, palabra. *3* opinión, voto: ***with one ~,*** unánimemente. *4* GRAM. voz [del verbo]; ***voiced consonant,*** consonante sonora.
voice (to) (vɔis) *t.* expresar, decir, anunciar.
voiceless ('vɔislis) *a.* sin voz. *2* sin voto. *3* mudo, silencioso. *4* FONÉT. sordo; ***~ consonant,*** consonante sorda.
void (vɔid) *a.* vacío; vacante. *2* desprovisto [de]. *3* vano, inútil. *4* DER. nulo, inválido. *5 s.* vacío, hueco.
volatile ('vɔlətail) *a.* volátil. *2* ligero, fugaz.
volcanic (vɔl'kænik) *a.* volcánico.
volcano (vɔl'keinou) *s.* volcán.
volition (vou'liʃən) *s.* volición; voluntad.
volley ('vɔli) *s.* descarga, andanada. DEP. voleo [tenis].
volley (to) ('vɔli) *t.* lanzar una descarga, una lluvia de. *3* DEP. volear.
volt (voult) *s.* ELECT. voltio.
voltage ('voultidʒ) *s.* ELECT. voltaje, tensión.
voluble ('vɔljubl) *a.* voluble, versátil.
volume ('voljum) *s.* volumen, tomo, libro. *2* GEOM., MÚS. volumen. *3* bulto, masa.
voluminous (və'lju:minəs) *a.* voluminoso. *2* copioso, prolijo.

voluntary ('vɔləntəri) *a.* voluntario. *2* espontáneo.
volunteer (ˌvɔlən'tiəʳ) *s.* voluntario.
volunteer (to) (ˌvɔlən'tiəʳ) *t.-i.* ofrecer(se voluntariamente.
voluptuous (və'lʌptjuəs) *a.* voluptuoso, sensual.
voluptuousness (və'lʌptjuəsnis) *s.* voluptuosidad, sensualidad.
volute (və'lju:t) *a.* enroscado, en espiral. *2 s.* voluta, espiral.
vomit (to) ('vɔmit) *t.-i.* vomitar.
voracious (və'reiʃəs) *a.* voraz. *2* insaciable, ávido.
voracity (vɔ'ræsiti) *s.* voracidad.
vortex ('vɔ:teks), *pl.* **-texes** (-teksiz), **-tices** (-tisi:z) vórtice. *2* vorágine, torbellino.
vote (vout) *s.* voto, votación, sufragio.
vote (to) (vout) *t.-i.* votar [dar su voto].
voter ('voutəʳ) *s.* votante. *2* elector.
vouch (to) (vautʃ) *t.* testificar, dar fe de. *2* garantizar, responder de. *3 i.* ***to ~ for*** responder de o por.
voucher ('vautʃəʳ) *s.* garante, fiador. *2* documento, justificativo, resguardo, recibo.
vouchsafe (to) (vautʃ'seif) *t.* conceder, permitir. *2* dignarse.
vow (vau) *s.* voto, promesa solemne. *2* voto, deseo; súplica: ***to take religious ~***, profesar.
vow (to) (vau) *t.* hacer voto de; prometer solemnemente.
vowel ('vauəl) *a.-s.* GRAM. vocal.
voyage (vɔidʒ) *s.* viaje por mar o por el aire, travesía.
voyage (to) (vɔidʒ) *i.* viajar, navegar.
voyager ('vɔiədʒəʳ) *s.* viajero, pasajero.
vulgar ('vʌlgəʳ) *a.* vulgar. *2* común, ordinario, de mal gusto. *3* **-ly** *adv.* vulgarmente, groseramente.
vulgarize (to) ('vʌlgəraiz) *t.* vulgarizar. *2* adocenar.
vulgarity (vʌl'gæriti) *s.* vulgaridad. *2* ordinariez.
vulnerable ('vʌlnərəbl) *a.* vulnerable.
vulture ('vʌltʃəʳ) *s.* buitre, cóndor.
vying ('vaiiŋ) *ger.* de TO VIE.

W

wad (wɔd) *s.* guata. *2* ARTILL. taco. *3* fam. (E. U.) fajo [de billetes].
waddle (to) ('wɔdl) *i.* anadear. *2* andar o moverse con marcha torpe.
wade (to) (weid) *i.* andar sobre terreno cubierto de agua, lodo, etc. *2 t.* vadear.
waft (to) (wɑ:ft, wɔ:ft, wɔft) *t.-i.* mecer(se. *2* llevar o enviar por el agua o el aire.
wag (wæg) *s.* meneo. *2* bromista, guasón.
wag (to) (wæg) *t.* menear [la cabeza, etc.]. *2 i.* moverse, menearse.
wage (weidʒ) *s.* paga, jornal, salario.
wage (to) (weidʒ) *t.* emprender, sostener; hacer: ***to ~ war,*** hacer guerra.
wager ('weidʒəʳ) *s.* apuesta: ***to lay a ~,*** hacer una apuesta.
wager (to) ('weidʒəʳ) *t.-i.* apostar.
waggish ('wægiʃ) *a.* juguetón.
waggle (to) ('wægl) *t.-i.* menear(se, mover(se de un lado a otro.
wag(g)on ('wægən) *s.* carromato, furgón. *2* FERROC. vagón de mercancías.
waif (weif) *s.* cosa o animal sin dueño. *2* niño abandonado; golfillo.
wail (weil) *s.* lamento, gemido.
wail (to) (weil) *t.-i.* lamentar(se, deplorar.
wainscot ('weinskət) *s.* zócalo, friso.
wainscot (to) ('weinskət) *t.* enmaderar.
waist (weist) *s.* cintura, talle. *2* corpiño.
waistcoat ('weiskout) *s.* chaleco.
wait (weit) *s.* espera. *2* detención, demora. *3* ***to lie in ~ for,*** estar al acecho.
wait (to) (weit) *i.-t.* esperar, aguardar [con ***for***]. *2 i.* servir: ***to ~ at table,*** servir a la mesa. *3* ***to ~ on*** o ***upon,*** servir; visitar.
waiter ('weitəʳ) *s.* mozo, camarero.
waiting ('weitiŋ) *s.* espera. *2* servicio. *3* a. ***~ room,*** sala de espera; ***~ maid,*** doncella.
waitress ('weitris) *s.* camarera, moza.
waive (to) (weiv) *t.* renunciar, abandonar. *2* desaprovechar.
wake (weik) *s.* estela, aguaje: ***in the ~ of,*** detrás de. *2* vela, velatorio.
wake (to) (weik) [a veces con ***up***] *t.-i.* despertar(se, despabilarse. ¶ Pret.: ***waked*** (weikt) o ***woke*** (wouk); p. p.: ***waked*** o ***woken*** ('woukən).
wakeful ('weikful) *a.* desvelado, insomne.
wakefulness ('weikfulnis) *s.* insomnio; desvelo.
waken (to) ('weikən) *t.-i.* despertar.
walk (wɔ:k) *s.* paseo, vuelta. *2* paseo, alameda, senda. *3* paso [del caballo, etc.]. *4* ***~ of life,*** condición social; profesión; ***a ten minutes' ~,*** un paseo de diez minutos.
walk (to) (wɔ:k) *i.* andar, caminar; ***to ~ away,*** irse; ***to ~ back home,*** volverse a casa a pie; ***to ~ in,*** entrar; ***to ~ out, to ~ out with,*** salir con, ser novio de; ***to ~ up to,*** acercarse a; ***to ~ the hospitals,*** estudiar medicina. *2 t.* sacar a paseo. *3* recorrer.
walkie-talkie ('wɔ:ki-'tɔ:ki) *s.* transmisor-receptor portátil.
walking ('wɔ:kiŋ) *s.* marcha, paseo. *2 a.* de paseo; ***~ stick,*** bastón.
wall (wɔ:l) *s.* pared, muro: ***to drive*** o ***push, to the ~,*** poner entre la espada y la pared. *2* muralla.
wallet ('wɔlit) *s.* cartera [de bolsillo].
wallow (to) ('wɔlou) *i.* revolcarse. *2* nadar [en la abundancia].
walnut ('wɔ:lnət) *s.* BOT. nuez [del nogal]: ***~ tree,*** nogal.
wan (wɔn) *a.* pálido, descolorido. *2* triste, enfermizo.
wand (wɔnd) *s.* vara: ***magic ~,*** varilla mágica.
wander (to) ('wɔndəʳ) *t.-i.* errar, vagar: ***to ~ away,*** desviarse de. *2* delirar.
wanderer ('wɔndərəʳ) *s.* paseante, vagabundo, viajero.
wandering ('wɔndəriŋ) *s.* viaje. *2* extravío. *3* delirio. *4 a.* errante: ***~ Jew,***

judío errante. 5 extraviado. 6 delirante.

wane (to) (wein) *t.* menguar, disminuir. 2 declinar.

want (wɔnt) *s.* falta, necesidad, carencia, escasez: ***to be in*** ~, estar necesitado; ***for*** ~ ***of***, por falta de.

want (to) (wɔnt) *t.* necesitar. 2 querer, desear: ***to*** ~ ***for***, necesitar.

wanting ('wɔntiŋ) *a.* falto, defectuoso. 2 necesitado: ***to be*** ~, faltar.

wanton ('wɔntən) *a.* travieso. 2 irreflexivo. 3 lascivo. 4 licencioso. 5 brutal. 6 *s.* mujer disoluta. 7 **-ly** *adv.* licenciosamente; brutalmente.

war (wɔ:ʳ) *s.* guerra: ~ ***dance***, danza guerrera; ~ ***horse***, corcel de batalla.

war (to) (wɔ:ʳ) *i.* guerrear, estar en guerra: ***to*** ~ ***on***, guerrear con.

warble ('wɔ:bl) *s.* trino, gorjeo.

warble (to) ('wɔ:bl) *t.-i.* trinar, gorjear.

ward (wɔ:d) *s.* guarda, custodia. 2 tutela. 3 pupilo. 4 barrio. 5 sala [de hospital].

ward (to) (wɔ:d) *t.* guardar, proteger. 2 ***to*** ~ ***off***, resguardarse de, evitar.

warden ('wɔ:dn) *s.* vigilante, guardián. 2 gobernador, alcaide: ***prison*** ~, alcalde de una prisión.

warder ('wɔ:dəʳ) *s.* guarda, centinela.

wardrobe ('wɔ:droub) *s.* armario, guardarropa. 2 vestuario, ropa.

ware (wɛəʳ) *s. sing.* o *pl.* géneros, mercancías.

warehouse ('wɛəhaus) *s.* almacén, depósito.

warfare ('wɔ:fɛəʳ) *s.* guerra, lucha.

warily ('wɛərili) *adv.* cautamente, astutamente.

wariness ('wɛərinis) *s.* cautela, precaución, prudencia.

warlike ('wɔ:-laik) *a.* guerrero, belicoso, bélico.

warm (wɔ:m) *a.* caliente, cálido, caluroso: ***I am*** ~, tengo calor; ***it is*** ~, hace calor. 2 acalorado. 3 afectuoso, cordial: ~ ***hearted***, de buen corazón. 4 vivo, fogoso, apasionado. 5 **-ly** *adv.* calurosamente; ardientemente, afectuosamene.

warm (to) (wɔ:m) *t.-i.* calentar(se. 2 animar(se, acalorar(se, 3 ***to*** ~ ***over*** o ***up***, recalentar(se; animar(se.

warmth (wɔ:mθ) *s.* calor moderado. 2 afecto, cordialidad.

warn (to) (wɔ:n) *t.* avisar, advertir, prevenir. 2 amonestar.

warning ('wɔ:niŋ) *s.* aviso, advertencia. 2 amonestación. 3 escarmiento.

warp (wɔ:p) *s.* TEJ. urdimbre. 2 alabeo. 3 torcimiento, deformación.

warp (to) (wɔ:p) *t.* urdir. 2 *t.-i.* alabear(se. 3 torcer(se, deformar(se.

warrant ('wɔrənt) *s.* autorización, poder. 2 mandato, orden [de prisión]. 3 justificante. 4 garantía, seguridad.

warrant (to) ('wɔrənt) *t.* autorizar. 2 garantizar. 3 asegurar, certificar. 4 justificar.

warranty ('wɔrənti) *s.* garantía. 2 justificación.

warrior ('wɔriəʳ) *s.* guerrero.

warship ('wɔ:-ʃip) *s.* buque de guerra.

wary ('wɛəri) *a.* cauto, prudente.

was (wɔz, wəz) *pret.* de TO BE.

wash (wɔʃ) *s.* lavado, ablución. 2 baño, capa. 3 loción. 4 ~ ***-basin***, lavabo, palangana; ***washed-out***, descolorido; ***wash-leather***, gamuza; ***wash-room***, cuarto de aseo; ***-stand***, palanganero, lavabo.

wash (to) (wɔʃ) *t.* lavar. 2 bañar, regar; ***to*** ~ ***away, off, out***, quitar lavando; ***to be washed away by the waves***, ser arrastrado por las olas; ***to*** ~ ***up***, lavar los platos.

washable ('wɔʃəbl) *a.* lavable.

washerwoman ('wɔʃəˌwumən) *s.* lavandera.

washing ('wɔʃiŋ) *s.* acción de TO WASH. 2 colada. 3 *a.* de lavar: ~***-machine***, lavadora.

wasn't ('wɔznt) *contr.* de WAS NOT.

wasp (wɔsp) *s.* avispa: ***wasp's nest***, avispero.

wastage ('weistidʒ) *s.* desgaste. 2 desperdicio.

waste (weist) *a.* yermo, inculto. 2 desierto, desolado. 3 triste, sombrío. 4 devastado, arruinado. 5 inútil, sobrante: ~ ***paper***, papeles rotos o usados. 6 *s.* extensión, inmensidad. 7 desierto. 8 destrucción. 9 gasto inútil, derroche. 10 desgaste, merma. 11 desechos, desperdicios.

waste (to) (weist) *t.* devastar, destruir. 2 gastar, mermar. 3 malgastar. 4 *i.* gastarse, consumirse. | A veces con ***away***.

wasteful ('weistful) *a.* asolador. 2 ruinoso. 3 malgastador.

wastrel ('weistrəl) *s.* gastador. 2 vago, golfo.

watch (wɔtʃ) *s.* reloj de bolsillo. 2 vela, vigilia: ~ ***night***, noche vieja. 3 velatorio. 4 vigilancia, observación, cuidado: ***on the*** ~, alerta. 5 centinela, vigilante: ~ ***box***, garita.

watch (to) (wɔtʃ) *i.* velar [estar despier-

to]. *2* vigilar, estar alerta: ***to ~ for,*** esperar, aguardar; ***to ~ over,*** velar por; vigilar, inspeccionar; ***watch out!,*** ¡cuidado! *3 t.* guardar, custodiar.
watchful ('wɔtʃful) *a.* desvelado. *2* vigilante, en guardia.
watchfulness ('wɔtʃfulnis) *s.* vigilancia, desvelo.
watch-maker ('wɔtʃˌmeikəʳ) *s.* relojero.
watchman ('wɔtʃmən) *s.* sereno.
watchword ('wɔtʃwə:d) *s.* MIL. santo y seña, consigna.
watchwork ('wɔtʃwə:k) *s.* mecanismo de relojería.
water ('wɔ:təʳ) *s.* agua: ***in deep ~,*** o ***waters,*** en apuros; ***drinking ~,*** agua potable; ***high ~,*** pleamar; ***low ~,*** bajamar; ***spring ~,*** agua de manantial. *2 a.* de agua, acuático: ~ ***-closet,*** retrete con descarga de agua; ***-colo(u)r,*** acuarela; ***-front,*** orilla, ribera; ***-lily,*** nenúfar; ***-line,*** MAR. línea de flotación; ~ ***pot,*** jarro; ***-power,*** fuerza hidráulica; ~ ***proof,*** impermeable.
water (to) ('wɔ:təʳ) *t.* regar, rociar, mojar. *2* aguar [el vino]. *3 i.* chorrear agua o humedad; llorar. *4 t.-i.* abrevar(se [el ganado]. *5* proveer(se de agua.
waterfall ('wɔ:təfɔ:l) *s.* cascada, catarata.
watering ('wɔ:təriŋ) *s.* riego, irrigación; ***-can,*** regadera; ~ ***-place,*** abrevadero; balneario.
watershed ('wɔ:təʃed) *s.* GEOGR. cuenca; vertiente.
waterspout ('wɔ:tə-spaut) *s.* manga, tromba marina.
watery ('wɔ:təri) *a.* acuoso.
wave (weiv) *s.* ola. *2* onda: ~ ***-length,*** RADIO. longitud de onda. *3* temblor, oscilación.
wave (to) (weiv) *i.* flotar, ondear, ondular. *2 t.* agitar, tremolar: ***to ~ good-bye,*** hacer ademán de despedida.
waver ('weivəʳ) *s.* oscilación, temblor. *2* titubeo.
waver (to) ('weivəʳ) *i.* ondear, oscilar, temblar. *2* vacilar.
wavy ('weivi) *a.* rizado, ondulado, ondulante.
wax (wæks) *s.* cera: ~ ***candle,*** vela, cirio. *2* cerumen.
wax (to) (wæks) *t.* encerar. *2 i.* crecer, aumentar. *3* ponerse: ***to ~ old,*** hacerse viejo.
way (wei) *s.* vía, camino, calle, canal, conducto. *2* viaje, rumbo, curso, dirección, sentido: ~ ***down,*** bajada; ~ ***up,*** subida; ***to go one's ~,*** seguir uno su camino; ***on the ~,*** de paso; ***the other ~ round,*** al revés; ***this ~,*** por aquí. *3* paso: ~ ***in,*** entrada; ~ ***out,*** salida; ~ ***through,*** paso, pasaje. *4* espacio, distancia, trecho. *5* marcha, progreso: ***to make no ~,*** no prosperar. *6* modo, manera: ***anyway,*** de todos modos. *7* lado, aspecto. *8* medio. *9* sistema de vida, costumbre: ***it is not my ~,*** no acostumbrado a. *10* estado, condición. *11 pl.* maneras [de una persona]. *12* ***by ~ of,*** pasando por, por vía de. *13* ***by the ~,*** a propósito. *14* ***out of the ~,*** fuera de camino; impropio. *15 a.* de camino, de tránsito: ~ ***train,*** tren, tranvía.
wayfarer ('weiˌfɛərəʳ) *s.* caminante. *2* viajero.
waylay (to) (wei'lei) *t.* aguardar, acechar.
wayside ('weisaid) *s.* borde del camino.
wayward ('weiwed) *a.* díscolo, voluntarioso. *2* caprichoso.
we (wi:, wi) *pron.* nosotros.
weak (wi:k) *a.* débil, flojo, flaco. *2* **-ly** *adv.* débilmente, etc.
weaken (to) ('wi:kən) *t.-i.* debilitar(se. *2 i.* flaquear, desfallecer.
weakness ('wi:knis) *s.* debilidad, flaqueza.
weal (wi:l) *s.* bien, prosperidad: ***public ~,*** bien público. *2* cardenal [en la piel].
wealth (welθ) *s.* riqueza. *2* fortuna.
wealthy ('welθi) *a.* rico, opulento.
weapon ('wepən) *s.* arma.
wear (wɛəʳ) *s.* uso [de ropa, calzado, etc.]: ***for everyday ~,*** de uso diario. *2* ropa, vestidos; ***men's ~,*** ropa para hombres.
wear (to) (wɛəʳ) *t.* traer puesto, usar, llevar. *2* usar [barba, etc.]. *3 t.-i.* gastar(se, deteriorar(se. *4* agotar(se, fatigar(se. *5* ***to ~ away,*** gastar(se, consumir(se. *6* ***to ~ out,*** desgastar(se. ¶ Pret.: ***wore*** (wɔ:ʳ, wɔəʳ); p. p.: ***worn*** (wɔ:n).
wearied ('wiərid) *a.* cansado, fatigado. *2* aburrido.
wearily ('wiərili) *adv.* penosamente, con cansancio.
weariness ('wiərinis) *s.* cansancio, fatiga. *2* aburrimiento.
wearisome ('wiərisəm) *a.* cansado, fatigoso. *2* aburrido.
weary ('wiəri) *a.* cansado, fatigado. *2* abrumado. *3* aburrido.
weary (to) ('wiəri) *t.-i.* cansar(se [fatigar(se, fastidiar(se]. *2* aburrirse.
weasel ('wi:zl) *s.* comadreja.
weather ('weðəʳ) *s.* tiempo [estado de la

atmósfera]: ~ ***forecast(ing,*** pronóstico del tiempo: ***-vane,*** veleta; ***it is fine ~,*** hace buen tiempo.

weather (to) ('weðəʳ) *t.-i.* curar(se, secar(se a la intemperie. *2 t.* capear, aguantar.

weave (wi:v) *s.* tejido, textura.

weave (to) (wi:v) *t.* tejer. *2* entretejer. *3* urdir, tramar. ¶ Pret.: ***wove*** (wouv); p. p.: ***woven*** ('wouvən) o ***wove.***

weaver ('wi:vəʳ) *s.* tejedor.

web (web) *s.* tejido, tela; telaraña: ***spider's ~,*** o ***cob-~,*** tela de araña; ***~-footed,*** palmípedo.

we'd (wi:d) *contrac.* de WE HAD, WE SHOULD y WE WOULD.

wed (to) (wed) *t.* casarse [con]. *2* casar. ¶ Pret. y p. p.: ***wedded*** ('wedid) o ***wed*** (wed).

wedding ('wediŋ) *s.* casamiento, boda: ***silver ~,*** bodas de plata.

wedge (wedʒ) *s.* cuña, calce.

wedge (to) (wedʒ) *t.* acuñar, meter cuñas.

wedlock ('wedlɔk) *s.* matrimonio, nupcias.

Wednesday ('wenzdi, -dei) *s.* miércoles.

weed (wi:d) *s.* yerbajo, mala hierba. *2* alga.

weed (to) (wi:d) *t.* escardar, desyerbar.

week (wi:k) *s.* semana: ***-end,*** fin de semana: ***a ~ from today,*** de hoy en ocho días.

weekly ('wi:kli) *a.* semanal. *2 adv.* semanalmente. *3 s.* semanario [periódico].

weep (to) (wi:p) *t.-i.* llorar, lamentar. ¶ Pret. y p.p.: ***wept*** (wept).

weeping ('wi:piŋ) *s.* llanto. *2 a.* llorón: ***~ willow,*** sauce llorón.

weigh (to) (wei) *t.-i.* pesar(se. *2* sopesar, considerar. *3* levar [un ancla]. *4* ***to ~ down,*** abrumar, agobiar.

weight (weit) *s.* peso, gravedad: ***paper-~,*** pisapapeles; ***to put on ~,*** engordar. *3* sistema de pesos.

weight (to) (weit) *t.* cargar con peso; sobrecargar.

weighty ('weiti) *a.* pesado, ponderoso. *2* de peso, importante.

weir (wiəʳ) *s.* azud, presa [en un río].

weird (wiəd) *a.* sobrenatural, fantástico. *2* raro, extraño.

welcome ('welkəm) *a.* bien venido. *2* grato, agradable. *3* ***you are ~,*** no hay de qué. *4 s.* bienvenida, buena acogida. *5 interj.* ¡bien venido!

welcome (to) ('welkəm) *t.* dar la bienvenida, acoger. *2 a.* ***welcoming,*** acogedor.

welfare ('welfɛəʳ) *s.* bienestar, felicidad, salud.

we'll (wi:l) *contrac.* de WE SHALL y WE WILL.

1) **well** (wel) *s.* manantial. *2* pozo. *3* cisterna.

2) **well** (wel) *a.* bien hecho, satisfactorio, bueno, apto. *2* ***well-meaning,*** bienintencionado; ***well-off,*** o ***well-to-do,*** rico, adinerado. *3* ***all is ~,*** no hay novedad, todo va bien; ***it is ~ to do it,*** conviene hacerlo. *4 s.* ***well-being,*** bienestar. *5 adv.* bien, felizmente, del todo: ***as ~,*** además; también; ***~ done,*** bien hecho; bien cocido; ***~ then,*** pues bien, ahora bien. *6 interj.* ¡bien!, ¡bueno! ¡vamos!

3) **well (to)** (wel) *t.-i.* manar, brotar.

wend (to) (wend) *t.* encaminar: ***to ~ one's way,*** dirigir sus pasos.

went (went) *pret.* de TO GO.

wept (wept) V. TO WEEP.

we're (wiəʳ) *contrac.* de WE ARE.

were (wə:ʳ; wəʳ) V. TO BE.

west (west) *s.* oeste, occidente. *2 a.* occidental, del oeste: ***West Indies,*** las Antillas.

westerly ('westəli) *a.* occidental. *2 adv.* hacia el oeste.

wet (wet) *a.* mojado: ***to be ~ through,*** estar calado. *2* húmedo. *3* lluvioso. *4 s.* humedad; tiempo lluvioso.

wet (to) (wet) *t.* mojar. *2* humedecer. ¶ Pret. y p. p.: ***wet*** o ***wetted.***

wetness ('wetnis) *s.* humedad.

whale (h)weil) *s.* ballena.

wharf (h)wɔ:f) *s.* muelle, embarcadero.

what (h)wɔt) *a.* y *pron. interr.* qué; cuál: ***~ for?,*** ¿para qué? *2 pron. rel.* lo que. *3 a. rel.* que: ***~ a man!,*** ¡qué hombre! *4 interj.* ¡eh!, ¡qué!

whatever (wɔt'evəʳ) *pron.* cualquier cosa que, todo lo que. *2 a.* cualquiera que.

whatsoever (ˌwɔtsou'evəʳ) *pron.* y *a.* WHATEVER.

wheat (h)wi:t) *s.* trigo: ***~ field,*** trigal.

wheedle (to) ('h)wi:dl) *t.* halagar, engatusar.

wheel (h)wi:l) *s.* rueda. *2* torno. *3* AUTO. volante.

wheelbarrow ('wi:lˌbærou) *s.* carretilla de mano.

wheeze (h)wi:z) *s.* jadeo.

wheeze (to) (h)wi:z) *i.* jadear.

when (h)wen) *adv.-conj.* cuando.

whence (h)wens) *adv.* de donde; por lo cual.

whenever (h)wen'evəʳ) *adv.* cuando quiera que, siempre que.

where (h)wɛəʳ) *adv.-conj.* donde, en donde, adonde, por donde.

whereabouts ('wɛərəbauts) *s.* paradero.
whereas (wɛər'æz) *conj.* considerando que. *2* mientras que.
whereby (wɛə'bai) *adv.* por donde; por lo cual; con lo cual.
wherein (wɛər'in) *adv.* en donde, en que, con que.
whereupon (ˌwɛərə'pɔn) *adv.* entonces, después de lo cual.
wherever (wɛər'evəʳ) *adv.* dondequiera que, adondequiera que, por dondequiera que.
whet (to) (h)wet) *t.* afilar, amolar. *2* excitar, aguzar.
whether ('weðəʳ) *conj.* si. *2* sea, ya sea que, tanto si... (como).
which (h)witʃ) *a.* y *pron. interrog.* [selectivo] ¿qué? ¿cuál?, ¿cuáles?: ~ ***book do you prefer?***, ¿qué libro prefiere usted? *2 pron. rel.* lo que, lo cual. *3 a. rel.* que [cuando el antecedente es cosa].
whichever (h)witʃ'evəʳ) *pron.* y *a.* cual(es)quiera [que].
whiff (h)wif) *s.* soplo [de aire]. *2* bocanada, tufo.
while (h)wail) *s.* rato, tiempo: ***for a ~***, por algún tiempo; ***to be worth ~***, valer la pena. *2 conj.* mientras [que].
while (to) (h)wail) *t.* pasar [el rato, etc.]. Gralte. con ***away***.
whilst (h)wailst) *conj.* mientras [que].
whim (h)wim) *s.* antojo, capricho.
whimper ('h)wimpəʳ) *s.* gemido, lloriqueo.
whimper (to) ('h)wimpəʳ) *i.* gemir, lloriquear.
whimsical ('h)wimzikəl) *a.* caprichoso, antojadizo; extravagante.
whimsy ('h)wimzi) *s.* WHIM.
whine (h)wain) *s.* gemido, plañido.
whine (to) (h)wain) *i.* gemir, quejarse.
whip (h)wip) *s.* látigo, azote. *2* latigazo. *3* batido de nata.
whip (to) (h)wip) *t.* fustigar, azotar, zurrar. *2* batir [nata, etc.]. *3 t.-i.* mover(se bruscamente.
whipping ('h)wipiŋ) *s.* zurra, paliza: ***-top***, peonza.
whir (h)wə:ʳ) *s.* zumbido.
whir (to) (h)wə:ʳ) *i.* zumbar.
whirl (h)wə:l) *s.* giro o vuelta rápidos; remolino.
whirl (to) (h)wə:l) *i.* girar, dar vueltas rápidamente. *2 t.* hacer girar.
whirlpool ('h)wə:l-pu:l) *s.* vórtice, remolino de agua.
whirlwind ('h)wə:lwind) *s.* torbellino, remolino de viento.
whisker ('h)wiskəʳ) *s.* patilla; barba. *2 pl.* bigotes [del gato, etc.].
whiskey, whisky ('wiski) *s.* whisky.
whisper ('h)wispəʳ) *s.* susurro, murmullo.
whisper (to) ('h)wispəʳ) *i.-t.* susurrar, murmurar.
whispering ('h)wispəriŋ) *s.* susurro, rumor.
whistle ('h)wisl) *s.* silbato, pito. *2* silbido, pitido.
whistle (to) ('h)wisl) *i.-t.* silbar, pitar.
whit (h)wit) *s.* pizca: ***not a ~***, nada.
white (h)wait) *a.* blanco: ***-hot***, candente. *2* cano. *3 s.* blanco [del ojo]. *4* clara [de huevo]. *5* blanco, blanca [pers.].
whiten (to) ('h)waitn) *t.* blanquear, emblanquecer.
whiteness ('h)waitnis) *s.* blancura. *2* pureza.
whitewash (to) ('h)wait-wɔʃ) *t.* blanquear, enjalbegar, encalar. *2* encubrir [vicios, etc.].
whither ('h)wiðəʳ) *adv.* adonde. *2* ¿adónde?
whitish ('h)waitiʃ) *a.* blanquecino, blancuzco.
whitsunday ('wit'sʌndi) *s.* domingo de Pentecostés: ***Whitsuntide***, Pascua de Pentecostés.
whiz o **whizz** (h)wiz) *s.* zumbido.
whiz o **whizz (to)** (h)wiz) *i.* zumbar, silbar.
who (hu:, hu) *pron. rel.* quien, quienes, que, el que, la que, los que, las que. *2 pron. interr.* ¿quién?, ¿quiénes?
whoever (hu(:)'evəʳ) *pron. rel.* quienquiera que, cualquiera que.
whole (houl) *a.* todo, entero: ***the ~ day***, todo el día; ***~-hearted***, sincero, cordial. *2* íntegro, intacto, sano. *3 s.* total, conjunto: ***as a ~***, en conjunto; ***on the ~***, en general.
wholesale ('houl-seil) *a.-adv.* al por mayor. *2 s.* venta al por mayor: ~ ***dealer***, mayorista.
wholesome ('houlsəm) *a.* sano, saludable.
wholly ('houli) *adv.* totalmente, enteramente.
whom (hu:m, hum) *pron.* (caso oblicuo de WHO) a quien, a quienes; que, al que, etc.
whoop (hu:p) *s.* grito, alarido.
whoop (to) (hu:p) *t.-i.* gritar, vocear.
whooping-cough ('hu:piŋkɔf) *s.* MED. tos ferina.
whose (hu:z) *pron.* (genitivo de WHO y WHICH) cuyo -a, cuyos -as, del que, de la que, etc.
why (h)wai) *adv. conj.* ¿por qué?, ¿có-

mo? *2 interj.* ¡cómo!, ¡toma! *3 s.* porqué, causa.
wick (wik) *s.* pábilo; mecha.
wicked ('wikid) *a.* malo, perverso. *2* maligno. *3* travieso.
wickedness ('wikidnis) *s.* maldad. *2* malignidad.
wicker ('wikəʳ) *s.* mimbre: ~ ***chair,*** silla de mimbre.
wicket ('wikit) *s.* postigo, portillo; ventanilla.
wide (waid) *a.* ancho: ***two feet*** **~,** de dos pies de ancho. *3* amplio, extenso. *4 adv.* ampliamente. *5* lejos, a distancia. *6* muy: ~ ***open,*** muy abierto; de par en par. *7* **-ly** *adv.* ampliamente, etc.
widen (to) ('waidn) *t.-i.* ensanchar(se, extender(se.
wideness ('waidnis) *s.* anchura, amplitud.
wide-spread ('waidspred) *a.* extendido. *4* muy difundido; general.
widow ('widou) *s.* viuda.
widower ('widouəʳ) *s.* viudo.
widowhood ('widouhud) *s.* viudez.
width (widθ) *s.* anchura, ancho.
wield (to) (wi:ld) *t.* manejar, esgrimir. *2* ejercer [autoridad].
wife (waif), *pl.* ***wives*** (waivz) *s.* esposa.
wig (wig) *s.* peluca, peluquín.
wild (waild) *a.* salvaje, montaraz, silvestre: ~ ***boar,*** jabalí; ~ ***duck,*** pato salvaje; ~ ***goat,*** cabra montés. *2* sin cultivo, desierto. *3* violento, impetuoso. *4* alocado. *5* extravagante, disparatado: ***to talk*** **~,** disparatar.
wilderness ('wildənis) *s.* tierra inculta, desierto.
wildly ('waildli) *adv.* en estado salvaje. *2* salvajemente.
wildness ('waildnis) *s.* tosquedad. *2* selvatiquez. *3* brutalidad.
wile (wail) *s.* ardid, maña, engaño.
wilfulness ('wilfulnis) *s.* terquedad, obstinación. *2* intención, premeditación.
will (wil) *s.* voluntad: ***at*** **~,** a voluntad. *2* albedrío. *3* gana, deseo. *4* DER. testamento.
1) **will (to)** (wil) *t.* querer, ordenar, mandar. *2* dejar en testamento. ¶ Pret. y p. p.: ***willed.***
2) **will** (sin **to**) (wil) *t.* querer, desear: ***do what you*** **~,** haz lo que quieras; ***would that he were here!,*** ¡ojalá que él estuviera aquí! ¶ Pret.: ***would*** (wud). | No se usa otro tiempo.
3) **will** (sin **to**) (wil) *v. defect.* y *aux.* pret. y condicional: ***would*** (wud, wəd). Se usa ***will*** para formar el fut. y ***would*** en condicional en 2.ª y 3.ª pers.: ***he*** **~** ***go,*** él irá; en las 1.ᵃˢ pers. indica voluntad o determinación: ***I*** **~** ***not do it,*** no quiero hacerlo. En 3.ª pers. indica negativa o costumbre: ***he would not help me,*** no quería ayudarme; ***he would come every day,*** acostumbraba a venir todos los días; ***would*** condicional; ***he would come, if he could,*** vendría, si pudiera.
willing ('wiliŋ) *a.* deseoso, dispuesto. *2* gustoso. *3* voluntario. *4* **-ly** *adv.* de buena gana.
willingness ('wiliŋnis) *s.* buena gana, gusto, complacencia.
willow ('wilou) *s.* BOT. sauce.
willowy ('wiloui) *a.* cimbreño, flexible, esbelto.
willy-nilly ('wili-'nili) *adv.* a la fuerza.
wilt (to) (wilt) *t.-i.* marchitar(se.
wily ('waili) *a.* astuto, marrullero, artero.
win (to) (win) *t.* ganar, conquistar. *2* persuadir. *3 i.* vencer, triunfar. ¶ Pret. y p.p.: ***won*** (wʌn).
wince (wins) *s.* respingo.
wince (to) (wins) *i.* cejar, acobardarse [ante una dificultad, golpe, etc.]; respingar.
wind (wind) *s.* viento, aire. *2* rumbo, punto cardinal. *3* viento [olor que deja la caza]: ***to get*** **~** ***of,*** oler, tener noticia de. *4* aliento, respiración. *5* flato, ventosidad: ***to break*** **~,** ventosear.
1) **wind (to)** (wind) *t.-i.* husmear, olfatear. *2 t.* airear. ¶ Pret. y p. p.: ***winded*** ('windid).
2) **wind (to)** (waind) *t.* devanar. *2* manejar. *3* dar cuerda a [un reloj]. *4* izar, elevar. ¶ Pret. y p. p.: *wound* (waund).
3) **wind (to)** (waind) *t.* soplar. *2* hacer sonar [soplando]. ¶ Pret. y p. p.: ***winded*** ('waindid) o ***wound*** (waund).
windbag ('windbæg) *s.* palabrero, charlatán.
windfall ('windfɔ:l) *s.* fruta caída del árbol. *2* suerte inesperada.
winding ('waindiŋ) *s.* enroscamiento, bobinado. *2* vuelta, recodo. *3 a.* sinuoso, tortuoso: ~ ***stairs,*** escalera de caracol.
windmill ('winmil) *s.* molino de viento.
window ('windou) *s.* ventana: ~ ***frame,*** marco de ventana. *2* ***shop-~,*** escaparate [de tienda]; ~ ***pane,*** cristal de ventana.
windpipe ('windpaip) *s.* tráquea, gaznate.
wind-screen ('windskri:n), **wind-shield** (-ʃi:ld) *s.* AUTO parabrisas.
windy ('windi) *a.* ventoso: ***it is*** **~,** hace viento.
wine (wain) *s.* vino: ~ ***bag*** o ~ ***skin,*** odre, pellejo; ~ ***cellar,*** bodega.

wing (wiŋ) *s.* ORN., POL. ala: ***under the ~ of,*** bajo la protección de. *2* vuelo: ***to take ~,*** levantar el vuelo. *3* TEAT. bastidor.
wink (wiŋk) *s.* parpadeo, pestañeo. *2* guiño: ***I didn't sleep a ~,*** no pegué los ojos. *3* destello.
wink (to) (wiŋk) *i.* pestañear, parpadear. *2* hacer guiños. *3* centellear. *4* ***to ~ at,*** hacer la vista gorda.
winner ('winəʳ) *s.* ganador. *2* vencedor.
winning ('winiŋ) *a.* triunfante, ganador. *2* atractivo, encantador. *3* **-s** *s. pl.* ganancias [en el juego].
winsome ('winsəm) *a.* agradable, atractivo, seductor.
winter ('wintəʳ) *s.* invierno. *2* a. ***~ month,*** mes de invierno.
wintry ('wintri) *a.* invernal; frío, helado.
wipe (to) (waip) *t.* limpiar, secar, enjugar. *2* lavar, borrar. | Con ***away, off*** o ***out.***
wire ('waiəʳ) *s.* alambre. *2* telegrama; telégrafo. *3 pl.* hilos [para mover algo]: ***to pull the wires,*** mover los hilos. *4* ***barbed ~,*** alambre con púas; ***~ entanglement,*** alambrada; ***~ screen,*** tela metálica.
wireless ('waiəlis) *s.* radio, radiotelefonía; aparato de radio.
wiry ('waeiəri) *a.* de alambre. *2* delgado y fuerte; nervudo.
wisdom ('wizdəm) *s.* sabiduría, sapiencia. *2* prudencia, cordura.
wise (waiz) *a.* cuerdo, prudente. *2* ***the three ~ men,*** los tres reyes magos. *3 s.* manera: ***in no ~,*** de ningún modo. *4* **-ly** *adv.* prudentemente.
wish (wiʃ) *s.* deseo, anhelo.
wish (to) (wiʃ) *t.* desear, anhelar, ansiar: ***to ~ one good morning,*** dar los buenos días. *2 i.* ***to ~ for*** o ***after,*** anhelar; ***I ~ it were true!,*** ¡ojalá fuera verdad!
wishful ('wiʃful) *a.* deseoso, ansioso: ***~ thinking,*** ilusión.
wistful ('wistful) *a.* ansioso. *2* pensativo, tristón.
wit (wit) *s.* agudeza, ingenio. *2* talento: ***to be at one's wit's end,*** haber agotado todo su ingenio; ***to be out of one's wits,*** perder el juicio; ***to use one's wits,*** valerse de su ingenio.
witch (witʃ) *s.* bruja, hechicera.
witchcraft ('witʃkrɑ:ft), **witchery** ('witʃəri) *s.* brujería, hechicería. *2* encanto, fascinación.
with (wið) *prep.* con; para con; a, de, en, entre: ***~ all speed,*** a toda prisa; ***charged ~,*** acusado de; ***filled ~,*** lleno de; ***ill ~,*** enfermo de.
withdraw (to) (wið'drɔ:) *t.* retirar(se. *2* apartar(se, separar(se. *3* descorrer [una cortina]. *4* ***to ~ a statement,*** retractarse. ¶ Pret.: ***withdrew*** (wið'dru:), p. p.: ***withdrawn*** (wið'drɔ:n).
withdrawal (wið'drɔ:əl) *s.* retiro, retirada. *2* retractación.
withdrawn (wið'drɔ:n) V. TO WITHDRAW.
withdrew (wið'dru:) V. TO WITHDRAW.
wither (to) ('wiðəʳ) *t.* marchitar(se, secar(se, ajar(se.
withheld (wið'held) V. TO WITHHOLD.
withhold (to) (wið'houl) *t.* detener, contener. *2* suspender [un pago]. *3* negar. ¶ Pret. y p. p.: ***withheld*** (wið'held).
within (wi'ðin) *prep.* dentro de [los límites de], en. *2* al alcance de: ***~ hearing,*** al alcance del oído. *3 adv.* dentro, en o al interior, en la casa.
without (wi'ðaut) *prep.* sin. *2* falto de. *3* fuera de. *4 adv.* fuera. *5 conj.* si no, a menos de.
withstand (to) (wið'stænd) *t.* resistir, aguantar, oponerse a. ¶ Pret. y p. p.: ***withstood*** (wið'stud).
withstood (wið'sud) V. TO WITHSTAND.
witness ('witnis) *s.* testigo [pers.]: ***eyewitness,*** testigo ocular. *2* testimonio: ***call to ~,*** tomar por testigo.
witness (to) ('witnis) *t.* dar testimonio de, atestiguar. *2* presenciar.
witticism ('witisizəm) *s.* agudeza, rasgo de ingenio, chiste.
wittiness ('witinis) *s.* ingenio, agudeza.
witty ('witi) *a.* ingenioso, agudo, chistoso.
wives (waivz) *s. pl.* de WIFE.
wizard ('wizəd) *s.* brujo, hechicero.
woe (wou) *s.* pena, aflicción, calamidad.
wo(e)begone ('woubi,gɔn) *a.* triste, abatido.
wo(e)ful ('wouful) *a.* triste, afligido. *2* lastimero, doloroso.
woke (wouk) V. TO WAKE.
woken ('woukən) V. TO WAKE.
wolf (wulf), *pl.* **wolves** (wulvz) *s.* lobo: ***~ cub,*** lobezno.
woman ('wumən), *pl.* **women** ('wimin) *s.* mujer.
womanish ('wuməniʃ) *a.* femenil. *2* afeminado.
womankind ('wumən'kaind) *s.* el sexo femenino.
womanly ('wumənli) *a.* femenino, femenil, mujeril.
womb (wu:m) *s.* útero, matriz. *2* entrañas.
won (wʌn) V. TO WIN.
wonder ('wʌndəʳ) *s.* admiración, asombro: ***no ~,*** no es de extrañar. *2* incertidumbre, perplejidad. *3* portento, prodigio.
wonder (to) ('wʌndəʳ) *t.* desear, saber,

preguntarse: ***I ~ what he wants,*** ¿qué querrá? *2 i.* extrañarse, maravillarse.
wonderful ('wʌndəful) *a.* admirable, maravilloso. *2* **-ly** *adv.* maravillosamente.
wondrous ('wʌndrəs) *a.* sorprendente, asombroso.
wont (wount) *a.* acostumbrado: ***to be ~ to,*** soler, acostumbrar. *2 s.* costumbre, hábito.
won't (wount) *contr.* de WILL NOT.
woo (to) (wu:) *t.-i.* cortejar, pretender [a una mujer].
wood (wud) *s.* bosque, selva. *2* madera, leña: ***small ~,*** leña menuda; ***~ louse,*** cochinilla de humedad; ***~ pigeon,*** paloma torcaz.
woodbine (wudbain) *s.* madreselva.
wood-cutter ('wudˌkʌtəʳ) *s.* leñador.
wooded ('wudid) *a.* arbolado, cubierto de bosques.
woodpecker ('wudˌpekəʳ) *s.* ORN. pájaro carpintero.
wooing (wu:iŋ) *s.* cortejo, galanteo.
wool (wul) *s.* lana: ***all ~,*** pura lana.
woolly ('wuli) *a.* de lana. *2* lanudo, lanoso. *3* confuso.
word (wə:d) *s.* palabra, vocablo: ***in a ~,*** en una palabra; ***by ~ of mouth,*** oralmente. *2* palabra, promesa: ***to keep one's ~,*** cumplir su palabra; ***on*** o ***upon my ~,*** palabra de honor. *3* aviso, recado: ***to leave ~,*** dejar recado. *4 pl.* palabras, disputa: ***to have words,*** disputar.
word (to) (wə:d) *t.* expresar [con palabras]; formular, redactar.
wordiness ('wə:dinis) *s.* verbosidad.
wordy ('wə:di) *a.* verbal. *2* verboso.
wore (wɔ:ʳ, wɔəʳ) V. TO WEAR.
work (wə:k) *s.* trabajo, labor; ocupación, empleo; operación, funcionamiento; ***at ~,*** trabajando; ***out of ~,*** sin trabajo. *2* obra [literaria, artística]. *3* COST. labor, bordado. *4 pl.* fábrica, taller. *5* obras [públicas, etc.]. *6* maquinaria [de un artefacto].
work (to) (wə:k) *i.* trabajar; laborar. *2* surtir efecto, dar resultado. *3* ***to ~ out,*** resultar [bien o mal]; DEP. entrenarse. *4 t.* fabricar, producir. *5* explotar [una mina]. *6* hacer funcionar. *7* influir. *8* excitar. *9* bordar. *10* ***to ~ off,*** deshacerse de. *11* ***to ~ out,*** hacer; expiar, borrar; agotar [una mina]. *12* ***~ up,*** inflamar; lograr [con esfuerzo]; elaborar [un plan]. *13* ***to ~ one's way,*** abrirse paso.
workable ('wə:kəbl) *a.* explotable. *2* factible, viable.
worker ('wə:kəʳ) *s.* obrero, operario.
working ('wə:kiŋ) *a.* que trabaja: ***~ class,*** clase obrera; ***~ day,*** día laborable. *2* activo, laborioso. *3* que contrae nerviosamente [el rostro, etc.]. *4* eficaz. *5* ***~ capital,*** capital circulante. *6* ***~ drawing,*** plano, montea.
workman ('wə:kmən) *s.* obrero, trabajador. *2* artesano.
workmanlike ('we:kmənlaik), **workmanly** ('wə:kmənli) *a.* primoroso, bien hecho.
workmanship ('wə:kmənʃip) *s.* hechura, ejecución. *2* habilidad en el trabajo.
workroom ('wə:k-rum), **work-shop** (-ʃɔp)*s.* taller, obrador.
world (wə:ld) *s.* mundo. | No tiene el sentido de baúl: ***the ~ beyond,*** el otro mundo; ***~ without end,*** por los siglos de los siglos. *2 a.* mundano, mundial.
worldly ('wə:ldli) *a.*mundano, mundanal. *2* terrenal. *3 adv.* mundanalmente.
worm (wə:m) *s.* gusano, lombriz. *2* oruga. *3* polilla, carcoma.
worm (to) (wə:m) *i.-ref.* introducirse, insinuarse. *2 t.* ***to ~ one's way,*** serpentear, arrastrarse.
worn (wɔ:n) *p. p.* de TO WEAR. *2* ***~ out,*** usado, gastado. *3* cansado, agotado.
worried ('wʌrid) *a.* angustiado, preocupado.
worry ('wʌri) *s.* cuidado, preocupación; molestia.
worry (to) ('wʌri) *t.-i.* inquietar(se, preocupar(se. *2* molestar, acosar. *3* ***to ~ out,*** hallar solución.
worse (wə:s) *a.-adv. comp.* de ***bad,*** peor: ***to get ~,*** empeorarse; ***~ and ~,*** cada vez peor. *2 s.* lo peor; la peor parte.
worsen (to) ('wə:sn) *t.-i.* empeorar(se.
worship ('wə:ʃip) *s.* culto, adoración. *2* veneración.
worship (to) ('wə:ʃip) *t.* rendir culto a, adorar.
worst (wə:st) *a. superl.* peor [en sentido absoluto]: ***the ~,*** el peor. *2 adv. superl.* peor, pésimamente. *3 s.* lo peor: ***at the ~,*** en el peor estado.
worst (to) (wə:st) *t.* vencer, derrotar.
worsted ('wustid, -təd) *s.* TEJ. estambre.
worth (wə:θ) *s.* valor, precio. *2* valor, mérito. *3* utilidad, importancia. *4 a.* que vale o posee: ***to be ~,*** valer. *5* digno, merecedor de: ***to be ~ seeing,*** ser digno de verse.
worthily ('wə:ðili) *adv.* merecidamente, dignamente.
worthiness ('wə:ðinis) *s.* valía, mérito, dignidad.
worthless ('wə:θlis) *a.* sin valor, inútil. *2* indigno.

worthy ('wə:ði) *a.* estimable, excelente. *2* digno, merecedor. *3 s.* persona ilustre.
would (wud, wəd) *pret.* de WILL 2; *pret.* y *condicional* de WILL 3.
would-be ('wudbi:) *a.* supuesto, seudo. *2* aspirante, que quisiera ser.
wouldn't ('wudənt) *contrac.* de WOULD NOT.
1) **wound** (waund) V. TO WIND.
2) **wound** (wu:nd) *s.* herida, llaga. *2* daño, ofensa.
wound (to) (wu:nd) *t.* herir, lastimar. *2* ofender.
wounded ('wu:ndid) *a.* herido, lastimado. *2 s.* herido.
wove (wouv) V. TO WEAVE.
woven ('wouvən) V. TO WEAVE.
wrangle ('ræŋgl) *s.* disputa, altercado.
wrangle (to) ('ræŋgl) *i.* disputar. *2 t.-i.* debatir, discutir.
wrap (ræp) *s.* envoltura. *2* manta, abrigo.
wrap (to) (ræp) *t.-i.* cubrir(se, envolver(se, arropar(se. | A veces con ***up.*** *2* enrollar(se [alrededor de algo]: ***to be wrapped in,*** estar absorto.
wrapper ('ræpə[r]) *s.* cubierta, envoltura.
wrapping ('ræpiŋ) *s.* cubierta, envoltura: ~ ***paper,*** papel de envolver.
wrath (rɔ:θ) *s.* cólera, ira.
wrathful ('rɔ:θful) *a.* colérico, airado, furioso. *2* **-ly** *adv.* airadamente, furiosamente.
wreak (to) (ri:k) *t.* infligir. *2* descargar [un golpe, etc.]; desahogar [la cólera, etc.].
wreath (ri:θ) *s.* corona, guirnalda.
wreathe (to) (ri:ð) *t.-i.* entrelazar. *2 t.* tejer [coronas o guirnaldas]. *3* ceñir, rodear.
wreck (rek) *s.* naufragio; choque, descarrilamiento; ruina, destrucción: ***to go to ~,*** naufragar, arruinarse.
wreck (to) (rek) *t.* hacer naufragar, echar a pique. *2* hacer chocar o descarrilar [un tren]. *3 t.-i.* arruinar(se, destruir(se, fracasar. *4* naufragar.
wreckage ('rekidʒ) *s.* naufragio, ruina. *2* restos.
wrench (rentʃ) *s.* tirón. *2* torcedura, esguince. *3* ***monkey ~,*** llave inglesa.
wrench (to) (rentʃ) *t.* tirar de [torciendo]; arrancar.
wrest (to) (rest) *t.* torcer violentamente. *2* arrancar, arrebatar.
wrestle (to) ('resl) *i.* luchar a brazo partido. *2* esforzarse.
wrestling ('resliŋ) *s.* lucha. *2* DEP. lucha grecorromana.
wretch (retʃ) *s.* miserable, desdichado. *2* canalla.
wretched ('retʃid) *a.* infeliz, desdichado. *2* miserable. *3* vil. *4* malo, ruin. *5* **-ly** *adv.* miserablemente; vilmente; ruinmente.
wriggle (to) ('rigl) *t.-i.* retorcer(se, menear(se: ~ ***out of,*** escaparse de.
wring (to) (riŋ) *t.* torcer, retorcer: ***to ~ the neck of,*** torcer el pescuezo a. *2* estrujar, exprimir. ¶ Pret. y p. p.: ***wrung*** (ruŋ).
wrinkle ('riŋkl) *s.* arruga, surco.
wrist (rist) *s.* ANAT. muñeca: ~ ***watch,*** reloj de pulsera.
writ (rit) *s.* escrito, escritura. *2* orden judicial, mandato jurídico.
write (to) (rait) *t.-i.* escribir: ***to ~ back,*** contestar por carta; ***to ~ down,*** anotar; ***to ~ out,*** redactar; escribir sin abreviar; ***to ~ up,*** describir extensamente por escrito; poner al día. ¶ Pret.: ***wrote*** (rout); p. p.: ***written*** ('ritn).
writer ('raitə[r]) *s.* escritor, autor.
writhe (to) (raið) *t.-i.* retorcer(se, torcer(se. *2* serpentear.
writing ('raitiŋ) *s.* escritura, escrito: ~ ***desk,*** escritorio; ~ ***hand,*** letra; ***in one's own ~,*** de su puño y letra; ~ ***paper,*** papel de escribir; ~ ***materials,*** ~ ***set,*** recado de escribir.
written ('ritn): V. TO WRITE.
wrong (rɔŋ) *a.* malo, injusto. *2* erróneo, equivocado, defectuoso; inconveniente, inoportuno. *2* ***the ~ side,*** el revés [de una tela]. *3* ***to be [in the] ~,*** no tener razón; ser culpable. *4 adv.* mal, al revés: ***to go ~,*** descaminarse; resultar mal. *5 s.* agravio, injusticia, daño. *6* mala acción. *7* culpa. *8* error. *9* **-ly** *adv.* injustamente, mal; erróneamente.
wrong (to) (rɔŋ) *t.* agraviar, ofender, perjudicar.
wrong-doer ('rɔŋ'duə[r]) *s.* malhechor.
wrongful ('rɔŋful) *a.* injusto, inicuo. *2* perjudicial.
wrote (rout) V. TO WRITE.
wroth (rouθ) *a.* enojado, furioso.
wrought (rɔ:t) *pret.* y *p. p. irreg.* de TO WORK. *2 a.* trabajado, labrado, forjado.
wrung (rʌŋ) V. TO WRING.
wry (rai) *a.* torcido, ladeado: ~ ***face,*** gesto, mueca.

X

xenophobia (ˌzenəˈfoubjə) *s.* xenofobia.

Xmas (ˈkrisməs) *s.* abrev. de CHRISTMAS.

X-rays (ˈeksˈreiz) *s. pl.* rayos X.

Y

yacht (jɔt) *s.* MAR. yate.

Yankee (ˈjæŋki) *a.-s.* yanqui.

yard (jɑ:d) *s.* yarda [medida inglesa de longitud = 0'914 m]. *2* patio, corral, cercado: ***back ~, barn ~***, corral; ***navy ~***, arsenal; ***ship ~***, astillero.

yarn (jɑ:n) *s.* hebra, hilo. *2* cuento increíble.

yawn (jɔ:n) *s.* bostezo. *2* abertura.

yawn (to) (jɔ:n) *i.* bostezar.

year (jə:ʳ) *s.* año: ***once a ~***, una vez al año; ***leap ~***, año bisiesto.

yearling (ˈjə:liŋ) *a.* primal, añal. *2 s.* niño, planta, etc., de un año.

yearly (ˈje:li) *a.* anual. *2 adv.* anualmente.

yearn (to) (je:n) *i.* [con ***for*** o ***after***] anhelar, suspirar por.

yearning (ˈjə:niŋ) *s.* anhelo, deseo ardiente.

yeast (ji:st) *s.* levadura.

yell (jell) *s.* grito, alarido.

yell (to) (jel) *i.* gritar, dar alaridos.

yellow (ˈjelou) *a.* amarillo. *2* bilioso; celoso. *3* cobarde.

yellowish (ˈjelouiʃ) *a.* amarillento.

yelp (jelp) *s.* ladrido, aullido.

yelp (to) (jelp) *i.* ladrar, aullar.

yeoman (ˈjoumən) *s.* hacendado, labrador rico. *2 ~ **of the guard***, guardián de la Torre de Londres.

yes (jes) *adv.* sí. *2 s.* sí (respuesta afirmativa].

yesterday (ˈjestədi, -dei) *s.* y *adv.* ayer; ***the day before ~***, anteayer.

yet (jet) *adv.* todavía, aún. *2 conj.* aun así, no obstante, sin embargo.

yew (ju:) *s.* BOT. tejo.

yield (ji:ld) *s.* producto, rendimiento. *2* cosecha. *3* rendición.

yield (to) (ji:ld) *t.* producir, rendir. *2* exhalar, despedir. *3* dar de sí. *4* entregar, ceder. *5* dar. *6 i.* rendir. *7* rendirse, someterse. *8* ceder a, doblegarse.

yoke (youk) *s.* yugo; esclavitud. *2* yunta. *3* yugada.

yoke (to) (jouk) *t.* uncir, acoyundar. *2* unir.

yokel (ˈjoukəl) *s.* rústico, patán.

yolk (jouk) *s.* yema [de huevo].

yon (jɔn), **younder** (ˈjɔndəʳ) *a.* aquel, aquella, etc., aquellos, etc. *2 adv.* allá; más allá.

yore (jɔ:ʳ) *s.* otro tiempo: ***in days of ~***, antaño.

you (ju:, ju) *pron.* de 2.ª *pers. sing.* y *pl.* tú, usted, vosotros, ustedes. *2* a ti, te; le, a usted; os, a vosotros; les, a ustedes.

young (jʌŋ) *a.* joven. *2* mozo, juvenil. *3* nuevo; tierno. *4 s.* ***the ~***, los jóvenes; ***with ~***, preñada.

youngster (ˈjʌŋstəʳ) *s.* muchacho, joven.

your (juəʳ, jɔ:ʳ) *a.* tu, tus, vuestro, -a, -os, -as; su, de usted, de ustedes.

yours (juəz, jɔ:z) *pron. pos.* [el] tuyo, -a, -os, -as, [el] vuestro, -a, -os, -as; [el] suyo, -a, -os, -as [de usted o ustedes].

yourself (juəˈself, jɔ:-) *pron. pers.* tú, ti, usted mismo; te, se [reflexivos].

yourselves (juəˈselvz, jɔ:-) *pron. pl.* de YOURSELF.

youth (ju:θ) *s.* juventud, mocedad. *2* joven, mozalbete.

youthful (ˈju:θful) *a.* joven, juvenil. *2* fresco, vigoroso. *3* **-ly** *adv.* de manera juvenil.

yule (ju:l) *s.* tiempo de Navidad.

Z

zeal (zi:l) *s.* celo, fervor, entusiasmo.
zealot ('zelət) *s.* fanático.
zealous (zeləs) *a.* celoso, entusiasta. *2* **-ly** *adv.* celosamente, con ardor.
zebra ('zi:brə) *s.* ZOOL. cebra.
zenith ('zeniθ) *s.* cénit. *2* culminación, apogeo.
zephyr ('zefə^r) *s.* céfiro.
zero ('ziərou) *s.* cero; ***below ~,*** bajo cero.
zest (zest) *s.* sabor, gusto. *2* entusiasmo; aliciente.
zigzag ('zigzæg) *s.* zigzag: *2 a.-adv.* en zigzag.
zigzag (to) ('zigzæg) *i.* zigzaguear.
zinc (ziŋk) *s.* cinc, zinc.
zip (zip) *s.* zumbido [de una bala]. *2* energía. *3* cierre de cremallera: ***zipper, zip-fastener,*** cremallera.
zip (to) (zip) *t.* ***zip up,*** cerrar el cierre de cremallera; ***unzip,*** abrirlo. *2* zumbar o silbar [una bala].
zone (zoun) *s.* zona.
zoo (zu:) *s.* parque o jardín zoológico.
zoological (ˌzouə'lɔdʒikl) *a.* zoológico.
zoology (zou'ɔlədʒi) *s.* zoología.
zoom (zu:m) *s.* zumbido [del avión al elevarse]. *2* ~ ***lens,*** lente del tomavistas que acerca y aleja la imagen rápidamente.
zoom (to) (zu:m) *i.* elevarse rápidamente [el avión]. *2* acercar o alejar la imagen mediante una lente del tomavistas.

IDIOMS AND EXPRESSIONS / MODISMOS Y EXPRESIONES

A

A boca llena
Openly, plainly

A bordo
On board

A buena hora
On time

A buen santo te encomiendas
To bark up the wrong tree

A buen seguro
Certainly, very probably

A cada momento
Continually, frequently

A cada paso
At every turn (or step)

A cada rato
Each time, all the time

A cambio de
In exchange for

A campo raso
In the open

A campo traviesa
Cross-country

A casa
Home

A causa de
On account of

A ciegas
Blindly

A (or de) ciencia cierta
With certainty

A contrapelo
Against the grain

¿A cuánto(s) estamos?
What is the date?

A deshora(s)
At all hours, unexpectedly; at an untimely moment

A despecho de
In spite of, despite

A duras penas
With great difficulty, hardly, scarcely

A escape
Rapidly, at full speed

A escondidas
On the sly, undercover

A escondidas de
Without the knowledge of

A eso de
At about

A espaldas de
Behind one's back

A estas alturas
At this point or juncture

A falta de
For want of, lacking

A fin de cuentas
After all, in the final analysis

A fin de que
In order that, so that

A fines de
Late, towards the end of a period (week, etc.)

A flor de
Flush with

A fondo
Fully, thoroughly

A fuerza de
By force of, by dint of

A gatas
On all fours, crawling

A guisa de
Like, in the manner of

A hurto
On the sly, stealthily

A instancias de
At the request of

A la antigüita
Old-fashioned

A la buena (mala)
Willingly (unwillingly)

A la buena de Dios
Without malice, without plan, at random

A la carrera
In haste, on the run

A la fuerza
By force

A la larga
In the long run

A la moda
Up to date, in the latest fashion

A la noche
Tonight, at night

A la postre
At last, when all is said and done

A la redonda (or en redondo)
All around, round about

A la sazón
Then, at that time

A la ventura
Aimlessly, haphazardly, at random

A la verdad
In truth, in earnest, truly

A la vez
Together, at the same time

A la vista de
In plain view of

A la voluntad
At will, as you like

A la vuelta de
Around the corner, on returning

A la vuelta de la esquina
Around the corner

A la vuelta de los años
Within a few years

A lado de
Beside

A las claras
Clearly, openly, frankly, publicly

A las mil maravillas
Beautifully, wonderfully well

A lo largo (de)
Along, alongside of, lengthwise, at full length

A lo lejos
In the distance

A lo más
At most, at worst

A lo mejor
Perhaps, maybe

A lo sumo
At most

A los cuatro vientos
In all directions

A los pocos meses
After a few months

A (la) manera de
Like, in the style of

A mano
By hand, at hand, handmade

A mar de
A lot of, lots of

A más no poder
To the utmost, full blast

A más tardar
At the very latest

A más ver (or hasta más ver)
Goodbye

A mediados de
About the middle of the (day, week, etc.), during the (week, etc.)

A medida que
As, in proportion to

A medio camino
Halfway (to a place)

A medio hacer
Incomplete, half-done

A menos que
Unless

A menudo
Often

A merced de
At the mercy (or expense) of

A mi entender
In my opinion, as I understand it

A mi modo de ver
In my opinion

¡A mí qué!
What's that to me? So what!

A montones
In abundance, heaps

A ninguna parte
Nowhere

A no ser que
Unless

A ojo
By sight, by guess

A ojos cerrados
Blindly

A ojos vistas
Visibly, clearly; before one's eyes

A oscuras (or a obscuras)
In the dark

A partir de
As of, beginning on

A partir de hoy
From today on

A pedir de boca
Exactly as desired, to one's heart's content

A pesar de (todo)
In spite of (everything)

A pesar de que
In spite of the fact that

A pie
On foot, by foot

A piedra y lodo
Shut tight

A pie(s) juntillas
With both feet together; believe strongly

A poco
Shortly after

A pocos pasos
At a short distance

A porfía
In competition

A primera luz
At dawn

A principios de
Towards, early in, about the first of (day, week, etc.)

A propósito
By the way, apropos; on purpose

A prueba de
—proof, safe against

A puerta cerrada
Secretly, behind closed doors

A punto fijo
With certainty

A pura fuerza
By sheer force

A puros gritos
By just shouting

A que
I bet...(not a real wager)

¡A que no!
I bet you don't!

¿A qué viene eso?
What is the point of that?

A quema ropa (or a quemarropa)
Very close, point blank, without warning

A raíz de
Soon after, close to

A ras de (or al ras con)
Flush (or even) with

A ratos
From time to time, at times

A ratos perdidos
In (at) odd or spare moments

A rienda suelta
Free rein, violently, swiftly

A saber
Namely, that is

A sabiendas
Knowingly, consciously

A salvo
Safe, unharmed

A sangre fría
In cold blood

A secas
Plain, alone, simply, to the point

A semejanza de
Like, as

A su (debido) tiempo
In due course or time

A tiempo
On time, in time

A tientas
Blindly

A toda costa
By all means, at whatever cost

A toda hora
At any time, at all times

A toda prisa
At greatest speed

A toda vela
Under full sail, at full speed

A todas luces
By all means, any way you look at it

A todo correr
At full speed

A todo trance
At all costs

A todo trapo
Under full sail, speedily

A traición
Deceitfully, treacherously

A través de, al través de
Across, through

A última hora
At the last moment

A una brazada
At arm's length

A una voz
Unanimously

A un tiempo
At one (the same) time

A veces
At times

A ver (si)
Let's see (if)

A vista de
Within view, in the presence of

A vistas
On approval

A voluntad
At will

A vuelo de pájaro
As the crow flies

Abrir paso
To make way, to clear the way

Acabar de
To have just (done something)

Acabar por
To end up by (doing something)

Acerca de
About, with regard to

Acordar con
To be on good terms with

Acostarse con las gallinas
To go to bed early

¿Adónde va?
Where are you going?

Adondequiera que
Wherever

Agachar las orejas
To hang one's head

Aguantar el chubasco
To weather the storm

Águila o pico
Heads or tails

Águila o sello
Heads or tails

Aguzar las orejas (los oídos)
To prick up one's ears

¡Ahí está el detalle!
That's the point!

Ahogarse en poca agua
To worry about nothing

Ahora bien
Now then, well now, however

Ahora es cuando
Now is the time; now is your chance

Ahora mismo
Right now, at once

Al aire libre
In the open air, outdoors

Al azar
By chance, at random

Al cabo (de)
Finally or after

Al caer de la noche
At nightfall

Al centavo
Just right, to the letter

Al contado
Cash

Al contrario
On the contrary

Al cuidado de
In care of

Al derecho
Right side out

Al (or en) derredor
Around

Al descubierto
Openly

Al día
Per day

Al día siguiente
On the following day

Al filo de (las cinco)
At about (5 o'clock)

Al fin
At the end, at last

Al fin de cuentas
In any case

Al fin y al cabo
In short, at last, anyway

Al frente de
In front of

Al habla
Within speaking distance; speaking! (in answering a telephone)

Al igual
Equally

Al instante
At once

Al lado (de)
At one's side, near at hand, next to

Al menos (or a lo menos)
At least, at the least

Al menudeo (or al por menor)
At retail, in small quantities

Al mismo tiempo
At the same time

Al oído
Confidentially

Al otro día
On the following day

Al otro lado de
On the other side of

Al pan, pan y al vino, vino
Call a spade a spade

Al parecer
Apparently

Al pelo
Perfectly, agreed, just right

Al pie de la letra
Literally, to the letter

Al (or a) poco rato
In a short while, soon after

Al presente
Now, at present

Al principio
At first

Al punto
At once

Al raso
In the open air

Al (or en) rededor
Around, about

Al remo
At hard labor

Al revés
Backwards, wrong side out, in the opposite way

Al sereno
In the night air

Al sesgo
On the bias, diagonally, obliquely

Al soslayo
On the bias, slanting, obliquely

Al tanteo
Hit or miss, by guess

Al través de
Through, throughout

Al trote
Quickly

Algo por el estilo
Similar, something of the sort

Algo sordo
Hard of hearing

Algo tarde
Rather late

Algún otro
Somebody else, some other

Alrededor de
Around about, more or less

Alzar el codo
To drink too much

Allá a las quinientas
Once in a blue moon

¡Allí está el toque!
There is the heart of the matter!

Amante de
Fond of

Amigo de
Fond of (friend of)

Amor propio
Self-esteem, pride, vanity

Andar a gatas
To creep, crawl

Andar agitado
To be out of sorts

Andar bien
To keep good time (e.g., a watch), to work well, to be right

Andar (or ir) de parranda (or de fiesta en fiesta)
To go on a spree

Andarse con rodeos
To beat around the bush

Andarse el tiempo
Meantime, as time goes on

Andarse por las ramas
To beat around the bush

Ante todo
Especially, first of all, above all

Antes de que
Before

Antes hoy que mañana
The sooner the better

Antes que
Rather than

Año antepasado
Year before last

Año entrante
Next year

Año bisiesto
Leap year

Aparte de eso
Besides that, aside from that

Aprender de memoria
To learn by heart

Aprendiz de todo y oficial de nada
Jack of all trades

Aprovechar la ocasión
To take advantage of the situation

Aquí cerca
Around (near) here

Aquí mismo
Right here

Arranque de cólera
Fit of anger

Así así
So-so

Así como
Just as, the same as, as well as

Así de largo
That long

Así es que
So that, as soon as

Así está bien
This will do (be OK)

Así nada más
Just plain, just as is

Así pues
So then, therefore

Así que
So that, as soon as, so, therefore

¡Así se hace!
Well done!, Buliy for you!

Así y todo
In spite of that, even so, anyhow

Atrás de
Behind, in back of

Aun así
Even so

Aun cuando
Even if, even though

Aún no
Not yet

Ayer mismo
Just yesterday

Ayer por la tarde
Yesterday afternoon

Azotar el aire
To work in vain

B

Bailar a secas
To dance without music

Baja el radio
Turn down the radio

Bajo techo
Indoors

Barrios bajos
Slums

Beber a pulso
To gulp down

Bien arreglado
Neatly dressed

Bien asado
Well-done (well-cooked)

Bien cocido
Well-done (well-cooked)

Bien me lo merezco
It serves me right

Bien parecido
Good-looking

Bien peinado
Well-groomed, trim

Bien que
Although

Boca abajo
Face down, prone

Boca arriba
Face up, supine

Bromas aparte
All joking aside

Buen mozo
Handsome man

¡Buen provecho!
Good appetite! Enjoy your meal!

Buen rato
Pleasant (or long) time

Buen tipo
Good fellow

Burlarse de
To make fun of

Buscarle tres (cuatro) pies al gato
To look for trouble

Buscar una aguja en un pajar
To look for a needle in a haystack

C

Cada cual (or cada uno)
Each one

¿Cada cuánto tiempo?
How often?

Cada dos días
Every other day

Cada uno
Apiece

Cada vez menos
Less and less

Caer bien
To fit well, to be becoming, to please

Caer enfermo
To fall ill

Caer en gracia
To please

Caer en la cuenta
To realize, to get the point

Caer mal
To fit badly, displease

Caliente de cascos
Hot-headed

¡Cállate la trompa!
Shut up!

Calle abajo
Down the street

Calle arriba
Up the street

Callejón sin salida
Blind alley, dead end

Cambiar de tema
To change the subject

Caminar con pies de plomo
To go cautiously

Camino de
On the way to, on the road to

Camino trillado
Beaten path

Cara a cara
Face to face

Cara o cruz
Heads or tails

Cargar con
To carry away, assume responsibility

Cargar con el muerto
To get the blame unjustly

Carne de gallina
Goosebumps

Casarse con
To marry (someone)

Casi nunca
Hardly ever

Castañetear con los dedos
To snap one's fingers

Cerca de
Near to, close to

Cerrarse el cielo
To become overcast, cloudy

Cifrar la esperanza en
To place one's hope in

Claro que no
Of course not, certainly not

Claro que sí
Of course, naturally

Colmo de la locura
Height of folly

Como a costumbre
At about

Como de costumbre
As usual

Como dijo el otro
As someone said, as the saying goes

Como Dios manda
According to Hoyle (the rules)

Como en
In about

Como mínimo
At least

Como no
Unless

¡Cómo no!
Of course, why not!

Como por ensalmo
As if by magic, in a jiffy

Como que
Since, inasmuch as

Como quiera que
Since, inasmuch as

Como quiera que sea
At any rate

Como si
As if

Como si fuera
As if it were

Como siempre
As usual, like always

Como sigue
As follows

Como último recurso
As a last resort

Como una seda
As smooth as silk, soft as silk

Como visita de obispo
Once in a blue moon

Con anticipación
In advance

Con delirio
Madly

Con el propósito de
With the aim of

Con (or en or por) extremo
Very much, extremely

Con fuerzas para...(la tarea)
Equal to...(the task)

Con la lengua de corbata (or con la lengua de pechera)
Out of breath, with tongue hanging out

Con motivo de
With the idea of, because of, on the occasion of, on account of

¿Con qué cara?
How can I (one) have the nerve?

¡Con razón!
No wonder!

Con respecto a
With regard to

Con rumbo a
In the direction of

Con tal (de) que
Provided that, so that

Con tiempo
In advance, in good time

Con todo (or con todos) los obstáculos
In spite of that

Conciliar el sueño
To get to sleep

Confiar en
To trust, rely on

Conforme a
In accordance with

Conocer de vista
To know by sight

Consigo mismo
To oneself

Conspirar contra una persona
To frame someone

Consultar con la almohada
To sleep on it

Contar con
To reckon with, rely on, count on

Contra viento y marea
Against all odds, come hell or high water, come what may

Convenirle a uno
To be to one's advantage

Correr por cuenta de uno
To be one's own affair, to be up to oneself

Correr riesgo
To take a chance, to risk

Corrida del tiempo
Swiftness of time

Cortar el hilo
To break the thread of a story, to interrupt

Corto de oído
Hard of hearing

Córto de vista
Nearsighted

Cosa de
Approximately, about

Costar trabajo
To be very difficult

Costar un ojo de la cara
To cost an arm and a leg, be very expensive

Cruzarse con
To meet

Cualquier cosa
Anything at all

Cualquiera (or cualesquiera) de los dos
Either of the two

Cuando más tarde
At the latest

Cuando menos
At least

Cuando quiera
Whenever

Cuanto antes
As soon as possible

Cuatro letras
A few lines

Cuatro palabras
A few words

Cuento alegre
Spicy story

Cuento chino
Cock and bull story

Cueste lo que cueste
At any cost

Cumplir años
To have a birthday

Cumplir su palabra
To keep one's word

CH

Chueco o derecho
Hit or miss, happy-go-lucky

D

Dado caso
Supposing

Dado el caso que
Provided that

Dar a
To face, look towards, give to

Dar a conocer
To make known

Dar a entender
To pretend

Dar alas a
To embolden, give courage

Dar aliento
To encourage

Dar al traste con
To ruin, destroy

Dar al través con
To ruin, destroy

Dar ánimo
To cheer up

Dar atención
To pay attention

Dar batería
To raise a rumpus, to work hard

Dar calabazas
To reject, to jilt

Dar caza
To pursue, track down

Dar cima
To complete, carry out

Dar coba
To flatter, play up to, softsoap

Dar cuenta de
To give a report on

Dar de comer
To feed, be fed

Dar disgustos a
To cause distress or grief to

Dar el pésame por
To extend condolences to or for

Dar el visto bueno
To approve, OK

Dar en
To hit or to hit upon

Dar en cara
To reproach, blame

Dar en el clavo
To hit the nail on the head

Dar en (or dar con) el chiste
To guess right, hit the nail on the head

Dar en tierra con alguien
To overthrow someone

Dar esquinazo
To "ditch," avoid meeting someone

Dar fe de
To vouch for

Dar fin (a)
To complete

Dar gato por liebre
To cheat or swindle

Dar grasa
To polish (shoes)

Dar guerra
To make trouble

Dar la hora
To strike the hour

Dar la lata
To annoy

Dar la mano
To help, shake hands

Dar la noticia
To break the news

Dar la razón
To agree, to be of same opinion

Dar la razón a una persona
To admit a person is right

Dar (or darse) la vuelta
To turn (to turn around)

Dar largas
To postpone or delay, or give someone the run around

Dar las espaldas a
To turn one's back on

Dar las gracias
To give thanks, to thank

Dar lástima (de)
To arouse pity or sorrow

Dar lo mismo
To make no difference

Dar los recuerdos
To give regards

Dar lugar a
To give cause for

Dar lustre
To polish

Dar marcha atrás
To back up

Dar mucha pena
To cause sorrow, to be disconcerting

Dar parte
To inform

Dar pie
To give opportunity (or occasion to)

Dar por
To consider as

Dar por descontado
To take for granted

Dar por hecho
To take for granted, to consider as done

Dar por sabido
To take for granted

Dar por sentado
To take for granted

Dar por supuesto
To take for granted

Dar prestado
To lend

Dar propina
To tip (give a gratuity)

Dar que hacer
To cause extra work

Dar rabia
To anger

Dar razón
To inform, give account

Dar realce
To enhance, emphasize

Dar sepultura
To bury

Dar un paseo
To take a walk or ride

Dar un paseo en barco
To go for a sail

Dar un paso
To take a step

Dar un pisotón
To step hard upon

Dar un portazo
To slam the door

Dar un salto (or dar saltos)
To leap, jump

Dar un traspié
To trip, stumble

Dar un vistazo a
To glance over, peruse

Dar una cita
To make an appointment

Dar una fiesta
To give (throw) a party

Dar una pasada por
To pass by, walk by

Dar una pisada
To step (stomp) on (upon)

Dar una satisfacción
To apologize

Dar una vuelta
To take a stroll

Dar uno en la tecla
To hit the nail on the head, find the right way to do something

Darle a uno mala espina
To arouse one's suspicion

Darle lo mismo
It makes no difference

Darse aires a
To put on airs

Darse cuenta de (que)
To realize (that), to notice

Darse de baja
To drop out

Darse farol
To show off, put on airs

Darse la mano
To shake hands

Darse por vencido (or me doy)
To give up (or I give up)

Darse prisa
To hurry

Darse tono
To put on airs

Darse un tropezón
To trip, stumble

Darse un encontrón
To collide with, bump into each other

Darse un resbalón
To slip

Dárselas de
To pose as

De acuerdo con
In accordance with

De ahí en adelante
From then on

De ahí que
Hence

De ahora en adelante
From now on, in the future

De algún modo
Somehow

De algún tiempo para acá
For some time now

De alguna manera
Somehow

De arriba abajo
From top to bottom

De aquel tiempo en adelante
From that time on

De aquí en adelante
From now on

De aquí para allá
To and fro, back and forth

De broma
Jokingly, in jest

De buen tomo y lomo
Bulky, important

De buen tono
In good taste, stylish

De buen ver
Good-looking

De buena cepa
Of good stock or quality

De buena fe
In good faith

De buena gana (or de buen grado)
Willingly, gladly

De buena ley
Of good quality

De buenas a primeras
All of a sudden, unexpectedly, on the spur of the moment

De burla
In jest

De cabo a rabo
From beginning to end

De camino (or de camino real)
On the way

De canto
On edge

De copete
High rank, important, proud

De corrida
Without stopping

De cualquier modo
At any rate

De cuando en cuando
Sometimes, occasionally

De día
By day, before dark

De dientes afuera
Insincerely

¡De dónde!
Nonsense!

De dos caras
Two-faced

De dos en dos
By twos, two by two

De dos sentidos
Two-way

De ese modo (or de esa manera)
In that way

De espaldas
On one's back, supine

De este modo (or de esta manera)
In this way

De etiqueta
Formal

De golpe
Suddenly

De gorra
At another's expense

De grado en grado
By degrees

De hecho
In fact

De hilo
Without stopping

De hoy en adelante
From now on

De hoy en ocho días
One week from today

De hoy en quince días
Two weeks from today

De improviso
Unexpectedly

De lado
Tilted, oblique, sideways

De la noche a la mañana
Overnight

De lejos
From a distance

De lo contrario
If not, otherwise

De lo lindo
Wonderfully, very much, to the utmost

De mal en peor
From bad to worse

De mal grado
Reluctantly, unwillingly

De mal gusto
In poor taste

De mal temple
In a bad humor

De mala fe
In bad faith, deceitfully

De mala gana
Unwillingly

De mala suerte
Unlucky

De manera que
So that

De marca
Of excellent quality

De memoria
By heart

De moda
In vogue, stylish

De modo que
So what?, so that, and so

De momento
For the time being

De nada
Don't mention it; you're welcome

De ningún modo
By no means

¡De ninguna manera!
By no means!, I should say not!

De noche
By (at) night

De nuevo
Again, once again

De ocasión
Reduced price, a bargain

De (or al) oído
By ear

De oídos
Rumor, hearsay

De ordinario
Ordinary, usual

De otro modo
Otherwise

De palabra
By word of mouth

De par en par
Wide open

De parte a parte
Through, from one side to the other

De parte de
On behalf of, in favor of

De paso
In passing, at the same time, by the way, in transit

De pie
Standing

De pilón
To boot, besides, in addition

De poca monta
Of little value or importance

De poquito
In small amounts

De por sí
Separately, by itself

De prisa
Quickly

De pronto
At once, suddenly

De propósito
On purpose

De punta
On end

De puntillas (or de puntas)
On tiptoes

De punto
By the minute

De pura casualidad
By pure chance

De rebote
On the rebound, indirectly

De relieve
In relief, outstanding, prominent

De remate
Absolutely, without remedy

De repente
Suddenly, all of a sudden

De repuesto
Spare, extra

De resultas
As a result, consequently

De rigor
A "must," it must

De rodillas
On one's knees

De seguida
Continuously, without interruption

De segunda mano
Secondhand

De seguro
For certain, for sure

De sobra
More than enough, unnecessary

De sol a sol
Sunrise to sunset

De soslayo
Slanting, sideways

De subida
On the way up

De súbito
Suddenly

De suerte que
So that, and so, in such a way

De su (propia) cosecha
Of one's own making or invention

De suyo
Naturally, by nature

De tarde en tarde
From time to time, now and then, once in a blue moon

De tejas abajo
Here below, in this world

De todas maneras
Anyway, at any rate

De todos modos
At any rate, in any case, anyhow, by all means

De tránsito
In transit, on the way, passing through

De través
Across

De un golpe
All at once

De un modo u otro
Somehow, in some way or other

De un momento a otro
At any moment

De un salto
Quickly

De un solo sentido
One way (e.g., one-way street)

De un tirón
All at once

De una pieza
Solid, of one piece

De una tirada
All at once, in one fell swoop

De una vez
At once, at one time, at one stroke, once and for all

De una vez por todas
Once and for all

De uno en uno
One at a time

De unos
Of about

De uso
Secondhand

De veras (¿De veras?)
Really, in truth, in earnest (really?, is that so?)

De verdad (¿De verdad?)
Truly, truthfully (really?, is that so?)

De vez en cuando
Now and then, occasionally

De vicio
As a (bad) habit

De viva voz
By word of mouth

De (buena) voluntad
Willingly, with pleasure

De vuelta
Again

Debajo de
Under, beneath

Debe de ser
It must be, it probably is

Decir para sí
To say to one's self

Decir para su coleto (or capote)
To say to one's self

Dejar a uno plantado
To "stand someone up," leave someone in the lurch

Dejar caer
To drop

Dejar de
To stop

Dejar de asistir
To drop out

Dejar de la mano
To leave, abandon

Dejar dicho
To leave word

Dejar en las astas del toro
To leave in the lurch

Dejar en paz
To let be, to leave alone

Dejar saber
To let on, pretend

Dejar tranquilo
To leave alone

Dejarse de cuentos
Come to the point, stop beating around the bush

Dejarse de rodeos
Stop the excuses, stop beating around the bush

Del mismo modo
Of the same sort, in the same way

Del próximo pasado
Of last month

Del todo
Wholly, at all

Delante de
In front of

Dentro de
Inside of, within

Dentro de poco
In a little while

Dentro de un momento
In a short time

Dentro de una semana
Within a week

Desayunarse con la noticia
To hear a piece of news early or for the first time

Descabezar el sueño
To take a nap

Desde ahora
From now on

Desde el principio
All along, from the beginning

Desde entonces
Since then, ever since

Desde hace
Dating from, over a period of...

Desde lejos
From a distance, from afar

Desde luego
Actually, of course, at once

Desde que
Since

Desde un principio
From the beginning

Desempeñar un papel
To play a part

Despedirse de
To say goodbye to

Después de eso
Thereafter

Después de todo
After all

Detrás de
Behind, in back of

Devanarse los sesos
To rack one's brain

Día de raya
Payday

Día de semana (or día de trabajo)
Weekday

Día hábil
Weekday, workday

Día tras día
Day after day

Días de antaño
Days of old

Días de semana
Weekdays

Dicho y hecho
Sure enough, no sooner said than done

Dificultar el paso
To obstruct, impede

Digno de
Well worth it

Digno de confianza
Reliable, trustworthy

Dinero contante y sonante
Ready (or hard) cash

Dinero menudo
Change (re money)

Doblar a la esquina
To turn the corner

Dolerle a uno la garganta
To have a sore throat

Dolor de cabeza
Headache

Donde no
Otherwise, if not

Dondequiera que (or por dondequiera que)
Wherever

Dormir a pierna suelta
To sleep soundly

Dormir la mona
To sleep it off

Dormir la siesta
To take an afternoon nap

E

Echar a correr (or echarse a correr)
To begin running (to run away)

Echar(se) a perder
To spoil, to ruin

Echar a pique
To sink

Echar al olvido
To forget on purpose

Echar de menos
To miss

Echar de ver
To notice, to observe

Echar en cara
To reproach, blame

Echar espumarajos
To froth at the mouth, to be very angry

Echar flores
To throw bouquets, to flatter, to compliment

Echar la casa por la ventana
To spare no expense, squander everything

Echar la culpa a
To blame

Echar la garra
To arrest, grab

Echar la llave
To lock the door

Echar la uña
To steal

Echar la zarpa
To grasp, to seize

Echar leña al fuego
To add fuel to the fire

Echar mano
To seize

Echar pajas
To draw lots

Echar papas
To fib

Echar por tierra
To knock down, demolish

Echar raíces
To take root, become firmly fixed

Echar suertes
To draw lots

Echar un piropo
To compliment, flatter

Echar un sueño
To take a nap

Echar (or soltar) un terno
To say a bad word, to swear, curse

Echar un trago
To take a drink

Echar una cana al aire
To go out for a good time or fling

Echar (una carta) al correo
To mail (a letter)

Echar una siesta
To take a nap

Echarle la bendición a una cosa
To give something up for lost

Echarse a
To begin to (do something)

Echarse al coleto
To drink down, devour

Echarse para atrás
To back out, go back on one's word

El caso es
The fact is

El común de las gentes
The majority of the people, the average person

El cuento del tío
Deceitful story told to get money

El de
The one with

El día menos pensado
When least expected, unexpectedly

El gusto es mío
The pleasure is mine

El más reciente
The latter

El mismísimo hombre
The very man

El mismo que (or lo mismo que)
The same as

El pro y el contra
Pro and con

El que
The one who, the one which

El sol poniente
The setting sun

El tren llegó con (x) minutos de retraso
The train was (x) minutes late

El uno al otro
Each other

El uno o el otro (or uno u otro)
Either, one or the other

Empeñar la palabra
To promise, pledge

Empinar el codo
To drink (too much)

En abonos
On installments

En absoluto
Absolutely *(not)*

En adelante
In the future, from now on

En alguna otra parte
Somewhere else

En alguna parte
Somewhere

En ambos casos
In either case

En aquel tiempo (en aquel entonces)
At that time, in those days

En balde
In vain

En breve
Shortly

En broma
In jest, as a joke

En buen romance
In plain language

En cambio
On the other hand

En casa
At home, indoors

En caso afirmativo
If so

En caso de
In the event of

En caso de que
In case of (that)

En concreto
Concretely, to sum up

En conformidad con
In compliance with

En conjunto
As a whole

En contra de
Against, opposed to

En cualquier caso
Anyway

En cuanto
As soon as

En cuanto a
As for, with regard to

En curso
In progress

En descubierto
Uncovered, unpaid

En días pasados
In days gone by

En efecto
In fact, indeed, really

En el acto
Right away, at once

En el extranjero
Abroad, out of the country

En el fondo
At bottom, at heart, in substance

En el momento preciso
In the nick of time

En el quinto infierno (or los quintos infiernos)
Very far away

En el sigilo (or silencio) de la noche
In the dead of the night

En especial
Especially, in particular

En espera de
Awaiting

En fecha a próxima
At an early date

En fin
In short, finally, in conclusion

En fragante
In the act

En grande
On a large scale

En grueso
In bulk, by wholesale

En junto (or en conjunto)
All together, in all

En la actualidad
At the present time

En libertad
Free

En lo futuro
In the future

En lo más crudo del invierno
In the dead of winter

En lo sucesivo
Hereafter, in future

En lontananza
In the distance, in the background

En lugar de
Instead of, in place of

En manga de camisa
In shirtsleeves

En marcha
In progress

En muchos puntos
In many respects

En (or al) ninguna parte
Nowhere

En obsequio de
In honor of, for the sake of

En otros términos
In other words

En parte
Partly

En particular
Especially

En pleno día
In broad daylight

En pleno rostro (or en plena cara)
Right on the face

En poder de
In the hands of

En prenda de
As proof of, as a pledge

En pro de
On behalf of

En pro y en contra
For and against

En punto
On the dot, sharp

En rama
Crude, raw

En realidad
As a matter of fact

En regla
In order

En resolución
In brief

En resumen
Summing up, in brief

En resumidas cuentas
In short, after all

En rigor
In fact, in reality

En rueda
In turn, in a circle

En salvo
In safety, out of danger

En sazón
Ripe, in season

En secreto
Secretly

En seguida
At once, right now

En señal de
In proof of, in token of

En serio
Seriously

En sueños
In one's sleep

En tal caso
In such a case

En tanto que
While

En todas partes
Everywhere

En todo caso
In any event

En un credo
In a jiffy, in a minute

En un chiflido
In a jiffy, in a second

En un improviso
In a moment

En un salto
Quickly

En un santiamén
Instantly, in the twinkling of an eye

En un soplo
In a jiffy, in a second

En vela
On watch, without sleep

En verdad
Really, truly

En vez de
Instead of

En vigor
In force, in effect

En vista de que
Since, in view of

En voz alta
Aloud, loud voice

En voz baja
In a low voice, whispering

Encargarse de
To take charge of

Encima de
On, upon

Encogerse de hombros
To shrug one's shoulders

Encontrarse con
To come across, to meet

Enfrentarse con
To confront, meet face to face

Enredarse con
To have an affair with

Entablar una conversación
To start a conversation

Entre azul y buenas noches
Undecided, on the fence

Entre bastidores
Behind the scenes, offstage

Entre la espada y la pared
Between the devil and the deep blue sea

Entre paréntesis
By the way

Entre semana
During the week

Entre tanto
Meanwhile, all the while, at the same time

Es cierto
It's true

Es decir
That is to say, in other words

Es (la) hora de (partir)
It is time for, it is time to (go)

Es lo de menos
It makes no difference, that's the least of the trouble

Eso corre prisa
That is urgent

Eso es
That is it, that's right

¡Eso es el colmo!
That is the limit!

Eso es harina de otro costal
That's a horse of a different color

Eso estriba en que
The basis for it is that

Eso no tiene quite
That can't be helped

Eso sí
That was (or is) true

Esperar en alguien
To place hope (or confidence) in someone

Esperar todo el santo día
To wait the whole blessed day

Está de más
It is unnecessary, superfluous

Está por hacer
It is yet to be done

Estamos a mano
We are even, quits

Estar a buen recaudo
To be safe

Estar a cargo de
To be in charge of

Estar a gusto
To be contented or comfortable

Estar a la altura de
To be equal to (a task)

Estar a la mira de
To be alert for, on the lookout for

Estar a punto de
To be about to

Estar al cabo de
To be well-informed, up-to-date

Estar al corriente de
To be informed, to be up-to-date

Estar afecto a
To be fond of

Estar afilando con (or afilar con)
To flirt with

Estar (or ponerse) ancho
To swell with pride

Estar arreglado
To be in order

Estar bien
To be all right, OK. Ex.: **Está bien.** (It is) all right, (it's) OK

Estar bien de salud
To be in good health

Estar bruja
To be broke

Estar con el agua al cuello
To be in big trouble

Estar de acuerdo
To agree

Estar de bote en bote
To be crowded, be completely filled up

Estar de buen humor (or de buen genio)
To be in a good mood

Estar de conformidad con
To be in compliance with

Estar de duelo
To mourn, be in mourning

Estar de luto
To be in mourning

Estar de malas
To be out of luck

Estar de mal humor (or de mal genio)
To be in a bad mood

Estar (or quedar) de non
To be left alone, without a partner or companion

Estar de paso
To be passing through

Estar de prisa
To be in a hurry

Estar de regreso
To be back

Estar de sobra
To be in the way

Estar de turno
To be on duty

Estar de vacaciones
To be on vacation

Estar de (or estar en) vena (para)
To be in the mood (for)

Estar de venta
To be on sale

Estar de viaje
To be traveling, on the road

Estar de vuelta
To be back

Estar desahogado
To be well off

Estar dispuesto
To be willing

Estar en buen uso
To be in good condition (re a thing)

Estar en camino
To be on the way

Estar en curso
To be going on, be under way

Estar en las mismas
To be in the same boat

Estar en las nubes
To daydream

Estar en las últimas
To be on one's last legs, to be at the end of one's rope, out of resources

Estar en pañales
To be in infancy, to possess scant knowledge

Estar en peligro
To be in danger

Estar en pugna con
To be opposed to, to be in conflict with, to be against

Estar en todo
To have a finger in everything

Estar en un aprieto
To be in a jam, to be in trouble

Estar en un error
To be wrong, to be mistaken

Estar encargado de
To have charge of, to be in charge of

Estar entre la espada y la pared
To be between the devil and the deep blue sea

Estar (or andar) escaso de dinero
To be just about out of money, be short of money

Estar fuera de la casa
To be out of the house, away from home

Estar fuera de la ley
To be against the law

Estar harto de
To be fed up with

Estar hasta los topes
To be filled up

Estar hecho un costal de huesos
To be very thin, nothing but skin and bones

Estar hecho una sopa
To be sopping wet, soaked through

Estar mal templado
To be in a bad humor

Estar muy metido en
To be deeply involved in

Estar para
To be about to

Estar peor que antes
To be worse off

Estar por
To be in favor of

Estar ras con ras
To be flush, perfectly even

Estar regular
To feel OK

Estar salado
To be unlucky; to be witty, salty

Estar sobre sí (...sobre aviso)
To be on the alert, cautious

Estar torcido con
To be on unfriendly terms with

Estar uno en sus cabales
To be in one's right mind

Estar uno hasta el copete
To be stuffed, fed up

Estar uno hasta la coronilla
To be fed up, satisfied

Estarse parado
To stand still

Estirar la pata
To die

Estrechar la mano (a)
To shake hands, grasp (or squeeze) a hand

Explicar una cátedra
To teach a course

F

Falta de conocimientos
Lack of instructions

Falta de saber
Lack of instructions

Faltar a clase
To cut class

Faltar a su palabra
To break one's word

Faltar poco
To be almost time

Faltarle a uno un tornillo
To have little sense, "to have a screw loose"

Fijarse en
To notice, pay attention to

Formar parte de
To be a part (or member) of

Forzar la entrada
To break into

Frente a
In front of

Fruncir el ceño
To frown, scowl

Fruncir el entrecejo
To wrinkle one's brow

Fruncir las cejas
To frown, knit the eyebrows

Fuera de broma
All joking aside

Fuera de lo corriente
Unusual, out of the ordinary

Fuera de propósito
Irrelevant

Fuera de sí
Beside oneself

G

Ganar para comer
To earn a living

Ganar tiempo
To save time

Ganarse la vida
To make one's living

Gente de baja estofa
Low-class people, rabble

Guardar cama
To stay in bed, to be confined in bed

Guardar rencor
To bear or hold a grudge

Guardar silencio
To keep silent

Gusano de la conciencia
Remorse

H

Había una vez (or érase que se era; érase una vez; y va de cuento)
Once upon a time

Hablar al alma
To speak frankly

Hablar al caso
To speak to the point, or in plain language

Hablar alto (or en voz alta)
To speak loudly

Hablar en secreto
To whisper

Hablar para sus adentros
To talk to oneself

Hablar por los codos
To talk too much, chatter constantly

Hace (dos, tres, etc.) años
(Two, three, etc.) years ago

Hace buen (mal) tiempo
It is good (bad) weather

Hace caso omiso
It (he, etc.) ignores

Hace mucho que no (juego, etc.)
It's been a long time since (I played, etc.)

Hace mucho tiempo
Long ago

Hacer alto
To stop

Hacer arreglos
To make arrangements

Hacer buen papel
To make a good showing

Hacer burla de
To make fun of

Hacer caso a (or hacer caso de)
To take into account, pay attention to

Hacer caso omiso de
To ignore

Hacer cocos
To make eyes at, flirt

Hacer cola
To form a line, wait in line

Hacer como si
To act as if

Hacer cuco a
To fool, make fun of

Hacer de
To act as

Hacer de nuevo
To do again, to do over

Hacer deducciones precipitadas
To jump to conclusions

Hacer destacar
To emphasize

Hacer ejercicio
To take exercise

Hacer el favor de
Please

Hacer el (or hacer un) papel
To play a role

Hacer el ridículo
To be ridiculous, act a fool

Hacer escala (en)
To stop over at

Hacer falta
To lack, be in need of

Hacer favoritismos en prejuicio de
To discriminate against

Hacer frente (a)
To face

Hacer gala de
To boast of

Hacer garras
To tear to pieces

Hacer gestos
To make faces at

Hacer gracia
To amuse, to make laugh

Hacer juego
To match

Hacer la corte
To court, woo

Hacer la zanguanga
To feign illness

Hacer las maletas
To pack, get ready to leave

Hacer las paces
To make up after a quarrel

Hacer lo posible
To do one's best

Hacer mal papel
To make a poor showing

Hacer mala obra
To hinder, interfere

Hacer mella
To make a dent or impression, to cause pain or worry

Hacer memoria
To remember, recollect

Hacer muecas
To make faces

Hacer otra vez
To do over

Hacer pedazos
To break into pieces

Hacer pinta
To play hooky, cut class

Hacer por escrito
To put in writing

Hacer preguntas (or hacer una pregunta)
To ask questions, to ask a question

Hacer presa
To seize

Hacer puente
To take a long weekend

Hacer rajas
To slice, to tear or cut into strips

Hacer rostro
To face

Hacer rumbo a
To head (or sail) towards

Hacer sombra
To shade, cast a shadow

Hacer su agosto
To make hay while the sun shines

Hacer teatro
To show off

Hacer trizas
To tear to pieces, to shred

Hacer un pedido
To place an order

Hacer un trato
To make a deal

Hacer un viaje
To go on a journey

Hacer una mala jugada
To play a mean trick

Hacer una perrada
To play a mean trick

Hacer una plancha
To make a ridiculous blunder

Hacer una visita
To pay a visit

Hacer vida
To live together

Hacerle daño a uno
To hurt or harm someone

Hacerse a
To get used to

Hacerse a la derecha
To pull over to the right

Hacerse a un lado
To step aside, move over

Hacerse amigo
To make friends with

Hacerse cargo
To take charge, to be responsible for

Hacerse de rogar
To be coaxed, to let oneself (or want to) be coaxed

Hacerse duro
To resist stubbornly

Hacerse el desentendido
To pretend not to notice

Hacerse el sordo
To pretend not to hear, turn a deaf ear

Hacerse el tonto
To play dumb, to act the fool

Hacerse entender
To make oneself understood

Hacerse ilusiones
To fool oneself

Hacerse noche
To grow late, get late in the evening

Hacerse tarde
To get late

Hacerse un lío
To get tangled up, become confused

Hacerse uno rajas
To wear oneself out

Hacia adelante
Forward

Hacia atrás
Backward

Hasta aquí (or hasta ahí)
Up to now, so far

Hasta cierto punto
In a way, up to a point

¿Hasta dónde?
How far?

Hasta más no poder
To the limit, utmost

Hasta el tope
Up to the top

Hasta la fecha
Up to date, up to now

Hasta que
Until

Hasta que se llene
Until full

Hay gato encerrado
There is more than meets the eye

Hay moros en la costa
Something is wrong; the coast is not clear; little pitchers have big ears

Hay que
One must, it is necessary to

He aquí
Behold, here is...

Hecho y derecho
Mature, full-fledged, grown up

Hincarse de rodillas
To kneel down

Hoy (en) día
Nowadays

I

Ida y vuelta
Round trip

Idas y venidas
Comings and goings

Igual que
The same as

Impedir el paso
To block the door, to obstruct the way

Ímpetu de ira
Fit of anger

Inaplicable al caso
Irrelevant

Incurrir en el odio de
To incur the hatred of

Incurrir en un error
To fall into (or commit) an error

Ingresar en
To join (a club, etc.)

Ir a caballo
To ride horseback

Ir a medias (or ir a la mitad)
To go halves (50-50)

Ir a pie
To walk, to go on foot

Ir al centro
To go downtown

Ir al grano
To get down to cases, come to the point

Ir corriendo
To be running

Ir de compras
To go shopping

Ir de jarana
To go on a spree

Ir de pesca
To go fishing

Ir de vacaciones
To go on vacation

Ir del brazo
To go arm in arm

Ir entendiendo
To begin to understand

Ir para atrás
To back up

Irse (or andar) a la deriva
To drift, be adrift

Irse abajo
To fall down

J

Juego de palabras
Pun, play on words

Juego limpio
Fair play

Juego sucio
Foul play

Jugar limpio
To play fair

Jugarle una mala partida
To play a bad trick on one

Junto a
Near to, or next to

Junto con
With, along with

L

La comidilla de la vecindad
The talk of the town

La cosa no cuajó
The thing did not jell (or work well)

La cuestión palpitante
The burning question

La gota que derrama el vaso
The last straw, the straw that broke the camel's back

La mayoría (de)
The majority (of), most of

La mayor parte (de)
The majority (of), most of

La mera idea de
The very thought of

La mera verdad
The real truth

La rutina diaria
The daily grind

La verdad clara y desnuda
The whole truth, the plain and simple truth

Lado flaco
Weak side

Largas uñas
A thief

¡Largo de aquí!
Get out of here!

Largos años
A long time, many years

Lavarse las manos de
To wash one's hands of

Levantar a pulso
To lift (something heavy) with the hand

Levantar la mesa
To clear the table

Levantarse de malas (or levantarse con las malas, or levantarse con el santo de espaldas)
To get up on (or out of) the wrong side of the bed

Ligero de cascos (or alegre de cascos)
Featherbrained

Limpio de polvo y paja
Net, entirely free, clear profit

Lo antes posible
The earliest possible

Lo de menos
Of little importance, the least of it

Lo expuesto
What has been said

Lo más pronto posible
As soon as possible

Lo menos posible
As little as possible

Lo mismo da
It makes no difference

Lo que
That which

Lo que hizo
Which caused

Lo recién llegado
A new arrival

Lo siento mucho
I'm very sorry

Loco de remate
Stark raving mad

Los (las) demás
The others, the rest of them

Los que
Those which, those who, the ones

Luego que
As soon as

LL

Llamar al pan pan, y al vino vino
Call a spade a spade

Llamar por teléfono
To call on the telephone

Llegar a saber
To come to know

Llegar a ser
To become, to get to be

Llenar un vacío
To bridge a gap

Lleno de bote en bote
Full to the brim

Llevar a cabo
To carry through, to accomplish

Llevar a efecto
To carry out

Llevar cuentas
To keep accounts

Llevar el compás
To beat time

Llevar la contra
To oppose, to object to

Llevar la cuenta (or llevar cuenta de)
To keep track of

Llevar puesto
To wear

Llevar ventaja
To have the lead, to be ahead

Llevarse adelante
To carry out

Llevarse bien (con)
To get along well with

Llevarse un chasco
To be disappointed

Llover a cántaros
To rain cats and dogs (pitchforks)

Llover sobre mojado
To come one after another (bad luck, misfortune)

M

Mal genio
Bad temper

Mal mandado (or muy mandado)
Ill-behaved

Mal sufrido
Impatient

Malas tretas
Bad tricks, bad habits

Mandar una bofetada
To slap

Mandar una pedrada
To throw a stone

Mañana Dios dirá
Tomorrow is another day

Mañana por la mañana (temprano)
Tomorrow morning (early)

Mañana por la noche
Tomorrow night

Mañana por la tarde
Tomorrow afternoon

Más acá
Closer

Más acá de
This side of, before you get to

Más adelante
Farther on, later on

Más ahorita
Right now

Más allá (de)
Beyond, farther away

Más aún
Furthermore, what is more

Más bien
Rather

Más bien que
Rather than

Más de
More than

Más de una vez
More than once

Más pesado que una mosca
Pesky as a fly

Más que
More than

Más que nadie
More than anyone

Más que nunca
More than ever

Más vale...
It is better...

Más vale tarde que nunca
Better late than never

Matar dos pájaros de un tiro
To kill two birds with one stone

Matar el gusano
To satisfy a need or desire (hunger, etc.)

Me entró miedo
I became afraid

Me hace falta
I need it

Me lloran los ojos
My eyes water

Media cuchara
A mediocre person

Medio sordo
Hard of hearing

Medir las calles
To walk the streets, be out of a job

Mejor dicho
Better yet, rather

Memoria de gallo
Poor memory

Menor de edad
A minor (person)

Menos de (or menos que)
Less than

Menos mal
At least

Merecer la pena
To be worthwhile

Meter la pata
To put one's foot in one's mouth

Meterse con
To pick a quarrel or fight with

Meterse de por medio
To intervene, meddle in a dispute

Meterse en un lío
To get oneself in a mess

Mientras más...menos
The more...the less...

Mientras tanto
Meanwhile

Mil gracias
A thousand thanks

Mirada de soslayo
Side glance

Mirar con el rabo del ojo
To look out of the corner of one's eye

Mirar por alguien
To take care of someone

Mirar por encima
To glance at

Mirar por encima del hombro
To look down on; despise

Molestarse en (con)
To bother about

Muchas subidas y bajadas
Many ups and downs, much going up and down

Mudar de casa
To move (change residence)

Muy a menudo
Very often

Muy de mañana
Very early in the morning

Muy trabajador
Hard-working

N

Nacer de pie (or pies)
To be born lucky

Nada de eso
Nothing like that

Nada de particular
Nothing unusual

Nada en absoluto
Nothing at all

Nada más
Just, only

Negarse a (contestar)
To refuse to (answer)

Ni con mucho
Not by far, not by a long shot, far from

Ni esto ni aquello
Neither this nor that

Ni mucho menos
Not by any means, not anything like it

Ni siquiera
Not even, even though

Ni yo tampoco
Nor I either

Ningún otro
Nobody else

No cabe duda (que)
There is no doubt (that)

No caer bien
To displease, (with direct object) not to fit well

No da abasto a
To be unable to cope with

No dar pie con bola
To make a mistake, not to get things right

No darse cuenta
Not to realize

No despegar los labios
Not to say a word, not to open one's mouth

¡No diga!
Is that so? You don't say!

No es asunto mío (suyo, etc.)
It's none of my (your, etc.) business

No es mucho que
It is no wonder that

No estar de humor
To be out of sorts, not in a laughing mood

No estoy de acuerdo
I disagree

¡No faltaba más!
That's the last straw! Why, the very idea!

No hallar vado
To find no way out

No hay de que
You're welcome; don't mention it

No hay más remedio que
There's no other way but to; there's nothing to do except

No hay para que
There's no need to

No hay prisa
There's no hurry

No hay que darle vueltas
There's no way around it; there are no two ways about it

¡No importa!
Never mind!

No irle ni venirle a uno
To make no difference to one

No le hace
It doesn't matter, it makes no difference

No más que
Only

No le haga caso
Pay no attention to him

No me da la gana
I don't want to

No nos debemos nada
We are even (quits)

No obstante
Notwithstanding, nevertheless

No pararse en pelillos
Not to bother about trifles

No poder con
Not to be able to stand, endure, control, carry

No poder con la carga
Not to be able to lift the load, not equal to the burden

No poder más
To be exhausted, "all in"

No poder menos de
Not to be able to help... Ex.: No **puede menos de hacerlo;**
he can't help doing it

No quedar otro recurso
No way out, no alternative

No querer hacerlo
To be unwilling to do it

No saber ni papa (de eso)
To know absolutely nothing (about that)

No saber una (or ni) jota
Not to know anything

No se dé usted prisa
Don't hurry

¡No se ocupe!
Never mind! Don't worry!

¡No se preocupe usted!
Don't worry!

No se trata de eso
That's not the point; that's not the question

No sea que
Or else, because

No ser cosa de juego
Not to be a laughing matter

No ser ni chicha ni limonada
To be worthless, neither fish nor fowl

No servir para nada
To be good for nothing

No sólo...sino también
Not only...but also

No tan a menudo
Not so often

No tener alternativa (or elección)
To have no alternative, no way out

No tener entrañas
To be cruel

No tener nada que ver con
To have nothing to do with

No tener pelillos en la lengua
To speak frankly

No tener razón
To be wrong

No tener remedio
To be beyond help or repair

No tener sal en la mollera
To be dull, stupid

No tenga usted cuidado
Don't worry about it; forget it

No tiene remedio
It can't be helped; it is hopeless

No tiene vuelta de hoja
There's no two ways about it

No vale la pena
It's not worthwhile

No vale un pito
Not worth a straw

No vale una cuartilla
Not worth a penny

No ver la hora de
To be anxious to

No viene al cuento (or no viene al caso)
It is not opportune, or to the point

O

O sea que
That is to say

O si no...
Or else...

Oír decir que
To hear that

Oír hablar de
To hear about

Oler a
To smell like

Optar por
To choose, decide upon

¡Otra, otra!
Encore!

Otra vez
Again

P

Pagado de sí mismo
To be pleased with oneself

Pagar el pato
To be the scapegoat, get the blame

Pagarse de
To be proud of, or boast of

¡Palabrita de honor!
Word of honor, honestly; no kidding?

Para mis adentros
To myself

Para que
In order that

¿Para qué?
What for? For what use?

Para (or por) siempre (+ jamás)
Forever (forever and ever)

Para todos lados
To right and left, on all sides

Para unos fines u otros
For one purpose or another

Para variar
For a change

Parar en seco
To stop short or suddenly

Parar mientes en
To consider, reflect on

Pararse en pelillos
To split hairs

Parece mentira
It seems to be impossible

Parecido a
Like, similar to

Pasado de moda
Out of style, out of date

Pasado mañana
Day after tomorrow

Pasar a mejor vida
To die

Pasar como un relámpago
To flash by

Pasar de la raya
To overstep bounds, take undue liberties

Pasar de moda
To go out of style

Pasar el rato
To while away time

Pasar la noche en claro (or en blanco)
Not to sleep a wink

Pasar lista
To call the roll

Pasar por alto
To omit, overlook

Pasar revista a
To review, to go over carefully

Pasar un buen rato
To have a good time

Pasarse sin
To do without

Pasear a pie
To take a walk

Pasear en coche
To go for a drive (by auto)

Pata de gallo
Crow's foot wrinkles

Patas arriba
Upside down

Pecar de bueno
To be too good

Pecar de oscuro
To be very unclear, too complicated

Pedir prestado
To borrow

Pegar de soslayo
To glance, to hit at a slant

Pegar fuego
To set afire

Pegar un chasco
To play a trick, surprise, disappoint

Pegar un salto
To take a jump

Pegar un susto
To give a scare

Pensar en
To intend, to think about

Peor que
Worse than

Peor que peor
That is even worse

Perder cuidado
Not to worry

Perder de vista
To lose sight of

Perder el juicio
To lose one's mind, go crazy

Perder el tiempo
To lose time

Perder la razón
To lose one's mind

Perder la vista
To go blind

Perder prestigio
To lose face

Perderse de vista
To vanish, to be lost from view, to drop out of sight

Pesarle a uno
To be sorry for someone, to regret

Picar en
To dabble in

Picar muy alto
To aim very high

(X) Pies de altura (or de alto)
(X) Feet tall

(X) Pies de largo
(X) Feet long

Pillar una mona
To get drunk

Pintar venado
To play hooky

Pintarle un violín
To break one's word

Planchar el asiento
To be a wallflower

Poca cosa
Not much

Poco a poco
Gradually, little by little

Poco después (de)
Shortly thereafter

Poco para las (tres)
To be nearly (3) o'clock

Poco rato
Very soon

Poner a buen recaudo
To place in safety

Poner adelantado
To set forward (e.g., a clock)

Poner al corriente
To inform, to bring up to date

Poner casa
To set up housekeeping

Poner defectos
To find fault with

Poner el grito en el cielo
To complain loudly, to "hit the ceiling"

Poner en claro
To clear up, to clarify

Poner en conocimiento
To inform

Poner en duda
To question, to doubt

Poner en el cielo
To praise, extol

Poner en juego
To set in motion, to coordinate

Poner en limpio
To make a clean copy, to recopy

Poner en marcha
To get going

Poner en razón
To pacify

Poner en ridículo
To humiliate, make a fool of

Poner faltas
To find fault with

Poner la luz, (el radio, etc.)
To turn on the light (radio, etc.)

Poner la mesa
To set the table

Poner la mira
To fix one's eyes on, aim at

Poner por las nubes
To praise to the skies

Poner por obra
To undertake, put into practice

Poner todo de su parte
To do one's best

Poner una queja
To file a complaint

Ponerse a
To begin, start

Ponerse bien
To get well

Ponerse colorado
To blush

Ponerse de acuerdo
To come to an agreement

Ponerse de pie
To get to one's feet

Ponerse de rodillas
To kneel

Ponerse duro
To resist stubbornly

Ponerse en
To reach

Ponerse en camino
To set out (on a trip, etc.)

Ponerse en contra de
To oppose, be against

Ponerse en marcha
To start, start out

Ponerse en pie
To get up, or rise

Por acá (or por aquí)
This way, over here

Por accidente
By accident

Por adelantado
In advance

Por ahí (or por allá)
Over there, about that

Por ahora
For the time being, for now

Por algo
For some reason; that's why

Por allí
That way

Por amor de
For the sake of

Por aquí
This way

Por aquí cerca
Around here, in this vicinity

Por arriba
Above

Por casualidad
By chance, by accident

Por completo
Completely

Por (or en) consecuencia de
Therefore, consequently

Por consiguiente
Consequently, therefore

Por de (or por lo) pronto
For the present

Por delante
Ahead

Por dentro
On the inside

Por desgracia
Unfortunately

Por despecho
Out of spite

Por detrás
From the rear

Por día
By the day

¿Por dónde?
Where, through, which? Which way?

Por el estilo
Such as that, of that kind

Por el (or por la or por lo) presente
For the present

Por encima de
On top of

Por encima de todo
Above all

Por ende
Hence, therefore

Por entre
Among, between

Por esa razón
For that reason, that is why

Por escrito
In writing

Por eso
For that reason, therefore

Por extenso
In detail, at length

Por favor
Please

Por fin
At last, finally

Por fuera
From the outside, on the outside

Por hoy
At present

Por instantes
Continually, moment to moment

Por la mañana (or por la tarde, etc.)
In the morning (afternoon, etc.)

Por la mitad
In half, in the middle

Por la noche (or en la noche)
At night, in the evening

Por las buenas o por las malas
Whether one likes it or not

Por las nubes
Sky-high

Por lo común
Generally

Por lo cual
Therefore

Por lo demás
Moreover, as for the rest (of us), aside from this

Por lo general
Usually, generally

Por lo menos
At least

Por lo pronto
For the time being

Por lo regular
Usually, as a rule

Por lo que
Because of which

Por lo que pueda tronar
Just in case

Por lo tanto
Therefore

Por lo visto
Apparently, by the looks of, evidently

Por más que
However much

Por medio de
By means of

Por menudo
In detail, retail

Por mi parte
As far as I'm concerned

Por motivo
On account of

Por mucho que
No matter how much

Por ningún lado
Nowhere

Por ningún motivo
Under no circumstances, no matter what

Por otra parte
On the other hand

Por otro lado
On the other hand (or side)

Por poco
Almost, nearly. Ex.: **Por poco se muere;** he almost died

Por primera vez
For the first time

¿Por qué?
Why?

Por rareza
Seldom

Por regla general
As a general rule, usually

Por separado
Separately

Por si acaso
In case, just in case

Por sí solo
By oneself

Por su cuenta
All by himself (oneself)

Por su mano
By oneself

Por supuesto
Of course

Por término medio
On an average

Por (or a or en) todas partes
All over, everywhere

Por toda suerte de penalidades
Through thick and thin
Por todo el mundo
All over the world
Por todo lo alto
Not sparing expense
Por todos lados
All over, everywhere, all sides
Por última vez
For the last time, finally
Por último
Finally, at last
Porque si no
Otherwise
Preguntar por
To ask about
Prender el fuego
To start the fire
Prender fuego a
To set fire to
Preocuparse de
To take care of
Preocuparse por
To worry about, to be concerned about or for
Presencia de ánimo
Presence of mind, serenity
Prestar atención
To pay attention
Profundamente dormido
Fast asleep
Prohibida la entrada
No trespassing
Prohibido el paso
No trespassing, keep out
Prohibido estacionarse
No parking
Puede ser que
It may be that
Pues bien
Now then, well then, all right then
Pues mire
Well, look
Pues que(?)
Since, so what?
Puesta del sol
Sunset
Puesto que
Although, since

Q

¡Qué barbaridad!
What nonsense! What an atrocity!
¡Qué batingue!
What a mess!
¡Qué de!
What a lot! How much!
¡Qué desgracia!
How unfortunate!
¡Qué divino!
What a beauty!
¡Qué gusto!
What a pleasure! I am delighted!
¿Qué haces?
What's the matter? What is it?
¿Qué hay?
What's the matter?
¿Qué hay de malo con eso?
What's wrong with that? So, what's so bad about that?
¿Qué hay de nuevo?
What's new(s)?
¿Qué hora es? (or ¿qué horas son?)
What time is it?
¡Qué horror!
How awful!
¿Qué hubo?
How goes it? What's up?
¡Qué lástima!
Too bad! What a pity!
¿Qué le pasa (a Ud.)?
What's the matter with you?
Que le vaya bien
Good luck
Que lo pase bien
Have a good day, etc.
¿Qué mosca te ha picado?
What's eating you?
¡Qué nombrecito!
What a tonguetwister!
¿Qué pasa?
What's up? What's going on?
¿Qué pasó?
What happened?
¿Qué quiere decir?
What does it mean?
¡Que se divierta!
Have a good time
¿Qué tal?
Hello! How are you?
¿Qué tiene de malo?
What's wrong with...?
Quebrarse uno la cabeza
To rack one's brain
Quedar bien (con)
To come out well, to get along well (with)
Quedar contento con
To be pleased with
Quedar en
To agree (to)
Quedar entendido que
To be understood, agreed to
Quedarle bien
To be becoming
Quedarse con (re una cosa)
To keep, to take (e.g., I'll take it.)
Quedarse en la casa
To stay in
Quejarse de
To complain of
Quemarse hasta el suelo
To burn down
Quemarse las pestañas (or las cejas)
To burn the midnight oil, study hard
Querer decir
To mean, signify
¿Quién sabe?
Who knows? I don't know
¿Quién te mete, Juan Copete?
Mind your own business. What's it to you?
Quieras que no
Whether you wish or not
Quiere llover
It is trying (is about) to rain
Quince días
Two weeks
¡Quita allá!
Don't tell me that!
Quitar la mesa
To clear the table
Quitarse uno un peso de encima
To be relieved of, to be a load off one's mind
Quitarse de una cosa
To give up (or get rid of) something
¡Quítese de aquí!
Get out of here!

R

Rabiar por
To be very eager to (or for)
Rara vez (or raras veces)
Seldom
Ratos perdidos
Leisure hours
Recibir noticias (de)
To hear from
Recuerdos a
Regards to...
Rechinar los dientes
To gnash one's teeth
Reírse para sus adentros
To laugh up one's sleeve
Remolino de gente
Throng, crowd
Repetidas veces
Over and over again, various times
Repetir de carretilla
To rattle off, repeat mechanically
Resarcirse de
To make up for
Respecto a
With regard to, concerning, about

Reunión de confianza
Informal gathering or party

Reventar de risa
To burst with laughter

Romper a
To start to

Romper el alba
To dawn

Romperse los cascos
To rack one's brain

Rosario de desdichas
Chain of misfortunes

Rozarse con alguien
To have connections (or dealings) with someone

S

Saber a
To taste like

Saber de memoria
To know by heart

Sacar a bailar
To ask to dance

Sacar a uno de quicio
To exasperate someone

Sacar el cuerpo
To dodge

Sacar en claro (or en limpio)
To deduce, conclude

Salida de pie de banco
Silly remark, nonsense

Salida del sol
Sunrise

Salir a
To resemble, take after

Salir a gatas
To crawl out of a difficulty

Salir al encuentro de
To go out to meet, to oppose, take a stand against

Salir bien
To be successful, to come out well

Salir de
To leave, depart

Salir del paso
To get out of a difficulty

Salir fiador de
To vouch for

Salir ganando
To win, to come out ahead

Salir mal
To fail, to come out poorly

Salirse con la suya
To have one's own way

Saltar a la vista
To be obvious

Saltar a tierra
To disembark, to land

Saltar las trancas
To lose patience, lose one's head

Salvar el pellejo
To save one's skin

Sano y salvo
Safe and sound

Santo y bueno
Well and good

Se aguó la fiesta
The party was spoiled

Se conoce (que)
It is obvious

Se dice
It is said, they say

Se ha acabado
It is all over

Se prohibe (fumar)
It is forbidden (to smoke); no (smoking)

Se solicita
Wanted

Se suena que
It is rumored that

Se ve que
It is obvious that

Se venció el plazo
The time limit expired

Seguir las pisadas
To follow in the footsteps (of), emulate

Según y conforme (or según y como)
Exactly as, just as, that depends

Seguro que están
I bet they are

Seguro que sí
Of course

Sentar bien a
To fit well

Sentarle bien
To be becoming

Sentarse en cuclillas
To squat

Sentir en el alma
To be terribly sorry, to regret very much

Sentirse destemplado
Not to feel well, to feel feverish

Ser aficionado a
To be a fan, a buff

Ser como un puño
To be close-fisted

Ser conocedor
To be a judge of

Ser de carne y hueso
To be only human

Ser de rigor
To be indispensable, to be required by custom

Ser de (or ser para) ver
Worth seeing

Ser duro de mollera
To be stubborn

Ser fuerza
To be necessary

Ser gente
To be cultured, socially important

Ser huésped en su casa
To be seldom at home

Ser oriundo de
To hail from, come from

Ser piedra de escándalo
To be the object of scandal

Ser plato de segunda mesa
To play second fiddle

Ser tan fuerte como un león
To be as strong as a horse

Ser tempranero
To be an early riser

Ser un cero a la izquierda
To be of no account

Ser un erizo
To be irritable; a grouchy person

Servir de
To serve, act as, be used as

Servir la mesa
To wait table

Servir para
To be good for, used for

Si acaso
If at all

Si alguna vez
If even

Si bien
Although

Si mal no recuerdo
If I remember correctly

Si me hace el favor
If you would do me the favor

Si no
Or else

Si no fuera por
Except for

Si no fuera porque
Except for

Siempre que
Whenever, provided that, as long as

Siempre y cuando
Provided

Sin ceremonia
Informal

Sin comentarios
No comment

Sin contar
Exclusive of

Sin disputa
Without question

Sin embargo
However, nevertheless

Sin falta
By all means, without fail, without fault

Sin fin
An infinite quantity

Sin hacer caso de
Regardless of

Sin igual
Unequaled

Sin novedad
As usual (to be well, in good health)

Sin par
Peerless, without equal

Sin que
Without

Sin qué ni para qué
Without rhyme or reason

Sin querer
Unwillingly

Sin rebozo
Openly, frankly

Sin recurso
Without remedy, without appeal

Sin remedio
Unavoidable, without help

Sin reserva
Unreserved, frankly

Sin sentir
Without realizing, inadvertently, unnoticed

Sin ton ni son
Without rhyme or reason

Sino que
But

Sobradas veces
Repeatedly, many times

Sobre manera
Excessively

Sobre mi palabra
Upon my honor

Sobre que
Besides, in addition to

Sobre seguro
Without risk

Sobre todo
Especially, above all

Soltar el hervor
To come to a boil

Soltar la rienda
To let loose, act without restraint

Sonar a
To sound like, seem like

Soñar con (or soñar en)
To dream of

Soñar despierto
To daydream

Su punto flaco
His weakness, her weak side

Subidas y bajadas
Ups and downs

Subir al tren
To get on the train

Subir de punto
To increase, get worse

Subirse de tono
To put on airs

Suceda lo que suceda
Come what may, no matter what

Sudar la gota gorda
To sweat profusely, work hard, sweat blood, have a bad time

Suerte negra
Very bad luck

Suma atención
Close attention

Supuesto que
Supposing that, since

Surtir efecto
To come out as desired or expected, to give good results

T

Tal como (or tales como)
Such as

Tal cual
Such as, so-so, fair

Tal para cual
Two of a kind

Tal vez
Maybe, perhaps

Tal vez sea que
It may be that

Tan pronto como
As soon as

Tanto...como
As much...as

Tanto mejor
So much the better

Tanto peor
So much the worse

Tardar en
To be long in, take a long time (in doing)

Tarde o temprano
Sooner or later

Tener a la vista
To have in sight

Tener a raya
To keep in bounds, hold in check

Tener al corriente
To keep up-to-date (informed, posted)

Tener...años
To be...years old

Tener buena cara
To look well

Tener cabida con alguien
To have influence with someone

Tener calor
To be hot

Tener celos
To be jealous

Tener confianza con
To be on intimate terms with

Tener cosquillas
To be ticklish

Tener cuidado (con)
To take care, watch out (for)

Tener deseos de
To want to, to be eager to

Tener el pico de oro
To be eloquent

Tener en cuenta
To consider, to take into account

Tener en la mente
To have in mind

Tener en la punta de la lengua
To have on the tip of one's tongue

Tener en mucho
To esteem highly

Tener en poco a
To hold in low esteem

Tener entendido que
To understand that...

Tener éxito
To be successful

Tener frío
To be cold

Tener gana(s) de
To feel like

Tener gancho
To be attractive, alluring

Tener gracia
To be funny

Tener gusto en
To be glad to

Tener hambre
To be hungry

Tener la bondad de
To be good enough to

Tener la costumbre de
To be used (accustomed) to...

Tener la culpa
To be to blame

Tener la intención de
To intend or mean to

Tener la lengua larga
To have a big mouth

Tener la pena de
To have the misfortune to

Tener la vida en un hilo
To be in great danger

Tener lástima de
To feel sorry for, take pity on

Tener lugar
To take place

Tener miedo
To be afraid

Tener mucho copete
To be arrogant, haughty

Tener murria
To be sulky, to have the blues

Tener para sí
To think, to be of the opinion

Tener por
To believe, judge, consider, to take for a...

Tener presente (de or que)
To bear in mind

Tener prisa
To be in a hurry

Tener probabilidad
To stand a chance

Tener que
To have to (do something)

Tener que ver (con)
To have to do with

Tener razón
To be right

Tener roce con
To have contact with a person

Tener sed
To be thirsty

Tener sueño
To be sleepy

Tener suerte
To be lucky

Tener tiempo libre
To have time off

Tener vergüenza
To be ashamed

Tenerle tirria a una persona
To have a dislike for (or grudge against) a person

Tenerse en pie
To keep one's feet

Tirar de
To pull

Tirar las riendas
To restrain, tighten the reins

Tirarse una plancha
To put oneself in a ridiculous situation

Tocar de oído
To play by ear

Tocar en lo vivo
To hurt to the quick, hit a nerve, touch a sore spot

Tocar por fantasía
To play by ear

Tocarle a uno
To be one's turn

Tocarle a uno la suerte
To be one's turn, to fall to one's lot, to be lucky

Tocarse el sombrero
To tip one's hat

Toda clase de
All kinds of

Todas las veces (que)
Every time, whenever

Todavía no
Not yet

Todo el año
All year round

Todo el día
All day

Todo el mundo
Everybody

Todo el que
Everybody who

Todo el tiempo
All the time

Todo hombre
Everyone

Todo lo contrario
Exactly the opposite

Todo lo demás
Everything else

Todo lo posible
All that is possible

Todo sigue bien
All goes well

Todos los días
Every day

Tomar a broma
To take as a joke

Tomar a pecho(s)
To take to heart, to take seriously

Tomar a risa
To laugh off, take lightly

Tomarle el pelo
To tease, pull one's leg

Tomar el rábano por las hojas
To put the cart before the horse, to misinterpret or misconstrue

Tomar el sol
To sunbathe

Tomar en cuenta
To consider, take into account

Tomar en serio
To take to heart

Tomar la delantera
To take the lead

Tomar por cierto
To take for granted

Tomar por su cuenta
To attend to personally

Tomar tiempo libre
To take time off

Tomarlo con calma
To take it easy

Tonto de capirote
Dunce, plain fool

Traer puesto
To wear, to have on

Transporte de locura
Fit of madness

Tras de
Behind, after, beside

Tratar con
To have dealings with

Tratar de
To try to; to treat, to deal with

Tratar en
To deal in

Tratarse de
To be a question of

¡Trato hecho!
It's a deal!

Tronar los dedos
To snap one's fingers

Tropezar con
To meet, come across, encounter

U

Un buen pasar
Enough to live on

Un día sí y otro no
Every other day

Un día sí y un día no
Every other day

Un hervidero de gente
A swarm of people

Un no sé qué
Something indefinable

Un nudo en la garganta
A lump in the throat

Un rato desagradable
A hard time

Un tanto
Somewhat

Una buena carcajada
A hearty laugh

Una infinidad de
A large number of

Una mala pasada
A mean trick

Una negativa rotunda
A flat denial

Una negativa terminante
A flat denial

Una que otra vez
Once in a while

Una y otra vez
More than once, over and over again

Unas cuantas (or unos cuantos)
A few

Uno a la vez
One at a time

Uno por uno
One by one

Unos a otros
Each other

Unos pocos
A few

V

Valer la pena
To be worthwhile. Ex.: **No vale la pena,** it's not worth the trouble

Valer más
To be better

Valer por
To be worth

Valerse de
To make use of

Varias veces
Several times

Venir a las manos
To come to blows

Venir a menos
To decline

Venir a parar
To turn out to be, to end up (as)

Venir a (or al) pelo
To come at the right moment, to suit perfectly, to be opportune

Venir a ser
To turn out to be

Venir bien
To suit

Venir en
To agree to

Venir sobre
To fall upon

Venirse abajo
To fall down, collapse, fail

Ver de (or ver que)
To try to, see to it that

Verse obligado a
To be obliged to or forced to

Visto que
Whereas, considering that

Vivir de sus uñas
To live by stealing

Voltear la espalda
To turn one's back

Volver a
To do...again

Volver a las andadas
To fall back into old habits

Volver corriendo
To hurry back

Volver en sí
To come to, regain consciousness

Volver loco
To drive crazy

Volver por
To return for, to defend

Volverse atrás
To go back, back out, go back on one's word

Volverse loco
To go crazy

Y

Y así sucesivamente
And so on, et cetera

Y pico
(A) little more

¿Y qué?
So what?

¿Y si?
What if...?

Ya es hora de
It's time to

Ya es tarde
It's too late now

Ya mero
Very soon, just about to...

¡Ya lo creo!
I should say so! Yes, of course

Ya no
No longer

Ya no sopla
To be no good, of no use as...

Ya que
Since, although

Ya se acabó
It is all over

Ya se ve
Of course; it is clear

Ya voy
I am coming

MODISMOS Y EXPRESIONES / IDIOMS AND EXPRESSIONS

A

About
Acerca de, al (or en) rededor, alrededor de, cosa de, respecto a

About that
Por ahí, por allá

About the first of...
A principios de...

About the middle of...
A mediados de

Above
Por arriba

Above all
Ante todo, por encima de todo, sobre todo

Abroad
En el extranjero

Absolutely
De remate

Absolutely (not)
En absoluto

Accomplish
Llevar a cabo

According to Hoyle; according to the rules
Como Dios manda

Across
A través de, de través

Act a fool
Hacer el ridículo, hacerse el tonto

Act as
Hacer de, servir de

Act as if
Hacer como si

Actually
Desde luego

Act without restraint
Soltar la rienda

Add fuel to the fire
Echar leña al fuego

Admit a person is right
Dar la razón a una persona

After (in position)
Tras de

After a few months (etc.)
A los pocos meses

After all
A fin de cuentas, después de todo, en resumidas cuentas

Again
De nuevo, de vuelta, otra vez

Against
En contra de

Against all odds
Contra viento y marea

Against the grain
A contrapelo

Agree
Dar la razón, estar de acuerdo, quedar en

Agree to
Quedar en, venir en

Ahead
Por delante

Aim at
Poner la mira

Aimlessly
A la ventura

Aim very high
Picar muy alto

A little more
Y pico

All along
Desde el principio

All around
A la redonda, en redondo

All at once
De un golpe, de un tirón, de una tirada

All by oneself (himself)
Por su cuenta

All day
Todo el día

All goes well
Todo sigue bien

All joking aside
Bromas a un lado, fuera de broma

All kinds of
Toda clase de

All of a sudden
De buenas a primeras, de repente

All over
En todas partes, por todas partes, por todos lados

All that is possible
Todo lo posible

All the time
A cada rato, todo el tiempo

All the while
Entre tanto

All together
En conjunto, en junto

All year round
Todo el año

Almost
Por poco

Alone
A secas

Along, alongside of
A lo largo (de)

Along with
Junto con

Aloud
En voz alta, voz alta

Although
Bien que, puesto que, si bien, ya que

Among
Por entre

Amuse
Hacer gracia

And so
De modo que, de suerte que

And so on
Y así sucesivamente

Anger, to make angry
Dar rabia

Annoy
Dar la lata

Anyhow
Así y todo, de todos modos

Anything at all
Cualquier cosa

Anyway
Al fin y al cabo, de todas maneras, en cualquier caso

Any way you look at it
A todas luces

Apiece
Cada uno

Apologize
Dar una satisfacción

Apparently
Al parecer, por lo visto

Approve
Dar el visto bueno

Approximately
Cosa de

Apropos
A propósito

Around (about)
Al derredor, en derredor, al rededor, en rededor, alrededor de

Around here
Aquí cerca, por aquí cerca

Around the corner
A la vuelta de, a la vuelta de la esquina

Arouse one's suspicions
Darle a uno mala espina

Arouse pity (or sorrow)
Dar lástima (de)

Arrest
Echar la garra

As
A medida que, a semejanza de, según y conforme, según y como

As a general rule
Por regla general; por lo general

As a last resort
Como último recurso

As a matter of fact
En realidad

As a result (of)
A consecuencia de, de resultas

As a rule
Por lo regular

As a whole
En conjunto

As far as I'm concerned
Por mi parte

As follows
A continuación, como sigue

As for
En cuanto a

As for the rest (of us)
Por lo demás

Aside from that
Aparte de eso

Aside from this
Por lo demás

As if
Como si

As if by magic
Como por ensalmo

As if it were
Como si fuera

As I understand it
A mi entender

Ask about
Preguntar por

Ask a question (or questions)
Hacer una pregunta (preguntas)

Ask to dance
Sacar a bailar

As little as possible
Lo menos posible

As long as
Siempre que

As much as
Tanto como

As of
A partir de

As proof of
En prenda de

As smooth as silk
Como una seda

As soon as
Así es que, así que, en cuanto, luego que, tan pronto como

As soon as possible
Cuanto antes, lo más pronto posible

Assume responsibility
Cargar con

As the crow flies
A vuelo de pájaro

As the saying goes
Como dijo el otro

As time goes on
Andarse el tiempo

As usual
Como de costumbre, como siempre, sin novedad

As well as
Así como

As you like
A la voluntad

At about
A eso de, como a costumbre

At about...(time)
Al filo de...

At all
Del todo

At all costs
A toda costa, a todo trance

At all hours
A deshora(s)

At all times
A toda hora

At an early date
En fecha a próxima

At another's expense
De gorra

At an untimely moment
A deshora(s)

At any cost
Cueste lo que cueste

At any moment
De un momento a otro

At any rate
Como quiera que sea, de cualquier modo, de todas maneras, de todos modos

At any time
A toda hora

At arm's length
A una brazada

At a short distance
A pocos pasos

At bottom
En el fondo

At every turn
A cada paso

At first
Al principio

At full length
A lo largo (de)

At full speed (or greatest speed)
A escape, a toda prisa, a toda vela, a todo correr

At hand
A mano

At hard labor
Al remo

At heart
En el fondo

At home
En casa

At last
A la postre, al fin, al fin y al cabo, por fin, por último

At (the) least
Al menos, a lo menos, como mínimo, menos mal, por lo menos

At length
Por extenso

At most
A lo más, a lo sumo

At once
Ahora mismo, al instante, al punto, de pronto, de una vez, desde luego, en el acto, en seguida

At one stroke
De una vez

At one time
A un tiempo, de una vez

At present
Al presente, por hoy

At random
A la buena de Dios, a la ventura, al azar

Attend to personally
Tomar por su cuenta

At that time
A la sazón, en aquel tiempo

At the end
Al fin

At the last moment
A última hora

At the mercy of
A merced de

At the most
A lo sumo

At the present time
En la actualidad

At the request of
A instancias de

At the same time
A la vez, al mismo tiempo, de paso, entre tanto

At the very latest
A más tardar

At this point or juncture
A estas alturas

At times
A ratos, a veces

At whatever cost
A toda costa

At will
A la voluntad, a voluntad

At worst
A lo más

At your service
A sus órdenes, servidor de usted

Average person
El común de las gentes

Avoid someone
Dar esquinazo

Awaiting
En espera de

B

Back and forth
De aquí para allá

Back out
Echarse para atrás, volverse atrás

Back up
Dar marcha atrás, ir para atrás

Backward(s)
Al revés, hacia atrás

Bad habits
Malas tretas

Bad temper
Mal genio

Bark up the wrong tree
A buen santo te encomiendas

Be a buff
Ser aficionado a

Be about to
Estar a punto de, estar para

Be a fan of
Ser aficionado a

Be afraid
Tener miedo

Be against
Estar en pugna con, ponerse en contra de

Be agreed to
Quedar entendido que

Be ahead
Llevar ventaja

Be alert
Estar a la mira de, ponerse chango

Be all right, OK
Estar bien

Be alluring
Tener gancho

Be a load off one's mind
Quitarse uno un peso de encima

Be an early riser
Ser tempranero

Be anxious to
No ver la hora de

Be a part of
Formar parte de

Be a question of
Tratarse de

Bear or hold a grudge
Guardar rencor

Bear in mind
Tener presente (de lo que)

Be arrogant
Tener mucho copete

Be ashamed
Tener vergüenza

Be as strong as a horse
Ser tan fuerte como un león

Beat around the bush
Andarse con rodeos, andarse por las ramas

Beaten path
Camino trillado

Be at the end of one's rope or resources
Estar en las últimas

Beat (or mark) time
Llevar el compás

Be attractive
Tener gancho

Beautifully
A las mil maravillas

Be a wallflower
Planchar el asiento

Be away from home
Estar fuera de casa

Be back
Estar de regreso, estar de vuelta

Be becoming
Caer bien, quedarle bien, sentarle bien

Be beyond help or repair
No tener remedio

Be born lucky
Nacer de pie (...de pies)

Be broke
Estar bruja

Because
No sea que

Because of
Con motivo de

Because of which
Por lo que

Be cautious
Estar sobre sí, estar sobre aviso

Be close-fisted
Ser como un puño

Be coaxed
Hacerse del rogar

Become
Llegar a ser

Become confused
Hacerse un lío

Become effective
Entrar en vigor (e.g., a law)

Be contented
Estar a gusto

Be courageous
Tener puños

Be crowded
Estar de bote en bote

Be cruel
No tener entrañas

Be cultured
Ser gente

Be deeply involved in
Estar muy metido en

Be disappointed
Llevarse un chasco

Be disconcerting
Dar mucha pena

Be dull
No tener sal en la mollera

Be eager to
Tener deseos de

Be eloquent
Tener el pico de oro

Be equal to (a task)
Estar a la altura de

Be exhausted
No poder más

Be fed
Dar de comer

Be fed up
Estar uno hasta el copete, estar uno hasta la coronilla

Be fed up with
Estar harto de

Be filled up
Estar hasta los topes

Be flush (even with)
Estar ras con ras

Be fond of
Estar afecto a

Be forced to
Verse obligado a

Before
Antes de que

Before dark
De día

Beforehand
Con tiempo

Before one's (very) eyes
A ojos vistas

Be funny
Tener gracia

Begin
Echarse a, ponerse a, romper a

Beginning on
A partir de

Begin running
Echar(se) a correr

Begin to understand
Ir entendiendo

Be glad to
Tener gusto en

Be good for
Servir para

Be good for nothing
No servir para nada

Be haughty
Tener mucho copete

Behind
Atrás de, detrás de, tras de

Behind closed doors
A puerta cerrada

Behind one's back
A espaldas de

Behind the scenes
Entre bastidores

Behold
He aquí

Be in a bad mood
Estar mal templado, estar de mal humor, mal genio

Be in a good mood
Estar de buen humor, buen genio

Be in a hurry
Estar (or andar) de prisa, tener prisa

Be in a jam
Estar en un aprieto

Be in big trouble
Estar con el agua al cuello

Be in charge of
Estar a cargo de, estar encargado de

Be indebted to
Estar en deuda con

Be indispensable
Ser de rigor

Be in favor of
Estar por

Be in good condition (a thing)
Estar en buen uso

Be in good health
Estar bien de salud, sin novedad

Be in great danger
Tener la vida en un hilo

Be in infancy
Estar en pañales

Be in mourning
Estar de duelo, estar de luto

Be in need of
Hacer falta

Be in one's right mind
Estar uno en sus cabales

Be in order
Estar arreglado

Be in the mood (for)
Estar de (o en) vena (para)

Be in the same boat
Estar en las mismas

Be in the way
Estar de sobra

Be in trouble
Estar en un aprieto

Be irritable (or a grouchy person)
Ser un erizo

Be jealous
Tener celos

Be a judge of
Ser conocedor

Be just about out of money
Estar (or andar) escaso de dinero

Be left alone
Estar de non, quedar de non

Believe
Tener por

Believe strongly
A pie(s) juntillas

Be long (in doing)
Tardar en

Below
A continuación

Be lucky
Tener suerte, tocarle a uno la suerte

Be mistaken
Estar en un error

Be nearly...(o'clock)
Faltar un poco para las...(horas)

Beneath
Debajo de

Be necessary
Ser fuerza

Be obliged to
Verse obligado a

Be obvious
Saltar a la vista

Be of no account
Ser un cero a la izquierda

Be of no use
Ya no sopla

Be of the opinion
Dar la razón, tener para sí

Be on duty
Estar de turno

Be one's own affair
Correr por cuenta de uno

Be one's turn
Tocarle a uno, tocarle a uno la suerte

Be on good terms with
Acordar con

Be on intimate terms with
Tener confianza con

Be only human
Ser de carne y hueso

Be on one's last legs
Estar en las últimas

Be on the alert for
Estar a la mira de, estar sobre sí, estar sobre aviso

Be on the lookout for
Estar a la mira de

Be on unfriendly terms with
Estar torcido con

Be on vacation
Estar de vacaciones

Be opportune
Venir a (or al) pelo

Be opposed to
Estar en pugna con

Be out of a job
Medir las calles

Be out of luck
Andar de malas, estar de malas, tener la de malas

Be out of resources
Estar en las últimas

Be out of sorts
Andar agitado, no estar de humor

Be out of the house
Estar fuera de la casa

Be passing through
Estar de paso

Be perfectly even
Estar ras con ras

Be pleased with
Quedar contento con

Be pleased with oneself
Pagado de sí mismo

Be proud of (or vain about) something
Pagarse de algo

Be a question of
Tratarse de

Be relieved of
Quitarse uno un peso de encima

Be required by custom
Ser de rigor

Be responsible for
Hacerse cargo de

Be ridiculous
Hacer el ridículo

Be right
Andar bien; tener razón

Be safe
Estar a buen recaudo

Be satisfied
Estar uno hasta la coronilla

Be seldom at home
Ser huésped en su casa

Be short of money
Estar (or andar) escaso de dinero

Beside
A lado de, tras de

Beside oneself
Fuera de sí

Besides (to boot)
Además de, de pilón, sobre que

Beside that
Aparte de eso

Be sleepy
Tener sueño

Be soaked through
Estar hecho una sopa

Be sorry for someone
Pesarle a uno

Be stubborn
Ser duro de mollera

Be stuffed
Estar uno hasta el copete

Be stupid
No tener sal en la mollera

Be successful
Salir bien, tener éxito

Be sulky
Tener murria

Be terribly sorry
Sentir en el alma

Be the scapegoat
Pagar el pato

Be the object of scandal
Ser piedra de escándalo

Be thirsty
Tener sed

Be ticklish
Tener cosquillas

Be to blame
Tener la culpa

Be too complicated
Pecar de oscuro

Be too good
Pecar de bueno

Be to one's advantage
Convenirle a uno

Better late than never
Más vale tarde que nunca

Better yet
Mejor dicho

Between
Por entre

Between the devil and the deep blue sea
Entre la espada y la pared

Be unable to cope with
No da abasto a

Be understood
Quedar entendido que

Be unlucky
Estar salado

Be unwilling to do it
No querer hacerlo

Be up to date
Estar al cabo de, estar al corriente de, estar en corriente

Be up to oneself
Correr por cuenta de uno

Be used as
Servir de

Be used for
Servir para

Be used (or accustomed) to...
Tener la costumbre de...

Be very angry
Echar espumarajos

Be very eager to (or for)
Rabiar por

Be very difficult
Costar trabajo

Be very thin
Estar hecho un costal de huesos

Be very unclear
Pecar de oscuro

Be a wallflower
Planchar el asiento

Be well
Sin novedad

Be well-informed
Estar al cabo de, estar al corriente de, estar en corriente

Be well off
Estar desahogado

Be willing
Estar dispuesto

Be witty or salty
Estar salado

Be worse off
Estar peor que antes

Be worth
Valer por

Be worthless
No ser ni chicha ni limonada

Be worthwhile
Merecer la pena, valer la pena

Be wrong
Estar en un error, no tener razón

Be...years old
Tener...años

Beyond
Más allá (de)

Blame
Dar en cara, echar en cara, echar la culpa a

Blindly
A ciegas, a ojos cerrados, a tientas

Block the door
Impedir el paso

Blush
Ponerse colorado

Boast of
Hacer gala de, pagarse de

Borrow
Pedir prestado

Bother about
Molestarse en

Brand as (or accuse)
Motejar de

Break into
Forzar la entrada

Break into pieces
Hacer pedazos

Break one's word
Faltar a su palabra, pintarle un violín

Break the news
Dar la noticia

Break the thread of a story
Cortar el hilo

Bridge a gap
Llenar un vacío

Bring up to date
Poner al corriente

Bulky
De buen tomo y lomo

Bully for you!
¡Así se hace!

Bump into each other
Darse un encontrón

Burn down
Quemarse hasta el suelo

Burning question
La cuestión palpitante

Burn the midnight oil
Quemarse las pestañas (or las cejas)

Burst with laughter
Reventar de risa

Bury
Dar sepultura

But
Sino que

By all means
A toda costa, a todas luces, de todos modos, sin falta

By chance
Al azar, por casualidad

By dint of
A fuerza de

By ear
Al oído, de oído

By foot
A pie

By force (of)
A fuerza (de), a la fuerza

By guess
A ojo, al tanteo

By hand
A mano

By heart
De memoria

By itself
De por sí

By just shouting
A puros gritos

By means of
Por medio de

By mistake
Por equivocación, por descuido

By no means
De ningún modo, de ninguna manera, ni modo

By oneself
Por sí solo, por su mano

By pure chance
De pura casualidad

By sheer force
A pura fuerza

By sight
A ojo

By the looks of
Por lo visto

By the minute
De punto

By the roots
De raíz

By the way
A propósito, de paso, entre paréntesis

By twos
De dos en dos

By word of mouth
De palabra, de viva voz

C

Call a spade a spade
Al pan, pan y al vino, vino; llamar al pan pan y al vino vino

Call on the phone (telephone)
Llamar por teléfono

Call the roll
Pasar lista

Carry away
Cargar con

Carry out
Dar cima, llevar a efecto, llevarse adelante

Carry through
Llevar a cabo

Cast a shadow
Hacer sombra

Catch cold
Coger catarro, coger un resfriado

Catch fire
Coger fuego

Cause distress or grief to
Dar disgustos a

Cause extra work
Dar que hacer

Cause pain or worry
Hacer mella

Cause sorrow
Dar mucha pena

Cents off
Rebaja de...centavos

Certainly
A buen seguro

Certainly not
Claro que no

Chain of misfortunes
Rosario de desdichas

Change one's mind
Cambiar de idea (...opinión, ...pensamiento)

Change the subject
Cambiar de tema

Chatter constantly
Hablar por los codos, hablar a chorros

Cheat (in a bargain or exchange)
Dar gato por liebre

Cheer up
Dar ánimo

Choose
Optar por

Clarify
Poner en claro

Clearly
A las claras, a ojos vistas

Clear the table
Levantar la mesa, quitar la mesa

Clear the way
Abrir paso

Clear up
Poner en claro

Close attention
Suma atención

Closer
Más acá

Close to
A raíz de, cerca de

Coast is not clear, the
Hay moros en la costa

Cock and bull story
Cuento chino

Collide with
Darse un encontrón

Collapse
Venirse abajo

Come across (someone or something)
Encontrarse con, tropezar con

Come at the right moment
Venir a (or al) pelo

Come from
Ser oriundo de

Come hell or high water
Contra viento y marea

Come one after another (bad luck or misfortunes)
Llover sobre mojado

Come out ahead
Salir ganando

Come out as desired
Surtir efecto

Come out poorly
Salir mal

Come out well
Quedar bien, salir bien, surtir efecto

Come to (regain consciousness)
Volver en sí

Come to a boil
Soltar (or alzar) el hervor

Come to an agreement
Ponerse de acuerdo

Come to blows
Venir a las manos

Come to know
Llegar a saber

Come to pass
Llegar a suceder, ocurrir

Come to the point
Dejarse de cuentos, ir al grano

Come what may
Contra viento y marea, suceda lo que suceda

Comings and goings
Idas y venidas

Complain loudly
Poner el grito en el cielo

Complain of
Quejarse de

Complete
Dar cima, dar fin (a)

Completely
De raíz, por completo

Compliment
Echar flores, echar un piropo

Concerning
Respecto a

Confidentially
Al oído

Confront
Enfrentarse con

Consciously
A sabiendas

Consequently
De resultas, en consecuencia de, por consecuencia de, por consiguiente

Consider
Parar mientes en, tener en cuenta, tener por, tomar en cuenta

Consider as
Dar por

Consider as done
Dar por hecho

Considering that
Visto que

Continually
A cada momento, por instante

Continuously
De seguida

Coordinate
Poner en juego

Cost an arm and a leg
Costar un ojo de la cara

Count on
Contar con

Crawl (or creep)
Andar a gatas

Crawling
A gatas

Crawl out of a difficulty
Salir a gatas

Cross-country
A campo traviesa

Crowd
Hervidero de gente, remolino de gente

Crowded
De bote en bote

Crow's feet (wrinkles)
Pata de gallo

Crude
En rama

Curse
Echar ternos, soltar un terno

Cut class
Faltar a (la) clase, hacer pinta

Cut into strips
Hacer rajas

D

Dabble in
Picar en

Daily grind
La rutina diaria

Dance without music
Bailar a secas

Dating from
Desde hace

Day after day
Día tras día

Daydream
Estar en las nubes, soñar despierto

Days of old
Días de antaño

Dead end
Callejón sin salida

Deal in
Tratar en

Deal with
Tratar de

Deceitfully
A traición, de mala fe

Deceitful story told to get money
El cuento del tío

Decide upon
Optar por

Decline
Venir a menos

Delay
Dar largas

Demolish
Echar por tierra

Depart
Salir de

Despite
A despecho de

Destroy
Dar al traste con, dar al través con

Devour (eat up or drink down)
Echarse al coleto

Diagonally
Al sesgo

Die
Estirar la pata, pasar a mejor vida

Disappoint
Pegar un chasco

Displease
Caer mal, no caer bien

Ditch (avoid)
Dar esquinazo

Do...again
Hacer...de nuevo, volver a...

Dodge the issue
Evadir el tema

Don't worry
¡No se ocupe!, ¡No se preocupe usted!

Don't worry about it
No tenga usted cuidado

Do one's best
Hacer lo posible, poner todo de su parte

Do over
Hacer de nuevo, hacer otra vez, volver a hacer

Doubt
Poner en duda

Do without
Pasarse sin, prescindir de

Draw lots
Echar pajas, echar suertes

Dream of
Soñar con (or en)

Drift
Andar a la deriva, irse a la deriva

Drink too much
Alzar el codo, empinar el codo

Drive someone crazy
Volver loco a uno

Drop
Dejar caer

Drop out (of)
Darse de baja, dejar de asistir, retirarse (de)

Drop out of sight
Perderse de vista

Dunce
Tonto de capirote, zopenco

During the week
A mediados de la semana, entre semana

E

Each one
Cada cual, cada uno

Each other
El uno al otro, unos a otros

Each time
A cada rato, cada vez

Earliest possible, the
Lo antes posible

Early in (a period of time)
A principios de

Earn a living
Ganar para comer, ganarse la vida

Either
El uno o el otro, uno u otro

Either of the two
Cualesquiera (or cualquiera) de los dos

Emphasize
Dar realce, hacer destacar

Encore!
¡Otra, otra!

Encounter
Tropezar con

Encourage
Dar aliento, dar alas a

Endanger
Poner al tablero, poner en peligro

End up as
Venir a parar

End up by (doing something)
Acabar por

Enhance
Dar realce

Enjoy your meal!
¡Buen provecho!

Equally
Al igual

Equal to or up to
Con fuerzas para, estar a la altura de

Especially
Ante todo, en especial, en particular, sobre todo

Esteem highly
Tener en mucho, poner en (or sobre) las nubes

Et cetera
Y así sucesivamente

Even if
Aun cuando

Even so
Así y todo

Even though
Aun cuando, ni siquiera

Even with (flush)
Al ras con, a ras de

Ever since
Desde entonces

Everybody
Todo el mundo

Everybody who
Todo el que

Every day
Todos los días

Everyone
Todo hombre

Every other day
Cada dos días, un día sí y otro no, un día sí y un día no

Everything else
Todo lo demás

Every time
Todas las veces (que)

Everywhere
A todas partes, en todas partes, por todas partes, por todos lados

Evidently
Por lo visto

Exactly as
Según y como, según y conforme

Exactly as desired
A pedir de boca

Exactly the opposite
Todo lo contrario

Exasperate (someone)
Sacar (a uno) de quicio

Except for
Si no fuera por, si no fuera porque

Excessively
Sobre manera

Exclusive of
Sin contar

Extend condolences to or for
Dar el pésame por

Extra
De repuesto

Extremely
Con (or en or por) extremo

F

Face
Dar a, hacer frente (a), hacer rostro

Face to face
Cara a cara

Fail
Dejar de, salir mal, venirse abajo

Fair (or such as it is)
Tal cual

Fair play
Juego limpio

Fall back into old habits
Volver a las andadas

Fall down
Irse abajo, venirse abajo

Fall ill
Caer enfermo, ponerse enfermo

Fall to one's lot
Tocarle a uno la suerte

Fall upon
Venir sobre

Far from
Ni con mucho

Farther away
Más allá de

Farther on
Más adelante

Fast asleep
Profundamente dormido

Featherbrained
Alegre de cascos, ligero de cascos

Feed
Dar de comer

Feel feverish
Sentirse destemplado

Feel like
Tener gana(s) de

Feel OK
Estar regular

Feel sorry for
Tener lástima de

Feign illness, to
Hacer la zanguanga

Few, a
Unas cuantas, unos cuantos

Few lines, a
Cuatro letras

Few words, a
Cuatro palabras

Fib
Echar papas

Finally
Al cabo, en fin, por fin, por última vez, por último

Find fault with
Poner defectos, poner faltas

Find no way out
No hallar vado

First of all
Ante todo

Fit badly
Caer mal

Fit of anger
Arranque de cólera, ímpetu de ira

Fit of madness
Transporte de locura

Fit well
Caer bien, sentar bien a

Fix one's eyes on
Poner la mira

Flash by
Pasar como un relámpago

Flat denial
Una negativa rotunda, una negativa terminante

Flatter
Dar coba, dar jabón (a), echar flores, echar un piropo

Flirt (with)
Afilar con, coquetear, hacer cocos

Flush with
A flor de, al ras con, a ras de

Follow in the footsteps (of)
Seguir las pisadas

Fond of
Amante de, amigo de

Fool, to
Hacer cuco a

Fool oneself
Hacerse ilusiones

Foot the bill
Pagar los gastos

For a change
Para variar

For and against
En pro y en contra

For certain
De seguro

Forever
Para siempre, por siempre

For example
Por ejemplo

Form a line
Hacer cola

For now
Por ahora

For one purpose or another
Para unos fines u otros

For some reason
Por algo

For some time now
De algún tiempo para acá

For sure
De seguro

For that reason
Por esa razón, por eso

For the first time
Por primera vez

For the last time
Por última vez

For the present
Por de pronto, por lo pronto, por el (or la or lo) presente

For the sake of
En obsequio de, por amor de

For the time being
De momento, por ahora, por el momento, por lo pronto

For want of
A falta de

Forward
Hacia adelante

Foul play
Juego sucio

Frame someone
Conspirar contra una persona

Frankly
A las claras, sin rebozo, sin reserva

Free
En libertad

Free rein
A rienda suelta

Frequently
A cada momento, a menudo, con mucha frecuencia

Frighten
Dar horror

From a distance
De lejos, desde lejos

From afar
Desde lejos

From bad to worse
De mal en peor

From beginning to end
De cabo a rabo

From now on
De ahora en adelante, de aquí en adelante, de hoy en adelante, desde ahora, en adelante

From one side to the other
De parte a parte

From that time on
De aquel tiempo en adelante, de aquel entonces

From the beginning
Desde el principio

From then on
De ahí en adelante

From the outside
Por fuera

From the rear
Por detrás

From time to time
A ratos, de tarde en tarde

From today on
A partir de hoy

From top to bottom
De arriba abajo

Full-fledged
Hecho y derecho

Full to the brim
Lleno de bote en bote

Fully
A fondo

Furthermore
Más aún

G

Generally
Por lo común, por lo general

Get along well with
Llevarse bien con, quedar bien con

Get down to cases
Ir al grano

Get drunk
Pillar una mona

Get going
Poner en marcha

Get late
Hacerse tarde

Get late in the evening
Hacerse noche

Get lost!
¡Vete a bañar!

Get married
Contraer matrimonio

Get oneself in a mess
Meterse en un lío

Get out of a difficulty
Salir del paso

Get out of here!
¡Largo de aquí!, ¡Quítese de aquí!

Get ready to leave
Hacer las maletas

Get tangled up
Hacerse un lío

Get the blame
Pagar el pato

Get the blame unjustly
Cargar con el muerto

Get the point
Caer en la cuenta

Get to one's feet
Ponerse de pie

Get to sleep
Conciliar el sueño

Get up
Ponerse de pie, ponerse en pie

Get up on the wrong side of the bed
Levantarse de malas, levantarse con las malas, levantarse con el santo de espaldas

Get well
Ponerse bien

Get worse
Subir de punto

Give account
Dar razón

Give a party
Dar una fiesta

Give a report on
Dar cuenta de

Give a scare
Pegar un susto

Give cause for
Dar lugar a

Give courage
Dar alas a

Give good results
Surtir efecto

Give it up
Darlo por abandonado

Given name
Nombre de bautismo, nombre de pila

Give opportunity (or occasion) to
Dar pie

Give regards
Dar los recuerdos

Give someone the run around
Dar largas

Give something up for lost
Echarle la bendición a una cosa

Give thanks
Dar las gracias

Give to
Dar a

Give up
Darse por vencido

Give up (or get rid of) something
Quitarse de una cosa

Gladly
Con mucho gusto, de buena gana, de buen grado, de (buena) voluntad

Glance at
Mirar por encima

Glance off
Pegar de soslayo

Glance over
Dar un vistazo a

Gnash one's teeth
Rechinar los dientes

Go arm in arm
Ir del brazo

Go back
Volverse atrás

Go back on one's word
Echarse para atrás, volverse atrás

Go blind
Perder la vista

Go cautiously
Caminar con pies de plomo

Go crazy
Perder el juicio, volverse loco

Go halves
Ir a medias, ir a la mitad

Go jump in the lake!
¡Vete a bañar!

Good-looking
Bien parecido, de buen ver

Good luck
Que le vaya bien

Go on a journey
Hacer un viaje

Go on a spree
Andar (or ir) de parranda, andar (or ir) de fiesta en fiesta, ir de jarana

Go on foot
Ir a pie

Go on vacation
Ir de vacaciones

Goosebumps
Carne de gallina

Go out for a good time or fling
Echar una cana al aire

Go out of style
Pasar de moda

Go out to meet
Salir al encuentro de

Go over carefully
Pasar revista a

Go over like a lead balloon
Caer mal, caer gordo

Go shopping
Ir de compras

Go to bed early
Acostarse con las gallinas

Grab
Echar la garra

Gradually
Poco a poco

Grasp
Echar la zarpa

Grow late
Hacerse noche

Grown up
Hecho y derecho

Guess right
Dar en (or con) el chiste

H

Hail from
Ser oriundo de

Half done
A medio hacer

Halfway (to a place)
A medio camino

Hang one's head
Agachar las orejas

Haphazardly
A la ventura

Happy-go-lucky
Chueco o derecho

Hard cash
Dinero contante y sonante

Hardly
A duras penas

Hardly ever
Casi nunca

Hard of hearing
Algo sordo, corto de oído, medio sordo

Hard time
Un rato desagradable

Hard-working
Muy trabajador

Have a bad time
Sudar la gota gorda

Have a big mouth
Tener la lengua larga

Have a birthday
Cumplir años

Have a finger in everything
Estar en todo

Have a good day
Que lo pase bien

Have a good time
Pasar un buen rato

Have (an illness)
Estar con (una enfermedad)

Have a screw loose
Faltarle a uno un tornillo

Have contact (or a lot to do) with a person
Tener roce con alguien

Have dealings with
Tratar con

Have a dislike for someone
Tenerle tirria a una persona

Have influence with someone
Tener cabida con alguien

Have in mind
Tener en la mente

Have in sight
Tener a la vista

Have just (done something)
Acabar de

Have little sense
Faltarle a uno un tornillo

Have nothing to do with
No tener nada que ver con

Have no way out
No tener alternativa (or elección)

Have on
Traer puesto

Have one's own way
Salirse con la suya

Have on the tip of one's tongue
Tener en la punta de la lengua

Have the blues
Tener murria

Have the lead
Llevar ventaja

Have the misfortune to
Tener la pena de

Have time off
Tener tiempo libre

Have to (do something)
Tener que...

Have to do with
Tener que ver con

Heads or tails
Águila o pico, águila o sello, cara o cruz

Head toward
Hacer rumbo a

Heaps
A montones

Hear about
Oír hablar de

Hear news early or for the first time
Desayunarse con la noticia

Hear from
Recibir noticias de

Hearsay
De oídos

Hear that
Oír decir que

Hearty laugh
Una buena carcajada

Height of folly
El colmo de la locura

Help
Dar la mano

Help yourself
Sírvase usted

Hence
De ahí que, por ende

Here!
A sus órdenes

Hereafter
En lo sucesivo

Here below
De tejas abajo

Hinder
Hacer mala obra

Hit (upon)
Dar en

Hit a nerve
Tocar en lo vivo

Hit at a slant
Pegar de soslayo

Hit or miss
Al tanteo, chueco o derecho

Hit the ceiling
Poner el grito en el cielo

Hit the nail on the head
Dar en el clavo, dar en (or con) el chiste, dar uno en la tecla

Hold in check
Tener a raya

Hold in low esteem
Tener en poco a

Honestly!
¡Palabrita de honor!

Horrify
Dar horror

Hot-headed
Caliente de cascos

How awful!
¡Qué horror!

How can I (one) have the nerve?
¿Con qué cara?

How do you like...?
¿Qué le parece...?

How do you say...?
¿Cómo se dice...?

However
Ahora bien, sin embargo

However much
Por más que

How far?
¿Hasta dónde?

How goes it? (or how is it going?)
¿Qué hubo?

How often?
¿Cada cuánto tiempo?

How should I know?
¿Qué sé yo?

How unfortunate!
¡Qué desgracia!

Humiliate
Poner en ridículo

Hurry
Darse prisa

Hurry back
Volver corriendo

Hurt or harm someone
Hacerle daño a uno

Hurt to the quick
Tocar en lo vivo

I

I bet... (not a real wager)
A que...

I bet they are...
Seguro que están

I bet you don't!
¡A que no!

If at all
Si acaso

If even
Si alguna vez

If I remember correctly
Si mal no recuerdo

If not
De lo contrario, donde no

I forgot to tell you
Se me pasó decirte

If so
En caso afirmativo

Ignore
Hacer caso omiso de

Ill-behaved
Mal mandado, muy mandado

Impatient
Mal sufrido

Impede
Dificultar el paso

Important
De buen tomo y lomo, de copete

In a bad humor
De mal temple

In about
Como en

In abundance
A montones

In accordance with
Conforme a, de acuerdo con

In addition to
Además de, a más de, sobre que

In advance
Con anticipación, con tiempo, de antemano, por adelantado

Inadvertently
Sin sentir

In a jiffy
Como por ensalmo, en un credo, en un chiflido, en un soplo

In a little while
Dentro de poco

In all
En junto, en conjunto

In all directions
A los cuatro vientos

In a loud voice
En voz alta

In a low voice
En voz baja

In a minute
En un credo

In a moment
En un improviso

In a month of Sundays
Como visita de obispo

In any case
Al fin de cuentas, de todos modos

In any event
En todo caso

In a second
En un chiflido, en un soplo

In a short time
Dentro de un momento

In a short while
A (or al) poco rato, dentro de poco

Inasmuch as
Como que, como quiera que

In a way
Hasta cierto punto

In back of
Atrás de, detrás de

In bad faith
De mala fe

In brief
En resolución, en resumen

In broad daylight
En pleno día

In case
Por si acaso

In case of (that)
En caso de (que)

In cold blood
En sangre fría

In competition
A porfía

Incomplete
A medio hacer

In compliance with
En conformidad con, estar de conformidad con

In conclusion
En fin

In conflict with
Estar en pugna con

Increase
Subir de punto

In days gone by
En días pasados

Indeed
En efecto

In detail
Por extenso, por menudo

Indirectly
De rebote

Indoors
Bajo techo, en casa

In due course or time
A su (debido) tiempo

In earnest
A la verdad, de veras

In either case
En ambos casos

In exchange for
A cambio de

In fact
De hecho, en efecto, en rigor

In favor of
De parte de

Inform
Dar parte, dar razón, poner al corriente, poner en conocimiento

Informal
Sin ceremonia

Informal gathering or party
Reunión de confianza

In front of
Al frente de, delante de, frente a

In good faith
De buena fe

In good taste
De buen tono, de buen gusto

In good time
Con tiempo

In half
Por la mitad

In haste
A la carrera

In honor of
En obsequio de

In jest
De broma, de burla, en broma

In many respects
En muchos puntos

In my opinion
A mi entender, a mi modo de ver

In (at) odd moments
A ratos perdidos

In one fell swoop
De una tirada

In one's sleep
En sueños

In order
En regla

In order that
A fin de que, para que

In other words
En otros términos, es decir

In particular
En especial

In passing
De paso

In place of
En lugar de

In plain language
En buen romance

In plain view (of)
A la vista (de)

In poor taste
De mal gusto

In the presence of
A vista de

In progress
En curso, en marcha

In proof of
En señal de

In proportion to
A medida que

In safety
En salvo

In season
En sazón

In shirtsleeves
En mangas de camisa

In short
Al fin y al cabo, en fin, en resumidas cuentas

Inside of
Dentro de

Insincerely
De dientes afuera

In small quantities
Al menudeo, al por menor, de poquito

In some way or other
De un modo u otro

In (at) spare moments
A ratos perdidos

In spite of
A despecho de, a pesar de

In spite of everything
A pesar de todo

In spite of that
Así y todo, con todo, con todos los obstáculos

In spite of the fact that
A pesar de que

Instantly
En un santiamén

Instead of
En lugar de, en vez de

In such a case
En tal caso

In such a way
De suerte que

Intend or mean to
Pensar en, tener la intención de

Interfere
Hacer mala obra

Interrupt
Cortar el hilo

Intervene
Meterse de por medio

In that way
De esa manera, de ese modo

In the act
En fragante

In the background
En lontananza

In the dark
A oscuras, a obscuras

In the dead of the night
En el sigilo (or silencio) de la noche, en las altas horas

In the dead of winter
En lo más crudo del invierno

In the direction of
Con rumbo a

In the distance
A lo lejos, en lontananza

In the evening
En la noche, por la noche

In the event of
En caso de

In the final analysis
A fin de cuentas

In the future
De ahora en adelante, en adelante, en lo futuro, en lo sucesivo

In the hands of
En poder de

In the latest fashion
A la moda

In the long run
A la larga

In the manner of
A guisa de

In the middle
Por la mitad

In the morning (afternoon, etc.)
Por la mañana (la tarde, etc.)

In the nick of time
En el momento preciso

In the night air
Al sereno

In the open
A campo raso

In the open air
Al aire libre, al raso

In the opposite way
Al revés

In the same way
Del mismo modo

In the style of
A (la) manera de

In the twinkling of an eye
En un abrir y cerrar de ojos, en un santiamén

In this vicinity
Por aquí cerca

In this way
De esta manera, de este modo

In this world
De tejas abajo

In those days
En aquel tiempo, en aquel entonces

In time
A tiempo

In transit
De paso, de tránsito

In truth
A la verdad, de veras

In turn
En rueda

In vain
En balde

In view of
En vista de que

In vogue
De moda

In writing
Por escrito

Irrelevant
Fuera de propósito, inaplicable al caso

I should say not!
¡De ninguna manera!

I should say so!
¡Ya lo creo!

Is that so?
¿De veras?, ¿de verdad?, ¡no diga!

It can't be helped
No hay remedio, no tiene remedio

It doesn't matter
No le hace, no tiene importancia

It is all over
Ha pasado, ha terminado, se ha acabado, ya se acabó

It is all right
Está bien

It is better...
Más vale...

It is clear
Ya se ve

It is forbidden
Se prohibe

It is good (bad) weather
Hace buen (mal) clima

It is hopeless
No tiene remedio

It is necessary to
Hay que

It is not worth the trouble
No vale la pena

It is no wonder that
No es mucho que

It is obvious
Se conoce (que)

It is obvious that
Se ve que

It is rumored that
Se suena que

It is said
Se dice

It is time for
Es (la) hora de

It is time to go
Es (la) hora de partir

It is unnecessary (superfluous)
Está de más

It is yet to be done
Está por hacer

It makes no difference
Darle lo mismo, es lo de menos, lo mismo da, no le hace

It may be that
Puede ser que, tal vez sea que

It must
De rigor

It must be
Debe de ser

It must be true
Ha de ser verdad

It probably is
Debe de ser

It's a deal!
¡Trato hecho!

It's almost time
Falta poco

It's been a long time since (I played)
Hace mucho que no (juego)

It seems to be impossible
Parece mentira

It seems to me that
Me parece que

It serves me right
Bien me lo merezco

It's none of your (my) business
No es asunto suyo (mío)

It's not important
No tiene importancia

It's not opportune (not to the point)
No viene al caso, no viene al cuento

It's not worthwhile
No vale la pena

It's time to...
Ya es hora de...

It's too late now
Ya es tarde

It's true
Es cierto

It won't be long now
Ya mero, ya merito

J

Jack of all trades
Aprendiz de todo y oficial de nada

Jilt
Dar calabazas

Join (a club, etc.)
Ingresar en

Jokingly
De broma

Judge
Tener por

Jump
Dar un salto, dar saltos

Jump to conclusions
Hacer deducciones precipitadas

Just
Nada más

Just about to
Ya mero

Just as
Así como, según y como, según y conforme

Just as is
Así nada más

Just in case
Por lo que pueda tronar, por si acaso

Just plain
Así nada más

Just right
Al centavo, al pelo

Just yesterday
Ayer mismo

K

Keep (something)
Quedarse con (una cosa)

Keep accounts
Llevar cuentas

Keep good time (a watch)
Andar bien

Keep in bounds
Tener a raya

Keep one's feet
Tenerse en pie

Keep one's word
Cumplir (con) su palabra

Keep out!
¡Prohibido el paso!

Keep silent
Guardar silencio

Keep track of
Llevar la cuenta, llevar cuenta de

Keep up to date, informed, posted
Tener al corriente

Kick out
Dar de baja

Kill two birds with one stone
Matar dos pájaros de un tiro

Kneel
Ponerse de rodillas

Kneel down
Hincarse de rodillas

Knit the eyebrows
Fruncir las cejas

Knock down
Echar por tierra

Know absolutely nothing (about that)
No saber ni papa (de eso)

Know by heart
Saber de memoria

Know by sight
Conocer de vista

Know how to (sew, dance, etc.)
Saber (coser, bailar, etc.)

Knowingly
A sabiendas

L

Lack
Hacer falta

Lacking
A falta de

Lame excuse
Disculpa pobre

Large number of
Una infinidad de

Last month
El mes pasado

Last straw
La gota que derrama el vaso

Last week
La semana pasada

Last year
El año pasado

Late
A fines de

Later on
Más adelante

Latter
El más reciente

Laugh at
Reírse de

Laugh off
Tomar a risa

Laugh up one's sleeve
Reírse para sus adentros

Leap year
Año bisiesto

Learn by heart
Aprender de memoria

Least of it
Lo de menos

Leave
Dejar de la mano; salir de

Leave alone
Dejar en paz, dejar tranquilo

Leave (someone) in the lurch
Dejar (a uno) plantado, dejar en las astas del toro

Leave word
Dejar dicho

Leisure hours
Ratos perdidos

Lend
Dar prestado

Lengthwise
A lo largo (de)

Less and less
Cada vez menos

Less than
Menos de, menos que

Let be
Dejar en paz

Let loose
Soltar la rienda

Let on
Dejar saber

Let oneself be coaxed
Hacerse del rogar

Let's see (if)
A ver (si)

Like
A guisa de, a (la) manera de, a semejanza de, parecido a

Like always
Como siempre

Literally
Al pie de la letra

Little by little
Poco a poco

Little more
Y pico

Little pitchers have big ears
Hay moros en la costa

Live by stealing
Vivir de sus uñas

Live together
Hacer vida

Long ago
Hace mucho tiempo

Long time
Largos años

Look
Pues, mire

Look down on
Mirar por encima del hombro

Look for a needle in a haystack
Buscar una aguja en un pajar

Look for trouble
Buscarle tres (or cuatro) pies al gato

Look out of the corner of one's eye
Mirar con el rabo del ojo

Look towards
Dar a

Look well
Tener buena cara

Lose face
Perder prestigio

Lose one's head
Saltar las trancas

Lose one's mind
Perder el juicio, perder la razón

Lose patience
Saltar las trancas

Lose sight of
Perder de vista

Lose time
Perder el tiempo

Lots of
A mar de

Loud voice
En voz alta

Lump in the throat
Un nudo en la garganta

M

Madly
Con delirio

Mail (a letter)
Echar (una carta) al correo

Majority of
La mayoría (de), la mayor parte (de)

Majority of the people
El común de las gentes

Make a deal
Hacer un trato

Make a dent
Hacer mella

Make a fool of
Poner en ridículo

Make a good showing
Hacer buen papel

Make a mistake
No dar pie con bola

Make an appointment
Dar una cita

Make a poor showing
Hacer mal papel

Make a ridiculous blunder
Hacer una plancha

Make arrangements
Hacer arreglos

Make eyes at
Hacer cocos

Make faces
Hacer gestos, hacer muecas

Make friends with
Hacerse amigo de

Make fun of
Burlarse de, hacer cuco a, hacer burla de

Make good
Tener buen éxito

Make hay while the sun shines
Hacer su agosto

Make known
Dar a conocer

Make laugh
Hacer gracia

Make no difference
Dar lo mismo, no irle ni venirle a uno

Make oneself understood
Hacerse entender

Make one's living
Ganarse la vida

Make trouble
Dar guerra

Make up
Inventar, imaginar

Make up (after a quarrel)
Hacer las paces

Make up for
Resarcirse de

Make use of
Valerse de

Make way for
Abrir paso para

Many years
Largos años

Match, to
Hacer juego

Mature
Hecho y derecho

Maybe
A lo mejor, tal vez

Mean (intend)
Querer decir

Meantime
Andarse el tiempo

Mean trick
Una mala pasada

Meanwhile
Entre tanto, mientras tanto

Measure
Tomar una providencia

Meddle
Meterse de por medio

Mediocre person
Media cuchara

Meet
Cruzarse con, encontrarse con, tropezar con

Meet face to face
Enfrentarse con

Mind your own business!
¿Quién te mete, Juan Copete?

Minor (in age)
Menor de edad

Misconstrue or misinterpret
Tomar el rábano por las hojas

Miss
Echar de menos

Moment to moment
Por instante

More or less
Alrededor de

Moreover
Por lo demás

More than
Más de, más que

More than anyone
Más que nadie

More than enough
De sobra

More than ever
Más que nunca

More than once
Más de una vez, una y otra vez

Most of
La mayoría de, la mayor parte de

Mourn
Estar de duelo

Move over
Hacerse a un lado

N

Namely
A saber

Naturally
Claro que sí

Near at hand
Al lado (de)

Nearly
Por poco

Neatly dressed
Bien arreglado(a)

Neither fish nor fowl
No ser ni chicha ni limonada

Neither this nor that
Ni esto ni aquello

Never mind
¡No importa!, ¡no se ocupe!

Nevertheless
No obstante, sin embargo

Next to
Al lado de, junto a

No...(smoking, eating, etc.)
Se prohibe...(fumar, comer, etc.)

Nobody else
Ningún otro

No comment
Sin comentarios

No kidding!
¡Palabrita de honor!

No longer
Ya no

No matter how much
Por mucho que

No matter what
Por ningún motivo, suceda lo que suceda

Nonsense
¡De dónde!; salida de pie de banco

No parking
Prohibido estacionarse

Nor I either
Ni yo tampoco

No sooner said than done
Dicho y hecho

Not by a long shot
Ni con mucho

Not by any means
Ni mucho menos

Not by far
Ni con mucho

Not equal to the burden
No poder con la carga

Not even
Ni siquiera

Nothing at all
Nada en absoluto

Nothing like that
Nada de eso

Nothing unusual
Nada de particular

Notice
Darse cuenta de, echar de ver, fijarse en

Not in a laughing mood
No estar de humor

Not much
Poca cosa

Not only...but also
No sólo...sino también

No trespassing
Prohibida la entrada, prohibido el paso, se prohibe entrar (pasar)

Not so often
No tan a menudo

Not to be a laughing matter
No ser cosa de juego

Not to bother about trifles
No pararse en pelillos

Not to feel well
Sentirse destemplado

Not to fit well
No caer bien

Not to get things right
No dar pie con bola

Not to know anything
No saber una (or ni) jota

Not to my knowledge
No que yo sepa

Not to open one's mouth
No despegar los labios

Not to realize
No darse cuenta

Not to say a word
No despegar los labios

Not to sleep a wink
Pasar la noche en claro (or en blanco)

Not to worry
Perder cuidado

Notwithstanding
No obstante

Not worth a red cent
No vale una cuartilla

Not worth a straw
No vale un pito

Not yet
Aún no, todavía no

Now
Al presente

Nowadays
Hoy (en) día

Now and then
De tarde en tarde, de vez en cuando

No way out
No quedar otro

No way out of it
No hay tu tía

Nowhere
A ninguna parte, en (or a) ninguna parte, por ningún lado

No wonder!
¡Con razón!

Now then
Ahora bien, pues bien

O

Object to
Levantar la contra

Obstruct (the way)
Dificultar (el paso), impedir (el paso)

Occasionally
De cuando en cuando, de vez en cuando

Of about
De unos

Of age
Mayor de edad

Of course
Claro que sí, ¿cómo no?, desde luego, por supuesto, seguro que sí, ya se ve

Of course not
Claro que no

Of last month
Del próximo pasado

Of little value or importance
De poca monta, lo de menos

Of one piece
De una pieza

Of one's own making or invention
De su (propia) cosecha

Often
A menudo

Of that kind
Por el estilo

Of the same sort
Del mismo modo

OK (to approve)
Dar el visto bueno

Omit
Pasar por alto

On (upon)
Encima de

On account of
A causa de, con motivo de, por motivo

On a large scale
En grande

On all fours
A gatas

On all sides
Para todos lados

On an average
Por término medio

On approval
A vistas

On behalf of
De parte de, en pro de

Once again
De nuevo

Once and for all
De una vez, de una vez por todas

Once in a blue moon
Allá a las quinientas, como visita de obispo, de tarde en tarde

Once in a while
Una que otra vez

Once upon a time
Había una vez, érase que se era, érase una vez, y va de cuento

One at a time
De uno en uno, uno a la vez

One by one
Uno por uno

On edge
De canto

One must
Hay que

On end
De punta

One of these (fine) days
Un día de estos

One or the other
El uno o el otro, uno u otro

One way
De un solo sentido

One week from today
De hoy en ocho días

On foot
A pie

Only
Nada más, no más que

Only yesterday
Ayer mismo

On one's back
De espaldas

On one's knees
De rodillas

On purpose
A propósito, de propósito

On returning
A la vuelta de

On the contrary
Al contrario, por el contrario

On the dot
En punto

On the fence
Entre azul y buenas noches

On the following day
Al día siguiente, al otro día

On the inside
Por dentro

On the lookout for
Estar a la mira de

On the occasion of
Con motivo de

On the other hand
En cambio, por otra parte, por otro lado

On the other side of
Al otro lado de

On the outside
Por fuera

On the rebound
De rebote

On the road to
Camino de

On the run
A la carrera

On the sly
A escondidas, a hurto

On the spur of the moment
De buenas a primeras

On the way
De camino, de tránsito, (estar) en camino

On time
A buena hora, a tiempo

On tiptoes
De puntillas, de puntas

On top of
Por encima de

On vacation
De vacaciones

On watch
En vela

Openly
A boca llena, a las claras, al descubierto, sin rebozo

Oppose
Llevar la contra, ponerse en contra de, salir al encuentro de

Opposed to
En contra de

Ordinary
De ordinario

Or else
No sea que, o si no, si no

Others
Los (las) demás

Otherwise
De lo contrario, de otro modo, donde no, porque si no

Out of breath
Con la lengua de corbata, con la lengua de pechera

Out of danger
En salvo

Out of date
Pasado de moda

Out of sorts
No estar de humor

Out of spite
Por despecho

Out of style
Pasado de moda

Out of the country
En el extranjero

Out of the ordinary
Fuera de lo corriente

Over and over again
Repetidas veces, una y otra vez

Over a period of (time)
Desde hace

Over here
Por acá, por aquí

Overlook
Pasar por alto

Overnight
De la noche a la mañana

Overstep the bounds
Pasar de la raya

Over there
Por ahí, por allá

Overthrow someone
Dar en tierra con alguien

P

Pacify
Poner en razón

Pack
Hacer las maletas

Partly
En parte

Pass by
Dar una pasada por

Passing through
De tránsito

Pay attention (to)
Dar atención, fijarse en, hacer caso (a or de), prestar atención

Pay a visit
Hacer una visita

Pay by cash
Pagar al contado

Payday
Día de raya

Peerless
Sin par

Perchance
Por ventura

Per day
Al día

Perhaps
A lo mejor, tal vez

Pesky as a fly
Más pesado que una mosca

Pick a fight or quarrel with
Meterse con

Place hope in someone
Esperar en alguien

Place in safety
Poner a buen recaudo

Place one's hope in
Cifrar la esperanza en

Plain
A secas

Plain and simple truth
La verdad clara y desnuda

Plain fool
Tonto de capirote

Plainly
A boca llena

Play a bad (or mean) trick (on someone)
Hacer una mala jugada, hacer una perrada, jugarle una mala partida

Play a part
Desempeñar un papel

Play a role
Hacer el (or un) papel

Play a trick
Pegar un chasco

Play by ear
Tocar de oído, tocar por fantasía

Play dumb
Hacerse el tonto

Play fair
Jugar limpio

Play hooky
Hacer pinta, pintar venado

Play on words
Juego de palabras

Play second fiddle
Ser plato de segunda mesa

Play up to (someone)
Dar coba a (alguien)

Please (make contented)
Caer bien, caer en gracia, dar gusto

Pledge
Empeñar la palabra

Point blank
A quema ropa, a quemarropa

Poor memory
Memoria de gallo

Pose as
Dárselas de

Praise (to the skies)
Poner en el cielo, poner por las nubes

Presence of mind
Presencia de ánimo

Present!
¡A sus órdenes!

Pretend
Dar a entender, dejar saber

Pretend not to hear
Hacerse el sordo

Pretend not to notice
Hacerse el desentendido

Pretend to be dead
Hacerse muerto

Prick up one's ears
Aguzar las orejas (or los oídos)

Pride
Amor propio

Proud
De copete

Provided
Siempre y cuando

Provided that
Con tal (de) que, dado el caso que, siempre que

Publicly
A las claras

Pull
Tirar de

Pull one's leg
Tomarle el pelo

Pull over to the right
Desviarse hacia la derecha, hacerse a la derecha

Pun
Juego de palabras

Pursue
Dar caza

Put into practice
Poner por obra

Put in writing
Hacer por escrito

Put on airs
Darse aires a, darse farol, darse tono, subirse de tono

Put oneself in a ridiculous situation
Tirarse una plancha

Put one's foot in one's mouth
Meter la pata

Put the cart before the horse
Tomar el rábano por las hojas

Q

Quarrel with
Meterse con

Question
Poner en duda

Quickly
Al trote, de prisa, de un salto, en un salto

R

Rabble
Gente de baja estofa

Rack one's brain
Devanarse los sesos, quebrarse uno la cabeza, romperse los cascos

Rain cats and dogs
Llover a cántaros

Rain or shine
Que llueva o no

Raise a rumpus
Dar batería

Rapidly
A escape

Rather
Más bien, mejor dicho

Rather late
Algo tarde

Rather than
Antes que, más bien que

Rattle off
Repetir de carretilla

Reach
Ponerse en

Realize (that)
Caer en la cuenta, darse cuenta de (que)

Really
De veras, en efecto, en verdad

Real truth, the
La mera verdad

Reckon with
Contar con

Reflect on (think about)
Parar mientes en

Regardless of
Sin hacer caso de

Regards to
Recuerdos a

Regret
Pesarle a uno

Regret very much
Sentir en el alma

Reject
Dar calabazas

Reliable
Digno de confianza

Reluctantly
De mal grado

Rely on
Confiar en, contar con

Remember (or recollect)
Hacer memoria

Remorse
Gusano de la conciencia

Repeatedly
Sobradas veces

Repeat mechanically
Repetir de carretilla

Reproach
Dar en cara, echar en cara

Resemble
Salir a

Resist stubbornly
Hacerse duro, ponerse duro

Rest of them, the
Los (las) demás

Restrain
Tirar las riendas

Return for
Volver por

Right away
En el acto

Right here
Aquí mismo

Right now
Ahora mismo, en seguida, más ahorita

Right side out
Al derecho

Ripe
En sazón

Rise
Ponerse en pie

Risk
Correr riesgo, poner al tablero

Round about
A la redonda, en redondo

Ruin
Dar al traste con, dar al través con, echar(se) a perder

Rumor
De oídos

Run away
Echar(se) a correr

S

Safe
A salvo

Safe against
A prueba de

Safe and sound
Sano y salvo

Same as, the
El (or lo) mismo que, igual que

Satisfy a need or desire
Matar el gusano

Save one's skin
Salvar el pellejo

Save time
Ganar tiempo

Say a bad word
Echar (or saltar) un terno

Say goodbye to
Despedirse de

Say to oneself
Decir para sí

Scarcely
A duras penas

Scowl
Fruncir el ceño

Secondhand
De segunda mano, de uso

Secretly
A puerta cerrada, en secreto

Seem like
Sonar a

See to it that
Ver de, ver que

Seize
Echar la zarpa, echar mano, hacer presa

Seldom
Por rareza, rara vez, raras veces

Self-esteem
Amor propio

Separately
De por sí, por separado

Serenity
Presencia de ánimo

Seriously
En serio

Serve
Servir de

Serve as
Oficiar de

Set forward (e.g., a clock)
Poner adelantado

Set in motion
Poner en juego

Set out (on a trip, etc.)
Ponerse en camino

Set the table
Poner la mesa

Set up housekeeping
Poner casa

Several times
Varias veces

Shake hands (with)
Dar la mano, darse la mano, estrechar la mano (a)

Sharp (on time)
En punto

Shortly
En breve

Shortly after
A poco

Shortly thereafter
Poco después de

Show off
Darse farol, hacer teatro

Shred
Hacer trizas

Shrug one's shoulders
Encogerse de hombros

Shut tight
A piedra y lodo

Sideways
De lado, de soslayo

Signify
Querer decir

Silly remark
Salida de pie de banco

Similar
Algo por el estilo, parecido a

Simply
A secas

Since
Como que, como quiera que, desde que, en vista de que, pues que, puesto que, supuesto que, ya que

Since then
Desde entonces

Sky high
Por las nubes

Slam the door
Dar un portazo

Slanting
Al soslayo, de soslayo

Slap
Mandar una bofetada

Sleep it off
Dormir la mona

Sleep on it
Consultar con la almohada

Sleep soundly
Dormir a pierna suelta

Slice
Hacer rajas

Slip
Darse un resbalón

Slowly
A la larga

Smell like
Oler a

Snap one's fingers
Castañetear con los dedos, tronar los dedos

So
Así que

So far
Hasta aquí, hasta ahí

Soft (or smooth) as silk
Como una seda

Softsoap or flatter (someone)
Dar coba a, dar jabón a

Somebody else
Algún otro

Someday
Algún día

Somehow
De algún modo, de alguna manera, de un modo u otro

Something indefinable
Un no sé qué

Something is wrong
Hay moros en la costa

Something of the sort
Algo por el estilo

Sometime
Algún día, algún tiempo, alguna vez

Sometimes
Algunas veces, de cuando en cuando

Somewhat
Un tanto

Somewhere
En alguna parte

Somewhere else
En alguna otra parte

So much the better
Tanto mejor

So much the worse
Tanto peor

Soon after
A raíz de, al (or a) poco rato

Sooner or later
A la corta o a la larga, tarde o temprano

Sooner the better, the
Antes hoy que mañana

So-so
Así así, tal cual

So that
A fin de que, así es que, así que, con tal (de) que, de manera que, de modo que, de suerte que

So then
Así pues

Sound like
Sonar a

So what?
¡A mí que!, ¿de modo que?, ¿pues que?, ¿y que?

Spare (extra)
De repuesto

Spare no expense
Echar la casa por la ventana

Speak frankly
Hablar al alma, no tener pelillos en la lengua

Speaking! (in answering a telephone)
Al habla

Speak loudly
Hablar alto, hablar en voz alta

Speak to the point
Hablar al caso

Speedily
A todo trapo

Spicy story
Un cuento alegre

Split hairs
Pararse en pelillos

Spoil
Echar(se) a perder

Stand a chance
Tener probabilidad

Standing
De pie

Stand someone up
Dejar a uno plantado

Stand still
Estarse parado

Stark raving mad
Loco de remate

Start to
Ponerse a, ponerse en marcha, romper a

Start a conversation
Entablar una conversación

Start a fire
Prender el fuego

Start out
Ponerse en marcha

Stay in
Quedarse en la casa

Stay in bed
Guardar (la) cama

Stealthily
A hurto

Step aside
Hacerse a un lado

Step hard upon
Dar un pisotón

Stomp or step on
Dar una pisada

Stop (smoking, etc.)
Dejar de (fumar, etc.)

Stop beating around the bush
Dejarse de cuentos, dejarse de rodeos

Stop over at
Hacer escala en

Stop short (or suddenly)
Parar en seco

Stop the excuses
Dejarse de rodeos

Straw that broke the camel's back
La gota que derrama el vaso

Strike the hour
Dar la hora

Study hard
Quemarse las pestañas (or las cejas)

Stumble
Dar un traspié, darse un tropezón

Stylish
De buen tono, de moda

Succeed
Tener éxito

Such as
Tal como, tales como, tal cual

Such as that
Por el estilo

Suddenly
De golpe, de pronto, de repente, de súbito

Suit
Venir bien

Suit perfectly
Venir a (or al) pelo

Summing up
En resumen

Superfluous
Está de más

Supposing
Dado caso, supuesto que

Sure enough
Dicho y hecho

Surprise
Pegar un chasco

Swarm of people
Un hervidero de gente, un remolino de gente

Swear (curse)
Echar un terno, soltar un terno

Sweat blood
Sudar la gota gorda

Sweat profusely
Sudar la gota gorda

Swell with pride
Estar (or ponerse) ancho

Swiftly
A rienda suelta

Swiftness of time
Corrida del tiempo

Swindle
Dar gato por liebre

T

Take (something)
Quedarse con (una cosa)

Take a chance
Correr riesgo

Take a drink
Echar un trago

Take advantage of the situation
Aprovechar la ocasión

Take after (someone)
Salir a

Take a jump
Pegar un salto

Take a long time (in doing something)
Tardar en (hacer algo)

Take a long weekend
Hacer puente

Take an afternoon nap
Dormir la siesta

Take a nap
Descabezar el sueño, echar un sueño, echar una siesta

Take a stand against
Salir al encuentro de

Take a step
Dar un paso, tomar una providencia

Take a stroll
Dar una vuelta

Take a walk
Pasear a pie

Take a walk or ride
Dar un paseo

Take care
Tener cuidado (con)

Take care of
Preocuparse de

Take care of someone
Mirar por alguien

Take charge (of)
Encargarse (de), hacerse cargo (de)

Take exercise
Hacer ejercicios

Take for a...
Tener por...

Take for granted
Dar por descontado, dar por hecho, dar por sabido (or sentado or supuesto), tomar por cierto

Take into account
Hacer caso a (or de), tener en cuenta, tomar en cuenta

Take it easy
Tomarlo con calma

Take lightly
Tomar a risa

Take pity on
Tener lástima de

Take place
Tener lugar

Take root
Echar raíces

Take seriously
Tomar a pecho(s)

Take the lead
Tomar la delantera

Take time off
Tomar tiempo libre

Take to heart
Tomar a (or en) pecho(s), tomar en serio

Take undue liberties
Pasar de la raya

Talk of the town
La comidilla de la vecindad

Talk too much
Hablar por los codos

Talk to oneself
Hablar para sus adentros

Tear into strips
Hacer rajas

Tear to pieces
Hacer garras, hacer trizas

Tease
Tomarle el pelo

Thank (or give thanks)
Dar las gracias

That can't be helped
Eso no tiene quite

That depends
Según y conforme, según y como

That is
A saber

That is a horse of a different color
Eso es harina de otro costal

That is even worse
Peor que peor

That is it
Eso es

That is the limit!
¡Eso es el colmo!

That is to say
Es decir, o sea que

That is urgent
Eso corre prisa

That is why
Por algo, por esa razón

That long
Así de largo

That's not the point (or the question)
No se trata de eso

That's right
Eso es

That's the last straw!
¡No faltaba más!

That's the least of the trouble
Es lo de menos

That's the point
¡Ahí está el detalle!

That was (is) true
Eso sí

That way
Por allí

That which
Lo que

The coast is not clear
Hay moros en la costa

The fact is
El caso es

The more...the less
Mientras más...mientras menos

Then
A la sazón

The ones
Los que

Thereafter
Después de eso

There are no two ways about it
No hay que darle vueltas, no tiene vuelta de hoja

Therefore
Así pues, así que, por (or en) consecuencia de, por consiguiente, por ende, por eso, por lo cual, por lo tanto

There is more than meets the eye
Hay gato encerrado

There is no doubt (that)
No cabe duda (que)

There is no way around it
No hay que darle vueltas

There is the heart of the matter!
¡Allí está el toque!

There's no hurry
No hay prisa

There's no need to
No hay para qué

There's no other way but to...
No hay más remedio que...

There's nothing to do except...
No hay más remedio que...

The same as
Así como, el (or lo) mismo que

They say
Se dice

Think (be of the opinion)
Tener para sí

Think about
Pensar en

Think not
Creer que no

Think so
Creer que sí

This side of
Más acá de

This way
Por acá, por aquí

This will do
Así está bien

Thoroughly
Por completo

Those which (or those who)
Los (or las) que

Thousand thanks, a
Mil gracias

Throng (of people)
Remolino de gente

Through or throughout
A través de, al través de, de parte a parte, por conducto de, por donde

Through thick and thin
Por toda suerte de penalidades

Throw a party
Dar una fiesta

Throw a stone
Mandar una pedrada

Tilted
De lado

Tip (give a gratuity)
Dar propina

Tip one's hat
Tocarse el sombrero

To and fro
De aquí para allá

To boot
De pilón

Together
A la vez

Tomorrow afternoon
Mañana por la tarde

Tomorrow is another day
Mañana Dios dirá

Tomorrow morning
Mañana por la mañana, mañana temprano

Tomorrow night
Mañana por la noche

To myself
Para mis adentros

Tonight
A la noche, por la noche

Too bad!
¡Qué lástima!

To oneself
Consigo mismo

To one's heart's content
A pedir de boca

To the letter (just right)
Al centavo, al pie de la letra

To the limit
Hasta más no poder

To the point
A secas, de perlas

To the utmost
A más no poder, de lo lindo, hasta más no poder

Touch a sore spot
Tocar en lo vivo

Towards (a period of time)
A principios de

Towards the end of (a period of time)
A fines de

Track down
Dar caza

Train was *x* minutes late
El tren llegó con *x* minutos de retraso

Treacherously
A traición

Treat (deal with)
Tratar de

Trip (or stumble)
Dar un traspié, darse un tropezón

Truly or truthfully
A la verdad, de veras, de verdad, en verdad

Trust
Confiar en

Trustworthy
Digno de confianza

Try to (attempt)
Tratar de, ver de, ver que

Turn (around)
Dar(se) la vuelta

Turn a deaf ear
Hacerse el sordo

Turn one's back (on)
Dar las espaldas (a), voltear la espalda

Turn out to be
Venir a parar, venir a ser

Turn the corner
Doblar a la esquina

Turn the page
Darle vuelta a la hoja

Two by two
De dos en dos

Two-faced
De dos caras

Two of a kind
Tal para cual

Two-way
De dos sentidos

Two weeks from today
De hoy en quince días

U

Unanimously
A una vez

Unavoidable
Sin remedio

Uncovered
En descubierto

Undecided
Entre azul y buenas noches

Under
Debajo de

Undercover
A escondidas

Understand that...
Tener entendido que...

Undertake
Poner por obra

Under the table (underhanded)
Bajo cuerda

Unequaled
Sin igual

Unexpectedly
A deshora(s), de buenas a primeras, de improviso, el día menos pensado

Unfortunately
Por desgracia

Unharmed
A salvo

Unless
A menos que, a no ser que, como no

Unlucky
De mala suerte

Unnecessary
De sobra

Unnoticed
Sin sentir

Unpaid
En descubierto

Unreserved
Sin reserva

Until
Hasta que

Unusual
Fuera de lo corriente

Unwillingly
A la mala, de mal grado, de mala gana, sin querer

Upon
Encima de

Upon my honor
Sobre mi palabra

Ups and downs
Subidas y bajadas

Upside down
Patas arriba

Up to a point
Hasta cierto punto

Up to date
A la moda, hasta la fecha

Up to now
Hasta aquí, hasta ahí, hasta la fecha

Up to the top
Hasta el tope

Usual
De ordinario

Usually
Por lo general, por lo regular, por regla general

V

Vanish
Perderse de vista

Vanity
Amor propio

Various times
Repetidas veces

Very bad luck
Suerte negra

Very close
A quema ropa, a quemarropa

Very early in the morning
Muy de mañana

Very far away
En el quinto infierno

Very much
Con (or en or por) extremo, de lo lindo

Very often
Con mucha frecuencia, muy a menudo

Very probably
A buen seguro

Very soon
Poco rato, ya mero

Very thought of, the
La mera idea de

Violently
A rienda suelta

Visibly
A ojos vistas

Vouch for
Dar fe de, salir fiador de

W

Wait in line
Hacer cola

Wait table
Servir la mesa

Wait the whole blessed day
Esperar todo el santo día

Walk
Ir a pie

Walk by
Dar una pasada por

Walk the streets
Medir las calles

Wanted
Se solicita

Want to
Tener deseos de

Wash one's hands of
Lavarse las manos de

Watch out (for)
Tener cuidado (con)

Weakness (or weak side)
Lado flaco, punto flaco

Wear
Llevar puesto, traer puesto

Wear oneself out
Hacerse uno rajas

Weather the storm
Aguantar el chubasco

Week before last
La semana antepasada

Weekday(s)
Día(s) de semana, día de trabajo, día hábil

Weekend
El fin de semana

Welcome
Dar la bienvenida

Well and good
Santo y bueno

Well done!
¡Así se hace!

Well-done (well-cooked)
Bien asado, bien cocido

Well-groomed
Bien peinado

Well now
Ahora bien

Well then
Pues bien

Well worth it
Digno de

What a mess!
¡Qué batingue!

What an atrocity!
¡Qué barbaridad!

What a pleasure!
¡Qué gusto!

What does it mean?
¿Qué quiere decir?, ¿qué significa?

What do you think of it?
¿Qué le parece?

What for?
¿Para qué?

What happened?
¿Qué pasó?

What has been said
Lo expuesto

What if...?
¿Y si...?

What is it?
¿Qué haces?

What is it about?
¿De qué se trata?

What is it good for?
¿Para qué sirve?

What is more
Más aún

What is the date?
¿A cuánto(s) estamos?

What is the point of that?
¿A qué viene eso?

What is the use of it?
¿Qué ventaja tiene?

What nonsense!
¡Qué barbaridad!

What's eating you?
¿Qué mosca te ha picado?

What's it to you?
¿Quién te mete, Juan Copete?

What's going on?
¿Qué pasa?

What's new?
¿Qué hay de nuevo?

What's so bad about that?
¿Qué hay de malo con eso?

What's that to me?
¿A mí qué?

What's the difference?
¡Qué más da!

What's the matter with you?
¿Qué le (or te) pasa?

What's up?
¿Qué hubo?, ¿qué pasa?

What's wrong with...?
¿Qué tiene de malo...?

What's wrong with that?
¿Qué hay de malo con eso?

What time is it?
¿Qué hora es?, ¿qué horas son?

When all is said and done
A la postre

Whenever
Cuando quiera, siempre que, todas las veces (que)

When least expected
El día menos pensado

Whereas
Visto que

Wherever
Adondequiera que, dondequiera que, por dondequiera que

Whether one likes it or not
Por las buenas o por las malas

Whether you wish or not
Quieras que no, quiera o no

While
En tanto que

While away the time
Pasar el rato

Whisper
Hablar en secreto

Whispering
En voz baja

Whole truth, the
La verdad clara y desnuda

Wholly
Del todo

Wide open
De par en par

Willingly
A la buena, con mucho gusto, de buena gana, de buen grado, de (buena) voluntad

Win
Salir ganando

With
Junto con

With both feet together (or on the ground)
A pie(s) juntillas

With certainty
A (or de) ciencia cierta, a punto fijo

With great difficulty
A duras penas

Within
Dentro de

Within a few years
A la vuelta de los años

Within a week
Dentro de una semana

Within speaking distance
Al habla

Within view
A vista de

With no confidence
De mala fe

Without
Sin que

Without a plan
A la buena de Dios

Without equal
Sin par

Without fail
Sin falta

Without help
Sin remedio

Without interruption
De seguida

Without question
Sin disputa

Without realizing
Sin sentir

Without remedy
De remate, sin recurso

Without rhyme or reason
Sin qué ni para qué, sin ton ni son

Without risk
Sobre seguro

Without sleep
En vela

Without stopping
De corrida, de hilo

Without the knowledge of
A escondidas de

Without warning
A quema ropa, a quemarropa

With pleasure
De (buena) voluntad

With regard to
Acerca de, con respecto a, en cuanto a, respecto a

With the aim of
Con el propósito de

With the idea of
Con motivo de

With tongue hanging out
Con la lengua de corbata, con la lengua de pechera

With your permission
Con permiso

Wonderfully
De lo lindo

Wonderfully well
A las mil maravillas

Word of honor!
¡Palabrita de honor!

Workday
Día hábil

Work hard
Dar batería, sudar la gota gorda

Work in vain
Azotar el aire

Work well
Andar bien

Worry about
Preocuparse por

Worry about nothing
Ahogarse en poca agua

Worse than
Peor que

Worth seeing
Ser de ver, ser para ver

Wrinkle one's brow
Fruncir el entrecejo

Wrong side out
Al revés

Y

Year before last
Año antepasado

Years ago
Hace años

Yes, of course
Ya lo creo

Yesterday afternoon
Ayer por la tarde

You don't say!
¡No diga!

You're welcome
De nada, no hay de que

SPANISH-ENGLISH
ESPAÑOL-INGLÉS

REMARKS

For ease of reference, the reader should note the following:

- Within each entry, the word or group of words corresponding to each of the meanings of the Spanish word constitutes a separate numbered subentry.
- Examples of usage, phrases, and idioms are included in each entry immediately following the meaning of the word to which they correspond.
- Examples of usage, phrases, and idioms are given in a fixed sequence within each item of the entry: word groups not containing a verb; expressions containing a verb; phrases or locutions (adverbial, prepositional, etc.).
- Expressions, phrases, etc. that do not directly correspond to a specific meaning of the word are numbered separately within the entry.
- Words given as equivalents of the main entry are clarified further, when necessary, by synonyms and definitions enclosed in brackets.
- Abbreviations indicate meaning and usage in specific subject areas and geographical regions, as well as in grammar. See "Abbreviations Used in This Dictionary."
- The letters *ch* and *ll*, which are distinct letters in the Spanish alphabet, are listed as such.

In addition to the explanations of grammar within individual entries, certain points of grammar have been explained in greater detail in an overview preceding the lexicon. These summaries treat specific instances of Spanish grammar that have proven most troublesome to English-speaking readers (e.g., direct and indirect object pronouns, the subjunctive).

- An asterisk in the body of an entry indicates that the word it precedes is used only in the Americas.

In order to assist the reader, reference sections on a variety of topics are included in this dictionary. Idioms and expressions—both Spanish-to-English and English-to-Spanish—can be found in the center of the dictionary.

The appendices include:

- False Cognates and "Part-Time" Cognates
- Monetary Units / Unidades monetarias
- Weights and Measures / Pesas y medidas
- Numbers / Numerales
- Temperature / La temperatura
- Maps/Mapas

ABBREVIATIONS USED IN THIS DICTIONARY

a.	adjective
adv.	adverb
AER.	aeronautics
AGR.	agriculture
ALG.	algebra
Am.	Spanish America
ANAT.	anatomy
ARCH.	architecture
ARCHEOL.	archeology
Arg.	Argentina
ARITH.	arithmetic
art.	article
ARTILL.	artillery
ASTR.	astronomy
aug.	augmentative
AUTO.	automobile
aux.	auxiliary verb
BACT.	bacteriology
BIB.	Bible; Biblical
BILL.	billiards
BIOL.	biology
BOOKBIND.	bookbinding
BOOKKEEP.	bookkeeping
BOT.	botany
BULL.	bullfighting
CARP.	carpentry
CHEM.	chemistry
coll.	colloquial
COM.	commerce
comp.	comparative
COND.	Conditional
conj.	conjunction
CONJUG.	Conjugation
COOK.	cooking
cop.	copulative verb
def.	defective; definite
dim.	diminutive
ECCL.	ecclesiastic
ELEC.	electricity
ENG.	engineering
ENTOM.	entomology
f.	feminine; feminine noun
F. ARTS.	fine arts
FENC.	fencing
fig.	figuratively
FISH.	fishing
Fut.	Future
GEOG.	geography
GEOL.	geology
GEOM.	geometry
GER.	Gerund
GRAM.	grammar
GYM.	gymnastics
HIST.	history
i.	intransitive
ICHTH.	ichthyology
imper.	imperative
IMPERF.	imperfect
impers.	impersonal verb
indef.	indefinite
INDIC.	Indicative
IND.	industry
INF.	Infinitive
INSUR.	insurance
interj.	interjection
interrog.	interrogative
iron.	ironic
irr., *irreg.*	irregular
JEW.	jewelry
LIT.	literature
LITURG.	liturgy
LOG.	logic
m.	masculine; masculine noun
MACH.	machinery
MATH.	mathematics
MECH.	mechanics
MED.	medicine
METAL.	metallurgy
Mex.	Mexico
MIL.	military
MIN.	mining
MINER.	mineralogy
MUS.	music
MYTH.	mythology
n.	noun; masculine and feminine noun
NAUT.	nautical
NAV.	naval; navy
neut.	neuter
not cap.	not capitalized
obs.	obsolete
OPT.	optics
ORN.	ornithology
pers., pers.	person; personal
PHIL.	philosophy
PHOT.	photography

PHYS.	physics
pl.	plural
POET.	poetry
POL.	politics
poss.	possessive
p. p.	past participle
prep.	preposition
Pres.	Present
pres. p.	present participle
Pret.	preterit
PRINT.	printing
pr. n.	proper noun
pron.	pronoun
RADIO.	radio; broadcasting
ref.	reflexive verb
reg.	regular
REL.	religion
RLY.	railway; railroad
SUBJ.	Subjunctive
superl.	superlative
SURG.	surgery
SURV.	surveying
t.	transitive verb
TELEV.	television
THEAT.	theater
THEOL.	theology
usu.	usually
V.	Vide; See
vul.	vulgar
WEAV.	weaving
ZOOL.	zoology

KEY TO PRONUNCIATION IN SPANISH

VOWELS

Letter	Approximate sound
a	Like *a* in English *far, father,* e.g., **casa, mano.**
e	When stressed, like *a* in English *pay,* e.g., **dedo, cerca.** When unstressed, it has a shorter sound like in English *bet, net,* e.g., **estado, decidir.**
i	Like *i* in English *machine* or *ee* in *feet,* e.g., **fin, salí.**
o	Like *o* in English *obey,* e.g., **mona, poner.**
u	Like *u* in English *rule* or *oo* in *boot,* e.g., **atún, luna.** It is silent in **gue** and **gui,** e.g., **guerra, guisado.** If it carries a diaeresis (**ü**), it is pronounced (see Diphthongs), e.g., **bilingüe, bilingüismo.** It is also silent in **que** and **qui,** e.g., **querer, quinto.**
y	When used as a vowel, it sounds like the Spanish **i,** e.g., **y, rey.**

DIPHTHONGS

Diphthong	Approximate sound
ai, ay	Like *i* in English *light,* e.g., **caigo, hay.**
au	Like *ou* in English *sound,* e.g., **cauto, paular.**
ei, ey	Like *ey* in English *they* or *a* in *ale,* e.g., **reina, ley.**
eu	Like the *a* in English *pay* combined with the sound of *ew* in English *knew,* e.g., **deuda, feudal.**
oi, oy	Like *oy* in English *toy,* e.g., **oiga, soy.**
ia, ya	Like *ya* in English *yarn,* e.g., **rabia, raya.**
ua	Like *wa* in English *wand,* e.g., **cuatro, cual.**
ie, ye	Like *ye* in English *yet,* e.g., **bien, yeso.**
ue	Like *wa* in English *wake,* e.g., **buena, fue, bilingüe.**
io, yo	Like *yo* in English *yoke,* without the following sound of *w* in this word, e.g., **región, yodo.**
uo	Like *uo* in English *quote,* e.g., **cuota, oblicuo.**
iu, yu	Like *yu* in English *Yule,* e.g., **ciudad, triunfo, yunta.**
ui	Like *wee* in English *week,* e.g., **ruido, bilingüismo.**

TRIPHTHONGS

Triphthong	Approximate sound
iai	Like *ya* in English *yard* combined with the *i* in *fight,* e.g., **estudiáis.**
iei	Like the English word *yea,* e.g., **estudiéis.**
uai, uay	Like *wi* in English *wide,* e.g., **averiguáis, guay.**
uei, uey	Like *wei* in English *weigh,* e.g., **amortigüéis, buey.**

CONSONANTS

Letter	Approximate sound
b	Generally like the English *b* in *boat, bring, obsolete,* when it is at the beginning of a word or preceded by *m,* e.g., **baile, bomba.** Between two vowels and when followed by *l* or *r,* it has a softer sound, almost like the English *v* but formed by pressing both lips together, e.g., **acaba, haber, cable.**
c	Before *a, o, u,* or a consonant, it sounds like the English *c* in *coal,* e.g., **casa, saco, cuba, acto.** Before *e* or *i,* it is pronounced like the English *s* in *six* in American Spanish and like the English *th* in *thin* in Castillian Spanish, e.g., **cerdo, cine.** If a word contains two *c*s, the first is pronounced like *c* in *coal,* and the second like *s* or *th* accordingly, e.g., **acción.**
ch	Like *ch* in English *cheese* or *such,* e.g., **chato, mucho.**
d	Generally like *d* in English *dog* or *th* in English *this,* e.g., **dedo, digo.** When ending a syllable, it is pronounced like the English *th,* e.g., **usted, libertad.**
f	Like *f* in English *fine, life,* e.g., **final.**
g	Before *a, o,* and *u;* the groups *ue* and *ui;* or a consonant, it sounds like *g* in English *gain,* e.g., **gato, gorra, aguja, guerra, guitar, digno.** Before *e* or *i,* like a strongly aspirated English *h,* e.g., **general, región.**
h	Always silent, e.g., **hoyo, historia.**
j	Like *h* in English *hat,* e.g., **joven, reja.**
k	Like *c* in English *coal,* e.g., **kilo.** It is found only in words of foreign origin.
l	Like *l* in English *lion,* e.g., **libro, límite.**
ll	In some parts of Spain and Spanish America, like the English *y* in *yet;* generally in Castillian Spanish, like the *lli* in English *million;* e.g., **castillo, silla.**
m	Like *m* in English *map,* e.g., **moneda, tomo.**
n	Like *n* in English *nine,* e.g., **nuevo, canto, determinación.**
ñ	Like *ni* in English *onion* or *ny* in English *canyon,* e.g., **cañón, paño.**
p	Like *p* in English *parent,* e.g., **pipa, pollo.**
q	Like *c* in English *coal.* This letter is only used in the combinations *que* and *qui* in which the *u* is silent, e.g., **queso, aquí.**
r	At the beginning of a word and when preceded by *l, n,* or *s,* it is strongly trilled, e.g., **roca, alrota, Enrique, desrabar.** In all other positions, it is pronounced with a single tap of the tongue, e.g., **era, padre.**
rr	Strongly trilled, e.g., **carro, arriba.**
s	Like *s* in English *so,* e.g., **cosa, das.**
t	Like *t* in English *tip* but generally softer, e.g., **toma, carta.**
v	Like *v* in English *mauve,* but in many parts of Spain and the Americas, like the Spanish **b,** e.g., **variar, mover.**
x	Generally like *x* in English *expand,* e.g., **examen.** Before a consonant, it is sometimes pronounced like *s* in English *so,* e.g., **excepción, extensión.** In the word **México,** and in other place names of that country, it is pronounced like the Spanish **j.**
y	When used as a consonant between vowels or at the beginning of a word, like the *y* in English *yet,* e.g., **yate, yeso, hoyo.**
z	Like Spanish **c** when it precedes **e** or **i,** e.g., **zapato, cazo, azul.**

AN OVERVIEW OF SPANISH GRAMMAR

ACCENTUATION/ACENTUACIÓN

Rules of accentuation

All words in Spanish (except adverbs ending in **-mente**) only have one stressed syllable. The stressed syllable is sometimes indicated by a written accent.

In words with no written accent, the ending of the word determines the placement of stress.

- Words that end in a consonant (except *n* or *s*) stress the last syllable: **pared, añil, capaz.**
  —The final y as part of a diphthong is treated as a consonant: **carey,** Para**guay.**
- Words that end in a vowel or in *n* or *s* stress the next to the last (penultimate) syllable: **ca**sa, **pa**san, **li**bros.

Note: Adverbs ending in **-mente** retain the original stress (and written accent) of the root word as well as stress the first syllable of the adverbial ending: **claramen**te, **difícilmen**te, **últimamen**te.

The written accent is used in the following cases:

- Words that end in a vowel or the consonants *n* or *s* and that stress the last syllable: **café, talón, anís.**
- Words that end in a consonant (except *n* or *s*) and that stress the next to the last syllable: **árbol, quídam.**
- All words that stress the third from the last (antepenultimate) syllable: **pár**vulo, **má**ximo, **á**nimo.

Note: Verbs having unstressed pronouns attached to them preserve the written accent when they ordinarily carry one: llevóme, apuréla.

Other uses of the written accent

- The written accent is used to distinguish between two words with the same spelling but different meanings or functions:

él (pronoun)	**el** (article)
tú (pronoun)	**tu** (possessive adjective)
mí (pronoun)	**mi** (possessive adjective) **mi** (musical note)
sí (adverb) **sí** (pronoun)	**si** (conjunction)
sé (of the verb *ser*) **sé** (of the verb *saber*)	**se** (reflexive pronoun)
más (adverb)	**mas** (conjunction)
dé (of the verb *dar*)	**de** (preposition)
té (noun)	**te** (pronoun)
éste **ése** **aquél** (pronouns)	**este** **ese** **aquel** (adjectives)
sólo (adverb)	**solo** (adjective)

- The written accent is also used in the following cases:
  —**Quién, cuál, cúyo, cuánto, cuán, cuándo, cómo,** and **dónde** in interrogative and exclamatory sentences.
  —**Qué, cúyo, cuándo, cómo,** and **porqué** used as nouns: sin **qué** ni para **qué,** el **cómo** y el **cuándo.**
  —**Quién, cuál,** and **cuándo** having a distributive sense: **quién** más, **quién** menos.
  —**Aún** when it is interchangeable with **todavía:** no ha llegado **aún.**
  —The vowels *i* and *u* are accented when they are preceded or followed by another vowel and form a separate stressed syllable: llovía, baúl.
  —The conjunction **o** takes an accent when it comes between two arabic numerals to avoid mistaking it for zero (0): 3 ó 4.

ARTICLES / ARTÍCULOS

The article in Spanish is a variable part of speech, agreeing with the noun in gender and number.

Definite articles

	Masculine	*Feminine*
Singular	**el** libro (the book)	**la** cara (the face)
Plural	**los** libros (the books)	**las** caras (the faces)

The neuter article **lo** is used to give a substantive value to some adjectives: **lo** bello (the beautiful, what is beautiful, beautiful things); **lo** profundo de sus pensamientos (the profoundness of his thoughts).

Indefinite articles

	Masculine	*Feminine*
Singular	**un** hombre (a man)	**una** naranja (an orange)
Plural	**unos** hombres (some men)	**unas** naranjas (some oranges)

Special cases

- The masculine article is used with feminine nouns that begin with a stressed **a: el** alma (the soul); un ave (a bird).
- With reflexive verbs, the definite article is equivalent to an English possessive adjective in sentences like: me lavo **las** manos, I wash my hands; ponte **el** sombrero, put on your hat.
- When followed by **de** or an adjective, the Spanish definite article may be used as a pronoun equivalent to *the one* or *the ones:* el **del** sombrero blanco, the one in the white hat.

GENDER / GÉNERO

All nouns in Spanish have a gender: masculine, feminine, common, or epicene. Some adjectives having the value of a noun are in the neuter gender.

Note: For all practical purposes, common and epicene nouns are masculine or feminine and are treated as such in the entries of this dictionary.

Some observations

- Nouns denoting living beings usually have a different form for the masculine or feminine gender: **trabajador, trabajadora,** working man, working woman; **actor, actriz,** actor, actress; **oso, osa,** bear (male), bear (female); **buey, vaca,** ox, cow; **caballo, yegua,** horse, mare.
- Some nouns that denote persons have only one ending for both masculine and feminine genders. They are in the common gender, and the sex is indicated solely by the article: **un** pianista, **una** pianista, a pianist.
- Some masculine nouns and feminine nouns are used to denote animals of either sex. They are in the epicene gender, and the sex is indicated by the word **macho** or **hembra** following the noun: una serpiente **macho,** a male serpent; un rinoceronte **hembra,** a female rhinoceros.
- Nouns denoting material or spiritual things are never in the neuter gender but have either the masculine or feminine gender attributed to them. The reader is advised to look for the gender in the corresponding entries of this dictionary whenever a question arises.

FORMATION OF THE PLURAL / PLURAL

The plural of Spanish nouns and adjectives is formed by adding s or **es** to the singular word.

The plural is formed by adding s to:

- Words ending in an unstressed vowel: casa, **casas**; blanco, **blancos.**
- Words ending in an accented é: café, **cafés.**

The plural is formed by adding **es** to:

- Words ending in an accented **á, í, ó,** or **ú:** bajá, **bajaes**; rubí, **rubíes.**
  Exception: **Papá, mamá, chacó,** and **chapó** add s; maravedí has three forms for the plural: **maravedis, maravedíes,** and **maravedises.**
- The names of the vowels: a, **aes**; e, **ees**; i, **íes**, etc.
- Nouns and adjectives ending in a consonant: árbol, **árboles**; anís, **anises**; cañón, **cañones.**
  Exception: Nouns of more than one syllable ending in an s preceded by an unstressed vowel do not change in the plural: lunes, **lunes**; crisis, **crisis.** Observe that nouns and adjectives ending in **z** change the **z** to **c** in their written plurals: vez, **veces**; feliz, **felices.**

Proper names

When a proper name is used in the plural, all the preceding rules and exceptions are observed. Exception: Family names ending in **z** (Núñez, Pérez, etc.) do not change in the plural.

Nouns of foreign origin

Usually nouns of foreign origin form the plural according to the preceding rules. However, the plural of lord is **lores**, and the plural of cinc or zinc is **cincs** or **zincs.**

Latin words, such as ultimátum, déficit, fiat, and exequátur, have no plural form.

Compound nouns and adjectives

- When the elements of the compound noun or adjective are separate, only the first element takes the plural form: **ojos** de buey, **patas** de gallo.
- When the compound is imperfect, such as ricahembra, mediacaña, both the elements take the plural form: **ricashembras, mediascañas.**
- When the compound is perfect, the plural is formed at the end of the word: **ferrocarriles, patitiesos.**
- The plurals of cualquiera and quienquiera are **cualesquiera** and **quienesquiera.**

DIRECT AND INDIRECT OBJECTS / COMPLEMENTOS DIRECTO E INDIRECTO

Direct object

As a rule, the direct object is not preceded by a preposition. However, the positions of the subject and object in Spanish are often reversed, and the direct object is sometimes preceded by the preposition **a** to avoid confusion.

Examples and exceptions:

Construction with **a**	Construction without a
César venció **a** Pompeyo. (Proper noun—name of a person)	Plutarco os dará mil Alejandros. (Proper noun used as a common noun)
Ensilló **a** Rocinante. (Proper noun—name of an animal)	Ensilló el caballo. (Common noun of an animal)
Conquistó **a** Sevilla. Conozco Madrid. Uncertain use. (Proper nouns—names of places without the article)	Visitó La Coruña. Veremos El Escorial. (Proper nouns—names of places preceded by the article)

Busco **al** criado de mi casa.
(Common noun of a specified person)

Busco criados diligentes.
(Common noun of nonspecified persons)

Tienen por Dios **al** viento.
Temo **al** agua.
(Noun of a personified thing or of a thing to which an active quality is attributed)

Partiremos esta leña. Recojo el agua.
(Nouns of things in general)

No conozco **a** nadie.
Yo busco **a** otros, **a** alguien, **a** ti.
(Indefinite pronoun representing a person or personal pronoun)

No sabía nada. Di algo.
(Indefinite pronouns representing things)

Aquel **a** quien amo.

No sé quién vendrá.

Indirect object

The indirect object is always preceded by the prepositions **a** or **para**: Escribo una carta **a** mi madre. Compro un libro **para** mi hijo. (I write a letter to my mother. I buy a book for my son.)

ADJECTIVES/ADJETIVOS

The adjective in Spanish is a variable part of speech and must agree in gender and number with the noun it qualifies: libro **pequeño**, casa **pequeña**; libros **pequeños**, casas **pequeñas**.

Some adjectives, however, have the same ending for both masculine and feminine genders: hombre **fiel**, mujer **fiel**; hombres **fieles**, mujeres **fieles**.

Placement of the adjective

Predicate adjectives usually follow the verb: la nieve es **blanca**, the snow is white.

Nevertheless, the order of the sentence can be reversed for emphasis or in some fixed expressions: ¡**buena** es ésta!, that is a good one!; ¡**bueno** está lo bueno!, leave well enough alone.

Adjectives that directly modify a noun may either precede or follow it.

Special cases

- Adjectives that express a natural quality or a quality associated with a person or thing are placed before the noun: el **fiero** león, la **blanca** nieve.
- Indefinite, interrogative, and exclamative adjectives; the adjectives **medio, buen, mal, poco, mucho,** and **mero**; and adjectives expressing cardinal numbers are placed before the noun: **algún** día, some day; ¿**qué** libro prefiere usted?, which book do you prefer?; **dos** hombres, two men.

  Alguno, when placed after a noun, has a negative sense: no hay remedio **alguno**, there is no remedy.
- Some adjectives change meaning or connotation when they precede or follow a noun: un **simple** hombre, a mere man; un hombre **simple**, a simpleton.
- Some adjectives change in form when used before a noun. **Grande** may be shortened to **gran** when used in the sense of extraordinary or distinguished: un **gran** rey, a great king; una **gran** nación, a great nation.
- The masculine adjectives **alguno, ninguno, bueno, malo, primero,** and **tercero** drop the final o when placed before a noun: **algún** día, some day; **ningún** hombre, no man; **primer** lugar, first place; **tercer** piso, third floor.
- The masculine adjective **Santo** is shortened to **San** before all names of saints except Tomás, Toribio, and Domingo: **San** Juan, Saint John; **Santo** Tomás, Saint Thomas.

Comparative degree

The English comparatives—*more...than, less...than,* and adjective + *er than*—are expressed in Spanish as **más...que, menos...que:** Pedro es **más** (or **menos**) atlético **que** Juan, Peter is more (or less) athletic than John.

In a comparative expression, when **que** is followed by a conjugated verb or a number, it is replaced by **de lo que** and **de,** respectively: esto es más difícil **de lo que** parece, this is more difficult than it seems; hay más **de** diez personas, there are more than ten people.

The English comparatives, *as...as* and *so...as,* are expressed in Spanish as **tan...como:** mi casa es **tan** hermosa **como** la de usted, my house is as beautiful as yours.

Superlative degree

The English superlatives—*the most* (or *the least*)...*in* or *of* and adjective + *est...in* or *of*—are expressed in Spanish as **el más** (or **el menos**)**...de: el** barrio **más** populoso **de** la ciudad, the most populous quarter in the town.

- The absolute superlative is formed by placing **muy** before the adjective or by adding the ending **-ísimo** to the adjective: **muy** excelente, **excelentísimo,** most excellent.
- Adjectives ending in a vowel drop the vowel and add **-ísimo:** grande, **grandísimo;** alto, **altísimo.**
- Adjectives ending in **co** or **go,** change **c** to **qu** and **g** to **gu** and add **-ísimo:** poco, **poquísimo;** largo, **larguísimo.**
- Adjectives ending in **io** drop the ending and add **-ísimo:** limpio, **limpísimo.**
- Adjectives containing an accented diphthong—**ie** or **ue**—change **ie** to **e** and **ue** to **o** and add **-ísimo:** valiente, **valentísimo;** fuerte, **fortísimo.**
- Adjectives ending in **ble** change this ending to **bilísimo:** amable, **amabilísimo.**
- Some adjectives have special forms for the comparative and superlative degrees: bueno, mejor, óptimo; malo, peor, pésimo; grande, mayor, máximo; pequeño, menor, mínimo.

NUMERALS / NUMERALES

Observations

1) **Uno,** when it precedes a masculine noun, and **ciento,** when it precedes any noun and when used in a cardinal number, take the shortened forms **un** and **cien: un** libro; **cien** hombres; **cien** mil soldados.
2) The cardinal numbers between 20 and 30 are spelled **veintiuno, veintidós, veintitrés,** etc.
3) The cardinal numbers between 30 and 40, 40 and 50, etc. (under 100), use the conjunction **y:** treinta y uno, ochenta y tres.
4) The preceding rules apply to the spelling of any cardinal number over 100: **ciento** veintiuno, 121; **seiscientos** cuarenta y dos, 642; **cien** mil cuarenta, 100.040. Note that: —**Millón, billón,** and the like take the indefinite article **un;** however, **ciento, cien,** and **mil** do not: **un** millón, a million; **ciento,** a hundred; **mil,** a thousand; **cien mil,** one hundred thousand.
5) Ordinal numbers between 10th and 20th are: **undécimo, duodécimo, decimotercero** or **decimotercio, decimocuarto, decimoquinto, decimosexto, decimoséptimo, decimoctavo,** and **decimonoveno** or **decimonono.**
6) The ordinal numbers between 20th and 30th, 30th and 40th, etc. are formed by adding the first nine ordinal numbers to **vigésimo, trigésimo, cuadragésimo,** etc.: **vigésimo primero,** twenty-first; **trigésimo segundo,** thirty-second; **cuadragésimo tercero,** forty-third.
7) Most ordinal numbers may also be formed by adding the endings **-eno, -ena,** and **-avo, -ava** to the cardinal numbers. The ordinal numbers ending in **-avo** (except octavo) are used only to express fractions: una **dozava** parte, one twelfth part; el **dozavo** de, a twelfth of.
8) The cardinal numbers (except **uno**) may be used as ordinals. However, from 2 to 10, preference is given to the ordinal numbers for the names of kings, chapters of books, etc.
   —For the days of the month (except the first), only cardinal numbers are used: el **primero** de junio, el **dos** de octubre, el **catorce** de diciembre.

9) As a rule, cardinal numbers are placed before the noun; but when they are used as ordinal numbers, they are placed after the noun: **dos** libros, capítulo **quince.**

10) All the ordinal numbers and the cardinal numbers **uno, doscientos, trescientos,** through **novecientos** agree with the noun they qualify: la **primera** puerta, el **tercer** hombre, **una** casa, **doscientos** libros, **trescientas cuatro** personas.

PERSONAL PRONOUNS / PRONOMBRES PERSONALES

Subject pronouns

Person	*Singular*	*Plural*
1st	yo	nosotros, nosotras, nos
2nd	usted, tú	ustedes, vosotros, vosotras, vos
3rd	él, ella	ellos, ellas

- The subject pronoun in Spanish is used only for emphasis or to prevent ambiguity. When neither of these reasons for its use exists, its presence in the sentence makes the style heavy and should be avoided.
- **Usted** and **ustedes** are technically second person pronouns used out of courtesy. However, they take the verb in the third person.
- **Nos** is used by kings, bishops, etc. in their writings or proclamations in the same way as the English *royal we* and *us.* **Nosotros** is used by writers in the same way as the *editorial we* in English.
- **Vos** is used to address God, a saint, a king, etc. In some American countries **tú** is used.

Object pronouns

Direct Object Pronouns

Person	*Singular*	*Plural*
1st	me	nos
2nd	te, le, lo, la	os, los, las
3rd	le, lo, la	los, las

Indirect Object Pronouns (without a preposition)

Person	*Singular*	*Plural*
1st	me	nos
2nd	te, le	os, les
3rd	le	les

Object Pronouns (with a preposition)

Person	*Singular*	*Plural*
1st	mí	nosotros, nosotras
2nd	usted, ti	ustedes, vosotros, vosotras
3rd	él, ella, sí	ellos, ellas, sí

- **Sí** is equivalent to *himself, herself, itself,* and *themselves* relating to the subject of the sentence: esto es malo de **sí,** this is bad in itself; habla de **sí mismo,** he speaks of himself.
- When the indirect object pronouns **le** and **les** must precede another third person pronoun, they are replaced by **se.** Incorrect: **le** lo mandaron, **les** las quitaron. Correct: **se** lo mandaron, **se** las quitaron.

Reflexive Pronouns

Person	*Singular*	*Plural*
1st	me	nos
2nd	te	os
3rd	se	se

- **Se** may also be:
  —An indication of the passive voice.
  —An impersonal subject equivalent to the English *one, you, they, people:* **se** habló de todo, they talked about everything. However, when the verb is reflexive, **se** cannot be used this way. Instead, **uno, alguno,** or **alguien** may be substituted as the impersonal subject.

Observations:

- When the verb is a gerund or a form of the imperative or infinitive mood, the object pronoun or pronouns are placed after the verb: dicién**dolo**, dá**melo**, observar**nos**. In compound tenses, they are placed after the auxiliary verb: habiéndo**me** dado, habe**ros** comprendido.
  When the gerund or infinitive is subordinate to another verb, the pronouns may pass to the main verb: quieren molestar**te** or **te** quieren molestar; iban diciéndo**lo** or **lo** iban diciendo.
- Direct and indirect object pronouns may be placed before or after the verb when the verb is in the indicative, subjunctive, or conditional mood. In everyday language, it is usual to place them before the verb.
- When there are two object pronouns, the indirect precedes the direct, and a reflexive pronoun precedes another pronoun: **me lo** dio, **se las** prometí.
- Object pronouns that follow the verb are incorporated into the verb: **diciéndolo, molestarte.**
  Sometimes in this union, the final letter of the verb must be dropped to avoid a metaplasm: correct: **unámonos**, incorrect: **unamosnos**; correct: **sentaos**, incorrect: **sentados.**

Order of placement

When two or more pronouns accompany the verb, either preceding or following it, the second person pronoun is placed before the first person pronoun, and this before the third person pronoun. The pronoun **se** always precedes the others. (**Te me** quieren arrebatar. **Nos lo** ofrecen. **Se te** conoce en la cara.)

POSSESSIVE PRONOUNS AND ADJECTIVES / POSESIVO (Adjetivo y pronombre)

- The Spanish possessive adjective and pronoun agree with the noun representing the possessed thing: **mi** sombrero, my hat; **mis** libros, my books; **tus** caballos, **vuestros** caballos, your horses.
- The third person possessive adjective or noun, especially in the form of **su**, is very ambiguous because it can mean *his, her, its,* and *their.* It is also equivalent to *your* when used in correlation with **usted** or **ustedes.** To prevent misunderstanding, the practice had been to add the possessor's name (or a pronoun representing it) preceded by **de:** su casa **de Luis;** su libro **de ellos;** su madre **de usted.** However, this use is now restricted to **su...de usted** or **su...de ustedes: su** libro **de usted, su** madre **de ustedes.** In most cases, it is preferable to reword the sentence to avoid ambiguity.
- **Nuestro** and **vuestro** denote only one possessor when the corresponding personal pronoun (**nosotros, nos,** or **vos**) denotes one person.
- In some sentences, the definite article replaces the possessive adjective: he dejado **los** guantes sobre la mesa, I have left my gloves on the table; te has olvidado **el** paraguas, you have forgotten your umbrella.

CONJUGATION OF VERBS / CONJUGACIÓN

Regular verbs in Spanish fall into three groups: **-ar** verbs (first conjugation), **-er** verbs (second conjugation), and **-ir** verbs (third conjugation).

Models of the three conjugations (simple tenses)

amar (to love) temer (to fear) recibir (to receive)

Indicative Mood

Present
am-o, -as, -a; -amos, -áis, -an
tem-o, -es, -e; -emos, -éis, -en
recib-o, -es, -e; -imos, -ís, -en

Preterite
am-é, -aste, -ó; -amos, -asteis, -aron
tem, recib } -í, -iste, -ió; -imos, -isteis, -ieron

Imperfect
am-aba, -abas, -aba; -ábamos, -abais, -aban
tem, recib } -ía, -ías, -ía; -íamos, -íais, -ían

Future
amar, temer, recibir } -é, -ás, -á; -emos, -éis, -án

Conditional

amar, temer, recibir } -ía, -ías, -ía; -íamos, -íais, -ían

Subjunctive Mood

Present
am-e, -es, -e; -emos, -éis, -en
tem, recib } -a, -as, -a; -amos, -áis, -an

Imperfect (s-form)
am-ase, -ases, -ase; -ásemos, -aseis, -asen
tem, recib } -iese, -ieses, -iese; -iésemos, -ieseis, -iesen

Imperfect (r-form)
am-ara, -aras, -ara; -áramos, -arais, -aran
tem, recib } -iera, -ieras, -iera; -iéramos, -ierais, -ieran

Future
am-are, -ares, -are; -áremos, -areis, -aren
tem, recib } -iere, -ieres, -iere; -iéremos, -iereis, -ieren

Past Participle

amado temido recibido

Gerund

amando temiendo recibiendo

Compound tenses are formed by the auxiliary verb **haber** and the past participle of the conjugated verb: **he comido**, I have eaten; **habrá llegado**, he will have arrived; **habías temido**, you had feared.

Irregular verbs

The conjugations of irregular verbs are given in the entries corresponding to their infinitives.

Orthographic-changing verbs

Some verbs undergo spelling changes to preserve their regularity to the ear: tocar, **toque;** llegar, **llegue;** vencer, **venzo;** lanzar, **lance,** etc. These orthographic-changing verbs are neither considered nor treated as irregular verbs in this dictionary.

PASSIVE VOICE / VOZ PASIVA

The Spanish language expresses the passive voice in two different ways:

1) By a form of the verb **ser** and a past participle: la serpiente **fue muerta** por Pedro, the snake was killed by Peter.
2) By the pronoun **se** preceding the verb: aquí **se habla** español, Spanish is spoken here.

The second form of the passive voice is often difficult to distinguish from the active voice in sentences where **se** is an impersonal subject.

EXPRESSING NEGATION / NEGACIÓN

Negation is expressed by the adverb **no**, which is equivalent to the English *no* and *not.*

- **No** is always placed before the verb: la casa **no es** mía, the house is not mine; el niño **no come**, the child does not eat.
  —Other words, even whole sentences, may be placed between **no** and the verb: no **se lo** daré, I will not give it to him; no **todos los presentes** estaban conformes, not all those present agreed.
  —Whenever the meaning may not be clearly understood, **no** must accompany the words it modifies. For example: tu madre **no puede** venir, your mother cannot come; tu madre **puede no** venir, your mother may not come.
- Words expressing negation: **jamás, nunca, nada, nadie, ninguno,** and the phrases **en mi vida, en todo el día,** etc. are substituted for **no** when they precede the verb: **jamás** volveré, **nunca** lo sabrás, **nada** me falta, a **nadie** veo, **ninguno** sobra.
  —However, when these words follow the verb, **no** must be used in the sentence and precede the verb: **no** volveré **jamás, no** lo sabrás **nunca, no** me falta **nada, no** veo a **nadie, no** sobra **ninguno.**
  —When the sentence contains many words that express negation, only one of them can be placed before the verb: **nadie** me ayudó nunca en nada, **nunca** me ayudó nadie en nada.
  —If the verb is preceded by **no**, all other negative words must follow the verb: No me ayudó **nunca nadie** en **nada.**
- **No** may be used without expressing negation:
  —In sentences subordinate to a verb expressing fear or possibility, **no** is substituted for **a que**: temía **no** viniese, I feared that he should come.
  —As an expletive in sentences like: Nadie dudará que la falta de precisión... **no** dimane de..., No one will doubt that the lack of precision comes from (or is due to)....

INTERROGATIVES / INTERROGACIÓN

Construction of the interrogative sentence

Sentences with no interrogative word:

- The subject is placed after the verb. If a compound tense is used, the subject follows the participle. Remember that in Spanish the subject is expressed only for emphasis or when its presence is necessary for meaning.

¿Ha llegado tu padre?
¿Viene alguien?
¿Trae cada uno su libro?
Llaman.— ¿Será él?
¿Vienes?
¿Viene usted?
¿Viene ella?

Sentences with an interrogative word:

- When the interrogative word is the subject, the sentence order is not reversed.

¿Quién llama?
¿Qué dolor es comparable al mío?

- When the interrogative word is an attribute, an object, or a complement, the sentence order is reversed.

¿Cuál es tu libro?
¿Qué quiere tu hermano?
¿Con quién habla usted?

Complement, object, or subject placed at the beginning of the sentence:

- For emphasis, a complement or object is placed at the beginning of a sentence. If a direct or indirect object is emphasized, it may be repeated by means of a pronoun: A este hombre, ¿lo conocían ustedes? A tu padre, ¿le has escrito? De este asunto, ¿han hablado ustedes?
- The subject can also be placed at the beginning of an interrogative sentence, but then the question is indicated only by the question marks and vocal intonation: ¿Los estudiantes estaban contentos? or Los estudiantes, ¿estaban contentos?

Interrogative sentences are punctuated with two question marks: the one (¿) at the beginning of the question and the other (?) at the end of the question.

THE INFINITIVE / INFINITIVO

The infinitive in Spanish has practically the same uses as the infinitive in English.

Exception: In some subordinate sentences that express what is ordered, expected, desired, etc., the subjunctive or indicative mood is used; whereas in English, the infinitive would be used: El capitán ordenó a los soldados **que trajesen** al prisionero. (The captain ordered the soldiers *to bring* the prisoner.) Me pidió **que pagase** la cuenta. (He asked me *to pay* the bill.) Esperan **que se irá** pronto. (They expect him *to go* away soon.)

The Spanish infinitive is used as a noun in the same way as the English infinitive and sometimes gerund are used as nouns. **Errar** es humano. (To err is human.) El **comer** es necesario para la vida. (Eating is necessary for life.)

PARTICIPLES / PARTICIPIOS

Past participle

- The past participle is always invariable when it is used to form a compound tense: **he recibido** una carta, los libros que **he recibido.**
  —When the past participle is used as an adjective or an attribute, it agrees with its noun in number and gender: un problema **resuelto,** la obra está **terminada.**
  —When the past participle is used with the verbs **tener, llevar, dejar**, etc., it is made to agree in number and gender with a related noun: tengo **resueltos** los problemas, I have the problems solved; llevo **escritas** cuatro cartas, I have four letters written; la dejó **hecha** una furia, when he left her, she was in a rage.
- Many past participles in Spanish have both a regular and an irregular form. As a rule, the irregular forms of the past participles are only used as adjectives and sometimes as nouns: Dios le ha **bendecido,** God has blessed him; una medalla **bendita,** a blessed medal.

Present participle

Very few Spanish verbs have a present participle (in the Latin sense). This participle has become an adjective. Only **concerniente, condescendiente, conducente, correspondiente,** and some others that can have the same complements and objects as the verb, retain something of their participial nature.

THE GERUND / GERUNDIO

Formation

The first conjugation adds **-ando** to the stem of the infinitive (amar, **amando**). The second and third conjugations add **-iendo** (temer, **temiendo**; recibir, **recibiendo**). The gerund does not change for number and gender.

Observations

- The gerund in Spanish never acts as a noun. It expresses an action occurring at the same time as or immediately preceding the action of the main verb: Lee **paseándose,** he reads while strolling; **viendo** a su padre, corrió hacia él, on seeing his father, he ran toward him; **habiendo estudiado** la proposición, me resuelvo a aceptarla, having studied the proposition, I resolve to accept it.

The gerund never expresses an action that occurs after the action of the main verb.

- When the gerund is related to the subject of the main sentence, it may be used only in an explanatory sense: el lobo, **huyendo de los perros**, se metió en el bosque. (The wolf, fleeing from the dogs, went into the woods.)

  The gerund is never used restrictively. *It is correct to say*: Los pasajeros, **llevando pasaporte**, pudieron desembarcar. (The passengers, having their passports, were able to disembark.) *It is incorrect to say*: Los pasajeros **llevando pasaporte** pudieron desembarcar. (Only the passengers having their passports could disembark.) This can be expressed as: Los pasajeros **que llevaban** pasaporte....

- When the gerund is related to the object of the main verb, the object then acts as the subject of the gerund. This use is only correct when the gerund expresses an action perceptible in its course, never a state, quality, or action not perceptible in its course. *It is correct to say*: Vi a un hombre **plantando** coles. (I saw a man planting cabbages.) *It is incorrect to say*: Envió una caja **conteniendo** libros. (He sent a box containing books.) In this case, it is necessary to say: Envió una caja **que contiene** libros.

- The gerund is often used in phrases that are independent of a main sentence, as in titles, captions, inscriptions on engravings, photographs, paintings, etc.: César **pasando** el Rubicón (Caesar passing the Rubicon); las ranas **pidiendo** rey (the frogs asking for a king).

- The gerund is frequently used as an adverb: Ella se fue **llorando** (she went away in tears); el tiempo pasa **volando** (time passes swiftly).

  As an adverb, the gerund may also express the way in which something is done or attained: hizo una cuerda **uniendo varias sábanas** (he made a rope by tying several sheets together).

ADVERBS / ADVERBIOS

Adverbs ending in -mente

Some adverbs are formed by adding **-mente** to the end of an adjective: fiel, **fielmente.** If the adjective can change gender, **-mente** is added to the feminine form: rico, rica, **ricamente.**

Placement of the adverb

Generally, when the adverb is qualifying an adjective or another adverb, it immediately precedes the word it qualifies: un libro **bien** escrito, a well-written book; tan **lindamente** ilustrado, so beautifully illustrated.

When the adverb modifies a verb, it may precede or follow the verb: **mañana** llegará mi padre or mi padre llegará **mañana;** my father will arrive tomorrow.

The negative adverb is always placed before the verb: **no** conozco a este hombre, I don't know this man; **no** lo conozco, I don't know him.

When a direct or indirect object pronoun precedes the verb, the adverb cannot separate the pronoun from the verb: **ayer** la vi or la vi **ayer,** I saw her yesterday. The adverb usually never separates an auxiliary verb from the principal verb: ha vencido **fácilmente** a su adversario, he has easily defeated his opponent.

Note: When a word is qualified by two or more adverbs that end in **-mente,** only the last adverb has the ending **-mente,** the others retain the adjective form: ella habló **clara, concisa** y **elegantemente;** she spoke clearly, concisely, and elegantly.

Comparative and superlative degrees

Adverbs can also be expressed in comparative and superlative degrees: **más claramente,** more clearly; **clarísimamente,** very clearly or most clearly.

SYNTAX / SINTAXIS

Sentence construction in Spanish is very free. As a general rule its elements, with the exception of object pronouns may be placed in any order.

Examples:

Pedro llegará a las tres.
Pedro a las tres llegará.
Llegará a las tres Pedro.
A las tres llegará Pedro.
A las tres Pedro llegará.

Traigo un regalo para ti.
Traigo para ti un regalo.
Un regalo traigo para ti.
Un regalo para ti traigo.
Para ti traigo un regalo.
Para ti un regalo traigo.

The use of any one of these constructions is a matter of style or of psychological or emotional intent. Nevertheless, the placement of the verb at the end of the sentence is considered affected, even though it is grammatically correct. It is rarely used in writing and not used at all in conversation.

Special cases

There are some cases in which the subject must be placed after the verb. The more important ones are:

- In some interrogative sentences.
- In exclamatory sentences beginning with **qué, cuál, cuán, cuánto:** ¡Qué alegría tendrá **Juan!** ¡Cuál sería **su sorpresa!**
- After **cualquiera que** and **quienquiera que,** used with the verb **ser,** and after **por...que** and **por muy...que,** when the intervening word is an attribute: Cualquiera que fuese **su estado.** Por muy hábil que sea **tu hermano.**
- In parenthetic sentences using the verbs **decir, preguntar, responder, exclamar,** etc.: Nadie — dijo **Juan** — lo creería.
- In sentences expressing a wish or desire, a condition, or a supposition: ¡Viva **la Reina!** Si se presenta **la ocasión.** Si lo quiere **usted** así.
- In sentences beginning with the adverbs or phrases **cuando, apenas, en cuanto,** etc.: Cuando llegue **tu padre.** Apenas lo oyó **Juan.** En cuanto estemos **todos** reunidos.
- In imperative sentences having **usted** as a subject or having a subject that is to be emphasized: Oiga **usted.** Ven **tú** si no viene él.

COMMON SPANISH SUFFIXES

-able, -ible	are equivalent to the English suffixes **-able, -ible.**
-ada	• is often equivalent to *-ful, -load:* **cucharada,** spoonful; **vagonada, carretada,** truckload. • indicates: —a blow with or of, a stroke of: **bofetada,** slap in the face; **puñalada,** stab. —an action peculiar to: **bufonada,** buffoonery. —a group or collection of: **manada,** herd, flock.
-ado, -ada	are often equivalent to *-ed* in words such as: **barbado,** bearded.
-ado, -ato	indicate office, state, term, or place, in nouns such as: **obispado,** bishopric; **decanato,** deanship; **reinado,** reign; **noviciado,** novitiate.
-ado, -ido	are the endings of the past participle. They take feminine and plural endings when the participle is used as an adjective.
-acho, -acha, -azo, -aza, -ón, -ona, -ote, -ota	are augmentative endings.
-aco, -aca, -acho, -acha, -ejo, -eja, -ucho, -ucha	are depreciative endings.
-azo	indicates a blow, shot, or explosion: **bastonazo,** blow with a cane; **pistoletazo,** pistol shot.
-dad, -idad, -ez, -eza	are usually equivalent to *-ity, -hood,* and *-ness:* **castidad,** chastity; **cortedad,** shortness; **niñez,** childhood; **pureza,** purity.
-al, -ar, -edo, -eda	denote field, orchard, grove, etc.: **arrozal,** rice field; **manzanar,** apple orchard; **rosaleda,** rose garden.
-dura	forms derivatives of verbs, often meaning action or the effect of action: **barredura,** sweeping; **barreduras,** sweepings.
-ería	• is equivalent to *-ness* in words such as: **tontería,** foolishness, a foolish act. • usually denotes: —profession, trade, occupation; place where something is made, sold, etc.: **herrería,** ironworks; **carpintería,** carpentry; **ingeniería,** engineering. —collection or ware: **ollería,** earthenware; **cristalería,** glassware.
-ero, -era	• often denote: —one having some trade, habit, or occupation: **zapatero,** shoemaker; **embustero,** liar; **tendero,** shopkeeper; **cajero,** cashier. —a tree or plant: **melocotonero,** peach tree. —a place: **achicharradero,** inferno, hot place. • form adjectives with various attributes: **dominguero,** Sunday (an attribute); **guerrero,** warlike.

-ía	• is equivalent to *-y* in words such as: **geometría**, geometry; **teología**, theology. • denotes office, employment, status, etc., in words such as: **soberanía**, sovereignty; **ciudadanía**, citizenry, citizenship.
-ico, -ica, -illo, -illa, -ito, -ita, -uelo, -uela,* -ete, -eta, -uco, -uca, -ucho, -ucha	are diminutive endings.
-ísimo	is the ending of the absolute superlative: **fortísimo**, very strong, strongest.
-izo, -ucho, -izco, -uzco	mean *tending to, somewhat:* **rojizo**, reddish; **malucho**, bad in health; **blanquizco**, whitish; **negruzco**, blackish.
-mente	is the adverbial ending equivalent to the English suffix *-ly:* **sabiamente**, wisely; **rápidamente**, swiftly.
-miento, -ción	have the meaning of *-ment, -tion,* or *-ing* in words denoting action or effect: **presentimiento**, presentiment; **coronamiento**, **coronación**, coronation, crowning.
-or, -ora, -dor, -dora	mean *that does* or *serves to do,* and are equivalent to *-ing* (in adjectives) and *-er* or *-or* (in nouns): **casa editora**, publisher, publishing house; **lector**, **lectora**, reader; **investigador**, investigator.
-ura	forms abstract nouns derived from adjectives: **altura**, height; **blancura**, whiteness.

*Includes the variants **-cico**, **-ecico**, **-cillo**, **-ecillo**, **-zuelo**, **-ezuelo**, etc.

A

a *prep.* to [governing the indirect object]. *2* at, by, in, on, to, after, like, etc. *3* Generally it is not translated when used with the direct object of a verb: ***César venció ~ Pompeyo,*** Cesar defeated Pompey. *4* It coalesces with *el* forming *al*: ***al contrario***, on the contrary.
abacería *f.* grocery.
abad *m.* abbot.
abadejo *m.* codfish.
abadesa *f.* abbess.
abadía *f.* abbey. *2* abbacy.
abajo *adv.* down. *2* below, under. *3* downstairs. *4 interj.* down with!
abalanzarse *ref.* to pounce, throw oneself, rush impetuously.
abalorio *m.* glass bead(s.
abanderado *m.* standard-bearer.
abandonado, da *a.* abandoned, forsaken, *2* forlorn. *3* negligent, slovenly.
abandonar *t.* to abandon, leave, forsake. *2* to give up. *3 i.* CHESS. to resing. *4 ref.* to neglect oneself, one's duties.
abanicar *t.* to fan. *2 ref.* to fan oneself.
abanico *m.* fan. *2* NAUT. derrick.
abaratar *t.* *-ref.* to cheapen.
abarca *f.* brogue, sandal.
abarcar *t.* to clasp, grasp, embrace, comprise, include. *2* (Am.) to monopolize.
abarquillar *t.-ref.* to warp, curl up.
abarrotar *t.* to cram, pack, stow; to overstock.
abastecer *t.* to provision, purvey, supply. ¶ CONJUG. like ***agradecer***.
abastecimiento *m.* supply, provision, purveyance.
abasto *m.* purveyance, supply. *2* abundance. *3* ***dar ~ a,*** to be sufficient for.
abatanar *t.* WEAV. to full [cloth].
abate *m.* abbé.
abatimiento *m.* dejection, low spirits. *2* abjectedness. *3* humiliation. *4* lowness.
abatir *t.* to bring down. throw down, overthrow. *2* NAUT. to lower a sail. *3* to depress, dishearten. *4* to humble. *5 i.* NAUT., AER. to drift. *6 ref.* to humble oneself. *7* to be disheartened.
abdicación *f.* abdication.
abdicar *t.* to abdicate, renounce.
abdomen *m.* abdomen, belly.
abecé *m.* A, B, C. *2* primer.
abecedario *m.* alphabet. *2* primer.
abedul *m.* BOT. birch tree.
abeja *f.* ENT. bee, honeybee: ~ ***reina***, queen-bee.
abejar *m.* apiary, bee-hive.
abejorro *m.* ENT. bumble-bee.
aberración *f.* aberration.
abertura *f.* opening, aperture, hole, slit. gap. *2* cove, inlet, small bay. *3* frankness.
abeto *m.* BOT. fir, silver fir; spruce.
abiertamente *adv.* openly, declaredly, frankly.
abierto, ta *p. p.* of ABRIR; opened. *2* open. *3* sincere, frank.
abigarrado, da *a.* variegated; motley.
abisinio, -nia *a.-n.* Abyssinian.
ab intestato *adv.* intestate.
abismar *t.* to plunge into an abyss. *2* to depress. *3 ref.* to plunge, be plunged [into]; to be immersed [in thought, etc.].
abismo *m.* abysm, abyss, gulf.
abjuración *f.* abjuration; recantation.
abjurar *t.* to abjure, forswear.
ablandar *t.* to soften. *2* to mollify. *3* to appease [temper, anger]; to melt. *4 ref.* to soften, become soft.
ablativo *m.* GRAM. ablative.
ablución *f.* ablution.
abnegación *f.* abnegation, self-denial.
abnegado, da *a.* self-denying, devoted.
abocar *t.* to catch with the mouth. *2* to decant. *3* to bring near. *4* NAUT. to enter the mouth of.
abocetar *t.* to sketch.
abochornado, da *a.* ashamed.

abochornar *t.* to shame, put to the blush. *2 ref.* to blush, be ashamed. *3* AGR. to wilt from excessive heat.
abofetear *t.* to buffet, cuff, slap.
abogacía *f.* law, legal profession.
abogado *m.* advocate, lawyer, barrister. *2* advocate, intercessor.
abogar *i.* to plead [in favour of]; to intercede for.
abolengo *m.* ancestry, descent. *2* inheritance.
abolición *f.* abolition, abrogation.
abolir *t.* to abolish, abrogate. ¶ Only used in the forms having *i* in their terminations.
abolladura *f.* dent, bruise, bump.
abollar *t.* to dent, bruise, bump.
abombar *t.* to curve, make convex. *2* coll. to deafen, stun.
abominable *a.* abominable. *2* very bad. *3* **-mente** *adv.* abominably.
abominar *t.* to abominate. *2* to detest, abhor.
abonable *a.* payable. *2* COM. creditable.
abonado, da *m. f.* subscriber; commuter, season-ticket holder. *2 a.* apt, capable.
abonar *t.* to approve. *2* to guarantee, answer for. *3* to improve. *4* to fertilize, manure. *5* COM. to credit; to discount; to pay. *6 t.-ref.* to subscribe [for], buy a season-ticket.
abono *m.* approbation. *2* guarantee. *3* payment. *4* COM. credit. *5* fertilizer. *6* subscription; season-ticket.
abordaje *m.* NAUT. collision. *2* the act of boarding a ship.
abordar *t.* NAUT. to board, come up against [a ship]. *2* to run foul of [a ship]. *3* to approach [a person, a matter, etc.].
aborígenes *m. pl.* aborigines.
aborrecer *t.* to abhor, hate. ¶ CONJUG. like ***agradecer.***
aborrecimiento *m.* abhorrence, hate, dislike.
abortar *i.* to abort, miscarry.
aborto *m.* abortion, miscarriage. *2* monster.
aborujar *t.* to make lumpy. *2 ref.* to become lumpy.
abotagado, da *a.* bloated, swollen.
abotonar *t.* to button, button up. *2 i.* to bud.
abovedar *t.* ARCH. to vault, cove.
abozalar *t.* to muzzle.
abrasador, ra *a.* burning, scorching, very hot.
abrasar *t.* to burn, sear, scorch, parch. *2 ref.* to swelter, feel very hot. *3* ***abrasarse de,*** o ***en,*** to burn with [thirst, love, etc.].
abrazadera *f.* clasp, clamp, brace.
abrazar *t.* to embrace, hug, clasp. *2* to include, comprise. *3* to adopt, follow [an opinion, etc.]. *4 ref.* to embrace, hug each other; to cling [to].
abrazo *m.* hug, embrace, clasp.
abrelatas *m.* can or tin opener.
abrevadero *m.* drinking trough. *2* watering place for cattle.
abrevar *t.* to water [cattle]. *2 ref.* to drink.
abreviación *f.* abbreviation. *2* abridgement. *3* shortening.
abreviar *t.* to abridge, abbreviate, shorten. *2* to hasten, speed up.
abreviatura *f.* abbreviation.
abrigar *t.* to cover, wrap, keep warm. *2* to shelter, protect. *3* to entertain, harbour [fears, hopes, etc.]. *4 ref.* to wrap oneself up. *5* to take shelter.
abrigo *m.* protection against the cold, keeping warm: ***ropa de ~***, warm clothing. *2* shelter. *3* protection. *4* overcoat, wrap. *5* NAUT. haven.
abril *m.* April.
abrir *t.* to open. *2* to unfasten, uncover, unlock, unseal. *3* to cut or tear open; to split. *4* to bore [a hole], dig [a trench]. *5* to head, lead [a procession, etc.]. *6* to whet [the appetite]. *7* ~ ***paso,*** to make way. *8 t.-ref.* to spread out, unfold. *9 ref.* to open [be opened]. *10* to split, burst open. *11* [of flowers] to blossom. *12* to open up [to], confide [in]. ¶ Past. p.: ***abierto.***
abrochador *m.* button-hook.
abrochar *t.-ref.* to button, clasp, buckle; to fasten with hooks and eyes.
abrogar *t.* to abrogate, repeal.
abrojo *m.* BOT., MIL. caltrop. *2 pl.* difficulties.
abrumador, ra *a.* overwhelming, crushing. *2* oppressive, fatiguing.
abrumar *t.* to overwhelm, crush. *2* to oppress, weary, fatigue.
abrupto, ta *a.* abrupt, steep, craggy.
absceso *m.* abscess.
absentismo *m.* absenteeism.
ábside *m.-f.* ARCH. apse.
absolución *f.* absolution: *2* LAW acquittal.
absolutamente *adv.* absolutely.
absoluto, ta *a.* absolute. *2* ***en ~,*** absolutely, by no means, at all.
absolver *t.* to absolve. *2* to acquit. ¶ CONJUG. like ***mover.***
absorbente *a.-m.* absorbent. *2 a.* absorbing, engrossing.

absorber *t.* to absorb. *2* to engross.
absorción *f.* absorption.
absorto, ta *a.* amazed, ecstatic. *2* absorbed in thought.
abstemio, mia *a.* abstemious.
abstención *f.* abstention, refraining.
abstenerse *ref.* to abstain, refrain, forbear.
abstinencia *f.* abstinence.
abstracción *f.* abstraction.
abstracto, ta *a.* abstract: ***en ~,*** in the abstract.
abstraer *t.* to abstract. *2 ref.* to be abstracted, lost in thought. *3* ***abstraerse de***, to become oblivious of.
absuelto, ta V. ABSOLVER.
absurdamente *adv.* absurdly.
absurdo, da *a.* absurd, nonsensical. *2 m.* absurdity, nonsense.
abuchear *t.* to boo, hoot.
abucheo *m.* booing, hooting.
abuela *f.* grandmother. *2* old woman.
abuelo *m.* grandfather. *2* ancestor. *3* old man. *4 pl.* grandparents.
abúlico, ca *a.* abulic.
abultado, da *a.* bulky, large, big.
abultamiento *m.* swelling, protuberance. *2* enlarging, exaggeration.
abultar *t.* to enlarge, increase. *2* to exaggerate. *3 i.* to bulge, be bulky.
abundancia *f.* abundance, plenty.
abundante *a.* abundant, copious. *2* **-mente** *adv.* abundantly.
abundar *i.* to abound [be plentiful]. *2* to teem, be rich [in].
aburrido, da *a.* bored, weary. *2* boring, tedious, irksome.
aburrimiento *m.* boredom, weariness, ennui.
aburrir *t.* to annoy, bore, tire, weary. *2 ref.* to get bored.
abusar *i.* to go too far, abuse. *2* ***~ de***, to abuse [misuse, make bad use of]; to take undue advantage of; to impose upon.
abusivo, va *a.* abusive [implying misuse], dishonest.
abuso *m.* abuse [misuse, bad use]. ***2 ~ de confianza***, breach of faith or trust.
abyecto, ta *a.* abject, base.
acá *adv.* here, over here, hither, this way, this side: ***~ y acullá,*** here and there.
acabadamente *adv.* completely, perfectly.
acabado, da *a.* finished. *2* perfect, consummate; arrant. *3* spent, worn out. ***4 ~ de hacer***, freshly done. *5 m.* finish, last touch.
acabar *t.-i.* to finish, end: ***~ con***, to obtain; to destroy, put an end to; ***~ en***, to end in; ***~ por***, to end by. *2 t.* to consume, exhaust. *3* to finish, kill. *4 i.* to die. *5 ref.* to end, be over, run out. ***6 acaba de llegar***, he has just arrived. *7* ***¡acabáramos!***, at last!
academia *f.* academy. *2* special school.
académico, ca *a.* academic(al. *2 m.* academic. *3* academician.
acaecer *impers.* to happen, come to pass. ¶ CONJUG. like ***agradecer.***
acaloradamente *adv.* warmly, excitedly.
acaloramiento *m.* heat, ardour, excitement.
acalorar *t.* to warm, heat [with work or exercise]. *2* to excite, inflame. *3 ref.* to get overheated or excited.
acallar *t.* to silence, hush, still, quiet.
acampanado, da *a.* bell-shaped, flaring.
acampar *i.-t.* to camp, encamp.
acanalado, da *a.* blowing through narrow place [wind]. *2* channeled, grooved, fluted.
acanalar *t.* to groove. *2* to corrugate.
acantilado, da *a.* sheer, cliffy. *2 m.* cliff, bluff.
acantonar *t.* to billet, quarter [troops].
acaparamiento *m.* monopolizing, cornering.
acaparar *t.* to monopolize. *2* COM. to corner, buy up.
acaracolado, da *a.* spiral-shaped winding.
acaramelado, da *a* spoony, oversweet.
acariciar *t.* to caress, fondle. *2* to cherish [hopes, etc.].
acarrear *t.* to carry, cart, transport. *2* to cause, occasion. *3 ref.* to bring upon oneself.
acarreo *m.* carriage, transport.
acartonado, da *a.* cardboard-like. *2* wizened.
acaso *m.* chance, hazard. *2 adv.* by chance; perhaps: ***por si ~***, just in case.
acatamiento *m.* obedience and respect.
acatar *t.* to obey and respect.
acatarrarse *ref.* to catch a cold.
acaudalado, da *a.* rich, wealthy.
acaudalar *t.* to accumulate, acquire [money, knowledge, etc.].
acaudillar *t.* to lead, command [troops, men].
acceder *i.* to accede, agree, consent.
accesible *a.* accessible, attainable.
acceso *m.* access [approach; entry]. *2* access, attack, fit, outburst.
accesoria *f.* outbuilding.
accesorio, a *a.* accessory, secondary. *2 m.* accessory, fixture.
accidentado, da *a.* stormy, agitated. *2* broken, uneven, rough.

accidental *a.* accidental. *2* **-mente** *adv.* accidentally.
accidente *m.* accident. *2* MED. sudden fit.
acción *f.* action, act: ~ ***de gracias***, thanksgiving; ***en*** ~, in action, at work. *2* attitude. *3* COM. share, *stock. *4* THEAT. plot. *5* MIL. action. *6* lawsuit.
accionar *t.* to gesticulate. *2* MECH. to move, drive, work.
accionista *m.-f.* shareholder, stockholder.
acebo *m.* BOT. holly-tree.
acebuche *m.* BOT. wild olive-tree.
acecinar *t.* to salt and dry [meat].
acechar *t.* to lurk, watch stealthily. *2* to lie in wait, look out for.
acecho *m.* lurking, spying: ***al*** ~, in wait, on the watch.
aceitar *t.* to oil, lubricate.
aceite *m.* olive oil. *2* oil: ~ ***de linaza***, linseed oil.
aceitera *f.* oil can. *2* MEC. oil cup. *3* *pl.* cruets.
aceitoso, sa *a.* oily; greasy.
aceituna *f.* olive [fruit].
aceitunado, da *a.* olive-green.
acelerar *t.* to accelerate, hasten, quicken, hurry.
acémila *f.* beast of burden.
acendrado, da *a.* pure, stainless.
acendrar *t.* to purify. *2* to fine, refine [metal].
acento *m.* accent. *2* stress.
acentuar *t.* to accent, stress. *2* to emphasize.
acepción *f.* acceptation, meaning.
acepillar *t.* to brush [clothes, etc.]. *2* to plane, smooth [wood, metals].
aceptación *f.* acceptance. *2* approbation.
aceptar *t.* to accept, receive. *2* to approve of.
acequia *f.* irrigation ditch or canal.
acera *f.* pavement, *sidewalk.
acerado, da *a.* steel, steely. *2* sharp, incisive, mordant.
acerbo, ba *a.* harsh to the taste. *2* harsh, bitter, cruel.
acerca de *adv.* about, concerning, with regard to.
acercamiento *m.* approach, approximation. *2* rapprochement.
acercar *t.* to bring or place near or nearer. *2* *ref.* to approach, come near or nearer.
acería *f.* steel works.
acero *m.* steel. *2* sword; weapon.
acérrimo, ma *a.* very acrid. *2* strong, staunch, out and out.
acertadamente *adv.* rightly, fitly.
acertado, da *a.* right, fit, proper, opportune, apposite; successful.
acertar *t.* to hit [the mark]. *2* to hit upon, find. *3* to guess right; to divine. *4* to do well, right; to succeed [in]. *5* *i.* to happen, chance: ***yo acertaba a estar allí***, I chanced to be there. ¶ CONJUG. INDIC. Pres.: ***acierto, aciertas acierta; aciertan.*** | SUBJ. Pres.: ***acierte, aciertes, acierte; acierten.*** | IMPER: ***acierta, acierte; acierten.***
acertijo *m.* riddle; conundrum.
acervo *m.* heap. *2* common property.
aciago, ga *a.* ill-fated, unlucky, sad, ominous.
acíbar *m.* BOT. aloe. *2* aloes. *3* bitterness.
acibarar *t.* to embitter.
acicalar *t.* to burnish. *2* to dress, embellish, trim. *3* *ref.* to dress up.
acicate *m.* one-pointed spur. *2* spur, incitement.
acidez *f.* acidity, sourness.
ácido, da *a.* acid, sour, tart. *2* *a.-m.* CHEM. acid.
acierto *m.* good aim, hit. *2* good guess. *3* wisdom, prudence. *4* ability, address. *5* success.
aclamación *f.* acclamation. *2* acclaim.
aclamar *t.* to acclaim, cheer, hail, applaud.
aclaración *f.* explanation, elucidation. *2* rinsing.
aclarar *t.* to clear, clarify. *2* to thin, thin out. *3* to rinse. *4* to explain, elucidate *5* *i.* [of weather] to clear up. *6* to dawn. *7* *ref.* to become clear, brighten up.
aclimatación *f.* acclimatization, acclimation.
aclimatar *t.-ref.* to acclimatize.
acobardar *t.* to cow, daunt, dishearten. *2* *ref.* to lose courage.
acodar *t.-ref.* to lean or rest the elbow. *2* *t.* HORT. to layer.
acogedor, ra *a.* welcoming, inviting, hospitable.
acoger *t.* to receive, admit, take into one's house or company. *2* to shelter, protect. *3* to receive, accept [ideas, etc.]. *4* *ref.* to take refuge [in]; to resort [to].
acogida *f.* reception; hospitality; acceptance; welcome. *2* shelter.
acolchar *t.* to quilt. *2* to upholster.
acólito *m.* acolyte. *2* satellite.
acometer *t.* to attack, assail, charge. *2* to undertake.
acometida *f.* attack, assault.
acometividad *f.* aggressiveness.
acomodación *f.* accommodation, adaptation.
acomodado, da *a.* convenient, fit, apt. *2* well-to-do.

acomodador, ra *m.* THEAT. usher. *2 f.* usherette.
acomodar *t.* to accommodate. *2* to take in, lodge. *3* to place, settle, usher. *4* to suit, fit. *5 ref.* to come to an arrangement. *6* to install oneself. *7* to adapt oneself.
acomodo *m.* employment, situation. *2* lodgings.
acompañamiento *m.* accompaniment. *2* attendance, retinue.
acompañar *t.* to keep [someone] company. *6* to accompany, go with, attend, escort. *3* to enclose. *4* MUS. to accompany.
acompasadamente *adv.* rhythmically.
acompasado, da *a.* rhythmic, measured.
acondicionar *t.* to fit, condition, arrange: ***con aire acondicionado***, air-conditioned.
acongojadamente *adv.* with sorrow.
acongojar *t.* to distress, grieve. *2 ref.* to feel anguish; to grieve.
aconsejar *t.* to advise, counsel. *2 ref.* to take advice, consult.
acontecer *impers.* to happen, occur, befall. ¶ CONJUG. like ***agradecer***.
acontecimiento *m.* event, happening, occurrence.
acopio *m.* gathering, storing. *2* store, stock, supply.
acoplar *t.* to couple; to join, connect, yoke. *2* to fit together. *3 t.-ref.* to pair, mate.
acorazado, da *a.* ironclad, armoured. *2 m.* battleship.
acordar *t.* to decide, agree upon. *2* to reconcile. *3* MUS. to attune. *4 i.* to agree, correspond. *5 ref.* to come to an agreement. *6* ***acordarse de***, to remember, recall, recollect. ¶ CONJUG. like ***contar***.
acorde *a.* agreeing. *2* in harmony. *3 m.* MUS. chord.
acordeón *m.* accordion.
acordonar *t.* to lace, tie. *2* to surround, draw a cordon around.
acorralar *t.* to corral, pen [cattle]. *2* to drive at bay, corner.
acorrer *t.* to help, succour.
acortar *t.* to shorten, abridge.
acosar *t.* to pursue closely. *2* to persecute, harass, worry.
acostar *t.* to put to bed; to lay down. *2 ref.* to go to bed. ¶ CONJUG. like ***contar***.
acostumbrado, da *a.* accustomed, used. *2* usual, customary.
acostumbrar *tr.* to accustom. *2 i.* to be accustomed, be used [to]. *3 ref.* to get used [to].
acotación *f.* annotation, marginal note.
acotamiento *m.* boundary mark, landmark. *2* enclosure.
acotar *t.* to preserve, enclose [ground]. *2* to delimitate, restrict.
acre *a.* acrid, tart, pungent. *2* acrimonious. *3 m.* acre.
acrecentar *t.* to increase. *2* to improve, enrich.
acrecer *t.* to increase. ¶ CONJUG. like ***agradecer***.
acreditado, da *a.* reputable, well-known.
acreditar *t.* to accredit, authorize. *2* to prove to be. *3* to bring fame or credit to. *4* ACC. to credit. *5 ref.* to win credit.
acreedor, ra *a.* deserving, worthy. *2* ACC. favourable [balance]. *3 m.* COM. creditor.
acribillar *t.* to riddle, stab repeatedly. *2* to harass, plague.
acrimonia *f.* acridity. *2* acrimony.
acrisolado, da *a.* proven. unblemished.
acritud *f.* ACRIMONIA.
acrobacia *f.* acrobatics.
acróbata *m.-f.* acrobat.
acta *f.* record [of proceedings]. *2* certificate of election. *3* statement of facts: ~ ***notarial***, affidavit.
actitud *f.* attitude.
activamente *adv.* actively.
activar *t.* to hasten, expedite.
actividad *f.* activity. *2* briskness.
activo, va *a.* active. *2 m.* COM. assets. *3* ***en*** ~, in active service.
acto *m.* act, action, deed: ***en el*** ~, at once; ~ ***seguido***, immediately afterwards. *2* ceremony, meeting, public function. *3* act [of a play].
actor *m.* THEAT. actor.
actor, ra *m.-f.* LAW actor, plaintiff.
actriz *f.* actress.
actuación *f.* action [of any agent], performance. *2 pl.* law proceedings.
actual *a.* present, current, of the day.
actualidad *f.* present time: ***en la*** ~, at present; ***ser de*** ~, to be the topic of the day. *2* current events. *3 pl.* CINEM. news-reel.
actualizar *t.* to bring up-to-date.
actualmente *adv.* at present.
actuar *t.* to put into action. *2 i.* to act, perform, take action: ~ ***de***, to act as.
actuario *m.* clerk [in court]. *2* actuary.
acuarela *f.* PAINT. water-colour, aquarelle.
acuario *m.* aquarium.
acuático, ca *a.* aquatic, water.
acuciante *a.* pressing, urging.
acuclillarse *ref.* to squat, crouch.

acuchillar *t.* to knife, stab, put to the sword. *2* to slash [a garment].
acudir *i.* to go or come [to]. *2* to frequent. *3* to come or go to the aid, or rescue [of]. *4* to have recourse to.
acueducto *m.* aqueduct.
acuerdo *m.* accord. agreement, understanding: ***estar de ~,*** to agree; ***de común ~,*** by mutual agreement. *2* resolution [of a meeting]. *3* resolve.
acullá *adv.* yonder, over there.
acumulación *f.* accumulation, gathering.
acumulador, ra *a.* accumulating. *2 m.-f.* accumulator.
acumular *t.* to accumulate.
acunar *t.* to rock, cradle.
acuñar *t.* to coin, mint. *2* to wedge, key.
acuoso, a *a.* watery, aqueous.
acurrucarse *ref.* to huddle up, cuddle, nestle.
acusación *f.* accusation, charge, impeachment.
acusado, da *a. m.-f.* accused, defendant.
acusar *t.* to accuse, charge [with]. *2* to denounce. *3* to acknowledge [receipt].
acusativo *m.* GRAM. accusative.
acústico, ca *a.* acoustic. *2 f.* acoustics.
achacar *t.* to impute, ascribe.
achacoso, sa *a.* sickly, ailing, unhealthy, infirm.
achaque *m.* ailment, indisposition. *2* weakness, habitual failing. *3* matter, subject. *4* excuse, pretext.
achicar *t.* to diminish, belittle. *2* to bail, scoop [water]. *3 ref.* to diminish. *4* to humble oneself; to be daunted.
achicoria *f.* BOT. chicory.
achicharrar *t.* COOK. to burn. *2 ref.* to swelter.
achispado, da *a.* tipsy.
achuchar *t.* to crush. *2* to push [a person] violently.
adagio *m.* adage, proverb, saying. *2 adv.-m.* MUS. adagio.
adalid *m.* leader, chief.
adamascado, da *a.* WEAV. damasked.
adaptación *f.* adaptation, fitting, accommodation.
adaptar *t.-ref.* to adapt, fit, suit, accommodate.
adarga *f.* shield.
adecentar *t.* to tidy. *2* to make decent.
adecuadamente *adv.* adecuately, fitly.
adecuado, da *a.* adequate, fit, suitable.
adefesio *m.* nonsense, absurdity. *2* fig. scarecrow, fright.
adelantado, da *a.* anticipated: ***por ~,*** in advance. *2* advanced. *3* precocious. *4* fast [clock].
adelantamiento *m.* advance. *2* advancement. *3* progress, improvement.
adelantar *t.* to advance. *2 t.-ref.* to be in advance of; to get ahead of. *3 i.* [of a clock] to be fast. *4* to improve.
adelante *adv.* forward, ahead, onward: ***en ~,*** henceforth: ***más ~,*** later on. *3 interj.* forward!, come in!
adelanto *m.* progress, improvement. *2* advance payment.
adelgazar *t.* to attenuate, make thin or slender. *2 i.-ref.* to become thin or slender.
ademán *m.* gesture; attitude. *2 pl.* manners.
además *adv.* moreover, besides. *2* ***~ de,*** besides.
adentrarse *ref.* to penetrate, go into.
adentro *adv.* within, inside, indoors. *2 m. pl.* inward mind: ***para sus adentros,*** in his heart.
adepto *m.* adept, initiated. *2* partisan, follower.
aderezar *t.* to adorn, dress. *2* to cook. *3* to season. *4* to arrange, prepare. *5* to repair. *6* to dress [salad]. *7* to direct.
aderezo *m.* adornment, dressing. *2* cooking, seasoning. *3* preparation. *4* set of jewelry.
adeudar *t.* to owe. *2* ACC. to debit, charge.
adherente *a.* adherent, adhesive.
adherido, da *m.-f.* adherent, follower.
adherir *i.-ref.* to adhere, stick [to].
adhesión *f.* adhesion, adherence, support.
adición *f.* addition, addendum.
adicionar *t.* to add, join; to make additions to.
adicto, ta *a.* attached, devoted. *2 m.* supporter, follower.
adiestrar *t.* to train, drill, school, teach, guide. *2 ref.* to train oneself, practise.
adinerado, da *a.* rich, wealthy.
adiós *interj.* good-bye!, farewell!, adieu!
aditamento *m.* addition, addendum.
adivinación *f.* divination.
adivinanza *f.* ADIVINACIÓN. *2* ACERTIJO.
adivinar *t.* to divine, guess, foresee. *2* to solve [a riddle].
adivino, na *m.-f.* diviner, soothsayer.
adjetivo, va *a.-n.* adjective. *2 a.* adjectival.
adjudicación *f.* awarding, adjudgment.
adjudicar *t.* to adjudge, award. assign. *2 ref.* to appropriate.
adjunto, ta *a.* adjunct, joined. *2* enclosed [in a letter]. *3 m.-f.* adjunct, associate.
administración *f.* administration, administering, management. *2* ***~ de Correos.*** Post Office.
administrador, ra *m.-f.* administrator,

manager, steward, trustee. *2 ~ **de Correos***, postmaster.
administrar *t.* to administer, manage.
administrativo, va administrative.
admirable *a.* admirable. *2* wonderful. *3* **-mente** *adv.* admirably, wonderfully.
admiración *f.* admiration. *2* wonder, astonishment. *3* exclamation mark (!).
admirar *t.* to astonish, surprise. *2* to admire. *3 ref.* to wonder, be astonished, surprised.
admisión *f.* admission.
admitir *t.* to admit [in every sense except «to acknowledge»]. *2* to accept. *3* to allow, suffer.
adocenado, da *a.* commonplace, ordinary.
adoctrinar *t.* to indoctrinate, teach, instruct.
adolecer *i.* to be ill. *2 ~ **de,*** to have [a specified defect, vice, etc.]. ¶ CONJUG. like ***agradecer.***
adolescente *a.-n.* adolescent.
adonde *adv.* where. *2 interr.* where?, whither?
adopción *f.* adoption.
adoptar *t.* to adopt. *2* to take [an attitude, a decision].
adoptivo, va *a.* adoptive.
adoquín *m.* paving block.
adoración *f.* adoration, worship.
adorar *t.* to adore; to worship.
adormecer *t.* to lull to sleep. *2* to lull, allay. *3 ref.* to fall asleep. *4* to grow benumbed. ¶ CONJUG. like ***agradecer.***
adormidera *f.* BOT. opium poppy.
adormilarse *ref.* to drowse.
adornar *t.* to adorn, decorate, embellish, deck, garnish.
adorno *m.* adornment, ornament, decoration, trimming.
adosar *t.* to back or lean [something] against.
adquirir *t.* to acquire. *2* to buy ¶ CONJUG. INDIC. Pres.: ***adquiero, adquieres, adquiere; adquieren.*** ‖ SUBJ. Pres.: ***adquiera, adquieras, adquiera; adquieran.*** ‖ IMPER.: ***adquiere, adquiera, adquieran.***
adquisición *f.* acquisition: acquirement, purchase.
adrede *adv.* purposely, on purpose.
adscribir *t.* to attribute, ascribe. *2* to attach [a person] to a service.
aduana *f.* custom-house.
aduanero, ra *a.* customs. *2 m.* customs officer.
aducir *t.* to adduce, cite, allege. ¶ CONJUG. like ***conducir.***
adueñarse *ref.* ~ ***de,*** to seize, take possession of.
adulación *f.* adulation, flattery.
adular *t.* to adulate, flatter, fawn upon.
adulterar *t.* to adulterate, corrupt, sophisticate. *2 i* to commit adultery.
adúltero, ra *a.* adulterous. *2 m.* adulterer. *3 f.* adulteress.
adulto, ta *a.-n.* adult, grown-up.
adusto, ta *a.* burnt, hot. *2* gloomy, sullen, stern.
advenedizo, za *a.* foreign. *2 m.-f.* foreigner, stranger, newcomer. *3* upstart, parvenu.
advenimiento *m.* advent, arrival, comming. *2* accession [to the throne].
adventicio, cia *a.* adventitious.
adverbio *m.* GRAM. adverb.
adversario, ria *m.-f.* adversary, opponent; foe.
adversidad *f.* adversity.
adverso, sa *a.* adverse.
advertencia *f.* admonition, warning, advice. *2* foreword. *3* notice. *4* awareness.
advertido, da *a.* capable, knowing, clever.
advertir *t.* to notice, realize. *2* to advise, instruct, point out; to warn. *3* to admonish. ¶ CONJUG. like ***discernir.***
adviento *m.* ECCL. advent.
adyacente *a.* adjacent, adjoining.
aéreo, a *a.* aerial. *2* aeronautical. *3* airy. *4 **correo** ~,* air-mail.
aerodinámico, ca *a.* streamline.
aeronáutica *f.* aeronautics.
aeronave *f.* airship.
aeroplano *m.* aeroplane, airplane.
aeropuerto *m.* airport.
afabilidad *f.* affability, kindliness.
afable *a.* affable, kind.
afamado, da *a.* famous, renowned.
afán *m.* toil, labour. *2* anxiety, eagerness, ardour; desire.
afanar *ref.* to toil, labour, strive.
afanoso, sa *a.* toilsome. *2* eager, anxious, desirous.
afear *t.* to disfigure, deface, make ugly. *2* to blame, reproach.
afección *f.* affection, fondness. *2* MED. affection.
afectación *f.* affectation, affectedness. *2* affecting.
afectar *t.* to make a show of; to feign. *3* to annex, attach. *3* to affect [move; influence; concern]. *4 ref.* to be affected, moved.
afecto , ta *a.* attached, fond. *2 m.* affection, love, attachment. *3* affect, feeling, passion.

afectuosamente *adv.* affectionately, fondly.
afectuoso, sa *a.* fond, affectionate, loving; kind.
afeitar *t.-ref.* to shave [whit razor]. *2* to make up.
afeite *m.* cosmetics, rouge, make-up, paint.
afelpado, da *a.* plushy, velvety.
afeminado, da *a.* effeminate.
aferrado, da *a.* holding fast (to an opinion or purpose].
aferrar *t.* to grasp, seize, grapple. *2* NAUT. to furl. *3 ref.* ***aferrarse a,*** to hold fast to; to stick to [an opinion].
afianzar *t.* to stand surety for. *2* to make firm or fast; to strengthen. *3 ref.* to become firm or fast, steady oneself, hold fast [to].
afición *f.* fondness, liking. *2* ardour. *3* hobby. *4* coll. ***la ~***, the fans, the public.
aficionado, da *m.-f.* amateur. *2* fan, devotee.
aficionar *t.* to give a liking for. *2 ref.* to grow fond of, take a liking to.
afilado, da *a.* sharp, keen; pointed. *2* taper.
afilar *t.* to sharpen, grind, whet, point; to taper.
afiliado, da *a.-n.* affiliate, member.
afiliar *t.* to affiliate, associate. *2 ref.* ***afiliarse a***, to join, to affiliate with.
afiligranado, da *a.* filigreed, delicate.
afín *a.* kindred, related, allied. *2 m. f.* relative by marriage.
afinación *f.* perfecting touch. *2* MUS. tune; tuning.
afinar *t.* to perfect, polish, refine. *2* MUS. to tune.
afinidad *f.* affinity.
afirmación *f.* affirmation, assertion.
afirmado *m.* road-bed.
afirmar *t.* to make firm, secure, steady. *2* to affirm, say. *3 ref.* to steady oneself. *4* to maintain firmly.
afirmativa *f.* affirmative, affirming.
aflicción *f.* afliction, grief, sorrow, distress.
afligir *t.* to afflict. *2* to distress, grieve. *3 ref.* to grieve, repine, sorrow.
aflojar *t.* to slacken, slack, loosen, relax, ease, let out. *2* coll. to pay up. *3 i.* to slack, slacken, relent, let up, abate. *4 ref.* to become loose.
afluencia *f.* affluence, inflow, crowd. *2* affluence, abundance.
afluente *a.* inflowing. *2* fluent, voluble. *3 m.* affluent.
afluir *i.* ~ ***a***, to flow in, into, to or towards; to congregate in; [of a stream] to discharge into. ¶ CONJUG. like ***huir***.
afonía *f.* loss of voice.
afónico, ca *a.* unable to speak.
aforismo *m.* aphorism.
afortunadamente *adv.* luckily, fortunately.
afortunado, da *a.* lucky, fortunate, happy.
afrenta *f.* affront, outrage, dishonour.
afrentar *t.* to affront, outrage.
África *f. pr. n.* GEOG. África.
africano, na *a.-n.* African.
afrontar *t.* to put face [to]; to bring face to face. *2* to confront, face.
afuera *adv.* out, outside. *2* outward. *3 interj.* out of the way! *4 f. pl.* outskirts, environs.
agachar *t.* to lower, bend down. *2 ref.* to stoop; to duck, crouch, squat.
agalla *f.* BOT. gall. *2* gill [of a fish]. *3 pl.* coll. courage, guts.
ágape *m.* banquet, feast.
agareno, na *a.-n.* Mohammedan.
agarrada *f.* altercation, wrangle.
agarradero *m.* hold, handle, grip. *2* fig. protection, pull.
agarrado, da *a.* niggardly, stingy.
agarrar *t.* to seize, take, catch; to clutch, grab, grasp. *2 ref.* to grapple. *3* ***agarrarse a***, to take hold of.
agarrotar *t.* to pinion; to bind tightly. *2* to oppress.
agasajar *t.* to fête, regale, entertain.
agasajo *m.* affectionate reception. *2* gift, treat, refreshment.
ágata *f.* agate.
agencia *f.* agency.
agenciar *t.* to carry out, negotiate. *2 t.-ref.* to manage to get.
agenda *f.* note-book, memorandum.
agente *m.* agent. *2* ~ ***de cambio y bolsa***, stockbroker; ~ ***de policía***, policeman.
agigantar *t.* to enlarge, aggrandize.
ágil *a.* agile, nimble, quick. *2* **-mente** *adv.* agilely, nimbly.
agilidad *f.* agility, nimbleness.
agiotista *m.* stock-jobber.
agitación *f.* agitation, flurry, flutter, excitement.
agitador, ra *m.-f.* agitator.
agitanado, da *a.* gypsylike.
agitar *t.* to agitate; to flurry, excite. *2* to shake, stir; to wave. *3 ref.* to be agitated, flurry.
aglomeración *f.* agglomeration, crowd.
aglutinar *t.* to agglutinate.
agobiar *t.* to weigh down, overburden; to oppress.
agobio *m.* burden, oppression, fatigue.

agolparse *ref.* to crowd, throng; to rush [to].
agonía *f.* agony, death agony. *2* agony, anguish.
agonizante *a.* dying. *2 m.-f.* dying person.
agonizar *i,* to be dying.
agorero, ra *m.-f.* diviner. *2 a.* prophet of evil.
agostar *t.* to parch, dry up [plants].
agosto *m.* August. *2* harvest time; harvest: ***hacer uno su ~,*** to feather one's nest.
agotamiento *m.* exhaustion.
agotar *t.* to exhaust, drain off, use up, work out, sell out, tire out. *2 ref.* to exhaust oneself; to be exhausted, run out: to be sold out.
agraciado, da *a.* graceful, wellfavoured, genteel.
agraciar *t.* to grace, adorn. *2* to bestow [on], to favour [with].
agradable *a.* agreeable, pleasant, enjoyable. *2* **-mente** *adv.* agreeably, pleasantly.
agradar *t.* to please: to suit: ***esto me agrada.*** I like this.
agradecer *t.* to acknowledge [a favour]; to thank for, be grateful for. ¶ CONJUG. INDIC. Pres.: ***agradezco, agradeces, etc.*** || SUBJ. Pres.: ***agradezca, agradezcas, etc.*** || IMPER.: ***agradezca, agradezcamos, agradezcan.***
agradecido, da *a.* grateful, thankful, obliged.
agradecimiento *m.* gratitude, thankfulness.
agrado *m.* affability, amiableness, graciousness, *2* pleasure, liking.
agrandar *t.* to enlarge, aggrandize, magnify.
agrario, ria *a.* agrarian.
agravar *t.* to aggravate, make heavier or worse. *2* to burden with taxes. *3 ref.* to get worse.
agraviar *t.* to offend, insult. *2* to injure, hurt, wrong. *3 ref.* to take offence.
agravio *m.* grievance, insult. *2* injury, harm, wrong.
agraz *m.* unripe grape: ***en ~,*** prematurely. *2* grape verjuice.
agredir *t.* to assail, assault, attack.
agregado *m.* aggregate. *2* annex. *3* attaché.
agregar *t.* to aggregate, add, join, attach.
agresión *f.* aggression, assault, attack.
agresivamente *adv.* aggressively.
agresivo, va *a.* aggressive.
agresor, ra *m.-f.* aggressor, assaulter.
agreste *a.* rustic, rural, wild.
agriamente *adv.* sourly; harshly.
agriar *t.* to sour [make sour]. *2* to embitter. *3 ref.* to turn sour.
agrícola *a.* agricultural.
agricultor, ra *m.-f.* agriculturist, farmer.
agricultura *f.* agriculture, farming.
agridulce *a.* bittersweet.
agrietar *t.-ref.* to crack, fissure.
agrio, gria *a.* sour, acid, crab. *2* bitter [orange]. *3* rough, uneven. *4* sour, tart, ungracious. *5 m. pl.* citrus fruits.
agro *m.* land, countryside.
agronomía *f.* agronomy.
agrumarse *ref.* to clot, coagulate.
agrupación *f.* grouping. *2* groupment.
agrupar *t.* to group. *2* to cluster.
agua *f.* water: ~ ***dulce,*** fresh water; ~ ***salada,*** salt water; ***claro como el ~,*** obvious, manifest. *2* rain. *3 pl.* tide, tides [in the sea].
aguacero *m.* rainstorm, heavy shower.
aguada *f.* watering place. *2* water-colour.
aguador, ra *m.-f.* water carrier.
aguafiestas *m.-f.* kill-joy, marplot.
aguafuerte *m.* etching; etched plate.
aguamanil *m.* ewer, water jug. *2* washstand.
aguantar *t.* to restrain, hold, hold back. *2* to bear, endure, suffer, sustain, support. *3* to swallow [an affront, etc]. *4 ref.* to restrain oneself.
aguante *m.* patience, endurance. *2* strength, firmness.
aguar *t.* to water, dilute.
aguardar *t.* to wait [for]; to expect, await.
aguardiente *m.* spirit, brandy.
aguarrás *m.* turpentine.
aguazal *m.* fen, swamp.
agudamente *adv.* sharply; wittily.
agudeza *f.* acuteness, sharpness, keenness. *2* perspicacity. *3* wit. *4* witticism, sally.
agudo, da *a.* acute [sharp; keen; high-pitched; shrill; perspicacious]. *2* witty, smart. *3* oxytone [word].
agüero *m.* augury, prediction. *2* omen.
aguerrido, da *a.* inured to war; veteran.
aguijar *t.* to goad, spur; to incite.
aguijón *m.* point of a goad. *2* ZOOL., BOT. sting.
aguijonear *t.* to goad, prick; to incite.
águila *f.* eagle: ***ser un ~,*** fig. to be very clever.
aguileño, ña *a.* aquiline. *2* hawk-nosed.
aguilucho *m.* eaglet.
aguinaldo *m.* Christmas gift.
aguja *f.* needle. *2* bodkin, hatpin. *3* hand [of clock], pointer, index. *4* steeple. *5* switch-rail. *6 pl.* RLY. switch.
agujerear *t.* to pierce, bore, perforate.
agujero *m.* hole.

agujeta *f.* tagged lace. *2* pains from overexercise.
aguzar *t.* to sharpen, point, whet. *2* to prick up [ears].
aherrojar *t.* to chain, put in irons.
ahí *adv.* there, in that place: ***de ~ que***, hence, therefore.
ahijada *f.* goddaughter.
ahijado *m.* godchild, godson.
ahijar *t.* to adopt [a person].
ahínco *m.* eagerness, earnestness, ardour.
ahitar *t.* to satiate, cloy, surfeit. *2 ref.* to get surfeited.
ahíto, ta *a.* satiated, cloyed, surfeited; fed up. *2 m.* surfeit, indigestion.
ahogar *t.* to choke, stifle, smother, suffocate, strangle, quench. *2* to drown. *3 ref.* to be choked, drowned, etc.
ahogo *m.* anguish, oppression, suffocation. *2* pinch, financial difficulties.
ahondar *t.* to deepen [a hole or cavity]. *2 i.-t.* to go deep into, penetrate.
ahora *adv.-conj.* now; at present; ***por ~***, for the present. *2 conj.* whether... or.
ahorcado, da *m.-f.* hanged man.
ahorcar *t.* to hang [kill by hanging]. *2 ref.* to hang oneself.
ahorrador, ra *a.* saving, thrifty.
ahorrar *t.* to save, spare. *2 ref.* to spare oneself [trouble, etc.].
ahorro *m.* saving, economy, thrift, *2 pl.* savings.
ahuecar *t.* to hollow; to puff out. *2* to loosen, soften, fluff. *3* to make [the voice] hollow or pompous. *4* fig. ***~ el ala***, to go away.
ahumado, da *a.* smoked, smoky. *2 f.* smoke signal.
ahumar *t.* to smoke [blacken, cure, etc., with smoke]. *2 i.* to smoke [emit smoke]. *3 ref.* fig. to get drunk.
ahuyentar *t.* to drive or scare away.
airadamente *adv.* angrily.
airado, da *a.* angry, irate, wrathful. *2* loose, depraved [life].
airarse *ref.* to get angry.
aire *m.* air [fluid, atmosphere, wind]: ***al ~ libre***, in the open air, outdoors. *2* appearance, air, airs. *3* ***darse un ~ a***, to resemble. *4* elegance, gracefulness. *5* MUS. air, melody.
airear *t.* to air, ventilate. *2 ref.* to take the air.
airosamente *adv.* gracefully, lively.
airoso, sa *a.* airy, windy [place]. *2* graceful, lively. *3* ***salir ~***, to acquit oneself well; to be successful.
aislador *m.* isolator, insulator.
aislamiento *m.* isolation; insulation. *2* seclusion.
aislar *t.* to isolate, insulate. *2 ref.* to isolate or seclude oneself.
¡ajá! *interj.* aha!, good!
ajar *t.* to rumple, spoil, wither, fade. *2 ref.* to become spoiled; to wither.
ajedrez *m.* chess [game].
ajenjo *m.* wormwood. *2* absinth.
ajeno, na *a.* another's, alien, strange. *2* foreign [to]. *3* ignorant [of].
ajetreo *m.* fatigue; bustle.
ají *m.* red pepper, chili.
ajimez *m.* mullioned window.
ajo *m.* garlic. *2* garlic clove.
ajorca *f.* bracelet, anklet.
ajuar *m.* household furniture. *2* trousseau.
ajustado, da *a.* adjusted. *2* just, right. *3* tight, close-fitting.
ajustar *t.* to adjust, adapt, fit. *2* to fit tight. *3* to make [an agreement]; to arrange. *4* to settle [accounts]. *5* to hire, engage. *6 i.* to fit tight. *7 ref.* to conform [to]. *8* to hire oneself.
ajuste *m.* adjustment. *2* agreement, contract. *3* settlement [of account]. *4* hire, engagement.
ajusticiar *t.* to execute, put to death.
al *contr.* of. A & EL.
ala *f.* wing: ***dar alas***, fig. to embolden. *2* brim [of a hat]. *3* flap [of a table].
alabanza *f.* praise.
alabar *t.* to praise, extol. *2 ref.* to praise oneself. *3* to boast.
alabarda *f.* halberd.
alabastro *m.* alabaster.
alabearse *ref.* to warp, have a camber.
alacena *f.* cupboard, closet.
alacrán *m.* ZOOL. scorpion. *2* shank [of button].
alado, da *a.* winged, swift.
alambicado, da *a.* distilled. *2* subtle, finedrawn.
alambicar *t.* to distil, rectify. *2* to make over-subtle [of style].
alambique *m.* still, alembic.
alambre *m.* wire [metallic thread].
alameda *f.* poplar grove. *2* avenue, mall.
álamo *m.* BOT. poplar: ***~ temblón***, aspen.
alamparse *ref.* to crave after, long for, be very fond of.
alano *m.* a large dog. *2 pl.* Alans.
alarbe *a.-n.* ÁRABE. *2 m.* fig. boor.
alarde *m.* display, show, ostentation.
alardear *i.* to boast.
alargar *t.* to lengthen, extend, prolong. *2* to increase. *3* to reach, stretch out. *4* to hand, pass [something to somebody]. *5*

ref. to lengthen, grow longer. *6* to expatiate.
alarido *m.* yell, howl, scream.
alarma *f.* alarm.
alarmante *a.* alarming.
alarmar *t.* to alarm *2 ref.* to be alarmed.
alazán, na *a.-n.* sorrel [horse].
alba *f.* dawn, daybreak. *2* ECCL. alb.
albacea *m.* LAW testamentary executor.
albahaca *f.* BOT. sweet basil.
albañil *m.* mason, bricklayer.
albarán *m.* delivery note.
albarda *f.* pack saddle.
albaricoque *m.* BOT. apricot.
albedrío *m.* free will. *2* will, pleasure.
alberca *f.* pond, pool, water reservoir.
albérchigo *m.* BOT. peach; peach-tree.
albergar *t.* to shelter, lodge, harbour. *2 ref.* to take shelter; to lodge.
albergue *m.* shelter, lodging, harbour, refuge. *2* orphanage, home.
albino, na *a.* albinic. *2 m.* albino. *3 f.* albiness.
albo, ba *a.* white.
albóndiga, albondiguilla *f.* COOK. meat ball.
albor *m.* whiteness. *2* dawn, beginning.
alborada *f.* dawn, break of the day. *2* MIL. reveille.
alborear *i.* [of the day] to dawn.
albornoz *m.* burnous. *2* bathing robe.
alborotar *t.* to disturb, agitate, excite. *2* to incite to riot. *3 i.* to make a racket, shout. *4 ref.* to get excited. *5* to riot.
alboroto *m.* uproar, noise. *2* excitement, agitation. *3* disturbance. *4* tumult, riot.
alborozar *t.* to gladden, cheer.
alborozo *m.* joy, merriment.
albricias *f. pl.* reward for good news. *2 interj.* joy!, joy!
albufera *f.* lagoon, salt lake by the sea.
álbum *m.* album.
albur *m.* chance, hazard.
alcachofa *f.* BOT. artichoke.
alcahueta *f.* procuress, bawd.
alcaide *m.* [formerly] warden [of a prison or castle].
alcalde *m.* Mayor, Lord Mayor; head of a town council.
alcaldía *f.* Mayoralty. *2* the Mayor's office.
alcance *m.* pursult, overtaking. *2* reach: ***al ~ de uno***, within one's reach. *3* range [of missile]; import, consequence. *4* intellect, understanding. *5* COM. balance due.
alcancía *f.* money-box.
alcanfor *m.* camphor.
alcantarilla *f.* sewer, drains. *2* culvert.
alcanzar *t.* to overtake, catch up with. *2* to reach. *3* to get, obtain. *4* to understand. *5 i.* to reach [to]. *6* to be sufficient [to or for]. *7* ***~ a ver, a oír***, to see, hear.
alcaparra *f.* BOT. caper.
alcatraz *m.* BOT. cuckoopint. *2* ORN. pelican.
alcázar *m.* fortress. *2* royal palace. *3* NAUT. quarter-deck.
alce *m.* ZOOL. elk; moose. *2* cut [at cards].
alcoba *f.* alcove, bedroom.
alcohol *m.* alcohol. *2* kohl.
alcoholismo *m.* alcoholism.
alcornoque *m.* BOT. cork oak. *2* fig. blockhead.
alcurnia *f.* lineage, ancestry.
aldaba *f.* door-knocker. *2* bolt, crossbar.
aldabazo *m.* knock [on the door].
aldabón *m.* door-knocker. *2* large handle [of a chest, etc.].
aldea *f.* hamlet, village.
aldeano, na *m.-f.* villager, countryman, countrywoman.
alderredor *adv.* ALREDEDOR.
aleación *f.* alloyage; alloy.
aleatorio, ria *a.* aleatory.
aleccionar *t.* to teach, drill.
aledaño, ña *a.* bordering, adjacent. *2 m. pl.* borders, surroundings.
alegación *f.* allegation, plea.
alegar *t.* to allege, plead, adduce.
alegato *m.* plea. *2* reasoned allegation.
alegoría *f.* allegory, emblem.
alegrar *t.* to cheer, gladden. *2* to brighten, enliven. *3 ref.* to be glad. *4* to rejoice, cheer. *5* coll. to get tipsy.
alegre *a.* glad, joyful. *2* cheerful, merry, jolly. *3* bright, gay. *4* tipsy. *5* reckless. *6* ***~ de cascos***, scatter-brained. *7* **-mente** *adv.* merrily, etc.
alegría *f.* joy, pleasure. *2* glee, mirth, merriment.
alegro *a.-adv. m.* MUS. allegro.
alejamiento *m.* removal, distance, absence. *2* withdrawal, estrangement, aloofness.
alejar *t.* to remove to a distance, to move away. *2* to separate, estrange. *3 ref.* to go or move away.
alelar *t.* to bewilder. *2* to stupefy.
aleluya *m.* or *f.* hallelujah. *2 f. pl.* poor verses, doggerel.
alemán, na *a.-n.* German.
Alemania *f. pr. n.* GEOG. Germany.
alentar *i.* to breathe. *2 t.* to encourage, cheer, hearten. ¶ CONJUG. like ***acertar.***
alergia *f.* allergy.
alero *m.* eaves. *2* splash-board, mudguard.

alerta *adv.* on the watch, on the alert. *2 interj.* look out! *3 m.* sentinel's call.
alertar *t.* to alert.
aleta *f.* small wing. *2* fin [of fish].
aletargar *t.* to lethargize. *2 ref.* to get drowsy.
aletear *i.* to flutter, flap the wings or the fins.
aleve *a.* ALEVOSO.
alevosía *f.* treachery, perfidy.
alevoso, sa *a.* treacherous, perfidious.
alfabeto *m.* alphabet.
alfalfa *f.* BOT. alfalfa, lucerne.
alfanje *m.* scimitar, cutlass.
alfarería *f.* pottery [shop, factory, art].
alfarero *m.* potter.
alféizar *m.* splay; embrasure.
alfeñique *m.* sugar paste. *2* frail, delicate person.
alférez *m.* second lieutenant, ensign.
alfil *m.* CHESS. bishop.
alfiler *m.* pin: ~ ***de corbata***, tie-pin. *2* brooch.
alfilerazo *m.* pinprick.
alfiletero *m.* needlecase, pincase.
alfombra *f.* floor carpet, rug.
alfombrar *t.* to carpet.
alforjas *f. pl.* wallet, saddle-bag.
alga *f.* BOT. alga; sea-weed.
algarabía *f.* Arabic language. *2* jargon. *3* hubbub, uproar.
algarroba *f.* carob bean. *2* BOT. vetch.
algarrobo *m.* BOT. carob-tree.
algazara *f.* din, clamour, joyful uproar.
álgebra *f.* algebra. *2* bone-setting.
algo *pron.* something; anything. *2 adv.* somewhat, a little.
algodón *m.* cotton: ~ ***hidrófilo***, absorbent cotton.
algodonero, ra *a.* cotton. *2 m.-f.* cotton dealer. *3 m.* BOT. cotton-plant.
alguacil *m.* constable; bailiff.
alguien *pron.* somebody, someone.
algún *a.* ALGUNO.
alguno, na *a.* some, any: ~ ***vez***, sometimes; ~ ***que otro***, some, a few. *2 pron.* someone, anyone, somebody, anybody.
alhaja *f.* jewel. *2* a valuable thing.
alhelí *m.* BOT. gillyflower.
aliado, da *a.* allied. *2 m.-f.* ally.
alianza *f.* alliance, league.
aliar *t.-ref.* to ally.
alias *lat. adv.* alias.
alicaído, da *a.* weak, drooping. *2* crestfallen. *3* downfallen.
alicates *m. pl.* pliers.
aliciente *m.* incentive, inducement.
alienación *f.* alienation.
alienar *t.* ENAJENAR.
aliento *m.* breath, breathing. *2* spirit, courage.
aligerar *t.* to lighten. *2* to alleviate. *3* to hasten.
alijo *m.* smuggled goods.
alimaña *f.* beast which destroys game, vermin.
alimentación *f.* food, feeding, nourishment.
alimentar *t.* to feed, nourish, sustain. *2* to entertain, cherish, nurture. *3 ref.* to feed: ***alimentarse de***, to feed on.
alimenticio, cia *a.* nutritious, nourishing.
alimento *m.* aliment, food, nourishment. *2* pabulum.
alimón (al) *adv.* together.
alinear *t.* to align, aline, put into line, range. *2 ref.* to align, aline, fall in line, be in line.
aliñar *t.* to dress, season [food]. *2* to dress, tidy. *3* to prepare.
aliño *m.* adornment, tidiness. *2* dressing, seasoning. *3* arrangement.
alisar *t.* to smooth, slick, sleek. *2* to polish, plane.
alisios *a.* ***vientos*** ~, trade winds.
alistamiento *m.* enlistment, enrollment. *2* MIL. conscription.
alistar *t.-ref.* to enlist, enroll. *2* to prepare, make ready.
aliviar *t.* to lighten. *2* to alleviate, allay, relieve, assuage. *3* to hasten. *4 ref.* to get better.
alivio *m.* alleviation, allay; relief.
aljaba *f.* quiver [for arrows].
aljibe *m.* cistern; water tank. *2* NAUT. tanker.
alma *f.* soul: ~ ***mía, mi*** ~, my love; ***rendir el*** ~ ***a Dios***, to give up the ghost. *2* bore [of a gun]. *3* core, heart [of a cable, etc.]. *4* MUS. sound post.
almacén *m.* store, warehouse, shop. *2* store-room. *3* depot; magazine. *4 pl.* department store.
almacenar *t.* to store, store up, lay up. *2* to hoard.
almadraba *f.* tunny fishing or fishery. *2* tunny-fishing net.
almanaque *m.* almanac, calendar.
almeja *f.* ZOOL. clam, mussel.
almena *f.* merlon battlement.
almenaje *m.* FORT. battlement.
almendra *f.* BOT. almond: ~ ***garapiñada***, praline. *2* BOT. kernel [of a drupe].
almendro *m.* BOT. almond-tree.
almiar *m.* haystack, straw stack.
almíbar *m.* simple syrup.
almibarar *t.* to preserve in syrup. *2* to sweeten, honey [one's words].

almidón *m.* starch.
almidonar *t.* to starch.
alminar *m.* minaret.
almirantazgo *m.* NAV. court of Admiralty. *2* admiralship.
almirante *m.* NAV. admiral.
almizcle *m.* musk.
almohada *f.* pillow, bolster; cushion. *2* pillow-slip.
almohadón *m.* cushion.
almohadilla *f.* small cushion, pad. *2* sewing cushion.
almohazar *t.* to curry.
almoneda *f.* auction. *2* bargain sale.
almorzar *i.* to breakfast; to lunch.
almuecín, almuédano *m.* muezzin.
almuerzo *m.* breakfast, lunch.
alocadamente *adv.* recklessly.
alocado, da *a.* mad, foolish, wild, reckless.
alocución *f.* allocution.
alojamiento *m.* lodging, quartering, billeting, accommodation. *2* lodgings, quarters; housing.
alojar *t.* to lodge, quarter, billet. *2 ref.* to lodge; to put up.
alondra *f.* ORN. lark, skylark.
alpargata *f.* rope-soled sandal.
alpinismo *m.* mountaineering.
alpinista *s.* mountaineer.
alpiste *m.* alpist, canary seed.
alquería *f.* grange, farmhouse.
alquilar *t.* to let, rent; to hire. *2 ref.* to hire out.
alquiler *m.* letting, renting. *2* rent, hire [price]. *3* ***de ~***, for hire; hack, hackney.
alquimia *f.* alchemy.
alquimista *m.* alchemist.
alquitrán *m.* tar; pitch: ***~ mineral***, coal tar.
alrededor *adv.* ***~ de***, around, about; ***a su ~***, around or about him, it, etc.
alrededores *m. pl.* outskirts, surroundings.
alta *f.* discharge [from hospital, etc.]. *2* registration for fiscal purposes. *3* MIL. inscription in the muster book. *4* joining [a club, society, etc.].
altamente *adv.* highly, extremely.
altanería *f.* haughtiness, arrogance. *2* falconry, hawking.
altanero, ra *a.* haughty, arrogant.
altar *m.* altar: ***~ mayor***, high altar.
altavoz *m.* RADIO. loudspeaker.
alteración *f.* alteration, change. *2* strong emotion, agitation. *3* disturbance: ***~ del orden público***, breach of the peace.
alterar *t.* to alter, change. *2* to excite, unsettle. *3* to disturb, upset. *4 ref.* to become altered, changed, excited, etc.
altercación *f.*, **altercado** *m.* altercation, dispute, wrangle.
altercar *t.* to altercate, dispute, wrangle.
alternante *a.* alternating, alternate. *2 m.* MATH. alternant.
alternar *t.-i.* to alternate. *2 i.* to have social intercourse; to mix.
alternativa *f.* alternative, option. *2* alternation. *3* admission of a bullfighter as a MATADOR.
alternativo, va *a.* alternate.
alteza *f.* height. *2* elevation, sublimity. *3* Highness [a title].
altibajos *m. pl.* ups and downs.
altillo *m.* hillock. 2 (Am.) garret.
altiplanicie *f.* plateau, tableland.
altísimo, ma *a. superl.* of ALTO. *2 m. El Altísimo*, The Most High, God.
altisonante *a.* high-sounding.
altitud *f.* heigth; altitude.
altivez *f.* haughtiness, pride.
altivo, va *a.* haughty, proud.
alto, ta *a.* high: ***alta mar***, high seas; ***~ traición***, high treason. *2* tall. *3* upper. *4* noble, excellent. *5* loud. *6 m.* height, hillock. *7* halt, stop: ***dar el ~***, to call to a halt, to stop. *8* storey [of a house]. *9 adv.* high, on high, raised. *10 interj.* halt!, stop!
altruismo *m.* altruism.
altura *f.* height, hillock. *2* height, tallness. *3* summit, top. *4* elevation, excellence. *5* altitude. *6* ***estar a la ~ de***, to be equal to [a task, etc.]. *7 pl.* heights. *8* heavens.
alubia *f.* BOT. bean, French bean.
alucinación *f.* hallucination.
alud *m.* avalanche, snow-slip.
aludir *i.* to allude, refer to, hint at.
alumbrado *m.* lighting, lights: ***~ público***, public lighting.
alumbramiento *m.* childbirth.
alumbrar *t.* to light, illuminate, enlighten. *2* to light the way for. *3 i.* to shed light. *4* to be delivered, give birth.
aluminio *m.* CHEM. aluminium.
alumno, na *m.-f.* pupil, student.
alunizar *i.* to land on the moon.
alusión *f.* allusion, reference.
alusivo, va *a.* allusive, referring to.
aluvión *f.* alluvion. *2* slit, wash.
alza *f.* advance, rise, lift [in prices]. *2* rear sight [of a rifle].
alzada *f.* height [of horses]. *2* appeal to a higher administrative body.
alzamiento *m.* raising, lifting. *2* uprising, insurrection.
alzaprima *f.* lever. *2* wedge.
alzar *t.* to raise, lift, hoist uplift. *2* to ele-

vate [the Host]. *3* to erect, build. *4* to remove, carry off. *5* to clear [the table]. *6* to strike [tents]. *7* ~ ***el vuelo***, to take wing. *8* ~ ***velas***, to set sail; to flee, depart. *9 ref.* to rise; to get up, stand up. *10* to rise, rebel. *11* ***alzarse con***, to run away with.

allá *adv.* there; yonder: ***más*** ~, farther; ***el más*** ~, the Beyond; ~ ***vosotros***, that's your look-out.

allanar *t.* to level, smooth, flatten. *2* to raze, level to the ground. *3* to overcome, remove [difficulties, etc.]. *4* to pacify, subdue. *5 ref.* [of a building] to tumble down. *6* to acquiesce.

allegado, da *m.-f.* relative, friend; follower.

allegar *t.* to gather, raise, collect.

allende *adv.* on the other side. *2 prep.* beyond, over.

allí *adv.* there; yonder. *2* then, at that moment.

ama *f.* mistress, landlady: ~ ***de casa***, housewife. *2* mistress, owner. *3* ~ ***de gobierno***, ~ ***de llaves***, house-keeper. *4* nurse [of a child]: ~ ***de leche***, wet nurse.

amabilidad *f.* kidness, affability, amiability.

amable *a.* kind, nice, amiable, friendly. *2* lovable. *3* **-mente** *adv.* kindly, etc.

amado, da *m.-f.* love, loved one, beloved.

amadrinar *t.* to act as godmother to, sponsor.

amaestrar *t.* to teach, coach, train, drill.

amagar *t.* to threaten, show intention of. *2 i.* to threaten, show signs or symptoms.

amago *m.* threatening gesture, feint. *2* sign, hint, symptom.

amainar *t.* NAUT. to lower [the sails]. *2 i.* [of wind, anger, etc.] to abate, relax.

amalgama *f.* amalgam.

amalgamar *t.* to amalgamate.

amamantar *t.* to nurse, suckle.

1) **amanecer** *i.* to dawn. *2* to be or appear at dawn. ¶ CONJUG. like ***agradecer***.

2) **amanecer** *m.*, **amanecida** *f.* dawn, daybreak: ***al*** ~, at dawn.

amanerado, da *a.* affected, mannered.

amansar *t.* to tame. *2 ref.* to become tame.

amante *a.* loving, fond. *2 m.-f.* lover. *3* paramour; mistress.

amañar *t.* to arrange artfully, cook, fake. *2 ref.* to manage.

amaño *m.* skill. *2* artifice, trick. *3 pl.* machinations.

amapola *f.* BOT. corn poppy.

amar *t.* to love. *2* to like, be fond of.

amarar *t.* AER. to alight on water.

amargado, da *a.-n.* embittered, soured [person].

amargamente *adv.* bitterly.

amargar *i.* to taste bitter. *2 t.* to embitter. *3* to spoil [an evening, a feast, etc.].

amargo, ga *a.* bitter. *2* sour [temper].

amargura *f.* bitterness. *2* sorrow, grief.

amarillento, ta *a.* yellowish. *2* sallow, pale.

amarillo, lla *a.-m.* yellow [colo(u)r]. *2* sallow, pale.

amarra *f.* NAUT. mooring cable, hawser.

amarrar *t.* to tie, fasten; rope. *2* NAUT. to moor [a ship].

amartelar *t.* to make jealous. *2* to charm, enamour.

amasar *t.* to knead, mix. *2* to amass. *3* MED. to massage.

amazona *f.* MYTH. Amazon. *2* courageous woman. *3* horse-woman. *4* riding habit.

ambages *m. pl.* ambages: ***hablar sin*** ~, to speak plainly.

ámbar *m.* amber.

ambarino, na *a.* amberlike.

ambición *f.* ambition, aspiration.

ambicionar *t.* to aspire to, covet.

ambicioso, sa *a.* ambitious, covetous, eager.

ambiente *a.-m.* ambient. *2 m.* atmosphere, environment, setting.

ambigüedad *f.* ambiguity, ambiguousness.

ambiguo, gua *a.* ambiguous, doubtful.

ámbito *m.* circuit, compass, field, area, precinct.

amblar *t.* to amble, pace.

ambos, bas *a.-pron.* both.

ambulancia *f.* ambulance.

ambulante *a.* ambulatory, itinerant.

amedrentar *t.* to frighten, scare, intimidate.

amenaza *f.* threat, menace.

amenazar *t.* to threaten, menace. *2 i.* to be impending.

amenguar *t.* to diminish, lessen. *2* to dishonour, disgrace.

amenidad *f.* amenity, pleasantness.

amenizar *t.* to render pleasant, brighten.

ameno, na *a.* agreeable, pleasant, delightful.

América *f. pr. n.* GEOG. America.

americana *f.* suit coat, jacket.

americano, na *a.-m.* American.

ametralladora *f.* machine-gun.

ametrallar *t.* to machine-gun.

amianto *m.* asbestos.

amigable *a.* amicable, friendly, in a friendly way. *2* **-mente** *adv.* amicably.
amigo, ga *a.* friendly. *2* fond of. *3 m.-f.* friend. *4 m.* lover. *5 f.* mistress, concubine.
amilanar *t.* to daunt, cow.
aminorar *t.* to reduce lessen.
amistad *f.* friendship. *2* amity. *3* favour. *4 pl.* friends.
amistosamente *adv.* amicably.
amistoso, sa *a.* friendly, amicable.
amnistía *f.* amnesty.
amo *m.* master, landlord, proprietor, owner. *2* boss.
amoblar *t.* to furnish. ¶ CONJUG. like ***contar***.
amodorrarse *ref.* to drowse, become drowsy.
amolar *t.* to whet, grind, sharpen. *2* to bother, annoy. ¶ CONJUG. like ***contar***.
amoldar *t.* to mo(u)ld, shape, adapt, adjust. *2 ref.* to adapt oneself.
amonestación *f.* admonition, reproof, warning. *2 pl.* marriage banns.
amonestar *t.* to admonish, reprove, warn. *2* to publish banns of, to ask.
amontillado *m.* pale dry sherry.
amontonar *t.* to heap, pile, hoard. *2 ref.* to heap, be piled; to crowd, throng. *3* to fly into a passion.
amor *m.* love, affection: ~ ***propio***, self-esteem, conceit. *2* care [in work]. *3 pl.* love, love-affair. *4* ***con*** or ***de mil amores***, willingly.
amoratado, da *a.* purplish. *2* livid, black-and-blue.
amordazar *t.* to gag, muzzle.
amorío *m.* love-affair, amour.
amoroso, sa *a.* loving, affectionate. *2* amorous, of love.
amortajar *t.* to shroud [a corpse].
amortiguar *t.* to deaden [a blow, etc.]; to muffle [a sound]; to lessen, soften, tone down.
amortización *f.* amortization.
amortizar *t.* to amortize.
amotinado, da *m.-f.* mutineer, rioter.
amotinar *t.* to mutiny, incite to rebellion. *2 ref.* to mutiny, rebel.
amparar *t.* to protect, shelter, help, support. *2 ref.* to shelter, protect oneself; to avail oneself of the protection [of].
amparo *m.* protection, shelter, support.
ampliación *f.* enlargement, amplification.
ampliamente *adv.* largely.
ampliar *t.* to enlarge, amplify, extend.
amplificación *f.* enlargement, amplification.
amplificar *t.* to enlarge, amplify, magnify.
amplio, plia *a.* ample, extensive. *2* roomy, wide. *3* large.
amplitud *f.* amplitude, extent.
ampolla *f.* blister. *2* water bubble. *3* round-bellied bottle. *4* cruet. *5* MED. ampoule.
ampuloso, sa *a.* inflated, pompous.
amputación *f.* amputation.
amueblar *t.* AMOBLAR.
amuleto *m.* amulet.
amurallar *t.* to wall.
anacoreta *m.* anchorite.
anacronismo *m.* anachronism.
ánade *m.* ORN. duck, drake.
anadón *m.* duckling.
anales *m. pl.* annals.
analfabeto, ta *a.-m.* illiterate.
análisis *m.* analysis. *2* GRAM. parsing.
analítico, ca *a.* analytic(al.
analizar *t.* to analyze. *2* GRAM. to parse.
analogía *f.* analogy.
análogo, ga *a.* analogous, similar.
ananá, ananás *f.* BOT. pine-apple.
anaquel *m.* shelf [board].
anaranjado, da *a.-n.* orange colo(u)r.
anarquía *f.* anarchy.
anárquico, ca *a.* anarchic(al.
anarquista *a.* anarchistic. *2 s.* anarchist.
anatomía *f.* anatomy.
anca *f.* haunch, rump. *2* croup [in horses].
anciano, na *a.* old, aged. *2 m.-f.* old man or woman; ancient; elder.
ancla *f.* NAUT. anchor.
anclar *i.* to anchor.
ancho, cha *a.* broad, wide. *2* loose-fitting [garment]. *3* lax, elastic [conscience]. *4 m.* breadth, width. *5 f. pl.* ***a sus anchas***, free, comfortable, at one's ease.
anchoa *f.* ICHTH. anchovy.
anchura *f.* breadth, width. *2* freedom, ease, comfort.
anchuroso, sa *a.* broad, wide, spacious.
andadas *f. pl.* traces [of game]. *2* ***volver a las andadas***, to go back to one's old tricks.
andaderas *f. pl.* go-cart.
andadura *f.* pacing, amble.
andaluz, za *a.-n.* Andalusian.
andamio *m.* scaffolding.
andanada *f.* NAUT. broadside [discharge]. *2* reprimand. *3* BULLF. grand stand.
andante *a.* walking. *2* [knight-] errant. *3* MUS. andante.
andanza *f.* event. *2* (good or bad) fortune. *3 pl.* adventures, rambles, wanderings.
1) **andar** *i.* to walk, go, move; to ride. *2* [of a clock] to go; [of a machine] to run, work. *3* ~ ***con*** or ***en***, to tamper,

touch, handle. *4* ~ or ***andarse con cuidado***, to be careful; ***andando el tiempo***, in the course of time; ***andarse por las ramas***, to beat about the bush. ¶ CONJUG. INDIC. Pret.: ***anduve, anduviste***, etc. || SUBJ. Imperf.: ***anduviera, anduvieras***, etc., or ***anduviese, anduvieses***, etc. | Fut.: ***anduviere, anduvieres***, etc.
2) **andar** *m.* gait, pace: ***a largo*** ~, in the long run.
andariego, ga *a.* roving, walking. *2 m.-f.* rover, walker.
andarín *m.* good walker.
andas *f. pl.* bier. *2* stretcher, portable platform: ***en*** ~, in triumph.
andén *m.* RLY. platform. *2* quay. *3* footwalk.
andrajo *m.* rag, tatter.
andrajoso, sa *a.* ragged, in tatters.
andurriales *m. pl.* out-of-the-way places.
anécdota *f.* anecdote.
anegar *t.* to flood, overflow, inundate. *2* to drown. *3 ref.* to be inundated. *4* to drown; to sink.
anejo, ja *a.* annexed, attached.
anemia *f.* anaemia, anemia.
anestésico, ca *a.-m.* anaesthetic.
anexar *t.* to annex.
anexión *f.* annexion, annexation.
anexo, xa *a.* annexed, joined. *2 m.* annex.
anfibio, bia *a.* amphibious.
anfiteatro *m.* amphitheatre.
anfitrión *m.* amphitryon, host, entertainer.
ángel *m.* angel; ~ ***custodio*** or ***de la guarda***, guardian angel. *2* ***tener*** ~, to be charming.
angélico, ca *a.* angelic.
angina *f.* MED. quinsy, sorethroat. *2* MED. ~ ***de pecho***, angina pectoris.
anglicano, na *a.-n.* Anglican.
anglosajón, na *a.-n.* Anglo-Saxon.
angosto, ta *a.* narrow.
angostura *f.* narrowness. *2* narrows.
anguila *f.* ICHTH. eel.
angula *f.* elver, young eel.
angular *a.* angular. *2* ***piedra*** ~, cornerstone.
ángulo *m.* GEOM. angle. *2* corner.
angustia *f.* anguish, affliction, distress.
angustiar *t.* to afflict, distress, worry.
angustioso, sa *a.* distressing.
anhelante *a.* panting. *2* desirous, longing.
anhelar *i.* to pant, gasp. *2 t.* to desire, long for.
anhelo *m.* longing, yearning, desire.
anheloso, sa *a.* hard [breathing]. *2* panting. *3* anxious, desirous.
anidar *i.* to nest, nestle. *2* to dwell, reside.
anillo *m.* ring, circlet, finger ring: ***venir como*** ~ ***al dedo***, to be opportune. *2* cigar band.
ánima *f.* [human] soul.
animación *f.* animation, liveliness, life. *3* bustle, movement, crowd.
animado, da *a.* animate. *2* animated, lively. *3* heartened. *4* full of people.
animadversión *f.* hatred, ill will. *2* animadversion.
animal *a.* animal. *2* stupid. *3 m.* animal. *4* fig. blockhead.
animalada *f.* stupidity.
animar *t.* to animate. *2* to cheer up. *3* to encourage, decide. *4* to enliven, brighten. *5 ref.* to become animated. *6* to take heart. *7* to make up one's mind.
ánimo *m.* mind, spirit. *2* courage. *3* intention, purpose. *4* attention, thought. *5 interj.* ***¡ánimo!***, cheer up!
animosamente *adv.* bravely.
animosidad *f.* animosity, ill will. *2* courage.
animoso, sa *a.* brave, courageous.
aniquilación *f.* annihilation, destruction.
aniquilar *t.* to annihilate, destroy, crush.
anís *m.* anise. *2* anissette.
aniversario *m.* anniversary.
anoche *adv.* last night.
1) **anochecer** *i.* to grow dark. *2* to be or reach somewhere at nightfall. ¶ CONJUG. like ***agradecer***.
2) **anochecer** *m.*, **anochecida** *f.* nightfall, dusk, evening.
anodino, na *a.-m.* anodyne. *2* inane, ineffective.
anomalía *f.* anomaly, irregularity.
anómalo, la *a.* anomalous.
anonadado, da *a.* crushed, thunderstruck.
anonadar *t.* to annihilate; to crush, overwhelm. *2 ref.* to humble oneself; to be crushed.
anónimo, ma *a.* anonymous. *2* COM. jointstock [company]. *3 m.* anonym. *4* anonymous letter. *5* anonymity.
anormal *a.* abnormal.
anotación *f.* annotation. *2* note, entry.
anotar *t.* to annotate. *2* to write, note down; to enter, inscribe.
ansia *f.* throe, anguish, pang. *2* eagerness, avidity, longing.
ansiar *t.* to wish, long for, covet.
ansiedad *f.* anxiety, uneasinness, worry.
ansioso, sa *a.* anguished. *2* desirous, anxious, eager, greedy.
antagónico, ca *a.* antagonistic(al.
antagonista *m.* antagonist, adversary, opponent.

antaño *adv.* last year. *2* formerly, in olden times, long ago.
antártico, ca *a.* antarctic.
1) **ante** *m.* ZOOL. elk, moose. *2* muff [leather], buckskin.
2) **ante** *prep.* before, in the presence of. *2* ~ ***todo***, first of all; above all.
anteanoche *adv.* the night before last.
anteayer *adv.* the day before yesterday.
antebrazo *m.* forearm.
antecámara *f.* antechambre, waiting-room.
antecedente *a.-m.* antecedent. *2 m. pl.* references.
anteceder *t.* to antecede, precede.
antecesor, ra *m.-f.* predecessor. *2* ancestor, forefather.
antedicho, cha *a.* a)foresaid.
antelación *f.* anteriority, previousness: ***con*** ~, in advance.
antemano (de) *adv.* beforehand.
antena *f.* NAUT. lateen yard. *2* ZOOL. antenna, horn. *3* RADIO. aerial.
anteojo *m.* spyglass. *2 pl.* binocular. *3* eyeglasses, spectacles.
antepasado, da *a.* foregone. *2 m.* ancestor, forefather.
antepecho *m.* parapet, railing, window sill.
antepenúltimo, ma *a.* antepenultimate.
anteponer *t.* to place before, prefix: to give preference to.
anterior *a.* anterior, foregoing, former, previous: ***el día*** ~, the day before.
anterioridad *f.* priority: ***con*** ~, previously, beforehand.
anteriormente *adv.* previously, before.
antes *adv.* before, first, previously, formerly: ***cuanto*** ~, as soon as possible. *2* sooner, rather. *3* conj. ***antes***, or ~ ***bien***, rather, on the contrary. *4 a.* before, previous.
antesala *f.* ante-room, antechamber, waiting-room.
antever *t.* to foresee.
antiaéreo, a *a.* anti-aircraft.
anticipación *f.* anticipation, advance: ***con*** ~, in advance.
anticipadamente *adv.* in advance, beforehand, previously.
anticipar *t.* to anticipate, advance, hasten. *2* to advance [money]. *3 ref.* to occur before the regular time. *4* ***anticiparse a***, to anticipate, forestall.
anticipo *m.* ANTICIPACIÓN. *2* advance payment.
anticongelante *a.* antifreeze.
anticuado, da *a.* antiquated, old-fashioned, obsolete, out-of-date.
anticuario *a.* antiquarian. *2 m.* antiquary, antique-dealer.
antídoto *m.* antidote.
antifaz *m.* mask, veil.
antigualla *f.* antique; out-of-date custom, object, etc.
antiguamente *adv.* anciently, in old times.
antigüedad *f.* antiquity. *2* seniority. *3 pl.* antiquities, antiques.
antiguo, gua *a.* ancient, old; antique. *2* of long standing, old. *3* senior [in employments, etc.]. *4 m.* old [old time]. *5 pl.* the ancients.
antílope *m.* ZOOL. antelope.
antiparras *f. pl.* coll. spectacles, goggles, barnacles.
antipatía *f.* antipathy, dislike, aversion.
antipático, ca *a.* disagreeable; uncongenial, unpleasant.
antirreglamentario, ria *a.* against the rules.
antítesis *f.* antithesis.
antojadizo, za *a.* capricious, whimsical, fickle, fanciful.
antojarse *ref.* to take a fancy to; to want, desire, long. *2* to think, imagine.
antojo *m.* caprice, whim, notion, fancy, freak, will: ***a su*** ~, arbitrarily. *2* birth-mark.
antología *f.* anthology.
antorcha *f.* torch, flambeau.
antro *m.* cavern, den.
antropología *f.* anthropology.
anual *a.* annual, yearly. *2* **-mente** *adv.* annually, yearly.
anuario *m.* annual, year-book, trade directory.
anublar *t.* to cloud, darken, obscure, dim. *2 ref.* to become clouded.
anudar *t.* to knot; to tie, join. *2* to take up, resume. *3 ref.* ***anudársele a uno la garganta***, to choke up with emotion.
anuencia *f.* consent, permission.
anulación *f.* annulment, cancellation.
1) **anular** *t.* to annul, cancel.
2) **anular** *a.* ring-shaped: ***dedo*** ~, ring-finger.
anunciación *f.* announcement. *2* REL. Annuntiation.
anunciante *a.* advertising. *2 m.-f.* advertiser, announcer.
anunciar *t.* to announce. *2* to indicate, foretell. *4* to advertise.
anuncio *m.* announcement, notice. *2* presage, sign. *3* advertisement. *4* COM. advice.
anverso *m.* obverse [of coin].

anzuelo *m.* fish-hook. *2* fig. lure, allurement: ***tragar el ~***, to swallow the bait.
añadidura *f.* addition. *2* extra.
añadir *t.* to add, join, increase.
añagaza *f.* lure; snare, trick.
añejo, ja *a.* old, aged [wine].
añicos *m. pl.* bits, shatters: ***hacerse ~***, to be smashed.
añil *m.* anil, indigo.
año *m.* year: ~ ***bisiesto***, leap-year. *2 pl.* years, age: ***tengo 20 años***, I'm 20 years old.
añoranza *f.* regret, nostalgia, homesickness, longing.
aojar *t.* to bewitch; to spoil.
apabullar *t.* to crush, flatten. *2* fig. to squelch, silence.
apacentar *t.-ref.* to pasture, graze, feed. ¶ CONJUG. like ***acertar.***
apacible *a.* gentle, mild. *2* placid, pleasant. *3* **-mente** *adv.* sweetly, pleasantly.
apaciguamiento *m.* pacification, appeasement.
apaciguar *t.* to pacify, appease, calm. *2 ref.* to calm down.
apadrinar *t.* to sponsor, act as godfather to; to act as second of [in a duel]. *2* to support.
apagado, da *a.* out, extinguished, quenched. *2* dull [person]. *3* faint, pale, dead, dull, muffled.
apagar *t.* to extinguish, put out, blow out, turn out. *2* to quench. *3* to slake [lime]. *4* to dull, soften [colours]. *5* to deaden, muffle [sound]. *6 ref.* [of fire, light, etc.] to die out, go out.
apalabrar *t.* to agree [to something]. *2* to bespeak, reserve, engage beforehand.
apalear *t.* to beat, cane, cudgel, thrash.
apandillar *t.-ref.* to band together.
apañado, da *a.* skilful. *4* suitable.
apañar *t.* to take; to steal. *2* to dress, adorn. *3* to patch, mend. *4 ref.* to manage, contrive.
aparador *m.* sideboard, cupboard, buffet. *2* shop-window.
aparato *m.* apparatus, appliance, device, set. *2* machine, airplane. *3* exaggeration. *4* pomp, display, show.
aparatoso, sa *a.* pompous, showy. *2* fussy. *3* spectacular.
aparcar *t.* to park [cars, etc.].
aparcero, ra *m.-f.* partner.
aparear *t.* to pair, match, mate.
aparecer *i.-ref.* to appear, show up, turn up. ¶ CONJUG. like ***agradecer.***
aparecido *m.* ghost, spectre.
aparejar *t.* to prepare, get ready. *2* to saddle [horses, mules]. *3* NAUT. to rig, rig out. *4 ref.* to get [oneself] ready.
aparejo *m.* gear, equipment. *2* riding gear; packsaddle. *3* NAUT. masts, rigging, sails, tackle [on a ship]. *4* tackle [pulleys]. *5 pl.* tools.
aparentar *t.* to feign, pretend. *2* to look, seem.
aparente *a.* apparent [not real]. seeming. *2* apparent, visible. *3* **-mente** *adv.* apparently.
aparición *f.* apparition, appearance. *2* ghost, vision.
apariencia *f.* appearance, aspect. *2* likelihood. *3* pretence, show. *4* ***guardar las apariencias***, to keep up appearances.
apartadero *m.* RLY. sidetrack, siding, roadside.
apartado, da *a.* retired, aloof; distant, out-of-the-way. *2 m.* post-office box. *3* section [of a law, bill, etc.].
apartamento *m.* apartment, flat.
apartamiento *m.* retirement, separation. *2* apartment, flat.
apartar *t.* to separate, set apart. *2* to push, draw or turn aside; to remove, move away. *3* to dissuade. *4* to sort. *5 ref.* to move away, withdraw. *6* to stray [from path, etc.].
aparte *a.* separate, other. *2 adv.* apart. aside. *3* separately. *4 m.* THEAT. aside. *5* paragraph: ***punto y ~***, paragraph.
apasionadamente *adv.* ardently, passionately.
apasionado, da *a.* ardent, passionate. *2* loving. *3* biased; emotional.
apasionamiento *m.* ardour, vehemence. *2* bias, partiality.
apasionar *t.* to impassion, excite strongly; to appeal deeply to. *2 ref.* to become impassioned. *3* to become passionately fond [of].
apatía *f.* apathy, indolence, indifference.
apático, ca *a.* apathetic, indolent.
apeadero *m.* horse-block. *2* RLY. stop, wayside station.
apear *t.* to dismount, help down or out [from horse or carriage]. *2* to survey [land]. *3* ARCH. to prop up. *4* to dissuade. *5 ref.* to dismount, alight.
apechugar *t.* ~ ***con***, to accept reluctantly.
apedrear *t.* to throw stones at; to stone.
apegado, da *a.* attached, devoted.
apegarse *ref.* to become very fond of, attach oneself [to].
apego *m.* attachment, affection, liking, fondness.
apelación *f.* LAW appeal.
apelar *i.* LAW to appeal. *2* to have recourse to.
apelotonarse *ref.* [of hair, wool, etc.] to

form knots, tufts or balls. *2* [of people] to cluster.
apellidar *t.* to call, name, surname. *2* *ref.* to be called.
apellido *m.* family name. *2* surname.
apenado, da *a.* sorry, troubled.
apenar *t.* to pain, cause sorrow to. *2 ref.* to grieve.
apenas *adv.* scarcely, hardly. *2* as soon as, no sooner than.
apéndice *m.* appendage, appendix.
apendicitis *f.* appendicitis.
apercibir *t.* to prepare before-hand. *2* to warn, advise. *3* to perceive, see. *4 ref.* to get ready.
aperitivo *m.* cocktail, appetizer.
apertura *f.* opening [of a shop, etc.]. *2* reading [of a will].
apesadumbrar *t.* to pain, distress. *2 ref.* to be sad, grieve.
apestar *t.* to infect with the plague. *2* to corrupt, vitiate. *3* to sicken, plague. *4* *i.* to stink.
apetecer *t.* to desire, crave, wish. ¶ CONJUG. like ***agradecer.***
apetecible *a.* desirable, tasty.
apetencia *f.* appetence, -cy.
apetito *m.* appetite; hunger.
apetitoso, sa *a.* appetizing, savoury, palatable, tasty.
apiadar *t.* to inspire pity. *2 ref.* ***apiadarse de***, to pity, have pity on.
ápice *m.* apex, summit. *2* whit.
apicultor, ra *m.-f.* bee-keeper.
apilar *t.* to pile, pile up, heap, heap up.
apiñar *t.* to pack, press together, jam. *2* *ref.* to crowd.
apio *m.* BOT. celery.
apisonadora *f.* steam-roller.
apisonar *t*, to tamp, pack down [earth]; to roll [roadways].
aplacar *t.* to appease, placate, soothe. *2* *ref.* to become appeased.
aplanar *t.* to smooth, level, make even. *2* to astound. *3 ref.* to be discouraged or depressed.
aplastante *a.* crushing, dumbfounding, overpowering.
aplastar *t.* to flatten. *2* to crush, quash. *3* to dumbfound. *4 ref.* to become flat.
aplaudir *t.-i.* to applaud, clap [one's hands]. *2* to approve, praise.
aplauso *m.* applause, handclapping.
aplazamiento *m.* adjournment, postponement.
aplazar *t.* to adjourn, put off, postpone.
aplicación *f.* application. *2* sedulouness, studiousness. *3* SEW. appliqué.
aplicado, da *a.* applied. *2* studious, industrious, diligent.
aplicar *t.* to apply. *2 ref.* to apply [have a bearing]. *3* to devote oneself. *4* to be studious.
aplomo *m.* assurance, self-possession. *2* verticality, aplomb.
apocado, da *a.* cowardly, spiritless, timid.
apocar *t.* to lessen. *2* to contract, restrict. *3* to humble, belittle. *4 ref.* to become diffident.
apodar *t.* to nickname, give a nickname to.
apoderado, da *m.* proxy, agent, attorney, manager.
apoderar *t.* to empower, authorize. *2 ref.* ***apoderarse de***, to seize, take hold or possession of.
apodo *m.* nickname, sobriquet.
apogeo *m.* ASTR. apogee. *2* fig. summit, height.
apolillado, da *a.* moth-eaten, mothy.
apolillarse *t.-ref.* to become moth-eaten.
apología *f.* apology, defence.
apólogo *m.* apologue, fable.
apoltronarse *ref.* to grow lazy.
apoplejía *f.* MED. apoplexy, stroke.
aporrear *t.* to cudgel; to beat.
aportación *f.* contribution.
aportar *t.* to bring, contribute [as one's share]. *2 i.* ~ ***a***, NAUT. to arrive at [a port].
aposentar *t.* to put up, lodge. *2 ref.* to take lodging.
aposento *m.* room, apartment.
aposición *f.* GRAM. apposition.
aposta *adv.* on purpose.
1) **apostar** *t.-ref.-i.* to bet, wager ¶ CONJUG. like ***contar.***
2) **apostar** *t.-ref.* to place, post.
apostasía *f.* apostasy.
apostilla *f.* marginal note.
apóstol *m.* apostle.
apostrofar *t.* RHET. to apostrophize. *2* to scold.
apóstrofe *m.-f.* RHET. apostrophe. *2* taunt, insult.
apostura *f.* handsomeness, good looks.
apoteosis, *pl.* **-sis** *f.* apotheosis.
apoteótico, ca *a.* glorifying. *2* glorious, great.
apoyar *t.* to rest, lean. *2* to back, support; to base, found. *3* to prove, confirm. *4* to prop. *5 i.-ref.* to rest, lean [on]; to be supported [on or by]; to be based [on]. *6 ref.* to base oneself.
apoyo *m.* prop, stay, support. *2* protection, help. *3* basis.

apreciable *a.* appraisable. *2* appreciable, noticeable. *3* estimable, nice.
apreciación *f.* appraisal. *2* appreciation.
apreciar *t.* to appraise, estimate, value. *2* to esteem, like. *3* to appreciate.
aprecio *m.* appraisement, valuation. *2* esteem, regard, liking.
aprehender *t.* to aprehend, arrest.
aprehensión *f.* apprehension, arrest. *2* seizure [of contraband].
apremiante *a.* urgent, pressing.
apremiar *t.* to urge, press. *2* to compel, constrain.
apremio *m.* pressure, urgency. *2* constraint, judicial compulsion.
aprender *t.* to learn.
aprendiz, za *m.-f.* aprentice.
aprendizaje *m.* apprenticeship. *2* the act of learning.
aprensión *f.* APREHENSIÓN. *2* scruple. *3* dread of contagion or illness. *4* unfounded opinion.
aprensivo, va *a.* fearing contagion or illness, apprehensive.
apresar *t.* NAUT. to seize, capture. *2* to seize, clutch [with claws or teeth]. *3* APRISIONAR.
aprestar *t.-ref.* to prepare, make ready. *2* *t.* to finish [cloth].
apresto *m.* preparation, making ready. *2* finish [of cloth].
apresuradamente *adv.* hastily, hurriedly.
apresurado, da *a.* hasty, hurried.
apresuramiento *m.* hurry.
apresurar *t.* to hasten, hurry. *2* *ref.* to hurry up, make haste.
apretadamente *adv.* tightly.
apretado, da *a.* tight [knot, screw, etc.]. *2* dense, compact. *3* difficult, dangerous. *4* coll. stingy. *5* coll. badly off.
apretar *t.* to squezee, hug. *2* to press, press down. *3* to tighten [bonds, screws, etc.]. *4* [of garments] to fit tight; [of shoes] to pinch. *5* to compress, press together, pack tight. *6* to spur, urge. *7* ~ ***el paso***, to quicken the pace. *8 i.* ~ ***a correr***, to start running. *9 ref.* to crowd, become pressed together. ¶ CONJUG. like ***acertar.***
apretón *m.* squeeze, quick pressure: ~ ***de manos***, handshake. *2* effort, dash, spurt.
apretujar *t.* to press or squeeze hard.
apretura *f.* press [of people], jam, crush. *2* narrow place.
aprieto *m.* straits, difficulty, scrape, fix. *2* APRETURA.
aprisa *adv.* quickly, hurriedly.
aprisco *m.* sheep-fold.
aprisionar *t.* to imprison. *2* to shackle. *3* to hold fast.
aprobación *f.* approbation, approval; applause.
aprobado *m.* EDUC. pass mark.
aprobar *t.* to approve, approve of. *2* to pass [an examination, a student]. *3* to pass, adopt [a bill, a resolution, etc.]. ¶ CONJUG. like ***contar.***
apropiadamente *adv.* fitly, etc.
apropiado, da *a.* fit, proper, appropriate.
apropiar *t.* to appropriate. *2* to fit, make suitable. *3* to apply fitly. *4 ref.* appropriate, take possession of.
aprovechado, da *a.* well spent [time]. *2* diligent, advanced. *3* thrifty.
aprovechar *t.* to utilize, make use of, benefit from, profit by, improve, spend profitably. *2* to use up [remaining material, etc.]. *3 i.* to be useful, avail. *4 ref.* to avail oneself of, take advantage of. *5* ***¡que aproveche!***, may you enjoy it!
aprovisionar *t.* to supply, furnish, provide.
aproximación *f.* aproximation, approach.
aproximadamente *adv.* approximately.
aproximado, da *a.* approximate; near. *2* nearly correct.
aproximar *t.* to bring near. *2* to approximate. *3 ref.* to approach, come near.
aptitud *f.* aptitude, titness, ability, talent.
apto, ta *a.* able, competent. *2* apt, fit, suitable.
apuesta *f.* bet, wager.
apuesto, ta *a.* good-looking. *2* elegant, spruce.
apuntación *f.* note, memorandum. *2* share in a lottery ticket..
apuntador *m.* THEAT. prompter.
apuntalar *t.* to prop, prop up.
apuntar *t.* to aim, level, point [a gun, etc.]. *2* to point out, indicate, mark. *3* to note, jot down, inscribe. *4* to point, sharpen. *5* to sketch. *6* to stitch, pin or tack lightly. *7* THEAT. to prompt. *8* to hint at. *9* to stake [a sum] on a card. *10 i.* to break, dawn, begin to appear.
apunte *m.* note, memorandum. *2* rough sketch. *3* THEAT. prompter.
apuñalar *t.* to stab, poniard.
apurado, da *p. p.* of APURAR. *2 a.* hard up, in trouble. *3* exhausted. *4* difficult, dangerous. *5* accurate, precise.
apurar *t.* to purify. *2* to investigate minutely. *3* to carry to extremes. *4* to drain, use up, exhaust. *5* to hurry, press. *6* to worry, annoy. *7 ref.* to get or be worried.
apuro *m.* fix, predicament, difficulty,

trouble. *2* need, want. *3* worry. *4* (Am.) urgency.
aquejar *t.* to ail, afflict, suffer from.
aquel *m.*, **aquella** *f. dem. a. sing.* that. **aquellos** *m.*, **aquellas** *f. pl.* those.
aquél *m.*, **aquélla** *f. dem. pron. sing.* that one; the former. **aquello** *neut.* that, that thing. **aquéllos** *m.*, **aquéllas** *f.* those [ones]; the former.
aquí *adv.* here. *2* now: ***de ~ en adelante***, from now on. *3* then, at that moment.
aquiescencia *f.* acquiescence, consent.
aquietar *t.* to quiet, calm, lull, pacify. *2* *ref.* to quiet down.
aquilatar *t.* to weigh the merit or character of.
ara *f.* altar; altar slab. *2* ***en aras de***, for the sake of.
árabe *a.-n.* Arab, Arabic, Arabian. *2* *m.* Arabic [language].
arado *m.* AGR. plough, *plow.
aragonés, sa *a.-n.* Aragonese.
arancel *m.* tariff.
arandela *f.* MECH. washer.
araña *f.* ZOOL. spider. *2* chandelier, lustre.
arañar *t.* to scratch. *2* to scrape up.
arañazo *m.* scratch.
arar *t.* to plough, plow.
arbitraje *m.* arbitration. *2* umpiring; refereeing.
arbitrar *t.* to arbitrate; to umpire, referee. *2* to raise [funds].
arbitrariedad *f.* arbitrary act. *2* arbitrariness.
arbitrario, ria *a.* arbitrary.
arbitrio *m.* free will. *2* power, choice, discretion. *3* means, device. *4* arbitrament. *5* *pl.* excise, taxes.
árbitro *m.* arbiter. *2* arbitrator. *3* umpire, referee.
árbol *m.* BOT. tree. *2* MECH. shaft, axle. *3* NAUT. mast.
arbolado, da *a.* wooded. *2* *m.* woodland.
arboladura *f.* NAUT. masts and yards.
arbolar *t.* to hoist, set up.
arboleda *f.* grove, wooded land.
arbotante *m.* flying buttress.
arbusto *m.* BOT. shrub, bush.
arca *f.* coffer, chest, box. *2* strong-box, safe. *3* ark: ***~ de Noé***, Noah's ark.
arcabuz *m.* harquebus.
arcada *f.* ARCH. arcade. *2* *pl.* retching.
arcaico, ca *a.* archaic.
arcángel *m.* archangel.
arcano *a.* hidden. *2* *m.* secret, mistery.
arce *m.* maple [tree; shrub].
arcediano *m.* archdeacon.
arcilla *f.* clay.
arcipreste *m.* archpriest.
arco *m.* GEOM., ELEC. arc. *2* ARCH., ANAT. arch. *3* bow [weapon, violin]. *4* hoop [of a cask]. *5* METEOR. ***~ iris***, rainbow.
archipiélago *m.* archipelago.
archivar *t.* to deposit in the archives. *2* to file, register.
arder *t.* to burn, blaze. *2* ~ ***de***, or ***en***, to burn with [love, etc.].
ardid *m.* stratagem, trick.
ardiente *a.* ardent, burning, hot. *2* passionate; fiery. *3* **-mente** *adv.* ardently, fervently.
ardilla *f.* ZOOL. squirrel.
ardite *m.* bit, trifle: ***no me importa un ~***, I don't care a hang.
ardor *m.* ardour, heat. *2* eagerness, fervour. *3* courage.
ardoroso, sa *a.* ardent, burning, vehement, eager. *2* passionate.
arduo, dua *a.* hard, difficult, arduous.
arduamente *adv.* arduously.
área *f.* area [superficial extent]. *2* are [measure].
arena *f.* sand, grit. *2* arena, circus.
arenal *m.* sandy ground, extent of quicksands. *2* sand pit.
arenga *f.* harangue, address.
arengar *i.-t.* to harangue.
arenisca *f.* sandstone.
arenoso, sa *a.* sandy, grity.
arenque *m.* ICHTH. herring.
arete *m.* small ring. *2* ear-ring.
argamasa *f.* MAS. mortar.
argelino, na *a.-m.* Algerian.
argentado, da *a.* silvery.
argentino, na *a.* silvery. *2* *m.-f.* Argentine, Argentinean.
argolla *f.* ring, metal ring. *2* bracelet.
argucia *f.* subtlety, sophism.
argüir *t.* to infer. *2* to argue [imply, prove; accuse]. *3* *i.* to reason. ¶ CONJUG. like ***huir***.
argumentación *f.* argumentation, argument.
argumentar *t.* to argue, dispute, reason.
argumento *m.* argument. *2* plot [of a play, etc.].
aridez *f.* barrenness, dryness.
árido, da *a.* barren, dry, arid. *2* *m. pl.* grains and dry vegetables.
ariete *m.* battering-ram. *2* NAUT. ram.
arisco, ca *a.* unsociable, surly.
arista *f.* arris, edge. *2* BOT. awn, beard [of grain].
aristocracia *f.* aristocracy.
aritmética *f.* arithmetic.
arma *f.* weapon, arm: ~ ***blanca***, steel, cold steel. *2* *pl.* arms [military profession]. *3* HER. arms, armorial bearings.

armada *f.* navy. *2* fleet.
armador *m.* shipowner, shipcharterer.
armadura *f.* armo(u)r. *2* framework, truss. *3* roof frame. *4* ELECT. armature.
armamento *m.* armament.
armar *t.* to arm. *2* to fix [a bayonet]. *3* to fit out [a ship]. *4* to assemble, set up, mount. *5* to set [a trap]. *6* to make, stir up. *7* ~ ***caballero***, to knight. *8 ref.* to arm oneself: ***armarse de valor***, to gather up one's courage.
armario *m.* cupboard, wardrobe.
armatoste *m.* hulk; cumbersome machine or object.
armazón *f.* frame, framework. *3* ANAT. skeleton.
armería *f.* arms museum. *2* armo(u)ry. *3* arms shop.
armiño *m.* ermine. *2* ermine fur.
armisticio *m.* armistice.
armonía *f.* harmony.
armónica *f.* MUS. harmonica, mouth--organ.
armonioso, sa *a.* harmonious.
armonizar *t.-i.* to harmonize.
arnés *m.* harness, armour. *2 pl.* harness [of horses]. *3* gear, tools.
aro *m.* hoop, ring, rim.
aroma *f.* aroma, fragance, scent.
aromático, ca *a.* aromatic.
arpa *f.* MUS. harp.
arpía *f.* harpy. *2* shrew; hag.
arpón *m.* harpoon. *2* ARCH. clamp.
arquear *t.* to arch, bend. *2* to gauge [a ship].
arqueología *f.* archælogy.
arquero *m.* archer.
arqueta *f.* small coffer or chest.
arquitecto *m.* architect.
arquitectura *f.* architecture.
arrabal *m.* suburb. *2 pl.* out-skirts.
arracimarse *ref.* to cluster.
arraigado, da *a.* rooted, inveterate.
arraigar *i.-ref.* to taque root. *2 t.* to establish, strenghten.
arraigo *m.* taking root.
arrancar *t.* to uproot, pull out. *2* to pluck [feathers, hairs, etc.]. *3* to tear out, snatch. *4* to extort, force [from]. *5 i.* to start. *6* to come [from].
arranque *m.* pulling up. *2* start [of a motor, etc.]. *3* MECH. starter, starting gear. *4* impulse, outburst [of anger, etc.].
arras *f. pl.* earnest money. *2* dowry.
arrasar *t.* to level; to raze, demolish. *2 ref.-i.* [of the sky] to clear up. *3* ***arrasarse en lágrimas***, [of the eyes] to fill with tears.
arrastrado, da *a.* wretched, miserable. *2* rascally. *3 m.-f.* rascal, scamp.
arrastrar *t.* to drag, pull along, trail. *2* to carry after oneself. *3* to carry away; to wash down. *4 ref.* to crawl. *5* to debase oneself.
arrayán *m.* BOT. myrtle.
arrastre *m.* drag, dragging.
arrear *t.* to drive [horses, mules, etc.]. *2* to deliver [a blow]. *3* to dress, adorn.
arrebatadamente *adv.* recklessly.
arrebatado, da *a.* hasty, rash, impetuous. *2* bright red [face].
arrebatar *t.* to snatch, take away by force. *2* to carry away, move, enrapture. *3 ref.* to be led away [by emotion].
arrebato *m.* fit, rage, fury. *2* rapture.
arrebol *m.* red tinge in the clouds. *2* rouge, paint.
arrebujarse *ref.* to tuck oneself [in]; to wrap oneself up.
arreciar *i.-ref.* to increase in strength or intensity.
arrecife *m.* reef [in the sea]. *2* stone-paved road.
arredrar *t.* to frighten, intimidate. *2 ref.* to be frightened; to flinch, draw back.
arreglar *t.-ref.* to adjust, regulate. *2* to settle, arrange. *3* to put in order. *4* to dress, smarten up. *5* to mend, fix up.
arreglo *m.* rule, order. *2* arrangement. *3* settlement, agreement, compromise. *4* mending, fixing up. *5* ***con ~ a***, according to.
arrellanarse *ref.* to sit at ease, sprawl, lounge.
arremangar *t.-ref.* to tuck up [one's] sleeves. *2* to take a firm decision.
arremeter *i.* to attack, rush.
arremetida *f.* attack, rushing upon; assault, push.
arremolinarse *ref.* to crowd, press together. *2* to whirl, swirl.
arrendamiento *m.* renting, leasing, letting; lease. *2* rent.
arrendar *t.* to rent, lease, farm; to let. ¶ CONJUG. like ***acertar***.
arrendatario, ria *m.-f.* lessee, tenant.
arreos *m. pl.* harness, riding gear. *2* appurtenances.
arrepentimiento *m.* repentance; regret.
arrepentirse *ref.* to repent, regret. ¶ CONJUG. like ***hervir***.
arrestado, da *a.* bold, daring.
arrestar *t.* to arrest, imprison. *2* MIL. to detain, confine.
arresto *m.* arrest, detention. *2* MIL. confinement. *3 pl.* pluck, spirit.
arriar *t.* to lower, strike [sails, colours].
arriba *adv.* up, upwards; upstairs; above,

on high, at the top, overhead: ***cuesta* ~**, up the hill; ***de ~ abajo***, from top to bottom. *2 interj.* up!
arribar *i.* to arrive. *2* NAUT. to put into port.
arriendo *m.* lease, rental.
arriero *m.* muleteer.
arriesgadamente *adv.* dangerously, riskily.
arriesgado, da *a.* risky, dangerous. *2* daring, bold, rash.
arriesgar *t.* to risk, hazard, venture. *2 ref.* to expose oneself to danger. *3* to dare.
arrimar *t.* to bring close [to], place [against]. *2* to put away, shelve. *3 f. **arrimarse a***, to go near; to lean against; to seek the protection of; to associate with.
arrimo *m.* support, help, protection.
arrinconar *t.* to put in a corner. *2* to corner [a person]. *3* to shelve, ignore, neglect. *4* to lay aside, discard.
arroba *f.* weight of about 11 ½ kg.
arrobamiento *m.* bliss, entrancement, ecstasy, rapture.
arrobar *t.* to entrance, enrapture.
arrodillarse *ref.* to kneel [down].
arrogancia *f.* arrogance, haughtiness, pride.
arrogante *a.* arrogant, haughty, proud. *2* **-mente** *adv.* haughtily.
arrogarse *ref.* to arrogate, claim, appropriate, usurp, assume.
arrojadizo, za *a.* for throwing, missile.
arrojado, da *a.* bold, intrepid, dashing, rash.
arrojar *t.* to throw, fling, hurl, cast. *2* to shed, emit. *3* to expel, throw out. *4* to vomit. *5* to show [a total, a balance]. *6 ref.* to throw oneself. *7* to take the risk.
arrojo *m.* boldness, dash, bravery.
arrollador *m.* violent, sweeping, overwhelming.
arrollar *t.* to roll, roll up. *2* to wind, coil. *3* to rout [the enemy]. *4* to trample down run over. *5* to confound.
arropar *t. -ref.* to cover, wrap, wrap up, swathe.
arrostrar *t.* to face, stand, defy.
arroyo *m.* brook, rivulet, stream. *2* gutter [in a street].
arroz *m.* BOT. rice.
arrozal *m.* rice-field.
arruga *f.* wrinkle, crease, crumple; line [on the face].
arrugar *t.* to wrinkle; to crease, crumple. *2* SEW. to gather, fold. *3* ~ ***la frente***, to frown.
arruinar *t.* to ruin, demolish, destroy. *2 ref.* to become ruined, go «broke»; to fall into ruins.
arrullar *t.* to coo; to bill and coo. *2* to lull or sing to sleep.
arrullo *m.* cooing. *2* lullaby. *3* gentle murmuring.
arrumaco *m.* caress, show of affection.
arsenal *m.* shipyard, dockyard. *2* arsenal.
arsénico *m.* CHEM. arsenic.
arte *m.-f.* art: ***bellas artes***, fine arts. *2* craft, skill; cunning: ***con malas artes***, by evil means. *3* fishing appliance.
artefacto *m.* manufacture, mechanical hand-work. *2* device, machine, contrivance.
arteria *f.* artery.
artería *f.* artfulness; cunning, trick.
artero, ra *a.* artful, cunning, sly.
artesa *f.* kneading-trough.
artesano, na *m.-f.* artisan, craftsman, mechanic.
artesonado *a.* panelled [ceiling]. *2 m.* panelwork [in a ceiling].
ártico, ca *a.* arctic.
articulación *f.* articulation. *2* MECH. joint.
articulado, da *a.* articulate(d. *2 m.* the articles [of an act, law, etc.]. *3 a.-m.* ZOOL. articulate.
articular *t.* to articulate. *2 ref.* to articulate, be connected.
artículo *m.* article. *2* entry [in a dictionary]. *3* ~ ***de fondo***, editorial.
artífice *m.* artificer, craftsman.
artificial *a.* artificial.
artificio *m.* artifice, skill. *2* cunning, trick. *3* device, contrivance.
artificioso, sa *a.* skilful. *2* crafty, artful; deceitful.
artilugio *m.* contraption.
artillería *f.* artillery; ordnance.
artillero *m.* gunner, artilleryman.
artimaña *f.* trick, stratagem. *2* trap, snare.
artista *m.-f.* artist.
artístico, ca *a.* artistic.
arzobispado *m.* archbishopric.
arzobispo *m.* archbishop.
as *m.* ace.
asa *f.* handle.
asado, da *a.* roasted, roast. *2 m.* roast.
asador *m.* spit, roaster.
asaetear *t.* to shoot with arrows.
asalariado, da *a.* salaried. *2 m.* wage-earner.
asaltador *a.* assailing. *2 m.-f.* assailant, highwayman.
asaltar *t.* to assail, assault, storm. *2* to surprise, hold up.
asalto *m.* assault, storm; ***tomar por*** ~, to

take by storm. *2* FENC. assault. *3* BOX. round.
asamblea *f.* assembly, meeting.
asar *t.-ref.* to roast.
asaz *adv.* enough; quite, very.
ascendencia *f.* ancestry, descent.
ascendente *a.* ascending, ascendant. *2* up [train].
ascender *i.* to ascend, climb. *2* to accede [to the throne]. *3* to amount [to]. *4* to be promoted. *5 t.* to promote. ¶ CONJUG. like ***entender.***
ascendiente *a.* ASCENDENTE 1. *2 m.* ancestor. *3* ascendancy, -ency.
ascensión *f.* ascension, ascent. *2* accession [to the throne].
ascenso *m.* promotion.
ascensor *m.* lift, elevator.
asceta *m.* ascetic.
ascético, ca *a.* ascetic.
asco *m.* nausea, loathing, disgust: ***dar ~***, to be disgusting. *2* disgusting thing.
ascua *f.* red-hot coal; ember; ***estar en ascuas***, to be on tenterhooks.
aseado, da *a.* clean, neat, tidy.
asear *t.* to clean, tidy.
asechanza *f.* snare, trap, pitfall.
asechar *t.* to set traps for.
asediar *t.* to besiege, invest. *2* fig. to beset, importunate.
asedio *m.* siege, blockade.
asegurado, da *a.-n.* insured.
asegurador, ra *m.-f.* insurer, underwriter.
asegurar *t.* to secure. *2* to fasten, fix. *3* to ensure. *4* to assure. *5* to assert, affirm. *6* COM. to insure. *7 ref.* to make sure. *8* to hold fast. *9* to insure oneself.
asemejar *t.* to liken, compare. *2 i.-ref.* to resemble.
ascenso *m.* assent, consent.
asentar *t.* to seat. *2* to place, fix, establish. *3* to affirm, assume. *4* to enter [in a ledger, etc.]; to note down. *5 ref.* to sit down. *6* to settle. *7* [of birds] to alight. ¶ CONJUG. like ***acertar***.
asentimiento *m.* assent, consent, acquiescence.
asentir *i.* to assent, agree. ¶ CONJUG. like ***hervir.***
aseo *m.* cleanliness, tidiness. *2* cleaning, tidying: ***cuarto de ~***, toilet-room.
asequible *a.* accesible, obtainable, reachable, available.
aserción *f.* assertion, affirmation.
aserradero *m.* saw-mill.
aserrar *t.* to saw. ¶ CONJUG. like ***acertar.***
aserrín *m.* sawdust.
aserto *m.* assertion, statement.
asesinar *t.* to assassinate, murder.
asesinato *m.* assassination, murder.
asesino, na *a.* murderous. *2 m.-f.* assassin, murderer.
asesor, ra *m.-f.* adviser, assessor.
asesoramiento *m.* advice.
asesorar *t.* to advise, give professional advice to. *2 ref.* to take advice.
asestar *t.* to aim, point, level, direct. *2* to strike, deal [a blow]; to fire [a shot].
aseveración *f.* asseveration, assertion.
aseverar *t.* to asseverate, affirm.
asfalto *m.* asphalt, asphaltum.
asfixia *f.* suffocation.
asfixiar *t.-ref.* to suffocate.
así *adv.* so, thus, in this way: ***así así,*** so so; middling; ***~ sea***, so be it. *2* in the same manner, as well. *3* as soon: ***~ que***, as soon as. *4 a.* such: ***un hombre ~***, such a man. *5 conj.* would that. *6* ***~ pues***, so then, therefore.
asiático, ca *a.-n.* Asiatic, Asian.
asidero *m.* handle, hold. *2* occasion, pretext.
asiduidad *f.* assiduity, sedulity.
asiduo, dua *a.* assiduous, frequent.
asiento *m.* seat [chair, etc.]. *2* site [of building, town, etc.]. *3* sediment. *4* settlement, establishment. *5* entry [in book-keeping]. *6* bottom.
asignación *f.* assignation. *2* allocation [of money], allowance.
asignar *t.* to assign, allot. *2* to assign, fix, appoint.
asignatura *f.* subject of study.
asilo *m.* asylum, refuge, shelter.
asimilación *f.* assimilation.
asimilar *t.* to assimilate. *2 ref.* to be assimilated. *3* to resemble.
asimismo *adv.* in like manner, likewise, also.
asir *t.* to seize, grasp, take. *2 ref.* to hold (to). *3* to avail oneself [of].
asistencia *f.* attendance, presence. *2* assistance, aid.
asistente *a.-n.* attendant, present. *2 m.* assistant, helper. *3* MIL. batman.
asistir *i.* to attend, be present, go: ***~ a la escuela***, to attend school. *2* CARDS to follow suit. *3 t.* to assist, aid, help.
asma *f.* MED. asthma.
asno *m.* ass, donkey, jackass.
asociación *f.* association.
asociado, da *m.-f.* associate, partner. *2* member.
asociar *t.* to associate. *2 ref.* to associate,

become associated; to join, enter into partnership.
asolador, ra *a.* razing, ravaging, devastating.
asolar *t.* to raze, level with the ground, lay waste, desolate. *2 ref.* [of liquids] to settle. ¶ CONJUG. like ***contar.***
asomar *i.* to begin to appear. *2 t.* to show, put out [through, behind or over an opening or a wall]. *3 ref.* to peep out, put one's head out, look out.
asombrar *t.* to frighten. *2* to amaze, astonish. *3 ref.* to be astonished, amazed.
asombro *m.* fright. *2* amazement, astonishment.
asombroso, sa *a.* amazing, astonishing, wonderful.
asomo *m.* sign, indication: ***ni por ~***, by no means.
asonancia *f.* assonance.
aspa *f.* X-shaped figure or cross. *2* reel [for skeining]. *3* wing [of windmill]. *4* blade [of a propeller].
aspaviento *m.* fuss, excessive show of fear, surprise, etc.
aspecto *m.* aspect, look, appearance.
ásperamente *adv.* rudely, harshly.
aspereza *f.* asperity, roughness. *2* tartness; harshness. *3* rudeness, gruffness.
asperjar *t.* to sprinkle.
áspero, ra *a.* rough. *2* harsh. *3* sour, tart. *4* rude, gruff.
aspersión *f.* aspersion, sprinkling.
áspid(e *m.* asp; viper.
aspillera *f.* MIL. loop-hole.
aspiración *f.* aspiration, ambition, longing. *2* breathing in.
aspirador, ra *a.* sucking. *2 f.* vacuum cleaner, hoover.
aspirante *a.* sucking. *2 m.* aspirant, candidate.
aspirar *t.* to inhale, breathe in. *2* to suck, draw in. *3* PHYS., PHON. to aspirate. *4 i.* ~ ***a***, to aspire after or to; to be a candidate for.
asquerosamente *adv.* dirtily.
asqueroso, sa *a.* loathsome, dirty, filthy, disgusting.
asta *f.* shaft. *2* lance, pike. *3* flagstaff. *4* horn, antler.
astado *m.* bull.
asterisco *m.* asterisc (*).
asteroide *m.* ASTR. asteroid.
astil *m.* handle, helve. *2* beam [of balance]. *3* shaft [of arrow].
astilla *f.* chip, splinter.
astillar *t.* to chip, splinter.
astillero *m.* shipyard, dockyard. *2* rack for lances.
astracanada *f.* THEAT. cheap farce.
astringente *a.* astringent.
astro *m.* star, heavenly body.
astrología *f.* astrology.
astrólogo *m.* astrologer.
astronauta *m.-f.* astronaut.
astronomía *f.* astronomy.
astrónomo *m.* astronomer.
astucia *f.* astuteness, cunning. *2* trick, stratagem.
astutamente *adv.* cunningly.
astuto, ta *a.* astute, cunning, sly, crafty.
asueto *m.* brief vacation, day off, school holiday.
asumir *t.* to assume, take upon oneself.
asunción *f.* assumption.
asunto *m.* matter subject, theme. *2* affair, business.
asustadizo, za *a.* easily frightened, scary, skittish.
asustar *t.* to frighten, scare. *2 ref.* to be frightened, take fright.
atabal *m.* kettle-drum.
atacar *t.* to attack. *2* to assail. *3* to impugn. *4* to ram, tamp.
atado, da *a.* faint-hearted. *2 m.* bundle, parcel.
atadura *f.* tying. *2* bind, knot.
atajar *i.* to take a short cut. *2* to head off. *3* to stop, interrupt. *4* to cut short.
atajo *m.* short cut.
atalaya *f.* watch-tower; high look-out. *2 m.* guard, look-out [man].
atañer *i.* to concern, regard.
ataque *m.* attack. *2* impugnation. *3* fit, access, stroke.
atar *t.* to tie, lace, knot, bind: ~ ***cabos***, to put two and two together. *2 ref.* to bind oneself.
1) **atardecer** *impers.* to get or grow dark.
2) **atardecer** *m.* evening, nightfall.
atareado, da *a.* busy.
atarearse *ref.* to toil, work hard, be very busy.
atarugar *t.* to silence, confuse.
atascadero *m.* mudhole. *2* difficulty, obstruction, dead end.
atascar *t.* to stop, clog, obstruct. *2* fig. to arrest [an affair]. *3 ref.* to be bogged. *4* to get stuck.
atasco *m.* sticking in the mud. *2* obstruction, jam.
ataúd *m.* coffin.
ataviar *t.* to dress, dress up, deck out, adorn.

atavío *m.* dress, adornment. *2 pl.* adornments.
atavismo *m.* atavism.
ateísmo *m.* atheism.
atemorizar *t.* to frighten, daunt. *2 ref.* to become frightened.
atención *f.* attention: ***en ~ a***, in view of. *2* civility, kindness. *3 pl.* affairs, duties, obligations. *4 interj.* attention!
atender *i.-t.* to attend, pay attention. *2* to heed. *3* to take care [of]. *4* to attend, wait upon. *5 t.* to listen to; to comply with. ¶ CONJUG. like ***entender.***
ateneo *m.* athenaeum.
atenerse *ref.* ~ ***a***, to abide by, stick to, keep to [an opinion, etc.]. ¶ CONJUG. like ***tener.***
atentado *m.* outrage, crime. *2* murder or attempted murder.
atentamente *adv.* attentively. *2* politely.
atentar *i.* ~ ***contra***, to commit outrage against. *2* to attempt the life of.
atento, ta *a.* attentive. *2* polite, courteous.
atenuante *a.* attenuating, extenuating.
atenuar *t.* to attenuate, tone down, weaken, reduce.
ateo, a *a.* atheist, atheistic. *2 m.-f.* atheist.
aterciopelado, da *a.* velvety.
aterido, da *a.* stiff with cold.
aterrador, ra *a.* terrifying, dreadful, appalling.
1) **aterrar** *t.* to pull down, demolish. ¶ CONJUG. like ***acertar.***
2) **aterrar** *t.-ref.* ATERRORIZAR.
aterrizaje *m.* AER. landing.
aterrizar *t.* AER. to land.
aterrorizar *t.* to terrify, appall. *2 ref.* to be terrified.
atesorar *t.* to treasure, hoard up. *2* to possess [virtues, etc.].
atestación *f.* attestation, testimony.
1) **atestar** *t.* to cram, pack, stuff, fill up. ¶ CONJUG. like ***acertar.***
2) **atestar** *t.* to attest, witness.
atestiguar *t.* to attest, testify, bear witness to.
atezar *t.* to tan; to blacken.
atiborrar *t.* to pack, cram, stuff.
atildado, da *a.* neat, elegant, spruce, trim.
atildar *t.* to render neat; to tidy, trim.
atinadamente *adv.* rightly, judiciously.
atinado, da *a.* right, judicious.
atinar *i.-t.* to hit [the mark]. *2* to hit upon, guess right.
atisbar *t.* to peep, spy, observe.
atisbo *m.* inkling. *2* glimpse, insight.
atizador *m.* fire poker.
atizar *t.* to poke, stir [the fire]. *2* to trim [a lamp]. *3* to fan, stir up [passions, etc.].
atlántico, ca *a.-m.* Atlantic.
atlas *m.* atlas.
atleta *m.* athlete.
atlético, ca *a.* athletic. *2* robust.
atletismo *m.* athletics.
atmósfera *f.* atmosphere, air.
atolón *m.* atoll.
atolondradamente *adv.* thoughtlessly.
atolondrado, da *a.* scatter-brained, thoughtless, reckless.
atolondrar *t.* ATURDIR. *2 ref.* to become bewildered, confused.
atolladero *m.* ATASCADERO.
atollar *i.-ref.* to get stuck, obstructed in the mud.
atómico, ca *a.* atomic.
átomo *m.* atom.
atónito, ta *a.* astonished, amazed.
atontado, da *a.* stunned, confused. *2* stupid, silly.
atontar *t.* to stun, stupefy. *2* to confuse, bewilder.
atorar *t.* to obstruct, choke. *2 ref.* to be blocked, choked.
atormentar *t.* to torment. *2* to torture. *3 ref.* to torment oneself, worry.
atornillar *t.* to screw.
atosigar *t.* to poison. *2* to press, harass, bother.
atrabiliario, ria *a.* bad-tempered.
atracadero *m.* NAUT. landfall, landing-place.
atracar *t.* to gorge [with food]. *2* to assault, *hold up. *3* NAUT. to bring alongside. *4 i.* NAUT. to come alongside. *5 ref.* to gorge oneself.
atracción *f.* atraction, appeal.
atraco *m.* assault, robbery, *hold-up.
atractivo, va *a.* atractive. *2 m.* charm, grace. *3* inducement, attraction.
atraer *t.* to attract, draw. *2* to lure, allure. *3* to charm, captivate. ¶ CONJUG. like ***traer.***
atragantarse *ref.* to stick in the throat. *2* to be choked.
atrancar *t.* to bar, bolt, fasten with a bolt. *2* to choke, obstruct.
atrapar *t.* to catch, take; to get. *2* to trap, ensnare.
atrás *adv.* back, backward(s, behind. *2* ago: ***días ~***, some days ago. *3 interj.* stand back!
atrasado, da *a.* in arrears. *2* behindhand. *3* backward, dull. *4* slow [clock].
atrasar *t.* to delay, postpone, retard. *2* to

set back [a clock]. *3 i.* [of a clock] to be slow. *4 ref.* to be late. *5* to be behindhand; to be in debt.

atraso *m.* backwardness, delay. *2 pl.* arrears.

atravesar *t.* to cross [go across; lie across]. *2* to put or lay across or crosswise. *3* to pierce, run through; to pass through. *4 ref.* to be or come in the way of. ¶ CONJUG. like ***acertar.***

atrayente *a.* attractive, pleasing.

atreverse *ref.* to dare, venture, risk.

atrevidamente *adv.* daringly.

atrevido, da *a.* daring, bold.

atrevimiento *m.* darling, boldness. *2* effrontery, insolence.

atribución *f.* power, authority, competence.

atribuir *t.* to attribute, ascribe. *2 ref.* to assume, take to oneself. ¶ CONJUG. like ***huir.***

atribular *t.* to grieve, afflict; distress. *2 ref.* to grieve: to be distressed.

atributo *m.* attribute, quality.

atril *m.* music-stand; lectern.

atrincherar *t.* MIL. to entrench. *2 ref.* to entrench oneself.

atrio *m.* courtyard, patio; entrance hall; portico. *2* atrium.

atrocidad *f.* atrocity. *2* enormity, excess.

atrofia *f.* atrophy.

atrofiarse *ref.* to atrophy, waste away.

atronador, ra *a.* deafening, thundering.

atropelladamente *adv.* helter-skelter; hastily.

atropellado, da *a.* badly-off. *2* hasty, precipitate.

atropellar *t.* to run over, trample. *2* to knock down. *3* to outrage, oppress, bully. *4 t.-i.* to disregard [rights, etc.]. *5 ref.* to be hasty.

atropello *m.* running over [accident]. *2* outrage, abuse.

atroz *a.* atrocious. *2* enormous, huge, awful.

atuendo *m.* dress. *2* pomp, ostentation.

atún *m.* ICHTH. tunny.

aturdido, da *a.* stunned. *2* ATOLONDRADO.

aturdir *t.* to stun, deafen. *2* to make giddy. *3* to rattle, bewilder. *4* to amaze.

aturrullar *t.* to confuse bewilder.

atusar *t.* to trim [hair, plants]; to smooth [the hair].

audacia *f.* audacity, boldness.

audaz, *pl.* **audaces** *a.* audacious, bold, daring.

audición *f.* audition, hearing. *2* concert.

audiencia *f.* audience [formal interview]. *2* Spanish provincial high court.

auditor *m.* judge advocate.

auditorio *m.* audience, auditory.

auge *m.* boom [in the market]. *2* boost [in prices]. *3* topmost height [of fortune, fame, etc.]. *4* acme. *5* ***estar en*** ~, to be on the increase.

augurar *t.* to foretell, predict.

augurio *m.* augury; omen.

aula *f.* class-room, lecture-room.

aullar *i.* to howl.

aullido *m.* howl. *2* RADIO. howling, squealing.

aumentar *t.-i.-ref.* to augment, increase, magnify. *2 i.-ref.* to grow, grow larger.

aumento *m.* enlargement, increase, advance.

aun *adv.* even, still: ~ ***cuando***, although.

aún *adv.* yet, as yet, still.

aunar *t.-ref.* to join, unite, combine.

aunque *conj.* though, although.

aura *f.* gentle breeze. *2* aura. *3* ~ ***popular***, popular favour.

áureo, rea *a.* golden.

aureola, auréola *f.* aureole, halo.

auricular *a.* auricular. *2 m.* TELEPH. receiver, earpiece.

aurífero, ra *a.* auriferous.

aurora *f.* dawn.

ausencia *f.* absence. *2* lack.

ausentarse *ref.* to absent oneself; to be absent; to leave.

ausente *a.* absent. *2 m.-f.* absentee.

auspicio *m.* auspice, patronage; presage.

austeridad *f.* austerity.

austero, ra *a.* austere, stern, strict; harsh.

austral *a.* austral, southern.

austríaco, ca *a.-n.* Austrian.

auténtico, ca *a.* authentic, genuine, real.

auto *m.* judicial decree, writ, warrant. *2* col. auto, car. *3* religious or biblical play. *4 pl.* LAW proceedings.

autobús *m.* bus.

autocar *m.* coach.

autócrata *m.* autocrat.

autógrafo, fa *a.* autographic. *2 m.* autograph.

autómata *m.* automaton.

automático, ca *a.* automatic(al.

automóvil *m.* automobile, motor-car.

automovilista *m.-f.* motorist.

autonomía *f.* autonomy. *2* home rule.

autónomo, ma *a.* autonomous.

autopista *f.* motorway, turnpike.

autopsia *f.* autopsy.

autor, ra *m.-f.* author, maker. *2.* author, authoress [writer]. *3* perpetrator [of a crime].
autoridad *f.* authority.
autorización *f.* authorization. *2* permit, license.
autorizar *t.* to authorize. *2* to empower. *3* to permit. *4* to legalize. *5* to approve.
autostop *m.* hitch-hiking: ***hacer*** ~, to hitch-hike.
1) **auxiliar** *t.* to help, assist.
2) **auxiliar** *a.* auxiliary. *2 m.* assistant.
auxilio *m.* help, aid, assistance.
aval *m.* guarantee.
avalar *t.* to guarantee.
avance *m.* advance [going forward; payment beforehand].
avanzada *f.* MIL. outpost; advance guard.
avanzar *i.* to advance. *2* to improve, progress.
avaricia *f.* avarice, greed.
avariento, ta; avaro, ra *a.* avaricious, miserly, niggard. *2 m.-f.* miser.
avasallador, ra *a.* overwhelming. *2* domineering.
avasallar *t.* to subjugate, subdue.
ave *f.* ORN. bird; fowl: ~ ***de rapiña***, or ***rapaz***, bird of prey.
avecinarse *ref.* to approach, be coming. *2* to settle.
avencindar *t.* to domicile. *2 ref.* to take up residence [at or in].
avejentar *t.-ref.* to age.
avellana *f.* BOT. hazel-nut.
avellano *m.* hazel plantation.
avemaría *f.* Hail Mary: ***en un*** ~, in a twinkle. *2* Angelus bell; ***al*** ~, at dusk.
avena *f.* BOT. oats.
avenencia *f.* agreement, accord.
avenida *f.* flood, freshet. *2* avenue.
avenir *t.* to make agree, to reconcile. *2 ref.* to agree. *3* to get along well together. *4* to resign oneself [to].
aventajado, da *a.* notable, excellent, outstanding.
aventajar *t.* to surpass, excel. *2* to advance, improve.
aventar *t.* to fan, to blow. *2* to winnow. *3* to strew to the wind. ¶ CONJUG. like ***acertar***.
aventura *f.* adventure. *2* hazard, chance, risk.
aventurado, da *a.* venturesome, risky.
aventurar *t.* to venture, hazard, risk. *2 ref.* to risk, run the risk of: to dare.
aventurero, ra *m.* adventurer. *2* mercenary. *3 f.* adventuress.
avergonzar *t.* to shame; to abash. *2 ref.* to be ashamed or abashed. *3* to blush. ¶ CONJUG. like ***contar***.
avería *f.* COM. damage. *2* MACH. failure, breakdown.
averiarse *ref.* to be damaged [esp. said of goods].
averiguación *f.* inquiry, investigation.
averiguar *t.* to inquire, investigate, find out.
aversión *f.* aversion, dislike, lothing, reluctance.
avestruz *f.* ORN. ostrich.
aviación *f.* aviation; air force.
aviador, ra *m.* aviator, airman, air pilot. *2 f.* airwoman.
avicultura *f.* aviculture.
avidez *f.* avidity, greed, covetousness. *2* eagerness.
ávido, da *a.* avid, covetous, greedy. *2* eager.
avieso, sa *a.* perverse, malicious, wicked, crooked.
avinagrado, da *a.* vinegary, sour, crabbed.
avinagrar *t.* to sour, make sour. *2 ref.* to sour, turn sour.
avío *m.* preparation, provision. *2 pl.* tools, tackle, equipment.
avión *m.* AER. airplane, aircraft.
avisado, da *a.* prudent, wise, srewd: ***mal*** ~, ill-advised.
avisar *t.* to inform. *2* to warn; to advise, admonish.
aviso *m.* notice, information; advice; warning. *2* caution: ***sobre*** ~ on one's guard.
avispa *f.* ENT. wasp.
avispado, da *a.* lively, clever, smart, keen.
avispar *t.* to rouse, enliven, make clever.
avispero *m.* wasp's nest. *2* MED. carbuncle.
avistar *t.* to sight, descry, get sight of. *2 ref.* to have an interview.
avituallar *t.* to victual, provision.
avivar *t.* to enliven, stir up. *2* to inflame, intensify. *3* to quicken. *4* to heighten, brighten [light, colours]. *5 i.-ref.* to acquire life, vigour.
avizor *a.* alert, watchful: ***ojo*** ~, on the alert.
avizorar *t.* to watch, spy.
axioma *m.* axiom.
¡ay! *interj.* alas!: ***¡~ de mí!***, woe is me!
aya *f.* governess. *2* nurse-maid.
ayer *adv.-m.* yesterday; lately; in the past.
ayo *m.* tutor [private teacher].
ayuda *f.* help, aid, assistance. *2* ~ ***de cámara***, valet.

ayudante *m.* aid, assistant. *2* MIL. aid, aide; adjutant.
ayudar *t.* to help, aid, assist.
ayunar *i.* to fast.
ayuno *m.* fast, fasting. *2 a.* having taken no food. *3 adv.* ***en ayunas***, before breakfasting; ignorant of.
ayuntamiento *m.* town council. *2* town hall.
azabache *m.* MINER. jet.
azada *f.* AGR. hoe.
azafata *f.* AER. air-hostess.
azafrán *m.* saffron; crocus.
azahar *m.* orange-blossom; lemon-blossom.
azar *m.* hazard, chance: ***al*** ~, at random, haphazard. *2* accident, mishap.
azararse *ref.* to get troubled, rattled, flustered.
azarosamente *adv.* misfortunately.
azaroso, sa *a.* misfortunate, unlucky. *2* risky, hazardous.
azogar *t.* to silver [a mirror]. *2 ref.* to get troubled, agitated.
azogue *m.* mercury, quicksilver.
azor *m.* ORN. goshawk.
azoramiento *m.* trouble, fluster, embarrasment.
azorar *t.* to trouble, startle; to bewilder. *2 ref.* to be startled, astonished; to be bewildered, perplexed; to be uneasy.
azotaina *f.* flogging; spanking.
azotar *t.* to whip, flog; to flagellate. *2* to spank. *3* [of sea, rain, etc.] to beat, lash.
azote *m.* birch, thong, scourge, whip, etc. [for flogging]. *2 fig.* scourge.
azotea *f.* flat roof.
azúcar *m.-f.* sugar.
azucarar *t.* to sugar, sweeten. *2* to coat or ice with sugar.
azucarero, ra *a.* [pertaining to] sugar. *2 m.* sugar-basin.
azucarillo *m.* spongy sugar bar.
azucena *f.* BOT. white lily.
azufre *m.* CHEM. sulphur, brimstone.
azul *a.-m.* blue: ~ ***celeste***, sky blue; ~ ***marino***, navy blue.
azulado, da *a.* blue, bluish.
azulejo *m.* glazed tile.
azumbre *m.* a liquid measure [about 2 litres].
azur *a.-m.* HER. azure.
azuzar *t.* to set [the dogs] on. *2* to incite, goad.

B

baba *f.* spittle, slobber: ***caérsele a uno la ~***, to be silly; to be delighted.
babear *i.* to drivel, drool.
babel *f.* babel, bedlam.
babero *m.* bib, feeder.
Babia *f.* ***estar en ~***, to be absent in mind.
babor *m.* port, larboard.
babosa *f.* ZOOL. slug.
babosear *t.* to slaver, drivel.
baboso, sa *m.-f.* slaverer, drooler. *2 m.* brat.
bacalao *m.* cod-fish. *2* dried cod.
bacia *f.* basin; shaving basin.
bacilo *m.* bacillus.
bacteria *f.* bacterium. *2 pl.* bacteria.
báculo *m.* stick, staff. *2 fig.* support, relief. *3* ~ ***pastoral***, Bishop's crozier.
bache *m.* pot-hole [in a road]. *2* AER. ~ ***de aire***, air-pocket.
bachiller *m.-f.* one who has the Spanish certificate of secondary education. *2* chatterbox.
bachillerato *m.* the Spanish certificate of secondary education.
badajo *m.* clapper [of bell]. *2* coll. stupid babbler.
badana *f.* dressed sheepskin.
badulaque *m.* foolish, simpleton.
bagaje *m.* MIL. baggage.
bagatela *f.* bagatelle, trifle.
bahía *f.* [sea] bay.
bailador, ra *a.* dancing. *2 m.-f.* dancer.
bailar *i.* to dance. *2* [of a top] to spin.
bailarín, na *a.* dancing. *2 m.-f.* dancer.
baile *m.* dance; ball: ~ ***de etiqueta***, formal dance.
bailotear *i.* to dance a lot and ungracefully.
bailoteo *m.* clumsy dancing.
baja *f.* fall, drop [in prices, in value, etc.]. *2* MIL. casualty. *3* ***darse de ~***, to resign membership [of] voluntarily.
bajada *f.* descent. *2* slope, dip [on a road]. *3* ***de ~***, on the way down; ***subidas y bajadas***, ups and downs.
bajamar *f.* low tide, low water.
bajamente *adv.* basely.
bajar *i.* to descend, come down, go down. *2* to fall, drop, lessen. *3* to sink, slope downwards. *4* to alight, get down [from a train, etc.]. *5 t.* to bring down, get down. *6* to lower, reduce [prices, etc.]. *7* to lower [head, eyes], bow [head]. *8 ref.* to stoop, bend down.
bajel *m.* vessel, ship.
bajeza *f.* baseness, meanness; lowliness. *2* low action.
bajío *m.* shoal, sandbank. *2* (Am.) lowland.
bajo *adv.* softly, in a low voice. *2 prep.* beneath, under; on: ~ ***pena de muerte***, on pain of death.
bajo, ja *a.* low [in practically every sense]. *2* short [not tall]. *3* downcast [eyes, etc.]. *4* base [gold, silver]. *5* dull, subdued [colour]. *6* base, vile. *7* lower: ***la clase ~***, the lower classes. *8* ***piso ~***, ***planta baja***, ground floor. *9 m.* hollow, deep. *10* shoal, sandbank. *11* bass. *12* ~ ***relieve***, bas-relief.
bala *f.* bullet, ball, shot. *2* bale [of goods].
balada *f.* ballad [poem].
baladí *a.* trivial, trifling.
baladronada *f.* boast, brag, bravado.
balance *m.* oscillation; equilibrium; swinging, rocking. *2* COM. balance-sheet, balance.
balancear *i.-ref.* to rock, swing, roll. *2 i.* to hesitate, waver. *3 t.* to balance, counterpoise.
balanceo *m.* swinging, rocking, rolling.
balanza *f.* balance, [pair of] scales.
balar *i.* to bleat.
balaustrada *f.* balustrade, banisters.
balazo *m.* shot; bullet wound.
balbucear *i.* to stammer, stutter. *2* [of a child] to babble.

balbuceo *m.* stammering. *2* babble [of a child].
balbucir *i.* BALBUCEAR.
balcón *m.* balcony [of a house].
baldado, da *a.* crippled, physically disabled. *2 m.-f.* invalid.
baldar *t.* to cripple. *2* to annoy.
balde *m.* bucket, pail. *2 adv.* ***de*** ~, free, for nothing. *3* ***en*** ~, in vain.
baldíamente *adv.* in vain, vainly.
baldío, día *a.* uncultivated. *2* vain. *3* idle, lazy. *4 m.* fallow land, wasteland.
baldón *m.* insult, affront. *2* blot, disgrace.
baldosa *f.* floor tile.
balear, baleárico *a.* Balearic.
balido *m.* bleat, bleating.
baliza *f.* buoy, beacon.
balneario, ria *a.* [pertaining to] bathing resorts. *2 m.* bathing resort, watering place, spa.
balón *m.* [a large, inflated] ball; a football. *2* bag [for holding a gas]. *3* CHEM. ballon.
baloncesto *m.* basket-ball.
balsa *f.* pool, pond. *2* NAUT. raft.
balsámico, ca *a.* balsamic, balmy.
bálsamo *m.* balsam, balm.
Báltico *pr. n.* Baltic Sea.
baluarte *m.* bastion. *2 fig.* bulwark.
ballena *f.* whale. *2* whalebone.
ballesta *f.* cross-bow. *2* carriage spring.
bambolear *i.* to sway, swing, rock. *2 ref.* to stagger; to sway.
bambolla *f.* show, sham, pretence.
bambú *m.* bamboo.
banana *f.* banana.
banasta *f.* large basket.
banca *f.* COM. banking. *2* a card game. *3* bank [in gambling]. *4* bench.
bancal *m.* AGR. terrace; plot.
bancario, ria *a.* COM. banking.
bancarrota *f.* bankruptcy: ***hacer*** ~, to go bankrupt.
banco *m.* bench, form; pew. *2* bench [work table]. *3* bank, shoal. *4* school [of fish]. *5* COM. bank.
banda *f.* scarf, sash. *2* band, strip. *3* band, gang; flock, herd. *4* side, border: ***cerrarse a la banda***, to stand firm. *5* side [of ship]. *6* MUS, RADIO band. *7* CINEM. ~ ***de sonido***, sound track.
bandada *f.* flock [of birds].
bandazo *m.* heavy roll.
bandeja *f.* tray, salver.
bandera *f.* flag, banner, colours: ***a banderas desplegadas***, openly; ***de*** ~, wonderful; ***arriar la*** ~, to strike the colours, surrender.
bandería *f.* faction, party.
banderilla *f.* barbed dart used in bullfighting: ***clavar una*** ~, to taunt, be sarcastic to.
banderillero *m.* banderillero.
banderín *m.* small flag. *2* recruiting post. *3* RLY. signal flag.
banderizo, za *a.* factional. *2* seditious. *3 m.* partisan.
banderola *f.* streamer, pennant.
bandido *m.* outlaw. *2* bandit, highwayman.
bando *m.* faction, party. *2* edict, proclamation.
bandolera *f.* bandolier.
bandolerismo *m.* brigandage, banditry.
bandolero *m.* brigand, robber, highwayman.
bandurria *f.* MUS. bandurria, bandore, cittern.
banquero *m.* COM. banker.
banqueta *f.* stool, footstool. *2* little bench. *3* (Mex.) sidewalk.
banquete *m.* banquet, feast.
banquillo *m.* stool, small bench. *2* prisoner's seat in court, dock.
bañador *m.* bathing-costume.
bañar *t.* to bathe. *2* to coat. *3 ref.* to bathe, take a bath.
bañera *f.* bath, bath-tub.
baño *m.* bath; bathing. *2* bathtub. *3* coating. *4 pl.* bathing place. *5* spa. *6* ~ ***de María***, double boiler.
baptisterio *m.* baptist(e)ry; font.
baqueta *f.* ramrod. *2* switch used as a whip. *3 pl.* drumsticks. *4* ***tratar a*** ~, to treat harshly, despotically.
baqueteado, da *a.* inured, hardened [person].
bar *m.* bar, tavern.
barahúnda *f.* uproar, tumult.
baraja *f.* pack, deck [of cards].
barajar *t.* to shuffle [cards]. *2* to mingle, jumble together. *3 i.* to quarrel. *4 ref.* to get mingled.
baranda, barandilla *f.* balustrade, railing, banisters.
baratija *f.* trinket, trifle.
baratillo *m.* cheap or second-hand goods or shop.
barato, ta *a.* cheap. *2 adv.* cheaply. *3 m.* bargain sale. *4* ***dar de*** ~, to grant [for the sake of argument].
baratura *f.* cheapness [of goods].
baraúnda *f.* BARAHÚNDA.
barba *f.* chin. *2* beard, whiskers: ~ ***cerrada***, thick beard; ***hacer la*** ~, to shave; to annoy; to fawn on; ***en las barbas de uno***, to one's face; ***por*** ~, apiece. *3* ~ ***de ballena***, whalebone. *4 m.* THEAT. old man.
bárbara *f.* ***santa*** ~, powdoer-magazine.

barbaridad *f.* barbarousness. *2* cruelty, brutality. *3* ***una ~ de***, a lot of; ***¡qué ~!***, what nonsense!; what an atrocity!
barbarie *f.* barbarousness. *2* savagery. *3* ignorance, lack of culture. *4* cruelty, brutality.
barbarismo *m.* barbarism [impurity of language]. *2* BARBARIE.
bárbaro, ra *a.* barbarian, barbaric, barbarous. *2* rude, cruel, savage. *3* coll. rash. *4* coll. enormous. *5 m.-f.* barbarian.
barbecho *m.* fallow. *2* ploughed land ready for sowing.
barbería *f.* barber's shop.
barbero *m.* barber.
barbilampiño *a.* smoth-faced, beardless.
barbilla *f.* point of the chin.
barbón *m.* bearded man.
barboquejo *m.* chin-strap.
barbotar *i.-t.* to mumble, mutter.
barbudo, da *a.* bearded, long-bearded.
barca *f.* boat, small boat: ***~ de pasaje***, ferry-boat.
barcaza *f.* lighter, barge.
barco *m.* boat, vessel, ship.
barda *f.*, **bardal** *m.* bard [horse armour]. *2* thatched top [of a wall].
bardo *m.* bard [poet.].
baremo *m.* ready reckoner.
barítono *m.* MUS. baritone.
barlovento *m.* NAUT. windward.
barniz *m.* varnish. *2* glaze [on pottery]. *3 fig.* smattering.
barnizar *t.* to varnish; to glaze.
barómetro *m.* barometer.
barón *m.* baron.
baronesa *f.* baroness.
barquero *m.* boatman; ferryman.
barquichuelo *m.* small boat.
barquillo *m.* thin rolled waffle.
barra *f.* bar. *2* MECH. lever, bar; beam, rod. *3* ingot. *4* bar, rail [in law-court]. *5* sand-bar. *6* ***sin pararse en barras***, regardless of obstacles; ***~ de labios***, lipstick.
barrabasada *f.* wrong, hasty, inconsiderate action, mischief.
barraca *f.* cabin, hut, shanty. *2* farmhouse [in Valencia].
barranca *f.* BARRANCO *1 & 2*.
barranco *m.* precipice. *2* ravine, gorge. *3* difficulty, set-back.
barreduras *f. pl.* sweepings, rubbish.
barreminas *m.* minesweeper.
barrena *f.* drill, auger, gimlet. *2* AER. spin: ***entrar en ~***, to go into a spin.
barrenar *t.* to drill, bore. *2* to scuttle [a ship]. *3* to foil, thwart. *4* to infringe [a law].
barrendero, ra *m.-f.* street-sweeper.
barreño *m.* earthen tub, basin.
barrer *t.* to sweep. *2* NAUT. to rake [with a volley, etc.].
barrera *f.* barrier: ***~ del sonido***, sound barrier. *2* FORT. parapet. *3* BULLF. fence around inside of bullring; first row of seats.
barriada *f.* city ward or district; suburb.
barricada *f.* barricade.
barrido *m.* sweeping.
barriga *f.* belly.
barrigón, na & **barrigudo, da** *a.* big-bellied.
barril *m.* barrel, keg.
barrilete *m.* keg. *2* CARP. clamp.
barrio *m.* town ward, quarter or district: ***~ extremo***, suburb; ***barrios bajos***, slums; fig. ***el otro ~***, the other world.
barrizal *m.* muddy place.
barro *m.* mud, clay: ***~ cocido***, terra-cotta. *2 pl.* pimples [on the face].
barroco, ca *a.* baroque.
barroso, sa *a.* muddy. *2* pimply.
barrote *m.* short, thick bar. *2* rung [of a ladder or chair].
barruntar *t.* to conjecture, guess, suspect, foresee.
barrunto *m.* foreboding, guess. *2* inkling, sign.
bartola (a la) *adv.* ***tumbarse a la ~***, to lie back lazily.
bártulos *m. pl.* tools, household goods, implements: ***liar los bártulos***, coll. to pack up.
barullo *m.* noise, confusion, tumult, hubbub.
basa *f.* basis, foundation. *2* ARCH. base.
basalto *m.* basalt.
basar *t.* to base, found. *2 ref.* to be based upon.
basca *f.* nausea, squeamishness.
báscula *f.* platform scale.
bascular *t.* to tilt, seesaw.
base *f.* basis, base: ***a ~ de***, on the basis of.
básico, ca *a.* basic.
basílica *f.* basilica.
basilisco *m.* basilisk: ***estar hecho un ~***, to be furious.
basta *f.* basting stitch.
bastante *a.* enough, sufficient. *2 adv.* enough, fairly, rather; pretty.
bastar *i.* to suffice, be enough. *2 interj.* ***¡basta!***, that will do!; stop!, enough!
bastardilla *a.* italic [letter]. *2 f.* italics.
bastardo, da *a.* bastard. *2* mean, base. *3 m.-f.* bastard.
bastidor *m.* sash, frame. *2* chassis [of a car]. *3* wing [of stage scenery]; ***entre***

bastidores, behind the scenes. *4* embroidery frame. *5* stretcher [for canvas].
bastilla *f.* SEW. hem.
bastimento *m.* supply of provisions. *2* NAUT. vessel.
bastión *m.* FORT. bastion; bulwark.
basto, ta *a.* coarse, rough. *2* unpolished. *3 m.* pack-saddle. *4 pl.* clubs [in Spanish cards].
bastón *m.* cane, walking-stick.
bastonada *f.*, **bastonazo** *m.* blow with a walking-stick.
basura *f.* rubbish, garbage, sweepings, refuse.
basurero *m.* dustman, garbage man. *2* rubbish dump.
bata *f.* dressing-gown. *2* white coat [for doctors, etc.].
batacazo *m.* violent bump.
batahola *f.* din, uproar.
batalla *f.* battle: ~ ***campal***, pitched battle. *2* joust, tournament.
batallador, ra *a.* fighting. *2 m.-f.* warrior, fighter.
batallar *i.* to battle, fight; to struggle. *2* to fence. *3* to waver.
batallón *m.* battalion.
batata *f.* BOT. sweet potato.
batea *f.* painted wooden tray. *2* small tub. *3* RLY. flat car.
batel *m.* small boat.
batelero *m.* boatman.
batería *f.* battery: ~ ***de cocina***, kitchen utensils. *2* THEAT. footlights. *3* percussion instruments.
batiborrillo, batiburrillo *m.* hodge-podge.
batido, da *a.* beaten [path]. *2* shot [silk]. *3 m.* COOK. batter. *4* beaten eggs; milk-shake.
batidor *m.* beater. *2* COOK. whisk.
3 MIL. scout.
batiente *a.* beating. *2 m.* door jamb. *3* spot where the sea beats.
batihoja *m.* goldbeater, silverbeater.
batín *m.* smoking-jacket.
batir *t.* to beat, strike. *2* to batter, beat down. *3* [of water, etc.] to beat, dash against. *4* to flap [wings]. *5* to beat [a metal] into sheets. *6* to coin [money]. *7* to beat, defeat. *8* ~ ***la marca***, to beat the record. *9* ~ ***palmas,*** to clap hands. *10* MIL. to range, reconnoitre [the ground]. *11 ref.* to fight.
batista *f.* cambric, batiste.
baturrillo *m.* hodge-podge, medley.
batuta *f.* MUS. baton: ***llevar la*** ~, to lead.
baúl *m.* luggage trunk; ~ ***mundo***, Saratoga trunk.
bautismo *m.* baptism; christening.
bautizar *t.* to baptize, christen. *2* to name. *3* to water [wine].
bautizo *m.* christening; christening party.
baya *f.* BOT. berry.
bayeta *f.* baize, flannel.
bayo, ya *a.* bay, reddish brown. *2 m.* bay [horse].
bayoneta *f.* bayonet.
baza *f.* trick [in cards]: ***meter*** ~ ***en***, coll to butt in.
bazar *m.* baza(a)r.
bazo *m.* ANAT. spleen.
bazofia *f.* refuse, scraps of food. *2* garbage.
beatería *f.* sanctimoniousness.
beatificar *t.* to beatify.
beatitud *f.* beatitude, blessedness.
beato, ta *a.* happy, blessed; ***Beatísimo Padre***, Holy Father. *2* devout, sanctimonious [person]. *3 m.-f.* hypocrite; church-goer.
bebé *m.* baby. *2* doll.
bebedero, ra *a.* drinkable. *2 m.* drinking bowl [for birds]; trough. *3* spout [of a vessel].
bebedizo, za *a.* drinkable. *2 m.-f.* potion; philtre.
bebedor, ra *a.* drinking. *2 m.-f.* drinker; hard drinker, toper.
beber *t.-ref.* to drink: ~ ***a la salud de uno***, to toast: ~ ***los vientos por***, to long for.
bebida *f.* drink; beverage.
bebido, da *a.* half-drunk, tipsy.
beca *f.* tippet. *2* scholarship, allowance, grant.
becario *m.* holder of a scholarship.
becerrada *f.* BULLF. fight with young bulls.
becerro *m.* calf, young bull. *2* calfskin. *3* ~ ***marino***, seal.
becuadro *m.* MUS. natural [sign].
bedel *m.* usher [in University].
befa *f.* jeer, flout, scoff.
befar *t.* to jeer, flout, scoff at.
begonia *f.* BOT. begonia.
béisbol *m.* baseball.
bejuco *m.* BOT. liana; rattan.
beldad *f.* beauty [of a woman].
Belén *m. pr. n.* GEOG. Bethlehem. *2 m.* (not cap.) Christmas crib. *3* bedlam, confusion.
belga *a.-n.* Belgian.
Bélgica *f. pr. n.* Belgium.
bélico *a.* warlike, martial.
belicoso *a.* bellicose, pugnacious.
beligerante *a.-n.* belligerent.
bellaco, ca *a.* wickerd, knavish. *2* cunning, sly. *3 m.-f.* knave, scoundrel.
bellamente *adv.* beautifully.

bellaquería *f.* knavery, knavish act. *2* slyness.
belleza *f.* beauty.
bello, lla *a.* beautiful, fair, fine, handsome, lovely: ***bellas artes***, fine arts.
bellota *f.* BOT. acorn.
bemol *a.-m.* MUS. flat: ***doble*** ~, double flat.
bencina *f.* benzine. *2* petrol.
bendecir *t.* to bless.
bendición *f.* benediction, blessing. *2 pl.* wedding ceremony.
bendito, ta *a.* sainted, holy, blessed. *2* happy. *3* annoying, bothersome. *4 m.* simple-minded soul.
beneficencia *f.* beneficence. *2* charity, social service.
beneficiar *t.* to benefit. *2* to cultivate, improve [land]; to exploit, work [a mine]. *3* COM. to sell [bills, etc.] at a discount. *4 ref.* to benefit, profit.
beneficio *m.* benefaction. *2* benefit, advantage, profit. *3* COM. profit: ~ ***neto***, clear profit. *4* [FEUD., ECCL.) benefice. *5* cultivation [of land]; exploitation [of mines].
beneficioso, sa *a.* beneficial, profitable, advantageous.
benéfico, ca *a.* beneficent, charitable. *2* beneficial.
benemérito, ta *a.* well-deserving, worthy: ***la Benemérita***, the Spanish Civil Guard.
beneplácito *m.* approval, consent.
benevolencia *f.* benevolence, kindness, goodwill.
benévolo, la *a.* benevolent, kind.
benigno, na *a.* benign, gentle, mild, kind.
beodo, da *a.* drunk. *2 m.-f.* drunkard.
berbiquí *m.* brace, carpenter's brace.
bereber *a.-n.* Berber.
berenjena *f.* egg-plant.
bergante *m.* scoundrel, rascal.
bergantín *m.* NAUT. brig: ~ ***goleta***, brigantine.
berlina *f.* berlin [carriage]. *2* closed front compartment [of stage-coach].
bermejo, ja *a.* bright reddish.
bermellón *m.* vermilion.
berrear *i.* to low [like a calf].
berrido *m.* cry of a calf; low.
berrinche *m.* rage, tantrum, anger.
berza *f.* cabbage.
besar *t.* to kiss. *2 ref.* to kiss [one another]. *3* to collide.
beso *m.* kiss. *2* bump [collision].
bestia *f.* beast. *2* boor, idiot. *3 a.* stupid, idiot.
bestial *a.* beastly, bestial. *2* coll. enormous.
bestialidad *f.* bestiality, brutality. *2* stupidity.
besugo *m.* ICHTH. sea-bream.
besuquear *t.* to kiss repeatedly.
bético, ca *a.* Andalusian.
betún *m.* bitumen. *2* shoe-polish.
biberón *m.* feeding-bottle.
Biblia *f.* Bible.
bíblico, ca *a.* Biblical.
bibliografía *f.* bibliography.
biblioteca *f.* library: ~ ***circulante***, lending library.
bibliotecario, ria *m.-f.* librarian.
bicarbonato *m.* CHEM. bicarbonate.
bíceps *m.* ANAT. biceps.
bicicleta *f.* bicycle.
bicharraco *m.* insect, ugly animal.
bicho *m.* small animal, vermin. *2* domestic animal. *3* BULLF. bull. *4* ~ ***raro***, odd fellow; ***mal*** ~, wicked person.
bidé *m.* bidet.
bidón *m.* can, drum.
biela *f.* MACH. connecting rod.
1) **bien** *adv.* well, properly, right, perfectly, happily. *2* willingly, readily: ***yo*** ~ ***lo haría, pero...***, I'd willingly do it, but... *3* very much, a good deal, fully, enough. *4* easily: ~ ***se ve que...***, it is easy to see that... *5* ~... ~, either... or. *6* ***ahora*** ~, now then. *7* ~ ***que***, although. *8* ***más*** ~, rather. *9* ***no*** ~, as soon as. *10* ***si*** ~, although. *11* ***y*** ~, well, now then.
2) **bien,** *pl.* **bienes** *m.* good [as opposed to evil]: ***hombre de*** ~, honest man. *2* good, welfare, benefit: ***hacer*** ~, to do good; ***en*** ~ ***de***, for the sake of. *3* fig. ***mi*** ~, my dearest, my love. *4 pl.* property, possessions, estate: ***bienes inmuebles*** or ***raíces***, real estate; ***bienes muebles***, movables, personal property.
bienal *a.* biennial.
bienandanza *f.* happiness, good fortune.
bienaventurado, da *a.* happy, blessed. *2* simple, guileless.
bienestar *m.* well-being, comfort.
bienhechor, ra *a.* beneficent, beneficial. *2 m.* benefactor. *3 f.* benefactress.
bienquisto, ta *a.* well-liked, generally steemed.
bienvenida *f.* welcome: ***dar la*** ~, to welcome.
bies *m.* bias [obliquity].
biftec, bistec *m.* beefsteak.
bifurcación *f.* forking, bifurcation, branch. *2* railway junction, branch railroad.
bifurcarse *ref.* to fork, branch off.
bigamia *f.* bigamy.

bígamo, ma *a.* bigamous. *2 m.-f.* bigamist.
bigote *m.* m(o)ustache. *2* whiskers [of cat].
bilingüe *a.* bilingual.
bilioso, sa *a.* bilious, liverish.
bilis *f.* bile, gall: *fig.* ***descargar la ~***, to vent one's spleen.
billar *m.* billiards. *2* billiards-table. *3* billiards-room, hall.
billete *m.* note, short letter. *2* love-letter. *3* ticket [railway, theatre, lottery, etc.]: ***~ de ida***, one-way ticket: ***~ de ida y vuelta***, return ticket.· *4* ***~de banco***, bank-note.
billón *m.* (British) billion; (U.S.A.) trillion.
bimensual *a.* twice monthly.
bimestral *a.* two-monthly.
bimotor *a.* AER. twin-motor.
binóculo *m.* binoculars. *2* lorgnette.
biografía *f.* biography.
biología *f.* biology.
biólogo *m.* biologist.
biombo *m.* folding screen.
bioquímica *f.* biochemistry.
biplano *m.* biplane.
birlar *t.* coll. ***~ la novia***, to pinch [someone's] sweetheart.
birlibirloque *m.* ***por arte de ~***, by magic.
birlocha *f.* kite [toy].
birrete *m.* scarlet biretta. *2* cap [of professors, judges, etc.].
bisabuelo, la *m.-f.* great-grandfather; great-grandmother. *2 m. pl.* great-grandparents.
bisagra *f.* hinge.
bisel *m.* bevel, bevel edge.
bisiesto *a.* leap [year].
bisnieto, ta *m.-f.* great-grandchild. *2 m.* great-grandson. *3 f.* great-granddaughter.
bisojo, ja *a.-n.* BIZCO.
bisonte *m.* ZOOL. bison.
bisoño, ña *a.* green, inexperienced. *2* MIL. raw. *3 m.-f.* greenhorn, novice. *4* raw recruit.
bistec *m.* beefsteak.
bisturí *m.* SURG. scalpel.
bisutería *f.* imitation jewelry.
bitácora *f.* NAUT. binnacle.
bitoque *m.* spigot [in a cask].
bizantino, na *a.-n.* Byzantine. *2 a.* idle [discussion].
bizarría *f.* gallantry, courage. *2* generosity.
bizarro, rra *a.* gallant, courageous. *2* generous.
bizcar *i.* to squint. *2 t.* to wink [the eye].
bizco, ca *a.* squint-eyed, cross-eyed. *2 m.f.* cross-eyed person.
bizcocho *m.* biscut, hardtack. *2* sponge cake.
biznieto, ta *m.-f.* BISNIETO, TA.
bizquear *i.* to squint.
blanco, ca *a.* white, hoary. *2* white, pale. *3* fair [complexion]. *4* white [race, person, metal]. *5 m.-f.* white person. *6 m.* white colour. *7* target, mark: ***dar en el ~***, to hit the mark. *8* aim, goal. *9* gap, interval. *10* blank, blank space: ***en ~***, blank [page, cheque, etc.]. *11* white [of eye]. *12* ***quedarse en ~***, to fail to grasp the point, to be disappointed.
blancor *m.*, **blancura** *f.* whiteness. *2* fairness [of skin].
blancuzco, ca; blanquecino, na *a.* whitish.
blandir *t.* to brandish, flourish.
blando, da *a.* soft, bland. *2* gentle, mild. *3* delicate. *4* cowardly.
blanducho, cha; blandujo, ja *a.* softish, flabby.
blandura *f.* softness. *2* gentleness, sweetness. *3* endearing word. *4* luxury, delicacy.
blanquear *t.* to whiten, blanch. *2* to bleach. *3* to whitewash. *4 i.* to whiten, turn white. *5* to show white.
blanqueo *m.* whitening, bleaching. *2* whitewashing.
blasfemar *i.* to blaspheme, curse, swear.
blasfemia *f.* blasphemy, curse.
blasfemo, ma *a.* blasphemous. *2 m.-f.* blasphemer.
blasón *m.* heraldry, blazon. *2* armorial bearings. *3* HER. charge. *4* honour, glory.
blasonar *t.* HER. to emblazon. *2 i.* to boast [of being].
bledo *m.* BOT. blite: ***no me importa un ~***, I don't care a straw.
blindaje *m.* armour-plating. *2* ELECT. shield.
blindar *t.* to armour, armour-plate. *2* ELECT. to shield.
blocao *m.* blockhouse.
blondo, da *a.* blond(e, fair.
bloque *m.* block [of stone, etc.].
bloquear *t.* to blockade. *2* to block, freeze [funds].
bloqueo *m.* MIL., NAUT. blockade. *2* blocking [of an account].
blusa *f.* blouse.
boa *f.* ZOOL. boa.
boato *m.* pomp, ostentation.
bobada *f.* foolishness, folly.
bobalicón, na *a.* silly, simple. *2 m.-f.* nitwit.
bobear *i.* to talk nonsense, play the fool.

bobería *f.* silliness, foolishness. *2* silly action or remark; nonsense, trifle.
bóbilis (de) *adv.* for nothing.
bobina *f.* bobbin. *2* ELECT. coil.
bobinar *t.* to wind [yarn, etc.].
bobo, ba *a.* silly, foolish. *2 m.-f.* fool, dunce, booby.
boca *f.* mouth [of man or animals]: ***andar en ~ de todos***, to be the talk of the place; ***meterse en la ~ del lobo***, to put one's head into the lion's mouth; ***no decir esta ~ es mía***, not to say a word; ***oscuro como la ~ del lobo***, pitchdark; ~ ***abajo***, face downwards; ~ ***arriba***, face upwards. *2* mouth, entrance, opening: ~ ***de un río***, mouth of a river. *3* muzzle [of a gun]. *5* ~ ***del estómago***, pit of the stomach.
bocacalle *f.* street entrance.
bocadillo *m.* sandwich.
bocadito *m.* little bit.
bocado *m.* mouthful [of food], morsel: ~ ***de rey***, tibbit, delicacy. *2* bit [of the bridle].
bocamanga *f.* end of the sleeve.
bocanada *f.* mouthful [of liquid]. *2* puff [of smoke]; gust of wind.
boceto *m.* PAINT. sketch. *2* SCULP. rough model. *3* outline; skit.
bocina *f.* MUS. horn. *2* autohorn. *3* megaphone.
bocoy *m.* large barrel [for goods]; hogshead.
bochorno *m.* hot summer breeze. *2* sultry weather, suffocating heat. *3* blush. *4* embarrassment, shame.
bochornoso, sa *a.* hot, sultry. *2* disgraceful, shameful.
boda *f.* marriage, wedding: ***bodas de plata, de oro***, silver, golden wedding.
bodega *f.* cellar, wine-cellar. *2* wine shop. *3* pantry. *4* dock warehouse. *5* NAUT. hold [of a ship].
bodegón *m.* chop-house; tavern. *2* still-life painting.
bofetada *f.* **bofetón** *m.* slap in the face, buffet, blow.
boga *f.* vogue. *2* rowing.
bogar *i.* to row. *2* to sail.
bogavante *m.* ZOOL. lobster.
bohemio, mia *a.-m.* bohemian.
bohío *m.* (Am.) hut, *shack, cabin.
boicot *m.* boycott.
boicotear *t.* to boycott.
boina *f.* beret.
boj, boje *m.* BOT. box [shrub, wood].
bola *f.* ball: ~ ***de nieve,*** snowball. *2* fib, lie.
bolero, ra *a.* lying. *2 m.-f.* liar. *3 m.* bolero [dance; short jacket]. *4 f.* bowling-alley.
boleta *f.* MIL. billet. *2* (Am.) ballot.
boletín *m.* bulletin.
boleto *m.* (Am.) ticket.
bolígrafo *m.* ball-point pen.
boliche *m.* jack [small ball for bowling]. *2* bowls, skittles. *3* bowling-alley. *4* cup-and-ball [game]. *5* (Am.) cheap tavern; cheap store or shop; gambling joint.
bolina *f.* NAUT. bowline: ***navegar de*** ~, to sail close to the wind. *2* NAUT. sounding line. *3* noise, tumult.
bolo *m.* skittle, ninepin. *2* dunce, idiot. *3* large pill.
bolsa *f.* bag, pouch. *2* purse: ***la ~ o la vida***, your money or your life. *3* bag, pucker [in cloth, etc.]. *4* stock exchange: ***jugar a la ~***, to speculate in stocks. *5* ~ ***del trabajo***, employment exchange.
bolsillo *m.* pocket. *2* purse.
bolsista *m.-f.* stockbroker; stock speculator.
bolso *m.* purse: ~ ***de mano***, ladies' handbag.
bollo *m.* bun, roll. *2* puff [in a dress]. *3* bump [swelling]. *4* row; confusion.
bomba *f.* pump: ~ ***aspirante***, suction pump; ~ ***impelente***, force pump. *2* bomb: ~ ***atómica***, atomic bomb; ~ ***volante***, flying bomb; ***a prueba de*** ~, bomb-proof; ***noticia*** ~, surprising news.
bombacho *a.* ***calzón*** ~, short, wide breeches; ***pantalón*** ~, loose-fitting trousers.
bombardear *t.* MIL. to bombard; to bomb. *2* PHYS. to bombard.
bombardeo *m.* bombardment; bombing; ~ ***en picado***, AER. dive bombing.
bombear *t.* ARTILL. to bombard. *2* to pump. *3* to puff, write up.
bombero *m.* fireman.
bombilla *f.* ELECT. light bulb.
bombo, ba *a.* dazed, stunned. *2 m.* MUS. bass-drum. *3* writing up: ***dar*** ~, to write up. *4* revolving lottery box.
bombón *m.* bon-bon, sweetmeat, chocolate.
bonachón, na *a.* kind, good-natured. *2 m.-f.* good soul.
bonaerense *a.-n.* of Buenos Aires.
bonanza *f.* NAUT. fair weather; calm sea. *2* prosperity.
bondad *f.* goodness. *2* kindness, good nature. *3* kindness, favour: ***tenga la ~ de contestar***, please, write back.
bondadosamente *adv.* kindly, good--naturedly.
bondadoso, sa *a.* kind, good, good--natured.

bonete *m.* biretta. *2* college cap. *3* cap, skull cap.
boniato *m.* sweet potato.
bonificación *f.* allowance, discount.
bonificar *t.* to improve. *2* COM. to credit.
bonísimo, ma *a. superl.* very good.
bonitamente *adv.* easily, artfully.
bonito, ta *a.* pretty, nice, dainty. *2 m.* ICHTH. bonito.
bono *m.* COM. bond, certificate, debenture. *2* charity food-ticket; ~ ***del tesoro***, exchequer bill.
boñiga *f.* cow dung, manure.
boqueada *f.* gape, gasp.
boquear *i.* to gape, gasp. *2* to be dying. *3 t.* to utter.
boquerón *m.* wide opening. *2* ICHT. anchovy.
boquete *m.* gap, breach, narrow opening.
boquiabierto, ta *a.* open-mouthed, gaping.
boquilla *f.* stem [of pipe]. *2* cigarette holder; tip [of cigarette]. *3* moutphiece [of musical instrument]. *4* burner [of lamp].
borbollar, borbollear *i.* to bubble up, gush out [water].
borbollón *m.* bubbing up [of water]; ***a borbollones***, hastily, tumltuously.
borbotar *i.* [of water] to bubble up, to burble, spurt, gush out; boil over.
borbotón *m.* BORBOLLÓN: ***a borbotones***, bubbling.
borda *f.* NAUT. gunwale: ***arrojar por la*** ~, to throw overboard. *2* CHOZA.
bordado *m.* embroidering; embroidery.
bordar *t.* to embroider. *2* to perform exquisitely.
borde *m.* border, edge, verge, brink. *2* hem [of a garment].
bordear *i.-t.* to border, skirt. *2 t.* to border, verge. *3. i.* NAUT. to ply to windward.
bordo *m.* NAUT. board [ship's sidel: ***a*** ~, aboard; ***de alto*** ~, large [ship]; fig. of importance, high-up.
boreal *a.* boreal, northern.
borla *f.* tassel, tuft.
bornear *t.* to turn, move, shift. *2 ref.* to warp, bulge.
borrachera *f.* drunkenness, intoxication. *2* carousal.
borracho, cha *a.* drunk, intoxicated. *2 m.-f.* drunken person, drunkard.
borrador *m.* draft, rough copy. *2* duster, eraser. *3* blotter [book].
borrar *t.* to cross, strike, rub or blot out; to obliterate, efface, erase. *2* to smudge, blur.
borrasca *f.* storm, tempest.
borrascoso, sa *a.* stormy, tempestuous.
borrego, ga *m.-f.* yearly lamb. *2* simpleton.
borrico, ca *m.* ass, donkey. *2 f.* she-ass. *3* CARP saw-horse.
borrón *m.* ink blot. *2* blot, blemish.
borroso, sa *a.* smudgy, blurred, faded. *2* thick with sediment, turbid.
bosque *m.* forest, wood, grove, thicket; woodland.
bosquejar *t.* to sketch, outline.
bosquejo *m.* sketch, outline, rough plan or draft: ***en*** ~, sketchy.
bostezar *i.* to yawn, gape [with drowsiness].
bostezo *m.* yawn.
bota *f.* small, leather wine bag. *2* cask. *3* boot: ***ponerse las botas***, to make money.
botadura *f.* NAUT. launching.
botánica *f.* botany.
botánico, ca *a.* botanical. *2 m.-f.* botanist.
botar *t.* to throw, fling out. *2* to launch [a boat]. *3 i.* to bound, bounce. *4* to jump.
botarate *m.* fool, harebrain. *2* (Am.)spendthrift.
bote *m.* NAUT. small boat: ~ ***salvavidas***, life-boat. *2* bound, bounce. *3* jar, pot, canister; tin can. *4* ***de*** ~ ***en*** ~, crowded, crammed with people.
botella *f.* bottle.
botica *f.* chemist's shop; *drug store.
boticario *m.* chemist, druggist, pharmacist.
botija *f.* earthenware jar.
botijo *m.* earthen drinking jar with spout and handle.
botín *m.* spat [short gaiter]. *2* boot. *3* booty, spoils.
botiquín *m.* medicine case; first-aid kit. *2* (Am.) retail wine store.
botón *m.* button [of garment, electric bell, etc.]. *2* knob: ~ ***de puerta***, doorknob. *3* BOT. button, bud.
botones *m.* buttons, pageboy.
bóveda *f.* ARCH, ANAT. vault: ~ ***en cañón***, barrel vault.
bovino, na *a.* bovine.
boxeador *m.* SPORT boxer.
boxear *i.* SPORT to box.
boxeo *m.* SPORT boxing.
boya *f.* NAUT. buoy. *2* net float.
boyante *a.* NAUT. [of a ship] riding light. *2* prosperous, successful.
boyero, boyerizo *m.* oxdriver; oxherd.
bozal *m.* muzzle [mouth covering]. *2* muzzle bells. *3* (Am.) kind of halter [for horses]. *4 a.* (Am.) negro native of Africa. *5* novice, green. *6* stupid, idiot. *7* [of horses] untamed.
bozo *m.* down [on upper lip].
bracear *i.* to move or swing the arms. *2* to struggle. *3* NAUT. to brace.

bracero *m.* labourer [unskilled workman]. *2 adv.* ***de*** ~, arm-in-arm.
bracete (de) *adv.* arm-in-arm.
bragas *f. pl.* panties, step-ins.
bragueta *f.* fly [of trousers].
bramante *m.* thin twine or hemp string. *2 a.* roaring.
bramar *i.* to bellow, roar.
bramido *m.* bellow, roar.
brasa *f.* live coal: ***estar en brasas***, to be on tenterhooks; ***pasar como sobre brasas***, to skip over.
brasero *m.* brazier, fire pan.
Brasil *m. pr. n.* GEOG. Brazil.
brasileño, ña *a.-n.* Brazilian.
bravamente *adv.* bravely, gallantly. *2.* cruelly. *3.* finely, extremely well. *4* abundantly.
bravata *f.* bluster, swagger, brag: ***echar bravatas***, to talk big.
bravear *i.* to talk big, bluster, swagger.
bravío, a *a.* ferocious, wild, untamed. *2* rustic [person].
bravo, va *a.* brave, courageous. *2* fine, excellent. *3* fierce, ferocious [animal]: ***toro*** ~, bull for bullfights. *4* rough [sea, land]. *5* angry, violent. *6* magnificent. *7 interj.* bravo!
bravucón, na *a.* swaggering. *2 m.-f.* swaggerer.
bravura *f.* bravery, courage. *2* fierceness, ferocity [of animals].
braza *f.* NAUT. fathom.
brazada *f.* stroke [with arms]. *2* BRAZADO.
brazado *m.* armful, armload.
brazalete *m.* bracelet, armlet.
brazo *m.* arm [of body, chair, lever, etc]; ***cruzarse de brazos***, to fold one's arms; fig. to remain idle; ***a ~ partido***, hand to hand; tooth and nail; ***asidos del*** ~, arm-in-arm. *2* arm, power, might. *3* branch [of river]. *4* forelegs [of a quadruped]. *5 pl.* hands, workers.
brea *f.* tar, wood tar. *2* NAUT. pitch.
brebaje *m.* beverage; unpalatable drink.
brecha *f.* breach, gap, opening.
bregar *i.* to fight; to struggle. *2* to work hard, toil. *3 t.* to knead.
breña *f.*, **breñal** *m.* bushy and craggy ground.
Bretaña *f. pr. n.* Brittany. *2* ***Gran*** ~, Great Britain.
brete *m.* fetters, stocks. *2* difficult situation.
breva *f.* early fig. *2* flat cigar. *3* good, desirable thing.
breve *a.* short, brief. *2 f.* MUS. breve. *3 m.*, apostolic brief. *4 adv.* ***en*** ~, soon, shortly. *5* **-mente** *adv.* briefly, concisely.
brevedad *f.* brevity, briefness. *2* ***a la mayor*** ~, as soon as possible.
breviario *m.* ECCL. breviary. *2* compendium.
brezal *m.* field of heather.
brezo *m.* BOT. heath, heather.
bribón, na *a.* loafing. *2* rascally. *3 m.-f.* loafer. *4* rascal, scoundrel.
bribonada *f.* dirty trick.
brida *f.* bridle: ***a toda*** ~, at top speed. *2* MEC. clamp; flange.
brigada *f.* MIL. brigade. *2* squad, gang.
brillante *a.* brilliant, shining, bright. *2* sparkling, glittering; glossy. *3 m.* brilliant [diamond]. *4* ***-mente*** *adv.* brilliantly.
brillantez *f.* brilliance. *2* success, splendour. *3* dazzle.
brillar *i.* to shine. *2* to sparkle, glitter, be glossy. *3* to be outstanding.
brillo *m.* brilliance, brightness, lustre; splendour, shine.
brincar *i.* to spring, skip, leap, jump, hop.
brinco *m.* spring, skip, leap, jump, hop.
brindar *i.* to toast, drink to the health of. *2 t.-i.* to offer, afford: ~ ***a uno con una cosa***, to offer something to someone. *3 ref.* ***brindarse a***, to offer to [do something].
brindis *m.* toast [to a person's health].
brío *m.* strength, spirit, determination. *2* liveliness, nerve; valour, courage.
brioso, sa *a.* vigorous, spirited, lively.
brisa *f.* northeast wind. *2* breeze.
brisca *f.* a Spanish card game.
británico, ca *a.* British, Britannic.
brizna *f.* slender particle, chip; leaf [of grass]; string [in pods].
broca *f.* WEAV., SPIN. spindle, skewer: ~ ***de lanzadera***, shuttle spindle. *2* conical drill bit. *3* shoemaker's tack.
brocado, da *a.* brocaded. *2 m.* brocade.
brocal *m.* curbstone [of a well]. *2* steel rim [of a shield]; metal mouth [of a scabbard]. *3* mouth piece [of a leather wine bag].
brocha *f.* stubby brush [for painting]; ***pintor de ~ gorda***, house painter. *2* ~ ***de afeitar***, shaving-brush.
brochada *f.*, **brochazo** *m.* brush-stroke, blow with a brush.
broche *m.* clasp, fastener, hook and eye; brooch. *2* hasp [for book covers].
broma *f.* fun, merriment; joke: ***gastar una ~ a***, to play a joke on: ***en*** ~, in fun, jokingly; ~ ***pesada***, practical joke.
bromear *i.* to joke, jest, make fun of.
bromista *a.* full of fun. *2 m.-f.* merry person, joker.

bronca *f.* row, shindy, quarrel: ***armar una*** ~, to cause a disturbance, raise a rumpus. *2* harsh reprehension.
bronce *m.* bronze.
bronceado, da *a.* bronzed, bronze-coloured. *2* tanned, sunburnt. *3 m.* bronzing, bronze finish.
broncear *t.* to bronze. *2* to tan [the skin].
bronco, ca *a.* coarse, rough. *2* brittle [metal]. *3* gruff, rude. *4* hoarse, harsh [voice, sound].
bronquitis *f.* MER. bronchitis.
broquel *m.* shield, buckler.
brotar *i.* to germinate, sprout; to bud, burgeon, shoot. *2* [of water, tears, etc.] to spring, gush. *3* [of pimples, etc.] to break out. *4 t.* to put forth [plants, grass, etc.]. *5* to shed.
brote *m.* bud, sprout. *2* outbreak.
broza *f.* underbrush. *2* brush, brushwood. *3* rubbish, trash.
bruces (a or **de)** *adv.* face downwards, on one's face, headlong.
bruja *f.* witch, sorceress. *2* coll. hag, shrew.
brujería *f.* witchcraft, sorcery, magic.
brujo *m.* wizard, sorcerer, magician.
brújula *f.* magnetic needle, compass.
bruma *f.* mist, fog [in the sea].
brumoso, sa *a.* foggy, hazy, misty.
bruno, na *a.* dark-brown.
bruñido, da *a.* burnished. *2 m.* burnishing.
bruñir *t.* to burnish, polish.
bruscamente *adv.* brusquely. *2* suddenly.
brusco, ca *a.* brusque, rude, gruff. *2* sudden. *3* sharp [curve].
Bruselas *f. pr. n.* GEOG. Brussels.
brusquedad *f.* brusqueness, rudeness, gruffness; rude action or treatment. *2* suddenness.
brutal *a.* brutal, brutish, beastly, savage. *2* coll. colossal. *3 m.* brute, beast. *4* **-mente** *adv.* brutally.
brutalidad *f.* brutality. *2* stupidity. 3 fig. ***me gusta una*** ~, I like it enormously.
bruto, ta *a.* brute, brutish. *2* stupid, ignorant. *3* rough, unpolished. *4* ***bruto*** or ***en*** ~, in the rough, unwrought, crude. *5 m.* brute, beast; blockhead.
bucanero *m.* buccaneer.
bucal *a.* oral, buccal.
bucear *i.* to dive; to swin under water. *2 fig.* to explore.
buceo *m.* diving.
bucle *m.* long curl [of hair], ringlet. *2* AER. loop.
buche *m.* crow, crop [of animals]. *2* stomach [of man]. *3* bosom [thoughts, secrets].
budín *m.* pudding.
buen *a.* apocopated form of BUENO.
buenamente *adv.* easily, without difficulty. *2* voluntarily, spontaneously.
buenaventura *f.* good luck, happiness. *2* fortune: ***decirle a uno la*** ~, to tell someone his fortune.
bueno, na *a.* good. *2* kind. *3* fit, suitable. *4* well [in good health or condition]. *5* ***a buenas, por la buena***, willingly; ***¡buena es ésta!***, that is a good one!; ***buenos días***, good morning; ***buenas noches***, good evening, good night; ***buenas tardes***, good afternoon; ***de buenas a primeras***, from the very start. *6 adv.* ***¡bueno!***, well, very well; all right!, that is enough!
buey *m.* ZOOL. ox, bullock, steer: ***carne de*** ~, beef; ~ ***marino***, sea-cow.
búfalo *m.* ZOOL. buffalo.
bufanda *f.* muffler, scarf.
bufar *i.* to puff and blow, to snort [with anger].
bufete *m.* writing-desk. *2* lawyer's office: ***abrir*** ~, to set up as a lawyer. *3* (Am.) snack, refreshment.
bufido *m.* angry snort or roar.
bufo, fa *a.* farcical, bouffe: ***ópera*** ~, opera bouffe. *2 m.* buffoon. *3* buffo [actor].
bufón, na *a.* buffoon. *2 m.-f.* buffoon, jester.
buharda, buhardilla *f.* dormer window. *2* garret, attic. *3* (Am.) skylight.
búho *m.* ORN. eagle owl.
buhonero *m.* pedlar, peddler, hawker.
buido, da *a.* pointed, sharp. *2* grooved, striated.
buitre *m.* ORN. vulture.
bujía *f.* wax candle. *2* candlestick. *3* MEC. spark-plug.
bula *f.* [papal] bull. *2* bulla.
bulbo *m.* ANAT., BOT. bulb.
bulerías *f. pl.* Andalusian song and dance.
buldog *m.* bulldog.
bulevar *m.* boulevard.
búlgaro, ra *a.-n.* Bulgarian.
bulo *m.* canard, hoax, false report.
bulto *m.* volume, size, bulk: ***de*** ~, in sculpture; fig. obvious, striking. *2* shade, form, body: ***escurrir el*** ~, to dodge. *3* swelling, lump. *4* bundle, pack. *5* ***a*** ~, broadly, roughly.
bulla *f.* noise, uproar, racket. *2* crowd.
bullanga *f.* tumult, racket, riot.

bullanguero, ra *a.* fond of noise. *2 m.-f.* noisy person, rioter.
bullicio *m.* hubbub, noise, stir. *2* riot.
bulliciosamente *adv.* noisily.
bullicioso, sa *a.* noisy, boisterous, restless, lively, merry. *2* riotous. *3 m.-f.* rioter.
bullir *i.* to boil. *2* to bubble up. *3* to seethe. *4* to bustle about. *5 i.-ref.-t.* to move, stir, budge.
buñuelo *m.* doughnut, cruller; fritter. *2* botch, bungle.
buque *m.* NAUT. ship, vessel: ~ ***de cabotaje***, coaster; ~ ***de guerra***, warship; ~ ***de vapor***, steamer; ~ ***de vela***, sailboat: ~ ***cisterna***, tanker; ~ ***mercante***, merchant ship. *2* hull [of a ship]. *3* capacity.
burbuja *f.* bubble.
burbujear *i.* to bubble.
burdel *m.* brothel.
Burdeos *pr. n. & m.* Bordeaux [town, wine].
burdo, da *coarse. 2* clumsy [lie, work].
burgalés, sa *a.-n.* of Burgos.
burgués, sa *m.-f.* bourgeois, middle class person.
burguesía *f.* bourgeoisie, middle class.
buril *m.* burin, chisel.
burla *f.* mockery, gibe, jeer, scoff: ***hacer ~ de***, to mock, scoff, make fun of. *2* joke, jest: ***de burlas***, in fun. *3* deception, trick.
burladero *m.* refuge in a bull ring. *2* safety island.
burlador, ra *a.* mocking, deceiving. *2 m.* mocker, deceiver. *3* seducer of women.
burlar *t.* to mock. *2* to deceive, seduce. *3* to disappoint, frustrate, evade. *4 i.-ref.* ***burlarse de***, to make fun of, to laugh at: ***burla, burlando***, without noticing it; on the quiet.
burlesco, ca *a.* burlesque, comical.
burlón, na *a.* mocking. *2 m.-f.* mocker, joker.
burlonamente *adv.* mockingly.
buró *m.* writing-desk, bureau.
burócrata *m.-f.* bureaucrat.
burra *f.* she-ass. *2* ignorant, stupid woman. *3* strong, hardworking woman.
burrada *f.* drove of asses. *2* foolishness, blunder.
burro *m.* donkey, ass: *fig.* ~ ***de carga***, strong, hardworking man. *2* ignorant, stupid man. *3* saw-horse.
bursátil *a.* [pertaining to] stock market.
busca *f.* search, hunt, quest: ***en ~ de***, in quest of.
buscador, ra *a.* searching. *2 m.-f.* searcher, seeker; prospector. *3 m.* OPT. finder.
buscar *t.* to look for, search for, seek. *2* to prospect.
buscón, na *m.-f.* searcher, seeker. *2* petty thief. *3 f.* harlot.
busilis *m.* coll. rub, point; ***dar en el ~***, to see the point.
búsqueda *f.* search, hunt, quest.
busto *m.* bust.
butaca *f.* arm-chair. *2* THEAT. orchestra stalls.
butano *m.* CHEM. butane.
butifarra *f.* a kind of pork sausage.
buzo *m.* diver: ***campana de ~***, diving-bell.
buzón *m.* outlet [of a pond]. *2* letter-box, pillar-box. *3* stopper, bung.

C

cabal *a.* just, complete, exact, full. *2* perfect. *3 adv.* exactly. *4 m. pl.* ***estar en sus cabales***, to be in one's right mind.
cábala *f.* cab(b)ala. *2* guess, divination.
cabalgadura *f.* riding horse. *2* beast of burden.
cabalgar *i.* to horse, ride on horseback, mount.
cabalgata *f.* cavalcade.
caballar *a.* equine, of horses.
caballeresco *a.* chivalrous, knightly. *2* gentlemanly.
caballería *f.* riding animal; horse, mule, ass. *2* MIL. horse, cavalry. *3* knighthood: ~ ***andante***, knight-errantry.
caballeriza *f.* stable [for horses]. *2* royal mews.
caballero, ra *a.* riding. *2 m.* ~ ***andante***, knight-errant. *3* gentleman. *4* sir [form of address].
caballerosidad *f.* gentlemanly behaviour, generosity, nobility.
caballeroso *a.* chivalrous, gentlemanly.
caballete *m.* small horse. *2* ridge [of roof; between furrows]. *3* trestle, saw-horse. *4* easel. *5* bridge [of nose].
caballista *m.* horseman, good rider.
caballo *m.* ZOOL. horse. *2* knight [in chess]. *3* CARDS queen. *4* MECH. ~ ***de fuerza*** or ***vapor***, horsepower. *5* ***a*** ~, on horseback.
caballón *m.* ridge [between furrows].
cabaña *f.* cabin, hut, hovel. *2* large number of sheep or cattle.
cabecear *i.* to nod. *2* [of horses] to raise and lower the head. *3* NAUT. to pitch. *4 t.* to blend [wines].
cabeceo *m.* nodding [head]. *2* NAUT. pitching.
cabecera *f.* principal part; head. *2* seat of honour. *3* headboard [of a bed]. *4* bedside. *5* main town.
cabecilla *f.* little head. *2 m.* ringleader, rebel leader.
cabellera *f.* hair, head of hair. *2* wig. *3* tail [of a comet].
cabello *m.* hair [of the human head]. *2 pl.* hair, head of hair: ~ ***de ángel***, sweetmeat.
cabelludo, da *a.* with an abundant head of hair. *2* hairy: ***cuero*** ~, scalp.
caber *i.* to fit into, go in or into; to have enough room for; to befall: ***en esta lata caben diez litros***, this can will hold ten litres; ***no cabe más***, there is no room for more; ***no me cabe en la cabeza***, I never would have believed that; ***no cabe duda***, there is no doubt. ¶ CONJUG. INDIC. Pres.: ***quepo***, cabes, cabe, etc. | Pret.: ***cupe, cupiste***, etc. | Fut.: ***cabré, cabrás***, etc. || COND.: ***cabría, cabrías***, etc. || SUBJ. Pres.: ***quepa, quepas***, etc. | Imperf.: ***cupiera, cupieras***, etc. or ***cupiese, cupieses***, etc. | Fut.: ***cupiere, cupieres***, etc. || IMPER.: cabe, quepa; quepamos, cabed, ***quepan***.
cabestrillo *m.* sling [for the arm].
cabestro *m.* halter [for horses]. *2* leading ox.
cabeza *f.* head [of man or animal; mind, understanding; top part or end]. *2* head [chief, leader; first place]. *3* headwaters, source [of a river]. *4* head, individual: ***por*** ~, per head. *5* main town: ~ ***de partido***, county seat. *6* ~ ***de ajo***, bulb of garlic.
cabezada *f.* blow with the head, butt [with the head]; bump [on the head]. *2* nod [from drowsiness or in salutation]: ***dar cabezadas***, to nod. *3* NAUT., AER. pitch, pitching. *4* headgear [of a harness].
cabezal *m.* pillow, bolster. *2* MIN., MACH. headstock.
cabezazo *m.* blow with the head, butt.
cabezón, na *a.-n.* CABEZUDO 1.
cabezota *f.* large head. *2 m.-f.* bigheaded or obstinate person.

cabezudo, da *a.-n.* large-headed, obstinate [person]. *2 m.* figure of a big-headed dwarf [in some processions].
cabida *f.* space, room, capacity.
cabildo *m.* cathedral chapter. *2* town council. *3* meeting of a CABILDO.
cabina *f.* AER., TELEPH. cabin.
cabizbajo, ja *a.* crestfallen; pensive.
cable *m.* cable; rope, howser.
cablegrafiar *t.* to cable.
cabo *m.* end, extremity: ***de ~ a rabo***, from head to tail. *2* end, termination: ***llevar a ~***, to carry out; ***al ~ de un mes***, in a month. *3* bit, stump. *4* strand [of rope or thread]. *5* GEOG. cape. *6* MIL. corporal.
cabotaje *m.* NAUT. cabotage, coasting-trade.
cabra *f.* ZOOL. goat: ***loco como una ~***, as mad as a hatter.
cabrerizo, cabrero *m.* goatherd.
cabrestante *m.* capstan, windlass.
cabrilla *f.* ICHTH. cabrilla. *2* CARP. sawbuck. *3* whitecaps [in the sea].
cabrío *a.* hircine, goatish: ***macho ~***, he--goat. *2 m.* herd of goats.
cabriola *f.* caper, leap, hop, skip; somersault.
cabritilla *f.* [dressed] kid skin.
cabrito *m.* kid.
cabrón *m.* ZOOL. buck, billy-goat. *2 fig.* acquiescent cuckold.
cabruno, na *a.* hircine, goatish.
cacahuete *m.* BOT. peanut.
cacao *m.* cacao [tree, seed]; cocoa [tree, powder, drink].
cacarear *i.* [of fowls] to cackle, crow. *2* coll. to boast, brag.
cacareo *m.* cackling, crowing [of fowls]. *2* coll. boasting, bragging.
cacatúa *f.* ORN. cockatoo.
cacería *f.* hunt, hunting party.
cacerola *f.* casserole, saucepan.
cacique *m.* cacique, Indian chief. *2* political boss; tyrant.
caciquismo *m.* caciquism, government by local bosses.
caco *m.* thief, pickpocket. *2* coward.
cacofonía *f.* cacophony.
cacto *m.* cactus.
cachalote *m.* cachalot, sperm whale.
cacharrería *f.* crockery shop.
cacharro *m.* crock, piece of crockery. *2* rickety machine or car.
cachaza *f.* slowness, coolness.
cachazudo, da *a.* slow, easy-going, cool.
cachear *t.* to search, frisk.
cachemira *m.* cashmere.
cachete *m.* slap [on the face]. *2* plump cheek. *3* short dagger.
cachiporra *f.* cudgel.
cacho *m.* bit, piece, slice.
cachondearse *ref.* to poke fun at somebody.
cachorro, rra *m.-f.* puppy, cub.
cada *a.* each, every: ***~ cual, ~ uno***, each one, every one.
cadalso *m.* scaffold, platform, stage.
cadáver *m.* corpse, cadaver.
cadavérico, ca *a.* cadaverous. *2* deadly, ghastly, pale.
cadena *f.* chain: ***~ perpetua***, life imprisonment.
cadencia *f.* cadence, rhythm.
cadencioso, sa *a.* rhythmical.
cadera *f.* hip.
cadete *m.* MIL. cadet.
caducar *i.* to dote [from old age]. *2* to fall into disuse. *3* COM. to lapse, expire.
caduco, ca *a.* caducous, decrepit; lapsed.
caer *i.-ref.* to fall, drop, fall down, come down; to fall off or out. *2* ***~ en la cuenta de***, to realize. *3* to lie, be located: ***el camino cae a la derecha***, the way lies to the right. *4* [of the sun] to go down. *5* ***~ bien*** or ***mal***, to suit, fit, or not to suit, fit. ¶ CONJUG. INDIC. Pres.: ***caigo***, caes, etc. | Pret.: caí, caíste, ***cayó;*** caímos, caísteis, ***cayeron.*** || SUBJ. Pres.: ***caiga, caigas***, etc. | Imperf.: ***cayera, cayeras***, etc., or ***cayese, cayeses***, etc. | Fut.: ***cayere, cayeres***, etc. || IMPER.: cae, ***caiga; caigamos***, caed, ***caigan.*** || GER.: ***cayendo.***
café *m.* coffee [tree; seeds, beverage]. *2* café [tea-shop].
cafetal *m.* coffee plantation.
cafetera *f.* coffee-pot.
cafetería *f.* cafeteria, coffee-house.
cafeto *m.* BOT. coffee tree.
cafre *a.-n.* Kaffir. *2* savage, inhuman [person]. *3* rude, rustic.
cagar *i.-t.-ref.* to shit [not in polite use]. *2 t.* to soil, defile.
caída *f.* fall, drop; downfall; falling off or out: ***a la ~ del sol***, at sunset.
caído, da *a.* fallen. *2* downhearted. *3* drooping [eyelids, etc.].
caimán *m.* alligator, cayman.
caja *f.* box, chest, case. *2* cashbox, safe; cashier's office. ***~ de ahorros***, savings-bank.
cajero, ra *m.-f.* cashier.
cajetilla *f.* packet [of cigarettes].
cajón *m.* large box, bin. *2* drawer, till, locker.
cal *f.* lime [burned limestone].
cala *f.* cove, small bay. *2* fishing ground.

calabaza *f.* calabash, gourd, pumpkin: ***dar calabazas***, to fail, turn down [in examinations]; to refuse [a lover].
calabozo *m.* dungeon. *2* cell [of jail]. *3* pruning sickle.
calado *m.* NAUT. draught. *2* NAUT. depth [of water]. *3* drawn-work [in linen]; openwork [in metal, etc.]; fretwork.
calafatear *t.* to caulk.
calamar *m.* ZOOL. squid.
calambre *m.* MED. cramp, spasm.
calamidad *f.* calamity, disaster, misfortune.
calamitoso, sa *a.* calamitous, miserable.
calandria *f.* lark, skylark. *2* calender, mangle [machine].
calaña *f.* pattern, model. *2* kind, sort [specially in a bad sense].
calar *t.* to soak, drench. *2* to go through, pierce, penetrate. *3* to make drawn-work in [linen]; to cut openwork [in metal, etc.]. *4* to plug [a melon]. *5* to see through [a person's intentions]. *6 ref.* to get soaked or drenched. *7* to pull down [one's hat].
calavera *f.* [fleshless] skull. *2 m.* madcap, reckless fellow.
calaverada *f.* reckless action, escapade.
calcañar *m.* heel-bone.
calcar *t.* to calk or calque; to trace. *2* fig. to imitate.
calce *m.* steel tire. *2* shim, wedge; chock.
calceta *f.* stocking, hose: ***hacer*** ~, to knit.
calcetería *f.* hosiery.
calcetín *m.* sock.
calcinar *t.* to calcine; burn, char.
calcio *m.* calcium.
calco *m.* tracing, traced copy; exact copy. *2* imitation.
calcular *t.-i.* to calculate. *2 t.* to conjecture, guess.
cálculo *m.* calculation, estimate. *2* conjecture, guess. *3* MATH. calculus. *4* gallstone.
caldeamiento *m.* heating, warming.
caldear *t.* to warm, heat. *2 ref.* to heat [grow hot].
caldera *f.* kettle. *2* MACH. boiler.
calderilla *f.* copper coin(s, small change.
caldero *m.* small kettle or cauldron.
caldo *m.* broth. *2 pl.* COM. vegetable juices as wine, oil, etc.
calefacción *f.* heating; heating system: ~ ***central***, central heating.
calendario *m.* calendar, almanac.
calentador *m.* heater; warming-pan.
calentamiento *m.* warming, heating.
calentar *t.* to warm, warm up, heat up. *2* to beat, spank. *3 ref.* to warm oneself; to become heated, excited or angry.
calentura *f.* MED. fever, temperature.
calenturiento, ta *a.* feverish.
caleta *f.* small cove or creek.
caletre *m.* coll. good sense, sound judgement.
calibrar *t.* to calibrate; to gauge.
calibre *m.* calibre, bore, gauge.
calicanto *m.* rubble masonry.
calicó *m.* calico, cotton cloth. *2* fig. size, importance.
calidad *f.* quality. *2* character, nature. *3* rank, importance. *4 pl.* moral qualities, gifts.
cálido, da *a.* warm, hot.
caliente *a.* warm, hot.
califa *m.* caliph.
calificación *f.* qualification; judgment, censure. *2* rate, standing. *3* mark [in examination].
calificado, da *a.* qualified, competent. *2* [of a thing] having all the necessary conditions.
calificar *t.* to qualify, rate, class as. *2* to ennoble, give credit to. *3* to award marks to [in examination].
calificativo, va *a.* GRAM. qualifying. *2 m.* qualifier; epithet.
caligrafía *f.* calligraphy.
cáliz *m.* chalice [cup]. *2* BOT. calyx.
caliza *f.* limestone.
calizo, za *a.* calcareous, limy.
calma *f.* calm. *2* inactivity, let-up. *3* composure. *4* slowness, phlegm.
calmante *a.* soothing. *2 m.* sedative.
calmar *t.* to calm, quiet. *2* to allay, soothe. *3 i.-ref.* to abate, calm down. *4* to calm oneself.
calmoso, sa *a.* calm, quiet. *2* slow, sluggish.
caló *m.* gipsy language; slang.
calofrío *m.* shivers, shivering.
calor *m.* heat, warmth: ***hace*** ~, it is hot; ***tengo*** ~, I feel warm, hot. *2* enthusiasm, ardour.
caloría *f.* PHYS., PHYSIOL. calorie.
calumnia *f.* calumny, slander.
calumniador, ra *a.* slanderous. *2 m.-f.* slanderer.
calumniar *t.* to calumniate, slander.
calumnioso, sa *a.* slanderous.
calurosamente *adv.* warmly, enthusiastically. *2* hotly.
caluroso, sa *a.* hot [weather]. *2* warm, hearty, enthusiastic.
calva *f.* bald head. *2* bald spot.
calvario *m.* calvary, suffering.
calvez, calvicie *f.* baldness.

calvo, va *a.* bald, hairless, bald-headed. *2* bare, barren [land].
calzada *f.* highway, main road.
calzado, da *a.* shod. *2 m.* footwear; boots, shoes.
calzador *m.* shoehorn.
calzar *t.-ref.* to put on [one's shoes, gloves, spurs]. *2 t.* to shoe. *3* to shim, wedge up.
calzón, calzones *m. sing.* or *pl.* breeches, trousers.
calzoncillos *m.-pl.* drawers, pants.
calladamente *adv.* silently, quietly, secretly.
callado, da *a.* silent, quiet.
callar *i.-ref.* to be, keep or become silent; to shut up, be quiet; to stop, cease [talking].
calle *f.* street, road: ~ ***mayor***, high street, main street.
calleja *f.* CALLEJUELA.
callejear *i.* to walk the streets; to loiter, saunter, loaf.
callejero, ra *a.* fond of walking the streets. *2* street; coarse, common. *3 m.-f.* loiterer. *4 m.* street-guide.
callejón *m.* lane, alley: ~ ***sin salida***, blind alley, cul-de-sac.
callejuela *f.* narrow street, bystreet, alley, lane.
callista *m.-f.* chiropodist.
callo *m.* callus, callosity; corn. *2 pl.* tripe [food].
cama *f.* bed, couch; bedstead: ***guardar*** ~, to stay in bed.
camada *f.* brood, litter.
camafeo *m.* cameo.
camaleón *m.* chameleon.
cámara *f.* chamber, room, hall, parlour. *2* grain loft; granary. *3* house [legislative body]: ~ ***alta***, upper house; ~ ***baja***, lower house. *4* inner tube [of tire]. *5* OPT. camera.
camarada *m.* comrade, companion, pal, friend.
camaradería *f.* goodfellowship.
camarera *f.* maid; chamber-maid. *2* waitress. *3* stewardess [on a ship]; air-hostess [on an airliner].
camarero *m.* waiter. *2* steward [in a ship]. *3* chamberlain.
camarilla *f.* coterie, clique, cabal.
camarón *m.* ZOOL. shrimp, prawn.
camarote *m.* cabin, state-room, berth.
camastro *m.* wretched bed.
cambalache *m.* swop.
cambalachear *t.* to harter, swop.
cambiar *t.-i.* to change, alter, shift. *2 t.* to convert; ~ ***en***, to change into; ~ ***por***, to exchange for; ~ ***dinero***, to exchange money. *3 i.-ref.* [of the wind] to veer.
cambio *m.* change [alteration; substitution, etc.]; shift, shifting. *2* exchange, barter. *3* RLY. switch. *4* ***libre*** ~, free trade; ***a*** ~ ***de***, in exchange for; ***en*** ~, on the other hand; in exchange; ~ ***de marchas***, AUTO. gearshift.
cambista *m.-f.* money-changer. *2* broker, banker.
camelar *t.* to court, flirt with. *2* to cajole.
camelia *f.* BOT. camellia.
camelo *m.* courting, flirting. *2* coll. hoax, joke.
camello *m.* ZOOL. camel.
camilla *f.* stretcher, litter. *2* small bed. *3* table with a heater underneath.
camillero *m.* stretcher-bearer.
caminante *m.-f.* traveller, walker.
caminar *i.* to travel, journey. *2* to walk, march, go.
caminata *f.* long walk, hike, excursion.
camino *m.* path, road, way, track, course: ***abrirse*** ~, to make a way for oneself. *2* way, journey, travel: ***ponerse en*** ~, to start, set off on a journey.
camión *m.* lorry, *truck.
camionero *m.* truck-driver.
camioneta *f.* small van or lorry.
camisa *f.* shirt: chemise: ~ ***de dormir***, nightgown, nightdress; ~ ***de fuerza***, strait jacket; ***meterse en*** ~ ***de once varas***, to meddle with other people's business.
camisería *f.* shirt factory. *2* shirt shop, haberdasher's shop.
camiseta *f.* vest.
camisón *m.* nightdress, large shirt.
camorra *f.* row, quarrel.
camorrista *a.-m.* quarrelsome [person].
campamento *m.* camp, camping; encampment.
campana *f.* bell.
campanada *f.* stroke of a bell. *2* scandal; sensational happening.
campanario *m.* belfry.
campanero *m.* bell-founder. *2* bell-ringer.
campanilla *f.* small bell; handbell, doorbell. *2* ANAT. uvula. *3* BOT. bell-flower.
campanillazo *m.* loud ring of a bell.
campanilleo *m.* ringing; tinkling.
campante *a.* self-satisfied, cheerful.
campanudo, da *a.* pompous, highsounding. *2* bell-shaped.
campaña *f.* level countryside. *2* campaign.
campar *i.* to excel, stand out. *2* to camp, encamp.
campeador *m.* champion in battle.

campear *i.* to excel, stand out. *2* to go to pasture; to go about [wild animals]. *3* [fo fields] to grow green. *4* MIL. to be in the field; to reconnoitre. *5* to search lost cattle.
campechano, na *a.* frank, open, hearty, good-humoured.
campeón, na *m.* champion; defender. *2 f.* championess.
campeonato *m.* championship.
campero, ra *a.* in the open field. *2* (Arg.)good at farming.
campesino, na *a.* rustic, rural. *2 m.-f.* peasant, countryman, countrywoman, farmer.
campestre *a.* rural, country; [of flowers] wild.
campiña *f.* stretch of arable land; fields, countryside.
campo *m.* fields, country, countryside. *2* cultivated land, crops. *3* field, ground. *4* GOLF. links. *5* MIL. camp. *6* ***ir a ~ traviesa***, to cut across the fields; ***a ~ raso***, in the open.
can *m.* ZOOL. dog. *2* trigger.
cana *f.* white hair: ***peinar canas***, to be old; ***echar una ~ al aire***, to have a gay time.
canadiense *a.-n.* Canadian.
canal *m.* canal [artificial channel]. *2* GEOG. channel, strait. *3 m.-f.* gutter [in a roof]; gutter tile. *4* ***abrir en ~***, to cut open from top to bottom.
canalizar *t.* to canalize. *2* to channel, pipe.
canana *f.* cartridge-belt.
canalón *m.* drain-pipe, spout.
canalla *f.* rabble, riff-raff. *2 m.* rascal, scoundrel, cad.
canallada *f.* dirty trick.
canapé *m.* couch, sofa, lounge.
Canarias (Islas) *f. pr. n.* GEOG. Canary Islands.
canario, ria *a.-n.* Canarian. *2 m.* ORN. canary.
canasta *f.* basket, hamper.
canastilla *f.* small basket. *2* layette. *3* trousseau.
canastillo *m.* basket-tray.
canasto *m.* large basket.
cancela *f.* iron-work gate.
cancelación *f.* cancellation.
cancelar *t.* to cancel, annul.
cáncer *m.* MED. cancer.
canceroso, sa *a.* cancerous.
canciller *m.* chancellor.
cancillería *f.* chancellery.
canción *f.* song: ***~ de cuna***, lullaby, cradle-song; ***~ popular***, folk-song. *2* lyric poem.
cancionero *m.* collection of lyrics. *2* song-book.
cancha *f.* sports ground; [pelota] court; cockpit.
candado *m.* padlock.
cande *a.* ***azúcar ~***, candy.
candeal *a.* white [wheat].
candela *f.* candle, taper. *2* candlestick. *3* fire.
candelabro *m.* candelabrum; sconce.
candelero *m.* candlestick: ***estar en el ~***, to be high in office.
candente *a.* incandescent, red-hot: ***cuestión ~***, burning question.
candidato, ta *m.-f.* candidate.
candidatura *f.* list of candidates. *2* *candidature. *3* ballot-paper.
candidez *f.* whiteness. *2* simplicity, naïvety.
cándido, da *a.* white, snowy. *2* naïve, simple; easy to deceive.
candil *m.* oil-lamp, hand-lamp.
candileja *f.* oil receptacle in lamp. *2 pl.* THEAT. footlights.
candor *m.* pure whiteness. *2* candour, ingenuousness.
candorosamente *adv.* ingenuously.
candoroso, sa *a.* ingenuous, pure, naïve, innocent.
canela *f.* cinnamon. *2* fig. anything exquisite.
cangrejo *m.* ZOOL. crab or crayfish.
cangrena, etc. *f.* GANGRENA, etc.
canguro *m.* ZOOL. kangaroo.
caníbal *a.-n.* cannibal.
canica *f.* marble [little ball]. *2 pl.* marbles [game].
canícula *f.* dog-days.
canijo, ja *a.* weak, sickly.
canilla *f.* arm-bone, shin-bone. *2* tap [for barrel]. *3* WEAV. reel.
canino, na *a.* canine. *2 m.* canine tooth.
canje *m.* interchange, exchange.
canjear *t.* to exchange.
cano, na *a.* gray, gray-haired, hoary.
canoa *f.* canoe.
canon, *pl.* **cánones** *m.* canon.
canonizar *t.* to canonize.
canoso, sa *a.* gray-haired, hoary.
cansado, da *a.* tired, weary. *2* worn-out, exhausted. *3* tiresome, wearisome.
cansancio *m.* fatigue, weariness.
cansar *t.-i.* to fatigue, tire. *2 t.* to weary, bore, harass. *3* to wear out, exhaust. *4 ref.* to get tired, to grow weary; to become exhausted. *5 i.* to be tiring or tiresome.
cansino, na *a.* tired, exhausted.
cantante *a.* singing. *2 m.-f.* singer.

1) **cantar** *m.* song: ~ ***de gesta***, epic poem.
2) **cantar** *t.-i.* to sing. *2 i.* coll. to squeak, confess. *3* [of cocks] to crow.
cántara *f.* CÁNTARO. *2* wine measure [32 pints].
cántaro *m.* pitcher, jug: ***llover a cántaros***, to rain cats and dogs.
cantera *f.* quarry, stone pit.
cántico *m.* canticle, religious song.
cantidad *f.* quantity, amount.
cantilena *f.* song, ballad. *2* annoying repetition: ***la misma*** ~, the same old song.
cantimplora *f.* canteen, water-bottle.
cantina *f.* canteen, refreshment room.
cantinero *m.* canteen-keeper.
canto *m.* singing, chant, song. *2* poet, canto. *3* crow [of cock]; chirp, chirr [of insects]. *4* corner, point. *5* edge, thickness: ***siempre de*** ~, this side upside. *6* stone: ~ ***rodado***, boulder. *7* back [of knife].
cantón *m.* canton, region.
cantor, ra *a.* singing: ***pájaro*** ~, song-bird. *2 m.-f.* singer, songster, songstress.
caña *f.* cane [stem]; reed: ~ ***de azúcar***, sugar-cane. *2* leg [of boot]. *3* ~ ***de pescar***, fishing-rod. *4* glass [of beer].
cañada *f.* glen, dell, hollow. *2* cattle path.
cañamazo *m.* hemp tow. *2* burlap. *3* canvas for embroidery.
cáñamo *m.* hemp. *2* hempen cloth.
cañaveral *m.* reed plantation. *2* canebrake. *3* sugar cane plantation.
cañería *f.* water or gas-pipe, or main.
cañizal, cañizar *m.* CAÑAVERAL.
caño *m.* short tube or pipe. *2* jet [of water]. *3* sewer. *4* spout. *5* narrow channel [of a harbour].
cañón *m.* tube, pipe. *2* barrel [of gun]. *3* flue [of chimney]. *4* ARTILL. cannon, gun. *5* canyon, ravine. *6* quill [of a feather].
cañonazo *m.* cannon-shot; report of a gun.
cañonear *t.* to bombard.
cañonera *f.* gun-boat.
caoba *f.* MOT. mahogany.
caos *m.* chaos; confusion.
caótico, ca *a.* chaotic.
capa *f.* cloak, mantle, cape: ***andar de*** ~ ***caída***, to be on the decline. *2* pretence, disguise: ***so*** ~ ***de***, under pretence of. *3* coat [of paint, etc.]. *4* stratum.
capacidad *f.* capacity, content. *2* capability, ability.
capacitación *f.* enabling, qualification.
capacitar *t.* to enable, capacitate.
capacho *m.* basket, hamper.
capar *t.* to geld, castrate.
caparazón *m.* caparison. *2* carapace, shell [of crustaceans, etc.].
capataz *m.* foreman, overseer.
capaz *a.* capacious, roomy. *2* capable. *3* able, competent.
capazo *m.* large flexible basket.
capcioso, sa *a.* captious, insidious.
capea *f.* amateur free-for-all bullfight.
capear *t.* BULLF. to play the bull whit the cape. *2* to beguile. *3* to weather [a storm].
capellán *m.* priest, clergyman. *2* chaplain.
caperuza *f.* pointed hood. *2* chimney cap. *3* MACH. hood.
capilar *a.* capillary.
capilla *f.* hood, cowl. *2* chapel; oratory.
capirotazo *m.* fillip, flick.
capirote *m.* conical hood.
capital *a.* capital [main, great]: ***pena*** ~, capital punishment. *2 m.* property, fortune. *3* ECON. capital. *4 f.* capital, chief town.
capitalismo *m.* capitalism.
capitalista *a.-n.* capitalist.
capitán *m.* captain, chief, leader.
capitanear *t.* to captain, lead, command.
capitel *m.* ARCH. capital. *2* ARCH. spire.
capitulación *f.* capitulation. *2* agreement. *3 pl.* articles of marriage.
capitular *i.* to come to an agreement. *2* to capitulate.
capítulo *m.* chapter [of a book] *2 pl.* ***capítulos matrimoniales***, articles of marriage.
capón *a.* castrated, gelded. *2 m.* eunuch. *3* capon. *4* rap on the head.
caporal *m.* chief, leader.
capota *f.* bonnet, lady's hat. *2* bonnet, *hood [of carriage].
capote *m.* cloak with sleeves. *2* bullfigther's cape.
capricho *m.* caprice, whim, fancy. *2* longing, keen desire.
caprichosamente *adv.* capriciously; whimsically.
caprichoso, sa *a.* capricious, whimsical, fanciful.
cápsula *f.* capsule. *2* cartridge.
captar *t.-ref.* to win, secure [good will, etc.]. *2* RADIO to get, pick up [signals]; to tune in.
captura *f.* capture, seizure.
capturar *t.* to capture, arrest.
capucha *f.* hood, cowl.
capuchino *a.-n.* Capuchin.
capuchón *m.* lady's hooded cloak. *2* cap [of fountain-pen].
capullo *m.* cocoon. *2* flower bud. *3* acorn cup.

cara *f.* face, visage, countenance: ***sacar la ~ por alguien***, to take someone's part; ***echar en ~***, to reproach, throw in one's face; ***de ~ a***, opposite, facing; ***~ a ~***, face to face. *2* look, mien, aspect: ***tener buena ~***, to look well, or, good. *3* face, front, façade, outside, surface. *4* face, head [of a coin]: ***~ o cruz***, heads or tails. *5 adv.* facing, towards.
carabela *f.* NAUT. caravel.
carabina *f.* carbine, rifle. *2* coll. chaperon.
carabinero *m.* carabineer. *2* customs guard.
caracol *m.* snail. *2* ARCH. ***escalera de ~***, winding [or spiral] staircase.
caracola *f.* conch or triton shell.
caracolear *i.* [of horses] to caracole; to caper, prance around.
carácter, *pl.* **caracteres**, *m.* character [type, letter; distintive qualities; moral strength]. *2* nature, disposition; status.
característico, ca *a.* characteristic(al. *2 f.* characteristic.
caracterizar *t.* to characterize. *2* to give distinction, honour, etc. *3 ref.* THEAT. to dress up, make up.
¡caramba! *interj.* good gracious!
carámbano *m.* icicle.
carambola *f.* BILL. cannon, carom: ***por ~***, indirectly.
caramelo *m.* caramel [burnt sugar], sweetmeat, sweet.
caramillo *m.* flageolet; rustic flute; reed pipe.
carantoñas *f. pl.* caresses, wheedling, cajolery.
carátula *f.* mask [false face].
caravana *f.* caravan.
¡caray! *interj.* ¡CARAMBA!
carbón *m.* coal; charcoal. *2* ELEC. carbon, crayon.
carbonato *m.* CHEM. carbonate.
carbonería *f.* coalyard; charcoal shop or store.
carbonero, ra *a.* [pertaining to] coal or charcoal; coaling. *2 m.-f.* coaldealer, charcoal seller. *3 f.* coal cellar.
carbonizar *t.* to carbonize, char. *2 ref.* to become carbonized.
carbono *m.* CHEM. carbon.
carburador *m.* carburet(t)er, -or.
carcajada *f.* burst of laughter, guffaw.
cárcel *f.* jail, gaol, prison.
carcelero *m.* jailer, gaoler.
carcoma *f.* ENT. woodworm.
carcomer *t.* [of the woodworm] to bore; to eat away; to corrode.
carcomido, da *a.* worm-eaten.
cardar *t.* to card, comb.
cardenal *m.* ECCL. cardinal. *2* weal, bruise.
cardenillo *m.* verdigris.
cárdeno, na *a.* dark-purple, livid.
cardíaco, ca *a.* cardiac.
cardillo *m.* BOT. golden thistle.
cardinal *a.* cardinal, fundamental.
cardo *m.* BOT. thistle.
carear *t.* to confront, compare. *2 ref.* to meet face to face.
carecer de *i.* to lack, be in need of. ¶ CONJUG. like ***agradecer***.
carenar *t.* NAUT. to careen.
carencia *f.* lack, want, need.
carente *a.* ***~ de***, lacking, wanting.
careo *m.* confrontation.
carestía *f.* scarcity, want; famine. *2* high cost.
careta *f.* mask: ***quitar la ~***, to unmask, expose. *2* face-guard.
carey *m.* tortoise-shell.
carga *f.* loading, lading; charging. *2* burden. *3* cargo, freight: ***buque de ~***, cargo ship. *4* tax. *5* duty, expenses; charge.
cargado, da *a.* full, loaded, fraught. *2* sultry, cloudy [weather]. *3* strong [coffee, etc.]. *4* ***~ de espaldas***, round-shouldered.
cargador *m.* loader; stevedore; shipper, freighter. *2* carrier, porter. *3* clip [of cartridges].
cargamento *m.* NAUT. cargo, shipment.
cargante *a.* coll. boring, annoying.
cargar *t.* to load. *2* to burden. *3* to charge [a furnace; an account; the enemy; the task of; taxes]. *4* to assume responsabilities. *5* to impute, ascribe. *6* to increase [prices]. *7* to bother, annoy. *8 i.* to load up, take on a load: ***~ con***, to shoulder, take the weight of. *9 ref.* to lean [the body towards]. *10* to burden oneself. *11* to get cloudy, overcast. *12* ***cargarse con el muerto***, to get the blame.
cargo *m.* loading. *2* burden, weight. *3* employment, post, office. *4* duty, charge, responsability. *5* charge, accusation. *6* ***hacerse ~ de***, to take charge of; to take into consideration, understand, realize.
cariacontecido, da *a.* sad, troubled, crestfallen.
cariar *t.* to cause caries. *2 ref.* to become carious, decay, rot.
caribe *a.* Caribbean. *2 m.-f.* Carib.
caricatura *f.* caricature; cartoon.
caricia *f.* caress, endearment.
caridad *f.* charity.

caries *f.* MED., DENT. caries, rot.
cariño *m.* love, affection, fondness, tenderness; care. *2 pl.* caresses, endearments.
cariñosamente *adv.* affectionately.
cariñoso, sa *a.* loving, affectionate.
caritativo, va *a.* charitable.
cariz *m.* aspect, look [of weather, etc.].
carmesí *a.-m.* crimson. *2 m.* crimson silk fabric.
carmín *a.-n.* carmine [colour].
carnada *f.* bait.
carnal *a.* carnal, sensual: ***primo*** ~, cousin-german.
carnaval *m.* carnival.
carne *f.* flesh [of man, animal, fruit]. *2* meat [as a food]: ~ ***de gallina***, goose-flesh; ***ser de*** ~ ***y hueso***, to be only human; ***en*** ~ ***viva***, raw [skin or sore]; ~ ***asada***, roasted meat; ***ser uña y*** ~, to be hand in glove with.
carnero *m.* ZOOL. sheep; mutton.
carnet *m.* notebook. *2* membership card. *3* ~ ***de conducir***, driver's licence.
carnicería *f.* butcher's [shop]. *2* carnage, massacre.
carnicero, ra *a.* carnivorous [animal]. *2* bloodthirsty, sanguinary. *3 m.f.* butcher.
carnívoro, ra *a.* carnivorous.
carnosidad *f.* MED. proud flesh. *2* carnosity. *3* fleshiness, fatness.
carnoso, sa *a.* fleshy; pulpy [plant].
caro, ra *a.* dear, costly; expensive. *2* dear, beloved. *3 adv.* dearly, at a high price.
carpa *f.* ICHTH. carp.
carpeta *f.* writing-table cover. *2* writing-case. *3* portfolio.
carpintería *f.* carpentry. *2* carpenter's shop.
carpintero *m.* carpenter: ***pájaro*** ~, woodpecker.
carraca *f.* NAUT. carrack. *2* old boat. *3* rattle. *4* ratchet brace.
carraspear *i.* to clear one's throat. *2* to suffer from hoarseness.
carraspera *f.* hoarseness.
carrera *f.* run, running: ***a*** ~ ***tendida***, at full speed. *2* route [of a pageant]. *3* road, highway. *4* race [contest of speed]. *5* row; line, range. *6* ladder [in a stocking]. *7* career. *8* profession. *9 pl.* horse-racing.
carreta *f.* long, narrow cart.
carretada *f.* cartful, cart-load.
carrete *m.* spool, reel, bobbin. *2* ELEC. coil.
carretear *t.* to cart, haul [goods]. *2* to drive [a cart].
carretera *f.* road, high road, highway, main road.
carretero *m.* carter. *2* cart-wright.
carretilla *f.* wheelbarrow; handcart. *2* ***de*** ~, by heart.
carretón *m.* small cart. *2* handcart.
carril *m.* rut, track, furrow. *2* cart-way. *3* RLY. rail.
carrillo *m.* cheek, jowl: ***comer a dos carrillos***, to eat greedily.
carro *m.* cart. *2* (Am.) car. *3* chariot. *4* MIL. car, tank. *5* MACH. carriage [of typewriter, etc.]. *6* cart-boad.
carrocería *f.* body [of motorcar].
carromato *m.* long two-wheeled cart with a tilt.
carroña *f.* carrion.
carroza *f.* coach, stately carriage. *2* float [in processions].
carruaje *m.* carriage, car, vehicle.
carta *f.* letter, missive, epistle; note: ~ ***certificada***, registered letter; ~ ***de recomendación***, letter of introduction; ~ ***blanca***, full powers. *2* charter, chart. *3* chart, map. *4* playing-card. *5* bill of fare.
cartapacio *m.* note-book. *2* satchel.
cartearse *ref.* to correspond, write to one another.
cartel *m.* poster, placard, bill.
cartelera *f.* billboard, hoarding.
cartera *f.* wallet, pocket-book. *2* portfolio; brief-case. *3* satchel. *4* pocket flap.
carterista *m.* pickpocket.
cartero *m.* postman.
cartilla *f.* primer. *2* elementary treatise.
cartón *m.* cardboard, pasteboard.
cartoné *m.* BOOKBIND, ***en*** ~, in boards.
cartuchera *f.* cartridge-box. *2* cartridge-belt.
cartucho *m.* cartridge. *2* roll of coins. *3* conical paper bag.
cartujo *a.-n.* Carthusian [monk].
cartulina *f.* light card-board.
casa *f.* house, building, establishment, institution, office: ~ ***consistorial*** or ***de la villa***, town hall; ~ ***de empeños***, pawnshop; ~ ***de huéspedes***, boarding-house; ~ ***de socorro***, first-aid hospital; ~ ***solariega***, manor. *2* home; house, household, family: ***en*** ~, at home; ***en*** ~ ***de***, at the home, office, shop, etc., of. *3* commercial house, firm.
casaca *f.* old long coat.
casado, da *a.-n.* married [person].
casamentero, ra *a.* match-making. *2 m.-f.* match-maker.
casamiento *m.* marriage, wedding.
casar *i.* to marry; to match [colours]; to blend. *2 ref.* to get married, wed.

cascabel *m.* jingle bell, tinkle bell: ***ser un ~***, to be a rattle-brain. *2* ***serpiente de ~***, rattle-snake.
cascada *m.* cascade, waterfall.
cascado, da *a.* broken, cracked. *2* worn out, decayed.
cascajo *m.* gravel, fragments of stone, rubbish. *2* a broken piece of crockery.
cascanueces *m.* nut-cracker.
cascar *t.* to break, crack. *2* to beat, thrash. *3 ref.* to crack.
cáscara *f.* rind, peel [of orange, etc.]; shell [of egg, etc.]. *2* hard covering, hull, shell, crust.
cascarón *m.* egg-shell.
cascarrabias *m.-f.* coll. crab, ill-tempered person, grouch.
casco *m.* casque, helmet. *2* skull. *3* fragment of broken crockery. *4* cask, bottle [for liquids]. *5* hull [of ship]. *6* hoof [of horse, etc.]. *7* ***~ de población***, a city excluding its suburbs. *8 pl.* brains [of a person]: ***ser alegre de cascos***, to be scatter-brained.
cascote *m.* piece of rubble. *2* debris.
caserío *m.* group of houses. *2* hamlet.
casero, ra *a.* homely; domestic, informal [dress, etc.]. *2* home-made. *3* home-loving. *4 m.-f.* landlord, landlady. *5* renter, tenant.
caserón *m.* large ramshackle house.
caseta *f.* small house, hut.
casi *adv.* almost, nearly.
casilla *f.* booth, cabin, hut; keeper's lodge. *2* square [of chessboard; on a sheet of paper]. *3* pigeonhole.
casillero *m.* set of pigeonholes.
casino *m.* casino, club.
caso *m.* GRAM., MED. case. *2* event, happening, instance, circumstances: ***~ de conciencia***, case of conscience; ***hacer*** or ***venir al ~***, to be relevant; ***vamos al ~***, let's come to the point; ***en ~ de que***, in case; ***en todo ~***, anyhow, at any rate. *3* heed, notice, attention; ***hacer ~ omiso***, to take no notice.
caspa *f.* dandruff, scurf.
casquete *m.* skull-cap, calotte. *2* MACH. cap. *3* helmet.
casquillo *m.* ferrule, socket, metal tip or cap. *2* cartridge cap.
casquivano, na *a.* feather-brained.
casta *f.* caste. *2* race, stock, breed. *3* lineage, kindred. *4* kind, quality.
castaña *f.* chestnut [fruit]. *2* knot of hair.
castañal, castañar *m.* chestnut grove.
castañero, ra *m.-f.* chestnutseller.
castañetear *t.* to play [a tune] with the castanets. *2 i.* [of teeth] to chatter; [of knees] to crackle. *3* [of partridges] to cry. *4* ***~ con los dedos***, to snap one's fingers.
castaño, ña *a.* chestnut-coloured, auburn, brown, hazel. *2 m.* chestnut tree.
castañuela *f.* castanet.
castellano, na *a.-n.* Castilian. *2 m.* Castilian or Spanish language. *3* lord of a castle.
castidad *f.* chastity, continence.
castigador, ra *a.* punishing. *2 m.-f.* punisher. *3 m.* coll. lady-killer.
castigar *t.* to punish, chastise. *2* to mortify [the flesh].
castigo *m.* punishment; chastisement; penance, penalty. *2* affliction, mortification.
castillo *m.* castle.
castizo, za *a.* pure-blooded, pedigree. *2* traditional, national. *3* pure [style, etc.].
casto, ta *a.* chaste, pure.
castor *m.* ZOOL. beaver.
castrar *t.* to castrate, geld. *2* to prune, lop.
castrense *a.* military.
casual *a.* accidental, fortuitous, casual.
casualidad *f.* chance, accident; event: ***por ~***, by chance.
casualmente *adv.* by chance, by accident; casually, accidentally.
casucha *f.*, **casucho** *m.* hut, hovel, small jerry-built house.
casulla *f.* chasuble.
cataclismo *m.* cataclysm.
catacumbas *f. pl.* catacombs.
catador, ra *m.-f.* taster, sampler.
catadura *f.* tasting, sampling. *2* aspect, countenance.
catafalco *m.* catafalque.
catalán, na *a.-n.* Catalan.
catalejo *m.* spy-glass.
catalogar *t.* to catalogue.
catálogo *m.* catalogue.
cataplasma *f.* poultice.
catapulta *f.* catapult.
catar *t.* to taste, sample. *2* to look at, examine. *3* to think, judge.
catarata *f.* cataract, waterfall.
catarro *m.* MED. catarrh; head cold.
catástrofe *f.* catastrophe, mishap.
catear *t.* to reject [in an examination]. *2* (Am.) to prospect [a district] for minerals.
catecismo *m.* catechism.
cátedra *f.* chair [seat of the professor; professorship].
catedral *a.-f.* cathedral [church].
catedrático *m.* professor [holding a chair in Secondary School or University].

categoría *f.* category, rank. *2* class, kind; quality: ***de ~***, of importance; prominent.
categórico, ca *a.* categoric(al.
catequista *m.-f.* catechist.
catequizar *t.* to catechize, give religious instruction. *2* to induce, persuade.
caterva *f.* multitude, great number, crowd, swarm.
cateto *m.* GEOM. leg [of a rightangled triangle].
catolicismo *m.* catholicism.
católico, ca *a.* catholic. *2 a.-n.* Roman Catholic.
catorce *a.-n.* fourteen.
catre *m.* cot, light bed.
cauce *m.* river-bed. *2* channel, ditch.
caucho *m.* rubber, caoutchouc.
caudal *a.* of great volume [river]. *2 m.* fortune, wealth; abundance. *3* volume [of water].
caudaloso, sa *a.* of great volume of water, full-flowing. *2* rich, wealthy.
caudillo *m.* chief, leader.
causa *f.* cause, origin, reason, motive: ***a*** or ***por ~ de***, because of, on account of; ***hacer ~ común con***, to make common cause with. *2* lawsuit. *3* case, trial at law.
causante *a.* causing, causative; occasioning. *2 m.f.* causer.
causar *t.* to cause, do, create, give rise to, bring about.
cáustico, ca *a.* caustic(al. *2 m.* caustic. *3* vesicatory.
cautamente *adv.* cautiously.
cautela *f.* caution, wariness. *2* craft, cunning.
cauteloso, sa *a.* cautious, wary.
cautivador, ra *a.* captivating, charming.
cautivar *t.* to take prisoner, capture. *2* to win, hold [the attention, etc.]. *3* to captivate, charm.
cautiverio *m.*, **cautividad** *f.* captivity.
cautivo, va *a.-n.* captive, prisoner.
cauto, ta *a.* cautious, wary, prudent.
cava *f.* digging, hoeing. *2* winecellar.
cavar *t.-i.* to dig, spade; to excavate.
caverna *f.* cavern, cave.
cavernícola *a.* cave-dwelling. *2 m.-f.* cave-dweller. *3* political reactionary.
cavernoso, sa *a.* cavernous. *2* hollow, deep [voice, etc.].
cavial, caviar *m.* caviar(e.
cavidad *f.* cavity.
cavilación *f.* rumination, brooding over.
cavilar *t.* to ruminate, brood over, muse on.
caviloso, sa *a.* ruminative, doubtful, undecided.
cayado *m.* shepherd's crook. *2* crozier.
cayo *m.* cay, key.
caza *f.* hunting, chase. *2* game [animals]: ***~ mayor***, big game; ***~ menor***, small game. *3 m.* AER. pursuit plane, fighter.
cazador, ra *a.* hunting. *2 m.* hunter; ***~ furtivo***, poacher. *3 f.* huntress. *4* hunting jacket.
cazar *t.-i.* to hunt, chase; to track down. *2* to pursue, catch.
cazatorpedero *m.* torpedo-boat destroyer.
cazo *m.* ladle. *2* pot, pan.
cazuela *f.* earthen cooking pan; large casserole. *2* THEAT. gallery.
cazurro, rra *a.* taciturn, sullen.
cebada *f.* barley.
cebar *t.* to fatten up, feed [animals]. *2* to prime [a gun, pump, etc.]; to bait [a fish-hook]. *3* to nourish [a passion]. *4 ref.* ***cebarse en***, to vent one's fury on.
cebo *m.* food [for animals]. *2* bait. *3* lure, incentive. *4* primer charge, priming.
cebolla *f.* onion.
cebra *f.* zebra.
cecear *i.* to lisp.
ceceo *m.* lisping, lisp.
cecina *f.* salted, dried meat.
ceder *t.* to cede, transfer. *2 i.* to yield, submit, give in, give way. *3* [of a floor, a rope, etc.] to fall, give way.
cedro *m.* cedar.
cédula *f.* slip of paper; document; certificate: ***~ personal***, identity card.
céfiro *m.* zephyr [wind; cloth]; soft breeze.
cegador, ra *a.* dazzling, blinding.
cegar *i.* to go blind. *2 t.* to blind [make blind]; to obfuscate. *3* to dazzle. *4* to wall up [a door, etc.]. *5 ref.* to be blinded [by passion, etc.].
cegato, ta *a.* short-sighted.
ceguedad, ceguera *f.* blindness. *2* obfuscation [of mind].
ceja *f.* brow, eyebrow: ***tener entre ~ y ~***, to dislike [someone]; to persist in. *2* projecting part, flange. *3* brow [of a hill]. *4* cloud-cap.
cejar *i.* to back up, go backward. *2* to weaken, give way.
cejijunto, ta *a.* frowning; with knitted eyebrows.
celada *f.* ambush, trap, snare. *2* ARM. helmet.
celador, ra *a.* watching. *2 m.-f.* watcher; warden, wardress.

celaje *m.* mass of clouds. *2* coloured clouds. *3* skylight. *4* presage.
celar *t.* to see to [the observance of law, etc.]. *2* to watch over [jealousy]. *3* to hide, conceal. *4* to carve, engrave.
celda *f.* cell [in convent, etc.].
celebración *f.* celebration. *2* holding [of a meeting, etc]. *3* praise, applause.
celebrar *t.* to celebrate [a birthday, etc]; to make [a festival]; to hold [a meeting]. *2* to praise, honour. *3* to be glad of. *4* to say Mass. *5 ref.* to take place, be held.
célebre *a.* celebrated, famous.
celebridad *f.* celebrity, famous person. *2* fame, renown. *3* celebration, pageant.
celeridad *f.* celerity, speed, swiftness.
celeste *a.* celestial, heavenly: ***azul*** ~, sky-blue.
celestial *a.* celestial, heavenly. *2* perfect.
celestina *f.* bawd, procuress.
celibato *m.* celibacy.
célibe *a.* celibate, single, unmarried. *2 m.* bachelor. *3 f.* spinster.
celo *m.* zeal. *2* heat, rut. *3 pl.* jealousy.
celosamente *adv.* jealously.
celosía *f.* lattice window. *2* Venetian blind.
celoso, sa *a.* zealous. *2* jealous. *3* suspicious.
celta *a.* Celtic. *2 m.-f.* Celt.
célula *f.* BIOL. ELEC. cell.
celular *a.* cellular.
celuloide *m.* celluloid.
celulosa *f.* cellulose.
cementar *t.* METAL. to cement.
cementerio *m.* cemetery, churchyard, graveyard.
cemento *m.* cement. *2* ~ ***armado***, reinforced concrete.
cena *f.* supper; dinner: ***la Santa Cena***, the Last Supper.
cenagal *m.* slough, miry place, swamp. *2* quagmire.
cenagoso, sa *a.* miry, muddy.
cenar *i.* to sup, have supper; to dine, have dinner.
cenceño, ña *a.* lean, slender, thin.
cencerrada *f.* charivari, tin-pan serenade.
cencerro *m.* cow-bell.
cendal *m.* sendal, gauze; thin veil.
cenefa *f.* border, fringe.
cenicero *m.* ash-tray.
ceniciento, ta *a.* ashen, ash-gray. *2 f.* Cinderella.
cenit *m.* ASTR. zenith.
ceniza *f.* ash, ashes. *2 pl.* cinders.
censo *m.* census.
censor *m.* censor.
censura *f.* censure. *2* censorship.
censurable *a.* blameworthy, deserving blame.
censurar *t.* to censure, blame, criticize. *2* to censor.
centavo, va *a.* hundredth. *2 m.* one-hundredth part. *3* cent.
centella *f.* lightning, thunder-bolt. *2* spark, flash.
centellar, centellear *i.* to sparkle, flash, scintillate; to twinkle.
centelleante *a.* sparkling, glittering, flashing.
centelleo *m.* sparkling, glittering, scintillation, twinkling.
centena *f.* a hundred.
centenar, centenal *m.* hundred. *2* rye-field.
centenario, ria *a.* centennial. *2 m.-f.* centenarian [person]. *3 m.* centenary [aniversary].
1) **centeno** *m.* BOT. rye.
2) **centeno, na** *a.* hundredth.
centésimo, ma *a.-n.* centesimal, hundredth.
centígrado, da *a.* centigrade.
centímetro *m.* centimetre.
céntimo *m.* one-hundredth part of a peseta; centime, cent.
centinela *m.-f.* sentinel, sentry.
centolla *f.* ZOOL. thorn-back [crab].
central *a.* central. *2 f.* main office, headquarters. *3* TELEPH. exchange, *central. *4* ELEC. power-station.
centralismo *m.* centralism.
centralización *f.* centralization.
centralizar *t.* to centralize.
céntrico, ca *a.* centric, central. *2* downtown.
centrífugo, ga *a.* centrifugal.
centro *m.* centre, middle. *2* club, association. *3* main office. *4* ~ ***de mesa***, centre-piece.
céntuplo, pla *a.-m.* centuple.
centuplicar *t.* to centuplicate, centuple.
centuria *f.* century.
ceñido, da *a.* close-fitting.
ceñir *t.* to gird; to girdle, encircle. *2* to fasten around the waist. *3* to fit tight. *4* to shorten, condense. *5* ~ ***espada***, to wear a sword. *6* NAUT. to haul [the wind]. *7 ref.* to reduce one's expenses. *8* to be concise. ¶ CONJUG. like ***reír***.
ceño *m.* frown. *2* threatening aspect [of clouds, etc].
ceñudo, da *a.* frowning, grim.
cepa *f.* underground part of the stock [of tree or plant]. *2* grape-vine; vine stem. *3* butt or root [of a horn, etc.]. *4* stock

[of lineage]. 5 ***de buena*** ~, of good quality.

cepillar *t.* ACEPILLAR.

cepillo *m.* brush: ~ ***de ropa***, clothes-brush; ~ ***de dientes***, tooth-brush; ~ ***para el pelo,*** hair-brush. 2 CARP plane. 3 alms box, poor-box.

cepo *m.* bough, branch [of tree]. 2 stock [of anvil]. 3 stocks, pillor. 4 iron trap.

cera *f.* wax; beeswax: ***figuras de*** ~, wax-works.

cerámica *f.* ceramics, pottery.

cerbatana *f.* blowgun. 2 pea-shooter, popgun.

1) **cerca** *f.* enclosure, hedge, fence.

2) **cerca** *adv.* near, close, nigh: ***aquí*** ~, near here; ~ ***de Madrid***, near Madrid. 2 ~ ***de***, nearly, about: ~ ***de un año***, nearly a year.

cercado, da *a.* fenced-in, walled-in. 2 *m.* enclosure, fenced-in garden or field; fence.

cercanía *f.* nearness, proximity. 2 *pl.* neighbourhood, vicinity; surroundings.

cercano, na *a.* near. 2 neighbouring.

cercar *t.* to fence in, wall in. 2 to surround, hem in. 3 MIL. to invest, lay siege to.

cercén, a cercén *adv.* to the root: ***cortar a*** ~, to cut clean off.

cercenar *t.* to clip, cut off the edges of. 2 to curtail.

cerciorar *t.* to assure, affirm. 2 *ref.* ***cerciorarse de***, to ascertain, make sure of.

cerco *m.* circle; hoop, ring, edge. 2 rim [of a wheel]. 3 casing, frame [of a door, etc.]. 4 halo. 5 MIL. siege, blockade.

cerda *f.* horsehair; bristle, hog bristle. 2 ZOOL. sow. 3 ***ganado de*** ~, swine [collec.].

cerdo *m.* ZOOL. swine, [domestic] hog, pig. 2 pork [meat].

cereal *a.-m.* cereal.

cerebral *a.* cerebral.

cerebro *m.* ANAT. cerebrum. 2 fig. head, brains.

ceremonia *f.* ceremony. 2 formality. 3 ceremoniousness.

ceremonial *a.-m.* ceremonial; formalities.

ceremonioso, sa *a.* ceremonious, formal.

cerería *f.* wax-chandler's shop.

ceremoniosamente *adv.* ceremoniously.

cereza *f.* cherry [fruit].

cerezo *m.* BOT. cherry-tree.

cerilla *f.* wax match. 2 taper.

cerner *t.* to sift, bolt [flour, etc.]. 2 to scan, observe. 3 *i.* [of blossom of vine, etc.] to be fertilized. 4 to drizzle. 5 *ref.* to waddle. 6 [of birds] to hover. 7 [of evil, storm] to threaten. ¶ CONJUG. like ***entender.***

cernícalo *m.* ORN. kestrel. 2 *fig.* blockhead.

cero *m.* zero, naught, nought, cipher: ***ser un*** ~ ***a la izquierda***, to be a mere cipher.

cerrado, da *a.* shut; close, closed; fastened; locked. 2 obscure. 3 sharp [curve]. 4 thick [beard]. 5 reserved [person]. 6 cloudy, overcast.

cerradura *f.* lock [fastening]: ~ ***de seguridad***, safety lock.

cerraja *f.* lock [fastening].

cerrajería *f.* locksmith trade. 2 locksmith's shop.

cerrajero *m.* locksmith.

cerrar *t.* to close, shut: ~ ***la boca***, to shut up. 2 to fasten, bolt, lock. 3 to clench [the fist]. 4 to block up, bar. 5 to wall, fence. 6 to seal [a letter]. 7 to turn off [the water, etc.]. 8 *i.* [of a shop, etc.] to shut.

cerrazón *f.* dark and cloudy weather. 2 ~ ***de mollera***, stupidity.

cerril *a.* broken, uneven [ground]. 2 unbroken, untamed [cattle]. 3 coll. unpolished, boorish.

cerro *m.* neck [of animal]. 2 back, backbone. 3 hill: ***irse por los cerros de Úbeda***, to talk irrelevantly.

cerrojo *m.* bolt [fastening]. 2 bolt [of a rifle].

certamen *m.* literary contest. 2 debate; competition.

certero, ra *a.* good [shot]. 2 well aimed. 3 certain, sure.

certeza, certidumbre *f.* certainty.

certificación *f.* certificate, affidavit.

certificado, da *a.* registered. 2 *m.* registered letter or package. 3 certificate.

certificar *t.* to certify, certificate, attest. 2 to register [a letter or package].

cerumen *m.* ear-wax.

cerval *a.* deer, deerlike: ***miedo*** ~, great fear.

cervatillo *m.* new-born fawn.

cervecería *f.* brewery. 2 ale-house.

cerveza *f.* beer, ale.

cerviz, *pl.* ***-vices*** *f.* cervix, neck, nape of the neck: ***doblar la*** ~, to humble oneself.

cesante *a.* ceasing. 2 *m.* civil servant out of office.

cesantía *f.* dismissal of public employment. 2 part pay of a dismissed civil servant.

cesar *i.* to cease, stop; to leave off [doing something]: ***sin*** ~, unceasingly.

cese *m.* cessation of payment.
cesión *f.* cession; transfer.
césped *m.* lawn, grass, sward. *2* turf, sod.
cesta *f.* basket, hamper. *2* wicker scoop for playing pelota.
cestero, ra *m.-f.* basketmaker or dealer.
cesto *m.* basket, washbasket: ~ ***de los papeles***, waste-paper basket.
cetáceo *m.* ZOOL. cetacean.
cetrería *f.* falconry, hawking.
cetrino, na *a.* sallow, greenish yellow. *2* melancholy.
cetro *m.* scepter.
cía *f.* hip-bone.
cianuro *m.* CHEM. cyanide.
ciar *t.* NAUT. to go backwards.
ciático, ca *a.* sciatic [nerve]. *2 f.* sciatica.
cicatería *f.* stinginess, niggardliness.
cicatero, ra *a.* stingy, niggard.
cicatriz, *pl.* **-trices** *f.* cicatrice, scar.
cicatrizar *t.-ref.* to heal, scar.
cíclico, ca *a.* cyclic(al.
ciclismo *m.* cycling, cyclism.
ciclo *m.* cycle, period.
ciclón *m.* cyclone, hurricane.
ciegamente *adv.* blindly.
ciego, ga *a.* blind. *2* [of a pipe] stopped, blocked. *3 m.-f.* blind man or woman. *4 m.* ANAT. caecum, blind gut. *5* ***a ciegas***, blindly.
cielo *m.* sky: ***despejarse el*** ~, to clear up; ***poner por los cielos***, to praise; ***a*** ~ ***raso***, in the open [air]; ***poner el grito en el*** ~, to hit the ceiling. *2* heaven [God]. *3* climate, weather. *4* ~ ***raso***, ceiling.
ciempiés, *pl.* **-piés** *m.* ZOOL. centipede. *2* coll. disconnected work.
cien *a.* a or one hundred.
ciénaga *f.* marsh, bog.
ciencia *f.* science; knowledge, learning: ***a*** ~ ***cierta***, with certainty.
cieno *m.* silt, mud, slime.
científicamente *adv.* scientifically.
científico, ca *a.* scientific. *2 m.-f.* scientist.
ciento *a.-m.* hundred, a hundred, one hundred: ***por*** ~, per cent.
cierne *m.* BOT ***en*** ~, blossoming.
cierre *m.* closing, shutting. *2* fastener: ~ ***de cremallera***, zipper; ~ ***metálico***, metal shutter. *3* lock-out.
ciertamente *a.* certainly, surely.
cierto, ta *a.* certain, sure: ***estar*** ~, to be sure; ***estar en lo*** ~, to be right; ***por*** ~ ***que***, by the way. *2* certain, a certain, some: ~ ***día***, one day.
ciervo, va *m.* ZOOL. deer; stag, hart. *2 f.* hind.
cierzo *m.* cold north wind.
cifra *f.* cipher, figure, number. *2* amount. *3* cipher, code. *4* sum, summary.
cifrar *t.* to cipher. *2* to summarize. *3* to base, place [happiness, etc.].
cigarra *f.* ENT. cicada, grasshopper.
cigarrillo *m.* cigarette.
cigarro *m.* cigar.
cigüeña *m.* ORN. stork. *2* MACH. crank, winch.
cilíndrico, ca *a.* cylindric(al.
cilindro *m.* cylinder. *2* roller.
cima *f.* summit, top, peak [of mountain]. *2* ***dar*** ~, to carry out, complete.
címbalo *m.* small bell. *2* cymbal.
cimbr(e)ar *t.-ref.* to vibrate. *2* to bend, sway. *3 t.* to flex, wave [a cane].
cimbreante *a.* flexible, pliant.
cimbreo *m.* act of vibrating, bending, swaying.
cimentar *t.* to lay the foundation of; to found, establish. ¶ CONJUG. like ***acertar.***
cimera *f.* crest [of helmet].
cimiento *f.* foundation [of a building, etc.]; groundwork, basis.
cimitarra *f.* scimitar.
cinc *m.* zinc.
cincel *m.* chisel.
cincelado *m.* chisel(l)ing.
cincelar *t.* to chisel, carve, engrave.
cinco *a.* five.
cincuenta *a.-m.* fifty.
cincuentena *f.* group of fifty.
cincuentenario *m.* semicentennial.
cincha *f.* saddle-girth, cinch.
cinchar *t.* to girth, fasten [saddle].
cine, cinema *m.* cinema, movies, pictures.
cíngulo *m.* girdle, belt.
cíngaro, ra *a.* gypsy.
cínico, ca *a.* cynical. *2* barefaced, impudent. *3 m.-f.* cynic.
cinismo *m.* cynicism. *2* impudence.
cinta *f.* ribbon, tape, band: ~ ***magnetofónica***, recording tape; ~ ***métrica***, decimal tape-measure. *2* CINEM. film.
cinto *m.* belt, girdle. *2* waist [of a person].
cintura *f.* waist.
cinturón *m.* belt: ~ ***de seguridad***, safety belt.
ciprés *m.* BOT. cypress.
circo *m.* circus.
circuito *m.* circuit.
circulación *f.* circulation; currency. *2* traffic [of vehicles].
1) **circular** *a.* circular. *2 f.* circular letter.
2) **circular** *i.* to circulate.
círculo *m.* circle. *2* circumference. *3* club, casino.
circundar *t.* to surround.
circunferencia *f.* circumference.
circunflejo *a.* circumflex.

circunlocución *f.*, **circunloquio** *m.* circumlocution, periphrasis.
circunscribir *t.* to circumscribe. *2 ref.* to confine oneself [to].
circunscripción *f.* circumscription. *2* district, territory.
circunspección *f.* circumspection. *2* decorousness, decorum, dignity.
circunspecto, ta *a.* circumspect, prudent.
circunstancia *f.* circumstance.
circunstancial *a.* circumstantial.
circunstante *a.* surrounding, present. *2 m. pl.* bystanders, onlookers, audience.
circunvalar *t.* to surround, encircle.
circunvecino, na *a.* neighbóuring, surrounding, adjacent.
cirio *m.* ECCL. wax candle.
cirro *m.* cirrus.
ciruela *f.* plum: ~ ***pasa***, prune.
ciruelo *m.* BOT. plum-tree.
cirugía *f.* surgery.
cirujano *m.* surgeon.
cisco *m.* coal-dust, slack: ***hacer*** ~, to shatter, smash. *2* row, shindy: ***meter*** ~, to kick up a shindy.
cisma *m.* schism. *2* discord.
cismático, ca *a.-n.* schismatic.
cisne *m.* ZOOL. swan: ***canto del*** ~, swan song, last work.
cisterna *f.* cistern. *2* water tank.
cita *f.* appointment, engagement, date. *2* quotation.
citación *f.* quotation. *2* LAW citation, summons.
citar *t.* to make an appointment or a date with. *2* to cite, quote. *3* LAW to cite, summon. *4* to provoke, incite [the bull].
cítara *f.* MUS. cithara; zither.
ciudad *f.* city, town.
ciudadanía *f.* citizenship.
ciudadano, na *a.* civic. *2 m.-f.* citizen.
ciudadela *f.* citadel, fortress.
cívico, ca *a.* civic. *2* civil, polite.
civil *a.* civil. *2 a.-s.* civilian.
civilización *f.* civilization.
civilizado, da *a.* civilized.
civilizar *t.* to civilize. *2 ref.* to become civilized.
civismo *m.* patriotism, civic zeal.
cizalla *f.* shears, pliers. *2 pl.* metal filings.
cizaña *f.* BOT. darnel; weed. *2* corrupting vice; bad influence: ***meter*** ~, to sow discord.
clamar *t.-i.* to clamour [against], cry [out], shout. *2 i.* [of things] to want, require.
clamor *m.* clamour, outcry. *2* plaint. *3* knell, toll of bells.
clamoroso, sa *a.* clamorous; crying.
clan *m.* clan.
clandestinamente *adv.* clandestinely; secretly.
clandestino, na *a.* clandestine; underhanded, secrete.
clara *f.* white of egg.
claramente *adv.* clearly. *2* frankly, openly.
claraboya *f.* skylight. *2* clerestory.
clarear *t.* to make clear. *2 i.* to dawn. *3* [of weather] to clear up. *4 ref.* to be transparent.
clarete *m.* claret wine.
claridad *f.* light. *2* clearness; distinctness; plainness. *3* brightness.
clarificar *t.* to clarify; to refine [sugar].
clarín *m.* bugle. *2* bugler.
clarinete *m.* MUS. clarinet. *2* clarinet(t)ist.
clarividencia *f.*, perspicacity, clear insight.
clarividente *a.* perspicacious.
claro, ra *a.* bright, full of light. *2* clear. *3* illustrious. *4* obvious. *5* light [colour]: ***azul*** ~, light blue. *6* outspoken. *7* adv. clearly. *8 interj.* ***¡claro!, ¡claro está!***, of course!, sure! *9 m.* gap, break, space, interval. *10* clearing [in woods]. *11* ***poner en*** ~, to make plain, to clear up. *12* ***pasar la noche de*** ~ ***en*** ~, not to sleep a wink.
claroscuro *m.* light and shade, chiaroscuro.
clase *f.* class, order, profession: ~ ***alta, media, baja,*** upper, middle, lower classes; ~ ***obrera***, working class. *2* class, kind, sort: ***toda*** ~ ***de***, all kind of. *3* RLY., EDUC. class: ***dar*** ~, to give class; ***asistir a*** ~, to attend class. *4* class-room.
clasicismo *m.* classicism.
clásico, ca *a.* classic(al. *2 m.* classic [author].
clasificación *f.* classification. *2* sorting, filing.
clasificar *t.* to class, classify. *2* to sort, file.
claudicación *f.* limping. *2* crookedness.
claudicar *i.* to halt, limp. *2* to be untrue to one's principles.
claustro *m.* ARCH., ECCL. cloister. *2* meeting of university faculty; teaching body.
cláusula *f.* clause, proviso. *2* GRAM. sentence, period.
clausura *f.* convent enclosure; monastic life. *2* closure, closing ceremony.
clausurar *t.* to close [session].
clava *f.* club, cudgel.
clavado, da *a.* nailed. *2* nail-studded. *3* exact, precise. *4* fitting exactly, apposite.
clavar *t.* to drive, stick, thrust, prick or stab with. *2* to nail. *3* to fix [eyes, etc.]. *4* to set [a precious stone]. *5 ref.* to deceive.
clave *f.* key [to a riddle, etc.]. *2* code. *3* MUS. clef.
clavel *m.* BOT. pink, carnation.

clavetear *t.* to nail, stud with nails. *2* to tip, tag [a lace].
clavicordio *m.* MUS. clavichord.
clavícula *f.* ANAT. clavice, collar-bone.
clavija *f.* pin, peg, dowel. *2* ELEC. plug.
clavo *m.* nail [of metal]: ***dar en el ~***, to hit the nail on the head.
clemencia *f.* clemency, mercy.
clemente *a.* clement, merciful.
clerical *a.* clerical.
clérigo *m.* clergyman, priest.
clero *m.* clergy, priesthood.
cliente *m.-f.* client. *2* customer.
clientela *f.* clientele, customers.
clima *m.* climate. *2* clime.
clínica *f.* clinic. *2* private hospital.
clínico, ca *a.* clinical.
clisé *m.* PRINT. plate, stereotype plate; cliché.
cloaca *f.* sewer.
clocar, cloquear *i.* to cluck.
clorhídrico, ca *a.* hydrochloric.
cloro *m.* chlorine.
clorofila *f.* BOT. chlorophyle.
cloroformizar *t.* to chloroform.
cloroformo *m.* CHEM. chloroform.
club *m.* club, society.
clueco, ca *a.-n.* broody [hen].
coacción *f.* constraint, compulsion.
coaccionar *t.* to coerce, compel.
coactivo, va *a.* coactive, compelling.
coagular *t.-ref.* to coagulate, clot.
coalición *f.* coalition, league.
coartada *f.* alibi.
coartar *t.* to limit, restrict.
coba *f.* humorous lie. *2* soft soap, flattery: ***dar ~***, to flatter.
cobarde *a.* cowardly. *2 m.-f.* coward. *3* **-mente** *adv.* cowardly.
cobardía *f.* cowardice, faint-heartedness.
cobertizo *m.* shed; lean-to.
cobertor *m.* bedcover, coverlet; quilt; counterpane.
cobertura *m.* cover, covering.
cobijar *t.* to cover, shelter, give shelter. *2 ref.* to take shelter.
cobra *f.* ZOOL. cobra.
cobrador *m.* collector [of money]. *2* tram or bus conductor.
cobrar *t.* to collect, receive [money]; to cash [cheques]. *2* to recover. *3* to take, gather: ***~ ánimo,*** to take courage; ***~ cariño***, to take a liking; ***~ fuerzas***, to gather strength. *4* HUNT. to retrieve; to take [game]. *5 ref.* to recover, come to.
cobre *m.* copper.
cobrizo, za *a.* coppery. *2* copper--coloured.
cobro *m.* cashing, collection.
cocaína *f.* cocaine.
cocción *f.* cooking boiling. *2* baking.
cocear *i.* [of animals] to kick.
cocer *t.* to cook [food]. *2* to boil [a substance]. *3* to bake [bread, bricks, etc.].
cocido, da *a.* cooked, boiled, baked. *2 m.* Spanish stew.
cociente *m.* MATH. quotient.
cocimiento *m.* COCCIÓN. *2* decoction.
cocina *f.* kitchen. *2* kitchen stove: ***~ económica***, cooking range.
cocinar *t.* to cook [food]. *2 i.* to do the cooking.
cocinero, ra *m.-f.* cook.
coco *m.* BOT. coco, coconut palm or tree. *2* bogeyman.
cocodrilo *m.* ZOOL. crocodile.
cocotero *m.* BOT. coco palm, coconut palm or tree.
cóctel *m.* cocktail; cocktail party.
cochambre *m.* coll. greasy, stinking filth.
cochambroso, sa *a.* coll. filthy and stinking.
coche . coach, carriage, car: ***~ de alquiler, de punto,*** cab, taxi; ***~ fúnebre***, hearse. *2* AUTO. car. *3* RLY. car, carriage: ***~ cama***, sleeping-car; ***~ restaurante***, dinning-car.
cochera *f.* coach-house. *2* tramway depot.
cochero *m.* coachman.
cochinada *f.* dirty thing. *2* dirty trick.
cochinería *f.* filth, dirt; dirty thing. *2* dirty action.
cochinilla *f.* cochineal [dyestuff; insect].
cochinillo *m.* sucking-pig.
cochino, na *a.* filthy, dirty; piggish. *2* paltry. *3 m.* ZOOL. pig, hog. *4 m.-f.* dirty person.
codazo *m.* poke with the elbow; nudge.
codear *i.* to elbow, nudge, jostle. *2 ref.* ***~ con***, to rub shoulders.
codicia *f.* covetousness, greed.
codiciar *t.* to covet, long for.
codicioso, sa *a.* covetous, greddy.
código *m.* code [of laws].
codo *m.* ANAT. elbow. *2* bend [in tube, etc.]: ***alzar*** or ***empinar el ~***, to drink too much; ***hablar por los codos***, to talk too much.
codorniz, *pl.* **-nices** *f.* ORN. quail.
coeficiente *a.-n.* coefficient.
coerción *f.* coertion, restraint.
coercitivo, va *a.* coercive.
coetáneo, a *a.-n.* contemporary.
coexistencia *f.* coexistence.
coexistir *i.* to coexist.
cofia *f.* hair-net. *2* women's cap. *3* ARM. coif.

cofrade *m.-f.* fellow member [of a brotherhood, club, etc.].
cofradía *f.* confraternity, brotherhood, sisterhood, guild.
cofre *m.* coffer; trunk, chest.
cogedor *m.* dustpan. *2* shovel.
coger *t.* to take, seize, grasp; to take hold of. *2* to catch [a ball, a cold]. *3* to pick, gather [flowers, fruits]. *4* [of a bull] to gore.
cogida *f.* picking, gathering, harvest. *2* goring [in bullfight].
cogollo *m.* heart [of lettuce, etc.]. *2* shoot [of plant]. *3 fig.* cream, the best.
cogote *m.* back of the neck, nape.
cohabitar *i.* to cohabit.
cohechar *t.* to bribe, suborn.
cohecho *m.* bribery, subornation.
coherente *a.* coherent, connected.
cohesión *f.* cohesion.
cohete *m.* rocket, skyrocket.
cohibido, da *a.* restrained; embarrassed, uneasy.
cohibir *t.* to restrain. *2* to constrain, embarrass.
cohombro *m.* BOT. cucumber.
coincidencia *f.* coincidence.
coincidir *i.* to coincide.
coito *m.* coition.
cojear *i.* to limp, halt, hobble. *2* [of furniture] to be rickety.
cojera *f.* lameness, halt, limp.
cojín *m.* cushion.
cojinete *m.* small cushion; pad. *2* MACH. bearing: ~ ***de bolas,*** ball bearin[illegible]
cojo, ja *a.* lame [illegible] [tab[illegible] [illegible]. lame person, [illegible]ple.
col *f.* cabbage: ***coles de Bruselas***, Brussels sprouts.
cola *f.* tail; end. *2* train [of gown]. *3* queue, line: ***hacer*** ~, to queue up. *4* glue, isinglass. *5* ***tener o traer ~ una cosa***, to have serious consequences.
colaboración *f.* collaboration.
colaborador, ra *m.-f.* collaborator. *2* contributor [to a publication].
colaborar *i.* to collaborate, work together. *2* to contribute articles [to a publication].
colación *f.* conferment [of degrees]. *2* collation [comparison]. *3* light meal. *4* ***sacar a*** ~, to mention, bring up.
colada *f.* bucking, bleaching. *2* lye. *3* washing.
colador *m.* strainer, colander.
colapso *m.* MED. collapse, *2 fig.* breakdown.
colar *t.* to strain, filter. *2* to bleach with lye. *3 ref.* to slip or sneak in. ¶ CONJUG. like ***contar***.
colcha *f.* counterpane, quilt.
colchón *m.* mattress.
colchoneta *f.* long cushion. *2* thin, narrow mattress.
colear *i.* to wag the tail.
colección *f.* collection; set; gathering.
coleccionar *t.* to collect, make a collection.
coleccionista *m.* collector.
colecta *f.* collection [of money for charity]. *2* LITURG. collect.
colectivamente *adv.* collectively.
colectividad *f.* collectivity; community, group.
colectivo, va *a.* collective.
colector *a.* collecting. *2* ELEC. collector; commutator. *3* water pipe, drain. *4* main sewer.
colega *m.* colleague.
colegiado *a.* collegiate. *2 m.* member of a professional association.
colegial, la *a.* [pertaining to a] school. *2 m.* schoolboy. *3 f.* schoolgirl. *4* collegian.
colegiarse *ref.* to join or form a professional association.
colegio *m.* school, academy. *2* college, body, association. *3* ~ ***electoral***, polling station.
colegir *t.* to gather. *2* to infer, conclude.
cólera *f.* anger, rage, wrath. *2 m.* MED. cholera.
colérico, ca *a.* choleric, irascible; angry.
coleta *f.* pigtail, queue.
[illegible]zo *m.* blow with the tail.
colgador *m.* hanger, coat hanger.
colgadura *f.* hangings, drapery.
colgante *a.* hanging; dangling: ***puente*** ~, suspension bridge.
colgar *t.* to hang, suspend. *2* to hang [kill by hanging]. *3* to attribute, impute. *4 i.* to hang [be suspended], dangle, droop.
colibrí *m.* ORN. humming-bird.
cólico *m.* MED. colic.
coliflor *f.* BOT. cauliflower.
colilla *f.* small tail. *2* cigar-butt, cigarette-end.
colina *f.* hill, hillock.
colindante *a.* adjacent, neighbouring.
colindar *i.* to border on; to be adjoining, run along.
colisión *f.* collision, clash.
colmado, da *a.* full, abundant. *2 m.* grocer's, *foodstore.
colmar *t.* to fill to the brim. *2* to fulfil [one's hopes, etc.]. *3* ~ ***de***, to fill with.
colmena *f.* beehive.
colmenar *m.* apiary.

colmillo *m.* canine tooth, eye-tooth, fang; tusk.
colmo *m.* fill, completion, crowning. *2* height, limit: ***es el ~***, it's the limit.
colocación *f.* location, emplacement. *2* placement. *3* employment; place, situation, job. *4* investment [of capital].
colocar *t.* to place, put; to set, lay. *2* to place, find or give [someone] a situation or job. *3 ref.* to place oneself. *4* to get a job or situation.
colon *m.* ANAT. colon.
colonia *f.* colony. *2* eau-de-Cologne.
colonial *a.* colonial. *2 m. pl.* colonial products.
colonización *f.* colonization.
colonizador, ra *a.* colonizing. *2 m.-f.* colonizer, colonist.
colonizar *t.* to colonize, settle.
colono *m.* colonist, settler. *2* tenant farmer; planter.
coloquio *m.* colloquy. *2* talk, conversation.
color *m.* colo(u)r; colo(u)ring. *2* paint; rouge. *3* ***so ~ de***, under the pretext of.
colorado, da *a.* colo(u)red. *2* red, reddish; ***ponerse ~***, to blush.
colorante *a.* colo(u)ring. *2 m.* colo(u)rant, dye, pigment.
colorar *t.* to colo(u)r, dye, stain.
colorear *t.* COLORAR. *2* to gloss, make plausible. *3 i.-ref.* to grow red.
colorete *m.* rouge.
colorido *m.* colo(u)ring [of things]. *2* false appearance.
colosal *a.* colossal, gigantic, huge.
columbrar *t.* to descry, glimpse. *2* to guess, conjecture.
columna *f.* column; support.
columnata *f.* colonnade.
columpiar *t.* to swing. *2 ref.* to swing, seesaw.
columpio *m.* swing; seesaw.
collado *m.* hill, hillock. *2* wide mountain pass.
collar *m.* necklace. *2* collar.
coma *f.* GRAM. comma. *2* decimal point. *3 m.* MED. coma.
comadre *f.* midwife.
comadrear *i.* to gossip, chat.
comadreja *f.* ZOOL. weasel.
comadreo *m.* gossiping, chatting.
comadrona *f.* midwife.
comandancia *f.* command. *2* MIL. headquarters.
comandante *m.* MIL. commander. *2* major.
comandar *t.* to command [troops].
comandita *f.* COM. limited or silent partnership: ***sociedad en ~***, limited company.
comando *m.* MIL. command. *2* MIL. commando.
comarca *f.* district, region, country.
comba *f.* bend, warp, bulge. *2* [game of] skipping-rope.
combar *t.* to curve, bend. *2 ref.* to become curved, bent.
combate *m.* combat, fight, battle. *2* BOX. fight.
combatiente *a.-n.* combatant.
combatir *t.-i.* to combat, fight.
combinación *f.* combination. *2* underskirt.
combinar *t.-ref.* to combine.
combustible *a.* combustible. *2 m.* fuel.
combustión *f.* combustion, burning.
comedero *m.* feeding trough.
comedia *f.* comedy, play. *2* farce, pretence.
comediante, ta *m.-f.* hypocrite. *2 m.* comedian, actor. *3 f.* actress.
comedido, da *a.* courteous, polite. *2* moderate.
comedirse *ref.* to be moderate. *2* to be courteous, civil, polite.
comedor, ra *a.* heavy-eating. *2 m.* dining-room.
comendador *m.* commander.
comensal *m.-f.* table companion; dinner guest.
comentar *t.* to comment on.
comentario *m.* commentary. *2* remark; comment.
comentarista *m.-f.* commentator.
comenzar *t.-i.* to commence, begin.
comer *t.-ref.* to eat [up]. *2* CHESS to take. *3* to skip [a syllable, etc.]. *4 i.* to eat, feed. *5* to dine; to have a meal. *6* ***dar de ~***, to feed.
comercial *a.* commercial.
comerciante *m.* merchant, trader, tradesman.
comerciar *i.* to trade, deal. *2* to do business with.
comercio *m.* commerce, trade. *2* shop, store. *3* intercourse.
comestible *a.* eatable, comestible. *2 m. pl.* food, groceries; victuals, provisions; ***tienda de comestibles***, grocer's [shop].
cometa *m.* ASTR. comet. *2 f.* kite.
cometer *t.* to entrust, commit. *2* to do, perpetrate.
cometido *m.* commission, duty.
comezón *f.* itch, itching.
comicios *m. pl.* POL. elections, polls.
cómico, ca *a.* comic, dramatic. *2* comical, funny. *3 m.* comedian, actor. *4 f.* comedienne, actress.
comida *f.* food; meal. *2* dinner.
comidilla *f.* gossip, talk.

comienzo *m.* commencement, beginning, opening, start.
comilón, na *a.-n.* great eater, glutton.
comilona *f.* big meal, spread.
comillas *f. pl.* quotation marks; inverted commas.
comino *m.* BOT. cumin [seed]; ***no valer un*** ~, not to be worth a rush.
comisaría *f.* commissariat: ~ ***de policía***, police-station.
comisario *m.* commissary, deputy; ~ ***de policía***, police inspector.
comisión *f.* commission. *2* committee.
comisionado, da *a.* commissioned. *2 m.* commissioner, *constable.
comisionar *t.* to commission.
comité *m.* committee, assembly.
comitiva *f.* suite, retinue, follower(s.
como *adv.* as, like: ***tanto*** ~, as much as. *2 conj.* ***así como***, as soon as. *3* if: ~ ***lo vuelva a hacer***, if you do it again. *4* because, since, as. *5* ~ ***quiera que***, since, as, inasmuch. *6* ~ ***no sea***, unless it be. *7 adv. interr.* how: ***¿cómo está usted?***, how do you do? *8* why; what: ***¿~ no viniste?***, why did you not come?; ***¿~ dice?***, what do you say? *9 interj.* why!, how now!
cómoda *f.* chest of drawers.
cómodamente *adv.* comfortably, easily.
comodidad *f.* comfort, convenience, ease, leisure.
comodín *m.* CARDS joker.
cómodo, da *a.* comfortable. *2* convenient, handy, snug, cosy.
comodón, na *a.* comfort-loving.
compacto *a.* compact, solid, dense.
compadecer *t.* to pity, feel sorry for, sympathize with. *2 ref.* to have pity on.
compadre *m.* comrade; pal.
compaginar *t.* to arrange, connect. *2* to make compatible. *3 ref.* to fit, agree.
compañerismo *m.* good fellowship; companionship.
compañero, ra *m.-f.* companion, fellow, mate, comrade, partner.
compañía *f.* society. *2* COM., MIL., THEAT. company.
comparación *f.* comparison.
comparar *t.* to compare. *2* to confront, collate.
comparativo, va *a.* comparative.
comparecer *i.* LAW to appear [before a judge, etc.].
comparsa *f.* supernumeraries, supers, extras. *2* masquerade.
compartimiento *m.* division. *2* compartment.
compartir *t.* to divide in parts. *2* to share.
compás *m.* [a pair of] compasses; dividers. *2* MUS, time, measure, rhythm: ***llevar el*** ~, to keep time, beat time; ***a*** ~, in time.
compasión *f.* compassion, pity.
compasivo, va *a.* compassionate, merciful.
compatibilidad *f.* compatibility.
compatible *a.* compatible, consistent.
compatriota *m.-f.* compatriot, fellow-countryman.
compeler *t.* to compel, force, constrain.
compendiar *t.* to epitomize, summarize, abridge, sum up.
compendio *m.* summary, digest.
compenetración *f.* mutual understanding. *2* full agreement in thought, feeling, etc.
compenetrarse *ref.* to be in full agreement of thought, etc.
compensación *f.* compensation.
compensar *t.* to compensate. *2* to make up for. *3 ref.* to be compensated for.
competencia *f.* competence, ability. *2* competition, rivalry.
competente *a.* competent, suitable, capable. *2* adequate. *3* qualified.
competer *i.* to behove, belong; to be incumbent [on].
competición *f.* competition.
competidor, ra *a.* competing. *2 m.-f.* competitor, rival.
competir *i.* to compete, vie. ¶ CONJUG. like ***servir.***
compilar *t.* to compile, collect.
compinche *m.* coll, comrade, chum, pal.
complacencia *f.* pleasure, satisfaction.
complacer *t.* to please, humour. *2 ref.* to be pleased, delighted, to take pleasure in. ¶ CONJUG. like ***agradecer.***
complaciente *a.* complaisant, compliant, obliging. *2* indulgent.
complejidad *f.* complexity.
complejo, ja *a.-m.* complex.
complementar *t.* to complement.
complementario, ria *a.* complementary.
complemento *m.* complement. *2* GRAM. object [of a verb].
completamente *adv.* completely.
completar *t.* to complete, finish.
completo, ta *a.* complete. *2* full up [bus, tram, etc.]: ***por*** ~, absolutely.
complexión *f.* PHYSIOL. constitution.
complicación *f.* complication.
complicado, da *a.* complicate(d.
complicar *t.* to complicate. *2* to implicate, involve. *3 ref.* to become complicated or involved.
cómplice *m.-f.* accomplice.

complicidad *f.* complicity.
complot *m.* plot, conspiracy.
componenda *f.* shady compromise.
componente *a.-n.* component.
componer *t.* to compose; compound; constitute. *2* to fix, repair. *3* to adorn, trim; to make up [the face]. *4* to settle [a dispute]. *5* to set [bones]. *6* to prepare, mix [a drink]. *7 ref.* to dress up, make up. *8* ***componerse de***, to consist. *9* ***componérselas***, to manage, make it up.
comportamiento *m.* behavio(u)r, conduct.
comportar *t.* to bear, tolerate. *2 ref.* to behave, act.
composición *f.* composition. *2* agreement. *3* ***hacer ~ de lugar***, to weigh the pros and cons.
compositor, ra *m.-f.* MUS. composer.
compostura *f.* repair, mending. *2* composure, dignity. *3* neatness. *4* settlement, adjustment.
compota *f.* compote.
compra *f.* buying: ***ir de compras***, to go shopping. *2* purchase.
comprar *t.* to purchase, buy.
comprender *t.* to comprehend, comprise, embrace. *2* to understand.
comprensible *a.* comprehensible, understandable.
comprensión *f.* comprehension. *2* understanding.
comprensivo, va *a.* understanding. *2* comprehensive.
compresa *f.* MED. compress.
compresión *f.* compression.
compresor, ra *a.* compressing. *2 m.* compressor.
comprimido, da *a.* compressed. *2 m.* PHARM. tablet.
comprimir *t.* to compress. *2* to control, restrain. *3 ref.* to become compressed. *4* to control, restrain oneself.
comprobación *f.* verification. *2* proof, test.
comprobante *a.* proving. *2 m.* voucher; proof; evidence.
comprobar *t.* to verify, check. *2* to prove.
comprometedor, ra *a.* compromising, jeopardizing.
comprometer *t.* to submit to arbitration. *2* to compromise, risk, jeopardize. *3* to blind, engage. *4 ref.* to commit oneself; to undertake or engage oneself [to do something]; to become involved. *5* to become engaged, betrothed.
compromiso *m.* power given to an electoral delegate. *2* commitment, pledge, engagement, obligation. *3* predicament, trouble.
compuerta *f.* hatch, trop-door. *2* sluice, floodgate.
compuesto, ta *a.* composed. *2* composite, compound. *3* repaired, mended. *4* dressed up, bedecked. *5 m.* compound, composite. *6 p. p.* of COMPONER.
compungido, da *a.* remorseful.
compungirse *ref.* to feel regret or remorse.
computar *t.* to compute, calculate.
cómputo *m.* computation, calculation, estimate.
comulgar *i.* to communicate. *2* to take Holy Communion.
común *a.* common. *2* public. *3* ordinary, usual. *4* mean, low. *5 m.* community. *6* ***por lo ~***, generally; ***el ~ de las gentes***, most people.
comunal *a.* communal.
comunicación *f.* communication.
comunicado *m.* communiqué. *2* announcement.
comunicar *t.* to communicate, report. *2 ref.* to communicate. *3 i.* [of the telephone] to be engaged.
comunicativo, va *a.* communicative. *2* open, unreserved.
comunidad *f.* community. *2* commonwealth.
comunión *f.* communion. *2* ***la Sagrada Comunión***, the Holy Communion.
comunismo *m.* communism.
comunista *a.-s.* communist.
comúnmente *adv.* commonly, usually, generally. *2* frequently.
con *prep.* with. *2* [before an infinitive]: a)in spite of: ***~ ser tan fuerte***..., in spite of his being so strong... b) ***~ enseñar la carta***..., by showing the letter... *3* ***~ que***, as long as, if. *4* ***~ tal que***, provided that. *5* ***~ todo***, nevertheless.
conato *m.* endeavour, effort, exertion. *2* act attempted but not committed: ***~ de robo***, attempted robbery.
concavidad *f.* concavity, hollow.
cóncavo, va *a.* concave, hollow.
concebible *a.* conceivable.
concebir *t.-i.* to conceive [become pregnant. *2* to entertain [an idea], understand; to breed [affection]. ¶ CONJUG. like ***servir.***
conceder *t.* to grant, bestow, award. *2* to concede, admit.
concejal *m.* alderman, town councillor.
concentración *f.* concentration.

concentrar *t.-ref.* to concentrate.
concepción *f.* conception.
concepto *m.* concept, idea, thought. *2* witty thought, conceit. *3* opinion, judgement.
conceptuar *t.* to deem, judge, think, form an opinion, of.
concerniente *a.* concerning, relating: ***en lo ~ a***, as for; with regard to.
concernir *i.* to concern: ***por lo que a mí concierne***, as far as I am concerned.
concertar *t.* to arrange [a marriage, etc.]; to conclude [a bargain]; to agree upon [a price]; to harmonize. *2* to unite [efforts]. *3 i.-ref.* to agree. ¶ CONJUG. like ***acertar.***
concesión *f.* concession. *2* grant.
concesionario *m.* concessionaire.
conciencia *f.* conscience. *2* consciousness; awareness. *3* ***a ~***, conscienciously.
concienzudo, da *a.* conscientious.
concierto *m.* good order. *2* agreement, covenant. *3* MUS. concert.
conciliábulo *m.* secret meeting.
conciliación *f.* conciliation.
conciliador, ra *a.* conciliating, conciliatory, soothing. *2 m.-f.* conciliator.
conciliar *t.* to conciliate. *2* to reconcile. *3* ***~ el sueño***, to get to sleep. *4 ref.* to win, win over.
concilio *m.* ECCL. council.
concisión *f.* conciseness, brevity.
conciso, sa *a.* concise, brief.
concitar *t.* to excite, incite, stir up, raise.
conciudadano, na *a.* fellow-citizen, fellow-countryman.
concluir *t.-i.-ref.* to conclude, finish, end. *2* to conclude, infer.
conclusión *f.* conclusion, end.
concluyente *a.* conclusive, convincing, decisive.
concomitante *a.* concomitant.
concordancia *f.* concordance, conformity, agreement.
concordar *t.* to make agree, to harmonize. *2 i.* to agree, accord, tally.
concordato *m.* concordat.
concordia *f.* concord, harmony, agreement, settlement.
concretamente *adv.* finally.
concretar *t.* to combine, unite. *2* to summarize; to express concretely; to fix details. *3 ref.* to limit oneself to, keep close to the point.
concreto, ta *a.* concrete [not abstract]; definite: ***en ~***, exactly.
concubina *f.* concubine.
conculcar *t.* to tread upon. *2* to violate, infringe [law].
concupiscencia *f.* concupiscence. *2* cupidity, greed, lust.
concurrencia *f.* concurrence, gathering; audience. *2* competition [in trade]. *3* aid.
concurrido, da *a.* frequented, thronged, popular; busy.
concurrir *i.* to concur [happen together, coincide]. *2* to be present at, attend, frequent. *3* to take part in a competition.
concurso *m.* concourse, assembly. *2* competition.
concusión *f.* MED. concussion. *2* LAW extortion.
concha *f.* ZOOL. shell. *2* oyster. *3* tortoise-shell. *4* bay.
conchabarse *ref.* to plot, band together.
condado *m.* earldom; countship. *2* county.
conde *m.* earl, count.
condecoración *f.* decoration. *2* badge, medal.
condecorar *t.* to decorate [with badge, medal].
condena *f.* sentence; term in prison; penalty.
condenación *f.* condemnation. *2* damnation. *3* conviction.
condenado, da *a.-n.* confounded, damned [person].
condenar *t.* to condemn, sentence. *2* to wall up [a door]. *3 ref.* to be damned.
condensador, ra *a.* condensing. *2 m.* condenser.
condensar *t.-ref.* to condense.
condesa *f.* countess.
condescendencia *f.* complaisance, compliance.
condescender *i.* to comply, yield, agree.
condescendiente *a.* complaisant, obliging.
condición *f.* condition [rank; nature; requisite]: ***a ~ de que***, provided that. *2 pl.* terms. *3* position. *4* circumstances.
condicional *a.* conditional. *2* **-mente** *adv.* conditionally.
condicionar *t.* to condition. *2 i.* to agree.
condimentar *t.* to season [foods].
condimento *m.* condiment, seasoning.
condiscípulo, la *m.* schoolfellow.
condolerse *ref.* to condole [with], sympathize [with], feel sorry for.
cóndor *m.* ORN. condor.
conducción *f.* conduction. *2* conveyance, transportation. *3* piping, wiring. *4* driving [of vehicles].
conducente *a.* leading, conducive.
conducir *t.* to convey, transport. *2* to conduct, lead. *3* to direct, manage. *4* to

drive [a vehicle]. *5 ref.* to behave, act. ¶ CONJUG. INDIC. Pres.: ***conduzco,*** conduces, etc. | Pret.: ***conduje, condujiste,*** etc. || SUBJ. Pres.: ***conduzca, conduzcas,*** etc. | Imperf.: ***condujera,*** etc., or ***condujese,*** etc. | Fut.: ***condujere,*** etc. || IMPERAT.: conduce, ***conduzca; conduzcamos,*** conducid, ***conduzcan.***

conducta *f.* conduct, behavio(u)r. *2* conduct, management. *3* remuneration for contracted medical services.

conducto *m.* conduit, pipe, channel: ***por ~ de***, through.

conductor, ra *a.* conducting, leading. *2 m.-f.* guide, leader. *3* driver [of a vehicle]. *4* PHYS., RLY. conductor.

condumio *m.* food.

conectar *t.* to connect; to switch on, turn on.

conejera *f.* burrow, rabbit hole. *2* rabbit-warren.

conejo *a.* ZOOL. rabbit: ***conejillo de Indias***, guinea-pig.

conexión *f.* connection; relation.

confabulación *f.* confabulation. *2* league, plot.

confabular *i.* to confabulate. *2 ref.* to plot.

confección *f.* making. *2* confection, ready-made article.

confeccionar *t.* to make. *2* to manufacture.

confederación *f.* confederation, league, alliance.

confederar *t.-ref.* to confederate.

conferencia *f.* conference. *2* [public] lecture. *3* TELEPH. trunk call.

conferenciante *m.-f.* lecturer.

conferenciar *i.* to confer, meet for discussion.

conferir *t.* to confer [bestow; to consult about; to compare]. ¶ CONJUG. like ***hervir.***

confesar *t.-i.* to confess [one's sins; hear in confession]. *2* to acknowledge. *3 ref.* to confess oneself [guilty].

confesión *f.* confession.

confes(i)onario *m.* confessional.

confesor *m.* confessor.

confiado, da *a.* confiding, unsuspecting. *2* self-confident.

confianza *f.* confidence, reliance, trust: ***de ~***, reliable; ***en ~***, confidentially. *2* courage. *3* self-confidence. *4* familiarity, informality. *5 pl.* liberties, familiarities.

confiar *i.* to confide, trust, rely on. *2* to entrust. *3 ref.* to be trustful. *4* to make confidences.

confidencia *f.* confidence, trust. *2* confidential information.

confidencial *a.* confidential.

confidente, ta *a.* trustworthy, reliable. *2 m.* confidant. *3* secret agent, spy; police informer.

configuración *f.* configuration, shape, outline.

configurar *t.* to configurate, shape.

confín *a.* bordering. *2 m.* limit, border, boundary.

confinamiento *m.* banishment to a definite place.

confinar *i.* to border. *2 t.* to confine.

confirmación *f.* confirmation.

confirmar *t.* to confirm.

confiscar *t.* to confiscate.

confitar *t.* to candy, preserve.

confite *m.* small round sweet.

confitería *f.* confectionery. *2* confectioner's shop.

confitero, ra *m.-f.* confectioner. *2 f.* sweet box or jar.

confitura *f.* confectionery, sweets; jam; preserves.

conflagración *f.* conflagration.

conflicto *m.* conflict, struggle. *2* difficulty.

confluencia *f.* confluence, junction [of two rivers].

confluir *i.* [of streams or roads] to join, meet. *2* to crowd, assemble. ¶ CONJUG. like ***huir.***

conformación *f.* conformation, form, structure.

conformar *t.* to adapt, adjust. *2* to conform, agree. *3 ref.* to conform oneself; to comply, yield; to be resigned to.

conforme *a.* according; alike; similar; agreeable; in agreement; resigned; ready to. *2 adv.* in accordance with.

conformidad *f.* conformity. *2* accordance. *3* agreement; compliance. *4* patience, resignation.

confort *m.* comfort.

confortable *a.* comfortable.

confortablemente *adv.* comfortably.

confortar *t.* to comfort.

confraternidad *f.* confraternity.

confraternizar *i.* to fraternize.

confrontación *f.* confrontation.

confrontar *t.* to confront. *2* to compare, collate.

confundir *t.* to mix up. *2* to confuse. *3* to confound. *4* to mistake. *5 ref.* to get mixed up or lost [in a crowd]. *6* to be confused, confounded or mistaken; to make a mistake.

confusión *f.* confusion. *2* disorder. *3* bewilderment; shame.

confuso, sa *a.* confused. *2* troubled, bewildered. *3* blurred, indistinct; obscure.
congelación *f.* freezing, congealment.
congelado, da *a.* frozen, icy.
congelador *n.* freezer.
congelar *t.-ref.* to congeal, freeze.
congeniar *i.* to get along well together; to be congenial with.
congénito, ta *a.* congenital.
congestión *f.* congestion.
congestionar *t.-ref.* to congest.
conglomerar *t.-ref.* to conglomerate.
congoja *f.* anguish, grief, anxiety.
congraciar *t.* to win the good will of. *2 ref.* to ingratiate oneself [with].
congratulación *f.* congratulation.
congratular *t.* to congratulate. *2 ref.* to be glad, be pleased.
congregación *f.* congregation.
congregar *t.-ref.* to congregate.
congresista *m.* congress-man. *2 f.* congress-woman.
congreso *m.* congress, assembly; (E.U.)~ ***de los Diputados***, house of Representatives; (Ingl.) [Houses of] Parliament.
congrio *m.* ICHTH. conger eel.
congruente *a.* congruent, suitable.
cónico, ca *a.* conic(al.
conjetura *f.* conjecture, guess.
conjeturar *t.* to conjecture, guess.
conjugar *t.* to conjugate.
conjugación *f.* conjugation.
conjuntamente *adv.* jointly.
conjunto, ta *a.* conjunct, united. *2 m.* whole, total: ***en ~***, as a whole; altogether. *3* MUS. ensemble; chorus.
conjura, conjuración *f.* plot, conspiracy.
conjurar *i.-ref.* to swear together; to conspire. *2 t.* to swear in. *3* to conjure. *4* to exorcise. *5* to avert, ward off.
conjuro *m.* exorcism. *2* conjuration; entreaty.
conllevar *t.* to bear with. *2* to suffer with patience.
conmemoración *f.* commemoration.
conmemorar *t.* to commemorate.
conmemorativo, va *a.* commemorative; memorial.
conmigo *pron.* with me, with myself.
conminar *t.* to threaten, warn.
conmiseración *f.* commiseration, pity.
conmoción *f.* commotion. *2* riot.
conmovedor, ra *a.* moving, touching, exciting.
conmover *t.* to move, touch, stir. *2 ref.* to be moved, touched.
conmutación *f.* commutation, exchange.
conmutador *m.* ELEC. switch.
conmutar *t.* to commute, exchange. *2* ELEC. to commutate.
connaturalizarse *ref.* to become acclimatized, accustomed to.
connivencia *f.* connivance. *2* secret understanding.
cono *m.* GEOM. cone.
conocedor, ra *a.* knowing, expert. *2 m.-f.* connoisseur, judge.
conocer *t.* to know. *2* to be acquainted with, meet [a person]. *3 ref.* to know oneself. *4* to be acquainted with each other.
conocido, da *a.* known, familiar. *2* wellknow. *3 m.-f.* acquaintance.
conocimiento *m.* knowledge; notice, information. *2* understanding, intelligence. *3* skill. *4* bill of lading. *5* acquaintance. *6 pl.* knowledge, learning.
conque *conj.* so, so then, and so; well then.
conquista *f.* conquest.
conquistador, ra *a.* conquering. *2 m.-f.* conqueror. *3 m.* lady-killer.
conquistar *t.* to conquer [by arms]; win, gain.
consabido, da *a.* before-mentioned, in question, aforesaid.
consagración *f.* consecration.
consagrado, da *a.* consecrate(d. *2* sanctioned, established.
consagrar *t.* to consecrate, hallow. *2* devote. *3* to authorize [a word, etc.]. *4 ref.* to devote oneself to.
consanguíneo, a *a.* kindred, related by blood, akin.
consanguinidad *f.* consanguinity.
consciente *a.* conscious, aware.
conscientemente *adv.* consciously.
consecución *f.* attainment.
consecuencia *f.* consequence: ***en ~, por ~***, consequently, therefore. *2* issue, result: ***a ~ de***, because of, owing to.
consecuente *a.-n.* consequent.
consecutivo, va *a.* consecutive.
conseguir *t.* to obtain, attain, get, achieve. *2* [with an inf.] to succeed in, manage to.
conseja *f.* fable, old wives' tale.
consejero, ra *m.-f.* adviser. *2 m.* counsellor, councilor.
consejo *m.* advice, counsel; piece of advice. *2* council, board: ~ ***de administración***, board of directors; ~ ***de guerra***, court-martial; ~ ***de ministros***, cabinet.
consentido, da *a.* spoiled [child].
consentimiento *m.* consent. *2* spoiling. *3* acquiescence.
consentir *t.* to allow, permit, tolerate. *2* to spoil [a child]. *3 i.* ~ ***en***, to consent to. *4 ref.* to crack. ¶ CONJUG. like ***hervir.***
conserje *m.* door-keeper, porter.

conserva *f.* preserves: ***sardinas en ~***, tinned sardines.
conservación *f.* conservation.
conservador, ra *a.* preserving. *2 m.-f.* conserver. *3 m.* curator. *4 a.-n.* POL. conservative.
conservar *t.* to conserve, keep, maintain. *2* to preserve, can.
conservatorio *m.* conservatoire.
considerable *a.* considerable, important, substantial.
consideración *f.* consideration: ***en ~ de***, or ***a***, considering; out of respect for; ***tomar en ~***, to take into consideration.
considerado, da *a.* considerate. *2* prudent. *3* respected.
considerar *t.* to consider, think over. *2* to treat with consideration. *3* to believe, judge.
consigna *f.* cloak-room, *checkroom. *2* watchword, password.
consignación *f.* consignation. *2* COM. consignment. *3* assignment.
consignar *t.* to consign. *2* to deposit. *3* to state in writing. *4* assign.
consignatorio *m.* trustee. *2* mortgagee. *3* COM. consignee. *4* NAUT. shipping agent.
consigo *pron.* with him. [her, it, one]; with them; with you.
consiguiente *a.* consequent [following, resulting]. *2 m.* LOG. consequent. *3* ***por ~***, therefore.
consistencia *f.* consistence, consistency [firmness, solidity].
consistente *a.* consistent, firm, solid.
consistir *i.* to consist [of, in]; to be based on.
consistorial *a.* consistorial. *2* ***casa ~***, town hall, town council.
consocio *m.* partner.
consola *f.* console-table.
consolación *f.* consolation, comfort.
consolador, ra *a.* consoling, comforting.
consolar *t.* to console, comfort, cheer, soothe. *2 ref.* to be consoled. || CONJUG. like ***contar.***
consolidación *f.* consolidation.
consolidar *t.-ref.* to consolidate, strengthen.
consonancia *f.* consonance, conformity; agreement.
consonante *f.* GRAM. consonant. *2* perfect rhyme. *3* concordant, consistent.
consorcio *m.* partnership.
consorte *m.-f.* consort, partner. *2* consort [husband or wife].
conspicuo, cua *a.* conspicuous, eminent.
conspiración *f.* conspiracy, plot.
conspirador, ra *m.-f.* conspirator.
conspirar *i.* to conspire, plot.
constancia *f.* constancy, steadiness. *2* certainty, evidence.
constante *a.* constant, steady. *2* **-mente** *adv.* constantly.
constar *i.* to be evident or clear; to be on record. *2* to consist of.
constatar *t.* GAL. to verify. *2* to state, record.
constelación *f.* constellation.
consternación *f.* consternation.
consternar *t.* to consternate, dismay. *2 ref.* to be consternated.
constipado, da *a.* suffering from a cold. *2 m.* cold, chill.
constiparse *ref.* to catch a cold.
constitución *f.* constitution.
constitucional *a.* constitutional.
constituir *t.* to constitute; to establish. *2 ref.* to become. ¶ CONJUG. like ***huir.***
constitutivo, va *a.* constitutive; esential. *2 m.* constituent.
constituyente *a.* constituent, component.
constreñimiento *m.* constraint.
constreñir *t.* to constrain, compel, force. *2* MED. to constipate. ¶ CONJUG. like ***ceñir.***
construcción *f.* construction, building.
constructor, ra *m.-f.* constructor, builder.
construir *t.* to construct, build.
consuelo *m.* consolation, comfort. *2* relief.
consuetudinario, ria *a.* habitual, customary.
cónsul *m.* consul.
consulado *m.* consulate.
consular *a.* consular.
consulta *f.* consultation: ***horas de ~***, consulting hours. *2* opinion.
consultar *t.-i.* to consult, take advice.
consultorio *m.* doctor's office.
consumación *f.* consummation, completion. *2* end.
consumado, da *a.* consummate. *2* accomplished; perfect.
consumar *t.* to consummate, complete, finish, accomplish.
consumición *f.* service [drink, etc., taken in café].
consumido, da *a.* consumed. *2* thin, emaciated.
consumidor, ra *a.* consuming. *2 m.-f.* consumer.
consumir *t.* to consume. *2* to waste away, spend. *3* to worry, vex. *4 ref.* to be consumed; to burn out. *5* to waste away.
consumo *m.* consumption: ***artículos de ~***, staple commodity.
consunción *f.* consumption [illness].
consuno (de) *adv.* together, in accord.

contabilidad *f.* accounting, book-keeping.
contable *a.* countable. *2 m.* book-keeper; accountant.
contacto *m.* contact. *2* touch: ***mantenerse en contacto con***, to keep in touch with.
contado, da *a.* counted, numbered. *2* scarce, rare, few. *3 m.* ***al*** ~, for cash, cash down.
contador, ra *a.* counting. *2 m.-f.* computer, counter. *3* accountant; book-keeper. *4* counter, meter [for gas, water, etc.].
contaduría *f.* accountant's office. *2* THEAT. box office. *3* cashier's office.
contagiar *t.* to infect with, contaminate. *2 ref.* to be infected with.
contagio *m.* contagion, infection.
contagioso, sa *a.* contagious, infectious, catching.
contaminación *f.* contamination, pollution.
contaminar *t.* to contaminate, pollute, defile. *2 ref.* to be contaminated.
contante *a.* ready [cash].
contar *t.* to count. *2* to tell, narrate, reckon: ~ ***con***, to rely on; ***a*** ~ ***desde***, starting from.
contemplación *f.* contemplation. *2 pl.* complaisance, leniency.
contemplar *t.* to contemplate, gaze at, look at. *2* to pamper.
contemplativo, va *a.* contemplative.
contemporáneo, a *a.-n.* contemporary.
contemporizar *i.* to temporize, yield.
contención *f.* restraint, check.
contencioso, sa *a.* contentious; litigious.
contender *i.* to contend, compete. *2* to fight, strive.
contendiente *a.* contending; fighting. *2 m.-f.* adversary; contestant. *3* litigant.
contener *t.* to contain, hold, check. *2* to restrain, refrain. *3* to hold back. *4 ref.* to be contained. *5* to contain oneself.
contenido, da *a.* moderate, temperate. *2 m.* contents.
contentamiento *m.* contentment, joy.
contentar *t.* to content, please, satisfy. *2 ref.* to be pleased.
contento, ta *a.* content, pleased, glad. *2 m.* contentment, joy.
contertulio, a *m.-f.* fellow member of a coterie.
contestación *f.* answer, reply. *2* debate.
contestar *t.* to answer, reply, write back [a letter].
contexto *m.* context.
contextura *f.* contexture; frame, framework.
contienda *f.* contest, fight, battle.
contigo *pron.* with you, thee.
contiguo, gua *a.* contiguous, adjoining, next, neighbouring.
continencia *f.* continence.
continental *a.* continental.
continente *m.* container. *2* GEOG. continent. *3* countenance, bearing. *4 a.* containing. *5* continent [temperate].
contingencia *f.* contingency, chance, risk.
contingente *a.-m.* contingent.
continuación *f.* continuation.
continuamente *adv.* incessantly.
continuar *t.* to continue [pursue, carry on]. *2 i.* to go on, keep.
continuidad *f.* continuity.
continuo, a *a.* continuous; steady, constant, endless.
contonearse *ref.* to strut, swagger.
contoneo *m.* strut(ting, ewagger(ing.
contorno *m.* contour, outline. *2 sing.-pl.* surroundings.
contorsión *f.* contortion.
contra *prep.* against; counter. *2 m.* con, against: ***el pro y el*** ~, the pros and cons. *3 f.* opposition: ***hacer*** or ***llevar la*** ~, to oppose.
contraalmirante *m.* rear-admiral.
contraatacar *t.-i.* to counter-attack.
contrabajo *m.* MUS. contrabass. *2* contrabassist.
contrabandista *m.-f.* smuggler.
contrabando *m.* smuggling, contraband.
contracción *f.* contraction, shrinking.
contradecir *t.-ref.* to contradict, gainsay.
contradicción *f.* contradiction.
contradictorio, ria *a.* contradictory.
contraer *t.-ref.* to contract, shrink: ~ ***matrimonio***, to get married. *2* to get, catch [a disease]. ¶ CONJUG. like ***traer***.
contrafuerte *m.* counter [of shoe]. *2* spur [of a mountain]. *3* ARCH. buttress.
contrahecho, cha *a.* deformed, hunchbacked.
contraluz *f.* view [of a thing] against the light.
contramaestre *m.* foreman. *2* NAUT. boatswain.
contraorden *f.* countermand.
contrapartida *f.* compensation.
contrapelo (a) *adv.* against the hair, against the grain.
contrapesar *t.* to counterbalance, counterpoise.
contrapeso *m.* counterweight. *2* counterpoise, counterbalance.
contraposición *f.* contraposition. *2* opposition.

contraponer *t.* to set against, compare. *2 t.-ref.* to oppose.
contraproducente *a.* self-defeating.
contrapunto *m.* MUS. counterpoint.
contrariamente *adv.* contrarily.
contrariar *i.* to oppose, run counter to. *2* to annoy, vex.
contrariedad *f.* contrariety, opposition. *2* annoyance, vexation. *3* set-back, disappointment.
contrario, ria *a.* contrary. *2* harmful, unfavourable. *3* opposite. *4 m.-f.* opponent, adversary. *5 m.* the contrary, the opposite. *6 f.* ***llevar la contraria***, to oppose. *7* ***al*** ~, on the contrary.
contrarrestar *t.* to resist, oppose, counteract, neutralize.
contrarrevolución *f.* counter-revolution.
contrasentido *m.* contradiction in terms, inconsistency.
contraseña *f.* countersign, countermark. *2* MIL. password. *3* check [for a coat, hat, etc.].
contrastar *t.* to resist, oppose. *2* to check [weight, etc.]. *3* to hallmark. *4 i.* to contrast.
contraste *m.* resistance, opposition. *2* contrast. *3* hallmark. *4* inspector of weight, etc.
contrata *f.* contract [esp. for works, etc.]. *2* engagement [of an actor, etc.].
contratar *t.* to contract for. *2* to engage, hire.
contratiempo *m.* mishap, hitch, disappointment, set-back.
contrato *m.* contract [agreement].
contravención *f.* contravention, infringement.
contraveneno *m.* antidote.
contravenir *t.* to contravene, infringe, transgress [law].
contraventana *f.* [window] shutter.
contrayente *m.-f.* contracting party.
contribución *f.* contribution, tax.
contribuir *i.* to contribute to.
contribuyente *m.-f.* contributor, taxpayer.
contrincante *m.* competitor, rival.
contristar *t.* to sadden, grieve.
contrito, ta *a.* contrite, repentant.
control *m.* GAL. control, check.
controlar *t.* GAL. to control, check.
controversia *f.* controversy.
contumacia *f.* contumacy, stubborn disobedience.
contumaz *a.* contumacious, rebellious, stubborn.
contundente *a.* bruising. *2* conclusive, decisive.
contusión *f.* contusion, bruise.
convalecencia *f.* convalescence.
convalecer *i.* to convalesce, recover. ¶ CONJUG. like ***agradecer***.
convaleciente *a.* convalescent.
convalidación *f.* LAW confirmation.
convalidar *t.* LAW to confirm.
convecino, na *a.* neighbouring. *2 m.-f.* fellow neighbour.
convencer *t.* to convince. *2 ref.* to become convinced.
convencimiento *am.* conviction.
convención *f.* convention, agreement. *2* pact, treaty.
convencional *a.* conventional.
convencionalismo *m.* conventionalism, conventionality.
convenido, da *a.* agreed, settled.
conveniencia *f.* conformity, agreement. *2* fitness. *3* utility, advantage. *4 pl.* income, property.
conveniente *a.* convenient, fit, suitable. *2* useful, advantageous. *3* **-mente** *adv.* conveniently, etc.
convenio *m.* agreement, pact.
convenir *i.* to agree. *2* to come together. *3* to be convenient, advantageous: ***me conviene***, it suits me. *4 ref.* to come to an agreement.
convento *m.* convent, monastery.
convergencia *f.* convergence.
convergente *a.* converging.
converger, convergir *i.* to converge, come together.
conversación *f.* conversation, talk.
conversar *i.* to converse, talk.
conversión *f.* conversion.
converso, sa; convertido, da *a.* converted. *2 m.-f.* convert.
convertir *t.* to convert, transform. *2 ref.* to be or become converted; to turn [into], become.
convexo, xa *a.* convex.
convicción *f.* conviction, belief.
convicto, ta *a.* convicted [found guilty].
convidado, da *m.-f.* guest.
convidar *t.* to invite. *2* to incite.
convincente *a.* convincing, telling.
convite *m.* invitation. *2* banquet.
convivencia *f.* living together; mutual tolerance.
convivir *i.* to live together; cohabit. *2* to tolerate each other.
convocar *t.* to convoke, summon, call together.
convocatoria *f.* letter of convocation, notice of meeting.
convoy *m.* convoy. *2* railway train.
convulsión *f.* convulsion.

convulsivo, va *a.* convulsive.
conyugal *a.* conjugal, matrimonial: ***vida ~***, married life.
cónyuge *m.-f.* spouse, consort. *2 pl.* husband and wife.
coñac *m.* cognac, brandy.
cooperación *f.* co-operation.
cooperar *t.* to co-operate.
cooperativa *f.* co-operative [society].
coordenada *f.* MATH. co-ordinate.
coordinación *f.* co-ordination.
coordinado, da *a.* co-ordinate(d.
coordinar *t.* to co-ordinate.
copa *f.* goblet, wineglass. *2* ***tomar una ~*** to have a drink. *3* cup [trophy]. *4* head, top, [of a tree]. *5* crown [of a hat]. *6* hearts [cards].
copar *t.* to cover [the whole bet]. *2* to sweep [all posts in an election]. *3* to cut off and capture [the enemy].
copartícipe *m.-f.* joint partner, copartner.
copete *m.* topknot; tuft; crest [of a bird]; forelock [of a horse]. *2* top [on a piece of furniture; of a mountain]. *3* fig. arrogance: ***de alto ~***, of high rank.
copia *f.* abundance. *2* copy. *3* imitation.
copiar *t.* to copy. *2* to take down [from dictation].
copioso, sa *a.* copious, abundant.
copista *m.-f.* copyist.
copla *f.* stanza. *2* short poetical composition; folk-song, ballad.
copo *m.* flake [of snow]. *2* clot. *3* bunch of wool, flax, etc. *4* sweeping all posts [in an election]. *5* MIL. cutting off and capturing the enemy.
copropietario, ria *m.-f.* joint owner, coproprietor.
cópula *f.* copula, link. *2* copulation.
copulativo, va *a.* copulative.
coque *m.* coke.
coqueta *f.* coquette, flirt. *2 a.* coquettish.
coquetear *i.* to coquet, flirt.
coquetería *f.* coquetry, flirting.
coquetón, na *a.* [of things] pretty, charming.
coraje *m.* courage. *2* anger.
coral *a.* MUS. choral. *2 m.* [red] coral.
coraza *f.* cuirass. *2* armour [of a ship]. *3* shell [of a turtle].
corazón *m.* ANAT. heart [soul, sensibility, love, good will; courage, spirit]: ***llevar el ~ en la mano***, to wear one's heart on one's sleeve; ***me dice el ~ que***, I have a feeling that; ***de ~***, heartily, sincerely. *2* core [of apple, etc.].
corazonada *f.* presentiment. *2* sudden access of courage.
corbata *f.* tie, necktie, cravat.
corbeta *f.* NAUT. corvette.
corcel *m.* steed, charger.
corcova *f.* hump, hunch.
corcovado, da *a.* humpbacked, hunchbached. *2 m.-f.* humpback, hunchback.
corchete *m.* hook and eye, clasp. *2* CARP. bench hook. *3* bracket. *4* bailiff, constable.
corcho *m.* cork. *2* cork mat.
cordaje *m.* rigging, cordage.
cordel *m.* string, fine cord: ***mozo de ~***, porter.
cordero *m.* lamb. *2* lamb-skin; lamb meat.
cordial *a.* cordial, friendly, hearty. *2 m.* cordial [drink]. *3* **-mente** *adv.* heartily.
cordialidad *f.* cordiality, heartiness, friendliness.
cordillera *f.* mountain range.
cordobán *m.* cordovan leather.
cordobés, sa *a.-n.* Cordovan.
cordón *m.* braid; yarn, cord, string. *2* lace [of shoes]. *3* cordon [line of soldiers].
cordoncillo *m. dim.* small coord; braid. *2* rib [on cloth]. *3* milling [on edge of a coin].
cordura *f.* soundness of mind, sanity. *2* prudence, wisdom.
corear *t.* to chorus.
coreografía *f.* choreography.
corista *m. f.* chorist, chorister. *2 f.* THEAT. chorus girl.
cornada *f.* thrust with the horns.
cornamenta *f.* horns, antlers.
corneja *f.* ORN. jackdaw, daw.
corneta *f.* bugle; cornet. *2* bugler; cornetist.
cornisa *f.* cornice.
cornucopia *f.* cornucopia, horn of plenty.
cornudo, da *a.* horned, antlered. *2 m.* cuckold [man].
coro *m.* choir. *2* chorus.
corola *f.* BOT. corolla.
corolario *m.* corollary.
corona *f.* crown; wreath.
coronar *t.* to crown.
coronel *m.* MIL. colonel.
coronilla *f.* little crown. *2* crown [of the head]; ***estar hasta la ~***, coll. to be fed up.
corpiño *m.* bodice.
corporación *f.* corporation.
corporal *a.* corporal, bodily.
corpóreo, a *a.* corporeal, bodily.
corpulencia *f.* corpulence, stoutness.
corpulento, ta *a.* corpulent, bulky, stout.
corpúsculo *m.* corpuscle.
corral *m.* yard, farm yard. *2* corral, enclosure.

correa *f.* leather strap, thong, leash. *2* MACH. belt. *3* ***tener*** ~, to bear raillery.
correaje *m.* straps, leather straps.
corrección *f.* correction. *2* correctness. *3* reprehension.
correctamente *adv.* correctly.
correctivo, va *a.-m.* corrective. *2* *m.* punishment.
correcto, ta *a.* correct, proper, right. *2* polite, well-bred.
corredera *f.* runner, groove. *2* sliding door. *3* NAUT. log line. *4* slide-valve.
corredizo, za *a.* running, sliding, slipping: ***nudo*** ~, slip-knot.
corredor, ra *a.* running, speedy. *2* *m.* SPORT. runner. *3* COM. broker. *4* corridor.
corregible *a.* corrigible.
corregidor, ra *a.* correcting. *2* *m.* corregidor [Spanish magistrate].
corregir *t.* to correct. *2* to reprimand. *3* *ref.* to mend one's ways. ¶ CONJUG. like ***servir.***
correlación *f.* correlation.
correligionario, ria *m.-f.* of the same religion or political party.
correo *m.* postman; courier, messenger. *2* post-office, postal services. *3* mail, correspondence. *4* ~ ***aéreo***, air-mail; ***echar al*** ~, to post, mail [a letter]; ***a vuelta de*** ~, by return post.
correoso, sa *a.* flexible, pliant. *2* leathery, tough [food].
correr *i.* to run. *2* [of wind] to blow. *3* [of news] to spread. *4* [of time] to pass. *5* to hurry. *6* *t.* to run [a distance; over the seas; a horse; a risk]. *7* to fight [a bull]. *8* to draw [a curtain]. *9* ~ ***prisa***, to be urgent, pressing. *10* *ref.* to slide, slip. *11* [of ink, etc.] to run. *12* to be ashamed.
correría *f.* wandering, excursion. *2* raid, foray.
correspondencia *f.* correspondence, agreement. *2* letter-writing, letters. *3* return, reciprocation.
corresponder *i.* to correspond, answer [to, with]. *2* to belong, pertain. *3* to return, reciprocate. *4* *ref.* to correspond [by letters]; to love each other.
correspondiente *a.* corresponding, suitable, appropriate. *2* respective. *3* *m.* correspondent.
corresponsal *m.* correspondent [newspaper, business].
corretaje *m.* brokerage.
corretear *t.* to run around; to ramble, wander.
correvedile *m.-f.* tale-bearer.
corrida *f.* course, race. *2* ~ ***de toros***, bullfight.
corriente *a.* flowing, running. *2* current. *3* ordinary, usual. *4* *f.* current, stream. *5* ELEC. current. *6* *m.* current month. *7* ***al*** ~, up to date; informed.
corrientemente *adv.* usually.
corrillo *m.* group of talkers, clique.
corrimiento *m.* ~ ***de tierras***, landslide.
corro *m.* circle, ring of talkers or spectators.
corroboración *f.* corroboration.
corroborar *t.* to corroborate. *2* to strengthen.
corroer *t.* to corrode.
corromper *t.* to corrupt. *2* to bribe. *3* to seduce. *4* to spoil, vitiate. *5* *ref.* to become corrupted; to rot.
corrompido, da *a.* corrupted. *2* depraved.
corrosivo, va *a.-m.* corrosive.
corrupción *f.* corruption.
corruptor, ra *a.* corrupting. *2* *m.-f.* corrupter.
corsario *m.* pirate.
corsé *m.* corset, stays.
corta *f.* felling [of trees].
cortado, da *a.* cut. *2* abashed, confused. *3* in short sentences [style].
cortafrío *m.* cold chisel.
cortante *a.* cutting, sharp. *2* biting [air, cold].
cortapisa *f.* condition, restriction.
cortaplumas *m.* penknife.
cortar *t.* to cut, slash; to cut away, off, out or up; to divide, sever. *2* to carve, chop, cleave. *3* to cross, intersect. *4* to hew. *5* to intercept; to interrupt, cut short. *6* to stop, bar [the passage]. *7* to cut off [the steam, the gas, etc.]. *8* *ref.* [of milk] to sour, curdle. *9* [of the skin] to chap. *10* to be embarrassed, ashamed.
1) **corte** *m.* cutting edge. *2* cut [in cards]. *3* art of cutting clothes. *4* lenght [of material for a garment]. *5* felling [of tress]. *6* ARCH. section. *7* ELEC. break [of current]. *8* edge [of a book].
2) **corte** *f.* court [of sovereign]. *2* *fig.* suite, retinue. *3* city [king's residence]. *4* (Am.) court [of justice]. *5* courtship, wooing: ***hacer la*** ~ ***a***, to court, pay court to. *6* *pl.* Parliament.
cortedad *f.* shortness. *2* shyness. *3* dullness.
cortejar *t.* to court, pay court to, woo, make love to.
cortejo *m.* court, paying court. *2* courtship, wooing. *3* train, procession. *4* suitor.

cortés *a.* courteous, polite.
cortésmente *adv.* politely.
cortesano, na *a.* courtlike; courteous, obliging. *2 m.* courtier. *3 f.* courtesan, prostitute.
cortesía *f.* courtesy, politeness.
corteza *f.* bark [of tree]; crust [of bread, etc.]; rind [of cheese, melon, etc.]; rind, peel [of orange, etc.]: ~ ***terrestre***, crust of the earth.
cortijo *m.* farm-house.
cortina *f.* curtain.
cortinaje *m.* courtains, hangings.
corto, ta *a.* short brief. *2* scant, wanting. *3* bashful, shy. *4* dull, slow-witted. *5* ELEC. ~ ***circuito***, short circuit. *6* ~ ***de vista***, short-sighted.
corva *f.* back of the knee.
corveta *f.* curvet, bound [of a horse]: ***hacer corvetas***, to prance.
corvo, va *a.* arched, curved.
corzo, za *m.-f.* ZOOL. roe-deer.
cosa *f.* thing, matter: ~ ***de***, about; ***como si tal*** ~, as if nothing had happened; ***poquita*** ~, little, weak person. *2* affair: ***eso es*** ~ ***tuya***, that is your affair. *3 pl.* peculiarities, oddities [of a person].
coscorrón *m.* blow on the head.
cosecha *f.* harvest, crop; vintage. *2* reaping: ***de su propia*** ~, of his own invention. *3* harvest time.
cosechadora *f.* reaping-machine, combine.
cosechar *t.-i.* to harvest, crop, reap, gather in.
coser *t.* to sew; to seam, stitch. *2* to stab repeatedly. *3* ***máquina de*** ~, sewing-machine.
cosmético, ca *a.-m.* cosmetic.
cosmopolita *a.-n.* cosmopolitan.
cosmos *m.* cosmos [universe].
coso *m.* enclosure for bullfights. *2* main [high] street.
cosquillas *f.* tickling, ticklishness: ***hacer*** ~, to tickle.
cosquillear *t.* to tickle.
cosquilleo *m.* tickling.
costa *f.* coast, shore. *2* cost, price, expense; ***a toda*** ~, at all costs; ***a*** ~ ***de***, at the expense of. *3 pl.* LAW costs.
costado *m.* side. *2* MIL. flank.
costal *m.* large sack, bag. *2 a.* ANAT. costal.
costar *i.* to cost. ¶ CONJUG. like ***contar.***
coste *m.* cost, price: ~ ***de vida***, cost of living.
costear *i.* NAUT. to coast, sail along the coast. *2 t.* to pay the cost of. *3 ref.* to pay one's own [studies, etc.].
costero, ra *a.* coastal, coasting.
costilla *f.* ANAT. rib. *2* chop, cutlet [to eat]. *3* wife.
costo *m.* cost, price, expense.
costoso, sa *a.* costly, expensive, dear. *2* hard, difficult.
costra *f.* crust; scab, scale.
costumbre *f.* custom; habit. *2 pl.* customs, ways, habits.
costumbrista *m.-f.* genre-writer.
costura *f.* sewing, needlework. *2* seam. *3* stitch(ing.
costurera *f.* seamstress.
costurero *m.* lady's work box. *2* sewing room.
costurón *m.* large or coarse seam. *2* large scar.
cota *f.* coat [of arms or mail]. *2* datum level [on maps].
cotejar *t.* to collate, compare.
cotejo *m.* collation, comparison.
cotidiano, na *a.* daily, everyday.
cotilleo *m.* gossiping.
cotización *f.* COM. quotation.
cotizar *t.* COM. to quote.
coto *m.* preserve: ~ ***de caza***, game preserve. *2* boundary mark. *3* stop, restriction: ***poner*** ~ ***a***, to put a stop to.
cotorra *f.* ORN. parrot, small parrot. *2 fig.* chatterbox.
cotorrear *i.* to chatter, gossip.
covacha *f.* small cave.
coyote *m.* coyote, prairie wolf.
coyunda *f.* strap for yoking oxen. *2* dominion, tyranny. *3* matrimonial union.
coyuntura *f.* ANAT. joint, articulation. *2* opportunity.
coz, *pl.* **coces** *f.* kick: ***dar coces***, to kick. *2* kickback, recoil [of a gun].
cráneo *m.* ANAT. cranium, skull.
crápula *f.* drunkenness. *2* dissipation.
crapuloso, sa *a.* drunken, dissolute.
craso, sa *a.* thick, fat, greasy. *2* crass, gross [ignorance, etc.].
cráter *m.* crater of a volcano.
creación *f.* creation.
creador, ra *a.* creative. *2 m.-f.* creator, maker.
crear *t.* to create. *2* to make. *3* to invent.
crecer *i.* to grow, increase. *2* [of a stream] to rise, swell. *3 ref.* to take courage; to grow daring.
creces *f. pl.* ***con*** ~, with interest.
crecido, da *a.* grown. *2* swollen [stream]. *3* large, big. *4 f.* flood, freshet.
creciente *a.* growing, increasing. *2 m.* crescent [moon].
crecimiento *m.* growth, increase.
credencial *a.-f.* credential, giving power. *2 pl.* credentials.

crédito *m.* credit, credence: ***dar ~ a***, to believe. *2* credit, good reputation: ***a ~***, on credit.
credo *m.* creed, credo.
credulidad *f.* credulity.
crédulo, la *a.* credulous, gullible.
creencia *f.* belief, creed, tenet.
creer *t.-i.-ref.* to believe. *2* to think, suppose: ***¡ya lo creo!***, of course.
creíble *a.* credible, believable.
crema *f.* cream. *2* custard. *3* diæresis.
cremación *f.* cremation, incineration.
cremallera *f.* MACH. ratchet. *2* rack rail. *3* zipper, zip-fastener.
crepitar *i.* to crackle, crepitate.
crepuscular *a.* crepuscular, twilight.
crepúsculo *m.* twilight; dawn.
crespo, pa *a.* crispy, curly [hair]. *2* angry, irritated.
crespón *m.* crape.
cresta *f.* crest, comb [of a bird]; cock's comb. *2* crest [of helmet, of mountain, of wave]. *3* tuft.
creta *f.* chalk.
cretino, na *m.-f.* cretin, idiot.
cretona *f.* cretonne.
creyente *a.* believing. *2 m.-f.* believer, faithful.
cría *f.* nursing, suckling. *2* breeding. *3* brood, young [animals].
criadero *m.* tree nursery. *2* breeding place [for animals]; fish hatchery. *3* MIN. seam, vein.
criado, da *a.* bred: ***bien ~***, well-bred; ***mal ~***, ill-bred. *2 m.* manservant. *3 f.* maid, maidservant.
crianza *f.* nursing. *2* bringing up, education. *3* breeding, manners.
criar *t.* to nurse, suckle. *2* to rear, breed, grow. *3* to put forth. *4* to bring up, educate.
criatura *f.* creature. *2* baby, child.
criba *f.* screen, sieve.
cribar *t.* to screen, sift.
cric *m.* jack, lifting jack.
cricquet *m.* SPORT. cricket.
crimen *m.* serious crime, felony.
criminal *a.-n.* criminal.
crin *f.* mane.
crío *m.* baby, child; kit.
criollo, lla *a.-n.* Creole.
crisantema *f.*, **crisantemo** *m.* chrysanthemum.
cripta *f.* crypt.
crisálida *f.* ENT. chrysalis, pupa.
crisis *f.* crisis. *2* COM. depression; shortage.
crisma *m.-f.* ECCL. chrism. *2 f.* coll, head.
crisol *m.* crucible, melting-pot.
crispar *t.* to contract [muscles]; to clench [fists]: ***~ los nervios***, to set the nerves on edge. *2 ref.* to twitch.
cristal *m.* crystal: ***~ de aumento***, magnifying glass. *2* window-pane.
cristalería *f.* glassware.
cristalino, na *a.* crystalline. *2 m.* ANAT. crystalline lens.
cristalizar *t.-i.-ref.* to crystallize.
cristianar *t.* coll. to christen, baptize.
cristiandad *f.* Christendom.
cristianismo *m.* Christianity.
cristiano, na *a.-n.* Christian.
Cristo *m. pr. n.* Christ. *2 m.* crucifix.
criterio *m.* criterion. *2* judgement, discernment.
crítica *f.* criticism. *2* faultfinding, censure; gossip. *3* the critics.
criticar *t.* to criticize. *2* to blame, censure, find fault with.
crítico, ca *a.* critical. *2 m.* critic; faultfinder.
criticón, na *a.* censorious, faultfinding. *2 m.-f.* faultfinder.
croar *i.* to croak.
crónica *f.* chronicle.
crónico, ca *a.* chronic.
cronista *m.* chronicler; reporter.
cronología *f.* chronology.
cronológico, ca *a.* chronologic(al.
cronometrar *t.* to clock, time.
cronómetro *m.* chronometer.
croqueta *f.* croquette.
croquis *m.* sketch, outline.
cruce *m.* cross, crossing. *2* intersection. *3* crossroads. *4* cross-breeding [of animals]. *5* blending [of words].
crucero *m.* cross-bearer. *2* crossroads. *3* ARCH. transept. *4* NAUT. cruiser.
crucial *a.* crucial.
crucificar *t.* to crucify; to torture.
crucifijo *m.* crucifix.
crucigrama *m.* cross-word puzzle.
crudamente *adv.* crudely, bluntly.
crudeza *f.* crudity, rawness. *2* bluntness, roughness. *3* bitterness [of weather].
crudo, da *a.* raw, uncooked, underdone [food]. *2* raw, bitter [weather]. *3* harsh, rough. *4* crude, blunt.
cruel *a.* cruel, ruthless, harsh. *2* **-mente** *adv.* cruelly.
crueldad *f.* cruelty; harshness.
cruento, ta *a.* bloody; implacable.
crujía *f.* corridor, passage. *2* hospital ward.
crujido *m.* creak, crackle. *2* rustle [of silk]. *3* gnash(ing [of teeth].
crujir *i.* to creak, crackle, crunch. *2* [of teeth] to gnash. *3* [of silk] to rustle.
crustáceo *a.-m.* crustacean; shell-fish.

cruz, *pl.* **cruces,** *m.* cross: ~ ***Roja***, Red Cross; ***hacerse cruces de***, to be astonished at. *2* tails [of coin]: ***cara o*** ~, heads or tails.
cruzada *f.* crusade; holy war.
cruzado, da *a.* crossed. *2* cross-bred. *3* double-breasted [garment]. *4 m.* crusader.
cruzamiento *m.* crossing. *2* cross-breeding.
cruzar *t.* to cross, lie across, intersect. *2* to cross [breeds]. *3 ref.* to cross, pass each other.
cuaderno *m.* note-book, exercise-book.
cuadra *f.* stable [for horses]. *2* croup [of horse]. *3* hall, ward [in hospitals].
cuadrado, da *a.-m.* square.
cuadragésimo, ma *a.-m.* fortieth.
cuadrangular *a.* quadrangular.
cuadrante *m.* sundial. *2* quarter [of the compass]. *3* ASTR., GEOM. quadrant.
cuadrar *t.* to square. *2 i.* to fit, suit. *3 ref.* MIL. to stand at attention. *4* to assume a firm attitude.
cuadriculado, da *a.* squared [paper].
cuadricular *t.* to graticulate.
cuadrilla *f.* party, crew, gang.
cuadro *m.* square or rectangle: ***a cuadros***, checkered. *2* picture, painting. *3* frame [of door, etc.]. *4* LIT. picture, description. *5* THEAT. tableau. *6* scene, view, spectable. *7* flower-bed. *8* table, synopsis. *9* ELEC., TELEPH. ~ ***de distribución***, switchboard.
cuadrúpedo *a.-m.* quadruped.
cuádruple *a.* quadruple, fourfold.
cuajar *t.-ref.* to curd, curdle, coagulate. *2 t.* to fill [with adornments]. *3* [of a thing] to be successful: ***la cosa no cuajó***, the thing did not work, or jell. *4 ref.* to become crowded.
cuajo *m.* rennet; ***de*** ~, by the roots.
cual, cuales *rel. pron.* who, which. *2* as, such as. *3* some. *4 adv.* as, like.
cuál, cuáles *interr. pron.* who, which [one, ones], what. *2 adv.* how.
cualidad *f.* quality.
cualquiera, *pl.* **cualesquiera** *pron.* anyone, anybody. *2* ~ ***que***, whatever, whichever *3* ***un, una*** ~, despicable person. *4 a.* any.
cuan *adv.* ***tan... cuan,*** as... as. *2 interrog.-exclam.* **cuán,** how.
cuando *adv.* when: ***aun*** ~, even though; ***de*** ~ ***en*** ~, now and then. *2* **¿cuándo?** *interrog. adv.* when?
cuantía *f.* amount, quantity. *2* importance: ***de poca*** ~, of little amount.
cuantioso, sa *a.* large, substantial, numerous.
1) **cuanto** *adv.* ***en*** ~ ***a***, with regard to, as for. *2* ~ ***antes***, as soon as possible. *3* ~ ***más***... ***tanto más***, the more... the more. *4* ***en*** ~, no sooner. *5* **cuánto** *exclam. adv.* how; how much, how long, how far.
2) **cuanto, ta; cuantos, tas** *a.* all the, every, as much [sing.], as many [pl.]. *2 pron.* all [that], everything, as much as [sing.], as many as [pl.], all who. *3 a.-pron.* ***unos cuantos***, some, a few.
3) **cuánto, ta; cuántos, tas** [with interrog. or exclam.] *a.-pron.* how much [sing.], how many [pl.], what.
cuáquero, ra *a.-m.* Quaker.
cuarenta *a.-n.* forty.
cuarentena *f.* quarantine.
cuaresma *f.* Lent.
cuartear *t.* to quarter, divide in four parts. *2 ref.* to crack.
cuartel *m.* ward [of a town]. *2* MIL. barracks. *3* MIL. quarters: ***no dar*** ~, to give no quarter.
cuartelillo *m.* police-station.
cuarteta *f.* eight syllable quatrain with rhyme abab.
cuarteto *m.* more-than-eight syllable quatrain with rhyme ABBA. *2* MUS. quartet(te.
cuartilla *f.* sheet of paper.
cuarto, ta *a.* fourth. *2 m.* quarter. *3* room, chamber: ~ ***de baño***, bath--room: ~ ***de estar***, living-room. *4* old copper coin: ***no tener un*** ~, to be penniless.
cuarzo *m.* MIN. quartz.
cuatrero *m.* cattle-thief.
cuatro *a.* four.
cuba *f.* cask, barrel: ***estar hecho una*** ~, *fig.* to be drunk. *2* tub.
cubano, na *a.-n.* Cuban.
cubeta *f.* small cask. *2* pail, bucket.
cúbico, ca *a.* cubic(al.
cubicar *t.* to cube.
cubierta *f.* cover(ing; envelope [of a letter]; book-jacket. *2* roof(ing. *3* shoe, outer tyre. *4* NAUT. deck.
cubierto, ta *p. p.* of CUBRIR. *2 m.* cover, roof. *3* set of fork, spoon and knife. *4* meal for one at a fixed price.
cubilete *m.* goblet. *2* dice-box.
cubo *m.* bucket, pail, tub. *2* GEOM., MATH. cube. *3* hub [of a wheel].
cubrecama *m.* counterpane, coverlet, bedspread.
cubrir *t.* to cover [up]. *2* to hide, disguise. *3* to roof [a building]. *4* to cover [expenses, etc.; a distance]. *5 ref.* to cover oneself. *6* to protect oneself.
cucaña *f.* greasy pole.
cucaracha *f.* cockroach.

cuclillas (en) *adv.* in a squatting position, sitting on one's heels.
cuclillo *m.* ORN. cuckoo.
cucurucho *m.* paper cone.
cuchara *f.* spoon. *2* ladle. *3* scoop. *4* dipper [of excavator].
cucharada *f.* spoonful.
cucharadita *f.* tea-spoonful.
cucharilla *f.* tea-spoon.
cucharón *m.* ladle; large spoon.
cuchichear *i.* to whisper.
cuchicheo *m.* whispering.
cuchilla *f.* large knife, cleaver. *2* blade.
cuchillada *f.* stab, slash, gash.
cuchillería *f.* cutlery. *2* cutler's shop.
cuchillo *m.* knife: ***pasar a ~***, to put to the sword.
cuchitril *m.* pigsty. *2* filthy room.
cuchufleta *f.* jest, quip.
cuello *m.* neck, throat. *2* collar [of a garment].
cuenca *f.* wooden bowl. *2* socket [of eye]. *3* valley. *4* river basin.
cuenco *m.* earthen bowl.
cuenta *f.* account; count, counting; bill, note: ***a fin de cuentas***, after all: ***hacer cuentas***, to cast accounts; ***en resumidas cuentas***, in short, to sum up. *2* bead [of rosary]. *3* COM. account: ***~ corriente***, current account; ***rendir*** or ***dar cuentas***, to answer for, give account of. *4* behalf, care, responsibility: ***esto es ~ mía***, that is my affair; ***por ~ de***, for account of. *5* report, information: ***dar ~ de***, to inform of. *6* ***caer en la ~***, ***darse ~***, to realise. *7* ***tener en ~***, to take into account, bear in mind.
cuentagotas *m.* dropper.
cuentakilómetros *m. sing.* speedometer.
cuento *m.* tale, story, narrative: ***~ de hadas***, fairy tale; ***venir a ~***, to be pertinent. *2* gossip; yarn, falsehood. *3* count, number: ***sin ~***, numberless.
cuerda *f.* rope, cord, string. *2* MUS. string. *3* spring: ***dar ~ a un reloj***, to wind up a watch.
cuerdamente *adv.* prudently, etc.
cuerdo, da *a.* sane, wise, prudent.
cuerno *m.* horn. *2* antenna, feeler.
cuero *m.* hide, raw hide. *2* leather. *3* wineskin. *4* ***~ cabelludo***, scalp; ***en cueros,*** stark naked.
cuerpo *m.* body; trunk: ***hurtar el ~***, to dogde; ***luchar ~ a ~***, to fight hand to hand. *2* figure, build [of a person]. *3* corpse: ***estar de ~ presente***, to lie in state. *4* company, staff: ***~ de ejército***, army corps.
cuervo *m.* raven, crow.
cuesta *f.* slope, hill: ***~ abajo***, downhill; ***~ arriba***, uphill; ***a cuestas***, on one's back.
cuestación *f.* collection for a charitable purpose.
cuestión *f.* question [problem, matter, point]; affair, business. *2* dispute, quarrel.
cuestionario *m.* questionnaire.
cueva *f.* cave. *2* cellar. *3* den.
cuévano *m.* hamper.
cuidado *m.* care, carefulness; charge: ***tener una cosa a su ~***, to have care or charge of a thing; ***al ~ de***, in care of; ***tener ~***, to be careful; ***¡~!***, look out! *2* fear, anxiety.
cuidadosamente *adv.* carefully.
cuidadoso, sa *a.* careful, painstaking. *2* watchful.
cuidar *t.* to execute with care. *2* *t.-i.* to take care of, keep, look after, mind, nurse. *3* *ref.* to take care of oneself.
cuita *f.* trouble, sorrow.
cuitado, da *a.* unfortunate, wretched. *2* shy.
culata *f.* butt [of a gun]. *2* MACH. head [of a cylinder].
culatazo *m.* blow with the butt of a rifle. *2* kick, recoil [of a firearm].
culebra *f.* snake.
culebrear *i.* to twist, wriggle.
culminación *f.* culmination, climax.
culminante *a.* culminating.
culminar *i.* to culminate, to come to a climax.
culo *m.* behind, bottom, backside. *2* anus; buttocks.
culpa *f.* guilt, fault, blame: ***echar la ~ a***, to blame; ***tener la ~***, to be to blame for; ***esto es ~ mía***, it's my fault.
culpabilidad *f.* guilt.
culpable *a.* guilty. *2* culpable, blamable. *3* *m.-f.* culprit. *4* the one to blame.
culpar *t.* to blame, accuse.
culteranismo *m.* euphuism, cultism.
culterano, na euphuistic. *2* *m.-f.* euphuist, cultist.
cultismo *m.* euphuism, cultism.
cultivador, ra *m.-f.* cultivator; tiller, farmer.
cultivar *t.* to cultivate, labour, farm [land, soil].
cultivo *m.* cultivation, culture, farming.
1) **culto** *m.* cult, worship. *2* veneration, homage: ***rendir ~ a***, to pay homage to; to worship.
2) **culto, ta** *a.* cultured, educated. *2* civilized. *3* learned.
cultura *f.* CULTIVO. *2* culture.
cumbre *f.* summit, top [of mountain], peak. *2* height.

cumpleaños *m.* birthday.
cumplido, da *a.-n.* complete, full; perfect. *2* large, ample. *3* courteous, polite. *4 m.* compliment, ceremony: ***visita de*** ~, formal call.
cumplidor, ra *a.* conscientious, dependable. *2* trustworthy.
cumplimentar *t.* to compliment, congratulate. *2* to pay a courtesy visit to.
cumplimiento *m.* fulfilment. *2* observance [of law]. *3* compliment: ***por*** ~, out of politeness only.
cumplir *t.* to accomplish, perform, fulfil. *2* to keep [a promise]. *3* to do [one's duty]; to observe [a law]. *4* to finish [a term in prison]. *5* reach [of age]. *6 i.* to behove. *7 i.-ref.* [of time] to expire. *8 ref.* to be fulfilled.
cúmulo *m.* heap, pile. *2* METEOR. cumulus.
cuna *f.* cradle. *2* birth, lineage.
cundir *i.* to spread. *2* to increase in volume. *3* to propagate.
cuneta *f.* ditch, gutter.
cuña *f.* wedge, quoin.
cuñada *f.* sister-in-law.
cuñado *m.* brother-in-law.
cuño *m.* die. *2* stamp.
cuota *f.* membership fee.
cupo *m.* quota, share.
cupón *m.* coupon.
cúpula *f.* ARCH. cupola, dome.
cura *m.* Roman Catholic priest; parish priest. *2* cure, healing: ***primera*** ~, first aid.
curación *f.* cure, healing.
curandero *m.* healer, quack.
curar *i.-ref.* to cure, heal, recover, get well. *2* to take care of; to mind. *3 t.* to cure, heal. *4* MED. to treat. *5* to cure [meat, fish]; to season [lumber]; to tan [hides].
curativo, va *a.* curative, healing.
cureña *f.* gun-carriage.
curia *f.* ecclesiastical court.
curiosear *i.* to pry, be inquisitive.
curiosidad *f.* curiosity. *2* neatness.
curioso, sa *a.* curious, inquisitive, prying. *2* clean, tidy. *3* rare.
cursar *t.* to frequent. *2* to study [law]. *3* to make [a petition]. *4* to pass through the regular administrative channels.
cursi *a.-n.* vulgar, in bad taste.
cursilería *f.* bad taste, cheapness, false elegance; shabby-gentility.
cursillo *m.* EDUC. short course of lectures on a subject.
curso *m.* course, direction. *2* EDUC. course [of lectures]; school year. *3* passage [of time].
curtido, da *a.* tanned [leather]. *2* sunburnt, weather-beaten. *3* experienced. *4 m.* tanning. *5 m. pl.* tanned leather.
curtidor *m.* tanner.
curtir *t.* to tan. *2* to inure. *3 ref.* to get sunburnt.
curva *f.* curve, bend.
curvatura *f.* curvature; bend.
curvo, va *a.* curved, bent, crooked.
cuscurro *m.* crust of bread.
cúspide *f.* top, peak. *2* summit.
custodia *f.* custody, care. *2* escort or guard. *3* ECCL. monstrance.
custodiar *t.* to guard, keep, take care of.
custodio *m.* custodian, guard: ***ángel*** ~, guardian angel.
cutáneo, a *a.* cutaneous.
cutis *m.* skin; complexion.
cuyo, ya *pl.* **cuyos, yas** *poss. pron.* whose, of which, of whom.

CH

chabacanamente *adv.* coarsely, vulgarly.
chabacanería *f.* coarseness, vulgarity.
chabacano, na *a.* coarse, vulgar.
chacal *m.* ZOOL. jackal.
chacota *f.* fun, noisy mirth: ***hacer ~ de***, to make fun of.
chacha *f.* coll. nurse, nursemaid.
cháchara *f.* prattle, idle talk.
chafallar *t.* to botch.
chafar *t.* to flatten, crush.
chaflán *m.* chamfer, bevel.
chal *m.* shawl.
chalado, da *a.* fool. *2* infatuated: ***estar ~ por***, to be madly in love with.
chalán, na *m.-f.* horse dealer.
chaleco *m.* waistcoat, vest.
chalet *m.* chalet.
chalupa *f.* NAUT. a small two-mast boat. *2* NAUT. launch.
chambelán *m.* chamberlain.
chambón, na *a.-n.* lucky person.
champaña *m.* champagne [wine].
champú *m.* shampoo.
chamuscar *t.* to singe, scorch. *2 ref.* to be singed.
chamusquina *f.* scorching. *2* quarrel.
chancear *i.-ref.* to joke, jest.
chancla *f.* old shoe.
chancleta *f.* slipper.
chanclo *m.* clog. *2* galosh.
chanchullo *m.* dirty business.
chanfaina *f.* stew of chopped lights.
chantaje *m.* blackmail.
chantajista *m.-f.* blackmailer.
chanza *f.* joke, jest, fun.
chapa *f.* metal sheet or plate, veneer. *2* rosy spot on the cheeks. *3 pl.* game of tossing up coins.
chapado, da *a.* plated, veneered. *2* ***~ a la antigua***, old-fashioned.
chaparro *m.* BOT. dwarf oak.
chaparrón *m.* downpour, violent shower.
chapitel *m.* spire. *2* capital.
chapotear *t.* to moisten. *2 i.* to splash.
chapoteo *m.* moistening. *2* splashing.
chapucería *f.* clumsiness [of a work]. *2* botch, clumsy work.
chapucero, ra *a.* botched, bungled. *2 s.* botcher, bungler.
chapurrar, chapurrear *t.* to speak [a language] brokenly.
chapuzar *t.-i.* to duck. *2 ref.* to dive.
chapuzón *m.* ducking, diving.
chaqué *m.* morning coat.
chaqueta *f.* jacket, sack coat.
charada *f.* charade.
charanga *f.* brass band.
charca *f.* pool, pond.
charco *m.* puddle, pond; ***pasar el ~***, to cross the pond.
charla *f.* chatter, prattle. *2* chat, chatting. *3* talk, lecture.
charlar *i.* to chatter, prattle. *2* to chat, talk.
charlatán, na *m.-f.* chatterer, chatterbox. *2* charlatan.
charlatanería *f.* garrulity.
charol *m.* varnish, japan. *2* patent leather.
charrán *a.* knave, rogue.
charretera *f.* epaulet. *2* garter.
charro, rra *a.* coarse. *2* cheap, flashy. *3 m.* churl.
chascarrillo *m.* joke, funny story.
chasco *m.* trick, deceit. *2* disappointment.
chasis *m.* AUTO., RADIO. chassis. *2* PHOT. plateholder.
chasquear *t.* to play a trick on, fool, deceive. *2* to disappoint. *3 t.-i.* to crack, snap. *4* to be disappointed.
chasquido *m.* crack [of whip]; crackling [of wood]; click [of the tongue].
chatarra *f.* scrap-iron. *2* iron slag.
chato, ta *a.-n.* flat-nosed. *2 m.* small glass [of wine].
chaval, la *a.* coll. young. *2 m.* coll. lad. *3 f.* coll, lass.

chaveta *f.* cotter-pin; key, forelock. *2* coll. ***perder la ~***, to go off one's head.
checo, ca *a.-n.* Czech.
chelín *m.* shilling.
cheque *m.* cheque, check; ~ ***de viajero***, traveler's check.
chicle *m.* chewing-gum.
chico, ca *a.* small, little. *2 m.* child, kid, youngster, boy, lad. *3* coll. fellow; old chap. *4 f.* child, girl, lass.
chicote *m.* sturdy boy.
chicha *f.* alcoholic drink. *2 a.* NAUT. ***calma ~***, dead calm.
chicharra *f.* ENT. cicada.
chicharrón *m.* fried piece of fat.
chichón *m.* bump [on the head].
chiflado, da *a.* crack-brained, crazy.
chifladura *f.* craziness, madness.
chiflar *i.* to whistle. *2 t.-ref.* to hiss. *3 ref.* to become crazy.
chileno, na *a.-n.* Chilean.
chillar *i.* to shriek, screech, scream. *2 fig.* to shout. *3* [of colours] to clash, glare, be garish.
chillido *m.* shriek, screech, scream.
chillón, na *a.* shrieking, screaming, screechy. *2* loud, garish [colour].
chimenea *f.* chimney. *2* hearth, fireplace. *3* funnel [of ship].
chimpancé *m.* ZOOL. chimpanzee.
China (la) *f. pr. n.* China.
china *f.* pebble. *2* China silk. *3* china, porcelain; chinaware. *4* Chinese woman.
chinchar *t.* coll. to bother.
chinche *f.* ENT. bedbug. *2* drawing-pin, thumb-tack. *3* bore, nuisance.
chinchilla *f.* ZOOL. chinchilla.
chinela *f.* slipper.
chino, na *a.-n.* Chinese.
chiquero *m.* pigsty; pen for bulls.
chiquillada *f.* childish trick.
chiquillo, lla *a.* small. *2 m.-f.* little boy or girl, child.
chiquito, ta *a.* tiny, very small. *2 m.-f.* CHIQUILLO 2.
chirinola *f.* trifle. *2* ***estar de ~***, to be in good spirits.
chiripa *f.* fluke, stroke of luck.
chirlo *m.* wound or scar on the face.
chirriar *i.* to hiss, sizzle. *2* [of a wheel, etc.] to squeak. *3* [of birds or insects] to chirp.
chirrido *m.* hiss, sizzle. *2* squeak [of a wheel, etc.]. *3* chirr [of birds or insects].
chisme *m.* mischievous tale, piece of gossip. *2* implement.
chismear *t.* to gossip, bear tales.
chismorreo *m.* gossip, gossiping.
chismoso, sa *a.* gossipy. *2 m.-f.* gossip, tale-bearer.
chispa *f.* spark, sparkle: ***echar chispas***, *fig.* to be raging.
chispazo *m.* spark, flash.
chispeante *a.* sparkling.
chispear *i.* to spark, sparkle. *2* to drizzle slightly.
chisporrotear *i.* to spark, sputter.
chisporroteo *m.* sparkling, sputtering.
chistar *i.* to speak: ***no ~***, not to say a word.
chiste *m.* joke, funny story, fun.
chistera *f.* top hat. *2* fish basket.
chistoso, sa *a.* witty, funny.
¡chitón! *interj.* hush!, silence!
chiva *f.* female kid.
chivato *m.* ZOOL. kid. *2* coll. informer, tale-bearer.
chivo *m.* male kid.
chocante *a.* shocking, funny.
chocar *i.* to collide; to clash, bump together. *2* to meet, fight. *3* to surprise: ***esto me choca***, I am surprised at this.
chocarrería *f.* coarse humour.
chocarrero, ra *a.* scurrilous. *2 m.-f.* vulgar joker.
chocolate *m.* chocolate.
chocolatín *m.* chocolate drop or tablet.
chochear *i.* to dote, to be in one's dotage.
chochera, chochez *f.* dotage.
chocho, cha *a.* doting. *2 m.-f.* dotard.
chófer *m.* AUT. chauffeur, driver.
chopo *m.* BOT. black poplar.
choque *m.* collision, clash; shock. *2* MIL. encounter, skirmish. *3* dispute, quarrel.
chorizo *m.* pork sausage.
chorlito *m.* ORN. golden plover. *2* coll. scatterbrains.
chorrear *i.* to spout, gush. *2* to drip.
chorro *m.* jet, spout, gush, flow, stream: ***a chorros***, in abundance.
chotearse *ref.* to make fun of.
choteo *m.* fun, mockery, jeering.
choto, ta *m.-f.* sucking kid. *2* calf.
choza *f.* hut, cabin, hovel, shanty.
chubasco *m.* shower, squall.
chubasquero *m.* raincoat, mackintosh.
chuchería *f.* trinquet, knick-knack. *2* titbit, delicacy.
chucho *m.* coll. dog.
chueca *f.* stump [of tree]. *2* head [of a bone].
chufa *f.* BOT. chufa, ground-nut.
chulear *t.* to banter, rally wittily. *2 ref.* to make fun.
chulería *f.* pertness.
chuleta *f.* chop, cutlet.

chulo, la *a.* pert and droll. *2 m.-f.* low-class person, loud in dress and manners. *3* pimp, procurer.
chumbera *f.* prickly pear [plant].
chunga *f.* fun. banter: ***estar de*** ~, to be joking; ***tomar a*** ~, to make fun of.
chunguearse *ref.* to joke, make fun [of].
chupada *f.* suck, sucking. *2* pull [at a pipe].
chupado, da *a.* lean, emaciated.
chupar *t.* to suck, draw. *2* to absorb, imbibe. *3* to drain [money, etc.]; to sponge on. *4* (Am.) to drink. *5 ref.* to become worn to a shadow; ~ ***los dedos***, to relish.
chupatintas *m.* coll. office clerk.
chupón, na *a.* sucking. *2* blotting [paper]. *3 m.* sucker, sponger.
churrigueresco, ca *a.* F. ARTS. Churrigueresque.
churro, rra *a.* coarse-wooled [sheep]. *2 m.* a long cylindrical fritter.
churumbel *m.* coll. child.
chusco, ca *a.* funny, witty; droll.
chusma *f.* rabble, mob.
chutar *i.* FOOTBALL to shoot.
chuzo *m.* short pike: *fig.* ***llover chuzos***, to rain pitchforks.

D

dable *a.* feasible, possible.
dactilografía *f.* typewriting.
dádiva *f.* gift, present.
dadivoso, sa *a.* generous, open-handed.
dado, da *a.* given. *2 conj.* ***dado que***, assuming that, if. *3 m.* die [*pl.* dice].
dador, ra *m.-f.* giver; bearer.
daga *f.* dagger.
dalia *f.* BOT. dahlia.
dama *f.* lady, dame. *2* mistress, concubine. *3* king [in draughts]. *4* queen [in chess]. *5 pl.* draughts, *checkers.
damasco *m.* damask [fabric].
damisela *f.* young lady, damsel.
damnificar *t.* to hurt, injure.
danés, sa *a.* Danish. *2 m.-f.* Dane. *3 m.* Danish [language].
danza *f.* dance; dancing.
danzar *i.* to dance.
danzarín, na *m.-f.* dancer.
dañado, da *a.* damaged, spoiled, tainted.
dañar *t.* to harm, damage, injure, hurt. *2* to spoil, taint. *3 ref.* to become damaged; to get hurt.
dañino, na *a.* harmful, injurious.
daño *m.* harm, damage, loss, injury: ***daños y perjuicios***, damages; ***hacer ~***, to hurt.
dar *t.* to give, hand, deliver, grant. *2* to produce, bear, yield. *3* ***~ comienzo***, to begin; ***~ gritos***, to shout; ***~ un paseo***, to take a walk. *4* ***dar como*** or ***por***, to suppose, consider, hold. *5* ***~ a conocer***, to make known; ***~ a luz***, to give birth to; to publish; ***~ que hacer***, to give trouble; ***~ que pensar***, to arouse suspicious. *6 i.* ***~ con***, to meet, find. *7* ***~ contra***, to knock against. *8* ***~ en el clavo***, to hit the nail on the head. *9* ***~ de comer***, to feed. *10* ***~ de sí***, to give, yield, stretch. *11 ref.* to give oneself. *12* to yield, surrender. *13* ***darse a la bebida***, to take to drink. *14* [of things, events, etc.] to happen. *15* ***darse la mano***, to shake hands. ¶ CONJUG. INDIC. Pres.: ***doy, das, da; damos, dais, dan.*** | Imperf.: ***daba, dabas***, etc. | Pret.: ***di, diste, dio; dimos, disteis, dieron.*** | Fut.: ***daré, darás***, etc. || COND.: ***daría, darías***, etc. || SUBJ. Pres.: ***dé, des***, etc. | Imperf.: ***diera, dieras***, etc., or ***diese, dieses***, etc. | Fut.: ***diere, dieres***, etc. || IMPER.: ***da, dé; demos, dad, den.*** || PAST. P.: ***dado.*** || GER.: ***dando.***
dardo *m.* dart [missile].
dársena *f.* inner harbour, dock.
data *f.* date [in documents, etc.].
datar *t.* to date. *2* to enter [in account].
dátil *m.* BOT. date [fruit].
dato *m.* datum, fact. *2* document.
de *prep.* of; from, about, for, on, by, at, out of, with: ***~ día***, by day; ***~ noche***, at night. *2* [before inf.] if. *3* than. *4* ***~ pie***, standing up.
deambular *t.* to walk, stroll.
debajo *adv.* underneath, below: ***~ de***, under, beneath.
debate *m.* debate, discussion.
debatir *t.* to debate, discuss.
debe *m.* COM. debit.
debelar *t.* to conquer, vanquish.
1) **deber** *m.* duty, obligation. *2* homework.
2) **deber** *t.* to owe. *2 aux.* [with an inf.] must, have to; ought to, should. *3* ***~ de***, must [conjecture].
debidamente *adv.* duly, properly.
debido, da *a.* owed. *2* due, just, proper: ***como es ~***, rightly; ***~ a***, due to, owing to.
débil *a.* weak, feeble. *2* slight, faint; sickly.
debilidad *f.* weakness.
debilitación *f.*, **debilitamiento** *m.* weakness; weakening.
debilitar *t.-ref.* to weaken.
débito *m.* debit, debt.
debut *m.* GALL. debut [first performance].
debutar *i.* to make one's debut.
década *f.* decade, ten years.
decadencia *f.* decadence, decline.
decadente *a.* decadent, declining.

decaer *i.* to decline, decay, fall, fall off, lessen.
decaído, da *a.* declining. *2* low [sick person]. *3* ~ ***de ánimo***, disheartened.
decaimiento *m.* decay, weakness.
decálogo *m.* decalogue. *2* Ten Commandments.
decampar *i.* to decamp.
decanato *m.* deanship [of a faculty]; doyenship [of a body].
decano *m.* dean [of a faculty]. *2* doyen, dean [of a body].
decantar *t.* to decant. *2* to overpraise.
decapitación *f.* behading, decapitation.
decapitar *t.* to behead, decapitate.
decena *f.* ten [ten unities].
decencia *f.* decency, propriety. *2* decorum, modesty. *3* honesty.
decente *a.* decent, proper. *2* decorous, modest. *3* correct.
decepción *f.* disappointment.
decepcionante *a.* disappointing.
decepcionar *t.* to dissappoint, disillusion.
decididamente *adv.* decidedly.
decidido, da *a.* decided. *2* determined.
decidir *t.* to decide, settle. *2* to determine, resolve. *3 ref.* to make up one's mind.
décima *f.* tenth [part]. *2* a stanza of ten octosyllabic lines.
decimal *a.-m.* decimal.
décimo, ma *a.* tenth.
1) **decir** *t.* to say, talk, tell, speak: ~ ***para sí***, to say to oneself; ~ ***mentiras***, to tell lies; ***querer*** ~, to mean; ***como quien dice, como si dijéramos***, so to speak; ***es*** ~, that is to say. *2 ref.* ***se dice***, they say, it is said. ¶ CONJUG. INDIC. Pres.: ***digo, dices, dice;*** decimos, decís, ***dicen.*** | Imperf.: decía, decías, etc. | Pret.: ***dije, dijiste, dijo; dijimos, dijisteis, dijeron.*** | Fut.: ***diré, dirás,*** etc. || COND.: ***diría, dirías,*** etc. || SUBJ. Pres.: ***diga, digas,*** etc. | Imperf.: ***dijera, dijeras***, etc., or ***dijese, dijeses,*** etc. | Fut.: ***dijere, dijeres,*** etc. || IMPER.: ***di, diga; digamos,*** decid, ***digan.*** || P. P.: ***dicho.*** || GER.: ***diciendo.***
2) **decir** *m.* saying, maxim. *2* ***el*** ~ ***de las gentes***, the opinion of the people.
decisión *f.* decision. *2* determination, resolution.
decisivo, va *a.* decisive, final.
declamación *f.* declamation; recitation.
declamar *i.-t.* to declaim; to recite.
declaración *f.* declaration. *2* statement. *3* LAW deposition.
declarar *t.* to declare. *2* to state, make know, avow. *3* to explain. *4* LAW to find [guilty or not guilty]. *5 i.* to testify, make a statement. *6 ref.* to declare oneself. *7* to propose [to a woman]. *8* [of war] to be declared. *9* [of fire, etc.] to start, break out.
declinación *a.* decline, fall, descent. *2* GRAM. declension.
declinar *i.* to decline, deviate. *2* to lose vigour, decay, fall off. *3 t.* to decline, renounce.
declive *m.* declivity, slope.
decolorar *t.* to decolo(u)rize.
decomisar *t.* to confiscate.
decoración *f.*, **decorado** *m.* decoration, adornment. *2* THEAT. scenery, setting.
decorar *t.* to decorate, adorn, embellish.
decorativo, va *a.* decorative, ornamental.
decoro *m.* decorum, decency, dignity. *2* honour.
decoroso, sa *a.* decorous, becoming, decent, seemly.
decrecer *i.* to decrease, diminish.
decreciente *a.* decreasing, diminishing.
decrépito, ta *a.* decrepit.
decretar *t.* to decree, decide.
decreto *m.* decree, decision.
decurso *m.* lapse, course of time.
dechado *m.* example, model, pattern.
dedal *m.* thimble.
dedicación *f.* dedication.
dedicar *t.* to dedicate [a book, etc.]. *2* to autograph. *3* to devote. *4 ref.* to devote oneself to.
dedicatoria *f.* dedication [in a book, etc.]; autograph [on a photograph].
dedo *m.* ~ ***de la mano***, finger; ~ ***del pie***, toe; ~ ***gordo***, thumb; ~ ***índice***, forefinger, index; ~ ***cordial***, middle finger; ~ ***anular***, ring finger; ~ ***meñique***, little finger.
deducción *f.* deduction, inference, conclusion. *2* rebate, discount.
deducir *t.* to deduce, deduct, infer. *2* to deduct, rebate, discount. ¶ CONJUG. like ***conducir.***
deductivo, va *a.* deductive.
defecar *i.* to defecate.
defectivo, va *a.* defective, faulty.
defecto *m.* defect, fault, blemish; ***en*** ~ ***de***, in default of.
defectuoso, sa *a.* defective, faulty.
defender *t.-ref.* to defend. *2* assert, maintain. ¶ CONJUG. like ***entender.***
defensa *f.* defence. *2* shelter, protection, guard. *3 m.* FOOTBALL [right, left, central] back.
defensivo, va *a.* defensive. *2 f.* ***estar a la defensiva***, to be on the defensive.
defensor, ra *a.* defending. *2 m.-f.* defender. *3* advocate, supporter.
deferencia *f.* deference.

deferir *i.* to defer [to another's opinions, etc.]. *2 t.* to delegate. ¶ CONJUG. like ***hervir.***
deficiencia *f.* defect, deficiency.
deficiente *a.* deficient, faulty.
déficit *m.* deficit, shortage.
definición *f.* definition.
definido, da *a.* definite. *2* defined.
definir *t.* to define; to explain.
definitivamente *adv.* definitely.
definitivo, va *a.* definitive.
deformación *f.* deformation, distortion.
deformar *t.* to deform, distort. *2 ref.* to become deformed.
deforme *a.* deformed, misshapen.
deformidad *f.* deformity, ugliness.
defraudación *f.* defraudation, fraud, cheating.
defraudar *t.* to defraud, rob, cheat. *2* to frustrate, disappoint. *3* to deceive [hopes].
defuera (por) *adv.* on the outside, outwardly.
defunción *f.* death, decease.
degeneración *f.* degeneration. *2* degeneracy.
degenerado, da *a.-m.* degenerate.
degenerar *i.* to degenerate.
deglución *f.* swallowing.
deglutir *t.* to swallow.
degollación *f.* beheading, slaughter.
degolladero *m.* throttle. *2* slaughter-house; gibbet.
degollar *t.* to behead; to slash the throat. ¶ CONJUG. like ***contar.***
degollina *f.* massacre, slaughter, butchery.
degradación *f.* degradation, baseness. *2* MIL. demotion.
degradar *t.* to degrade, debase. *2* MIL. to demote. *3 ref.* to demean oneself.
degüello *m.* beheading; throat-cutting. *2* shaft [of arrow].
degustación *f.* tasting.
degustar *t.* to taste, savo(u)r.
dehesa *f.* pasture ground.
deidad *f.* deity, divinity.
deificar *t.* to deify; to praise excessively. *2 ref.* to become deified.
dejadez *f.* neglect, slovenliness.
dejado, da *a.* lazy, negligent, slovenly, indolent.
dejar *t.* to leave: ~ ***en paz***, to let alone. *2* to abandon relinquish, let go. *3* to quit, depart from. *4* to allow, let. *5* to forsake. *6* to give up. *7* to lend, *loan. *8* to bequeath. *9* ~ ***de***, to omit, stop, cease. *10 ref.* to abandon oneself; to neglect oneself. *11* ***dejarse de rodeos***, to come to the point. *12* ***dejarse olvidado***, to forget, leave out.
dejo *m.* peculiar accent in speaking. *2* lassitude. *3* aftertaste.
del contraction of DE and EL: of the.
delación *f.* accusation, denunciation.
delantal *m.* apron; pinafore.
delante *adv.* before, in front of; ahead: ***por*** ~, before; ahead.
delantera *f.* front, fore part. *2* lead, advance, advantage: ***coger*** or ***tomar la*** ~ ***a***, to get ahead of, overtake.
delantero, ra *a.* fore, front, foremost. *2 m.* SPORT. forward.
delatar *t.* to accuse, denounce.
delator, ra *a.* accusing, denouncing. *2 m.-f.* accuser, denouncer.
delegación *f.* delegation. *2* COM. branch.
delegado, da *a.* delegated. *2 m.-f.* delegate, deputy.
delegar *t.* to delegate, depute.
deleitar *t.* to delight, please. *2 ref.* to delight in, take pleasure.
deleite *m.* pleasure, delight, joy.
deleitoso, sa *a.* delightful, agreeable.
deletrear *t.* to spell, spell out.
deletreo *m.* spelling out.
deleznable *a.* frail, perishable.
delfín *m.* dauphin. *2* ZOOL. dolphin.
delgadez *f.* thinness, leanness, slenderness.
delgado, da *a.* thin, lean, slender.
deliberación *f.* deliberation.
deliberadamente *adv.* deliberately.
deliberar *i.* to deliberate, consider. *2 t.* to decide.
delicadeza *f.* delicateness, delicacy. *2* fineness. *3* softness, tenderness.
delicado, da *a.* delicate. *2* poor [health]. *3* subtle, ingenious.
delicia *f.* delight; pleasure, joy.
delicioso, sa *a.* delicious, delightful.
delimitar *t.* to delimit, delimitate.
delincuencia *f.* delinquency.
delincuente *a.-n.* delinquent.
delineación *f.* delineation, draft.
delineante *m.* draftsman.
delinear *t.* to delineate, sketch.
delirante *a.* delirious, raving.
delirar *i.* to rave, be delirious. *2* to talk nonsense.
delirio *m.* delirium, madness.
delito *m.* transgression, offence, crime, guilt, misdemeano(u)r.
demacrado, da *a.* emaciated, thin, scrawny.
demacrarse *ref.* to waste away, become emaciated.
demagogia *f.* demagogy.

demagogo, ga *am.-f.* demagogue.
demanda *f.* petition, request. *2* COM. demand. *3* LAW claim, complaint; lawsuit.
demandado, da *m.-f.* defendant.
demandante *m.-f.* claimant.
demandar *t.* to demand, ask for, beg. *2* to ask, inquire. *3* LAW to sue.
demarcación *f.* demarcation, boundary-line.
demás *a.* the other, the rest of the. *2* *pron*, other, others: ***los*** ~, the others, the other people; ***lo*** ~, the rest; ***por lo*** ~, for the rest. *3* *adv.* besides.
demasía *f.* excess: ***en*** ~, too much, excessively. *2* boldness, audacity. *3* outrage.
demasiado *adv.* too, excessively.
demasiado, da *a.-pron.* too much [money], too many [books]; excessive.
demencia *f.* insanity, madness.
demente *a.* demented, mad, insane. *2* *m.-f.* lunatic, maniac.
democracia *f.* democracy.
demócrata *a.* democratic. *2* *m.-f.* democrat.
democrático, ca *a.* democratic.
demoler *t.* to demolish, pull down, tear down.
demolición *f.* demolition.
demonio *m.* demon, devil, fiend: ***¡qué*** ~!, what the devil!
demora *f.* delay.
demorar *t.* to delay, put off. *2* *i.* to stay, remain.
demostración *f.* demonstration; show; proof, explanation.
demostrar *t.* to demonstrate, show; to prove, explain.
demostrativo *a.-n.* demonstrative.
demudar *t.* to change, alter; disguise. *2* *ref.* to become disturbed, change countenance.
denegación *f.* denial, refusal.
denegar *t.* to deny, refuse. ¶ CONJUG. like ***acertar.***
dengue *m.* affectation; fastidiousness. *2* dengue fever.
dengoso, sa *a.* fastidious.
denigrante *a.* insulting.
denigrar *t.* to denigrate, debase, vilify. *2* to insult, revile.
denodado, da *a.* bold, brave.
denominación *f.* denomination.
denominador *m.* MATH. denominator.
denominar *t.* to denominate, name, call, entitle.
denostar *t.* to revile, abuse. ¶ CONJUG. like ***contar.***
denotar *t.* to denote, mean.
densidad *f.* density.
denso, sa *a.* dense, compact, thick.
dentado, da *a.* dentate, toothed. *2* MACH. cogged.
dentadura *f.* set of teeth: ~ ***postiza***, false teeth.
dental *a.* dental.
dentellada *f.* bite: tooth mark.
dentera *f.* tooth edge. *2* coll. envy. *3* desire. *4* ***dar*** ~, to set the teeth on edge.
dentición *f.* dentition, teething.
dentífrico, ca *a.-m.* tooth-paste, tooth--powder, dentifrice.
dentista *m.* dentist.
dentro *adv.* in, inside, within: ~ ***de una hora***, within an hour; ***por*** ~, inside, on the inside; ~ ***de poco***, shortly.
denuedo *m.* bravery, intrepidity, daring, dash, courage.
denuesto *m.* insult, affront.
denuncia *f.* denunciation [of a treaty]. *2* denouncement. *3* accusations. *4* miner' s claim. *5* ***presentar una*** ~, to make a charge.
denunciar *t.* to denounce. *2* accuse. *3* to report [a transgression]. *4* to claim [a mine].
deparar *t.* to provide, present.
departamento *m.* department. *2* district. *3* compartment.
departir *i.* to chat, talk.
depauperar *t.* to impoverish, weaken. *2* *ref.* to become impoverished.
dependencia *f.* dependence, dependency. *2* branch office, section. *3* staff, employees. *4* outbuildings.
depender *i.* ~ ***de***, to depend on, rely upon. *2* to be subordinate to.
dependiente *a.* depending, dependent, subordinate. *2* *m.* clerk, assistant, employee, dependant.
depilar *t.* to depilate.
deplorar *t.* to deplore, lament, regret.
deponer *t.* to lay down, set aside. *2* to depose, remove from office. *3* to take down. *4* *t.-i.* LAW to declare, testify. *5* *i.* to go to stool.
deportación *f.* deportation, exile, banishment.
deportar *t.* to deport, exile, banish.
deporte *m.* sport. *2* recreation.
deportista *m.* sportsman. *2* *f.* sportswoman.
deportivo, va *a.* sports, sporting, sportive. *2* sportsmanlike.
deposición *f.* declaration. *2* removal from office. *3* LAW deposition. *4* evacuation of bowels.
depositar *t.* to deposit. *2* to place, put. *3* *i.* CHEM. to settle.

depositario, ria *m.-f.* depositary, trustee. *2* public treasurer.
depósito *m.* deposit; trust. *2* sediment. *3* depot, storehouse, warehouse. *4* tank, reservoir.
depravación *f.* depravity.
depravado, da *a.* depraved.
depravar *t.* to deprave, corrupt. *2 ref.* to become depraved.
deprecación *f.* entreaty, prayer.
deprecar *t.* to entreat, pray.
depreciación *f.* depreciation.
depreciar *t.* to depreciate.
depresión *f.* depression. *2* hollow, dip. *3* dejection, low spirits.
depresivo, va *a.* depressive.
deprimente *a.* depressing. *2* humiliating.
deprimido, da *a.* downcast, lowspirited; out of sorts.
deprimir *t.* to depress [press down]. *2* to humiliate, belittle. *3 ref.* to become depressed.
depurar *t.* to purify; to purge.
derecha *f.* right, right side. *2* right hand. *3* POL. right wing. *4* ***a la*** ~, to the right.
derecho, cha *a.* right, right-hand. *2* straight. *3* standing, upright. *4 adv.* straight on. *5 m.* right; justice, equity. *6* law: ~ ***civil***, civil law. *7* grant, privilege. *8 pl.* fees, taxes, duties.
deriva *f.* ***ir a la*** ~, to drift.
derivación *f.* derivation, descent. *2* inference. *3* origin, source. *4* ELEC. branch; shunt.
derivado, da *a.* derived. *2 m.* GRAM., CHEM. derivative. *3 f.* derivate.
derivar *t.* to lead, conduct. *2 i.-ref.* to derive, come from. *3 i.* NAUT. to drift.
derogación *f.* abolishment, revocation, repeal.
derogar *t.* to abolish, repeal.
derramamiento *m.* overflowing, spilling. *2* outpouring. *3* shedding.
derramar *t.* to pour out, spill. *2* to shed [blood, tears, etc.]. *3 ref.* to overflow, run over.
derrame *m.* DERRAMAMIENTO. *2* leakage [of liquids]. *3* MED. discharge: ~ ***cerebral***, cerebral hæmorrhage.
derredor *m.* circuit; contour: ***al*** ~, ***en*** ~, around, round about.
derrengado, da *a.* lame, crippled; dislocated [said of hip or spine].
derrengar *t.* to dislocate [hip or spine]; to cripple. *2 ref.* to hurt one's hip or spine.
derretimiento *m.* melting, thaw.
derretir *t.-ref.* to melt, thaw.
derribar *t.* to pull down, tear down, demolish. *2* to fell, knock down, throw down. *3* to overthrow. *4 ref.* to tumble down.
derribo *m.* demolition. *2* debris.
derrocamiento *m.* throwing down. *2* demolition. *3* overthrow.
derrocar *t.* to pull down, demolish. *2* to overthrow [from office].
derrochador, ra *a.* wasteful, extravagant. *2 m.-f.* prodigal.
derrochar *t.* to waste, squander, dissipate.
derroche *m.* waste, extravagance, dissipation, squandering.
derrota *f.* defeat, rout. *2* path, road. *3* ship's route or course.
derrotar *t.* to defeat, rout. *2* to dilapidate. *3 ref.* NAUT. to drift off course.
derrotero *m.* NAUT. ship's course. *2* route, course, way.
derruir *t.* to pull down, demolish. ¶ CONJUG. like ***huir***.
derrumbamiento *m.* fall; collapse. *2* MIN. caving in; landslide.
derrumbar *t.* to precipitate, throw down. *2 ref.* to collapse. *3* MIN. to cave in.
desaborido, da *a.* tasteless, insipid. *2* dull [person].
desabrido, da *a.* tasteless, insipid. *2* gruff, surly, rude, disagreeable. *3* dirty [weather].
desabrigado, da *a.* unsheltered.
desabrigar *t.* to uncover, undress. *2* to deprive of shelter.
desabrigo *m.* lack of clothing or sheltering.
desabrimiento *m.* insipidity. *2* surliness. *3* bitterness.
desabrochar *t.-ref.* to unclasp, unfasten, unbutton.
desacatar *t.-ref.* to be disrespectful toward; to disobey.
desacato *m.* disrespect, irreverence. *2* disobedience.
desacertado, da *a.* unwise, wrong, mistaken.
desacierto *m.* error, mistake, blunder.
desaconsejar *t.* to dissuade.
desacordado, da *a.* discordant. *2* MUS. out of tune.
desacorde *a.* MUS. discordant.
desacostumbrado, da *a.* unusual, unaccustomed.
desacostumbrar *t.* to disaccustom. *2 ref.* to lose a habit.
desacreditar *t.* to discredit, bring discredit on.
desacuerdo *m.* disagreement, disaccord. *2* error. *3* ***en*** ~, at loggerheads with.
desafecto, ta *a.* disaffected, hostile [to government, etc.].

desafiar *t.* to challenge, defy; to dare. *2* to compete with.
desafinado, da *a.* out of tune.
desafinar *i.* MUS. to be out of tune, be discordant. *2 ref.* to get out of tune.
desafío *m.* challenge, defiance. *2* rivalry, competition. *3* duel.
desaforado, da *a.* reckless, lawless. *2* huge, enormous.
desafortunado, da *a.* unlucky; unfortunate.
desafuero *m.* excess, outrage, abuse.
desagradable *a.* disagreeable, unpleasant.
desagradar *t.* to be unpleasant to; to displease, offend.
desagradecido, da *a.* ungrateful.
desagrado *m.* displeasure, discontent.
desagraviar *t.* to make amends for. *2* to indemnify.
desagravio *m.* satisfaction, indemnity, compensation.
desaguar *t.* to drain. *2 i.* [of streams] to flow [into].
desagüe *m.* drainage, drain. *2* water outlet.
desaguisado, da *a.* unjust, unreasonable. *2 m.* wrong, offence.
desahogado, da *a.* impudent, cheeky. *2* roomy, unencumbered. *3* ***posición desahogada***, comfortable circumstances, well-off.
desahogar *t.-ref.* to relieve [one] from care, etc. *2* to give free rein to [passions]; to vent [anger, etc.]. *3 ref.* to unbosom oneself; to find relief or release.
desahogo *m.* relief. *2* comfort, ease. *3* forwardness, cheek.
desahuciado, da *a.* hopeless [of a patient]; evicted [of a tenant]. *2* discarded; rejected.
desahuciar *t.* to take away all hope from. *2* LAW to evict [a tenant].
desahucio *m.* LAW eviction [of a tenant].
desairado, da *a.* graceless, unattractive. *2* unsuccessful.
desairar *t.* to slight, disregard, snub. *2* to reject [a petition].
desaire *m.* gracelessness. *2* slight, disregard, snub.
desajustar *t.* to disarrange, disadjust.
desajuste *m.* disarrangement, disagreement.
desalentar *t.* to put out of breath. *2* to discourage. *3 ref.* to be discouraged. ¶ CONJUG. like ***acertar.***
desaliento *m.* discouragement, dejection. *2* weakness, faintness.
desaliñadamente *adv.* carelessly, slovenly.
desaliñado, da *a.* untidy, unkempt, slovenly.
desaliño *m.* untidiness, slovenliness; carelessness.
desalmado, da *a.* wicked, cruel, inhuman, soulless.
desalojado, da *a.* empty, unoccupied, free.
desalojar *t.* to dislodge. *2* to evict, expel from a lodging; eject [enemy]. *3* to empty. *4 i.* to move out.
desalquilado, da *a.* unrented, untenanted, vacant.
desalquilar *t.* to leave, give up [a rented house, room].
desamarrar *t.* to untie, let loose. *2* NAUT. to unmoor [a ship].
desamortización *f.* redemption [of property] from mortmain.
desamortizar *t.* to free from mortmain.
desamparado, da *a.* abandoned, helpless, forsaken.
desamparar *t.* to abandon, forsake, leave helpless.
desamparo *m.* abandonment, desertion; helplessness.
desamueblado, da *a.* unfurnished.
desandar *t.* to go back over: *~* ***lo andado***, to retrace one's steps. ¶ CONJUG. like ***andar.***
desangrarse *ref.* to bleed copiously, to lose blood.
desanimado, da *a.* discouraged, downhearted. *2* lifeless. *3* dull.
desanimar *t.* to discourage, dishearten. *2 ref.* to become discouraged, disheartened.
desánimo *m.* discouragement, depression, downheartedness.
desapacible *a.* unpleasant, disagreeable.
desaparecer *i.-ref.* to disappear.
desaparejar *t.* to unsaddle. *2* NAUT. to unrig.
desaparición *f.* disappearance.
desapasionado, da *a.* dispassionate, unbiased; calm; impartial.
desapego *m.* aloofness, indifference, detachment.
desapercibido, da *a.* unprovided, unprepared, unaware.
desaplicación *f.* carelessness, laziness, slackness.
desaplicado, da *a.* careless, indolent, lazy.
desaprensivo, va *a.* unscrupulous.
desaprobación *f.* disapproval.
desaprobar *t.* to disapprove of, blame. ¶ CONJUG. like ***contar.***
desaprovechar *t.* to waste, make no use of, mis-spend. *2 i.* to lose ground, fall back.

desarmado, da *a.* unarmed. *2* dismounted, taken to pieces.
desarmar *t.* to disarm. *2* to dismount, take apart, disassemble.
desarme *m.* disarmament.
desarraigar *t.* to uproot, root out, eradicate.
desarraigo *m.* uprooting, eradication.
desarreglado, da *a.* disarranged, disorderly. *2* slovenly.
desarreglar *t.* to disarrange, put out of order.
desarreglo *m.* disarrangement, disorder.
desarrollado, da *a.* developed: ***poco*** ~, underdeveloped.
desarrollar *t.* to unroll, unwind. *2* to develop. *3 ref.* to develop, grow. *4* to take place.
desarrollo *m.* unrolling, unwinding. *2* development, growth.
desarrugar *t.* to smooth out, unwrinkle.
desarticular *t.* to disarticulate, put out of joint.
desaseado, da *a.* untidy, dirty, slovenly, unkempt.
desaseo *m.* untidiness, dirtiness, slovenliness.
desasir *t.* to detach, loosen. *2 ref.* ***desasirse de***, to get loose.
desasosiego *m.* disquiet, uneasiness, anxiety.
desastre *m.* disaster, catastrophe.
desastroso, sa *a.* disastrous.
desatado, da *a.* loose, untied. *2* wild, violent.
desatar *t.* to untie, loose, loosen, unfasten; *2 ref.* to become untied. *3* to lose all restraint. *4* [of a storm] to break out.
desatención *f.* inattention. *2* disregard, disrespect, discourtesy.
desatender *t.* to pay no attention to. *2* to neglect, disregard. ¶ CONJUG. like ***entender.***
desatento, ta *a.* inattentive. *2* discourteous, impolite.
desatinado, da *a.* deranged, perturbed. *2* nonsensical, foolish.
desatino *m.* absurdity, nonsense, folly, error.
desatornillar *t.* to unscrew.
desatracar *t.* NAUT. to move [a boat] away [froom], unmoor.
desatrancar *t.* to unbar [a door].
desautorización *f.* withdrawal of authority, disavowal.
desautorizado, da *a.* unauthorized, discredited.
desautorizar *t.* to deprive of authority, discredit.
desavenencia *f.* discord, disagreement, quarrel.
desavenirse *ref.* to disagree, quarrel. ¶ CONJUG. like ***venir.***
desayunar(se *i.-ref.* to breakfast, have breakfast.
desayuno *m.* breakfast.
desazón *f.* insipidity. *2* displeasure. *3* discomfort.
desazonado, da *a.* insipid. *2* annoyed, vexed. *3* uneasy.
desbancar *t.* [in gambling] to break the bank. *2* to suplant.
desbandada *f.* disbandment: ***a la*** ~, helter-skelter, in disorder.
desbandarse *ref.* to disperse, disband.
desbarajuste *m.* disorder, confusion, confused medley.
desbaratar *t.* to destroy, ruin. *2* to waste, squander. *3* to frustrate, foil, thwart.
desbarrar *i.* to glide, slide. *2* to talk nonsense, act foolishly.
desbastar *t.* to plane, smooth, trim. *2* to polish [a person].
desbocado, da *a.* wide-mouthed [gun]. *2* broken-mouthed [jar, vessel]. *3* runaway [horse]. *4* foul-mouthed [person].
desbocar *t.* to break the mouth of [a jar, etc.]. *2 ref.* [of a horse], to run away. *3* [of a person] to become insolent.
desbordamiento *m.* overflow, flooding.
desbordante *a.* overflowing.
desbordar *i.-ref.* to overflow. *2 ref.* to lose one's self-control.
desbravar *t.* to tame, break in [horses]. *2 i.-ref.* to become less wild or fierce. *3* [of a liquor] to go flat.
desbrozar *t.* to clear [lands, etc.] of rubbish, underbrush, etc.
descabalgar *i.* to dismount, alight from a horse. *2 t.* to dismount [a gun].
descabellado, da *a.* dishevelled. *2* preposterous, absurd.
descabellar *t.* to dishevel. *2* to kill [the bull] by stabbing it in the back of the neck.
descabezar *t.* to behead. *2* to top, lop, cut off the top of. *3* ~ ***el sueño***, to take a nap. *4 ref.* to cudgel one's brains.
descalabrado, da *a.* wounded in the head, injured.
descalabrar *t.* to wound in the head. *2* to hurt. *3 ref.* to hurt one's head.
descalabro *m.* misfortune, damage, loss.
descalificar *t.* to disqualify.
descalzar *t.-ref.* to take off [one's shoes or stockings].
descalzo, za *a.* barefooted.
descaminado, da *a.* lost, on the wrong

road. *2* mistaken, wrong. *3* misguided, ill-advised.

descaminar *t.* to lead astray, mislead, misguide. *2 ref.* to go astray. *3* to go wrong.

descamisado, da *a.* shirtless, ragged. *2 m.-f.* poor person.

descampado, da *a.-m.* open, clear: ***en*** ~, in the open country.

descansado, da *a.* rested, refreshed. *2* easy, tranquil.

descansar *i.* to rest; to lie in sleep or death. *2* to rely on, put trust [in a person].

descanso *m.* rest, repose, relaxation. *2* alleviation. *3* break [half-time]; interval [in theatre]. *4* landing [of stairs].

descapotable *a.* convertible [car].

descarado, da *a.* impudent, barefaced; saucy.

descararse *ref.* to behave insolently; to be saucy.

descarga *f.* unloading, unburdening, discharge. *2* ARCH., ELEC. discharge. *3* discharge [of firearms], volley.

descargador *m.* unloader, docker.

descargar *t.* to unload, unburden. *2* to ease [one's conscience]. *3* to free, discharge [of a debt, etc.]. *4* to strike [a blow]. *5* to vent [one's fury, etc.]. *6* to fire, discharge [a firearm]. *7 ref.* to unburden oneself.

descargo *m.* unburdening. *2* COM. acquittance. *3* easement [of one's conscience], relief. *4* discharge [of an obligation]. *5* clearing, justification.

descargue *m.* unloading.

descarnado, da *a.* thin, lean; fleshless, scranny. *2* bony, bare.

descarnar *t.* to remove the flesh from. *2* to corrode, eat away. *3 ref.* to become thin.

descaro *m.* impudence, effrontery, sauciness, cheek.

descarriar *t.* to lead astray, mislead. *2 ref.* to go astray. *3* to go wrong.

descarrilamiento *m.* derailment.

descarrilar *i.* to derail, run off the rails.

descarrío *m.* going astray.

descartar *t.* to discard.

descascarar *t.-ref.* to peel, shell.

descastado, da *a.* showing little natural affection. *2* ungrateful.

descendencia *f.* descent, offspring, issue. *2* descent, lineage.

descendente *a.* descending: ***tren*** ~, down train.

descender *i.* to descend, go down. *2* [of temperature] to drop. *3* to derive. *4 t.* to take down, bring down. ¶ CONJUG. like ***entender.***

descendiente *a.* descendent. *2 m.-f.* descendant, offspring.

descendimiento *m.* descent; lowering.

descenso *m.* descent, coming, down. *2* drop, fall [of temperature, etc.]. *3* decline, fall.

descentrado, da *a.* out of plumb.

descentralizar *t.* to decentralize.

descentrar *t.* to place out of centre. *2 ref.* to become uncentred.

descerrajar *t.* to burst or force the lock. *2* ~ ***un tiro***, to shoot.

descifrar *t.* to decipher, make out, decode, interpret.

desclavar *t.* to remove the nails from. *2* to unnail.

descocado, da *a.* bold, brazen.

descoco *m.* boldness, sauciness.

descolgar *t.* to unhang, take down. *2* to lower, let down. *3 ref.* to show up unexpectedly. *4* to slip or let oneself down [from a window]. ¶ CONJUG. like ***contar.***

descolorido, da *a.* pale, faded.

descolorir *t.* to discolour. *2 ref.* to fade, lose its colour.

descollar *i.* to stand out, be prominent, excel, surpass. ¶ CONJUG. like ***contar.***

descomedido, da *a.* excessive, immoderate. *2* rude, impolite.

descompasado, da *a.* excessive, immoderate.

descomponer *t.* to decompose. *2* MEC. to resolve [forces]. *3* to put out of order, disarrange, upset. *4 fig.* to set at odds. *5 ref.* to decompose; to become putrid or tainted. *6* to get out of order. *7* [of the body] to be indisposed. *8* [of the face] to be altered. *9* to lose one's temper. *10* [of the weather] to change for the worse. ¶ CONJUG. like ***poner.***

descomposición *f.* decomposition. *2* MEC. resolution [of forces]. *3* ~ ***de vientre***, looseness of bowels.

descompostura *f.* decomposition. *2* disarrangement. *3* slovenliness. *4* lack of restraint. *5* disrespect, insolence.

descompuesto, ta *a.* decomposed. *2* out of order. *3* wild, insolent, impolite.

descomunal *a.* extraordinary, huge, enormous.

desconcertado, da *a.* disorderly. *2* disconcerted, baffled, upset.

desconcertante *a.* disconcerting, baffling, embarrassing.

desconcertar *t.* to disconcert. *2* to confuse, disturb. *3 ref.* to get out of order. *4* to disagree. *5* to be disconcerted, confused. ¶ CONJUG. like ***acertar.***

desconcierto *m.* disarrangement, disorder, confusion.
desconchado *m.* chipping off, peeling off [of plaster, etc.].
desconchar *t.* to scrape off [plaster, etc.]. *2 ref.* to peel off, chip off [as plaster].
desconectar *t.* to disconnect.
desconfiado, da *a.* mistrustful, suspicious.
desconfianza *f.* mistrust. *2* suspicious fear. *3* diffidence.
desconfiar *i.* to distrust, have little hope of.
descongelar *t.* to defreeze.
descongestión *f.* removing or relieving of congestion.
desconocer *t.* not to know, ignore, be unacquainted with. *2* to fail to recognize. *3* to disown. ¶ CONJUG. like ***agradecer.***
desconocido, da *a.* unknown. *2* strange, unfamiliar. *3* unrecognizable. *4 m.-f.* stranger.
desconocimiento *m.* ignorance. *2* disregard. *3* ingratitude.
desconsideración *f.* inconsiderateness, disregard.
desconsiderado *a.* inconsiderate, rude, discourteous.
desconsolado, da *a.* disconsolate, grief-stricken, dejected.
desconsolar *t.* to distress, grieve. *2 ref.* to become disheartened, grieved. ¶ CONJUG. like ***contar.***
desconsuelo *m.* affliction, grief.
descontar *t.* to discount, deduct.
descontentar *t.* to displease.
descontento, ta *a.* displeased. *2 m.* discontent, displeasure.
descorazonado, da *a.* disheartened, dejected.
descorazonar *t.* to dishearten, discourage.
descorchar *t.* to uncork [a bottle].
descorrer *t.* to draw back [a curtain, a bolt, etc.].
descortés *a.* impolite, uncivil.
descortesía *f.* discourtesy, impoliteness.
descortezamiento *m.* removal of bark or crust.
descortezar *t.* to bark [a tree]; to peel [oranges]; to shell [nuts]; to rind [cheese]; to remove the crust of [bread].
descoser *t.* to unstitch, unseam, rip. *2 ref.* to rip.
descosido, da *a.* ripped, unstitched. *2 m.* open seam, rip.
descoyuntado, da *a.* disjointed, disconnected.
descoyuntamiento *m.* dislocation.
descoyuntar *t.* to dislocate, disjoint. *2 ref.* to get out of joint.
descrédito *m.* discredit.
descreído, da *a.* unbelieving, incredulous. *2 m.-f.* unbeliever.
describir *t.* to describe.
descripción *f.* description.
descuajar *t.* to liquefy. *2* AGR. to eradicate.
descuartizar *t.* to quarter, tear or cut into pieces.
descubierto, ta *irr. p. p.* of DESCUBRIR. *2 a.* patent, manifest. *3* bareheaded, uncovered. *4 m.* deficit, overdraft: ***en ~***, overdrawn. *5 adv.* ***al ~***, in the open, openly. *6* COM. short.
descubridor, ra *m.-f.* discoverer. *2* scout.
descubrimiento *m.* discovery, find, invention. *2* revealing, disclosure.
descubrir *t.* to discover, disclose, reveal. *2* to make known. *3* to uncover, lay bare. *4* to discover [find out]. *5 ref.* to take off one's hat.
descuento *m.* discount, rebate.
descuidado, da *a.* careless, negligent. *2* slovenly. *3* unaware.
descuidar *t.* to relieve from care. *2* to divert the attention of. *3 t.-i.-ref.* to neglect, fail to attend, be careless.
descuido *m.* neglect. *2* negligence, carelessness. *3* slovenliness. *4* oversight, inadvertence. *5* slip, error. *6* slight lack of attention.
desde *prep.* from, since: ~ ... ***hasta***, from ... to; ~ ***ahora***, from now on; ~ ***entonces***, since then, ever since. *2 adv.* ~ ***luego***, of course.
desdecir *i.* ~ ***de***, to be unbecoming to. *2 ref.* to retract.
desdén *m.* disdain, scorn.
desdentado, da *a.* toothless.
desdeñar *t.* to disdain, scorn.
desdeñoso, sa *a.* disdainful, contemptuous, scornful.
desdicha *f.* misfortune; unhappiness, misery.
desdichado, da *a.* unfortunate, miserable, unhappy, wretched.
desdoblamiento *m.* unfolding. *2* splitting.
desdoblar *t.* to unfold, spread open.
desdoro *m.* dishono(u)r, blemish.
deseable *a.* desirable.
desear *t.* to desire, wish, want.
desecación *f.* desiccation.
desecar *t.* to desiccate; to dry.
desechar *t.* to cast aside, banish, refuse, decline. *2* to cast off.
desecho *m.* refuse, reject, scrap: ***de ~***, cast off.
desembalar *t.* to unpack [goods].
desembarazado, da *a.* clear, free, open. *2* easy, unrestrained.

desembarazar *t.* to clear. *2* to empty [a room]. *3 ref.* to get rid [of].
desembarazo *m.* disembarrassment. *2* freedom, ease, naturalness.
desembarcadero *m.* landing-place, wharf, pier.
desembarcar *t.* to disembark, land, go ashore.
desembarco *m.* landing.
desembargar *t.* to free, remove impediments from. *2* LAW to raise an embargo from.
desembocadura *f.* mouth [of a river]. *2* outlet, exit.
desembocar *i.* [of streams] to flow. *2* [of streets, etc.] to end [at], lead into.
desembolsar *t.* to disburse.
desembolso *m.* disbursement, payment; expenditure.
desembragar *t.* to ungear, disengage.
desembuchar *t.* coll. to speak out, to tell all one knows.
desemejante *a.* dissimilar.
desemejanza *f.* dissimilarity, unlikeness, difference.
desempaquetar *t.* to unpack.
desempatar *t.* SPORT to break a tie between.
desempate *m.* breaking the tie between.
desempeñar *t.* to redeem [what is pledged], take out of pawn. *2* to discharge [a duty]. *3* to act, play [a part]. *4 ref.* to get out of debt.
desempeño *m.* redemption of a pledge; taking out of pawn. *2* discharging [of debt].
desempolvar *t.* to dust, free from dust.
desencadenar *t.* to unchain. *2* to free, unleash. *3 ref.* [of passions] to run wild; [of wind] to break loose; [of war] to break out.
desencajar *t.* to disjoint, dislocate; to unhinge. *2 ref.* [of face] to become distorted or twisted.
desencaminar *t.* to mislead.
desencantar *t.* to disenchant. *2* to disillusion.
desencanto *m.* disenchantment, disillusionment, disappointment.
desenchufar *t.* to unplug, disconnect.
desenfadado, da *a.* easy, unconrained.
desenfadar *t.* to appease, calm.
desenfado *m.* ease, freedom, nonchalance, unconcern.
desenfocar *t.* to put out of focus.
desenfrenado, da *a.* unbridled. *2* wild. *3* licentious, wanton.
desenfrenar *t.* to unbridle. *2 ref.* [of passions, etc.] to run wild.
desenfreno *m.* licentiousness.
desenganchar *t.* to unhook, unfasten. *2* to uncouple, unhitch.
desengañar *t.* to undeceive, disabuse. *2* to disappoint.
desengaño *m.* disillusion, disappointment.
desengranar *t.* to throw out of gear, disengage.
desengrasar *t.* to take the grease out of, clean.
desenjaular *t.* to uncage.
desenlace *m.* outcome, issue, end. *2* dénouement [of plot].
desenlazar *t.* to untie. *2* to solve, bring to an issue.
desenmascarar *t.-ref.* to unmask.
desenredar *t.* to disentangle. *2 ref.* to disentangle oneself.
desenredo *m.* disentanglement; dénouement, conclusion.
desenrollar *t.* to unroll, unwind.
desentenderse *ref.* ~ ***de***, to pretend not to understand; to take no part in, cease to be interested in.
desentendido, da *a.* disinterested [in]. *2 n.* ***hacerse el*** ~, to pretend not to notice.
desenterrar *t.* to unearth. *2* to disinter, exhume. *3* to recall [long-forgotten things]. ¶ CONJUG. like ***acertar.***
desentonado, da *a.* out of tune.
desentonar *i.* to be out of tune.
desentrañar *t.* to disembowel. *2* to find out, solve, decipher.
desentrenado, da *a.* SPORT out of training.
desentumecer *t.* to free [a limb] from numbness. *2 ref.* to shake off numbness.
desenvainar *t.* to unsheathe.
desenvoltura *f.* ease in acts or manners. *2* boldness.
desenvolver *t.* to unfold. *2* to develop [a theme, etc.]. *3 ref.* to develop [be developed]. *4* to behave with ease or assurance. ¶ CONJUG. like ***mover.***
desenvuelto, ta *p. p.* of DESENVOLVER. *2* free and easy.
deseo *m.* desire; wish, longing.
deseoso, sa *a.* desirous, eager.
desequilibrado, da *a.-n.* unbalanced; reckless.
desequilibrar *t.* to unbalance. *2 ref.* to become unbalanced.
desequilibrio *m.* lack of balance. *2* ~ ***mental***, mental disorder.
deserción *f.* MIL. desertion.
desertar *t.-i.* MIL. to desert.
desertor *m.* deserter.
desesperación *f.* despair, desperation. *2* anger, fury.

desesperado, da *a.* hopeless, desperate. *2* furious, mad.
desesperanzado, da *a.* discouraged; hopeless; desperate, in dispair.
desesperar *t.* to make despair. *2* to exasperate, drive mad. *3 i.-ref.* to despair; to be exasperated.
desespero *m.* DESESPERACIÓN.
desestimar *t.* to disregard, undervalue. *2* to reject [a petition].
desfachatez *f.* impudence, brazenness, effrontery, cheek.
desfalcar *t.* to embezzle, remove part of.
desfalco *m.* embezzlement.
desfallecer *t.* to weaken, debilitate. *2 i.* to faint, faint away. *3* to lose courage.
desfallecimiento *m.* faintness, languor. *2* fainting fit, swoon.
desfavorable *a.* unfavourable.
desfigurar *t.* to disfigure, change, alter. *2* to disguise. *3* to distort, misrepresent.
desfiladero *m.* defile, gorge, long narrow passage.
desfilar *t.* to march past [in review, etc.]. *2* to file out.
desfile *m.* defiling; marching past, parade, review [of troops].
desfogar *t.-ref.* to give vent [to one's anger or feelings].
desgaire *m.* affected carelessness in dress and deportment.
desgajar *t.* to tear off [a branch of a tree].
desgana *f.* lack of appetite. *2* indifference: ***a*** ~, reluctantly.
desgañitarse *ref.* to shout oneself hoarse.
desgarbado, da *a.* ungainly, ungraceful, clumsy.
desgarrado, da *a.* torn, ripped. *2* brazen, shameless.
desgarrador, ra *a.* rending. *2* heart-rending.
desgarrar *t.* to tear, rend. *2 ref.* to tear oneself away.
desgastar *t.* to wear away, waste. *2 ref.* to wear oneself out.
desgaste *m.* waste, wear and tear.
desglosar *t.* to separate. *2* to detach [a part of a book].
desgracia *f.* misfortune: ***por*** ~, unfortunately. *2* bad luck, mischance. *3* disfavour. *4* gracelessness. *5* accident.
desgraciado, da *a.* unfortunate, unhappy, unlucky. *2 m.-f.* wretch, unfortunate.
desgraciar *t.* to spoil to cripple. *2 ref.* to spoil [be spoiled]. *3* to be crippled.
desgranar *t.* to thresh [grain]; to shell [peas, beans, etc.].
desgreñado, da *a.* dishevelled.
deshabitado, da *a.* uninhabited, deserted. *2* untenanted; empty.
deshacer *t.* to undo, unmake. *2* to loosen [a knot]. *3* to destroy. *4* to upset [plans]. *5* to melt. *6 ref.* to come undone. *7* to be destroyed. *8* to melt, dissolve. *9* ***deshacerse de***, to get rid of.
desharrapado, da *a.* ragged, in tatters; shabby.
deshecho, cha *a.* undone, destroyed, melted, dissolved. *2 fig.* broken, exhausted.
deshelar *t.-ref.* to thaw, melt. ¶ CONJUG. like ***acertar.***
desheredar *t.* to disinherit.
deshidratar *t.* to dehydrate.
deshielo *m.* thaw, thawing.
deshilar *t.* to ravel out: to fray.
deshilvanado, da *a.* disconnected, incoherent [speech, etc.].
deshinchar *t.* to deflate [a balloon, etc.]. *2* to appease [anger]. *3 ref.* to become deflated. *4* to unpuff.
deshojar *t.* to strip [a tree] of its leaves. *2 ref.* to defoliate, lose its leaves.
deshollinador *m.* chimney-sweep.
deshollinar *t.* to sweep.
deshonesto, ta *a.* immodest, indecent, lewd, immoral.
deshonor . dishonour, disgrace.
deshonra *f.* dishonour, disgrace, shame. *2* seduction or violation [of a woman].
deshonrar *t.* to dishonour, disgrace. *2* to insult, defame. *3* to violate or seduce [a woman].
deshonroso, sa *a.* dishonourable.
deshora *f.* inopportune time: ***a*** ~, inopportunely.
deshuesar *t.* to bone [meat]. *2* to stone [fruits].
deshumanizar *t.* to dehumanize.
desidia *f.* carelessness, negligence, indolence, idleness.
desierto, ta *a.* deserted, uninhabited; alone, lonely. *2 m.* desert, wilderness.
designación *f.* designation, appointment.
designar *t.* to design, purpose. *2* to designate, appoint.
designio *m.* design, purpose, intention, plan.
desigual *a.* unequal, unlike. *2* uneven; irregular. *3* changeable.
desigualdad *f.* inequality, difference. *2* unevenness. *3* changeableness.
desilusión *f.* disillusion(ment), disappointment.
desilusionar *t.* disillusion, disappoint.
desinfectante *a.-m.* disinfectant.
desinfectar *t.* to disinfect.

desinflar *t.* to deflate.
desintegrar *t.* to disintegrate.
desinterés *m.* disinterestedness, indifference. *2* uniselfishness. *3* impartiality.
desinteresado, da *a.* disinterested, indifferent. *2* unselfish; fair, impartial.
desinteresarse *ref.* to lose interest.
desistir *i.* to desist; to stop, give up. *2* LAW to waive [a right].
desleal *a.* disloyal, faithless.
deslealtad *f.* disloyalty, treachery.
desleír *t.* to dissolve. *2* to dilute. ¶ CONJUG. like ***reír.***
deslenguado, da *a.* insolent, foul-mouthed.
desliar *t.* to untie, undo.
desligar *t.* to untie, unbind. *2* to absolve, free.
deslindar *t.* to mark off, set the boundaries of. *2* to delimit.
deslinde *m.* demarcation, delimitation.
desliz *m.* sliding, slipping. *2 fig.* slip, blunder, false step.
deslizamiento *m.* sliding, slipping. *2* glide.
deslizante *a.* gliding.
deslizar *i.-ref.* to slide, glide, slip. *2 t.* to slip, glide.
deslucido, da *a.* tarnished, spoilt. *2* dull, flat; dingy, shabby.
deslucir *t.* to tarnish, mar, spoil. *2 ref.* to become tarnished.
deslumbramiento *m.* dazzle, glare.
deslumbrante *a.* dazzling, glaring.
deslumbrar *t.* to dazzle, daze.
desmán *m.* excess, outrage.
desmanarse *ref.* to stray.
desmandar *t.* to repeal an order. *2 ref.* to be insolent. *3* to lose moderation. *4* to stray.
desmantelar *t.* to dismantle. *2* NAUT. to unmast.
desmañado, da *a.* clumsy, awkward, unskillful.
desmayado, da *a.* faint, languid. *2* discouraged. *3* pale; wan.
desmayar *t.* to dismay, discourage. *2 i.* to lose courage. *3 ref.* to faint, swoon.
desmayo *m.* languor, weakness. *2* discouragement. *3* swoon, fainting fit. *4* weeping, willow.
desmedido, da *a.* excessive, disproportionate.
desmedirse *ref.* to forget oneself, go too far. ¶ CONJUG. like ***servir.***
desmejora *f.*, **desmejoramiento** *m.* impairment, loss of health.
desmejorar *t.* to impair, make worse. *2 i.-ref.* to lose beauty. *3* to decline; to grow worse.
desmembrar *t.* to dismember. *2* to divide. ¶ CONJUG. like ***acertar.***
desmemoriado, da *a.* forgetful.
desmentir *t.* to give the lie to. *2* to contradict, deny. ¶ CONJUG. like ***hervir.***
desmenuzar *t.* to crumble, break into small pieces, fritter. *2* to scrutinize.
desmerecer *t.* to be or become unworthy of. *2 i.* to lose worth. *3* ~ ***de***, to be inferior to. ¶ CONJUG. like ***agradecer.***
desmesurado, da *a.* excessive, disproportionate.
desmirriado, da *a.* lean, emaciated.
desmontar *t.* to clear [a wood]. *2* to level [ground]. *3* to dismount, take apart. *4* to unhorse. *5 i.* to dismount, alight.
desmoralización *f.* demoralization.
desmoralizador, ra *a.* demoralizing. *2 m.-f.* demoralizer.
desmoralizar *t.* to demoralize. *2 ref.* to become demoralized. *3* MIL. to lose the morale.
desmoronamiento *m.* crumbling, disintegration.
desmoronar *t.* to crumble. *2 ref.* to crumble down, fall gradually to pieces.
desnaturalizado, da *a.* denaturalized. *2* denatured. *3* unnatural [parent, child, etc.].
desnaturalizar *t.* to denaturalize.
desnivel *m.* unevenness; slope.
desnivelado, da *a.* uneven.
desnivelar *t.* to make uneven. *2 ref.* to become uneven.
desnucar *t.-ref.* to break or dislocate the [one's] neck.
desnudar *t.-ref.* to undress, strip. *2 t.* to uncover, strip.
desnudez *f.* nudity, nakedness.
desnudo, da *a.* naked, nude. *2* bare, uncovered.
desnutrición *f.* malnutrition, undernourishment.
desobedecer *t.* to disobey. ¶ CONJUG. like ***agradecer.***
desobediencia *f.* disobedience.
desobediente *a.* disobedient.
desobstruir *t.* to clear, remove obstructions from. ¶ CONJUG. like ***huir.***
desocupación *f.* leisure. *2* unemployment.
desocupado, da *a.* free, vacant. *2* idle. *3* unemployed.
desocupar *t.* to vacate, leave, empty; to evacuate. *2 ref.* to disengage oneself.
desodorante *a.-m.* deodorant.
desoír *t.* not to hear, refuse; to turn a deaf ear to.
desolación *f.* desolation; ruin. *2* anguish, affliction, grief.

desolar *t.* to desolate, lay waste. *2 ref.* to be in anguish; to grieve. ¶ CONJUG. like ***contar.***
desollar *t.* to skin, flay. *2* to injure [a person]. ¶ CONJUG. like ***contar.***
desorden *m.* disorder, confusion. *2* disturbance, riot. *3* licence.
desordenado, da *a.* disorderly. *2* disarranged. *3* slovenly. *4* immoderate. *5* licentious [life].
desordenar *t.* to disorder, disturb, disarrange, upset.
desorganización *f.* disorganization.
desorganizar *t.* to disorganize. *2 ref.* to become disorganized.
desorientación *f.* disorientation, loss of one's bearings. *2* confusion, perplexity.
desorientar *t.* to disorientate. *2 ref.* to lose one's bearings.
despabilado, da *a.* wakeful, smart, lively, alert.
despabilar *t.* to trim or snuff [a candle]. *2* to smarten, enliven. *3* coll. to kill. *4 ref.* to wake up. *5* to become alert.
despacio *adv.* slowly, little by little. *2 interj.* easy there!
despacito *adv.* slowly, gently.
despachar *t.* to dispatch [get promptly done; to send off; to kill]. *2* to attend to [correspondence]. *3* to settle business; to sell [goods]. *4* to dismiss, discharge. *5 i.-ref.* to hasten, be quick.
despacho *m.* dispatch, promptness. *2* attending [to correspondence]; settling [of business]. *3* sale [of goods]. *4* dismissal. *5* shipment. *6* office: ~ ***de localidades***, box-office. *7* study. *8* dispatch [message]. *9* title, warrant, commission.
despachurrar *t.* to crush, squash.
despampanante *a.* astounding.
desparpajo *m.* ease, freedom of manners. *2* freshness, pertness.
desparramar *t.-ref.* to spread, scatter, spill. *2 t.* to squander, dissipate.
despavorido, da *a.* terrified.
despectivo, va *a.* contemptuous. *2* GRAM. pejorative.
despechar *t.* to irritate, enrage.
despecho *m.* spite, grudge. *2* ***a ~ de***, in spite of, despite.
despedazar *t.* to tear or cut into pieces. *2* to break [one's heart].
despedida *f.* farewell, leave, parting. *2* dismissal.
despedir *t.* to throw. *2* to emit, send forth, eject, dart; to discharge. *3* to dismiss. *4* to say good-bye to. *5 ref.* to part; to say good bye: ***despedirse de***, to take one's leave. *6* to leave [a post]. ¶ CONJUG. like ***servir.***
despegado, da *a.* detached, unglued. *2* cool, indifferent.
despegar *t.* to detach, unglue. *2 i.* AER. to take off.
despego *m.* coolness, indifference.
despegue *m.* AER. take-off.
despeinado, da *a.* dishevelled, unkempt.
despeinar *t.-ref.* to dishevel, disarrange, ruffle the hair of.
despejado, da *a.* assured, self-confident. *2* [of intelligence] bright. *3* [of the sky] cloudless.
despejar *t.* to clear, free. *2 ref.* [of weather, etc.] to clear up.
despensa *f.* pantry, larder, store-room. *2* store of provisions.
despeñadero *m.* precipice.
despeñar *t.* to precipitate, fling down a precipice. *2 ref.* to throw oneself headlong [into].
desperdiciar *t.* to waste, squander.
desperdicio *m.* waste. *2* (spec. *pl.*) leavings, refuse.
desperdigar *t.-ref.* to scatter, disperse.
desperezarse *ref.* to stretch oneself.
desperfecto *m.* slight damage. *2* flaw, defect.
despertador *m.* alarm-clock.
despertar *t.* to wake, awaken. *2* to excite [appetite]. *3 i.-ref.* to wake up, awake. ¶ CONJUG. like ***acertar.***
despiadado, da *a.* pitiless, ruthless, unmerciful.
despido *m.* farewell; leave-taking. *2* dismissal, discharge.
despierto, ta *a.* awake. *2* lively, smart.
despilfarrador, ra *a.* squanderer, prodigal, extravagant, wasteful.
despilfarrar *t.* to waste, squander, spend lavishly.
despilfarro *m.* waste, extravagance, lavishness.
despistar *t.* to throw off the scent. *2 ref.* to lose the scent. *3* to swerve. *4* coll. to get lost.
despiste *m.* swerve [of car].
desplante *m.* arrogance, impudent remark or act.
desplazamiento *m.* displacement.
desplegar *t.* to unfold, spread. *2* to unfurl. *3* to explain. *4* to display [activity]. *5* MIL. to deploy: ***con banderas desplegadas,*** with banners flying.
despliegue *m.* unfolding; displaying. *2* MIL. deployment.
desplomarse *ref.* to get out of plumb. *2* [of a wall] to tumble down. *3* [of a pers.] to collapse.

desplome *m.* getting out of plumb. *2* tumbling down. *3* colapse, fall.
desplumar *t.* to pluck. *2* to despoil.
despoblación *f.* depopulation.
despoblar *t.* to depopulate. *2 ref.* to become depopulated, deserted. ¶ CONJUG. like ***acertar.***
despojar *t.* to despoil, deprive; to strip; to plunder. *2* LAW to dispossess. *3 ref.* ***despojarse de***, to take off [a garment].
despojo *m.* despoilment, despoliation; stripping, plundering; dispossession. *2* spoils, booty. *3 pl.* leavings, scraps. *4* mortal remains.
desposado, da *a.* newly married. *2* handcuffed. *3 m.-f.* newly-wed.
desposar *t.* to marry. *2 ref.* to get married. *3* to be betrothed.
desposeer *t.-ref.* to disposses.
desposorios *m. pl.* nuptials, marriage. *2* betrothal.
déspota *m.* despot, tyrant.
despotricar *i.* to rave.
despreciable *a.* despicable, contemptible, wirthless.
despreciar *t.* to despise, scorn, slight. *2* to lay aside, reject.
desprecio *m.* contempt, scorn.
desprender *t.* to detach, unfasten. *2 ref.* to withdraw from, renounce. *3* to come away from, fall down. *4* to follow, be inferred.
desprendimiento *m.* detaching. *2* emission [of light, heat, etc.]. *3* generosity, disinterestedness. *4* indifference. *5* landslide.
despreocupación *f.* freedom from bias. *2* unconventionality. *3* open-mindedness.
despreocupado, da *a.* unprejudiced. *2* unconcerned. *3* unconventional. *4* broad-minded.
despreocuparse *ref.* not to care or worry anymore about.
desprestigiar *t.* to discredit. *2 ref.* to lose one's prestige.
desprestigio *m.* discredit, loss of prestige.
desprevenido, da *a.* unprovided, unprepared.
desproporción *f.* disproportion.
desproporcionado, da *a.* disproportionate.
despropósito *m.* absurdity, nonsense.
desprovisto, ta *a.* unprovided. *2* deprived [of].
después *adv.* after, afterwards, later; next. *2* ~ ***de***, after, next to; ~ ***de todo***, after all.
despuntar *t.* to blunt. *2 i.* to be witty, clever. *3* ~ ***el día***, to dawn. *4* to sprout, bud.
desquiciar *t.* to unhinge. *2* to disjoint, upset, unsettle. *3 ref.* to become unhinged, etc.
desquitar *t.* to compensate [someone] for loss, etc. *2 ref.* to retrieve a loss. *3* to take revenge, get even.
desquite *m.* recovery [of a loss], compensation. *2* revenge, requital, retalliation; getting even.
destacado, da *a.* outstanding.
destacamento *m.* detachment [of troops].
destacar *t.* to detach [troops]. *2 t.-ref.* to stand out; ***hacer*** ~, to make stand out.
destajo *m.* piece-work: ***a*** ~, by the job; *fig.* eagerly.
destapar *t.* to uncover, uncork. *2* to take off the cover or lid of.
destartalado, da *a.* tumbledown, ramshackle. *2* poorly furnished.
destellar *t.* to sparkle, gleam.
destello *m.* sparkle. *2* gleam, flash; beam [of light].
destemplado, da *a.* MUS. out of tune. *2* PAINT. inharmonious. *3* intemperate. *4* ***sentirse*** ~, not to feel well.
destemplanza *f.* intemperance, unsteadiness [of weather]. *2* MED. malaise. *3* rudeness.
destemplar *t.* to disturb the harmony of. *2* MUS. to put out of tune. *3 ref.* MED. to feel a malaise. *4* to lose moderation.
desteñir *t.* to undye; to fade. *2 ref.* to lose the dye; to fade. ¶ CONJUG. like ***teñir.***
desternillarse *ref.* ~ ***de risa***, coll. to shake with laughter.
desterrado, da *a.* exiled, banished. *2 m.-f.* exile, outcast.
desterrar *t.* to exile, banish. ¶ CONJUG. like ***acertar.***
destetar *t.* to wean.
destiempo (a) *adv.* inopportunely, untimely.
destierro *m.* banishment, exile.
destilación *f.* distillation.
destilar *t.* to distil. *2* to filter.
destilería *f.* distillery.
destinar *t.* to destine. *2* to assign, appoint [to a post]. *3* to allot.
destinatario, a *m.-f.* adressee. *2* consignee.
destino *m.* destiny, fate. *2* destination: ***con*** ~ ***a***, bound for, going to. *3* employment, post.
destitución *f.* dismissal. *2* destitution.
destituir *t.* to dismiss. *2* to destitute. ¶ CONJUG. like ***huir.***
destornillador *m.* screwdriver.
destornillar *t.* to unscrew. *2 ref.* to go crazy.
destreza *f.* skill, dexterity.
destripar *t.* to gut. *2* to crush.
destronar *t.* to dethrone.

destrozar *t.* to break in pieces, shatter, rend, destroy.
destrozo *m.* breakage; destruction, havoc.
destrucción *f.* destruction, ruin.
destructor, ra *a.* destructive. *2 m.-f.* destroyer.
destruir *t.* to destroy. *2* to bring to ruin. *3* to waste. ¶ CONJUG. like ***huir.***
desuello *m.* skinning, flaying. *2* effrontery.
desunión *f.* disunion, discord.
desunir *t.* to divide, separate.
desusado, da *a.* out of date, obsolete. *2* unusual, unaccustomed.
desuso *m.* disuse, obsoleteness: ***caer en ~***, to become obsolete.
desvaído, da *a.* pale, dull [colour]. *2* lank, ungainly.
desvainar *t.* to shell [peas, etc.].
desvalido, da *a.* helpless, unprotected, destitute.
desvalijar *t.* to rob, hold up.
desvalorización *f.* devaluation.
desvalorizar *t.* to devalue.
desván *m.* garret, loft, attic.
desvanecer *t.* to dissolve. *2* to dispel [clouds, etc.]. *3* to efface [a recollection]. *4 t.-ref.* to swell [with pride]. *5 ref.* to melt, vanish, evaporate. *6* to faint, swoon. *7* RADIO to fade. ¶ CONJUG. like ***agradecer.***
desvanecido, da *a.* faint, dizzy. *2* proud, haughty.
desvanecimiento *m.* dizziness, faintness. *2* pride, haughtiness.
desvariar *i.* to be delirious, rave, rant; to talk nonsense.
desvarío *m.* delirium, raving. *2* madness. *3* caprice, whim.
desvelado, da *a.* wakeful, sleepless. *2* careful.
desvelar *t.* to keep awake, make sleepless. *2 ref.* to be unable to sleep. *3* to take great pains.
desvelo *m.* sleeplessness, wakefulness. *2* care, solicitude.
desvencijado, da *a.* rickety, loose.
desventaja *f.* disadvantage; drawback.
desventajoso, sa *a.* disadvantageous.
desventura *f.* misfortune, misery.
desventurado, da *a.* unfortunate, wretched. *2* timid, spiritless.
desvergonzado, da *a.* shameless; impudent.
desvergüenza *f.* shamelessness. *2* impudence, insolence.
desvestir *t.-ref.* to undress.
desviación *f.* deviation, deflection. *2* turning aside, swerving.
desviar *t.* to deviate, deflect. *2* to turn aside, swerve. *3* RLY. to switch. *4 ref.* to deviate, be deflected, turn aside, swerve.
desvío *m.* deviation, deflection. *2* RLY. side-track, siding.
desvirtuar *t.* to impair, disminish the value or quality of.
desvivirse *ref.* ~ ***por***, to do one's utmost for; to long for.
detall *m.* retail: ***al ~***, at retail.
detallar *t.* to detail, work in detail. *2* to retail, sell at retail.
detalle *m.* detail, particular.
detectar *t.* RADIO to detect.
detective *m.* detective.
detención *f.* detention. *2* halt, stop, delay. *3* detention, arrest.
detener *t.* to detain, stop; to check, hold [back], keep. *2* to arrest, capture. *3 ref.* to stop, halt. *4* to delay. ¶ CONJUG. like ***tener.***
detenido, da *a.* careful. *2* under arrest. *3 m.-f.* LAW prisoner.
detenimiento *m.* care, thoroughness. *2* detention; delay.
detergente *a.-n.* detergent.
deteriorar *t.* to impair, damage, spoil, deteriorate.
deterioro *m.* deterioration. *2* injury, damage.
determinación *f.* determination. *2* decision. *3* firmness.
determinado, da *a.* determinate. *2* fixed, appointed. *3* GRAM. definite [article].
determinar *t.* to determine. *2* to fix, appoint [time, place]. *3* to resolve, decide.
detestable *a.* detestable, hateful.
detestar *t.* to detest, hate, abhor.
detonación *f.* detonation, report.
detracción *f.* detraction.
detractar *t.* to detract, defame, slander.
detrás *adv.* behind, back, in the rear. *2* ~ ***de***, behind, after; ***ir ~ de***, to go after. *3* ***por ~***, from behind.
detrimento *m.* detriment, damage.
deuda *f.* debt; indebtedness.
deudo, da *m.-f.* relative.
deudor, ra *m.-f.* debtor.
devaluación *f.* devaluation.
devanar *t.* to wind, reel, spool. *2 ref.* ***devanarse los sesos***, to rack one's brains.
devaneo *m.* delirium, nonsense. *2* dissipation. *3* flirtation.
devastación *f.* devastation, destruction, waste.
devastar *t.* to devastate, lay waste, ruin.
devengar *t.* to earn [wages]; to draw [interest].

devenir *i.* to happen. *2* PHIL. to become. ¶ CONJUG. like ***venir.***
devoción *f.* plety, devoutness. *2* strong attachment. *3 pl.* devotions, prayers.
devocionario *m.* prayer-book.
devolución *f.* return, restitution.
devolver *t.* to give back, pay back, return. *2* coll. to vomit.
devorador, ra *a.* devouring; ravenous. *2 m.* devourer.
devorar *t.* to devour.
devoto, ta *a.* devout, pious. *2* devoted [to a person].
día *m.* day: ***días alternos***, every other day; ~ ***de año nuevo***, New Year's Day; ~ ***de asueto***, day off; ~ ***de fiesta***, holiday; ~ ***laborable***, workday; ***quince días***, a fortnight; ***al*** ~, a day, per day; up-to-date; ***hoy*** ~, today, now, nowadays; ***¡buenos días!***, good morning! *2* daylight, daytime.
diablo *m.* devil, demon, fiend; wicked person: ***¡diablos!***, the devil! *2* badtempered, reckless, mischievous person. *3* ***pobre*** ~, poor devil.
diablura *f.* devilry.
diabólico, ca *a.* diabolic(al, devilish.
diácono *m.* deacon.
diadema *f.* diadem, crown.
diáfano, na *a.* transparent, clear.
diagnosticar *t.* to diagnose.
diagnóstico, ca *a.* diagnostic. *2 m.* diagnosis.
diagonal *a.-f.* diagonal.
diagrama *m.* diagram.
dialecto *m.* dialect.
dialogar *i.-t.* to dialogue.
diálogo *m.* dialogue.
diamante *m.* diamond.
diámetro *m.* diameter.
diana *f.* MIL reveille. *2* bull's eye [of a target].
diantre *m.* devil. *2 interj.* the deuce!
diapasón *m.* MUS. diapason. *2* MUS. tuning-fork.
diapositiva *f.* PHOT. diapositive; lantern slide.
diariamente *adv.* daily, every day.
diario, ria *a.* daily: ***a*** ~, daily, every day. *2 m.* daily newspaper. *3* diary, journal. *4* BOOKKEEP. day-book.
diarrea *f.* MED. diarrhœa, diarrhea.
dibujante *m.-f.* draftsman. *2* sketcher, designer.
dibujar *t.* to draw , make a drawing of; to sketch, design. *2 ref.* to appear, show; to be outlined.
dibujo *m.* drawing, sketch, portrayal: ~ ***animado***, animated cartoon. *2* description.
dicción *f.* word. *2* diction, speech.
diccionario *m.* dictionary.
diciembre *m.* December.
dictado *m.* dictation: ***escribir al*** ~, to take dictation.
dictador *m.* dictator.
dictadura *f.* dictatorship.
dictamen *m.* opinion, judgement. *2* expert' s report.
dictaminar *i.* to give an opinion [on]. *2* [of an expert] to report.
dictar *t.* to dictate [a letter, terms, etc.]. *2* to inspire, suggest. *3* to give [laws, etc.].
dicha *f.* happiness. *2* fortune, good luck.
dicho, cha *p. p.* of DECIR: ~ ***y hecho***, no sooner said than done. *2 a.* said, mentioned. *3 m.* saying, proverb, sentence.
dichoso, sa *a.* happy, lucky. *2* coll. blessed.
diecinueve *a.-m.* nineteen. *2 m.* nineteenth.
dieciocho *a.-m.* eighteen. *2 m.* eighteenth.
dieciséis *a.-m.* sixteen. *2 m.* sixteenth.
diecisiete *a.-m.* seventeen. *2 m.* seventeenth.
diente *m.* ANAT., ZOOL. tooth: ~ ***canino***, eye-tooth; ***apretar los dientes***, to set one's teeth: ***hablar entre dientes***, to mutter, mumble; ***hincar el*** ~ ***en***, to backbite, slander; to attack [a task, etc.]. *2* fang [of serpent]. *3* tooth [of a comb, saw, etc.]; cog. *4* clove [of garlic].
diestra *f.* right side or hand.
diestro, tra *a.* right, right-hand. *2* dexterous, skilful. *3 f.* right, right hand. *4 m.* bullfighter. *5* bridle.
dieta *f.* diet. *2* assembly. *3* allowance. *4* doctor's fees.
dietario *m.* family account book. *2* chronicler's record book.
diez *a.-m.* ten. *2 m.* tenth.
diezmar *t.* to decimate.
diezmo *m.* tithe.
difamación *f.* defamation, slander.
difamar *t.* to defame, libel, slander.
diferencia *f.* difference: ***a*** ~ ***de***, unlike.
diferenciar *t.* to differentiate. *2 ref.* to differ [be different]. *3* to make oneself noticeable.
diferente *a.* different.
diferir *t.* to defer, delay, postpone, put off. *2 i.* to differ. ¶ CONJUG. like ***hervir.***
difícil *a.* difficult, hard: ~ ***de creer***, hard to believe. *2* improbable.
difícilmente *adv.* with difficulty, hardly.
dificultad *f.* difficulty. *2* objection.

dificultoso, sa *a.* difficult, hard.
difundir *t.-ref.* to diffuse, spread out. *2* RADIO to broadcast.
difunto, ta *a.* deceased, defunt. *2 m.-f.* deceased, dead.
difusión *f.* diffusion. *2* diffuseness. *3* RADIO broadcasting.
difuso, sa *a.* diffuse. *2* broad, widespread.
digerir *t.* to digest. ¶ CONJUG. like ***hervir.***
digestión *f.* digestion.
dignarse *ref.* to deign, condescend.
dignatario *m.* dignitary.
dignidad *f.* dignity; rank.
dignificar *t.* to dignify.
digno, na *a.* worthy. *2* deserving. *3* suitable. *4* respectable.
dije *m.* trinket, locket; jewel.
dilación *f.* delay, postponement.
dilapidar *t.* to squander.
dilatación *f.* dilatation, expansion. *2* delay. *3* diffuseness.
dilatado, da *a.* vast, extensive, large; numerous.
dilatar *t.-ref.* to dilate, enlarge, widen, expand. *2 t.* to spread out [fame, etc.]. *3* to put off, delay.
dilema *m.* dilemma.
diligencia *f.* diligence, activity, dispatch. *2* errand; steps, action. *3* stage-coach.
diligente *a.* diligent; quick.
dilucidar *t.* to clear up, elucidate.
dilución *f.* dilution.
diluir *t.-ref.* to dilute. ¶ CONJUG. like ***huir.***
diluviar *impers.* to pour with rain.
diluvio *m.* deluge, downpour; flood.
dimanar *i.* ~ ***de***, to spring from, issue from.
dimensión *f.* dimension, bulk.
dimes *m. pl.* ***andar en dimes y diretes***, to argue, quibble.
diminutivo, va *a.-m.* GRAM. diminutive.
diminuto, ta *a.* little, tiny.
dimisión *f.* resignation [of office].
dimitir *t.* to resign, give up.
Dinamarca *f. pr. n.* Denmark.
dinámica *f.* dynamics.
dinámico, ca *a.* dynamic.
dinamismo *m.* dynamism, energy.
dinamita *f.* dynamite.
dinamo *f.* ELEC. dynamo.
dinastía *f.* dynasty.
dineral *m.* large sum of money.
dinero *m.* money, currency, wealth: ~ ***contante,*** ~ ***contante y sonante***, ready money, cash.
dintel *m.* ARCH. lintel, doorhead.
diocesano, na *a.-m.* diocesan.
diócesis *f.* diocese.
Dios *pr. n.* God: ***¡adiós!***, farewell, good-bye; ***a la buena de*** ~, at random, haphazard; ~ ***mediante***, God willing; ***¡~ mío!***, my God!, good Heavens!
diosa *f.* goddess.
diploma *m.* diploma. *2* licence.
diplomacia *f.* diplomacy.
diplomático, ca *a.* diplomatic, tactful. *2 m.-f.* diplomat.
diptongo *m.* diphthong.
diputación *f.* deputation.
diputado *m.* deputy, representative.
dique *m.* dam mole, dike. *2 fig.* barrier. *3* NAUT. dry dock.
dirección *f.* direction: ~ ***única***, one way. *2* direction, management; leadership. *3* office of a director. *4* postal address.
directamente *adv.* directly.
directivo, va *a.* directive, managing. *2 m.* member of a board of directors, *executive.
directo, ta *a.* direct, straight.
director, ra *a.* directing, managing. *2 m.-f.* director, manager. *3* principal, headmaster, headmistress. *4* MUS. conductor.
directorio *m.* directory.
dirigente *a.* heading, governing. *2 m.-f.* director, *executive.
dirigir *t.* to direct. *2* to manage, govern; to lead. *3* MUS. to conduct. *4* to address [a letter, etc.]. *5 ref.* ***dirigirse a***, to make one's way to, make for. *6* to address, speak to. *7* to go to. *8* to apply to.
dirimir *t.* to annul, dissolve. *2* to settle [a quarrel].
discernimiento *m.* discernment, judgement. *2* discrimination.
discernir *t.* to dicern, distinguish. *2* LAW to appoint [a guardian]. ¶ CONJUG. IND. PRES.: ***discierno, disciernes, discierne; disciernen.*** ‖ SUBJ. Pres.: ***discierna, disciernas, discierna; disciernan.*** ‖ IMPER.: ***discierne, discierna; disciernan.*** ‖ All other forms are regular.
disciplina *f.* discipline. *2* teaching, instruction. *3* art, science. *4 pl.* scourge [for flogging].
disciplinado, da *a.* disciplined.
disciplinar *t.* to discipline, train; to drill. *2 ref.* to discipline oneself. *3* to scourge oneself.
discípulo, la *m.-f.* disciple. *2* pupil [of a teacher].
disco *m.* disk. *2* SPORT discus. *3* record [of a record-player].
díscolo, la *a.* ungovernable, unruly, wilful.

disconforme *a.* disagreeing.
disconformidad *f.* disagreement. *2* nonconformity.
discordancia *f.* disagreement.
discordar *i.* to discord [be discordant]. *2* to disagree. ¶ CONJUG. like ***contar.***
discorde *a.* discordant, in disagreement; dissonant.
discordia *f.* discord, disagreement.
discreción *f.* discretion: ***a*** ~, at will.
discrecional *a.* optional: ***parada*** ~, request stop.
discrepancia *f.* discrepancy. *2* dissent, disagreement.
discreto, ta *a.* discreet, prudent. *2* not bad; fairly good.
discriminación *f.* discrimination.
discriminar *t.* to discriminate.
disculpa *f.* excuse, apology.
disculpable *a.* excusable.
disculpar *t.* to excuse. *2 ref.* to excuse oneself, apologize.
discurrir *i.* to go about, roam. *2* [of a river] to flow. *3* [of time] to pass. *4* to reason, meditate; to infer. *5* to invent, contrive.
discurso *m.* discourse. *2* reasoning. *3* talk, speech. *4* course [of time].
discusión *f.* discussion, argument.
discutir *t.-i.* to discuss, argue.
disecar *t.* to dissect. *2* to stuff [dead animals].
disección *f.* dissection, anatomy. *2* taxidermy.
diseminar *t.* to disseminate, scatter spread.
disensión *f.* dissension, dispute.
disentir *i.* to dissent, disagree. ¶ CONJUG. like ***sentir.***
diseñar *t.* to design, draw, sketch, outline.
diseño *m.* design, drawing, sketch, outline.
disertación *f.* dissertation.
disertar *t.* to discourse, discuss.
disforme *a.* misshapen, hideous. *2* monstruous, ugly.
disfraz *m.* disguise, mask; masquerade costume.
disfrazar *t.* to disguise, conceal, mask. *2 ref.* to disguise oneself.
disfrutar *t.* to enjoy, possess, benefit by. *2 i.* to enjoy oneself.
disgregación *f.* separation.
disgregar *t.* to scatter, disperse.
disgustado, da *a.* displeased. *2* sorry.
disgustar *f.* to displease, annoy; to pain, give sorrow. *2 ref.* to be displeased or hurt. *3* to have a difference [with].
disgusto *m.* displeasure, annoyance, trouble, quarrel: ***a*** ~, against one's will.
disidente *a.* dissident. *2 m.-f.* dissenter.
disimular *t.* to dissemble. *2* to disguise, conceal. *3* to overlook.
disimulo *m.* dissimulation.
disipación *f.* dissipation, waste, extravagance. *2* licentiousness.
disipado, da *a.-n.* dissipated, prodigal [person].
disipar *t.* to dissipate, scatter, squander. *2 ref.* to vanish.
dislocación, dislocadura *f.* dislocation.
dislocar *t.* to dislocate, put out of joint. *2 ref.* to become dislocated, get out of joint.
disminución *f.* diminution, decrease.
disminuir *t.-i.-ref.* to diminish, lessen, decrease. *2* to taper. ¶ CONJUG. like ***huir.***
disociación *f.* dissociation.
disociar *t.-ref.* to dissociate, separate.
disolución *f.* dissolution, breaking up. *2* lewdness, dissoluteness.
disoluto, ta *a.-n.* dissolute, loose, immoral, dissipate.
disolver *t.-ref.* to dissolve; to melt. ¶ CONJUG. like ***mover.***
disonancia *f.* dissonance, discord.
dispar *a.* unlike, different.
disparador *m.* shooter. *2* trigger. *3* release [of camera].
disparar *t.* to discharge, fire, let off: ~ ***un tiro***, to fire a shot. *2* to hurl, throw. *3 ref.* to dash off; to bolt. *4* [of a gun, etc.] to go off.
disparatado, da *a.* absurd, foolish.
disparatar *t.* to talk nonsense.
disparate *m.* absurdity, nonsense; crazy idea. *4* blunder, mistake.
disparo *m.* shot, discharge. *2* MACH. release, trip, start.
dispendio *m.* excessive expenditure.
dispensa *f.* dispensation, exemption.
dispensar *t.* to dispense, give, grant. *2* to exempt. *3* to excuse, pardon.
dispensario *m.* dispensary.
dispersar *t.* to disperse, scatter.
dispersión *f.* dispersion, dispersal.
disperso, sa *a.* dispersed, scattered.
displicencia *f.* coolness, indifference, disdain.
displicente *a.* cool, disdainful.
disponer *t.* to dispose, arrange. *2* to prepare, get ready. *3* to order, decree. *4 i.* ~ ***de***, to have. *5 ref.* to get ready [for].
disponibilidades *f. pl.* resources, money on hand.
disponible *a.* ready, available. *2* spare. *3* on hand.

disposición *f.* disposition. *2* disposal. *3* state of health. *4* gift, natural aptitude. *5* order, command. *6 pl.* steps, measures.
dispositivo, va *a.* preceptive. *2 m.* MACH. device, contrivance.
dispuesto, ta *p. p.* of DISPONER. *2 a.* disposed: ***bien*** ~, favourably disposed. *3* prepared, ready. *4* comely. *5* able, clever.
disputa *f.* dispute; quarrel.
disputar *t.* to dispute, contest. *2 i.* to argue, dispute.
distancia *f.* distance. *2* interval.
distanciar *t.* to distance. *2* to separate. *3 ref.* to become distant.
distante *a.* distant, far, remote.
distar *i.* ~ ***de***, to be [at many miles, etc.] distant from; ~ ***mucho de***, to be far from.
distinción *f.* distinction, privilege; rank. *2* clarity.
distinguido, da *a.* distinguished.
distinguir *t.* to distinguish. *2* to discriminate. *3 ref.* to be distinguished; to excel; to differ.
distintivo, va *a.* distinctive. *2 m.* mark; badge, sign.
distinto, ta *a.* distinct. *2* different.
distracción *f.* distraction, diversion, amusement. *2* absent-mindedness. *3* oversight. *4* ~ ***de fondos***, embezzlement.
distraer *t.* to amuse, entertain. *2* to distract [the attention, etc.]. *3* to lead astray. *4* ~ ***fondos***, to embezzle. *5 ref.* to amuse oneself. *6* to be inattentive.
distraído, da *a.* absent-minded, inattentive.
distribución *f.* distribution. *2* arrangement.
distribuir *t.* to distribute ¶ CONJUG. like ***huir.***
distrito *m.* district; region.
disturbio *m.* disturbance, riot.
disuadir *t.* to dissuade, deter.
disuelto, ta *p. p.* of DISOLVER.
diurno, na *a.* daily, diurnal.
divagación *f.* digression.
divagar *i.* to ramble, digress.
diván *m.* divan.
divergencia *f.* divergence.
diversidad *f.* diversity. *2* variety.
diversión *f.* diversion, amusement, entertainment.
diverso, sa *a.* diverse, different, various. *2 pl.* several, many.
divertido, da *a.* amusing, funny.
divertimiento *m.* diversion, amusement.
divertir *t.* to amuse, entertain. *2* to divert, turn away. *3 ref.* to enjoy, amuse oneself, have a good time. ¶ CONJUG. like ***hervir.***
dividir *t.* to divide, split, separate.
divieso *m.* boil.
divinidad *f.* divinity, godhead. *2* very beautiful person or thing.
divinizar *t.* to deify.
divino, na *a.* divine, heavenly.
divisa *f.* badge, emblem. *2* AER. device. *3* foreign currency.
divisar *t.* to descry, sight, perceive, make out.
división *f.* division.
divo, va *m.* great singer [man]. *2 f.* prima donna.
divorciar *t.-ref.* to divorce, separate.
divorcio *m.* divorce, separation.
divulgación *f.* divulgation. *2* popularization [of knowledge].
divulgar *t.* to divulge, spread. *2* to popularize [knowledge]. *3 ref.* to be spread about.
dobladillo *m.* SEW. hem; trouser turn-up.
doblar *t.* to double. *2* to fold. *3* to bend, bow [one's head]. *4* to turn [a page; a corner]. *5 i.* to toll, knell. *6 ref.* to double [up]. *7* to stoop, bend [down], give in.
doble *a.* double, twofold. *2* thick, heavy [cloth, etc.]. *3* thick-set, sturdy. *4* two-faced, deceitful. *5 adv.* doubly. *6 m.* fold, crease. *7* toll, knell.
doblegar *t.* to bend, curve, fold. *2* to force to yield, subdue. *3 ref.* to yield, submit. *4* to bend over, stoop.
doblez *m.* fold, crease, ply. *2 f.* duplicity, deceitfulness.
doce *a.-m.* twelve. *2 m.* twelfth.
docena *f.* dozen.
docente *a.* educational, teaching.
dócil *a.* docile, obedient. *2* tame.
docto, ta *a.* learned. *2 m.-f.* scholar.
doctor, ra *m.-f.* doctor.
doctorado *m.* doctorate.
doctrina *f.* doctrine. *2* learning, knowledge. *3* catechism.
documentación *f.* documentation.
documento *m.* document.
dogal *m.* halter, hangman's rope, noose.
dogma *m.* dogma.
dogmático, ca *a.* dogmatic(al.
dogo, ga *a.-n.* bulldog.
dólar *m.* dollar [U.S. money].
dolencia *f.* ailment, complaint, disease, illness.
doler *i.* to ache, hurt, pain: ***me duele la cabeza***, my head aches. *2* to hate [to do

something]. 3 *ref.* ***dolerse de***, to repent; to feel sorry for; to complain of. ¶ CONJUG. like ***mover.***

dolido, da *a.* hurt, grieved.

doliente *a.* aching, suffering. 2 ill, sick. 3 sorrowful.

dolo *m.* guile, deceit, fraud.

dolor *m.* pain, ache, aching: ~ ***de cabeza***, headache. 2 pain, sorrow, grief.

dolorido, da *a.* sore, aching. 2 sorrowful, grief-stricken.

doloroso, sa *a.* painful, sorrowful; pitiful.

doloso, sa *a.* guileful, deceitful.

doma *f.* taming [of passions]; breaking [of horses].

domador, ra *m.-f.* tamer. 2 horse-breaker.

domar *t.* to tame. 2 to break in [horses, etc.].

domesticar *t.* to tame, domesticate.

doméstico, ca *a.* domestic. 2 *m.-f.* house servant.

domiciliar *t.* to house, lodge. 2 *ref.* to take up residence, dwell.

domicilio *m.* domicile, home.

dominación *f.* domination.

dominante *a.* domineering. 2 dominant. 3 commanding [height].

dominar *t.* to dominate. 2 to domineer. 3 to rule over. 4 to control. 5 to master [a subject]. 6 to overlook, command [a landscape]. 7 to stand out.

domingo *m.* Sunday: ~ ***de Ramos***, Palm Sunday; ~ ***de Resurrección***, Easter Sunday.

dominio *m.* dominion. 2 domination, control. 3 mastery [of a subject]. 4 domain.

don *m.* gift, present. 2 talent; knack: ~ ***de gentes***, charm. 3 Don, Spanish title prefixed to Christian names of men.

donación *f.* donation, gift, bestowal.

donaire *m.* nimble-wit. 2 sally, lively remark. 3 graceful carriage.

donar *t.* to donate, bestow, grant.

donativo *m.* gift, donation.

doncel *m.* virgin man. 2 king's page.

doncella *f.* virgin, maiden, maid. 2 maidservant.

donde *adv.-pron.* where, wherein, whither, in which: ***a*** ~, ***en*** ~, where; ***de*** ~, from where, whence; ***hasta*** ~, up to where, how far.

dondequiera *adv.* anywhere, wherever.

donoso, sa *a.* nimble-witted, graceful, pleasant.

doña *f.* Spanish title used before the Christian name of a lady.

dorado, da *a.* gilt, golden. 2 *m.* gilding.

dorar *t.* to gild. 2 COOK. to brown.

dormilón, na *a.* sleepy. 2 *m.-f.* sleepy-head.

dormir *i.* to sleep, rest: ~ ***a pierna suelta***, to be fast asleep. 2 *ref.* to go to sleep, fall asleep. ¶ CONJUG. INDIC. Pres.: ***duermo, duermes, duerme;*** dormimos, dormís, ***duermen.*** | Pret.: dormí, dormiste, ***durmió;*** dormimos, dormisteis, ***durmieron.*** ‖ SUBJ. Pres.: ***duerma, duermas, duerma; durmamos, durmáis, duerman.*** | Imperf.: ***durmiera, durmieras***, etc., or ***durmiese, durmieses,*** etc. | Fut.: ***durmiere, durmieres,*** etc. ‖ IMPER.: ***duerme, duerma; durmamos,*** dormid, ***duerman.*** | GER.: ***durmiendo.***

dormitar *i.* to doze, nap.

dormitorio *m.* bedroom. 2 dormitory.

dorso *m.* back, reverse.

dos *a.-n.* two: ***los*** ~, ***las*** ~, both; ***de*** ~ ***en*** ~, two abreast; by twos. 2 second.

doscientos, tas *a.-m.* two hundred.

dosel *m.* canopy.

dosis *f.* MED. dose. 2 quantity.

dotación *f.* endowment, funds. 2 dowry. 3 NAUT. complement, crew. 4 staff, personnel.

dotado, da *a.* endowed; gifted.

dotar *t.* to endow, dower, bestow.

dote *m.-f.* dowry, dower, marriage portion. 2 *f. pl.* endowments, gifts, virtues, talents.

draga *f.* dredger [boat].

dragado *m.* dredging.

dragaminas *m.* NAV. minesweeper.

dragar *t.* to dredge.

dragón *m.* dragon. 2 MIL. dragoon.

drama *m.* drama.

dramático, ca *a.* dramatic. 2 *m.-f.* dramatist.

dramaturgo *m.* playwright, dramatist.

drenaje *m.* drainage.

drenar *t.* to drain.

droga *f.* drug. 2 chemical substance. 3 fib, lie.

droguería *f.* drugstore, chemist's shop.

ducado *m.* duchy. 2 dukedom. 3 ducat [coin].

dúctil *a.* ductile.

ducha *f.* douche, shower-bath.

duchar *t.* to douche, give a shower-bath. 2 *ref.* to take a shower-bath.

duda *f.* doubt: ***sin*** ~, doubtless.

dudar *i.-t.* to doubt, hesitate.

dudoso, sa *a.* doubtful, dubious.

duelo *m.* duel. 2 grief, sorrow. 3 pity, compassion. 4 mourning. 5 mourners. 6 *pl.* hardships, troubles.

duende *m.* goblin, elf; ghost.

dueña *f.* owner, proprietress, landlady, mistress. *2* duenna.
dueño *m.* owner, proprietor, master, landlord.
Duero *m. pr. n.* Douro.
dulce *a.* sweet. *2* saltless, insipid. *3* fresh [water]. *4 adv.* softly. *5 m.* sweetmeat, confection.
dulcería *f.* confectionery shop.
dulzón, na *a.* sickly.
dulzor *m.* sweetness.
dulzura *f.* sweetness. *2* mildness [of temper, of weather]. *3* gentleness, kindliness. *4* pleasantness. *5 pl.* endearments.
duna *f.* sand dune.
dúo *m.* MUS. duet, duo.
duodécimo, ma *a.-m.* twelfth.
duplicado, da *a.-m.* duplicate.
duplicar *t.* to double, duplicate.
duplicidad *f.* duplicity; falseness.
duque *m.* duke.
duquesa *f.* duchess.
duración *f.* duration, endurance.
duradero, ra *a.* durable, lasting.
durante *prep.* during, for.
durar *i.* to endure, last, continue.
durazno *m.* BOT. peach [tree; fruit].
dureza *f.* hardness. *2* harshness, severity. *3* callosity.
durmiente *a.* sleeping, dormant. *2 m.-f.* sleeper [pers.]. *3* cross-beam; *railroad tie.
duro, ra *a.* hard: ~ ***de corazón***, hard-hearted. *2* harsh, severe. *3* obstinate. *4* strong, hardy. *5* stingy. *6 adv.* hard. *7 m.* Spanish coin worth 5 pesetas.

E

e *conj.* and [used for *y* before words beginning with *i* or *hi*].
ebanista *m.* cabinet-maker.
ébano *m.* BOT. ebony.
ebrio, ebria *a.* drunk, intoxicated.
ebullición *f.* ebullition, boiling.
eclesiástico, ca *a.* ecclesiastic(al. *2 m.* clergyman.
eclipse *m.* eclipse.
eco *m.* echo: ***tener ~***, *fig.* to spread, be widely accepted.
economía *f.* economy. *2* saving, thrift. *3* sparingness. *4 pl.* savings: ***hacer economías***, to save up.
económico, ca *a.* economic. *2* thrifty, saving. *3* cheap, uncostly.
económicamente *adv.* economically. *2* cheaply.
economizar *t.* to economize; to save, spare.
ecuador *m.* equator.
ecuánime *a.* calm, placid. *2* just, impartial.
ecuestre *a.* equestrian.
echar *t.* to throw, cast. *2* to put in, add. *3* to emit, give off [sparks, etc.]. *4* to dismiss, expel. *5* to grow, sprout [hair, leaves, etc.]. *6* to pour [wine, etc.]. *7* ***~ cuentas***, to reckon; ***~ un trago***, to take a drink; ***~ a un lado***, to push aside; ***~ a perder***, to spoil; ***~ a pique***, to sink; ***~ de menos***, to miss; ***~ una mano***, to lend a hand. *8 i.-ref.* ***~ a correr, a reír,*** etc., to begin to run, laugh, etc. *9 ref.* to lie down. *10* to throw oneself into.
edad *f.* age: ***mayor ~***, majority full age; ***menor ~***, minority; ***~ media***, Middle Ages; ***¿qué ~ tiene usted?***, how old are you?
edición *f.* edition. *2* issue [of a newspaper]. *3* publication [of a book].
edicto *m.* edict. *2* placard.
edificación *f.* building, construction. *2* edification.
edificar *t.* to build, construct. *2* to edify, uplift.
edificio *m.* edifice, building.
editar *t.* to publish [a book, a newspaper, etc.]; to issue.
editor *m.* publisher; editor.
editorial *a.* publishing. *2 m.* editorial, leading article. *3 f.* publishing house.
edredón *m.* eider-down. *2* down-quilt.
educación *f.* education. *2* breeding, manners; politeness.
educar *t.* to educate; to train, bring up. *2* give good breeding.
efectivamente *adv.* really. *2* as a matter of fact; indeed.
efectivo, va *a.* effective, real. *2* ***dinero ~***, cash. *3 m.* cash, specie: ***en ~***, in cash. *4* ***hacer ~***, to carry out; to cash.
efecto *m.* effect, result; ***surtir ~***, to come out as expected; ***llevar a ~***, to carry out; ***en ~***, in fact, indeed. *2* purpose, end: ***al ~***, for the purpose. *3* impression: ***hacer ~***, to be impressive. *4* COM. draft, bill, security.
efectuar *t.* to effect, do, carry out. *2 ref.* to take place.
efervescente *a.* effervescent.
eficacia *f.* effectiveness, efficacy.
eficaz *a.* efficient, effective, active, efficacious, effectual.
eficiencia *f.* efficiency.
eficiente *a.* efficient.
efímero, ra *a.* ephemeral, brief.
efluvio *m.* emanation, exhalation, vapors.
efusión *f.* effusion. *2 fig.* warmth. *3* ***~ de sangre***, bloodshed.
efusivo, va *a.* effusive, warm.
Egipto *m. pr. n.* Egypt.
égloga *f.* eclogue.
egoísmo *m.* selfishness.
egoista *a.* selfish [person].
egolatría *f.* self-worship.
egregio, gia *a.* illustrious, eminent.
eje *m.* axis. *2* axle, shaft, spindle.

ejecución *f.* execution; carrying out. *2* performance, fulfilment.
ejecutar *t.* to execute, carry out, fulfil, perform. *2* to execute [put to death].
ejecutivo, va *a.* executive. *2* prompt, active.
ejemplar *a.* exemplary. *2 m.* pattern, model. *3* copy [of a book, etc.].
ejemplo *m.* example: ***dar*** ~, to set an example. *2* instance: ***por*** ~, for instance.
ejercer *t.* to exercise. *2* to practise [a profession].
ejercicio *m.* exercise, training. *2* MIL. drill. *3* practice [of virtue, etc].
ejercitar *t.* to practice. *2 t.-ref.* to exercise, drill, train oneself.
ejército *m.* army.
el *def. art. masc. sing.* the.
él *pers. pron. masc. sing.* he; him; it [after prep.].
elaborar *t.* to elaborate, manufacture, work.
elasticidad *f.* elasticity.
elástico *a.* elastic; resilient.
elección *f.* election. *2* choice.
electo, ta *a.-n.* elect, chosen.
electricidad *f.* electricity.
eléctrico, ca *a.* electric(al.
electricista *m.* electrician; electrical engineer.
electrizar *t.* to electrify. *2* to thrill, excite.
electrocutar *t.* to electrocute.
electrónico, ca *a.* electronic, electron. *2 f.* electronics.
elefante *m.* elephant.
elegancia *f.* elegance, gracefulness, style.
elegante *a.* elegant, graceful, smart, stylish.
elegido, da *a.* elected, chosen.
elegir *t.* to elect. *2* to choose, select. ¶ CONJUG. like ***servir.***
elemental *a.* elemental, elementary; fundamental.
elemento *m.* element. *2 pl.* elements [atmospheric forces]. *3* means, resources. *4* rudiments.
elevación *f.* elevation, raising, rise. *2* elevation, height.
elevado, da *a.* elevated, raised, lifted; high. *2* sublime, lofty.
elevador, ra *a.* elevating. *2 m.* elevator.
elevar *t.* to elevate, raise, lift. *2* to hoist. *3 ref.* to rise, ascend, soar.
elidir *t.* to weaken. *2* to elide.
eliminación *f.* elimination, removal.
eliminar *t.* to eliminate, remove.
elocución *f.* elocution.
elocuencia *f.* eloquence.
elocuente *a.* eloquent.
elogiar *t.* to praise, eulogize.
elogio *m.* praise, eulogy.
elucidar *t.* to elucidate, illustrate, explain.
eludir *t.* to elude, avoid, dodge.
ella *pron. f. sing.* she; her, it [after prep.].
ello *pron. neuter sing.* it.
ellos, ellas *pron. m. & f. pl.* they; them [after prep.].
emanación *f.* emanation, flow. *2* fumes, vapor, odour.
emanar *i.* to emanate, issue, spring.
emancipación *f.* emancipation.
emancipar *t.* to emancipate. *2 ref.* to free oneself; to become free.
embadurnar *t.* to daub, besmear.
embajada *f.* embassy. *2* message; errand.
embajador *m.* ambassador.
embalaje *m.* packing [of goods]; baling. *2* packing case.
embalar *t.* to pack, bale [goods]. *2 i.* SPORT to sprint.
embaldosar *t.* to pave with tiles.
embalsamar *t.* to embalm [a corpse]. *2* to perfume.
embalsar *t.* to dam up [water].
embarazada *a.-f.* pregnant.
embarazo *m.* obstruction. *2* embarrassment, constraint. *3* pregnancy.
embarazosamente *adv.* embarrassingly.
embarazoso, sa *a.* embarrassing, difficult. *2* cumbersome.
embarcación *f.* NAUT. boat, ship, vessel.
embarcadero *m.* wharf, pier, jetty, quay.
embarcar *t.-i.-ref.* NAUT. to embark. *2 ref.* to embark, go on board.
embargar *t.* to impede, restrain. *2* [of emotions] to overcome. *3* LAW to attach, seize.
embargo *m.* LAW attachment, seizure. *2* embargo. *3* ***sin*** ~, nevertheless, however.
embarnizar *t.* to varnish.
embarque *m.* shipment [of goods].
embarrado, da *a.* smeared. *2* plastered. *3* muddy.
embarrancar *t.-i.* NAUT. to run aground. *2 ref.* to stick in the mud.
embarullar *t.-ref.* to muddle, make a mess of.
embastar *t.* to baste, tack.
embate *m.* dash, buffet, dashing.
embaucador *m.* cheat, impostor.
embaucar *t.* to deceive, humbug, bamboozle.
embaular *t.* to pack in a trunk. *2* to guzzle.
embebecer *t.* to enrapture, absorb, delight. *2 ref.* to become enraptured. ¶ CONJUG. like ***agradecer.***
embebecimiento *m.* rapture, absorption.

embeber *t.* to absorb, imbibe. *2* to soak [in]. *3* to embed, insert. *4 i.* [of cloth] to shrink. *5 ref.* to be fascinated or absorbed.
embelesar *t.* to charm, delight, captivate.
embeleso *m.* charm, delight.
embellecer *t.* to embellish, beautify. ¶ CONJUG. like ***agradecer.***
embestida *f.* assault, attack, onset.
embestir *t.* to assail, attack. *2 i.* ~ ***contra***, to rush against, or upon. ¶ CONJUG. like ***servir.***
emblema *m.* emblem, symbol.
embocadura *f.* mouth [of a river]. *2* entrance [by a narrow passage]. *3* mouthpiece [of a wind instrument]. *4* bit [of a bridle]. *5* taste, flavour [of wine].
émbolo *m.* MECH. piston, plunger. *2* MED. embolus.
embolsar *t.-ref.* to pocket [money].
emborrachar *t.* to intoxicate, make drunk. *2 ref.* to get drunk.
emboscada *f.* ambuscade, ambush.
emboscar *t.* to ambush. *2 ref.* to lie in ambush. *3* to get into a forest.
embotado, da *a.* blunt, dull.
embotamiento *m.* dullness, bluntness.
embotar *t.* to blunt, dull. *2 ref.* to become blunt or dull.
embotellar *t.* to bottle. *2 fig.* to stop, obstruct.
embozado, da *a.* muffled. *2* disguised; masked.
embozo *m.* fold in top part of bedsheet. *2* disguise [of meaning, etc.]: ***sin*** ~, openly, frankly.
embragar *t.* to sling. *2* MEC. to engage the clutch.
embrague *m.* clutch.
embravecer *t.* to irritate, enrage. *2 ref.* to get enraged. *3* [of sea] to swell, surge. ¶ CONJUG. like ***agradecer.***
embriagado, da *a.* intoxicated; drunk.
embriagar *t.* to intoxicate, make drunk. *2 ref.* to get drunk.
embriaguez *f.* intoxication, drunkenness.
embrollar *t.* to entangle, confuse, muddle. *2 ref.* to get confused or muddled.
embrollo *m.* tangle, muddle, mess. *2* lie, deception.
embromar *t.* to play jokes on, banter, chaff. *2* to fool, deceive. *3* (Am.) to annoy, vex.
embrujar *t.* to bewitch, enchant.
embrujamiento, embrujo *m.* be witchment, charm, enchantment. *2* glamour.
embrutecer *t.* to besot, brutify. *2 ref.* to grow stupid. ¶ CONJUG. like ***agradecer.***
embrutecimiento *m.* sottishness, stupidity.
embuchado *m.* pork sausage. *2* blind, pretext.
embuchar *t.* to stuff, make sausages.
embudo *m.* funnel. *2* trick.
embuste *m.* lie, falsehood; fraud, trinket.
embustero, ra *a.* lying. *2 m.-f.* liar.
embutido *m.* sausage. *2* inlaid work, marquetry.
emergencia *f.* emergence. *2* happening, incident. *3* emergency.
emerger *i.* to emerge, come out.
emigración *f.* emigration.
emigrante *a.-n.* emigrant.
emigrar *i.* to emigrate, migrate.
eminencia *f.* eminence. *2* height.
eminente *a.* eminent, excellent.
emisario *m.* emissary; messenger. *2* spy.
emisión *f.* emission. *2* COM. issue [of shares, etc.]. *3* RADIO broadcast.
emisora *f.* broadcasting station.
emitir *t.* to emit. *2* to issue. *3* RADIO to broadcast.
emoción *f.* emotion, excitement, thrill.
emocionante *a.* moving, touching, thrilling.
emocionar *t.* to move, touch, thrill. *2 ref.* to be moved, etc.
emotivo, va *a.* emotional.
empacar *t.* to pack, bale.
empachar *t.* to impede, embarrass. *2* to surfeit, give indigestion. *3 ref.* to be embarrassed. *4* to have indigestion.
empacho *m.* embarrassment, bashfulness. *2* indigestion, surfeit: ***no tener ~ en***, to have no objection to.
empalagar *t.* to cloy, sicken. *2* to weary, bore.
empalagoso *a.* cloving, oversweet. *2* wearisome, boring.
empalizada *f.* stockade, palisade.
empalmar *t.* to splice, join [two ends]. *2 i.-ref.* to connect, join [of roads, etc.].
empalme *m.* junction; joint, connection, splice.
empanada *f.* pie, meat pie. *2* fraud.
empañado, da *a.* tarnished; blurred, dim.
empañar *t.* to swaddle. *2* to dim, blur, tarnish.
empapar *t.* to soak, drench, saturate.
empapelador *m.* paper-hanger.
empapelar *t.* to wrap up in paper. *2* to paper [a wall].
empaque *m.* packing. *2* stiffness, affected gravity.
empaquetar *t.* to pack. *2* to crowd.
emparedado, da *a.-n.* recluse. *2 m.* sandwich.

emparejar *t.* to pair, match. *2* to level. *3 i.* to come abreast. *4* to equal. *5 ref.* to pair.
emparentado, da *a.* related by marriage.
emparentar *i.* to become related by marriage. ¶ CONJUG. like ***acertar.***
emparrado *m.* vine arbour, bower.
empastar *t.* to paste. *2* to bind [books] in a stiff cover. *3* to fill [a tooth].
empatar *t.-i.-ref.* to tie, equal, draw [in games or voting].
empate *m.* tie, draw [in games or voting].
empecinado, da *a.* (Am.) stubborn.
empedernido, da *a.* hardened. *2* inveterate.
empedernir *t.* to harden. *2 ref.* to become hard-hearted.
empedrado, da *a.* stone-paved. *2 m.* stone pavement.
empedrar *t.* to pave with stones.
empeine *m.* groin [lower part of the abdomen]. *2* instep.
empellón *m.* push, shove: ***a empellones***, by pushing.
empeñado, da *a.* pledged; pawned. *2* eager to. *3* hot, hard [dispute].
empeñar *t.* to pledge; to pawn. *2* to engage, compel. *3 ref.* to get into debt. *4* to bind oneself. *5* ***empeñarse en***, to insist on; to engage in.
empeño *m.* piedge [of one's word]. *2* pawn: ***casa de empeños***, pawnbroker. *3* pledge, obligation. *4* insistence, determination: ***con ~***, repeatedly; ***tener ~ en***, to be eager to.
empeorar *t.-i.-ref.* to impair, spoil; worsen; to make or grow worse.
empequeñecer *t.* to diminish, make smaller, belittle. ¶ CONJUG. like ***agradecer.***
emperador *m.* emperor.
emperatriz *f.* empress.
empero *conj.* yet, however.
empezar *t.-i.* to begin: ***~ a***, to begin to, to start. ¶ CONJUG. like ***acertar.***
empinado, da *a.* high; steep. *2* stiff, stuck-up.
empinar *t.* to raise, lift. *2* ***~ el codo***, to crook the elbow, drink. *3 ref.* to stand on tiptoe. *4* to rise high.
empingorotado, da *a.* stuck-up, haughty.
empírico, ca *a.* empiric(al. *2 m.-f.* empiricist.
emplazamiento *m.* summons. *2* emplacement.
emplazar *t.* to summon. *2* to locate, place.
empleado, da *m. f.* employee: clerk.
emplear *t.* to employ. *2* to spend, invest [money]. *3* ***le está bien empleado***, it serves him right. *4 ref.* to take employment.
empleo *m.* employ, employment, job; occupation. *2* use. *3* investment [of money].
empobrecer *t.* to impoverish. *2 i.-ref.* to become poor. ¶ CONJUG. like ***agradecer.***
empobrecimiento *m.* impoverishment.
empolvar *t.* to sprinkle with powder; to cover with dust. *2 ref.* to powder one's face.
empollar *t.* to brood, hatch [eggs]. *2* coll. to grind, swot up [a subject].
empollón, na *m.-f.* swot, grind [student].
emponzoñar *t.* to poison. *2 ref.* to become poisoned.
empotrar *t.* to embed [in a wall].
emprendedor, ra *a.* enterprising.
emprender *t.* to undertake; to begin: ***~ la marcha***, to start out.
empresa *f.* enterprise, undertaking. *2* firm, company. *3* management [of a theatre].
empresario *m.* contractor. *2* theatrical manager; impresario; showman.
empréstito *m.* loan.
empujar *t.* to push, shove; to impel.
empuje *m.* push; shove. *2* ARCH. pressure. *3* enterprise, energy.
empujón *m.* push, shove: ***a ~***, roughly; by fits and starts.
empuñadura *f.* hilt [of sword].
empuñar *t.* to handle [a sword, etc.]. *2* to clutch, grasp, grip.
emular *t.* to emulate, rival.
émulo, la *a.-n.* rival, competitor.
en *prep.* in, into; on upon; at; by; about.
enaguas *f. pl.* petticoat, slip.
enajenación *f.*, **enajenamiento** *m.* alienation. *2* abstraction, rapture. *3* ***~ mental***, mental disorder; madness.
enajenar *t.* to alienate. *2* [of emotions] to transport; to deprive. *3 ref.* to dispossess oneself of. *4* to become estranged. *5* to become enraptured.
enaltecer *t.* to ennoble. *2* to praise, exalt. *3 ref.* to be praised, exalted. ¶ CONJUG. like ***agradecer.***
enamorado, da *a.* in love. *2 m.-f.* lover.
enamorar *t.* to make love to, court, woo. *2 ref.* to fall in love.
enano, na *a.-m.-f.* dwarf, dwarfish.
enarbolar *t.* to raise on high, hoist [a flag, etc.]. *2* to brandish [a cane, a pike, etc.]. *3 ref.* [of a horse] to rear.
enardecer *t.* to inflame, kindle, excite. *2 ref.* to become excited, inflamed, kindled. *3* to get angry. ¶ CONJUG. like ***agradecer.***

enardecimiento *m.* heating, ardour, excitement, passion.
encabezamiento *m.* heading, headline. *2* tax roll.
encabezar *t.* to head, put a heading to [a letter, etc.]. *2* to head, lead. *3* to register on a tax roll.
encabritarse *ref.* [of horses] to rear.
encadenamiento *m.* chaining. *2* connection, sequence, linking.
encadenar *t.* to chain. *2* to enslave, connect, link together.
encajar *t.* to thrust in, fit into, insert; to put or force in. *2* to land, take [a blow]. *3* to fit in; to be relevant. *4 ref.* to squeeze [oneself] into. *5* to butt in.
encaje *m.* fitting in, insertion. *2* socket, groove, hole. *3* lace. *4* inlaid work.
encajonar *t.* to box, encase. *2 ref.* [of rivers] to narrow.
encalar *t.* to whitewash.
encalmarse *ref.* [of weather or wind] to become calm.
encallar *i.* to run aground.
encallecerse *ref.* to become hardened or callous. ¶ CONJUG. like ***agradecer.***
encaminar *t.* to direct, set on the way. *2* to direct [to an end]. *3 ref.* to set out for.
encandilar *t.* to dazzle, bewilder. *2* to stir [the fire]. *3 ref.* [of the eyes] to shine with lust or drink.
encanecer *i.* to grow white, old. ¶ CONJUG. like ***agradecer.***
encantado, da *a.* enchanted, delighted. *2* haunted [house].
encantador, ra *a.* enchanting, charming, delightful. *2 m.* enchanter. *3 f.* enchantress.
encantar *t.* to enchant, cast a spell on. *2* to enchant, charm.
encanto *m.* enchantment. *2* charm, delight. *3 pl.* charms [of a woman].
encapotado, da *a.* cloaked. *2* overcast, cloudy. *3* in bad humour.
encapotarse *ref.* to put on a cloak. *2* to frown, look grim. *3* to become overcast or cloudy.
encapricharse *ref.* to persist in one's whim, take a fancy to.
encaramar *t.* to raise, hoist. *2 ref.* to climb, mount.
encarar *i.-ref.* ~ or ***encararse con***, to face.
encarcelar *t.* to imprison, jail, put in prison.
encarecer *t.* to raise the price of. *2* to emphasize; to praise. *3* to recommend strongly. ¶ CONJUG. like ***agradecer.***
encarecidamente *adv.* earnestly, insistently.
encarecimiento *m.* rise in price. *2* praise. *3* earnestness.
encargado, da *m.-f.* manager, foreman, forewoman, agent.
encargar *t.* to entrust. *2* to recommend, charge. *3* to order [goods, etc.]. *4 ref.* ~ ***de***, to take charge of.
encargo *m.* charge, commission. *2* errand. *3* warning. *4* order [of goods].
encariñado, da *a.* attached, fond.
encariñarse *ref.* to become fond of, attached to.
encarnado, da *a.* flesh-coloured. *2* red.
encarnar *i.* THEOL. to be incarnate. *2 t.* to incarnate, embody.
encarnizado, da *a.* bloody, fierce, bitter, hard fought.
encarnizar *t.* to make cruel, infuriate. *2* ***encarnizarse con***, to get furious, enraged; to fight with fury.
encarrilar *t.* to put back on the rails. *2* to set right.
encasillado *m.* set of squares.
encasillar *t.* to classify, distribute.
encastillarse *ref.* to stick to one's own opinion.
encausar *t.* to prosecute, indict.
encauzar *t.* to channel. *2* to direct, guide.
encenegado, da *a.* muddy; sunk in the vice.
encenagarse *ref.* to wallow in mire.
encendedor *m.* lamplighter. *2* cigarette-lighter.
encender *t.* to light, set fire to, kindle. *2* to excite. *3 ref.* to burn, be kindled. *4* [of war] to break out. *5* to redden. ¶ CONJUG. like ***entender.***
encendido, da *a.* red, flushed. *2* ardent, inflamed. *3 m.* AUTO. ignition.
encerado, da *a.* waxed. *2 m.* oilcloth, oilskin. *3* blackboard. *4* waxing [of floors, etc.].
encerrar *t.* to shut in, lock up or in. *2* to enclose, contain. *3 ref.* to shut oneself in. ¶ CONJUG. like ***acertar.***
encestar *t.* to put in a basket.
encía *f.* gum [of the mouth].
enciclopedia *f.* encyclop(a)edia.
encierro *m.* shutting in or up, lock-up. *2* reclusion. *3* prison.
encima *adv.* on, upon, over: ~ ***de***, on, upon; ***por*** ~ ***de***, over, above. *2* in addition, besides; on top; overhead.
encina *f.* BOT. evergreen oak.
encinal, encinar *m.* evergreen-oak grove.
encinta *a.* pregnant.
enclaustrar *t.* to cloister, hide.
enclavar *t.* to nail. *2* to pierce, transfix; embed.
enclenque *a.* weak, feeble, sickly.

encoger *t.* to contract, draw back or in, shrivel. *2 i.-ref.* to shrink. *3* ***encogerse de hombros,*** to shrug one's shoulders.
encogido, da *a.* awkward, shy.
encogimiento *a.* contraction, shrinking. *2* awkwardness, timidity. *3* ~ ***de hombros***, shrug.
encolar *t.* to glue. *2* WEAV. to dress. *3* PAINT. to size.
encolerizar *t.* to anger, irritate. *2 ref.* to become angry.
encomendar *t.* to entrust, commend, recommend. *2 ref.* to commend oneself [to]. ¶ CONJUG. like ***acertar.***
encomiar *t.* to praise, eulogize.
encomienda *f.* charge, commission. *2* praise, commendation. *3* protection, care. *4* royal land grant.
enconado, da *a.* bitter [enemy]; inflamed; infected. *2* sore. *3* angry.
enconar *t.* to inflame, aggravate [a wound or sore]. *2* embitter [the feelings]. *3 ref.* to become inflamed, rankle. *4* to become embittered.
encono *m.* bitterness, rancour.
encontrado, da *a.* contrary, opposed, conflicting.
encontrar *t.-ref.* to find; to meet, encounter. *2 i.-ref.* to meet, collide. *3 ref.* to be [in a place]. *4* to feel [ill, well, etc.]. *5* ***encontrarse con***, to come across, meet up with; to find. ¶ CONJUG. like ***contar.***
encontrón, encontronazo *m.* bump, collision: ***darse un*** ~, to collide with, bump into [each other].
encopetado, da *a.* presumptuous, stuck-up. *2* noble, aristocratic.
encorajinarse *ref.* to become enraged.
encorvar *t.* to bend, curve. *2 ref.* to bend over, stoop.
encrespar *t.-ref.* to curl, crisp, frizzle. *2* to bristle, ruffle. *3 t.* to stir up [the waves]. *4* to anger, irritate. *5 ref.* [of the sea] to become rough. *6* to be infuriated.
encrucijada *f.* cross-roads; street intersection. *2* ambush, snare.
encuadernación *f.* bookbinding. *2* binding [of a book].
encuadernar *t.* to bind [a book]: ***sin*** ~, unbound.
encuadrar *t.* to frame. *2* to encompass, fit into.
encubiertamente *adv.* secretly, on the sly.
encubrir *t.* to conceal, hide, cover.
encuentro *m.* meeting, encounter; ***salir al encuentro de***, to go to meet; to oppose. *2* clash, collision. *3* MIL. encounter.
encuesta *f.* search, inquiry.
encumbramiento *m.* elevation, height. *2* exaltation.
encumbrar *t.-ref.* to raise high. *2* to exalt, elevate. *3 ref.* to grow proud.
enchapado *m.* veneer, veneering.
encharcado, da *a.* still, stagnant.
encharcar *t.* to flood. *2 ref.* to fill [with water].
enchufar *t.* ELEC. to connect, plug in. *2 ref.* to get a sinecure.
enchufe *m.* ELEC. plug; plug and socket. *2* sinecure, easy job.
ende *adv.* ***por*** ~, therefore.
endeble *a.* weak, feeble, frail.
endecha *f.* dirge. *2* assonanced seven--syllabled quatrain.
endemoniado, da *a.* demoniac. *2 fig.* devilish. *3 m.-f.* possessed.
enderezar *t.* to straighten, unbend. *2* to right, set upright. *3* to address. *4* to right, correct. *5 ref.* to straighten up.
endeudarse *ref.* to get into debt.
endiabladamente *adv.* devilishly.
endiablado, da *a.* devilish, deuced. *2* ugly, deformed. *3* furious, wild. *4* complicated, difficult.
endilgar *t.* to direct, guide. *2* to land [a blow].
endiosarse *ref.* to become haughty, proud.
endomingado, da *a.* in his Sunday best.
endomingarse *ref.* to put on one's Sunday best, dress up.
endosar *t.* COM. to endorse.
endulzar *t.* to sweeten. *2* to soften, make bearable.
endurecer *t.-ref.* to harden, endure. ¶ CONJUG. like ***agradecer.***
endurecimiento *m.* hardness. *2* obduracy. *3* hard-heartedness.
enemigo, ga *a.* adverse. *2* enemy, hostile. *3 m.-f.* enemy, foe. *4 f.* enmity, hatred, ill-will.
enemistar *t.* to make enemies of. *2 ref.* to become enemies: ***enemistarse con***, to fall out with.
energía *f.* energy. *2* MECH. power: ~ ***eléctrica***, electric power.
enérgico, ca *a.* energetic, vigorous, active, lively.
enero *m.* January.
enervar *t.* to enervate, weaken. *2 ref.* to become enervate.
enfado *m.* annoyance, anger.
enfadar *t.* to displease, annoy, anger. *2 ref.* to be displeased, get angry, be cross.

enfadoso, sa *a.* annoying, irksome, bothersome.
enfangar *t.* to bemud. *2 ref.* to sink in the mud. *3* to mix [in dirty business].
énfasis *f.* emphasis.
enfático, ca *a.* emphatic.
enfermar *i.* to fall ill, be taken ill; become ill.
enfermedad *f.* illness, disease, sickness.
enfermero, ra *m.* male nurse. *2 f.* [woman] nurse.
enfermería *f.* infirmary.
enfermizo, za *a.* sickly, unhealthy.
enfermo, ma *a.* sick, ill. *2 m.-f.* patient.
enfilar *t.* to line up. *2* to aim, sight. *3* to go straight down or up [a street, etc.]. *4* to string [beads, etc.]. *5* ARTILL. to enfilade.
enflaquecer *t.* to make thin or lean. *2* to weaken. *3 i.-ref.* to become thin or lean. ¶ CONJUG. like ***agradecer.***
enfocar *t.* to focus. *2* to envisage, direct [an affair, etc.]; to approach [a problem, etc.].
enfrascar *t.* to bottle. *2 ref.* to become absorbed in.
enfrentar *t.* to confront, put face to face. *2 t.-ref.* to face.
enfrente *adv.* in front, opposite: ~ ***de***, in front of, against.
enfriamiento *m.* cooling, refrigeration. *2* MED. cold, chill.
enfriar *t.* to cool. *2 ref.* to cool down or off. *3* to get cold.
enfurecer *t.* to infuriate, enrage. *2 ref.* to rage, become infuriated, get furious. *3* [of the sea, etc.] to get rough. ¶ CONJUG. like ***agradecer.***
enfurruñarse *ref.* to get angry.
engalanar *t.* to adorn, bedeck. *2 ref.* to dress up, primp.
enganchar *t.* to hook. *2* to hitch. *3* RLY. to couple [carriages]. *4* to attract [a person]. *5* MIL. to recruit, enlist. *6 ref.* to get caught [on a hook, etc.]. *7* MIL. to enlist in the army.
enganche *m.* hooking. *2* RLY. coupling. *3* MIL. enlistment.
engañador, ra *a.* deceitful, deceiving. *2 m.-f.* deceiver.
engañar *t.* to deceive, beguile, dupe, cheat, hoax, mislead, take in. *2* to ward off [hunger, etc.]. *3 ref.* to deceive oneself, be mistaken.
engaño *m.* deceit; falsehood; fraud. *2* error, mistake.
engañoso, sa *a.* deceptive, delusive. *2* deceitful, misleading.
engarce *m.* JEW. linking; setting.
engarzar *t.* JEW. to link. *2* to set, mount.
engastar *t.* JEW. to enchase, set, mount.
engaste *m.* JEW. setting, mounting.
engatusar *t.* to cajole, coax.
engendrar *t.* to engender, beget. *2* to generate, originate.
englobar *t.* to include, comprise.
engolfarse *i.-ref.* to go or get deeply [into]. *2* to become absorbed, lost in thought.
engomar *t.* to gum, glue.
engordar *t.* to fatten. *2 i.* to grow fat.
engorroso, sa *a.* cumbersome, annoying, bothersome.
engranaje *m.* MACH. mesh; gear(s, gearing: ***palanca de*** ~, clutch.
engranar *i.* MACH. to gear, throw in gear, interlock.
engrandecer *t.* to enlarge, aggrandize. *2* to enhance, exaggerate. *3* to exalt. *4 ref.* to be exalted. ¶ CONJUG. like ***agradecer.***
engrasar *t.* to grease, oil, lubricate.
engreído, da *a.* vain, conceited.
engreír *t.* to make vain or conceited. *2 ref.* to become vain or conceited. ¶ CONJUG. like ***reír.***
engrescar *t.* to incite to quarrel. *2* to incite to merriment. *3 ref.* to get into a row. *4* to get merry.
engrosar *t.* to thicken. *2* to enlarge [the number of]. *3 ref.* to grow thick. ¶ CONJUG. like ***contar.***
engrudo *m.* paste [for gluing].
engullir *t.* to swallow, gulp, gobble.
enhebrar *t.* to thread [a needle, etc.].
enhiesto, ta *a.* erect, upright.
enhorabuena *f.* congratulations: ***dar la*** ~ ***a***, to congratulate. *2 adv.* happily.
enigma *m.* enigma, riddle.
enigmático, ca *a.* enigmatic(al.
enjabonar *t.* to soap, lather. *2* to flatter, soft-soap.
enjaezar *t.* to harness.
enjalbegar *t.* to whitewash. *2 ref.* to make up one's face.
enjambre *m.* swarm of bees. *2* crowd.
enjaular *t.* to cage. *2* coll. to imprison.
enjuagar *t.* to rinse.
enjuague *m.* rinse, rinsing. *2* mouthwash. *3* scheme, plot.
enjugar *t.* to dry; to wipe.
enjuiciar *t.* to judge. *2* LAW. to indict, prosecute.
enjuto, ta *a.* dry. *2* thin, skinny.
enlace *m.* tie, bond. *2* lacing, linking. *3* link. *4* wedding. *5* RLY. junction; connection.
enladrillar *t.* to pave with bricks.
enlatar *t.* to can [food, etc.].
enlazar *t.* to lace. *2* to link, join. *3* to lasso. *4 ref.* to marry. *5* to be connected together.

enloquecer *t.* to madden, drive mad. *2 i.* to go mad or crazy. ¶ CONJUG. like ***agradecer.***
enlosar *t.* to pave with flagstones.
enmarañamiento *m.* entanglement. *2* embroilment.
enmarañar *t.* to entangle. *2* to embroil, confuse. *3 ref.* to get tangled, embroiled.
enmascarar *t.* to mask, disguise. *2 ref.* to put on a mask.
enmendar *t.* to correct, amend. *2* repair, make amends for. *3 ref.* to reform, mend one's ways. ¶ CONJUG. like ***acertar.***
enmienda *f.* amendment, correction. *2* amends, reparation.
enmohecerse *ref.* to get mouldy. ¶ CONJUG. like ***agradecer.***
enmudecer *t.* to hush, silence. *2 i.* to become dumb. *3* to be silent. ¶ CONJUG. like ***agradecer.***
ennegrecer *t.* to blacken, darken. ¶ CONJUG. like ***agradecer.***
ennoblecer *t.* to ennoble, dignify. ¶ CONJUG. like ***agradecer.***
enojadizo, za *a.* irritable, peevish.
enojar *t.* to anger, make angry, vex, annoy. *2 ref.* to become angry, get cross.
enojo *m.* anger, irritation. *2* annoyance; rage, trouble.
enojoso, sa *a.* annoying, bothersome, troublesome.
enorgullecer *t.* to make proud. *2 ref.* to become proud: ***enorgullecerse de***, to pride oneself on. ¶ CONJUG. like ***agradecer.***
enorme *a.* enormous, huge.
enormidad *f.* enormity. *2* absurdity, nonsense.
enramada *f.* bower; shady grove; shelter of branches.
enrarecer *t.* to rarefy, thin. *2 i.-ref.* to become scarce. ¶ CONJUG. like ***agradecer.***
enredadera *f.* creeper. *2* bindweed.
enredar *t.* to tangle, entangle, mat, ravel. *2* to net; to set nets. *3* to embroil. *4* to involve, implicate. *5 i.* [of children] to be mischievous, play pranks. *6* to meddle. *7 ref.* to be caught [in a net, etc]. *8* to get entangled or involved, complicated, trapped.
enredo *m.* tangle. *2* complication. *3* falsehood, gossip, mischief. *4* plot [of play].
enrejado *m.* iron railing. *2* grating, trellis, lattice.
enrejar *t.* to close with a grille. *2* to fence with a railing or trellis. *3* to fix the ploughshare.
enrevesado, da *a.* intricate, tangled. *2* rebellious, frisky.
enriquecer *t.* to enrich. *2 ref.* to become wealthy. ¶ CONJUG. like ***agradecer.***
enrojecer *t.* to redden. *2 ref.* to turn red, blush. ¶ CONJUG. like ***agradecer.***
enrollar *t.* to roll up, wind.
enroscar *t.* to coil, twist. *2* to screw on or in. *3 ref.* to curl up, roll up.
ensalada *f.* salad.
ensaladera *f.* salad bowl.
ensaladilla *f.* kind of salad with mayonnaise sauce.
ensalmo *m.* charm, spell: ***como por ~***, as if by magic; in a jiffy.
ensalzar *t.* to exalt. *2* to praise, extol.
ensambladura *f.* joinery; joint.
ensamblar *t.* to join, fit together.
ensanchamiento *m.* enlargement, expansion; stretch.
ensanchar *t.-ref.* to widen, enlarge, expand. *2* ***~ el corazón***, to relieve, cheer up.
ensanche *m.* widening, enlargement. *2* suburban development.
ensangrentado, da *a.* gory, bloody.
ensangrentar *t.* to stain with blood. *2 ref.* to be covered with blood. ¶ CONJUG. like ***acertar.***
ensañar *t.* to enrage. *2 ref.* ***ensañarse con***, to be cruel to, vent one's fury on.
ensartar *t.* to string [beads, etc.]. *2* to spit, pierce. *3* coll. to rattle off [stories, etc.].
ensayar *t.* to assay [metals]. *2* to try out, test. *3* to rehearse [a play, etc.]. *4 ref.* to try over, practice.
ensayo *m.* assay [of metals]. *2* test, experiment. *3* rehearsal: ~ ***general***, THEAT. dress rehearsal. *4* LIT. essay.
ensenada *f.* cove, inlet, creek.
enseñanza *f.* teaching, instruction, education: ***primera ~***, primary education; ~ ***superior***, higher education.
enseñar *t.* to teach. *2* to instruct, train. *3* to show.
ensillar *t.* to saddle.
ensimismarse *ref.* to become absorbed in thought.
ensoberbecer *t.* to make haughty, arrogant. *2 ref.* to become haughty, arrogant. ¶ CONJUG. like ***agradecer.***
ensordecedor, ra *a.* deafening.
ensordecer *t.* to deafen. *2 ref.* to become deaf. ¶ CONJUG. like ***agradecer.***
ensortijar *t.-ref.* to curl, crisp.
ensuciar *t.* to dirty, soil, stain. *2 ref.* to get dirty.
ensueño *m.* day-dream, fantasy; illusion.

entablar *t.* to plank, board. *2* to start [a conversation]. *3* ~ ***un pleito***, to bring a lawsuit.
entallar *t.* to carve, sculpture, engrave. *2* [of a garment] to fit to the waist.
entarimado *m.* parqueted floor.
ente *m.* entity, being.
enteco, ca *a.* weakly, sickly.
entendederas *f. pl.* brains, understanding.
1) **entender** *m.* understanding, opinion: ***a mi*** ~, in my opinion.
2) **entender** *t.* to understand. *2* to think; to infer. *3 i.* ~ ***de*** or ***en***, to be an expert on. *4 ref.* to get along well together. ¶ CONJUG. IND. Pres.: ***entiendo, entiendes, entiende;*** entendemos, entendéis, ***entienden.*** ‖ SUBJ.: Pres.: ***entienda, entiendas, entienda;*** entendamos, entendáis, ***entiendan.*** ‖ IMPER.: ***entiende, entienda;*** entendamos, entended, ***entiendan.***
entendimiento *m.* understanding, comprehension, intellect, mind.
enterar *t.* to inform, acquaint. *2 ref.* ***enterarse de***, to learn, be informed of; to know, find out.
entereza *f.* entirety. *2* integrity. *3* fortitude, firmness.
enternecedor, ra *a.* moving, touching, pitiful.
enternecer *t.* to soften. *2* to touch, move to pity. *3 ref.* to be moved or touched. ¶ CONJUG. like ***agradecer.***
entero, ra *a.* entire, whole. *2* honest, upright. *3* firm, constant. *4* sound, robust. *5* ***por*** ~, entirely, completely.
enterrador *m.* grave-digger, sexton.
enterrar *t.* to bury. *2 ref.* to retire, bury oneself. ¶ CONJUG. like ***acertar.***
entibiar *t.* to cool. to make lukewarm. *2 ref.* to become lukewarm, cool down.
entidad *f.* entity. *2* importance. *3* association, corporation.
entierro *m.* burial, funeral.
entonación *f.* intonation.
entonar *t.* to sing in tune. *2* to intone. *3 ref.* to become stuck-up.
entonces *adv.* then, at that time: ***por*** ~, at that time.
entornar *t.* to half-close [the eyes]; to set ajar [a door].
entorpecer *t.* to dull, blunt [the mind, etc.]. *2* to clog, delay. *3 ref.* to become dull. ¶ CONJUG. like ***agradecer.***
entorpecimiento *m.* dullness, bluntness. *2* obstruction.
entrada *f.* entrance, gate. *2* entry; admission. *3* entrance fee; ticket. *4* first payment. *5* beginning [of a book, etc.]. *6* ***prohibida la*** ~, no admittance.
entrambos, bas *a. pl.* both.
entrampar *t.* to trap, ensnare. *2* to trick. *3* to burden with debt. *4 ref.* to run into debt.
entrante *a.* entrant, entering. *2* coming, next: ***el mes*** ~, next month.
entraña *f.* the innermost part; depths. *2 pl.* vitals. *3* entrails. *4* heart, feeling: ***no tener entrañas***, to be heartless.
entrañable *a.* most affectionate; dearly loved. *2* **-mente** *adv.* dearly; deeply.
entrar *i.* to enter, go in(to, come in(to, get in(to. *2* to begin, start. *3* to fit into. *4* ***me entró miedo,*** I became afraid.
entre *prep.* between, among, amongst. *2* ~ ***mi,*** ~ ***sí***, to myself, to himself. *3* ~ ***tanto***, meanwhile.
entreabierto, ta *a.* half-open, ajar.
entreabrir *t.* to half-open; to set ajar.
entreacto *m.* interval.
entrecejo *m.* space between the eyebrows; frown: ***fruncir el*** ~, to knit one's brow, frown.
entredicho *m.* prohibition, ban.
entrega *f.* delivery. *2* surrender. *3* instalment [of a book]: ***novela por entregas***, serial [novel].
entregar *t.* to deliver, hand over. *2 t.-ref.* to give up, surrender. *3 ref.* to yield, submit. *4* to abandon oneself [to a feeling]. *5* to devote oneself to.
entrelazar *t.* to interlace, interweave, entwine.
entremés *m.* hors d'œuvre, side dish. *2* THEAT. one-act farce.
entremeter *t.* to insert, place between. *2 ref.* to meddle, intrude, interfere.
entremetido, da *a.* meddlesome. *2 m.-f.* meddler, busybody.
entremezclar *t.* to intermingle, intermix.
entrenar *t.* SPORT. to train, coach. *2 ref.* SPORT to train.
entrenador, ra *m.-f.* trainer.
entreoír *t.* to hear vaguely.
entresacar *t.* to sift; to thin [hair, trees].
entresuelo *m.* entresol, mezzanine. *2* second floor [in U.S.A.]; first floor [in G. B.]
entretanto *adv.* meanwhile.
entretejer *t.* to interweave, intertwine.
entretener *t.* to delay, detain. *2* to entertain, amuse: ~ ***el tiempo***, to while away the time. *3 ref.* to delay. *4* to amuse oneself. ¶ CONJUG. like ***tener.***
entretenido, da *a.* entertaining, amusing.
entretenimiento *m.* entertainment, amusement pastime.

entrever *t.* to glimpse. *2* to guess.
entreverar *t.* to intermingle, intermix.
entrevista *f.* interview, meeting. *2* date, appointment.
entrevistar *t.* to interview. *2 ref.* to have an interview with.
entristecer *t.* to sadden. *2 ref.* to become sad. ¶ CONJUG. like ***agradecer.***
entrometido, da *s.* meddler, busybody.
entronque *m.* relationship. *2* RLY junction.
entuerto *m.* wrong, injustice.
entumecer *t.* to benumb, make numb. *2 ref.* to swell, become numb. ¶ CONJUG. like ***agradecer.***
entumecimiento *m.* numbness, torpor; swelling.
enturbiar *t.* to muddy. *2* to obscure, muddle, dim; to trouble [waters]. *3 ref.* to get mudd.
entusiasmar *t.* to captivate, excite, enrapture. *2 ref.* to get excited about.
entusiasmo *m.* enthusiasm, eagerness, keenness.
entusiasta *m.-f.* enthusiast, fan, eager fellow.
enumerar *t.* to enumerate.
enunciación *f.*, **enunciado** *m.* enouncement, statement.
enunciar *t.* to enounce, state.
envainar *t.* to sheathe.
envalentonar *t.* to make bold, daring, encourage. *2 ref.* to grow bold; to brag, swagger.
envanecer *t.* to make vain. *2 ref.* to become vain; to be proud [of]. ¶ CONJUG. like ***agradecer.***
envasar *t.* to pack, bottle, can, put into a container.
envase *m.* packing, bottling, canning, etc. *2* container.
envejecer *t.* to age; to make old. *2 i.-ref.* to grow old. ¶ CONJUG. like ***agradecer.***
envejecido, da *a.* aged, looking old.
envenenamiento *m.* poisoning.
envenenar *t.* to poison; to infect.
envergadura *f.* breadth [of a sail]; span [of an airplane]; spread [of a bird's wings]. *2* importance.
envés *m.* back, wrong side.
enviado *m.* messenger, envoy.
enviar *t.* to send, dispatch.
envidia *f.* envy, jealousy.
envidiar *t.* to envy, covet.
envidioso, sa *a.-n.* envious, jealous.
envilecer *t.* to debase, degrade, revile. *2 ref.* to degrade oneself. ¶ CONJUG. like ***agradecer.***
envío *m.* sending, remittance; shipment; dispatch.
enviudar *i.* to become a widower or widow.
envoltura *f.* envelope, wrapper.
envolver *t.* to cover, envelop, wrap up. *2* to involve; imply. *3 ref.* to wrap oneself up. *4* to become involved. ¶ CONJUG. like ***mover.*** | P. P.: ***envuelto.***
enyesar *t.* to plaster.
enzarzar *t.* to entangle, sow discord. *2* to cover with brambles. *3 ref.* to get entangled; to quarrel.
épica *f.* epic poetry.
épico, ca *a.* epic, heroic.
epidemia *f.* epidemic.
epidémico, ca *a.* epidemic(al.
epígrafe *m.* epigraph. *2* title, headline.
epigrama *m.* epigram, witticism.
epílogo *m.* epilogue.
episcopado *m.* episcopate, bishopric.
episodio *m.* episode; incident.
epístola *f.* epistle, letter.
epitafio *m.* epitaph.
epíteto *m.* GRAM. epithet.
epítome *m.* abstract, summary.
época *f.* epoch, age, time.
epopeya *f.* epopee, epic poem.
equidad *f.* equity, justice, fairness.
equilibrar *t.-ref.* to poise, balance.
equilibrio *m.* equilibrium, balance, poise.
equilibrista *m.-f.* equilibrist, acrobat, rope-walker.
equipaje *m.* luggage, baggage. *2* equipment, outfit. *3* NAUT. crew.
equipar *t.* to equip, fit out.
equipo *m.* equipment, fitting out. *2* crew, squad [of workmen]. *3* SPORT. team. *4* ~ ***de novia***, trousseau.
equitación *f.* horsemanship, riding.
equitativo, va *a.* equitable, fair, just, honest.
equivalente *a.-m.* equivalent.
equivaler *i.* to be equivalent; to be equal. ¶ CONJUG. like ***valer.***
equivocación *f.* mistake, error.
equivocado, da *a.* mistaken. *2* erroneous. *3* ***estás*** ~, you are wrong.
equivocar *t.-ref.* to mistake. *2 ref.* to be mistaken; to make a mistake; to be wrong.
equívoco, ca *a.* equivocal, ambiguous. *2 m.* equivocation, quibble, ambiguity.
era *f.* era, epoch, age. *2* threshing-floor. *3* garden plot.
erario *m.* exchequer, public treasury.
eremita *m.* hermit, recluse.
erguir *t.* to raise, erect [the head, etc.], lift, set upright. *2 ref.* to stand erect, sit up. *3* to become proud or haughty. ¶ CONJUG. INDIC. Pres.: ***irgo*** or ***yergo, ir-***

gues or ***yergues, irgue*** or ***yergue;*** erguimos, erguís, ***irguen*** or ***yerguen.*** | Pret.: erguí, erguiste, ***irguió;*** erguimos, erguisteis, irguieron. || SUBJ. Pres.: ***irga*** or ***yerga, irgas*** or ***yergas***, etc. | Imperf.: ***irguiera, irguieras,*** etc., or ***irguiese, irguieses,*** etc. | Fut.: ***irguiere, irguieres,*** etc. || IMPER.: ***irgue*** or ***yergue, irga*** or ***yerga; irgamos*** or ***yergamos,*** erguid, ***irgan*** or ***yergan.*** || P. P.: ***erguido.*** || GER.: ***irguiendo.***

erial *m.* waste land. *2 a.* uncultivated, untilled.

erigir *t.* to erect, build, set up. *2* to found, establish.

erizado, da *a.* bristly, prickly, standing on an end [of hair]: ~ ***de***, bristling with.

erizar *t.* to set on end; to make bristle. *2 ref.* to stand on end, bristle.

erizo *m.* bedgehog, porcupine. *2* ~ ***de mar***, sea-urchin. *3* ***ser un*** ~, to be irritable, harsh.

ermita *f.* hermitage.

ermitaño *m.* EREMITA.

errante *a.* errant, wandering, strolling, vagabond.

errar *t.* to miss [the target, a blow, etc.]. *2* to wander. *3 i.-ref.* to err, be mistaken. ¶ CONJUG. like ***acertar.***

erróneo, nea *a.* erroneous, wrong.

error *m.* error. *2* mistake, fault.

eructar *i.* to belch, eructate.

eructo *m.* belch, eructation.

erudición *f.* erudition, learning.

erudito, ta *a.* erudite, scholarly, learned. *2 m.-f.* scholar.

erupción *f.* eruption, outbreak. *2* MED. rash.

esbeltez *f.* slenderness, elegance.

esbelto, ta *a.* slender and graceful.

esbirro *m.* bailiff.

esbozar *t.* to sketch, outline.

esbozo *m.* sketch, outline.

escabechar *t.* to pickle.

escabeche *m.* pickle; pickled fish.

escabechina *f.* ravage.

escabel *m.* stool; footstool. *2* stepping-stone.

escabrosidad *f.* roughness, unevenness [of ground]. *2* asperity [of temper]. *3* escabrousness.

escabroso, sa *a.* rough, rugged, uneven [ground]. *2* harsh, rude. *3* scabrous, indecent.

escabullirse *ref.* to slip away.

escala *f.* ladder, step-ladder. *2* scale. *3* NAUT. port of call: ***hacer escala en***, to call at.

escalador, ra *m.-f.* scaler, climber.

escalafón *m.* list, scale.

escalar *t.* to scale, climb.

escaldar *t.* to scald. *2* to chafe. *3 ref.* to get scalded.

escalera *f.* stair, staircase: ~ ***mecánica***, escalator; ~ ***de caracol***, winding stairs. *2* ladder: ~ ***de tijera***, step-ladder. *3* straight [at cards].

escalfado *a.* COOK. poached [egg].

escalinata *f.* front steps, perron.

escalofriante *a.* chilling, blood-curdling.

escalofrío *m.* chill; shudder.

escalón *m.* step of a stair. *2* stepping-stone. *3* stage, degree.

escama *f.* ZOOL., BOT. scale.

escamar *t.* to scale [fish]. *2* to cause distrust or suspicion. *3 ref.* to become distrustful.

escamotear *t.* to cause to disappear by sleight-of-hand.

escamoteo *m.* sleight-of-hand; swindling.

escampar *t.* to clear out [a place]. *2 i.* to stop raining, clear up.

escanciar *t.* to pour, serve [wine]. *2 i.* to drink wine.

escandalizar *t.* to scandalize, shock. *2* to make a lot of noise. *3 ref.* to be shocked.

escándalo *m.* scandal: ***dar un*** ~, to make a scene. *2* noise.

escandaloso, sa *a.* scandalous. *2* noisy. *3* shameful.

escaño *m.* bench with a back.

escapada *f.* flight; escapade.

escapar *i.-ref.* to escape; to flee, run away. *2 ref.* leak out.

escaparate *m.* shop-window. *2* display cabinet, show-case.

escapatoria *f.* escape, loophole. *2* excuse.

escape *m.* escape, flight: ***a*** ~, at full speed. *2* escape, leak: ***no hay*** ~, there is no way out.

escarabajo *m.* ENT. beetle, scarab.

escaramuza *f.* skirmish. *2* dispute.

escarapela *f.* cockade, badge. *2* dispute with blows.

escarbar *t.* to scratch. *2* to clean out [one's ears, etc.]. *3* to poke [fire]. *4* to dig into.

escarceo *m.* small bubbling waves. *2 pl.* turns of spirited horses. *3* detour, circumlocution.

escarcha *f.* rime, frost.

escarchar *t.* to frost. *2 impers.* to freeze, rime.

escardar *t.* to weed [out].

escarlata *a.-f.* scarlet [cloth].

escarlatina *f.* scarlet fever.

escarmentado, da *a.* warned by punishment or experience.
escarmentar *t.* to punish. *2 i.-ref.* to learn by hard experience. ¶ CONJUG. like ***acertar.***
escarmiento *m.* lesson; warning, punishment.
escarnecer *t.* to scoff at, mock ¶ CONJUG. like ***agradecer***
escarnio *m.* scorn, derision, mockery, jeer.
escarola *f.* BOT. endive. *2* ruff.
escarpado, da *a.* steep; rugged.
escarpia . hooked nail.
escasamente *adv.* scarcely, hardly, scantily.
escasear *t.* to be scarce, fall short, be wanting.
escasez *f.* scarcity, lack, shortage; scantiness. *2* poverty.
escaso, sa *a.* scarce, scant. *2* short: ***andar ~ de***, to be short of. *3* stingy.
escatimar *t.* to stint, give sparingly, curtail, pinch, skimp.
escena *f.* THEAT. stage. *2* scene. *3* THEAT. scenery.
escenario *m.* THEAT. stage.
escepticismo *m.* scepticism.
escéptico, ca *a.-n.* sceptic(al.
escisión *f.* rupture, split, schism. *2* BIOL. fission, scission.
esclarecer *t.* to light up. *2* to ennoble. *3* to clear up, make clear. ¶ CONJUG. like ***agradecer.***
esclavitud *f.* slavery, servitude.
esclavizar *t.* to enslave.
esclavo, va *m.-f.* slave; drudge.
esclusa *f.* lock, sluice.
escoba *f.* broom.
escobazo *m.* blow with a broom.
escocedura *f.* chafe, soreness.
escocer *i.* to smart, hurt. *2 ref.* to chafe. ¶ CONJ. like ***mover.***
escocés, sa *a.* Scottish. *2 m.-f.* Scot.
escoger *t.* to choose, select.
escogido, da *a.* chosen. *2* choice, select.
escolar *a.* scholastic. *2 m.* schoolboy, schoolgirl; student.
escolástico, ca *a.* scholastic(al.
escolta *f.* escort. *2* NAUT. convoy.
escoltar *t.* to escort. *2* to convoy.
escollo *m.* NAUT. reef, rock. *2 fig.* difficulty; danger.
escombro *m.* rubbish. *2 pl.* débris, dust, ruins; slags.
esconder *t.* to hide, conceal. *2 ref.* to hide, be hidden.
escondite *m.* hiding-place. *2* ***jugar al ~***, to play hide-and-seek.
escondrijo *m.* hiding-place.
escopeta *f.* shot-gun, gun.
escopetazo *m.* gunshot. *2* gunshot wound. *3* sudden bad news.
escoplo *m.* CARP. chisel.
escoria *f.* scum, slag, dross. *2 fig.* dregs [worthless part].
escoriar *t.-ref.* to skin.
escorpión *m.* ZOOL. scorpion.
escotado, da *a.* low-necked.
escote *m.* low-neck. *2* share, part paid [of a common expense].
escotilla *f.* NAUT. hatchway.
escotillón *m.* trap-door. *2* THEAT. stage trap. *3* NAUT. scuttle.
escozor *m.* irritation, smarting sensation.
escribano *m.* notary. *2* lawyer's clerk.
escribiente *m.* office clerk, clerk.
escribir *t.-i.* to write. *2 ref.* to hold correspondence. ¶ P. P. irreg.: ***escrito.***
escrito *m.* writing [written paper, etc.]: ***por ~***, in writing. *2* LAW brief, bill.
escritor, ra *m.-f.* writer, author.
escritorio *m.* writing-desk. *2* office.
escritura *f.* writing: ***~ a máquina***, typewriting. *2* hand-writing. *2* LAW deed.
escrúpulo *m.* scruple, doubt. *2* squeamishness.
escrupulosamente *adv.* scrupulously; precisely.
escrupuloso, sa *a.* scrupulous; nice, careful. *2* squeamish.
escrutar *t.* to search, scrutinize. *2* to count [the votes].
escrutinio *m.* scrutiny, examination, ballot.
escuadra *f.* NAV. fleet. *2* MIL. squad. *3* carpenter's square.
escuadrilla *f.* squadron, flight.
escuadrón *m.* MIL. squadron.
escuálido, da *a.* lean, pale. *2* squalid, filthy.
escuchar *t.* to listen to. *2* to heed.
escudero *m.* HIST. shield bearer; squire.
escudilla *f.* bowl, porringer.
escudo *m.* shield, buckler. *2* escutcheon. *3* ***~ de armas***, coat of arms. *4* gold crown [coin].
escudriñar *t.* to scrutinize, search; to pry into.
escuela *f.* school: ***~ normal***, training school.
escuetamente *adv.* strictly, etc.
escueto, ta *a.* bare, plain, strict.
esculpir *t.* to sculpture; to engrave.
escultor *m.* sculptor, carver.
escultura *f.* sculpture.
escupir *i.* to spit. *2* to throw off, discharge.

escurridizo, za *a.* slippery, hard to hold: *lazo* ~, slip-knot.
escurrir *t.* to drain [plates, etc.]. *2* to wring. *3 i.* to drip. *4 ref.* to slip away, sneak out.
ese *m.* **esa** *f. sing. dem. a.* that, **esos** *m.* **esas** *f. pl.* those.
ése *m.* **ésa** *f.* **eso** *neut. sing. dem. pron.* that one, **ésos** *m.* **ésas** *f. pl.* those.
esencia *f.* essence. *2* perfume.
esencial *a.* essential.
esfera *f.* GEOM. sphere. *2* social class, rank. *3* dial [of clock].
esférico, ca *a.* spherical.
esfinge *f.* sphinx.
esforzado, da *a.* brave, courageous, strong, valiant.
esforzar *t.* to give strength. *2* to give courage. *3 ref.* to try hard, strive.
esfumarse *ref.* to disappear.
esfuerzo *m.* effort. *2* ENG. stress. *3* courage, spirit.
esgrima *f.* fencing [art].
esgrimir *t.* to wield, brandish [a weapon]; to make use of [arguments, etc.]. *2 i.* to fence.
esguince *m.* sprain [of a joint]. *2* dodge. *3* frown, wry face.
eslabón *m.* link [of a chain]. *2* steel [knife sharpener].
eslabonar *t.* to link, join, connect. *2 ref.* to be linked.
esmaltar *t.* to enamel.
esmalte *m.* enamel.
esmeradamente *adv.* carefully, etc.
esmerado, da *a.* careful, conscientious, painstaking.
esmeralda *f.* emerald.
esmerar *t.* to polish, brighten. *2 ref.* ***esmerarse en*** or ***por***, to do one's best to, strive.
esmeril *m.* emery.
esmero *m.* great care, refinement, nicety.
espaciar *t.* to space. *2 t.-ref.* to spread. *3 ref.* to expatiate. *4* to relax, amuse oneself.
espacio *m.* space. *2* room. *3* blank. *4* delay, slowness.
espacioso, sa *a.* spacious. roomy.
espada *f.* sword, rapier: ***entre la ~ y la pared***, between the devil and the deep blue sea. *2* swordsman. *3* BULLF. matador. *4 pl.* swords [Spanish card suit].
espadachín *m.* swordsman, bully.
espadaña *f.* bell gable.
espalda *f. sing. & pl.* back; shoulders: ***a espaldas de***, behind one's back; ***de espaldas***, backwards; ***dar la*** ~, to turn one's back.
espaldar *m.* backplate [of cuirass]. *2* carapace [of turtle]. *3* back [of a seat]. *4* trellis [for plants].
espaldarazo *m.* accolade; slap on the back.
espantadizo, za *a.* scary, shy.
espantajo, espantapájaros *m.* scarecrow.
espantar *t.* to frighten, scare. *2 ref.* to take fright; to be scared; to be astonished.
espanto *m.* fright, dread. *2* astonishment.
espantoso, sa *a.* fearful, frightful, dreadful. *2* astonishing.
España *f. pr. n.* Spain.
español, la *a.* Spanish [person; language]. *2 m.-f.* Spaniard.
esparadrapo *m.* court-plaster.
esparcimiento *m.* scattering. *2* pastime.
esparcir *t.-ref.* to scatter, spread. *2* to recreate. *3 ref.* to amuse oneself.
espárrago *m.* BOT. asparagus.
esparto *m.* esparto [grass].
espasmo *m.* spasm.
espasmódico, ca *a.* spasmodic.
especia *f.* spice [condiment].
especial *a.* especial. *2* special; ***en*** ~, specially. *3* **-mente** *adv.* especially, specially.
especialidad *f.* speciality.
especialista *a.-n.* specialist.
especialización *f.* specialization.
especializar *i.-ref.* to specialize.
especie *f.* species. *2* kind, sort. *3* matter, notion.
especificar *t.* to specify; to itemize.
específico, ca *a.* specific. *2 m.* patent medecine.
espectacular *a.* spectacular.
espectáculo *m.* spectacle; show. *2* performance. *3* scandal: ***dar un*** ~, to make a scene.
espectador, ra *m.-f.* spectator. *2 pl.* audience.
espectro *m.* spectre, ghost. *2* PHYS. spectrum.
especulación *f.* speculation.
especulador, ra *a.* speculating. *2 m.-f.* speculator.
especular *t.* to speculate [about.].
espejismo *m.* mirage; illusion.
espejo *m.* mirror, looking-glass: ~ ***de cuerpo entero***, full-length mirror.
espeluznante *a.* hair-raising, dreadful, terrifying.
espera *f.* wait, waiting; ***sala de*** ~, waiting-room. *2* delay. *3* patience. *4* ***estar en ~ de***, to be waiting for.
esperanza *f.* hope. *2* expectation.

esperar *t.* to hope; to expect. *2* to look forward to. *3 t.-i.* to await, wait [for]. *4 i.* to hope: ~ ***en Dios***, to trust in God.
esperpento *m.* ugly thing. *2* absurdity.
espesar *t.-ref.* to thicken.
espeso, sa *a.* thick, dense.
espesor *m.* thickness, density.
espesura *f.* thickness. *2* thicket, dense wood.
espetar *t.* to spit, skewer. *2* coll. to spring [something] on [one]. *3 ref.* to stiffen, assume a solemn air.
espía *m. f.* spy [person].
espiar *t.* to spy [on]; to watch.
espiga *f.* BOT. spike, ear [of wheat]. *2* peg, brad.
espigón *m.* breakwater, jetty.
espina *f.* thorn: *fig.* ***sacarse la*** ~, to get even. *2* fishbone. *3* spine, backbone. *4* scruple, suspicion: ***dar mala*** ~, to arouse one's suspicion.
espinaca *f.* BOT. spinach.
espinazo *m.* spine, backbone.
espinilla *f.* shin-bone. *2* MED. blackhead [on the skin].
espino *m.* BOT. thornbush, hawthorn.
espinoso, sa *a.* spiny, thorny. *2* arduous, difficult.
espionaje *m.* spying, espionage.
espirar *t.-i.* PHYSIOL. to expire. *4* to exhale, breathe out
espiritismo *m.* spiritism, spiritualism.
espiritista *m.-f.* spiritist, spiritualist.
espíritu *m.* spirit; soul. *2* ghost: ***Espíritu Santo***, Holy Ghost. *3* vigour; courage.
espiritual *a.* spiritual.
espita *f.* cock, tap; faucet.
esplendidez *f.* splendour. *2* abundance, generosity.
espléndido, da *a.* splendid, magnificent. *2* liberal, generous.
esplendor *m.* splendour. *2* radiance.
esplendoroso, sa *a.* splendid, radiant.
espliego *m.* BOT. lavender.
espolear *t.* to spur; to incite.
espolón *m.* spur [of bird]. *2* beak, ram [of a boat]. *2* breakwater, jetty.
espolvorear *t.* to powder.
esponja *f.* sponge.
esponjoso, sa *a.* spongy.
esponsales *m. pl.* betrothal.
espontáneamente *adv.* spontaneously.
espontaneidad *f.* spontaneity.
espontáneo, a *a.* spontaneous.
esposa *f.* wife. *2 pl.* handcuffs.
esposar *t.* to handcuff.
esposo *m.* husband. *2 pl.* husband and wife.
espuela *f.* spur; stimulus.
espulgar *t.* to delouse. *2* to examine closely.
espuma *f.* foam, froth. *2* lather [of soap]. *3* scum.
espumarajo *m.* froth [from the mouth]: ***echar espumarajos***, to be furious.
espumoso, sa *a.* foamy, frothy. *2* sparkling [wine].
espurio, ria *a.* spurious, bastard.
esputo *m.* spittle, spit, saliva.
esqueje *m.* HORT. cutting, slip.
esquela *f.* note, short letter. *2* ~ ***mortuoria***, death note.
esquelético, ca *a.* skeletal, thin.
esqueleto *m.* skeleton. *2* framework.
esquema *m.* scheme, plan, sketch.
esquí *m.* ski. *2* skiing.
esquiar *i.* to ski.
esquife *m.* skiff, small boat.
esquila *f.* hand-bell; cow-bell.
esquilar *t.* to shear, clip.
esquilmar *t.* to harvest. *2* to improverish [land].
esquimal *a.-n.* Eskimo.
esquina *f.* corner, outside angle.
esquinazo *m.* corner: ***dar*** ~ ***a***, to avoid someone.
esquirol *m.* blackleg.
esquivar *t.* to avoid, shun, dodge. *2 ref.* to withdraw.
esquivez *f.* shyness, desdain.
esquivo, va *a.* disdainful, cold, aloof. *2* reserved; unsociable.
estabilidad *f.* stability.
estable *a.* stable, steady, firm.
establecer *t.* establish, found. *2* to decree. *3 ref.* to settle down; to set up in business. ¶ CONJUG. like ***agradecer***.
establecimiento *m.* settlement; foundation. *2* establishment, shop, store. *3* statute, law.
establo *m.* stable; cattle barn.
estaca *f.* stake, picket. *2* HORT. cutting. *3* stick, cudgel.
estacada *f.* stockade, picket fence. *2* palisade.
estación *f.* season [of the year]. *2* halt, stop. *3* RLY. station. *4* ~ ***balnearia***, bathing resort.
estacionar *t.* to station; to place. *2 ref.* to park.
estacionario, ria *a.* stationary.
estadio *m.* stadium. *2* stage, phase.
estadista *m.* statesman. *2* statistician.
estadística *f.* statistics.
estado *m.* state, condition: ~ ***de guerra***, martial law; ***tomar*** ~, to marry; to take orders. *2* order, class: ~ ***llano***, the commons. *3* POL. state, government. *4* MIL. ~ ***mayor***, staff.

Estados Unidos de América *m. pr. n.* United States of America.
estadounidense *a.-n.* [citizen] of the U. S., American.
estafa *f.* cheat, swindle, trick.
estafar *t.* to cheat, swindle.
estafeta *f.* courier, post. *2* post-office branch.
estallar *i.* to burst, explode. *2* [of fire, war, etc.] to break out.
estallido *m.* outburst; snap, crack, crash: ***dar un*** ~, to explode.
estambre *m.* worsted, woolen yarn. *2* BOT. stamen.
estampa *f.* print, engraving. *2 fig.* appearance. *3* likeness.
estampado *m.* stamping. *2* cotton print, calico, printed fabric.
estampar *t.* to print. *2* to stamp. *3* to impress, imprint.
estampida *f.* rush, stampede.
estampido *m.* bang, crack, crash; report of a gun.
estampilla *f.* rubber stamp, seal. *2* (Am.)postage stamp.
estancar *t.* to stem, sta(u)nch, stop the flow of, hold up or back. *2 ref.* to stagnate.
estancia *f.* stay sojourn. *2* room, living-room. *3* stanza. *4* (Am.) ranch, farm.
estanco, ca *a.* stanch, watertight. *2 m.* tobacconist's.
estandarte *m.* standard, banner.
estanque *m.* reservoir, pond.
estante *m.* shelf, bookcase.
estantería *f.* shelving, shelves.
estaño *m.* CHEM. tin.
estar *i.-ref.* to be; to keep, stay, remain, stand [in or at a place, state, etc.]: ***estarle bien a uno***, to be becoming to one; ~ ***en casa***, to be at home; ~ ***enfermo***, to be ill; ~ ***quieto***, to stand still. *2 i.* it constitutes the progressive form, when followed by gerund. ¶ CONJUG. INDIC. Pres.: ***estoy, estás, está;*** estamos, ***estáis, están.*** Pret.: ***estuve, estuviste, estuvo,*** etc. ‖ SUBJ.: Pres.: ***esté, estés, esté;*** estemos, ***estéis, estén.*** | Imperf.: ***estuviera, estuvieras,*** etc., or ***estuviese, estuvieses***, etc. | Fut.: ***estuviere, estuvieres***, etc. ‖ IMPER.: ***está, esté;*** estemos, estad, ***estén.*** ‖ P. P: ***estado.*** ‖ GER.: ***estando.***
estatua *f.* statue.
estatuir *t.* to establish, order, decree. ¶ CONJUG.: like ***huir.***
estatura *f.* stature, height.
estatuto *m.* statutes, regulations.
1) **este** *m.* east, orient.
2) **este** *m.* **esta** *f. sing. dem. a.* this; **estos** *m.* **estas** *f. pl.* these.
éste *m.* **ésta** *f. sing. dem. pron.* this one; **esto** *neut.* this, this thing; **éstos** *m.* **éstas** *f. pl.* these. *2* ***éste ... aquél***, the former ... the latter.
estela *f.* wake [of a ship]; trail [of a luminous body]. *2* ARCH. stele.
estenografía *f.* shorthand, stenography.
estepa *f.* steppe, treeless plain.
estera *f.* mat; matting.
estercolar *t.* to dung, manure.
estercolero *m.* dunghill, manure pile or dump.
estereofónico, ca *a.* stereophonic.
estéril *a.* sterile, barren.
esterilidad *f.* sterility.
esterilizar *t.* to sterilize.
esterlina *a.* ***libra*** ~, sterling pound.
estero *m.* estuary. *2* laying mats.
estertor *m.* death-rattle; snort.
estético, ca *a.* æsthetic. *2 f.* æsthetics.
estetoscopio *m.* stethoscope.
estibador *m.* stevedore.
estibar *t.* to stow. *2* to pack down, compress.
estiércol *m.* dung, manure.
estigma *m.* stigma, mark.
estilar *i.* to use, be in the habit of. *2 ref.* to be in style.
estilete *m.* stylet. *2* stiletto.
estilo *m.* style. *2* use, custom.
estima *f.* esteem, appreciation.
estimación *f.* esteem, regard: ***propia*** ~, self-respect. *2* valuation.
estimar *t.* to esteem, hold in regard: ~ ***en poco***, to hold in low esteem. *2* to judge, think. *3* to estimate, value.
estimulante *a.* stimulating. *2 m.* stimulant.
estimular *t.* to stimulate. *2* to incite; to goad.
estímulo *m.* stimulus. *2* incentive. *3* encouragement.
estío *m.* summer.
estipendio *m.* stipend, salary, fee.
estipulación *f.* stipulation.
estipular *t.* to stipulate.
estirado, da *a.* stretched, expanded, drawn out. *2* stiff; stuck-up; conceited.
estirar *t.* to stretch, pull out. *2* to extend: ~ ***la pierna***, coll. to die. *3* to draw [wire]. *4 ref.* to stretch out.
estirón *m.* pull, tug. *2* coll. ***dar un*** ~, to shoot up [in growth].
estirpe *f.* stock, lineage, family.
estival; estivo, va *a.* æstival, summery.
estocada *f.* stab, thrust.
estofa *f.* quality, class: ***gente de baja*** ~, low-class people, rabble.

estofado, da *a.* steweed. *2 m.* COOK. stew, ragout.
estofar *t.* COOK. to stew, ragout.
estoico, ca *a.* stoic(al.
estómago *m.* ANAT. stomach.
estopa *f.* tow. *2* burlap.
estoque *m.* rapier. *2* BULLF. sword.
estorbar *t.* to hinder, obstruct. *2* to annoy.
estorbo *m.* hindrance, obstruction, nuisance.
estornino *m.* starling.
estornudar *i.* to sneeze.
estornudo *m.* sneeze.
estrado *m.* dais, platform. *2 pl.* lawcourts.
estrafalario, ria *a.* ridiculous, queer, eccentric.
estragar *t.* to corrupt, vitiate. *2* to ruin, spoil.
estrago *m.* havoc, ruin, ravage: ***hacer estragos***, to play havoc.
estrangular *t.* to strangle, throttle.
estraperlista *m.-f.* black marketeer.
estraperlo *m.* black market.
estratagema *f.* stratagem, trick.
estrategia *f.* strategy.
estratégico, ca *a.* strategic(al.
estrechamente *adv.* narrowly. *2* with poverty. *3* closely; tightly.
estrechar *t.* to narrow, make less wide. *2* to take in [a garment]. *3* to embrace, clasp in one's arms. *4* to tighten [bonds, etc.]. *5* ~ ***la mano***, to shake hands with. *6 ref.* to narrow [become narrower]. *7* to press together. *8* to cut down expenses.
estrechez *f.* narrowness. *2* tightness [of shoes, etc.]. *3* pressure [of time]. *4* closeness, intimacy. *5* penury, poverty.
estrecho, cha *a.* narrow. *2* tight [shoes, etc.]. *3* close [friendship, etc.]. *4* miserly. *5 m.* GEOG. straits: ~ ***de Gibraltar***, Sraits of Gibraltar.
estregar *t.* to rub, scrub. ¶ CONJUG. like ***acertar.***
estrella *f.* star: ~ ***fugaz***, shooting star; ***poner sobre las estrellas***, to praise to the skies. *2* star [of the screen, etc.]. *3* stars, luck: ***tener buena*** ~, to be lucky. *4* ~ ***de mar***, starfish.
estrellado, da *a.* starry, star-spangled. *2* star-shaped. *3* fried [egg]. *4* smashed, splattered.
estrellar *t.* to strew with stars. *2 t.-ref.* to smash [against], dash to pieces, shatter. *3 ref.* to become strewn with stars.
estremecer *t.-ref.* to shake, shiver, shudder; to thrill; to tremble. ¶ CONJUG. like ***agradecer.***
estremecimiento *m.* shaking, trembling, shudder; thrill.
estrenar *t.* to use or wear for the first time; to handsel. *2* to perform [a play] or to show [a film] for the first time. *3 ref.* to make one's debut.
estreno *m.* first use. *2* THEAT. première. *3* début; first performance. *4* handsel.
estreñimiento *m.* constipation.
estreñir *t.* to constipate. *2 ref.* to become constipated. ¶ CONJUG. like ***ceñir.***
estrépito *m.* noise, crash, din.
estrepitosamente *adv.* noisily.
estrepitoso, sa *a.* deafening, noisy.
estría *f.* stria, flute, groove.
estriar *t.* to striate, flute, groove.
estribación *f.* spur, counterfort.
estribar *i.* ~ ***en***, to rest on; to be based on; to lie on.
estribillo *m.* refrain. *2* pet word, pet phrase.
estribo *m.* stirrup: ***perder los estribos***, to lose one's head. *2* footboard, step [of a carriage]. *3* ARCH. buttress.
estribor *m.* NAUT. starboard.
estricto, ta *a.* strict; severe.
estridente *a.* strident; shrill.
estrofa *f.* strophe, stanza.
estropajo *m.* esparto scrub; dishcloth. *2* mob, swab. *3* worthless thing.
estropear *t.* to spoil, ruin, damage. *2* to maim. *3 ref.* to get spoiled, ruined, maimed.
estructura *f.* structure.
estruendo *m.* great noise, clangor, crash. *2* uproar, clamour, din.
estruendoso, sa *a.* noisy, clamorous.
estrujar *t.* to squeeze, crush, press.
estuario *m.* estuary.
estuco *m.* plaster, stucco.
estuche *m.* case, sheath.
estudiante *m.* student.
estudiantina *f.* musical band of students.
estudiar *t.* to study. *2 i.* to be a student.
estudio *m.* study. *2* study, paper [article, writing]. *3* studio, library. *4 pl.* studies, learning.
estudioso, sa *a.* studious.
estufa *f.* stove, heater.
estupefacto, ta *a.* amazed, dumbfounded.
estupendo, da *a.* stupendous, wonderful.
estupidez *f.* stupidity.
estúpido, da *a.-n.* stupid, foolish.
estupor *m.* amazement, astonishment.
estupro *m.* rape, violation.

etapa *f.* stage [of journey, etc.]. *2* epoch, period.
etcétera *f.* et cetera, and so on.
éter *m.* ether. *2* heavens.
etéreo, rea *a.* ethereal.
eternamente *adv.* eternally.
eternidad *f.* eternity.
eternizar *t.* to perpetuate, make eternal.
eterno, na *a.* eternal, everlasting.
ético, ca *a.* ethical, moral. *2 m.* ethicist, moralist. *3 f.* ethics.
etiqueta *f.* label. *2* etiquette, ceremony, formality.
eucalipto *m.* eucalyptus.
eucaristía *f.* Eucharist.
eufemismo *m.* euphemism.
Europa *f. pr.-n.* Europe.
europeo, a *a.-n.* European.
evacuación *f.* evacuation.
evacuar *t.* to evacuate, empty. *2* to discharge [bowels, etc.]. *3* to carry out [commision, etc.].
evadir *t.* to evade, elude. *2 ref.* to escape, sneak away.
evaluar *t.* to evaluate, appraise.
evangélico, ca *a.* evangelical.
evangelio *m.* gospel.
evangelizar *t.* to evangelize.
evaporación *f.* evaporation.
evaporar *t.-ref.* to evaporate.
evasión *f.* escape. *2* evasion.
evasivo, va *a.* evasive, elusive.
eventual *a.* fortuitous, accidental. *2* ~ **mente** *adv.* by chance.
evidencia *f.* evidence, obviousness.
evidenciar *t.* to show, render evident, prove.
evidente *a.* evident, obvious.
evitar *t.* to avoid, elude, shun. *2* to prevent.
evocación *f.* evocation.
evocar *t.* to evoke, call up.
evolución *f.* evolution [development, change].
exacerbar *t.* to exacerbate. *2* to irritate. *3 ref.* to become exacerbated.
exactamente *adv.* exactly.
exactitud *f.* exactness, accuracy.
exacto, ta *a.* exact, accurate, precise, punctual. *2 adv.* right.
exageración *f.* exaggeration.
exagerado, da *a.* exaggerated. *2* excessive.
exagerar *t.* to exaggerate.
exaltado, da *a.* exalted. *2* hot-headed.
exaltar *t.* to exalt. *2* to extol, praise. *3 ref.* to become excited.
examen *m.* examination. *2* inquiry, investigation.
examinar *t.* to examine. *2* to inspect, survey, look into. *3 ref.* to sit for an examination.
exangüe *a.* bloodless, pale. *2* exhausted, worn out. *3* lifeless.
exánime *a.* exanimate, lifeless. *2* weak.
exasperante *a.* exasperating.
exasperar *t.* to exasperate, irritate, annoy. *2 ref.* become exasperated, etc.
exceder *t.* to exceed, surpass, outdo. *2 i.-ref.* to go too far.
excelente *a.* excellent.
excelso, sa *a.* lofty, sublime.
excentricidad *f.* eccentricity.
excéntrico, ca *a.* eccentric(al. *2 m.-f.* eccentric, crank [person].
excepción *f.* exception.
excepcional *a.* exceptional, uncommon, unusual.
excepto *adv.* except, save.
exceptuar *t.* to except, leave out.
excesivo, va *a.* excessive, too much, immoderate.
exceso *m.* excess, surplus. *2* outrage, intemperance.
excitación *f.* excitement.
excitante *a.* exciting. *2 a.-m.* excitant.
excitar *t.* to excite, stir up, move. *2 ref.* to get excited.
exclamación *f.* exclamation.
exclamar *i.* to exclaim, cry out.
excluir *t.* to exclude, debar, shut out. ¶ CONJUG. like ***huir***.
exclusión *f.* exclusion.
exclusiva *f.* sole or exclusive right, special privilege.
exclusivamente *adv.* exclusively.
exclusivo, va *a.* exclusive. *2* sole.
excomulgar *t.* to excommunicate.
excomunión *f.* excommunication.
excoriación *f.* excoriation.
excrecencia *f.* excrescence.
excremento *f.* excrement.
excursión *f.* excursion, trip, tour.
excusa *f.* excuse, apology.
excusado, da *a.* exempt. *2* superfluous, unnecessary. *3* private, reserved. *4 m.* toilet.
excusar *t.* to excuse. *2* to avoid. *3* to exempt from. *4* ***excuso decir***, needless to say. *5 ref.* to apologize.
execrable *a.* execrable, hateful.
exención *f.* exemption, franchise.
exento, ta *a.* exempt. *2* free from. *3* unobstructed.
exequias *f.* obsequies, funeral rites.
exhalación *f.* exhalation. *2* shooting star. *3* fume, vapour.
exhalar *t.* to exhale, breathe forth. *2* to heave [a sigh].

exhausto, ta *a.* exhausted, empty.
exhibir *t.* to exhibit, show. *2* to produce [documents, etc.]. *3 ref.* to show off.
exhortar *t.* to exhort, warn.
exigencia *f.* fastidiousness. *2* demand, requirement.
exigente *a.* exigent, exacting.
exigir *t.* to exact. *2* to require, demand.
exiguo, gua *a.* exiguous, meager, scanty, small.
eximio, mia *a.* eminent, most excellent, very distinguished.
eximir *t.* to exempt, free from.
existencia *f.* existence. *2* life [of man]. *3 s. & pl.* COM. stocks in hand: ***en ~***, in stock.
existir *i.* to exist, be.
éxito *m.* issue: ***buen ~***, success; ***mal ~***, failure. *2* success, hit: ***tener ~***, to be successful.
exonerar *t.* to exonerate. *2* to dismiss [from a post].
exorbitante *a.* exorbitant.
exorcizar *t.* exorcise.
exótico, ca *a.* exotic, foreign, strange. *2* odd, bizarre.
expansión *f.* PHYS., ANAT. expansion. *2* emotional effusion. *3* relaxation, recreation.
expansionarse *ref.* to give vent to one's feelings.
expansivo, va *a.* expansive.
expatriarse *t.-ref.* to expatriate.
expectativa *f.* expectation, hope: ***a la ~***, on the loock-out.
expedición *f.* expedition. *2* dispatch, speed.
expedicionario, ria *a.* expeditionary. *2 m.-f.* explorer.
expediente *m.* action, proceeding. *2* dossier. *3* device, resource. *4* ***cubrir el ~***, to keep up appearances.
expedir *t.* to issue [a certificate, etc.]. *2* to send. *3* to expedite, dispatch. ¶ CONJUG. like ***servir.***
expedito, ta *a.* clear, free from encumbrance, open [way, etc.].
expeler *t.* to expel, eject.
expendedor, ra *a.* spending. *2 m.-f.* spender. *3* seller, retailer.
expensas *f. pl.* expenses: ***a ~ de***, at the expense of.
experiencia *f.* experience. *2* experiment.
experimentado, da *a.* experienced.
experimentar *t.* to experiment, try. *2* to experience, undergo.
experto, ta *a.* expert, skilful. *2 m.* expert.
expiación *f.* expiation.
expirar *i.* to expire.
explanar *t.* to level, grade [ground]. *2* to explain.
explayar *t.* to extend, dilate. *2 ref.* to extend; to dwell [upon a subject]. *3* to amuse oneself.
explicación *f.* explanation.
explicar *t.* to explain, expound. *2 ref.* to express oneself: ***~ una cosa***, to account for a thing.
explícito, ta *a.* explicit, express.
explorador *m.-f.* explorer. *2 m.* MIL. scout. *3* boy scout.
explorar *t.* to explore. *2* to scan [the horizon]. *3* MIL. to scout.
explosión *f.* explosion [exploding; outburst]. *2* MIN. blast.
explosivo, va *a.-m.* explosive.
explotación *f.* exploitation.
explotar *t.* to run, work, exploit.
expoliación *f.* spoliation.
exponer *t.* to expound, explain, state. *2* to expose, show. *3* to exhibit [goods, etc.]. *4* PHOT. to expose. *5* to jeopardize. *6 ref.* to expose oneself.
exportación *f.* exportation, export.
exportar *t.* to export.
exposición *f.* exposition, expounding. *2* address, petition. *3* PHOT. exposure. *4* jeopardy, risk. *5* public, exhibition, show.
expósito, ta *a.-n.* foundling.
expresamente *adv.* on purpose.
expresar *t.-ref.* to express.
expresión *f.* expression.
expresivo, va *a.* expressive. *2* affectionate, kind.
expreso, sa *a.* expressed. *2* express, clear. *3 m.* RLY. express train.
exprimir *t.* to extract, squeeze out [juice]. *2* to express, utter.
expuesto, ta *a.* exposed. *2* on view, exhibited. *3* dangerous, hazardous. *4* liable, open to.
expugnar *t.* MIL. to take by storm.
expulsar *t.* to expel, drive out.
expulsión *f.* expulsion, ejection.
exquisito, ta *a.* exquisite.
extasiarse *ref.* to be in ecstasy, be delighted.
éxtasis *m.* ecstasy, rapture.
extender *t.* to spread, extend. *2* to spread out, unfold. *3* to stretch out [a limb]. *4* to draw up [a document]. *5 ref.* to extend, spread; to become extensive. ¶ CONJUG. like ***entender.***
extensión *f.* extension. *2* extent; range. *3* expanse, stretch.
extenso, sa *a.* extensive, vast, spacious: ***por lo ~***, in detail.

extenuar *t.* to emaciate, exhaust, wear out, weaken. *2 ref.* to become worn out.
exterior *a.* exterior, outer, outside. *2* foreign [commerce, etc.]. *3 m.* exterior, outside. *4* [personal] appearance. *5* **–-mente** externally.
exterminar *t.* to exterminate.
exterminio *m.* extermination.
externo, na *a.* external, outward. *2 m.-f.* day scholar, day pupil.
extinguir *t.* to extinguish, quench, put out [fire, etc.]. *2 ref.* to become extinct; to die, go out.
extintor *m.* fire-extinguisher.
extirpación *f.* extirpation, eradication, removal.
extirpar *t.* to extirpate, uproot.
extracción *f.* extraction. *2* birth.
extracto *m.* extract.
extraer *t.* to extract, draw out.
extralimitarse *ref.* to go too far.
extranjero, ra *a.* foreign, outlandish. *2 m.-f.* alien, foreigner: ***al*** or ***en el*** ~, abroad.
extrañar *t.* to banish, exile. *2* to surprise. *3* (Am.) to miss [a person]. *4 ref.* to exile oneself. *5* to be surprised, wonder.
extrañeza *f.* strangeness, oddity. *2* wonder, astonishment.
extraño, ña *a.* strange, foreign. *2* strange, peculiar.
extraordinario, ria *a.* extraordinary, uncommon: ***horas extraordinarias***, overtime.
extravagancia *f.* oddness, wildness, nonsense; folly.
extravagante *a.* odd, queer, wild.
extraviado, da *a.* out of the way, mislaid, missing, lost, astray.
extraviar *t.* to lead astray. *2* to mislay. *3 ref.* to stray, lose or miss one's way, get lost.
extravío *m.* deviation, straying. *2* mislaying, loss. *3* error, wrong, *4* misconduct.
extremadamente *adv.* extremely.
extremado, da *a.* extreme, extremely good or bad.
extremar *t.* to carry to extremes. *2 ref.* to do one's best.
extremaunción *f.* ECL. extreme unction.
extremidad *f.* extremity, end, tip, brink, border. *2* the highest degree. *3 pl.* extremities.
extremo, ma *a.* extreme, utmost, farthest. *2* great, excessive. *3 m.* extreme, end, extremity: ***hasta tal*** ~, to such a point.
extrínseco, ca *a.* extrinsic.
exuberancia *f.* exuberance: ***con*** ~, abundantly.
exuberante *a.* exuberant, luxurious, rampant.
exvoto *m.* votive offering.

F

fábrica *f.* factory, works, mill. *2* manufacture.
fabricación *f.* manufacture.
fabricante *m.* manufacturer.
fabricar *t.* to make, manufacture. *2* to build. *3* to fabricate, invent.
fabril *a.* manufacturing.
fábula *f.* fable. *2* rumor, gossip.
fabuloso, sa *a.* fabulous. *2* extraordinary. *3* false.
faca *f.* jack-knife.
facción *f.* faction, party. *2 pl.* features [of the face].
faccioso, sa *a.* rebellious, insurgent. *2 m.* rebel.
faceta *f.* facet.
fácil *a.* easy, facile, fluent [speech]. *2* probable, likely.
fácilmente *adv.* easily.
facilidad *f.* ease, easiness; fluency. *2 pl.* facilities.
facilitar *t.* to make easy, facilitate. *2* to furnish, provide with.
facineroso, sa *m.-f.* criminal, wicked; villain.
factible *a.* feasible, practicable.
factor *m.* COM. commercial agent. *2* element, joint cause. *3* RLY. luggage clerk. *4* MATH. factor.
factoría *f.* agency. *2* trading post. *3* agent's office.
factura *f.* COM. invoice, bill.
facturar *t.* COM. to invoice, bill. *2* RLY. to register [luggage]; to remit [goods] by rail.
facultad *f.* faculty. *2* power, permission. *3* ability, skill. *4* faculty [of University]. *5 pl.* mental powers.
facultar *t.* to empower, authorize.
facultativo *a.* optional. *2 a.-n.* professional. *3 m.* doctor.
facundia *f.* fluency, eloquence.
facha *f.* appearance, look, mien. *2* ridiculous figure.
fachada *f.* ARCH. façade, front. *2* appearance [of a person].
fachendoso, sa *a.* vain, boastful. *2 m.-f.* boaster.
faena *f.* work, toil. *2* task, job, *chore.
faisán *m.* pheasant.
faja *f.* sash, scarf; girdle. *2* swaddling band. *3* [newspaper] wrapper. *4* stripe, band, zone.
fajar *t.* to band, bandage, girdle. *2* to swaddle.
fajo *m.* bundle, sheaf, roll.
falange *f.* ANAT., ZOOL. phalange, phalanx. *2* (cap.) POL. Falange.
falaz *a.* deceitful, deceiving. *2* illusive, illusory.
falda *f.* skirt. *2* lap. *3* slope, foothill. *4* hat brim.
faldero, ra *a.* fond of the company of women. *2* lap [dog].
faldón *m.* coat-tail; shirt-tail.
falible *c.* fallible.
falsario, ria *a.* liar. *2* forger, counterfeiter, crook.
falsear *t.* to counterfeit, falsify; to misrepresent; to forge. *2 i.* to weaken, give way.
falsedad *f.* falseness. *2* falsehood, lie; deceit; treachery.
falsificación *f.* falsification, forgery, counterfeit.
falsificador, ra *m.-f.* falsifier, counterfeiter.
falsificar *t.* to falsify, make false. *2* to counterfeit, forge.
falso, sa *a.* false. *2* untrue. *3* sham. imitated. *4* treacherous [person]. *5* vicious [horse]. *6* counterfeit [money].
falta *f.* lack, want, deficiency, shortage: ~ ***de pago***, nonpayment; ***a*** ~ ***de***, for want of; ***sin*** ~, without fail. *2* SPORTS fault. *3* LAW misdeed. *4* mistake: ~ ***de ortografía***, mis-spelling. *5* ***hacer*** ~, to be necessary.

faltar *i.* to be lacking, wanting or missing; to be short of; ***faltaban dos tenedores***, two forks were missing. *2* to be absent. *3* ~ ***a la verdad***, to lie. *4* to offend somebody. *5* to break [one' word]. *6 imper.* ***faltan tres días para Navidad***, it is three days till Christmas. *7* ***¡no faltaba más!***, that's the last straw.
falto, ta *a.* devoid, wanting, lacking, short.
faltriquera *f.* pocket.
falla *f.* fault, failure. *2* GEOL. fault, break.
fallar *t.* to judge, pass sentence. *2* to ruff, trump [at cards]. *3 i.* to fail, miss, be deficient.
fallecer *i.* to decease, die. ¶ CONJUG. like ***agradecer.***
fallecimiento *m.* decease, death, demise.
fallido, da *a.* unsuccessful, frustrated.
fallo *m.* decision, judgement.
fama *f.* fame, renown, reputation. *2* report, rumour.
famélico, ca *a.* hungry, starving.
familia *f.* family. *2* household.
familiar *a.* [pertaining to the] family. *2* familiar [well-known]. *3* unceremonious, informal. *4* colloquial. *5 m.* relative.
familiaridad *f.* familiarity; informality.
familiarizar *t.* to familiarize [with], acquaint with. *2 ref.* to become familiar [with], acquaint oneself with.
famoso, sa *a.* famous, renowned. *2* coll. fine, great.
fámulo, la *m.* manservant. *2 f.* maidservant.
fanal *m.* harbour beacon. *2* light or lamp globe. *3* bell-glass.
fanático, ca *a.* fanatic(al. *2 m.-f.* fanatic, fan; bigot.
fanatismo *m.* fanaticism.
fanatizar *t.* to fanaticize.
fandango *m.* a lively Spanish dance. *2* coll. shindy.
fanega *f.* grain measure [1.60 bu.]. *2* ~ ***de tierra***, land measure [1.59 acres].
fanfarrón, na *a.* swaggering, bragging, boasting. *2 m.-f.* swaggerer, braggart, boaster.
fanfarronada *f.* fanfaronade, swagger, boast, bluff.
fanfarronear *i.* to boast, swagger.
fanfarronería *f.* boastfulness.
fangal, fangar *m.* miry place, mudhole.
fango *m.* mud, mire.
fangoso, sa *a.* muddy, miry.
fantasear *t.* to fancy, imagine.
fantasía *f.* fancy, imagination. *2* tale. *3* vanity, conceit.
fantasioso, sa *a.* vain, conceited.
fantasma *m.* phantom. *2* ghost.
fantástico, ca *a.* fantastic, fanciful. *2* vain, conceited.
fantoche *m.* puppet, marionette. *2* coll. ridiculous fellow.
farándula *f.* troupe of strolling players.
fardo *m.* bundle, bale, burden.
farfullar *t.* to splutter, stutter.
fariseo *m.* pharisee, hypocrite.
farmacéutico, ca *a.* pharmaceutic(al. *2 m.-f.* chemist, *druggist, pharmacist.
farmacia *f.* pharmacy. *2* chemist's shop, *drug-store.
faro *m.* lighthouse, beacon. *2* headlight [of a car].
farol *m.* street lamp, lamp-post. *2* lantern. *3* carriage lamp. *4* NAUT. light. *5* boaster. *6* bluff.
farola *f.* many-branched lamp-post. *2* harbour beacon.
farolear *i.* to show off, to brag.
farra *f.* (Am.) spree, revelry.
fárrago *m.* farrago, medley.
farragoso, sa *a.* confused.
farruco, ca *a.* bold, fearless.
farsa *f.* THEAT. farce. *2* company of players. *3* sham; trick.
farsante *a.-n.* THAT. farce player. *2* hypocrite. *3* quack: bluffer.
fascículo *m.* fascicle, instalment.
fascinación *f.* fascination, bewitching, spell; glamour.
fascinador, ra *a.* fascinating, glamorous, charming.
fascinar *t.* to fascinate, charm.
fascista *a.-n.* fascist.
fase *f.* phase, aspect, view.
fastidiar *t.* to cloy, sicken. *2* to bore. *3 ref.* to become annoyed.
fastidio *m.* distaste. *2* annoyance. *3* boredom. *4* weariness.
fastidioso, sa *a.* cloying. *2* annoying. *3* boring, tiresome.
fasto, ta *a.* lucky, happy [day, etc.]. *2 m.* pomp, magnificence.
fastuoso, sa *a.* pompous, magnificent, gaudy, showy.
fatal *a.* fatal, unavoidable. *2* fateful. *3* bad, deadly.
fatalidad *f.* fatality. *2* misfortune, mischance.
fatídico, ca *a.* fatidic, ominous.
fatiga *f.* fatigue, weariness. *2* hard breathing. *3 pl.* hardships.
fatigar *t.* to fatigue, weary, tire. *2* to annoy, harass. *3 ref.* to tire, get tired.
fatigoso, sa *a.* wearisome, tiring. *2* hard, troublesome.
fatuo, tua *a.* vain, conceited.
fauna *f.* fauna.

fausto, ta *a.* happy, fortunate. *2 m.* pomp, magnificence.
favor *m.* help, aid. *2* favo(u)r, kindness, good turn: ***por*** ~, please; ***a*** ~ ***de***, on behalf of, in favo(u)r of; under cover of.
favorable *a.* favo(u)rable. *2* advantageous. *2* **-mente** *adv.* favo(u)rably.
favorecer *t.* to help, aid, favo(u)r, support. ¶ CONJUG. like ***agradecer.***
favoritismo *m.* favo(u)ritism.
favorito, ta *a.-n.* favo(u)rite, pet.
faz *f.* face, visage. *2* aspect.
fe *f.* faith: ***dar*** ~, to give credit to, believe. *2* assurance, certification: ~ ***de bautismo***, certificate of baptism.
fealdad *f.* ugliness, hideousness. *2* plainness. *3* badness, foulness.
febrero *m.* February.
febril *a.* feverish, restless.
fecundar *t.* to fertilize.
fecundo, da *a.* fruitful, fertile.
fecha *f.* date [time]. *2* day.
fechar *t.* to date [a letter, etc.].
fechoría *f.* misdeed, offence.
federación *f.* federation, union.
federal *a.* federal(istic.
federar *t.-ref.* to federate.
fehaciente *a.* LAW authentic, valid.
felicidad *f.* felicity, happiness, bliss. *2 pl.* congratulations!
felicitación *f.* congratulation.
felicitar *t.* to congratulate.
feligrés, sa *m.-f.* ECCL. parishioner.
feliz *a.* happy, fortunate, lucky. *2* **-mente** *adv.* happily.
felonía *f.* treachery, felony.
felpudo, da *a.* plushy. *2 m.* doormat.
femenino, na *a.* female, feminine.
fenomenal *a.* phenomenal. *2* great, enormous.
fenómeno *m.* phenomenon. *2* monster, freak.
feo, a *a.* ugly. *2* plain, homely. *3* unbecoming. *4* bad, dirty [word, etc.]. *5* serious, alarming. *6 m.* slight, affront.
feracidad *f.* feracity, fertility.
feraz *a.* feracious, fertile.
féretro *m.* bier, coffin.
feria *f.* fair, market: ~ ***de muestras***, trade exhibition.
fermentar *i.* to ferment.
fermento *m.* ferment. *2* leavening.
ferocidad *f.* fierceness, cruelty.
feroz *a.* ferocious. *2 fig.* ravenous, wild, fierce, savage.
férreo, a *a.* ferreous, iron: ***vía*** ~, *railroad, railway. *2* strong, harsh; stern, rigid.
ferretería *f.* hardware. *2* ironmonger's shop.
ferrocarril *m.* railway, *railroad.
ferroviario, ria *a.* [pertaining to the] railway. *2 m.* railwayman.
fértil *a.* fertile, productive, rich.
fertilidad *f.* fertility, fruitfulness.
fertilizante *m.* fertilizer.
fertilizar *t.* to fertilize.
férula *f.* ferule. *2* authority, rule.
ferviente *a.* FERVOROSO.
fervor *m.* fervour, zeal, warmth.
fervoroso, sa *a.* fervent; devout, zealous.
festejar *t.* to feast, celebrate. *2* to court, woo.
festejo *m.* feast, entertainment, festival, celebration. *2* courting, courtship. *3 pl.* public rejoicings.
festín *m.* feast, banquet.
festival *m.* festival.
festividad *f.* feast, celebration. *2* feast day, holiday.
festivo, va *a.* humourous, witty. *2* merry, joyful. *3* ***día*** ~, feast day, holiday.
festonar, festonear *t.* to festoon.
fetidez *f.* fetidness, stench.
fétido, da *a.* fetid. *2* foul [breath]; stinking, rank.
feudal *a.* feudal. *2* feudalistic.
feudalismo *m.* feudalism.
fiable *a.* trustworthy, responsible.
fiado *m.* ***al*** ~, on credit.
fiador, ra *m.-f.* guarantor, surety, bail: ***salir*** ~, to answer for. *2* safety catch.
fiambre *m.* cold meat.
fianza *f.* bail, guaranty, security, bond: ***bajo*** ~, on bail. *2* guarantor, guarantee.
fiar *t.* to answer for, guarantee. *2 t.-i.* to sell on credit. *3 ref.* ***fiarse de***, to trust, rely on.
fibra *f.* fibre, fiber; staple.
ficción *f.* fiction; fable, tale.
ficticio, cia *a.* fictitious, made-up; imaginary.
ficha *f.* counter, chip. *2* domino [piece]. *2* filing card.
fichero *m.* card index; filing cabinet.
fidedigno, na *a.* trustworthy, reliable.
fidelidad *f.* fidelity, faithfulness.
fideos *m. pl.* vermicelli, noodles.
fiebre *f.* MED. fever. *2* excitement, agitation.
fiel *a.* faithful, loyal, true, trustworthy. *2* accurate. *3 m.* faithful [church member]. *4* pointer [of scales]. *5* **-mente** *adv.* faithfully.
fieltro *m.* felt. *2* felt hat.
fiera *f.* wild beast.
fiereza *f.* fierceness, cruelty.

fiero, ra *a.* fierce, cruel, ferocious. *2* wild [beast]. *3* violent, rough.
fiesta *f.* feast, entertainment, party; festival, public rejoicing; ***la ~ brava***, bullfight. *2* feastday, holiday: ***hacer ~***, to take a day off. *3* endearment, caress. *4 pl.* holidays.
figón *m.* cheap eating-house.
figura *f.* figure, form, shape.
figurado, da *a.* figurative.
figurar *t.* to figure, form, shape. *2* to feign. *3 i.* to be counted [among]. *4 ref.* to fancy.
figurín *m.* fashion-plate.
fijamente *adv.* firmly, fixedly.
fijar *t.* to fix, fasten. *2* to stick, post [bills, etc.]. *3* to set [a date, etc.]. *4 ref.* to settle; to notice, pay attention.
fijo, ja *a.* fixed. *2* firm, steady, steadfast, set: ***mirada fija***, set look. *3* fast [colour].
fila *f.* row, line; file: *~ **india***, single file; ***en ~***, in a row.
filamento *m.* filament, thread.
filántropo *m.* philantropist.
filatelia *f.* stamp-collecting.
filete *m.* ARCH. fillet, listel. *2* edge, rim. *3* SEW. narow hem. *4* small spit. *5* MACH. narrow edge; screw thread. *6* COOK. sirloin; fillet.
filial *a.* filial. *2 f.* branch [of commercial house, etc.].
filigrana *f.* filigree.
filme *m.* CINEM. film.
filmar *t.* CINEM. to film.
filo *m.* [cutting] edge. *2* dividing point or line.
filólogo *m.* philologist.
filón *m.* MIN. vein, seam, layer.
filosofía *f.* philosophy.
filósofo, fa *a.* philosophic(al. *2 m.-f.* philosopher.
filtrar *t.-i.* to filter. *2 i.* to leak. *3 ref.* to leak away.
filtro *m.* filter, strainer.
fin *m.* end: ***dar ~***, to end; ***poner ~ a***, to put an end to; ***al ~*** at the end; finally; ***por ~***, at last, lastly. *2* aim, purpose: ***a ~ de [que]***, in order to, in order that.
final *a.* final, last, ultimate. *2 m.* end. *3* **-mente** *adv.* finally.
finalidad *f.* finality. *2* intention.
finalizar *t.-i.* to end, finish.
financiar *t.* to finance.
financiero, ra *a.* financial. *2 m.-f.* financier.
finanzas *f. pl.* finances.
finar *i.* to die. *2 ref.* to yearn.
finca *f.* property, land, house.
fineza *f.* fineness, delicacy. *2* kindness; little gift.
fingido, da *a.* feigned, sham. *2* false, deceitful.
fingimiento *m.* pretence, sham.
fingir *t.* to feign, simulate, sham, pretend. *2 ref.* to pretend to be.
finiquitar *t.* to close [an account].
finito, ta *a.* finite, limited.
finlandés, sa *a.* Finnish. *2 m.-f.* Finn, Finlander.
fino, na *a.* fine [pure]. *2* thin; sheer; slender. *3* polite. *4* shrewd. *5* sharp [point; sense].
finta *f.* feint [sham attack].
finura *f.* fineness. *5* nicety. *3* good manners. *4* subtlety.
fiordo *m.* fiord.
firma *f.* signature. *2* [act of] signing. *3* COM. firm.
firmamento *m.* firmament, sky.
firmar *t.* to sign, subscribe.
firme *a.* firm [stable, strong, solid, steady]: ***tierra ~***, mainland. *2* steadfast. *3 m.* roadbed. *4 adv.* firmly. *5* ***de ~*** violently.
firmeza *f.* firmness; resoluteness.
fiscal *a.* fiscal. *2 m.* LAW public prosecutor; *district attorney.
fiscalización *f.* control, inspection.
fiscalizar *t.* to control, inspect.
fisco *m.* exchequer, treasury.
fisgar *t.* to pry, peep, snoop.
fisgón, na *a.* snooping, curious. *2* prier, busybody.
fisgonear *t.* to pry into.
física *f.* physics.
físico, ca *a.* physical. *2 m.* physicist. *3* looks [of a person].
fisiología *f.* physiology.
fisiológico, ca *a.* physiological.
fisión *f.* PHYS., CHEM. fission.
fisonomía *f.* physiognomy. *2* feature, face.
flaco, ca *a.* lean, thin. *2* weak, frail. *3 m.* weak point.
flagelar *t.* to scourge. *2* to lash.
flagrante *a.* blazing, flaming. *2* ***en ~ delito***, in the very act.
flamante *a.* bright, flaming. *2* new, brand-new.
flamear *i.* to flame, blaze. *2* [of flags, etc.] to wave, flutter.
flamenco, ca *a.-n.* Flemish. *2* Andalusian gypsy [dance, song, etc.]. *3* buxom. *4 m.* Flemish [language]. *5* ORN. flamingo. *6* ***ponerse ~***, to get cocky.
flan *m.* flan, custard tart.
flanco *m.* flank, side.
flanquear *t.* to flank.
flaquear *i.* to weaken, slacken.

flaqueza *f.* leanness, emaciation. *2* weakness, frailty.
flauta *f.* flute. *2* flautist, flutist.
fleco *m.* fringe. *2* tassel.
flecha *f.* arrow, dart. *2* spire.
flechazo *m.* arrow shot. *2* arrow wound. *3* love at first sight.
flema *f.* phlegm. *2* calmness.
flemático, ca *a.* phlegmatic(al.
flemón *m.* gumboil, boil.
flequillo *m.* small fringe.
fletar *t.* NAUT. to freight, charter.
flete *m.* NAUT. freight, cargo.
flexibilidad *f.* flexibility.
flexible *a.* flexible, pliant, lithe, supple. *2* soft [hat].
flexión *f.* flexion, bend. *2* sag.
flirtear *i.* to flirt.
flojear *i.* to slack. *2* to weaken.
flojedad *f.* laxity, weakness. *2* slackness, carelessness.
flojo, ja *a.* loose, slack. *2* weak [wine, etc.]. *3* lax, careless.
flor *f.* flower, bloom, blossom. *2* ***la ~ y nata***, the pick and choice; ***en la ~ de la edad***, in the prime: ***echar flores***, to compliment; ***a ~ de agua***, close to, on the water.
florecer *i.* to flower, bloom, blossom. *2* to flourish, thrive. ¶ CONJUG. like ***agradecer.***
floreciente *a.* flourishing, thriving, prosperous.
florecimiento *m.* flowering, bloom. *2* flourishing.
floreo *m.* idle talk. *2* flourish on the guitar or in fencing.
florero, ra *m.-f.* florist. *2 m.* flower vase; flowerpot.
florido, da *a.* flowery, a-bloom, florid. *2* ***Pascua florida,*** Easter.
florista *m.-f.* florist, flower-girl.
flota *f.* NAUT. fleet. *2* ~ ***aérea***, air force.
flotación *f.* flotation: ***línea de*** ~, waterline.
flotante *a.* floating.
flotar *i.* to float. *2* [of a flag, etc.] to wave.
flote *m.* floating: ***a*** ~, afloat.
fluctuación *f.* fluctuation, wavering.
fluctuar *i.* to fluctuate. *2* to waver, hesitate.
fluidez *f.* fluidity, fluency.
fluido, da *a.* fluid, fluent. *2 m.* fluid: ~ ***eléctrico***, electric current.
fluir *i.* to flow, run. ¶ CONJUG. like ***huir.***
flujo *m.* flux. *2* flow, rising tide.
fluorescencia *f.* fluorescence.
fluorescente *a.* fluorescent.
fluvial *a.* fluvial, river.
foca *f.* ZOOL. seal.
foco *m.* focus, centre. *2* AUTO., THEAT. headlight, spotlight. *3* (Am.) electric light.
fofo, fa *a.* soft, spongy, flabby.
fogata *f.* blaze, bonfire.
fogón *m.* fire-place, hearth. *2* cooking-range; grill. *3* touch-hole. *4* fire-box.
fogonazo *m.* powder flash.
fogonero *f.* fireman, stoker.
fogosidad *f.* fire, spirit, vehemence, dash.
fogoso, sa *a.* ardent, vehement. *2* fierce, spirited, mettlesome.
follaje *m.* foliage.
folletín *m.* small pamphlet. *2* serial story.
folleto *m.* pamphlet, booklet.
fomentar *t.* to foment, promote, encourage, foster.
fomento *m.* fomentation, fostering; encouragement.
fonda *f.* inn, restaurant, hotel.
fondeadero *m.* NAUT. anchorage.
fondear *t.* NAUT. to sound. *2* to search [a ship]. *3 i.* to anchor.
fondista *m.-f.* innkeeper.
fondo *m.* bottom: ***dar*** ~, to cast anchor; ***echar a*** ~, to sink; ***en el*** ~, at the bottom; ***artículo de*** ~, leading article; ***a*** ~, throughly. *2* depth. *3* farthest end [of a room]. *4* background [of a painting]. *5* disposition, nature [of a personn]. *6 s. pl.* funds [of wisdom, money].
fonética *f.* phonetics.
fonógrafo *m.* phonograph.
fontanería *f.* plumbing, pipelaying. *2* water-supply system.
fontanero *m.* plumber, pipelayer.
forajido *m.* outlaw, highwayman.
forastero, ra *a.* foreign, outside. *2 m.-f.* stranger, outsider; guest, visitor [of a town].
forcejear *i.* to struggle, strive.
forcejeo *m.* struggle, strife.
forja *f.* METAL. forge; forging. *2* ironworks, foundry.
forjado, da *a.* wrought, forged.
forjar *t.* to forge, shape. *2* invent.
forma *f.* form, shape, figure. *2* format [of a book]. *3* manner, way: ***de ~ que***, so that.
formación *f.* formation. *2* form, shape. *3* training, education.
formal *a.* formal. *2* serious, reliable. *3* definite, explicit. *4* **-mente** *adv.* formally.
formalidad *f.* seriousness, reliability. *2* restraint, composure. *3* formality, established practice.
formalista *a.-n.* fond of red tape.
formalizar *t.* to formalize, give definite shape or legal form to. *2* to formulate,

state. *4 ref.* to become serious or earnest.
formar *t.* to form, shape; to educate. *2 ref.* to grow, develop; to become educated.
formidable *a.* formidable, fearful. *2* huge.
formón *m.* chisel.
fórmula *f.* formula: ***por ~***, as a matter of form. *2* recipe. *3* prescription.
formular *t.* to formulate: ***~ cargos***, to make charges.
fornido, da *a.* stout, strong.
foro *m.* forum. *2* bar [legal profession]. *3* THEAT. back-stage.
forraje *m.* forage, green fodder.
forrajear *t.* to gather forage.
forrar *t.* to line [a garment, etc.]. *2* to cover [a book, etc.].
forro *m.* lining; book-cover.
fortalecer *t.* to fortify, strengthen. *2 ref.* to grow strong. ¶ CONJUG. like ***agradecer.***
fortaleza *f.* fortitude. *2* strength, vigour. *3* fortress, stronghold.
fortificar *t.* to fortify, strengthen.
fortín *m.* MIL. small fort.
fortísimo, ma *a.* very strong.
fortuito, ta *a.* fortuitous, accidental, unexpected.
fortuna *f.* fortune, chance, luck. *2* fate. *3* fortune, wealth.
forúnculo *m.* MED. boil.
forzado, da *a.* forced, compelled, constrained. *2* strained. *3* ***trabajos forzados***, hard labour. *4 m.* galley slave.
forzar *t.* to force, compel, constrain. *2* to break, open, enter by force. *3* to strain. *4* to violate. ¶ CONJUG. like ***contar.***
forzosamente *adv.* against one's will. *2* necessarily.
forzoso, sa *a.* necessary, unavoidable. *2* ***paro ~***, unemployment.
forzudo, da *a.* strong, vigorous.
fosa *f.* grave, sepulture. *2* cavity.
fosforescente *a.* phosphorescent.
fósforo *m.* CHEM. phosphorus. *2* match.
fósil *a.-m.* fossil.
foso *m.* pit, hole [in the ground]. *2* FORT. ditch, moat.
foto *f.* coll. photo.
fotocopia *f.* photoprint.
fotografía *f.* photography. *2* photograph.
fotográfico, ca *a.* photographic: ***máquina fotográfica***, camera.
fotógrafo *m.* photographer.
frac *pl.* **fraques** *m.* full-dress coat, swallow-tailed coat.
fracasar *i.* to fail, be unsuccessful.
fracaso *m.* failure, ruin.
fracción *f.* fraction, part.
fraccionar *t.* to break up. *2* CHEM. to fractionate.
fractura *f.* breah, fracture.
fracturar *t.* to break, fracture.
fragancia *f.* fragrance, aroma.
fragante *a.* fragant. *2* FLAGRANTE.
fragata *f.* NAUT. frigate.
frágil *a.* fragile, brittle, breakable. *2* frail, weak.
fragilidad *f.* fragility. *2* frailty.
fragmentar *t.* to break into fragments. *2 ref.* to fragment.
fragmento *m.* fragment.
fragor *m.* boise, roar.
fragoroso, sa *a.* noisy, thundering.
fragosidad *f.* roughness.
fragoso, sa *a.* rough, craggy, uneven. *2* thick [of forest].
fragua *f.* forge [furnace].
fraguar *t.* to forge [metals]. *2* to plan, plot. *3 i.* MAS. to set.
fraile *m.* friar, monk.
frambuesa *f.* raspberry.
francés, sa *a.* French. *2 m.* Frenchman. *3 f.* Frenchwoman.
Francia *f. pr.-n.* GEOG. France.
francmasón, na *m.-f.* freemason.
francmasonería *f.* Freemasonry.
franco, ca *a.* frank, open, sincere. *2* generous, liberal. *3* free: ***~ de servicio***, off duty. *4 m.* franc [coin].
franela *f.* flannel.
franja *f.* ornamental band or braid; stripe. *2* strip [of land].
franquear *t.* to free, exempt. *2* to grant liberally. *3* to clear, open [the way]. *4* to stamp [a letter, etc.]. *5* ***franquearse con***, to unbosom oneself.
franqueo *m.* postage [of a letter].
franqueza *f.* frankness, candour: ***con ~***, frankly. *2* freedom.
franquicia *f.* exemption of taxes, etc.: ***~ postal***, frank. *2* franchise, privilege.
frasco *m.* vial, bottle, flask.
frase *f.* phrase, sentence: ***~ hecha***, set phrase, cliché.
fraternal *a.* fraternal, brotherly.
fraternidad *f.* fraternity; brotherhood.
fraude *m.* fraud, imposture.
fraudulento, ta *a.* fraudulent.
fray *m.* title prefixed to the names of friars.
frazada *f.* blanket.
frecuencia *f.* frequency: ***con ~***, frequently.
frecuentar *t.* to frequent.
frecuente *a.* frequent. *2* **-mente** *adv.* frequently, often.

fregadero *m.* kitchen sink.
fregar *t.* to rub, scrub, scour. *2* to mop [the floor]; to wash up [dishes]. ¶ CONJUG. like ***acertar.***
fregona *f.* coll. kitchen-maid.
freír *t.* to fry. ¶ CONJUG. like ***reír.***
frenar *t.* to brake. *2* to bridle.
frenesí *m.* frenzy. *2* vehemence.
frenético, ca *a.* frantic, furious.
freno *m.* bridle. *2* MACH. brake. *3* control, check, restraint.
frente *f.* forehead, brow; face, countenance: ***hacer ~ a***, to face, meet; ***~ a ~***, face to face. *2 m.* front, fore part: ***al ~ de***, at the head of, in charge of: ***de ~***, forward; facing, abreast; ***~ a***, in front of; ***en ~***, opposite.
fresa *f.* BOT. strawberry. *2* MACH. milling cutter; drill.
fresco, ca *a.* cool, fresh, moderately cold. *2* light [clothing]. *3* fresh [recent; wind; complexion]; buxom. *4* calm, unconcerned. *5* bold, cheeky. *6 m.* coolness, cool air; ***hacer ~***, to be cool. *7* PAINT. fresco. *8 f.* cool air. *9* blunt remark.
frescura *f.* freshness, coolness. *2* cheek, forwardness.
fresno *m.* BOT. ash [tree; wood].
fresón *m.* Chilean strawberry.
fríamente *adv.* coldly; with indifference.
frialdad *f.* coldness, frigidity. *2* calmness, unconcern. *3* dullness.
fricción, friega *f.* friction.
frigorífico, ca *a.* refrigerating: ***cámara ~***, cold-storage room. *2 m.* refrigerator.
fríjol *m.* BOT. kidney bean.
frío, fría *a.* cold, frigid. *2* cool, calm. *3* unconcerned. *4 m.* cold, coldness: ***hace ~***, it is cold; ***tengo ~***, I am cold.
friolera *f.* trifle, bauble.
frisar *t.* to frieze, frizz [cloth]. *2* to rub. *3 i.* to be close to.
friso *m.* ARCH. frieze. *2* dado.
frito, frita *a.* fried. *2 m.* fry.
frivolidad *f.* frivolity.
frívolo, la *a.* frivolous. *2* trifling.
frondoso, sa *a.* leafy, luxuriant.
frontera *f.* frontier, border.
fronterizo, za *a.* frontier [situated on]. *2* facing, opposite.
frontispicio *m.* frontispiece.
frontón *m.* ARCH. fronton, pediment. *2* main wall of a handball court. *3* handball court.
frotación *f.* rubbing, friction.
frotar *t.* to rub, scour.
fructífero, ra *a.* fruitful. *2* successful, profitable.
fructificar *i.* to fructify. *2* to yield profit.
frugal *a.* frugal, sparse, thrifty.
frugalidad *f.* frugality, thrift.
fruición *f.* pleasure, enjoyment.
fruncir *t.* to knit [the brow]; to pucker [the mouth]. *2* SEW. to gather, pleat.
fruslería *f.* trifle, trinket.
frustración *f.* frustration; failure.
frustrar *t.* to frustrate, thwart. *2 ref.* to miscarry, fail.
fruta *f.* fruit: ***~ seca***, nut, dried fruit.
frutal *a.* fruit-bearing. *2 m.* fruit tree.
frutería *f.* fruit shop.
frutero, ra *m.-f.* fruiterer. *2 m.* fruit-dish.
fruto *m.* fruit. *2* consequence.
fuego *m.* fire: ***fuegos artificiales***, fireworks; ***abrir ~***, to open fire; ***pegar ~***, to set fire to. *2* light [cigarette].
fuelle *m.* bellows. *2* SEW. puckers.
fuente *f.* spring, source; fountain. *2* origin. *3* baptismal font. *4* dish. *5 pl.* headwaters.
fuera *adv.* out [of], outside, without; away, out of town: ***desde ~***, from the outside; ***hacia ~***, outward(s; ***~ de***, out of, away from; except. *2* ***~ de sí***, beside oneself. *3 interj.* out!
fuero *m.* exception, privilege. *2* jurisdiction. *3* codes of laws. *4 pl.* arrogance.
fuerte *a.* strong. *2* intense, severe [pain]. *3* heavy [blow]. *4* healthy, vigorous. *5* active [remedy, etc.]. *6* loud [voice, etc.]. *7* good, proficient. *8 m.* fort, fortress. *9 adv.* strongly. *10* **-mente** *adv.* strongly.
fuerza *f.* strenght, force, power: ***por ~***, by force. *2* violence. *3* vigour [of youth]. *4* ***a ~ de***, by dint of. *5 sing.-pl.* MIL. force(s: ***~ armadas***, armed forces.
fuga *f.* flight, escape. *2* elopement. *3* leak.
fugarse *ref.* to flee, escape.
fugaz *a.* fugitive, fleeting, brief.
fugitivo, va *a.* fugitive, fleeting. *2 a.-n.* fugitive, runaway.
fulano, na *m.-f.* so-and-so.
fulgor *m.* light, brilliancy, glow.
fulgurante *a.* flashing, shining.
fulgurar *i.* to flash, shine.
fulminado, da *a.* struck by lightning.
fulminante *a.* fulminating, fulminant. *2* sudden. *3 m.* explosive.
fulminar *t.* to fulminate, thunder.
fullero, ra *a.* cheating, tricky. *2 m.-f.* cheat, sharper.
fumador, ra *m.-f.* smoker.
fumar *t.-i.* to smoke.
fumigar *t.* to fumigate.
funámbulo, la *m.-f.* rope-walker.

función *f.* function. *2* show, performance [in a theatre, etc.].
funcionamiento *m.* functioning, operation, working.
funcionar *i.* to function, work, run: ***no funciona***, out of order.
funcionario *m.* civil servant, official.
funda *f.* case, sheath, cover, slip: ~ ***de almohada***, pillow-case; ~ ***para pistola***, holster.
fundación *f.* foundation.
fundador, ra *m.-f.* founder.
fundamental *a.* fundamental, essential.
fundamentar *t.* to lay the foundations of. *2* to base, ground.
fundamento *m.* foundation, groundwork. *2* basis, ground. *3* root, origin.
fundar *t.* to found, establish, base, ground. *2 ref.* ***fundarse en***, to be based on.
fundición *f.* founding, melting. *2* foundry. *3* PRINT. font.
fundir *t.* to fuse, melt. *2* to found, cast. *3 ref.* to fuse.
fúnebre *a.* funeral: ***honras*** ~, obsequies. *2* funereal, gloomy.
funeral *a.* funeral. *2 m.* funeral pomp. *3 pl.* obsequies.
funerario, ria *a.* funerary, funeral. *2 f.* undertaker's shop.
funesto, ta *a.* fatal, disastrous. *2* sad, unfortunate.
funicular *m.* funicular railway.
furgón *m.* luggage-van. *2* waggon.
furia *f.* fury, rage. *2* speed.
furibundo, da *a.* furious, angry.
furioso, sa *a.* furious, in a fury.
furor *m.* fury, rage. *2* passion.
furtivo, va *a.* furtive, stealthy: ***cazador*** ~, poacher.
fuselaje *m.* AER fuselage.
fusible *a.* fusible. *2 m.* fuse.
fusil *m.* rifle, gun: ~ ***ametralladora***, sub-machine-gun.
fusilamiento *m.* execution by shooting.
fusilar *t.* to shoot, execute.
fusión *f.* fusion. *2* COM. merger.
fusionar *t.-ref.* to unite, merge.
fuste *m.* wood, timber. *2* saddle-tree. *3* shaft [of a lance; of a column]. *4* importance.
fustigar *t.* to whip, lash. *2* to censure, scold.
fútbol *m.* football.
futbolista *m.* footballer.
fútil *a.* futile, trifling.
futilidad *f.* futility, triviality.
futuro, ra *a.* future. *2 m.* future [tense; time]. *3* fiancé. *4 f.* fiancée.

G

gabacho, cha *a.-n.* coll. French.
gabán *m.* overcoat.
gabardina *f.* gabardine. *2* raincoat.
gabarra *f.* NAUT. barge, lighter.
gabinete *m.* lady's private room. *2* library, study. *3* collection [of art, etc.]. *4* POL. cabinet.
gacela *f.* gazelle.
gaceta *f.* official gazette.
gacetilla *f.* gosip column.
gacha *f. pl.* porridge, pap.
gacho, cha *a.* dropping, bent: ***a gachas***, on all fours.
gafas *pl. f.* spectacles, glasses.
gaita *f.* bagpipe. *2 fig.* bother.
gaitero *m.* piper, bagpipe player.
gajes *m. pl.* pay, wages, fees.
gajo *m.* branch of a tree. *2* cluster [of cherries, etc.]. *3* section [of orange, etc.]. *4* prong [of fork].
gala *f.* best dress; ***de ~***, in full dress. *2* grace in speaking, etc. *3 pl.* dresses, jewels. *4* ***hacer ~ de***, to make a show of.
galán *a.* gallant, lover. *2* THEAT. leading man.
galante *a.* courteous, obliging; gallant [to women].
galantear *t.* to court, woo.
galanteo *m.* courtship, wooing.
galantería *f.* gallantry, compliment. *2* gracefulness.
galanura *f.* grace, elegance.
galardón *m.* recompense, reward.
galardonar *t.* to reward, recompense.
galeón *m.* galleon.
galeote *m.* galley-slave.
galera *f.* galley. *2* waggon.
galerada *f.* wagonload. *2* PRINT. gallery proof.
galería *f.*; gallery; corridor.
galerna *f.* stormy northwest wind.
Gales *f. pr. n.* Wales.
galés, sa *a.* Welsh. *2 m.-f.* Welshman, Welshwoman.
galgo *m.* greyhound.
galimatías *m.* gibberish.
galón *m.* galloon, braid. *2* MIL. stripe. *3* gallon [measure].
galopar *i.* to gallop.
galope *m.* gallop; ***a ~ tendido***, at full speed.
galvanizar *t.* to galvanize.
gallardear *i.* to behave gracefully.
gallardete *m.* pennant, streamer.
gallardía *f.* elegance, gracefulness. *2* valour.
gallardo, da *a.* elegant, graceful. *2* brave, gallant.
gallego *a.-n.* Galician.
galleta *f.* biscuit, cooky. *2* slap.
gallina *f.* hen. *2* coward: ***carne de ~***, gooseflesh.
gallinero, ra *m.-f.* poultry dealer. *2 m.* henhouse. *3* THEAT. top gallery.
gallo *m.* cock, rooster: ***~ de pelea***, fighting cock. *2* false note [in singing].
gamba *f.* ZOOL. large prawn.
gamberro *m.* teddy boy.
gamo *m.* fallow deer. *2 f.* doe.
gamuza *f.* chamois. *2* wash-leather.
gana *f.* appetite, desire, will; ***tener ganas de***, to wish, feel like; ***de buena ~***, willingly; ***de mala ~***, reluctantly; ***no me da la ~***, I don't fancy it.
ganadería *f.* cattle raising. *2* livestock. *3* cattle brand.
ganadero, ra *a.* cattle raising. *2 m.-f.* cattle raiser or dealer.
ganado *m.* cattle, livestock.
ganador, ra *a.* winning. *2 m.-f.* winner.
ganancia *f.* gain, profit.
ganapán *m.* odd-job man; porter.
ganar *t.-ref.* to gain, earn, win; ***ganarse la vida***, to earn one's living. *2* to defeat [in war, etc.]; to beat [in competition]. *3 i.* to improve.
ganchillo *m.* small hook. *2* crochet needle. *3* crochet work.
gancho *m.* hook, crook.

gandul, la *a.* idle, loafing. *2 m.-f.* idler, loafer.
gandulería *f.* idleness, laziness.
ganga *f.* MIN. gangue. *2* windfall, bargain; *snap.
gangoso, sa *a.* twanging, nasal.
gangrena *f.* MED. gangrene.
gangrenarse *ref.* to gangrene.
gansada *f.* coll. stupidity.
ganso, sa *m.* ORN. goose, gander. *2 m.-f.* slow, lazy person.
ganzúa *f.* picklock [tool; thief].
gañán *m.* farm hand.
garabato *m.* hook. *2* sex appeal. *3 pl.* scrawls.
garaje *m.* garage.
garante *a.* responsible. *2 m.-f.* guarantor.
garantía *f.* guarantee, guaranty. *2* COM. warranty, security.
garantizar *t.* to guarantee. *2* COM. to warrant. *3* to vouch for.
garbanzo *m.* BOT. chick-pea.
garbo *m.* gracefulness; jauntiness. *2* grace and ease.
garboso, sa *a.* easy and graceful, airy; jaunty.
garfio *m.* hook; gaff.
garganta *f.* throat, neck. *2* ravine.
gargantilla *f.* necklace.
gárgaras *f. pl.* gargle: ***hacer ~***, to gargle.
gárgola *f.* ARCH. gargoyle.
garita *f.* sentry-box.
garito *m.* gambling house.
garlopa *f.* CARP. jack-plane.
garra *f.* paw, claw [of wild beast]; talon [of bird of prey]. *2 fig.* clutch.
garrafa *f.* carafe, decanter.
garrafal *a.* great, big, huge.
garrapata *f.* ZOOL. tick.
garrapatear *i.* to scribble, scrawl.
garrocha *f.* picador's pike. *2* goad.
garrotazo *m.* blow with a stick.
garrote *m.* thick stick, cudgel. *2* garrotte [capital punishment].
garrucha *f.* pulley.
garrulería *f.* prattle, chatter.
gárrulo, la *a.* garrulous, prattling.
garza *f.* ORN. heron.
garzo, za *a.* blue, blue-eyed.
gas *m.* gas. *2* gaslight.
gasa *f.* gauze, chiffon.
gaseoso, sa *a.* gaseous. *2 f.* soda water.
gasolina *f.* gasoline, petrol.
gasolinera *f.* NAUT. boat with petrol engine. *2* filling station.
gastado, da *a.* spent. *2* used up, worn out. *3* trite, stale.
gastar *t.* to spend. *2* to use, wear. *3* to waste. *4 ref.* to wear out, become used up.
gasto *m.* expenditure, expense. *2 pl.* expenses, charges, costs.
gatear *i.* to climb. *2* to creep, crawl. *3* [of a cat] to scratch.
gatillo *m.* trigger. *2* dentist's forceps.
gato, ta *m.* cat, tom-cat. *2 f.* she-cat: ***a gatas***, on all fours. *3* lifting jack. *4* CARP. clamp.
gatuno, na *a.* catlike, feline.
gaucho, cha *a.-n.* Gaucho.
gaveta *f.* drawer, till.
gavilán *m.* ORN. sparrow hawk.
gavilla *f.* sheaf.
gaviota *f.* ORN. gull, sea-gull.
gazapo *m.* young rabbit. *2* sly fellow. *3* lie. *4* blunder, slip.
gazmoñería *f.* prudery; demureness; sanctimony.
gazmoño, ña *a.* prudish, demure.
gaznápiro, ra *m.-f.* simpleton.
gaznate *m.* throttle, windpipe.
gazpacho *m.* cold vegetable soup.
gelatina *f.* gelatin(e, jelly.
gema *f.* gem, precious stone.
gemelo, la *a.-n.* twin. *2 m. pl.* cuff-links. *3* binoculars.
gemido *m.* groan, wail, moan.
gemir *i.* to moan, groan, wail, grieve. ¶ CONJUG. like ***servir.***
gendarme *m.* gendarme.
genealógico, ca *a.* genealogical.
generación *f.* generation.
general *a.* general: ***en ~***, ***por lo ~***, in general. *2* common, usual. *3 m.* MIL., ECCL. general.
generalidad *f.* generality.
generalizar *t.-i.* to generalize. *2 ref.* to become general, usual.
generar *t.* to generate.
genérico, ca *a.* generic.
género *m.* kind, sort. *2* manner, way. *3* race: ***~ humano***, mankind. *4* GRAM. gender. *5* BIOL., LOG. genus. *6* F. ARTS., LIT. genre. *7* COM. cloth, goods.
generosidad *f.* generosity.
generoso, sa *a.* generous, nobleminded. *2* liberal.
genial *a.* genial. *2* brilliant, inspired. *3* pleasant.
genio *m.* temper, disposition: ***de buen ~***, good-tempered; ***de mal ~***, evil-tempered. *2* temperament. *3* genius.
gente *f.* people, folk; crowd. *2* clan, nation.
gentil *a.-n.* gentile, heathen, pagan. *2 a.* courteous, graceful.
gentilmente *adv.* gracefully.
gentileza *m.* handsomeness, grace, charm. *2* politeness.

gentilhombre *m.* gentleman.
gentío *m.* crowd, throng.
gentuza *f.* mob, rabble.
genuflexión *f.* genuflexion.
genuino, na *a.* genuine, true.
geografía *f.* geography.
geográfico, ca *a.* geographic(al.
geología *f.* geology.
geológico, ca *a.* geologic(al.
geometría *f.* geometry.
geométrico, ca *a.* geometric(al.
geranio *f.* geranium.
gerencia *f.* management, administration. *2* manager's office.
gerente *m.* manager.
germánico, ca *a.-n.* Germanic.
germen *m.* germ. *2* origin.
germinar *i.* to germinate, bud.
gerundio *m.* GRAM. gerund.
gesticulación *f.* gesticulation, grimace.
gesticular *i.* to make faces, gesticulate.
gestión *f.* negotiation, conduct [of affairs], management; steps.
gestionar *t.* to take steps to; to negotiate, manage; carry out.
gesto *m.* grimace, gesture: ***hacer gestos a***, to make faces at.
gestor *m.* COM. manager, director. *2* COM. ~ ***de negocios***, agent.
gestoría *f.* management.
giba *f.* hump, hunch.
gibado, da; giboso, sa *a.* humped; hunchbacked, crookbacked.
gigante, ta *a.* giant, gigantic. *2 m.* giant. *3 f.* giantess.
gigantesco, ca *a.* gigantic.
gimnasia *f.* gymnastics.
gimnasio *m.* gymnasium.
gimnasta *m.-f.* gymnast.
gimotear *i.* to whine, whimper.
gimoteo *m.* whining, whimpering.
Ginebra *f. pr. n.* GEOG. Geneva. *2* gin [liquor].
gira *f.* trip, excursion, tour.
girar *i.* to gyrate, revolve, turn, whirl, spin. *2* COM. to trade. *3 t.-i.* COM. to draw.
girasol *m.* BOT. sunflower.
giratorio, ria *a.* revolving.
giro *m.* gyration, revolution, turn. *2* course, bias; tendency, trend. *3* COM. draft; ~ ***postal***, money order. *4* COM. trade, bulk of business. *5* turn [of expression].
girola *f.* ARCH. apse aisle.
gitanada *f.* gypsylike trick.
gitano, na *a.* gypsy. *2* sly. *3 m.-f.* gypsy.
glacial *a.* glacial. *2* ice-cold.
glaciar *m.* glacier.
glándula *f.* gland.
glauco, ca *a.* glaucous, light green.
glicerina *m.* glycerin.
global *a.* general, in all.
globo *m.* globe, sphere. *2* world, earth. *3* balloon. *4* ~ ***del ojo***, eyeball. *5* ***en*** ~, as a whole.
gloria *f.* glory. *2* heaven. *3* bliss, delight. *4* boast, pride.
gloriarse *ref.* ~ ***de***, to boast of; ~ ***en***, to glory in.
glorieta *f.* arbo(u)r, bower.
glorificar *t.* to glority. *2 ref.* GLORIARSE.
glorioso, sa *a.* glorious.
glosa *f.* gloss, comment.
glosar *t.* to gloss, comment upon.
glosario *m.* glossary.
glotón, na *a.* gluttonous. *2 m.-f.* glutton.
glotonería *f.* gluttony.
glucosa *f.* CHEM. glucose.
gobernación *f.* government. *2* ***Ministerio de la*** ~, Home Office; *Department of the Interior.
gobernador, ra *a.* governing. *2 m.* governor, ruler.
gobernante *a.* governing, ruling. *2 m.-f.* ruler, governor.
gobernar *t.-i.* to govern, rule. *2 t.* to lead, direct. *3* to steer [a ship]. *4 ref.* to manage one's affairs. ¶ CONJUG. like ***acertar***.
gobierno *m.* government, cabinet, administration. *2* direction, control, management: ~ ***de la casa***, housekeeping.
goce *m.* enjoyment, joy.
godo, da *a.* Gothic. *2 m.-f.* Goth.
gol *m.* SPORT goal.
gola *f.* ANAT. throat, gullet. *2* ruff, ruche [collar].
goleta *f.* NAUT. schooner.
golf *m.* SPORT golf.
1) **golfo** *m.* GEOG. gulf, large bay.
2) **golfo, fa** *m.-f.* stret-urchin, ragamuffin.
golondrina *f.* swallow.
golosina *f.* dainty, delicacy, sweet, titbit.
goloso, sa *a.* sweet-toothed, fond of delicacies.
golpe *m.* blow, bump, hit, knock, stroke, shock: ~ ***de Estado***, coup d'état; ~ ***de fortuna***, stroke of luck; ~ ***de mar***, heavy sea; ***al*** ~ ***de vista***, at one glance; ***errar el*** ~, to fail; ***de*** ~, suddenly; ***de un*** ~, all at once.
golpear *t.-i.* to strike, beat, knock, hit, pound.
gollería *f.* dainty, delicacy.
gollete *m.* throat, neck.
goma *f.* gum; rubber. *2* eraser.

gomoso, sa *a.* gummy, viscous. *2 m.* dandy, fop.
góndola *r.* gondola [boat].
gordinflón, na *a.* excessively fat.
gordo, da *a.* fat, plump, stout. *2* bulky. *3* greasy. *4* thick [paper, etc.]. *5* big. *6* ***dedo ~***, thumb; big toe. *7* ***hacer la vista ~***, to wink at.
gordura *f.* fatness, obesity.
gorgojo *m.* weevil, grub.
gorgorito *m.* trill, quaver: ***hacer gorgoritos***, to trill.
gorila *m.* ZOOL. gorilla.
gorjear *i.* to trill, warble.
gorjeo *m.* trill, warble, warbling.
gorra *f.* cap, bonnet. *2* ***vivir de ~***, to live at another's expense; ***~ de visera***, peaked cap.
gorrión *m.* ORN. sparrow.
gorrista *m.-f.* parasite, sponger.
gorro *m.* cap; baby's bonnet.
gorrón, na *a.* sponging. *2 m.-f.* sponger, parasite.
gota *f.* drop. *2* MED. gout.
gotear *i.* to dribble, drip, leak.
gotera *f.* leak, dripping.
gótico, ca *a.* Gothic.
gozar *t.-i.* to enjoy, have, possess. *2 ref.* to rejoice; to take pleasure in.
gozne *m.* hinge.
gozo *m.* joy, delight, pleasure.
gozoso, sa *a.* joyful, delighted.
grabación *f.* recording: ***~ en cinta magnetofónica***, tape recording.
grabado, da *a.* engraved, stamped [on memory]. *2 m.* engraving, print: ***~ en madera***, wood-cut. *3* picture [in a book, etc.]: ***~ al agua fuerte***, etching.
grabar *t.* to engrave: ***~ al agua fuerte***, to etch. *2* to sink [a die, etc.]. *3* to record [on tape-recorder]. *4 ref.* to become engraved.
gracia *f.* grace(fulness. *2* charm. *3* favo(u)r, kindness. *4* elegance. *5* joke, wittiness. *6* funniness: ***hacer ~***, to amuse, please, be funny; ***tener ~***, to be funny; ***¡qué gracia!***, how funny!; ***en ~ a***, for the sake of; ***¡gracias!***, thank you; ***gracias a***, thanks to, owing to; ***dar gracias a***, to thank to; ***gracias a Dios***, thank God.
grácil *a.* gracile, slender, slim.
graciosamente *adv.* gracefully.
gracioso, sa *a.* graceful, charming. *2* gracious, gratuitous. *3* witty, facetious. *4* funny. *5 m.-f.* THEAT. jester, clown, fool.
grada *f.* step [of stairs]. *2* row of seats.
gradación *f.* gradation.
gradería *f.* rows of seats; flight of steps.
grado *m.* step [of stairs]. *2* degree. *3* grade. *4* rank, class. *5* ***de buen ~***, willingly; ***de mal ~***, unwillingly.
graduable *a.* adjustable.
graduación *f.* graduation, grading. *2* strength [of spirituous liquors]. *3* MIL. rank, degree of rank. *4* EDUC. admission to a degree.
graduado, da *a.* graduated, graded. *2 m.-f.* graduate.
gradual *a.* gradual.
graduar *t.* to graduate, give a diploma, degree or rank to. *2* to gauge, measure. *3 ref.* *to graduate, take a degree.
gráfico, ca *a.* graphic. *2* vivid, lifelike. *3 f.* graph, diagram.
gragea *f.* PHARM. sugar-coated pill.
grajo *m.* rook, crow.
gramática *f.* grammar.
gramo *m.* gram, gramme [weight].
gramófono *m.* gramophone.
gran *a.* contr. of GRANDE.
grana *f.* any small seed. *2* cochineal. *3* scarlet colour. *4* scarlet cloth.
granada *f.* BOT. pomegranate [fruit]. *2* MIL. grenade, shell.
granado, da *a.* illustrious. *2* mature, expert. *3* tall, grown.
granar *i.* [of plants] to seed.
Gran Bretaña *f. pr. n.* GEOG. Great Britain.
grande *a.* large, big; great, grand. *2 m.* grandee, nobleman.
grandeza *f.* bigness, largeness. *2* size. *3* greatness, grandeur. *4* the grandees.
grandiosidad *f.* grandeur, magnificence, grandness.
grandioso, sa *a.* grandiose, grand, magnificent.
granel (a) *adv.* loose, in bulk. *2* in abundance.
granero *m.* granary, barn.
granito *m.* granite.
granizada *f.* hailstorm.
granizar *i.* to hail, sleet.
granizo *m.* hail; hailstorm.
granja *f.* grange, farm. *2* dairy.
granjear *t.* to gain, earn; to obtain. *2 t.-ref.* to win.
granjero, ra *m.-f.* farmer.
grano *m.* grain. *2* small seed. *3* berry, grape, corn. *4* pimple. *5* ***ir al ~***, to come to the point.
granuja *f.* loose grapes. *2* grapestone. *3 m.* urchin, rascal.
granujada *f.* knavery.
granulado, da *a.* granulated.
grapa *f.* staple, cramp.
grasa *f.* grease, fat; suet; filth.

grasiento, ta; grasoso, sa *a.* greasy, oily; filthy.
gratamente *adv.* pleasingly.
gratificación *f.* gratification, gratuity, tip; recompense, reward.
gratificar *t.* to gratify, reward, tip. *2* to please.
gratis *adv.* gratis, free.
gratitud *f.* gratitude, gratefulness.
grato, ta *a.* agreeable, pleasant.
gratuito, ta *a.* gratuitous, free of charge. *2* arbitrary.
grava *f.* gravel. *2* broken stone.
gravamen *m.* burden, obligation. *2* tax, duty. *3* mortgage.
gravar *t.* to burden [with taxes].
grave *a.* heavy. *2* grave, weighty, serious; dangerous. *3* difficult. *4* solemn. *5* GRAM. grave [accent]. *6* MUS. deep, low [voice].
gravedad *f.* gravity. *2* importance, seriousness. *3* depth [of sound].
grávido, da *a.* pregnant.
gravitar *t.* to gravitate. *2* to weigh down.
gravoso, sa *a.* burdensome. *2* hard to bear.
graznar *i.* [of a crow, etc.] to caw, croak. *2* [of a goose] to cackle, gaggle.
graznido *m.* caw, croak [of crow, etc.]. *2* cackle, gaggle [of goose].
Grecia *f. pr. n.* Greece.
greda *f.* clay, fuller's earth; clay.
gregario, ria *a.* gregarious.
gremio *m.* guild, corporation.
greña *f.* tangled mop of hair: ***andar a la*** ~, to pull each other's hair.
greñudo, da *a.* shock-headed.
gresca *f.* merry noise, hubbub. *2* shindy, brawl.
grey *f.* flock, herd. *2* congregation [of parish].
griego, ga *a.-n.* Greek.
grieta *f.* crack, crevice. *2* chap.
grifo *m.* faucet, tap, cock.
grillarse *ref.* to sprout.
grillete *m.* fetter, shackle.
grillo *m.* ENT. cricket. *2* sprout [of a potato, etc]. *3 pl.* fetters.
grima *f.* displeasure, disgust.
gringo, ga *m.-f.* (Am.) foreigner.
gripe *f.* grippe, flu, influenza.
gris *a.* grey, gray. *2* cloudy [day].
grisáceo, a *a.* greyish.
grisú *m.* MIN. fire-damp.
gritar *i.-t.* to shout, cry out, scream. *2* to hoot.
gritería *f.*, **griterío** *m.* shouting, outcry, uproar.
grito *m.* shout; cry, scream, hoot: ***a ~ pelado***, at the top of one's voice.
grosella *f.* red currant: ~ ***silvestre***, gooseberry.
grosería *f.* coarseness, rudeness.
grosero, ra *a.* coarse, rough. *2* rude. *3 m.-f.* boor, churl.
grosor *m.* thickness.
grotesco, ca *a.* grotesque, ridiculous.
grúa *f.* MACH. crane, derrick crane.
gruesa *f.* gross [twelve dozen].
grueso, sa *a.* thick. *2* bulky, fat, stout. *3* big, heavy. *4 m.* bulk, mass: ***en*** ~, in bulk. *5* main body. *6* GEOM. thickness.
grulla *f.* ORN. crane.
grumete *m.* cabin-boy.
grumo *m.* clot, lump.
gruñido *m.* grunt, growl, grumble.
gruñir *i.* to grunt, growl, grumble. *2* to creak, squeak. ¶ CONJUG. like ***mullir.***
gruñón, na *a.* grumbling, cranky.
grupa *f.* croup, rump [of horse].
grupo *m.* group, set, clump.
gruta *f.* cavern, grotto, cave.
guadamecí, guadamecil *m.* embossed leather.
guadaña *f.* scythe.
guadañar *t.* to scythe, mow.
guadarnés *m.* harness room. *2* harness keeper.
gualdo, da *a.* yellow, weld.
gualdrapa *f.* horse trappings.
guano *m.* guano [fertilizer].
guantada *f.*, **guantazo** *m.* slap.
guante *m.* glove.
guantelete *m.* gauntlet.
guapo, pa *a.* handsome, good-looking. *2* well-dressed, smart. *3 m.* blusterer, bully.
guarda *m.-f.* guard, keeper: ~ ***de coto***, gamekeeper. *2 f.* ward, care. *3* observance [of law, etc.]. *4* BOOKS. fly-leaf. *5* MECH. guard plate.
guardabarrera *m.* RLY. gate-keeper.
guardabarros *m.* mudguard.
guardabosque *m.* forester, gamekeeper.
guardacostas *m.* revenue cutter. *2* coastguard ship.
guardagujas *m.* RLY. pointsman.
guardameta *m.* SPORT goalkeeper.
guardapolvo *m.* dust-cover.
guardar *t.* to keep, wateh over, guard. *2* to lay up, store. *3* to observe [laws, etc.]. *4 ref.* to keep from, guard against.
guardarropa *m.* wardrobe. *2* cloak-room. *3 m.-f.* cloak-room attendant.
guardavía *m.* RLY. linekeeper.
guardería *f.* guardship. *2* ~ ***infantil***, day nursery.
guardia *f.* guard: ~ ***civil***, Civil Guard; ~

urbano, policeman. *2* defense, protection. *3* ***estar de*** ~, to be on duty.
guardián, na *m.-f.* guardian, keeper, watchman.
guarecer *t.* to shelter, protect. *2* *ref.* to take shelter, refuge. ¶ CONJUG. like ***agradecer.***
guarida *f.* haunt, den, lair. *2* shelter. *3* lurking place.
guarismo *m.* cipher, figure.
guarnecer *t.* to adorn, decorate, garnish. *2* to furnish, provide. *3* to trim, bind. *4* to set [a jewel]. *5* to harness [horses]. *6* MIL. to garrison. || CONJUG. like ***agradecer.***
guarnición *f.* SEW. trimming, binding. *2* JEW. setting. *3* MIL. garrison. *4* *pl.* harness.
guarnicionería *f.* harness maker's shop.
guarro, rra *a.* dirty, filthy. *2* *m.* ZOOL. hog; *f.* SAW.
guasa *f.* jest, fun: ***estar de*** ~, to be in a jesting mood.
guasearse *ref.* to make fun, joke.
guasón, na *a.* funny. *2* *m.-f.* jester, mocker.
gubernativo, va *a.* governmental.
guedeja *f.* long hair. *2* lion's mane.
guerra *f.* war, warfare: ~ ***a muerte***, war to death.
guerrear *i.* to make war, wage war against.
guerrero, ra *a.* martial, warlike. *2* *m.-f.* warrior, soldier.
guerrilla *f.* guerrilla, warfare. *2* band of guerrillas, partisans.
guerrillero *m.* guerrilla, partisan.
guía *m.-f.* guide, leader. *2* guide-book. *3* ~ ***de teléfonos***, directory; ~ ***de ferrocarriles***, railway time-table. *4* handle bar [of a bicycle]. *5* *pl.* reins.
guiar *t.* to guide, lead. *2* to drive, steer [a car, etc.]. *3* AER. to pilot.
guijarro *m.* pebble, cobble.
guillotina *f.* guillotine.
guinda *f.* BOT. sour cherry.
guindilla *f.* red pepper.
guiñada *f.* wink [with one eye].
guiñapo *m.* rag, tatter. *2* ragged person.
guiñar *t.* to wink [one eye].
guiño *m.* wink [with one eye].
guión *m.* hyphen; dash. *2* notes [for a speech]. *3* CINEM., RADIO. scenario, script.
guionista *m.-f.* CINEM., RADIO script-writer, scenarist.
guirigay *m.* gibberish. *2* hubbub, confusion.
guirnalda *f.* garland, wreath.
guisa *f.* manner, way: ***a*** ~ ***de***, as, like.
guisado, da *a.* cooked; prepared. *2* *m.* stew, cooked dish.
guisante *m.* pea.
guisar *t.* to cook. *2* to stew.
guiso *m.* cooked dish. *2* stew.
guita *f.* packthread, twine.
guitarra *f.* MUS. guitar.
guitarrista *m.-f.* guitarist.
gula *f.* gluttony, gormandize.
gusano *m.* worm; caterpillar. *2* miserable, wretch. *3* ~ ***de la seda***, silkworm.
gustar *t.* to taste. *2* to experience. *3* to please. *4* ***me gusta***, I like.
gustillo *m.* a lingering taste or flavour.
gusto *m.* taste: ***de buen, mal*** ~ in good, bad taste. *2* flavour. *3* pleasure: ***con mucho*** ~, with pleasure; ***dar*** ~, to please, delight; ***tanto*** ~, delighted, pleased to meet you. *4* whim, fancy.
gustosamente *adv.* with pleasure, gladly, willingly.
gustoso, sa *a.* tasty, savoury, palatable. *2* agreeable, pleasant. *3* glad, willing, ready.
gutural *a.* guttural.

H

haba *f.* bean, broad bean.
habano, na *a.* Havanese. *2 m.* [Habana] cigar.
1) **haber,** *pl.* **haberes** *m.* BOOK KEEP. credit side. *2* salary, pay. *3 sing.-pl.* property, fortune.
2) **haber** *t. aux.* to have. *2* to catch, hold. *3* (with ***de***) to have to, to be to, must. *4 impers.* (3.rd pers. pres. ind. ***hay***) to be [with *there* as a subject]: ***hay un puente,*** there is a bridge. *5* ***¿cuánto hay de aquí a...?,*** how far is it to...?; ***¿qué hay?,*** what's the matter? *6* (with ***que***) it is necessary. *7* ***cinco días ha***, five days ago. *8 ref.* ***habérselas con***, to deal with, contend with, cope with. ¶ CONJUG. IND. Pres.: ***he, has, ha*** or ***hay; hemos*** or ***habemos,*** habéis, ***han.*** | Imperf.: había, habías, etc. | Pret.: ***hube, hubiste***, etc. | Fut.: ***habré, habrás,*** etc. ‖ COND.: ***habría, habrías,*** etc. ‖ SUBJ. Pres.: ***haya, hayas,*** etc. | Imperf.: ***hubiera, hubieras***, etc., or ***hubiese, hubieses***, etc. | Fut.: ***hubiere, hubieres***, etc. ‖ IMPER.: ***he, haya; hayamos,*** habed, ***hayan.*** ‖ PAST. P.: habido. ‖ GER.: habiendo.
habichuela *f.* BOT. kidney bean, French bean.
hábil *a.* skilful, clever, able. *2* **-mente** *adv.* skilfully.
habilidad *f.* ability, skill, cleverness. *2* talent.
habilidoso, sa *a.* skilful.
habilitado *m.* paymaster.
habilitar *t.* to enable; to make available for. *2* to qualify.
habitación *f.* dwelling, abode. *2* room, chamber, apartment.
habitante *m.-f.* inhabitant, resident; citizen.
habitar *t.-i.* to inhabit; to dwell, live, reside in.
hábito *m.* habit, custom. *2 sing.* or *pl.* habit [of monk]: ***tomar el*** ~, to profess, to take vows.
habitual *a.* habitual, customary. *2* **-mente** *adv.* usually.
habituar *t.* to accustom, inure. *2 ref.* to become accustomed, inured; to get used to.
habla *f.* speech [faculty]. *2* language, tongue; talk; dialect.
hablador, ra *a.* talkative. *2 m.-f.* chatterer. *3* gossip, babbler.
habladuría *f.* empty, chatter. *2* gossip, idle rumour.
hablar *i.* to speak [to], talk [to, with]: ~ ***alto***, to speak loud; ~ ***bajo***, to speak softly; ~ ***claro***, to call a spade a spade; ***no hablarse con***, not to be on speaking terms with.
hablilla *f.* rumour, gossip, tale.
hacedero, ra *a.* feasible, practicable.
Hacedor *m.* Maker, Creator.
hacendado, da *a.-n.* land-owner.
hacendista *m.* economist.
hacendoso, sa *a.* diligent, industrious, hard-working.
hacer *t.* to make [create, build]. *2* to do [perform, carry out]. *3* to deliver [a speech, etc.]. *4* to prepare [a meal]. *5* to pack [luggage]. *6* to compel, cause to act [in a certain way]. *7* to project, cast [shadow]. *8* to lead [a life]. *9* ~ ***alarde***, to boast; ~ ***alto***, to halt; ~ ***bien o mal***, to do it rightly, wrongly; ~ ***burla de***, to mock; ~ ***caso***, to pay attention; ~ ***cola***, to queue up; ~ ***daño***, to hurt; ~ ***lugar***, to make room; ~ ***pedazos***, to break to pieces; ~ ***preguntas***, to ask questions; ~ ***presente***, to remind. *10 i.* ***no hace al caso***, it is irrelevant; ~ ***de***, to act as a [chairman]; ~ ***por***, to try to. *11 ref.* to become, grow, turn to: ~ ***agrio***, to turn to vinegar: ~ ***a un lado***, to step aside; ***me hice limpiar los zapatos,*** I had my shoes cleaned. *12 impers.* ***hace frío***, it's cold; ***hace tres días***, three days ago; ***hace un año que no le veo***, it's a year

since. I saw him; ***se hace tarde***, it's getting late. ¶ IRREG. CONJUG. INDIC. Pres.: ***hago, haces***, etc. | Imperf.: hacía, hacías, etc. | Pret.: ***hice, hiciste***, etc. | Fut.: ***haré, harás***, etc. || CONDIC.: ***haría, harías***. || SUB. Pres.: ***haga, hagas***, etc. | Imperf.: ***hiciera, hicieras***, etc., or ***hiciese, hicieses***, etc. | Fut.: ***hiciere, hicieres***, etc. || IMPER.: ***haz, haga; hagamos***, haced, ***hagan***. || PAST. P.: ***hecho*** || GER.: haciendo.

hacia *prep.* toward(s, to, for: ~ ***abajo***, downwards; ~ ***arriba***, upwards; ~ ***adelante***, forwards; ~ ***atrás***, backwards. *2* near, about: ~ ***las tres***, toward three o' clock.

hacienda *f.* landed property, farm. *2* (Am.)ranch. *3* property: ~ ***pública***, public treasury.

hacinamiento *m.* heaping, piling. *2* heap, pile.

hacinar *t.* to heap, pile, stack. *2* to pack, crowd together. *3 ref.* to pile up.

hacha *f.* axe, hatchet. *2* torch.

hachazo *m.* blow with an axe.

hada *f.* fairy; ***cuento de hadas***, fairy tale.

hado *m.* fate, destiny.

halagar *t.* to flatter, coax, cajole. *2* to please.

halago *m.* cajolery. *2* flattery. *3* pleasure. *4 pl.* caresses.

halagüeño, ña *a.* attractive, alluring. *2* flattering. *3* promising.

halar *t.* to haul. *2* to row forwards.

halcón *m.* ORN. falcon, hawk.

hálito *m.* breath. *2* vapour.

hallar *t.* to find, come across, meet with. *2* to find out, discover. *3* to think; to see, observe. *4* to solve [a problem]. *5 ref.* to be [present].

hallazgo *m.* find, finding, discovery. *2* reward [for finding].

hamaca *f.* hammock.

hambre *f.* hunger; starvation, famine; ***tener*** ~, to be hungry.

hambriento, ta *a.* hungry [for]; greedy. *2 m.-f.* hungerer.

hampa *f.* underworld.

hangar *m.* AER. hangar.

haragán, na *a.* idle, lazy, slothful. *2 m.-f.* idler, loafer.

haraganear *i.* to idle, loaf.

haraganería *f.* idleness, laziness.

harapiento, ta *a.* ragged, tattered.

harapo *m.* rag, tatter.

harina *f.* flour, meal.

harinoso, sa *a.* floury.

harnero *m.* sieve.

harpillera *f.* burlap, sackcloth.

hartar *t.* to satiate, glut. *2* to fill up, gorge [with]. *3* to tire, sicken. *4 ref.* to stuff oneself. *5* to tire, become fed up [with].

harto, ta *a.* satiated, glutted. *2* tired, sick [of]; fed up [with]. *3 adv.* enough.

hartura *f.* satiety; abundance.

hasta *prep.* till, until; to, as far as; as much as, up to, down to: ~ ***ahora***, till now; ~ ***aquí***, so far; ~ ***luego***, goodbye, see you later. *2 conj.* even.

hastiar *t.* to surfeit, disgust. *2* to bore. *3 ref.* to weary [of].

hastío *m.* surfeit, disgust. *2* weariness, boredom.

hato *m.* outfit, belongings. *2* herd; flock. *3* shepherds' place. *4* lot, bunch. *5* gang, band.

haya *f.* beech [tree; wood].

haz *m.* bunch, bundle; fag(g)ot; sheaf. *2* beam [of rays]. *3 f.* face, visage. *4* right side [of cloth]. *5 m.* pl. fasces.

hazaña *f.* deed, feat, exploit, achievement, prowess.

hazmerreír *m.* laughing-stock.

he *adv.* [used with ***aquí*** or ***allí***] behold, here is: ***heme aquí***, here I am.

hebilla *f.* buckle, clasp.

hebra *f.* needleful of thread. *2* TEX. fibre, staple. *3* filament. *4* grain [of wood].

hebreo, a *a.-n.* Hebrew.

hecatombe *f.* hecatomb, massacre.

hectárea *f.* hectare [2.47 acres].

hectólitro *m.* hectolitre.

hectómetro *m.* hectometre.

hechicería *f.* sorcery, witchcraft, witchery. *2* charm, fascination.

hechicero, ra *a.* bewitching, fascinating. *2 m.-f.* bewitcher, magician. *3 m.* sorcerer, wizard. *4 f.* sorceress, witch.

hechizar *t.* to bewitch, charm.

hechizo *m.* charm, spell, enchantment. *2* fascination.

hecho, cha *irr. p. p.* of HACER. made, done. *2* grown, full. *3* ready-made [clothing]. *4* accustomed, used. *5 m.* fact. *6* happening. *7* deed, act, feat.

hechura *f.* making. *2* form, shape. *3* creation. *4 sing. & pl.* tailoring, cut [of a dress, etc.].

heder *i.* to stink; to reek. || CONJUG. like ***entender***.

hediondez *f.* stench, evil smell.

hediondo, da *a.* stinking, foul-smelling. *2* filthy, dirty.

hedor *m.* stench, stink, foul-smell.

hegemonía *f.* hegemony.

helada *f.* frost; nip.

helado, da *a.* frozen. *2* frost-bitten. *3*

cold, chilly. *4* ***quedarse*** ~, to be frozen [with fear, etc.]. *5 m.* ice-cream.
helar *t.* to freeze. *2* to frostbite: ***está helando***, it is freezing. ¶ CONJUG. like ***acertar***.
helecho *m.* BOT. fern.
helénico, ca *a.* Hellenic, Greek.
hélice *f.* helix. *2* GEOM. spiral. *3* AER., NAUT. propeller, screw.
helicóptero *m.* AER. helicopter.
hembra *f.* female. *2* nut [of screw].
hemisferio *m.* hemisphere.
hemorragia *f.* hæmorrhage.
henchir *t.* to fill, stuff. *2* to swell. *3 ref.* to be filled. ‖ CONJUG. like ***servir***.
hender *t.-ref.* to cleave, split, slit, crack. *2 t.* to cut through. ‖ CONJUG. like ***entender***.
hendidura *f.* cleft, crevice, crack, fissure, slit, slot.
heno *m.* hay.
heráldico, ca *a.* heraldic. *2 f.* heraldry.
heraldo *m.* herald. *2* harbinger.
herbaje *m.* grass, pasture.
hercúleo, a *a.* herculean.
heredad *f.* property, estate.
heredar *t.* to inherit.
heredero, ra *m.-f.* inheritor. *2 m.* heir. *3 f.* heiress.
hereditario, ria *a.* hereditary.
hereje *m.* heretic.
herejía *f.* heresy.
herencia *f.* inheritance. *2* heredity.
herida *f.* wound, injury.
herido, da *a.* wounded, injured, hurt. *2* struck. *3 m.-f.* wounded or injured person.
herir *t.* to wound, injure, hurt. *2* to offend. *3* to touch, move. *4* to strike, hit. ‖ CONJUG. like ***servir***.
hermana *f.* sister: ~ ***política***, sister-in-law.
hermanar *t.* to join, match, mate; to harmonize.
hermanastro, tra *m.* stepbrother. *2 f.* stepsister.
hermandad *f.* fraternity, brotherhood, sisterhood. *2* confraternity, guild. *3* ***Santa Hermandad***, former Spanish rural police.
hermano *m.* brother: ~ ***político***, brother-in-law; ***primo*** ~, ***prima*** ~, cousin german.
hermético, ca *a.* hermetic(al, airtight. *2* impenetrable.
hermosear *t.* to beautify, embellish.
hermoso, sa *a.* beautiful, fair, lovely. *2* handsome, good-looking.
hermosura *a.* beauty, fairness.
héroe *m.* hero.
heroico, ca *a.* heroic; splendid.
heroína *f.* heroine. *2* heroin [drug].
heroísmo *m.* heroism.
herrador *m.* farrier, horseshoer.
herradura *f.* horseshoe.
herraje *m.* ironwork.
herramienta *f.* tool, implement.
herrar *t.* to shoe [horses]. *2* to brand [cattle]. *3* to cover with iron. ¶ CONJUG. like ***acertar***.
herrería *f.* forge, ironworks. *2* blacksmith's shop.
herrero *m.* blacksmith.
herrumbre *f.* rust, iron rust.
hervidero *m.* boiling. *2* bubbling. *3* bubbling spring of water. *4* crowd, swarm.
hervir *i.* to boil. *2* to bubble. *3* to swarm. ¶ IRREG. CONJUG. INDIC. Pres.: ***hiervo, hierves, hierve;*** hervimos, hervís, ***hierven***. | Pret.: herví, herviste, ***hirvió;*** hervimos, hervisteis, ***hirvieron***. ¶ SUBJ.: Pres.: ***hierva, hiervas, hierva; hirvamos, hirváis, hiervan***. | Imperf.: ***hirviera, hirvieras***, etc., or ***hirviese, hirvieses***, etc. | Fut.: ***hirviere, hirvieres***, etc. ‖ IMPER.: ***hierve, hierva; hirvamos***, hervid, ***hiervan***. ‖ PAST. P.: ***hervido***. ‖ GER.: ***hirviendo***.
hervor *m.* boiling. *2* vehemence, ardour [of youth].
heterogéneo, a *a.* heterogeneous.
hez *f.* scum, dregs. *2 pl.* dregs, grounds, lees. *3* excrements.
hidalgo, ga *a.* noble, generous. *2 m.* hidalgo [Spanish nobleman; noblewoman].
hidalguía *f.* nobility, generosity.
hidratado, da *a.* hydrated.
hidráulico, ca *a.* hydraulic.
hidroavión *m.* AER. seaplane.
hidrofobia *f.* MED. hydrofobia.
hidrógeno *m.* CHEM. hydrogen.
hidropesía *f.* MED. dropsy.
hiedra *f.* ivy.
hiel *f.* bile, gall. *2* bitterness.
hielo *m.* ice. *2* frost. *3* coldness.
hiena *f.* ZOOL. hyena, hyæna.
hierático, ca *a.* hieratic(al.
hierba *f.* grass: ***mala*** ~, weed.
hierbabuena *f.* mint, peppermint.
hierro *m.* iron [metal]: ~ ***colado***, cast iron; ~ ***dulce***, wrought iron. *2* brand [mark]. *3* steel, weapon. *4 pl.* irons fetters.
hígado *m.* liver. *2 pl.* courage.
higiene *f.* hygiene. *2 pl.* cleanliness.
higiénico, ca *a.* hygienic, sanitary.
higo *m.* fig.
higuera *f.* fig-tree.
hija *f.* daughter, child. *2* HIJO.

hijastro, tra *m.-f.* stepchild. *2* stepson. *3 f.* stepdaughter.
hijo, hija *m.-f.* child; *m.* son; *f.* daughter: ~ ***político***, son-in-law; ~ ***política***, daughter-in-law. *2* native. *3* young [of an animal]. *4* offspring, fruit. *5 m. pl.* sons, descendents.
hilacha *f.*, **hilacho** *m.* unravelled thread [of cloth]. *2* rags.
hilado *a.* spun. *2 m.* spinning [operation]. *3* yarn, thread.
hilandería *f.* spinning mill.
hilandero, ra *m.-f.* spinner.
hilar *t.* to spin [wool, etc.].
hilera *f.* file, line, row.
hilo *m.* thread [of wool, etc.; of conversation]; ***pender de un*** ~, to hang by a thread. *2* yarn. *3* wire. *4* linen [cloth].
hilvanar *t.* to baste. *2* to string together. *3* to plan hastily.
himno *m.* hymn: ~ ***nacional***, national anthem.
hincapié *m.* ***hacer*** ~, to insist upon, emphasize, lay stress on.
hincar *t.* to drive, thrust in or into: ~ ***el diente***, to bite. *2 ref.* ~ ***de rodillas***, to kneel down.
hincha *f.* hatred, enmity. *2 m.-f.* fan, supporter.
hinchado, da *a.* swollen, inflated. *2* vain, puffed up.
hinchar *t.* to swell, inflate, puff up. *2 ref.* to swell.
hinchazón *f.* swelling, inflation. *2* conceit. *3* bombast.
hinojo *m.* fennel. *2 pl.* knees: ***de*** ~, on one's knees.
hípico, ca *a.* equine, of horses: ***concurso*** ~, horse-race.
hipnotizar *t.* to hypnotize.
hipo *m.* hiccup. *2 fig.* longing. *3 fig.* dislike, hatred.
hipocresía *f.* hypocrisy.
hipócrita *a.* hypocritical. *2 m.-f.* hypocrite.
hipódromo *m.* race track, racecourse.
hipoteca *f.* mortgage, pledge.
hipotecar *t.* to mortgage.
hipótesis *f.* hypothesis, supposition.
hipotético, ca *a.* hypothetic(al.
hiriente *a.* cutting, offensive.
hirsuto, ta *a.* shaggy, hairy.
hirviente *a.* boiling, seething.
hispánico, ca *a.* Spanish.
hispano, na *a.* Spanish.
hispanoamericano, na *a.* Spanish-American.
histérico, ca *a.* hysteric(al.
historia *f.* history. *2* story, tale, fable; gossip: ***dejarse de historias***, to come to the point.
historiador, ra *m. f.* historian.
historial *m.* account of an affair. *2* record [of a person].
histórico, ca *a.* historic(al.
historieta *f.* short story, tale.
histrión *m.* actor. *2* clown.
hito, ta *a.* fixed, firm: ***mirar de ~ en ~***, to look fixedly, stare at. *2 m.* landmark. *3* target.
hocico *m.* snout muzzle: ***caer de hocicos***, to fall on one's face; ***meter el ~ en todo***, to poke one's nose into.
hogaño *adv.* this year. *2* nowadays, at present.
hogar *m.* hearth. *2* home.
hogareño, ña *a.* home-loving, homely.
hogaza *f.* large loaf.
hoguera *f.* bonfire, fire, blaze.
hoja *f.* leaf [of tree, plant, book, door, etc.]; blade [of grass, sword, knife, etc.]; petal. *2* sheet [of paper]. *3* foil, pane [of metal, wood]; ~ ***de afeitar***, razor blade. *4* shutter.
hojalata *f.* tin, tin-plate.
hojaldre *m.* or *f.* puff pastry.
hojarasca *f.* fallen leaves. *2* dry foliage. *3* useless words; trash.
hojear *t.* to turn the pages of, skim through [a book].
¡hola! *interj.* hello!, hullo!
Holanda *f. pr. n.* GEOG. Holland. *2 f.* (not cap.) holland [fabric].
holandés, sa *a.* Dutch. *2 m.-f.* Dutchman, Dutchwoman.
holgadamente *adv.* amply. *2* fully. *3* comfortably.
holgado, da *a.* idle. *2* large, ample, roomy. *3* loose [clothing]. *4* comfortable, well-off.
holganza *f.* leisure, rest. *2* idleness. *3* pleasure, amusement.
holgar *i.* to rest. *2* to be idle. *3* to be needless: ***huelga decir***, needless to say. *4 ref.* to enjoy oneself. *5 i.-ref.* to be glad. ¶ CONJUG. like ***contar***.
holgazán, na *a.* idle, lazy. *2 m.-f.* idler, loafer.
holgazanear *i.* to idle, lounge.
holgazanería *f.* idleness, laziness.
holgorio *m.* merrymaking, spree.
holgura *f.* roominess, ampleness. *2* ease, comfort. *3* merrymaking.
holocausto *m.* holocaust; sacrifice.
hollar *t.* to tread on, trample on. *2 fig.* to humiliate.
hollejo *m.* skin, peel; husk.
hollín *m.* soot.

hombrada *f.* manly act. *2* show of bravery.
hombre *m.* man [male; human being; mankind]: ~ ***bueno***, LAW conciliator; ~ ***de estado***, statesman; ~ ***de negocios***, businessman. *2* husband. *3* CARDS ombre. *4 interj.* why!
hombro *m.* shoulder: ***arrimar el*** ~, to help; ***encogerse de hombros***, to shrug one's shoulders; ***llevar a hombros***, to carry on the shoulder.
hombruno, na *a.* mannish, manly.
homenaje *m.* homage, honour: ***rendir*** ~, to pay homage to.
homicida *a.* homicidal. *2 m.* murderer. *3 f.* murderess.
homicidio *m.* homicide, murder.
homogéneo, a *a.* homogeneous.
homosexual *a.-n.* homosexual.
honda *f.* sling.
hondamente *adv.* deeply.
hondo, da *a.* deep, profound. *2 m.* depth, bottom.
hondonada *f.* hollow, ravine.
hondura *f.* depth: ***meterse en honduras***, to go beyond one's depth.
honestamente *adv.* honestly, etc.
honestidad *f.* purity, chastity; modesty, decency.
honesto, ta *a.* pure, chaste, modest, decent. *2* honest, upright.
hongo *m.* BOT. fungus, mushroom. *2* bowler [hat].
honor *m.* honour. *2* honesty. *3 pl.* honours [civilities]. *4* dignity, rank.
honorable *a.* honourable; worthy.
honorablemente *adv.* honorably.
honorario, ria *a.* honorary. *2 m. pl.* professional fee.
honorífico, ca *a.* honorific. *2* honorary. *3* honourable.
honra *f.* honour [reputation], dignity. *2* respect. *3* ***tener a mucha*** ~, to be proud of. *4 pl.* obsequies.
honradamente *adv.* honestly.
honradez *f.* honesty, probity.
honrado, da *a.* honest, upright, fair, just.
honrar *t.* to honour. *2* to be a credit to. *3 ref.* to be proud of; to be honoured.
honrilla *f.* keen sense of honour, punctiliousness.
honroso, sa *a.* honourable; reputable; honest.
hora *f.* hour; time: ~ ***de comer***, mealtime; ~ ***oficial***, standard time; ***horas extraordinarias***, overtime; ***horas punta***, rush hours; ***¿qué*** ~ ***es?***, what time is it?; ***por horas***, by the hour.
horadar *t.* to perforate, bore, drill, pierce.
horario *m.* hour-hand. *2* time-table, schedule of times.
horca *f.* gallows. *2* hay-fork. *3* crotch. *4* string [of onions].
horcajadas (a) *adv.* astride: ***ponerse a*** ~, to straddle.
horchata *f.* orgeat.
horda *f.* horde, gang.
horizontal *a.-f.* horizontal.
horizonte *m.* horizon.
horma *f.* mould. *2* shoe last.
hormiga *f.* ant.
hormigón *m.* ENG. concrete: ~ ***armado***, reinforced concrete.
hormiguear *i.* to itch. *2* to swarm.
hormigueo *m.* itching. *2* swarming.
hormiguero *m.* ant-hill. *2* swarm of people.
hormona *f.* hormone.
hornacina *f.* niche.
hornada *f.* batch, baking; melt.
hornillo *m.* small stove or cooker.
horno *m.* oven; furnace; kiln; ***alto*** ~, blast-furnace.
horquilla *f.* forked stick. *2* pitchfork. *3* hairpin. *4* fork [of bicycle]. *5* cradle [of telephone].
horrendo, da *a.* awful, frightful, fearful, dire, dreadful.
hórreo *m.* granary, mow.
horrible *a.* horrible, fearful, hideous, heinous.
horriblemente *adv.* horribly, etc.
horripilante *a.* hair-raising, horrifying, ghastly.
horror *m.* horror, fright. *2* grimness. *3* ***dar*** ~, to horrify.
horrorizar *t.* to horrify, shock, terrify. *2 ref.* to be horrified.
horroroso, sa *a.* horrible, dreadful. *2* hideous, frightful, ugly.
hortaliza *f.* vegetables, greens.
hortelano *m.* gardener; farmer.
hortensia *f.* BOT. hydrangea.
hosco, ca *a.* sullen, surly; gloomy.
hospedaje *m.* board and lodging.
hospedar *t.* to lodge. *2 ref.* to stop, put up [at].
hospedería *f.* hostelry, inn.
hospicio *m.* hospice, poor-house.
hospital *m.* hospital.
hospitalario, ria *a.* hospitable.
hospitalidad *f.* hospitality.
hostelero, ra *m.-f.* host, innkeeper.
hostería *f.* hostelry, inn, tavern.
hostia *f.* ECCL. Host; wafer.
hostigar *t.* to harass, worry. *2* to lash, whip.

hostil *a.* hostile, unfriendly.
hostilidad *f.* hostility, enmity.
hotel *m.* hotel. *2* villa.
hotelero, ra *m.-f.* hotel-keeper.
hoy *adv.* today; now; nowadays, at present time: ***de ~ en adelante***, from now on.
hoya *f.* hole, hollow, pit. *2* grave. *3* valley, dale.
hoyo *m.* hole, pit. *2* dent. *3* pock-mark. *4* grave.
hoyuelo *m.* small hole. *2* dimple.
hoz *f.* AGR. sickle. *2* ravine.
hucha *f.* large chest or coffer. *2* money-box. *3* savings.
hueco, ca *a.* hollow. *2* empty. *3* vain. *4* affected. *5* soft. *6 m.* hollow, cavity.
huelga *f.* strike [of workmen]: ***declararse en ~***, to go on strike.
huelguista *m.-f.* striker.
huella *f.* tread. *2* print; trace, track, footprint, footstep.
huérfano, na *a.-n.* orphan.
huero, ra *a.* addle. *2* empty.
huerta *f.* large vegetable garden or orchard. *2* irrigated region.
huerto *m.* orchard, fruit garden. *2* kitchen garden.
hueso *m.* bone: ***estar en los huesos***, to be all skin and bone. *2* BOT. stone. *3 fig.* drudgery.
huésped, da *m.-f.* guest: ***casa de huéspedes***, boarding-house. *2* host, hostess.
hueste *f.* army, host.
huesudo, da *a.* bony, big-boned.
huevo *m.* egg; ***~ duro***, hard-boiled egg; ***~ escalfado***, poached egg; ***~ estrellado o frito***, fried egg; ***~ pasado por agua***, soft-boiled egg; ***huevos revueltos***, scrambled eggs.
huida *f.* flight, escape.
huir *i.* to flee, fly, escape, run away [from], slip away. *2* [of the time] to fly, pass rapidly. *3 t.* to avoid, shun || CONJUG.: INDIC. Pres.: ***huyo, huyes, huye;*** huimos, huis, ***huyen.*** | Pret. hui, huiste, ***huyó;*** huimos, huisteis, ***huyeron.*** || SUBJ. Pres.: ***huya, huyas,*** etc., or ***huyese, huyeses,*** etc. | Fut.: ***huyere, huyeres,*** etc. || IMPERAT.: ***huye, huya; huyamos,*** huid, ***huyan.*** || GER.: ***huyendo.***
hule *m.* oilcloth. *2* rubber.
hulla *f.* coal.
humanidad *f.* humanity. *2* mankind. *3* benevolence, kindness. *4* corpulence. *5 pl.* humanities.
humanista *m.-f.* humanist.
humanitario, ria *a.* humanitarian.
humanizar *t.* to humanize. *2 ref.* to become human.
humano, na *a.* human. *2* humane. *3 m.* human being.
humareda *f.* cloud of smoke.
humeante *a.* smoky, smoking. *2* steaming.
humear *i.* to smoke. *2* to steam.
humedad *f.* humidity, moisture, dampness.
humedecer *t.* to moisten, dampen, wet. *2 ref.* to become humid. || CONJUG. like ***agradecer.***
húmedo, da *a.* humid, moist, damp, wet.
humildad *f.* humility. *2* humbleness, lowliness, meckness.
humilde *a.* humble; lowly. *2* meek. *3* **-mente** *adv.* humbly.
humillación *f.* humiliation.
humillante *a.* humiliating, degrading.
humillar *t.* to humiliate. *2* to humble. *3* to shame. *4* to lower [one's head]. *5 ref.* to humble oneself.
humo *m.* smoke. *2* steam, vapour, fume. *3 pl.* conceit, pride.
humor *m.* humour, temper, mood: ***buen, mal ~***, good, bad humour. *2* merry disposition. *4* wit.
humorada *f.* pleasantry, witty remark. *2* whim.
humorismo *m.* humour.
humorístico, ca *a.* humorous, funny, amusing.
hundimiento *m.* sinking. *2* subsidence. *3* NAUT. foundering. *4* collapse, downfall, ruin.
hundir *t.* to sink, submerge. *2* NAUT. to founder. *3* to confound. *4 ref.* to sink, subside. *5* to collapse.
Hungría *f. pr. n.* Hungary.
huracán *m.* hurricane.
huraño, ña *a.* sullen, unsociable.
hurgar *t.* to poke. *2* stir up.
hurón, na *a.* sullen, unsociable. *2 m.* ZOOL. ferret.
hurtadillas (a) *adv.* stealthily.
hurtar *t.* to steal, thieve. *2 ref.* to withdraw, hide.
hurto *m.* stealing, theft, robbery. *2* stolen thing.
husmear *t.* to smell out, sniff out. *2* to pry into.
huso *m.* spindle.

I

ibérico, ca; ibero, ra *a.* Iberian.
iceberg *m.* iceberg.
ida *f.* going, departure: ***billete de ~ y vuelta***, return ticket.
idea *f.* idea; notion. *2* intent, purpose: ***llevar ~ de***, to intend to; ***mudar de ~***, to change one's mind. *3* opinion. *4* inventiveness.
ideal *a.-m.* ideal.
idealizar *t.* to idealize.
idear *t.* to imagine, conceive, think. *2* to plan, design.
idéntico, ca *a.* identic(al.
identidad *f.* identity, sameness.
identificación *f.* identification.
identificar *t.* to identify. *2 ref.* to identify oneself.
ideología *f.* ideology.
idílico, ca *a.* idyllic.
idilio *m.* idyll. *2* love relations.
idioma *m.* language, tongue.
idiota *a.* idiotic, silly. *2 m.-f.* idiot.
idiotez *f.* idiocy, stupidity.
idiotismo *m.* imbecility. *2* idiom.
idólatra *a.* idolatrous. *2 m.-f.* idolater; worshipper.
idolatrar *t.-i.* to idolize, worship.
idolatría *f.* idolatry; adoration.
ídolo *m.* idol.
idóneo, nea *a.* suitable, fit. *2* qualified.
iglesia *f.* church: ~ ***anglicana***, Church of England; ~ ***católica***, Roman Catholic Church.
ignición *f.* ignition.
ignominia *f.* ignominy, infamy.
ignominioso, sa *a.* ignominious; infamous, shameful, disgraceful.
ignorado, da *a.* unknown.
ignorancia *f.* ignorance, illiteracy.
ignorante *a.* ignorant. *2 m.-f.* ignoramus. *3* **-mente** *adv.* ignorantly.
ignorar *t.* not to know, be ignorant of.
ignoto, ta *a.* unknown.
igual *a.* equal [to]. *2* the same. *3* level, even. *4* constant. *5* ***sin*** ~, matchless. *6 adv.* ***al*** ~, equally; ~ ***que***, as well as; ***me es*** ~, I don't mind.
igualado, da *a.* equal, level, even.
igualar *t.* to equalize; to equate. *2* to even, level, smooth. *3* to match. *4 i.-ref.* to become equal. *5* SPORT to tie.
igualdad *f.* equality. *2* evenness. *3* ~ ***de ánimo***, equanimity.
igualmente *adv.* similarly. *2* evenly. *3* likewise, also.
ijada *f.* flank; side.
ilegal *a.* illegal, unlawful.
ilegalmente *adv.* unlawfully.
ilegítimo, ma *a.* illegitimate, illegal. *2* spurious.
ileso, sa *a.* unharmed, unhurt.
ilícito, ta *a.* ilicit, unlawful.
ilimitado, da *a.* unlimited.
ilógico, ca *a.* illogical, irrational.
iluminación *f.* illumination, lighting. *2* enlightenment.
iluminar *t.* to illuminate, light up. *2* to enlighten.
ilusión *f.* illusion, day-dream. *2* delightful anticipation.
ilusionado, da *a.* ***estar*** ~, to be looking forward to. *2* eager.
ilusionista *m.-f.* conjurer.
iluso, sa *a.* deluded, deceived. *2* dreamer, visionary.
ilusorio, ria *a.* illusory. *2* vain.
ilustración *f.* illustration. *2* enlightenment. *3* learning. *4* explanation. *5* engraving.
ilustrado, da *a.* cultured, well-read, educated.
ilustrar *t.* to illustrate. *2* to enlighten. *3* to explain. *4 ref.* to learn, become educated.
ilustre *a.* illustrious, celebrated.
imagen *f.* image; symbol; statue.
imaginación *f.* imagination, fancy, fantasy.

imaginar *t.* to imagine, fancy. *2 t.-ref.* suppose, conjecture.
imaginario, ria *a.* imaginary.
imaginativo, va *a.* imaginative.
imaginero *m.* painter or sculptor of religious images.
imán *m.* magnet. *2* loadstone.
imbécil *a.-n.* imbecile, stupid.
imbecilidad *f.* imbecility; idiocy.
imberbe *m.* beardless; very young.
imborrable *a.* indelible, not erasable; unforgettable.
imbuir *t.* to imbue, instil, infuse. ¶ CONJUG. like ***huir.***
imitación *f.* imitation.
imitar *t.* to imitate.
impaciencia *f.* impatience.
impacientar *t.* to vex, irritate. *2 ref.* to lose patience, become impatient.
impaciente *a.* impatient, anxious. *2* **-mente** *adv.* impatiently.
impacto *m.* impact, shock.
impar *a.* odd, uneven [number].
imparcial *a.* impartial, fair.
imparcialidad *f.* impartiality.
impartir *t.* to impart.
impasible *a.* impassive, unmoved.
impavidez *f.* fearlessness, intrepidity, dauntlessness.
impávido, da *a.* dauntless, fearless.
impecable *a.* faultless.
impedido, da *a.* disabled, crippled. *2 m.-f.* cripple.
impedimento *m.* impediment, hindrance, obstacle.
impedir *t.* to impede, hinder, prevent. ¶ CONJUG. like ***servir.***
impeler *t.* to impel, drive forward, propel, push, incite.
impenetrabilidad *f.* impenetrability, imperviousness, proof.
impenetrable *a.* impenetrable, impervious. *2* incomprehensible.
impenitente *a.* unrepentant.
impensado, da *a.* unexpected, unforeseen. *2* off-hand.
imperante *a.* ruling, commanding. *2* prevailing.
imperar *i.* to rule, command. *2* to prevail, be prevailing, reign.
imperativo, va *a.* imperative, commanding. *2 a.-m.* GRAM. imperative.
imperceptible *a.* imperceptible. *2* **-mente** *adv.* imperceptibly.
imperdible *m.* safety-pin.
imperdonable *a.* inexcusable.
imperecedero, ra *a.* everlasting, imperishable, undying.
imperfección *f.* imperfection.
imperfecto, ta *a.* imperfect. *2 a.-m.* GRAM. imperfect tense.
imperial *a.* imperial.
imperialismo *m.* imperialism.
impericia *f.* unskilfulness, lack of skill, incapacity.
imperio *m.* empire. *2* command, sway. *3* haughtiness.
imperioso, sa *a.* imperious, domineering. *2* urgent, pressing.
impermeable *a.* impervious. *2* waterproof. *3 m.* raincoat, mackintosh.
impersonal *a.* impersonal.
impertérrito, ta *a.* dauntless, intrepid; unmoved.
impertinencia *f.* impertinence.
impertinente *a.* impertinent, impudent. *2 m. pl.* lorgnette.
imperturbable *a.* impassive.
impetrar *t.* to impetrate. *2* to beseech.
ímpetu *m.* impetus. *2* violence.
impetuosidad *f.* impetuosity.
impetuoso, sa *a.* impetuous, violent, headlong.
impiedad *f.* impiety, ungodliness.
impío, a *a.* impious, godless. *2* cruel, pitiless.
implacable *a.* implacable, relentless, unforgiving, unyielding.
implantar *t.* to implant, introduce, establish.
implicar *t.* to implicate, involve. *2* to imply. *3 i.* to contradict.
implícito, ta *a.* implicit.
implorar *t.* to implore, entreat, beg.
imponderable *a.* imponderable.
imponente *a.* impressive. *2* grandiose, stately.
imponer *t.* to impose [taxes, etc]. *2* to impute falsely. *3* to inspire [respect, etc]. *4* to instruct. *5* to deposit [money in a bank]. *6 ref.* to assert oneself. *7* to be necessary. *8* to impose one's authority on.
importación *f.* COM. importation, imports.
importancia *f.* importance, consequence.
importante *a.* important, material, momentous, urgent, serious.
importar *i.* to import, be important; to matter, concern: ***no me importa***, I don't care. *2 t.* to amount to, come to. *3* COM. to import.
importe *m.* COM. amount, value.
importunar *t.* to importune, pester, tease.
importuno, na *a.* importunate *2* troublesome.
imposibilidad *f.* impossibility.
imposibilitado, da *a.* unable. *2* disabled, crippled.

imposibilitar *t.* to make impossible; to prevent. *2* to disable.
imposible *a.* impossible. *2 m.* impossibility.
imposición *f.* imposition; tax, burden.
impostor, ra *m.* impostor. *2 f.* impostress. *3 m.-f.* slanderer.
impostura *f.* imposture.
impotencia *f.* impotence.
impotente *a.* impotent.
impracticable *a.* impracticable. *2* impassable.
imprecación *f.* imprecation, curse.
imprecar *t.* to imprecate, curse.
impreciso, sa *a.* vague, indefinite.
impregnar *t.* to impregnate, saturate. *2 ref.* to be pervaded.
imprenta *f.* printing [art]. *2* press: printing office.
imprescindible *a.* indispensable.
impresión *f.* impression, stamp, imprint. *2* mark, footprint.
impresionable *a.* emotional sensitive, easily influenced.
impresionante *a.* impressive.
impresionar *t.* to impress, affect. *2* to touch, move deeply, stir. *3* to record sounds. *4 ref.* to be moved, stirred.
impreso, sa *a.* printed. *2 m.* printed paper, form. *3 pl.* printed matter.
impresor, ra *m.-f.* printer.
imprevisible *a.* unforeseeable.
imprevisión *f.* lack of foresight, improvidence.
imprevisto, ta *a.* unforeseen. *2 m. pl.* incidental expenses.
imprimir *t.* to impress, imprint, print; to stamp.
improbable *a.* improbable, unlikely.
ímprobo, ba *a.* dishonest. *2* arduous, laborious.
improcedente *a.* unsuitable.
improductivo, va *a.* unproductive.
impronta *f.* cast, impression.
improperio *m.* insult, taunt.
impropio, pia *a.* improper, unsuited. *2* unfitting, unbecoming.
improrrogable *a.* unextendible.
improvisación *f.* improvisation.
improvisado, da *a.* improvised, off-hand. *2* extemporaneous.
improvisar *t.* to improvise.
improviso, sa; improvisto, ta *a.* unforeseen, unexpected: ***de*** ~, suddenly, all of a sudden.
imprudencia *f.* imprudence, rashness.
imprudente *a.* imprudent, rash.
impúdico, ca *a.* immodest; lewd.
impuesto, ta *p. p.* de IMPONER. *2 a.* informed. *3 m.* tax, duty.
impugnar *t.* to impugn, challenge, refute.
impulsar *t.* to impel. *2* to move. *3* MECH. to drive, force.
impulsivo, va *a.* impulsive.
impulso *m.* impulse. *2* force, push.
impune *a.* unpunished.
impunemente *adv.* with impunity.
impunidad *f.* impunity.
impureza *f.* impurity. *2* unchasteness.
impuro, ra *a.* impure. *2* defiled, adulterated. *3* unchaste, lewd.
imputable *a.* imputable, chargeable.
imputar *t.* to impute, ascribe.
inabordable *a.* unapproachable.
inacabable *a.* endless, unending.
inaccesible *a.* inaccesible.
inactividad *f.* inactivity.
inactivo, va *a.* inactive. *2* idle.
inadecuado, da *a.* unsuitable.
inadmisible *a.* unacceptable.
inadvertencia *f.* inadvertence, oversight.
inadvertido, da *a.* unseen, unnoticed. *2* careless, heedless.
inagotable *a.* inexhaustible.
inaguantable *a.* intolerable, unbearable.
inajenable, inalienable *a.* inalienable, untransferable.
inalterable *a.* unalterable, unchangeable. *2* stable, fast.
inamovible *a.* irremovable.
inanición *f.* starvation, inanition.
inanimado, da *a.* inanimate, lifeless.
inapelable *a.* unappealable.
inapetencia *f.* lack of appetite.
inaplazable *a.* undeferable.
inapreciable *a.* invaluable, priceless. *2* inappreciable.
inasequible *a.* unattainable.
inaudito, ta *a.* unheard-of, extraordinary. 2 monstrous.
inauguración *f.* inauguration.
inaugurar *t.* to inaugurate.
incalculable *a.* incalculable.
incalificable *a.* most reprehensible.
incandescente *a.* incandescent.
incansable *a.* indefatigable, untiring, tireless.
incapacidad *f.* incapacity. *2* incompetence; inability.
incapacitar *t.* to incapacitate.
incapaz, *pl.* **-ces** *a.* incapable. *2* unable, unfit, inefficient.
incautamente *adv.* unwarily, etc.
incautarse *ref.* to appropriate.
incauto, ta *a.* unwary, reckless, heedless.
incendiar *t.* to sent on fire, set fire to. *2 ref.* to catch fire.
incendio *m.* fire. *2* conflagration, arson.

incentivo *m.* incentive, inducement, encouragement.
incertidumbre *f.* uncertainty.
incesante *a.* incessant, unceasing.
incidental *a.* INCIDENTE 1.
incidentalmente *adv.* incidentally.
incidente *a.* incidental, subsidiary. *2 m.* incident, event.
incidir *i.* [of rays] to fall [upon or into].
incienso *m.* incense. *2* flattery.
incierto, ta *a.* not certain, uncertain, doubtful.
incineración *f.* incineration, cremation.
incinerar *t.* to incinerate, cremate.
incipiente *a.* incipient, nascent.
incisión *f.* incision, cut, slit.
incisivo, va *a.* incisive, cutting: ***diente*** ~, incisor. *2* sarcastic.
incitación *f.* incitement, encouragement.
incitante *a.* exciting, stimulating.
incitar *t.* to incite, excite, rouse.
incivil *a.* impolite, uncivil.
inclemencia *f.* inclemency, severity, harshness. *2* hard weather.
inclinación *f.* slant, slope; liking, propension. *2* bow, nod.
inclinado, da *a.* inclined, slanting, sloping.
inclinar *t.-ref.* to incline, tilt, slant, bow. *2 t.* to dispose, move. *3 ref.* lean, tend, be disposed. *4* to yield, defer.
ínclito, ta *a.* illustrious, renowned.
incluir *t.* to include. *2* to enclose [in an envelope]. ¶ CONJUG. like ***huir.***
inclusa *f.* foundling hospital.
inclusive *adv.* including.
incluso, sa *a.* included, enclosed. *2 adv.* including, even, besides.
incoar *t.* LAW to inchoate.
incógnito, ta *a.* unknown. *2 f.* MATH. unknown quantity. *3 adv.* ***de*** ~, incognito.
incoherencia *f.* incoherence.
incoherente *a.* incoherent, disconnected.
incoloro, ra *a.* colourless.
incólume *a.* unharmed, sound.
incombustible *a.* incombustible, fireproof.
incomodar *t.* to inconvenience, bother. *2* to annoy, trouble. *3 ref.* to become angry.
incomodidad *f.* inconvenience, discomfort. *2* annoyance, bother.
incómodo, da *a.* inconvenient, uncomfortable, cumbersome.
incomparable *a.* incomparable.
incompatibilidad *f.* incompatibility, uncongeniality.
incompatible *a.* incompatible, inconsistent; uncongenial.
incompetencia *f.* incompetence.
incompetente *a.* incompetent, unqualified.
incompleto, ta *a.* incomplete, unfinished.
incomprensible *a.* incomprehensible.
incomunicado, da *a.* isolated, cut off; solitary.
inconcebible *a.* inconceivable.
incondicional *m.* unconditional.
inconexo, xa *a.* incoherent, broken, disconnected.
inconfesable *a.* dishonourable.
inconfundible *a.* unmistakable.
incongruencia *f.* incongruity.
incongruente; incongruo, a *a.* incongruous, unsuitable.
inconmensurable *a.* incommensurable, unbounded.
inconsciencia *f.* unconsciousness.
inconsciente *a.* unconscious. *2* unaware. *3* thoughtless.
inconscientemente *adv.* unconsciously; unwittingly.
inconsecuencia *f.* inconsequence.
inconsecuente *a.* inconsequent.
inconstancia *f.* inconstancy, unsteadiness, fickleness.
inconstante *a.* inconstant, unsteady, changeable, fickle.
incontable *a.* uncountable.
incontestable *a.* incontestable, indisputable.
incontinenti *adv.* at once.
inconveniencia *f.* inconvenience, trouble, impropriety.
inconveniente *a.* inconvenient. *2 m.* drawback, obstacle.
incorporación *f.* incorporation. *2* sitting up. *3* joining [a body].
incorporar *t.* to incorporate [unite, combine]. *2 ref.* to sit up. *3* to join [a body, etc.].
incorrección *f.* incorrectness.
incorrectamente *adv.* incorrectly.
incorrecto, ta *a.* incorrect.
incorruptible *a.* incorruptible.
incredulidad *f.* incredulity.
incrédulo, la *a.* incredulous; unbelieving. *2 m.-f.* unbeliever.
increíble *a.* incredible.
incremento *m.* increment, increase, rise.
increpar *t.* to rebuke, scold.
incriminar *t.* to incriminate.
incruento, ta *a.* bloodless.
incrustación *f.* incrustation.
incrustar *t.* to incrust. *2* F. ARTS to inlay.
incubadora *f.* incubator.
incubar *t.* to incubate, hatch.
incuestionable *a.* unquestionable.

inculcar *t.* to inculcate, instil.
inculpar *t.* to accuse. *2* to blame.
inculto, ta *a.* uncultivated, untilled. *2* uneducated, unrefined.
incultura *f.* lack of culture.
incumbencia *f.* incumbency, duty, concern: ***no es de mi*** ~, it does not concern me.
incumbir *i.* to be incumbent [on], be the duty [of].
incurable *a.* incurable, hopeless.
incuria *f.* carelessness, negligence.
incurrir, en *i.* to incur, become liable to. *2* to fall into [error].
incursión *f.* raid, incursion.
indagación *f.* investigation, research, inquiry.
indagar *t.* to investigate, research, inquire.
indecencia *f.* indecency, obscenity, indecent act or remark.
indecente *a.* indecent, obscene.
indecible *a.* inexpressible, unutterable.
indecisión *f.* indecision, irresolution.
indeciso, sa *a.* undecided. *2* hesitant, doubtful.
indecoroso, sa *a.* indecorous, improper. *2* indecent.
indefenso, sa *a.* defenceless.
indefinidamente *adv.* indefinitely.
indefinido, da *a.* undefined, vague. *2* GRAM. indefinite.
indeleble *a.* indelible, inefaceable.
indemne *a.* unharmed, unhurt.
indemnización *f.* indemnification, indemnity; compensation.
indemnizar *t.* to indemnify, compensate.
independencia *f.* independence.
independiente *a.* independent, separate, free.
indescriptible *a.* indescribable.
indeterminado, da *a.* indeterminate, undetermined. *2* irresolute. *3* GRAM. indefinite.
India *f. pr. n.* GEOG. India. *2 pl.* Indies: ***Indias Occidentales***, West Indies.
indiano, na *a.* of Spanish America. *2* East Indian. *3 a.-n.* Spanish-American. *4 m.-f.* Spanish who returns rich from America.
indicación *f.* indication. *2* hint.
indicar *t.* to indicate, point out, show. *2* to hint, suggest.
indicativo, va *a.* indicative.
índice *m.* ANAT. index, forefinger. *2* sign; list; pointer, hand.
indicio *m.* sign, indication, token.
indiferencia *f.* indifference.
indiferente *a.* indifferent: ***me es*** ~, it is all the same to me.
indígena *a.* indigenous, native. *2 m.-f.* native.
indigencia *f.* indigence, poverty.
indigente *a.* indigent, destitute, needy, poor.
indigestarse *ref.* to cause indigestion. *2* to be disagreeable.
indigestión *f.* indigestion.
indigesto, ta *a.* indigestible.
indignación *f.* indignation, anger.
indignado, da *a.* indignant, angry.
indignamente *adv.* unworthily.
indignante *a.* irritating.
indignar *t.* to irritate, anger. *2 ref.* to become indignant.
indignidad *f.* unworthiness. *2* indignity, affront, insult.
indigno, na *a.* unworthy. *2* low.
indio, dia *a.-n.* Indian. *2* Hindu.
indirecta *f.* hint, insinuation, innuendo.
indirecto, ta *a.* indirect.
indisciplina *f.* indiscipline.
indisciplinado, da *a.* undisciplined.
indiscreto, ta *a.* indiscreet, imprudent, rash, unwise.
indiscutible *a.* unquestionable, indisputable. *2* **-mente** *adv.* unquestionably.
indispensable *a.* indispensable.
indisponer *t.* to indispose; to make ill. *2* to prejudice against. *3 ref.* to become ill. *4* ~ ***con***, to fall out with.
indisposición *f.* indisposition, upset, slight illness. *2* reluctance.
indispuesto, ta *a.* indisposed, slightly ill. *2* on bad terms.
indistintamente *adv.* indistinctly, indiscriminately.
individual *a.* individual.
individualmente *adv.* individually.
individuo, dua *a.-n.* individual.
índole *f.* disposition, nature. *2* class, kind.
indolencia *f.* indolence, laziness. *2* indifference.
indolente *a.* indolent, lazy. *2* indifferent.
indomable *a.* indomitable, untamable.
indómito, ta *a.* untamed. *2* unruly, uncontrollable.
inducción *f.* inducing, instigation. *2* ELEC., LOG. induction.
inducir *t.* to induce, persuade, instigate. *2* ELEC. LOG. to induce. ¶ CONJUG. like ***conducir.***
indudable *a.* doubtless, certain, unquestionable. *2* **-mente** *adv.* certainly.
indulgencia *f.* indulgence, leniency, forbearance.
indulgente *a.* indulgent, lenient, forbearing.
indultar *t.* to pardon. *2* to exempt, free.

indulto *m.* LAW pardon, commutation. *2* indult, amnesty.
indumentaria *f.* clothing, apparel.
industria *f.* industry. *2* cleverness, skill.
industrial *a.* industrial. *2 m.* industrialist, manufacturer.
industrioso, sa *a.* industrious, skilful.
inédito, ta *a.* unpublished.
inefable *a.* ineffable, unutterable.
ineficacia *f.* inefficacy.
ineficaz *a.* inefficient, ineffectual, ineffective.
ineludible *a.* unavoidable, inevitable.
ineptitud *f.* incompetence.
inepto, ta *a.* incompetent, incapable. *2* inept.
inequívoco, ca *a.* unmistakable.
inercia *f.* inertia; indolence.
inerme *a.* unarmed, defenceless.
inerte *a.* inert. *2* dull, sluggish.
inesperadamente *adv.* unexpectedly.
inesperado, da *a.* unexpected, unforeseen.
inestable *a.* unstable, unsteady; unsettled.
inestimable *a.* inestimable, invaluable.
inevitable *a.* inevitable, unavoidable.
inexacto, ta *a.* inexact, inaccurate.
inexorable *a.* inexorable.
inexperiencia *f.* inexperience.
inexperto, ta *a.* inexperienced.
inexplicable *a.* inexplicable.
inexpugnable *a.* impregnable.
inextinguible *a.* inextinguishable.
infalible *a.* infallible.
infamante *a.* defamatory.
infamar *t.* to defame, libel.
infame *a.* infamous, vile, hateful.
infancia *f.* infancy, childhood.
infanta *f.* infanta, princess.
infante *m.* infante, prince.
infantería *f.* infantry.
infantil *a.* infantile. *2* childish.
infatigable *a.* indefatigable, untiring, tireless.
infausto, ta *a.* unlucky, unhappy.
infección *f.* infection, contagion.
infeccioso, sa *a.* infectious, contagious.
infectar *t.* to infect, corrupt. *2 ref.* to become infected.
infeliz *a.* unhappy, wretched.
inferior *a.-n.* inferior. *2 a.* lower, subordinate.
inferioridad *f.* inferiority.
inferir *t.* to infer, conclude. *2* to cause, do. ¶ CONJUG. like ***hervir.***
infernal *a.* infernal, hellish.
infestar *t.* to infest, overrun. *2* to infect.
inficionar *t.* to infect, corrupt.
infidelidad *f.* infidelity.
infiel *a.* unfaithful, disloyal. *2* inexact. *3 a.-n.* infidel, pagan.
infierno *m.* hell, inferno.
infiltración *f.* infiltration.
infiltrar *t.-ref.* to infiltrate.
ínfimo, ma *adv.* lowest, least.
infinidad *f.* infinity.
infinitamente *adv.* infinitely.
infinitivo *a.-n.* infinitive.
infinito, ta *a.* infinite. *2 m.* infinite space. *3* MATH. infinity.
inflación *f.* inflation. *2* conceit, vanity.
inflamable *a.* inflammable.
inflamación *f.* inflammation.
inflamar *t.-ref.* to inflame, excite. *2 ref.* to become inflamed.
inflar *t.* to inflate, blow up. *2 ref.* to swell, be puffed up with pride.
inflexible *a.* inflexible, stiff, rigid. *2* **-mente** *adv.* inflexibly, etc.
inflexión *f.* inflection, bend, modulation.
infligir *t.* to inflict.
influencia *f.* influence.
influir *t.* to influence.
influjo *m.* influence.
influyente *a.* influential.
información *f.* information. *2* reportage. *3* inquiry.
informal *a.* informal. *2* not serious, unreliable.
informalidad *f.* informality, unconventionality. *2* unreliability.
informar *t.* to inform [tell, notify]. *2 i.* to report. *3* LAW to plead before a court. *4 ref.* to inquire, find out.
informe *a.* shapeless, formless. *2 m.* information, report. *3* LAW plea. *4 pl.* references.
infortunado, da *a.* unfortunate, unlucky.
infortunio *f.* misfortune, misery. *2* mishap, mischance.
infracción *f.* infraction, infringement, breach.
infractor, ra *m.-f.* infractor, law-breaker, transgressor.
in fraganti *adv.* in the very act.
infranqueable *a.* insurmountable.
infrascrito, ta *a.-n.* undersigned.
infringir *t.* to infringe, break.
infructuoso, sa *a.* fruitless, useless.
ínfulas *f. pl.* false importance: ***darse ~***, to put on airs.
infundado, da *a.* groundless.
infundio *m.* lie, canard, false report.
infundir *t.* to infuse, instill.
infusión *f.* infusion: ***poner en ~***, to steep [tea leaves].
ingeniar *t.* to think up, contrive. *2 ref.* to manage, find a way.

ingeniería *f.* engineering.
ingeniero *m.* engineer.
ingenio *m.* genius; mind, talent. *2* talented person. *3* cleverness, wit: ***aguzar el ~***, to sharpen one's wits. *4* engine, machine.
ingeniosidad *f.* ingeniousness, cleverness.
ingenioso, sa *a.* ingenious, clever.
ingénito, ta *a.* unbegotten.*2* innate, inborn.
ingente *a.* huge, very large.
ingenuidad *f.* candour, frankness; simplicity.
ingenuo, nua *a.* frank, sincere; simple, naïve; ingenuous.
ingerir *t.* to insert, introduce. *2 ref.* to interfere. ¶ CONJUG. like ***hervir.***
Inglaterra *f. pr. n.* England.
ingle *f.* groin.
inglés, sa *a.* English. *2 m.* Englishman. *2* English [language]. *4 f.* Englishwoman. *5 m. pl.* ***los ingleses***, the English [people]. *6* ***a la inglesa***, in the English fashion.
ingratitud *f.* ingratitude.
ingrato, ta *a.* ungrateful, thankless. *2* harsh, unpleasant.
ingrávido, da *a.* weightless. *2* light.
ingrediente *m.* ingredient.
ingresar *i.* to enter [a school, etc.]; to become a member of; to join [a political party, etc.]. *2* [of money] to come in. *3 t.* to deposit [money].
ingreso *m.* entrance, admittance. *2 pl.* income. *3* COM. profits.
inhábil *a.* unable, unskilful. *2* tactless. *3* unfit.
inhabilitar *t.* to disable, disqualify. *2* to render unfit.
inhabitable *a.* uninhabitable.
inhalar *t.* to inhale.
inherente *a.* inherent.
inhibición *f.* inhibition.
inhibir *t.* to inhibit. *2 ref.* to keep out of.
inhospitalitario, ria; inhóspito, ta *a.* inhospitable.
inhumación *f.* burial, interment.
inhumano, na *a.* inhuman, cruel.
inhumar *t.* to bury, inter.
iniciador, ra *a.* initiating. *2 m.-f.* initiator, pioneer.
iniciar *t.* to initiate, begin.
iniciativa *f.* initiative.
inicuo, cua *a.* iniquitous, wicked.
iniquidad *f.* iniquity, wickedness.
injertar *t.* to graft.
injerto *m.* graft.
injuria *f.* offence, insult, affront, abuse. *2* wrong; harm, damage.
injuriar *t.* to offend, insult, abuse.
injurioso, sa *a.* injurious, insulting, abusive.
injustamente *adv.* unjustly.
injusticia *f.* injustice.
injustificable *a.* unjustifiable.
injusto, ta *a.* unjust, unfair.
inmaculado, da *a.* immaculate, clean; pure.
inmarcesible *a.* unfading, unwithering.
inmediatamente *adv.* immediately.
inmediato, ta *a.* immediate. *2* adjoining, close [to], next [to].
inmensamente *adv.* immensely.
inmensidad *f.* immensity. *2* vastness. *3* great number.
inmenso, sa *a.* immense. *2* unbounded, vast, huge.
inmerecido, da *a.* undeserved.
inmersión *f.* immersion, dip.
inmigración *f.* immigration.
inmigrante *a.-n.* immigrant.
inmigrar *i.* to immigrate.
inminente *a.* imminent, near.
inmiscuir *t.* to mix. *2 ref.* to interfere, meddle. ¶ CONJUG. like ***huir.***
inmolar *t.* to immolate, sacrifice.
inmoral *a.* immoral.
inmoralidad *f.* immorality.
inmortal *a.* immortal.
inmortalidad *f.* immortality.
inmortalizar *t.* to immortalize. *2 ref.* to become immortal.
inmóvil *a.* immobile, motionless, still, fixed. *2* constant.
inmundicia *f.* dirt, filth, lewdness. *2* impurity.
inmundo, da *a.* dirty, filthy. *2* unclean. *3* obscene.
inmune *a.* immune, exempt, free.
inmunidad *f.* immunity, exemption.
inmunizar *t.* to immunize, exempt.
inmutable *a.* unchangeable.
inmutar *t.* to change, alter. *2 ref.* to change countenance.
innato, ta *a.* innate, inborn.
innecesario, ria *a.* unnecessary.
innegable *a.* undeniable.
innovación *f.* innovation; novelty.
innovar *t.* to innovate.
innumerable *a.* innumerable, numberless.
inocencia *f.* innocence, innocency.
inocentada *f.* simple, silly act or words. *2* practical joke.
inocente *a.-n.* innocent; naïve.
inocentón, na *a.* gullible.
inocular *t.* to inoculate [with].
inodoro, ra *a.* odourless. *2 m.* water-closet, toilet.

inofensivo, va *a.* inoffensive, harmless.
inolvidable *a.* unforgettable.
inopinado, da *a.* unexpected, unforeseen.
inoportuno, na *a.* inopportune, untimely.
inorgánico, ca *a.* inorganic.
inoxidable *a.* inoxidable; stainless [steel].
inquebrantable *a.* unbreakable. *2* firm, irrevocable.
inquietar *t.* to disturb, worry. *2* to vex, harass, trouble. *3 ref.* to be anxious, be uneasy.
inquieto, ta *a.* restless. *2* agitated. *3* worried, anxious, uneasy.
inquietud *f.* restlessness, anxiety. *2* disturbance, riot.
inquilino, na *m.-f.* tenant.
inquina *f.* aversion, dislike.
inquirir *t.* to inquire into, search, investigate. ¶ CONJUG. like ***adquirir.***
inquisición *f.* enquiry, investigation. *2 f. pr. n.* Inquisition.
insaciable *a.* insatiable, greedy.
insalubre *a.* unhealthy, unwholesome.
insano, na *a.* insane, mad, crazy; unhealthy.
inscribir *t.* to inscribe. *2 ref.* to register.
inscripción *f.* inscription. *2* registration.
insecticida *m.* insecticide.
insecto *m.* insect.
inseguridad *f.* insecurity, unsafety. *2* uncertainty.
inseguro, ra *a.* insecure, unsafe. *2* uncertain.
insensatez *f.* stupidity.
insensato, ta *a.* stupid, foolish.
insensibilidad *f.* insensibility, insensitiveness.
insensible *a.* senseless, unconscious. *2* unfeeling, callous.
inseparable *a.-n.* inseparable.
insepulto, ta *a.* unburied.
insertar *t.* to insert, introduce.
inservible *a.* useless.
insidia *f.* snare, insidious act.
insidioso, sa *a.* insidious; sly.
insigne *a.* famous, eminent.
insignia *f.* badge, emblem. *2* NAUT. pennant.
insignificante *a.* insignificant.
insinuación *f.* insinuation, hint, innuendo.
insinuar *t.* to insinuate, hint. *2 ref.* to insinuate oneself.
insípido, da *a.* insipid, tasteless.
insistencia *f.* insistence, persistence.
insistente *a.* insistent, persistent.
insistentemente *adv.* insistently.
insistir *i.* to insist [on, that], persist.
insociable, insocial *a.* unsocial.
insolación *f.* sunstroke. *2* insolation.
insolencia *f.* insolence, cheekiness.
insolentar *t.* to make insolent. *2 ref.* to become insolent.
insolente *a.* insolent, impudent.
insólito, ta *a.* unusual.
insoluble *a.* insoluble.
insolvente *a.* insolvent, bankrupt.
insomnio *m.* insomnia.
insondable *a.* fathomless. *2* inscrutable.
insoportable *a.* unbearable.
insospechado, da *a.* unsuspected.
insostenible *a.* untenable, indefensible.
inspección *f.* inspection, survey.
inspeccionar *t.* to inspect, oversee.
inspector, ra *m.-f.* inspector, overseer, surveyor, supervisor.
inspiración *f.* inspiration.
inspirar *t.* to inspire breathe in. *2 ref.* to become inspired.
instalación *f.* installation. *2* plant.
instalar *t.* to install. *2* to set up. *3 ref.* to settle.
instancia *f.* instance, request: ***a ~ de***, at the request of. *2* urgency. *3* petition, application.
instantáneo, a *a.* instantaneous. *2 f.* PHOT. snapshot.
instante *m.* instant, moment: ***al ~***, immediately.
instar *t.* to request, beg, press, urge. *2 i.* to be pressing, urgent.
instaurar *t.* to restore, renew.
instigar *t.* to instigate, incite.
instintivo, va *a.* instinctive.
instinto *m.* instinct.
institución *f.*institution [establishment]. *2 pl.* institutes.
instituir *t.* to institute, establish, found. *2* LAW appoint [as heir]. ¶ CONJUG. like ***huir.***
instituto *m.* institute. *2* state secondary school.
institutriz *f.* governess.
instrucción *f.* instruction, teaching, education. *2* knowledge, learning. *3* MIL. drill. *4 pl.* directions, orders.
instructivo, va *a.* instructive.
instruir *t.* to instruct, teach. *2* MIL. to drill. *3* LAW to carry out proceedings. *4 ref.* to learn. ¶ CONJUG. like ***huir.***
instrumento *m.* instrument, tool.
insubordinarse *ref.* to rebel.
insuficiencia *f.* insufficiency. *2* incompetence.
insuficiente *a.* insufficient.
insufrible *a.* unbearable.
insular *a.* insular. *2 m.-f.* islander.
insulso, sa *a.* insipid, flat, dull.

insultante *a.* insulting, abusive.
insultar *t.* to insult; to call names.
insulto *m.* insult, affront, outrage.
insuperable *a.* insuperable, unsurpassable.
insurgente *a.-n.* insurgent, rebel.
insurrección *f.* insurrection, rebellion, uprising.
insurreccionarse *ref.* to rise up, rebel.
insurrecto, ta *a.* insurgent, rebellious: *2 m.-f.* rebel.
intacto, ta *a.* intact, whole.
intachable *a.* blameless, faultless.
integrante *a.* integral.
integrar *t.* to integrate, form.
integridad *f.* integrity, wholeness. *2* honesty, uprightness.
íntegro, gra *a.* whole, complete. *2* honest, upright.
intelecto *m.* intellect.
intelectual *a.-n.* intellectual.
inteligencia *f.* intelligence, intellect, mind, understanding.
inteligente *a.* intelligent, clever.
intemperancia *f.* intemperance.
intemperante *a.* intemperate.
intemperie *f.* open air; bad weather: ***a la*** ~, in the open air, outdoors.
intempestivo, va *a.* untimely, unseasonable, inopportune.
intención *f.* intention, purpose, mind, meaning: ***tener*** ~ ***de***, to intend, have in mind.
intencionadamente *adv.* deliberately, on purpose.
intencionado, da *a.* deliberate; pointed, barbed [remark]: ***mal*** ~, evil-minded.
intendencia *f.* intendancy. *2* MIL. administrative corps of the army.
intendente *m.* manager; supervisor.
intensidad *f.* intensity.
intensificar *t.* to intensify.
intensivo, va *a.* intensive.
intenso, sa *a.* intense, vehement.
intentar *t.* to try, attempt. *2* to intend.
intento *m.* intent, purpose: ***de*** ~, on purpose. *2* attempt.
intercalar *t.* to insert.
intercambio *m.* interchange.
interceder *i.* to intercede.
interceptar *t.* to intercept.
intercesión *f.* intercession, mediation.
interés *m.* interest, profit, concern: ***de*** ~, interesting; ***intereses creados***, vested interests.
interesado, da *a.* interested, concerned. *2* selfish.
interesante *a.* interesting.
interesar *t.* to interest. *2* to concern. *3* MED. to affect [an organ, etc.]. *4 i.* to be interesting. *5* to be necessary. *6 ref.* ***interesarse en*** or ***por***, to be interested [in+*n.*; to+*inf.*].
interferencia *f.* interference.
interino, na *a.* provisional, temporary.
interior *a.* interior, inner, inside. *2 m.* inner part; inland. *3* mind, soul. *4 pl.* personal affairs.
interiormente *adv.* internally, inwardly.
interjección *f.* GRAM. interjection, exclamation.
intermediario, ria *a.-n.* intermediary. *2* COM. middleman.
intermedio, dia *a.* intermediate. *2 m.* intermission; interval.
interminable *a.* endless, unending.
intermitente *a.* intermittent.
internacional *a.* international.
internado *m.* boarding school.
internar *t.* to intern, confine. *2 ref.* to go into the interior [of].
interno, na *a.* internal, interior, inside. *2 m.-f.* boarder.
interpelar *t.* to question, interrogate. *2* to ask the aid of.
interponer *t.* to interpose. *2 ref.* to intervene, mediate.
interpretación *f.* interpretation, explanation.
interpretar *t.* to interpret, explain. *2* THEAT. to play [a part].
intérprete *m.-f.* interpreter.
interrogación *f.* interrogation, question. *2* GRAM. question mark.
interrogante *a.* interrogating, questioning. *2 m.* GRAM. question mark.
interrogar *t.* to interrogate, question.
interrumpir *t.* to interrupt, break off, cut short, stop.
interrupción *f.* interruption.
interruptor, ra *m.-f.* interrupter. *2 m.* ELEC. switch.
intervalo *m.* interval; gap; break.
intervención *f.* intervention. *2* mediation. *3* supervision.
intervenir *i.* to intervene. *2* to intercede, plead. *3* to mediate. *4 t.* SURG. to operate upon.
interventor, ra *m.-f.* supervisor, inspector. *2* auditor.
intestino, na *a.* internal. *2* intestine. *3 m.* ANAT. intestine(s.
intimar *t.* to intimate, notify, order. *2 i.-ref.* to become intimate or friendly.
intimidad *f.* intimacy, close friendship: ***en la*** ~, in private.
intimidar *t.* to intimidate, daunt.
íntimamente *adv.* intimately.
íntimo, ma *a.* intimate. *2* private. *3* close [relation, etc.].

intolerable *a.* intolerable, unbearable.
intolerancia *f.* intolerance.
intolerante *a.* intolerant.
intranquilidad *f.* restlessness, uneasiness.
intranquilo, la *a.* restless, worried, uneasy.
intransigencia *f.* intransigence.
intransigente *a.* intransigent, uncompromising.
intratable *a.* intractable. *2* cantankerous, unsociable.
intrepidez *f.* fearlessness, courage.
intrépido, da *a.* intrepid, fearless.
intriga *f.* intrigue. *2* plot.
intrigante *a.* intriguing. *2 m.-f.* intriguer, plotter.
intrigar *i.* to intrigue, scheme.
intrincado, da *a.* intricate, complicate.
introducción *f.* introduction.
introducir *t.* to introduce; to insert. *2* to usher in. *3 ref.* to get in(to.
intromisión *f.* interference, meddling.
intruso, sa *a.* intruding, intrusive. *2 m.-f.* intruder.
intuición *f.* intuition.
intuir *t.* to know by intuition. ¶ CONJUG. like ***huir.***
intuitivo, va *a.* intuitive.
inundación *f.* inundation, flood.
inundar *t.* to inundate, flood.
inusitado, da *a.* unusual, obsolete.
inútil *a.* useless. *2* **-mente** *adv.* uselessly.
inutilidad *f.* uselessness.
inutilizar *t.* to render useless; to disable; to spoil. *2 ref.* to become useless; to be disabled.
invadir *t.* to invade, overrun.
invalidar *t.* to invalidate, annul.
inválido, da *a.-n.* invalid.
invariable *a.* invariable. *2* **-mente** *adv.* invariably.
invasión *f.* invasion.
invasor, ra *a.* invading. *2 m.-f.* invader.
invencible *a.* invincible.
inventar *t.* to invent, find out.
inventariar *t.* to inventory.
inventario *m.* inventory.
inventiva *f.* inventiveness.
invento *m.* invention, discovery.
inventor, ra *m.-f.* inventor.
invernáculo *m.* greenhouse, hothouse.
invernadero *m.* winter quarters. *2* winter pasture. *3* INVERNÁCULO.
invernal *a.* wintry, winter.
invernar *i.* to hibernate, winter. ¶ CONJUG. like ***acertar.***
inverosímil *a.* unlikely.
inversión *f.* inversion. *2* COM. investment.
inverso, sa *a.* inverse, inverted, opposite. *2* ***a la inversa***, on the contrary.
invertebrado, da *a.-n.* invertebrate.
invertido *m.* homosexual.
invertir *t.* to invert. *2* to reverse. *3* to spend [time]. *4* COM. to invest [money, etc.]. ¶ CONJUG. like ***hervir.***
investigación *f.* investigation, research, enquiry.
investigador, ra *a.* investigating. *2 m.-f.* investigate, researcher.
investigar *t.* to investigate, inquire into, do research on.
investir *t.* to invest [with]. ¶ CONJUG. like ***servir.***
inveterado, da *a.* inveterate.
invicto, ta *a.* unconquered.
invierno *m.* winter.
invisible *a.* invisible.
invitación *f.* invitation.
invitado, da *m.-f.* guest.
invitar *t.* to invite.
invocar *t.* to invoke, implore.
involucrar *t.* to introduce irrelevantly.
involuntario, ria *a.* involuntary.
invulnerable *a.* invulnerable.
inyección *f.* injection.
inyectar *t.* to inject.
ir *i.* to go: ***¿cómo le va?***, how are you?; ~ ***a caballo***, to ride on horseback; ~ ***a casa***, to go home; ~ ***a pie***, to go on foot; to walk; ~ ***en coche***, to drive, ride in a car; ~ ***en tren***, to go by train; ***¡vamos!***, come on!, let's go! *2* ~ ***de uniforme***, to be in uniform. *3* to suit, match; to be convenient. *4* ***va oscureciendo***, it is getting dark [progressive form].
5 ref. to go away, depart. *6* ***irse abajo***, to fall down, topple over, collapse. *7* ***irse a pique***, to sink, founder.
¶ IRREG. CONJUG. INDIC. Pres.: ***voy, vas, va; vamos, vais, van.*** | Imperf.: ***iba, ibas,*** etc. | Pret.: ***fui, fuiste***, etc. | Fut.: ***iré, irás,*** etc. || COND.: ***iría, irías,*** etc. || SUBJ.: Pres.: ***vaya, vayas,*** etc. | Imperf.: ***fuera, fueras***, etc., or ***fuese, fueses,*** etc. | Fut.: ***fuere, fueres***, etc. || IMPER.: ***ve, vaya; vayamos, id, vayan.*** || PAST. P.: ***ido.*** || GER.: ***yendo.***
ira *f.* anger, wrath, rage.
iracundo, da *a.* irritable, angry.
iris *m.* iris: ***arco*** ~, rainbow.
Irlanda *f. pr. n.* GEOG. Ireland.
irlandés, sa *a.* Irish.
ironía *f.* irony.
irónico, ca *a.* ironic(al.
irracional *a.* irrational.
irradiar *t.* to irradiate, radiate.
irreal *a.* unreal.
irrealizable *a.* unrealizable, impracticable.

irreductible *a.* irreducible.
irreflexión *f.* rashness, thoughtlessness.
irreflexivo, va *a.* rash, thoughtless.
irrefragable *a.* irrefutable.
irrefrenable *a.* unbridled; unruly.
irreligioso, sa *a.* irreligious.
irremediable *a.* irremediable, hopeless.
irreprochable *a.* irreproachable.
irresistible *a.* irresistible.
irresoluto, ta *a.* irresolute.
irrespetuoso, sa *a.* disrespectful.
irrespirable *a.* unbreathable, suffocating.
irresponsable *a.* irresponsible.
irreverente *a.* irreverent.
irrigación *f.* MED. irrigation.
irrigar *t.* MED. to irrigate.
irrisorio, ria *a.* derisory, ridiculous. *2* insignificant.
irritable *a.* irritable.
irritación *f.* irritation; wrath.
irritante *a.* irritating, irritant.
irritar *t.* to irritate. *2 ref.* to become irritated.
irrogar *t.* to cause, provoke.
irrompible *a.* unbreakable.
irrumpir *i.* to make an irruption.
irrupción *f.* irruption, invasion.
Isabel *f. pr. n.* Isabella, Elizabeth.
isla *f.* island; isle.
Islandia *f. pr. n.* GEOG. Iceland.
isleño, ña *m.-f.* islander.
islote *m.* small barren island.
israelita *a.* Jewish. *2 m.* Jew. *3 f.* Jewess.
istmo *m.* isthmus.
Italia *f. pr. n.* GEOG. Italy.
italiano, na *a.-n.* Italian.
itinerario *m.* itinerary. *2* time-table, schedule.
izar *t.* to hoist; to heave.
izquierdista *a.-n.* POL. leftist, radical.
izquierdo, da *a.* left-handed [person]; crooked. *2 f.* left hand; left side: ***a la ~***, to the left. *3* POL. the Left [wing].

J

jabalí *m.* wild boar.
jabón *m.* soap: ~ ***de afeitar***, shaving soap; ~ ***de tocador***, toilet soap. *2 fig.* flattery: ***dar*** ~, to soft-soap.
jabonar *t.* to soap; to lather.
jaca *f.* nag, cob.
jácara *f.* a gay dance and song.
jacarandoso, sa *a.* jaunty, lively.
jacinto *m.* hyacinth.
jactancia *f.* boast, brag.
jactancioso, sa *a.* boastful, bragging. *2 m.-f.* boaster, braggard.
jactarse *ref.* to boast, brag.
jadeante *a.* panting, out of breath.
jadear *i.* to pant, heave, gasp.
jaez, *pl.* **jaeces** *m.* harness. *2* kind, sort. *3 pl.* trappings.
jaguar *m.* ZOOL. jaguar.
jalea *f.* jelly.
jalear *t.* to shout [to hunting dogs]. *2* to cheer and clap [to encourage dancers].
jaleo *m.* clapping, cheering, etc. [to encourage dancers]. *2* Andalusian dance and its tune. *3* merry noise. *4* row, disturbance.
jalón *m.* landmark; stake.
jalonar *t.* to mark or stake out.
jamás *adv.* never.
jamelgo *m.* jade [horse].
jamón *m.* ham.
Japón (el) *m. pr. n.* Japan.
japonés, sa *a.-n.* japanese.
jaque *m.* CHESS check: ~ ***mate***, checkmate.
jaqueca *f.* migraine, headache.
jarabe *m.* syrup.
jarana *f.* merrymaking: ***ir de*** ~, to go on the spree. *2* coll. row, uproar. *3* trick.
jarcia *f.* NAUT. rigging, cordage.
jardín *m.* [flower] garden.
jardinero *m.* gardener.
jarra *f.* earthen jar. *2* ***en jarras***, with arms akimbo.
jarro *m.* jug, pitcher.
jarrón *m.* ornamental jug or vase.
jaspe *m.* jasper.
jaula *f.* cage [for birds, etc.].
jauría *f.* pack of hounds.
jazmín *m.* BOT. jasmine.
jefatura *f.* leadership. *2* headquarters [of police].
jefe *m.* chief, head, leader: ~ ***del Estado***, head of the State, *chief executive; ~ ***de estación,*** station-master.
jengibre *m.* ginger.
jerarquía *f.* hierarchy.
jerez *m.* sherry [wine].
jerga *f.* coarse woollen cloth. *2* straw mattress. *3* jargon, slang.
jeringa *f.* syringe.
jeringar *t.* to inject. *2* to annoy.
jerigonza *f.* jargon; slang.
jeroglífico *m.* hieroglyph.
jersey *m.* jersey, sweater, jumper.
Jesucristo *m.* pr. *n.* Jesus Christ.
jesuita *a.-m.* Jesuit.
jícara *f.* chocolate cup.
jilguero *m.* goldfinch, linnet.
jinete *m.* horseman, rider.
jira *f.* strip of cloth. *2* picnic.
jirafa *f.* giraffe.
jirón *m.* shred, tatter; tear.
jocosidad *f.* jocosity, jocularity.
jocoso, sa *a.* jocose, jocular, humorous, funny.
jofaina *f.* wash-basin.
jolgorio *m.* HOLGORIO.
jornada *f.* day's journey. *2* military expedition. *3* working day. *4* act [of a play].
jornal *m.* day's wages: ***a*** ~, by the day. *2* day's work.
jornalero *m.* day-labourer, journeyman.
joroba *f.* hump, hunch. *2* coll. annoyance, bother.
jorobado, da *a.* hunchbacked. *2* bothered. *3 m.-f.* hunch-back.
jota *f.* the letter *j.*: ***no entender*** ~, not to

understand anything. *2* jota [Spanish dance].

joven *a.* young. *2 m.-f.* youth, young man or woman: ***los jóvenes***, the young people.

jovial *a.* jovial, cheerful, gay.

jovialidad *f.* joviality, cheerfulness, good humour.

joya *f.* jewel; gem.

joyería *f.* jeweller's shop, jewellery.

joyero *m.* jeweller. *2* jewel case.

juanete *m.* bunion.

jubilación *f.* retirement [from job]. *2* pension, superannuation.

jubilar *t.* to retire, pension off. *2 i.* to rejoice. *3 ref.* to retire [from job].

júbilo *m.* jubilation, joy, rejoicing.

jubiloso, sa *a.* joyful, rejoicing.

jubón *m.* doublet, jerkin.

judía *f.* Jewess. *2* BOT. bean, kidney bean.

judiada *f.* dirty trick.

judicial *a.* judicial, judiciary: ***poder*** ~, judicial power.

judío, a *a.* Jewish. *2 m.* Jew, Hebrew.

juego *m.* play. *2* game. *3* sport. *4* gambling; pack of cards. *5* set, service: ~ ***de té***, tea set. *6* ~ ***de palabras***, pun; ***hacer*** ~, to match; ***poner en*** ~, to make use of; ~ ***limpio***, fair play.

juerga *f.* spree, revelry: ***ir de*** ~, to go on the spree.

juerguista *m.-f.* reveller, merrymaker.

jueves *m.* Thursday.

juez *m.* judge, justice: ~ ***de paz***, justice of the peace.

jugada *f.* play, move. *2* stroke, throw, turn. *3* mean trick.

jugador, ra *m.-f.* player. *2* gambler.

jugar *t.-i.* to play, sport, frolic, toy, dally: ~ ***al fútbol***, to play football. *2* to game, gamble. *3* ~ ***a la Bolsa***, to speculate in stocks. *4 t.-ref.* to risk, stake. ¶ IRREG. CONJUG. INDIC. Pres.: ***juego, juegas, juega;*** jugamos, jugáis, ***juegan.*** ‖ SUBJ. Pres.: ***juegue, juegues, juegue;*** juguemos, juguéis, ***jueguen.*** ‖ IMPER.: ***juega, juegue; juguemos,*** jugad, ***jueguen.***

jugarreta *f.* mean trick, bad turn.

juglar *m.* minstrel, jongleur.

jugo *m.* juice. *2* substance, pith.

jugoso, sa *a.* juicy, succulent.

juguete *m.* toy, plaything.

juguetear *i.* to toy, play, frolic.

juguetón, na *a.* playful, frisky.

juicio *m.* judgement, sense, wisdom: ***a mi*** ~, in my opinion. *2* LAW trial, judgement.

juicioso, sa *a.* judicious, sensible, wise.

julio *m.* July.

jumento *m.* ass, donkey.

junco *m.* NAUT. junk. *2* BOT. rush.

junio *m.* June.

junta *f.* meeting, conference. *2* board, council: ~ ***directiva***, board of directors, executive board. *3* CARP. joint.

juntamente *adv.* jointly, together.

juntar *t.* to assemble. *2* to gather, lay up, store. *3* to join, unite; to connect. *4 ref.* to join, meet, assemble, gather.

junto, ta *a.* united, together. *2 adv.* near, close: ~ ***a***, near to, close to: ~ ***con***, together with; ***todo*** ~, all at once.

juntura *f.* joint, juncture.

jurado *m.* LAW jury. *2* juror, juryman. *3 p. p.* sworn.

juramentar *t.* to swear. *2 ref.* to take an oath.

juramento *m.* oath: ~ ***falso***, perjury. *2* swear-word, curse.

jurar *t.-i.* to swear, take an oath: ~ ***en falso***, to commit perjury. *2* to vow. *3* to curse.

jurídico, ca *a.* juridical; legal.

jurisconsulto *m.* jurist, lawyer.

jurisdicción *f.* jurisdiction.

jurisdiccional *a.* jurisdictional. *2* ***aguas jurisdiccionales***, territorial waters.

jurisprudencia *f.* jurisprudence.

jurista *m.* jurist, lawyer.

justa *f.* joust, tilt. *2* tournament. *3* contest.

justamente *adv.* justly. *2* tightly. *3* just, exactly.

justicia *f.* justice: ***hacer*** ~, to do justice. *2* officers of law-court, judge.

justiciero, ra *a.* just, righteous.

justificación *f.* justification.

justificante *a.* justifying. *2 m.* proof, voucher.

justificar *t.* to justify. *2* to prove. vouch. *3 ref.* to justify one's conduct.

1) **justo** *adv.* justly, rightly. exactly. *3* tightly, closely.

2) **justo, ta** *a.* just. *2* righteous. *3* exact, correct. *4* tight, close-fitting. *5 m.* just man.

juvenil *a.* juvenile, youthful.

juventud *f.* youth, youthfulness. *2* young people.

juzgado *m.* law-court, court of justice, tribunal.

juzgar *i.* to judge. *2* to try. *3* to give an opinion; to think; ***a*** ~ ***por***, judging by or from.

K

kilo, kilogramo *m.* kilogram, kilogramme, kilo.
kilolitro *m.* kilolitre, kiloliter.
kilométrico, ca *a.* kilometric(al. *2 m.* runabout ticket.
kilómetro *m.* kilometre, kilometer.
kilovatio *m.* kilowatt.
kiosko *m.* kiosk.

L

1) **la** *def. art. fem. sing.* the. *2 obj. pron.* her; it; you.
2) **la** *m.* MUS. la, A.
laberinto *m.* labyrinth, maze. *2* internal ear.
labia *f.* coll. fluency, winning eloquence.
labio *m.* lip. *2* brim [of a cup].
labor *f.* labour, work, task. *2* embroidery, needlework; knitting. *3* tillage; ploughing.
laborable *a.* workable. *2* arable [ground]. *3* ***día*** ~, workday.
laborar *t.* to work, fashion.
laboratorio *m.* laboratory.
laboreo *m.* AGR. tillage. *2* MIN. working.
laboriosidad *f.* diligence, industry.
laborioso, sa *a.* laborious, industrious, diligent. *2* arduous.
labrado, da *a.* AGR. tilled. *2* wrought. *3* cut, carved.
labrador, ra *m.-f.* farmer, peasant.
labranza *f.* cultivation, farming, husbandry. *2* farm land.
labrar *t.* to work, carve, cut. *2* to plough, till, cultivate.
labriego, ga *m.-f.* farm labourer, peasant.
laca *f.* lac, shellac. *2* lacquer.
lacayo *m.* lackey, footman, groom.
lacerar *t.* to lacerate, tear. *2* to harm, damage.
lacio, cia *a.* withered. *2* languid. *3* straight, lank [hair].
lacónico, ca *a.* laconic; brief.
lacra *f.* trace left by illness. *2* fault, defect.
lacrar *t.* to seal.
lacre *m.* sealing-wax.
lacrimógeno, na *a.* ***gas*** ~, tear-gas.
lacrimoso, sa *a.* lachrymose, tearful.
lácteo, tea *a.* milky: ***Vía Láctea***, Milky way.
ladear *t.-ref.* to tilt, tip, lean or incline to one side. *2* to turn sideways; to sway. *3 i.* to go round the hillside.
ladeo *m.* inclination, tilt.
ladera *f.* slope, hillside.
ladino, na *a.* shrewd, sly.
lado *m.* side: ***dejar a un*** ~, to set aside; ***al*** ~, close by, near by; ***al*** ~ ***de***, beside; ***por un*** ~ ... ***por otro***, on the one hand... on the other hand.
ladrar *i.* to bark.
ladrido *m.* bark, barking.
ladrillo *m.* brick, tile.
ladrón, na *m.-f.* thief, robber.
lagartija *f.* small lizard.
lagarto *m.* lizard. *2* coll. sly fellow.
lago *m.* lake.
lágrima *f.* tear, tear-drop: ***llorar a*** ~ ***viva***, to shed bitter tears.
lagrimear *i.* to shed tears, weep.
laguna *f.* small lake; pond, lagoon. *2* blank, gap.
laico, ca *a.* lay, secular. *2 m.-f.* layman.
lamentable *a.* lamentable, deplorable, pitiful, plaintive.
lamentación *f.* wail, lamentation.
lamentar *t.* to deplore, regret, be sorry for. *2 ref.* to complain, moan, wail, grieve.
lamento *m.* wail, moan, cry.
lamer *t.* to lick; to lap.
lamida *f.* lick.
lámina *f.* metal plate; sheet of metal. *2* engraving; full-page illustration.
lámpara *f.* lamp. *2* RADIO valve.
lana *f.* wool; fleece.
lanar *a.* wool-bearing: ***ganado*** ~, sheep.
lance *m.* throw, cast. *2* predicament; incident, affair; ~ ***de honor***, affair of honour, duel. *3* move, turn [in a game]. *4* ***de*** ~, second-hand.
lancero *m.* lancer.
lancha *f.* NAUT. launch, boat.
langosta *f.* ENT. locust. 2 ZOOL. lobster.
langostín, langostino *m.* ZOOL. prawn, shrimp, crayfish.

languidecer *i.* to languish; to pine away. ¶ CONJUG. like ***agradecer.***
languidez *f.* weakness, languor.
lánguido, da *a.* weak, languid, despondent.
lanudo, da *a.* wooly; fleecy.
lanza *f.* lance, spear: ~ ***en ristre,*** ready for action. *2* shaft.
lanzada *f.* lance thrust.
lanzadera *f.* shuttle.
lanzamiento *m.* cast, throwing. *2* NAUT. launching. *3* LAW eviction, dispossession.
lanzar *t.* to throw, cast, dart, fling, hurl. *2* to launch [a boat, etc.]. *3 ref.* to throw oneself, rush; to dart out.
lapicero *m.* pencil holder. *2* pencil.
lápida *f.* tablet; tombstone; slab.
lapidar *t.* to throw stones at, stone to death.
lápiz, *pl.* **-ces** *m.* pencil; crayon. *2* ~ ***para los labios,*** lipstick.
lapso *m.* lapse. *2* fall, slip.
largamente *adv.* at length; long, for a long time. *2* largely.
largar *t.* to let go. *2* to deliver [a speech]. *3* to give [a sigh; a slap]. *4 ref.* to get out, leave. *5* ***¡lárgate!,*** get out!
1) **largo** *adv.* largely, extendedly. *2 m.* long, length. *3* ***pasar de ~,*** to pass by. *4* interj. ***¡largo de ahí!***, get out of here!
2) **largo, ga** *a.* long: ***a la larga,*** in the long run; ***a lo largo de,*** along, throughout. *2* shrewd.
largueza *f.* generosity. *2* length.
largura *f.* length.
laringe *f.* ANAT. larynx.
larva *f.* ZOOL. larva; grub.
las *def. art. f. pl.* the. *2* ~ ***que,*** those who or wich. *3 obj. pron. f. pl.* them.
lascivia *f.* lasciviousness, lewdness.
lascivo, va *a.* lascivious, lewd.
lasitud *f.* lassitude, weariness.
lástima *f.* pity, compassion, grief: ***¡qué ~!,*** what a pity!
lastimar *t.* to hurt, injure, damage; to offend. *2 ref.* to get hurt. *3* to feel pity for. *4* to complain.
lastre *m.* ballast.
lata *f.* tin-plate, tin, can: ***en ~,*** canned, tinned. *2* bore, nuisance: ***dar la ~***, to annoy.
latente *a.* latent, hidden.
lateral *a.* lateral, side [door].
latido *m.* beat, throb, pulsation. *2* yelp [of dog].
latifundio *m.* large estate.
latigazo *m.* lash [with a whip, etc.]. *2* crack of a whip.
látigo *m.* whip.
latín *m.* Latin [language].
latir *i.* to beat, throb, pulsate. *2* [of a dog] to yelp, bark.
latitud *f.* breadth, width; extent, *2* GEOG. latitude.
lato, ta *a.* broad, wide.
latón *m.* brass.
latoso, sa *a.* annoying, boring.
latrocinio *m.* theft, robbery.
laúd *m.* lute.
laudable *a.* laudable, praiseworthy.
laureado, da *a.* laureate.
laurel *m.* laurel. *2 pl.* fig. honours.
lava *f.* lava. *2* MIN. washing.
lavable *a.* washable.
lavabo *m.* wash-stand. *2* washroom; lavatory.
lavadero *m.* washing-place. *2* laundry.
lavado *m.* wash, washing.
lavador, ra *a.* washing. *2 m.-f.* washer, cleaner. *3 f.* washing-machine.
lavamanos *m.* wash-hand-stand.
lavandera *f.* washerwoman, laundress.
lavandería *f.* laundry.
lavar *t.-i.* to wash [one's hands, etc.]; to wash up [dishes, etc.]; to clean, *2* to cleanse. *3 ref.* to wash oneself.
lavativa *f.* enema. *2* syringe.
laxante *a.-m.* laxative.
laxar *t.* to laxate, loosen.
laxitud *f.* laxity, laxness.
lazada *f.* slip-knot. *2* bow.
lazar *t.* to lasso, rope.
lazarillo *m.* blind person's guide.
lazo *m.* bow, knot: ~ ***corredizo,*** slip-knot. *2* tie, bond. *3* spare, trap: ***tender un ~ a,*** to set a trap for. *3* lasso.
le *pers. pron. m. sing.; direct obj.* him; you [formal]. *2 indirect obj.* to him, to her, to it; to you [formal].
leal *a.* loyal, faithful [servant]. *2* fair [proceeding]. *3* **-mente** *adv.* loyally, faithfully.
lealtad *f.* loyalty. *2* fairness.
lebrel *m.* greyhound.
lección *f.* lesson; reading.
lector, ra *m.-f.* reader. *2* lecturer [in colleges, etc.].
lectura f. *reading:* ***libro de ~,*** reader.
lechal *a.* sucking [lamb]. *2* milky [plant].
leche *f.* milk: ~ ***condensada,*** condensed milk. *2* luck [in games].
lechería *f.* dairy.
lechero, ra *a.* milky. *2 m.* milkman, dairyman. *3 f.* milkmaid, dairymaid.
lecho *m.* bed, couch. *2* river-bed. *3* layer, stratum.

lechón *m.* sucking-pig. *2* pig.
lechuga *f.* lettuce.
lechuza *f.* ORN. barn.-owl.
leer *t.-i.* to read. *2* to lecture.
legación *f.* legation.
legado *m.* LAW legacy, bequest. *2* legate, representative.
legajo *m.* bundle of papers; dossier, file.
legal *a.* legal, lawful. *2* **-mente** *adv.* legally, lawfully.
legalidad *f.* legality, lawfulness.
legalizar t. to legalize.
légamo *m.* mud, slime.
legar *t.* to will, bequeath. *2* to send as a delegate.
legendario, ria *a.* legendary.
legión *f.* legion.
legislación *f.* legislation.
legislador, ra *a.* legislative. *2 m.* legislator.
legislar *t.* to legislate, enact laws.
legislatura *f.* legislature. *2* legislative assembly.
legitimar *t.* to legitimate.
legítimo, ma *a.* legitimate. *2* lawful, *3* genuine, real.
lego, ga *a.* lay, secular. *2* ignorant. *3 m.* layman. *4* lay brother or sister.
legua *f.* league [about 3 miles].
leguleyo *m.* pettifogger.
legumbre *f.* legume, pod fruit. *2 pl.* vegetables.
lejanía *f.* distance, remoteness.
lejano, na *a.* distant, remote, far.
lejía *f.* lye.
lejos *adv.* far, far away, far off: ***a lo ~,*** in the distance, far away; ***de ~,*** from afar.
lelo, la *a.* stupid, dull.
lema *m.* motto. *2* slogan.
lencería *f.* linen goods. *2* linen-draper's shop. *3* lingerie.
lengua *f.* tongue: ***no morderse la ~,*** not to mince words. *2* language: ***~ materna,*** mother tongue. *3* clapper [of a bell]. *4* strip [of land].
lenguado *m.* sole [fish].
lenguaje *m.* language. *2* tongue, speech.
lengüeta *f.* small tongue. *2* epiglottis. *3* needle [of a balance]. *4* MUS. tongue, reed. *5* barb [of an arrow]. *6* MEC. feather, wedge.
lentamente *adv.* slowly.
lente *m.-f.* lens. *2* glass: ***~ de aumento,*** magnifying glass. *3 m. pl.* glasses, spectacles.
lenteja *f.* lentil
lentejuela *f.* spangle. *2 pl.* tinsel.
lentitud *f.* slowness, sluggishness.
lento, ta *a.* slow, sluggish.
leña *f.* firewood. *2* thrashing.
leñador, ra *m.-f.* woodcutter. *2 m.* woodman. *3 f.* woodwoman.
leño *m.* log. *2* block [of wood].
león *m.* lion.
leona *f.* lioness.
leonera *f.* lion-cage. *2* coll. gambling den. *3* lumber-room
leopardo *m.* leopard.
lepra *f.* leprosy.
leproso, sa *a.* leprous. *2 m.-f.* leper.
lerdo, da *a.* dull, slow-witted.
les *pers. pron. m.-f. pl.* them, to them; you, to you [formal].
lesión f. hurt, wound, injury.
lesionar *t.* to hurt, wound, injure. *2* to damage, harm.
letal *a.* lethal, deadly, mortal.
letargo *m.* lethargy, drowsiness.
letra *f.* letter [of alphabet]. *2* printing type; character. *3* handwriting. *4* words [of a song]. *5* ***~ mayúscula,*** capital letter; ***~ minúscula,*** small letter; ***al pie de la ~,*** litterally. *6* COM. ***letra*** or ***~ de cambio,*** bill of exchange, draft. *7 pl.* letters; learning.
letrado, da *a.* learned, erudite. *2 m.-f.* lawyer.
letrero *m.* label. *2* sign, poster, notice, placard.
letrina *f.* letrine, privy.
leva *f.* levy, draft. *2* weighing anchor, setting sail.
levadizo, za *a.* liftable: ***puente ~,*** drawbridge.
levadura *f.* leaven, yeast.
levantamiento *m.* lifting, raising. *2* sublimity. *3* insurrection, uprising, revolt.
levantar *t.* to raise, lift, hoist. *2* to set up, build. *3* to pick up, gather. *4* to stir, incite to rebellion. *5* ***~ la mesa,*** to clear the table. *6* ***~ un falso testimonio,*** to bear false witness. *7* ***~ acta,*** to draw up a statement. *8* ***~la sesión,*** to adjourn. *9 ref.* to rise, get up, stand up; to rebel.
levante *m.* East, Orient; Levant. *2* east coast of Spain.
levantisco, ca *a.* turbulent, rebellious.
levar *t.* NAUT. to set sail.
leve *a.* light. *2* slight, trifling.
levemente *adv.* lightly, slightly.
levita *m.* Levite. *2 f.* frock-coat.
léxico *m.* dictionary, lexicon. *2* vocabulary [of a person].
ley *f.* law; rule; act, statute. *2* loyalty. *3* standard quality: ***plata de ~,*** sterling silver.
leyenda *f.* legend, story. *2* reading, inscription.
lezna *f.* awl.

liar *t.* to tie [up], wrap up, bind. *2* to roll [a cigarrette]. *3 ref.* to get mixed up [with].
libar *t.* to sip. *2* to taste.
libelo *m.* libel.
libélula *f.* ENT. dragon-fly.
liberación *f.* liberation, deliverance, release.
liberal *a.* liberal, generous. *2 a.-n.* POL. liberal.
liberalidad *f.* liberality, generosity.
liberar *t.* to liberate, free.
libertad *f.* liberty, freedom.
libertador, ra *m.-f.* liberator, deliverer.
libertar *t.* to set free, liberate, deliver. *2* to free, rid, clear.
libertinaje *m.* licentiousness, debauchery. *2* free-thinking.
libertino, na *a.-n.* libertine. *2* freethinker. *3 a.* dissolute.
libra *f.* pound [weight; coin] ~ ***esterlina,*** pound sterling.
librador, ra *m.-f.* deliverer. *2* COM. drawer.
libramiento *m.* delivering. *2* order for payment.
libranza *f.* draft, bill of exchange.
librar *t.* to free, deliver, save [from danger, etc.]. *2* to pass [sentence]. *3* to draw [a bill, etc.]. *4* to give [battle]. *5* ref. ***librarse de,*** to get rid of; to escape from.
libre *a.* free: ~ ***albedrío,*** free will. *2* vacant [seat, etc.]. *3* disengaged, at leisure. *4* wanton.
libremente *adv.* freely.
librea *f.* livery [uniform].
librecambio *m.* free trade.
librería *f.* library; bookcase. *2* bookshop, bookstore.
librero *m.* bookseller.
libreta *f.* notebook.
libro *m.* book: ~ ***de caja,*** cash-book; ~ ***mayor,*** ledger.
licencia *f.* licence, permission. *2* licentiousness. *3* EDUC. degree of master or bachelor. *4* MIL. leave, furlough.
licenciado, da *m.-f.* EDUC. licentiate, graduate, holder of the degree of master or bachellor. *2* lawyer. *3* ~ ***del ejército,*** discharged soldier.
licenciar *t.* to give leave or permission. *2* EDUC. to confer the degree of master or bachelor. *3* MIL., to discharge [soldiers]. *4 ref.* to receive the degree of master or bachelor.
licenciatura *f.* degree of master or bachelor.
licencioso, sa *a.* licentious, lewd.
liceo *m.* lyceum, school. *2* club.
licitar *t.* to bid for [at auction].
lícito, ta *a.* licit, permitted, lawful.
licor *m.* liquor; liqueur; spirits.
licuar *t.-ref.* to liquefy, melt.
lid *f.* contest, fight. *2* dispute.
líder *m.* leader.
lidia *f.* fight. *2* bullfight.
lidiar *i.* to fight, contend, struggle.
liebre *f.* hare.
lienzo *m.* cotton or linen cloth. *2* canvas; painting.
liga *f.* garter. *2* bird-lime. *3* mixture; alloy. *4* league, alliance. *5* FOOTB. league.
ligadura *f.* tie, bond. *2* binding.
ligamento *m.* tie, binding. *2* ANAT. ligament.
ligar *t.* to tie, bind. *2* to alloy [metals]. *3* to join, unite. *4 ref.* to league together, join.
ligazón *f.* connection, linking.
ligereza *f.* lightness, swiftness, agility. *2* flippancy, frivolity.
1) **ligero, ra** *a.* light, swift, agile. *2* flippant, thoughtless.
2) **ligero** *adv.* fast, rapidly.
lija *f.* dogfish. *2* sandpaper.
lila *f.* lilac.
liliputiense *a.-n.* Liliputian.
lima *f.* file [tool]. *2* finish, polishing. *3* sweet lime [fruit].
limadura *f.* filing.
limar *t.* to file. *2* to polish.
limitación *f.* limitation; limit.
limitar *t.* to limit. *2* to cut down. *3 i.* ~ ***con,*** to border on. *4 ref.* to reduce expense. *5* ***limitarse a,*** to confine oneself to.
límite *m.* limit, bound. *2* border.
limítrofe *a.* neighbouring.
limón *m.* lemon.
limonada *f.* lemonade.
limonero *m.* lemon-tree.
limosna *f.* alms, charity.
limpiabotas *m.* bootblack.
limpiar *t.* to clean, cleanse. *2* to wipe. *3* to clear.
límpido, da *a.* limpid, clear.
limpieza *f.* cleanness, cleanliness. *2* purity. *3* honesty, fairness.
limpio, pia *a.* clean. *2* neat, tidy. *3* chaste; honest. *4* clear. net. *5* fair [play]. *6* ***sacar en ~,*** to conclude, infer: ***poner en ~,*** to make a clean copy.
linaje *m.* lineage, family, race: ~ ***humano,*** mankind.
linaza *f.* linseed, flax-seed.

lince *m.* ZOOL. lynx. *2* sharp-sighted person.
linchamiento *m.* lynching.
linchar *t.* to lynch.
lindante *a.* bordering, adjoining.
lindar *i.* ~ ***con,*** to border [on].
linde *m.-f.* limit, boundary; landmark.
lindero, ra *a.* bordering upon. *2 m.* limit, boundary.
lindeza *f.* prettiness; exquisiteness. *2* witty act or remark *3 pl.* pretty things; insults.
lindo, da *a.* pretty, nice, lovely.
línea *f.* line. *2* limit.
lineal *a.* lineal, linear.
lingote *m.* ingot.
lingüista *m.* linguist.
linimento *m.* liniment.
lino *m.* linen; flax.
linóleo *m.* linoleum.
linterna *f.* lantern, lamp: ~ ***eléctrica,*** flashlight.
lío *m.* bundel, parcel. *2* tangle, muddle, mess: ***armar un*** ~, to raise a rumpus; ***hacerse un*** ~, to get tangled up; ***meterse en un*** ~, to get oneself into a mess; ***¡qué*** ~***!,*** what a mess!
liquidación *f.* liquefaction. *2* liquidation. *3* bargain sale.
liquidar *t.-ref.* to liquefy. *2 t.* to liquidate. *3* fig. to squander; to murder. *4 i.* to go into liquidation.
líquido, da *a.-n.* liquid.
lira *f.* lira [monetary unit]. *2* MUS. lyre. *3* inspiration. *4* a type of metrical composition.
lírico, ca *a.* lyric(al). *2 m.-f.* lyric poet. *3 f.* lyric poetry.
lirio *m.* lily.
lirismo *m.* lyricism; enthusiasm.
lirón *m.* ZOOL. dormouse.
lisiado, da *a.* crippled. *2 m.-f.* cripple.
liso, sa *a.* smooth, even, flat.
lisonja *f.* flattery; compliment.
lisonjear *t.* to flatter.
lisonjero, ra *a.* flattering; fawning; promising.
lista *f.* strip. *2* slip [of paper]. *3* list, catalogue. *4* muster, roll; ***pasar*** ~, to call the roll.
listado, da *a.* striped.
listeza *f.* cleverness, smartness.
listo, ta *a.* ready. *2* quick. *3* finished. *4* clever.
listón *m.* ribbon. *2* ARCH. listel, *3* CARP. lath.
litera *f.* litter. *2* berth.
literal *a.* literal.
literario, ria *a.* literary.
literato, ta *m.-f.* literary person, writer, man-of-letters.
literatura *f.* literature.
litigar *t.-i.* to litigate, dispute.
litigio *m.* litigation, law-suit. *2* dispute.
litoral *a.* coastal. *2 m.* coast.
litro *m.* litre, liter.
liturgia *f.* liturgy.
liviandad *f.* lewdness. *2* lightness. *3* frivolity.
liviano, na *a.* lewd. *2* light; slight. *3* frivolous.
lívido, da *a.* livid.
lo *neut. art.* the. *2 pers. pron. m. neut.* him; it; you [formal]: ***lo que,*** what.
loa *f.* praise. *2* THEAT. prologue [of a play].
loable *a.* laudable, praiseworthy.
loar *t.* to praise, extol.
lobo, ba *m.* wolf. *2 f.* she-wolf. *3* fig. ~ ***de mar***, old salt.
lóbrego, ga *a.* dark, gloomy, sad.
lóbulo *m.* lobe, lobule.
local *a.* local. *2 m.* place, quarters, premises.
localidad *f.* locality. *2* place, town. *3* seat [in a theatre].
localizar *t.* to localize.
locamente *adv.* madly; wildly.
loco, ca *a.* mad, crazy, insane: ~ ***de remate,*** stark mad. *2 m.-f.* lunatic, insane person, madman, madwoman. *3* fool.
locomotora *f.* railway engine.
locuaz *a.* loquacious, talkative.
locución *f.* locution. *2* phrase, idiom.
locura *f.* madness, lunacy, insanity, folly.
locutor, ra *m.-f.* radio announcer, radio speaker.
lodo *m.* mud, mire.
lógicamente *adv.* logically.
lógico, ca *a.* logical. *2 f.* logic.
lograr *t.* to get, achieve, attain, obtain. *2* [with an *inf.*] to succeed [in + *ger.*] manage to. *3 ref.* [of a thing] to succeed.
logrero, ra *m.-f.* usurer, profiteer.
logro *m.* success, achievement. *2* gain, profit. *3* usury.
loma *f.* hillock, knoll, down.
lombriz *f.* earthworm.
lomo *m.* back [of an animal, a book, etc.]. *2* lower back [of person]. *3* loin. *4* sirloin.
lona *f.* canvas, sail-cloth.
londinense *m.-f.* Londoner.
Londres *m. pr. n.* GEOG. London.
longaniza *f.* pork sausage.
longevidad *f.* longevity, long life.
longitud *f.* length, longitude.
longitudinal *a.* longitudinal.

lonja *f.* exchange, market. *2* ARCH. raised porch. *3* slice [of meat]; strip [of leather].
lontananza *f.* PAINT. background. *2 **en** ~,* in the distance.
loor *m.* praise.
loro *m.* parrot.
los *def. art. m. pl.* the. *2* ~ ***que,*** those, or they who or which. *3 obj. pron. m. pl.* them: ~ ***vi,*** I saw them.
losa *f.* flagstone, slab. *2* gravestone.
lote *m.* share, portion. *2* lot.
lotería *f.* lottery; raffle.
loza *f.* china, fine earthenware or crockery.
lozanía *f.* luxuriance. *2* bloom, freshness, vigour.
lozano, na *a.* luxuriant. *2* blooming, fresh, vigorous.
lubri(fi)cante *m.* lubricant.
lubri(fi)car *t.* to lubricate.
lucero *m.* morning star, bright star.
lucidez *f.* lucidity, brilliancy.
lucido, da *a.* brilliant, successful. *2* splendid.
lúcido, da *a.* clear, lucid, bright.
luciente *a.* shining, bright.
luciérnaga *f.* glow-worm, fire-fly.
lucimiento m. brilliancy, splendour. *2* skill, success.
lucir *i.* to shine, glow. *2* to excel. *3 t.* to show, display. *4 ref.* to dress up, show off. *5* to shine, be brilliant, be successful. ¶ CONJUG.: INDIC. Pres.: ***luzco,*** luces, luce, etc. || SUBJ. Pres.: ***luzca, luzcas,*** etc. || IMPER.: luce, ***luzca; luzcamos,*** lucid, luzcan.
lucrarse *ref.* to profit by.
lucrativo, va *a.* lucrative, profitable.
lucro *m.* gain, profit.
luctuoso, sa *a.* mournful, sorrowful, sad.
lucha *f.* fight. *2* strife, struggle: ~ ***de clases,*** class struggle. *3* dispute. *4* wrestling.
luchador, ra *m.-f.* fighter, wrestler.
luchar *i.* to fight. *2* to strive, struggle. *3* to wrestle.
luego *adv.* afterwards, next. *2* presently, immediately. *3* later. *4* ~ ***de,*** after. *5* ***desde*** ~, at once; of course. *6* ***hasta*** ~, so long, see you later. *7 conj.* therefore, then.
lugar *m.* place: ***en primer*** ~, firstly; ***fuera de*** ~, out of place; irrelevant. *2* spot, town. *3* opportunity. *4* position, employment. *5* space: ***hacer*** ~, to make room. *6* ***en*** ~ ***de,*** instead of. *7* ***dar*** ~ ***a,*** to give rise to. *8* ***tener*** ~, to take place, happen.
lugareño, ña *m.-f.* villager.
lugarteniente *m.* lieutenant, deputy.
lúgubre *a.* sad, gloomy, dismal.
lujo *m.* luxury: ***de*** ~, de luxe.
lujosamente *adv.* with luxury.
lujoso, sa *a.* luxurious, costly, lavish.
lujuria *f.* lewdness, lust.
lujurioso, sa *a.* licentious, lustful.
lumbre *f.* fire. *2* light.
lumbrera *f.* luminary. *2* skylight.
luminoso, sa *a.* bright, shining.
luna *f.* moon: ~ ***de miel,*** honey moon; ~ ***llena,*** full moon; ***estar en la*** ~, fig. to be absent-minded. *2* mirror plate.
lunar *a.* lunar. *2 m.* mole, beauty spot. *3* flaw, blemish.
lunes *pl.* **-nes** *m.* Monday.
lupa *f.* magnifying glass.
lupanar *m.* brothel.
lustrar *t.* to polish, shine.
lustre *m.* lustre, gloss. *2* glory. *3* shoe-polish.
luto *m.* mourning: ***estar de*** ~, to mourn; ***ir de*** ~, to be in mourning. *2* grief.
luxación *f.* dislocation.
luz *f.* light: ~ ***del día,*** daylight; ***dar a*** ~, to give birth to; to publish; ***a todas luces,*** evidently; ***entre dos luces,*** by twilight. *2 pl.* knowledge, enlightenment.

LL

llaga *f.* ulcer, sore; wound.
llagar *t.* to ulcerate, make sore.
llama *f.* flame, blaze. *2* ZOOL. llama.
llamada *f.* call, summons. *2* knock, ring; sign, beckon. *3* TELEPH. call.
llamamiento *m.* call, summons, appeal.
llamar *t.* to call, summon; to name: ~ ***por teléfono,*** to telephone, call up: ~ ***la atención,*** to catch the attention; ~ ***la atención a,*** to warn. *2 i.* to knock [at a door]; to ring the bell. *3 ref.* to be called, or named: ***me llamo Juan,*** my name is John.
llamarada *f.* flash, sudden blaze or flame. *2* sudden flush, blush.
llamativo, va *a.* showy, flashy, gaudy.
llamear *i.* to blaze, flame.
llaneza *f.* plainness, simplicity. *2* frankness, homeliness.
llano, na *a.* flat, even, level, smooth. *2* open, frank. *3* simple [style]. *4* clear, evident. *5* GRAM. accented on the penultimate syllable. *6 m.* plain.
llanta *f.* steel tyre; hoop.
llanto *m.* crying, weeping.
llanura *f.* evenness, flatness. *2* plain; prairie.
llave *f.* key. *2* cock, faucet. *3* wrench: ~ ***inglesa,*** monkey-wrench. *4* MUS. clef.
llavero *m.* key-ring.
llavín *m.* latchkey.
llegada *f.* arrival, coming.
llegar *i.* to arrive [at; in]; to get at, reach. *2* to come to [an agreement]. *3* to suffice, amount to. *4* to get to [know]. *5* ~ ***a las manos,*** to come to blows. *6 ref.* to approach, come near, go to.
llenar *t.* to fill [up]. *2* to stuff. *3* to fulfil, please. *4 ref.* to fill [up]. *5* to get crowded. *6* to overeat.
lleno, na *a.* full [of]; filled [with]; crowded [with]: ~ ***hasta el borde,*** brimful. *2 m.* fullness, abundance. *3* THEAT. full house. *4* ***de*** ~***,*** fully.
llevadero, ra *a.* bearable, tolerable.
llevar *t.* to carry, convey, take. *2* to wear, have on [a hat]. *3* to lead, guide. *4* to bear, endure. *5* to keep [accounts, books]. *6* to be in charge of, manage. *7* ***llevo un mes aquí,*** I have been here one month. *8* to be taller, heavier, older than. *9* to lead [a life]: ~ ***adelante,*** to carry on; ~ ***las de perder,*** to be at a disadvantage. *10 ref.* to take off, carry away. *11* to win, carry off [a prize]. *12* ~ ***bien,*** to get on well with. *13* ~ ***un chasco,*** to be disappointed.
llorar *i.* to weep, cry.
lloro *m.* weeping, crying, tears.
llorón, na *a.* weeping: ***sauce*** ~***,*** weeping willow. *2 m.-f.* cry-baby, weeper, whiner.
lloroso, sa *a.* tearful; weeping.
llover *t.* to rain, shower: ~ ***a cántaros,*** to rain cats and dogs. ¶ CONJUG. like ***mover.***
llovizna *f.* drizzle, sprinkle.
lloviznar *impers.* to drizzle, sprinkle.
lluvia *f.* rain: ~ ***menuda,*** drizzle. *2* shower.
lluvioso, sa *a.* rainy, wet.

M

macabro, bra *a.* macabre, gruesome.
macana *f.* (Am.) club, cudgel. *2* lie, nonsense.
macanudo, da *a.* coll. great, ripping, extraordinary.
macarrón *m.* macaroon. *2 pl.* macaroni.
macarse *ref.* [of fruit] to rot.
maceta *f.* mallet. *2* mason's hammer. *3* flower-pot.
macilento, ta *a.* thin, pale, emaciated.
macizo, za *a.* massive, solid. *2 m.* flower-bed. *3* clump, mass [of buildings, etc.]. *4* massif, mountain mass.
mácula *f.* spot, stain; blemish.
macuto *m.* MIL. knapsack.
machacar *t.* to pound, crush, mash. *2 i.* to harp on a subject.
machacón, na *a.* tiresomely insistent, boring.
machamartillo (a) *adv.* firmly.
machete *m.* machet, cutlass.
macho *a.* male. *2* strong, robust. *3* stupid [fellow]. *4 m.* ZOOL. male, jack, buck. *5* he-mule: ~ ***cabrío,*** he-goat. *6* sledgehammer. *7* hook [and eye].
madeja *f.* skein, hank. *2* mass of hair. *3* limp, listless person.
madera *f.* wood; lumber, timber.
madero *m.* log, piece of timber.
madrastra *f.* stepmother.
madre *f.* mother: ~ ***patria,*** mother country; ~ ***política,*** mother-in-law. *2* main sewer. *3* dregs. *4* bed [of river].
madreperla *f.* mother-of-pearl.
madreselva *f.* BOT. honeysuckle.
madrigal *m.* madrigal.
madriguera *f.* hole, burrow [of rabbits, etc.]. *2* den, lair.
madrileño, ña *a.-n.* Madrilenian.
madrina *f.* godmother. *2* patroness, protectress.
madrugada *f.* dawn, daybreak: ***de ~,*** at daybreak. *2* early morning.
madrugador, ra *m.-f.* early-riser.
madrugar *i.* to get up early.
madurar *t.* to mature, ripen. *2* to think out [plans, etc.].
madurez *f.* maturity, ripeness. *2* wisdom.
maduro, ra *a.* mature, ripe. *2* wise, prudent. *3* middle-aged.
maestra *f.* mistress, woman teacher, schoolmistress.
maestría *f.* mastery, great skill.
maestro, tra *a.* master, main, principal: ***llave ~,*** master-key; ***obra maestra,*** masterpiece. *2 m.* master, schoolteacher, schoolmaster. *3 f.* (school)mistress. *4* MUS. composer.
magia *f.* magic: ~ ***negra,*** black magic, black art.
mágico, ca *a.* magic(al). *2* wonderful. *3 m.* magician, sorcerer. *4 f.* sorceress.
magisterio *m.* teaching, guidance, mastership. *2* teaching profession. *3* teachers as a class.
magistrado *m.* magistrate. *2* justice, judge.
magistratura *f.* magistracy.
magnánimo, ma *a.* magnanimous, noble, generous.
magnate *m.* magnate.
magnético, ca *a.* magnetic.
magnetizar *t.* to magnetize.
magnetófono *m.* tape-recorder.
magnificencia *f.* magnificence, splendour.
magnífico, ca *a.* magnificent, splendid.
magnitud *f.* magnitude, greatness; size; importance.
mago, ga *m.-f.* magician, wizard. *2* m. pl. ***los Reyes Magos,*** the Magi, the Three Wise Men.
magra *f.* rasher, slice of ham.
magro, gra *a.* meagre, lean, thin.
magulladura *f.,* **magullamiento** *m.* bruising. *2* bruise, contusion.
magullar *t.* to bruise, mangle.
mahometano, na *a.-s.* Mohammedan.
maíz *m.* BOT. maize, Indian corn.

maizal *m.* Indian-corn field.
majada *f.* sheep-fold. *2* dung.
majadería *f.* nonsense, foolishness.
majadero, ra *a.* silly, stupid. *2 m.-f.* dolt, bore. *3 m.* pestle.
majar *t.* to pound, grind.
majestad *f.* majesty; dignity.
majestuosamente *adv.* stately.
majestuosidad *f.* majesty.
majestuoso, sa *a.* majestic, stately.
majeza *f.* freedom of manners and gaudiness of dress. *2* boast-fulness. *3* prettiness.
majo, ja *a.* boastful; showy, gaudy; gaily attired. *2* fine, pretty. *3 m.* dandy, poppycock [of lower classes]. *4 f.* belle.
1) **mal** *a.* apocopation of MALO before masc. nouns. *2 adv.* badly, wrongly; poorly; ***de ~ en peor,*** from bad to worse; ~ ***que le pese,*** in spite of him. *3* ***algo va ~,*** something is amiss. *4* hardly, scarcely.
2) **mal,** *pl.* **males** *m.* evil, ill, harm, wrong, injury, misfortune: ***el bien y el ~,*** good and evil; ***tomar a ~,*** to take ill. *2* illness, disease.
malabarista *m.* juggler.
malandanza *f.* misfortune, misery.
malaventura *f.* misfortune, unhappiness.
malcarado, da *a.* grim-faced.
malcriado, da *a.* ill-bred, coarse.
maldad *f.* wickedness, badness.
maldecir *t.-i.* to curse, damn. *2* ~ ***de,*** to speak ill of, backbite. ¶ CONJUG. like ***decir,*** except the Indic. fut.: *maldeciré,* etc.; COND.: ***maldeciría,*** etc.: PAST. P.: ***maldecido*** or ***maldito***.
maldición *f.* curse, malediction.
maldito, ta *a.* accursed, damned. *2* wicked. *3* bad, mean. *4* nothing, damn-all.
maleante *a.* evil-doing. *2 m.-f.* evil-doer, rogue.
malear *t.* to spoil, damage. *2* to corrupt. *3 ref.* to rot.
maledicencia *f.* slander, backbiting, calumny.
maleficio *m.* spell, charm, witchery.
maléfico, ca *a.* evil, harmful.
malestar *m.* discomfort, uneasiness, malaise.
maleta *f.* valise, suit-case: ***hacer la ~,*** to pack up.
maletero *m.* [station] porter.
maletín *m.* small valise, satchel.
malevolencia *f.* malevolence, ill will.
malévolo, la *a.* malevolent, evil.
maleza *f.* weeds. *2* underbrush, brake, thicket.
malgastador, ra *a.* extravagant, squandering. *2 m.-f.* spendthrift, squanderer.
malgastar *t.* to waste, squander.
malhablado, da *a.* foul-mouthed.
malhechor, ra *m.-f.* evil-doer, malefactor, criminal.
malherir *t.* to wound badly.
malhumorado, da *a.* ill-humoured, peevish, surly.
malicia *f.* malice. *2* evil intention. *3* slyness, sagacity. *4* suspiciousness. *5* suspicion.
maliciar *t.-ref.* to suspect, fear.
maliciosamente *adv.* maliciously.
malicioso, sa *a.* suspicious. *2* malicious, cunning, sly.
maligno, na *a.* malign, malignant, evil, pernicious, harmful.
malintencionado, da *a.-n.* evil-intentioned [person].
malo, la (before a masc. noun, **mal**) *a.* bad, evil, wicked, vicious. *2* ill, harmful; ***mala voluntad,*** ill will. *3* naughty, mischievous. *4* ill, sick, unwell: ***estar malo,*** to be ill. *5* unpleasant. *6* ***estar de malas,*** to be out of luck. *7* ***lo malo es que...,*** the trouble is that... *8* ***por las malas,*** by force. *9* interj. ***¡malo!,*** bad!
malogrado, da *a.* unfortunate, unlucky. *2* failed, frustrated.
malograr *t.* to miss, waste, spoil. *2 ref.* to fail, fall through.
maloliente *a.* ill-smelling.
malparado, da *a.* hurt, damaged.
malquerencia *f.* ill will, hatred.
malquistar *t.* to estrange, set against. *2 ref.* to incur the dislike of.
malquisto, ta *a.* disliked.
malsano, na *a.* unhealthy, sickly.
malsonante *a.* ill-sounding, unpleasant.
malta *f.* malt.
maltratar *t.* to abuse, illtreat.
maltrecho, cha *a.* badly off, battered, damaged, injured.
malva *f.* BOT. mallow.
malvado, da *a.* wicked, evil, villainous. *2 m-f.* wicked person, villain.
malvasía *f.* malmsey.
malvender *t.* to undersell, sell at a loss.
malversación *f.* malversation. *2* embezzlement, peculation.
malversar *t.* to misuse [public funds]. *2* to embezzle.
malla *f.* mesh [of net]; network. *2* netted fabric. *3* mail [of armour]. *4 pl.* THEAT. tights.
mama *f.* ANAT., ZOOL. mamma, breast. *2* mummy [mother].
mamá *f.* MAMA 2.
mamar *t.* to suck [milk]. *2 t.-ref.* coll. to swallow, devour. *3* coll. to get, obtain. *4* (Am.) to get drunk.

mamarracho *m.* coll grotesque or ridiculous figure. *2* PAINT. daub. *3* coll. despicable man.
mamífero, ra *a.* ZOOL. mammalian. *2 m.* ZOOL. mammal.
mamotreto *m.* memorandum book. *2* coll. bulky book.
mampara *f.* screen.
mamporro *m.* blow, bump.
mampostería *f.* rubblework.
manada *f.* herd, flock, drove, pack. *2* handful.
manantial *m.* source, spring.
manar *i.* to flow, run. *2* fig. to abound. *3 t.* to pour forth.
mancebo *m.* young man, youth.
mancilla *f.* spot, blemish, stain.
mancillar *t.* to spot, stain.
manco, ca *a.-n.* handless, one-handed, armless [person]. *2 a.* faulty, defective.
mancomunadamente *adv.* jointly, in agreement.
mancomunado, da *a.* conjoint, combined.
mancomunidad *f.* union, association.
mancha *f.* stain, spot, blot; speckle. *2* patch [of grass].
manchar *t.* to stain, soil; to defile. *2 ref.* to become soiled.
mandado *m.* order, command. *2* errand.
mandamiento *m.* order, command. *2* LAW. writ. *3* ***los mandamientos de la ley de Dios,*** the ten commandments.
mandar *t.* to command, order, decree. *2* to be in command of. *3* to will, leave, bequeath. *4* to send: ***~ por,*** to send for. *5 i.* to command, govern.
mandarina *a.* mandarin [language; orange]. *2 f.* tangerine.
mandatario *m.* mandatary; attorney, representative.
mandato *m.* mandate, command, order.
mandíbula *f.* jaw, jaw-bone.
mandil *m.* apron.
mando *m.* command, authority, power: ***alto ~,*** high command; ***tomar el ~,*** to take command. *2* MACH. drive, control.
mandón, na *a.-n.* domineering, bossy [person]. *2 m.* boss.
manecilla *f. dim.* small hand. *2* book clasp. *3* hand [of clock or watch].
manejable *a.* manageable, handy.
manejar *t.* to manage, handle, wield. *2* to govern. *3* EQUIT. to manage. *4* (Am.) to drive [a car]. *5 ref.* to behave, manage.
manejo *m.* handling, wielding. *2* management, control. *3* horsemanship. *4* scheming, intrigue.
manera *f.* manner, mode, fashion; style: ***de ~ que,*** *so that;* ***de ninguna ~,*** by no means: ***de otra ~,*** otherwise: ***de todas maneras,*** at any rate, anyhow. *2* way, means: ***no hay ~ de,*** it is not possible to. *3 pl.* manners, behaviour.
manga *f.* sleeve: ***en mangas de camisa,*** in shirt-sleeves; ***tener ~ ancha,*** to be too indulgent. *2* hose-pipe. *3* METEOR. ***~ de agua,*** water-spout; ***~ de viento,*** whirlwind. *4* NAUT. beam.
mangante *m.* coll. beggar. *2* coll. loafer, vagabond.
mango *m.* handle, haft; penholder. *2* BOT. mango.
mangonear *i.* to loiter, loaf around. *2* to meddle, interfere.
manguera *f.* hose, watering hose.
manguito *m.* muff. *2* knitted half-sleeve. *3* oversleeve. *4* MECH. coupler.
maní, *pl.* **manises** *m.* (Am.) peanut.
manía *f.* mania, frenzy. *2* craze, whim. *3* dislike.
maniatar *t.* to tie the hands. *2* to handcuff.
maniático, ca *a.* queer, odd, cranky. *2 m.-f.* queer fellow, crank.
manicomio *m.* insane asylum, madhouse, mental hospital.
manicuro, ra *m.-f.* manicure; manicurist.
manifestación *f.* manifestation. *2* statement, declaration. *3* POL. public demonstration.
manifestar *t.* to manifest, show, reveal. *2* to state, declare. *3 ref.* to manifest oneself. ¶ CONJUG. like ***acertar.***
manifiestamente *adv.* obviously.
manifiesto, ta *a.* manifest, plain, obvious, evident: ***poner de ~,*** to make evident. *2 m.* manifest, manifesto.
manigua *f.* Cuban jungle.
manilla *f.* bracelet. *2 pl.* handcuffs, manacles.
manillar *m.* handle-bar.
maniobra *f.* manœuvre, operation. *2* RLY. shift.
maniobrar *i.* to manœuvrer. *2* RLY. to shift.
manipulación *f.* manipulation.
manipular *t.* to manipulate, handle, manage.
maniquí, pl. **-quíes** *m.* manikin, mannequin, dummy. *2* model.
manirroto, ta *a.* wasteful. *2 m.-f.* spendthrift.
manivela *f.* MACH. crank, handle.
manjar *m.* food; delicacy, titbit.
mano *f.* hand: ***~ de obra,*** labour; labourer; ***dar la ~ a,*** to shake hands with; to aid; ***echar una ~,*** to lend a hand; ***echar ~ de,*** to resort to; ***tener*** or ***traer entre***

manos, to have in hand; ***a la ~,*** near, at hand; ***a manos llenas,*** abundantly; ***con las manos en la masa,*** red-handed; ***cogidos de las manos,*** hand in hand; ***~ sobre ~,*** idle; ***de segunda ~,*** second-hand. *2* forefoot; trotter. *3* hand [of clock, etc.]. *4* round [of game]. *5* coat [of paint, etc.]. *6 pl.* work, labour.

manojo *m.* bunch; handful.

manopla *f.* gauntlet.

manosear *t.* to handle. *2* to fondle, caress, pet.

manoseo *m.* handling; fingering.

manotada *f.*, **manotazo** *m.* blow, slap; sweep of the hand

manoteo *m.* gesticulation with the hands.

mansalva (a) *adv.* without danger.

mansamente *adv.* meekly; gently, quietly.

mansedumbre *f.* meekness, gentleness.

mansión *f.* stay, sojourn. *2* abode, dwelling.

manso, sa *a.* tame. *2* meek, mild, gentle. *3* quiet, slow [water]. *4 m.* leading sheep, goat, or ox.

manta *f.* blanket. *2* travelling rug.

mantear *t.* to toss in a blanket.

manteca *f.* fat: ***~ de vaca,*** butter; ***~ de cerdo,*** lard.

mantecado *m.* butter bun. *2* ice-cream.

mantecoso, sa *a.* greasy, buttery.

mantel, *pl.* **-teles** *m.* table-cloth. *2* altar cloth.

mantelería *f.* table-linen.

mantener *t.* to maintain, support, keep. *2* to sustain, hold [up]. *3 ref.* to support oneself. *4* to keep, continue. *5* ***mantenerse en,*** to remain firm in.

mantenimiento *m.* maintenance, support. *2* sustenance, food; livelihood.

mantequilla *f.* butter.

mantilla *f.* mantilla. *2* saddle-cloth. *3 pl.* swaddling clothes.

mantillo *m.* humus, compost.

manto *m.* mantle, cloak.

mantón *m.* large shawl: ***~ de Manila,*** embroidered silk shawl.

manual *a.* manual. *2 m.* manual, handbook.

manubrio *m.* handle, crank. *2* barrel-organ.

manufactura *f.* manufacture.

manufacturar *t.* to manufacture.

manuscrito, ta *a.* written by hand. *2 m.* manuscript.

manutención *f.* maintenance, support. *2* conservation.

manzana *f.* BOT. apple. *2* block of houses.

manzanilla *f.* BOT. camomile. *2* manzanilla [pale dry sherry].

manzano *m.* BOT. apple-tree.

maña *f.* skill, cunning, knack: ***darse ~,*** to contrive to, manage. *2* trick. *3* bad habit.

mañana *f.* morning, forenoon: ***de ~,*** early in the morning; ***por la ~,*** in the morning. *2 m.* morrow. *3 adv.* tomorrow: ***pasado ~,*** the day after tomorrow.

mañoso, sa *a.* dexterous, skilful, clever, shrewd.

mapa *m.* map, chart.

maqueta *f.* maquette, model.

maquillaje *m.* THEAT. make-up.

maquillar *t.-ref.* to make up [one's face].

máquina *f.* machine, engine: ***~ de afeitar,*** safety-razor; ***~ de coser,*** sewing-machine; ***~ de escribir,*** typewriter; ***~ fotográfica,*** camera; ***~ de vapor,*** steam-engine.

maquinación *f.* machination, plot(ting, scheme, intrigue.

maquinal *a.* mechanical, unconscious, automatic. *2* **-mente** *adv.* mechanically, etc.

maquinar *t.* to scheme, plot.

maquinaria *f.* machinery. *2* mechanics. *3* mechanism.

maquinista *m.-f.* machinist. *2* mechanic. *3* engineer; engine driver.

mar *m.* or *f.* sea: ***alta ~,*** high sea, open sea; ***hacerse a la ~,*** to take to the sea; ***la ~ de dificultades,*** a lot of difficulties; ***a mares,*** abundantly.

maraña *f.* thicket, bush. *2* tangle, snarl. *3* puzzle; maze. *4* plot, intrigue. *5* tale, lie; mischief.

maravedí, *pl.* **-dises** or **-dies** *m.* maravedi [old Spanish coin].

maravilla *f.* wonder, marvel: ***a las mil maravillas, a ~,*** wonderfully well. *2* BOT. marigold.

maravillar *t.* to astonish, dazzle. *2 ref.* to wonder, marvel.

maravilloso, sa *a.* wonderful, marvellous, wondrous, surprising.

marca *f.* mark, brand; ***~ de fábrica,*** trade-mark. *2* SPORT record. *3* HIST. march [frontier]. *4* ***de ~,*** first-class quality.

marcar *t.* to mark, brand; to stencil. *2* SPORT to score. *3* TELEPH. to dial [a number]. *4* ***~ el paso,*** to mark time.

marcial *a.* martial, warlike.

marco *m.* frame, case [of picture, window, etc.]. *2* mark [German coin; unit of weight].

marcha *f.* march: ***sobre la ~,*** at once; right off. *2* progress, course, *3* running, working: ***poner en ~,*** to start, set going. *4* departure, setting out. *5* pace, rate of speed: ***a toda ~,*** at full speed. *6* AUTO. ***cambio de marchas,*** gearshift.
marchamo *m.* custom-house mark. *2* lead seal.
marchar *i.* to march, walk. *2* [of things] to go, proceed, go ahead. *3* [of machines, etc.] to work, run. *4 i.-ref.* to go away, leave.
marchitar *t.-ref.* to wither, wilt, fade. *2 ref.* to shrivel up.
marchito, ta *a.* faded, withered.
marea *f.* tide [of sea]: ***~ alta,*** high tide; ***~ baja,*** low tide. *2* sea-breeze. *3* dew, drizzle.
mareado, da *a.* nauseated, sick, seasick, carsick, airsick. *2* dizzy, giddy. *3* annoyed.
marear *t.* to sail [a ship]. *2* to annoy, bother. *3 ref.* to become nauseated, sick, seasick, carsick, airsick. *4* to get dizzy.
marejada *f.* NAUT. surge, swell. *2* commotion, stirring.
maremagno, mare magnum *m.* mess, confusion.
maremoto *m.* earthquake at sea.
mareo *m.* sickness, seasickness, carsickness, airsickness. *2* dizziness. *3* annoyance.
marfil *m.* ivory.
marga *f.* mare, loam.
margarita *f.* BOT. daisy, marguerite. *2* pearl; pearl-shell.
margen *m-f.* margin. *2* border, edge. *3* bank [of river]. *4* ***dar ~ a,*** to give occasion for.
marica *f.* ORN. magpie. *2 m.* milksop; homosexual.
marido *m.* husband.
marimorena *f.* row, shindy.
marina *f.* seacoast. *2* PAINT. sea-scape. *3* seamanship. *4* marine [vessels]: ***~ de guerra,*** navy; ***~ mercante,*** merchant marine.
marinero, ra *a.* [pertaining to] sea. *2 m.* mariner, sailor.
marino, na a. marine, nautical: ***azul ~,*** navy blue. *2 m.* mariner, sailor, seaman.
marioneta *f.* puppet, marionette.
mariposa *f.* ENT. butterfly. *2* floating taper.
mariposear *i.* to be fickle. *2* to flutter around.
mariscal *m.* MIL. marshal: ***~ de campo,*** field marshal. *2* farrier.
marisco *m.* shellfish.
marisma *f.* salt marsh, swamp.
marítimo, ma *a.* maritime, marine.
marjal *m.* moorland.
marmita *f.* kettle, pot, boiler.
mármol *m.* marble.
marmóreo, a *a.* marble, of marble.
maroma *f.* cable. *2* tightrope.
marqués, sa *m.* marquis, marquess. *2 f.* marchioness.
marquesina *f.* marquee.
marquetería *f.* cabinet work. *2* marquetry.
marrano, na *a.* dirty. *2* vile. *3 m.* ZOOL. hog, pig. *4 f.* sow.
marrar *i.-t.* to fail, miss. *2 i.* to go astray.
marrón *a.* brown, chestnut.
marroquí *a.-n.* Moroccan. *2 m.* morocco [leather].
Marruecos *m. pr. n.* Morocco.
marrullero, ra *a.-n.* sly, cunning.
marta *f.* marten [animal; fur].
martes *pl.* **-tes** *m.* Tuesday.
martillo *m.* hammer.
martinete *m.* drop hammer. *2* ORN. night heron.
martingala *f.* trick, cunning.
mártir *m.-f.* martyr.
martirio *m.* martyrdom. *2* torture, torment.
martirizar *t.* to martyr. *2* to torment, torture.
marzo *m.* March.
mas *conj.* but.
más *adv.* more: ***~ o menos,*** more or less. *2* It can be expressed by the ending -er: ***~ grande,*** bigger. *3* [with definite article] the most, or -est: ***el ~ bello,*** the most beautiful; ***el ~ grande,*** the greatest; ***todo lo ~,*** at the most. *4* other: ***no tengo ~ amigo que tú,*** I have no other friend, but you. *5* ***~ bien***, rather; ***~ que,*** more than; ***~ vale que,*** *better to;* ***por ~ que,*** however much; ***no quiero nada ~,*** I don't want anything else. *6 prep.* plus. *7 m.* MATH. plus. *8* ***los ~,*** the majority.
masa *f.* dough. *2* MAS. mortar. *3* PHYS. mass. *4* ELEC. ground. *5* volume, lump. *6* crowd of people: ***las masas,*** the masses; ***en ~,*** in a body.
masaje *m.* massage.
mascar *t.* to chew. *2* to mumble.
máscara *f.* mask. *2* masker, masquerader. *3* masquerade.
mascarada *f.* masquerade, masque.
mascarilla *f.* half mask. *2* death-mask.

mascota *f.* mascot.
masculino, na *a.* male, masculine.
mascullar *t.* to mumble, mutter.
masón *m.* mason, freemason.
masonería *f.* masonry, freemasonry.
masticar *t.* to masticate, chew.
mástil *m.* mast. *2* NAUT. topmast. *3* pole.
mastín, na *m.-f.* mastiff.
mata *f.* BOT. low shrub, plant; bush. *2* sprig [of mint, etc.]. *3* patch of tress. *4* *~ de pelo*, head of hair.
matadero *m.* slaughter-house. *2* drudgery.
matador, ra *a.* killing. *2 m.-f.* killer. *3 m.* BULLF. matador.
matafuego *m.* fire-extinguisher.
matanza *f.* killing. *2* slaughter, butchery, massacre. *3* swine slaughtering.
matar *t.* to kill, slay, murder. *2* to butcher [animals for food]. *3* to cancel [stamps]. *4* to ruin. *5* to harass, worry. *6* ***estar a ~ con***, to be at daggers drawn with. *7 ref.* to commit suicide. *8* to overwork. *9* to kill one another.
matarife *m.* butcher, slaughterman.
matasanos *m.* coll, unskilled doctor; quack.
matasellos *m.* postmark.
mate *a.* dull [sound; colour]. *2 m.* CHESS check-mate. *3* maté [tea]. *4* maté gourd.
matemáticas *f. pl.*, **-ca** *f.* mathematics.
matemático, ca *a.* mathematical. *2 m.* mathematician.
materia *f.* matter. *2* material, substance, stuff: ***primera ~***, raw material. *3* MED. pus. *4* topic, subject: ***entrar en ~***, to go into the subject.
material *a.* material. *2 m.* ingredient. *3* equipment. *4 pl.* materials. *5* **-mente** *adv.* materially, absolutely.
materialismo *m.* materialism.
maternal *a.* maternal, motherly.
maternidad *f.* maternity, motherhood.
matinal *a.* early, early morning.
matiz, *pl.* **-tices** *m.* tint, hue, nuance; shade.
matizar *t.* to blend colours. *2* to give a fine shade [of tone, etc.]. *3* to shade, tone down.
matojo *m.* bush, small shrub.
matón *m.* bully, tough fellow.
matorral *m.* bush, thicket, heath.
matraca *f.* wooden rattle; banter.
matrícula *f.* register, list, roll; matriculation; registration.
matricular *t.* to register, enroll. *2 ref.* to matriculate, enroll.
matrimonio *m.* matrimony, marriage. *2* married couple.
matriz *a.* principal. *2 f.* ANAT. matrix, womb. *3* mould, die.
matrona *f.* matron. *2* midwife.
maullar *i.* to mew, miaow.
maullido, maúllo *m.* mew.
máxima *f.* maxim.
máxime *adv.* principally, especially.
máximo, ma *a.* maximum, greatest, top.
mayestático, ca *a.* majestic.
mayo *m.* May. *2* Maypole.
mayonesa *a.* mayonnaise [sauce].
mayor *a.* bigger, greater, larger; older, elder. *2* the biggest, greatest, largest; the oldest, eldest, senior. *3* of age: ***ser ~ de edad,*** to be of age; ***al por ~***, wholesale. *4* principal, chief, main, high, major: ***misa ~,*** high mass. *5 m.* superior, head. *6 m. pl.* elders, superiors. *7* ancestors, forefathers.
mayoral *m.* head shepherd. *2* stage-coach driver. *3* foreman; overseer.
mayorazgo *m.* entailed estate. *2* owner of an entailed estate. *3* first-born son. *4* primogeniture.
mayordomo *m.* steward. *2* butler.
mayoría *f.* majority. *2* full age.
mayorista *m.* wholesaler.
mayormente *adv.* chiefly, principally.
mayúsculo, la *a.* large. *2* coll. awful. *3 f.* capital letter.
maza *f.* mace. *2* large drumstick. *3* drop hammer, pile driver.
mazapán *m.* marzipan.
mazmorra *f.* dungeon.
mazo *m.* mallet, wooden hammer. *2* bundle.
mazorca *f.* ear of corn.
me *obj. pron. first per. sing.* me; to me, for me, myself.
mear *i.-ref.* to urinate.
mecánica *f.* mechanics. *2* machinery, works.
mecánico, ca *a.* mechanical. *2 m.* mechanic, repairman. *3* mechanician, engineer.
mecanismo *m.* mechanism.
mecanización *a.* mechanization.
mecanizar *t.* to mechanize.
mecanografía *t.* typewriting, typing.
mecanografiar *t.* to type.
mecanógrafo, fa *m. f.* typist.
mecedor, ra *a.* rocking, swinging. *2 m.* COLUMPIO. *3 f.* rocking-chair.
mecer *t.* to stir [a liquid]. *2 t.- ref.* rock, swing.
mecha *f.* wick. *2* fuse. *3* lock [of hair].
mechero *m.* lamp burner, gas burner. *2* socket [of candlestick]. *3* cigarette lighter.

mechón *m.* lock, tuft [of hair].
medalla *f.* medal.
media *f.* stocking. *2* MATH. *~ **proporcional***, mean proportional.
mediación *f.* mediation.
mediado, da *a.* half-filled, half-full. *2* adv. ***a mediados de***, about the middle of.
mediador, ra *m.-f.* mediator, intercessor.
medianero, ra *a.* dividing. *2* mediating: ***pared medianera***, partition wall.
medianía *f.* medium; average; moderate means. *2* mediocrity [person].
mediano, na *a.* middling, moderate. *2* mediocre. *3* middle-sized; average.
medianoche *f.* midnight.
mediante *a.* intervening: ***Dios ~***, God willing. *2 adv.* by means of. through.
mediar *i.* to be at the middle. *2* to mediate, intercede, intervene. *3* [of time] to elapse.
medible *a.* measurable.
medicamento *m.* medicament, medicine.
medicar *t.* to treat, prescribe medicine for. *2 ref.* to try a treatment.
medicina *f.* medicine.
medición *f.* measuring, measurement.
médico, ca *a.* medical. *2 m.* doctor, physician.
medida *f.* measure, measurement: ***~ de volumen***, cubic measure. *2* proportion: ***a ~ de***, in proportion to, according to; ***a ~ que***, as; whilst. *3* measure, step. *4* moderation.
medieval *a.* medieval, mediæval.
medievo *m.* Middle Ages.
medio, dia *a.* half, half a: ***~ libra***, half a pound; ***las dos y media***, half past two. *2* middle, mean, average: ***clase media***, middle class; ***término ~***, average. *3* medium. *4* medial, median. *5* mid: ***a media tarde***, in mid afternoon.
medio *adv.* half, partially: ***~ dormido***, half asleep. *2* ***a medias***, by halves. *3 m.* ARITH. half. *4* middle, midst: ***en ~ de***, in the middle of. *5* means, agency: ***por ~ de***, by means of. *6* medium, environment. *7 pl.* means [pecuniary resources]. *8* mean [between extremes]. *9* ***de por ~***, in between. *10* ***quitar de en ~***, put out of the way.
mediocre *a.* mediocre, not very good.
mediodía *m.* noon, midday. *2* GEOG. south.
medir *t.* to measure; to gauge. *2* to scan [verse]. *3 ref.* to measure one's words or actions. ¶ CONJUG. like ***servir***.
meditabundo, da *a.* pensive, musing, thoughtful.
meditación *f.* meditation.
meditar *t.-i.* to meditate, think.
mediterráneo, a *a.-n.* Mediterranean [Sea].
medrar *i.* to grow, thrive, improve.
medroso, sa *a.* fearful, timorous, faint-hearted. *2* dreadful.
médula, medula *f.* marrow; pith.
megáfono *m.* megaphone.
megatón *m.* megaton.
Méjico *m. pr. n.* Mexico.
mejilla *f.* cheek.
mejillón *m.* ZOOL. common mussel.
mejor *pl.* **mejores** *comp.* of ***bueno***, better; *superl.* the best: ***el ~ día***, some fine day; ***a lo ~***, perhaps, maybe. *2 adv.* better; rather: ***tanto ~***, so much the better; ***~ dicho***, rather, more exactly.
mejora *f.* improvement, betterment.
mejoramiento *m.* amelioration, improvement.
mejorar *t.* to better, improve. *2* to raise [a bid]. *3 i.-ref.* to recover, get better. *4* [of weather] to clear up.
mejoría *f.* betterment, improvement.
melancolía *f.* melancholy, sadness, low spirits.
melancólicamente *adv.* sadly.
melancólico, ca *a.* melancholic, melancholy, sad.
melena *f.* mane [of horse or lion]. *2* loose hair [in women]. *3* forelock [in animals].
melenudo, da *a.* long-haired.
melindre *m.* honey fritter. *2* small cake. *3* prudery; affectation of delicacy.
melindroso, sa *a.* finicky, mincing, affected, fussy, prudish.
melocotón *m.* BOT. peach [fruit].
melocotonero *m.* BOT. peach-tree.
melodia *f.* MUS. melody.
melódico, ca *a.* melodic.
melodioso, sa *a.* melodious.
melodrama *m.* melodrama.
melón *m.* BOT. melon.
meloso, sa *a.* honey-like. *2* honeyed, sweet; mealy-mouthed.
mella *f.* nick, notch, dent. *2* hollow, gap. *3* ***hacer ~***, to make an impression.
mellado, da *a.* nicked, gap-toothed.
mellar *t.* to nick, dent. *2* to injure; to damage. *3 ref.* to get nicked.
mellizo, za *a.-n.* twin.
membrana *f.* membrane.
membrete *m.* letter-head, heading. *2* memorandum, note.
membrillo *m.* quince-tree. *2* quince [fruit]. *3* quince jam.
memo, ma *a.* silly, foolish. *2 m.-f.* fool, simpleton.
memorable *a.* memorable, notable.

memorándum *m.* memorandum. *2* notebook.
memoria *f.* memory: ***de ~,*** by heart. *2* recollection; remembrance: ***hacer ~,*** to try to remember; to remind; ***en ~ de,*** in memory of. *3* memoir, record, statement. *4 pl.* memoirs; regards, compliments.
memorial *m.* memorial, petition. *2* notebook.
menaje *m.* household furniture. *2* school equipment and supplies.
mención *f.* mention: ***~ honorífica,*** honourable mention.
mencionar *t.* to mention, cite.
mendigar *t.* to beg, ask alms.
mendigo, ga *m.-f.* beggar.
mendrugo *m.* hard crust [of bread].
menear *t.* to shake, stir. *2 t.-ref.* to wag, waggle, move. *3 ref.* to stir, hustle, hurry up. *4* [of a tooth, etc.] to be loose.
meneo *m.* shaking, stirring, wagging. *2* coll. thrashing.
menester *m.* need, want: ***haber ~,*** to need; ***ser ~,*** to be necessary. *2* job, occupation. *3 pl.* bodily needs. *4* implements, tools.
menesteroso, sa *a.-n.* neddy, indigent.
menestral *m.* artisan, mechanic, handicraftsman.
mengano, na *m.-f.* So-and-So.
mengua *f.* decrease; waning. *2* lack, want. *3* discredit.
menguado, da *a.* diminished, short. *2* cowardly. *3* mean, vile. *4* foolish. *5* wretched. *6 m.-f.* coward. *7* wretch. *8 m. pl.* narrowing [in knitting].
menguante *a.* decreasing; waning. *2 f.* decay, decline. *3* low water [in rivers, etc.]. *4* NAUT. ebb-tide. *5* waning [moon].
menguar *i.* to decrease; wane. *2* to decay, decline. *3* to narrow [in knitting].
menjurje *m.* medicinal or cosmetic mixture.
menor *a.* smaller, less, lesser; younger. *2* smallest, least; youngest, junior: ***~ de edad,*** under age; minor. *3 m.-f.* minor [person]. *4* adv. ***al por ~,*** by [at] retail.
menos *adv.* less, least: ***~ de, ~ que,*** less than; ***al ~,*** at least; ***a ~ que,*** unless; ***de ~,*** less, missing, wanting; ***no puede ~ de hacerlo,*** he cannot help doing it; ***por lo ~,*** at least; ***venir a ~,*** to decline. *2* fewer; ***no ~ de,*** no fewer than. *3* minus, less: ***cinco ~ dos,*** five minus two. *4* to: ***las tres ~ cuarto,*** a quarter to three. *5* but, except. *6 m.* minus [sign].
menoscabar *t.* to lessen, impair, damage, discredit.
menoscabo *m.* lessening; damage, loss; detriment, discredit.
menospreciar *t.* to undervalue, underrate. *2* to despise, scorn.
mensaje *m.* message, errand.
mensajero, ra *m.-f.* messenger. *2* carrier [-pigeon].
mensual *a.* monthly. *2* **-mente** *adv.* monthly.
mensualidad *f.* monthly pay.
menta *f.* mint, peppermint.
mentado, da *a.* mentioned. *2* famous.
mental *a.* mental. *2* **-mente** *adv.* mentally.
mentalidad *f.* mentality.
mentar *t.* to name, mention. ¶ CONJUG. like ***acertar.***
mente *f.* mind, intellect. *2* intention.
mentecato, ta *a.* silly, foolish. *2 m.-f.* fool, dolt.
mentidero *m.* gossiping place.
mentir *i.* to lie, tell lies, fib. ¶ CONJUG. like ***sentir.***
mentira *f.* lie, fib, falsehood: ***parece ~,*** it seems impossible.
mentiroso, sa *a.* lying. *2* deceptive. *3 m-f.* liar.
mentís *m.* lie: ***dar un ~ a,*** to give the lie to.
mentón *m.* chin.
menú *m.* menu, bill of fare.
menudear *t.* to do frequently, repeat frequently. *2 i.* to happen frequently. *3* to go into details.
menudencia *f.* smallness. *2* trifle. *3* minuteness, minute, accuracy. *4 pl.* pork products.
menudillos *m. pl.* giblets.
menudo, da *a.* small, minute, tiny. *2* trifling. *3* detailed. *4 m. pl.* small money or change. *5* chitterlings; giblets. *6* ***a ~,*** often, frequently.
meñique *a.* tiny, little [finger].
meollo *m.* marrow, pith. *2* fig. substance. *3* understanding.
mequetrefe *m.* busy-body.
meramente *adv.* mereley, purely.
mercachifle *m.* pedlar, hawker.
mercader *m.* merchant, dealer, trader.
mercadería *f.* MERCANCÍA.
mercado *m.* market: ***~ de valores,*** stock-market: ***~ negro,*** black market. *2* market-place.
mercancía *f.* commerce, trade. *2* merchandise. *3 pl.* goods, wares.
mercante *a.* merchant.
mercantil *a.* mercantile, commercial.
merced *f.* gift, favour. *2* mercy, will, power. *3* ***a ~ de,*** at the mercy of; ***vuestra (vuesa, su) Merced,*** you, sir; you, madam; ***~ a,*** thanks to; ***hacer ~ de,*** to grant.
mercenario, ria *a.-n.* mercenary.

mercería *f.* haberdashery, *notions. *2* haberdasher's shop.
mercurio *m.* quicksilver, mercury.
merecedor, ra *a.* deserving, worthy.
merecer *t.-i.* to deserve. *2 t.* to be worthy of, be worth. ¶ CONJUG. like *agradecer.*
merecimiento *m.* merit, desert.
merendar *i.* to have an afternoon snack, have tea, ¶ CONJUG. like ***acertar.***
merendero *m.* snack-room; picnicking place.
merengue *m.* meringue.
meridiano, na *a.-n.* meridian. *2 a.* bright, dazzling.
meridional *a.* meridional, southern. *2 m. f.* meridional, southerner.
merienda *f.* afternoon snack; tea. *2* picnic.
meritísimo, ma *a.* most worthy.
mérito *m.* merit, worth: ***de ~,*** notable.
meritoriamente *adv.* meritoriously.
meritorio, ria *a.* meritorious, worthy, deserving. *2 m.* improver.
merluza *f.* hake. *2* coll. drunkenness.
merma *f.* decrease, waste, loss. *2* curtailment, reduction.
mermar *i.-ref.* to decrease, diminish. *2 t.* to lessen, curtail.
mermelada *f.* marmalade; jam.
mero, ra *a.* mere, pure, simple. *2 m.* ICHTH. grouper.
merodear *i.* to maraud; to harass.
mes *m.* month. *2* monthly pay.
mesa *f.* table: ~ ***de noche,*** bed-side table; ***poner la ~,*** to set the table; ***quitar la ~,*** to clear the table. *2* food, fare. *3* executive board. *4* desk. *5* plateau.
mesar *t.* to tear the hair or beard.
meseta *f.* table-land, plateau. *2* staircase landing.
mesnada *f.* company of soldiers, band.
mesón *m.* inn, hostelry, tavern.
mesonero, ra *m.-f.* innkeeper.
mestizo, za *a.* mongrel, half-breed, half-blooded.
mesura *f.* gravity. *2* politeness. *3* moderation.
mesurado, da *a.* grave, dignified. *2* moderate, temperate.
mesurar *t.* to moderate. *2 ref.* to restrain oneself.
meta *f.* SPORT goal, finish line. *2* fig. aim, purpose.
metafísica *f.* metaphysics.
metáfora *f.* metaphor.
metal *m.* metal. *2* MUS. brass.
metálico, ca *a.* metallic. *2 m.* cash.
metalurgia *f.* metallurgy.
meteoro *m.* meteor.
meteorología *f.* meteorology.
meter *t.* to put [in], place, insert, introduce [in], get [in]. *2* to make [a noise; trouble]; ~ ***miedo,*** tro frighten. *3* to smuggle [goods]. *4* to strike [a blow]. *5 ref.* to get involved in. *6* to interfere, meddle with. *8* to become [a friar]. *9* ~ ***con,*** to quarrel with. *10* to turn to [a profession, trade].
meticuloso, sa *a.* meticulous.
metódicamente *adv.* methodically.
metódico, ca *a.* methodical.
método *m.* method. *2* technique.
metralla *f.* grape-shot; shrapnel.
métrico, ca *a.* metric(al). *2 f.* metrics, prosody.
metro *m.* metre, meter. *2* coll. underground railway, tube.
metrópoli *f.* metropolis.
mezcla *f.* mixture; blend(ing. *2* MAS. mortar.
mezclar *t.-ref.* to mix, mingle, blend. *2 ref.* to interfere, meddle.
mezcolanza *f.* mixture, medley, jumble, hodge-podge.
mezquindad *f.* poverty. *2* meanness, stinginess. *3* wretchedness.
mezquino, na *a.* neddy, poor. *2* stingy, niggardly. *3* small, short, mean. *4* wretched.
mezquita *f.* mosque.
mi, *pl.* **mis** *poss. a.* my.
mí *pers. pron.* me, myself.
miau *m.* mew, mewing.
mico *m.* long-tailed monkey, ape.
microbio *m.* microbe.
micrófono *m.* microphone.
microscopio *m.* microscope.
microsurco *m.* microgroove.
miedo *m.* fear, dread: ***dar ~,*** to be dreadful; ***dar ~ a,*** to frighten; ***tener ~,*** to be afraid.
miedoso, sa *a.* fearful, afraid.
miel *f.* honey: ***luna de ~,*** honeymoon. *2* molasses.
miembro *m.* member, limb. *2* associate. *3* penis. *4 pl.* extremities.
mientes *f. pl.* mind, thought: ***parar,*** or ***poner ~ en,*** to consider, reflect on.
mientras *adv.-conj.* while, whilst, when: ~ ***tanto,*** meanwhile. *2* ~ ***que,*** while; whereas.
miércoles, pl. **-les** *m.* Wednesday.
mierda *f.* excrement; filth.
mies *f.* ripe wheat or grain. *2* harvest time. *3 pl.* grain fields.
miga *f.* bit, small fragment. *2* crumb, soft part of bread. *3 pl.* fried crumbs. *4* fig. marrow, pith, substance. *5* ***hacer buenas*** or ***malas migas con,*** to get along well or badly with.

migaja *f.* MIGA.
migración *f.* migration.
migraña *f.* migraine, headache.
mijo *m.* millet.
mil *a.-m.* thousand, one thousand. *2* thousandth.
milagro *m.* miracle, wonder: ***de ~,*** with difficulty; by a narrow escape.
milagroso, sa *a.* miraculous, marvellous.
milano *m.* ORN. kite.
milenario, ria *a.-n.* millenary.
milenio *m.* millenium.
milésimo, ma *a.-n.* thousandth.
milicia *f.* art of warfare. *2* military service. *3* militia.
1) **militar** *a.* military. *2* soldierly. *3 m.* military man, soldier. *4* pl. ***los militares,*** the military.
2) **militar** *i.* to serve in the army. *2* to militate.
milla *f.* mile.
millar *m.* thousand.
millón, *pl.* **millones** *m.* million.
millonario, ria *a.-n.* millionaire.
mimar *t.* to pet, fondle, cuddle. *2* to pamper, spoil: ***niño mimado,*** spoiled child.
mimbre *m.* osier, wicker, withe.
mímica *f.* pantomime, dumb show.
mimo *m.* mime [actor and play]. *2* caress, petting. *3* pampering.
mimoso, sa *a.* caressing, petting. *2* soft, spoiled.
mina *f.* mine [of coal, etc.]. *2* underground passage. *3* FORT., MIL., NAV. mine.
minar *t.* to mine, burrow. *2* to sap. undermine. *3* MIL., NAV. to mine.
mineral *a.-n.* mineral. *2 m.* ore.
minería *f.* mining. *2* miners.
minero, ra *a.* mining. *2 m.* miner. *3* mine owner.
miniatura *f.* miniature.
mínimo, ma *a.* minimal, least, smallest. *2 m.* minimum.
minino, na *n.-f.* Kitty, pussy, cat.
ministerio *m.* ministry, cabinet. *2* government, administration: ~ ***de Asuntos Exteriores,*** Foreign Office; *Department of State; ~ ***de Hacienda,*** Exchequer; *Department of the Treasury; ~ ***de Gobernación***, Home Office; *Department of the Interior.
ministro *m.* minister; cabinet minister; ***primer ~,*** prime minister, premier.
minoría *f.* minority, the few.
minuciosamente *adv.* in detail.
minuciosidad *f.* minuteness. *2* trifle, small detail.
minucioso, sa *a.* minute, detailed, scrupulous.
minúsculo, la *a.* small, tiny, trifling. *2 f.* small letter.
minuta *f.* first draft. *2* memorandum. *3* lawyer's bill. *4* roll, list. *5* bill of fare.
minutero *m.* minute hand.
minuto *m.* minute [of an hour]: ***al ~,*** at once, right away.
mío, mía, míos, mías *poss. a.* my, my own, of mine. *2 poss. pron.* mine.
miope *a.-n.* short-sighted, near-sighted [person].
mira *f.* sight [of firearms, etc.]. *2* leveling rod. *3* aim, purpose, intention: ***poner la ~ en,*** to aim at. *4* ***estar a la ~,*** to be on the look-out for.
mirada *f.* look, glance, gaze: ***echar una ~ a,*** to cast a glance at.
mirado, mirada *a.* considerate, careful, circumspect. *2* considered, reputed. *3* adv. ***bien mirado,*** after all.
mirador *m.* belvedere, open gallery. *2* oriel [bay] window.
miramiento *m.* consideration, respect, regard. *2* circumspection.
mirar *i.* to look at, gaze, behold; to watch, examine, etc. *2* to consider, have in mind. *3* ~ ***con buenos ojos,*** to like, approve of; ~ ***con malos ojos,*** to dislike. *4* [of a building, etc.] to face. *5* ~ ***por,*** to look after. *6* ***¡mira!,*** look!, behold! *7 ref.* to look at oneself; to look at one another.
mirilla *f.* peep-hole. *2* SURV. sight.
miriñaque *m.* crinoline. *2* bauble, trinket.
mirlo *m.* ORN. blackbird: ~ ***blanco,*** coll. rare bird.
mirón, na *a.* curious. *2 m.-f.* looker-on, spectator.
mirra *f.* myrrh.
mirto *m.* myrtle.
misa *f.* mass: ~ ***del gallo,*** midnight mass.
misal *m.* missal, Mass book.
miscelánea *f.* miscellany.
miserable *a.* miserable, wretched. *2* mean, poor. *3* miserly, stingy. *4* wicked, rascally. *5 m.-f.* miser *6* wretch, cur, knave. *7* **-mente** *adv.* miserably; stingily.
miseria *f.* misery, wretchedness. *2* poverty, stinginess. *3* bit.
misericordia *f.* mercy, pity, compassion.
mísero, ra *a.* miserable, wretched, unhappy. *2* miserly, mean.
misión *f.* mission; errand.
misionero, ra *a.-n.* ECCL. missionary.
1) **mismo** *adv.* right: ***ahora ~,*** right now; ***aquí ~,*** right here. *2* ***así ~,*** likewise, also.

2) **mismo, ma** *a.* same, very, selfsame. *2* [for emphasis] myself, yourself, etc.: ***lo haré yo ~,*** I'll do it myself.
misterio *m.* mystery: secret.
misticismo *m.* mysticism.
místico, ca *a.* mystic, mystical. *2 m.-f.* mystic [person].
mitad *f.* half: ***a la ~,*** or ***a ~ de,*** halfway through. *2* middle: ***en ~ de,*** in the middle of.
mitigar *t.* to mitigate, alleviate, relieve. *2 ref.* to be mitigated.
mitín *m.* political meeting, rally.
mito *m.* myth.
mitología *f.* mythology.
mitológico, ca *a.* mythological.
mitón *m.* mitten.
mitra *f.* mitre, miter.
mixto, ta *a.* mixed, mingled. *2 m.* match. *3* ***tren ~,*** passenger and goods train.
mobiliario, ria *a.* movable, personal [property]. *2 m.* furniture.
mocedad *f.* youth; age of youth.
moción *f.* motion; movement.
moco *m.* mucus. *2* snuff [of candle]. *3* slag [of iron].
mocoso, sa *a.* snivelly; sniffling. *2 m.-f.* brat, scamp.
mochila *f.* MIL. knapsack. *2* haversack.
mocho, cha *a.* blunt, stub-pointed. *2* topped [tree]. *3 m.* butt of a firearm.
mochuelo *m.* ORN. little owl.
moda *f.* fashion, mode, style: ***estar de ~,*** to be in fashion; ***pasado de ~,*** out of fashion.
modales *m. pl.* manners.
modalidad *f.* manner of being, mode, kind.
modelar *t.* F. ARTS to model, mould, mold, fashion.
modelo *m.* model, pattern, example. *2 m.-f.* life model.
moderación *f.* moderation.
moderar *t.* to moderate, temper, restrain. *2 ref.* to moderate. *3* to restrain or control oneself.
modernamente *adv.* recently, lately.
modernismo *m.* modernism.
modernizar *t.-ref.* to modernize.
moderno, na *a.* modern. *2* m. pl. ***los modernos,*** the moderns.
modestia *f.* modesty, decency; unaffectedness.
modesto, ta *a.* modest, decent; unpretentious.
módico, ca *a.* moderate, reasonable [price].
modificación *f.* modification.
modificar *t.-ref.* to modify.
modismo *m.* GRAM. idiom.
modista *f.* dressmaker, modiste. *2* ***~ de sombreros,*** milliner. *3 m.* modiste, ladies' tailor.
modo *m.* mode, manner, way: ***~ de ser,*** nature; ***de cualquier ~,*** anyway; ***de ningún ~,*** by no means; ***de todos modos,*** anyhow, at any rate. *2* GRAM. mood. *3 pl.* manners, civility.
modorra *f.* drowsiness, heavy slumber.
modoso, sa *a.* quiet, well-behaved.
modulación *f.* modulation.
modular *t.-i.* to modulate.
mofa *f.* mockery, jeer, scoff, sneer: ***hacer ~ de,*** to make fun of.
mofar *i.-ref.* to mock, jeer, sneer, scoff at, make fun of.
moflete *m.* coll. chubby cheek.
mohín *m.* grimace, wry face.
mohíno, na *a.* sad, melancholy, moody. *2* black [horse, etc.].
moho *m.* mo(u)ld, mildew. *2* rust [on iron]. *3* rustiness.
mohoso, sa *a.* mo(u)ldy, musty. *2* rusty.
mojado, da *a.* wet, damp, moist.
mojama *f.* dry salted tunny-fish.
mojar *t.* to wet, moisten, drench, soak, damp. *2* to dip [bread into milk]. *3 ref.* to get wet.
mojigatería *f.* prudery, sanctimoniousness; false humility.
mojigato, ta *a.* prudish, sanctimonious, hypocritical. *2 m.-f.* prude, hypocrite.
mojón *m.* landmark; milestone. *2* pile, heap.
molde *m.* mo(uld), cast; pattern. *2* FOUND. frame. *3* model: ***letra de ~,*** printed letter, print.
moldear *t.* to mo(u)ld. *2* to cast [in a mould].
mole *f.* mass; bulk.
molécula *f.* molecule.
molecular *a.* molecular.
moler *t.* to grind, crush, pound, mill. *2* to tire out. *3* to destroy. *4* ***~ a palos***, to beat up. ¶ CONJUG. like *mover*.
molestar *t.* to vex, upset, trouble, annoy, molest. *2 ref.* to bother.
molestia *f.* vexation, annoyance, nuisance, bother, trouble.
molesto, ta *a.* annoying, troublesome. *2* annoyed. *3* uncomfortable.
molinero *m.* miller [person].
molinete *m. dim.* little mill. *2* pin-wheel, windmill [toy]. *3* ventilating wheel. *4* moulinet [with a sabre, etc.].
molinillo *m.* hand mill. *2* coffee grinder. *3* stirrer.
molino *m.* mill: ***~ de viento,*** windmill.
molusco *m.* ZOOL. mollusc.

mollera *f.* crown of the head. *2* fig. brains, sense: ***duro de ~,*** obstinate; dull-witted.
momentáneamente *adv.* instantly, promptly.
momentáneo, a *a.* momentary, sudden, quick. *2* prompt.
momento *m.* moment, instant: ***al ~,*** at once, inmediately; ***de ~, por el ~,*** for the present; ***por momentos,*** continually, progressively. *2* importance.
momia *f.* mummy.
momio, mia *a.* lean, meagre. *2 m.* bargain, sinecure. *3* ***de ~,*** free, gratis, for nothing.
mona *f.* female monkey. *2* coll. drunkenness: ***dormir la ~,*** to sleep off a drunk; ***pillar una ~,*** to get drunk. *3* Easter cake.
monada *f.* apery, apish action. *2* grimace. *3* tomfoolery. *4* pretty little thing. *5* pretty child, pretty girl. *6* cajolery.
monaguillo *m.* acolyte, altar boy.
monarca *m.* monarch, sovereign.
monarquía *f.* monarchy, kingdom.
monárquico, ca *a.* monarchic(al). *2 m.-f.* monarchist.
monasterio *m.* monastery; convent.
mondadientes *m.* toothpick.
mondar *t.* to clean out. *2* to prune, trim. *3* to pare, peel.
mondongo *m.* (of pork).
moneda *f.* coin; money; ***~ corriente,*** currency; ***moneda falsa,*** counterfeit; ***~ suelta,*** change, small coins; ***casa de ~,*** mint.
monedero *m.* money-bag.
monería *f.* grimace; mimicry. *2* prank, playful trick. *3* trifle, gewgaw.
monetario, ria *a.* monetary. *2 m.* collection of coins or medals.
monigote *m.* lay brother. *2* grotesque figure. *3* bumpkin.
monitor *m.* monitor, adviser.
monja *f.* nun, sister.
monje *m.* monk. *2* anchorite.
mono, na *a.* pretty, dainty, *cute. *2 m.* ZOOL. ape, monkey. *3* ***~ de mecánico,*** overalls.
monologar *i.* to monologize.
monólogo *m.* monologue.
monopolio *m.* monopoly.
monopolizar *tr.* to monopolize.
monosílabo, ba *a.* monosyllabic. *2 m.* monosyllable.
monotonía *f.* monotony.
monótono, na *a.* monotonous.
monserga *f.* gibberish; gabble.
monstruo *m.* monster; freak.
monstruosidad *f.* monstrosity; freak.
monstruoso, sa *a.* monstrous. freakish. *2* hateful, execrable.
monta *f.* amount, sum: ***de poca ~,*** of little value.
montacargas, *pl.* **-gas** *m.* lift, elevator [for goods].
montaje *m.* MACH. assembling, mounting.
montante *m.* broadsword. *2* upright; post. *3* ARCH. mullion. *4* transom. *5* COM. amount.
montaña *f.* mountain. *2* highlands. *3* forested region.
montañés, sa *m.-f.* mountaineer, highlander.
montañoso, sa *a.* mountainous.
montar *i.-ref.* to mount, get on: ***~ a horcajadas,*** to straddle. *2 i.* to ride [horseback; on a bicycle]; ***silla de ~,*** saddle. *3* to be of importance. *4* ***~ en cólera,*** to fly into a rage. *5 t.* to mount, put [a person] on a horse, etc. *6* to ride [a horse, a bicycle, etc.]. *7* to amount to. *8* to assemble, set up [machinery]. *9* to set [a gem]. *10* THEAT. to mount [a play].
montaraz *a.* wild, untamed. *2* uncouth, rude. *3 m.* forester.
monte *m.* mount, mountain, hill. *2* woods, wodland; ***~ alto,*** forest; ***~ bajo,*** thicket, brushwood. *3* ***~ de piedad,*** public pawnshop.
montepío *m.* pension fund.
montera *f.* cloth cap. *2* glass roof.
montería *f.* hunting, chase. *2* HUNT. big game.
montero *m.* beater, huntsman.
montés, sa; montesino, na *a.* wild [cat, goat, etc.].
montículo *m.* mound, hillock.
montón *m.* heap, pile. *2* lot, crowd, great quantity: ***a montones,*** coll. in abundance.
montuoso, sa *a.* mountainous, hilly.
montura *f.* mount [riding horse]. *2* gear [of a riding horse]. *3* mounting, setting.
monumental *a.* monumental.
monumento *m.* monument, memorial.
moño *m.* chignon, bun [of hair]. *2* bow or knot of ribbons. *3* crest, tuft of feathers [of birds].
moquear *i.* to snivel.
mora *f.* Moorish woman. *2* BOT. blackberry; mulberry.
morada *f.* abode, dwelling. *2* stay, sojourn.
morado, da *a.-n.* dark purple, mulberry-coloured.
moral *a.* moral. *2 f.* morals, ethics, morality. *3* morale. *4 m.* BOT. black mulberry-tree.
moraleja *f.* moral [of a fable].

moralidad *f.* morality [of acts, etc.]. *2* moral [of a fable, etc.].
moralizar *t.* to moralize.
morar *i.* to live, dwell, stay.
morbidez *f.* softness, delicacy.
mórbido, da *a.* soft, delicate. *2* morbid.
morbosamente *adv.* morbidly.
morboso, sa *a.* morbid, diseased.
morcilla *f.* blood pudding.
mordacidad *f.* sharpness [of tongue], pungency.
mordaz *a.* biting, sarcastic, cutting; keen. *2* **-mente** *adv.* bitingly, caustically.
mordaza *f.* gag, muzzle. *2* MECH. clamp.
mordedura *f.* bite, biting; sting.
morder *t.* to bite; to nip, gnaw. *2* to nibble at. *3* [of an acid] to eat, corode. *4* to backbite, slander. ¶ CONJUG. like ***mover.***
mordisco *m.* bite; nibble; snap.
moreno, na *a.* brown, dark. *2 a.* dark-complexioned, swarthy, tawny. *3 f.* dark-haired girl. *4* sea-eel. *5* morain.
morera *f.* BOT. white mulberry-tree.
morería *f.* Moorish quarter. *2* Moorish land.
morfina *f.* CHEM. morphine.
morfinómano, na *a.-n.* morphine addict.
moribundo, da *m.-f.* moribund, dying person.
morigerar *t.* to moderate, restrain, check.
morir *i.* to die [of; with]. *2* [of a river, road, etc.] to flow [into]; to end [at]. *3 ref.* to die, be dying. *4* [of fire, flame, etc.] to die, go out. *5* ~ ***de hambre,*** to starve; fig. to be dying with hunger. *6* ***morirse por,*** to love dearly; be crazy about. *7 interj.* ***¡muera...!,*** down with...! ¶ CONJUG. like *dormir.* | P. p.: ***muerto.***
morisco, ca *a.* Moorish, Moresque. *a.-n.* HIST. Morisco.
moro, ra *a.* Moorish. *2* Moslem. *3* unbaptized. *4* dappled, spotted [horse]. *5 m.* Moor.
moroso, sa *a.* low, tardy; sluggish.
morral *m.* nosebag. *2* game-bag. *3* knapsack.
morrillo *m.* fleshy nape of the neck [of cattle]. *2* pebble.
morriña *f.* blues, melancholy, sadness; homesickness.
morro *m.* knob, round end. *2* knoll. *3* pebble. *4* thick lips.
morrocotudo, da *a.* coll. very important or difficult.
morsa *f.* ZOOL. wairus, morse.
mortadela *f.* Bologna sausage.
mortaja *f.* shroud, winding-sheet.
mortal *a.-n.* mortal. *2* **-mente** *adv.* mortally, deadly.
mortalidad *f.* mortality; death-rate.
mortandad *f.* massacre, butchery, slaughter.
mortecino, na *a.* dying, dim, dull, pale, subdued.
mortero *m.* mortar.
mortífero, ra *a.* deadly, fatal.
mortificación *f.* mortification. *2* annoyance.
mortificar *t.-ref.* to mortify. *2 t.* to annoy, vex, bother.
mortuorio, ria *a.* mortuary, funeral. *2 m.* funeral.
morueco *m.* ram [male sheep].
moruno, na *a.* Moorish.
mosaico, ca *a.* Mosaic. *2 a.-m.* F. ARTS. mosaic.
mosca *f.* ENT. fly.
moscada *a.* ***nuez*** ~, nutmeg.
moscardón *m.* ENT. botfly. *2* ent. bluebottle. *3* ENT. hornet. *4* fig. importuning fellow.
moscatel *a.-m.* muscat, muscatel.
moscón *m.* ENT. large fly. *2* fig. bore, nuisance [person].
mosconear *t.-i.* to bother, importune.
mosquear *t.* to drive [flies] away. *2 ref.* to shake off [annoyances]. *3* to take offence.
mosquetón *m.* short carbine.
mosquitera *f.*, **mosquitero** m. mosquito-net.
mosquito *m.* ENT. mosquito; gnat.
mostacho *m.* moustache.
mostaza *f.* mustard. *2* bird shot.
mosto *m.* must [grape juice].
mostrador *m.* counter [shop].
mostrar *t.* to show, exhibit, display. *2* to point out. *3* to demonstrate, prove. *4 ref.* to show oneself, prove to be. ¶ CONJUG. like *contar.*
mota *f.* burl [in cloth]. *2* mote, speck. *3* slight defect or fault. *4* knoll, hummock.
mote *m.* motto, device. *2* nickname.
motejar *t.* to call names to, nickname.
motín *m.* riot, uprising.
motivar *t.* to cause, give rise to. *2* to give a reason for.
motivo *m.* motive, reason: ***con*** ~ ***de,*** owing to; on the occassion of; ***por ningún*** ~, under no circumstances. *2 f.* ARTS. MÚS. motif.
motocicleta *f.* motor-cycle.
motonave *f.* NAUT. motor-ship.
motor, ra *a.* motor, motive. *2 m.* motor. *3* MACH. engine.
motora *f.* NAUT. small motor-boat.
motorista *m.-f.* motorist.
motorizar *t.* to motorize.

motriz *a.* motive, impelling, driving: ***fuerza ~,*** motive power.
movedizo, za *a.* movable. *2* shaky, unsteady. *3* fickle, inconstant. *4* ***arenas movedizas***, quicksand.
mover *t.* to move; to stir, shake; to drive, propel; to induce, prompt, persuade; to raise, start, excite. *2* ~ ***a,*** to move, stir; to get busy. ¶ Irreg. Conjug. Indic. Pres.: *muevo, mueves, mueve;* movemos, movéis, *mueven.* ‖ SUBJ. Pres.: *mueva, muevas, mueva;* movamos, movӧáis, *muevan.* ‖ IMPER.: *mueve, mueva;* movamos, moved, *muevan.*
movible *a.* movable; mobile.
móvil *a.* movable, mobile; inconstant. *2* *m.* moving body. *3* motive, inducement.
movilidad *f.* mobility; inconstancy.
movilización *f.* mobilization.
movilizar *t.* to mobilize.
movimiento *m.* movement, motion; gesture: ***en ~,*** in motion. *2* stir, agitation.
moza *f.* girl, lass; ***buena ~,*** fine-looking girl. *2* maidservant.
mozalbete *m. dim.* lad, youth, young fellow.
mozárabe *a.* Mozarabic. *2 m.-f.* Mozarab.
mozo, za *a.* young. *2* unmarried. *3 m.* young man, youth, lad. *4* manservant, waiter, porter, errand-boy, hand.
mucosa *f.* ANAT. mucous membrane.
muchacho, cha *a.* young [person]. *2 m.* boy, lad. *3* manservant. *4 f.* girl, lass. *5* maidservant.
muchedumbre *f.* multitude, crowd.
muchísimo, ma *a.-adv.* superl. of MUCHO; very much, a very great deal.
1) **mucho** *adv.* much, a good or great deal, a lot; ***ni ~ menos,*** not by any means; ***por ~ que,*** however much. *2* often. *3* long, longtime.
2) **mucho, cha** *a.-pron.* much, plenty of, a good or great deal of, a lot of. *2 pl.* many, a good or great deal of, lots of, a large number of.
muda *f.* change, alteration. *2* change of clothing. *3* mo(u)lt, mo(u)lting.
mudable *a.* changeable. *2* fickle, inconstant.
mudanza *f.* change. *2* removal. *3* inconstancy, fickleness.
mudar *t.* to change, alter, convert. *2* to remove, move [to another place]. *3* to mo(u)lt, shed. *4 ref.* to change [in conduct; one's clothes). *5* to move [change one's residence].
mudo, da *a.* dumb, mute, silent. *2 m.-f.* mute, dumb person.
mueble *a.* movable, *2 m.* piece of furniture. *3 pl.* furniture.
mueca *f.* wry face, grimace, grin.
muela *f.* upper millstone. *2* grindstone. *3* ANAT. molar tooth, grinder ~ ***del juicio,*** wisdom tooth. *4* knoll, flat-topped hill.
muelle *a.* soft, delicate. *2* voluptuous. *3 m.* NAUT. wharf, pier, quay, docks. *4* RLY, freight platform. *5* MACH. spring.
muérdago *m.* BOT. mistletoe.
muerte *f.* death; murder: ***dar ~,*** to kill; ***de mala ~,*** miserable, wretched; ***de ~,*** implacably; deadly.
muerto, ta *p. p.* of MORIR and MATAR. *2 a.* dead; deceased; killed. *3* tired out; dying [with hunger, etc.]. *4* faded, withered. *5 m.-f.* dead person; corpse. *6* *naturaleza muerta,* PAINT. still life.
muesca *f.* notch, groove, slot. *2* CARP. mortise.
muestra *f.* signboard; shop-sign. *2* sample. *3* model, pattern. *4* face, dial [of clock]. *5* sign, show, token: ***dar muestras de,*** to show signs of.
muestrario *m.* collection of samples, sample book.
mugido *m.* lowing, moo.
mugir *i.* to low, moo. *2* to bellow.
mugre *f.* grease, grime, filth.
mugriento, ta *a.* greasy, dirty, grimy.
mujer *f.* woman: ~ ***de su casa,*** good housewife. *2* wife.
mujeriego, ga *a.* womanly. *2* womanish. *3* fond of women.
mujerío *m.* crowd of women.
mula *f.* ZOOL. she-mule.
muladar *m.* dungheap, dunghill. *2* filth, corruption.
mulato, ta *a.* brown. *2 n.* mulatto.
muleta *f.* crutch; prop, support. *2* BULLF. matador's red flag.
muletilla *f.* MULETA 2. *2* pet phrase or word, cliché.
mulo *m.* ZOOL. mule; hinny.
multa *f.* fine.
multar *t.* to fine.
multicolor *a.* many-colo(u)red.
multicopista *m.* duplicator, copying machine.
múltiple *a.* multiple, manifold.
multiplicación *f.* multiplication.
multiplicar *t.-ref.* to multiply.
múltiplo *a.-m.* multiple.
multitud *f.* multitude, crowd.
mullido, da *a.* soft, fluffy. *2 m.* soft padding.
mullir *t.* to fluff, soften, loosen. *2* to beat up, shake up [a bed]. ¶ IRREG. CONJUG.: IND. Pret.: mullí, mulliste, *mulló*, mulli-

mos, mullisteis, *mulleron*. || SUBJ. Imperf.: *mullera, mulleras*, etc., or *mullese, mulleses*, etc. | Fut.: *mullere, mulleres*, etc. || GER.: *mullendo*.

mundanal; mundano, na *a.* mundane, worldly.

mundial *a.* world-wide, world.

mundo *m.* world; earth, globe: ***el Nuevo ~***, the New World; ***todo el*** ~, everybody. *2* trunk [large box].

munición *f.* MIL. ammunition, munition: ***municiones de guerra,*** war supplies.

municipal *a.* municipal; *m.* policeman.

municipalidad *f.*, **municipio** *m.* municipality, town, council.

muñeca *f.* ANAT. wrist. *2* doll. *3* manikin.

muñeco *m.* puppet. *2* dummy. *3* fig. effeminate coxcomb.

muñir *t.* to summon [to meetings, etc.]. *2* to arrange, concert. ¶ CONJUG. like *mullir*.

muñón *m.* stump. *2* ARTIL. trunion. *3* MACH. pivot.

mural *a.* mural.

muralla *f.* outer wall, rampart.

murciélago *m.* ZOOL. bat.

murga *f.* band of street musicians.

murmullo *m.* murmur, ripple; whisper; rustle [of leaves, etc.].

murmuración *f.* gossip, backbiting.

murmurar *i.* to murmur, whisper. *2* to mutter, grumble. *3* [of leaves, etc.] to rustle. *4* [of streams] to purl, ripple. *5* to gossip, backbite.

muro *m.* wall. *2* FORT. rampart.

murria *f.* coll. blues, dejection, sullenness; ***tener*** ~, to be sulky.

murrio, a *a.* sad, sullen, sulky.

murta *f.* BOT. myrtle.

musa *f.* MYTH. Muse. *2* fig. Muse, muse [inspiration, poetry].

musaraña *f.* ZOOL. shrew-mouse. *2* insect, small animal.

muscular *a.* muscular.

músculo *m.* ANAT. muscle; brawn.

musculoso, sa *a.* muscular; sinewy.

muselina *f.* muslin.

museo *m.* museum; ~ ***de pinturas,*** art gallery.

musgo *m.* BOT. moss.

música *f.* music.

músico, ca *a.* musical. *2 m.-f.* musician.

musitar *i.* to mumble, mutter.

muslo *m.* thigh.

mustio, tia *a.* withered, faded. *2* sad, melancholy.

musulmán *a.-n.* Musulman, Moslem.

mutabilidad *f.* mutability, fickleness, inconstancy.

mutación *f.* mutation. *2* change [of weather; of scene].

mutilado, da *a.* mutilated, crippled. *2 m.-f.* cripple.

mutilar *t.* to mutilate, cripple, maim. *2* to cut short. *3* to mar.

mutis *m.* THEAT. exit: ***hacer*** ~, to exit; to say nothing.

mutismo *m.* dumbness; silence.

mutualidad *f.* mutuality. *2* mutual aid. *3* mutual benefit society.

mutuo, tua *a.* mutual, reciprocal.

mutuamente *adv.* mutually, reciprocally.

muy *adv.* very, very much, greatly: ~ ***señor mío,*** dear sir.

N

nabo *m.* turnip. *2* spindle.
nácar *m.* mother-of-pearl, nacre.
nacarado, da *a.* nacred, pearly.
nacer *i.* to be born. *2* [of plants, hair, etc.] to grow, bud, sprout. *3* [of streams, etc.] to spring, flow. *4* to originate, start. ¶ CONJUG. INDIC. Pres.: ***nazco,*** naces, etc. || SUBJ. Pres.: ***nazca, nazcas,*** etc. || IMPER.: nace, ***nazca; nazcamos,*** naced, ***nazcan.***
nacido, da *a.* born: ***bien ~,*** high-born.
naciente *a.* growing, budding, sprouting. *2* rising [sun]. *3* nascent; recent. *4 m.* East.
nacimiento *m.* birth. *2* growth, sprouting. *3* rising [sun]. *4* source [of a river, etc.]. *5* origin, issue. *6* descent, lineage. *7* crib [Nativity scene].
nación *f.* nation: *Naciones Unidas,* United Nations; ***de ~,*** by nationality.
nacional *a.* national. *2 m.* native.
nacionalidad *f.* nationality. *2* citizenship.
nacionalizar *t.* to nationalize. *2* to naturalize.
nada *f.* naught, nothingness. *2 indef. pron.* nothing, not anything, not a bit: ***de ~,*** don't mention it. *3 adv.* not, nothing.
nadador, ra *a.* swimming. *2 m.-f.* swimmer.
nadar *t.* to swim. *2* to float.
nadería *f.* trifle, worthless thing.
nadie *indef. pron.* nobody, no one, not... anyone.
nado (a) adv. swimming, afloat.
naipe *m.* [playing-] card.
nalga *f.* buttock, rump.
nao *f.* ship, vessel.
naranja *f.* BOT. orange: ***media ~,*** coll, better half.
naranjada *f.* orangeade.
naranjo *m.* BOT. orange-tree.
narciso *m.* BOT. narcissus, daffodil. *2* fig. dandy, fop.
narcótico, ca *a.* narcotic. *2 m.* narcotic, drug, dope.
narcotizar *t.* to drug, dope.
nardo m. spikenard, nard.
narigudo, da *a.-n.* large-nosed [person].
nariz, *pl.* **narices** *f.* nose; nostril: ***meter las narices en,*** to poke one's nose into.
narración *f.* narration, account.
narrar *t.* to narrate, relate, tell.
narrativo, va; narratorio, ria *a.* narrative.
nata *f.* cream. *2* the best, elite.
natación *f.* swimming.
natal *a.* natal, native. *2 m.* birth. *3* birthday.
natalicio *m.* birthday. *2* nativity.
natalidad *f.* natality, birth-rate.
natillas *f.* custard.
natividad *f.* nativity. *2* (cap.) Christmas.
nativo, va *a.* native, indigenous; natural.
nato, ta *a.* born: ***criminal ~,*** born criminal.
natural *a.* natural. *2* artless, ingenuous. *3 a.-n.* native. *4 m.* disposition, nature. *5* F. ARTS. ***del ~,*** from life.
naturaleza *f.* nature. *2* nationality. *3* temperament; character. *4* sort, kind. *5* F. ARTS. ***~ muerta,*** still life.
naturalidad *f.* naturalness; plainness. *2* ingenuousness.
naturalista *a.-n.* naturalist.
naturalizar *t.* to naturalize. *2 ref.* to become naturalized.
naturalmente *adv.* naturally, plainly. *2* of course.
naufragar *i.* NAUT. to sink; to be shipwrecked. *2* to fail.
naufragio *m.* shipwreck. *2* ruin.
náufrago, ga *m.-f.* shipwrecked person, castaway.
náusea *f.* nausea, sickness, disgust: ***tener náuseas,*** to be sick; ***dar náuseas,*** to make sick.
nauseabundo, da *a.* nauseating, sickening, loathsome, nasty.
náutico, ca *a.* nautical. *2* water [sports].
nava *f.* high valley, hollow.

navaja *f.* clasp-knife, pocketknife: ~ ***de afeitar,*** razor.
navajazo *m.* knife-slash or wound.
naval *a.* naval.
navarro, rra *a.-n.* Navarrese.
nave *f.* ship, vessel. *2* ARCH. nave: ~ ***lateral,*** aisle.
navegable *a.* navigable.
navegación *f.* navigation, sailing.
navegante *m.-f.* navigator; traveller by sea.
navegar *i.* to navigate, sail, steer.
Navidad *f.* Nativity; Christmas [Day].
naviero, ra *a.* ship, shipping. *2 n.* ship--owner.
navío *m.* vessel, ship: ~ ***de guerra,*** warship; ~ ***de línea,*** liner.
nazareno, na *a.-n.* Nazarene. *2 m.* Nazarite. *3* penitent.
nazi *a.-n.* Nazi.
neblina *f.* mist, thin fog, haze.
neblinoso, sa *a.* foggy, misty.
nebuloso, sa *a.* cloudy, nebulous, foggy, misty, hazy. *2* vague. *3* gloomy. *4 f.* ASTR. nebula.
necedad *f.* foolishness, nonsense.
necesariamente *adv.* necessarily.
necesario, ria *a.* necessary.
neceser *m.* toilet case. *2* sewing kit.
necesidad *f.* necessity; need, want. *2* emergency.
necesitado, da *a.-n.* neddy, poor [person]. *2* ~ ***de,*** wainting.
necesitar *t.* to necessitate. *2* to need, want, lack. *3* to have to.
neciamente *adv.* stupidly.
necio, cia *a.-n.* ignorant, foolish, stupid; silly [person].
néctar *m.* nectar.
nefando, da *a.* abominable; wicked.
nefasto, ta *a.* sad, ominous. *2* funest.
negación *f.* negation, denial.
negado, da *a.* incapable, unfit.
negar *t.* to deny. *2* to refuse. *3* to disavow. *4* to forbid, prohibit. *5 ref.* to decline, refuse. ¶ CONJUG. like ***acertar.***
negativa *f.* negative. *2* denial, refusal. *3* **-mente** *adv.* negatively.
negativo, va *a.* negative. *2 m.* PHOT. negative.
negligencia *f.* negligence, neglect, carelessness.
negligente *a.* negligent, careless.
negociable *a.* COM. negotiable.
negociación *f.* negotiation. *2* business transaction.
negociado *m.* department.
negociante *m.* dealer, trader, businessman, merchant.
negociar *i.* to deal, trade, do business. *2 t.-i.* to negotiate.
negocio *m.* business, affair, transaction, deal: ***hombre de negocios,*** businessman. *2* commerce, trade; concern. *3* profit, gain.
negrero, ra *m.-f.* slave-trader.
negro, gra *a.* black; dark. *2* gloomy. *3* unlucky. *4 m.* black [colour or person]. *5* Negro, nigger. *5 f.* Negress.
negror *m.,* **negrura** *f.* blackness.
negruzco, ca *a.* blackish.
nene, na *m.* baby; dear, darling.
nenúfar *m.* water-lily.
neolatino, na *a.* Romance.
neologismo *m.* neologism.
nepotismo *m.* nepotism.
nervio *m.* nerve: ***ataque de nervios,*** fit of nerves. *2* vigour, strength. *3* sinew, tendon.
nerviosamente *adv.* nervously.
nerviosismo *m.* nervousness, nervous excitement.
nervioso, sa *a.* nervous: ***poner*** ~, to get on one's nerves. *2* vigorous. *3* sinewy, strong.
nervudo, da *a.* strong-nerved, sinewy, tough.
netamente *adv.* clearly, distinctly.
neto, ta *a.* clear, pure. *2* net [weight, etc.].
neumático, ca *a.* pneumatic. *2 m.* tire.
neurastenia *f.* neurasthenia.
neurasténico, ca *a.* neurasthenic.
neutral *a.-n.* neutral, neuter.
neutralidad *f.* neutrality.
neutralizar *t.* to neutralize. *2* to counteract.
neutro, tra *a.* neutral, neuter.
nevada *f.* snowfall, snowstorm.
nevado, da *a.* snow-covered. *2* snow-white, snowy.
nevar *impers.* to snow. ¶ CONJUG. like ***acertar.***
nevasca *f.* NEVADA.
nevera *f.* icebox, refrigerator.
nevisca *f.* light snowfall.
nexo *m.* link, conexion, tie.
ni *conj.* neither, nor: ~ ***aquí*** ~ ***allí,*** neither here nor there. *2* ~ ***siquiera,*** no even; ~ ***que,*** even though.
nicho *m.* niche [recess in a wall].
nidada f. nestful of eggs. *2* brood, hatch.
nido *m.* nest. *2* home, abode.
niebla *f.* fog, mist, haze.
nieto, ta *m.-f.* grandchild. *2 m.* grandson. *3 f.* granddaughter.
nieve *f.* snow.

nigromancia *f.* necromancy, black magic.
nigromante *m.* conjurer, magician.
nilón *m.* nylon.
nimbo *m.* nimbus; halo.
nimiedad *f.* prolixity, minuteness. *2* smallness.
nimio, a *a.* very small, insignificant. *2* miserly, stingy.
ninfa *f.* nymph.
ningun(o, na *a.* no, not... any. *2 indef. pron. m.-f.* none, no one, nobody; ~ ***de los dos,*** neither of the two.
niña *f.* female child; little girl. *2* ANAT. ~ ***del ojo,*** pupil, apple of the eye.
niñada *f.* childishness, childish act or remark.
niñera *f.* nanny, nursemaid.
niñería *f.* childish act or remark. *2* trifle. *3* foolishness.
niñez *f.* childhood, infancy.
niño, ña *a.* child. *2* childish, childlike. *3 m.* male child or infant, little boy: ***de*** **~,** as a child. *4 pl.* children.
nipón, na *a.-n.* Japanese.
niquel *m.* CHEM. nickel.
niquelado *m.,* **niqueladura,** *f.* nickel-plate; nickel-plating.
niquelar *t.* to nickel-plate.
níspero *m.* medlar [tree; fruit].
nitidez *f.* neatness, clearness.
nítido, da *a.* neat, clear.
nitrato *m.* nitrate. *2* ~ ***de Chile,*** Chile salpetre.
nitrógeno *m.* nitrogen.
nivel *m.* level: ~ ***del mar,*** sea level; ~ ***de vida***, standard of living; ***paso a*** ~, level crossing.
nivelar *t.* to level, flatten; to grade [road]; to balance [the budget].
no *adv.* no, nay. *2* not; ~ ***obstante,*** notwithstanding; ~ ***bien,*** no sooner; ~ ***sea que,*** lest; or else.
noble *a.* noble, high-born. *2 m.-f.* noble, nobleman, noblewoman.
nobleza *f.* nobility, nobleness.
noción *f.* notion, idea. *2 pl.* rudiments.
nocivo, va *a.* noxious, harmful.
nocturno, na *a.* nocturnal, night.
noche *f.* night; evening: ~ ***buena,*** Christmas Eve; ~ ***vieja,*** New Year's Eve; ***buenas noches,*** good night; good evening; ***de*** or ***por la*** ~, at night, by night.
nodriza *f.* wet-nurse.
nogal *m.* walnut [tree or wood].
nómada *a.* nomadic. *2 a.-m.* nomad.
nombradía *f.* renown, fame.
nombramiento *m.* naming, nomination, designation.
nombrar *t.* to name, nominate, appoint, commission.
nombre *m.* name: ~ ***de pila,*** Christian name. *2* GRAM. noun. *3* title. *4* reputation.
nomenclatura *f.* nomenclature.
nomeolvides *f.* forget-me-not.
nómina *f.* catalogue of names. *2* pay roll.
nominal *a.* nominal.
non, pl. **nones** *a.* MATH. odd, undeven. *2 m.* odd number; ***pares y nones,*** odd and even. *3* ***decir nones,*** to say no.
nonada *f.* trifle, mere nothing.
nono, na *a.-n.* ninth.
nonagésimo, ma *a.* ninetieth.
norabuena *f. adv.* ENHORABUENA.
nordeste *m.* northeast.
nórdico, ca *a.-n.* Nordic. *2* Norse.
noria *f.* chain pump, draw wheel.
norma *f.* norm, pattern, standard.
normal *a.* normal, standard. *2 f.* training-college.
normalidad *f.* normality.
normalizar *t.* to normalize. *2* to standardize. *3 ref.* to become normal.
normando, da *a.-n.* Norman.
noroeste *m.* northwest.
norte *m.* north. *2* north wind. *3* North Pole. *4* North Star. *5 fig.* lodestar, guide.
Norteamérica *f. pr. n.* North America.
norteamericano, na *a.-n.* North American; American [of the U.S.A.].
norteño, ña *a.* northern. *2 m.-f.* northerner.
Noruega *f. pr. n.* GEOG. Norway.
noruego, ga *a.-n.* Norwegian.
nos *pers. pron. pl. m.-f.* [object] us, to us, for us; [recip.] each other; [ref.] ourselves. *2* we, us [used by the king, etc.].
nosotros, tras *pers. pron. m.-f.* we [subject]; us [object]. *2* ***nosotros mismos,*** ourselves.
nostalgia *f.* nostalgia, homesickness.
nostálgico, ca *a.* nostalgic, homesick, longing. *2* regretful.
nota *f.* note. *2* fame. *3* COM. account, bill: ~ ***de precios,*** price list. *4* EDUC.. mark, *grade.
notabilidad *f.* notability.
notable *a.* notable, remarkable, noteworthy. *2* noticeable, perceptible. *3 m.* EDUC. good mark. *4* **-mente** *adv.* remarkably.
notar *t.* to note, mark. *2* to notice, observe. *3* to write down.
notaría *f.* notary's office.
notario *m.* notary.

noticia *f.* news, news item, notice, piece of news, report, tidings. *2* information: ***tener ~ de***, to be informed of.
noticiario *m.* CINEM. news-reel. *2* RADIO, news cast. *3* news column [of a newspaper].
noticiero *m.-f.* newsman, reporter.
notificación *f.* notification.
notificar *t.* to notify, inform.
notoriamente *adv.* obviously.
notoriedad *f.* notoriety. *2* fame, renown.
notorio, ria *a.* notorious, wellknown; evident, obvious.
novato, ta *m.-f.* novice, beginner, freshman.
novecientos *a.* nine hundred.
novedad *f.* novelty. *2* newness. *3* change, alteration: ***sin ~,*** as usual; well. *4* latest news. *5 pl.* fancy goods.
novel *a.-m.* new, inexperienced.
novela *f.* novel, romance, fiction.
novelesco, ca *a.* novelistic. *2* romantic, fantastic.
novelista *m.-f.* novelist.
noveno, na *a.-m.* ninth.
noventa *a.-m.* ninety.
novia *f.* bride. *2* fiancée, girl-friend, sweetheart.
noviazgo *m.* engagement, betrothal; courtship.
novicio, cia *a.* new, inexperienced. *2 m.-f.* novice, beginner.
noviembre *m.* November.
novillada *f.* drove of young bulls. *2* bullfight with young bulls.
novillero *m.* bullfighter of young bulls. *2* truant.
novillo, lla *m.* young bull, bullock. *2 f.* heifer, young cow. *3* ***hacer novillos***, to play truant.
novio *m.* bridegroom. *2* fiancé, boyfriend; suitor: ***los novios,*** the young couple.
novísimo, ma *a.* newest, latest.
nubarrón *f.* large black cloud.
nube *f.* cloud: ***~ de verano,*** summer shower; ***poner por las nubes***, to praise to the skies. *2* MED. film on the eyeball.
nublado, da *a.* cloudy, overcast. *2 m.* thundercloud. *3* impending danger.
nublarse *ref.* to cloud over.
nubloso, sa; nuboso, sa *a.* cloudy, overcast; gloomy.
nuca *f.* nape of the neck.
núcleo *m.* nucleus. *2* ELECT. core. *3* BOT. kernel [of nut]; stone [of fruit].
nudillo *m.* knuckle.
1) **nudo** *m.* knot, noose: ***~ en la garganta,*** lump in the throat; ***~ corredizo,*** slip knot. *2* bond, tie. *3* tangle, difficulty. *4* THEAT. plot.
2) **nudo, da** *a.* nude, naked.
nudoso, sa *a.* knotty; gnarled.
nuera *f.* daughter-in-law.
nuestro, tra *poss.* a. our, of ours. *2 poss. pron.* ours.
nueva *f.* news, tidings.
nuevamente *a.* again, anew.
Nueva Orleans *f., pr. n.* GEOG. New Orleans.
Nueva York *f. pr. n.* GEOG. New York.
Nueva Zelanda *f. pr. n.* GEOG. New Zeland.
nueve *a.-n.* nine.
nuevecito, ta *a.* dim. of NUEVO. *2* brand-new, nice and new.
nuevo, va *a.* new: ***¿qué hay de ~?,*** what's new? *2* fresh, newly arrived. *3* adv. ***de ~,*** again, once more.
nuez *f.* walnut. *2* nut [of some other plants]: ***~ moscada,*** nutmeg. *3* adam's apple.
nulidad *f.* nullity. *2* incompetence. *3* incapable person.
nulo, la *a.* LAW, null, void. *2* worthless, useless.
numeración *f.* numeration, numbering.
numerar *t.* to numerate. *2* to number.
numérico, ca *a.* numerical.
número *m.* ARITH. number. *2* numeral, figure. *3* size [of shoes, etc.].
numeroso, sa *a.* numerous.
nunca *adv.* never: ***~ jamás,*** never again.
nuncio *m.* messenger, harbinger, forerunner. *2* Papal nuncio.
nupcial *a.* nuptial, bridal.
nupcias *f.* nuptials, marriage, wedding.
nutria *f.* ZOOL. otter. *2* otter-fur.
nutricio, cia *a.* nutritious.
nutrido, da *a.* nourished. *2* full, abundant.
nutrimento *m.* nutrition; nourishment, food.
nutrir *t.* to nourish, feed.
nutritivo, va *a.* nutritious, nourishing.

Ñ

ñapa *f.* (Am.) additional amount; something over or extra: ***de ~***, to boot, into the bargain.
ñiquiñaque *m.* trash, worthless person or thing.
ñoñería, ñonez *f.* silly remark, inanity.
ñoño, ña *a.* feeble-minded. *2* silly, inane. *3* old-fashioned.

O

o *conj.* or: ~ ..., ~ ..., either... or...
oasis, *pl.* **-sis** *m.* oasis.
obcecación *f.* mental obfuscation or blindness.
obcecar *t.* to obfuscate, blind. *2 ref.* to become obfuscated.
obedecer *t.-i.* to obey. *2* to respond, yield [to a force, etc.] *3* to be due [to]. ¶ CONJUG. like ***agradecer.***
obediencia *f.* obedience, compliance.
obediente *a.* obedient, compliant.
obelisco *m.* obelisk.
obenque *m.* shroud; riggings.
obertura *f.* MUS. overture.
obeso, sa *a.* obese, fat, fleshy.
óbice *m.* obstacle, hindrance.
obispado *m.* bishopric, episcopate, *2* diocese.
obispo *m.* ECCL. bishop.
óbito *m.* death, decease, demise.
objeción *f.* objection, opposition.
objetar *t.* to object, oppose.
objetivamente *adv.* objectively.
objetivo, va *a.-m.* objective.
objeto *m.* object. *2* thing. *3* subject, matter. *4* end, purpose.
oblación *f.* oblation, offering.
oblicuo, cua *a.* oblique, slanting.
obligación *f.* obligation. *2* duty. *3* COM. debenture, bond. *4 pl.* COM. liabilities.
obligar *t.* to obligate, oblige, bind. *2* to compel, force, constrain. *3 ref.* to blind oneself.
obligatorio, ria *a.* obligatory, compulsory.
obliterar *t.-ref.* to obliterate.
oblongo, ga *a.* oblong.
óbolo *m.* obol. *2* mite.
obra *f.* work, piece of work. *2* act, deed; ~ ***maestra,*** masterpiece. *3* THEAT. play, drama. *4* building under construction; repair work. *5* pl., ***obras públicas***, public works.
obrar *t.* to work, perform, make, do. *2* to build. *3 i.* to act, behave. *4* ***obra en nuestro poder,*** we have received your letter.
obrero, ra *m.-f.* worker, labourer; workman, workwoman.
obscenidad *f.* obscenity.
obsceno, na *a.* obscene, indecent.
obscurecer *t.* to obscure, darken. *2* to tarnish, dim. *3 impers.* to grow dark. ¶ CONJUG. like ***agradecer.***
obscuridad *f.* obscurity. *2* darkness, gloom.
obscuro, ra *a.* obscure. *2* dark. *3* uncertain, dubious. *4* ***a obscuras,*** in the dark.
obsequiar *t.* to entertain; to present to: ~ ***con,*** to present with. *2* to court.
obsequio *m.* attention, courtesy; treat; present, gift; ***en ~ de,*** for the sake of, in honour of.
obsequioso, sa *a.* obsequious, obliging, attentive.
observación *f.* observation: ***en ~,*** under observation. *2* remark.
observador, ra *a.* observing. *2 m.-f.* observer.
observancia *f.* observance [of a law, etc.], compliance.
observar *t.* to observe, comply with. *2* to notice. *3* to watch, regard. *4* to remark.
observatorio *m.* observatory.
obsesión *f.* obsession.
obsesionar *t.* to obsess.
obsesivo, va *a.* obsessive.
obstaculizar *t.* to prevent, hinder.
obstáculo *m.* obstacle, hindrance.
obstante (no) *conj.* notwithstanding; nevertheless.
obstar *i.* to hinder, impede, prevent.
obstinación *f.* obstinacy, stubbornness.
obstinado, da *a.* obstinate, stubborn.
obstinarse *ref.* ~ ***en,*** to be obstinate in, persist in, insist on.
obstrucción *f.* obstruction.
obstruir *t.* to obstruct, block. *2 ref.* to be

blocked. ¶ CONJUG. like ***huir***.
obtención *f.* attainment.
obtener *t.* to attain, obtain, get.
obturador *m.* choke [of a car]; throttle. *2* plug, stopper. *3* shutter [of a camera].
obturar *t.* to close, plug, stop up. *2* to throttle.
obtuso, sa *a.* GEOM. obtuse. *2* blunt, dull.
obús *m.* ARTILL., howitzer; shell.
obviar *t.* to obviate, prevent.
obvio, via *a.* obvious, evident.
oca *f.* ORN. goose.
ocasión *f.* occasion, opportunity, chance. *2* motive, cause. *3* ***en ~ de,*** on the occasion of. *4* ***de ~,*** second-hand.
ocasional *a.* occasional, accidental.
ocasionar *t.* to occasion, cause, bring about, arouse.
ocaso *m.* west. *2* setting, sunset; twilight. *3* decline.
occidental *a.* occidental, western.
occidente *m.* occident, west.
océano *m.* ocean.
ocio *m.* idleness, leisure. *2* pastime, diversion; relaxation.
ociosidad *f.* idleness, leisure; laziness.
ocioso, sa *a.* idle; lazy. *2* useless.
ocre *m.* MINER. ochre.
octavo, va *a.-m.* eighth.
octosílabo, ba *a.* octosyllabic. *2 m.* PROS. octosyllable.
octubre *m.* October.
ocular *a.* ocular: ***testigo ~,*** eye-witness. *2 m.* OPT. eyepiece.
oculista *m.-f.* oculist.
ocultación *f.* concealment, hiding.
ocultar *t.* to conceal, hide.
oculto, ta *a.* hidden, concealed. *2* occult, secret.
ocupación *f.* occupation. *2* employment, business.
ocupado, da *a.* occupied, busy, engaged.
ocupar *t.* to occupy. *2* to employ, give work to. *3* to fill [a space]. *4* ref. ***~ en,*** to be employed at; to be busy with.
ocurrencia *f.* occurrence, event. *2* joke, witty remark. *3* bright or funny idea.
ocurrente *a.* bright, witty, funny.
ocurrir *i.* to occur, happen. *2 ref.* to occur to one, strike [come into one's mind].
ochenta *a.-n.* eighty.
ocho *a.-n.* eight.
ochocientos, tas *a.-n.* eight hundred.
oda *f.* ode.
odiar *t.* to hate, detest, abhor.
odio *m.* hatred, hate, aversion.
odioso, sa *a.* odious, hateful.
odontología *f.* dentistry.
odontólogo *m.* dentist.
odre *m.* winebag, wineskin.
oeste *m.* west. *2* west wind.
ofender *t.* to offend, insult. *2 ref.* to take offence, resent.
ofensa *f.* offence, insult, injury.
ofensivo, va *a.* offensive, insulting. *2 f.* offensive.
ofensor, ra *a.* offending. *2 m.-f.* offender.
oferta *f.* offer. *2* offering, gift. *3* COM. ***la ~ y la demanda,*** supply and demand.
oficial *a.* official. *2 m.* [skilled] workman. *3* MIL. officer. *4* [government] official; magistrate. *5* **-mente** *adv.* officially.
oficina *f.* office, bureau. *2* workshop.
oficinista *m.-f.* office clerk, employee.
oficio *m.* occupation, profession; ***de ~,*** by trade. *2* office [duty, etc.]. *3* official communication. *4* ECCL. service.
oficioso, sa *a.* officious. *2* unofficial. *3* diligent, hard-working.
ofrecer *t.* to offer, present; ***¿qué se le ofrece a usted?***, what do you wish? *2* to show. *3* COM. to offer; to bid. *4 ref.* to volunteer; to occur, arise. ¶ CONJUG. like ***agradecer.***
ofrecimiento m. offer, offering, promise.
ofrenda *f.* gift, religious offering.
ofrendar *t.* to offer, make an offering of.
ofuscación *f.,* **ofuscamiento** *m.* blindness, clouded vision. *2* bewilderment, mental confusion.
ofuscar *t.-ref.* to dazzle, daze. *2* to dim, blind. *3* to bewilder.
ogro *m.* ogre.
oída *f.* hearing [act]. *2* ***de oídas,*** by hearsay.
oído *m.* hearing [sense]; ear [organ of hearing]: ***aguzar los oídos,*** to prick up one's ears: ***tener buen ~,*** to have an ear for music; ***de ~,*** by ear.
oír *t.* to hear; to listen; to understand: ***¡oiga(n!***, I say!; ***~ hablar de,*** to hear about, or of.: ***~ misa,*** to hear Mass. ¶ CONJUG. INDIC. Pres.: ***oigo, oyes, oye;*** oímos, oís, ***oyen.*** | Pret.: oí, oíste, ***oyó;*** oímos, oísteis, ***oyeron.*** ‖ SUBJ. Pres.: ***oiga, oigas,*** etc. | Imperf.: ***oyera, oyeras,*** etc., or ***oyese, oyeses,*** etc. | Fut.: ***oyere, oyeres,*** etc. ‖ IMPER.: ***oye, oiga; oigamos,*** oíd, ***oigan.*** ‖ PAST. P.: ***oído.*** ‖ GER.: ***oyendo.***
ojal *m.* buttonhole. *2* eyelet.
¡ojalá! *interj.* would to God!, God grant!, I wish!
ojeada *f.* glimpse, quick glance: ***echar una ~***, to take a look.

ojear *t.* to beat [for game]. *2* to stare at, eye.
ojeo *m.* beating [for game].
ojera *f.* eye-cup. *2 pl.* dark rings under the eyes.
ojeriza *f.* grudge, spite, ill will.
ojeroso, sa *a.* haggard, with dark rings under the eyes.
ojival *a.* ARCH. ogival, gothic.
ojo *m.* eye: ***no pegar el ~,*** not to sleep a wink; ***a ~,*** by guess; ***a ojos cerrados,*** blindly; ***en un abrir y cerrar de ojos;*** in the twinkling of an eye; ***¡ojo!,*** look out!, beware!. *2* eye, hole. 3 span [of a bridge]. *4* well [of stairs]. *5* keyhole.
ola *f.* wave, billow, surge, swell [in a liquid]. *2* fig. wave [of heat, cold, etc.]. *3* surge [of a crowd].
olé *interj.* bravo!
oleada *f.* large wave; surge.
oleaje *m.* surge, succession of waves, motion or rush of waves.
óleo *m.* oil; holy oil: ***pintura al ~,*** oil-painting.
oleoducto *m.* pipeline.
oleoso, sa *a.* oily.
oler *t.-i.* to smell, scent. *2* to pry into.
olfatear *t.* to smell, scent, sniff. *2* to pry into, try to discover.
olfato *m.* smell, sense of smell.
oliente *a.* smelling: ***mal ~,*** evilsmelling.
oligarquía *f.* oligarchy.
olimpiada *f.* Olympiad.
olímpico, ca *a.* Olympic; Olimpian. *2* fig. haughty.
oliva *f.* olive. *2* olive-tree.
olivar *m.* olive grove.
olivo *m.* BOT. olive-tree.
olmeda *f.*, **olmedo** *m.* elm grove.
olmo *m.* BOT. elm-tree.
olor *m.* odour, smell, fragance: ***mal ~,*** stink.
oloroso, sa *a.* fragrant, scented.
olvidadizo, za *a.* forgetful, absent-minded.
olvidar *t.-ref.* to forget, leave behind, neglect.
olvido *m.* forgetfulness. *2* omission, neglect. *3* oblivion.
olla *f.* pot, boiler, kettle: ***~ de presión,*** pressure-cooker.
ombligo *m.* navel. *2* centre.
ominoso, sa *a.* ominous, threatening.
omisión *f.* omission, oversight.
omiso, sa *a.* careless, neglectufl: ***hacer caso ~,*** to overlook, ignore.
omitir *t.* to omit, drop, leave out, overlook.
omnipotencia *f.* omnipotence.
omnipotente *a.* omnipotent, allmighty.
omóplato *m.* shoulder-blade.
once *a.-m.* eleven.
onda *f.* wave [of water, of hair, etc.], ripple.
ondear *i.* to wave, ripple; to waver; to flutter.
ondulación *f.* undulation, waging: ***~ permanente,*** permanent waving.
ondulado, da *a.* rippled. *2* wavy.
ondular *i.* to undulate, wave, ripple, billow.
oneroso, sa *a.* onerous, burdensome.
onomástico, ca *a.* onomastic.
onza *f.* ounce [weight; animal].
opaco, ca *a.* opaque; dark; dull.
ópalo *m.* MINER. opal.
opción *f.* option, choice.
ópera *f.* opera.
operación *f.* operation, business transaction.
operador, ra *m.-f.* operator. *2* surgeon. *3* CINEM. camera-man.
operar *t.* SURG. to operate upon. *2 i.* to take effect, work. *3* to speculate. *4* to manipulate, handle. *5 ref.* to occur.
operario, ria *m.-f.* workman, worker.
opereta *f.* operetta, light opera.
opinar *i.* to hold an opinion; to think, judge, consider.
opinión *f.* opinion: ***mudar de ~,*** to change one's mind.
opio *m.* opium.
opíparo, ra *a.* sumptuous.
oponer *t.* to oppose [a thing to another]; to resist, face. *2* ref. ***oponerse a,*** to be opposed to. ¶ CONJUG. like ***poner.***
oportunamente *adv.* opportunely.
oportunidad *f.* opportunity; chance.
oportuno, na *a.* opportune, suitable, timely. *2* witty.
oposición *f.* opposition, clash. *2 pl.* competitive examination.
opositor, ra *m.-f.* opponent, competitor, contender.
opresión *f.* oppression.
opresivo, va *a.* oppressive.
opresor, ra *m.-f.* oppressor.
oprimir *t.* to press down, push. *2* to crush, squeeze. *3* to tyranize, oppress.
oprobio *m.* ignominy, disgrace.
optar *i.* to select, choose. *2* ***~ a,*** to be a candidate for [a position, etc]. *3* ***~ por,*** to decide on; to choose.
óptico, ca *a.* optica(al. *2 m.* optician. *3 f.* optics.
optimismo *m.* optimism.
optimista *a.* optimistic, sanguine. *2 m.-f.* optimist.
óptimo, ma *a.* very good, best.

opuesto, ta *a.* opposed, *2* opposite. *3* contrary, adverse.
opugnar *t.* to attack; impugn.
opulencia *f.* opulence, wealth.
opulento, ta *a.* opulent, wealthy.
opúsculo *m.* booklet, tract.
oquedad *f.* hollow, cavity.
ora *conj.* ~ ... ~ ..., now... now...
oración *f.* speech, oration. *2* prayer. *3* GRAM. sentence, clause.
oráculo *m.* oracle.
orador, ra *m.-f.* orator, speaker.
oral *a.* oral; verbal.
orar *i.* to pray.
orate *m.-f.* lunatic, madman.
oratoria *f.* oratory, eloquence.
oratorio, ria *a.* oratorical. *2 m.* oratory. *3* MUS. oratorio.
orbe *m.* orb, sphere. *2* the world.
órbita *f.* ASTR. orbit. *2* field [of action, etc.]. *3* ANAT. eye-socket.
orden *m.* order [arrangement; method]: ***por ~,*** in order. *2* order [public quiet]: ***llamar al ~,*** to call to order. *3* class. degree. *4* MIL. order, array. *5 f.* order: ~ ***religiosa,*** religious order. *6* command: ***a sus órdenes,*** at your service.
ordenación *f.* order, arrangement. *2* ECCL. ordination.
ordenadamente *adv.* in order.
ordenado, da *a.* orderly, methodical, tidy.
ordenanza *f.* order, method. *2* order, command. *3* ordinance, decree, regulation. *4 m.* MIL. orderly. *5* errand-boy.
ordenar *t.* to order, arrange, put in order. *2* to order, command, prescribe. *3* ECCL. to ordain. *4 ref.* ECCL. to take orders.
ordeñar *t.* to milk [a cow, etc.].
ordinario, ria *a.* ordinary, usual. *2* common, vulgar. *3* ***de ~,*** usually.
orear *t.* to air, ventilate. *2 ref.* to take the air.
orégano *m.* BOT. wild marjoram.
oreja *f.* ear. *2* flap [of shoe]. *3* MECH. ear, lug.
orfanato *m.* orphanage.
orfandad *f.* orphanhood.
orfebre *m.* goldsmith, silversmith.
orfeón *m.* choral society. *2* choir.
orgánico, ca *a.* organic.
organillero, *a.* organ-grinder.
organillo *m.* barrel-organ.
organismo *m.* organism. *2* organization, body, institution.
organización *f.* organization.
organizador, ra *a.* organizing. *2 m.-f.* organizer.
organizar *t.* to organize. *2* to set up, start.
órgano *m.* organ.
orgía *f.* orgy, revel.
orgullo *m.* pride. *2* haughtiness.
orgulloso, sa *a.* proud. *2* haughty.
orientación *f.* orientation. *2* bearings.
oriental *a.* oriental, eastern.
orientar *t.* to orientate; to direct [towards]. *2* NAUT. to trim [a sail]. *3 ref.* to find one's bearings.
oriente *m.* east, orient.
orificio *m.* orifice, hole, outlet.
origen *m.* origin. *2* source, cause. *3* native country.
original *a.* original. *2* queer, quaint. *3 m.* original [of a portrait, etc.]. *4* eccentric, crank. *5* **-mente** *adv.* originally; eccentrically.
originar *t.* to originate, give rise to. *2 ref.* to arise, spring from.
originariamente *adv.* originally, by its origin.
originario, ria *a.* originating. *2* original, derived, native.
orilla *f.* border, margin, edge, brink, hem. *2* bank, margin [of river]; shore.
orillo *m.* selvage [of cloth].
1) **orín** *m.* rust [on iron].
2) **orín** or *pl.* **orines** *m.,* **orina** *f.* urine.
orinal *m.* chamber-pot, urinal.
orinar *i.-t.* to urinate.
oriundo, da *a.* coming [from], native [of].
orla *f.* border, edging, fringe.
orlar *t.* to border, edge.
ornado, da *a.* ornate, adorned.
ornamentar *t.* to ornament, adorn.
ornamento *m.* ornament, adornment.
ornar *t.* to adorn, decorate.
oro *m.* gold; wealth: ~ ***de ley,*** standard gold; ***de ~,*** golden, of gold; gold.
orondo, da *a.* big-bellied [jar, etc.]. *2* puffed up, self-satisfied.
oropel *m.* tinsel, brass foil.
orquesta *f.* MUS., THEAT. orchestra.
orquídea *f.* BOT. orchid.
ortiga *f.* BOT. nettle. *2* ZOOL. ~ ***de mar,*** jelly-fish.
ortodoxo, xa *a.* orthodox.
ortografía *f.* orthography, spelling.
oruga *f.* ENT., MACH. caterpillar.
orujo *m.* marc of pressed grapes or olives.
orza *f.* NAUT. luffing. *2* glazed jar.
orzuelo *m.* sty [on the eyelid].
os *pers. pron. pl. m.-f.* [object] you, to you, etc.; [recip.] each other; [ref.] yourselves.
osadía *f.* boldness, daring.

osado, da *a.* bold, daring.
osar *i.* to dare, venture.
oscilación *f.* oscillation, sway. *2* fluctuation, wavering.
oscilar *i.* to oscillate, sway. *2* to fluctuate, waver.
ósculo *m.* kiss.
oscurecer, oscuridad, etc. = OBSCURECER, OBSCURIDAD.
óseo, a *a.* bony.
osezno *m.* bear cub.
oso, sa *m.* bear: ***hacer el ~,*** to play the fool. *2 f.* she-bear: ***Osa Mayor***, Great Bear; ***Osa Menor***, Little Bear.
ostensible *a.* ostensible, apparent. *2* **-mente** *adv.* apparently.
ostentación *f.* ostentation, parade, display, show.
ostentar *t.* to parade, display, show. *2* to show off; to boast.
ostentoso, sa *a.* ostentatious, showy; magnificient.
ostra *f.* ZOOL. oyster.
ostracismo *m.* ostracism.
osudo, da *a.* bony.
otear *t.* to watch from a height.
otero *m.* hillock, knoll, height.
otoñal *a.* autumnal, of autumn.
otoño *m.* autumn, fall.
otorgar *t.* to grant, give *2* to award [a prize]. *3* to consent.
otro, otra *a.-pron.* another, other: ***otra cosa,*** something else; ***otra vez***, again; ***al ~ día,*** on the next day; ***por otra parte,*** moreover.
otrora *adv.* formerly.
ovación *f.* ovation, enthusiastic applause.
ovacionar *i.* to acclaim.
oval; ovalado, da *a.* oval.
óvalo *m.* GEOM. oval.
oveja *f.* ewe, female sheep.
ovillar *i.* to wind up [wool, etc.]. *2 ref.* to curl up.
ovillo *m.* ball [of thread, etc.]. *2* tangle: ***hacerse uno un ~,*** to curl up into a ball; to become entangled.
oxidado, da *a.* rusty; rusted.
oxidar *t.* to oxidize, rust. *2 ref.* to become oxidized; to rust.
oxígeno *m.* CHEM. oxygen.
oyente *m.-f.* hearer. *2* listener [to the radio]. *3 pl.* audience.
ozono *m.* ozone.

P

pabellón *m.* pavilion. *2* canopy. *3* stack [of rifles]. *4* flag, national colours. *5* external ear.
pábilo, pabilo *m.* wick or snuff [of a candle].
pábulo *m.* food, support: ***dar ~ a,*** to encourage.
pacer *i.-t.* to pasture, graze.
paciencia *f.* patience, endurance.
paciente *a.-n.* patient. *2* **-mente** *adv.* patiently.
pacienzudo, da *a.* very patient, long-suffering.
pacíficamente *adv.* peacefully.
pacificar *t.* to pacify, appease. *2 ref.* to calm down.
pacífico, ca *a.* pacific. *2* calm, peaceful. *3 a.-n.* (cap.) GEOG. Pacific [Ocean].
pacotilla *f.* goods carried by seamen free of freight. *2* ***de*** ~ of inferior quality.
pactar *t.* to covenant, agree upon, stipulate. *2 i.* to come to an agreement.
pacto *m.* pact, agreement, covenant.
pachorra *f.* phlegm, sluggishness.
pachucho, cha *a.* overripe. *2* fig. weak, drooping.
padecer *t.-i.* to suffer [from], endure. ¶ CONJUG. like ***agradecer.***
padecimiento *m.* suffering.
padrastro *m.* stepfather. *2* hangnail.
padre *m.* father: ~ ***político,*** father-in-law. *2* stallion, sire. *3 pl.* parents; ancestors.
padrenuestro *m.* Lord's prayer.
padrino *m.* godfather, sponsor. *2* second [at a duel]. *3* protector. *4* ~ ***de boda,*** best man.
padrón *m.* census, poll. *2* pattern.
paella *f.* rice dish with meat, chicken, fish, etc.
paga *f.* payment. *2* pay, salary.
pagadero, ra *a.* payable.
pagado, da *p. p.* of PAGAR. *2* pleased, proud: ~ ***de sí mismo,*** self-satisfied, conceited.
pagador, ra *m.-f.* payer, paymaster.
pagaduría *f.* pay office.
paganismo *m.* heathenism, paganism.
pagano, na *a.-n.* heathen, pagan. *2 m.* coll one who pays.
pagar *t.* to pay [money, etc.] to fee; ~ ***al contado***, to pay cash. *2* to pay for: ***me las pagarás,*** you'll pay for it. *2 ref. pagarse de,* to take a liking to; to be proud of.
pagaré *m.* COM. promissory note.
página *f.* page.
pago *m.* payment: ***en*** ~, in payment, in return. *2* prize, reward. *3* estate of vineyards.
país *m.* country, nation. *2* region.
paisaje *m.* landscape, scenery.
paisano, na *m.-f.* countryman, -woman. *2* fellow-countryman. *3* peasant. *4 m.* civilian.
Países Bajos *m. pr. n.* The Low Countries or Netherlands.
paja *f.* straw. *2 fig.* rubbish.
pajar *m.* haystack. *2* straw loft, barn.
pajarita *f.* paper bird.
pájaro *m.* bird; ~ ***bobo,*** penguin; ~ ***carpintero,*** woodpecker; ***matar dos pájaros de un tiro,*** to kill two birds with one stone. *2* shrewd fillow. *3* fig. ~ ***de cuenta,*** man of importance; dangerous fellow.
paje *m.* page [person.]. *2* NAUT. cabin-boy.
pajizo, za *a.* made of straw. *2* thatched. *3* straw-coloured.
pala *f.* shovel. *2* fish-slice. *3* racket, bat. *4* blade [of a shoe, spade, etc.] *5* [baker's] peel.
palabra *f.* word [term; speech, remark]; ***palabras cruzadas,*** crossword puzzle; ***juego de palabras,*** pun; ***en una*** ~, in a word, to sum up; *dar* or ***empeñar uno su*** ~, to give, or pledge one's word.
palabrota *f.* coarse, obscene word.

palaciego, ga *a.* palace. *2 m.* courtier.
palacio *m.* palace.
palada *f.* shovelful. *2* stroke [of an oar].
paladar *s.* palate. *2* taste, relish.
paladear *t.-ref.* to taste with pleasure, relish.
paladín m. paladin. *2* champion.
paladino, na *a.* patent, public.
palafrén *m.* palfrey.
palanca *m. f.* lever. *2* crowbar.
palancana, palangana *f.* washbowl, basin.
palanganero *m.* wash-stand.
palco *m.* THEAT. box.
palenque *m.* palisade, wood fence, enclosure.
paleta *f.* PAINT. palette. *2* fire shovel. *3* MAS. trowel.
paletilla *f.* ANAT. shoulder-blade.
paleto *m.* zool. fallow deer. *2* coll. bumpkin.
paliar *t.* to palliate. *2* to alleviate.
palidecer *i.* to turn pale. ¶ CONJUG. like ***agradecer.***
palidez *f.* paleness, pallor.
pálido, da *a.* pale, ghastly.
palillero *m.* toothpick, holder.
palillo *m.* toothpick. *2* drumstick. *3 pl.* castanets.
palinodia *f.* palinode, recantation.
palio *m.* cloak. *2* canopy.
palique *m.* chit-chat, small talk.
paliza *f.* beating, drubbing, thrashing.
palizada *f.* palisade, stockade.
palma *f.* BOT. palm, palm-tree. *2* palm [of the hand]. *3 pl.* clapping of hands: ***batir palmas,*** to clap hands.
palmada *f.* slap, pat. *2* clapping: ***dar palmadas***, to clap.
palmario, ria *a.* obvious, evident.
palmatoria *f.* candlestick.
palmera *f.* palm-tree.
palmípedo, da *a.* ORN. web-footed [bird].
palmo *m.* span [measure]: ~ ***a*** ~, inch by inch.
palmotear *t.* to clap hands.
palo *m.* stick, staff, pole. *2* NAUT. mast. *3* blow with a stick. *4* suit [at cards]. *5* wood; handle.
paloma *f.* ORN. dove, pigeon: ~ ***mensajera,*** carrier-pigeon. *2 pl.* whitecaps.
palomar *m.* pigeon-house, dove-cot.
palpable *a.* palpable. *2* obvious, evident. *3* **-mente** *adv.* obviously.
palpar *t.* to touch, feel. *2* to grope, feel one's way.
palpitación *f.* palpitation, beat, throb.
palpitante *a.* palpitating throbbing: ***la cuestión*** ~, the burning question.
palpitar *i.* to palpitate, beat, throb.
palúdico, ca *a.* marshy. *2* malarial.
paludismo *m.* MED. malaria.
palurdo, da *a.* uncouth, rude. *2 m.-f.* boor, churl.
palustre *a.* paludal, marshy. *2 m.* MAS. trowel.
pampa *f.* the pampas.
pámpano *m.* grape-vine tendril or shoot. *2* grape-vine leaf.
pamplina *f.* nonsense, trifle. *2* chikweed.
pan *m.* bread; loaf: ***ganarse el*** ~, to earn one's livelihood; ***llamar al pan, pan y al vino, vino***, to call a spade, a spade. *2* leaf, foil [of gold, etc.].
pana *f.* velveteen, corduroy. *2* AUTO. break-down.
panadería *f.* bakery, baker's shop.
panadero, ra *m.* baker.
panal *m.* honeycomb.
pancarta *f.* placard.
pandear *i.-ref.* [of a wall, beam, etc.] to sag, bulge, warp.
pandereta *f.* tambourine.
pandero *m.* tambourine.
pandilla *f.* gang, band, set.
panecillo *m.* roll [bread].
panegírico, ca *a.* panegyric(al. *2 m.* panegyric.
panel *m.* panel.
panfleto *m.* pamphlet, lampoon.
pánico, ca *a.-m.* panic.
panizo *m.* millet. *2* maize.
panocha *f.* ear [of Indian corn].
panoplia *f.* panoply.
panorama *m.* panorama.
pantalón or *pl.* **pantalones** *m.* trousers, breeches, *pants.
pantalla *f.* lamp-shade. *2* fire-screen. *3* CINEM. screen.
pantano *m.* swamp, marsh. *2* small lake or natural pond. *3* a large dam. *4* fig. obstacle.
pantanoso, sa *a.* swampy, marshy.
panteón *m.* pantheon.
pantera *f.* ZOOL. panther.
pantomina *f.* pantomine, dumb show.
pantorrilla *f.* calf [of the leg].
pantufla *f.*, **pantuflo** *m.* slipper.
panza *f.* paunch, belly.
panzudo, da *a.* paunchy, big-bellied.
pañal *m.* swaddling-cloth, napkin.
pañería *f.* drapery. *2* draper's shop.
paño *m.* cloth [woolen stuff]. *2 pl.* clothes: ***en paños menores,*** undressed. *3* stretch [of a wall].
pañuelo *m.* handkerchief. *2* square shawl.
papa *m.* Pope. *2* coll. papa, dad. *3 f.* fib, lie. *4* potato. *5 pl.* porridge.
papá *m.* coll. papa, dad.

papada *f.* double chin. *2* dewlap.
papado *m.* papacy.
papagayo *m.* ORN. parrot. *2* fig. chatterbox.
papamoscas, *pl.* **-cas** *m.* ORN. fly-catcher. *2* PAPANATAS.
papanatas, *pl.* **-tas** *m.* simpleton.
paparrucha *f.* fib, hoax. *2* silliness.
papel *m.* paper: ~ ***de calcar,*** tracing-paper; ~ ***de lija,*** sandpaper; ~ ***pintado,*** wallpaper; ~ ***secante,*** blotting-paper. *2* paper [document]: ~ ***de estado,*** government securities; ~ ***moneda,*** paper money. *3* THEAT. part, rôle: ***desempeñar el*** ~ ***de,*** to play the part of.
papeleo *m.* red tape.
papelera *f.* paper-case. *2* waste-paper-basket.
papelería *f.* stationer's shop, stationery.
papeleta *f.* slip of paper; card, file card, ticket: ~ ***de votación,*** ballot.
papelote, papelucho *m.* worthless writing or paper.
papera *f.* goitre. *2* mumps.
papilla *f.* pap [soft food].
paquebote *m.* packet-boat.
paquete *m.* packet, parcel: ***por*** ~ ***postal,*** by parcel post. *2* packet-boat.
par *a.* like, equal. *2* even [number]. *3 m.* pair, brace, couple. *4* peer, equal: ***sin*** ~, peerless. *5* peer [nobleman]. *6* ***a la*** ~, at par; equally, together: ***abierto de*** ~ ***en*** ~, wide-open [door, etc.].
para *prep.* for, to, in order to: ~ ***que,*** in order that, so that; ***¿para qué?,*** what for? *3* toward. *4* by, on: ~ ***entonces,*** by then; ~ ***Navidad,*** on Christmas. *5* ***estar*** ~, to be on the point of.
parabién *m.* congratulations.
parábola *f.* parable. *2* GEOM. parábola.
parabrisas, *pl.* **-sas** *m.* AUTO. wind-screen, wind-shield.
paracaídas, *pl.* **-das** *m.* parachute.
paracaidista *m.* parachutist. *2* MIL. paratrooper.
parachoques *m.* AUTO. bumper. *2* RLY. buffer.
parada *f.* stop, halt, standstill, stay: ~ ***en seco,*** dead stop. *2* stop [of a bus, etc.]. *3* pause. *4* SPORT catch [of the ball]. *5* parade [muster of troops].
paradero *m.* whereabouts. *2* stopping place, halt. *3* end.
parado, da *a.* stopped, arrested, motionless. *2* slow, awkward, shy. *3* unoccupied, unemployed [person]. *4* shut down [factory].
paradoja *f.* paradox.
paradójico, ca *a.* paradoxical.
parador *m.* inn, hostel, motel.
paráfrasis, *pl.* **-sis** *f.* paraphrase.
paraguas, *pl.* **-guas** *m.* umbrella.
paraíso *m.* paradise. *2* THEAT. gods, gallery.
paraje *m.* spot, place.
paralelo, la *a.* parallel, similar *2 m.* parallel line. *3* parallel [comparison]. *4 f. pl.* GYMN. parallel bars.
paralelogramo *m.* parallelogram.
paralítico, ca *a.-n.* MED. paralytic, palsied.
paralización *f.* paralyzation. *2* COM. stagnation. *3* stoppage [of the traffic].
paralizar *t.* to paralyze; to stop.
paramento *m.* ornament; hangings. *2* ARCH. face [of a wall]. *3* ECCL. priest's vestments.
paramera *f.* barren country.
páramo *m.* moor, bleak windy spot; cold region.
parangón *m.* comparison.
parangonar *t.* to compare.
paraninfo *m.* central hall of a university.
parapetarse *ref.* to shelter behind a parapet; to take refuge.
parapeto *m.* parapet; breastwork. *2* rail [of a bridge, etc.].
parar *t.* to stop, arrest, detain, check. *2* to get ready. *3* to stake [at gambling]. *4* HUNT. to point [game]. *5* FENC. to parry. *6* SPORT to catch [a ball]. *7* ~ ***atención,*** to notice; ~ ***mientes en,*** to consider. *8 i.-ref.* to stop. *9* to put up, lodge, *10* ***ir a*** ~, o ***en,*** to end in; finally to get to. *11* to desist. *12* ***pararse a,*** to stop to.
pararrayos, *pl.* **-yos** *m.* lightning-conductor.
parasitario, ria *a.* parasitic(al.
parásito, ta *a.* parasitic. *2 m.* BIOL. parasite. *3* hanger-on. *4 pl.* RADIO. strays.
parasol *m.* parasol, sunshade.
parcamente *adv.* scantily.
parcela *f.* lot, plot [of land].
parcial *a.* partial [not complete]. *2* partial, biased. *3 m.-f.* partisan, follower. *4* **-mente** *adv.* partially.
parcialidad *f.* partiality, bias. *2* faction, party.
parco, ca *a.* frugal, sparing, scanty. *2* moderate, sober.
parche *m.* PHARM. patch, plaster. *2* patch [for punctures, etc.]. *3* MUS. drumhead. *4* daub, botch.
pardal *m.* ORN. sparrow. *2* ORN. linnet. *3* coll. sly fellow.
¡pardiez! *interj.* by heavens!
pardo, da *a.* brown, reddish grey. *2* dark, cloudy.
pardusco, ca *a.* brownish, grayish.

1) **parecer** *m.* opinion, mind. *2* looks; ***ser de buen ~,*** to be good-looking.
2) **parecer** *i.* to appear, show up. *2* to turn up [after lost]. *3 impers.* to seem, look like; ***según parece,*** as it seems. *4 ref.* to resemble [each other]; be alike. ¶ CONJUG. like ***agradecer.***
parecido, da *a.* resembling, similar [to], like. *2* ***bien ~,*** good-looking; ***mal ~,*** bad-looking. *3 m.* resemblance, likeness.
pared *f.* wall: ~ ***maestra,*** main wall; ~ ***medianera,*** partition wall.
pareja *f.* pair, couple; yoke; team [of horses]. *2* dancing partner. *3* match. *4 pl.* GAMES doubles. *5* pair [at cards]. *6* ***correr parejas,*** to go together.
parejo, ja *a.* equal, like. *2* even, smooth.
parentela *f.* kindred, relations.
parentesco *m.* kinship, relation-ship.
paréntesis *m.* parenthesis: ***entre ~,*** parenthetically, incidentally.
paria *m.* pariah, outcast.
paridad *f.* parity, equality.
pariente, ta *m.-f.* relation, relative, kinsman.
parihuela *f.* stretcher, litter.
parir *t.* to give birth to, bring forth; to bear.
París *m. pr. n.* GEOG. Paris.
parisién, parisiense *a.-n.* Parisian.
parla *f.* chatter, gossip.
parlamentar *i.* to talk, converse. *2* to parley [discuss terms].
parlamentario, ria *a.-n.* parliamentary.
parlamento *m.* Parliament. *2* legislative body. *3* speech.
parlanchín, na *a.* talkative [person]. *2 m.-f.* chatterer.
parlar *i.* to talk. *2* to chatter.
parlotear *i.* coll. to prattle, prate.
parloteo *m.* prattle, idle talk.
paro *m.* MACH. stop, stopping. *2* suspension of work; lock-out, shutdown; ~ ***forzoso,*** unemployment. *3* ORN. titmouse.
parodia *f.* parody, take-off.
parodiar *t.* to parody, take off.
parpadear *i.* to blink, wink; to twinkle.
párpado *m.* eyelid.
parque *m.* park, garden.
parquedad *f.* sparingness; moderation; sobriety. *2* parsimony.
parra *f.* [climbing] vine. *2* earthen jar.
parrafada *f.* confidential chat.
párrafo *m.* paragraph. *2* ***echar un ~ con,*** to have a chat with.
parranda *f.* spree, revel: ***ir de ~,*** to go out on a spree.
parricida *m.-f.* parricide [person].
parricidio *m.* parricide [act].
parrilla *f.* gridiron, grill, broiler. *2* grate.
párroco *m.* parson, parish priest.
parroquia *f.* ECCL. parish. *2* parish church. *3* COM. customers, clientele.
parroquiano, na *m. f.* ECCL. parishioner. *2* COM. customer, client.
parsimonia *f.* parsimony, economy, thrift. *2* moderation.
parsimonioso, sa *a.* parsimonious, economical, thrifty. *2* moderate.
parte *f.* part, portion, lot, section: ***en ~,*** partly. *2* share, interest: ***llevar la mejor [peor] ~,*** to have the best [the worst] of it. *3* party, side: ***estar de ~ de,*** to support. *4* place, region: ***de ~ a ~,*** through; ***en ninguna ~,*** nowhere; ***por todas partes,*** everywhere. *5* ***de ~ de,*** in the name of, on behalf of; in favour of; from. *6* ***por una ~, ...por otra,*** on the one hand, ...on the other hand. *7* official communication. *8* ***dar ~,*** to report. *9 adv.* partly.
partera *f.* midwife.
parterre *m.* flower-bed.
partición *f.* partition, distribution.
participación *f.* participation, share. *2* announcement. *3* COM. copartnership.
participante *a.* participating. *2 m.-f.* participant, sharer.
participar *t.* to notify, inform. *2 i.* to participate, share.
partícipe *a.* participant, sharing. *2 m.-f.* participant, sharer.
participio *m.* GRAM. participle.
partícula *f.* particle.
particular *a.* particular, peculiar, private: ***lección ~,*** private lesson. *2* noteworthy, extraordinary. *3 m.* private, citizen. *4* detail, point; matter. *5* **-mente** *adv.* particularly; especially.
particularidad *f.* particularity. *2* friendship, favour.
partida *f.* departure, leave. *2* record [in a register]. *3* [birth, marriage, death] certificate. *4* BOOKKEEP, entry, item: ~ ***doble, [simple],*** double [simple] entry. *5* item [in a bill]. *6* COM. lot, shipment. *7* game [at cards, chess]; match [at billiards]; set [at tennis]. *8* squad, gang; band of armed men. *9* excursion. *10* ***jugar una mala ~,*** to play a mean trick. *11* turn, deed. *12* laws of Castile.
partidario, ria *a.* partisan, supporting. *2 m.-f.* partisan, follower, supporter.
partido, da *p. p.* of PARTIR. *2 m.* party, group. *3* profit, advantage. *4* favour; popularity. *5* SPORT team; game, match;

odds. *6* agreement. *7* decision. *8* ***tomar ~,*** to take sides. *9* territorial district. *10* match [in marriage].

partir *t.-ref.* to divide, split. *2* to break, crack. *3* to share. *4 i.* to depart, leave. *5* to start from. *6* ***a ~ de hoy***, from today onwards.

partitura *f.* musical score.

parto *m.* childbirth, delivery: ***estar de ~,*** to be in labour. *2* offspring, product.

parva *f.* light breakfast. *2* pile of unthreshed grain.

párvulo, la *a.* small; innocent. *2 m.-f.* little child.

pasa *f.* raisin: ***~ de Corinto,*** currant.

pasacalle *m.* MUS. lively march.

pasada *f.* passage: ***de ~,*** on the way; hastily. *2* SEW. long stitch. *3* WEAV. pick. *4* coll. ***mala ~,*** mean trick.

pasadero, ra *a.* passable. *2* tolerable. *3 m-f.* stepping-stone.

pasadizo, *m.* alley, passage, corridor, aisle.

pasado, da *a.* past, gone by. *2* last [week, etc.]. *3* overripe, spoiled [fruit]; tainted [meat]. *4* ***~ de moda,*** out of date or fashion. *5* ***~ mañana***, the day after tomorrow. *6 m.* the past. *7 pl.* ancestors.

pasador *m.* smuggler. *2* bolt, fastener [of windows, etc.]. *3* hat-pin; hair-pin; scarf-pin; hinge-pin; bodkin. *4* strainer, colander.

pasaje *m.* passage, way. *2* passengers in a ship. *3* passage [in a literary work]. *4* lane, alley.

pasajero, ra *a.* passing, transient. *2 m.-f.* passenger.

pasamano *m.* handrail. *2* passementerie, lace.

pasaporte m. passport.

1) **pasar (un buen)** *m.* enough to live on.

2) **pasar** *t.* to pass. *2* to carry across. *3* to go [over, in, by, to]. *4* to walk past. *5* to transgress [a limit]. *6* to pierce. *7* to swallow [food]. *8* to go through, suffer. *9* to overlook. *10* to spend [time]. *11* ***pasarlo bien,*** to have a good time. *12 i.* to pass, get through. *13* to come in, or into. *14* ***~ de,*** to go beyond. *15* ***ir pasando,*** to get along. *16* ***impers.*** to pass, happen: ***¿qué pasa?,*** what is the matter? *17 ref.* to get spoiled. *18* to exceed. *19* ***~ sin,*** to do without.

pasarela *f.* gang-plank; footbridge.

pasatiempo *m.* pastime, amusement.

pascua *f.* Jewish Passover. *2* ECCL. Easter: ***~ de Resurrección,*** Easter Sunday; Pentecost. *3* ***estar alegre como unas pascuas,*** to be as merry as a cricket; ***felices Pascuas,*** a merry Christmas.

pascual *a.* paschal.

pase *m.* pass; permit.

pasear *i.-ref.* to walk; to take a walk; to parade: ***~ en auto,*** to take a car ride; ***~ a caballo,*** to go on horseback riding.

paseo *m.* walk, stroll; ride; drive: ***dar un ~,*** to go for a walk. *2* promenade.

pasillo *m.* corridor, narrow pasage. *2* aisle.

pasión *f.* passion.

pasional *a.* passionate.

pasionaria *f.* passion-flower.

pasivo, va *a.* passive. *2* ***clases pasivas,*** pensionaries. *3 m.* COM. liabilities.

pasmar *t.* to chill. *2* to astonish, amaze. *3 ref.* to chill [be chilled]. *4* to be astonished, amazed.

pasmo *m.* amazement, astonishment, wonder.

pasmoso, sa *a.* astonishing, marvellous, amazing.

paso *m.* step, pace, footstep: ***~ a ~***, step by step; ***de ~***, by the way; ***~ a nivel,*** level crossing; ***marcar el ~***, to mark time. *2* passage. *3* incident, event. *4* THEAT. short play. *5* platform with figures of the Passion.

pasodoble *m.* quickstep.

pasta *f.* paste. *2* dough. *3* (Am.) cookie. *4* BOOKBIND, boards. *5* ***~ para sopa,*** alimentary paste.

pastar *t.-i.* to pasture, graze.

pastel *m.* pie, pastry, tart. *2* cake. *3* pastel painting. *4* POL. plot.

pasteleo *m.* POL. secret dealing, trimming, compromising.

pastelería *f.* pastry. *2* pastry chop, confectionery.

pastelero, ra *m.-f.* pastry-cook, confectioner.

pasterizar *t.* to pasteurize.

pastilla *f.* tablet, lozenge [of medicine]; bar [of chocolate]; cake [of soap].

pastizal *m.* pasture, grassland.

pasto *m.* pasture; grassland. *2* grazing. *3* ***a todo ~,*** abundantly.

pastor *m.* shepherd; herdsman. *2* pastor, protestant minister.

pastora *f.* shepherdess.

pastorear *t.* to shepherd.

pastorela *f.* shepherd's song. *2* LIT. pastourelle.

pastoreo *m.* pasturing.

pastoso, sa *a.* pasty, doughy. *2* mellow [voice].

pastura *f.* pasture; fodder.

pata *f.* foot and leg [of animals]; leg [of table, etc.]; paw; hoof and leg: ***a cuatro***

patas, on all fours; ***a ~,*** on foot; ***meter la ~,*** to make a blunder; ***patas arriba,*** upside down. *2* ORN. female duck. *3* ***~ de gallo,*** crows feet; ***tener mala ~,*** to have bad luck.
patada *f.* kick; ***a patadas,*** in abundance. *2* stamp [with the foot]. *3* footprint.
patalear *i.* to kick about violently. *2* to stamp one's feet.
pataleo *m.* kicking. *2* stamping one's feet.
pataleta *f.* [feigned] convulsion.
patán *m.* rustic, churl, boor.
patata *f.* potato: ***patatas fritas,*** chips.
patatús *m.* fainting fit, swoon.
patear *t.* to kick. *2 i.* to stamp the feet; to rage.
patentar *t.* to patent.
patente *a.* patent, evident. *2 f.* patent.
patentizar *t.* to show, reveal, make evident.
paternidad *f.* paternity, fatherhood. *2* authorship.
paterno, na *a.* paternal; fatherly.
patético, ca *a.* pathetic, touching, moving.
patíbulo *m.* scaffold, gallows.
patidifuso, sa *a.* PATITIESO, SA.
patilla *f.* side-whiskers.
patín *m.* skate: ~ ***de ruedas***, roller-skate.
patinar *t.-i.* to skate. *2 i.* [of vehicles] to skid; to slip.
patinazo *m.* skid. *2* blunder.
patinete *m.* [child's] scooter.
patio *m.* court, yard, courtyard, patio. *2* THEAT. pit.
patitieso, sa *a.* astonished, amazed. *2* stiff-legged.
patituerto, ta *a.* crook-legged.
patizambo, ba *a.* knock-kneed.
pato *m.* duck. *2* drake [male duck]: ***pagar el ~,*** to get the blame.
patochada *f.* blunder, stupidity.
patraña *f.* lie, falsehood, humbug.
patria *f.* native country, father-land: ~ ***chica,*** home town.
patriarca *m.* patriarch.
patrimonio *m.* patrimony, inheritance.
patrio, tria *a.* of one's country, native. *2* paternal.
patriota *m.-f.* patriot.
patriotería *f.* chauvinism, jingoism.
patriotero, ra *a.* jingoistic, chauvinistic. *2 m.-f.* jingo(ist, chauvinist.
patriótico, ca *a.* patriotic.
patriotismo *m.* patriotism.
patrocinar *t.* to patronize, support. *2* RADIO, TELEV. to sponsor.
patrocinio *m.* patronage, protection.
patrón *m.* patron. *2* ECCL. patron saint. *3* host; landlord. *4* master, employer, boss. *5* pattern [for dressmaking, etc.]. *6* standard: ~ ***oro,*** gold standard.
patrona *f.* patroness. *2* hostess; landlady. *3* employer, mistress.
patronato *m.* ECCL. patronage. *2* board of trustees.
patrulla *f.* patrol. *2* gang, band.
patrullar *i.* to patrol.
paulatinamente adv. slowly, gradually.
paulatino, na *a.* slow, gradual.
pausa *f.* pause. *2* MUS. rest.
pausado, da *a.* slow, calm, deliberate.
pauta *f.* rule, standard. *2* guide lines. *3* model, example.
pava *f.* ORN. turkey-hen; ~ ***real,*** peahen; ***pelar la ~,*** to court at a window grating. *2* unattractive woman.
pavesa *f.* spark. *2* flying cinder.
pavimentar *t.* to pave, floor.
pavimento *m.* pavement, floor.
pavo *m.* ORN. turkey; turkey cock. *2* ORN. ~ ***real,*** peacock.
pavonear *i.-ref.* to strut, show off, swagger.
pavor *m.* fear, fright, terror.
pavoroso, sa *a.* dreadful, frightful.
payasada *f.* bufoonery, clowning.
payaso *m.* clown, buffoon.
payés, sa *m.-f.* Catalonian peasant.
paz *f.* peace; quiet, rest; ***dejar en ~,*** to leave alone; ***estar en ~,*** to be even; to be quits.
pazguato, ta *a.* dolt, simpleton.
peaje *m.* toll.
peana *f.* base, pedestal, stand.
peatón *m.* walker, pedestrian.
peca *f.* freckle, spot.
pecado *m.* sin: ~ ***capital,*** deadly or capital sin.
pecador, ra *a.* sinful, sinning. *2 m.-f.* sinner.
pecaminoso, sa *a.* sinful, wicked.
pecar *i.* to sin. *2* ***esto peca por,*** or ***de, corto,*** this is too short.
pecera *f.* fish bowl, fish tank.
pecoso, sa *a.* freckled, freckly.
pecuario, ria *a.* [pertaining to] cattle.
peculado *m.* embezzlement.
peculiar *a.* peculiar, characteristic. *2* **-mente** *adv.* peculiarly.
peculiaridad *f.* peculiarity, characteristic.
peculio *m.* savings. *2* allowance.
pecuniario, ria *a.* pecuniary.
pechar *t.* to pay taxes. *2* i. ~ ***con,*** to put up with.
pechera *f.* shirt-front. *2* chest-protector. *3* bib [of an apron].

pecho *m.* chest, breast, bosom; heart: ***dar el ~,*** to nurse, suckle. *2* courage: ***tomar a ~,*** to take to heart.
pechuga *f.* breast [of fowl].
pedagogía *f.* pedagogy.
pedagógico, ca *a.* pedagogic(al.
pedagogo *m.* pedagogue.
pedal *m.* pedal, treadle.
pedalear *i.* to pedal.
pedante *a.* pedantic. *2 m.-f.* pedant.
pedantería *f.* pedantry.
pedazo *m.* piece, portion, bit: ~ ***de pan,*** crumb; ***hacer pedazos,*** to break to pieces.
pedernal *m.* flint.
pedestal *m.* pedestal, base, stand.
pedestre *a.* pedestrian.
pedicuro, ra *m.-f.* chiropodist.
pedido *m.* COM. order. *2* request, petition.
pedigüeño, ña *a.* importunate, begging.
pedir *t.* to ask [for], beg, request, demand: ***a ~ de boca,*** just as desired. *2* to ask in marriage. *3* COM. to order. *4* [of things] to call to, require: ~ ***cuenta,*** to call to account. *5* ~ ***prestado,*** to borrow. ¶ CONJUG. like ***servir.***
pedo *m.* fart, wind.
pedrada *f.* blow with a stone: ***matar a pedradas,*** to stone to death. *2* throw of a stone.
pedrea *s.* stone-throwing, stoning. *2* fight with stones. *3* hailstorm.
pedregal *m.* stony ground.
pedregoso, sa *a.* stony, rocky.
pedrera *f.* stone pit, quarry.
pedrería *f.* jewelry, gems.
pedrisco *m.* hail; hailstorm.
pedrusco *m.* rough stone.
pega *f.* pitch; sticking, gluing. *2* coll. practical joke, trick. *3* catch question [in an examination]. *4* ***de ~,*** sham, worthless.
pegadizo, za *a.* sticky, adhesive. *2* catching, infectious. *3* catchy [music, tune].
pegado *m.* patch, sticking plaster.
pegajoso, sa *a.* sticky, clammy. *2* catching, contagious.
pegar *t.-i.* to glue, stick, cement. *2* to tie, fasten. *3* to post [bills]. *4* to set [fire]. *5* to hit, slap. *6 ref.* to stick; to cling. *7* to come to blows.
peinado *m.* hairdressing, coiffure. *2* a. ***bien ~,*** spruce, trim.
peinador, ra *m.-f.* hairdresser. *2 m.* dressing-gown. *3* barber's sheet.
peinar *t.* to comb, dress or do the hair: ~ ***canas,*** to be old.
peine *m.* comb. *2* rack.
peineta *f.* ornamental comb.
peladilla *f.* sugared almond. *2* small pebble.
pelado, da *a.* bald, bare; hairless. *2* barren; treeless. *3* peeled. *4* fig. penniless [person].
pelafustán, na *m.-f.* good-for-nothing, ragamuffin, vagrant.
pelagatos *m.* penniless fellow.
pelaje *m.* animal's coat or fur. *2* bearing, appearance.
pelar *t.* to cut, shave the hair of. *2* to pluck [a fowl]. *3* to peel, bark, hull. *4 ref.* to lose the hair. *5* to get one's hair cut.
peldaño *m.* step, stair; rung.
pelea *f.* fight. *2* wrangle. *3* quarrel. *4* battle; struggle.
pelear *i.-ref.* to fight. *2* to quarrel; to come to blows. *3 i.* to battle, wrangle, struggle.
pelele *m.* stuffed figure [of straw]; dummy.
peletería *f.* furrier's shop.
peletero *m.* furrier.
peliagudo, da *a.* difficult; ticklish.
pelícano *m.* pelican.
película *f.* film.
peligrar *i.* to be in danger, run a risk.
peligro *m.* danger, peril, risk, hazard.
peligrosamente *adv.* dangerously.
peligroso, sa *a.* dangerous, perilous, risky.
pelirrojo, ja *a.* red-haired.
pelo *m.* hair. *2* coat, fur [of animals]. *3* down [of birds]. *4* ***no tener pelos en la lengua,*** to be outspoken; ***tomar el ~,*** to pull the leg; ***a contrapelo,*** against the grain.
pelón, na *a.-n.* bald [person]. *2* penniless [person].
pelota *f.* ball; pelota, ball game: ***en pelotas***, naked.
pelotera *f.* dispute, quarrel.
pelotilla *f. dim.* small ball. *2* coll. ***hacer la ~,*** to fawn on.
pelotón *m.* squad, platoon.
peltre *m.* pewter.
peluca *f.* wig, peruke.
peludo, da *a.* hairy, shaggy. *2 m.* thick rug.
peluquería *f.* haidresser's [shop]; barber's [shop].
peluquero, ra *m.-f.* hairdresser; barber.
pelusa *f.* down. *2* fluff.
pellejo *m.* skin, hide. *2* wineskin. *3* ***salvar el ~,*** to save one's skin.
pellizcar *t.* to pinch, nip.
pellizco *m.* pinch, nip.
pena *f.* penalty, punishment, pain: ~ ***ca-***

pital, capital punishment. *2* grief, sorrow. *3* pity: ***dar ~,*** to arouse pity. *4* hardship. *5* trouble, toil. *6* ***valer la ~,*** to be worth while. *7* ***a duras penas,*** with a great difficulty.
penacho *m.* tuft of feathers, crest; panache.
penal *a.* penal. *2 m.* penitentiary.
penalidad *f.* trouble, hardship. *2* LAW penalty.
penar *t.* to punish, penalize. *2 i.* to suffer, grieve. *3* ~ ***por,*** to long for, pine for.
penco *m.* nag, jade.
pendencia *f.* dispute, quarrel, fight.
pendenciero, ra *a.* quarrelsome.
pender *i.* to hang, dangle, be pending. *2* to depend [on].
pendiente *a.* pending, hanging, dangling. *2* depending on. *3 f.* slope, incline. *4 m.* ear-ring.
pendón *m.* banner, standard.
péndulo *m.* pendulum.
pene *m.* penis.
penetración *f.* penetration. *2* acuteness; keen judgement.
penetrante *a.* penetrating. *2* acute, piercing; keen.
penetrar *t.-i.* to penetrate, break into. *2 i.* to be acute, piercing. *3* to comprehend.
penicilina *f.* PHARM. penicillin.
península *f.* GEOG. peninsula.
peninsular *a.-n.* peninsular.
penique *m.* penny [English coin].
penitencia *f.* penance. *2* penitence.
penitenciaría *f.* penitentiary, prison.
penitente, ta *a.* penitent, repentant. *2 m-f.* penitent.
penosamente *adv.* painfully.
penoso, sa *a.* painful. *2* laborious, hard.
pensado, da *a.* thought-out. *2* ***mal ~,*** evil-minded.
pensador, ra *a.* thinking. *2 m.* thinker.
pensamiento *m.* thought, mind. *2* idea. *3* BOT. pansy.
pensar *t.* to think [of, out, over, about]; to consider; to imagine; to intend. ¶ CONJUG. like ***acertar.***
pensativo, va *a.* pensive, thoughtful.
pensión *f.* pension. *2* boarding-house: ~ ***completa,*** room and board.
pensionado, da *a.* pensioned. *2 m.-f.* pensioner. *3 m.* boarding school.
pensionista *m.-f.* pensioner. *2* boarder; ***medio ~,*** day-boarder.
pentágono *m.* pentagon.
pentagrama *m.* MUS. staff, musical staff.
Pentecostés *m.* Pentecost, Whitsuntide.
penúltimo, ma *a.* penultimate, last but one, next to the last.
penumbra *f.* penumbra, shade.
penuria *f.* penury; shortage.
peña *f.* rock, boulder. *2* group of friends.
peñascal *m.* rocky or craggy place.
peñasco *m.* large rock, crag.
peñón *m.* rock [hill of rock].
peón *m.* pedestrian. *2* day-labourer; ~ ***de albañil,*** hodman; ~ ***caminero,*** road-mender. *3* (Am.) farm hand. *4* spinning-top [toy]. *5* man [in draughts]. *6* pawn [in chess].
peonza *f.* whipping-top [toy].
peor *a.-adv. comp.* de MALO worse. *2* ***el peor,*** the worst.
pepino *m.* BOT. cucumber: ***me importa un ~,*** I don't care a pin.
pepita *f.* seed [of apple, melon, etc.], pip. *2* MIN. nugget.
pequeñez *f.* smallness. *2* childhood. *3* meanness. *4* trifle.
pequeño, ña *a.* little, small. *2* young. *3* low, *4 m.-f.* child.
pera *f.* pear.
peral, *m.* pear-tree.
percal *m.* percale, calico.
percance *m.* misfortune, mishap.
percatarse de *ref.* to notice, be aware of.
percepción *f.* perception, notion. *2* collection [of taxes, etc.].
perceptible *a.* perceptible, noticeable. *2* **-mente** *adv.* perceptibly.
percibir *t.* to perceive, notice. *2* to collect [taxes].
percusión *f.* percussion.
percusor, percutor *m.* percussion hammer, striker.
percha *f.* perch. *2* clothes-rack, hat-rack.
perchero *m.* hat-stand, clothes-rack.
perder *t.* to lose: ~ ***de vista,*** to lose sight of. *2* to ruin, spoil, waste. *3* to fade. *4 ref.* to go astray, get lost. *5* [of fruits, etc.] to be spoiled. *6* to become ruined. ¶ CONJUG. like ***entender.***
perdición *f.* perdition. *2* loss, ruin.
pérdida *f.* loss: ***pérdidas y ganancias,*** COM. profit and loss. *2* waste [of time]. *3* COM. shortage, leakage.
perdidamente *adv.* madly, desperately; uselessly.
perdido, da *a.* lost. *2* mislaid. *3* wasted, useless. *4* stray [bullet]. *5* vicious. *6* ***ratos perdidos,*** *idle hours;* ***estar ~ por,*** to be madly in love with. *7* m. vicious man. *8 f.* harlot.
perdigón *m.* young partridge. *2 pl.* shot, pellets.
perdiz, pl. **-dices** *f.* partridge.

perdón *m.* pardon, forgiveness, grace; ***con ~,*** by your leave.
perdonar *t.* to pardon, forgive. *2* to remit [a debt]. *3* to excuse.
perdurable *a.* everlasting.
perdurar *t.* to last, endure.
perecedero, ra *a.* perishable.
perecer *i.* to perish, come to an end, die. ¶ CONJUG. like ***agradecer.***
peregrinación *f.*, **peregrinaje** *m.* pilgrimage.
peregrinamente *adv.* rarely, strangely. *2* wonderfully.
peregrinar *i.* to travel, roam. *2* to pilgrim.
peregrino, na *a.* travelling. *2* migratory [bird]. *3* strange, rare. *4 m.-f.* pilgrim.
perejil *m.* BOT. parsley.
perenne *a.* perennial, perpetual.
perentorio, ria *a.* peremptory. *2* urgent.
pereza *f.* laziness, idleness, sloth.
perezoso, sa *a.* lazy, slothful, idle. *2 m.* ZOOL. sloth.
perfección *f.* perfection, completion: ***a la ~,*** perfectly.
perfeccionar *t.* to perfect; to improve; to complete.
perfectamente *adv.* perfectly.
perfecto, ta *a.* perfect, complete.
perfidia *f.* perfidy, treachery.
pérfido, da *a.* perfidious, treacherous, disloyal.
perfil *m.* profile: ***de ~,*** in profile. *2* outline.
perfilar *t.* to profile. *2* to outline. *3 ref.* to show one's profile.
perforación *f.* perforation, drilling, boring. *2* hole.
perforadora *f.* drill.
perforar *t.* to perforate, drill, bore.
perfumar *t.* to perfume, scent.
perfume *m.* perfume. *2* fragance.
perfumería *f.* perfumer's shop.
pergamino *m.* parchment, vellum.
pergeñar *t.* to prepare, do, make, write, arrange, fix up.
pergeño *m.* appearance, looks.
pericia *f.* expertness, skill.
periclitar *i.* to be in danger. *2* to decline, decay.
periferia *f.* periphery; outskirts.
perifollo *m.* BOT. chervil. *2 pl.* frills, trimmings.
perilla *f.* pear-shaped ornament. *2* goatee [beard]. *3* pommel [of saddle-bow]. *4* lobe [of the ear]. *5* ***de ~,*** just right.
perímetro *m.* perimeter.
periódicamente *adv.* periodically.
periódico, ca *a.* periodic(al. *2 m.* journal, newspaper.
periodismo *m.* journalism.
periodista *m.-f.* journalist.
periodístico, ca *a.* journalistic.
período *m.* period. *2* sentence.
peripecia *f.* vicissitude, incident. *2 pl.* ups and downs.
periquito *m.* ORN. parakeet.
perito, ta *a.* skilful, skilled, experienced. *2 m.* expert.
perjudicar *t.* to hurt, damage, injure, impair.
perjudicial *a.* harmful, prejudicial.
perjuicio *m.* harm, injury, prejudice, detriment.
perjurar *i.-ref.* to commit perjury. *2 i.* to swear, curse.
perjurio *m.* perjury.
perjuro, ra *a.* perjured. *2 m.-f.* perjurer.
perla *f.* pearl: ***de perlas,*** excellent.
perlesia *f.* MED. palsy, paralysis.
permanecer *i.* to remain, stay. *2* to last, endure. ¶ CONJUG. like ***agradecer.***
permanencia *f.* stay, sojourn. *2* permanence.
permanente *a.* permanent, lasting. *2 f.* permanent wave [in hair]. *3* **-mente** *adv.* permanently.
permeable *a.* permeable, porous.
permiso *m.* permission, leave, license, permit; ***~ de conducir,*** AUTO. driving licence; ***con su ~,*** by your leave.
permitir *t.* to permit, allow, let. *2 ref.* to take the liberty [to]. *3* ***poder permitirse,*** to be able to afford.
permuta *f.* barter, exchange.
permutable *a.* exchangeable.
permutar *t.* to interchange, exchange, barter, permute.
pernicioso, sa *a.* pernicious, harmful.
pernil *m.* ham.
pernio *m.* hinge [of doors, etc.].
perno *m.* nut and bolt; spike.
pernoctar *i.* to spend the night.
pero *advers. conj.* but, yet, except. *2 m.* objection, fault.
perogrullada *f.* truism, platitude.
peroración *f.* peroration. *2* speech.
perorar *i.* to declaim, deliver a speech.
perorata *f.* tedious harangue.
perpendicular *a.-f.* GEOM. perpendicular, upright.
perpetrar *t.* to perpetrate, commit [a crime].
perpetuamente *adv.* perpetually.
perpetuar *t.* to perpetuate.
perpetuidad *f.* perpetuity.
perpetuo, tua *a.* perpetual, everlasting.

perplejidad *f.* perplexity, hesitation.
perplejo, ja *a.* perplexed, doubtful.
perra *f.* bitch [female dog]. *2* coll. drunkenness. *3* coll. child's rage. *4* coll. ~ ***chica,*** five-centime copper coin; ~ ***gorda,*** ten-centime copper coin.
perrera *f.* dog-house, kennel.
perrería *f.* dogs [collect.]. *2* coll. dirty trick.
perro *m.* dog: ~ ***de aguas, de lanas,*** poodle; ~ ***de muestra,*** *pointer;* ~ ***de presa,*** ~ ***dogo,*** bulldog; ~ ***mastin,*** *mastiff.*
persa *a.-n.* Persian.
persecución *f.* pursuit, persecution.
perseguir *t.* to pursue, persecute, chase. ¶ CONJUG. like ***servir.***
perseverancia *f.* perseverance; constancy.
perseverante *a.* persevering, constant, steady.
perseverar *i.* to persevere, persist.
persiana *f.* Venetian blind.
persignarse *ref.* to cross oneself.
persistencia *f.* persistence.
persistente *a.* persistent.
persistir *i.* to persist, persevere.
persona *f.* person. *2* excellent man. *3 pl.* people.
personaje *m.* personage. *2* character [in a play, etc.].
personal *a.* personal. *2 m.* personnel, staff. *3* **-mente** *adv.* personally, in person.
personalidad *f.* personality. *2* personage.
personarse *ref.* to go or appear personally.
personificar *t.* to personify.
perspectiva *f.* perspective. *2* prospect, view, outlook. *3 pl.* prospect(s.
perspicacia *f.* perspicacity, clearsightedness. *2* keen insight.
perspicaz *a.* keen-sighted. *2* perspicacious, shrewd.
persuadir *i.* to persuade. *2 ref.* to be persuaded or convinced.
persuasión *f.* persuasion.
persuasivo, va *a.* persuasive.
pertenecer *i.* to belong; to pertain, concern. ¶ CONJUG. like ***agradecer.***
pertenencia *f.* belonging, ownership, property.
perteneciente *a.* belonging, pertaining.
pértiga *f.* long pole or rod; staff.
pertinacia f. obstinacy, doggedness, stubbornness.
pertinaz *a.* obstinate, stubborn, pertinacious. *2* **-mente** *adv.* pertinaciously.
pertinente *a.* pertinent, relevant. *2* **-mente** *adv.* pertinently.
pertrechar *t.* to supply [with], provide. *2* to dispose, arrange.
pertrechos *m. pl.* MIL. supplies. *2* tools, implements.
perturbación *f.* disturbance, uneasiness: ~ ***mental,*** mental disorder.
perturbado, da *a.* disturbed. *2* insane.
perturbador, ra *a.* perturbing, disturbing. *2 m.-f.* perturber, disturber.
perturbar *t.* to disturb, perturb, upset. *2* to confuse.
peruano, na *a.-n.* Peruvian.
perversamente *adv.* perversely, wickedly.
perversidad *f.* perversity, wickedness, depravity.
perversión *f.* perversion.
perverso, sa *a.* perverse, wicked, depraved.
pervertir *t.* to pervert, lead astray, deprave, corrupt. ¶ CONJUG. like ***hervir.***
pesa *f.* weight.
pesadez *f.* heaviness. *2* tiresomeness. *3* clumsiness. *4* PHYS. gravity.
pesadilla *f.* nightmare.
pesado, da *a.* heavy, weighty. *2* burdensome. *3* dult, tiresome, boring. *4* clumsy. *5* deep [sleep].
pesadumbre *f.* sorrow, grief, regret. *2* heaviness.
pésame *m.* condolence, expression of simpathy.
1) **pesar** *m.* sorrow, grief, regret. *2* regret. *3* ***a*** ~ ***de,*** in spite of.
2) **pesar** *t.* to weigh. *2* to consider. *3 i.* to have weight. *4* to be sorry, regret.
pesaroso, sa *a.* sorry, regretful. *2* sorrowful.
pesca *f.* fishing. *2* angling. *3* catch of fish.
pescadería *f.* fish market or shop.
pescadero, ra *m.-f.* fishmonger.
pescado *m.* fish [caught]. *2* salted codfish.
pescador *a.* fishing. *2 m.* fisher, fisherman: ~ ***de caña,*** angler.
pescante *m.* coach-box, driver's seat.
pescar *t.* to fish, catch [fish]. *2* to angle.
pescozón *m.* slap on the neck.
pescuezo *m.* neck.
pesebre *m.* crib, rack, manger, stall; trough.
peseta *f.* peseta.
pesimismo *m.* pessimism.
pesimista *a.* pessimistic. *2 m.-f.* pessimist.
pésimamente *adv.* very badly.
pésimo, ma *a.* very bad; worthless.
peso *m.* weight: ~ ***bruto,*** gross weight; ~ ***neto,*** net weight. *2* weighing. *3* scales, balance. *4* sound judgement. *5* load, burden. *6* peso [Spanish-American

monetary unit]. 7 ***eso cae de su ~,*** that is self-evident.
pespunt(e)ar *t.* SEW. to back-sitch.
pespunte *m.* SEW. back-stitch(ing.
pesquería *f.* fishery.
pesquero, ra *a.* fishing.
pesquis *m.* nous, wit.
pesquisa *f.* inquiry, search, investigation.
pestaña *f.* eyelash. *2* MACH. flange.
pestañear *i.* to wink, blink.
pestañeo *m.* winking, blinking.
peste *f.* pest, pestilence, plague. *2* epidemic. *3* stink, stench. *4* ***echar pestes,*** to curse.
pestilencia *f.* pestilence. *2* stench.
pestillo *m.* bolt; door latch.
petaca *f.* cigarette-case. *2* tobacco-pouch.
pétalo *m.* BOT. petal.
petardista *m.-f.* cheat, swindler.
petardo *m.* MIL. petard. *2* fire-cracker. *3* fig. cheat, swindle.
petición *f.* petition, request: ***a ~ de,*** on [at] request of.
peticionario, ria *m.-f.* petitioner.
petirrojo *m.* robin, redbreast.
peto *m.* ARM. breast-plate.
pétreo, a *a.* stony, rocky.
petrificar *t.-ref.* to petrify.
petróleo *m.* petroleum.
petrolero, ra *a.* [pertaining to] petroleum, oil. *2 m.* oil-tanker.
petulancia *f.* insolence, flippancy.
petulante *a.* insolent, flippant.
pez *m.* fish. *2 f.* pitch, tar.
pezón *m.* BOT. stem [of fruits]; stalk [of a leave or flower]. *2* nipple [of a teat].
pezuña *f.* hoof, cloven hoof.
piadosamente *adv.* piously.
piadoso, sa *a.* pious, devout. *2* merciful, clement.
piafar *i.* to paw, stamp.
pianista *m.-f.* pianist.
piano *m.* piano: ***~ de cola,*** grand piano; ***~ vertical,*** upright piano. *2 adv.* slowly, softly.
piar *i.* to peep, chirp.
piara *f.* herd [of swine, horses].
pica *f.* pike. *2* BULLF. goad.
picacho *m.* peak, summit, top.
picada *f.* peck [of bird]; bite, sting [of insect or reptile].
picadero *m.* riding-school.
picadillo *m.* hash, minced meat.
picado, da *p. p.* of PICAR. *2 a.* pinked, perforated. *3* cut [tobacco]. *4* choppy [sea]. *5* piqued, hurt. *6* ***~ de viruelas,*** pock-marked. *7 m.* AER. nosedive.
picador *m.* horsebreaker. *2* BULLF. mounted bullfighter who goads the bull.
picadura *f.* prick, sting. *2* bite [of insect or reptile]. *3* cut tobacco. *4* DENT. beginning of decay.
picaflor *m.* ORN. humming bird.
picante *a.* hot, pungent, piquant [to the taste]. *2* highly seasoned. *3* spicy. *4* biting [word]. *5 m.* piquancy, pungency.
picapedrero *m.* stone-cutter.
picaporte *m.* latch; latchkey. *2* door knocker.
picar *t.* to prick, pierce. *2* BULLF. to goat. *3* [of insects] to bite, sting. *4* to spur [a horse]. *5* to mince. *6 t.-i.* to itch. *7* to burn. *8* AER. to dive. *9* ***~ alto,*** to aim high. *10 ref.* [of fruit] to begin to rot. *11* [of teeth] to begin to decay. *12* [of the sea] to get choppy. *13* to take offense.
picardía f. knavery, mischief. *2* slyness. *3* roguery. *4* practical joke; mean trick.
picaresco, ca *a.* knavish, roguish. *2* picaresque.
pícaro, ra *a.* knavish, roguish. *2* mischievous. *3* sly. *4 m.-f.* knave, rogue. *5* sly person. *6 m.* LIT. pícaro.
picazón *f.* itching, itch.
pico *m.* beak [of a bird; of a vessel]. *2* mouth; eloquence: ***~ de oro,*** golden-mouthed; ***callar el ~,*** to hold one's tongue. *3* corner. *4* peak [of a mountain]. *5* pick [tool], pickaxe. *6* small surplus: ***tres pesetas y ~,*** three pesetas odd.
picota *f.* pillory; gibbet; stocks.
picotada *f.*, **picotazo** *m.* peck [of a bird]. *7* sting [of insects].
picotear *t.* to peck [at]. *2 i.* [of horses] to toss the head. *3* to chatter. *4 ref.* to wrangle.
pictórico, ca *a.* pictorial.
picudo, da *a.* beaked, pointed.
pichón *m.* pigeon.
pie *m.* foot; ***a cuatro pies,*** on all fours; ***a pie,*** on foot; ***en ~,*** standing; ***dar ~,*** to give occasion for; ***al ~ de la letra,*** literally. *2* bottom. *3* base, stand. *4* PROS. metre. *5* trunk, stalk [of tree, plant]. *6* ***ni pies ni cabeza,*** neither head nor tail.
piedad *f.* piety. *2* pity, mercy: ***¡por ~!,*** for pity's sake!
piedra *f.* stone [rock; precious stone]: ***~ angular,*** corner-stone; ***~ clave,*** keystone; ***~ de toque,*** touchstone. *2* METEOR. hail, hailstone.
piel *f.* skin. *2* hide, pelt. *3* leather. *4* fur. *5 m.* ***~ roja,*** redskin.
piélago *m.* sea, high sea.
pienso *m.* feed, fodder: ***ni por ~,*** by no means, not likely.
pierna *f.* leg: ***dormir a ~ suelta,*** to sleep like a log.

pieza *f.* piece, fragment: ~ ***de recambio***, spare part. *2* game, quarry. *3* THEAT. short play. *4* CHESS, DRAUGHTS piece, man. *5* room. *6* ***buena*** ~, rogue.
pifia *f.* BILL. miscue. *2* blunder.
pigmentación *f.* pigmentation.
pigmento *m.* pigment.
pigmeo *a.-n.* pygmy; dwarf.
pignorar *t.* to pledge, pawn.
pijama *m.* pajamas, pyjamas.
pila *f.* stone trough or basin. *2* baptismal font; ***nombre de*** ~, Christian name. *3* pile, heap. *4* electric battery, pile.
pilar *m.* basin [of a fountain]. *2* pillar, column.
pilastra *f.* pilaster.
píldora *f.* pill, pellet: ***dorar la*** ~, to gild the pill.
pilón *m.* basin [of a fountain]. *2* watering trough. *3* mortar.
pilongo, ga *a.* lean, meagre.
pilotar *t.* to pilot, drive.
piloto *m.* pilot.
piltrafa *f.* skinny meat. *2 pl.* offals; scraps, refuse.
pillaje *m.* pillage, plunder, sack.
pillar *t.* to pillage, plunder, pilfer.
pillastre *m.* PILLO.
pillo, lla *m.-f.* rogue, rascal. *2* sly fellow, urchin.
pimentón *m.* red pepper, paprika.
pimienta *f.* pepper [spice].
pimiento *m.* [green, red] pepper.
pimpollo *m.* young tree. *2* tender shot or sprout. *3* rosebud. *4* attractive youth.
pináculo *m.* pinnacle, top, summit.
pinar *m.* pine grove.
pincel *m.* [painter's] brush.
pincelada *f.* stroke [with a brush], touch.
pinchar *t.* to prick, puncture.
pinchazo *m.* puncture [in a tyre]; prick, stab. *2* injection.
pincho *m.* thorn, prickle.
pineda *f.* pine wood.
pingajo *m.* rag, tatter.
pingüe *a.* fat, greasy. *2* abundant; fertile.
pingüino *m.* penguin.
1) **pino** *m.* pine, pine-tree.
2) **pino, na** *a.* steep.
pinta *f.* spot, mark, speckle. *2* pint [measure]. *3* appearance.
pintar *t.* to paint. *2* to describe. *3 ref.* to make up one's face.
pintiparado, da *a.* exactly alike. *2* fit, just the thing.
pintor *m.* painter: ~ ***de brocha gorda***, house painter; dauber.
pintoresco, ca *a.* picturesque.
pintura *f.* painting: ~ ***a la aguada***, water-colour; ~ ***al óleo***, oil-painting. *2* picture.
pinzas *f. pl.* tweezers, pincers, tongs. *2* claws [of crabs, etc.].
piña *f.* BOT. pine cone. *2* ~ ***de América***, pineapple. *3* cluster.
piñata *f.* pot. *2* hanging pot filled with sweets broken with a stick at a masked ball.
piñón *m.* pine-nut. *2* MECH. pinion.
1) **pío** *m.* peeping [of birds].
2) **pio, a** *a.* pious. *2* merciful.
piojo *m.* louse.
piojoso, sa *a.* lousy. *2* stingy.
pipa *f.* pipe [of tobacco]. *2* cask, barrel. *3* pip, seed [of melon, etc.].
pique *m.* pique, resentment. *2* ***echar a*** ~, to sink [a ship]; ***irse a*** ~, to capsize, sink. *3* ***a*** ~ ***de***, in danger of.
piqueta *f.* mattock.
piquete *m.* prick, puncture. *2* small hole. *3* MIL. picket, squad.
piragua *f.* pirogue, Indian canoe.
pirámide *f.* pyramid.
pirata *m.* pirate; corsair.
piratería *f.* piracy. *2* robbery.
pirenaico, ca *a.* Pyrenean.
Pirineos (los) *m. pl. pr. n.* GEOG. Pyrenees.
piropear *t.* to compliment [a woman].
piropo *m.* MINER. pyrope. *2* compliment, flattery: ***echar un*** ~, to throw bouquet.
pirotecnia *f.* pyrotechnics.
pirrarse (por) *ref.* to long for.
pirueta *f.* pirouette, caper.
pisada *f.* footstep; footprint. *2* stepping on someone's foot.
pisapapeles *m.* paper-weight.
pisar *t.* to tread on, step on. *2* to press [grapes, etc.]. *3* to trample under foot.
pisaverde *m.* fop, coxcomb, dandy.
piscina *f.* fishpond; swimming-pool.
piso *m.* tread, treading. *2* floor; pavement; storey: ~ ***bajo***, ground floor. *3* flat, apartment.
pisotear *t.* to trample, tread under foot.
pisotón *m.* tread on the foot.
pista *f.* trail, trace, track, scent: ***seguir la*** ~, to be on the trail of. *2* clue. *3* SPORT race-track. *4* ring [of a circus]. *5* AER. runway, landing-field.
pistilo *m.* pistil.
pistola *f.* pistol.
pistolera *f.* holster.
pistolero *m.* gunman; bandit.

pistoletazo *m.* pistol shot.
pistón *m.* MACH., MUS. piston.
pitar *i.* to blow a whistle; to whistle at.
pitillo *m.* cigarette.
pitillera *f.* cigarette-case.
pito *m.* whistle. *2* ***no me importa un ~,*** I do not care a straw. *3 pl.* whistling [expressing disapproval].
pitonisa *f.* fortune-teller.
pitorrearse *ref.* to mock, banter.
pivote *m.* pivot.
pizarra *f.* MINER. slate. *2* blackboard.
pizca *f.* coll. bit, jot, whit: ***no sabe ni ~,*** he hasn't an inkling.
pizpireta *a.* brisk, lively.
placa *f.* plaque [badge of honorary order]. *2* PHOT. plate.
pláceme *m.* congratulation.
placentero, ra *a.* joyful, pleasant, agreeable.
1) **placer** *m.* pleasure. *2* will. *3* sandbank, shoal. *4* MIN. placer.
2) **placer** *t.* to please, content. ¶ CONJUG. INDIC. Pres.: ***plazco,*** places, place, etc. | Pret.: plació or ***plugo;*** placieron or ***pluguieron.*** ‖ SUBJ. Pres.: ***plazca, plazcas,*** etc. | Imperf.: placiera or ***pluguiera.*** | Fut.: placiere ***or pluguiere,*** etc. ‖ IMPER.: place, ***plazca; plazcamos,*** placed, ***plazcan.***
placidez *f.* placidity.
plácido, da *a.* placid, calm.
plafón *m.* soffit.
plaga *f.* plague, pest, calamity, scourge.
plagar *t.* to plague, infest.
plagiar *t.* to plagiarize. *2* (Am.) to kidnap.
plagio *m.* plagiarism.
plagiario, ria *a.-n.* plagiarist.
plan *m.* plan, project, design, scheme: ~ ***de estudios,*** EDUC. curriculum. *2* drawing.
plana *f.* page [of a newspaper]. *2* plain, flat country. *3* MAS. trowel. *4* MIL. ~ ***mayor,*** staff.
plancha *f.* plate, sheet [of metal]. *2* iron [for clothes]. *3* gangplank. *4* ***hacer una ~,*** to put one's foot in it.
planchado *m.* ironing.
planchar *t.* to iron, press.
planeador *m.* AER. glider.
planear *t.* to plan, design, outline. *2 i.* AER. to glide.
planeta *m.* planet.
planetario, ria *a.* planetary. *2 m.* planetarium.
planicie *f.* plain, flatland.
plano, na *a.* plane. *2* flat, even. *3 m.* plane [surface]: ***primer ~,*** foreground. *4* plan [drawing, map]: ***levantar un ~,*** to make a survey. *5* ***de ~,*** openly.
planta *f.* BOT. plant. *2* plantation. *3* sole of the foot. *4* plan, design. *5* ~ ***baja,*** ground floor; ***buena ~,*** good looks.
plantación *f.* planting. *2* plantation.
plantar *t.* to plant. *2* to set up, place. *3* to strike [a blow]. *4* to throw [in the street]. *5* to jilt. *6* ***dejar a uno plantado,*** to keep someone waiting indefinitely. *7 ref.* to stand firm.
planteamiento *m.* planning. *2* carrying out [of a plan]. *3* statement [of a problem]; posing, raising [a question].
plantear *t.* to plan, outline. *2* to establish [a system, etc.]; to carry out [a reform]. *3* to state [a problem]; to pose, raise [a question].
plantel *m.* nursery, nursery garden; nursery school.
plantilla *f.* insole. *2* model, pattern. *3* list of employees.
plantío *m.* planting. *2* plantation.
plantista *m.* landscape gardener.
plantón *m.* graft, shoot. *2* sentry; watchman. *3* ***dar un ~,*** to keep someone waiting.
plañir *i.* to bewail, lament, mourn. ¶ CONJUG. like ***mullir.***
plasma *m.* plasma.
plasmar *t.* to make, mould, shape.
plásticamente *adv.* plastically.
plástico, ca *a.-m.* plastic.
plata *f.* silver. *2* money. *3* ***hablar en ~,*** to speak frankly.
plataforma *f.* platform. *2* MACH. index plate. *3* RLY. turn-table.
platanal *m.* banana plantation.
plátano *m.* BOT. banana [plant and fruit]. *2* BOT. plane-tree.
platea *f.* THEAT. orchestra stall, pit.
plateado, da *a.* silver-plated. *2* silvery [in colour]. 3 m. silver plating.
platear *t.* to silver, plate.
plateresco, ca *a.* ARCH. plateresque.
platería *f.* silversmith's shop; jeweller's shop or trade.
platero *m.* silversmith. *2* jeweller.
plática *f.* chat, talk. *2* ECCL. sermon, homily.
platicar *i.* to chat, talk.
platillo *m.* saucer: ~ ***volante,*** flying saucer. *2* pan [of scales]. *3* cymbal.
platino *m.* CHEM. platinum.
plato *m.* plate, dish. *2* COOK. dish. *3* course [at meals].
platónico, ca *a.* Platonic.
plausible *a.* praise-worthy, plausible. *2* laudable.

playa *f.* beach, seaside, shore.
plaza *f.* public square. *2* market-place. *3* fortress, stronghold. *4* room, space, seat. *5* job, employment. *6* COM. town, city. *7* ~ ***de toros***, bullring.
plazo *m.* term; time-limit; duedate: ***a plazos,*** by instalments.
plazoleta, plazuela *f.* small square.
pleamar *f.* high tide, high water.
plebe *f.* common people, masses, rabble.
plebeyo, ya *a.-n.* plebeian, commoner.
plebiscito *f.* plebiscite; direct vote; referendum.
plegable *a.* pliable; folding.
plegar *t.* to fold; plait, pleat. *2* SEW. to gather, pucker. *3 ref.* to bend. *4* to yield, submit.
plegaria *f.* prayer, supplication.
pleitear *t.* to litigate; to plead.
pleito *m.* litigation, law-suit. *2* debate, contest.
plenamente *a.* fully, completely.
plenario, ria *a.* full, complete; plenary.
plenilunio *m.* full moon.
plenipotenciario, ria *a.-n.* plenipotentiary.
plenitud *f.* plenitude, fullness, completion, fulfilment.
pleno, na *a.* full, complete. *2* ***en*** ~ ***día***, in broad day. *3 m.* full assembly.
pleuresía *f.* MED. pleurisy.
plexiglás *m.* perspex.
pliego *m.* sheet of paper. *2* sealed letter or document. *3* ~ ***de condiciones,*** specifications [for a contract].
pliegue *m.* fold, pleat, crease.
plomada *f.* plumb-line; plummet. *2* sinkers.
plomero *m.* lead-worker, plumber.
plomizo, za *a.* leaden, lead-coloured.
plomo *m.* CHEM. lead. *2* plumb bob, sinker. *3* fig. bullet. *4* coll. boring person. *5* ***a*** ~***,*** vertically; ***caer a*** ~***,*** to fall flat.
pluma *f.* feather, plume [of bird]. *2* [writing] quill; pen, nib: ~ ***estilográfica,*** fountain-pen.
plumaje *m.* plumage. *2* crest.
plumero *m.* feather duster. *2* crest, plume. *3* pen-holder.
plumón *m.* down; fluff. *2* feather-bed.
plural *a.-m.* GRAM. plural.
pluralidad *f.* majority; plurality.
plus *m.* extra, bonus; extra pay.
población *f.* population. *2* city, town.
poblado, da *a.* populated. *2* thick [beard]. *3 m.* town, city.
poblar *t.* to people. *2* to settle, colonize; to plant [with trees]. *3 ref.* to become peopled, covered with. ¶ CONJUG. like ***contar***.
pobre *a.* poor: ~ ***de espíritu,*** poor in spirit; ~ ***hombre,*** spiritless fellow. *2 m.-f.* poor person; beggar. *3* **-mente** *adv.* poorly.
pobreza *f.* poverty; need; lack, scarcity; want. *2* barrenness.
pocilga *f.* pigsty, pigpen.
1) **poco** *adv.* little, not much: ***a*** ~***,*** shortly after; ***dentro de*** ~***,*** presently; ~ ***más o menos,*** more or less; ***por*** ~***,*** nearly; ~ ***a*** ~***,*** little by little; ~ ***ha,*** lately; ***tener en*** ~***,*** to hold cheap.
2) **poco, ca** *a.* little, scanty. *2 pl.* few. *3 m.* little, small quantity, time, etc.; ***unos pocos,*** a few.
poda *f.* pruning, loping. *2* pruning season.
podadera *f.* pruning-knife.
podar *t.* to prune, lop off, trim.
podenco *m.* hound [dog].
1) **poder** *m.* power; authority, control. *2* force, strength, might. *3* POL. ***estar en el*** ~***,*** to be in the office.
2) **poder** *t.-i.* to be able [to], can, may; ***no*** ~ ***más,*** to be unable to do more. *2 i.* to have power or influence. *3 impers.* to be possible, may: ***puede que llueva,*** it may rain. ¶ IRREG. CONJUG.: INDIC. Pres.: ***puedo, puedes, puede; podemos, podéis, pueden.*** | Pret.: ***pude, pudiste,*** etc., | Fut.: ***podré, podrás,*** etc. || COND.: ***podría, podrías,*** etc. || SUB. Pres.: ***pueda, puedas, pueda; podamos, podáis, puedan.*** | Imperf.: ***pudiera, pudieras,*** etc. or ***pudiese, pudieses,*** etc. | Fut.: ***pudiere, pudieres,*** etc. || IMPER.: ***puede, pueda, podamos, poded, puedan.*** || GER.: ***pudiendo.***
poderío *m.* power, might. *2* sway, jurisdiction. *3* wealth, riches.
poderosamente *adv.* powerfully, mightily.
poderoso, sa *a.* powerful, mighty. *2* efficacious. *3* rich, wealthy.
podredumbre *f.* rot, rottenness, decay. *2* pus.
podrido, da *a.* decayed, rotten; corrupt.
poema *m.* poem.
poesía *f.* poetry. *2* poem.
poeta *m.* poet.
poética *f.* poetics.
poéticamente *adv.* poetically.
poético, ca *a.* poetic, poetical.
poetisa *f.* poetess.
póker *m.* poker.
polaco, ca *a.* Polish. *2 m.-f.* Pole [person]. *3 m.* Polish [language].
polaina *f.* legging, gaiter.
polar *a.* polar; pole: ***estrella*** ~***,*** polestar.
polea *f.* pulley, tackle-block.

polémico, ca *a.* polemic(al. *2 f.* polemics, dispute.
polen *m.* BOT. pollen.
policía *m.* policeman, police officer, detective. *2* police force: ~ ***secreta,*** secret police.
policíaco, ca *a.* [pertaining to the] police. *2* ***novela policíaca,*** detective story.
polichinela *m.* Punch.
poligamia *f.* polygamy.
polígamo, ma *a.* polygamous. *2 m.* polygamist.
poligloto, ta *a.-n.* polyglot; linguist.
polilla *f.* moth, clothes-moth.
pólipo *m.* polyp, polypus.
polisílabo, ba *a.* polysyllabic.
politécnico, ca *a.* polytechnic.
política *f.* politics. *2* policy. *3* politeness, good manners.
políticamente *adv.* politically.
político, ca *a.* politic(al. *2* tactful. *3* -in-law: ***padre*** ~, father-in-law. *4 m.* politician.
póliza *f.* paybill. *2* COM. certificate, policy: ~ ***de seguros,*** insurance policy. *3* tax stamp.
polizón *m.* loafer. *2* stowaway.
polizonte *m.* cop, policeman.
polo *m.* GEOM., ASTR., GEOG., PHYS. pole. *2* SPORTS polo.
Polonia *f. pr. n.* GEOG. Poland.
poltrón, na *a.-n.* lazy [person]. *2 f.* easy chair.
poltronería *f.* laziness, indolence.
polvareda *f.* cloud of dust. *2* ***armar una*** ~, to kick up the dust.
polvera *f.* powder-bowl, powder compact.
polvo *m.* dust. *2* powder. *3* pinch of snuff. *4* toilet powder. *5* ***polvos de la madre Celestina,*** secret recipe.
pólvora *f.* gunpowder.
polvoriento, ta *a.* dusty.
polvorín *m.* powder-magazine. *2* powder-flask.
polla *f.* CARDS pool. *2* ORN. pullet. *3* young lass.
pollada *f.* brood, hatch, covey.
pollera *f.* female poulterer. *2* chicken coop. *3* gocart. *4* petticoat.
pollería *f.* poultry shop.
pollino, na *m.-f.* young donkey, ass.
pollito, ta *m.-f. dim.* chick. *2 m.* boy, youth. *3 f.* girl.
pollo *m.* chicken. *2* young man.
pomada *f.* pomade.
pómez *f.* ***piedra*** ~, pumice-stone.
pomo *m.* phial, vial. *2* pommel [of sword--hilt].
pompa *f.* pomp: ***pompas fúnebres,*** funeral. *2* pageant. *3* bubble. *4* NAUT. pump.
pomposidad *f.* pomposity.
pomposo, sa *a.* pompous [showy; self-important]. *2* pompous, inflated [style, etc.].
pómulo *m.* ANAT. cheek-bone.
ponche *m.* punch.
ponderación *f.* careful consideration. *2* balance. *3* exaggeration.
ponderadamente *adv.* judiciously.
ponderado, da *a.* tactful, prudent.
ponderar *t.* to ponder, consider, think over. *2* to balance. *3* to exaggerate. *4* to praise highly.
poner *t.* to place, put, set: ~ ***en libertad,*** to set free; ~ ***en práctica,*** to carry out. *2* to lay [eggs]. *3* to suppose. *4* to bet [money]. *5* to render [furious]. *6* ~ ***al día,*** to bring up to date; ~ ***de manifiesto,*** to make evident; ~ ***de relieve,*** to emphasize; ~ ***reparos,*** to make objections; ~ ***en las nubes,*** to praise to the skies. *7 ref.* to place or put oneself. *8* to put on [one's hat]. *9* [of the sun, stars, etc.] to set. *10* to become, get, turn. *11* ~ ***a,*** to begin to. *12* ~ ***al corriente,*** to get informed. *13* ~ ***de acuerdo,*** to agree. *14* ***ponerse en pie,*** to stand up.
¶ CONJUG.: INDIC. Pres.: ***pongo,*** pones, pone, etc. | Pret.: ***puse, pusiste, puso,*** etc. | Fut.: ***pondré, pondrás,*** etc. ‖ COND: ***pondría, pondrías,*** etc. | SUBJ. Pres.: ***ponga, pongas,*** etc. | Imperf.: ***pusiera, pusieras,*** or ***pusiese, pusieses,*** etc. | Fut.: ***pusiere, pusieres,*** etc. ‖ IMPER.: ***pon, ponga; pongamos,*** poned, ***pongan.*** ‖ PAST. P.: ***puesto.***
poniente *m.* west. *2* west wind.
pontífice *m.* pontiff, pope.
pontón *m.* pontoon.
ponzoña *f.* poison, venom.
ponzoñoso, sa *a.* poisonous, venomous.
popa *f.* NAT. poop, stern: ***en*** or ***a*** ~, aft.
populacho *m.* populace, mob, rabble.
popular *a.* popular. *2* **-mente** *adv.* popularly.
popularidad *f.* popularity.
popularizar *t.* to popularize. *2 ref.* to become popular.
populoso, sa *a.* populous.
poquísimo, ma *a.* very little.
poquito, ta *a.* very little. *2 pl.* very few. *3 adv.* very little: ~ ***a poco,*** slowly.
por *prep.* by, for, as, along, around, across, through, from, out of, at, in, on, to, etc.: ~ ***aquí,*** *around here;* ~ ***casualidad,*** *by chance;* ~ ***compasión***, out

of pity; ~ ***Dios,*** for heaven's sake; ~ ***la noche,*** in the night, by night. *2* ~ ***bien que lo haga,*** no matter how well; ~ ***ciento,*** per cent; ~ ***tanto,*** therefore; ~ ***lo visto,*** apparently; ~ ***más que,*** ~ ***mucho que,*** however much; ~ ***mí,*** as I am concerned; ***¿~ qué?,*** why?; ~ ***supuesto,*** of course.

porcelana *f.* porcelain, china.

porcentaje *m.* percentage.

porción *f.* part, share, lot.

porche *m.* porch, portico.

pordiosero, ra *n.* beggar.

porfía *f.* insistence, obstinacy. *2* stubbornness. *3* ***a*** ~, in competition.

porfiado, da *a.* insistent, persistent, stubborn.

porfiar *i.* to insist, persist. *2* to argue stubbornly.

pormenor *m.* detail: ***al*** ~, by retail.

poro *m.* pore.

poroso, sa *a.* porous.

porque *conj.* for, because. *2* in order that.

¿por qué? *conj.* why?, wherefore?

porqué m. cause, reason.

porquería *f.* dirt, filth. *2* filthy act or word.

porquerizo, porquero *m.* swineherd.

porra *f.* cudgel, club. *2* ***mandar a la*** ~, to send away.

porrazo *m.* blow, knock.

porrón *m.* glass flask [for drinking wine].

portaaviones *m.* aircraft carrier.

portada *f.* ARCH. front, façade. *2* frontispiece. *3* PRINT. title page. *4* cover [of magazine].

portador, ra *m.-f.* carrier, bearer holder: ***bono al*** ~, bearer bond.

portal *m.* doorway, portal, vestibule. *2* porch, portico, entrance. *3 pl.* arcades.

portalámparas, *pl.* **-ras** *m.* ELEC. socket, lamp holder.

portamonedas *m.* purse.

portaplumas *m.* penholder.

portarse *ref.* behave, act.

portátil *a.* portable.

portavoz *m.* spokesman.

portazgo *m.* toll, road toll.

portazo *m.* bang or slam [of a door].

porte *m.* portage, carriage; freight [act; cost]: ~ ***pagado,*** portage prepaid. *2* behaviour, bearing; appearance [of a person].

portear *t.* to carry [for a price]. *2* [of doors, etc.] to slam.

portento *m.* prodigy, wonder.

portentoso, sa *a.* prodigious, portentous.

portería *f.* porter's lodge; conciergery. *2* SPORT goal.

portero, ra *m.* doorkeeper, porter. *2* SPORT. goalkeeper. *3 f.* portress.

pórtico *m.* porch, portico.

portillo *m.* opening [in a wall, etc.]. *2* wicket [small door]. *3* breach, gap. *4* nick. *5* pass.

portorriqueño, ña *a.-n.* Puerto Rican.

portugués, sa *a.-n.* Portuguese.

porvenir *m.* future, time to come.

pos (en) *adv.* ***en*** ~ ***de,*** after; in pursuit of.

posada *f.* lodging-house, inn.

posadero, ra *m.-f.* innkeeper. *2 f. pl.* buttocks, rump.

posar *i.* to lodge. *2* to rest. *3* F. ARTS to pose. *4 i.-ref.* [of birds, etc.] to alight, perch, sit. *5 t.* to lay down [a burden]. *6 ref.* [of sediment, etc.] to settle.

posdata *f.* postscript.

poseedor, ra *m.-f.* owner, holder.

poseer *t.* to possess, own, hold, have. *2* to master [a subject]. ¶ CONJUG. INDIC. Pret.: poseí, poseíste, ***poseyó;*** poseímos, poseísteis, ***poseyeron.*** ‖ SUBJ. Imperf.: ***poseyera, poseyeras,*** etc., or ***poseyese, poseyeses,*** etc. ‖ PAST. P.: poseído ***or poseso.*** ‖ GER.: ***poseyendo.***

posesión f. possession, tenure, holding.

posesionar *t.* to give possession. *2 ref.* to take possession.

posesivo, va *a.* possessive.

posibilidad *f.* possibility. *2 pl.* means, property.

posible *a.* possible: ***hacer todo lo*** ~, to do one's best. *2 m. pl.* means, property. *3* **-mente** *adv.* possibly.

posición *f.* position, attitude. *2* rank; situation. *3* placement.

positivo, va *a.* positive.

poso *m.* sediment, dregs, lees.

posponer *t.* to postpone, delay, put off. *2* to subordinate.

posta *f.* relay [of post horses]. *2* post station, stage. *3* slice, chop [of meat, etc.]. *4* lead ball. *5* bet, wager. *6* messenger. *7* ***a*** ~, on purpose.

postal *a.* postal: ***servicio*** ~, post, mail service. *2 f.* postcard.

postdata *f.* postscript.

poste *m.* post, pillar: ~ ***indicador,*** finger-post, signpost.

postergación *f.* delay, postponement. *2* disregard of seniority.

postergar *t.* to delay, postpone. *2* to disregard someone's rights.

posteridad *f.* posterity, the coming generations.

posterior *a.* posterior, back, rear. *2* later. *3* **-mente** *adv.* afterwards, later on.

postguerra *f.* postwar.

postigo *m.* small door, wicket, *2* window shutter.
postín *m.* coll. airs, importance: ***darse ~***, to put on airs.
postizo, za *a.* artificial, false. *2 m.* switch [of hair].
postor *m.* bidder.
postración *f.* prostration.
postrar *t.* to prostrate, humble. *2 ref.* to kneel down.
postre *a.* POSTRERO. *2 m. sing. & pl.* dessert. *3* adv. ***a la ~,*** at last, finally.
postrero, ra *a.* last. *2* hindermost. *3 m.-f.* last one.
postrimerías *f. pl.* last years of life. *2* THEOL. last stages of man.
postulante *m.-f.* petitioner, applicant.
postular *t.* to postulate. *2* to beg, demand.
póstumo, ma *a.* posthumous.
postura *f.* posture, position. *2* bid. *3* stake [at cards].
potable *a.* drinkable.
potaje *m.* thick soup. *2* stewed vegetables. *3* meddley.
pote *m.* pot; jug; jar.
potencia *f.* potency. *2* power; faculty, ability; strength. *3* powerful nation.
potencial *a.-m.* potential. *2* GRAM. conditional [mood]. *3* **-mente** *adv.* potentially, virtually.
potentado *m.* potentate.
potente *a.* potent, powerful, mighty. *2* strong, vigorous. *3* **-mente** *adv.* potently, powerfully.
potestad *f.* power, faculty. *2* dominion, authority.
potestativo, va *a.* facultative, optional.
potro, tra *m.-f.* colt, foal. *2 m.* horse [for torture]. *3 f.* filly. *4* coll. luck: ***tener ~***, to be lucky.
poyo *m.* stone seat.
pozo *m.* well, pit. *2* MIN. shaft.
práctica *f.* practice: ***poner en ~***, to put into practice. *2* skill. *3 pl.* training.
practicable *a.* practicable, feasible.
prácticamente *adv.* in practice.
practicante *a.* practising. *2 m.-f.* doctor's assistant; practitioner.
practicar *t.* to practise, put into practice. *2* to make, cut [a hole]. 3 SURG. to perform [an operation]. *4 i.-ref.* to practise.
práctico, ca *a.* practical. *2* skilful, practised. *3 m.* NAUT. pilot.
pradera *f.* prairie. *2* meadowland.
prado *f.* field, meadow, lawn.
preámbulo *m.* preamble, preface.
prebenda *f.* prebend, sinecure.
precario, ria *a.* precarious, uncertain.
precaución *f.* precaution.
precaver *t.* to guard or provide against. *2 ref.* to be on one's guard against.
precavidamente *adv.* cautiously.
precavido, da *a.* cautious, wary.
precedencia *f.* precedence, priority.
precedente *a.* preceding, prior, foregoing. *2 m.* precedent.
preceder *t.-i.* to precede, go ahead of.
preceptivo, va *a.* compulsory.
precepto *m.* precept, rule; order: ***día de ~,*** holiday.
preceptor, ra *m.-f.* teacher, tutor.
preceptuar *t.* to order.
preces *f. pl.* prayers, supplications.
preciado, da *a.* valuable, precious. *2* proud, boastful.
preciar *t.* to value, prize. *2 ref.* ***preciarse de,*** to be proud of.
precintar *t.* to seal with a strap.
precinto *m.* strap, band.
precio *m.* price: ***no tener ~,*** to be priceless. *2* value, worth.
precioso, sa *a.* precious [costly, valuable, dear]. *2* beautiful.
precipicio *m.* precipice. *2* ruin.
precipitación *f.* precipitation, rush, haste, hurry.
precipitado, da *a.* hasty; headlong. *2 m.* CHEM. precipitate.
precipitar *t.* to precipitate [throw headlong; to hurl; ho hasten, to hurry]. *2* CHEM. to precipitate. *3 ref.* to be hasty or rash.
precisamente *adv.* precisely, exactly. *2* just.
precisar *t.* to fix, define. *2* to compel, force. *3 i.* to be necessary; to need.
precisión *f.* precision, accuracy. *2* necessity: ***tener ~ de,*** to need.
preciso, sa *a.* precise, exact, accurate. *2* necessary: ***es ~,*** it is necessary.
preclaro, ra *a.* illustrious, famous.
precocidad *f.* precocity.
precoz *a.* precocious.
precursor, ra *m.-f.* forerunner, harbinger, precursor.
predecesor, ra *m.-f.* predecessor.
predecir *t.* to predict, foretell, forecast.
predestinado, da *a.-n.* predestinate.
predestinar *t.* to predestine.
prédica *f.* sermon, harangue.
predicado *m.* LOG. predicate.
predicador, ra *m.-f.* preacher.
predicamento *m.* LOG. predicament. *2* esteem, reputation.
predicar *t.-i.* to preach. *2* LOG. to predicate.
predicción *f.* prediction, forecast.
predilección *f.* predilection, preference, liking.

predilecto, ta *a.* favourite.
predisponer *t.* to predispose. *2* to prejudice.
predominante *a.* predominant.
predominar *t.* to predominate; to prevail. *2* to overlook.
predominio *m.* mastery, control.
prefacio *m.* preface; prologue.
prefecto *m.* prefect; chairman.
preferencia *f.* preference, choice.
preferente *a.* preferential.
preferible *a.* preferable.
preferir *t.* to prefer, choose: ***yo preferiría ir,*** I'd rather go.
prefijo *m.* GRAM. prefix.
pregón *m.* proclamation. *2* cry.
pregonar *t.* to proclaim. *2* to cry, hawk [merchandise].
pregonero *m.* town-crier.
pregunta *f.* question, inquiry; ***hacer una ~,*** to ask a question.
preguntar *t.-i.* to ask, inquire; to question; ***~ por,*** to ask after or for. *2 ref.* to wonder.
preguntón, na *a.-n.* inquisitive.
prehistórico, ca *a.* prehistoric.
prejuicio *m.* prejudice, bias.
prejuzgar *t.* to prejudge.
prelado *m.* prelate.
preliminar *a.-m.* preliminary.
preludio *m.* prelude.
prematuro, ra *a.* premature, untimely.
premeditación *f.* premeditation.
premeditado, da *a.* deliberate.
premiar *i.* to reward. *2* to award a prize to.
premio *m.* reward, recompense. *2* prize.
premiosidad *f.* awkwardness; stiffness [of style].
premioso, sa *a.* burdensome. *2* urging. *3* strict. *4* awkward; stiff [style].
premisa *f.* LOG. premise.
premura *f.* haste, urgency.
prenda *f.* pledge, security, pawn: token, proof: ***en ~ de,*** as a proof of. *2* fig. beloved one. *3* garment. *4 pl.* natural gifts.
prendarse de *ref.* to fall in love with; to take a fancy to.
prender *i.* to seize, catch. *2* to attach, pin. *3* to take, arrest [a person]. *4* to set [fire]. *5 i.* [of a plant] to take root. *6* [of fire, etc.] to catch.
prensa *f.* press; printing press. *2* journalism, daily press.
prensar *t.* to press.
prensil *a.* prehensile.
preñado, da *a.* pregnant; full.
preñar *t.* to fill.
preñez *f.* pregnancy. *2* fullness.
preocupación *f.* preoccupation. *2* care, concern, worry.
preocupado, da *a.* preoccupied. *2* concerned, anxious, worried.
preocupar *t.* to preoccupy. *2* to concern, worry. *3 ref.* to worry.
preparación *f.* preparation.
preparado, da *a.* ready, prepared.
preparar *t.* to prepare, make ready. *2 ref.* to get ready.
preparativo, va *a.* preparatory. *2 m.-pl.* preparations, arrangements.
preponderante *a.* preponderant.
preposición *f.* GRAM. preposition.
prerrogativa *f.* prerogative, privilege.
presa *f.* catch, clutch, grip, hold. *2* capture. *3* prize, booty. *4* prey: ***ave de ~,*** bird of prey. *5* fang, claw. 6 dam, weir.
presagiar *t.* to presage, forebode.
presagio *m.* presage, omen.
presbiterio *m.* chancel, presbytery.
presbítero *m.* presbyter, priest.
prescindir *i.* ***~ de,*** to dispense with, do without; to set aside.
prescribir *t.* to prescribe.
prescripción *f.* prescription.
presea *f.* gem, valuable thing.
presencia *f.* presence. *2* figure, bearing. *3* ***~ de ánimo,*** presence of mind, serenity.
presencial *a.* ***testigo ~,*** eyewitness.
presenciar *t.* to be present at, witness, see.
presentación *f.* presentation. *2* introduction.
presentar *t.* to present. *2* to display, show. *3* to introduce [a person to another]. *4* to nominate. *5 ref.* to present oneself. *6* to appear. *7* to volunteer. *8* to introduce oneself.
presente *a.* present; ***hacer ~,*** to remind of; ***tener ~,*** to bear in mind. *2* current [month, etc.]. *3 a.-m.* GRAM. present [tense]. *4 m.* present, gift. *5* present [time].
presentimiento *m.* foreboding.
presentir *t.* to forebode. ¶ CONJUG. like ***hervir.***
preservar *t.* to preserve, guard, keep safe.
presidencia *f.* presidency. *2* chairmanship. *3* presidential term.
presidencial *a.* presidential.
presidente *m.* president. *2* chairman. *3* speaker.
presidiario *m.* convict.
presidio *m.* penitentiary. *2* hard labour. *3* fortress, garrison.
presidir *t.-i.* to preside over or at.
presilla *f.* small loop, fastener. *2* SEW. buttonhole stitching.

presión *f.* pressure: ~ ***arterial,*** blood pressure.
presionar *t.* to press, urge.
preso, sa *a.* imprisoned. *2 m.-f.* prisoner. *3* convict.
prestado, da *a.* lent, borrowed; ***dar ~,*** to lend; ***pedir*** or ***tomar ~,*** to borrow.
prestamista *m.-f.* money-lender; pawnbroker.
préstamo *m.* loan: ***casa de préstamos,*** pawnshop.
prestar *t.* to lend, loan. *2* to bestow, give. *3* to do, render [service, etc.]. *4* to give [ear; help, aid]. *5* to pay [attention]. *6* to take [oath]. *7 ref.* to lend oneself. *8* ***se presta a,*** it gives rise to.
presteza *f.* promptness, haste.
prestidigitador *m.* juggler, conjurer.
prestigio *m.* prestige. *2* spell.
prestigioso, sa *a.* eminent, famous.
1) **presto** *adv.* quickly. *2* soon.
2) **presto, ta** *a.* prompt, quick. *2* ready.
presumido, da *p. p.* of PRESUMIR. *2* vain, conceited.
presumir *t.* to presume, conjecture. *2 i.* to be vain or conceited; to boast [of].
presunción *f.* presumption. *2* conceit.
presunto, ta *a.* presumed, supposed. *2* ~ ***heredero,*** heir apparent.
presuntuoso, sa *a.* conceited, vain.
presuponer *t.* to presuppose. *2* to budget. *3* to estimate.
presupuesto, ta *a.* presupposed. *2 m.* presupposition. *3* budget. *4* estimate.
presuroso, sa *a.* prompt, hasty.
pretender *t.* to pretend to, claim; to seek, solicit. *2* to court. *3* to try to.
pretendiente *m.* pretender, claimant. *2* applicant. *3* suitor.
pretensión *f.* pretension, claim.
pretérito, ta *a.* past, bygone. *2 a.-m.* GRAM. preterit, past tense.
pretextar *t.* to pretext, allege.
pretexto *m.* pretext, pretence.
pretil *m.* parapet, railing.
prevalecer *i.* to prevail.
prevaler *i.* to prevail. *2 ref.* to take advantage of.
prevaricar *i.* to prevaricate.
prevención *f.* preparation. *2* supply. *3* foresight. *4* prejudice, dislike. *5* warning. *6* police station. *7* MIL. guard-room.
prevenido, da *a.* ready, prepared. *2* supplied. *3* cautious.
prevenir *t.* to prepare beforehand. *2* to foresee, forestall. *3* to warn. *4* to prevent. *5* to prejudice. *6 ref.* to get ready. *7* to provide oneself.
preventivo, va *a.* preventive.
prever *t.* to foresee; to forecast.
previo, via *a.* previous.
previsión *f.* foresight; forecast. *2* providence. *3* ~ ***social,*** social security.
previsor, ra *a.* far-seeing.
prez *f.* honour, glory.
prieto, ta *a.* tight. *2* close-fisted, mean. *3* blackish, dark.
prima *f.* female cousin. *2* premium, bonus.
primacía *f.* primacy; superiority.
primario, ria *a.* primary, chief.
primavera *f.* spring.
primaveral *a.* springlike, spring.
1) **primero** *adv.* first.
2) **primero, ra** *a.* first. *2* foremost. *3* early, former. *4* leading.
primicia(s *f. sing.-pl.* first fruit.
primitivamente *adv.* originally.
primitivo, va *a.* primitive, original.
primo, ma *a.* first. *2* ARITH. prime [number]. *3* raw [material]. *4 m.-f.* cousin. *5* simpleton.
primogénito, ta *a.-n.* first-born, eldest [son].
primor *m.* beauty, exquisiteness. *2* skill, ability.
primordial *a.* primal, fundamental.
primoroso, sa *a.* beautiful, exquisite. *2* skilful, fine.
princesa *f.* princess.
principado *m.* princedom. *2* principality.
principal *a.* principal, main, chief. *2* illustrious. *3* GRAM. principal. *4 m.* chief, head [of a firm, etc.] *5* first floor. *6* **-mente** *adv.* principally, mainly.
príncipe *m.* prince. *2 a.* first.
principiante, ta *m.-f.* beginner.
principiar *t.* to begin, start.
principio *m.* beginning, start: ***al ~,*** *at first. 2* origin. *3* principle. *4 pl.* principles. *5* rudiments.
pringoso, sa *a.* greasy.
prior *a.-n.* prior.
prioridad *f.* priority; precedence.
prisa *f.* speed, haste, hurry; ***corre ~,*** that is urgent; ***tener ~,*** to be in a hurry.
prisión *f.* prison; imprisonment; jail. *2 pl.* chains, fetters.
prisionero, ra *m.-f.* prisoner.
prisma *m.* prism.
prismático, ca *a.* prismatic. *2 m. pl.* field-glasses.
prístino, na *a.* pristine, first.
privación *f.* privation, want, lack.
privadamente *adv.* privately.
privado, da *a.* forbidden. *2* private, privy. *3 m.* favourite.
privar *t.* to deprive. *2* to forbid. *3* to impede. *4* to render unconscious. *5 i.* to be

in favour; to be in vogue. *6 ref.* to deprive oneself.
privativo, va *a.* privative. *2* peculiar, particular.
privilegiado, da *a.* privileged. *2* outstanding [talent, etc.].
privilegiar *t.* to privilege.
privilegio *m.* privilege, grant, exemption, patent.
pro *m.-f.* profit, advantage: ***el ~ y el contra***, the pros and cons. *2* ***hombre de ~,*** man of worth.
proa *f.* NAUT. prow, bow. *2* AER. nose [of a plane].
probabilidad *f.* probability, likelihood.
probable *a.* probable, likely. *2* **-mente** *adv.* probably, likely.
probar *t.* to prove. *2* to test, try out. *3* to taste [wine]. *4* to try on [clothes]. *5* ***~ fortuna,*** to take one's chance. *6 i.* ***~ a,*** to attempt, endeavour to.
probeta *f.* CHEM. test tube.
probidad *f.* honesty, integrity.
problema *m.* problem.
problemático, ca *a.* problematic(al.
probo, ba *a.* honest, upright.
procacidad *f.* impudence, insolence.
procaz *a.* impudent, bold.
procedencia *f.* origin, source.
procedente *a.* coming, proceeding [from]. *2* proper, suitable.
1) **proceder** *m.* behaviour, conduct.
2) **proceder** *i.* to proceed, go on. *2* to come from. *3* to behave. *4* to take action [against]. *5* to be proper or suitable.
procedimiento *m.* proceeding, procedure; process, method, way.
proceloso, sa *a.* stormy.
prócer *m.* person of eminence.
procesado, da *a.* prosecuted, accused. *2 m.-f.* LAW defendant.
procesar *t.* to prosecute, try.
procesión *f.* procession.
proceso *m.* process [progress; development]. *2* lapse of time. *3* LAW proceedings. *4* law-suit.
proclama *f.* proclamation. *2 pl.* banns.
proclamación *f.* proclamation.
proclamar *t.* to proclaim.
procrear *t.* to procreate; to breed.
procurador *m.* attorney, agent. *2* solicitor. *3* member of the Spanish legislative assembly.
procurar *t.* to try to, endeavour. *2* to get, obtain. *3* to manage.
prodigalidad *f.* prodigality. *2* lavishness.
pródigamente *adv.* lavishly.
prodigar *t.* to lavish, squander.
prodigio *m.* prodigy, miracle.
prodigioso, sa *a.* prodigious, marvellous. *2* exquisite, fine.
pródigo, ga *a.-n.* prodigal. *2 a.* extravagant; lavish, wasteful.
producción *f.* production. *2* produce, yield, output.
producir *t.* to produce, yield, bring forth. *2* to cause. *3 ref.* to happen.
productivo, va *a.* productive.
producto *m.* product, produce.
productor, ra *a.* productive. *2 m.-f.* producer.
proeza *f.* prowess, feat.
profanar *t.* to profane, defile.
profano, na *a.* profane, secular. *2* irreverent. *3* worldly. *4 a.-n.* lay [not expert].
profecía *f.* prophecy.
proferir *t.* to utter, pronounce.
profesar *t.-i.* to profess. *2 t.* to show, manifest.
profesión *f.* profession. *2* avowal, declaration.
profesional *a.-n.* professional.
profesor, ra *m.-f.* professor, teacher.
profesorado *m.* professorship. *2* teaching staff.
profeta *m.* prophet.
profetizar *t.-i.* to prophesy, foretell.
prófugo, ga *a.-n.* fugitive.
profundamente *adv.* deeply.
profundidad *f.* profundity, depth.
profundizar *t.* to deepen. *2 t.-i.* to go deep into.
profundo, da *a.* profound, deep.
profusión *f.* profusion, abundance.
profuso, sa *a.* profuse, abundant.
progenie *f.* descent, lineage.
progenitor *m.* progenitor, ancestor.
programa *m.* program(me; plan. *2* syllabus.
progresar *i.* to progress, advance, develop.
progresión *f.* progression.
progresista *a.-n.* progressist.
progresivo, va *a.* progressive.
progreso *m.* progress, advance.
prohibición *f.* prohibition, ban.
prohibir *to.* to prohibit, forbid.
prohijar *t.* to adopt [a child].
prójimo *m.* fellow being, neighbour. *2* ***el ~,*** the other people.
prole *f.* progeny, offspring.
proletariado *m.* proletariat(e.
proletario, ria *a.-n.* proletarian.
prolífico, ca *a.* prolific.
prolijamente *adv.* minutely.
prolijo, ja *a.* prolix, tedious.
prólogo *m.* prologue, preface.
prolongación *f.* prolongation.

prolongar *t.* to lengthen. *2* to prolong. *3* to protract.
promediar *t.* to divide in two. *2 i.* to mediate.
promedio *m.* middle. *2* average.
promesa *f.* promise.
prometedor, ra *a.* promising.
prometer *t.-i.* to promise. *2 ref.* to become engaged, betrothed.
prometido, da *a.* promised. *2* engaged, betrothed. *3 m.* fiancé. *4 f.* fiancée.
prominencia *f.* prominence, knoll.
prominente *a.* prominent, projecting.
promiscuo, cua *a.* promiscuous. *2* ambiguous.
promoción *f.* promotion, advancement.
promontorio *f.* promontory, headland.
promotor, ra; promovedor, ra *m.-f.* promoter, furtherer.
promover *t.* to promote, start. *2* cause, stir up, raise.
promulgación *f.* promulgation.
promulgar *t.* to promulgate, issue, publish.
pronombre *m.* GRAM. pronoun.
pronosticar *t.* to prognosticate, foretell.
pronóstico *m.* forecast, prediction.
prontamente *adv.* quickly.
prontitud *f.* quickness, promptness.
pronto *adv.* soon; ***lo más ~ posible,*** as soon as possible. *2* promptly, quickly: ***de ~,*** suddenly; ***por lo ~,*** for the present. *3 m.* impulse. *4 a.* ready.
prontuario *m.* handbook.
pronunciación *f.* pronunciation, accent.
pronunciamiento *m.* military uprising or revolt.
pronunciar *t.* to pronunce, utter. *2* to deliver, make [a speech]. *3 ref.* to pronounce [for, against]. *4* to rebel.
propagación *f.* propagation. spreading.
propaganda *f.* propaganda. *2* COM. advertising.
propagar *t.* to propagate, spread. *2 ref.* to spread, be diffused.
propalar *t.* to publish, spread.
propasarse *ref.* to go too far.
propensión *f.* propensity, tendency.
propenso, sa *a.* liable to, apto to.
propiamente *adv.* properly.
propicio, cia *a.* propitious, favourable.
propiedad *f.* ownership, property. *2* peculiar quality. *3* propriety.
propietario, ria *m.* owner, proprietor, landlord. *2 f.* proprietress, landlady.
propina *f.* tip, gratuity.
propinar *t.* to deal [a blow].
propio, pia *a.* one's own. *2* proper, peculiar. *3* suitable. *4* same. *5* ***amor ~,*** pride; ***nombre ~,*** proper noun. *6 m.* messenger.
proponer *t.* to propose, put forward. *2 ref.* to plan, intend.
proporcionado, da *a.* proportionate. *2* fit, suitable.
proporción *f.* proportion. *2* opportunity.
proporcionar *t.* to proportion, adapt, adjust. *2* to furnish, supply, give. *3 ref.* to get, obtain.
proposición *f.* proposition; proposal, offer. *2* motion.
propósito *m.* purpose, aim, design: ***a ~,*** apropos, by the way; ***de ~,*** on purpose; ***fuera de ~,*** irrelevant.
propuesta *f.* proposal, offer.
propulsar *t.* to propel, push.
prórroga *f.* prorogation, extension.
prorrogar *t.* to prorogue. *2* to postpone, adjourn.
prorrumpir *i.* to break forth, burst out [into tears].
prosa *f.* prose.
prosaico, ca *a.* prosaic, tedious.
prosapia *f.* ancestry, lineage.
proscenio *m.* THEAT. proscenium.
proscribir *t.* to proscribe, banish.
proscripción *f.* banishment, exile.
proscripto or **proscrito, ta** *m.-f.* exile, outlaw.
prosecución *f.* **proseguimiento** *m.* prosecution. *2* pursuit.
proseguir *t.* to continue, carry on. *2 i.* to go on.
prosélito *m.* proselyte.
prosista *m.-f.* prose writer.
prospecto *m.* prospectus.
prosperar *i.* to prosper, thrive.
prosperidad *f.* prosperity. *2* success.
próspero, ra *a.* prosperous. *2* successful.
prosternarse *ref.* to kneel down.
prostitución *f.* prostitution.
prostituir *t.* to prostitute. *2* corrupt. ¶ CONJUG. like ***huir.***
prostituta *f.* prostitute, harlot.
protagonista *m.* protagonist; hero, heroine; leading actor or actress.
protección *f.* protection, support.
protector, ra *m.* defender, protector. *2 f.* protectress.
protectorado *m.* protectorate.
proteger *t.* to protect, defend.
protesta, protestación *f.* protest, protestation, remonstrance.
protestante *a.* protesting. *2 a.-n.* Protestant.
protestar *t.-i.* to protest [against]; to assure, avow publicly. *2* COM. to protest [a draft].

protocolo *m.* protocol. *2* etiquette.
prototipo *m.* prototype, model.
protuberancia *f.* protuberance, bulge.
provecto, ta *a.* ancient; mature.
provecho *m.* profit, advantage, benefit.
provechoso, sa *a.* profitable, advantageous, useful.
proveedor, ra *m.-f.* supplier, furnisher, purveyor.
proveer *t.* to supply with, furnish, provide, purvey.
provenir *i.* to come from.
proverbio *m.* proverb, saying.
providencia *f.* providence, foresight. *2* Providence [God].
providencial *a.* providential.
providente *a.* wise, prudent.
próvido, da *a.* provident.
provincia *f.* province.
provinciano, na *a.-n.* provincial.
provisión *f.* provision. *2* supply, stock. *3* step, measure.
provisional *a.* provisional, temporary.
provocación *f.* provocation [defiance, challenge].
provocador, ra *a.* provoking. *2 m.-f.* provoker.
provocar *t.* to provoke, defy, dare, challenge. *2* to rouse.
provocativo, va *a.* provocative, provoking, inciting.
próximamente *adv.* soon, before long. *2* approximately.
proximidad *f.* nearness, vicinity.
próximo, ma *a.* near, neighbouring, close to. *2* next: ***el mes ~,*** next month. *3* ***~ pasado,*** last [month, etc.].
proyección *f.* projection; jut.
proyectar *t.* to project, throw, cast. *2* to show [a film, etc.]. *3* to plan, intend. *4 ref.* to jut out, stand out. *5* [of a shadow] to fall on.
proyectil *m.* projectile, missile.
proyecto *m.* project, design, plan, scheme: *2* ***~ de ley,*** bill.
proyector *m.* projector; searchlight; spotlight.
prudencia *f.* prudence, wisdom.
prudente *a.* prudent, wise. *2* cautious. *3* **-mente** *adv.* wisely.
prueba *f.* proof; evidence. *2* sign. *3* test, trial. *4* sample. *5* fitting, traying on [of a dress]. *6* ordeal, trial. *7* essay. *8* ***poner a ~,*** to put to test; ***a ~ de incendio,*** *fireproof.*
prurito *m.* itching. *2* desire.
psicología *f.* psychology.
psicológico, ca *a.* psychological.
psiquiatra *m.* psychiatrist, alienist.
psíquico, ca *a.* psychic(al.
púa *f.* prick, barb, thorn. *2* prong. *3* quill [of porcupine, etc.]. *4* tooth [of comb]. *5* HORT. graft. *6* MUS. plectrum.
pubertad *f.* puberty.
publicación *f.* publication.
públicamente *adv.* publicly.
publicar *t.* to publish. *2* to issue [a decree]. *3 ref.* to come out.
publicidad *f.* publicity. *2* advertisement.
público, ca *a.* public. *2 m.* public; audience [spectators, etc.].
puchero *m.* cooking-pot. *2* meat and vegetables stew. *3* ***hacer pucheros,*** to pout.
pudibundo, da *a.* PUDOROSO.
púdico, ca *a.* modest, chaste.
pudiente *a.* rich, well-to-do.
pudín *m.* pudding.
pudor *m.* modesty, chastity.
pudoroso, sa *a.* modest, chaste.
pudrir *t.-ref.* to rot, corrupt. *2 ref.* to rot, decay.
pueblo *m.* town, village. *2* common people. *3* race; nation.
puente *m.-f.* bridge; ***~ colgante,*** suspension bridge; ***~ levadizo,*** drawbridge. *2* dental bridge. *3* deck [of a ship].
puerco, ca *a.* dirty, filthy; slutish. *2 m.* hog, pig. *3* ***~ de mar,*** sea-hog; ***~ espín,*** porcupine. *4 f.* sow.
pueril *a.* puerile, childish.
puerilidad *f.* childishness, foolishness; childish remark or act.
puerta *f.* door, doorway; gate, gateway; entrance, access; ***~ de corredera,*** sliding door; ***~ giratoria,*** revolving door.
puerto *m.* NAUT. port, harbour, haven: ***~ franco,*** free port. *2* fig. refuge. *3* mountain pass.
puertorriqueño, ña *a.-n.* Porto Rican.
pues *conj.* because, for, since. *2* then: ***así ~,*** so then; ***~ bien,*** well then.
puesta *f.* setting: ***~ de sol,*** sunset. *2* stake [at cards].
puesto, ta *irreg. p. p.* of PONER. *2* placed, put. *3* dressed. *4 m.* place, spot. *5* stall, stand, booth. *6* job, employment. *7* MIL. post, station: ***~ de socorro***, first-aid station. *8* conj. ***~ que,*** since, inasmuch as.
púgil *m.* boxer, pugilist.
pugilato *m.* pugilism, boxing.
pugna *f.* fight, struggle, strife.
pugnar *i.* to fight, struggle, strive.
pujante *a.* powerful, strong.
pujanza *f.* power, strength.
pujar *t.* to push. *2* to outbid [at an auction]. *3 i.* to falter; to grope for words.
pulcritud *f.* neatness, tidiness.
pulcro, cra *a.* neat, tidy, clean.

pulga *f.* flea: ***tener malas pulgas,*** to be ill-tempered.
pulgada *f.* inch.
pulgar *m.* thumb.
pulido, da *a.* neat, tidy; nice.
pulir *t.* to polish, burnish. *2* to refine. *3* to adorn.
pulmón *m.* lung.
pulmonía *f.* pneumonia.
pulpa *f.* pulp, flesh.
púlpito *m.* pulpit.
pulpo *m.* octopus; cuttle-fish.
pulsación *f.* beat, throb; pulse.
pulsar *t.* to push [a button]. *2* to feel the pulse of. *3* fig. to sound out, examine [an affair]. *4* MUS. to play [the harp]. *5 i.* [of the heart] to beat, throb.
pulsera *f.* JEWEL. bracelet. *2* wristlet. *3* watch strap.
pulso *m.* PHYSIOL. pulse. *2* steadiness of the hand. *3* care, tact.
pulular *i.* to swarm, teem.
pulverizador *m.* spray, atomizer.
pulverizar *t.* to pulverize. *2* to atomize, spray.
pulla *f.* quip, cutting remark, innuendo. *2* witty saying.
pundonor *m.* point of honour.
punta *f.* point: ***sacar ~ a,*** to sharpen. *2* head [of an arrow, etc.]. *3* tip, nib. *4* top. *5* stub [of cigar]. *6* horn [of bull]. *7* tine [of a fork]. *8* ***está de ~ con***, to be on bad terms with.
puntada *f.* SEW. stitch. *2* hint.
puntal *m.* prop, support.
puntapié *m.* kick: ***echar a puntapiés,*** to kick out.
puntear *t.* to dot, stipple. *2* to sew, stitch. *3* to pluck [the guitar].
puntería *f.* aim [with rifle]. *2* marksmanship.
puntero *m.* pointer. *2* chisel.
puntiagudo, da *a.* sharp-pointed.
puntilla *f.* point lace. *2* tracing point. *3* BULLF. short dagger. *4* ***de puntillas,*** softly, on tiptoe.
puntillo *m.* punctilio. *2* MUS. dot.
puntilloso, sa *a.* punctilious.
punto *m.* point; dot; period. stop: ***~ final,*** full stop: ***~ y coma,*** semicolon; ***dos puntos,*** colon. *2* gun sight. *3* SEW. stitch. *4* knitwork: ***géneros de ~,*** hosiery. *5* place, spot, point: ***~ de partida,*** starting-point; ***~ de vista***, point of view. *6* moment: ***al ~,*** inmediately. *7* ***~ por ~,*** in detail; ***hasta cierto ~,*** to a certain extent. *8* ***~ cardinal***, cardinal point of the compass. *9* ***en su ~***, just right, perfect; ***a ~,*** ready; ***a ~ de***, on the point of; ***en ~,*** exactly, sharp.
puntuación *f.* punctuation.
puntual *a.* punctual; exact. *2* certain. *3* suitable. *4* **-mente** *adv.* punctually; exactly.
puntualidad *f.* punctuality.
puntualizar *t.* to tell in detail. *2* to finish, perfect.
puntuar *t.* GRAM. to punctuate.
punzada *f.* prick, puncture, sting. *2* sharp pain.
punzante *a.* prickling, sharp.
punzar *t.* to prick, pierce. *2* to punch. *3* to give pain.
punzón *m.* punch; awl, pick.
puñado *m.* handful.
puñal *m.* poniard, dagger.
puñalada *f.* stab: ***coser a puñaladas,*** to stab to death.
puñetazo *m.* punch, blow with the fist.
puño *m.* fist. *2* handful. *3* cuff. *4* hilt [of asword, etc.]. *5* handle [of an umbrella].
pupila *f.* ANAT. pupil.
pupilaje *m.* wardship. *2* boarding-house.
pupilo *m.* pupil, ward. *2* boarder.
pupitre *m.* [writing] desk.
puré *m.* purée, thick soup: ***~ de patatas,*** mashed potatoes.
pureza *f.* purity. *2* virginity.
purga *f.* MED. purge, purgative.
purgar *t.* MED. to purge. *2* to cleanse. *3* to expiate. *4 ref.* to take a purge.
purgatorio *m.* purgatory.
purificar *t.* to purify, cleanse.
puritano, na *a.-n.* puritan.
puro, ra *a.* pure, sheer; chaste: ***de ~ raza,*** thoroughbred. *2 m.* cigar.
púrpura *f.* purple; purple cloth.
purpúreo, rea *a.* purple.
pus *m.* pus.
pusilánime *a.* faint-hearted.
puta *f.* whore, prostitute.
putativo, va *a.* presumed, reputed: ***padre ~,*** foster father.
putrefacción *f.* putrefaction, decay, rotting.
putrefacto, ta; pútrido, da *a.* putrid, rotten, decayed.
puya *f.* goad.
puyazo *m.* jab with a goad.

Q

que *rel. pron.* that; wich; who; whom; ***el ~,*** who; which; the one who; the one which. *2 conj.* that; to [accusative-infinitive]. *3* than [in comparative sentences]. *4* and [expletive]. *5* let, may, I wish [in command or desiderative sentences]. *6* ***con tal ~,*** provided [that]. *7* for, because, since.

qué *exclam. pron.* how, what [a]: ***¡~ bonito!,*** how beautiful! *2 interr. pron.* what?, which? *3* how much. *4* ***¿a [para] ~?,*** what for?; ***¿por ~?,*** why?; ***no hay de ~,*** don't mention it!

quebrada *f.* gorge, ravine.

quebradero *m.* ***~ de cabeza,*** worry, concern.

quebradizo, za *a.* brittle, fragile.

quebrado, da *a.* broken. *2* bankrupt. *3* rough or rugged [ground]. *4 m.* bankrupt. *5* MATH. fraction.

quebrantar *t.* to break. *2* to pound, crash. *3* to transgress [a law]. *4* to weaken. *5* to vex.

quebranto *m.* breaking. *2* loss. *3* grief, pain. *4* pity.

quebrar *t.* to break, crush; to interrupt. *2* to wither [complexion]. *3* to bend [the body]. *4 i.* to go bankrupt. *5* ***quebrarse uno la cabeza,*** to rack one's brains. ¶ CONJUG. like ***acertar.***

queda *f.* curfew.

quedar *i.-ref.* to remain, stay, be left: ***~ atónito,*** to be astonished; ***nos quedan diez pesetas,*** we have ten pesetas left. *2* ***~ en,*** to agree; ***~ bien*** o ***mal,*** to acquit oneself well or badly; ***quedarse con,*** to take.

quedo, da *a.* quiet, soft, low [voice].

quehacer *m.* job, task, duties.

queja *f.* complaint, moan, groan.

quejarse *ref.* to complain, moan, grumble.

quejido *m.* complaint, moan.

quejoso, sa *a.* complaining, plaintive.

quema *f.* burning; fire.

quemadura *f.* burn, scald.

quemar *t.* to burn; scald; scorch. *2 i.* to burn [be too hot]. *3 ref.* to burn, get burnt. *4* to become angry. *5* [of plants] to be scorched, nipped.

quemazón *f.* burning. *2* itching. *3* great heat.

querella *f.* complaint. *2* quarrel, controversy.

querellarse *ref.* to bewail. *2* LAW to complain, bring suit.

1) **querer** *m.* love, affection.

2) **querer** *t.* to love [be in love with]. *2* to want, will, wish, desire. *3* ***~ decir,*** to mean. *4* ***no quiso hacerlo,*** he refused to do it; ***sin ~,*** unintentionally. *5* impers. ***parece que quiere llover,*** it looks like rain. ¶ CONJUG. INDIC. Pres.: ***quiero, quieres, quiere;*** queremos, queréis, ***quieren.*** | Pret.: ***quise, quisiste, quiso,*** etc. | Fut.: ***querré, querrás,*** etc. ‖ SUBJ. Pres.: ***quiera, quieras, quiera;*** queramos, queráis, ***quieran.*** | Imperf.: ***quisiera, quisieras,*** etc., or ***quisiese, quisieses,*** etc. | Fut.: ***quisiere, quisieres,*** etc. ‖ IMPER.: ***quiere, quiera; queramos, quered, quieran.***

querido, da *a.* dear, beloved. *2 m.-f.* lover; paramour. *3 f.* mistress.

querubín *m.* cherub.

queso *m.* cheese: ***~ de bola,*** Dutch cheese.

quevedos *m. pl.* pince-nez.

quicio *m.* hinge [of a door]: ***sacar a uno de ~,*** to exasperate someone.

quiebra *f.* break, crack; fissure. *2* ravine. *3* loss. *4* COM. failure, bankrupcy.

quien *(interrog. & exclam.* **quién**), pl. **quienes** pron. who, whom.

quienquiera, pl. **quienesquiera** *pron.* whoever, whomever, whosoever, whomsoever.

quietamente *adv.* quietly, calmly.

quieto, ta *a.* quiet, still, motionless; calm.
quietud *f.* calmness, stillness, quiet, rest.
quijada *f.* jaw, jawbone.
quijote *m.* Quixote, quixotic person.
quilate *m.* carat, karat.
quilo *m.* KILO.
quilla *f.* keel.
quimera *f.* chimera. *2* quarrel. *3* wild fancy.
quimérico, ca *a.* unreal, fantastic.
química *f.* chemistry.
químico, ca *a.* chemical. *2 m.-f.* chemist.
quina, quinina *f.* quinine.
quincalla *f.* hardware, ironmongery.
quince *a.-n.* fifteen. *2* fifteenth.
quincena *f.* fortnight.
quinientos, as *a.-n.* five hundred.
quinina *f.* quinine.
quinqué *m.* oil lamp.
quinta *f.* country-house, villa *2* MIL. draft, recruitment, call-up.
quinto, ta *a.* fifth. *2 m.* conscript, recruit.
quiosco *m.* kiosk, pavilion. *2* news-stand. *3* bandstand.
quiquiriquí *m.* cook-a-doodle-do.
quirúrgico, ca *a.* surgical.
quisquilloso, sa *a.* peevish, touchy.
quisto, ta *a.* ***bien ~,*** well-liked; welcome; ***mal ~,*** disliked; unwelcome.
quitamanchas *m.* dry-cleaner, stain remover.
quitanieves *m.* snow-plough.
quitar *t.* to remove, take [away, of, from, out], rub off. *2* to eliminate. *3* to steal, rob of, deprive of. *4* to clear [the table]. *5 ref.* to move away: ***quítate de aquí,*** get out of here! *6* to take off [one's clothes, etc.]. *7* ***quitarse de encima,*** to get rid of.
quitasol *m.* parasol, sunshade.
quite *m.* hindrance. *2* parry [in fencing]. *3* removal [of a bull, when a fighter is in danger]. *4* dodge.
quizá, quizás *adv.* perhaps, maybe.

R

rabadán *m.* head shepherd.
rabadilla *f.* rum, croup(e).
rábano *m.* radish.
rabí *m.* rabbi, rabbin.
rabia *f.* MED. rabies. *2* rage, fury: ***tener ~ a uno,*** to hate someone.
rabiar *i.* MED. to have rabies. *2* to rage, be furious. *3* ***~ por,*** to be dying for.
rabieta *f.* fit of temper, tantrum.
rabiosamente *adv.* furiously.
rabioso, sa *a.* rabid; mad. *2* furious, enraged, angry.
rabo *m.* tail; end: ***con el ~ entre piernas,*** discomfited, crestfallen; ***de cabo a ~,*** from beginning to end.
racial *a.* racial, race.
racimo *m.* bunch, cluster.
raciocinar *i.* to reason; argue.
raciocinio *m.* reasoning; argument.
ración *f.* ration. *2* portion [of food]. *3* allowance for food.
racional *a.* rational. *2* reasonable.
racionamiento *m.* rationing; *cartilla de ~,* ration card or book.
racionar *t.* to ration.
racha *f.* gust [of wind]. *2* streak of [good or bad] luck.
rada *f.* bay, roadstead.
radiación *f.* radiation. *2* broadcasting.
radiador *m.* radiator.
radial *a.* radial.
radiante *a.* radiant; beaming.
radiar *t.-i.* to radiate. *2* to radio, broadcast.
radical *a.* radical. *2 m.* root.
radicar *i.-ref.* to take root. *2 i.* to be, lie.
radio *m.* GEOM., ANAT. radius. *2* CHEM. radium. *3* spoke [of wheel]. *4* scope. *5* coll, radiogram. *6 f.* coll, radio, broadcasting. *7* coll. radio, wireless set.
radiodifusión *f.* broadcast(ing.
radiografía *f.* radiography, X-ray photograph.
radiograma *m.* radiogram, radio message, wireless telegram.
radioyente *m.-f.* radio listener.
raedera *f.* scraper.
raer *t.* to scrape [a surface]. *2* to scrape off. *3* to wear out [clothes]. ¶ CONJUG. like ***caer.***
ráfaga *f.* gust [of wind]. *2* burst [of machine-gun fire]. *3* flash [of light].
raído, da *a.* threadbare, worn.
raigambre *f.* deep rootedness.
rail *m.* RLY, rail.
raíz *f.* root [of a plant, etc.]: ***echar raíces,*** to take root: ***a ~,*** on the occasion of; ***de ~,*** entirely.
raja *f.* split, rent, crack. *2* slice [of melon, etc.].
rajar *t.* to split, rend. *2* to slice [a melon, etc.]. *3 i.* coll. to brag. *4 ref.* to split, crack. *5* to give up.
rajatabla (a) *adv.* at any cost.
ralea *f.* kind, sort. *2* race, breed.
ralo, la *a.* thin, sparse.
rallar *t.* to grate.
rama *f.* branch, bough. *2* ***en ~,*** raw; ***andarse por las ramas,*** to beat about the bush.
ramaje m. foliage, branches.
ramal *m.* strand [of rope]. *2* halter. *3* RLY. branch line.
ramera *f.* whore, prostitute.
ramificación *f.* ramification; branching off.
ramificarse *ref.* to ramify; to branch off.
ramillete *m.* bouquet, nosegay. *2* collection. *3* centrepiece.
ramo *m.* bough, branch. *2* bunch, cluster. *3* branch [of science, etc.]; line [of business, etc.].
ramonear *i.* to browse. *2* to trim trees.
rampa *f* cramp. *2* ramp, incline.
ramplón, na *a.* coarse [shoe]. *2* vulgar, uncouth.
ramplonería *f.* coarseness. *2* uncouthness.
rana *f.* ZOOL. frog.

rancio, cia *a.* rank, rancid, stale. *2* aged [wine]. *3* old [lineage].
ranchero *m.* mess cook. *2* rancher.
rancho *m.* MIL. mess. *2* settlement [of people]. *3* hut. *4* (Am.) cattle ranch.
rango *m.* rank, class.
ranura *f.* groove. *2* slot.
rapacidad *f.* rapacity, greed.
rapar *t.* to shave. *2* to crop.
1) **rapaz** *a.* rapacious. *2* ORN. of prey.
2) **rapaz, za** *m.* boy, young boy. *2 f.* girl, young girl.
rápidamente *adv.* rapidly, quickly.
rapidez *f.* rapidity, quickness.
rápido, da *a.* rapid, fast, swift. *2 m.* rapids [in a river].
rapiña *f.* rapine, robbery. *2* ***ave de ~,*** bird of prey.
rapiñar *t.* coll. to steal, plunder.
raposo, sa *m.* fox. *2 f.* vixen.
raptar *t.* to ravish [a woman]. *2* to kidnap [a child].
rapto *m.* ravishment. *2* kidnapping. *3* rapture, ecstasy.
raqueta *f.* SPORTS racket.
raquítico, ca *a.* MED. rachitic, rickety. *2* stunted. *3* feeble, meagre.
raramente *adv.* rarely, seldom.
rareza *f.* rarity, rareness. *2* oddity. *3* curiosity, freak.
raro, ra *a.* rare [gas]. *2* scarce: ***raras veces,*** seldom. *3* odd, queer, strange.
ras *m.* ***a ~ de,*** close to, even with.
rascacielos *m.* skyscraper.
rascadura *f.* scraping, scratching.
rascar *t.* to scrape, scratch.
rasgado, da *p. p.* of RASGAR. *2 a.* wide-open, large [eyes, mouth].
rasgadura *f.* tear, tearing, rent.
rasgar *t.* to tear, rend, rip. *2 ref.* to tear, become torn.
rasgueado, rasgueo *m.* flourish [on the guitar, in writing].
rasguear *t.-i.* to flourish.
rasgo *m.* dash, stroke [of the pen]: ***~ de ingenio,*** stroke of wit. *2* deed, feat. *3* trait, feature. *4 pl.* features [of the face]. *5* ***a grandes rasgos,*** in outline, broadly.
rasguño *m.* scratch.
raso, sa *a.* flat, level, plain: ***al ~,*** in the open air. *2* clear [sky]. *3* ***soldado ~,*** private. *4 m.* satin.
raspa *f.* [fish] bone. *2* beard [of wheat, etc.]. *3* stalk [of grapes].
raspadura *f.* rasping, filing.
raspar *t.* to rasp, scrape, erase.
rastra *f.* trail, track. *2* trace. *3* drag. *4* AGR. rake; harrow. *5* string [of onions]. *6* ***a rastras,*** dragging, unwillingly.
rastrear *t.* to trace, track, scent out. *2* to drag. *3 i.* AGR. to rake. *4* to fly very low.
rastrero, ra *a.* creeping, dragging. *2* flying low. *3* abject, vile.
rastrillar *t.* AGR. to rake.
rastrillo *m.* AGR. rakę.
rastro *m.* AGR. rake. *2* trace, track, scent. *3* vestige. *4* [in Madrid] rag-market.
rastrojo *m.* AGR. stubble.
rata *f.* rat. *2* coll. sneak-thief.
ratería *f.* larceny, pilfering.
ratero, ra *m.-f.* pickpocket, pilferer, sneak-thief.
ratificación *f.* ratification, confirmation.
ratificar *t.* to ratify, confirm.
rato *m.* time, while: ***un buen ~,*** a long time; a pleasant time; ***al poco ~,*** shortly after; ***a ratos perdidos,*** in spare time; ***pasar el ~,*** to kill time.
ratón *m.* mouse. *2 pl.* mice.
ratonera *f.* mouse-trap. *2* mouse-hole.
raudal *m.* stream, torrent, flow.
raudo, da *a.* rapid, rushing, swift.
raya *f.* ICHTH. ray, skate. *2* line. *3* score, scratch. *4* stripe, streak: ***a rayas,*** striped. *5* crease [in trousers]. *6* parting [in the hair]. *7* ***pasar de ~,*** to go too far; ***tener a ~,*** to keep within bounds.
rayado, da *a.* striped, lined, streaky. *2* ruled [paper].
rayar *t.* to draw lines on, line, rule. *2* to scratch [a surface]. *3* tu stripe. *4* to cross out. *5* to underline. *6 i.* ***~ con*** or ***en,*** to border on, verge on.
rayo *m.* ray, beam [of light, etc.]: ***~ de sol,*** sunbeam. *2* lightning, stroke of lightning. *3* spoke [of a wheel]. *4* ***rayos X,*** X-rays.
raza *f.* race, breed, lineage: ***de pura ~,*** thoroughbred.
razón *f.* reason. *2* words, speech. *3* right, justice: ***dar la ~,*** to agree with; ***tener ~,*** to be right; ***no tener ~,*** to be mistaken or wrong. *4* regard, respect: ***en ~ a,*** with regard to. *5* information, account: ***dar ~ de,*** to give an account of. *6* rate: ***a ~ de,*** at the rate of. *7* MATH. ratio. *8* COM. ***~ social,*** trade name, firm.
razonable *a.* reasonable, sensible. *2* fair, moderate. *3* **-mente** *adv.* reasonably.
razonar *i.* to reason, argue. *2* to talk, discourse.
reacción *f.* reaction: ***avión a ~,*** jet [plane].
reaccionar *i.* to react.
reaccionario, ria *a.* reactionary.
reacio, cia *a.* reluctant, unwilling.
reactor *m.* ELEC., PHYS. reactor. *2* jet [plane].

reafirmar *tr.* to reaffirm, reassert.
reajuste *m.* readjustement.
real *a.* real, actual. *2* royal. *3* grand, magnificent. *4 m.* real [Spanish coin].
realce *m.* relief, raised work. *2* prestige, splendour; ***dar ~,*** to enhance, emphasize.
realeza *f.* royalty, kingship.
realidad *f.* reality, fact. *2* sincerity. *3* ***en ~,*** really, in fact.
realismo *m.* realism. *2* royalism.
realista *a.* realistic. *2* royalistic. *3 m.-f.* realist. *4* royalist.
realizable *a.* feasible, practicable.
realización *f.* achievement, fulfilment.
realizar *t.* to accomplish, carry out, do, fulfill. *2 ref.* to be accomplished, etc.
realmente *adv.* really, actually.
realzar *t.* to raise. *2* emboss. *3* to heighten, enhance.
reanimar *t.* to revive, restore, cheer up, encourage.
reanudar *t.* to renew, resume. *2 ref.* to be renewed or resumed.
reaparecer *i.* to reappear.
reaparición *f.* reappearance.
rearme *m.* rearmament, rearming.
reasumir *t.* to reassume, resume, take up again.
reata *f.* string of horses. *2* rope.
rebaja *f.* abatement, reduction. *2* COM. rebate, discount.
rebajar *t.* to reduce, rebate, discount. *2* to disparage, humiliate. *3 ref.* to humble oneself: ***rebajarse a,*** to stoop to.
rebanada *f.* slice [esp. of bread].
rebaño *m.* herd, flock, drove.
rebasar *t.* to exceed, go beyond.
rebatiña *f.* ***andar a la ~,*** to scramble for.
rebatir *t.* to refute. *2* to repel.
rebato *m.* MIL. sudden attack. *2* ***tocar a ~,*** to call to arms.
rebelarse *ref.* to rebel, revolt.
rebelde *a.* rebellious, stubborn. *2 m.-f.* rebel, insurgent.
rebeldía *f.* sedition, rebelliousness; defiance [of law].
rebelión *f.* rebellion, revolt.
reborde *m.* flange, rim.
rebosante *a.* overflowing, brimming over.
rebosar *i.-ref.* to overflow, run over. *2 i.* to abound.
rebotar *i.* to bounce; to rebound. *2* to drive back. *3* to vex.
rebote *m.* bound, bounce: ***de ~,*** indirectly.
rebozar *t.* COOK. to coat with batter, etc. *2* to muffle up. *3 ref.* to muffle oneself up.
rebozo *m.* muffler. *2* pretext: ***sin ~,*** frankly, openly.
rebusca *f.* careful research.
rebuscado, da *a.* affected, far-fetched.
rebuscar *i.-t.* to search carefully for; glean. *3* coll. to dig up.
rebuznar *i.* to bray.
rebuzno *m.* bray(ing.
recabar *t.* to attain, achieve by supplication.
recadero, ra *m.-f.* messenger.
recado *m.* message, errand. *2* present, gift. *3* greeting. *4* outfit: ***~ para escribir,*** writing materials.
recaer *i.* to fall back, relapse; to devolve upon. ¶ CONJUG. like ***caer.***
recaida *f.* relapse.
recalar *t.* to soak, saturate. *2 i.* NAUT. to reach, sight land.
recalcar *f.* to repeat, emphasize, stress. *2* to press down.
recalcitrante *a.* recalcitrant; stubborn.
recalentar *t.* to reheat, warm up. *2* to overheat. ¶ CONJUG. like ***acertar.***
recámara *f.* dressing;-room. *2* breech [of a gun]. *3* caution.
recambio *m.* re-exchange: ***piezas de ~,*** spare parts.
recapacitar *t.* to think over, meditate upon.
recapitulación *f.* recapitulation.
recapitular *t.* to recapitulate, summarize.
recargado, da *a.* overloaded. *2* overelaborate, exaggerated.
recargar *t.* to recharge, overload, overcharge. *2* to increase.
recargo *m.* recharge, new load. *2* surtax.
recatadamente *adv.* modestly.
recatado, da *a.* cautious, circumspect. *2* modest, chaste.
recatar *t.* to hide, conceal. *2 ref.* to be cautious.
recato m. caution, reserve. *2* modesty, decency.
recaudador, *m.* tax-collector.
recaudar *t.* to collect [taxes, etc.].
recelar *t.-ref.* to fear, suspect.
recelo *m.* fear, suspición.
receloso, sa *a.* distrustful, suspicious.
recentísimo, ma *a.* very recent.
recepción *f.* reception, admission.
receptáculo *m.* receptacle.
receptor, ra *a.* receiving. *2 m.-f.* receiver.
receso *m.* recess.
receta *f.* MED. prescription. *2* recipe [of a cake, etc.].
recetar *t.* MED. to prescribe.
reciamente *adv.* strongly.
recibidor *m.* vestibule, hall.

recibimiento *m.* reception; welcome. *2* vestibule, hall.
recibir *t.* receive. *2* to admit, let in. *3* to meet; to welcome.
recibo *m.* reception, receipt: ***acusar ~ de,*** to acknowledge receipt of.
recién *adv.* recently, lately, newly: ***~ nacido,*** new-born; ***~ llegado,*** newcomer; ***~ casados,*** newly married.
reciente *a.* recent, fresh, late, new. *2* **-mente** *adv.* recently, lately, newly.
recinto *m.* area, enclosure, precinct.
recio, cia *a.* strong, robust. *2* thick, stout, bulky. *3* hard: ***hablar ~,*** to speak loudly.
recipiente *a.* recipient. *2 m.* vessel, container.
recíproco, ca *a.* reciprocal, mutual.
recital *m.* recital.
recitar *t.* to recite; to deliver [a speech].
reclamación *f.* claim, demand. *2* complaint, protest.
reclamar *t.* to claim, demand. *2* to complain, protest [against].
reclamo *m.* decoy bird. *2* bird call. *3* enticement. *4* advertisement.
reclinar *t.-ref.* to recline, lean [back].
recluir *t.* to shut up, enclose, seclude. ¶ CONJUG. like ***huir.***
reclusión *f.* confinement, imprisonment, seclusion.
recluso, sa *a.* shut up, imprisoned. *2 m.-f.* recluse.
recluta *f.* levy, recruitment. *2 m.* recruit.
reclutamiento *m.* levy, recruitment, conscription.
reclutar *t.* to recruit, conscript.
recobrar *t.* to recover, regain, retrieve. *2 ref.* to get better, recover.
recodo *m.* turn, bend, corner.
recoger *t.* to gather, collect, pick up, retake. *2* to take in [a garment]. *3* to take away, put away. *4* to fetch, get. *5* to accumulate. *6* to receive, give shelter to. *7 ref.* to retire [to bed; from wordly affairs], go home; to withdraw from circulation.
recogido, da *a.* retired, secluded. *2 m.-f.* inmate [of an asylum, etc.]. *3 f.* harvesting.
recogimiento *m.* gathering. *2* seclusion. *3* ECCL. retreat.
recolección *f.* summary. *2* harvest, crop. *3* collection [of taxes, etc.].
recolectar *t.* to harvest, gather.
recomendable *a.* commendable.
recomendación *f.* recommendation; advice; ***carta de ~,*** letter of introduction.
recomendar *t.* to recommend. *2* to request, enjoin. ¶ CONJUG. like ***acertar.***
recompensa *f.* recompense, reward; compensation.
recompensar *t.* to recompense, reward; to compensate.
recomponer *t.* to recompose. *2* to repair, mend.
reconcentrar *t.* to concentrate. *2* to keep secret [one's hate]. *3 ref.* to become absorbed in thought.
reconciliar *t.* to reconcile. *2 ref.* to become reconciled.
reconcomio *m.* scratching one's back. *2* suspicion.
recóndito, ta *a.* recondite, secret.
reconfortar *t.* to comfort, encourage.
reconocer *t.* to inspect, examine. *2* MIL. to reconnoitre. *3* to recognize, admit, confess, acknowledge. *4 ref.* to avow or own oneself. *5* to be apparent. ¶ CONJUG. like ***agradecer.***
reconocimiento *m.* inspection, examination. *2* MIL. reconnaisance. *3* survey. *4* acknowledgement. *5* gratitude. *6* MED. check-up.
reconquista *f.* reconquest.
reconquistar *t.* to reconquer.
reconstrucción *f.* reconstruction.
reconstruir *t.* to rebuild, reconstruct.
reconvención *f.* charge, reproach.
reconvenir *t.* to charge, reproach.
recopilación *f.* summary, abridgement. *2* compilation, collection.
recopilar *t.* to compile, collect.
récord *m.* record.
recordar *t.* to remember, recollect. *2* to remind: ***~ algo a uno,*** to remind someone of something. ¶ CONJUG. like ***contar.***
recorrer *t.* to go over, travel, walk. *2* to read over, look over. *3* to mend, repair.
recorrido *m.* journey, run, course.
recortar *t.* to cut away or off, clip, pare off, trim. *2* to cut out [figures]. *3* to outline.
recorte *m.* cutting(s, timming(s.
recostar *t.* to lean, recline. *2 ref.* to lean back, sit back, lie down. ¶ CONJUG. like ***contar.***
recoveco *m.* bend, twist. *2 pl.* devices.
recrear *t.* to amuse, entertain. *2* to please, delight. *3 ref.* to amuse oneself, take delight.
recreativo, va *a.* amusing, entertaining.
recreo *m.* amusement; break [at school]. *2* playground, play-field [at school].
recriminar *t.-ref.* to recriminate.
rectamente *adv.* directly, straightly. *2* honestly, rightly.
rectangular *a.* rectangular, right-angled.
rectángulo *m.* rectangle.

rectificar *t.* to rectify, amend, straighten. *2* to refine [liquors].
rectitud *f.* uprightness, righteousness. *2* straightness.
recto, ta *a.* straight; right [angle]. *2* just, honest. *3* literal [sense]. *4 f.* straight line.
rector, ra *a.* ruling, governing. *2 m.* principal, head; vice-chancellor [of a University]. *3* ECCL. parish priest, rector, vicar.
recua *f.* drove [of pack-mules]. *2* string [of people or things].
recuerdo *m.* remembrance, memory. *2* keepsake, souvenir. *3 pl.* compliments, regards.
recular *i.* to recoil, fall back.
recuperable *f.* recoverable.
recuperación *f.* recovery, regain.
recuperar *t.* to recover, retrieve. *2 ref.* to recover oneself.
recurrir *i.* to appeal, resort, have recourse [to], fall back [on].
recurso *m.* recourse, resort. *2* resource. *3* LAW appeal. *4 pl.* resources, means.
recusar *t.* to refuse, reject. *2* LAW to challenge, recuse.
rechazar *t.* to repel, drive back. *2* to reject; to rebuff.
rechazo *m.* rebound, recoil: ***de ~,*** as a result.
rechifla *f.* hissing [in derision].
rechinar *i.* [of a door, etc.] to squeak, creak, grate. *2* [of teeth] to gnash.
rechoncho, cha *a.* chubby, thickset.
red *f.* net. *2* netting. *3* network [of railways, etc.]. *4* snare, trap.
redacción *f.* wording. *2* editing. *3* editorial office. *4* editorial staff: ***jefe de ~,*** chief editor.
redactar *t.* to draw up, compose, write.
redactor, ra *m.-f.* writer. *2* editor, journalist.
redada *f.* cast [of a net]. *2* catch, bag [of fishing; criminals].
redención *f.* redemption. *2* ransom.
redentor, ra *a.* redeeming. *2 m.-f.* redeemer.
redicho, cha *a.* affected [speech].
redil *m.* sheep-fold, sheep-cot.
redimir *t.* to redeem. *2* to ransom.
rédito *m.* interest, revenue.
redoblar *t.* to double. *2* to clinch [a nail]; to repeat. *3 i.* to roll on the drum.
redoble *m.* doubling. *2* roll on the drum.
redoma *f.* phial, flask, vial.
redomado, da *a.* artful, sly.
redonda *f.* neighbourhood. *2* MUS. whole note. *3* ***a la ~,*** around, round about.
redondeado, da *a.* round, rounded.
redondear *t.* to round, make round. *2* to round off or out [complete]. *3 ref.* to become round. *4* to acquire a fortune.
redondel *m.* circle. *2* bullring.
redondilla *f.* eight-syllabe quatrain with rhyme a b b a.
redondo, da *a.* round: circular. *2* whole, entire. *3* clear, evident. *4* even [numbers]. *5* ***en ~,*** round about.
reducción *f.* reduction, decrease. *2* suppression [of a riot]. *3* MED. setting [of bones].
reducido, da *a.* limited, reduced, small.
reducir *t.* to reduce, diminish. *2* to convert [into]. *3* to subdue, suppress. *4* MED. to reset [bones]. *5 ref.* to economize.
reducto *m.* redoubt.
redundancia *f.* redundance, superfluity.
redundante *a.* redundant.
redundar *i.* to overflow. *2* ***~ en,*** to result in, lead to.
reduplicar *t.* to redouble, reduplicate.
reedificar *t.* ro rebuild.
reelegir *t.* to. re-elect.
reembolsar *t.* to reimburse, refund.
reembolso *m.* reimbursement, refunding: ***contra ~,*** cash on delivery.
reemplazar *t.* to replace. *2* to supersede.
reemplazo *m.* replacement, substitution. *2* MIL. annual enrollment.
refacción *f.* refreshment, collation.
refajo *m.* underskirt, petticoat.
referencia *f.* account. *2* reference. *3 pl.* references, information.
referente *a.* concerning to.
referir *t.* to relate, tell; to report. *2* ref. ***~ a,*** to refer to, allude. ¶ CONJUG. like ***hervir.***
refilón (de) *adv.* askance.
refinado, da *a.* refined; artful.
refinamiento *m.* refinement. *2* neatness. *3* refined cruelty.
refinar *t.* to refine; to polish.
refinería *f.* refinery.
reflector *m.* reflector. *2* searchlight. *3* floddight.
reflejar *t.* to reflect. *2* to show, reveal. *3 ref.* to be reflected.
reflejo, ja *a.* reflected. *2* GRAM. reflexive. *3 m.* PHYSIOL. reflex. *4* reflection [of light, etc.].
reflexión *f.* reflexion. *2* meditation.
reflexionar *t.-i.* to think over, consider.
reflexivo, va *a.* reflexive. *2* reflective.
refluir *i.* to flow back. ¶ CONJUG. like ***huir.***
reflujo *m.* ebb-tide.
reforma *f.* reform. *2* improvement. *3* ECCL. Reformation.

reformar *t.-ref.* to reform. *2* t. to mend, improve.
reformatorio *m.* reformatory.
reforzar *t.* to reinforce, strengthen. ¶ CONJUG. like ***contar.***
refracción *f.* refraction.
refractar *t.* to refract. *2 ref.* to be refracted.
refractario, ria *a.* refractory, rebellious.
refrán *m.* proverb, saying, saw.
refregar *t.* to rub hard, scrub. *2* to upbraid. ¶ CONJUG. like ***acertar.***
refregón *m.* rubbing, friction.
refrenar *t.* to curb, restrain.
refrendar *t.* to countersign, endorse; to vise.
refrescante *a.* cooling; refreshing.
refrescar *t.* to cool, refresh. *2* to renew, brush up. *3 i.* [of the weather] to get cool. *4 i.-ref.* to become cooler. *5* to take air or a drink. *6* to cool down.
refresco *m.* refreshment. *2* cooling drink. *3* ***de ~,*** new, fresh [troops, etc.].
refriega *f.* affray, skirmish.
refrigeración *f.* refrigeration. *2* cooling.
refrigerador *m.* refrigerator.
refrigerar *t.* to cool, refrigerate. *2* to refresh, reinvigorate.
refrigerio *m.* relief. *2* refreshment [light meal].
refuerzo *m.* reinforcement, strengthening.
refugiado, da *m.-f.* refugee.
refugiar *t.* to shelter. *2 ref.* to take refuge.
refugio *m.* shelter, refuge.
refulgente *a.* shining.
refulgir *i.* to shine.
refundición *f.* recasting; adaptation [of a play, etc.].
refundir *t.* to recast; to adapt [a play, etc.].
refunfuñar *i.* to grumble, growl, mumble.
refutación *f.* refutation, disproof.
refutar *t.* to refute, disprove.
regadera *f.* watering-can.
regadío, día *a.* irrigated. *2 m.* irrigated land.
regalado, da *a.* dainty; comfortable.
regalar *t.* to present, give; to entertain. *2* to caress, flatter. *3* to delight. *4 ref.* to treat oneself well.
regalo *m.* gift, present. *2* comfort, luxury.
regañadientes (a) *adv.* reluctantly, grumblingly.
regañar *i.* to snarl, grumble. *2* to quarrel. *3 t.* to scold, chide.
regaño *m.* scolding, rebuke.
regañón, na *a.* grumbling. *2* scolding. *3 m.-f.* grumbler. *4* scolder.
regar *t.* to water, sprinkle; to irrigate. ¶ CONJUG. like *acertar.*
regata *f.* boat race.
regate *m.* dodge; dribbling [football].
regatear *t.* to bargain. *2* to dribble [in football].
regazo *m.* lap.
regencia *f.* regency; regentship.
regeneración *f.* regeneration. *2* feedback.
regentar *t.* to govern, manage.
regente *a.* ruling, governing. *2 m.-f.* regent.
regidor, ra *a.* ruling, governing. *2 m.* alderman, town councillor.
régimen, *pl.* **regímenes** *m.* regime, system of government. *2* diet, regimen.
regimiento *m.* MIL. regiment.
regio, gia *a.* royal; magnificent.
región *f.* region; area.
regional *a.* regional; local.
regir *t.* to govern, rule. *2* to manage, direct. *3 i.* [law] to be in force; [custom] to prevail. ¶ CONJUG. like ***servir.***
registrar *t.* to search, examine, inspect. *2* to register, record, enter.
registro *m.* search, inspection. *2* register. *3* registry, register office [of births, etc.]. *4* bookmark.
regla *f.* rule, norm, precept: ***en ~,*** in [due] order; ***por ~ general,*** as a rule. *2* ruler [for drawing lines]. *3* measure, moderation.
reglamentar *t.* to regulate, establish rules for, set in order.
reglamentario, ria *a.* statutory, prescribed.
reglamento *m.* regulations, standing rules, by-law.
regocijar *t.* to rejoice, gladden. *2 ref.* to rejoice, be glad.
regocijo *m.* rejoicing, joy, gladness. *2* merriment. *3 pl.* festivities.
regodearse *ref.* to take delight in, rejoice. *2* coll. to joke, jest.
regolfar *i.-ref.* to flow back, eddy.
regordete, ta *a.* plump, chubby.
regresar *i.* to return, come back, go back.
regreso *m.* return: ***estar de ~,*** to be back.
reguero *m.* trickle. *2* ***~ de pólvora,*** train of powder.
regulador, ra *a.* regulating. *2 m.* regulator. *3* MACH. throttle.
1) **regular** *a.* regular. *2* suitable, satisfactory. *3* passable, midding; so-so; fair, fairly good.
2) **regular** *t.* to regulate; to put in order.
regularidad *f.* regularity.
regularizar *t.* to regularize.
rehabilitación *f.* rehabilitation.

rehabilitar *t.* to rehabilitate, restore.
rehacer *t.* to do again, remake. *2* to repair, mend. *3 ref.* to regain strenght. ¶ CONJUG. like ***hacer***.
rehén, *pl.* **rehenes** *m.* hostage.
rehuir *t.* to avoid, flee, shun. *2* to refuse, decline.
rehusar *t.* to refuse, decline.
reimprimir *t.* to reprint.
reina *f.* queen.
reinado *m.* reign.
reinar *i.* to reign. *2* to rule, prevail.
reino *m.* kingdom, reign.
reintegrar *t.* to restore, refund, repay. *2 ref.* to recover, get back.
reír *i.-ref.* to laugh: ***reírse de***, to laugh at. ¶ CONJUG. INDIC. Pres.: ***río, ríes, ríe;*** reímos, reís, ***ríen***. | Pret.: reí, reíste, ***rió;*** reímos, reísteis, ***rieron***. || SUBJ. Pres.: ***ría, rías***, etc. | Imperf.: ***riera, rieras***, etc., or ***riese, rieses***, etc. | Fut.: ***riere, rieres***, etc. || IMPER.: ***ríe, ría; riamos***, reíd, ***rían***. || GER.: ***riendo***.
reiteradamente *adv.* repeatedly.
reiterar *t.* to reiterate, repeat.
reivindicar *t.* to claim back.
reja *f.* grate, grating, grille. *2* AGR. ploughshare.
rejón *m.* pointed iron bar. *2* spear for bullfighting.
rejuvenecer *t.* to rejuvenate. *2 i.-ref.* to become rejuvenated. ¶ CONJUG. like ***agradecer***.
relación *f.* relation, account, narrative. *2* THEAT. speech. *3* reference, bearing. *4* list of particulars. *5 pl.* intercourse; dealings. *6* relations; engagement; courtship. *7* connections, acquaintances, friends.
relacionar *t.* to relate, connect. *2* to tell, recount. *3 ref.* to be acquainted with or connected with.
relajado, da *a.* relaxed. *2* loose, dissolute.
relajamiento *m.* relaxation, loosening. *2* laxity, looseness. *3* slackness. *4* remission. *5* rest.
relajar *t.* to relax, loosen, slacken. *2* amuse, entertain; to mitigate. *3 ref.* to relax, become lax [of habits].
relamer *t.* to lick again. *2 ref.* to lick one's lips.
relamido, da *a.* affected, overdressed.
relámpago *m.* lightning, flash of lightning.
relampaguear *i.* to flash, sparkle. *2 impers.* to lighten.
relatar *t.* to relate, tell, state.
relativo, va *a.-m.* relative.
relato m. story, tale, account.
relegar *t.* to relegate, banish. *2* to postpone; to put aside.
relente *m.* night dew.
relevante *a.* excellent, outstanding, eminent.
relevar *t.* to relieve; to help; to release. *2* to remove [from office, etc.]. *3* to emboss.
relevo *m.* MIL. relief. *2* SPORTS relay.
relicario *m.* reliquary, shrine. *2* locket.
relieve *m.* [high, low] relief. *2* embossment: ***poner de*** ~, to emphasize.
religión *f.* religion, faith, creed.
religioso, sa *a.* religious. *2 m.* religious, monk. *3 f.* nun.
relinchar *i.* to neigh, whinny.
reliquia *f.* relic. *2 pl.* residue, remains.
reloj *m.* clock; watch: ~ ***de pared***, clock: ~ ***de pulsera***, wrist; watch; ~ ***de sol***, sundial; ~ ***despertador***, alarm-clock.
relojería *f.* watchmaker's shop.
relojero *m.* watchmaker.
reluciente *a.* bright, shining, gleaming; glossy.
relucir *i.* to be bright; to shine, glisten, gleam: ***sacar a*** ~, to make evident: to show off.
relumbrante *a.* shining, dazzling.
relumbrar *i.* to shine dazzingly; to glare.
relumbrón *m.* flash. *2* tinsel.
rellano *m.* landing [of stairs].
rellenar *t.* to refill. *2* to fill up, cram. *3* to stuff [a fowl]. *4 ref.* to stuff oneself [with food].
relleno, na *a.* filled up, stuffed. *2 m.* stuffing, padding.
remachar *t.* to clinch, rivet. *2* to reaffirm, repeat.
remache *m.* riveting. *2* rivet.
remanente *m.* remainder, residue.
remanso *m.* backwater, still water.
remar *i.* to row; to paddle.
rematadamente *adv.* completely.
rematado, da *a.* absolute, hopeless: ***loco*** ~, raving madman.
rematar *t.* to end, finish, complete. *2* to finish off, kill. *3* to knock down [at an auction].
remate *m.* end. *2* top, upper end. *3* knock down [at an auction]. *4* finishing touch. *5* ***de*** ~, completely, utterly.
remedar *t.* to imitate. *2* to mimic.
remediar *t.* to remedy. *2* to help, relieve. *3* to prevent, help: ***no lo puedo*** ~, I can't help that.
remedio *m.* remedy, cure. *2* help, relief. *3* ***no hay*** ~, it can't be helped; ***sin*** ~, hopeless.
rememorar *t.* to recall, commemorate.

remendar *t.* to mend, repair. *2* to patch; to darn. *3* to correct, amend. ¶ CONJUG. like ***acertar.***
remendón, na *a.* mending, repairing. *2 m.* patcher; cobbler.
remero, ra *m.-f.* rower, oarsman.
remesa *f.* remittance [of money]. *2* consignment; shipment [of goods].
remiendo *m.* mending, repair. *2* patch, darn. *2* amendment.
remilgado, da *a.* fastidious, finical, affected; too fussy.
remilgo *m.* simper; smirk; primness, affectation of nicety.
reminiscencia *f.* reminiscence, memory.
remirado, da *a.* over-cautious; scrupulous.
remisión *f.* pardon, forgiveness. *2* sending, remitance.
remitente *a.* sending, dispatching. *2 m.-f.* sender, dispatcher.
remitir *t.* to remit, send. *2* to forgive. *3* to adjourn. *4* to refer. *5 i.-ref.* to slacken. *6 ref.* to refer to.
remo *m.* oar, paddle.
remoción *f.* removal. *2* agitation.
remojar *t.* to soak, steep.
remojo *m.* soaking, steeping: ***echar en ~,*** to steep.
remolacha *f.* beet; beetroot. *2* sugar-beet.
remolcador *m.* NAUT. tug, tugboat, towboat.
remolcar *t.* to tug, tow.
remolinar *i.* to whirl, spin. *2 ref.* to crowd together.
remolino *m.* whirlwind, whirlpool, eddy. *2* spiral tuft of hair. *3* throng, crush.
remolón, na *a.* lazy, slack, indolent.
remolque *m.* tow. *2* tow-rope. *3* ***llevar a ~,*** to tow. *4* caravan, trailer.
remontar *t.* to rouse, beat [game]. *2* to repair [boots]. *3* to raise, elevate. *4 ref.* to go back to, date [from]. *5* to soar.
rémora *f.* hindrance, drawback.
remorder *t.* to cause remorse, bite again. ¶ CONJUG. like ***mover.***
remordimiento *m.* remorse, qualm.
remoto, ta *a.* remote, distant. *2* unlikely.
remover *t.* to remove, move. *2* to disturb, upset. *3* to stir. *4 ref.* to be disturbed, agitated.
remozar *t.-ref.* to rejuvenate.
remuneración *f.* remuneration, recompense.
remunerar *t.* to remunerate, reward.
renacer *i.* to be reborn, revive, grow again.
renacimiento *m.* renewal. *2* (cap.) Renaissance.
renacuajo *m.* tadpole.
rencilla *f.* quarrel, grudge.
rencilloso, sa *a.* quarrelsome, touchy.
rencor *m.* rancour, grudge, spite.
rencoroso, sa *a.* rancorous, spiteful.
rendición *f.* surrender.
rendido, da *a.* humble; obsequious. *2* weary, worn out.
rendija *f.* chink, crack, crevice.
rendimiento *m.* submissiveness, humility; obsequiousness. *2* weariness. *3* yield, output.
rendir *t.* to conquer, subdue. *2* to surrender, give up. *3* MIL. to lower [arms, flags]: to throw down [the arms]. *4* to pay [tribute]. *5* to tire out. *6* to yield, produce. *7 ref.* to surrender. *8* to become tired out. ¶ CONJUT. like ***servir.***
renegado, da *a.-n.* renegade, wicked [person], apostate.
renegar *t.* to deny, disown. *2* to detest, abhor. *3 i.* to turn renegade. *4* to curse, swear.
renglón *m.* line [printed]: ***a ~ seguido,*** right after.
reniego *m.* blasphemy, curse.
reno *m.* ZOOL. reindeer.
renombrado, da *a.* renowned, famous.
renombre *m.* surname. *2* renown, fame.
renovación *f.* renewal, renovation.
renovar *t.* to renew; to renovate, change, reform. *2 ref.* to renew. ¶ CONJUG. like ***contar.***
renquear *i.* to limp, hobble.
renta *f.* rent. *2* interest; annuity; stock; profit, income. *3* revenue. *4* public debt.
rentar *t.* to yield, produce [profit, income].
rentista *m.-f.* stockholder; investor, rentier.
renuevo *m.* sprout, shoot. *2* renewal.
renuncia *f.* renouncement, resignation.
renunciar *t.* to renounce, resign, give up. *2* to decline, refuse.
reñido, da *a.* on bad terms, at variance, opposed to.
reñir *i.* to quarrel, wrangle, fight, como to blows. *2 t.* to scold. ¶ CONJUG. like ***reír.***
reo *a.* guilty. *2 m.-f.* offender, culprit; defendant.
reojo (mirar de) *t.* to look askance at.
reorganización *f.* reorganization.
reorganizar *t.* to reorganize.
repanchigarse, repantigarse *ref.* to lounge, stretch oneself out [in a chair].
reparable *a.* reparable. *2* noteworthy.

reparación *f.* repair. *2* reparation, satisfaction.
reparar *t.* to repair, mend. *2* to remedy, correct. *3* to make amends. *4* to notice. *5* to consider. *6* to restore [one's strenght]. *7* to parry [a blow]. *8 i.* to stop.
reparo *m.* repair, restoration, remedy. *2* reparation [of a building]. *3* observation. *4* doubt, difficulty: ***poner reparos,*** to criticize, find fault.
repartición *f.* division, distribution.
repartidor, ra *m.-f.* distributor. *2 m.* delivery man.
repartir *t.* to distribute, allot, share, deliver.
reparto *m.* distribution, allotment. *2* delivery [of goods, mail, etc.]. *3* THEAT. cast.
repasar *t.* to revise, review. *2* to check [accounts, etc.] to go over [one's lesson, etc.]. *3* to scan, glance over. *4* to mend [clothes].
repaso *m.* review, revision. *2* checking [of accounts]; going over [one's lesson]. *3* mending [of clothing, etc.]. *4* overhaul.
repecho *m.* slope, hill: ***a ~,*** uphill.
repelente *a.* repellent, repulsive.
repeler *t.* to repel, reject.
repente *m.* sudden impulse. *2* ***de ~,*** suddenly.
repentino, na *a.* sudden, unexpected.
repentinamente *adv.* suddenly, unexpectedly.
repercusión *f.* repercussion. *2* reverberation.
repercutir *i.* to rebound. *2* [of sound] to echo. *3 ref.* [of light] to reverberate.
repertorio *m.* repertory, index. *2* repertoire.
repetición *f.* repetition.
repetir *t.* to repeat, reiterate. *2* LAW to demand one's rights. ¶ CONJUG. like ***servir.***
repicar *t.* to chop, mince. *2* to peal, chime; to ring [the bells]; to play [castanets, etc.].
repique *m.* peal, chime, ringing [of bells]; lively playing [of castanets]. *2* tiff.
repiqueteo *m.* pealing, chiming, lively ringing [of bells]; lively playing [of castanets].
repisa *f.* bracket, console. *2* ledge, shelf: ***~ de la chimenea,*** mantelpiece; ***~ de la ventana***, window sill.
replegar *t.* to refold. *2 ref.* to retire, fall back [troops].
repleto, ta *a.* full, filled [with].
réplica *f.* answer, sharp reply, retort. *2* F. ARTS copy.
replicar *i.* to answer back, reply, retort.
repliegue *m.* fold, crease. *2* MIL. retirement.
repoblación *f.* repopulation, restocking: ~ ***forestal,*** afforestation.
repoblar *t.* to repopulate; to restock; to reafforest. ¶ CONJUG. like ***contar.***
repollo *m.* drumhead cabbage.
reponer *t.* to put back, replace. *2* THEAT. to revive [a play]. *3* to reply. *4 ref.* to recover.
reportaje *m.* [news] report.
reportar *t.* to bring [advantages, etc.]. *2 ref.* to restrain or control oneself.
reportero, ra *m.-f.* reporter.
reposado, da *a.* calm, quiet.
reposar *i.* to repose, rest; to lie [in the grave]. *2 i.-ref.* to rest. *3* [of liquid] to settle.
reposición *f.* replacement. *2* recovery. *3* revival [of a play].
reposo *m.* rest, repose.
repostería *f.* confectioner's shop. *2* pantry, larder.
repostero *m.* pastry-cook, confectioner.
reprender *t.* reprimand, rebuke, scold.
reprensible *a.* reprehensible blamable.
reprensión *f.* reprimand, scolding.
represa *f.* dam, weir, sluice.
represalia *f.* reprisal, retaliation.
represar *t.* to dam, dike. *2* to halt, stop.
representación *f.* representation. *2* THEAT. performance. *3* importance [man of].
representante *m.-f.* representative.
representar *t.* to represent. *2* THEAT. to act; to perform. *3* to look [age]. *4 ref.* to imagine.
representativo, va *a.* representative. *2* expressive.
represión *f.* repression, supression, check.
represivo, va *a.* repressive.
reprimenda *f.* reprimand, rebuke.
reprimir *t.* to repress, suppress, curb. *2 ref.* to refrain.
reprobar *t.* to reprove, censure. ¶ CONJUG. like ***contar.***
reprochar *t.* to reproach, censure.
reproche *m.* reproach, upbraiding.
reproducción *f.* reproduction.
reproducir *t.-ref.* to reproduce. ¶ CONJUG. like ***conducir.***
reptil *m.* reptile.
república *f.* republic.
republicano, na *a.-n.* republican.
repudiar *t.* to repudiate, reject.
repuesto, ta *irreg. p. p.* of REPONER. *2 a.* replaced, restored. *3* recovered [from

illness, etc.]. *4 m.* store, supply. *6* ***de ~,*** spare, reserve.
repugnancia *f.* repugnance, aversion, disgust.
repugnante *a.* repugnant, disgusting.
repugnar *t.* to repel, disgust, be repugnant to.
repujado *m.* repoussé work.
repulido, da *a.* spruce, smart.
repulsa *f.* rejection, refusal.
repulsión *f.* repulsion, repugnance.
repulsivo, va *a.* repulsive, repellent.
reputación *f.* reputation, renown.
reputar *t.* to repute, consider.
requebrar *t.* to compliment, flatter. *2* to break again. ¶ CONJUG. like ***acertar.***
requemado, da *a.* sunburnt, brown. *2* parched.
requemar *t.* to burn again. *2* to scorch, parch. *3 ref.* to scorch, dry up [of plants].
requerimiento *m.* intimation. *2* requirement; summons.
requerir *t.* to intimate. *2* to require; to request. *3* to need, call for. *4* to examine. *5* to woo, court. ¶ CONJUG. like ***hervir.***
requesón *m.* curd. *2* cottage cheese.
requiebro *m.* compliment, gallantry, endearing expression.
requisa *f.* tour of inspection. *2* requisition.
requistar *t.* to requisition.
requisito *m.* requisite, requirement.
res *f.* head of cattle, beast.
resabido, da *a.* affecting learning.
resabio *m.* unpleasant after-taste. *2* viciousness.
resaca *f.* undertow, surge.
resalado, da *a.* coll. very witty; most charming.
resaltar *i.* to project, jut out. *2* to stand out; to be prominent: ***hacer ~,*** to emphasize.
resarcir *t.* to compensate, indemnify. *2* ref. ***resarcirse de,*** to make up for.
resbaladizo, za *a.* slippery. *2* skiddy.
resbalar *i.-ref.* to slip, slide. *2* to skid.
rescatar *t.* to ransom, rescue.
rescate *m.* ransom, rescue. *2* ransom money.
rescindir *t.* to rescind, annul.
rescoldo *m.* embers, cinder.
resecar *t.* to dry up. *2 ref.* to become too dry.
reseco, ca *a.* very dry, too dry. *2* lean, thin [person].
resentido, da *a.* offended, displeased. *2* resentful; feeling the effects of.
resentimiento *m.* resentment, grudge.
resentirse *ref.* to feel the effects of. *2* to be offended, take offence. ¶ CONJUG. like *hervir.*
reseña *f.* brief account. *2* review [of a book].
reseñar *t.* to give an account of. *2* to review [a book].
reserva *f.* reserve, reservation. *2* MIL. reserve. *3* reticence, secrecy: ***sin ~,*** openly.
reservadamente *adv.* secretly, confidentially.
reservado, da *a.* reserved; discreet. *2 m.* reserved place.
reservar *t.* to reserve. *2* to put aside. *3* to postpone. *4* to exempt. *5* to keep secret. *6 ref.* to spare oneself: ***hacer*** or ***hacerse ~,*** to book [a seat, etc.].
resfriado *m.* cold; chill.
resfriar *t.* to cool, moderate. *2 i.* to turn cold. *3 ref.* to catch [a] cold.
resguardar *t.* to safeguard, protect.
resguardo *m.* guard, protection. *2* COM. voucher, certificate.
residencia *f.* residence; dwelling.
residencial *a.* residential.
residente *a.* resident, residing. *2 m.-f.* resident, inhabitant.
residir *i.* to reside, live. *2* fig. to consist.
residuo *m.* remainder, residue. *2* ARITH. difference. *3 pl.* leavings.
resignación *f.* resignation. *2* renouncement. *3* submission.
resignar *t.* to resign, hand over. *2* to renounce. *3 ref.* to resign oneself.
resina *f.* resin, rosin.
resistencia *f.* resistance. *2* endurance. *3* reluctance; opposition.
resistente *a.* resistant, tough.
resistir *t.* to endure, stand. *2* to resist, overcome. *3 i.* to resist; to stand up to. *4 ref.* to struggle; to refuse to.
resma *f.* ream [of paper].
resol *m.* glare of the sun.
resolución *f.* resolution, decision, courage.
resoluto, ta *a.* resolute, bold.
resolver *t.* to resolve, decide [upon]. *2* to solve [a problem]. *3 ref.* to resolve, make up one's mind. ¶ CONJUG. like ***mover.***
resollar *i.* to snort, puff. *2* to breathe heavily. ¶ CONJUG. like ***contar.***
resonancia *f.* resonance; echo: ***tener ~,*** to make a sensation.
resonante *a.* resonant, resounding.
resonar *t.* to resound; to echo: *2* to ring out. ¶ CONJUG. like ***contar.***
resoplar *i.* to snort, puff, breathe hard.

resoplido *m.* puff, pant, snort.
resorte *m.* spring. *2* elasticity. *3* means, resource.
respaldar *t.* to endorse. *2* to back, support. *3 ref.* to lean back. *4* to get support.
respaldo *m.* back [of seat; of sheet of paper]. *2* endorsement.
respectar *i.* to concern, relate to.
respectivo, va *a.* respective.
respectivamente *adv.* concerning; respectively.
respecto *m.* respect, relation: ***con ~ a***, or ***de***, ***~ a*** or ***de***, with regard to.
respetabilidad *f.* respectability.
respetable *a.* respectable, worthy.
respetar *t.* to respect, revere.
respeto *m.* respect, consideration. *2* reverence. *3 pl.* respects.
respetuoso, sa *a.* respectful. *2* respetable, worthy.
respingar *i.* [of a horse] to kick out, rear, shy. *2* to grumble; to obey reluctantly.
respingo *m.* shy, rear [of horses]. *2* gesture of unwillingness.
respingona *a.* snub [nose].
respirable *a.* breathable, respirable.
respiración *f.* breathing. *2* ventilation.
respiradero *m.* vent, breathing-hole. *2* ARCH. loop-hole.
respirar *i.* to breathe, take breath; to get one's breath.
respiro *m.* breathing. *2* respite.
resplandecer *i.* to shine, glitter, glow. *2* to stand out. ¶ CONJUG. like ***agradecer***.
resplandeciente *a.* bright, shining.
resplandor *m.* splendour, glare, brilliance.
responder *t.* to answer, reply. *2* ~ ***de*** or ***por***, to be responsible for. *3* to answer back.
respondón, na *a.* saucy, pert.
responsabilidad *f.* responsability.
responsable *a.* responsible.
respuesta *f.* answer, reply; response.
resquebra(ja)dura *f.* crack, crevice.
resquebrajar *t.-ref.* to crack, split.
resquemor *m.* pungency. *2* resentment. *3* remorse.
resquicio *m.* chink, gap. *2* opportunity.
resta *f.* substraction. *2* remainder.
restablecer *t.* to re-establish, restore. *2 ref.* to recover, get better.
restallar *i.* to crack [of whip]. *2* to crackle.
restante *a.* remaining. *2 m.* remainder.
restañar *t.* to stanch [blood]. *2* to tin again.
restar *t.* to subtract; to take away. *2 i.* to be left, remain.
restauración *f.* restoration. *2* re-establishment.
restaurante *m.* restaurant.
restaurar *t.* to restore, recover. *2* to repair.
restitución *f.* restitution, return.
restituir *t.* to restore, return, pay back. *2 ref.* to return. ¶ CONJUG. like ***huir***.
resto *m.* remainder, rest. *2 pl.* remains.
restregar *t.* to rub hard, scrub, wipe. ¶ CONJUG. like ***acertar***.
restregón *m.* rubbing, wiping.
restricción *f.* restriction, limitation, restraint.
restrictivo, va *a.* restrictive, limiting.
restringir *t.* to restrict, restraint, limit.
resucitar *t.-i.* to revive, return to life.
resueltamente *adv.* resolutely.
resuelto, ta *a.* resolute, bold. *2* prompt, quick.
resuello *m.* snort, pant, hard breathing.
resulta *f.* result, consequence: ***de resultas de***, as a result of.
resultado *m.* result, effect, outcome.
resultar *i.* to result. *2* to be, prove to be, turn out to be. *3* to come out [well, badly, etc.]. *4* ***resulta que***, it turns out that.
resumen *m.* summary: ***en ~***, in short, to sum up.
resumir *t.* to summarize, sum up. *2 ref.* to be reduced to.
resurgimiento *m.* resurgence, revival.
resurgir *t.* to reappear, revive.
resurrección *f.* resurrection, revival.
retablo *m.* retable, altar-piece, reredos.
retador, ra *a.* challenging. *2 m.-f.* challenger.
retaguardia *f.* MIL. rearguard.
retahíla *f.* string, series.
retal *m.* remnant, cutting [of cloth].
retama *f.* BOT. broom.
retar *t.* to challenge, defy, dare.
retardado, da *a.* retarded.
retardar *t.* to retard, slow down. *2* to delay; to put back [the clock].
retardo *m.* delay, protraction.
retazo *m.* remnant, scrap [of cloth]. *2* portion.
retener *t.* to retain, keep back. *2* to detain, arrest. *3* to remember.
retentiva *f.* memory.
retina *f.* retina.
retintín *m.* tinkling, ring. *2* ironic undertone.
retirada *f.* withdrawal. *2* retirement. *3* MIL. retreat; tattoo.

retirado, da *a.* retired, secluded, remote. *2* retired [officer].
retirar *t.-ref.* to retire, withdraw. *2 t.* to remove, put back or aside. *3* MIL. to retreat. *4 i.* to resemble, take after.
retiro *m.* retirement [of an officer]. *2* withdrawal; retreat [place and devotions]; seclusion.
reto *m.* challenge. *2* dare, defiance. *3* threat.
retocar *t.* to touch up, finish, give the finishing touch to.
retoñar *i.* [of a plant] to sprout, shoot. *2* [of a thing] to reappear, revive.
retoño *m.* sprout, shoot. *2* fig. child.
retoque *m.* finishing touch.
retorcer *t.* to twist, wring. *2* to retort [an argument]. *3* to distort. *4 ref.* to writhe, wriggle. ¶ CONJUG. like ***mover.***
retorcimiento *m.* twisting. *2* contortion. *3* writhing.
retórica *f.* rhetoric. *2 pl.* quibbles.
retórico, ca *a.* rhetorical. *2 m.* rhetorician.
retornar *t.* to return, give back. *2 i.* to come back, go back.
retorno *m.* return. *2* payment. *3* exchange.
retorsión *f.* twisting. *2* writhing.
retorta *f.* retort.
retortijón *m.* twisting. *2* MED. gripes.
retozar *i.* to frisk, frolic, romp. *2* [of emotions] to tickle, bubble.
retozo *m.* gambol, frolic.
retozón, na *a.* frisky, playful.
retractación *f.* retraction, recantation.
retractar *t.* to retract. *2 ref.* to recant.
retraer *t.* to bring back. *2* to dissuade, discourage. *3 ref.* to take refuge. *4* to retire. *5* to retract, draw back.
retraído, da *a.* unsociable, shy.
retraimiento *m.* retirement. *2* shyness.
retrasado, da *a.* [mentally] retarded, backward.
retrasar *t.-ref.* to defer, delay, put off. *2 i.-ref.* to fall behind. *3* [of clock] to be slow. *4* to be late.
retraso *m.* delay; lateness; backwardness: ***con 20 minutos de ~,*** twenty minutes late.
retratar *t.* to portray; to describe. *2* to photograph. *3 ref.* to sit for a portray or photograph.
retrato *m.* portrait. *2* photograph. *3* likeness; description.
retreta *f.* MIL. retreat, tattoo.
retrete *m.* toilet, lavatory, water-closet.
retribución *f.* recompense, reward, pay.
retribuir *t.* to recompense, pay. ¶ CONJUG. like ***huir.***
retroceder *i.* to turn back, fall or go back, draw back, recede.
retroceso *m.* retrogression, backward step. *2* retreat. *3* set-back.
retrógrado, *a.-n.* reactionary, retrograde.
retrospectivo *a.* retrospective.
retrovisor *m.* driving mirror.
retruécano *m.* pun, play on words.
retumbante *a.* resounding, bombastic.
retumbar *i.* to resound, rumble.
reuma *m.* rheumatism.
reumático, ca *a.* rheumatic.
reumatismo *m.* rheumatism.
reunión *f.* reunion. *2* gathering, meeting, party.
reunir *t.* to unite, join together, gather, rally. *2* to raise [funds]. *3 ref.* to meet, gather.
reválida *f.* final examination.
revalidación *f.* confirmation, ratification.
revalidar *t.* to confirm, ratify.
revalorizar *t.* to revalue, reassess.
revancha *f.* revenge.
revelación *f.* revelation. *2* discovery.
revelar *t.* to reveal. *2* PHOT. to develop.
revendedor, ra *m.-f.* huckster, retailer. *2* [ticket] speculator.
reventa *f.* resale. *2* office where tickets are sold with an extra charge.
reventar *i.-ref.* to burst, crack, blow up. *2 i.* [of waves] to break. *3* coll. to die: ***~ de risa,*** to burst out laughing. *4 t.* to burst, crush. *5* to weary, annoy. *6* to overwork. ¶ CONJUG. like ***acertar.***
reventón, na *a.* bursting. *2 m.* burst. *3* AUTO. blow-out.
reverberación *f.* reverberation.
reverberar *i.* to reverberate.
reverdecer *i.* to grow green again. *2* to revive.
reverencia *f.* reverence. *2* bow, curtsy.
reverenciar *t.* to revere, venerate.
reverendo, da *a.* reverend.
reverente *a.* reverent.
reverso *m.* back side. *2* reverse [of coins, etc.].
revertir *i.* revert. ¶ CONJUG. like ***hervir.***
revés *m.* back, wrong-side, reverse. *2* slap [with the back of the hand]. *3* misfortune, set-back. *4* ***al ~,*** on the contrary; wrong side out.
revestimiento *m.* revetment, facing.
revestir *t.* to clothe, cover. *2* to invest [with dignity]; ***revestirse de paciencia,*** to arm oneself with patience.
revisar *t.* to revise, review, check.
revisión *f.* revision, review.
revisor, ra *m.-f.* reviser. *2 m.* RLY. conductor, ticket-collector.

revista *f.* review, inspection. *2* MIL. review, parade. *3* magazine [journal]. *4* THEAT. revue.
revivir *i.* to revive, come back to life.
revocación *f.* revocation, annulment.
revocar *t.* to revoke, annul. *2* to dissuade. *3* MAS; to whitewash; to plaster.
revolcar *t.* to knock over. *2* to floor [an opponent]. *3 ref.* to wallow, roll. *4* to persist. ¶ CONJUG. like ***contar.***
revolotear *i.* to flutter around, flit, fly round about.
revoloteo *m.* fluttering, flitting.
revoltijo, revoltillo *m.* mess, medley, jumble.
revoltoso, sa *a.* riotous, rebellious. *2* mischievous, naughty.
revolución *f.* revolution.
revolucionar *t.* to revolutionize.
revolucionario, ria *a.-n.* revolutionary.
revólver *m.* revolver, pistol.
revolver *t.* to stir, shake. *2* to turn over [in the mind]; turn round. *3* to wrap up. *4 ref.* to turn upon, move to and fro. ¶ CONJUG. like ***mover.***
revuelta *f.* revolt, riot. *2* bend, turn [of a road].
revuelto, ta *a.* confused, mixed up. *2* choppy [sea]. *3* intricate. *4* changeable [weather]. *5* scrambled [eggs].
rey *m.* king [sovereign; chess, cards]: ***día de Reyes,*** Twelfth Night; ***los Reyes Magos,*** the Three Wise Men.
reyerta *f.* quarrel, row, fight.
rezagar *t.* to leave behind. *2* to delay, put off. *3 ref.* to fall behind, lag.
rezar *t.* to say [prayers, mass]. *2 t.-i.* to say, read: ***la carta reza así,*** the letter reads thus. *3 i.* to pray. *4* ~ ***con,*** to concern, have to do with.
rezo *m.* prayer. *2* daily service.
rezongar *i.* to grumble, mutter.
rezumar *i.-ref.* to ooze, drip. *2 ref.* to leak out.
ría *f.* estuary, firth, fiord.
riachuelo *m.* rivulet, stream, brook.
riada *f.* freshet, flood.
ribazo *m.* hill, ridge.
ribera *f.* bank [of river], riverside. *2* shore, strand.
ribereño, ña *a.* riparian.
ribete *m.* SEW. border, binding. *2* trimmings. *3* addition. *4 pl.* pretensions.
ribetear *t.* SEW. to edge, border.
ricacho, cha; ricachón, na *a.* very rich, newly-rich.
ricamente *adv.* richly. *2* pleasantly.
ricino *m.* castor-oil plant.
rico, ca *a.* rich, wealthy. *2* tasty, delicious. *3* coll. lovely; darling; sweet [baby].
ridiculez *f.* ridiculous thing or action. *2* oddity.
ridiculizar *t.* to ridicule, laugh at.
ridículo, la *a.* ridiculous, laughtable. *2 m.* ridicule; ***poner en*** ~, to make a fool of.
riego *m.* irrigation, watering.
riel *m.* RLY. rail. *2* small ingot.
rielar *i.* to glisten, shimmer.
rienda *f.* rein: ***a*** ~ ***suelta,*** at full speed.
riente *a.* laughing, smiling.
riesgo *m.* risk, peril, danger: ***correr el*** ~, to run the risk.
rifa *f.* raffle. *2* quarrel.
rifar *t.* to raffle. *2* to quarrel.
rifle *m.* rifle.
rigidez *f.* stiffness. *2* strictness.
rígido, da *a.* rigid, stiff. *2* strict.
rigor *m.* rigo(u)r, severity. *2* strictness. *3* harshness. *4* stiffness. *5* ***de*** ~, indispensable; ***en*** ~, strictly speaking.
rigoroso, sa; riguroso, sa *a.* rigorous, severe. *2* strict. *3* absolute.
rima *f.* rhyme. *2 pl.* poems.
rimar *t.-i.* to rhyme; to versify.
rimbombante *a.* high-sounding, bombastic.
Rin *m. pr. n.* Rhine.
rincón *m.* corner, nook.
rinoceronte *m.* rhinoceros.
riña *f.* quarrel, fight, dispute.
riñón *m.* kidney; heart [of a country].
río *m.* river, stream; ***a*** ~ ***revuelto,*** in troubled waters.
ripio *m.* debris, rubble. *2* padding [in a verse]. *3* ***no perder*** ~, not to lose a single word.
riqueza *f.* riches, wealth. *2* richness. *3* fertility.
risa *f.* laugh, laughter, joke; ***tomar a*** ~, to treat as a joke.
risco *m.* crag, cliff.
risible *a.* laughable, ridiculous.
risotada *f.* guffaw, loud laugh.
ristra *f.* string [of onions, etc.].
risueño, ña *a.* smiling, cheerful, pleasant. *2* hopeful.
rítmico, ca *a.* rhythmic(al. *2 f.* rhythmics.
ritmo *m.* rhythm, cadence.
rito *m.* rite, ceremony.
ritual *a.-m.* ritual, ceremonial.
rival *m.-f.* rival, competitor.
rivalidad *f.* rivalry; enmity.
rivalizar *i.* to vie, compete, rival.
rizado, da *a.* curly. *2* ripply, wavy. *3 m.* curling.
rizar *t.-ref.* to curl [hair]. *2* to ripple [water].

rizo, za *a.* curly. *2 m.* curl, ringlet. *3* ripple [of water]. *4* AER. ***rizar el ~,*** to loop the loop.
robar *t.* to rob, steal, thieve.
roble *m.* oak-tree.
robledo, robledal *m.* oak grove.
robo *m.* theft, robbery, larceny.
robustecer *t.* to strengthen, fortify. ¶ CONJUG. like ***agradecer.***
robusto, ta *a.* robust, strong.
roca *f.* rock. *2* boulder. *3* cliff.
roce *m.* rubbing, grazing, friction. *2* light touch [in passing]. *3* familiarity, intercourse.
rociada *f.* sprinkling. *2* dew. *3* shower, peppering [of shots].
rociar *i.* [of dew] to fall. *2 t.* to sprinkle, spray.
rocín *m.* hack, nag, jade.
rocío *m.* dew. *2* spray; sprinkling.
rocoso, sa *a.* rocky.
rodaballo *m.* ICHTH. turbot.
rodada *f.* rut, wheel-track.
rodado, da *a.* dappled [horse]. *2* rounded [stones]. *3* fluent [style]. *4* ***tráfico ~,*** wheeled traffic; ***canto ~,*** boulder.
rodaja *f.* small wheel. *2* slice [of bread]. *3* rowel [of spur].
rodaje *m.* set of wheels. *2* shooting, filming [of a film].
rodar *i.* to rotate, revolve. *2* to roll [down]. *3* to wander about, roam. *4* to abound. *5* to travel [on wheels]. *6* to shoot [a film]. ¶ CONJUG. like ***contar.***
rodear *i.* to go round. *2* to make a detour. *3 t.* to surround, encircle. *4 ref.* to stir about.
rodeo *m.* encircling, surrounding. *2* detour, roundabout way: ***andarse con rodeos,*** to beat about the bush; ***dejarse de rodeos,*** to come to the point. *3* rodeo, round-up [of cattle]. *4* evasion, pretext.
rodilla *f.* knee: ***ponerse de rodillas,*** to kneel down; ***de rodillas,*** kneeling.
rodillo *m.* roller. *2* road-roller. *3* COOK. rolling-pin. *4* ink-roller. *5* plat(t)en.
rodrigar *t.* to prop up [plants].
roedor, ra *a.* gnawing. *2 a.-n.* ZOOL. rodent.
roer *t.* to gnaw, nibble. *2* to eat away, corrode. *3* to pick [a bone]. ¶ CONJUG.: INDIC. Pres.: roo, *roigo,* or *royo* (Ist. person.], roes, roe, etc. | Pret.: roí, roíste, *royó;* roímos, roísteis, *royeron.* || SUBJ. Pres.: roa, *roiga,* or *roya;* roas, *roigas,* or *royas,* etc. | Imperf.: *royera, royeras,* etc., or *royese, royeses,* etc. | Fut.: *royere, royeres,* etc. | IMPER.: roe; roa, *roiga,* or *roya* [for 3rd pers.]; *roigamos,* roed, *roigan.* || PAST. P.: *roído.* || GER.: *royendo.*
rogar *t.* to ask, beg, pray, beseech, entreat. ¶ CONJUG. like *contar.*
rojizo, za *a.* reddish, ruddy.
rojo, ja *a.* red. *2* ruddy.
rol *m.* list, catalogue. *2* NAUT. muster-roll.
rollizo, za *a.* round. *2* plump, chubby.
rollo *m.* roll; cylinder. *2* rolling-pin.
romance *a.* Romance, Romanic [languages]. *2 m.* Spanish language. *3* narrative or lyric poem in eight-syllabe meter with even verses rhyming in assonance.
romancero *m.* collection of ROMANCES *(3).*
románico, ca *a.-n.* Romanesque [architecture]. *2* Romance [language].
romano, na *a.* Roman.
romanticismo *m.* romanticism.
romántico, ca *a.* romantic. *2 m.-f.* romanticist.
rombo *m.* rhomb. *2* losenge, diamond.
romería *f.* pilgrimage. *2* picnic.
romero, ra *m.-f.* pilgrim, palmer. *2 m.* rosemary.
romo, ma *a.* blunt. *2* snub-nosed.
rompecabezas *m.* puzzle. *2* jig-saw puzzle. *3* riddle.
rompeolas *m.* breakwater, jetty.
romper *t.-ref.* to break, fracture, shatter, smash. *2* to tear [up]. *3* to wear out. *4 i.* [of flowers]. to burst open. *5* to begin, start. *6* ***~ con,*** to quarrel with; ***romperse la cabeza,*** to rack one's brains. ¶ P. P.: ***roto.***
rompiente *m.* breaker, surf.
rompimiento *m.* rupture, break; crack; breach. *2* quarrel.
ron *m.* rum.
roncar *i.* to snore. *2* [of wind, sea] to roar.
roncear *i.* to temporize, act reluctantly. *2* to cajole.
roncero, ra *a.* tardy, slow; reluctant. *2* flattering.
ronco, ca *a.* hoarse, harsh.
ronda *f.* night patrol. *2* rounds, beat [of a patrol]. *3* round [of drinks]. *4* group of serenaders.
rondalla *f.* old wives' tale, story. *2* RONDA *4.*
rondar *i.-t.* to patrol, go the rounds. *2* to haunt, prowl. *3* to roam the streets at night. *4 t.* to court; to serenade.
rondón (de) *adv.* ***entrar de ~,*** to rush in.
ronquera *f.* harshness, hoarseness.
ronquido *m.* snore, snort. *2* roar.
ronronear *i.* to purr.

ronzal *m.* [horse] halter.
roña *f.* scab [of sheep]. *2* filth, grime.
ropa *f.* clothing, clothes: ~ ***banca,*** linen; ~ ***interior,*** underwear; ***a quema*** ~, at point-blank.
ropaje *m.* clothing. *2* robe.
ropero, ra *m.-f.* clothier. *2 m.* wardrobe.
roque *m.* CHESS rook, castle.
roquedal *m.* rocky place.
roqueño, ña *a.* rocky. *2* hard, flinty.
rosa *f.* rose. *2* rose, pink colour.
rosado, da *a.* rosy, pinky, rose-coloured.
rosal *m.* rose [bush].
rosaleda *f.* rose garden.
rosario *m.* rosary.
rosbif *m.* COOK. roast beef.
rosca *f.* screw and nut. *2* screw thread. *3* turn [of a spiral]; coil, spiral.
rosetón *m.* large rosette. *2* rose window.
rostro *m.* face, countenance. *2* beak. 3 ***hacer*** ~ ***a,*** to face up to.
rotación *f.* rotation.
roto, ta *p. p.* of ROMPER. *2 a.* broken, cracked. *3* torn.
rotonda *f.* rotunda.
rótula *f.* knee-joint; ball and socket joint.
rotular *t.* to label, inscribe.
rótulo *m.* label, title. *2* sign [lettered board, etc.]. *3* poster, placard.
rotundamente *adv.* flatly, roundly.
rotundo, da *a.* round, circular. *2* rotund [speech]. *3* flat [denial].
rotura *f.* breach, opening. *2* break(ing, crack. *3* tear, rent.
roturar *t.* to break up [ground].
rozadura *f.*, **rozamiento** m. rubbing, grazing. *2* friction.
rozar *t.* to clear [land]. *2* to crop, graze. *3* to scrape, rub. *4 t.-i.* to touch [lightly in passing]. *5 ref.* to trip over one's feet. *6* to be familiar.
rubí *m.* ruby.
rubicundo, da *a.* ruddy; reddish.
rubio, bia *a.* blond(e, fair-haired. *2* ***tabaco*** ~, Virginian tobacco.
rubor *m.* blush; flush; shame.
ruborizarse *ref.* to blush, flush, feel ashamed.
ruboroso, sa *a.* blushing, bashful.
rúbrica *f.* flourish [in signature].
rubricar *t.* to sign with a flourish. *2* to sign and seal.
rucio, cia *a.-n.* light grey horse or donkey.
rudamente *adv.* roughly, harshly.
rudeza *f.* roughness, coarseness, rudeness. *2* dullness, ignorance.
rudimentario, ria *a.* rudimentary; elementary.
rudimento *m.* rudiment, primer. *2 pl.* rudiments.
rudo, da *a.* crude, rough, coarse. *2* dull, stupid. *3* ill-mannered. *4* hard, laborious.
rueca *f.* distaff, spinning wheel.
rueda *f.* wheel. *2* rack [torture]. *3* circle [of people]. *4* round slice. *5* ~ ***de recambio,*** spare wheel.
ruedo *m.* rotation. *2* circuit; circle. *3* round mat; table-mat. *4* bullring, arena.
ruego *m.* entreaty, prayer, request.
rufián *m.* pimp, pander. *2* bully, scoundrel.
rugido *m.* roar, bellow; howl [of wind].
rugir *i.* to roar, bellow; to howl [of wind].
rugosidad *f.* rugosity, ruggedness.
rugoso, sa *a.* rough, wrinkled.
ruibarbo *m.* BOT. rhubarb.
ruido *m.* noise: ***hacer*** ~, to make a noise. *2* din, report. *3* ado, fuss.
ruidoso, sa *a.* noisy, loud, stirring.
ruin *a.* mean, base, despicable, vile. *2* petty, insignificant. *3* miserly, stingy.
ruina *f.* ruin: ***amenazar*** ~, to begin to fall to pieces. *2* collapse; destruction. *3 pl.* ruins.
ruindad *f.* baseness, meanness. *2* base action. *3* avarice.
ruinoso, sa *a.* ruinous, disastrous.
ruiseñor *m.* ORN. nightingale.
rumba *f.* (Am.) rumba [dance, music].
rumbo *m.* NAUT. bearing, course, direction; ***con*** ~ ***a,*** bound for. *2* pomp, ostentation.
rumboso, sa *a.* ostentatious, magnificent. *2* liberal, lavish.
rumiante *a.* ZOOL. ruminant.
rumiar *t.* to ruminate. *2* to meditate.
rumor *m.* rumbling sound, murmur; noise. *2* rumour, report.
rumorearse *impers.* to be rumoured.
ruptura *f.* break. *2* ruptura.
rural *a.* rural, rustic.
ruso, sa *a.-n.* Russian.
rústico, ca *a.* rustic. *2* coarse, boorish; rough, clumsy. *3* ***en rústica,*** paper-backed [book]. *4 m.* peasant.
ruta *f.* way, route. *2* NAUT. course: ~ ***aérea,*** airline.
rutilante *a.* shining, sparkling.
rutina *f.* routine, habit.

S

sábado *m.* Saturday.
sábana *f.* bed sheet.
sabana *f.* savanna(h), treeless plain.
sabandija *f.* small lizard.
sabañón *m.* chilblain.
sabedor, ra *a.* knowing, informed, aware.
1) **saber** *m.* knowledge, learning.
2) **saber** *t.* to know; to know how to [write]; to be able to: ***sabe nadar,*** he is able to swim. *2* ***que yo sepa,*** as far as I know. *3* ~ ***a,*** to taste of, taste like. ¶ CONJUG. INDIC. Pres.: ***sé,*** sabes, sabe, etc. | Imperf.: sabía, sabías, etc. | Pret.: ***supe, supiste, supo; supimos, supisteis, supieron.*** | Fut.: sabré, sabrás, etc. ‖ COND.: ***sabría, sabrías,*** etc. | SUBJ. Pres.: sepa, sepas, etc. | Imperf.: ***supiera, supieras,*** etc., or ***supiese, supieses,*** etc. | Fut.: ***supiere, supieres,*** etc. ‖ IMPER.: ***sabe, sepa: sepamos, sabed, sepan.*** ‖ PAST. P: sabido. ‖ GER.: sabiendo.
sabiamente *adv.* wisely.
sabiduría *f.* knowledge, learning. *2* wisdom.
sabiendas (a) *adv.* knowingly.
sabihondo, da *a.-n.* know-it-all.
sabio, bia *a.* learned; sage; wise; skilful. *2 m.-f.* learned person, scholar; scientist; wise person.
sablazo *m.* stroke with a sabre. *2* extortion, cadging.
sable *m.* sabre; cutlass.
sabor *m.* taste, flavour.
saborear *t.* to flavour.
sabotaje *m.* sabotage.
sabotear *t.* to sabotage.
sabroso, sa *a.* savoury, tasty. *2* pleasant, delightful.
sabueso *m.* hound, bloodhound.
sacacorchos *m. sing.* cork-screw.
sacamuelas *m. sing.* tooth puller, dentist; quack.
sacar *t.* to draw [out], pull out, take out, bring out. *2* to get, obtain. *3* to infer, make out, solve. *4* to introduce [a fashion]. *5* to take [a photo]. *6* to make [a copy]. *7* to stick out [one's tongue]. *8* to buy [a ticket]. *9* to draw [a sword; a lottery prize]. *10* to serve [a ball]. *11* ~ ***a bailar,*** to ask to dance. *12* ~ ***a luz,*** to publish, print. *13* ~ ***a relucir,*** to mention. *14* ~ ***en limpio,*** to deduce. *15* ~ ***la cara por uno,*** to stand or to answer for someone.
sacerdocio *m.* priesthood.
sacerdote *m.* priest.
saciar *t.* to satiate. *2 ref.* to be satiated.
saciedad *f.* satiety, surfeit.
saco *m.* bag; sack. *2* bagful, sackful. *3* lose-fitting coat. *4* (Am.) coat. *5* sack, plunder.
sacramento *m.* ECCL. sacrament.
sacrificar *t.* to sacrifice. *2* to slaughter [animals for food]. *3 ref.* to sacrifice or devote oneself.
sacrificio *m.* sacrifice.
sacrilegio *m.* sacrilege.
sacristán *m.* sacristan, sexton.
sacristía *f.* sacristy, vestry.
sacro, cra *a.* sacred, holy.
sacrosanto, ta *a.* sacrosant.
sacudida *f.* shake, jerk, jolt.
sacudir *t.* to shake, jerk, jolt. *2* to beat, dust. *3* to deal [a blow]. *4 ref.* to shake off.
saeta *f.* arrow, dart. *2* hand [of a watch]. *3* Andalusian spiritual song.
sagacidad *f.* sagacity, sound judgement.
sagaz *a.* sagacious, shrewd.
sagitaria *f.* BOT. arrowhead.
sagrado, da *a.* sacred, holy. *2 m.* asylum, refuge.
sagrario *m.* ciborium.
sahumar *t.* to perfume, fumigate.
sainete *m.* THEAT. one-act comedy or farce. *2* delicacy, tasty titbit. *3* flavour, relish.
sajón, na *a.-n.* Saxon.

sal *f.* salt. *2* wit; charm, grace.
sala *f.* drawing-room, living-room, parlour. *2* hall, room: ~ ***de espectáculos,*** auditorium [of a theatre, etc.]; ~ ***de espera,*** waiting-room. *3* ward [in a hospital].
salado, da *a.* salty. *2* witty; charming, graceful.
salar *t.* to salt, cure [meat].
salario *m.* wages, salary, pay.
salazón *f.* salt meat, salt fish.
salchicha *f.* sausage.
salchichón *m. aug.* large sausage.
saldado, da *a.* paid [debt]; settled [account].
saldar *t.* to balance, settle [an account].
saldo *m.* balance, settlement [of an account]. *2* bargain sale.
salero *m.* salt-cellar. *2* gracefulness, liveliness.
saleroso, sa *a.* charming, graceful.
salida *f.* coming out, going out. *2* start, departure. *3* excursion, outing. *4* sprouting [of buds, etc.]. *5* rise [of sun, moon, etc.]. *6* exit, outlet; way out. *7* SPORT start. *8* loop-hole. *9* witty remark.
saliente *a.* salient, projecting, standing out. *2 m.* salient, jut.
salina *f.* salt mine.
salir *i.* to go out, come out. *2* to depart, leave, start, set ut. *3* to get out [of a vehicle]. *4* THEAT. to enter. *5* to project, stand out. *6* [of a book] to come out. *7* to spring, issue [from]. *8* [of the sun] to rise. *9* [of plants, etc.] to grow. *10* to result, turn out; to come out: ~ ***bien [mal],*** to turn out well [badly]. *12* to take after, resemble. *13* ~ ***adelante,*** to be successful; ~ ***al encuentro,*** to come out to meet. *14 ref.* [of a vessel] to leak; to overflow.
¶ IRREG. CONJUG.: INDIC. Pres.: ***salgo, sales,*** sale; salimos, etc. | Fut: ***saldré, saldrás,*** etc. || COND.: ***saldría, saldrías,*** etc. || || SUBJ. Pres.: ***salga, salgas,*** etc. IMPER.: ***sal, alga; salgamos,*** salid, ***salgan.***
saliva *f.* saliva, spittle.
salmantino, na *a.-n.* [of] Salamanca.
salmo *m.* psalm.
salmón *m.* salmon.
salmonete *m.* red mullet, surmullet.
salmuera *f.* brine, pickle.
salobre *a.* briny, saltish.
salón *m.* drawing-room, lounge. *2* hall, large room: ~ ***de baile,*** ballroom. *3* saloon. *4* ~ ***de belleza,*** beauty parlour.
salpicadura *f.* splash, spatter.
salpicar *t.* to splash, spatter.
salpullido *m.* rash, swelling.
salsa *f.* COOK. gravy, sauce.
saltamontes *m.* ENT. grasshopper.
saltar *i.* to spring, jump, hop, skip. *2* [of liquids] to spurt, shoot up. *3* [of sparks, etc.] to fly. *4* to burst: ~ ***en pedazos,*** to fly into pieces. *5* to project, stand out. *6* ~ ***a la vista,*** to be self-evident. *7 t.* to leap, jump over [a wall, etc.].
salteador *m.* highwayman.
saltear *t.* to hold up, rob on the highway; to assault.
saltimbanqui *m.* mountebank, juggler.
salto *m.* spring, jump, leap, bound, hop, skip: ~ ***de agua,*** waterfall, falls; ***dar un*** ~, to jump, leap; ***a*** ~ ***de mata,*** flying and hiding; ***en un*** ~, in a flash, quickly. *2* SWIM. dive.
saltón, na *a.* jumping. *2* prominent, protruding: ***ojos saltones,*** pop eyes.
salubre *a.* salubrious, healthy.
salud *f.* health: ***¡a su ~!,*** to your health! *2* welfare. *3* salvation.
saludable *a.* salutary, wholesome.
saludar *t.* to greet, salute, hail, give greetings or regards to. *2* MIL. to salute.
saludo *m.* greeting, salutation, bow. *2 pl.* compliments, regards.
salutación *f.* salutation, greeting.
salvación *f.* salvation.
salvado *m.* bran.
salvador, ra *a.* saving. *2 m.-f.* saviour, deliverer: ***El Salvador,*** the Saviour; El Salvador [American country].
salvaguardia *f.* safeguard, protection. *2 m.* guard watch.
salvajada *f.* barbarity, savage word or deed.
salvaje *a.* savage. *2* wild [country, beast]. *3 m.-f.* savage. *4* **-mente** *adv.* savagely.
salvajismo *m.* savagery.
salvamento *m.* saving, rescuing. *2* salvage [of property]. *3* place of safety.
salvar *t.* to save, rescue, deliver. *2* to salvage. *3* to overcome [a difficulty]. *4* to go over; to cover [a distance]. *5 ref.* to be saved. *6* to escape danger.
salvavidas *pl.* **-das** *m.* lifebelt: ***bote*** ~, life-boat.
¡salve! *interj.* hail!
salvedad *f.* reservation, exception.
1) **salvo** *adv.* save, except, but.
2) **salvo, va** *a.* saved, safe: ***a*** ~, safe, out of danger; ***sano y*** ~, safe and sound.
salvoconducto *m.* safe-conduct, passport.
sambenito *m.* sanbenito. *2* note of infamy.
san *a.* apocopated form of SANTO.
sanar *t.-i.* to heal, cure. *2* to recover, get better.
sanatorio *m.* sanatorium.
sanción *f.* sanction.

sancionar *t.* to sanction; to authorize, ratify.
sandalia *f.* sandal.
sándalo *m.* sandalwood.
sandez *f.* stupidity, silliness.
sandía *f.* BOT. water-melon.
saneado, da *a.* [of property, etc.] free from charges.
saneamiento *m.* sanitation. *2* drainage [of land]. *3* reparation.
sanear *t.* to make sanitary [land, etc.]. *2* to drain, dry up [lands]. *3* to repair, improve.
sangrar *t.* to bleed. *2* to drain.
sangre *f.* blood; gore: *~ **fría**,* cold blood, calmness; ***a ~ fría**,* in cold blood; ***a ~ y fuego**,* by fire and sword. *2* lineage.
sangría *f.* bleeding. *2* drainage. *3* sangaree.
sangriento, ta *a.* bleeding, bloody; gory. *2* bloodthirsty, cruel.
sanguijuela *f.* leech.
sanguinario, ria *a.* sanguinary, bloodthirsty.
sanguíneo, a *a.* sanguineous.
sanidad *f.* soundness, health.
sanitario, ria *a.* sanitary.
sano, na *a.* healthy, wholesome. *2* sound [body, mind, etc.]. *3 ~ **y salvo**,* safe and sound.
santiamén (en un) *adv.* in a jiffy.
santidad *f.* sanctity, holiness.
santificar *t.* to sanctify. *2* to hallow.
santiguar *t.* to bless, cross. *2 ref.* to cross oneself.
santo, ta *a.* holy, blessed, sacred. *2* saintly, godly: ***todo el ~ día**,* the whole day long. *3 m.-f.* saint: *~ **y seña**,* countersign, password. *4* saint's day.
santuario *m.* sanctuary.
saña *f.* rage, fury. *2* cruelty.
sañudo, da *a.* furious, cruel.
sapo *m.* toad.
saque *m.* service [of a ball]. *2* server.
saquear *t.* to sack, pillage, plunder, loot.
saqueo *m.* sack, pillage, plunder.
sarampión *m.* MED. measles.
sarcasmo *m.* sarcasm.
sarcástico, ca *a.* sarcastic.
sardina *f.* sardine.
sardónico, ca *a.* sardonic.
sarga *f.* silk serge.
sargento *m.* sergeant.
sarmiento *m.* vine shoot.
sarna *f.* itch, scabies; mange.
sarnoso, sa *a.* scabby, mangy.
sarpullido *m.* SALPULLIDO.
sarraceno, na *a.-n.* Saracen.
sarro *m.* fur [in vessels]. *2* tartar [on teeth].
sarta *f.* string [of pearls, etc.].
sartén *f.* frying-pan: ***tener la ~ por el mango**,* to have the upper hand.
sastre *m.* tailor.
sastrería *f.* tailor's shop, tailoring.
satán, satanás *m.* Satan.
satánico, ca *a.* satanic, devilish.
satélite *m.* satellite.
satén *m.* sateen.
sátira *f.* satire.
satíricamente *adv.* satirically.
satírico, ca *a.* satiric(al.
satirizar *t.* to satirize.
sátiro *m.* satyr.
satisfacción *f.* satisfaction; pleasure. *2* apology, excuse. *3* conceit.
satisfacer *t.* to satisfy; to please. *2* to pay [a debt]. *3 ref.* to be satisfied.
satisfactorio, ria *a.* satisfactory.
satisfecho, cha *p. p.* of SATISFACER. *2* satisfied, pleased. *3* vain, conceited.
saturar *t.* to saturate.
sauce *m.* BOT. willow: *~ **llorón**,* weeping willow.
saúco *m.* elder (berry).
savia *f.* sap.
saxofón, saxófono *m.* saxophone.
saya *f.* [outer] skirt.
sayal *m.* coarse woollen cloth.
sayo *m.* loose coat.
sazón *f.* ripeness. *2* season. *3* taste, flavour. *4 **a la** ~,* then; ***en** ~,* ripe.
sazonado, da *a.* seasoned, ripe; spiced.
sazonar *t.-ref.* to ripen, mature. *2 t.* to season, flavour.
se *ref. pron.* himself; herself; itself; yourself, yourselves [formal]; themselves. *2 obj. pron.* [before le, la, lo, los, las] to him, to her, to it, to you [formal], to them. *3 reciprocal pron.* each other, one another. *4* passive: *se dice:* it is said.
sebo *m.* tallow; candle fat.
secano *m.* unirrigated land.
secante *a.* drying; blotting. *2 a.-f.* GEOM. secant. *3 m.* blotting-paper.
secar *t.* to dry [up]. *2* to desiccate. *3* to wipe dry. *4* to parch. *5 ref.* to get dry. *6* [of plants] to wither. *7* to become lean, meagre.
sección *f.* section; division. *2* department [of a store].
seccionar *t.* to section, divide up.
seco, ca *a.* dry; dried up; bare, arid. *2* withered, dead [plants]. *3* lean, thin [person]. *4 **a secas**,* merely.
secreción *f.* secretion.
secretaría *f.* secretary's office.
secretario, ria *m.-f.* secretary.
secreto, ta *a.* secret. *2 m.* secret, secrecy: ***en** ~,* in secret.

secta *f.* sect; doctrine.
sectario, ria *a.-n.* sectarian.
sector *m.* sector.
secuaz *m.* follower, partisan.
secuela *f.* sequel, consequence.
secuestrar *t.* to seize. *2* to kidnap.
secuestro *m.* seizure. *2* kidnapping.
secular *a.* secular. *2* lay. *3 m.* secular priest.
secundar *t.* to back up, aid, help.
secundario, ria *a.* secondary.
sed. *f.* thirst: ***tener ~,*** to be thirsty. *2* craving, desire.
seda *f.* silk: ***como una ~,*** smoothly.
sedal *m.* fishing-line.
sedante *a.-n.* sedative.
sede . ECCL. *Santa Sede,* Holy See. *2* seat.
sedentario, ria *a.* sedentary.
sedería *f.* silk goods. *2* mercer's shop.
sedición *f.* sedition.
sedicioso, sa *a.* seditious.
sediento, ta *a.* thirsty; dry, parched. *2* anxious, desirous.
sedimento *m.* sediment; dregs.
sedoso, sa *a.* silky; silken.
seducción *f.* seduction. *2* charm.
seducir *t.* to seduce. *2* to allure, entice, charm.
seductor, ra *a.* seductive. *2* charming. *3 m.-f.* seducer.
segador, ra *m.-f.* harvester, reaper, mower. *2 f.* harvester, mowing machine.
segar *t.* AGR. to harvest, reap, mow. ¶ CONJUG. like ***acertar.***
seglar *a.* secular, lay. *2 m.-f.* layman.
segmento *m.* segment.
segregar *t.* to segregate.
seguidamente *adv.* immediately, at once.
seguido, da *p. p.* followed. *2 a.* continuous: ***dos días seguidos,*** two days running. *3* straight, direct. *4* adv. ***en seguida,*** at once, immediately.
seguidor, ra *m.-f.* follower.
seguimiento *m.* pursuit, chase.
seguir *t.* to follow. *2* to pursue, chase. *3* to go on [doing something]. *4 ref.* to follow as a consequence. ¶ CONJUG. like ***servir.***
según *prep.* according to, as. *2* depending on. *3 adv.* ***~ y como,*** just as: that depends.
segundero *m.* second hand [of a watch].
segundo, da *a.* second. *2 m.* second.
segundón *m.* second son.
segur *f.* ax, axe. *2* sickle.
seguramente *adv.* surely.
seguridad *f.* security, safety. *2* police service. *3* certainty.
seguro, ra *a.* secure, safe. *2* firm, fast, steady. *3* certain. *4 m.* certainty: ***a buen ~,*** certainly; ***sobre ~,*** without risk. *5* COM. insurance: ***~ de vida,*** life insurance. *6* safety-lock. *7* MECH. click, stop.
seis *a.-m.* six. *2* sixth.
seiscientos, as *a.-n.* six hundred.
seísmo *m.* earthquake.
selección *f.* selection, choice.
seleccionar *t.* to select, choose.
selecto, ta *a.* select, choice; distinguished.
selva *f.* forest; jungle.
selvático, ca *a.* rustic, wild.
sellar *t.* to seal, stamp. *2* to close.
sello *m.* seal. *2* stamp: ***~ de correos,*** postage stamp.
semáforo *m.* traffic lights.
semana *f.* week.
semanal *a.* weekly. *2* **-mente** *adv.* weekly.
semanario, ria *a.* weekly. *2 m.* weekly [publication].
semblante *m.* face, countenance, appearance, look: ***mudar de ~,*** to change colour.
semblanza *f.* biographical sketch.
sembrado, da *a.* sown. *2* AGR. sown ground; field.
sembrador, ra *a.* seeding, sowing. *2 m.-f.* seeder, sower. *3 f.* sowing maschine.
sembrar *t.-i.* to sow, seed. *2 t.* to scatter, spread. ¶ CONJUG. like ***acertar.***
semejante *a.* resembling, similar, like, such. *2 m.* likeness. *3* fellow.
semejanza *f.* resemblance, similarity, likeness: ***a ~ de,*** like, as.
semejar *i.-ref.* to resemble, be alike.
semestre *m.* semester.
semilla *f.* seed.
semifinal *a.-f.* SPORT semifinal.
semillero *m.* seed bed. *2* fig. hotbed.
seminario *m.* EDUC. seminar. *2* seminary. *3* SEMILLERO.
sempiterno, na *a.* everlasting, eternal.
Sena *m. pr. n.* Seine [river].
senado *m.* Senate. *2* Senate house.
senador *m.* senator.
senatorial *a.* senatorial.
sencillamente *adv.* simply; easily; plainly.
sencillez *f.* simplicity. *2* plainness. *3* naturalness.
sencillo, lla *a.* simple. *2* easy. *3* plain, natural.
senda *f.,* **sendero** *m.* path, foot-path, by-way.
sendos, as *a.* one each.
senectud *f.* old age, senility.
senil *a.* senile.
seno *m.* breast; chest. *2* bosom. *3* womb. *4* lap. *5* cavity, hollow. *6* GEOG. gulf, bay. *7* MATH. sine. *8* ANAT. sinus.
sensación *f.* sensation, feeling.

sensacional *a.* sensational.
sensatez *f.* good sense, wisdom.
sensato, ta *a.* sensible, judicious, wise.
sensibilidad *f.* sensibility.
sensible *a.* perceptible. *2* sensitive [person, instruments]. *3* deplorable, regrettable. *4* **-mente** *adv.* perceptibly.
sensiblería *f.* mawkishness.
sensitivo, va *a.* sensitive.
sensual *a.* sensual. *2* **-mente** *adv.* sensually.
sensualidad *f.* sensuality.
sentado, da *a.* seated; settled; sitting down. *2* sedate, judicious.
sentar *t.* to seat. *2* to set, establish. *3 i.* ***sentar,*** or ~ ***bien a,*** to fit, become, suit; [of food] to agree with. *4 ref.* to sit down. ¶ CONJUG. like ***acertar.***
sentencia *f.* LAW judgement, sentence; veredict. *2* proverb, maxim.
sentenciar *t.* to sentence. *2* to pass judgement, condemn.
sentido, da *a.* felt, experienced. *2* touchy, easily offended. *3 m.* feeling, sense: ~ ***común,*** common sense. *4* sense, meaning. *5* consciousness: ***perder el*** ~, to faint. *6* course, direction.
sentimental *a.* sentimental, emotional.
sentimiento *m.* sentiment, feeling. *2* sorrow, regret.
1) **sentir** *m.* feeling. *2* opinion.
2) **sentir** *t.* to feel, perceive; to hear. *2* ~ ***frío,*** to be cold; ~ ***miedo,*** to be afraid. *3* to regret, be sorry for: ***¡lo siento!,*** I am sorry. *4 ref.* to feel [well, ill, sad, etc.]. *5* ~ ***de,*** to resent. *6* to complain; to suffer pain. ¶ CONJUG. like ***hervir.***
seña *f.* sign, token: ***por más señas,*** more by token. *2* mark, signal. *3 pl.* address. *4* ***señas personales,*** personal description.
señal *f.* sign, mark, token; symptom: ***en*** ~ ***de,*** in token of. *2* trace, vestige. *3* sign, signal. *4* scar.
señalar *t.* to mark. *2* to show, point out. *3* to fix, determine. *4* to scar. *5 ref.* to distinguish oneself.
señero, ra *a.* alone. *2* unique, unequalled.
señor *m.* mister [Mr. Brown]; sir; gentleman. *2* landlord, owner, master: ***el Señor,*** the Lord.
señora *f.* Mrs. [misiz Brown]; madam; lady. *2* landlady, owner, mistress.
señorear *t.* to master, lord it over; to control. *2* to tower over.
señoría *f.* dominion, control. *2* lordship, ladyship [title].
señorío *m.* dominion, lordship, control. *2* nobility, gentry.
señorita *f. dim.* young lady, miss.
señorito *m. dim.* young gentleman. *2* master.
señuelo *m.* decoy, lure.
sépalo *m.* sepal.
separación *f.* separation. *2* dismissal, discharge.
separado, da *a.* separate; apart: ***por*** ~, separately.
separar *t.-ref.* to separate. *2 t.* to dismiss, discharge.
sepelio *m.* burial, interment.
septentrional *a.* northern.
septiembre *m.* September.
séptimo, ma *a.-n.* seventh.
sepulcro *m.* sepulcher. *2* grave, tomb.
sepultar *t.* to bury, inter.
sepultura *f.* sepulture: ***dar*** ~ ***a,*** to bury.
sepulturero *m.* gravedigger, sexton.
sequedad *f.* dryness. *2* gruffness.
sequía *f.* drought, dry season.
séquito *m.* retinue, train, suite.
1) **ser** *m.* being; essence; nature.
2) **ser** *subst. v.* to be; to live; to exist. *2* to belong to. *3* to happen. *4* to be made of. *5* to come from, be native of. ¶ CONJUG. INDIC. Pres.: ***soy, eres, es; somos, sois, son.*** | Imperf.: ***era, eras,*** etc. | Pret.: ***fui, fuiste,*** etc. || Fut.: ***seré, serás,*** etc. || COND.: ***sería, serías,*** etc. || SUBJ. Pres.: ***sea, seas,*** etc. | Imperf.: ***fuera, fueras,*** etc., or ***fuese, fueses,*** etc. | Fut.: ***fuere, fueres,*** etc. || IMPER.: ***sé, sea; seamos, sed, sean.*** || PAST. P.: ***sido.*** || GER.: ***siendo.***
serafín *m.* seraph.
serenarse *ref.* to become calm. *2* [of weather] to clear up.
serenata *f.* serenade.
serenidad *f.* calm, calmness, coolness.
sereno, na *a.* serene. *2* clear, cloudless. *3* calm, cool. *4 m.* night watchman. *5* ***al*** ~, in the open.
seriamente *adv.* seriously.
serie *f.* series, sequence: ***producción en*** ~, mass production.
seriedad *f.* seriousness, gravity. *2* earnestness.
serio, ria *a.* serious. *2* grave, dignified. *3* stern. *4* reliable. *5* ***en*** ~, seriously.
sermón *m.* sermon.
serpentear *i.* to wind, twist, turn.
serpiente *f.* serpent, snake: ~ ***de cascabel,*** rattle-snake.
serranía *f.* mountainous country.
serrano, na *m.-f.* mountaineer, highlander.
serrar *t.* to saw. ¶ CONJUG. like ***acertar.***
serrín *m.* sawdust.
serrucho *m.* handsaw.

serventesio *m.* more-than-eight syllable quatrain rhyming A B A B.
servicial *a.* obliging.
servicio *m.* service. *2* duty. *3* public service. *4* servants. *5* favour, good [ill] turn. *6* use, benefit. *7* service [set of dishes, etc.] *8* course [of a meal]. *9* TENNIS service.
servidor, ra *m.-f.* servant; ~ ***de usted,*** at your service; ***su seguro*** ~, yours truly.
servidumbre *f.* servitude, bondage. *2* [staff of] servants.
servil *a.* servile, menial. *2* **-mente** *adv.* servilely.
servilismo *m.* servility.
servilleta *f.* napkin, serviette.
servir *i.-t.* to serve, be useful, be of use. *2* ~ ***de,*** to act as, be used as; ~ ***para,*** to be good [used] for. *3* to wait upon [a customer]. *4 ref.* to serve or help oneself: ***servirse de,*** to make use of; ***sírvase hacerlo,*** please, do it. ¶ CONJUG. INDIC. Pres.: ***sirvo, sirves, sirve;*** servimos, servís, ***sirven.*** | Pret.: serví, serviste, ***sirvió;*** servimos, servisteis, ***sirvieron.*** || SUBJ.: Pres.: ***sirva, sirvas,*** etc. | Imperf. ***sirviera, sirvieras,*** etc. or ***sirviese, sirvieses,*** etc. || IMPER.: ***sirve, sirva; sirvamos,*** servid, ***sirvan.*** || GER.: ***sirviendo.***
sesenta *a.-m.* sixty. *2* sixtieth.
sesgado, da *a.* slanting, oblique.
sesgar *t.* to slant.
sesgo *m.* slant, bias: ***al*** ~, obliquely. *2* turn, direction.
sesión *f.* session; meeting, conference. *2* show [in a cinema].
seso *m.* brain. *2* talent; ***devanarse los sesos,*** to rack one's brains.
sesudo, da *a.* wise, prudent.
seta *f.* mushroom.
setenta *a.-m.* seventy, seventieth.
seto *m.* fence: ~ ***vivo,*** quickset hedge.
seudónimo *m.* pseudonim, pen-name.
severidad *f.* severity, rigour.
severo, ra *a.* severe, rigid, strict.
Sevilla *pr. n.* Seville.
sexo *m.* sex: ***el bello*** ~, the fair sex.
sexto, ta *a.-n.* sixth.
sexual *a.* sexual.
sexualidad *f.* sexuality.
si *conj.* if; whether: ~ ***bien,*** although; ***por*** ~ ***acaso,*** just in case.
sí *adv.* yes; indeed, certainly: ***un día*** ~ ***y otro no,*** every other day. *2 m.* yes, assent. *3 ref. pron.* himself, herself, itself, oneself, themselves; yourself, yourselves [formal]: ***entre*** ~, each other; ***volver en*** ~, to come to: ***de por*** ~, separately.
sidecar *m.* side-car.
sidra *f.* cider.
siega *f.* reaping, harvest.
siembra *f.* sowing, seeding.
siempre *adv.* always, ever: ***para*** ~, forever, for good; ~ ***que,*** whenever; provided.
siempreviva *f.* evergreen.
sien *f.* ANAT. temple.
sierpe *f.* serpent, snake.
sierra *f.* saw. *2* mountain range.
siervo, va *m.-f.* serf, slave.
siesta *f.* siesta, afternoon nap.
siete *a.-m.* seven. *2* seventh.
sifón *m.* siphon. *2* soda-water.
sigilo *m.* secret, reserve.
sigilosamente *adv.* silently.
sigiloso, sa *a.* silent, reserved.
siglo *m.* century. *2* secular life.
significación *f.*, **significado** *m.* meaning, sense, signification.
significar *t.* to signify; to mean; to make known. *2* to matter, have importance.
significativo, va *a.* significant.
signo *m.* sign, mark; symbol.
siguiente *a.* following, next.
sílaba *f.* syllable.
silbar *i.* to whistle; to hiss.
silbato *m.* whistle.
silbido, silbo *m.* whistle; hissing.
silencio *m.* silence: ***guardar*** ~, to keep silence.
silenciosamente *adv.* silently.
silencioso, sa *a.* silent.
silo *m.* silo.
silogismo *m.* LOG. syllogism.
silueta *f.* silhouette.
silvestre *a.* wild. *2* uncultivated, rustic.
silla *f.* chair: ~ ***de montar,*** saddle; ~ ***giratoria,*** swivel chair; ~ ***plegable,*** folding chair.
sillón *m. aug.* arm-chair, easy chair.
sima *f.* abyss, chasm.
simbólico, ca *a.* symbolic(al.
simbolizar *t.* to symbolize.
símbolo *m.* symbol: ~ ***de la fe,*** the Apostle's creed.
simetría *f.* symmetry.
simétrico, ca *a.* symmetric(al.
simiente *f.* seed. *2* semen.
simil *a.* similar. *2 m.* simile, comparison.
similar *a.* similar, like.
similitud *f.* similarity, likeness.
simio *m.* simian, ape, monkey.
simpatía *f.* liking, charm, attractiveness. *2* sympathy.
simpático, ca *a.* pleasant, nice, charming. *2* sympathetic.
simpatizante *a.* supporting. *2 m.-f.* supporter.

simpatizar *t.* to like; ***no me simpatiza,*** I don't like him; to sympathize with; to have a liking for.
simple *a.* simple; pure. *2* single. *3* naïve, innocent. *4* silly, foolish. *5 m.-f.* simpleton. *6* **-mente** *adv.* simply, etc.
simpleza *f.* silliness. *2* foolish remark.
simplicidad *f.* simplicity, artlessness.
simplificar *t.* to simplify.
simulacro *m.* simulacrum. *2* sham battle. *3* image, vision.
simular *t.* to simulate, feign, sham.
simultáneamente *adv.* simultaneously.
simultáneo, a *a.* simultaneous.
sin *prep.* without; ~ ***embargo,*** nevertheless. *2* besides, without counting.
sinagoga *f.* synagogue.
sinceramente *adv.* sincerely.
sinceridad *f.* sincerity.
sincero, ra *a.* sincere.
síncope *f.* MED. fainting, fit.
sindicato *m.* syndicate. *2* trade union, labour union.
síndico *m.* syndic; trustee.
sinecura *f.* sinecure.
sinfín *m.* endless number.
sinfonía *f.* symphony.
sinfónico, ca *a.* symphonic.
singladura *f.* NAUT. a day's run.
singular *a.* singular; single; unique. *2* extraordinary. *3* peculiar, odd.
singularidad *f.* singularity. *2* strangeness. *3* oddity, peculiarity.
singularizar *t.* to distinguish, single out. *2 ref.* to distinguish oneself.
siniestro, tra *a.* left, left-hand. *2* sinister. *3 m.* disaster, damage or loss. *4 f.* left hand.
sinnúmero *m.* endless number.
sino *conj.* but, except: ***no solo...*** ~ ***(también),*** not only... but (also). *2 m.* destiny, fate.
sinónimo, ma *a.* synonymous. *2 m.* synonym.
sinrazón *f.* wrong, injustice.
sinsabor *m.* displeasure, worry, trouble, sorrow.
sintáctico, ca *a.* syntactic.
síntesis *pl.* **-sis** *f.* synthesis.
sintético, ca *a.* synthetic(al.
síntoma *m.* symptom; sign.
sintonizar *t.-i.* to tune in [on].
sinuoso, sa *a.* sinuous, winding.
sinvergüenza *a.* brazen, barefaced. *2 m.-f.* shameless person, rascal, scoundrel.
siquier, siquiera *conj.* although. *2 adv.* at least. *3* ***ni*** ~, not even.
sirena *f.* mermaid. *2* hooter.
sirvienta *f.* maidservant, maid.
sirviente *m.* manservant.
sisa *f.* SEW. dart. *2* petty theft.
sisar *t.* to pilfer, filch. *2* to cut darts in a garment.
sisear *i.-t.* to hiss.
sistema *m.* system.
sistemático, ca *a.* systematic.
sitial *m.* chair [of honour].
sitiar *t.* to besiege, surround.
sitio *m.* place, spot. *2* seat, room. *3* location, site. *4* MIL. siege: ***poner*** ~ ***a,*** to lay siege to.
sito, ta *a.* lying [in], located.
situación *f.* situation, position; state.
situar *t.* to place, locate. *2 ref.* to be placed.
so *prep.* under: ~ ***pena de,*** under penalty of. *2* ~ ***marrano,*** you, dirty fellow.
sobaco *m.* armpit.
sobar *t.* to knead, soften, rub. *2* to touch; to fondle. *3* to massage. *4* to bother; to beat.
soberanía *f.* sovereignty.
soberano, na *a.-n.* sovereign.
soberbia *f.* arrogance, pride, haughtiness. *2* magnificence.
soberbio, bia *a.* arrogant, proud, haughty. *2* superb.
sobornar *t.* to suborn, bribe.
soborno *m.* bribery. *2* bribe.
sobra *f.* excess, surplus: ***de*** ~, in excess, *2 pl.* leavings.
sobradamente *adv.* in excess, too.
sobrado, da *a.* excessive, superfluous; rich. *2 m.* attic, garret.
sobrante *a.* remaining, leftover. *2 m.* leftover, surplus.
sobrar *i.* to be left over, exceed, remain. *2* to be superfluous.
sobre *prep.* on, upon. *2* over; above: ~ ***todo,*** above all. *3 m.* envelope.
sobrecama *f.* coverlet, quilt.
sobrecarga *f.* overload, overburden.
sobrecargar *t.* to overload, overburden.
sobrecoger *t.* to surprise, take by surprise. *2 ref.* to be surprised, be estartled.
sobreexcitar *t.* to overexcite.
sobrehumano, na *a.* superhuman.
sobrellevar *t.* to bear, endure.
sobremanera *adv.* exceedingly.
sobremesa *f.* table cover. *2* after-dinner chat: ***de*** ~, over coffee.
sobrenatural *a.* supernatural.
sobrenombre *m.* nickname.
sobrentender *t.* to deduce, infer. *2 ref.* to go without saying.
sobrepasar *t.* to exceed; to excel. *2 ref.* to go too far, overstep.

sobreponer *t.* to put over or upon. *2 ref.* to dominate oneself. *3* ~ ***a,*** to overcome.
sobrepujar *t.* to surpass, excel.
sobresaliente *a.* outstanding. *2 m.* distinction [exam.].
sobresalir *t.* to stand out, project, jut out; to excel.
sobresaltar *t.* to startle, frighten. *2* to assail. *3 ref.* to be startled.
sobresalto *m.* start, scare, shock.
sobrestante *m.* foreman, overseer.
sobresueldo *m.* extra pay or wages.
sobretodo *m.* overcoat.
sobrevenir *i.* to happen, occur. *2* to come unexpectedly.
sobreviviente *a.* surviving. *2 m.-f.* survivor.
sobrevivir *i.* to survive. *2* ~ ***a,*** to outlive.
sobriedad *f.* sobriety, moderation.
sobrina *f.* niece.
sobrino *m.* nephew.
sobrio, bria *a.* sober, temperate.
socarrar *t.* to singe, scorch.
socarrón, na *a.* sly, cunning.
socarronería *f.* slyness, cunning.
socavar *t.* to undermine.
socavón *m.* cave, cavern.
sociable *a.* sociable, friendly.
social *a.* social, friendly.
socialismo *m.* socialism.
socialista *a.* socialist(ic. *2 m.-f.* socialist.
sociedad *f.* society. *2* COM. partnership; company, firm, corporation: ~ ***anónima,*** limited company.
socio, cia *m.-f.* associate; member, fellow [of a club, etc.]. *2* COM. partner.
sociología *f.* sociology.
socorrer *t.* to help, aid, succour.
socorro *m.* assistance, help, aid.
soda *f.* soda [-water].
soez *a.* obscene, indecent.
sofá *m.* sofa, settee.
sofista *m.* sophist, quibbler.
sofocante *a.* suffocating, stifling.
sofocar *t.* to choke, suffocate, smother. *2* to stifle. *3 ref.* to blush.
sofoco *m.* suffocation. *2* blush; embarrassment. *3* annoyance, upset.
soga *f.* rope, halter.
sojuzgar *t.* to subjugate, subdue.
sol *m.* sun; sunshine: ***rayo de*** ~, sunbeam; ***tomar el*** ~, to bask in the sun; ***de*** ~ ***a*** ~, from sunrise to sunset; ***hace*** ~, it is sunny.
solamente *adv.* only, solely.
solana *f.* sunny place.
solapa *f.* lapel.
solapado, da *a.* cunning, sneaky.
solar *a.* solar. *2 m.* ground, plot, lot. *3* ancestral house.
solariego, ga *a.* ***casa solariega,*** manor--house.
solaz *m.* solace, comfort, relief.
solazar *t.* to comfort, cheer. *2 ref.* to enjoy oneself.
soldado *m.* soldier: ~ ***raso,*** private.
soldadura *f.* soldering, welding. *2* solder.
soldar *t.* to solder, weld. ¶ CONJUG. like ***contar.***
soleado, da *a.* sunny.
soleares *f. pl.* sad Andalusian song.
soledad *f.* solitude, loneliness.
solemne *a.* solemn. *2* great, downright.
solemnidad *f.* solemnity; festivity. *2 pl.* formalities.
soler *i.* translate the present of SOLER by *usually:* ***suele venir el lunes,*** he usually comes on Monday. | Imperf.: used to: ***solía venir el lunes,*** be used to come on Monday. | Only used in INDIC. ¶ CONJUG. like ***mover.***
solfeo *m.* sol-faing, solfeggio.
solicitado, da *a.* in good demand. *2* sought.
solicitante *m.-f.* petitioner, applicant.
solicitar *t.* to solicit, ask for, beg, apply for. *2* to court.
solícito, ta *a.* solicitous, diligent.
solicitud *f.* solicitude, concern. *2* application, demand, request.
sólidamente *adv.* firmly.
solidaridad *f.* solidarity.
solidario, ria *a.* solidary.
solidarizarse *ref.* to become solidary, make common cause.
solidez *f.* solidity. *2* firmness, strength.
solidificar *t.-ref.* to solidify.
sólido, da *a.* solid, firm, strong.
solitario, ria *a.* solitary, lone, lonely. *2* secluded [spot, life]. *3 m.* hermit. *4* solitaire [diamond; game].
soliviantar *t.* to revolt, make rebellious. *2 ref.* to revolt, become rebellious.
solo, la *a.* alone; by himself, itself, etc. *2* lone, lonely. *3* only, sole. *4 m.* MUS. solo. *5* ***a solas,*** alone; in private.
sólo *adv.* SOLAMENTE.
solomillo, solomo *m.* sirloin. *2* loin [of pork].
solsticio *m.* solstice.
soltar *t.* to untie, unfasten, loosen. *2* to let out, set free, release. *3* to let go, drop. *4* coll. to give [a blow]. *5* to utter [a remark, etc.]. *6 ref.* to get loose; get free. ¶ CONJUG. like ***contar.***
soltero, ra *a.* single, unmarried. *2 m.* bachelor, single man. *3 f.* single woman.

solterón *m.* old bachelor.
solterona *f.* old maid, spinster.
soltura *f.* agility, nimbleness. *2* ease, facility. *3* fluency.
soluble *a.* soluble. *2* solvable.
solución *f.* solution, outcome, break.
solucionar *t.* to solve. *2* to resolve.
solvencia *f.* COM. solvency. *2* ability, reliability.
solventar *t.* SOLUCIONAR. *2* to settle, pay up.
sollado *m.* inner deck.
sollozar *i.* to sob.
sollozo *m.* sob.
sombra *f.* shade; shadow. *2* phantom, ghost.
sombrear *t.* to shade.
sombrerería *f.* hat shop; millinery.
sombrerero *m.* hatter.
sombrero *m.* hat: ~ ***de copa,*** top haft; ~ ***hongo,*** bowler hat.
sombrilla *f.* parasol, sunshade.
sombrío, bría *a.* gloomy, dark, dismal, somber.
somero, ra *a.* superficial.
someter *t.* to submit, subject, subdue. *2 ref.* to submit. *3* to go [through an operation, examination, etc.].
sometimiento *m.* subjection. *2* submission.
somier *m.* bedspring, spring mattress.
somnolencia *f.* sleepiness, drowsiness.
son *m.* sound; tune. *2* rumour. *3* pretext: ***sin ton ni ~,*** without rhyme or reason. *4* manner: ***en ~ de guerra,*** in a hostile manner.
sonajero *m.* baby's rattle.
sonámbulo, la *a.-n.* sleep-walker.
sonar *t.-i.* to sound, ring. *2 t.* to play. *3 i.* [of a clock] to strike: ~ ***a,*** to seem like. *4 ref.* to blow one's nose. ¶ CONJUG. like ***contar.***
sonata *f.* sonata.
sonda *f.* sounding-line. *2* NAUT. sound, lead. *3* SURG. probe.
sondar, sondear *t.* NAUT. to sound, fathom. *2* to sound, probe [a wound, etc.].
sondeo *m.* sounding, probing.
soneto *m.* sonnet.
sonido *m.* sound. *2* report, rumour.
sonoridad *f.* sonority; resonance.
sonoro, ra *a.* sonorous. *2* talking [of films].
sonreír(se *i.* to smile.
sonriente *a.* smiling, pleasant.
sonrisa *f.* smile.
sonrojar *t.* to make [one] blush. *2 ref.* to blush.
sonrojo *m.* blush, blushing.
sonrosado, da *a.* rosy, pink.
sonsacar *t.* to remove surreptitiously. *2* to elicit information from, draw out [a secret].
sonsonete *m.* rhytmical tapping. *2* singsong.
soñador, ra *a.* dreaming. *2 m.-f.* dreamer.
soñar *t.-i.* to dream: ~ ***con,*** ~ ***en,*** to dream of. ¶ CONJUG. like ***contar.***
soñoliento, ta *a.* drowsy, sleepy.
sopa *f.* soup; sop: ***hecho una ~,*** soaked to the skin.
sopapo *m.* blow under the chin. *2* slap.
sopera *f.* tureen.
sopesar *t.* to weigh.
sopetón *m.* box, slap. *2* ***de ~,*** all of a sudden.
soplar *i.* to blow, fan. *2* to steal. *3* to whisper, suggest.
soplete *m.* blowtorch. *2* blowpipe.
soplo *m.* blowing. *2* breath, puff of wind. *3* whispered warning.
soplón, na *m.-f.* informer, talebearer.
soponcio *m.* swoon, fainting fit.
sopor *m.* drowsiness.
soportable *a.* tolerable, bearable.
soportal *m.* porch, portico, arcade.
soportar *t.* to bear, endure, tolerate.
soporte *m.* prop, bracket, stand.
soprano *m.-f.* soprano.
sorber *t.* to suck. *2* to sip. *3* to absorb. *4* to swallow.
sorbete *m.* sherbet, iced fruit drink.
sorbo *m.* sip, gulp, swallow.
sordera *f.* deafness.
sordidez *f.* dirtiness.
sórdido, da *a.* dirty, squalid.
sordina *f.* MUS. mute. *2* silencer.
sordo, da *a.* deaf. *2* muffled, dull, low [sound]. *3* dull [pain]. *4 m.-f.* deaf person: ***hacerse el ~,*** to turn a deaf ear to.
sordomudo, da *a.-n.* deaf and dumb. *2 m.-f.* deafmute.
sorna *f.* sluggishness. *2* sly slowness.
sorprendente *a.* surprising.
sorprender *t.* to surprise, astonish. *2 ref.* to be surprised.
sorpresa *f.* surprise.
sortear *t.* to draw lots for; to raffle. *2* to dodge, shun.
sorteo *m.* drawing of lots; raffle.
sortija *f.* finger ring. *2* curl [of hair].
sortilegio *m.* sorcery; spell, charm.
sosegado, da *a.* calm, quiet, peaceful.
sosegar *t.* to calm, quiet, appease, soothe. *2 ref.* to quiet down. ¶ CONJUG. like ***acertar.***
sosería *f.* insipidity, dullness.
sosiego *m.* calm, quiet, peace.
soslayar *t.* to place obliquely. *2* to elude, evade.

soslayo, ya *a.* oblique. *2 **al ~, de ~,*** askance; sideways.
soso, sa *a.* tasteless. *2* dull.
sospecha *f.* suspicion, mistrust.
sospechar *t.* to suspect, mistrust.
sospechoso, sa *a.* suspicious. *2 m.-f.* suspect.
sostén *m.* support; supporter. *2* prop. *3* brassière.
sostener *t.* to support, sustain, hold up. *2* to endure, tolerate. *3* to maintain, affirm.
sostenido, da *a.* supported, sustained. *2 m.* MUS. sharp.
sostenimiento *m.* support. *2* maintenance, sustenance.
sota *f.* CARDS jack, knave.
sotana *f.* cassock [of a priest].
sótano *m.* cellar, basement.
sotavento *m.* NAUT. lee, leeward.
soterrar *t.* to bury. *2* to conceal.
soto *m.* grove, thicket.
soviético, ca *a.* soviet, sovietic.
su, *pl.* **sus** *pss. a.* his, her, its, their; 2nd pers. [formal] your.
suave *a.* soft, smooth. *2* gentle, midl. *3* **-mente** *adv.* softly, etc.
suavidad *f.* softness, smoothness. *2* gentleness, mildness.
suavizar *t.* to soften, smooth.
subalterno, na *a.* subordinate. *2 m.-f.* subaltern.
subarrendar *t.* to sublet, sublease. ¶ CONJUG. like ***acertar.***
subasta *f.* auction, auction sale.
subastar *t.* to sell at auction.
subconsciente *a.-m.* subconscious.
súbdito, ta *m.-f.* subject.
subdividir *t.* to subdivide.
subestimar *t.* to underrate, undervalue.
subida *f.* ascent, climbing. *2* rise [of prices, etc.]. *3* accesion [to the throne]. *4 **subidas y bajadas,*** ups and downs. *5* slope, hill.
subir *i.* to go up, come up, ascend, rise, climb. *2 t.* to raise, bring up, hoist. *3 **~ al tren,*** to get on the train.
súbito, ta *a.* sudden: ***de ~,*** suddenly.
subjuntivo *s.-m.* subjuntive.
sublevación *f.* insurrection, revolt, uprising.
sublevar *t.* to incite to rebellion. *2 i.* to rebel, rise.
sublime *a.* sublime.
submarino, na *a.-m.* submarine.
suboficial *m.* MIL. noncommissioned officer [sergeant].
subordinado, da *a.-n.* subordinate.
subordinar *t.* to subordinate, subject.
subrayar *t.* to underline. *2* to emphasize.
subsanar *t.* to mend, correct, repair. *2* to excuse.
subscribir *t.* to sign, subscribe. *2 ref.* to subscribe to.
subscripción *f.* subscription.
subsecretario, ria *m.-f.* undersecretary.
subsidiario, ria *a.* subsidiary.
subsidio *m.* subsidy. *2 ~ **familiar,*** family allowance.
subsiguiente *a.* subsequent.
subsistencia *f.* subsistence, living. *2 pl.* provisions.
subsistir *i.* to subsist, exist. *2* to last. *3* to live on.
substancia *f.* substance, essence. *2* extract, juice.
substantivo, va *a.* substantive. *2 m.* GRAM. noun.
substitución *f.* substitution.
substituir *t.* to substitute, replace. ¶ CONJUG. like *huir.*
substituto, ta *m.-f.* substitute.
substracción *f.* substraction. *2* stealing.
substraer *t.* to substract. *2* to steal *3 ref.* to elude, evade.
subsuelo *m.* subsoil.
subterfugio *m.* subterfuge, evasion.
subterráneo, a *a.* subterranean, underground.
suburbano, na *a.* suburban.
suburbio *m.* suburb, outskirts.
subvención *f.* subsidy, grant.
subvencionar *t.* to subsidize, aid.
subversivo, va *a.* subversive.
subyugar *t.* to subdue, overcome.
sucedáneo, a *a.-m.* substitute.
suceder *i.* ***~ a,*** to succeed. *2* to follow. *3 impers.* to happen, occur.
sucesión *f.* succession. *2* heirs, offspring.
sucesivamente *adv.* successively: ***y así ~,*** and so on.
sucesivo, va *a.* successive, consecutive. *2 **en lo ~,*** hereafter.
suceso *m.* event, happening. *2* incident; outcome.
sucesor, ra *m.-f.* successor; heir.
suciedad *f.* dirt, dirtiness. *2* obscenity.
sucinto, ta *a.* concise, brief.
sucio, cia *a.* dirty, filthy, foul.
suculento, ta *a.* juicy, succulent.
sucumbir *i.* to succumb to, yield to. *2* to perish, die.
sucursal *a.-f.* branch [office].
sudamericano, na *a.-n.* South American.
sudar *i.* to sweat, perspire. *2* to toil.
sudario *m.* shroud, sudarium.
sudeste *m.* south-east [wind].
sudoeste *m.* south-west [wind].

sudor *m.* sweat, perspiration.
sudoroso, sa *a.* sweating, perspiring.
Suecia *f. pr. n.* GEOG. Sweden.
sueco, ca *a.* Swedish. *2 m.-f.* Swede.
suegra *f.* mother-in-law.
suegro *m.* father-in-law.
suela *f.* sole [of a shoe].
sueldo *m.* salary, pay.
suelo *m.* ground, floor, pavement. *2* soil, land.
suelto, ta *a.* loose, free. *2* easy, agile, nimble. *3* fluent. *4 m.* news item. *5* small change.
sueño *m.* sleep: ***tener ~,*** to be sleepy. *2* sleepiness, drowsiness. *3* dream: ***en sueños,*** dreaming.
suero *m.* whey. *2* serum.
suerte *f.* chance, hazard; fortune, fate. *2* luck. *3* sort, kind. *4* ***de ~ que,*** so that: ***echar suertes,*** to cast lots; ***tener ~,*** to be lucky.
suéter *m.* (Angl.) sweater.
suficiencia *f.* capacity: ***aire de ~,*** arrogance, self-conceit.
suficiente *a.* sufficient, enough. *2* able, capable. *3* **-mente** *adv.* sufficiently.
sufragar *t.* to defray, pay. *2* to aid, assist.
sufragio *m.* sufrage. *2* help, aid. *3* vote.
sufrido, da *a.* patient, long-suffering.
sufrimiento *m.* suffering. *2* endurance.
sufrir *t.* to suffer, endure. *2* to allow, permit. *3* to undergo [an operation, etc.].
sugerencia *f.* suggestion, hint.
sugerir *t.* to suggest, hint. ¶ CONJUG. like ***hervir.***
sugestión *f.* suggestion.
sugestionar *t.* to suggest. *2* to influence.
sugestivo, va *a.* suggestive.
suicida *a.* suicidal. *2 m.-f.* suicide [pers.].
suicidarse *ref.* to commit suicide.
suicidio *m.* suicide, self-murder.
Suiza *f. pr. n.* GEOG. Switzerland.
suizo, za *a.-n.* Swiss.
sujeción *f.* subjection. *2* submission.
sujetapapeles, pl. **-les** *m.* paper-clip.
sujetar *t.* to subject, subdue. *2* to check, hold. *3* to fasten. attach, tie. *4 ref.* to submit, be subjected.
sujeto, ta *a.* subject; liable. *2* fastened; under control. *3 m.* GRAM., LOG. subject. *4* fellow, individual. *5* subject, matter.
sulfato *m.* CHEM. sulphate.
sulfurarse *ref.* to get angry.
suma *f.* sum, addition, amount: ***en ~,*** in short.
sumamente *adv.* extremely.
sumar *t.* to sum up, add up, amount to. *2 ref.* ***~ a,*** to join.
sumario, ria *a.-m.* summary.
sumergir *t.-ref.* to submerge, sink.
sumersión *f.* submersion, immersion.
suministrar *t.* to provide with, supply with.
suministro *m.* provision, supply.
sumir *t.-ref.* to sink, plunge.
sumisión *f.* submission, obedience.
sumiso, sa *a.* submissive, obedient.
sumo, ma *a.* very great, supreme, highest: ***a lo ~,*** at most.
suntuosidad *f.* sumptuousness, richness.
suntuoso, sa *a.* sumptuous, gorgeous, luxurious.
supeditar *t.* to subdue; to subordinate.
superar *t.* to surpass, exceed. *2* to overcome, surmount.
superávit *m.* surplus.
superchería *f.* fraud, swindle.
superficial *a.* superficial; shallow. *2* **-mente** *adv.* superficially.
superficie *f.* surface. *2* area.
superfluo, flua *a.* superfluous, unnecessary.
superintendente *m.-f.* superintendent, supervisor.
superior *a.* superior. *2* upper [teeth, etc.]. *3* better. *4* higher. *5 m.* superior; director, head.
superioridad *f.* superiority, excellence.
superlativo, va *a.-m.* superlative.
superstición *f.* superstition.
supersticioso, sa *a.* superstitious.
supervivencia *f.* survival.
superviviente *a.* surviving. *2 m.-f.* survivor.
suplantar *t.* to supplant; to forge.
suplementario, ria *a.* supplementary, additional.
suplemento *m.* supplement, addition.
suplente *m.-f.* substitute.
súplica *f.* entreaty, petition, request, prayer.
suplicante *a.-n.* suppliant.
suplicar *t.* to entreat, pray, beg.
suplicio *m.* torture. *2* execution. *3* suffering, pain.
suplir *t.* to supply, make up for. *2* to replace.
suponer *t.* to suppose, assume.
suposición *f.* supposition, assumption.
supremacía *f.* supremacy.
supremo, ma *a.* supreme, paramount.
supresión *f.* suppression, omission.
suprimir *t.* to suppress, omit, cut out.
supuesto, ta *a.* supposed, assumed. *2* ***dar por ~,*** to take for granted; ***por ~,***

of course. *3 m.* supposition, assumption.
supurar *i.* to suppurate.
sur *m.* south. *2* south wind.
surcar *t.* AGR. to furrow, plough. *2* to cut through [the water].
surco *m.* furrow, groove. *2* wrinkle [in the face]. *3* track [of ship].
surgir *i.* [of water] to spurt, spring. *2* to come forth, appear.
surtido *a.* assorted. *2 m.* assortment, stock; supply.
surtidor *m.* supplier. *2* fountain: ~ ***de gasolina,*** gasoline pump.
surtir *t.* to supply, provide. *2* ~ ***efecto,*** to work, produce effect.
susceptibilidad *f.* susceptibility.
susceptible *a.* susceptible, liable. *2* touchy.
suscitar *t.* to raise, stir up. *2 ref.* to rise, start.
suscribir, suscripción = SUBSCRIBIR, SUBSCRIPCIÓN.
susodicho, cha *a.* above-mentioned.
suspender *t.* to suspend, hang up. *2* to stop; delay. *3* to fail [in an examination]. *4* to astonish.
suspensión *f.* suspension. *2* postponement, delay.
suspenso, sa *a.* suspended, hanging: ***en*** ~, in suspense. *2* astonished. *3 m.* failing mark [in an examination].
suspicacia *f.* suspicion, mistrust.
suspicaz *a.* suspicious, distrustful.
suspirar *i.* to sigh. *2* ~ ***por,*** to long for.
suspiro *m.* sigh.
sustancia, sustancial, etc. = SUBSTANCIA, SUBSTANCIAL, etc.
sustentar *t.* to sustain, maintain, support, feed. *2* to hold up. *3* to defend.
sustento *m.* sustenance. *2* food. *3* support.
sustitución, sustituir, etc. = SUBSTITUCIÓN, SUBSTITUIR, etc.
susto *m.* fright, scare.
susurrar *i.-t.* to whisper. *2 i.* [of wind, etc.] to murmur; [of leaves, etc.] to rustle.
susurro *m.* whisper. *2* murmur, rustle.
sutil *a.* subtle. *2* thin, tine.
sutileza *f.* subtlety. *2* thinness. *3* keenness; cleverness.
suyo, -ya, -yos, -yas *poss. a.* his, her, its, one's, their; your [formal]. *2 poss. pron.* his, hers, its, one's, theirs; yours [formal].

T

tabaco *m.* tobacco; snuff.
tábano *m.* gad-fly, horse-fly.
tabardo *m.* tabard.
taberna *f.* tavern, public house.
tabernáculo *m.* tabernacle.
tabernero, ra *m.-f.* tavern-keeper, publican.
tabique *m.* partition wall.
tabla *f.* board; ***a raja*** ~, at any cost. *2* plank, slab, tablet. *3* sing.-pl. table [of logarithms, etc.]. *4 pl.* draw [at chess, etc.]. *5* THEAT. stage.
tablado *m.* stage, scaffold, platform. *2* flooring [of boards].
tablero *m.* board. *2* slab. *3* ARCH. panel. *4* timber, piece of lumber. *5* chessboard; checker-board. *6* counter [of shop]. *7* large work table. *8* gambling table. *9* blackboard.
tableta *f. dim.* small board. *2* tablet, pastille, lozenge.
tabletear *i.* to rattle clappers.
tableteo *m.* rattling sound. *2* rattle of machinegun shots.
tablilla *f.* small board.
tablón *m.* thick plank, beam: ~ ***de anuncios,*** notice-board.
taburete *m.* stool.
tacañería *f.* meanness, stinginess.
tacaño, ña *a.-n.* stingy, mean.
tácito, ta *a.* tacit.
taciturno, na *a.* silent, reserved, sullen, moody, sulky.
taco *m.* wad. *2* roll. *3* stopper, plug. *4* billiard-cue. *5* swear word, curse.
tacón *m.* heel [of a shoe].
taconazo *m.* stamp with the heels.
taconear *t.* to stamp with the heels.
taconeo *m.* stamping with the heels.
táctica *f.* tactics.
tacto *m.* tact, finesse. *2* feel, touch.
tacha *f.* fault, flaw, blemish.
tachar *t.* to find fault with, blame. *2* to cross out, blot out.
tachón *m.* erasure. *2* stud. *3* trimming, braid.
tachonar *t.* to adorn, trim. *2* to stud.
tachuela *f.* tack, hobnail.
tafetán *m.* taffeta; sticking-plaster.
tafilete *m.* Morocco leather.
tahalí *m.* shoulder-belt.
tahona *f.* bakery.
tahur, ra *m.-f.* gambler. *2* card-sharper.
taimado, da *a.* sly, crafty.
tajada *f.* cut, slice.
tajante *a.* cutting, sharp.
tajar *t.* to cut, slice.
Tajo *m. pr. n.* Geog. Tagus.
tajo *m.* cut, incision. *2* steep cliff. *3* cutting edge. *4* chopping block.
tal *a.* such, such a: ~ ***cual,*** such as; ~ ***vez,*** perhaps; ***un*** ~ ***Pérez,*** a certain Perez; ~ ***para cual,*** two of a kind; ~ ***como,*** just as; ***con*** ~ ***que,*** provided that; ***¿qué*** ~***?,*** how are you?
tala *f.* felling of trees.
taladrar *t.* to bore, drill, pierce.
taladro *m.* drill, auger. *2* bore, drill-hole.
tálamo *m.* bridal bed or chamber.
talante *m.* disposition; mood. *2* manner. *3* will, wish.
talar *t.* to fell [trees].
talco *m.* talc, talcum. *2* tinsel.
talega *f.*, **-go** *m.* bag, sack.
taleguilla *f.* small bag. *2* bullfighter's breeches.
talento *m.* talent, intelligence.
talión *m.* retaliation.
talismán *m.* talisman, charm.
talón *m.* heel. *2* check, voucher.
talonario *m.* receipt book, stub book: ~ ***de cheques,*** cheque-book.
talud *m.* slope, ramp, talus.
talla *f.* [wood] carving. *2* height, stature, size [of a person].
tallar *t.* to carve, engrave. *2* to cut [jewels].
tallarín *m.* noddle.

talle *m.* figure, form, appearance. *2* waist.
taller *m.* workshop, factory. *2* studio.
tallo *m.* stem, stalk. *2* shoot, sprout.
tamaño, ña *a.* such a; as big [small] as; so great. *2 m.* size.
tamarindo *m.* tamarind.
tambalear *i.-ref.* to stagger, totter, reel.
también *adv.* also, too, as well.
tambor *m.* drum. *2* drummer.
Támesis *m. pr. n.* GEOG. Thames.
tamiz *m.* sieve, strainer.
tamizar *t.* to sift, sieve.
tampoco *adv.* neither, not either.
tan *adv.* apoc, of TANTO so, as, such. *2* ~ ***sólo,*** only.
tanda *f.* turn. *2* shift, relay [of workers]. *3* task. *4* number.
tangente *f.* tangent.
Tánger *pr. n.* Tangier.
tangible *a.* tangible.
tango *m.* tango (dance).
tanque *m.* water tank. *2* MIL. tank. *3* (Am.) reservoir.
tantear *t.* to try, test, probe. *2* to sound out, feel out. *3* to estimate, calculate. *4* to grope.
tanteo *m.* trial, test. *2* estimation, calculation. *3* score.
tanto, ta *a.-pron. sing.* so much, as much. *2 pl.* so many, as many. *3* **tanto** *adv.* so, so much, as much. *4 m.* certain amount, sum; point [in games]. *5* ***veinte y tantos,*** twenty odd; ***un tanto,*** somewhat; ***tanto por ciento,*** percentage; ***tanto como,*** as well as; as much as; ***tanto... como,*** both... and; ***entre*** or ***mientras tanto***, meanwhile; ***por lo tanto,*** therefore.
tañer *t.* to play; to ring; to toll [bells].
tañido *m.* sound, tune. *2* ring [of a bell].
tapa *f.* lid, cover; book cover. *2* snack [when drinking]. *3* head [of a cask, etc.].
tapaboca *m.* muffler. *2* blow on the mouth.
tapadera *f.* lid, cover.
tapadillo (de) *adv.* secretely.
tapar *t.* to cover. *2* to stop up, plug. *3* to hide, conceal. *4* to wrap up. *5 ref.* to cover up, wrap oneself.
tapete *m.* rug, small carpet. *2* table cover: ~ ***verde,*** gambling table.
tapia *f.* adobe wall. *2* wall fence.
tapiar *t.* to wall up, block up.
tapicería *f.* tapestries. *2* upholstelry.
tapiz *m.* tapestry, hanging.
tapizar *t.* to tapestry. *2* to upholster [chairs]. *3* to carpet.
tapón *m.* stopper, cork, bung.
taquigrafía *f.* shorthand, stenography.
taquígrafo, fa *m.-f.* stenographer.
taquilla *f.* booking-office [train]; box-office [theatre, etc.].
taquillero, ra *m.-f.* ticket-seller.
taquimecanógrafo, fa *m.-f.* shorthand typist.
tara *f.* tare. *2* tally-stick.
tarambana *m.-f.* scatterbrains.
tararear *t.* to hum [a tune].
tardanza *f.* delay; slowness.
tardar *i.-ref.* to delay; to be late: ***a más ~,*** at the latest.
tarde *adv.* late: ***de ~ en ~,*** from time to time. *2 f.* afternoon; evening.
tardío, día *a.* late, tardy, slow.
tardo, da *a.* slow, sluggish, late. *2* backward.
tarea *f.* task, job. *2* work, toil.
tarifa *f.* tariff. *2* price list, rate, fare.
tarima *f.* wooden platform, dais.
tarjeta *f.* card; visiting card: ~ ***postal,*** postcard.
tarro *m.* earthen jar.
tarta *f.* tart; cake.
tartamudear *i.* to stammer, stutter.
tartamudo, da *a.* stuttering. *2 m.-f.* stutterer.
tartana *f.* two-wheeled carriage.
tartera *f.* griddle; baking pan.
tarugo *m.* wooden block, peg or plug.
tarumba *m.* coll. ***volver ~ a uno,*** to confuse, daze.
tasa *f.* measure; standard; rate. *2* valuation, appraisement, ceiling.
tasajo *m.* jerked beef.
tasar *t.* to fix the price of. *2* to appraise, rate.
tasca *f.* tavern, wine shop.
tatarabuela *f.* great-great-grand-mother.
tatarabuelo *m.* great-great-grand-father.
tatuaje *m.* tattooing.
tatuar *t.* to tattoo.
taurino, na *a.* bullfighting.
tauromaquia *f.* art of bullfighting.
taxi *m.* taxi, taxicab.
taza *f.* cup; bowl. *2* basin [of a fountain].
tazón *m.* large cup, bowl.
te *pron.* [to] you, yourself.
té *m.* tea. *2* tea-party.
tea *f.* torch, fire-brand.
teatral *a.* theatrical.
teatro *m.* theatre, *theater. *2* stage, scene; play-house: ***el ~ de Calderón,*** Calderon' s plays; ***el ~ francés,*** French drama.
tecla *f.* key [of a piano, etc.].
teclado *m.* keyboard.
técnica *f.* technique.
técnico, ca *a.* technical. *2 m.* technician, technical expert.

techado, da *a.* roofed. *2 m.* ceiling.
techar *t.* to roof; to thatch.
techo *m.* ceiling.
techumbre *f.* ceiling; roof.
tedio *m.* tediousness, boredom. *2* loathing.
tedioso, sa *a.* tedious, boring, tiresome.
teja *f.* tile, slate: ***sombrero de ~***, shovel hat.
tejado *m.* roof.
tejedor, ra *m.-f.* weaver.
tejer *t.* to weave.
tejido, da *a.* woven. *2 m.* texture. *3* fabric, textile. *4* tissue.
tela *f.* cloth, fabric, stuff. *2* web. *3* PAINT. canvas. *4* ***poner en ~ de juicio***, to doubt.
telar *m.* loom.
telaraña *f.* cobweb, spider's web.
telefonear *i.-t.* to telephone, ring up, phone up.
telefónico, ca *a.* telephonic.
telefonista *m.-f.* operator.
teléfono *m.* telephone.
telegrafía *f.* telegraphy: ***~ sin hilos***, wireless telegraphy.
telegrafiar *i.-t.* to wire, telegraph.
telegráfico, ca *a.* telegraphic.
telegrafista *m.* telegraphist.
telégrafo *m.* telegraph.
telegrama *m.* telegram, wire.
telescopio *m.* telescope.
televisar *t.* to televise.
televisión *f.* television.
televisor *m.* television set.
telón *m.* THEAT. curtain.
tema *m.* theme, subject.
temblar *i.* to tremble, quake, shake, shiver, quiver.
temblor *m.* tremble, tremor: ***~ de tierra***, earthquake.
tembloroso, sa *a.* shaking.
temer *t.-i.* to fear, dread; to be afraid of.
temerariamente *adv.* rashly, etc.
temerario, ria *a.* rash, reckless.
temeridad *f.* rashness, recklessness.
temeroso, sa *a.* fearful, timid, suspicious, afraid.
temible *a.* dreadful, frightful, awful.
temor *m.* dread, fear, suspicion.
témpano *m.* MUS. kettle-drum. *2* drumskin. *3* ***~ de hielo***, iceberg.
temperamento *m.* temperament, nature.
temperatura *f.* temperature.
tempestad *f.* tempest, storm.
tempestuoso, sa *a.* stormy, tempestuous.
templado, da *a.* temperate, moderate, sober. *2* lukewarm. *3* brave, firm.
templanza *f.* temperance. *2* moderation. *3* mildness.
templar *t.* to temper, moderate, appease. *2* to warm slightly. *3* to temper [metals, etc.]. *4* MUS. to tune. *5* NAUT. to trim [the sails] to the wind. *6 ref.* to cool down, control oneself.
temple *m.* TEMPERATURA. *2* temper [of metals, etc.]. *3* temper, condition of mind. *4* courage, valour. *5* MUS. tune. *6* PAINT. ***al ~***, in distemper.
templo *m.* temple, church.
temporada *f.* period of time. *2* season.
temporal *a.* temporary; woldly. *2 m.* gale, storm. *3* **-mente** *adv.* temporarily.
temprano, na *a.* early; premature. *2 adv.* early.
tenacidad *f.* tenacity, doggedness.
tenacillas *f. pl.* small tongs; pincers. *2* tweezers.
tenaz *a.* tenacious, dogged, stubborn, obstinate. *2* **-mente** *adv.* tenaciously.
tenazas *f. pl.* [pair of] tongs, pliers; forceps.
tendencia *f.* tendency, trend, bent, liability to.
tendencioso, sa *a.* biassed, tendentious.
ténder *m.* tender [of a train].
tender *t.* to spread [out], stretch out. *2* to hold up [one's hands]. *3* to hang up [to dry]. *4* to lay [a cable, etc.]; to build [a bridge]. *5 i.* to tend, have a tendency to. *6 ref.* to stretch oneself out, lie down. ¶ CONJUG. like ***entender.***
tenderete *m.* stand, stall, booth.
tendero, ra *m.-f.* shopkeeper; retailer.
tendido, da *a.* stretched out, lying down; full [gallop]. *2 m.* hanging up [of washing to dry]. *3* laying [of cables, etc.]. *4* row of seats [in a bullring].
tendón *m.* tendon, sinew.
tenducho *m.*, **-cha** *f.* wretched little shop.
tenebroso, sa *a.* gloomy, dark.
tenedor *m.* [table] fork. *2* holder, possessor: ***~ de libros***, book-keeper.
teneduría *f.* ***~ de libros***, book-keeping.
tenencia *f.* holding, possession. *2* tenancy.
tener *t.* to have; possess, own; to hold, keep. *2* ***esta mesa tiene dos metros de altura, ancho***, this table is two metres high, wide; ***~ hambre***, to be hungry; ***~ sed***, to be thirsty; ***~ sueño***, to be sleepy; ***tengo diez años***, I am ten years old; ***~ miedo***, to be afraid; ***~ calor***, to be hot; ***~ frío***, to be cold; ***~ cuidado***, to take care; ***tiene usted razón***, you are right; ***no tengo ganas de pasear***, I don't feel like walking now. *2* aux. ***tengo que estudiar***, I have to study; I must study. *3* ref. ***tenerse en pie***, to stand. ¶ CONJUG.

INDIC. Pres.: ***tengo, tienes, tiene;*** tenemos, tenéis, ***tienen.*** | Pret.: ***tuve, tuviste, tuvo; tuvimos,*** etc. || Fut.: ***tendré, tendrás,*** etc. || COND.: ***tendría, tendrías,*** etc. || SUBJ. Pres.: ***tenga, tengas,*** etc. | Imperf.: ***tuviera, tuvieras,*** etc., or ***tuviese, tuvieses,*** etc. || Fut.: ***tuviere, tuvieres,*** etc. || IMPER.: ***ten, tenga; tengamos,*** tened, ***tengan.***
tenería *f.* tannery.
teniente *a.* dull of hearing. *2 m.* substitute. *3* MIL. lieutenant.
tenis *m.* tennis.
tenor *m.* MUS. tenor. *2* nature: ***a ~ de,*** in accordance with.
tenorio *m.* Don Juan, lady-killer.
tensión *f.* tension, strain. *2* MECH. stress.
tenso, sa *a.* tense, tight.
tentación *f.* temptation.
tentáculo *m.* tentacle, feeler.
tentador, ra *a.* tempting. *2* alluring. *3 m.-f.* tempter.
tentar *t.* to feel, touch. *2* to try, attempt. *3* to tempt.
tentativa *f.* attempt, trial.
tentempié *m.* snack, pick-me-up.
tenue *a.* thin, slender.
teñir *t.* to dye, tinge.
teología *f.* theology.
teólogo, ga *m.-f.* theologian.
teorema *m.* theorem.
teoría *f.* theory.
teórico, ca *a.* theoretical. *2 m.-f.* theorist.
tercer(o, ra *a.-n.* third. *2 m.* mediator; go-between.
terceto *m.* POET. tercet, triplet. *2* MUS. trio.
terciar *t.* to sling across one's shoulder. *2* to divide in three parts. *3 i.* to intervene, mediate; to join in [a conversation]. *4* ***si se tercia,*** if an occasion comes to hand.
tercio, cia *a.-n.* third [part]. *2* m. MIL. regiment of infantry; Spanish Foreign Legion.
terciopelo *m.* velvet.
terco, ca *a.* obstinate, subborn.
Teresa *pr. n.* Theresa.
tergiversación *f.* distortion, misrepresentation.
tergiversar *t.* to twist, distort, misrepresent.
termas *f. pl.* hot springs.
terminación *f.* termination, end, ending, completion.
terminal *a.* terminal, final.
terminante *a.* final, conclusive.
terminar *t.* to end, close, finish. *2 i.* to be over. *3 ref.* to come to an end.
término *m.* end, completion: ***llevar a ~,*** to carry out; ***poner ~ a,*** to put an end to. *2* boundery, limit. *3* aim, goal. *4* term, word: ***en otros términos,*** in other words; ***por ~ medio,*** on an average; ***primer ~,*** foreground.
termómetro *m.* thermometer.
termo *m.* thermos flask.
ternera *f.* female calf, heifer. *2* veal.
ternero *m.* male calf.
ternura *f.* tenderness, softness.
terquedad *f.* obstinacy, stubbornness.
terraplén *m.* embankment, rampart, mound.
terrateniente *m.-f.* land-owner.
terraza *f.* terrace. *2* flat roof. *3* two-handled jar.
terremoto *m.* eartquake, seism.
terreno, na *a.* worldly, earthly. *2 m.* plot, piece of ground, land: ***preparar el ~,*** to pave the way.
terrestre *a.* terrestrial.
terrible *a.* terrible, frightful, awful. *2* **-mente** *adv.* terribly.
territorial *a.* territorial.
territorio *m.* territory, region.
terrón *m.* clod [of earth]. *2* lump [of sugar, etc.].
terror *m.* terror, fright, dread.
terrorífico, ca *a.* terrific, frightful, dreadful.
terruño *m.* piece of ground. *2* native country.
terso, sa *a.* polished, clear, smooth. *2* terse [style].
tersura *f.* polish, smoothness. *2* terseness [of style].
tertulia *f.* gathering, evening party, meeting of friends.
tesis *t.* thesis, theme.
tesitura *f.* attitude.
tesón *m.* tenacity, firmness.
tesorería *f.* treasury; exchequer.
tesorero, ra *m.-f.* treasurer.
tesoro *m.* treasure, wealth, riches.
testa *f.* head.
testador *m.* testator.
testamentario, ria *a.* testamentary. *2 m.* executor. *3 f.* executrix.
testamento *m.* testament, will.
testar *i.* to make a will.
testarudo, da *a.* obstinate, stubborn, pigheaded.
testificar *t.* to attest, testify, witness, certify.
testigo *m.-f.* witness: ~ ***de vista,*** eyewitness.
testimonio *m.* testimony, witness. *2* affidavit.
testuz *f.* nape [of animals].
teta *f.* breast [of a woman]; udder [of a cow, etc.]. *2* teat, nipple.

tétano, -nos *m.* tetanus.
tetera *f.* teapot, kettle.
tétrico, ca *a.* gloomy, sullen, dismal.
textil *a.-m.* textile.
texto *m.* text. *2* textbook.
textual *a.* textual, literal.
textura *f.* texture. *2* weaving.
tez *f.* complexion [of the face].
ti *pers. pron.* you [after preposition]; thee.
tía *f.* aunt.
tibia *f.* shinbone. *2* MUS. flute.
tibieza *f.* tepidity. *2* coolness, indifference.
tibio, a *a.* tepid, lukewarm. *2* cool, indifferent.
tiburón *m.* shark.
tictac *m.* pit-a-pat; ticking [of a clock].
tiempo *m.* time; epoch, season; occasion, opportunity: ***cuanto ~,*** how long; ***perder el ~,*** to waste time; ***a ~,*** in time. *2* weather: ***hacer buen*** or ***mal ~,*** to be good or bad weather. *3* MUS. beat. *4* GRAM. tense.
tienda *f.* shop, *store. *2* ***~ de campaña,*** tent.
tienta *f.* BULLF. testing of young bulls. *2* ***andar a tientas,*** to grope in the dark.
tiento *m.* touch, feeling. *2* care, caution. *3* blow.
tierno, na *a.* tender; soft; loving, affectionate. *2* fresh [bread].
tierra *f.* earth; land; ground. *2* country, homeland. *3* region. *4* AGR. soil. *5* dust.
tieso, sa *a.* stiff, rigid. *2* tight, taut. *3* strong.
tiesto *m.* flower-pot.
tifón *m.* typhoon.
tifus *m.* typhus [fever].
tigre, sa *m.* tiger; (Am.) jaguar. *2 f.* tigress.
tijera *f. sing & pl.* scissors, shears: ***silla de ~,*** folding chair.
tila *f.* [infusión of] lime blossom.
tildar *t.* to put a tilde over. *2* ***~ de,*** to accuse of.
tilde *f.* tilde, dash. *2* fault, blemish. *3* jot, tittle.
tilín *m.* ting-a-ling: ***hacer ~,*** to please.
tilo *m.* linden-tree.
timador, ra *m.-f.* swindler.
timar *t.* to swindle, cheat. *2* ref. ***~ con,*** to exchange winks.
timbal *m.* kettle-drum; tambourin.
timbrar *t.* to stamp.
timbre *m.* stamp, seal. *2* HER. crest. *3* MUS. electric bell. *4* glorious deed.
timidez *f.* timidness, shyness.
tímido, da *a.* timid, shy.
timo *m.* swindle, cheat.
timón *m.* rudder; helm. *2* beam of a plough.
timonel *m.* steersman.
timorato, ta *a.* God-fearing. *2* timid, shy.
tímpano *m.* ear-drum. *2* MUS. kettle-drum. *3* ARCH. tympanum.
tina *f.* large jar. *2* vat, tub.
tinaja *f.* large earthen jar.
tinglado *m.* shed. *2* boad platform. *3* fig. intrigue, machination.
tiniebla *f.* darkness. *2 pl.* night; hell.
tino *m.* skill; knack. *2* judgement, tact: ***sacar de ~,*** to exasperate.
tinta *f.* ink; ***saber de buena ~,*** to know on good authority.
tinte *m.* dyeing. *2* paint, colour, stain. *3* dyer's shop.
tintero *m.* inkstand, ink-pot.
tintinar, -near *i.* to clink; to jingle.
tintineo *m.* clinking; jingling.
tinto, ta *a.* dyed; dark-red [wine].
tintorería *f.* dyer's shop. *2* dry-cleaner's shop.
tintura *f.* tincture; dye.
tiñoso, sa *a.* scabby. *2* coll. mean, stingy.
tío *m.* uncle. *2* fellow, guy: ***el ~ Pepe,*** the old Joe.
tiovivo *m.* merry-go-round, roundabout.
típico, ca *a.* typical, characteristic.
tiple *m.-f.* soprano or treble.
tipo *m.* type, pattern. *2* figure, build [of a person]. *3* fellow, guy.
tipografía *f.* printing.
tipógrafo *m.* printer.
tira *f.* narrow strip; strap.
tirabuzón *m.* corkscrew. *2* ringlet.
tirada *f.* throw, cast. *2* shooting. *3* distance; stretch of time. *4* edition. *5* ***de una ~,*** at one time, at a stretch.
tirador, ra *m.-f.* thrower. *2* marksman. *3 m.* bell-pull. *4* handle, knob [of a door, etc.].
tiranía *f.* tyranny.
tiránico, ca tyrannic(al, despotic.
tirano, na *a.* tyrannical. *2 m.-f.* tyrant.
tirante *a.* tight, taut, tense. *2* strained [relations]. *3 pl.* braces, *suspenders.
tirantez *f.* tenseness, tautness, tightness.
tirar *t.* to throw, cast, fling. *2* to throw away, cast off; to fire [a shot]. *3* to draw, stretch. *4* to knock down, pull down. *5* waste [time, money]. *6* to draw [a line]. *7* to print. *8 i.* to attract. *9* [of a chimney] to draw. *10* to last, endure. *11* ***~ a,*** a) to shoot with; b) to shoot at; c) to turn to [the right, etc.]; d) to aim at. *12* ***~ de,***

a)to draw; b) to pull [at; on]. *13 ref.* to rush, throw oneself. *14* to jump. *15* to lie down.
tirilla *f.* neckband.
tiritar *i.* to shiver.
tiro *m.* throw. *2* shot [of a fire-arm]. *3* throw, shot [distance]. *4* report [of a gun]. *5* shooting practice; shooting grounds. *6* team [of draught animals]. *7* draft, draught [of a chimney].
tirón *m.* pull, jerk, tug: ***de un ~,*** with a pull; at a stretch; at one stroke.
tirotear *t.* to fire repeatedly.
tiroteo *m.* firing, shooting.
tirria *f.* aversion, dislike.
tísico, ca *a.-n.* consumptive.
tisis *f.* phthisis, consumption.
tisú *m.* silk tissue.
titánico, ca *a.* titanic.
títere *m.* puppet, marionette. *2 pl.* puppet-show.
titiritero *m.* puppet player. *2* juggler.
titilar *i.* to twinkle. *2* to tremble.
titubear *i.* to waver. *2* to stammer. *3* to stagger, totter.
titubeo *m.* wavering. *2* stammering. *3* staggering, tottering.
titular *a.* titular. *2 m.-f.* bearer, holder [of a passport, etc.]. *3 m. pl.* headlines.
titular *t.* to title, call, name.
título *m.* title. *2* heading. *3* diplome, professional degree. *4* qualification.
tiza *f.* chalk.
tiznado, da *a.* grimy, smudgy.
tiznar *t.* to smut, soot.
tizne *m.* soot, smut.
tizón *m.* firebrand. *2* AGR. wheat-smut. *3* stain.
toalla *f.* towel.
toallero *m.* towel-rail.
tobillo *m.* ankle.
toca *f.* wimple. *2* coif, bonnet.
tocadiscos, *pl.* **-cos** *m.* record-player.
tocado, da *a.* touched. *2* crazy. *3 m.* coiffure. *4* headdress.
tocador *m.* dressing-table. *2* dressing-room. *3* ***juego de ~,*** perfume and toilet set.
tocante *a.* ***~ a,*** concerning, with regard to.
tocar *t.* to touch, feel [with hands]. *2* to play [the piano, etc.]; to ring [a bell]; to beat [a drum]. *3* AUTO. to blow [the horn]. *4* to win [lottery]. *5* ***~ a muerto***, to toll. *6* to move, inspire. *7* to find [by experience]. *8 i.* to belong; to be one's turn: ***por lo que toca a,*** with regard to. *9* to call [at a port]. *10 ref.* to touch each other. *11* to cover one's head. *12* ***me toca de cerca,*** it concerns me closely.
tocino *m.* bacon; salt pork.
todavía *adv.* still, even, yet. *2* nevertheless. *3* ***~ más,*** even more; ***~ mejor,*** still better; ***~ no,*** not yet.
todo, da *a.* all, every, each: ***a ~ prisa,*** with all speed. *2 m.-f.* a whole, entirety. *3 adv.* entirely. *4* ***ante ~,*** first of all; ***con ~,*** however; ***sobre ~,*** above all.
todopoderoso, sa *a.* almighty.
toga *f.* toga. *2* judge's robe. *3* academic gown.
toldo *m.* awning.
tolerable *a.* tolerable, bearable.
tolerancia *f.* tolerance, indulgence.
tolerante *a.* tolerant, indulgent.
tolerar *t.* to tolerate. *2* to bear, suffer. *3* to overlook.
toma *f.* taking. *2* capture, seizure. *3* MED. dose. *4* inlet. *5* ELECT. plug, tap.
tomar *t.* to take. *2* to seize, catch; to capture. *3* to have [a meal, a drink, a rest, etc.]. *4* ***~ a pecho,*** to take to heart; ***~ el pelo,*** to pull one's leg; ***~ a mal,*** to take it amiss; ***~ las de Villadiego,*** to take to one's heels. *5 i.* ***~ por la derecha,*** to turn to the right.
Tomás *pr. n.* Thomas.
tomate *m.* tomato.
tómbola *f.* tombola, charity raffle.
tomillo *m.* thyme.
tomo *m.* volume, tome: ***de ~ y lomo,*** bulky, important.
ton *m.* ***sin ~ ni son,*** without rhyme or reason.
tonada *f.* tune, song.
tonadilla *f.* tune, lilt, air.
tonel *m.* barrel, cask, keg.
tonelada *f.* ton; ***~ métrica,*** metric ton.
tonelaje *m.* tonnage.
tónico, ca *a.-m.* tonic.
tono *m.* tone; tune. *2* key, pitch. *3* vigour, strength. *4* accent. *5* ***darse ~,*** to put on airs; ***de buen*** or ***mal ~,*** fashionable, or vulgar.
tontada, tontería *f.* silliness, stupidity. *2* nonsense.
tonto, ta *a.* silly, foolish, stupid. *2 m.-f.* fool, dolt.
topar *t.* to run into, collide with, bump into, knock against. *2 t.-i.-ref.* ***~ con,*** to run across, fall in with.
tope *m.* butt, end. *2* buffer; stop. *3* bump, collision. *4* row, quarrel. *5* ***hasta los topes,*** up to the top; full up.
topetada *f.,* **topetazo** *m.* butt; bump.

tópico, ca *a.* local. *2 m. pl.* commonplaces, topic.
topo *m.* mole.
topografía *f.* topography.
toque *m.* touch. *2* blow, tap. *3* sound [of a trumpet]; ringing [of a bell]; beat [of a drum]. *4* proof, trial. *5* ***piedra de ~,*** touchstone; ~ ***de queda,*** curfew.
toquilla *f.* headdress; headscarf.
torbellino *m.* whirlwind. *2* rush, bustle.
torcedura *f.* twist. *2* sprain, strain.
torcer *t.* to twist, wrench, bend, crook: ~ ***el gesto,*** to make a wry face. *2 i.* to turn to [the right, etc.]. *3 ref.* to become twisted, bent; to get crooked. *4* to go astray. *5* ~ ***el tobillo,*** to sprain one's ankle. ¶ CONJUG. like ***mover.***
torcido, da *a.* twisted, bent, crooked. *2* oblique, slanting. *3* dishonest. *4 f.* wick [of a candle, etc.]. *5 m.* jam roll. *6* coarse silk twist.
tordo, da *a.* dapple-grey [horse]. *2 m.* ORN. thrush.
torear *i.-t.* to fight bulls. *2 t.* to fool, make fun of.
toreo *m.* bullfighting.
torera *f.* a short, tight unbuttoned jacket.
torero, ra *a.* bullfighting. *2 m.-f.* bullfighter.
tormenta *f.* storm, tempest.
tormento *m.* torment, pain, anguish. *2* torture.
tormentoso, sa *a.* stormy, tempestuous.
tornadizo, za *a.* changeable, fickle.
tornado *m.* tornado, hurricane.
tornasol *m.* sunflower. *2* sheen [of fabrics]. *3* CHEM. litmus.
tornasolado, da *a.* iridescent, shot [of silk].
tornear *t.* to turn [in a lathe]. *2* to tourney. *3* to muse.
torneo *m.* tournement.
tornero *m.* turner [of a lathe].
tornillo *m.* screw. *2* clamp. *3* vice.
torniquete *m.* turnstile. *2* SURG. tourniquet.
torno *m.* windlass; winch. *2* lathe. *3* revolving server. *4* potter's wheel. *5* ***en ~,*** around.
toro *m.* bull. *2 pl.* bullfight.
toronja *f.* grapefruit.
torpe *a.* awkward, clumsy. *2* slow, heavy. *3* dull. *4* lewd, unchaste. *5* **-mente** *adv.* awkwardly, etc.
torpedear *t.* to torpedo.
torpedero *m.* torpedo-boat.
torpedo *m.* torpedo.
torpeza *f.* awkwardness, clumsiness. *2* slowness, heaviness. *3* dullness, stupidity.
torre *f.* tower. *2* turret. *3* country-house. *4* CHESS rook, castle.
torrente *m.* torrent; flood.
torrero *m.* lighthouse-keeper.
torrezno *m.* rasher of bacon.
tórrido, da *a.* torrid.
torrija *f.* fritter.
torsión *f.* twist. *2* sprain.
torta *f.* cake, pie. *2* blow, slap.
tortícolis *f.* stiff neck.
tortilla *f.* omelet. *2* (am.) pancake.
tórtola *f.* turtle-dove.
tortuga *f.* tortoise; turtle.
tortuoso, sa *a.* tortuous, winding, twisting. *2* crooked.
tortura *f.* torture, torment; grief.
torturar *t.* to torture, torment. *2 ref.* to fret, worry.
torvo, va *a.* grim, fierce.
tos *f.* cough: ~ ***ferina,*** whooping-cough.
tosco, ca *a.* rough, coarse. *2* rude, uncouth.
toser *i.* to cough.
tosquedad *f.* coarseness, roughness, uncouthness.
tostada *f.* slice of toast.
tostado, da *a.* toasted, roasted. *2* tan, brown [colour]. *3* tanned, sunburnt.
tostador *m.* toaster, roaster.
tostar *t.* to toast; to roast [coffee]. *2* to tan, sunburn.
total *a.* total. *2 m.* total, sum total. *3 adv.* in short.
totalidad *f.* totality, whole.
totalitario, ria *a.* totalitarian.
totalmente *adv.* wholly, altogether.
tóxico, ca *a.-m.* toxic.
toxina *f.* toxin.
tozudo, da *a.* stubborn, obstinate, pigheaded.
tozudez *f.* stubbornness, pigheadedness.
traba *f.* bond, clasp, locking device. *2* shackle. *3* hindrance, obstacle.
trabajador, ra *a.* hard-working. *2 m.-f.* worker.
trabajar *i.* to work, labour, to toil. *2* to strive, endeavour. *3* to till the soil.
trabajo *m.* work, labour, toil. *2* task, job. *3* effort, trouble: ***trabajos forzados,*** hard labour.
trabajoso, sa *a.* hard, arduous, laborious.
trabalenguas *m. sing. & pl.* tongue--twister.
trabar *t.* to bind, clasp, join. *2* to catch, seize. *3* to hobble, trammel. *4* to join [battle]; to strike up [friendship]; to begin [conversation]. *5 ref.* to stammer; ~ ***de palabras,*** to wrangle; ~ ***la lengua,*** to be tongue-tied.

trabazón *f.* union [of parts]. *2* connexion, relation. *3* CARP. bond.
trabucar *t.* to upset, overturn. *2 ref.* to stammer.
trabuco *m.* blunderbuss.
tracción *f.* traction, draught.
tractor *m.* tractor.
tradición *f.* tradition.
tradicional *a.* traditional. *2* **-mente** *adv.* traditionally.
traducción *f.* translation.
traducir *t.* to translate [into; from], render.
traductor, ra *m.-f.* translator.
traer *t.* to bring. *2* to draw, attract. *3* to bring over. *4* to bring about, occasion. *5* to make, keep. *6* to wear [a garment]. *7* ~ ***entre manos,*** to be busy with, be engaged in. ¶ CONJUG. INDIC. Pres.: ***traigo,*** traes, trae, etc. | Fut.: traeré, traerás, etc. || COND.: traería, traerías, etc. || SUBJ. Pres.: ***traiga, traigas,*** etc. | Imperf.: ***trajera, trajeras,*** etc., or ***trajese, trajeses,*** etc. | Fut.: ***trajere, trajeres,*** etc. || IMPER.: trae, ***traiga; traigamos,*** traed, ***traigan.*** | PAST. P.: traído. || GER.: ***trayendo.***
traficante *m.-f.* trader; dealer.
traficar *i.* to deal, trade.
tráfico *m.* traffic; trade, business.
tragaluz *m.* skylight.
tragaperras, *pl.* **-rras** *f.* slot-machine.
tragar *t.-ref.* to swallow [up]; to gulp; to engulf; ~ ***el anzuelo,*** to be taken in.
tragedia *f.* tragedy.
trágico, ca *a.* tragic(al. *2 m.* tragedian.
trago *m.* drink, draught, gulp: ***echar un*** ~, to have a drink. *2* mishap.
tragón, na *a.* gluttonous. *2 m.-f.* glutton.
traición *f.* treason; treachery: ***a*** ~, treacherously.
traicionar *t.* to betray.
traicionero, ra *a.* treacherous.
traidor, ra *a.* treacherous. *2 m.* traitor. *3 f.* traitress.
traje *m.* suit [for men]; dress [for women]; clothes [in general]; clothing [collective]; [historical] costume; gown [for women; judges, etc.]; ~ ***de baño,*** bathing-suit; ~ ***de etiqueta,*** full dress; ~ ***de luces,*** bullfighter's costume; ~ ***sastre,*** skirt and jacket.
trajín *m.* going and coming, bustle. *2* transport.
trajinar *t.* to carry [goods]. *2* bustle about.
tralla *f.* whip-lash.
trama *f.* WEAW. weft, woof. *2* texture. *3* plot [of a novel, play]. *4* plot, scheme.
tramar *t.* to weave. *2* to plot, scheme.
tramitar *t.* to transact, negotiate; to take legal steps.
trámite *m.* step, procedure, transaction, formality.
tramo *m.* stretch, section [of a road, etc.]. *2* flight of stairs.
tramontana *f.* north wind.
tramoya *f.* stage machinery.
tramoyista *m.* scene-shifter.
trampa *f.* trap; snare. *2* trapdoor. *3* bad debt. *4* trick, cheat [in games].
trampear *i.* to trick, cheat. *2* to manage, get along.
trampolín *m.* spring-board. *2* ski jump.
tramposo, sa *a.* deceitful, tricky. *2 m.-f.* swindler.
tranca *f.* club, truncheon. *2* crossbar.
trance *m.* predicament, critical moment: ***en*** ~ ***de muerte,*** at the point of death; ***a todo*** ~, at any risk.
tranquilidad *f.* tranquillity, quiet, peace, stillness.
tranquilizar *t.* to appease, calm down.
tranquilo, la *a.* calm, quiet, peaceful.
transacción *f.* compromise, agreement. *2* COM. transaction.
transatlántico, ca *a.* transatlantic. *2 m.* liner.
transbordador *m.* ferry-boat, transfer-boat.
transcribir *t.* to transcribe, copy.
transcurrir *i.* to pass, elapse.
transcurso *m.* course [of time].
transeúnte *a.-n.* transient. *2 m.-f.* passer-by; pedestrian.
transferencia *f.* transference.
transferible *a.* transferable.
transferir *t.* to transfer. ¶ CONJUG. like *hervir.*
transfigurar *t.* to transfigure. *2 ref.* to be transfigured.
transformable *a.* transformable; convertible.
transformación *f.* transformation.
transformador *m.* transformer.
transformar *t.* to transform. *2 ref.* to change; ~ ***en,*** to become.
tránsfuga *m.-f.* fugitive; deserter.
transgredir *t.* to transgress, break.
transgresión *f.* transgression.
transgresor, ra *m.-f.* transgressor.
transición *f.* transition.
transido, da *a.* overwhelmed with.
transigencia *f.* tolerance.
transigente *a.* tolerant, compromising.
transigir *i.* to compromise, be tolerant.
transistor *m.* transistor.
transitable *a.* passable, practicable.
transitar *i.* to pass, go, walk.

tránsito *m.* passage, crossing. *2* traffic.
transitorio, ria *a.* transitory.
translúcido, da *a.* translucent.
transmisión *f.* transmission.
transmisor *m.-f.* transmitter.
transmitir *t.* to transmit. *2* RADIO to broadcast.
transparencia *f.* transparency.
transparente *a.* transparent. *2* translucent. *3* obvious.
transpiración *f.* perspiration.
transpirar *i.* to perspire, transpire.
transponer *t.* to move, remove. *2* to transplant. *3* to disappear round [the corner]. *4 ref.* to set [of the sun].
transportar *t.* to transport, carry, convey. *2 ref.* to be enraptured.
transporte *m.* transportation, transport, carriage. *2* ecstasy.
transvasar *t.* to decant.
transversal *a.* transverse, cross: ***sección ~,*** cross section.
tranvía *m.* tramway, tram; *streetcar.
trapacero, ra; trapacista *a.* tricky. *2 m.-f.* trickster, cheat.
trapecio *m.* trapeze; trapezium.
trapería *f.* rags. *2* rag shop.
trapero, ra *m.-f.* rag-dealer.
trapío *m.* provocative gait [of women]. *2* liveliness [of bulls].
trapisonda *f.* row, shindy. *2* intrigue.
trapo *m.* rag. *2* NAUT. sails: ***a todo ~,*** at full sail. 3 bullfighter's cloak. *4 pl.* clothes, dresses. *5* ***poner como un ~,*** to rebuke severely.
traquetear *i.* to crack, explode. *2 t.* to shake, jerk.
traqueteo *m.* crack, explosion. *2* shaking, jerking.
tras *prep.* after, behind.
trascendencia *f.* perspicacity. *2* importance, consequence; result.
trascendental *a.* far-reaching. *2* highly important.
trascendente *a.* trascendent.
trascender *i.* to emit a strong odour. *2* to become known, leak out. *3* to have effect or consequences. *4 t.* to penetrate. ¶ CONJUG. like ***entender.***
trasegar *t.* to upset. *2* to move. *3* to decant. ¶ CONJUG. like ***acertar.***
trasero, ra *a.* back, hind, rear. *2 m.* coll, rump, buttocks.
trasgo *m.* goblin, poltergeist.
trashumante *a.* moving [sheep] from winter to summer pasture or viceversa.
trasiego *m.* decanting. *2* re-shuffle [of posts].
trasladar *t.* to move, remove. *2* to postpone, adjourn. *3 ref.* to move from... to.
traslado *m.* move, transfer. *2* written copy.
traslucirse *ref.* to be translucent, shine through. *2* to be evident.
trasluz *m.* light seen through a translucent body: ***mirar al ~,*** to hold against the light.
trasnochador *m.* night-bird.
trasnochar *i.* to keep late hours. *2* to spend the night.
traspapelarse *ref.* to become mislaid.
traspasar *t.* to pass over, cross over. *2* to pass through, pierce. *3* to exceed [limits], go too far. *4* to transfer [a business]. *5* to transgress [a law].
traspaso *m.* transfer [of a business]. *2* transgression.
traspié *m.* stumble: ***dar un ~,*** to stumble.
trasplantar *t.* to transplant.
trasplante *m.* transplantation.
traspunte *m.* THEAT. prompter.
trasquilar *t.* to shear [animals].
trastada *f.* bad turn, mean or dirty trick.
trastazo *m.* blow, bump, knock.
traste *m.* ***dar al ~ con,*** to spoil, ruin.
trastear *t.* to fight the bull with the MULETA. *2* to move about [furniture].
trastienda *f.* room behind a shop.
trasto *m.* piece of furniture; lumber. *2* useless person; queer type. *3* tools.
trastocar *t.* to invert, reverse. *2 ref.* to become crazy.
trastornado, da *a.* upset. *2* crazy.
trastornar *t.* to upset, turn upside down, disturb, overthrow.
trastorno *m.* upset, overturning. *2* riot, disorder. *3* upheaval; trouble.
trasudar *t.* to perspire, sweat slightly.
trasunto *m.* copy, image.
trata *f.* slave-trade; ***~ de blancas,*** white slave-traffic.
tratable *a.* friendly, sociable.
tratado *m.* treaty [between nations]. *2* treatise.
tratamiento *m.* treatment. *2* title, form of address.
tratante *m.-f.* trader, dealer.
tratar *t.* to treat [a pers. well or badly; a subject; metals]. *2* to deal with [people]. *3* to call [someone a liar]. *4* to address [as *tú*]. *5 i.* ***~ de*** [with infinitive], to try, attempt. *6* ***~ de*** [with noun], to deal with, talk about. *7* ***~ con,*** to have dealings with, be on terms with. *8* ***~ en,*** to deal, trade in. *9 ref.* to live [well or poorly]. *10* to be on good terms. *11*

se trata de, it is a question of. *12* ***¿de qué se trata?,*** what is all about?, what is the trouble?

trato *m.* treatment. *2* manner, behaviour. *3* agreement, deal. *4* negotiation. *5* relationship, intercourse. *6* ***de fácil ~,*** easy to get on with.

través *m.* bias, inclination. *2* misfortune. *3* ***a ~ de,*** through, across; ***al*** or ***de ~,*** slantwise, crosswise.

travesaño *m.* cross-piece, cross-bar; transom. *2* bolster [of a bed].

travesía *f.* cross-road. *2* distance. *3* passage, crossing [the sea].

travesura *f.* mischief, prank, lively wit.

traviesa *f.* RLY, sleeper.

travieso, sa *a.* mischievous, naughty [child]. *2* cross, transverse.

trayecto *m.* distance, stretch, way. *2* journey, run.

trayectoria *f.* trajectory, flight.

traza *f.* sketch, plan [of building]. *2* device, shift. *3* appearance, aspect: ***tener trazas de,*** to look like.

trazado, da *a.* ***bien ~,*** good-looking; ***mal ~,*** ill-favoured. *2 m.* sketch, outline; lay-out.

trazar *i.* to draw, sketch. *2* to lay out, plan out.

trazo *m.* outline, drawing. *2* line, stroke [of a pen].

trébol *m.* clover, trefoil. *2* club [playing-card].

trece *a.-m.* thirteen; thirteenth: ***estar en sus ~,*** to hold fast.

trecho *m.* distance, stretch: ***de ~ en ~,*** at intervals; from time to time.

tregua *f.* truce, rest, respite: ***no dar ~,*** to allow no respite.

treinta *a.-m.* thirty; thirtieth.

tremebundo, da *a.* dreadful, imposing. *2* huge, tremendous.

trementina *f.* turpentine.

tremolar *t.-i.* to wave, hoist [a flag].

trémulo, la *a.* tremulous, quivering, flickering.

tren *m.* train; ~ ***expreso,*** express train. *2* gear, outfit: ~ ***de aterrizaje,*** undercarriage. *3* pomp, show; retinue. *4* SPORT speed.

trencilla *f.* braid, ribbon.

trenza *f.* braid, plait. *2 pl.* tresses.

trenzar *t.* to braid, plait.

trepador, ra *a.* climbing [plant]. *2 m.* climber.

trepar *i.-t.* to climb, clamber. *2 t.* to bore, pierce.

trepidación *f.* vibration, shaking.

trepidar *i.* to tremble, vibrate, shake.

tres *a.-m.* three. *2 a.* third.

tresillo *m.* ombre [card game]. *2* three-piece suite.

treta *f.* trick, wile; feint [in fencing].

triangular *a.* triangular.

triángulo *m.* triangle.

tribu *f.* tribe.

tribulación *f.* tribulation, trouble.

tribuna *f.* tribune, platform. *2* grandstand.

tribunal *m.* tribunal, court of justice. *2* EDUC. examining board.

tributar *t.* to pay [taxes; homage].

tributario, ria *a.* tributary. *2 m.-f.* taxpayer. *3* tributary [river].

tributo *m.* tribute, tax.

tricornio *m.* three-cornered hat.

trifulca *f.* dispute, row.

trigal *m.* wheat field.

trigo *m.* wheat.

trigonometría *f.* trigonometry.

trigueño, ña *a.* of a light brown complexion, swarthy, dark.

trilla *f.* threshing.

trillado, da *a.* beaten [path]. *2* trite, commonplace.

trilladora *f.* thrashing-machine.

trillar *t.* to thrash, thresh.

trimestral *a.* quarterly, terminal.

trimestre *m.* quarter, period of three moths. *2* [school] term.

trinar *i.* to trill [in singing]; [of birds] to warble, chirp. *2* to get furious.

trincar *t.* to break, tear. *2* to tie up [a person]. *3* NAUT. to lash, fasten. *4* coll. to kill. *5* coll. to drink.

trinchante *m.* carving-fork, carving-knife. *2* carver.

trinchar *t.* to carve [food].

trinchera *f.* trench, entrenchment. *2* trench-coat.

trineo *m.* sleigh, sledge, sled.

Trinidad *f.* Trinity.

trinitaria *f.* BOT. pansy.

trino, na *a.* trine; ternary. *2 m.* trill.

trinquete *m.* NAUT. foremast.

trío *m.* trio.

tripa *f.* gut, intestine, bowels.

triple *a.-m.* triple, treble.

triplicado, da *a.* threefold. *2 m.* triplicate.

triplicar *t.* to treble, triplicate.

tripulación *f.* crew [of a ship, etc.].

tripulante *m.* member of the crew.

tripular *t.* to man [a ship, etc.].

triquiñuela *f.* chicanery, ruse.

triscar *i.* to shuffle, stamp the feet. *2* to frolic, caper. *3* to mix, bind. *4* to set [a saw].

triste *a.* sad. *2* gloomy, dismal. *3* sorrowful. *4* **-mente** *adv.* sadly, etc.
tristeza *f.* sadness, melancholy. *2* sorrow.
triturar *t.* to crush, grind.
triunfador, ra *m.-f.* triumpher; victor.
triunfal *a.* triumphal.
triunfante *a.* triumphant. *2 m.* victor.
triunfar *i.* to triumph, win.
triunfo *m.* triumph; victory success. *2* trump [at cards].
trivial *a.* trivial, commonplace, trite. *2* **-mente** *adv.* trivially.
triza *f.* bit, shred; ***hacer trizas,*** to tear to pieces.
trocar *t.* to exchange, barter. *2* to mix up, confuse. *3 ref.* to change; get mixed up.
trocear *t.* to divide into pieces.
trocha *f.* narrow path.
trofeo *m.* trophy; victory.
troj(e *f.* granary, barn.
trola *f.* coll. lie, fib.
trolebús *m.* trolley-bus.
tromba *f.* waterspout.
trombón *m.* trombone. *2* trombone player.
trompa *f.* MUS. horn. *2* trunk [of elephant].
trompazo *m.* bump, heavy blow.
trompeta *f.* trumpet; bugle. *2 m.* trumpeter.
trompetazo *m.* trumpet-call.
trompicón *m.* stumble.
trompo *m.* spinning-top.
tronada *f.* thunderstorm.
tronar *impers.-i.* to thunder.
tronco *m.* trunk [of tree, animal, etc.]; log; stem: ***dormir como un ~,*** to sleep like a log. *2* team [of horses]. *3* family, stock.
tronchar *t.* to break off, lop off. *2* ref. ***~ de risa,*** to burst with laughing.
tronera *f.* porthole. *2* small window. *3* pocket of a billiard table. *4* madcap.
trono *m.* throne.
tropa *f.* troop, crowd. *2* troops, soldiers; forces, army.
tropel *m.* throng, rush, bustle. *2* crowd; ***en ~,*** in disorder, pell-mell.
tropelía *f.* injustice, outrage.
tropezar *i.* to trip, stumble. *2* to meet [a person], come across. *3* to come up against [a difficulty].
tropezón *m.* trip, stumble.
tropical *a.* tropical, tropic.
trópico *m.* tropic.
tropiezo *m.* trip, stumble. *2* stumbling-block. *3* slip, error. *4* quarrel.
trotamundos, *pl.* **-dos** *m.-f.* globe-troter.
trotar *i.* to trot. *2* to hurry.
trote *m.* trot; ***al ~,*** at a trot.
trovador *m.* troubadour, minstrel.
trozo *m.* piece, bit.
truco *m.* trick. *2 pl.* pool [billiards].
truculento, ta *a.* cruel, truculent.
trucha *f.* trout.
trueno *m.* thunder, thunderclap. *2* report [of firearms].
trueque *m.* exchange: ***a ~ de,*** in exchange for.
trufa *f.* truffle. *2* lie, humbug.
truhán *a.-n.* rogue, scoundrel.
truncar *t.* to truncate, cut off.
tú *pers. pron.* you; thou.
tú, *pl.* **tus** *poss. a.* your; thy.
tubérculo *m.* tuber; tubercle.
tuberculosis *f.* tuberculosis, consumption.
tuberculoso, sa *a.* tuberculous. *2 a.-n.* consumptive.
tubería *f.* tubing, piping; pipe-line.
tubo *m.* tube, pipe: ***~ digestivo,*** alimentary canal.
tuerca *f.* nut: ***~ a mariposa,*** wing nut.
tuerto, ta *a.* one-eyed. *2 m.* wrong, injury: ***a tuertas y a derechas,*** rightly or wrongly.
tuétano *m.* marrow [of bones]; pit [of plants].
tufo *m.* fume, vapour; stench.
tugurio *m.* shepherd's hut. *2* mean room.
tul *m.* tulle.
tulipa *f.* glass lampshade.
tulipán *m.* BOT. tulip.
tullido, da *a.* crippled, paralytic.
tullirse *ref.* to become crippled.
tumba *f.* tomb, grave.
tumbado, da *a.* prone, lying down.
tumbar *t.* to fell, knock down, topple. *2 ref.* to lie down.
tumbo *m.* tumble, somersault: ***dar tumbos,*** to bump along.
tumor *m.* tumour.
tumulto *m.* tumult, riot, uproar.
tumultuoso, sa *a.* tumultuous.
tuna *f.* ESTUDIANTINA.
tunante *a.-n.* rascal, rogue.
tunda *f.* flogging, beating. *2* shearing [of cloth].
tundir *t.* to flog, beat. *2* to shear.
túnel *m.* tunnel.
túnica *f.* tunic; robe, gown.
tuno, na *a.-n.* TUNANTE.
tupido, da *a.* dense, thick.
turba *f.* crowd, mob. *2* turf.
turbación *f.* disturbance. *2* confusion. *3* embarrassment.
turbante *m.* turban.

turbar *t.* to disturb, upset, trouble. *2* to confuse. *3* to embarrass. *4 ref.* to get disturbed, embarrassed.
turbina *f.* turbine.
turbio, bia *a.* muddy. *2* troubled, confused.
turborreactor *m.* turbojet.
turbulencia *f.* turbulence.
turbulento, ta *a.* turbulent, disorderly. *2* muddy, troubled.
turco, ca *a.* Turkish. *2 m.-f.* Turk. *3 f.* drunkenness.
turgente *a.* turgid, swollen.
turismo *m.* tourism. *2* touring car. *3* travel agency.
turista *m.-f.* tourist.
turístico, ca *a.* touristic(al.
turnar *i.* to alternate, go or work by turns.
turno *m.* turn. *2* shift. *3* ***por turnos,*** by turns.
turquesa *f.* MINER. turquoise.
turquí *a.* deep blue.
Turquía *f. pr. n.* Turkey.
turrón *m.* nougat.
turulato, ta *a.* dazed, stupified.
tutear *t.* to thou, address familiarly as *tú.* *2 rec.* to thou each other.
tutela *f.* tutelage, guardianship.
tutor *m.* tutor, guardian.
tuyo, ya *poss. pron.* yours; thine [formal]. *2 poss. a.* your; thy [formal].

U

u *conj.* [replaces o before a word beginning with *o* or *ho*] or.
ubérrimo, ma *a.* very fertile.
ubicación *f.* location, position.
ubicar *i.-ref.* to lie, be situated.
ubicuo, cua *a.* ubiquitous.
ubre *f.* udder, teat.
ufanarse *ref.* to boast, pride oneself.
ufano, na *a.* proud, conceited. *2* cheerful, satisfied.
ujier *m.* usher.
úlcera *f.* sore, ulcer.
ulterior *a.* ulterior, later. *2* further. *3* **-mente** *adv.* later, subsequently.
últimamente *adv.* finally, lastly. *2* recently.
ultimar *t.* to end, finish, complete.
ultimátum *m.* ultimatum, last word.
último, ma *a.* last, final; latest. *2* utmost; finest. *3* ***por ~,*** lastly, at last.
ultrajante *a.* injurious, insulting.
ultrajar *t.* to insult, offend, outrage.
ultraje *m.* insult, offence, outrage.
ultramar *m.* overseas.
ultramarino, na *a.* oversea. *2 m. pl.* groceries.
ultranza (a) *adv.* to the death. *2* at all costs.
ultratumba *f.* beyond the grave.
ulular *i.* to howl, hoot.
umbral *m.* threshold. *2* lintel.
umbrío, bría *a.* shady, shadowy. *2 f.* shady place.
un, una *indef. art.* a, an. *2 pl.* some, any. *3 a.* one.
unánime *a.* unanimous. *2* **-mente** *adv.* unanimously.
unanimidad *f.* unanimity: ***por ~,*** unanimously.
unción *f.* unction, anointing. *2* extreme unction.
uncir *t.* to yoke.
undécimo, ma *a.-m.* eleventh.
ungir *t.* to anoint, consecrate.
ungüento *m.* ointment.
únicamente *adv.* only, solely.
unicelular *a.* unicellular.
único, ca *a.* only, sole. *2* unique.
unidad *f.* unity. *2* unit.
unido, da *a.* united: ***Estados Unidos,*** United States.
unificación *f.* unification.
unificar *t.* to unify. *2 ref.* to be unified.
uniformar *t.* to uniform, standardize. *2* to dress in uniform.
uniforme *a.-m.* uniform. *2* **-mente** *adv.* uniformly.
uniformidad *f.* uniformity.
unigénito, ta *a.* only-begotten.
unión *f.* union. *2* unity, concord. *3* association; marriage. *4* coupling, connection.
unir *t.* to join, unite. *2* to connect, mix. *3 ref.* to join; to mingle. *4* to get married, attached.
unísono, na *a.* unison. *2* ***al ~,*** in unison, together.
universal *a.* universal. *2* **-mente** *adv.* universally.
universidad *f.* university.
universitario, ria *a.* university [professor].
universo *m.* universe, world.
uno, una *a.* one. *2 pl.* a few, some: ***unos seis años,*** about six years. *2 pron.* one; anyone; *pl.* some [people]: ***~ a ~,*** one by one; ***~ a otro,*** each other, one another: ***cada ~,*** each [one], everyone; ***a una,*** all together; ***la una,*** one o'clock.
untar *t.* to anoint, grease, smear. *2 ref.* to get smeared.
untuoso, sa *a.* unctuous, greasy.
uña *f.* nail [of finger, toe]. *2* talon, claw; hoof. *3* ***ser ~ y carne,*** to be hand and glove; ***largo de uñas,*** light-fingered.
uñada *f.* nail scratch.
uranio *m.* uranium.
urbanidad *f.* politeness, manners.

urbanizar *t.* to urbanize, build a town on.
urbano, na *a.* urban. *2* courteous, polite. *3 m.* town policeman.
urbe *f.* large city, metropolis.
urdimbre *f.* WEAW. warp(ing). *2* secret plan.
urdir *t.* to warp. *2* to plot, contrive.
urgencia *f.* urgency. *2* MED. emergency.
urgente *a.* urgent, pressing.
urgir *i.* to press, be urgent.
urinario, ria *a.* urinary. *2 m.* urinal [place].
urna *f.* urn. *2* glass case. *3* ballot box.
urraca *f.* ORN. magpie.
usado, da *a.* used, worn, old. *2* second-hand [books, etc.]. *3* frequent. *4* experienced.
usanza *f.* usage, custom, fashion.
usar *t.* to use. *2* to wear [clothing]. *3 t.-i.* to be accustomed to. *4 ref.* to be in use or fashion.
usía *m.-f.* your lordship [or ladyship].
uso *m.* use, employment; wear, wear and tear; ***en buen* ~,** in good condition. *2* usage, custom, fashion. *3* enjoyment. *4* habit, practice. *5* ~ ***de razón,*** discernment.
usted, *pl.* **ustedes** *pers. pron.* you.
usual *a.* usual, customary. *2* **-mente** *adv.* usually.
usuario, ria *a.* usuary. *2 m.-f.* user.
usufructo *m.* usufruct; profits.
usufructuar *t.* to hold in usufruct. *2 i.* to bear fruit.
usufructuario, ria *a.-n.* usufructuary.
usura *f.* usury.
usurero, ra *m.-f.* usurer, money-lender.
usurpación *f.* usurpation.
usurpador, ra *a.* usurping. *2 m.-f.* usurper.
usurpar *t.* to usurp.
utensilio *m.* implement, tool; utensil.
útil *a.* useful, profitable. *2* MECH. effective, available. *3 m.-pl.* tools, implements. *4* **-mente** *adv.* usefully.
utilidad *f.* utility, usefulness. *2* profit, benefit.
utilizable *a.* utilizable, available.
utilizar *t.* to utilize, use, make use of. *2* to benefit from.
utópico, ca *a.* Utopian.
uva *f.* grape: ~ ***pasa,*** raisin; ~ ***espina,*** gooseberry; ***estar hecho una* ~,** to be tipsy or drunk.

V

vaca *f.* cow; ~ ***lechera,*** milk cow; ~ ***marina,*** sea cow. *2* beef [meat].
vacación *f. sing.-pl.* vacation, holidays; ***de vacaciones,*** on holiday.
vacada *f.* herd of cows or oxen.
vacante *a.* vacant, unoccupied. *2 f.* vacancy. *3* vacation [period].
vacar *i.* to take a vacation. *2* [of a post, etc.] to be vacant. *3* ~ ***a,*** to attend to. *4* ~ ***de,*** to lack, be devoid of.
vaciadero *m.* sink, drain.
vaciado *m.* plaster cast.
vaciar *t.* to empty; to drain, pour out. *2* to cast. *3* to sharpen [razors]. *4 i.* [of rivers] to flow.
vaciedad *f.* nonsense, empty talk.
vacilación *f.* hesitation, wavering. *2* unsteadiness.
vacilante *a.* hesitating, irresolute. *2* wavering; unsteady.
vacilar *i.* to hesitate, shake, flicker. *2* to waver.
vacío, a *a.* empty, void. *2* unoccupied. *3* vain. *4* hollow. *5 m.* void; emptiness; PHYS. vacuum. *6* gap, blank.
vacuna *f.* vaccine.
vacunación *f.* vaccination.
vacunar *t.* to vaccinate.
vacuno, na *a.* bovine: ***ganado*** ~, horned cattle.
vadeable *a.* fordable. *2* fig. superable.
vadear *t.* to ford, wade. *2* to overcome [a difficulty]. *3* to sound [a person].
vado *m.* ford. *2* fig. expedient.
vagabundear *i.* to wander, roam, loiter.
vagabundo, da *a.-n.* vagabond, tramp.
vagancia *f.* idleness. *2* vagrancy.
vagar *i.* to wander, roam. *2* to be idle or at leisure.
vagido *m.* wail, cry [of babies].
vago, ga *a.* roving, errant, vagant. *2* vague, indefinite. *3* idle, loafing. *4 m.* idler, loafer, tramp.
vagón *m.* RLY. carriage, wagon: ~ ***cama,*** sleeping-car. *2* van.
vagoneta *f.* open truck [in mining].
vaguedad *f.* vagueness; vague remark.
vahído *m.* dizziness, swoon, faint.
vaho *m.* fume, vapour, steam.
vaina *f.* sheath, scabbard. *2* BOT. pod, husk.
vainilla *f.* vanilla.
vaivén *m.* oscillation, fluctuation. *2* swinging; rocking. *3* unsteadiness.
vajilla *f.* table service, plate, dishes. *2* crockery: ~ ***de plata,*** silverwear; ~ ***de porcelana,*** chinaware.
vale *m.* promisory note; voucher, IOU. *2* adieu [in letters].
valedero, ra *a.* valid, binding.
valentía *f.* valour, courage. *2* heroic, feat. *3* bragging.
valentón, na *a.* arrogant; boastful. *2 m.-f.* braggard, bully.
1) **valer** *m.* worth, value.
2) **valer** *i.* to be worth, cost, amount to. *2* to deserve; to avail, be valid, be equal to; ***vale la pena verlo,*** it is worth while seeing; ***no*** ~ ***nada***, it is worthless; ***vale más,*** it is better; ***no vale,*** it's no good. *3 t.* to protect, help: ***¡valgame Dios!,*** Good heavens! *4 ref.* to help oneself: ~ ***de,*** to avail oneself, make use of: ***no poder*** ~, to be helpless. ¶ CONJUG. INDIC. Pres.: ***valgo,*** vales, vale, etc. | Fut.: ***valdré, valdrás,*** etc. || COND.: ***valdría, valdrías,*** etc. || SUBJ. Pres.: ***valga, valgas,*** etc. || IMPER.: ***val*** or ***vale, valga; valgamos,*** valed, ***valgan.***
valeroso, sa *a.* courageous, brave. *2* valuable, efficacious.
valía *f.* value, worth. *2* favour, influence.
validez *f.* validity.
válido, da *a.* valid. *2* strong, robust.
valido *m.* court favourite.
valiente *a.* valiant, brave. *2* strong, vigorous. *3* fig. fine, excellent. *4 m.-f.* brave person. *5* **-mente** *adv.* bravely, etc.

valija *f.* valise, suit-case. *2* mail-bag. *3* mail, post.
valimiento *m.* good graces, favour [at court]. *2* protection.
valioso, sa *a.* expensive, valuable, costly. *2* wealthy.
valor *m.* value, worth, price. *2* courage, valour; daring, nerve. *3* validity, importance. *4 pl.* securities, bonds.
valoración, valuación *f.* valuation.
valor(e)ar, valuar, valorizar *t.* to value, appraise. *2* to increase the value of.
vals *m.* waltz.
válvula *f.* valve; ~ ***de seguridad,*** safety valve.
valla *f.* fence, stockade, barrier. *2* SPORT hurdle. *3* fig. obstacle.
valladar *m.* VALLADO. *2* fig. obstacle.
vallado *m.* fence, stockade, enclosure.
vallar *t.* to fence in, enclose.
valle *m.* valley, vale.
vampiro *m.* vampire, ghoul. *2* bloodsucker.
vanagloria *f.* vainglory, conceit.
vanagloriarse *ref.* to boast of.
vanamente *adv.* vainly; in vain.
vandalismo *m.* vandalism.
vanguardia *f.* MIL. vanguard.
vanidad *f.* vanity, conceit.
vanidoso, sa *a.* vain, conceited.
vano, na *a.* vain, useless. *2* hollow, empty. *3* illusory. *4* frivolous. *5 m.* ARCH. opening [for a door, etc.]. *6* ***en*** ~***,*** in vain.
vapor *m.* vapo(u)r: steam. *2* mist. *3* giddiness. *4* NAUT. steamship, steamer.
vaporizar *t.* to vaporize. *2* to spray.
vaporoso, sa *a.* vaporous; airy; light.
vapulear *t.* to flog, whip, thrash.
vapuleo *m.* flogging, whipping, thrashing.
vaquería *f.* herd of cows. *2* dairy.
vaquero, ra *m.-f.* cow-herd, cowboy.
vara *f.* stick, rod. *2* wand of office: ***tener*** ~ ***alta,*** to have authority. *3* measure of length [2.8 ft.]. *4* shaft [of a carriage]. *5* BULL. thrust with the pike.
varada *f.* NAUT. stranding.
varadero *m.* shipyard.
varar *i.* NAUT. to run aground, be stranded. *2* to beach [a boat].
varear *t.* to beat [fruit trees] with a stick.
variable *a.* variable, changeable.
variación *f.* variation, change.
variado, da *a.* varied. *2* variegated.
variante *a.-f.* variant.
variar *t.-i.* to vary, change.
varicela *f.* MED. chicken-pox.
variedad *f.* variety; diversity.
varilla *f.* slender stick or rod. *2* rib [of umbrella]. *3* wire spoke. *4* ~ ***de virtudes,*** conjurer's wand.
varillaje *m.* ribbing [of fan, umbrella].
vario, ria *a.* various, different; inconstant. *2 pl.* some, several.
varón *m.* male; man.
varonil *a.* manly, virile; male.
vasallo *m.-f.* vassal, liegeman.
vasco, ca *a.* **vascongado, da** *a.-n.* **vascuence** *a.-n.* Basque.
vasija *f.* vessel, container, jar.
vaso *m.* glass tumbler. *2* glassful. *3* vessel. *4* vase.
vástago *m.* shoot, bud; scion, offspring. *2* MACH. piston rod.
vasto, ta *a.* vast, immense, huge.
vate *m.* bard, poet. *2* seer.
vaticinar *t.* to prophesy, foretell.
vaticinio *m.* prophecy, prediction.
vatio *m.* ELECT. watt.
vaya *interj.* go! *2* banter, jest.
vecinal *a.* local neighbouring: ***camino*** ~***,*** country road.
vecindad *f.;* **vecindario** *m.* neighbourhood; neighbours: ***casa de*** ~***,*** tenement house.
vecino, na, *a.* nearby, next, neighbouring. *2 m.-f.* neighbour. *3* resident; tenant; inhabitant.
veda *f.* prohibition. *2* close season [for hunting, etc.].
vedado, da *a.* prohibited. *2 m.* enclosed land, game preserve.
vedar *t.* to prohibit, forbid. *2* to impede, prevent.
vega *f.* fertile lowland. *2* (Cu.) tobacco plantation.
vegetación *f.* vegetation.
vegetal *a.* vegetable. *2 m.* plant.
vegetar *i.* to vegetate, live.
vegetariano, na *a.-n.* vegetarian.
vehemencia *f.* vehemence, violence.
vehemente *a.* vehement, violent, fervent.
vehículo *m.* vehicle.
veinte *a.-m.* twenty. *2 a.-n.* twentieth.
vejación *f.* vexation, annoyance. *2* oppression.
vejar *t.* to vex, annoy. *2* to oppress.
vejez *f.* old age.
vejiga *f.* bladder.
vela *f.* wakefulness, vigil. *2* night work. *3* watchman. *4* candle. *5* sail; sailing ship: ***hacerse a la*** ~***,*** to set sail. *6* ***pasar la noche en*** ~***,*** to spend a sleepless night.
velada *f.* vigil. *2* evening party.
velador, ra *m.-f.* watchman, caretaker. *2 m.* wooden candlestick. *3* small round table.

velar *i.* to watch, stay awake. *2* ~ ***por,*** to watch over, look after. *3 t.* to veil, hide. *4* PHOT. *ref.* to fog.
velatorio *m.* wake [over a corpse].
veleidad *f.* caprice, whim. *2* inconstancy.
veleidoso, sa *a.* inconstant, fickle.
velero, a *a.* NAUT. swift-sailing. *2 m.* sailing ship.
veleta *f.* weathercock, vane. *2* fickle person. *3* [angler's] float.
velo *m.* veil: ***correr,*** or ***echar, un ~ sobre,*** to draw a veil over.
velocidad *f.* speed, velocity: ***primera ~,*** AUTO. low gear; ***segunda ~,*** second gear; ***tercera ~,*** high gear; ***en gran ~,*** RLY. by express; ***en pequeña ~,*** by freight.
velódromo *m.* cycle track.
veloz, *pl.* **-loces** *a.* fast, speedy, quick, swift.
vello *m.* down.
vellón *m.* fleece. *2* ancient copper coin.
velloso, sa; velludo, da *a.* downy, hairy, shaggy.
vena *f.* ANAT. vein. *2* MIN. vein, seam. *3* poetical inspiration: ***estar en ~,*** to be in the mood.
venablo *m.* javelin, dart.
venado *m.* stag, deer. *2* venison.
venal *a.* purchaseable. *2* venal.
vencedor, ra *a.* conquering, triumphant. *2 m.-f.* conqueror; victor; winner.
vencer *t.* to overcome, defeat, beat. *2* to conquer, subdue. *3* to excel. *4 i.* to win. *5* COM. to fall due. *6 ref.* to control oneself.
vencido, da *a.* defeated. *2* [of a bill] due, payable.
vencimiento *m.* defeat. *2* COM. maturity, expiration.
venda *f.* bandage.
vendaje *m.* bandaging.
vendar *t.* to bandage. *2* ~ ***los ojos,*** to blindfold.
vendaval *m.* strong wind; gale.
vendedor, ra *a.* selling. *2 m.-f.* retailer. seller.
vender *t.* to sell: ***se vende,*** for sale. *2* to betray. *3 ref.* to sell oneself, accept a bribe.
vendimia *f.* vintage, grape harvesting.
vendimiar *t.* to harvest [grapes].
veneno *m.* poison, venom.
venenoso *a.* poisonous, venomous.
venerable *a.* venerable.
veneración *f.* veneration. *2* worship.
venerar *t.* to venerate. *2* ECCL. to worship.
venero *m.* spring [of water]. *2* fig. source, origin. *3* MIN. bed, lode.
venezolano, na *a.-n.* Venezuelan.
venganza *f.* vengeance, revenge.
vengar *t.* to avenge. *2 ref.* to take revenge.
venia *f.* permission, leave. *2* pardon, forgiveness.
venial *a.* venial, excusable.
venida *f.* coming, arrival. *2* return. *3* flood, freshet.
venidero, ra *a.* future, forthcoming: ***en lo ~,*** in the future.
venir *t.* to come, arrive. *2* to come [to mind], occur. *3* ***el mes que viene,*** next month: ~ ***a las manos,*** to come to blows; ~ ***al caso,*** to be relevant; ~ ***a menos,*** to decay, decline; ~ ***al pelo,*** to be opportune; ~ ***bien [mal],*** [not] to fit, suit, be becoming; ~ ***en,*** to agree to; to decide; ~ ***en conocimiento,*** to come to know. *4 ref.* to come return; ~ ***abajo,*** to collapse, fall down. ¶ CONJUG. INDIC. Pres: ***vengo, vienes, viene;*** venimos, venís, ***vienen.*** | Pret.: ***vine, viniste,*** etc. | Fut.: ***vendré, vendrás,*** etc. || SUBJ. Pres.: ***venga, vengas.*** | Imperf.: ***viniera, vinieras,*** etc., or ***viniese, vinieses,*** etc. | Fut.: ***viniere, vinieres,*** etc. ¶ IMPER.: ***ven, venga; vengamos,*** venid, ***vengan.*** || PAST. P. venido. || GER.: ***viniendo.***
venta *f.* sale, selling: ~ ***al por mayor,*** wholesale; ~ ***al por menor,*** retail sale; ***en ~,*** for sale. *2* roadside inn.
ventaja *f.* advantage. *2* handicap [in racing]. *3* gain, profit.
ventajoso, sa *a.* advantageous. *2* profitable.
ventana *f.* window; casement: ~ ***de guillotina,*** sash window. *2* ~ ***de la nariz,*** nostril.
ventarrón *m.* gale, strong wind.
ventear *impers.* to be windy, blow. *2 t.* to scent, sniff. *3* to air [clothing]. *4* fig. to smell out, pry out. *5 ref.* to break wind.
ventilación *f.* ventilation.
ventilador *m.* ventilator, fan.
ventilar *t.* to air, ventilate. *2* to discuss.
ventisca *f.* snow-storm, blizzard.
ventisquero *m.* snow-storm, snow-drift. *2* glacier.
ventolera *f.* gust of wind. *2* vanity. *3* caprice, whim.
ventorrillo, ventorro *m.* small inn.
ventosear *i.-ref.* to break wind.
ventosidad *f.* wind, flatulence.
ventoso, sa *a.* windy, wind-swept.
ventrículo *m.* ventricle.
ventrílocuo, cua *m.-f.* ventriloquist.
ventura *f.* happiness. *2* luck, fortune. *3* hazard, risk. *4* ***por ~,*** by chance; ***a la ~,*** at random.

venturoso, sa *a.* happy, lucky, fortunate.
1) **ver** *m.* sight. *2* appearance, look(s: ***tener buen ~***, to be good-looking. *3* ***a mi ~***, in my opinion.
2) **ver** *t.* to see. *2* to look [at]. *3* ***a ~***, let's see; ***echar de ~***, to notice; ***es de ~***, it is worth seeing; ***hacer ~***, to show; ***hasta más ~***, good-bye; ***no poder ~***, to detest; ***no tiene nada que ~ con***, it has nothing to do with; ***~ venir***, to see and wait. *4 i.* ***~ de***, to try to. *5 ref.* to be seen. *6* to be obvious. *7* to see oneself. *8* to be; ***verse obligado a***, to be obliged to. *9* to meet one another. *10* ***véase***, see; ***ya se ve***, of course. ¶ CONJUG. INDIC. Pres.: veo, ves, ve, etc. | Imperf.: veía, veías, etc. | Pret.: ***vi, viste***, etc. | Fut.: veré, verás, etc. || COND.: vería, verías, etc. || SUBJ. PRES.: vea, veas, etc. | Imperf.: ***viera, vieras***, etc. or ***viese, vieses***, etc. || Fut.: ***viere, vieres***, etc. || IMPER.: ve, vea, etc. | PAST. P.: ***visto***. || GER.: ***viendo***.
vera *f.* edge, verge: ***a la ~ de***, near, close to.
veracidad *f.* veracity, truthfulness.
veraneante *m.-f.* holiday-maker; summer resident.
veranear *i.* to spend the summer [holiday].
veraneo *m.* summer holiday.
veraniego, ga *a.* [pertaining to] summer.
veranillo *m.* Indian summer.
verano *m.* summer [season].
veras *f.* truth, reality: ***de ~***, really, truly.
veraz *a.* truthful, veracious.
verbal *a.* verbal, oral.
verbena *f.* BOT. verbena. *2* night festival on the eve of certain saint's days.
verbigracia *adv.* for example.
verbo *m.* GRAM. verb. *2* the Word.
verdad *f.* truth: ***en ~***, in truth, really; ***¿no es ~?, ¿verdad?***, isn't that so?; ***es bonita, ¿verdad?***, she is pretty, isn't she?; ***saliste, ¿verdad?***, you went out, didn't you?; ***~ de Perogrullo***, truism.
verdaderamente *adv.* truly, really; indeed.
verdadero, ra *a.* true. *2* real. *3* truthful.
verde *a.* green [colour]; verdant; unripe; young; obscene: ***poner ~***, to abuse; ***viejo ~***, gay, merry old man. *2 m.* green colour. *3* grass; verdure, foliage.
verdor *m.* verdure, greenness.
verdoso, sa *a.* greenish.
verdugo *m.* hangman, executioner.
verdulería *f.* greengrocer's shop.
verdulero, ra *m.-f.* greengrocer. *2 f.* fig. coarse woman.
verdura *f.* grenness. *2* verdure. *3 sing.* & *pl.* vegetables, greens.
vereda *f.* path, footpath.
veredicto *m.* verdict.
verga *f.* NAUT. yard. *2* penis of animal.
vergajo *m.* pizzle.
vergel *m.* flower and fruit garden.
vergonzoso, sa *a.* shameful, shocking. *2* bashful, shy.
vergüenza *f.* shame; bashfulness; modesty: ***tener*** or ***sentir ~***, to be ashamed. *2* scandal.
verídico, ca *a.* truthful. *2* true: ***es ~***, it is a fact.
verificar *t.* to verify, confirm. *2* to prove. *3* to carry out. *4 ref.* to prove true. *5* to take place.
verja *f.* grating; iron railing.
verosímil *a.* likely, probable, credible.
verosimilitud *f.* versomilitude, likeliness.
verruga *f.* wart. *2* coll, nuisance.
versado, da *a.* versed, proficient, expert.
versar *i.* to turn. *2* ***~ sobre***, to deal with, treat of. *3 ref.* to become versed.
versátil *a.* versatile, fickle, changeable.
versículo *m.* verse, versicle.
versificar *t.-i.* to versify, write verses.
versión *f.* version. *2* translation.
verso *m.* verse, poem. *2* line: ***~ blanco*** or ***suelto***, blank verse.
vértebra *f.* ANAT. vertebra.
vertebrado, da *a.-n.* vertebrate.
vertedero *m.* sink, drain, dump.
verter *t.* to pour. *2* to spill. *3* to empty, shed. *4* to translate. *5 i.* [of a stream] to run, flow. *6 ref.* to spill, flow. ¶ CONJUG. like ***entender***.
vertical *a.* vertical. *2* **-mente** *adv.* vertically.
vértice *m.* apex, top, summit.
vertiente *f.* slope. *2* side [of a mountain].
vertiginoso, sa *a.* dizzy, giddy. *2* rapid.
vértigo *m.* dizziness, giddiness.
vesánico, ca *a.-n.* insane.
vesícula *f.* vesicle, blister.
vespertino, na *a.* vespertine, evening.
vestíbulo *m.* vestibule, hall, lobby.
vestido *m.* dress, clothes, costume, suit; ***~ de etiqueta***, evening dress.
vestidura *f.* clothing. *2 pl.* ECCL. vestiments.
vestigio *m.* vestige, trace, sign. *2 pl.* ruins, remains.
vestimenta *f.* VESTIDO. *2 pl.* VESTIDURAS.
vestir *t.* to clothe, dress. *2* to cover, deck. *3* to cloak. *4* to put on, wear [a garment, etc.]. *5 i.* to dress: ***~ de negro***, to dress in black. *6 ref.* to dress, get dressed. ¶ CONJUG. like ***servir***.
vestuario *m.* apparel, clothes. *2* MIL. uniform. *3* THEAT. wardrobe; dressing-room; cloak-room.
veta *f.* MIN. seam, vein. *2* grain [of wood].

veteado, da *a.* grained [of wood]. *2* mottled.
veterano, na *a.-n.* veteran.
veterinario *m.* veterinary surgeon.
veto *m.* veto.
vetusto, ta *a.* aged, ancient.
vez, *pl.* **veces** *f.* turn: ***a su ~,*** in turn. *2* time: ***a la ~,*** at one time; ***alguna ~,*** sometimes; [in questions] ever; ***a veces,*** sometimes; ***cada ~,*** every time; ***de ~ en cuando,*** from time to time; ***muchas veces,*** often; ***otra ~,*** again; ***pocas veces,*** seldom; ***tal ~,*** perhaps, maybe; ***de una ~ para siempre,*** once for all; ***en ~ de,*** instead of; ***dos veces,*** twice.
vía *f.* road, way, street: ***~ aérea,*** airway; ***~ férrea,*** railway, trak; ***~ pública,*** thoroughfare; ***Vía Láctea,*** Milky Way. *2* way, manner: ***en ~ de,*** in process of.
viable *a.* viable; practicable.
viaducto *m.* viaduct.
viajante *a.* travelling. *2 m.* commercial traveller.
viajar *i.* to travel, journey.
viaje *m.* travel, journey, voyage, trip; tour: ***~ de ida y vuelta,*** round trip.
viajero, ra *a.* travelling. *2 m.-f.* traveller; passenger.
vianda *f. sing & pl.* food, meal.
viandante *m.* traveller.
viático *m.* viaticum.
víbora *f.* ZOOL. viper.
vibración *f.* vibration, quivering.
vibrar *t.* to vibrate; to throb. *2 i.* to quiver.
vicaría *f.* vicarship. *2* vicarage.
vicario *m.* vicar; deputy.
viceversa *adv.* vice versa.
viciar *t.* to vitiate, corrupt, spoil. *2* to adulterate. *3* to pervert. *4 ref.* to become depraved.
vicio *m.* vice, corruption. *2* defect; bad habit.
viciosamente *adv.* viciously.
vicioso, sa *a.* vicious, corrupt. *2* defective; depraved.
vicisitud *f.* vicissitude. *2 pl.* ups and downs.
víctima *f.* victim.
victoria *f.* victory, triumph.
victorioso, sa *a.* victorious, triumphant.
vid *f.* vine, grapevine.
vida *f.* life: ***de por ~,*** for live; ***en mi [tu, su] ~,*** never; ***¡~ mía!,*** my love! *2* liveliness. *3* living, livelihood; ***ganarse la ~,*** to earn one's living [by teaching]
vidente *a.* seeing, sighted. *2 m.-f.* seer, prophet.
vidriar *t.* to glaze [pottery]. *2 ref.* to become glassy.
vidriera *f.* glass window, glass door: ***~ de colores,*** stained glass window.
vidrio *m.* glass; glass pane [of a window].
vidrioso, sa *a.* brittle [as glass]. *2* slippery [from frost]. *3* glassy [eye]. *4* touchy.
viejo, ja *a.* old [ancient, antique; aged]. *2* old-fashioned. *3 m.* old man. *4 f.* old woman.
viento *m.* wind, air. *2* scent [in hunting].
vientre *m.* belly, abdomen. *2* bowels. *3* womb.
viernes *m.* Friday: ***~ santo,*** Good Friday.
viga *f.* beam, girder, rafter.
vigente *a.* in use, in force.
vigésimo, ma *a.* twentieth.
vigía *m.* watch, look-out. *2 f.* watchtower.
vigilancia *f.* vigilance, watchfulness.
vigilante *a.* vigilant, watchful. *2 m.* watchman.
vigilar *t.-i.* to watch over, guard.
vigilia *f.* wakefulness. *2* eve. *3* fast. *4* guard.
vigor *m.* vigo(u)r, strenght; validity: ***en ~,*** in force.
vigorizar *t.* to invigorate; to strengthen, encourage.
vigoroso, sa *a.* vigorous; forceful.
vil *a.* vile, mean, base, despicable. *2* **-mente** *adv.* vilely, basely.
vileza *f.* vileness, baseness; base action.
vilipendiar *t.* to revile, defame, despise.
vilo (en) *adv.* in the air. *2* in suspense.
villa *f.* villa. *2* small town. *3* town council.
Villadiego *pr. n.* ***tomar las de ~,*** to run away.
villancico *m.* Christmas carol.
villanía *f.* lowness of birth. *2* baseness. *3* base word or action.
villano, na *a.* rustic. *2* boorish, coarse. *3* mean, base. *4 m.-f.* rustic, peasant. *5* scoundrel.
villorrio *m.* hamlet.
vinagre *m.* vinegar.
vinagreras *f. pl.* cruet-stand.
vinculación *f.* entail. *2* binding. *3* basing, grounding.
vincular *t.* to entail [an estate on]. *2* to tie, attach. *3* to found [hopes]. *4* to perpetuate.
vínculo *m.* tie, bond. *2* entail.
vindicación *f.* vindication. *2* revenge.
vindicar *t.* to vindicate. *2* to avenge.
vinícola *a.* wine [-growing].
vino *m.* wine: ***~ de Jerez,*** sherry; ***~ de mesa,*** table wine; ***~ generoso,*** strong, old wine: ***~ rancio,*** fine old wine; ***~ tinto,*** red wine.
viña *f.*, **viñedo** *m.* vineyard.

violación *f.* violation; infringement.
violado, da *a.* violet [-coloured].
violar *t.* to violate; to infringe; to ravish; to desecrate.
violencia *f.* violence, fury.
violentar *t.* to do violence to, outrage. *2* to break into. *3* to strain, distort. *4 ref.* to force oneself.
violento, ta *a.* violent. *2* forced, strained.
violeta *f.* violet.
violín *m.* violin. *2 m.-f.* violinist.
violinista *m.-f.* violinist.
viraje *m.* turn; veering.
virar *t.-i.* NAUT. to tack, veer. *2 i.* AUTO. to turn.
virgen *a.-n.* virgin.
virginal *a.* virginal, virgin, pure.
virginidad *f.* virginity; purity.
viril *a.* virile, manly.
virilidad *f.* virility. *2* manhood.
virrey *m.* viceroy.
virtual *a.* virtual. *2* implicit. *3* apparent. *4* **-mente** *adv.* virtually.
virtud *f.* virtue. *2* power, force; ***en ~ de,*** by virtue of.
virtuoso, sa *a.* virtuous. *2 m.-f.* virtuoso [in an art].
viruela *f. sing.* or *pl.* MED. smallpox: ***viruelas locas,*** chicken-pox. *2* pock-mark.
virulencia *f.* virulence; malignance.
virulento, ta *a.* virulent, malignant.
virus *m.* virus. *2* poison, contagion.
viruta *f.* shaving.
visado *m.* visa, visé.
visaje *m.* grimace, wry face: ***hacer visajes,*** to make faces.
vísceras *f. pl.* viscera.
viscosidad *f.* viscosity, stickiness.
viscoso, sa *a.* viscous, sticky.
visera *f.* peak [of a cop]; visor [of a helmet]. *2* eye-shade.
visibilidad *f.* visibility.
visible *a.* visible. *2* evident.
visión *f.* vision, sight: ***ver visiones,*** to dream, see things. *2* fantasy. *3* apparition.
visionario, ria *a.-n.* visionary.
visita *f.* visit, [social] call. *2* visitor. *3* inspection. *4* ***hacer una ~,*** to pay a visit.
visitante *a.* visiting. *2 m.-f.* visitor.
visitar *t.* to visit, pay a visit, call upon. *2* to examine.
vislumbrar *t.* to glimpse, make out. *2* to guess, conjecture.
vislumbre *f.* glimmer. *2* glimpse, conjecture. *3* vague resemblance.
viso *m.* sheen, gloss [of a fabric]. *2* underskirt. *3* appearance [of things].
visón *m.* ZOOL. mink.
víspera *f.* eve: ***en vísperas de,*** on the eve of. *2* ECCL. vespers.
vista *f.* sight, vision; view; eyesight, eye(s): ***a la ~,*** at sight [bills]; ***a primera ~,*** at first sight; ***a ~ de pájaro,*** from a bird's-eye view; ***bajar la ~,*** to look down; ***conocer de ~,*** to know by sight; ***corto de ~,*** short-sighted; ***en ~ de,*** in view of; ***estar a la ~,*** to be evident; ***hacer la ~ gorda,*** to overlook; ***hasta la ~,*** good-bye, so long; ***perder de ~,*** to lose sight of. *2* view, scene, prospect. *3* glance, look. *4* aspect, looks. *5* intention. *6* outlook, prospect: *7* LAW trial. *8 m.* ***~ de aduanas,*** customs officer.
vistazo *m.* glance, look: ***echar un ~ a,*** to have a look at.
visto, ta *p. p.* of VER. *2 a.* seen, looked: ***bien ~,*** approved of; ***mal ~,*** disapproved of; ***nunca ~,*** extraordinary; ***por lo ~,*** as it seems. *3* conj. ***~ que,*** considering that. *4 adv.-m.* ***~ bueno,*** authorized.
vistoso, sa *a.* bright, showy, colourful.
visual *a.* visual. *2 f.* line of sight.
vital *a.* vital. *2* important. *3* lively.
vitalicio, cia *a.* life-long.
vitalidad *f.* vitality.
vitamina *f.* vitamin.
vitorear *t.* to cheer, acclaim.
vitrina *f.* showcase, glass case. *2* (Am.). shop-window.
vituallas *f. pl.* victuals, provisions.
vituperable *a.* blameworthy.
vituperar *t.* to censure, blame.
vituperio *m.* insult, affront, blame, censure.
viudez *f.* widowhood.
viudo, da *a.* widowed. *2 m.* widower. *3 f.* widow.
viva *m.* cheer, shout: ***¡~!,*** long live!, hurrah!
vivacidad *f.* vicacity, liveliness. *2* brightness, vividness [of colour].
vivaracho, cha *a.* vivacious, lively.
vivaz *a.* vivacious, lively. *2* keen, quick-witted.
víveres *m. pl.* food, provisions, victuals.
vivero *m.* [plant] nursery. *2* fishpond.
viveza *f.* liveliness, briskness. *2* vehemence [in words]. *3* keenness [of mind]. *4* sparkle [in the eyes].
vivienda *f.* dwelling, housing, abode, accomodation.
viviente *a.* living, alive.
vivificador, ra; vivificante *a.* life-giving, vivifying.
vivificar *t.* to vivify. *2* to enliven.
1) **vivir** *m.* living, existence.

2) **vivir** *i.* to live. *2* ~ ***en,*** to dwell in; ~ ***de,*** to live on. *3* ***¿quién vive?***, who goes there?
vivo, va *a.* live, alive, living. *2* bright, vivid. *3* lively. *4* sharp [pain]. *5* quick, ready. *6* quick-witted.
Vizcaya *f. pr. n.* GEOG. Biscay.
vizconde *m.* viscount.
vizcondesa *f.* viscountess.
vocablo *m.* word, term.
vocabulario *m.* vocabulary.
vocación *f.* vocation, calling.
vocal *a.* vocal. *2 a.-f.* GRAM. vowel. *3 m.* member [of a council, etc.].
vocear *i.* to shout, bawl. *2 t.* to publish. *3* to shout to, call [a person]. *4* to cheer, acclaim.
vocería *f.*, **vocerío** *m.* shouting, outcry, uproar.
vociferar *i.-t.* to vociferate, shout.
vocinglero, ra *a.* shouting; prattling. *2 m.-f.* loud-mouther person; prattler.
volador, ra *a.* flying. *2 m.* flying-fish.
voladura *f.* blowing up, demolition.
volante *a.* flying. *2 m.* SEW. flounce. *3* AUTO. sttering-wheel. *4* note, order.
volar *i.* to fly. *2* to pass quickly, run fast. *4* to disappear. *5* [of news] to spread rapidly. *6 t.* to blow up. ¶ CONJUG. like ***contar.***
volatería *f.* falconry. *2* poultry, fowls.
volátil *a.* flying. *2* volatile.
volatinero, ra *m.-f.* rope-dancer; acrobat.
volcán *m.* volcano.
volcánico, ca *a.* volcanic.
volcar *t.-i.* to upset, tip over. overturn. *2* to capsize. *3* to dump. ¶ CONJUG. like ***contar.***
volición *f.* volition.
volquete *m.* tip-cart.
voltaje *m.* ELECT. voltage.
voltear *t.* to whirl, swing, revolve. *2* to upset, overturn. *3 i.* to tumble, somersault.
voltereta *f.* tumble, somersault.
voltio *m.* ELECT. volt.
volubilidad *f.* changeableness, fickleness.
voluble *a.* revolving. *2* changeable, fickle.
volumen *m.* volume, tome. *2* quantity, bulk.
voluminoso, sa *a.* voluminous, bulky.
voluntad *f.* will. *2* intention, purpose. *3* will-power. *4* affection, liking. *5* ***a*** ~, at will; ***buena*** ~, good-will; ***última*** ~, last will and testament.
voluntariedad *f.* free will. *2* caprice.
voluntario, ria *a.* voluntary, willing. *2 m.-f.* volunteer.
voluntarioso, sa *a.* wilful, self-willed.
voluptuosidad *f.* voluptuousness.
voluptuoso, sa *a.* voluptuous, sensual.
voluta *f.* volute; spiral.
volver *t.* to turn [up, over, upside down, inside out]. *2* to direct, aim. *3* to return, restore. *4* to put back, replace. *5* to send back. *6* to make: ~ ***loco,*** to drive crazy. *7 i.* to return, come back, go back. *8* to turn [to right, to left]. *9* ~ ***a hacer,*** to do again. *10* ~ ***en sí,*** to come to. *11 ref.* to go back. *12* to turn around. *13* to become, grow. *14* ~ ***loco,*** *to go crazy.* *15* ~ ***atrás,*** to back out [of a promise]. *16* ~ ***contra,*** to turn on. ¶ CONJUG. like ***mover.*** | PAST. P.: ***vuelto.***
vomitar *t.-i.* to vomit.
vómito *m.* vomit, vomiting.
voracidad *f.* voraciousness, greediness.
vorágine *f.* vortex, whirlpool.
voraz *a.* voracious; greedy; ravenous. *2* fierce [fire, etc.].
vos *pers. pron.* you, ye.
vosotros, tras *pers. pron.* you, ye.
votación *f.* voting. *2* ballot.
votante *m.-f.* voter.
votar *i.-t.* to vow [to God, etc.]. *2 i.* to vote [for, against]. *3* swear, curse.
voto *m.* vow [to God]. *2* wish, prayer. *3* vote [against, for]. *4* curse, oath.
voz, *pl.* **voces** *f.* voice: ***en*** ~ ***alta,*** aloud; ***en*** ~ ***baja,*** in a low voice. *2* shout: ***dar voces,*** to shout. *3* GRAM. word; voice. *4* rumour, report.
vuelco *m.* overturning, upset.
vuelo *m.* flight: ***al*** ~, quickly. *2* width [of a dress]. *3* jut, projecting part [of a building].
vuelta *f.* turn [circuit, revolution]: ***dar la*** ~ ***a,*** to go around: ***dar vueltas,*** to turn. *2* stroll. *3* bend, curve. *4* turn, wind [of a rope]. *5* reverse, back: ***a la*** ~, overleaf; round the corner. *6* return, coming back: ***estar de*** ~, to be back; to be knowing. *7* restitution, return. *8* change [of money]. 9 repetition. *10* turn, shift. *11* ARCH. vault. *12* facing [of a garment]. *13* ***no tener*** ~ ***de hoja,*** to be beyond doubt; ***poner de*** ~ ***y media,*** to insult.
vuestro, tra; vuestros, tras *poss. adj.* your. *2* poss. pron. yours.
vulcanizar *t.* to vulcanize.
vulgar *a.* vulgar, common, ordinary.
vulgaridad *f.* vulgarity. *2* commonplace, platitude, triviality.
vulgarizar *t.* to vulgarize. *2* to popularize.
vulgo *m.* mob, populace.
vulnerable *a.* vulnerable.
vulnerar *t.* to wound. *2* to damage.
vulpeja *f.* fox, vixen.

W

whisky, wiski *m.* whisky, whiskey.

wat *m.* ELECT. watt.

X

xenofobia *f.* xenophobia.

xilófono *m.* MUS. xylophone.

Y

y *conj.* and.
ya *adv.* already. *2* now. *3* at once. *4* later on. *5* ***¡~ lo creo!,*** yes, of course! *6* ***~ no,*** no longer. *7* conj. ***ya... ya,*** now... now; whether... or. *8* ***~ que,*** since, as.
yacer *i.* to lie; to lie in the grave.
yacimiento *m.* bed, deposit.
yanqui *a.-m.* Yankee.
yarda *f.* yard [English measure].
yate *m.* yacht.
yedra *f.* ivy.
yegua *f.* mare.
yeguada *f.* herd of horses.
yelmo *m.* helmet.
yema *f.* BOT. bud. *2* yolk [of an egg]. *3* ***~ del dedo,*** tip of the finger.
yerba *f.* HIERBA.
yermo, ma *a.* waste, desert. *2* ***m.*** desert, wilderness.
yerno *m.* son-in-law.
yerro *m.* error, mistake.
yerto, ta *a.* stiff, rigid.
yesca *f.* tinder. *2 pl.* tinderbox.
yeso *m.* gypsum. *2* plaster. *3* chalk [for writing].
yo *pers. pron.* I.
yodo *m.* iodine.
yugo *m.* yoke: ***sacudir el ~,*** fig. to trow off the yoke.
yunque *m.* anvil.
yunta *f.* couple, pair, yoke [of oxen, etc.].
yute *m.* jute.
yuxtaponer *t.* to juxtapose, place side by side.
yuxtaposición *f.* juxtaposition.

Z

zafar *t.* NAUT. to free, clear. *2* ***zafarse de,*** to avoid, elude, get out of.
zafiamente *adv.* clumsily, uncouthly.
zafio, fia *a.* clumsy; coarse.
zafiro *m.* sapphire.
zafra *f.* olive-oil can. *2* sugar-making season.
zaga *f.* rear, back part: ***a la ~,*** behind.
zagal *m.* lad, youth. *2* shepherd boy.
zagala *f.* lass, girl. *2* young shepherdess.
zaguán *m.* hall, vestibule.
zaguero, ra *a.* laggard. *2 m.* [in pelota] back.
zaherir *t.* to taunt, blame. ¶ CONJUG. like ***hervir.***
zahorí *m.* rhadbomancer. *2* seer, clairvoyant.
zahúrda *f.* pig-sty.
zaino, na *a.* treacherous. *2* dark-chestnut [horse].
zalamería *f.* cajolery, flattery.
zalamero, ra *a.* flattering, wheedling. *2 m.-f.* flatterer, wheedleer.
zamarra *f.* sheepskin jacket.
zambo, ba *a.* knock-kneed. *2 m.-f.* Indian and negro half-breed.
zambomba *f.* rustic drum.
zambra *f.* a Morisco festival. *2* fig. merrymaking.
zambullida *f.* dive, plunge, ducking.
zambullir *t.-ref.* to dive, duck, plunge into water.
zampar *t.* to eat gluttonously. *2* to stuff away.
zampoña *f.* shepherd's flute.
zanahoria *f.* BOT. carrot.
zanca *f.* shank [of bird]. *2* long leg.
zancada *f.* long stride.
zancadilla *f.* trip. *2* trick, snare. *3* ***echar la ~,*** to trip up.
zanco *m.* stilt.
zancudo, da *a.* long-shanked. *2 f.* ORN. wading bird.
zanganear *i.* to drone, idle, loaf.
zángano *m.* drone. *2* fig. idler, loafer.
zanja *f.* ditch, trench.
zanjar *t.* to dig ditches in. *2* to settle [disputes].
zapa *f.* spade. *2* MIL. sap, trench: ***labor de ~,*** secret work.
zapador *m.* sapper.
zapapico *m.* pickaxe.
zapar *i.* MIL. to sap, undermine.
zapateado *m.* Andalusian tap dance.
zapatazo *m.* blow with a shoe.
zapatear *t.* to tap with the feet, tapdance.
zapatería *f.* shoemaking. *2* shoe shop; shoe factory.
zapatero *m.* shoemaker; ~ ***remendón,*** cobbler.
zapatilla *f.* slipper.
zapato *m.* shoe.
zar *m.* czar, tsar.
zarabanda *f.* saraband.
zaragata *f.* row, noise.
Zaragoza *f. pr. n.* Saragossa.
zaragüelles *m. pl.* wide and short breeches.
zaranda *f.* sieve, screen.
zarandajas *f. pl.* coll. trifles.
zarandear *t.* to sift, sieve. *2* to shake about. *3 ref.* to strut about. *4* to overwork.
zarandeo *m.* sifting. *2* jiggle; strutting.
zarcillo *m.* ear-ring. *2* BOT. tendril.
zarco, ca *a.* light-blue [eyes].
zarpa *f.* claw; paw: ***echar la ~,*** to grab hold.
zarpar *i.* NAUT. to weigh anchor, set sail.
zarrapastroso, sa *a.* ragged, slovenly.
zarpazo *m.* thud, whack. *2* blow with the paw or claw.
zarza *f.* bramble, blackberry [bush].
zarzal *m.* bramble thicket.
zarzamora *f.* blackberry [fruit].
zarzuela *f.* Spanish musical comedy.
Zelanda, Zelandia *f. pr. n.* Zealand.
zigzag *m.* zigzag.

zinc *m.* zinc.
zipizape *m.* coll. row, shindy.
zócalo *m.* socle.
zoclo *m.* clog, wooden shoe; galosh.
zona *f.* zone, belt, district, area.
zoco *m.* clog. *2* market place.
zoología *f.* zoology.
zoológico, ca *a.* zoologic(al: ***parque ~***, zoo.
zootecnia *f.* zootechny.
zopenco, ca *a.* dull, stupid.
zoquete *m.* block [of wood]. *2* crust of bread. *3* fig. blockhead.
zorro, rra *a.* cunning [person]. *2 m.* fox. *3 f.* vixen. *4* coll. harlot.
zote *a.* stupid, ignorant. *2 m.* dolt.
zozobra *f.* NAUT. foundering. *2* worry, anxiety.
zozobrar *i.* NAUT. to founder, capsize, sink. *2* to worry, be anxious.
zueco *m.* clog, wooden-soled shoe.
zumbar *i.* to hum, buzz; [of the ears] to ring. *2 t.-ref.* to strike [blows one another].
zumbido *m.* buzz(ing, hum(ming; ringing [in the ears]. *3* ping [of a bullet].
zumbón, na *a.* waggish. *2 m.-f.* jester, wag.
zumo *m.* juice [of fruits], sap.
zurcido, da *m.* darn, stitch.
zurcir *t.* to darn, mend.
zurdo, da *a.-n.* left-handed [person].
zurra *f.* tanning. *2* beating, thrashing.
zurrar *t.* to tan [hides]. *2* to thrash, flog.
zurriagazo *m.* lash with a whip.
zurrón *m.* shepherd's pouch. *2* game bag.
zutano, na *m.-f.* [Mr., Mrs.] so-and-so.

APPENDICES
APÉNDICES

FALSE COGNATES AND "PART-TIME" COGNATES

Some of the following Spanish words appear to be cognates of English words, but they are not: e.g., "**sopa**" in Spanish does *not* mean "soap" in English, and "**parientes**" does *not* mean "parents" in English. Other words sometimes suggest an English equivalent, but can also have a very different meaning: e.g., "**real**" in Spanish can be interpreted at times to mean "real" in English but more often should be translated as "royal," and "**equipo**" in Spanish can mean "equipment" in English but is more often translated as "team."

In the Spanish-to-English column, certain English words are in brackets to indicate that *only sometimes* the Spanish word has the meaning of the bracketed English word. In the English-to-Spanish column the abbreviations—(a.) = adjective, (n.) = noun, and (v.) = verb—are used in a few cases for clarity.

Spanish-English

acre: sharp, sour, rude, harsh, [acre]
actual: current, present (re time)
admirar: to astonish, surprise, [admire]
apuntar: to point, aim; write down, make a note of
asignación: allowance, assignment, [assignation]
asistir: to attend, be present, to help, [to assist]
atender: to pay attention, take care of, [attend to]
carpeta: portfolio; file folder
carta: letter (re mail), charter, [playing card]
cigarro: cigarette
colegio: school (private or high school)
conferencia: lecture, interview, meeting, [conference]
constipado: suffering from a cold
contar: to tell, relate, [count]
contento: happy, glad, satisfied, [contented]
costumbre: custom
decepción: disillusionment, disappointment, [deception]
desgracia: misfortune, mishap, disfavor
desgraciado: unfortunate, wretched, unlucky
deshonesto: immodest, indecent
dirección: address (re mail), [direction]
disgusto: quarrel, annoyance, sorrow, [disgust]
distinto: different; clear; several; [distinct]
embarazada: pregnant
equipo: team; fittings; squad; [equipment]
equivocación: error, mistake
éxito: success
expedir: to issue (a decree); send, ship; dispatch, [expedite]
explanar: to level, grade (ground); [explain]
fábrica: factory, mill, structure, [fabric]
falta: shortage, lack; blemish; defect, [fault]

English-Spanish

acre: acre, unidad de medida
actual: verdadero, real
admire: considerar con placer, admirar
appoint: nombrar, señalar
assignation: asignación, destinación
assist: ayudar, asistir
attend: asistir a, cuidar, atender
carpet: alfombra
cart: carro, carreta
card: tarjeta, naipe, carta
cigar: puro
college: universidad
conference: junta, sesión, entrevista, conferencia
constipated: estreñido
count: (v.) contar
contented: satisfecho, tranquilo, contento
costume: vestuario, traje
deception: engaño, fraude, decepción
disgrace: (n.) deshonra, vergüenza, ignominia
disgraced: deshonrado, avergonzado
dishonest: engañoso, falso, poco honrado
direction: dirección
disgust: hastío, asco, repugnancia, disgusto
distinct: claro, visible; inequívoco; diferente, distinto
embarrassed: turbado, desconcertado
equipment: aparatos, equipo
equivocation: equívoco; subterfugio, engaño
exit: salida
expedite: acelerar, facilitar; apresurar, despachar
explain: explicar, aclarar
fabric: tela, textura; fábrica; construcción
fault: (n.) culpa; defecto, falta

formal: reliable, trustworthy; grave; definite; [formal]	**formal**: convencional, ceremonioso, formal
frase: sentence, [phrase]	**phrase**: expresión, frase
fray: priest, friar	**fray**: (v.) raerse, deshilacharse; (n.) alboroto, riña
golpe: blow	**gulp**: (n.) trago
gracioso: amusing, witty; graceful, charming	**gracious**: afable, cortés; atractivo; bondadoso
grande: large, big, great, [grand]	**grand**: magnífico; grandioso, majestuoso; grande
honesto: decent, pure, virtuous; reasonable; [honest]	**honest**: honrado, íntegro, recto; sincero
idioma: language, [idiom]	**idiom**: modismo; lenguaje
ignorar: to be unaware or ignorant of	**ignore**: no hacer caso de; desconocer
largo: long	**large**: grande
lectura: reading	**lecture**: (n.) conferencia; lección; plática
leer: to read	**leer**: (v.) mirar de soslayo, mirar con injuria; (n.) mirada de soslayo
liar: to tie, bind, roll up	**liar**: (n.) mentiroso, embustero
media: stocking	**media**: (pl. of medium) medios; medios de comunicación (radio, televisión, etc.)
ordinario: coarse, vulgar; usual, [ordinary]	**ordinary**: corriente, común, ordinario; mediocre
parientes: relatives	**parents**: padres
probar: to test, taste, try out	**probe**: (v.) tentar; examinar a fondo; sondear; penetrar
quitar: to take away, deprive of, subtract	**quit**: abandonar, cesar, parar, dejar (de hacer algo)
real: royal, [real]	**real**: (a.) verdadero, real
realizar: to fulfill, achieve, carry out; [realize]	**realize**: darse cuenta de; comprender; efectuar, llevar a cabo; realizar
recordar: to remember, recall, remind, awaken	**record**: (v.) registrar, apuntar, asentar, inscribir; grabar en disco
regular: ordinary; so-so, fairly well; systematic, [regular]	**regular**: metódico, ordenado, regular
renta: interest, revenue, [rent]	**rent**: (v.) alquilar; (n.) arrendamiento, renta; rasgadura
repente: start, sudden movement	**repent**: arrepentirse
replicar: to reply, answer, retort, [replicate]	**replicate**: (v.) duplicar, repetir, replicar
ropa: clothes, clothing	**rope**: (n.) soga, cuerda
ruin: vile, mean; petty, stingy; little	**ruin**: (v.) arruinar, estropear; (n.) ruina, destrucción
salvo: safe; easily; omitted	**salvo**: salva; pretexto
sano: healthy; sound; whole; [sane]	**sane**: cuerdo; razonable; sano
sauce: willow	**sauce**: salsa, condimento
sensible: sentient; sensitive; perceptible; [sensible]	**sensible**: sensato, razonable, juicioso
simpático: agreeable, pleasant, cogenial	**sympathetic**: compasivo; simpatizante
sopa: soup	**soap**: jabón
suceder: to happen, come about, [succeed]	**succeed**: lograr(se); medrar, salir bien; suceder
suceso: event, incident	**success**: éxito
taller: workshop; laboratory; studio	**taller**: más alto
tuna: prickly pear; idle and vagrant life	**tuna**: atún
tutor: guardian, [tutor]	**tutor**: (n.) maestro particular, tutor
vagón: railway car or coach	**wagon**: carro, carreta, carretón
vale: note, sales slip, coupon	**vale**: valle, cañada

MONETARY UNITS / UNIDADES MONETARIAS

Country / País	Name / Nombre	Subdivision / Subdivisión	Symbol / Símbolo
THE AMERICAS / LAS AMÉRICAS			
Argentina	austral	100 centavos	₳
Bahamas	dollar / dólar bahameño	100 cents / centavos	B$
Barbados	dollar / dólar de Barbados	100 cents / centavos	$
Belize / Belice	dollar / dólar	100 cents / centavos	$
Bolivia	peso	100 centavos	$B
Brazil / Brasil	cruzado	100 centavos	$; Cr$
Canada / Canadá	dollar / dólar canadiense	100 cents / centavos	$
Chile	peso* / peso chileno*	1000 escudos	$
Colombia	peso	100 centavos	$; ₱
Costa Rica	colon / colón	100 centimos / céntimos	₡; ¢
Cuba	peso	100 centavos	$
Dominican Republic / República Dominicana	peso	100 centavos	RD$
Ecuador	sucre	100 centavos	S/
El Salvador	colon / colón	100 centavos	₡; ¢
Guatemala	quetzal	100 centavos	Q̸; Q
Guyana	dollar / dólar guayanés	100 cents / centavos	G$
Haiti / Haití	gourde	100 centimes / céntimos	G̸; G; Gde
Honduras	lempira	100 centavos	L
Jamaica	dollar / dólar jamaicano	100 cents / centavos	$
Mexico / México	peso	100 centavos	$
Nicaragua	cordoba / córdoba	100 centavos	C$
Panama / Panamá	balboa	100 centesimos / centésimos	B/
Paraguay	guarani / guaraní	100 centimos / céntimos	G̸; G
Peru / Perú	sol	100 centavos	S/; $
Puerto Rico	dollar / dólar	100 cents / centavos	$
Suriname / Surinam	guilder / guldér de Surinam	100 cents / centavos	g
Trinidad and Tobago / Trinidad y Tabago	dollar / dólar trinitario	100 cents / centavos	TT$
United States / Estados Unidos	dollar / dólar	100 cents / centavos	$
Uruguay	peso	100 centesimos / centésimos	$
Venezuela	bolivar / bolívar	100 centimos / céntimos	B

* The Chilean monetary unit, the escudo, was replaced by the peso in 1975.

* El escudo, la unidad monetaria chilena, fue reemplazado por el peso en 1975.

OTHER COUNTRIES / OTROS PAÍSES

Australia	dollar / dólar australiano	100 cents / centavos	$A
Austria	shilling / chelín	100 groschen	S; Sch
Belgium / Bélgica	franc / franco belga	100 centimes / céntimos	Fr; F
China	yuan / yüan	100 fen	$
East Germany / Alemania, R.D.	mark or ostmark / marco DDR	100 pfennigs	M; OM
Egypt / Egipto	pound / libra egipcia	100 piasters / piastras	£E
France / Francia	franc / franco	100 centimes / céntimos	Fr; F
Greece / Grecia	drachma / dracma	100 lepta	Dr
India	rupee / rupia	100 paise / paisas	Re; Rs
Ireland / Irlanda	pound / libra irlandesa	100 pence / peniques	£
Israel	pound / libra israelí	100 argorot	I£
Italy / Italia	lira	100 centesimi / centésimos	L; Lit
Japan / Japón	yen	100 sen	¥ ; Y
Portugal	escudo	100 centavos	$; Esc
Soviet Union / Unión Soviética	ruble / rublo	100 kopecks / kopeks	R; Rub
Spain / España	peseta	100 centimos / céntimos	Pta; P
United Kingdom / Reino Unido	pound / libra esterlina	100 pence / peniques	£
West Germany / Alemania, R.F.	deutsche mark	100 pfennigs	DM

WEIGHTS AND MEASURES

Metric System

Unit	Abbreviation	Approximate U.S. Equivalent	
LENGTH			
1 millimeter	mm	0.04	inch
1 centimeter	cm	0.39	inch
1 meter	m	39.37	inches
		1.094	yards
1 kilometer	km	3,281.5	feet
		0.62	mile
AREA			
1 square centimeter	sq cm (cm^2)	0.155	square inch
1 square meter	m^2	10.764	square feet
		1.196	square yards
1 hectare	ha	2.471	acres
1 square kilometer	sq km (km^2)	247.105	acres
		0.386	square mile
VOLUME			
1 cubic centimeter	cu cm (cm^3)	0.061	cubic inch
1 stere	s	1.308	cubic yards
1 cubic meter	m^3	1.308	cubic yards
CAPACITY (Liquid Measure)			
1 deciliter	dl	0.21	pint
1 liter	l	1.057	quarts
1 dekaliter	dal	2.64	gallons
CAPACITY (Dry Measure)			
1 deciliter	dl	0.18	pint
1 liter	l	0.908	quart
1 dekaliter	dal	1.14	pecks
1 hectoliter	hl	2.84	bushels
CAPACITY (Cubic Measure)			
1 deciliter	dl	6.1	cubic inches
1 liter	l	61.02	cubic inches
1 dekaliter	dal	0.35	cubic foot
1 hectoliter	hl	3.53	cubic feet
1 kiloliter	kl	1.31	cubic yards
MASS AND WEIGHT			
1 gram	g, gm	0.035	ounce
1 dekagram	dag	0.353	ounce
1 hectogram	hg	3.527	ounces
1 kilogram	kg	2.2046	pounds
1 quintal	q	220.46	pounds
1 metric ton	MT, t	1.1	tons

PESAS Y MEDIDAS

Sistema métrico

Unidad	Abreviatura	Equivalente aproximado del sistema estadounidense	
LONGITUD			
1 milímetro	mm	0,04	pulgada
1 centímetro	cm	0,39	pulgada
1 metro	m	39,37	pulgadas
		1,094	yardas
1 kilómetro	Km	3.281,5	pies
		0,62	milla
ÁREA			
1 centímetro cuadrado	cm^2	0,155	pulgada cuadrada
1 metro cuadrado	m^2	10,764	pies cuadrados
		1,196	yardas cuadradas
1 hectárea	ha	2,471	acres
1 kilómetro cuadrado	Km^2	247,105	acres
		0,386	milla cuadrada
VOLUMEN			
1 centímetro cúbico	cm^3	0,061	pulgadas cúbicas
1 metro cúbico	m^3	1,308	yardas cúbicas
CAPACIDAD (Medida líquida)			
1 decilitro	dl	0,21	pinta
1 litro	l	1,057	quarts
1 decalitro	Dl	2,64	galones
CAPACIDAD (Medida árida)			
1 decilitro	dl	0,18	pinta
1 litro	l	0,908	quart
1 decalitro	Dl	1,14	pecks
1 hectolitro	Hl	2,84	bushels
CAPACIDAD (Medida cúbica)			
1 decilitro	dl	6,1	pulgadas cúbicas
1 litro	l	61,02	pulgadas cúbicas
1 decalitro	Dl	0,35	pie cúbico
1 hectolitro	Hl	3,53	pies cúbicos
1 kilolitro	Kl	1,31	yardas cúbicas
MASA Y PESO			
1 gramo	g	0,035	onza
1 decagramo	Dg	0,353	onza
1 hectogramo	Hg	3,527	onzas
1 kilogramo	Kg	2,2046	libras
1 quintal métrico	q	220,46	libras
1 tonelada métrica	t	1,1	toneladas

U.S. Customary Weights and Measures / Unidades de pesas y medidas estadounidenses

Linear measure / Medida de longitud

1 foot / pie	=	12 inches / pulgadas
1 yard / yarda	=	36 inches / pulgadas
	=	3 feet / pies
1 rod	=	5½ yards / yardas
1 mile / milla	=	5,280 feet / 5.280 pies
	=	1,760 yards / 1.760 yardas

Liquid measure / Medida líquida

1 pint / pinta	=	4 gills
1 quart / quart líquido	=	2 pints / pintas
1 gallon / galón	=	4 quarts / quarts líquidos

Area measure / Medida de superficie

1 square foot / pie cuadrado	=	144 square inches / pulgadas cuadradas
1 square yard / yarda cuadrada	=	9 square feet / pies cuadrados
1 square rod / rod cuadrado	=	30¼ square yards / yardas cuadradas
1 acre	=	160 square rods / rods cuadrados
1 square mile / milla cuadrada	=	640 acres

Dry measure / Medida árida

1 quart	=	2 pints / pintas áridas
1 peck	=	8 quarts
1 bushel	=	4 pecks

Some useful measures / Unas medidas útiles

Quantity / Cantidad

1 dozen / docena	=	12 units / unidades
1 gross / gruesa	=	12 dozen / docenas

Quantity of paper / Cantidad de papel

1 quire / mano	=	24 or 25 sheets / hojas
1 ream / resma	=	500 sheets / hojas
	=	20 quires / manos

Electricity / Electricidad

charge / carga	coulomb / culombio
power / potencia	watt / vatio
	kilowatt / kilovatio
resistance / resistencia	ohm / ohmio
strength / fuerza	ampere / amperio
voltage / voltaje	volt / voltio

NUMBERS / NUMERALES

Cardinal Numbers		Números cardinales	Cardinal Numbers		Números cardinales
zero	0	cero	twenty	20	veinte
one	1	uno	twenty-one	21	veintiuno
two	2	dos	twenty-two	22	veintidós
three	3	tres	twenty-three	23	veintitrés
four	4	cuatro	twenty-four	24	veinticuatro
five	5	cinco	twenty-five	25	veinticinco
six	6	seis	twenty-six	26	veintiséis
seven	7	siete	twenty-seven	27	veintisiete
eight	8	ocho	twenty-eight	28	veintiocho
nine	9	nueve	twenty-nine	29	veintinueve
ten	10	diez	thirty	30	treinta
eleven	11	once	forty	40	cuarenta
twelve	12	doce	fifty	50	cincuenta
thirteen	13	trece	sixty	60	sesenta
fourteen	14	catorce	seventy	70	setenta
fifteen	15	quince	eighty	80	ochenta
sixteen	16	dieciséis	ninety	90	noventa
seventeen	17	diecisiete	one hundred	100	cien, ciento
eighteen	18	dieciocho	five hundred	500	quinientos
nineteen	19	diecinueve	one thousand	1000	mil

Ordinal Numbers		Números ordinales	
1st	first	1.º, 1.ª	primero, -a
2nd	second	2.º, 2.ª	segundo, -a
3rd	third	3.º, 3.ª	tercero, -a
4th	fourth	4.º, 4.ª	cuarto, -a
5th	fifth	5.º, 5.ª	quinto, -a
6th	sixth	6.º, 6.ª	sexto, -a
7th	seventh	7.º, 7.ª	séptimo, -a
8th	eighth	8.º, 8.ª	octavo, -a
9th	ninth	9.º, 9.ª	noveno, -a
10th	tenth	10.º, 10.ª	décimo, -a
11th	eleventh	11.º, 11.ª	undécimo, -a
12th	twelfth	12.º, 12.ª	duodécimo, -a
13th	thirteenth	13.º, 13.ª	decimotercero, -a decimotercio, -a
14th	fourteenth	14.º, 14.ª	decimocuarto, -a
15th	fifteenth	15.º, 15.ª	decimoquinto, -a
16th	sixteenth	16.º, 16.ª	decimosexto, -a
17th	seventeenth	17.º, 17.ª	decimoséptimo, -a
18th	eighteenth	18.º, 18.ª	decimoctavo, -a
19th	nineteenth	19.º, 19.ª	decimonoveno, -a decimonono, -a
20th	twentieth	20.º, 20.ª	vigésimo, -a
21st	twenty-first	21.º, 21.ª	vigésimo (-a) primero (-a)
22nd	twenty-second	22.º, 22.ª	vigésimo (-a) segundo (-a)
30th	thirtieth	30.º, 30.ª	trigésimo, -a
40th	fortieth	40.º, 40.ª	cuadragésimo, -a
50th	fiftieth	50.º, 50.ª	quincuagésimo, -a
60th	sixtieth	60.º, 60.ª	sexagésimo, -a
70th	seventieth	70.º, 70.ª	septuagésimo, -a
80th	eightieth	80.º, 80.ª	octogésimo, -a
90th	ninetieth	90.º, 90.ª	nonagésimo, -a
100th	hundredth	100.º, 100.ª	centésimo, -a

TEMPERATURE / LA TEMPERATURA

Fahrenheit and Celsius / Grados Fahrenheit y grados Celsius

To convert Fahrenheit to Celsius, subtract 32 degrees, multiply by 5, and divide by 9.

Para convertir grados Fahrenheit a grados Celsius (centígrados), réstese 32 grados, multiplíquese por 5 y divídase por 9.

$$104°F - 32 = 72 \times 5 = 360 \div 9 = 40°C$$

To convert Celsius to Fahrenheit, multiply by 9, divide by 5, and add 32 degrees.

Para convertir grados Celsius (centígrados) a grados Fahrenheit, multiplíquese por 9, divídase por 5 y agréguese 32 grados.

$$40°C \times 9 = 360 \div 5 = 72 + 32 = 104°F$$

At sea level, water boils at Al nivel del mar, se hierve el agua a	212°F / 100°C
Water freezes at Se congela el agua en	32°F / 0°C
Average human temperature Temperatura promedia del ser humano	98.6°F / 37°C

Some normal temperatures in the Americas / Algunas temperaturas normales en las Américas

	Winter / Invierno	Summer / Verano
North of the equator / Al norte del ecuador		
Churchill, Manitoba	-11°F / -23.9°C	63°F / 17.2°C
Montreal, Quebec	22°F / -5.6°C	79°F / 26.1°C
Anchorage, Alaska	12°F / -11.1°C	58°F / 14.4°C
Chicago, Illinois	24°F / -4.4°C	75°F / 23.9°C
New York, New York	32°F / 0°C	77°F / 25°C
Dallas, Texas	45°F / 7.2°C	86°F / 30°C
Los Angeles, California	57°F / 13.9°C	73°F / 22.8°C
Phoenix, Arizona	51°F / 10.6°C	94°F / 34.4°C
Tegucigalpa, Honduras	50°F / 10°C	90°F / 32°C
South of the equator / Al sur del ecuador		
Tierra del Fuego, Argentina	32°F / 0°C	50°F / 10°C
Sao Paulo, Brazil	57.2°F / 14°C	69.8°F / 21°C
Montevideo, Uruguay	55.4°F / 13°C	71.6°F / 22°C
Buenos Aires, Argentina	52.3°F / 11.3°C	73.8°F / 23.2°C
Lima, Peru	59°F / 15°C	77°F / 25°C

NORTH AMERICA / AMÉRICA DEL NORTE

CENTRAL AMERICA / CENTRO AMÉRICA

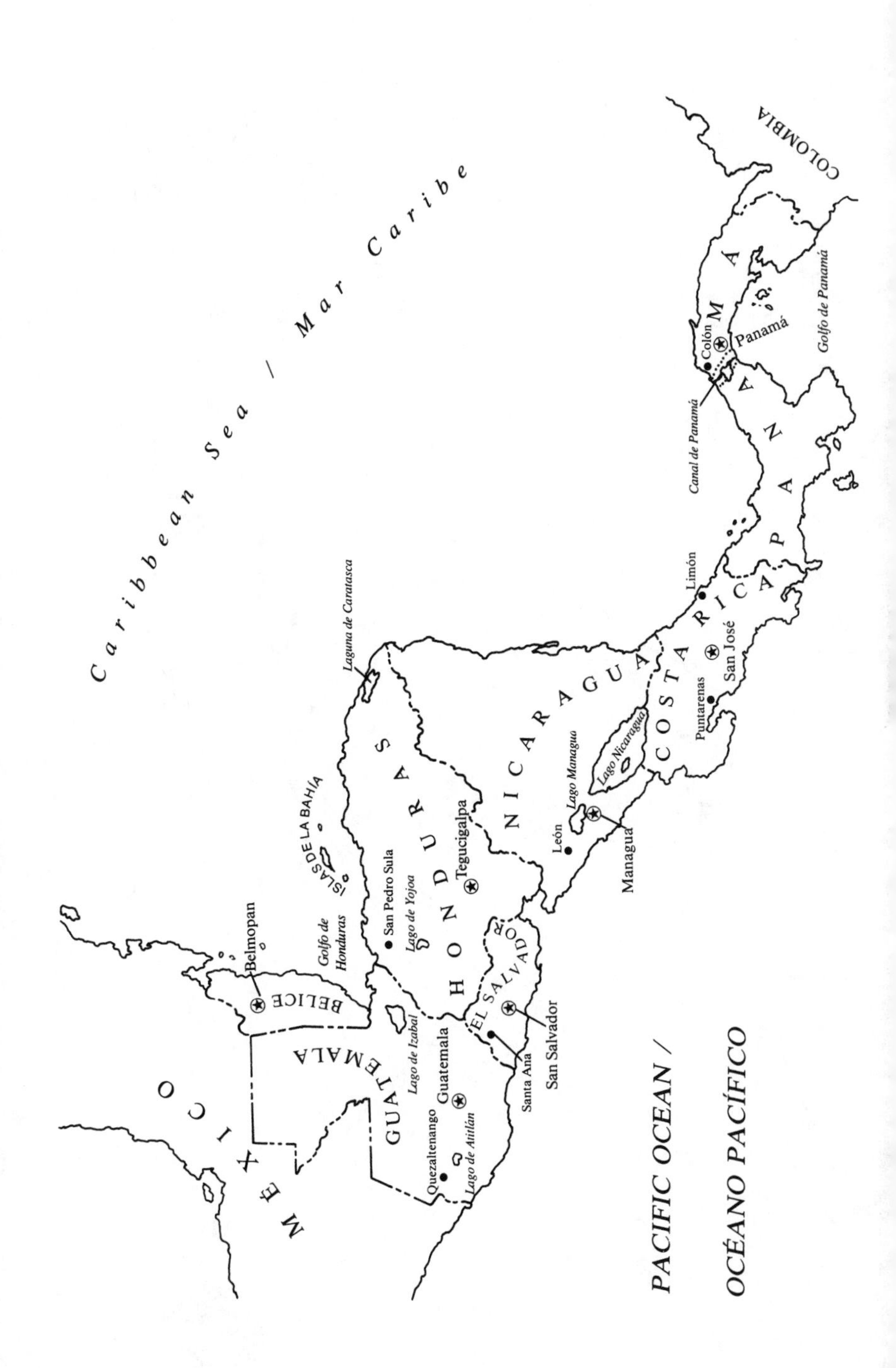

MEXICO / MÉXICO

WEST INDIES / INDIAS OCCIDENTALES

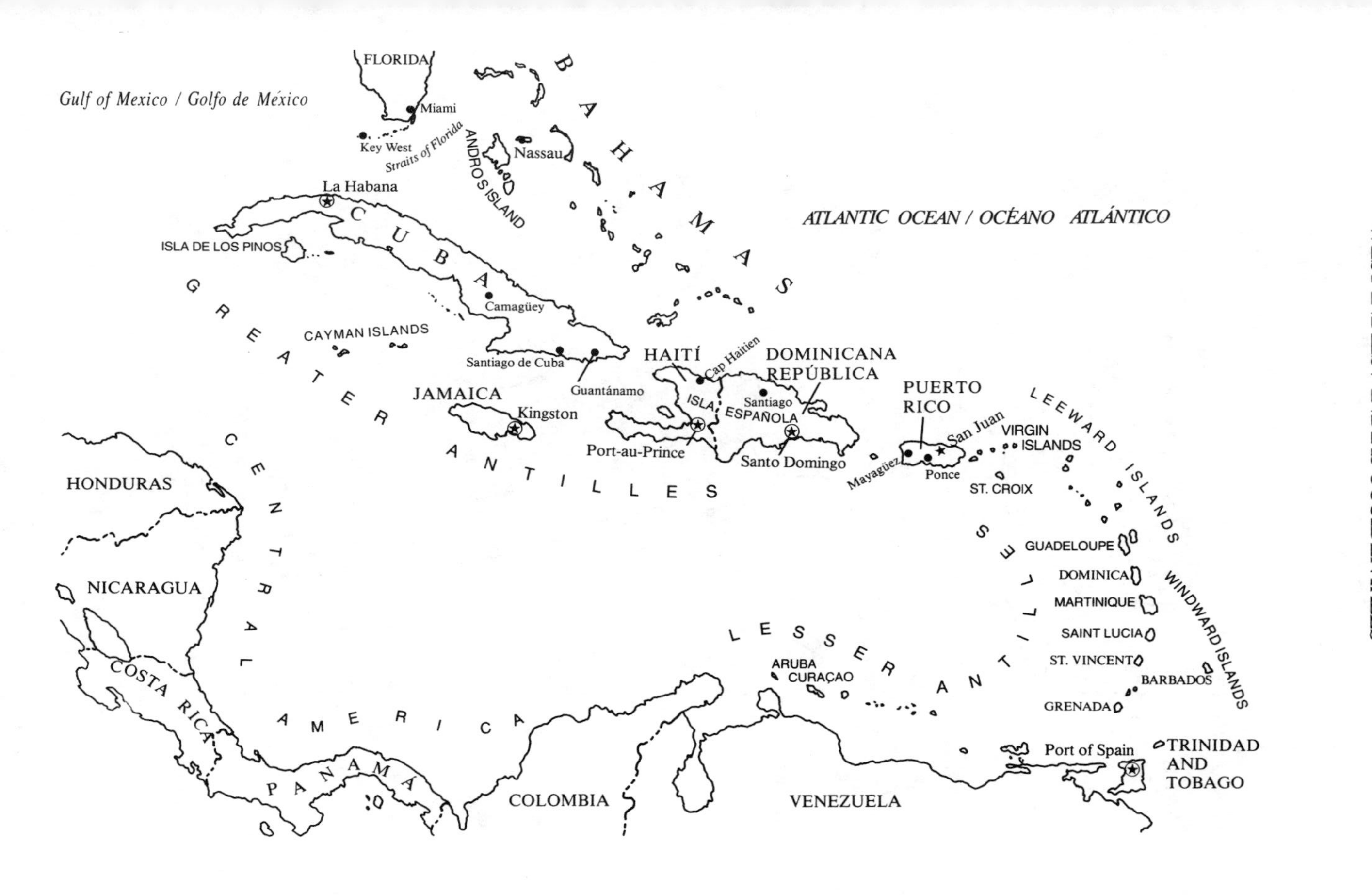

SOUTH AMERICA /AMÉRICA DEL SUR

SPAIN AND PORTUGAL / ESPAÑA Y PORTUGAL

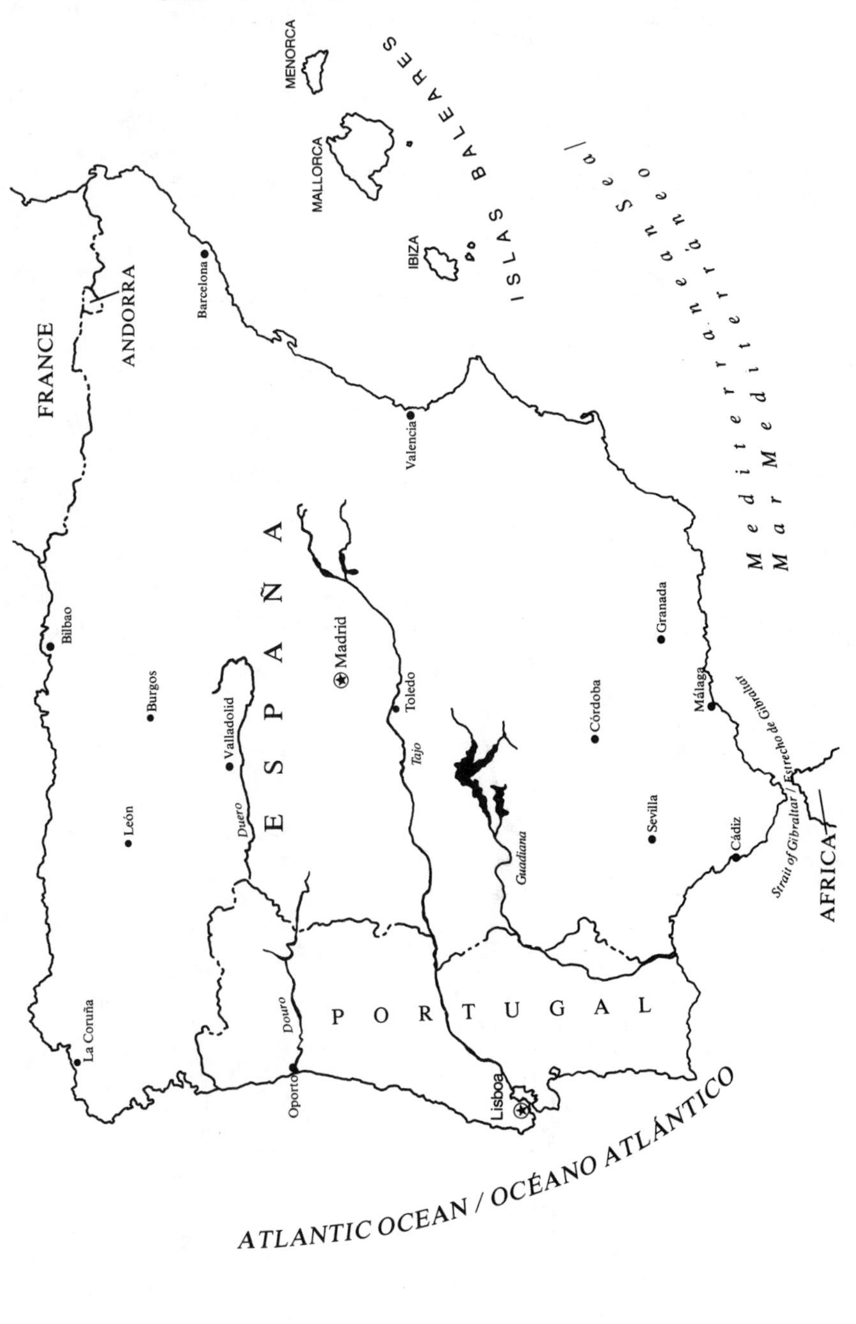